Philippinen

Nord-Luzon S. 120

Manila S. 50   **Rund um Manila** S. 100

Mindoro S. 208   **Südost-Luzon** S. 177

Palawan S. 420   **Boracay & Western Visayas** S. 229   **Cebu & Eastern Visayas** S. 303

Mindanao S. 376

Michael Grosberg,
Greg Bloom, Trent Holden, Anna Kaminski, Paul Stiles

REISEPLANUNG

Willkommen auf den
Philippinen 6

Karte 8

Philippinen Top 15 10

Gut zu wissen 18

Die Philippinen
für Einsteiger 20

Wie wär's mit 22

Monat für Monat 25

Reiserouten 29

Tauchen & Schnorcheln .34

Outdoor-Aktivitäten 42

Die Philippinen im
Überblick 47

REISEZIELE AUF DEN PHILIPPINEN

MANILA 50

RUND UM MANILA .. 100

Corregidor 102
Südlich von Manila 103
Las Piñas 103
Kawit 103
Calamba 103
Tagaytay, Taal Volcano &
Lake Taal 103
Taal 107
Batangas 108
Anilao 108
Pagsanjan 109
Lucban 110

Lucena 112
Nördlich von Manila 112
Olongapo & Subic Bay ... 112
San Fernando
(Pampanga) 115
Clark & Angeles 115
Pinatubo &
Umgebung 118

NORD-LUZON 120

Zambales-Küste 121
Pundaquit, Capones
Island & Liwliwa 121
Iba & Botolan 124
Nördlich von Iba 125
Golf von Lingayen 125

MANILA S. 50

BANAUE S. 158

Inhalt

Bolinao & Patar Beach ...125
Hundred Islands
National Park 126
San Fernando
(La Union) &
Umgebung...............127
Ilocos 130
Vigan....................130
Laoag 135
Pagudpud & Umgebung ..137
Cordillera..............139
Baguio 139
Kabayan.................147
Mt. Pulag National Park ..149
Sagada & Umgebung.....150
Bontoc 154

Rund um Bontoc 156
Provinz Kalinga..........156
Banaue..................158
Rund um Banaue 162
Kiangan 164
Nordosten 165
Baler & Umgebung 166
San Jose 168
Northern Sierra Madre
Natural Park 168
Tuguegarao..............169
Santa Ana 171
Batanes 171
Batan Island 172
Sabtang Island 175
Itbayat Island 176

SÜDOST-LUZON 177

Bicol 180
Daet & Bagasbas 180
Naga 181
Mt. Isarog National Park ..184
Caramoan-Halbinsel 185
Legazpi 187
Rund um Legazpi 191
Tabaco 192
Sorsogon................193
Bulusan Volcano National
Park & Umgebung 194
Donsol 194
Pilar 196
Masbate 197
Masbate.................198
Rund um Masbate
Island 199
Ticao Island..............199
Catanduanes.......... 200
Virac 200
Nordöstlich von Virac ... 202
Marinduque...........203
Boac 204
Gasan & Westküste 205

Buenavista &
Umgebung............. 206
Torrijos & Ostküste 207

MINDORO 208

Puerto Galera 210
Calapan 219
Roxas 221
Rund um Roxas..........222
Bulalacao................222
San José 223
Calintaan 225
Sablayan 226
Abra de Ilog.............228

BORACAY & WESTERN VISAYAS..........229

Boracay 231
Panay 246
Caticlan 246
Kalibo...................247
Roxas (Capiz) 250
Provinz Antique 252
Iloilo 255
Guimaras..............260
Negros 263
Bacolod 265
Mt. Kanlaon
Natural Park 269
Silay 271
Sagay 273
Escalante................274
San Carlos &
Sipaway Island 274
Bulata & Danjugan......274
Sugar Beach 275
Sipalay..................276
Punta Ballo 276
Tambobo Bay 277
Malatapay &
Zamboanguita...........277

BORACAY S. 231

REISEZIELE AUF DEN PHILIPPINEN

KATHEDRALE VON CEBU S. 307

KADAYAWAN SA DABAW FESTIVAL, DAVAO S. 403

Apo Island 277	Santander & Umgebung 332	Biliran Island..........363
Dauin 278	Argao 333	Naval.................363
Dumaguete 279	**Camotes Islands**.......333	Nördlich von Naval......364
Valencia (Negros Oriental) & Umgebung ...285	Pacijan Island 334	Maripipi Island 365
Balinsasayo Twin Lakes National Park 285	Poro Island 335	Östlich & südlich von Naval.................365
Bais & Umgebung 286	Ponson Island 336	Higatangan Island 366
Siquijor...............287	**Bohol** 336	**Samar**..................366
Siquijor (Stadt).........288	Tagbilaran 336	Catarman..............366
Larena & Umgebung 288	Panglao Island 340	Rund um Catarman 368
San Juan (Siquijor) & Umgebung............290	Balicasag Island........344	Biri Island 368
Lazi & Umgebung.......291	Pamilacan Island 344	Allen 369
Cantabon & Umgebung ..292	Cabilao Island..........345	Dalupiri Island & Umgebung.............369
Provinz Romblon 292	Antequera 346	Calbayog 370
Tablas Island...........293	Tarsier Sanctuary.......346	Catbalogan 370
Romblon Island.........296	Chocolate Hills Loop 347	Borongan..............372
Sibuyan Island 299	Anda 349	Guiuan................373
	Ubay 350	Calicoan Island.........374
CEBU & EASTERN VISAYAS..........303	Talibon 350	Homonhon & Suluan.....375
	Buenavista.............351	Marabut Islands 375
Cebu 305	Tubigon 351	
Cebu City..............305	Danao.................351	**MINDANAO** 376
Rund um Cebu City 319	**Leyte** 351	**Nördliches Mindanao**...381
Malapascua Island......322	Tacloban..............353	Cagayan de Oro 381
Bantayan Island 325	Rund um Tacloban......356	Rund um Cagayan de Oro 384
Toledo.................327	Maasin & Umgebung....359	Iligan.................385
Moalboal 328	Padre Burgos & Umgebung............360	Camiguin 386
	Panaon Island..........361	

Inhalte

CHOCOLATE HILLS S. 348

PALAWAN S. 420

Butuan	393
Surigao	393
Siargao	396
Südliches Mindanao	**402**
Davao	402
Samal Island	410
Talikud Island	411
Philippine Eagle Research & Nature Center	412
Mt. Apo & Umgebung	412
General Santos (Dadiangas)	414
Lake Sebu	415
Zamboanga Peninsula	**416**
Zamboanga & Umgebung	416

PALAWAN	**420**
Zentrales Palawan	**422**
Puerto Princesa & Umgebung	422
Sabang & Umgebung	432
Nördliches Palawan	**435**
Port Barton & Umgebung	435
Taytay & Umgebung	439
El Nido	440
Bacuit-Archipel	449
Calamian Islands	**451**
Busuanga Island & Coron	451
Culion Island & Umgebung	459
Weitere Inseln der Calamian Islands	459

DIE PHILIPPINEN VERSTEHEN

Die Philippinen aktuell	462
Geschichte	465
Mentalität & Kultur	474
Essen & Trinken	481
Natur & Umwelt	488

PRAKTISCHE INFORMATIONEN

Allgemeine Informationen	496
Verkehrsmittel & -wege	504
Gesundheit	510
Sprache	517
Register	531
Kartenlegende	538

SONDERSEITEN

Tauchen & Schnorcheln	34
Outdoor-Aktivitäten	42
Mentalität & Kultur	474
Sprache	517
Glossar	527

Willkommen auf den Philippinen

Die Philippinen – das sind smaragdgrüne Reisfelder, brodelnde Megastädte, bunte Jeepneys, schwelende Vulkane, Koboldmakis mit Kulleraugen, flauschige Wasserbüffel und lächelnde Menschen.

Kulturelle Eigenheiten

Die Philippinen sind ein Stück entfernt vom südostasiatischen Festland – geografisch, aber auch spirituell und kulturell. Der im Land vorherrschende Katholizismus, das Ergebnis von 350 Jahren spanischer Herrschaft, ist der offensichtlichste Unterschied. Zu den Überbleibseln der spanischen Ära zählen aber auch überbordende Fiestas (Festivals) oder die spanisch-philippinische Architektur. Malls, Fast-Food-Ketten und die Tatsache, dass überall Englisch gesprochen wird, zeugen vom Einfluss des kolonialen Nachfolgers Spaniens: der USA. Nichtsdestotrotz hat sich das Land seine Einzigartigkeit bewahrt. Die Menschen sind Filipinos – und stolz darauf. Sie sind warmherzig, freundlich und gut gelaunt. Und sie sind es, die die Besucher letzten Endes so verzaubern.

Inseln & Strände

Mit über 7000 Inseln sind die Philippinen ein Paradies für alle, die gerne faul am Strand liegen. Sonnenanbeter und Taucher werden sich vor allem auf den Visayas wohlfühlen: Hier kann man von einer Insel zur anderen hüpfen und seinen ganz persönlichen Traumstrand küren. Und wer mehr Abenteuer mag, stellt auf einem verlassenen Küstenstreifen ein Zelt auf und spielt ein paar Tage Robinson Crusoe.

Outdoor-Abenteuer

Auf den Philippinen muss man aber nicht nur dem Müßiggang frönen. Aktivurlauber schwingen sich in ein Kajak, erforschen Höhlen oder jagen beim Kitesurfen und Canyoning, an Felswänden oder Seilrutschen den Adrenalinspiegel in die Höhe. Während Surfer sich in die herrlichen (aber launischen) Wellen stürzen, lassen sich Taucher von der Unterwasserwelt des Landes verzaubern. Ach ja, raften und wakeboarden kann man natürlich auch. Und wer lieber festen Boden unter den Füßen hat, kann praktisch im ganzen Land wandern.

Stürmische Tropen

Das ist schon dem erfahrensten Traveller passiert: Die Reise ins Paradies ist ruiniert, weil tagein, tagaus sintflutartiger Monsunregen niedergeht (auf den Philippinen ist dieses Paradies oft Palawan). Es gibt ein paar einfache Möglichkeiten, dies zu vermeiden. Erstens: die Klimakarten studieren! Wenn der Westen des Landes während der Hochzeit des Südwest-Monsuns (Juli–Sept.) regelrecht überflutet wird, sollte man besser in den Osten reisen (und hoffen, dass sich dort kein Taifun zusammenbraut). Zweitens: flexibel bleiben! Man kann auf Vorabbuchungen verzichten, um notfalls in angenehmere Gefilde weiterziehen zu können.

Warum ich die Philippinen liebe

Von Greg Bloom, Autor

Bei 7000 Inseln, die nur darauf warten, erkundet zu werden, fällt es mir leicht, die Philippinen zu mögen. Liebe entsteht jedoch auf subtilere Weise. Sie entsteht auf langen Fahrten durch die Berge von Nord-Luzon auf dem Dach eines Jeepneys; bei einem kühlen San Miguel bei Sonnenuntergang an einem paradiesischen Visayas-Strand; bei einem Mittagessen mit frischem Fisch; bei einer Siesta auf einer endlosen Bootsfahrt; durch Freunde mit Namen wie Bing oder Bong; durch Begriffe wie „Komfortzimmer"; und – soll ich es sagen? – bei Karaoke. Ja, das ist Liebe!

Mehr zu unseren Autoren gibt's auf S. 531.

Oben: Blaue Lagune (S. 137), Pagudpud

Philippinen
Top 15

1

Bacuit Archipelago

1 Absolute Pflicht: Im verzweigten Bacuit-Archipel (S. 449) im Norden von Palawan schippert man vorbei an entlegenen Stränden, unberührten Lagunen und felsigen Inselchen. Per *bangka* (Holzboot) geht's in kurzer Zeit von der lässigen Küstenstadt El Nido zur Bacuit Bay. Dort wartet ein aufregender Mix aus imposanten Kalksteinklippen, Korallenriffen und Palmenstränden mit weißem Sand. Inselhopping mit Übernachtung ist in der Bucht selbst oder weiter nördlich in der Linapacan-Straße gen Coron möglich. Unterwegs kann man in einsamen Fischerdörfern nächtigen, wo der Fang des Tages zum Abendessen gegrillt wird.

Ifugao-Reisterrassen

2 Wer auf eine Karte von Nord-Luzon schaut, bekommt leicht den Eindruck, dass die Philippinischen Kordilleren ganz und gar aus unberührter Wildnis bestehen. Tatsächlich wuchert dort der Dschungel, so weit das Auge reicht. Doch bei Abstechern zu den Ortschaften der Region Ifugao (z. B. Banaue oder Batad) werden Besucher erstaunt feststellen, wie stark die Berge landwirtschaftlich genutzt werden: Sogar auf den steilsten Felshängen erstrecken sich kleine Reisterrassen (S. 162), die die endlosen Hügel des Hochlands gemeinsam wie ein sagenhafter Teppich aus smaragdgrünen Flicken überziehen.

EMILIO MARANON III, PHILIPPINES/ GETTY IMAGES ©

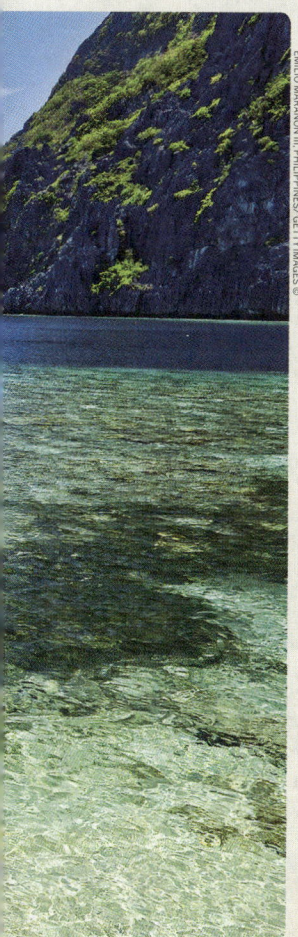

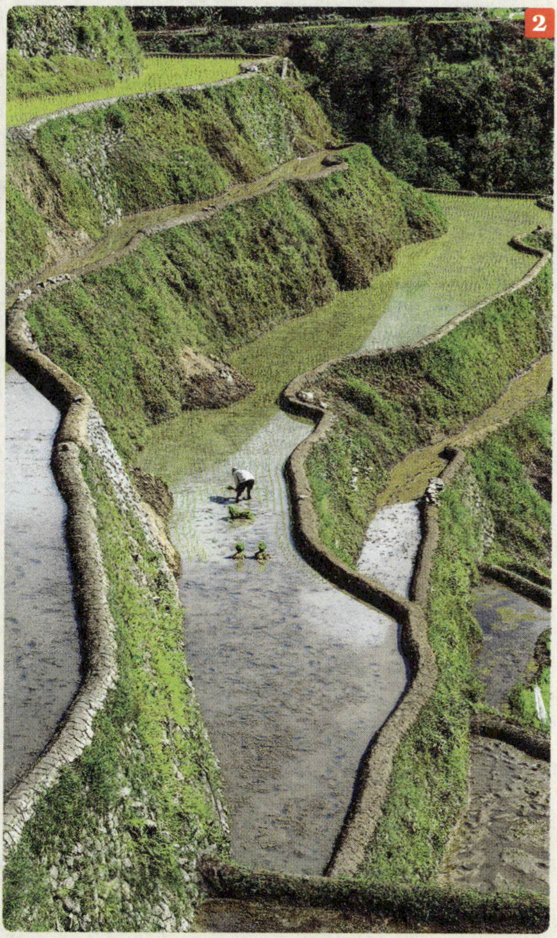

EMILIO MARANON III, PHILIPPINES/GETTY IMAGES ©

Strände

3 Jeder der über 7000 Inseln des Landes besitzt zumindest einen Traumstrand. Wer fern der Zivilisation sein will, hat es schon fast zu leicht: Fast ganz Luzon wird von einsamen Stränden umgeben. Rund um Coron kann man sich auf den Calamian-Inseln gar sein eigenes Eiland aussuchen. Strände wie El Nido oder der Sugar Beach (Sipalay) bieten tolle Tauchspots u. v. m., um sich die Zeit zu vertreiben. Und ein wenig Action garantieren Kitesurf-Kurse auf Boracay oder Surfunterricht in San Juan (La Union). Oben: Mona Lisa Point, San Juan (S. 127)

Fiesta filipina

4 Typisch für die Philippinen sind die farbenfrohen, turbulenten Feste – selbst im allerkleinsten Nest bricht mindestens einmal pro Jahr die Feierwut aus. Die Mutter aller Feste ist das Ati-Atihan-Festival (S. 247) in Kalibo. Beim MassKara-Festival (S. 265; Bacolod) und beim Moriones-Festival (S. 206; Marinduque) versetzen maskierte Männer die Scharen in einen Tanzrausch. Und nördlich von Manila bietet San Fernando zu Ostern ein blutigeres Schauspiel, wenn sich Gläubige an Kreuze nageln lassen. Unten: MassKara-Festival (S. 265)

Süd-Negros

5 Die Südspitze des stiefelförmigen Negros (S. 263) hat von allem etwas im Angebot: erstklassige Tauchspots bei Apo Island, Treks auf den Twin Peaks, Delfin- oder Walbeobachtungen bei Bais und perfekte Strände so ziemlich überall. Obendrein liegt das wunderbar schräge Siquijor gleich vor der Küste. All dies findet man in maximal einer Stunde Entfernung zur angenehmen Großstadt Dumaguete, die belebte Restaurants und Bars mit einem Flughafen kombiniert. Groß planen, ist unnötig: Einfach anreisen und dann der eigenen Nase folgen – so lässt sich garantiert etwas Besonderes entdecken.

Kultur & Nachtleben in Manila

6 Manila (S. 50) ist mehr als nur Lärm und Verkehr: Die Mega-Metropole hat ein unvergleichliches Nachtleben. Ob Bongo-Beats in Quezon City und Cubao X oder pulsierende Bars und schicke Nachtclubs in Makati – hier ist für jeden etwas geboten. Absolute Spitzenklasse sind auch die Museen – in der Kunst- und Designerszene gilt Manila als Asiens aufsteigender Stern. Das schon immer vornehme Intramuros ist extrem geschichtsträchtig. Und sogar die lange geschmähte Restaurantszene der Stadt scheint sich endlich zu mausern.

Abenteuer auf Bicol

7 Das südöstliche Luzon, insbesondere die Bicol Peninsula (S. 180), entwickelt sich allmählich zu einem Zentrum des Abenteuertourismus. So begeistert der CamSur Watersports Complex die Wassersport- und Adrenalinjunkies vor allem mit Wakeboarden. Daet (Camarines Norte) ist ein aufstrebendes Ziel für Surfer und Kitesurfer. Wer das Wasser etwas gemächlicher genießen möchte, schnorchelt am Rand von Luzon mit den sanften Walhaien von Donsol – ein unvergessliches Highlight.

Oben: Walhai, Donsol (S. 194)

Sagada

8 Sagada (S. 150) ist der coolste und kühlste Ort der Philippinen – ein relaxtes Bergrefugium, das sich tief in den wilden Kordilleren versteckt und alle essenziellen Elemente eines Backpacker-Paradieses besitzt: tolle Wanderwege, gruselige Höhlen, hängende Särge, starken Kaffee, bodenständige Bäckereien und so gemütliche wie günstige Unterkünfte. Traveller können sich mit Müsli stärken und dann in der Umgebung nach Abenteuern suchen. Oder in einem Café am warmen Kaminfeuer Seemannsgarn austauschen und Reisepläne umschmeißen. Oben: Sumaguing Cave (S. 149)

Boracay

9 Vor nicht allzu langer Zeit war Boracay (S. 231) noch verschlafen, provinziell und fast unbekannt. Doch das hat sich gewaltig geändert: Die Welt hat die winzige Insel inzwischen zu einem der angesagtesten Partystrände Südostasiens geadelt. Doch trotzdem wirkt Boracay immer noch entspannter als z. B. der Kuta Beach oder Ko Samui. Auch friedvolle Ruhe lässt sich hier bis heute finden – vor allem am Ende des berühmten White Beach, wo immer noch der alte Inselgeist herrscht.

Siargao

10 Relaxte Vibes und prima Breaks für Greenhorns und Cracks machen diese Insel (S. 396) zum besten Surfrevier der Philippinen. Am beliebtesten ist der legendäre Cloud Nine Break. Wer Ruhe in naturbelassener Umgebung mag, begibt sich nach Burgos im Norden oder nimmt an einer Surfer-Safari zu wenig besuchten Spots teil. Abseits vom Wellenreiten kann man schnorcheln, von Insel zu Insel hüpfen oder zu ein paar der besten Tiefseeangelreviere des Landes schippern. Oder einfach mit einem Bierchen am Cloud Nine Pavillon die Tricks der Surfprofis beobachten.

Natur & Tierwelt auf Bohol

11 Bohol (S. 336) wird vor allem von Tauchern besucht, die es zum Alona Beach zieht. Dabei verstecken sich die wahren Attraktionen tief im Landesinneren: Wohl keine andere Insel der Philippinen eignet sich besser für mehrtägige Motorradtouren. Einwandfrei befestigte Dschungelstraßen führen zu pfauengrünen Flüssen, schokoladenbraunen Hügeln, kleinen Koboldmakis und spektakulären Seilrutschen. Selbst vom verheerenden Erdbeben von 2013, das viele Inselkirchen aus spanischer Zeit zerstört hat, hat sich Bohol prächtig erholt. Unten: Koboldmaki

Batan Islands

12 Die Einwohner der Batan-Inseln (S. 171) leben in traditionellen Steinhäusern, die Frauen tragen bis heute Kopfbedeckungen, die an ein Heustadl erinnern – dieser Archipel liegt geografisch wie kulturell weit von den übrigen Philippinen entfernt. Um in den Alltag der Bauern und Fischer einzutauchen, sollte man die einzigartige Küche probieren und in Homestays übernachten. Großartig sind auch Radeltouren an der unberührten Küste von Batan und Sabtang oder Wanderungen zu erloschenen Vulkanen und sanft gewelltem Weideland. Oben: Basco (S. 173)

Klettern auf Camiguin

13 Dichte Vegetation verbigt Camiguins (S. 386) schroffe Landschaft vor den Blicken, die von Mindanao aus herüberschweifen. Um die imposante Topografie dieser Insel richtig zu genießen, muss man landeinwärts reisen: Durch dichte Wälder geht es zu felsigen Pfaden, die noch weiter ins unwegsame Hochland hinaufklettern. Dort gibt's Täler zum Durchwandern, Berge zum Besteigen, Schluchten zum Abseilen und Naturbecken am Fuß von donnernden Wasserfällen. Oben rechts: Katibawasan Falls (S. 388)

Cebu: Sand & Meer

14 Cebu (S. 305) ist ein waschechtes Strandparadies: Rund um die Insel berühren Sandbuchten und spektakuläre Klippen ein makelloses Band aus türkisfarbenem Wasser. Vor der Westküste tummeln sich viele Meereslebewesen an einer Unterwasserklippe. Taucher zieht es zu Spots wie Moalboal, wo Sardinenschwärme ein unvergessliches Schauspiel bieten, oder den für Fuchshaie und Schildkröten bekannten Inseln Malapascua und Mactan. Bantayan ist dagegen *der* Ort, um am Strand abzuhängen. Und im Zentrum des Ganzen steht Cebu City, die lebensfrohe Hauptstadt der Visayas.

REISEPLANUNG PHILIPPINEN TOP 15

Puerto Galera

15 Puerto Galera (S. 210) auf Mindoro ist eines der vielen philippinischen Tauchermekkas. So ganz nebenbei ist es aber auch einer der schönsten Orten der Welt. Aus der Stadt heraus führen Serpentinen, von denen man aus der Vogelperspektive auf herrliche Buchten und Inseln blickt, während vom Dschungel bedeckte Berge eine dramatische Kulisse im Landesinneren bilden. Nach einer Wanderung zu entlegenen Dörfern lockt abends ein üppiges italienisches Abendessen. Grandios ist auch das Malasimbo Music & Arts Festival im Februar.

Gut zu wissen

Weitere Infos gibt's im Abschnitt „Praktische Informationen" (S. 495)

Währung
Philippinischer Peso (P)

Sprache
Filipino (Tagalog) und Englisch

Visa
Die Bürger der meisten Staaten erhalten bei der Einreise ein 30 Tage gültiges Visum. Dieses kann in den meisten größeren Provinzzentren gegen eine Gebühr verlängert werden; die Verlängerung kann auch schon bei der Anreise beantragt werden.

Geld
Geldautomaten sind weit verbreitet, Kreditkarten werden außer in abgelegenen Regionen von den meisten Hotels und Restaurants und einigen Geschäften akzeptiert.

Handys
Philippinische SIM-Prepaid-Karten können unkompliziert gekauft und verwendet werden.

Zeit
Sommer MEZ +6 Std., Winter MEZ +7 Std..

Reisezeit

- Tropisches Klima, ganzjährig Regen
- Tropisches Klima mit Regen- und Trockenzeit
- Kürzere Trockenzeit, ganzjährig kühlere Temperaturen

Baguio Feb.–März
Manila Dez.–Jan.
Boracay Nov.–März
El Nido Nov.–April
Siargao Aug.–Okt.

Hauptsaison
(Dez.–April)

➡ In den meisten Regionen des Landes ist Trockenzeit; die Monate Dezember bis Februar sind der kühlste und angenehmste Zeitraum.

➡ Manche Resorts verdreifachen ihre Preise rund um Neujahr und vor Ostern.

Zwischensaison
(Mai & Nov.)

➡ Steigende Temperaturen läuten im Mai rund um Manila und anderswo die Regenzeit ein.

➡ Im November ziehen die Preise allmählich wieder an.

Nebensaison
(Juni–Sept.)

➡ Übernachtungspreise in Resorts fallen um bis zu 30 %.

➡ Es sind Taifune und sintflutartige Regenfälle möglich.

➡ An der Ostküste bleibt es oft trocken, sofern keine Taifune über das Land hinwegziehen.

Infos im Internet

Philippine Newslink (www.philnews.com) Nachrichten, Meinungen und Links en masse.

ClickTheCity.com (www.clickthecity.com) Großartige Seite mit Veranstaltungstipps für Manila und die ganzen Philippinen.

Tanikalang Ginto (www.filipinolinks.com) Infos zu jedem Topic unter der philippinischen Sonne.

Lonely Planet (www.lonelyplanet.com/philippines) Reiseziele, Hotelbuchungen, Forum und mehr.

MindaNews (www.mindanews.com) Knallhartes Newsportal für Mindanao.

It's More Fun in the Philippines (www.itsmorefuninthephilippines.com) Website der Tourismusbehörde; perfekt für die Reiseplanung.

Wichtige Telefonnummern

Man muss die ⌕0 vor der Ortsvorwahl wählen, wenn man von einem Handy oder einem Festanschluss außerhalb der jeweiligen Region anruft.

Landesvorwahl	⌕63
Notruf	⌕117
Vorwahl für internationale Gespräche	⌕00
Internationale Vermittlung	⌕108
Telefonauskunft der PLDT	⌕187

Wechselkurse

Eurozone	1 €	47 P
	100 P	2,11 €
Schweiz	1 SFr	45 P
	100 P	2,18 €

Aktuelle Wechselkurse gibt's unter www.oanda.com.

Tagesbudget

Günstig – weniger als 1800 P (38 €)

➡ Bett im Schlafsaal oder Einzelzimmer: 400–800 P

➡ Einfaches Mittag- und Abendessen plus Bier: 400 P

➡ Tricycle-Fahrt: 8 P

Mittelteuer: 1800–5400 P (38–114 €)

➡ Klimatisiertes Zimmer: 1000–3000 P

➡ Abend- und Mittagessen mit Getränken im Restaurant: 700 P

➡ Leihmotorrad: 500 P

Teuer – mehr als 5400 P (114 €)

➡ Unterkunft in Boutique-Resort: 4000–12 000 P

➡ Abendessen in einem Resortrestaurant 800 P

➡ Individuelles Inselhopping: 2500 P

Öffnungszeiten

Banken Mo–Fr 9–16.30 (die meisten Geldautomaten sind rund um die Uhr in Betrieb)

Bars 18 Uhr–open end

Botschaften & Konsulate Mo–Fr 9–13 Uhr

Einkaufszentren 10–21.30 Uhr

Postfilialen Mo–Sa 9–17 Uhr

Öffentliche & private Ämter Mo–Fr 8/9–17/18 Uhr, Mittagspause 12–13 Uhr

Restaurants 7/8–22/23 Uhr

Supermärkte 9–19/20 Uhr

Ankunft am …

Ninoy Aquino International Airport (NAIA) (S. 505) Man sollte checken, an welchem Terminal man ankommt und – besonders wichtig – abreist. Es ist recht kompliziert, mit öffentlichen Verkehrsmitteln in die Stadt zu kommen, doch die gelben Taxis mit Taxameter sind günstig (rund 225 P zu den meisten Hotels) und ausreichend am Flughafen vorhanden. Die vier Terminal sind nicht sonderlich nah beieinander, doch mit Shuttle-Vans miteinander verbunden.

Mactan-Cebu International Airport (CEB) (S. 505) An einem Taxistand warten gelbe Taxis mit Taxameter. Wer mit dem ÖPNV ins Zentrum will, muss dreimal das Jeepney wechseln – angesichts der günstigen Taxitarife sollte man sich diesen Aufwand sparen.

Unterwegs vor Ort

Bus Komfort und Verlässlichkeit schwanken stark: Das Spektrum reicht von klapprigen Rostlauben bis hin zu modernen Luxuslinern mit WLAN und Klimaanlage.

Flugzeug Diverse Billigairlines bedienen das ganze Land, meist über Manila und Cebu.

Jeepney Die Arbeitstiere der Philippinen verkehren innerorts genauso wie zwischen weiter entfernten Destinationen.

Schiff/Fähre *Bangkas*, HSCs (Schnellbootfähren), Autofähren und größere Schiffe mit Schlafkojen und Kabinen verbinden die Inseln miteinander.

Tricycle Motorräder mit Beiwagen sind die philippinischen Rikschas. Sie sind allgegenwärtig und befördern einen von einem Block zum nächsten wie auch über mehrere Kilometer.

Van Oft das schnellste Verkehrsmittel für Überlandrouten; meistens verkehren Vans auf den gleichen Strecken wie Busse.

Mehr Infos zum Thema **Unterwegs vor Ort** s. S. 504

Die Philippinen für Einsteiger

Weitere Infos gibt's im Kapitel „Praktische Informationen" (S. 495)

Checkliste

➡ Der Reisepass sollte nach der Ankunft noch mindestens sechs Monate gültig sein

➡ Gepäckvorgaben der Fluggesellschaft überprüfen

➡ Kreditkartenfirma über Reisepläne informieren

➡ Ein Paypal-Account ist hilfreich, da manche Unterkünfte diese Zahlungsmethode präferieren

➡ Reiseversicherung abschließen (S. 502)

An alles gedacht?

➡ Pullover oder Jacke für die absurd kalten Busse und Fähren mit Klimaanlage

➡ Ohrstöpsel – Hähne und Karaoke-Bars drehen voll auf

➡ Stirnlampe für Stromausfälle und Gegenden ohne Elektrizität

➡ Sarong – dient als Strandtuch, Bettlaken oder Schal

➡ Wasserdichte Tasche

➡ Robuste Schwimmschue und langärmliges UV-Shirt fürs Schnorcheln

➡ Sonnenbrille und jede Menge Sonnenschutzmittel

Top-Tipps für die Reise

➡ Ein Motorrad ist häufig die beste Möglichkeit, das Landleben zu erkunden. Man erntet wahrscheinlich ein freundliches Lächeln, Winken und Rufe, man möge doch auf ein paar Sätze anhalten.

➡ Basketballer werden ihre Freude haben. Nahezu jedes Dorf besitzt einen Basketballplatz, auch wenn manche nur einen einfachen Eisenring haben, der an eine Palme genagelt ist. Mitspielen jederzeit möglich.

➡ Für Verbindungsflüge zurück nach Manila oder Cebu sollte man angesichts häufiger Verspätungen und Annullierungen mindestens einen halben, besser einen ganzen Tag einplanen.

Dresscode

Angesichts des tropischen Klimas kleidet man sich am besten leger und bequem. Gleichwohl sind die meisten Filipinos von der Hitze unbeeindruckt und tragen in städtischen Gegenden und zum Einkaufen meist lange Hosen (im Büro sowieso). In Dörfern, ländlichen Regionen und Strandorten genügen hingegen Flip-Flop, Shorts und T-Shirts. Frauen sollten abseits der Strände allzu freizügige Bekleidung vermeiden, wenn sie keine unerwünschte Aufmerksamkeit erregen wollen.

Schlafen

In der Hauptsaison sind Reservierungen empfehlenswert, besonders an touristischen Ecken wie Boracay oder El Nido.

➡ **Resorts** Von ultraluxuriös bis zu einfachen Nipa-Hütten (aus Holz und Blättern der Nipa-Palme). Von Europäern betriebene Resorts sind meist etwas anspruchsvoller.

➡ **Hotels** Viele sind auf den heimischen Markt ausgerichtet, d. h., sie sind typische Betonklötze mit Klimaanlage. Fünf-Sterne-Hotels in Manila protzen und prunken jedoch ohne Maß.

➡ **Pensionen** Mehr oder weniger ein Sammelbegriff für günstige, inhabergeführte Hotels.

➡ **Hostels** Für ausländische Traveller meist komfortabler als diejenigen, die in erster Linie junge Filipinos beherbergen. Bei letzteren fallen die Betten in der Regel kürzer aus.

Tipps zum Sparen

➡ Das Gepäck sollte so leicht wie möglich sein, da auf vielen Inlandsflügen Extragebühren anfallen, wenn das ziemlich niedrig angesetzte Gewichtslimit überschritten wird.

➡ Manche Hotels und Restaurants bieten gereinigtes Wasser umsonst an – dann sollte man seine Flaschen auffüllen.

➡ Die Tricycles der Gemeinde für nur 8 P sind billiger als die privat betriebenen.

➡ Restaurants, in denen Einheimische essen, sind günstiger.

➡ Kaffee aus löslichem Pulver ist billiger als aufgebrühter; dessen Qualität rechtfertigt selten einen hohen Preis (90–110 P in teuren Coffee-Shops).

➡ Die mit einem Lüfter ausgestatteten Zimmer sind günstiger und fast genauso komfortabel wie die mit Klimaanlage.

Feilschen

Auf vielen Märkten wird (nicht allzu aggressives) Verhandeln erwartet. Grundnahrungsmittel haben jedoch meist Fixpreise. Feilschen kann man in touristischen Kunsthandwerksläden, beim Ausleihen von Motorrädern, Chartern von Taxis für Tagestrips und Überfahrten mit *bangkas* (Holzbooten), sofern es keine offizielle Preisliste gibt.

Trinkgeld

➡ **Restaurants** Mancherorts wird automatisch 10 % Bedienungsgeld aufgeschlagen; ein kleines Extra auf dem Tisch liegen zu lassen, wird aber immer gern gesehen (ca. 40–50 P/Pers., wenn die Bedienung nicht inklusive ist).

➡ **Taxis** Zumindest aufrunden, besser sind ca. 20–50 P.

Etikette

➡ **Verkehrsmittel** Nicht die Beherrschung verlieren – die Filipinos halten einen sonst für *loco* (verrückt). Sofern nicht Alkohol im Spiel ist, gehört normalerweise ziemlich viel dazu, jemanden zornig zu machen. Am besten beherzigt man also die Maxime der Filipinos: *Bahala na* – es kommt wie es kommt!

➡ **Karaoke** Wer an Karaoke-Veranstaltungen teilnimmt – und das wird man! –, sollte sich mit Buhrufen oder abfälligen Bemerkungen zurückhalten, egal wie schräg der Gesang sich anhören mag.

➡ **Jeepneys** Es ist sinnlos sich zu beschweren, wenn man in einem Jeepney eingepfercht wird. Nochmal gemeinsam: *Bahala na!*

➡ **Restaurants** Filipinos pfeifen, wenn sie jemanden auf sich aufmerksam machen wollen; auch in Restaurants ist die nicht unhöflich.

➡ **Betelnuss** In Gegenden wie den Kordilleren ist es üblich Betelnüsse zu kauen (und über die Pfützen roter Spucke die Stirn zu runzeln).

Sprache

In städtischen Zentren und touristisch geprägten Gegenden wird häufig Englisch gesprochen. Selbst in sehr ländlichen Regionen versteht man meist ein paar grundlegende Ausdrücke. Neben Englisch ist Filipino (Tagalog) die zweite Amtssprache; wer spanisch spricht, wird manches Wort wiedererkennen. Filipino ist zwar die *lingua franca,* doch gibt es auf den Philippinen insgesamt 165 Sprachen – Cebuano und Ilocano sind zwei der häufigsten (s. S. 210

Busfahrt, Puerto Galera (S. 210)

Wie wär's mit ...

Insel-Hopping

Der zweitgrößte Archipel der Erde ist natürlich ein Traum für Inselhüpfer. Ganze Trauben kleiner Inselchen drängen sich um jede der Hauptinseln. Und nahezu in jeder Küstengemeinde sollte sich ein Bootsführer für Erkundungstouren auftreiben lassen.

Bacuit Archipelago Diese labyrinthische Wasserwelt sollte ganz oben auf der Liste stehen. (S. 449)

Calamian Group Jede Menge abgeschiedene Fischerdörfer und geheimnisvolle Binnenseen. (S. 451)

Siargao Die Surf-Hauptstadt der Philippinen ist umgeben von einer schwindelerregenden Reihe idyllischer Inselchen, die man erkunden kann, wenn die Wellen ausbleiben. (S. 396)

Romblon Am besten erforscht man diese vielfältige Provinz in der Sibuyan-See, nördlich von Boracay, mit einer *bangka* (hölzernes Auslegerboot). (S. 292)

Caramoan Peninsula Die Karste rund um dieses Fleckchen Erde im Osten der Region Bicol konkurrieren mit denen im Bacuit Archipelago. (S. 185)

Zambales Coast Unbewohnte Inseln verteilen sich entlang dieses einsamen Küstenstreifens, den man mit dem Auto von Manila aus gut erreichen kann. (S. 121)

Strandorte

Von leeren, palmengesäumten weißen Sandstreifen über Strände, an denen sich Resorts und Bars dicht an dicht reihen, bis zu über 7000 Inseln mit einer schier endlosen Küste – da findet jeder seinen Flecken Sand.

Boracay Am bekanntesten und am häufigsten besucht ist der White Beach, *der* Magnet für die Strandpartyszene der Philippinen. (S. 231)

El Nido Die Mischung aus großartigen Luxusresorts auf Privatinseln und bodenständigen Strandbungalows für Backpacker ist auch für die Philippinen beispiellos. (S. 440)

Dumaguete Kein Ort mit Resorts an sich, liegt aber in Reichweite von einigen der besten: Siquijor, Sipalay, Dauin und das idyllische Apo. (S. 279)

Mactan Island Eine große Anzahl exklusiver, eigenständiger Resorts mit jeder Menge Aktivitäten machen Mactan zu einem beliebten Ziel für Familien. (S. 319)

Malapascua Island Ein lässiges Tauchresort im Norden von Cebu, das noch Großes vorhat. (S. 322)

Port Barton Überaus entspannter Strandort an der einsamen Westküste von Palawan mit annehmbaren Resorts an und vor der Küste. (S. 435)

Samal Island & Talikud Island Sicher, man erkennt ganz deutlich Davao, aber der Vorteil tropischer Strände ist nicht zu verachten. (S. 410)

Märkte & Einkaufen

Es gibt eine unglaubliche Vielzahl an Souvenirs, so unterschiedlich wie das kulturelle Patchwork des Landes: von Ethno-Webarbeiten zu exotischen tropischen Früchten. Die Märkte sind ein Fest für alle Sinne und daher ein Must-see. Ein Erlebnis versprechen aber auch die allgegenwärtig Mega-Malls.

Bait's Friday Market Stammesangehörige der Mangyan wandern in farbenprächtiger Tracht vom Hochland hinunter um Gemüse gegen Produkte aus dem Tiefland einzutauschen. (S. 222)

Batanes Tolle Regenkleidung als Souvenir – die Kopfbedeckung der Frauen, ein *vakul*, schaut aus wie eine schlechte Perücke. (S. 171)

Greenhills Shopping Center Auf dem gigantischen Flohmarkt

in Manila werden hochwertige Antiquitäten und sogar echte Perlen verkauft, außerdem jede Menge billige Klamotten und DVD-Raubkopien. (S. 93)

Banaue Galerien verkaufen Jagdrucksäcke und Kopfbedeckungen der Ifugao und Stickarbeiten verschiedener Stammesgruppen aus der Cordillera. (S. 158)

Bicol Vor allem in Legazpi gibt es Leckereien aus der essbaren *pili*-Nuss, außerdem Gläser mit dem feurigen Bicol express. (S. 180)

Geschichte des Zweiten Weltkriegs

Nur wenige Länder ertrugen während des Zweiten Weltkriegs mehr Schmerz und Leid und erlitten größere Schäden als die Philippinen. Düstere Gedenkstätten erinnern überall auf dem Archipel an blutige Entscheidungsschlachten, historische Landungen und grauenhafte Todesmärsche.

Manila In der Hauptstadt stehen einige ergreifende Mahnmale, besonders friedlich und bewegend ist der American Memorial Cemetery in Fort Bonifacio. (S. 67)

Bataan Peninsula Kilometermarkierungen folgen der Strecke des Todesmarsches von Bataan; das Museum auf dem Mt. Samat ist ein Muss für alle, die sich für Militärgeschichte interessieren. (S. 116)

Red Beach Eine skurrile Statue stellt General MacArthurs berühmte Rückkehr nach. (S. 356)

Corregidor Island Nur Bataan steht auf den Philippinen noch mehr als Synonym für den Zweiten Weltkrieg. (S. 102)

Golf von Lingayen Die Stätte der entscheidenden Landung der amerikanischen Amphibienfahrzeuge. (S. 125)

Oben: San Agustin Church (S. 57), Intramuros von Manila
Unten: Diniwid Beach (S. 231), Boracay

Architektur

Die Spanier hinterließen jahrhundertealte Steinkirchen, Häuser und Villen im europäischen Stil. In liebenswerte Hotels umgewandelt, säumen sie noch heute alte Straßen mit Kopfsteinpflaster.

Vigan Die Gebäude der bemerkenswert gut erhaltenen Altstadt sind durch mexikanische, chinesische, philippinische und spanische Einflüsse geprägt. (S. 130)

Kirche in Daraga Die Barockkirche wurde 1773 aus Vulkangestein erbaut und steht auf einem Hügel mit Blick auf den Mt. Mayon und die geschäftige Marktstadt. (S. 192)

Boac Eine stark befestigte Kathedrale aus dem 17. Jh. und schmale Straßen, an denen Häuser aus dem 19. Jh. stehen; deren Balkone quellen vor Blumen über. (S. 204)

Intramuros Das spanische Fort wurde 1571 gegründet und auf den Überresten der islamischen Siedlung an der Mündung des Flusses Pasig in Manila errichtet. (S. 53)

Kathedrale in Manila Erstmals 1581 erbaut und seither mehrfach wieder errichtet, erweckt immer noch einen altertümlich Eindruck. (S. 58)

Monat für Monat

TOP-EVENTS
Ati-Atihan Festival, Januar

Moriones Festival, Karwoche

Kreuzigungszeremonien, Karfreitag

MassKara, Oktober

Rodeo Masbateño, Mai

Januar

Neujahr ist ein Höhepunkt der Saison, die Zimmerpreise in den Resorts können sich vervierfachen! Abseits der Ostküste ist das Wetter meist ziemlich schön – es ist relativ kühl und trocken, auch wenn sich der Regen manchmal bis in den Januar zieht.

✈ Procession of the Black Nazareners
Eine lebensgroße und hoch verehrte schwarze Christusstatue aus der Quiapo Church in Manila wird am 9. Januar und in der Karwoche vor Ostern in riesigen Prozessionen durch die Straßen getragen. (S. 71)

✈ Ati-Atihan
Das berühmteste und ausgelassenste Fest auf den Philippinen ist dieser einwöchige Karneval in Kalibo auf Panay, der in der dritten Januarwoche seinen Höhepunkt erreicht. Auch andere Städte in der Region wie Cadiz auf Negros und Iloilo feiern ähnliche Feste am Wochenende vor dem 26. Januar. (S. 247)

✈ Sinulog Fiesta
Bei der Mutter aller Fiestas auf Cebu finden sich die Feiernden zum Tanz *sinulog* zusammen, einem einzigartigen „Zwei Schritte vor, einer zurück"-Shuffle, mit dem der Rhythmus des Flusses nachgeahmt wird.

✈ Dinagyang Fiesta
Mit dieser dreitägigen karnevalesken Party wird in der vierten Januarwoche in Iloilo City das Santo Niño (Heiliges Kind) mit ausgefallenen Kostümen und Tänzen gefeiert. (S. 257)

Februar

Für Urlauber aus dem Ausland die Hauptsaison – man sollte also rechtzeitig buchen. Die Weihnachtswinde blasen weiterhin kräftig, was Kitesurfer erfreut. Auch die Surfsaison in San Fernando (La Union) dauert an und der *butanding* (Walhai) wird in Donsol aktiv.

✈ Chinesisches Neujahr
Neujahr nach dem Mondkalender Ende Januar oder Anfang Februar ist auch bei nicht chinesischen Filipinos beliebt. In Manila gibt es Drachentänze, Straßenpartys und riesige Feuerwerke.

✈ Panagbenga Flower Festival
In der letzten Februarwoche kommt Leben in die Straßen von Bagui, einer Stadt in den nördlichen Bergen. Gefeiert wird mit Liedern, Tänzen und einer großartigen Blumenparade auf spektakulären Festwagen.

April

In der Karwoche vor Ostern wird alles dichtgemacht, und überall im Land werden *sinakulo* (Passionsspiele) und *pasyon* (eine Rezitation der Leiden Christi) aufgeführt. Die Preise in den Resorts erreichen nochmals Höchstwerte.

 Lang-Ay Festival
In Bontoc, tief im Herzen der Cordillera, kommen die umliegenden Gemeinden zu Paraden in traditioneller Stammeskleidung zusammen.

Moriones Festival

Das wunderbar farbenprächtige Moriones Festival in Marinduque ist ein einwöchiges *sinakulo,* bei dem maskierte Einheimische die Straßen bevölkern, sich vorgetäuschte Schwertkämpfe liefern und unbeteiligten Zuschauern Streiche spielen. (S. 206)

Kreuzigungszeremonien

Die österliche Kreuzigungszeremonie in San Fernando (Pampanga), nördlich von Manila, bietet ein eher makabres Schauspiel, bei dem Gläubige tatsächlich an Holzkreuze genagelt werden. Ähnliche Darstellungen der Leiden Christi gibt es auch in einigen anderen Städten. (S. 115)

Lenten Festival of Herbal Preparation

Auf der „Geiserinsel" Siquijor versammeln sich Wunderheiler und Medizinmänner am Karsamstag um einen großen Topf, singen und bereiten eine mysteriöse Kräutermischung zu, von der manche sagen, sie heile alle Leiden und Zipperlein.

Mai

Aufgrund sengender Hitze, Strände voller einheimischer Touristen und leichter Winde ist dies eine eher unangenehme Reisezeit. In Betracht kommen eher Ziele im Hochland wie Batad, wo die Reisterrassen in ihrem schönsten Grün leuchten. Im Mai sieht man letztmals Walhaie in Donsol.

Rodeo Masbateño

Alle echten und Möchtegern-Cowboys machen sich Ende April oder Anfang Mai für eine elektrisierende Rodeo-Woche auf nach Masbate. Bullenreiten, Lassowettbewerbe und andere Events sorgen für klackende Sporen. (S. 199)

Flores de Mayo

Überall im Land sieht man im Mai Mädchen in weißen Kleidern, die Blumen rund um ein Bildnis der Jungfrau Maria streuen – ein jahrhundertealter Brauch, der Flores de Mayo genannt wird. In Makatis Rotlichtbezirk gibt es eine etwas anrüchige Version davon.

Pahiyas sa Lucban

Diese berühmte Fiesta findet um den 15. Mai herum in der Stadt Lucban südlich von Manila statt. Dabei werden die Häuser mit farbenprächtigen *kiping*-Dekorationen geschmückt; *kipings* sind blattartige Reiswaffeln, die später gegessen werden. (S. 110)

Juni

Die einsetzende Regenzeit (und Nebensaison) bringt eine willkommene Atempause von der Hitze. Im Juni beginnt allerdings auch die Taifunsaison, man sollte also das Radar beobachten und seine Route ändern, wenn ein großer roter Klecks auf einen zukommt.

Pintados-Kasadyaan

Das „Farben-Festival" am 29. Juni in Tacloban feiert prähispanische traditionelle Tattoo-Praktiken; allerdings werden Farben auf Wasserbasis für den festlichen Körperschmuck verwendet.

Baragatan Festival

In der dritten Juniwoche bevölkern die Einwohner von Puerto Princesa auf Palawan das Gelände des Regierungsgebäudes der Provinz, um ausgiebig zu feiern. (S. 425)

WELCHE FIESTA LÄUFT GERADE?

Nahezu jedes *barangay* (Dorf) hat eine. Und es gibt nahezu jeden Tag eine. Fiestas sind ein integraler Bestandteil des Lebens und der Identität der Filipinos. In den meisten Fällen steigen sie zu Ehren eines Schutzheiligen. Wie auch andere Facetten dieser Kultur versteht man manche Fiestas jedoch am besten als Resultat eines Synkretismus: ältere Rituale und Glaubensinhalte, die mit erfolgreichen Ernten und reichem Fischfang verknüpft sind, gingen in den katholischen Kanon über, meist auf Geheiß von vor Jahrhunderten tätigen Missionaren. Es gibt immer noch reine Aussaat-Feste und ursprüngliche, prähispanische Traditionen. Unabhängig von ihren Ursprüngen jedoch sind sie überaus fröhliche Angelegenheiten, bei denen sich ganze Städte für die zeitweilige Heimkehr geliebter Menschen herausputzen.

August

Der regenreichste Monat (nur an der Ostküste ist es der trockenste) beschert Reisenden märchenhafte Nachlässe bei den Unterkünften. Am Monatsende beginnt in Mindanao die Erntezeit der Durianfrucht und in Siargao die Surfsaison.

★ Kadayawan sa Dabaw Festival

Davaos großes Festival stellt seine muslimischen, chinesischen und indigenen Einflüsse mit Paraden, Aufführungen sowie Frucht- und Blumenausstellungen zur Schau. Es findet in der dritten Augustwoche statt.

Oktober

Nach den heftigen Regenfällen im August und September wird es langsam trockener, es können sich aber immer noch Taifune zusammenbrauen. Gegen Ende des Monats erreichen die Preise Hauptsaison-Niveau. In den Einkaufszentren dudelt schon Weihnachtsmusik.

★ MassKara Festival

Am Wochenende um den 19. Oktober treiben maskierte Männer die Massen auf den Straßen von Bacolod, der Hauptstadt von Negros Occidental, in einen Tanzrausch.

★ Lanzones Festival

Die nördliche Mindanao-Insel Camiguin gerät wegen der kleinen gelben Frucht des Lansibaums in Ekstase

Oben: Sinulog Fiesta
Unten: MassKara Festival (S. 27)

und feiert sie mit Paraden, Tanzwettbewerben und einem Umzug. (S. 390)

⭐ Todos los Santos

Familien packen Essen ein und treffen sich auf dem Friedhof, um sich in der Nacht auf Allerheiligen (1. November) an geliebte Verstorbene zu erinnern. Es geht überraschend fröhlich zu – so etwa auf dem Chinesischen Friedhof in Manila. (S. 71)

Dezember

Die nordöstlichen Weihnachtswinde frischen auf und eröffnen die Saison für Kitesurfer in Boracay und die Surfsaison im nordwestlichen Luzon.

⭐ Shariff Kabungsuan Festival

Dieses Festival in Cotabato auf Mindanao feiert vom 15. bis 19. Dezember die Ankunft des Islams in der Region, u. a. mit Flussparaden festlich geschmückter Boote.

Reiserouten

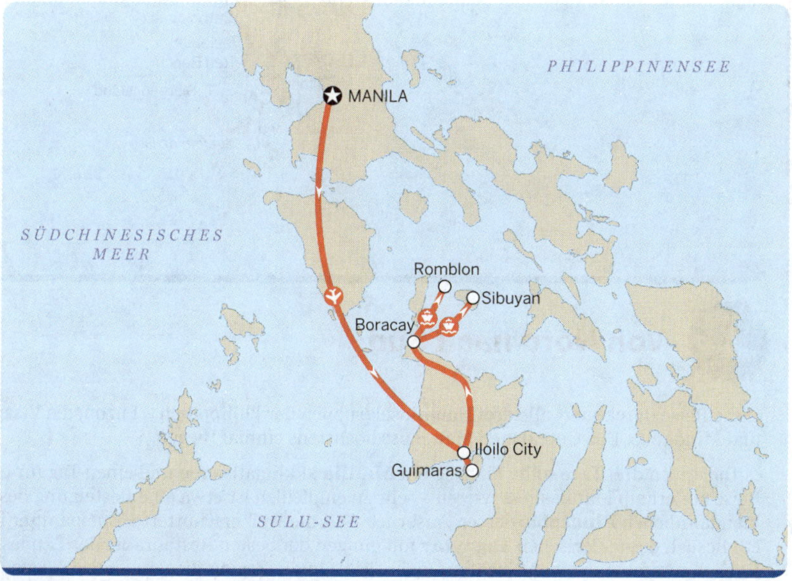

 Manila & Panay

Los geht's in **Manila** mit einer eintägigen Tour zu den historischen Stätten in Intramuros und den nahe gelegenen Museen und einem weiteren Tag in Chinatown und dem modernen Manila, verkörpert durch Makati City. Wer genug Kondition hat, kann sich bis zum Morgengrauen in Bars, Clubs und bei allen Arten von Nachtleben amüsieren.

Wer so ein wenig vom Leben in einer Megalopolis mitbekommen hat, fliegt nach **Iloilo City** auf der Insel Panay, um dort eine handlichere Version von Städten auf den Philippinen kennenzulernen. Empfehlenswert ist die koloniale Architektur der Stadt und das wiederbelebte Smallville. Einen kurzen Bootsausflug entfernt liegt **Guimaras**, ein Inseljuwel für Liebhaber von bilderbuchmäßigen, günstigen Resorts, für Mountainbiker und Mango-Feinschmeckern.

Mit Bus und Boot kommt man schnell nach **Boracay**. Die angesagteste Insel der Philippinen hat zwei Trumpfkarten: den White Beach und die wilde Party- und Nachtlebenszene. Da kann man schon in Versuchung geraten, sich für immer hier niederzulassen. Wem die Lebensweise jedoch zu anstrengend ist, nimmt eine Auszeit vom Urlaub und die Fähre nach Norden zur Insel Looc und weiter zu einem der Rückzugsorte auf **Romblon** oder **Sibuyan**, bevor die Rückkehr in die Zivilisation über Cebu oder Manila erfolgt.

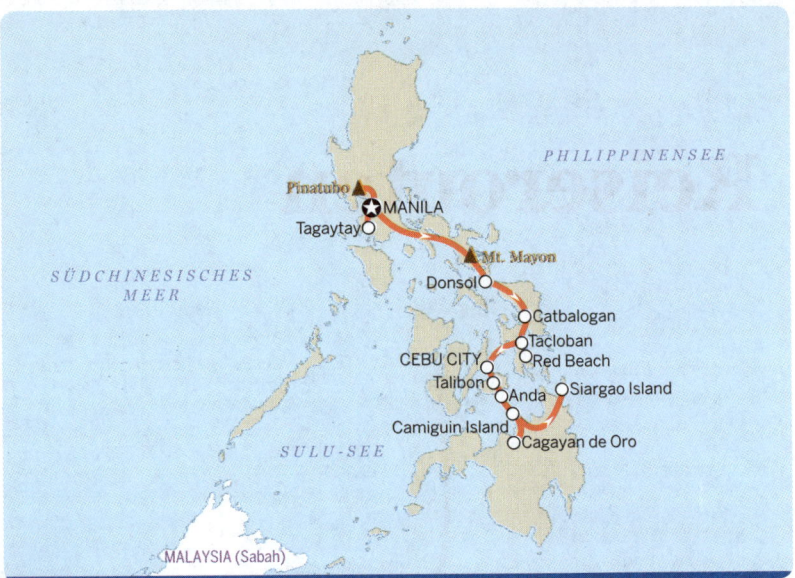

Von Nord nach Süd

Diese Reise durchquert alle drei Hauptinselgruppen der Philippinen – Luzon, die Visayas und Mindanao. Das Gute dabei: Man muss höchstens einmal fliegen.

Die ersten drei Tage sollte man sich in **Manila** akklimatisieren und einen Tag für eine Reise außerhalb Manilas reservieren – sehr zu empfehlen ist etwa eine Besteigung des mondähnlichen **Pinatubo**, dessen Ausbruch 1991 die Welt erschütterte. Entspannter ist ein Besuch des malerischen **Tagaytay** mit einigen der besten Restaurants des Landes. Danach nimmt man einen Nachtbus (oder fliegt) in die Region Bicol in Südost-Luzon. Im Dorado für Aktiv- und Abenteuerurlauber kann man u. a. surfen und wakeboarden, rund um Legazpi mit den Walhaien vor **Donsol** schnorcheln oder den symmetrischen Kegel des **Mt. Mayon** besteigen (wenn er nicht gerade ausbricht).

Auf der weiteren Reise nach Süden überquert man die San-Bernardino-Straße zu den zerklüfteten Inseln Samar und Leyte in den östlichen Visayas. Unterwegs kann man in **Catbalogan** das Höhlenabenteuer seines Lebens mitnehmen und in **Tacloban**, der Heimatstadt von Imelda Marcos, stoppen, das zugleich besonders stark von Taifun Haiyan (Yolanda) ramponiert wurde. Der Wiederaufbau kommt gut voran. Am nahe gelegenen **Red Beach** besucht man den Ort, wo im Zweiten Weltkrieg die Befreiung der Philippinen ihren Anfang nahm. Anschließend geht es mit der Fähre zur Hauptstadt der Visayas, **Cebu City**, um dort modernen Komfort und das Nachtleben zu genießen.

In der dritten Woche dieser Tour ist man wahrscheinlich bereit für ein wenig Strandleben. Mit einer Fähre nach **Talibon** nimmt man die weniger befahrene Strecke nach Bohol und folgt dann der Ostküste hinunter bis **Anda**. Wer ausreichend entspannt ist, zieht weiter nach Süden und nimmt eine weitere Hintertür: mit der Fähre in dreieinhalb Stunden von Jagna auf Bohol nach **Camiguin Island**. Diese kann sowohl Abenteuerlustige wie Strandfaulenzer tagelang glücklich machen, bevor man mit der Fähre auf die Hauptinsel Mindanao übersetzt oder über Cebu nach Siargao fliegen. Für die letzten Tage bedeutet das die Wahl zwischen der Universitätsstadt **Cagayan de Oro**, wo Raftings locken, und **Siargao**, einer idyllischen Insel mit Top-Surfspots sowie Lagunen und Mangroven ohne Ende.

REISEPLANUNG REISEROUTEN

Oben: Mt. Mayon (S. 192)
Unten: Kinder im Malasag Eco-Tourism Village (S. 385)

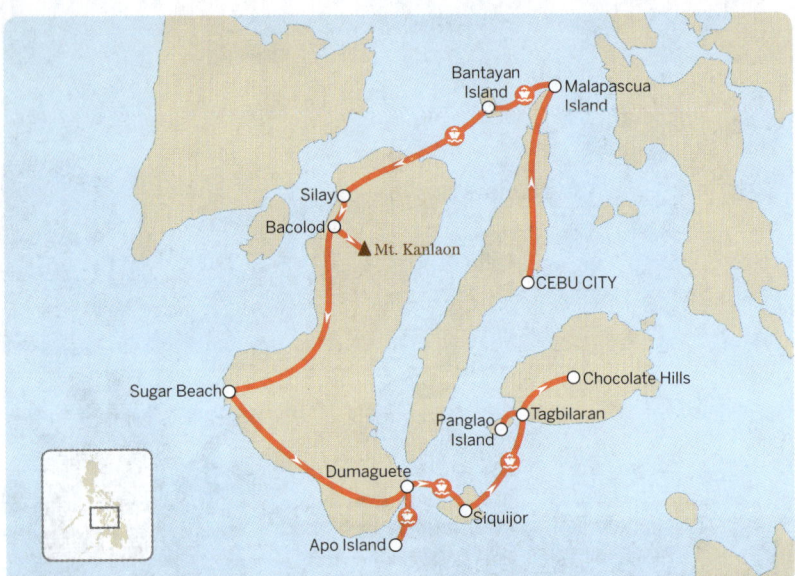

3 WOCHEN Visayas-Rundreise

Der Trip beginnt in **Cebu City**, wo man tagsüber ein wenig Geschichte aufschnappt, die abends auf der Party durchgeschüttelt wird. Dann wird es Zeit für die Inseln: Für Taucher führt der Weg geradewegs nach **Malapascua**, wo man eine gute Chance hat, Fuchshaien zu begegnen, während man auf **Bantayan** entspannt in der Sonne brutzelt. Nach ein bis drei Tagen lockt dann auch schon die Fähre auf die benachbarte Insel Negros.

Mit dem Bus führt die faszinierende Reise vorbei an Haziendas und Zuckerrohrplantagen nach **Silay**. Übernachten kann man dort in ursprünglichen Behausungen, während man sich in den Ruinen einer großartigen Villa aus den 1930er-Jahren spanische Küche schmecken lässt. Weiter südwärts kommt man nach **Bacolod**, wo man in großartigem Essen schwelgen und tolle Bars besuchen kann; der **Mt. Kanlaon** bietet sich für eine Vulkanwanderung an. Weitere Strand-Action wartet am erfreulich entspannten **Sugar Beach** – ein göttlicher Bogen feinen weißen Sands. Weiter geht's an der Küste entlang nach Südosten zur Universitätsstadt **Dumaguete**, die mit einer malerischen Strandpromenade, leckeren Meeresfrüchten und wildem Nachtleben aufwartet. Von hier aus erreicht man die winzige **Insel Apo**, eines der besten Tauchspots der Philippinen.

Mit der Fähre zur geheimnisvollen Insel **Siquijor** verabschiedet man sich von Negros. Dort sollte man zwei bis drei Tage einplanen, um einen der berühmten Volksheiler zu besuchen, an einigen umwerfenden Stränden zu faulenzen, etwas zu tauchen oder eine Höhle zu erkunden – sprich, um die heitere Inselatmosphäre in sich aufzusaugen.

Bohol, bei vielen Travellern beliebt, ist die letzte Station. In der lebhaften Hauptstadt **Tagbilaran**, Ziel für eine Nacht, bestaunt man bei einem abendlichen Kajakausflug Glühwürmchen. Danach stürzt man sich in die Massen auf der **Insel Panglao**, wo herrliche Tauchreviere und feuchtfröhliche Nächte am Alona Beach warten. Eine völlig andere Optik bietet der Ausflug in den Dschungel im Landesinneren Bohols. Wer früh aufsteht, sieht die **Chocolate Hills** bei Sonnenaufgang ohne Menschenmassen. Und dann gibt's natürlich noch die Koboldmakis: Die liebenswerten Viecher sind eine der kleinsten Primatenarten der Welt und am besten im Tarsier Research & Development Center zu beobachten.

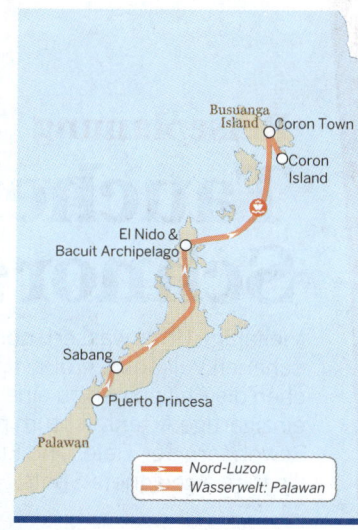

Nord-Luzon
1 MONAT

Wasserwelt: Palawan
2 WOCHEN

Ein Bus bringt Traveller nonstop von Manila nach **Baguio**, „Sommerhauptstadt" der Philippinen und Einfallstor zu den Kordilleren. Ein paar Museen gewähren hier faszinierende völkerkundliche Einblicke. Weiter geht's danach ins relativ unberührte **Kabayan**, Zentrum der Ibaloi-Kultur und Ausgangspunkt für Wanderungen im Mt. Pulag National Park. Anschließend lockt **Sagada**, ein ruhiges Backpacker-Dörfchen mit kühlen Temperaturen, relaxten Vibes und ausgezeichneten Wandermöglichkeiten.

Als nächstes stehen die Reisterrassen von **Maligcong** an. Mit einem Jeepney kann man nach **Bontoc** fahren und das nahe gelegene Mainit erkunden. Mit Abstechern zu Kalinga-Dörfern, die Welten von der Moderne entfernt scheint, kann man locker mehrere Tage verbringen.

Von Bontoc führt die Reise weiter nach **Banaue** und **Batad**, mit den berühmtesten Reisterrassen Luzons. Atemberaubende Wanderungen, am besten verbunden mit ein, zwei Übernachtungen in Homestays, beschäftigen einen über mehrere Tage. Um hedonistische Aspekte nicht ganz zu vergessen, fährt man südwärts bis San Jose und weiter in die Surfer-Stadt **Baler**.

Puerto Princesa, Hauptstadt und Verkehrsknotenpunkt dieser langen, schmalen Insel, ist bestens als Start geeignet. Einen Abend kann man damit verbringen, die Gastroszene der Stadt zu erkunden, einen Tag lang erforscht man die ländliche Umgebung mit dem Motorrad. Von Puerto aus lässt sich eine Fahrt nach **Sabang** organisieren, einem gemütlichen Dorf am Strand und Basis für Trips durch eine dunkle, von einem Fluss durchzogene Höhle.

Von Sabang geht es nach Norden bis **El Nido**, das eingezwängt zwischen Kalksteinklippen und dem ultramalerischen **Bacuit Archipelago** voller versteckter Lagunen und Felslandschaften liegt. Man kann einige Tage (oder auch länger) von Insel zu Insel hopsen, mit dem Kajak zu einsamen Sandstränden paddeln und abends direkt am Wasser ein paar Drinks kippen.

Von El Nido geht es mit dem Boot durch ein Labyrinth aus Inseln hinauf nach **Coron Town** auf Busuanga. Von hier kann man sich zu den eindrucksvollen Seen von **Coron** hinauswagen und einige der weltweit besten Wracktauchspots erkunden. Mit Flugzeug oder Fähre landet man schließlich wieder in Manila und der Realität.

Reiseplanung
Tauchen & Schnorcheln

Vielfältige Unterwasserlandschaften mit entlegenen Riffen, erloschenen Vulkanen, großartigen Wänden, Höhlen und Wracks machen die Philippinen zu einem der weltbesten Ziele für Taucher. Der einzigartige Artenreichtum reicht von Haien bis hin zu den kleinsten Bewohnern der Tiefe. Und Einsteiger wie Cracks finden garantiert die für sie geeigneten Spots.

Top-Tauchreviere

Riffe
Die Tubbataha Reefs (S. 429) und das Apo Reef (S. 226) sind die größten und wohl auch intaktesten Korallenriffe der Philippinen. Aber auch die außergewöhnlichen Riffe von Balicasag (S. 344) und Padre Burgos (S. 360) lohnen einen Abstecher.

Wände
Unterwasserklippen gibt es in den Gewässern der Philippinen viele: so z. B. die Canyons (Puerto Galera), die Jigdup Wall (Camiguin) oder der Mushroom Rock (Samal), um nur einige zu nennen.

Haie
An den Tubbataha Reefs (S. 429) tummeln sich u. a. Weißspitzen-Riffhaie, Leopardenhaie und Hammerhaie, vor Malapascua (S. 322) Fuchshaie.

Für Einsteiger
Gute Spots sind vor Boracay (S. 229), Puerto Galera (S. 210), Anilao (S. 108) und Cebu (S. 303).

Schnorcheln
Mit den Walhaien von Donsol (S. 194) zu schnorcheln, lässt sich kaum toppen. Ein tolles Ziel sind auch die Coral Gardens bei Puerto Galera.

Tauchtrips planen

Reisezeit
Vielerorts kann das ganze Jahr über getaucht werden. Das Klima der Philippinen wird jedoch von den Monsunwinden aus Richtung Nordosten *(amihan)* und Südwesten *(habagat)* beeinflusst. So gibt's hier eine Trockenzeit (Nov.–Mai, mit regionalen Unterschieden), eine Regenzeit (Juni–Okt.) und gelegentlich auch Taifune (Juni–Dez.).

Trockenzeit
Die *amihan*-Winde (Nov.–April) blasen den Großteil des verbliebenen Regens weg. Von Ende Dezember bis Anfang März ist das Meer zum Teil recht kabbelig und trübe. Viele Tauchzentren weichen dann gerne auf alternative Spots aus, falls das Wetter bestimmte Reviere zu stark beeinträchtigen sollte. Mitte November startet grundsätzlich die „Touristensaison". Über Weihnachten und Neujahr sollten Unterkünfte reserviert werden, da dann Hochbetrieb in den meisten Resorts und Tauchzentren herrscht. Wenn der *amihan* abebbt (Ende März), wird das Meer glatt und ruhig. Im Mai und April präsentiert sich die unglaublich zauberhafte Unterwasserwelt dann von ihrer besten Seite.

> **VERANTWORTUNGSBEWUSST TAUCHEN**
>
> Folgende Verhaltensregeln sorgen für Sicherheit und Freude beim Tauchen:
> ➡ Unbedingt alle örtlichen Gesetze bzw. Bestimmungen zum Schutz des marinen Lebensraums beachten; keine Fische füttern.
> ➡ Niemals auf lebendigen Meeresorganismen stehen oder diese berühren; keine Ausrüstung über Riffe schleppen.
> ➡ Taucherflossen kontrolliert bewegen: Auch ohne direkte Berührung können Wirbel durch zu nahe Flossenschläge die empfindlichen Organismen eines Riffes beschädigen.
> ➡ Den Auftrieb unter Kontrolle halten und dies bei Bedarf vorher üben: Schwere Schäden können entstehen, wenn Taucher zu schnell aufsteigen und dabei mit Riffen kollidieren.
> ➡ Niemals Korallen oder Muscheln sammeln bzw. kaufen und keine archäologischen Stätten unter Wasser plündern.
> ➡ Über wie unter Wasser unbedingt eigenen Abfall und auch eventuell gefundenen Müll anderer mitnehmen.

Regenzeit

Der Höhepunkt der Regenzeit (Juli-Sept., in den meisten Landesteilen) geht mit dem der Taifunsaison einher. Ergebnis sind starke tropische Unwetter. Die heftigen Regenfälle können die Sicht unter Wasser beeinträchtigen. Allerdings gibt es in vielen Tauchrevieren geschützte Spots, die im Windschatten liegen und so vernünftiges Tauchen bei akzeptabler Sicht ermöglichen. Mehrtägige Tauchsafaris zu entlegenen Zielen mit Übernachtung an Bord sind von Juli bis November dennoch kaum im Angebot. Viele Anbieter haben während dieser Zeit geschlossen.

Das gibt es zu sehen

Die herrlich vielfältige Unterwasserwelt der Philippinen wird zumeist von kleinen bis mittelgroßen Meereslebewesen bevölkert. Tauchern, die auf dem Globus herumgekommen sind, zählen die Philippinen zu den weltweit schönsten Revieren mit Makrofauna (Kleinlebewesen). Große pelagische Arten (Freiwasser-Spezies) wie Haie, Schildkröten und Mantarochen lassen sich nur an wenigen Stellen beobachten, so z. B. an den Tubbataha Reefs oder am Apo Reef. Kurz: Der Artenreichtum unter Wasser und die farbenfrohe Vielfalt der Korallen suchen auf dem Planeten ihresgleichen.

Leider sind die Korallen vor der philippinischen Küste nach wie vor stark bedroht, da zerstörerische Fischereimethoden (z. B. per Zyanid oder Dynamit) hier immer noch weitflächig praktiziert werden. Auch die Umweltverschmutzung hat negative Folgen. Allerdings sind die besten Tauchreviere der Philippinen inzwischen Meeresschutzgebiete und daher von großflächigen Zerstörungen verschont geblieben.

Ausrüstung

Die meisten philippinischen Tauchzentren stellen ein großes Spektrum an gut gewarteter und relativ neuer Leihausrüstung zur Verfügung. Equipment für technisches Tauchen (u. a. Seilrollen, Atemgas und oft auch Atemgeräte) gibt's bei entsprechenden Spezialanbietern. Viele Tauchveranstalter verkaufen auch Ausrüstung – die meisten international bekannten Marken lassen sich vor Ort erwerben und warten.

Einen Tauchanbieter wählen

Die Tauchbedingungen auf den Philippinen können oft trügerisch sein: Die großartige Sicht im klaren Wasser kann leicht dazu führen, dass man die Orientierung verliert und tiefer abtaucht, als vorgesehen. An vielen Spots sind Strömungen ein nicht zu vernachlässigender Aspekt. Zudem können sich Wetter und Meer zu bestimmten Jahreszeiten innerhalb von wenigen Minuten verändern.

Es ist es also dringend angeraten, sich in die Hände eines professionellen Tauchveranstalters zu begeben. Die Zugehörigkeit zur PADI ist ein erstes gutes Indiz, dass Sicherheit und Kundenservice großgeschrieben werden. Zudem sollte man die Sicherheits- und Notfallvorkehrungen der Firmen genau in Augenschein nehmen: Wird Sauerstoff zur Verfügung gestellt (auch direkt an Bord von Tauchbooten)? Ist ausgebildetes Bordpersonal vorhanden, das damit kompetent umgehen kann? Ist die Leihausrüstung gut gewartet und auf neuestem Stand? Und zu guter Letzt: Landesweit arbeiten Hunderte von Tauchprofis aus aller Welt – da sollte sich jemand finden lassen, mit dem man idealerweise in der eigenen Sprache kommunizieren kann.

Tauchschein

Alle Tauchzentren auf den Philippinen bestehen auf einem international anerkannten Tauchschein und sollten sich diesen auch zeigen lassen. Ein Logbuch, das die Taucherfahrung nachweist, muss jedoch nur selten vorgelegt werden. Die meisten Trips mit Übernachtung an Bord erfordern mindestens ein Zertifikat für Fortgeschrittene. Doch nun die gute Nachricht: Egal ob Anfänger auf der Suche nach professionell durchgeführten Kursen oder erfahrener technischer Taucher mit dem Ziel, sich zum Tauchlehrer ausbilden zu lassen – die Philippinen eignen sich super, um das Tauchen zu lernen oder zu perfektionieren.

Technisches Tauchen

Technisches Tauchen ist auf den ganzen Philippinen weit verbreitet. Auch an tieferen Stellen für entsprechende Kurse herrscht kein Mangel. Die Wracks auf dem Grund der Coron Bay und Subic Bay sind hervorragende Spots, ebenso die Coron Caves und die Höhlen nahe El Nido.

Zu den qualifizierten Anbietern von technischen Tauchkursen zählen **Tech Divers** (www.tech-divers.com; Puerto Galera), **Kontiki Divers** (www.kontikidivers.com; Cebu), **PhilTech** (www.philtech.net; Makati) und **Tech Asia** (www.asiadivers.com; Puerto Galera) als Ableger von Asia Divers.

Bei manchen Trips mit Übernachtung an Bord kommen qualifizierte Teilnehmer auf Anfrage in den Genuss von technischen Tauchgängen bzw. Kursen mit Leihausrüstung (u. a. Atemgas und -geräte).

Preise

Die Preise variieren regional sehr stark. Kleine Gruppen bezahlen pro Person und Tauchgang ca. 25 bis 35 US$ (inkl. meist sehr kurzer Bootsfahrt, kompletter Leihausrüstung und Begleitung durch einen Tauchlehrer). Mit eigenem Equipment wird es etwas weniger günstiger. Tauchgänge mit zwei oder drei Flaschen sind im Verhältnis normalerweise günstiger als mit einer Flasche. Die Tarife für Kurse mit PADI-Open-Water-Zertifikat (350–500 US$) unterscheiden sich von Ort zu Ort mitunter deutlich.

➡ Günstige Tauchziele: Moalboal, Dumaguete, Padre Burgos (Leyte).

➡ Mittelteure Tauchziele: Malapascua, Camiguin Island, Coron, Puerto Galera, Siquijor.

➡ Teure Tauchziele: Anilao, Alona Beach (Panglao Island), Mactan Island, Dauin (Negros).

Tauchreviere

Ob eher entspanntes Tauchen in flachen Korallengärten oder technisches Tauchen in tieferen Regionen: Die Philippinen zählen zu den weltbesten Revieren. Wracks, Unterwasserwände und Riffe gibt es in Hülle und Fülle. Vielerorts begegnet man unter Wasser einem enormen Artenreichtum, von winzigen, einzigartigen Nacktkiemern (Meeresschnecken) bis hin zu riesigen Walhaien.

Luzon

Auf Luzon liegt die inoffizielle philippinische Hauptstadt des Sporttauchens: Anilao in der Provinz Batangas. Hinzu kommen zahlreiche Spots vor Mabini und Tingloy Island sowie das beste Schnorchelrevier der Philippinen (Donsol). Außerdem wären da noch die Batanes Islands mit den nördlichsten und neuesten Tauchspots des Landes.

Cathedral Meeresschutzgebiet gleich vor Anilao; viele farbenfrohe Rifffische.

Mainit Point Vor San Teodoro; Weißspitzen- und Schwarzspitzen-Riffhaie, Graue Riffhaie und Schwärme von Thunfischen oder Gelbschwanzmakrelen.

Sombrero Island Nahe Anilao; Felsspalten und Felsbrocken voller Seefächer, die Freiwasserfische wie Gelbschwanz-Barrakudas und Regenbogenmakrelen anlocken.

Subic Bay Früherer US-Marinestützpunkt mit mehreren Wracks wie der eindrucksvollen USS *New York*. (S. 113)

REISEPLANUNG TAUCHEN & SCHNORCHELN

Oben: Taucher vor Balicasag Island (S. 340)

Unten: Taucher und Walhai vor der Bataan Peninsula (S. 116)

Donsol Schwimmen mit Walhaien am einzigen reinen Schnorchelspot der Philippinen. (S. 194)

Manta Bowl Tauchen mit Mantarochen vor Ticao Island. (S. 195)

Ticao Pass Hiesige Strömungen locken gelegentlich Fuchs-, Wal-, Hammer- und Tigerhaie an.

Batanes Islands Werden gerade erst für Taucher zugänglich gemacht; das Kural Marine Sanctuary schützt Kuppelriffe mit Korallen, während sich das Blue Hole nur für Cracks eignet. (S. 171)

Mindoro

Die Spanier benannten Mindoro einst nach einer Goldmine. Der aufregendste Schatz liegt jedoch unter Wasser. Als großes Zentrum für Taucher bietet Puerto Galera (S. 210) einen tollen Mix aus Wand-, Riff-, Höhlen-, Wrack- und Strömungstauchen. In der Verde Island Passage muss man mit unvorhersehbaren Bedingungen und starken Strömungen rechnen – daher ist ein erfahrener einheimischer Führer absolut Pflicht. Zwei Bootsstunden vor Mindoros Westküste liegt das Apo Reef (S. 226), das dank Steilkanten und Kuppelriffe eines der besten Tauchreviere der Philippinen ist.

Canyons Fortgeschrittenenrevier in Puerto Galera; starke Strömung und Barrakudaschwärme.

Shark Cave Beliebter Spot voller Haie, Tintenfische und Muränen.

Fishbowl Anspruchsvolle Stelle (Tiefe 40–50 m) in der Verde Island Passage; Haie und große Schwärme von Freiwasserfischen.

San Agapito Point Vor Verde Island; Seefächer und Korallen locken Seeschlangen, viele Kleinlebewesen und Stachelmakrelen-Schwärme an.

Ranger Station Korallengarten am Apo Reef; zahlreiche Rifffische, Schildkröten und seltene Zwergteufelsrochen.

Shark Ridge Super Spot, um Weißspitzen- und Schwarzspitzen-Riffhaie sowie gelegentlich auch Mantarochen zu beobachten.

Hunter's Rock Kuppelriff rund 20 km westlich des Apo Reef; Tummelplatz von Seeschlangen.

Die Visayas

Die Visayas bestehen aus vielen großen und kleinen Inseln. Die praktisch unendliche Auswahl an Tauchspots vor Cebu, Bohol und Balicasag umfasst ein paar der aufregendsten Optionen des Landes. Die extrem beliebten Reviere rund um Apo Island (südliches Negros) und die nahe gelegenen Siquijor Island liegen recht weit verstreut. Boracay ist ein populärer Ort für Kurse, während Panay und Romblon auch viele Unterwasser-Abenteuer ermöglichen.

Pescador Island Vor Moalboal; mit einer spektakulären Wand gleich vor der Küste, die große Freiwasserfische und auch Walhaie anlockt. (S. 329)

Mactan Island Ungemein vielfältige Unterwasserlandschaft mit Korallenbergen, Höhlen, Wänden und Wracks. (S. 319)

Kontiki Reef Flaches Riff mit zahllosen Fischen.

Gato Island Gleich vor der Nordküste von Cebu; ein Schwarm seltener Fuchshaie ist am benachbarten Monad Shoal (ganzjährig) zu Hause, während von Juni bis Dezember auch Mantarochen vorbeischauen. (S. 323)

Cabilao Island Mit einem Überhang und Korallenriffen, die Barrakudaschwärme anziehen. (S. 345)

Balicasag Island Mit senkrechten Wänden und Korallengärten, die viele Freiwasserfische beheimaten; vor dem Barracuda Point lassen sich Hammerhaie (Dez.–Jan.) und große Barrakudaschwärme blicken. (S. 344)

Malatapay Vor dem südlichen Negros; steile Wände, große Fische und superklare Sicht.

Clownfish City Der Name ist Programm: Clownfische bevölkern riesige Seeanemonenfeldern vor Apo Island. (S. 277)

Sugar Beach Zwei versunkene Inseln, vier Wracks und gute Wände. (S. 275)

Dauin Tolles Schlammtauchen an den Hausriffen des örtlichen Resorts (S. 278).

Siquijor Am südlichen Inselende lassen sich Rifffische prima beobachten. (S. 287)

Boracay Zu den besten Spots zählen z. B. die Yapak Walls mit Riffhaien, Einfarben-Thunen und Stachelmakrelen; das flache Riff am Angol Point eignet sich gut zum Nachttauchen. (S. 231)

Maniguin Island Vor Panay; berühmt für seine Hammerhaie.

Blue Hole Vor Romblon; befindet sich in einem erloschenen Vulkan und ist ein beliebtes Ziel von fortgeschrittenen Tauchern. (S. 297)

Alad Marine Sanctuary Fassschwämme und Weichkorallenfelder, die Schwärme von farbenfrohen Fischen beheimaten.

Padre Burgos In der Sogod Bay (südliches Leyte); tolles Rifftauchen, Walhaie von Februar bis Juni. (S. 360)

Tauchen in den Philippinen

> **LIVE-ABOARDS**
>
> Tauchtrips mit Übernachtung an Bord (engl. live-aboards) sind eine beliebte Methode, um die entlegeneren Tauchreviere der Philippinen zu besuchen oder mehrere Spots in einer Woche abzuklappern. Das Spektrum der verwendeten Kähne reicht von speziellen Taucherbooten, Jachten und umgebauten Fischkuttern bis hin zu modifizierten *bangkas*.
>
> Die Ausflüge starten in Puerto Galera, auf Boracay und auf vielen anderen Inseln der Visayas (bzw. werden jeweils von dortigen Tauchveranstaltern organisiert). In Bälde werden auch ein paar neue Angebote ab El Nido (Palawan) zur Coron Bay und eventuell auch bis hinaus zum Apo Reef führen. Wichtig: Bei der Auswahl eines Veranstalter sollten Sicherheitsaspekte, Seetüchtigkeit des Bootes und Professionalität des Personals grundsätzlich mehr Gewicht besitzen als der Preis!
>
> Das tollste Tauchrevier der Philippinen (die Tubbataha Reefs in der Sulu-See) sind nur mit diversen Luxusbooten ab Puerto Princesa (Palawan) zu erreichen. Das Angebot reicht von umgebauten Schonern und kleinen Kreuzfahrtschiffen bis hin zu mondänen Jachten.
>
> Einige renommierte und empfehlenswerte Veranstalter:
>
> **M/Y Discovery Palawan** (www.discoveryfleet.com; 6 Tage/7 Übernachtungen 2100–2500 US$) Vornehmes Taucherboot, das die Route Batangas–Apo Reef–Calumbuyan–Ditonai bedient (Okt.–Mitte März); auch siebentägige Fahrten zu den Tubbataha Reefs sind im Programm (Mitte März–Mitte Juni).
>
> **Rags II** (www.apo-reef-coron-wrecks-liveaboard.com; 240 US$/Tag) Großes umgebautes *bangka*, das zum Wrack-, Riff- und Höhlentauchen das Apo Reef, die Coron Caves oder die Tablas Strait ansteuert.
>
> **S/Y Philippine Siren** (www.sirenfleet.com; 6 Tage/7 Übernachtungen 3150 €) Luxus-Segeljacht, die zu den Tubbataha Reefs und den südlichen Visayas sowie nach Malapascua und Donsol schippert.
>
> **M/Y Palau Sport** (www.palausport.com; 6 Tage/7 Übernachtungen 2100 US$) Besucht die Tubbataha Reefs (April–Juni) und Tauchspots vor Cebu (Juli).

Mindanao & Sulu

Mindanao, die zweitgrößte Insel der Philippinen, war zuletzt öfters Schauplatz politisch bzw. religiös motivierter Unruhen. Allerdings gibt's hier auch ein paar hervorragende Tauchreviere: Taucher schätzen die Umgebung von Davao (vor allem Samal Island) seit Jahrzehnten, während Siargao Island für seine hervorragende Unterwassersicht berühmt ist. Camiguin Island vor Mindanaos zentraler Küste zeugt von seinen vulkanischen Ursprüngen und von jüngeren tektonischen Ereignissen. Vor General Santos (alias Gensan) warten einige super Spots für fortgeschrittene Taucher.

Agutayan Island Das Meeresschutzgebiet rund um die Insel ist ein spektakuläres Riff, das scharenweise Rotfeuerfische, Kaiserfische, Zackenbarsche und manchmal auch Hammerhaie anlockt.

General Santos In den Tiefen der Sarangani Bay liegt das Gutsy's Reef mit Weißspitzen-Riffhaien, Stachelmakrelen und Schwärmen von Doktorfischen. (S. 414)

Ligid Cave Gepunktete Riffkrabben, Anemonenkrabben und Tintenfische in einer Kalksteinspalte.

Mushroom Wall (Dakak Island) Zwischen Panay, Sibuyan und Masbate; viele Schwämme, Felsspalten und Vorsprünge locken Schwärme von Rifffischen an, während die zahlreichen Krustentiere der Caves bei Nacht besonders eindrucksvoll wirken.

Siargao Island Die Höhlen und Felsspitzen werden von starken Strömungen umspült; besonders schön ist die Blue Cathedral, während die Shark Point große Freiwasserfische anzieht. (S. 396)

Camiguin Die Schwarzen Korallen und Schwämme des Jigdup Reef locken außer Fühlerfischen gelegentlich auch Mantarochen oder Echte Karettschildkröten an; im Korallengarten lassen sich wahrscheinlich Seeschlangen blicken. An den Felsspitzen des Old Volcano tummeln sich Fledermausfische, Muränen und Robuste Geisterpfeifenfische. (S. 386)

Palawan

Der lange „Finger" von Palawan zeigt in alle Richtungen auf tolle Tauchreviere (u. a. Wracks und herrliche Korallenriffe). Zudem eignet sich diese Insel super, um das Tauchen mit Wanderungen zu verbinden. Vor Puerto Princesa (S. 424) liegen ein paar Tauchspots in der Honda Bay. Vor allem aber ist die Stadt als Ausgangspunkt von Live-Aboard-Trips bekannt, die die abgeschiedenen Tubbataha Reefs zum Ziel haben.

Coron Bay Die versenkte japanische Flotte aus dem Zweiten Weltkrieg lockt fortgeschrittene Taucher z. B. mit der *Irako* oder dem Tanker *Okinawa Maru*. In starker Strömung tummeln sich hier Schildkröten, Feuer- und Thunfische.

Coron Island Eine kurze Wanderung über Kalksteinfelsen führt landeinwärts zum Barracuda Lake mit Tauchmöglichkeiten. Die wunderschöne Cathedral Cave bevölkern viele Junghummer. Die unberührten Korallen des Seven Picados Reef locken Barrakudas und Suppenschildkröten an. (S. 458)

El Nido Die starken Strömungen vor Miniloc Island locken Schwärme von Thunfischen und (Gelbschwanz-)Makrelen zum Banayan Point. Am geschützten Biet Point halten sich vornehmlich Barrakudas, Tinten- und Kaiserfische auf. Auch das flache Riff Tres Marias punktet mit tollen Tauchmöglichkeiten (S. 440).

Tubbataha Reefs Zum entlegensten Tauchrevier der Philippinen gehört z. B. die steile Abbruchkante des Shark Airport, an der sich Weißspitzen-Riffhaie, Graue Riffhaie, Leopardenhaie, Echte Karettschildkröten und Suppenschildkröten aufhalten. An der Malayan Wall werden manchmal Hammerhaie gesichtet. Ein weiteres „Hai-Light" ist die Wand des Amos Rock mit ihren vielen Seefächern (S. 429).

Infos im Internet & Bücher

Diving & Snorkelling Philippines (Lonely Planet) Detaillierter Tauchführer zu den Philippinen; derzeit nur gebraucht erhältlich.

Coral Reef Fishes: Indo-Pacific and Caribbean (Ewald Lieske und Robert Myers) Nützlicher Führer zu den Rifffischen der Philippinen.

Dive Buddies Philippines (www.divephil.com) Umfassende Taucherinfos zu den Philippinen.

Divescover (www.divescover.com) Beschreibt Tauchveranstalter und -spots.

ScubaBoard (www.scubaboard.com) Weltweites Sporttaucherforum.

Green Fins (www.greenfins.net) Naturschutzinitiative.

Reiseplanung
Outdoor-Aktivitäten

Die Philippinen mögen in erster Linie für faules Strandleben und Weltklasse-Tauchspots bekannt sein, aber sein großartiges Angebot für Aktivurlauber steht dem in nichts nach. Vulkane, die Cloud Nine oder die Höhlen in Samar treiben den Puls eines jedes Adrenalinjunkies in die Höhe. Und wer's ruhiger mag, kann immer noch an Bord einer Jacht die tropische Inselwelt durchkreuzen.

Reisezeit

Juli bis Oktober
Die Regenzeit ist eigentlich nicht ideal für Outdoor-Spaß. Wer aber als Surfer die Herausforderung großer Wellen liebt, macht sich in diesen Monaten auf zur Cloud Nine in Siargao (Mindanao), wenn Monster-Taifune vor der Küste die Wellen anschwellen lassen. Der Höhepunkt des Monsuns ist auch die beste Zeit zum Raften.

Dezember bis März
Der *amihan* (Nordost-Monsun) sorgt von Dezember bis März für eine gleichmäßige steife Brise, was Segler erfreut und Boracay in ein Paradies für Kite- und Windsurfer verwandelt. Zu dieser Jahreszeit gibt es auch an der Westküste Nord-Luzons noch beachtliche Wellen. In den Monaten Dezember und Januar erreicht die Kitesurf-Saison ihren Höhepunkt.

März bis Juni
Traditionell die beste Zeit, um viele der Vulkane auf den Philippinen zu erklimmen. Es herrscht prima Wanderwetter mit wenigen Niederschlägen; allerdings kann es ab Ende Mai heiß werden.

Vulkan-Trekking

Die Philippinen bilden einen Teil des pazifischen Feuerrings, rund 25 aktive Vulkane brodeln auf dem Archipel. Die meisten davon kann man bis zum Gipfel besteigen, ob in kurzen halbstündigen Ausflügen oder in mehrtägigen Expeditionen. Oben angekommen, schweift der Blick schweift über surreale Landschaften und grünen Dschungel. Ein extra Thrill mag sein, dass manche dieser Vulkane noch aktiv sind (einige mehr als andere). Besonders aktiv ist der rauchende Mt. Mayon; wer diesen Riesen besteigen will, sollte daher die Behörden vor Ort konsultieren. Andere Vulkane schlafen bereits seit Jahrhunderten. Für viele Aufstiege muss man sich registrieren und eine Erlaubnis einholen.

Wohin?

Mt. Mayon Der Vulkan mit dem größten Kultstatus und dem perfekten Postkartenmotiv ist der kegelförmige Mt. Mayon (S. 192; 2462 m), der einer der aktivsten Vulkane der Philippinen ist. Man kann ihn an einem Tag meistern oder auch eine Übernachtung einplanen, was einem einen unvergesslichen Sonnenaufgang beschert.

Pinatubo Das Erlebnis, in den bizarren Lahar-Formationen des Pinatubo (S. 118; 1450 m) zu wandern, sollte man sich nicht entgehen lassen.

Die Krönung des Ausflugs ist sein klarer Kratersee. Die surreale Landschaft verändert sich ständig, da sich die Umwelt langsam von einem der verheerendsten Vulkanausbrüche des 20. Jhs. erholt.

Mt. Apo Der höchste Gipfel der Philippinen, der Mt. Apo (2954 m; S. 412), beherrscht den Horizont im südlichen Mindanao und lockt Kletterer vom nahe gelegenen Davao an.

Mt. Guiting-Guiting Manche halten diesen 2058 m hohen Gipfel (S. 301) für das ultimative Kletterziel auf den Philippinen. Die anstrengende zehnstündige Tour auf den Gipfel führt durch ein unberührtes Wunderland der Artenvielfalt auf der Insel Sibuyan – die philippinische Antwort auf die Galapagos-Inseln.

Mt. Kanlaon Eine der aufregendsten Vulkanbesteigungen führt auf den Mt. Kanlaon (2435 m; S. 269) auf Negros, einen der größten aktiven Vulkane der Philippinen. Der Aufstieg führt durch Wälder, in denen es vor Vogelarten und anderen Wildtieren nur so wimmelt.

Mt. Isarog Für Auf- und Abstieg braucht man zwei Tage. Die Tour führt durch unberührten Dschungel und moosbedeckte Wälder mit Wasserfällen und wilden Tieren (S. 184).

Taal Volcano Der Taal (S. 103) ist der Vulkan, der von Manila aus am besten zu erreichen ist. Spektakulär erhebt er sich aus dem gleichnamige See. Der Aufstieg ist eine der kürzesten und einfachsten Vulkan-Wanderungen.

Höhlentouren

Caving und Spelunking – das Klettern und Erkunden von Höhlen – ist definitiv nichts für klaustrophobisch veranlagte Menschen. Wer sich aber von engen, dunklen und feuchten Räumen nicht abschrecken lässt, wird sich ungeheuer lebendig fühlen, wenn er durch unterirdische Flüsse schwimmt, sich durch Spalten quetscht und über Felsvorsprünge klettert. Unterwegs bekommt man leuchtende Felsformationen und atemberaubende, an Kathedralen erinnernde Passagen zu sehen, die von stimmungsvollen Kerosinfackeln erleuchtet werden. Und das Gute: Ob einfache Spaziergängen oder Höhlentouren mit Seilen und voller Ausrüstung – es ist für jeden etwas dabei.

Wohin?

Langun-Gobingob Caves (Samar) Zu diesem ausgedehntesten Höhlensystem der Philippinen

ABENTEUERPARKS

Eine weitere Möglichkeit, sich seine Kicks zu holen, ist der Besuch von Outdoor-Abenteuerparks, die in den Philippinen immer häufiger anzutreffen sind. Diese haben u. a. Seilrutschen, Gorge Swings, Bungee-Sprünge und Baumwipfelpfade im Programm.

Danao Adventure Park (S. 351)

Tree Top Adventure (S. 114)

Makahambus Adventure Park (S. 385)

Tibiao EcoAdventure Park (S. 253)

Loboc Eco Adventure Park (S. 348)

(S. 371) gehört auch eine Kammer in der Größe von drei Fußballfeldern! Rund um die Höhlen gibt es Dschungel, unterirdische Flüsse und Wasserfälle.

Tuguegarao Im Nordosten von Luzon liegt Tuguegarao mit mehreren Höhlen, die es wert sind, erforscht zu werden, darunter die Calla-Höhle (S. 169) mit sieben Kammern aus Kalksteinformationen oder die 12,5 km lange Odessa-Tumbali-Höhle (S. 170), an die sich jedoch nur geübtere Höhlenkletterer heranwagen sollten.

Sagada Die Sumaging Cave (S. 150) in Nord-Luzon lässt sich wunderbar in einer rund vierstündigen Tour erkunden. Diese führt durch ein Labyrinth aus Passagen, das mit den angrenzenden Lumiang Caves durch unterirdische Flüsse verbunden ist.

Puerto Princesa Subterranean River National Park Die gemächliche Bootstour (S. 433) ist eine gute Option für alle, die nicht viel kraxeln oder durch unterirdische Flüsse waten und schwimmen wollen. Sie führt über einen der längsten schiffbaren und auf einem Fluss passierbaren Tunnel der Welt in eine spektakuläre Kalksteinhöhle.

Trekking

Auf den großen philippinischen Inseln gibt's im bergigen Landesinneren jede Menge Wälder, Vögel und spektakuläre Aussichten. Überaus beliebtes Trekkingziel sind die Reisterrassen und Berge von Nord-Luzon. Aber auch auf den Visayas, auf Mindoro und Mindanao können Gipfelstürmer eine Menge erleben.

Wohin?

Reisterrassen Eines der schönsten Trekking-Erlebnisse in Südostasien ist es, auf den uralten Wegen zu wandern, die die wundervoll angelegten Reisterrassen von Ifugao, Bontoc und Kalinga miteinander verbinden.

Cordillera Die Kordilleren sind ein weiteres tolles Trekkingziel im Norden von Luzon. Es locken mehrtägige Touren zu mehr als 2500 m hohen Gipfeln, darunter der dritthöchste der Philippinen, der Mt. Pulag. Ein großartiges Erlebnis ist auch der Echo-Valley-Trek in Sagada mit seinen berühmten hängenden Särgen (S. 150). Außerdem findet man in der Gegend viele Wege zu abgelegenen Stammesdörfern.

Mt. Halcon Mehr eine Bergexpedition als eine Wanderung: Der Mt. Halcon auf Mindoro (S. 220; 2582 m) ist einer der herausforderndsten Gipfel der Philippinen.

Rund um Cagayan de Oro Auf Mindanao gibt es einige der besten Bergtouren der Philippinen. U. a. können die Gipfel des Mt. Kitanglad (2899 m), des Mt. Sumagaya (2248 m) und des Mt. Balatukan (2450 m) erklommen werden.

Dschungeltouren Die üppigen tropischen Dschungel in Palawan und rund um den Mt. Talinis auf Negros warten nur darauf, erforscht zu werden. Es gibt auch einige wunderschöne Wälder ganz in der Nähe von Manila, wie die rund um die Subic Bay, die von guten Wegen erschlossen werden; einige führen zu Dörfern der indigenen Aeta. Schöne Trekkingtouren gibt es ferner rund um den Mt. Arayat (S. 117).

Surfen

Bei über 7000 Inseln mitten im Pazifik gibt es garantiert immer irgendwo anständige Breaks. Während der Taifunsaison dürfen Surfcracks entlang der gesamten Ostküste der Philippinen auf gigantische Wellen hoffen, während San Fernando an der Westküste in der Trockenzeit das Rennen macht.

Wohin?

Cloud Nine Der Name („Wolke sieben") des legendären Righthander sagt eigentlich schon alles.

WEITERE ERHOLSAME BESCHÄFTIGUNGEN

Man muss nicht Leib und Leben riskieren, Vulkane besteigen, sich in Stromschnellen hinunterstürzen oder von brechenden Wellen plattmachen lassen, um die tolle Fauna und Flora der Philippinen zu genießen.

Aussichten Wer einige der spektakulärsten Panoramen des Landes erleben will, kann dies auch ohne lange schweißtreibende Treks oder Vulkanbesteigungen tun. Zu den Panoramen, die man auch aus der Ferne bewundern kann, zählen die wogenden Chocolate Hills in Bohol, die wie eine Reisschüssel geformte Caldera des Mt. Mayon (S. 192; vom Mayon Skyline Hotel aus) und Ausblicke von Tagaytay auf den Taal Volcano (S. 103) und den gleichnamigen prachtvollen See.

Vogelbeobachtung Auf den Philippinen leben etwa 600 Vogelarten, 200 davon sind auf den Inseln endemisch. Hobbyornithologen kommen hier also voll auf ihre Kosten. Auf allen Inseln ist die Vogelwelt reichlich vertreten, zu sehen sind u. a. Nashornvögel, diverse Greifvögeln und Eisvögel. Besonders lohnende Ziele für Vogelbeobachter sind die Naturparks der nördlichen Sierra Madre und des Mt. Kanlaon; im Philippine Eagle Center (S. 412) lebt der größte Adler der Welt.

Angeln Die Gewässer der Philippinen sind u. a. reich an Fächerfischen, Thunfischen, Kuhbarschen, Wahoos und Mahimahis (Goldmakrele). Organisierte Angeltouren werden jedoch nur selten angeboten. Manche Fischer nehmen Traveller in ihren *bangkas* (Auslegerbooten) mit hinaus aufs Meer. Vor Sipalay in Negros Occidental und Santa Ana im Nordosten von Luzon warten besonders ertragreiche Angelreviere.

Golf Es gibt einige Golfplätze von Weltklasseniveau auf den Philippinen. Die meisten davon sind zwar privat, wer aber echtes Interesse bekundet, kann den Betreiber normalerweise erfolgreich beknien. Zu den Plätzen, die in der Erinnerung haften bleiben, gehören der Manila's Club Intramuros Golf Course (S. 67) innerhalb der ummauerten Altstadt (nachts mit Flutlicht), der in die Berge eingebettete malerische Platz Ponderosa (S. 213) oder die lässige Anlage von Siargao.

Auch wenn die Beliebtheit des Spots in jüngster Zeit extrem zugenommen hat – manche Einheimische nennen die Welle inzwischen „crowd nine" – bleibt Siargaos bekanntestes Wahrzeichen der furchteinflößendste Break des Landes.

Baler Der Point Break, der durch *Apocalypse Now* („Charlie don't surf") berühmt wurde, hat sich nicht verändert – der Surfspot im idyllischen Baler wird immer noch von Palmen bewacht und ist nach wie vor recht launisch. Wenn sich aber die Wellen auftürmen, macht sie alle Surfer selig.

Die Küste von Bicol Majestic (S. 202) auf Catanduanes ist die Top-Welle einer Region, die immer lauter die Krone als Zentrum des Abenteuersports auf den Philippinen beansprucht. Bagasbas ist ein weiterer lässiger Surfspot.

San Juan (La Union) Der beste Ort an der Westküste von Nord-Luzon, die beständigere und anfängerfreundlichere Bedingungen bietet. Von November bis März brechen sich 1 bis 1,5 m hohe Wellen.

Insel Calicoan, Samar Heimat von vier Reef Breaks mit hervorragenden Left- und Righthandern, die zusammen als ABCD (S. 374) bekannt sind. Alternativ kann man auch die unerforschte östliche Küstenlinie Samars auf einer Surfsafari kennenlernen.

Rafting, Kajak- & Kanufahren

Das zerklüftete Landesinnere der größeren Inseln – Luzon, Negros, Mindanao, Panay, Leyte und Samar – wartet mit zahllosen Flüssen auf, die sich während der Regenzeit in schäumende Wildwasserreviere verwandeln. Man kann folgende Tipps abarbeiten oder mit sachkundigen Einheimischen eine erste Abfahrt wagen. Wer mit dem eigenen Kajak unterwegs ist und Strecken sucht, die noch niemand befahren hat, findet überall auf den großen Inseln abgelegene und unerforschte Flüsse, vor allem in Nord-Luzon und auf Mindanao.

Wohin?

Chico, Nord-Luzon Eine der besten Raftingadressen der Philippinen ist der tobende Chico River (S. 158).

Cagayan de Oro Hier auf Mindanao (S. 381) hat man den Vorteil einer Raftingstrecke, die ganzjährig befahren werden kann und Stromschnellen in allen Schwierigkeitsgraden bietet.

> **QUELLEN IM INTERNET**
> **Vulkanaktivitäten**
> www.phivolcs.dost.gov.ph
> **Vogelbeobachtung**
> www.birdwatch.ph
> **Felsenklettern**
> www.climbphilippines.com
> **Bergsteigen**
> www.pinoymountaineer.com;
> www.mfpi.wordpress.com
> **Surfen** www.surfingphilippines.com;
> www.surfistatravels.com
> **Golf** www.golfingphilippines.com

Tibiao, Panay In Boracay kann man zahmere Stromschnellen mit Wildwasserkajaks austesten.

Puerto Princesa Subterranean River National Park In diesem Park auf Palawan paddelt man auf dem Fluss (S. 433) in die Tiefe einer spektakulären Höhle, bevor er unweit von Sabang an einem unberührten Küstenstreifen vor der Kulisse des grünen Dschungels im Meer mündet.

Kajakfahren auf dem Meer Kilometer um Kilometer unberührte Küstenlinie finden Kajakfahrer im Bacuit Archipelago von Palawan, rund um die Caramoan Peninsula, in den Hundred Islands National Park und eigentlich überall dort vor, wo man ein Boot zu Wasser lassen kann.

Magdapio Falls, Pagsanjan Während der *bancero* (Bootsführer) auf diesem Kanutrip das Paddeln übernimmt (S. 109), kann man sich zurücklehnen und die Szenerie von *Apocalypse Now* bestaunen, bevor man sich den spaßigen Stromschnellen stellt (am besten im Juli und August, wenn der Fluss genug Wasser führt).

Davao Mit Schwierigkeitsgrad 3 machen diese Stromschnellen noch mehr Spaß (um den Juni herum sind sie am besten). Nervenkitzel und Kenterungen sind garantiert (S. 402).

Kitesurfen

Die Kitesurfspots der Philippinen gehören zu den besten der Welt. Auch actiongeladene Wassersportarten wie Wakeboarden und Windsurfen sind hier gut aufgehoben.

Wohin?

Bulabog Beach Eine schmale Lagune, die von einem Riff vor der Küste geschützt wird, beständige Winde und Ausrüstung auf dem neuesten Stand der Technik, die günstig ausgeliehen werden kann – die Ostküste von Boracay ist eine der besten Orte auf der Welt um Kite- und Windsurfen zu lernen.

Bagasbas Beach, Bicol Ausgezeichnete Bedingungen zum Kitesurfen von November bis März, Windstärken von 15 bis 20 Knoten und gute Schulen, die Ausrüstung ausleihen und Unterricht anbieten.

CamSur Watersports Complex Das *Wake Magazine* kürte den Ausrichter der Wakeboard-Weltmeisterschaft von 2008 in der Nähe von Naga in Bicol zum besten Cable-Wakeboarding-Park der Welt (S. 185).

Kingfisher Beach, Pagudpud Weltklasse-Kitesurfen mit tollen Wellen.

Bootfahren & Segeln

Da die Philippinen ein Land sind, das aus Tausenden von Inseln besteht, landet man unweigerlich irgendwann einmal auf dem Wasser. Es gibt jedoch entspanntere Arten, Boot zu fahren, als rasender Wassersport oder die Enge einer Passagierfähre. Wer es also lieber langsam angehen lässt, für den ist ein Boots- oder Segelausflug das Mittel der Wahl.

Wohin?

Taal Volcano Der Vulkan ist nicht der einzige Grund, Talisay zu besuchen. Der Ort ist zugleich das Zentrum der Hoby-Cat- und Großjachtsegler des Landes. Der Taal Lake Yacht Club (S. 104) verleiht Katamarane und Kajaks und arrangiert auch Segelunterricht. Der Subic Bay Yacht Club in Subic Bay ist praktischerweise ebenfalls ganz in der Nähe von Manila angesiedelt und ein guter Ort, um in tropische Gewässer aufzubrechen.

Puerto Galera Segler, die gute Bedingungen und schöne Landschaften suchen, sollten den Puerto Galera Yacht Club (S. 213) auf Mindoro ansteuern. Er ist für Neulinge, die ihre ersten Versuche unternehmen wollen, wie auch für erfahrenere Segler eine gute Basis. Jeden Mittwoch veranstaltet er am Nachmittag eine Regatta.

Boracay Eine der besten Möglichkeiten, den White Beach von Boracay (S. 231) zu genießen, ist ein relaxter Sonnenuntergangs-Törn auf einem *paraw* (traditionelles Auslegersegelboot). Es können auch luxuriöse Katamarane gebucht werden, auf denen Getränke und Häppchen gereicht werden.

Die Philippinen im Überblick

Der Archipel besteht im Wesentlichen aus drei großen Inselgruppen: Luzon, die Visayas und Mindanao. Auf diesen Inseln findet sich für jeden etwas: der Wahnsinn einer Riesenstadt in Manila, Bergstämme in Nord-Luzon, Dorfleben auf Mindanao, Surfen an der gesamten Ostküste und praktisch überall tolle Tauch- und Schnorchelspots. Die Visayas verkörpern wohl am besten das Bild, das man sich von den Philippinen macht: verträumte einsame Inseln mit üppig grüner Vegetation und paradiesischen weißen Sandstränden, so weit das Auge blickt. Palawan schließlich wartet mit einer atemberaubenden Wasserwelt auf, in der kleine Boote durch ein Labyrinth surrealer Meereslandschaften navigieren.

Manila

**Geschichte
Nachtleben
Essen**

Die feuchtheiße und überfüllte Hauptstadt erschlägt viele Traveller im ersten Moment. Wer aber etwas genauer hinschaut, entdeckt faszinierende Museen, ein brodelndes Nachtleben, eine vielfältige Küche und unbestreitbare Energie.

S. 50

Rund um Manila

**Tauchen
Geschichte
Trekking**

Namen wie Corregidor und Bataan wecken Erinnerungen an den Zweiten Weltkrieg. Kletterer und Wanderer können gleich mehrere gut zugängliche Gipfel erkunden und an der Südküste von Luzon warten einige der besten Tauchspots des Landes.

S. 100

Nord-Luzon

**Geschichte
Outdoor-Aktivitäten
Kultur**

Die Vielfalt schüchtert Besucher fast schon ein: abgeschiedene Buchten mit großartigen Surfspots, romantische Enklaven aus spanischer Zeit und Berge, an die sich Reisterrassen schmiegen und die die Heimat so erstaunlich verschiedenartiger indigener Stämme sind.

S. 120

Südost-Luzon

Essen
Outdoor-Aktivitäten
Festivals

Wer sich die Zunge an den Gerichten von Bicol verbrannt hat, kann sich bei zahllosen Wassersportarten abkühlen oder bei einer Vulkanbesteigung noch mehr auf Touren kommen. Kleine, gut erreichbare Inseln eignen sich perfekt für kurze Ausflüge.

S. 177

Mindoro

Tauchen
Kulturelle Minderheiten
Abgelegene Orte

Die Tauch- oder Schnorchelspots am Apo Reef sind unübertroffen, Puerto Galera sorgt für Partystimmung. Abseits davon kann man vor der Küste einsame Inseln oder im unzugänglichen Landesinneren nahezu unbekannte Stämme besuchen.

S. 208

Boracay & die westlichen Visayas

Strände
Tauchen
Nachtleben

Boracay ist ein starker Magnet für die internationale Partyszene. Doch es locken auch andere Ecken: die ursprüngliche Insel Romblon, das lässige Siquijor und pulsierende Städte wie Iloilo City und Dumaguete mit ihren Herrenhäusern aus der Kolonialzeit.

S. 229

Cebu & die östlichen Visayas

Tauchen
Strände
Geschichte

Als wirtschaftlicher und kultureller Knotenpunkt ist Cebu das Einfallstor zu Tauchspots und Stränden, von Dschungel bedeckten Bergen und Abenteuern abseits ausgetretener Pfade. Wracks, Museen und Monumente zeugen von den Gräuel des Zweiten Weltkriegs.

S. 303

Mindanao

Wandern
Wassersport
Landleben

Mindanaos abwechslungsreiche, gebirgige Topographie ist ein Segen für Adrenalinjunkies. Nicht minder vielfältig sind die verschiedenen Kulturen und Küchen, die man in den großen Städten wie Davao, vor allem aber in Dörfern auf dem Land antrifft.

S. 376

Palawan

Strände
Inselhüpfen
Dorfleben

Ob exklusive Resorts auf Privatinseln oder einfache Bungalows am Strand, Korallenriffe oder Schiffswracks aus dem Zweiten Weltkrieg – Palawan geht in die Vollen. Zu viel des Guten? Dann erreicht man per *bangka* schnell einen einsamen Flecken.

S. 420

Reiseziele auf den Philippinen

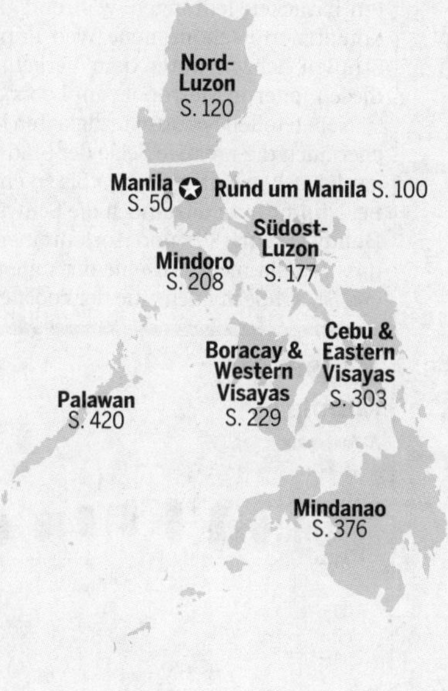

Nord-Luzon
S. 120

Manila ⭐ **Rund um Manila** S. 100
S. 50

Südost-Luzon
S. 177

Mindoro
S. 208

Palawan
S. 420

Boracay & Western Visayas
S. 229

Cebu & Eastern Visayas
S. 303

Mindanao
S. 376

Manila

♪ 02 / 11,9 MIO. EW.

Inhalt ➡
Sehenswertes 53
Aktivitäten 67
Geführte Touren........... 69
Feste & Events 71
Schlafen 71
Essen............................ 80
Ausgehen &
Nachtleben 86
Unterhaltung 90
Shoppen........................ 91

Gut essen
- ➡ El Chupacabra (S. 83)
- ➡ Purple Yam (S. 82)
- ➡ Blackbird (S. 84)
- ➡ Van Gogh is Bipolar (S. 85)
- ➡ Casa Armas (S. 82)

Schön übernachten
- ➡ Manila Hotel (S. 72)
- ➡ Luneta Hotel (S. 73)
- ➡ Red Carabao (S. 76)
- ➡ Y2 Residence Hotel (S. 78)
- ➡ Pink Manila (S. 76)

Auf nach Manila!

Manilas Spitzname „Perle des Orients" könnte nicht passender sein: die raue Schale enthüllt nur denjenigen ihr Juwel, die hartnäckig genug sind. Die Stadt ist an Entbehrungen gewöhnt; sie hat jede Katastrophe erlebt, die Menschen und die Natur auslösen können, ist aber heute trotzdem eine der blühenden Megacitys in Asien. Wolkenkratzer bohren sich in den dunstigen Himmel, sprießen aus der Armut der weiten Barackensiedlungen, während glitzernde Malls Manilas klimatisierte schöne neue Welt anpreisen. Die verstopften Straßen ächzen unter dem Verkehr, halten aber dennoch diese moderne Metropole am Leben.

Neben tollen Sehenswürdigkeiten können neugierige Besucher auch die kreative Seele der Stadt entdecken – von avantgardistischen Kunstgalerien bis zu einer munteren Musikszene. Nimmt man dazu noch die Schwäche für billige Kneipen, Handwerksmärkte und sortenreinen Kaffee, begreift man, dass Manila nicht nur eine der unterschätztesten Städte Asiens ist, sondern auch eine der coolsten des Kontinents.

Reisezeit

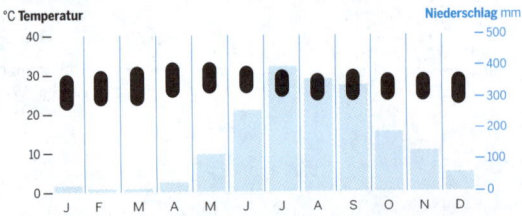

Dez.–Feb. Die kühlsten und angenehmsten Monate.

März–April In der Karwoche sind die Strandresorts überfüllt, Manila ist dann ein eher ruhiges Reiseziel.

Juli–Aug. Manchen regnet es zu viel, aber dies ist die beste Zeit, der sengenden Sonne zu entkommen.

Highlights

① In **Intramuros** (S. 53) dem Widerhall einer fernen Vergangenheit lauschen

② In die eleganten Cocktailbars, schicken Dachterrassenbars und Kneipen von **Makati** (S. 87) eintauchen

③ Die unheimlichen, wie aus einer Geisterstadt wirkenden Straßen des **Chinesischen Friedhofs** (S. 63) erkunden

④ Bei einem ausgezeichneten **Stadtspaziergang** (S. 70) Manila von einer unbekannten Seite kennenlernen

⑤ Im **Metropolitan Museum of Manila** (S. 61) und im **Cultural Center of the Philippines** (S. 61) hinter die Kulissen von Manilas Kunstszene blicken

⑥ Im **Marikina Shoe Museum** (S. 67) einen Blick auf die Schuhkollektion von Imelda Marcos werfen – über 800 Paar

⑦ Im **Museumsviertel** (S. 59) Kunst, Kultur und Geschichte der Stadt nachspüren

Geschichte

Frühe Besucher wie der deutsche Ethnograf Fedor Jagor (1816–1900) beschrieben Manila als eine prächtige, befestigte Stadt mit breiten Kopfsteinpflasterstraßen und aufwändig verzierten Stadthäusern. Tragischerweise wurde der größte Teil dieser prachtvollen Stadt im Zweiten Weltkrieg vernichtet.

Manila wurde 1571 von den Spaniern unter Miguel López de Legazpi kolonisiert. Der weite fruchtbare Landstrich machte das Gebiet attraktiver als die vormalige Hauptstadt Cebu. König Philipp II. von Spanien gab der Stadt den klangvollen Titel *Isigne y Siempre Leal Ciudad* (Hervorragende und stets loyale Stadt), doch wurde sie weiter bei ihrem vorspanischen Namen Maynilad genannt (der sich aus *may* = „hier gibt es" und *nilad*, den Namen einer Mangrovenart, mit denen die Ufer des Pasig bewachsen waren, zusammensetzt). Dieser Name wurde später zu Manila zusammengezogen.

Seit dem späten 19 Jh. konnte Manila als das Paris Asiens gelten. Die Stadt war ein blühendes Handelszentrum und wegen ihrer multikulturellen Mischung ein gutes Eingangstor nach China und zu anderen asiatischen Ländern. 1905 wurde Daniel Burnham, der den Masterplan für Chicago entwickelt hatte, damit beauftragt, diesen auch für Manila zu entwerfen. Zu seinen großartigen Visionen gehörte der Roxas Blvd, der noch heute unter seiner etwas schäbigen Patina an den Lake Shore Dr in Chicago erinnert. Prachtbauten, viele im besten Art déco, säumten die Straßen.

Mit dem Zweiten Weltkrieg änderte sich alles, und viele behaupten, die Stadt hat sich nie von ihm erholt. Der Wiederaufbau nach dem Krieg erfolgte lückenhaft, und die Stadt konnte weder ihre regionale Bedeutung noch ihr Selbstgefühl zurückgewinnen. Viele Einheimische beklagen das diffuse Erscheinungsbild Manilas, und es stimmt schon, dass die diversen Städte innerhalb der Stadt keine wirkliche Einheit bilden.

❶ Orientierung

Manila kann sehr verwirrend erscheinen, denn eigentlich handelt es sich um eine Ansammlung von Städten ohne definierbares Zentrum. Statt die Stadt als amorphe Masse anzusehen, sollte man besser ihre einzelnen Bestandteile betrachten, denn so wird man ein Gefühl dafür entwickeln, dass Manila eben doch mehr ist als die Summe ihrer Teile. Die drei touristisch interessanten Hautgebiete sind Downtown Manila, Makati und Quezon City.

Downtown Manila ist der traditionelle Touristengürtel, der die Gegend südlich des Pasig umfasst – insbesondere Intramuros, wo sich die

---

JOSÉ RIZAL: DER MANN, DER MYTHOS, DIE LEGENDE

Obwohl er nur 35 Jahre alt wurde, gelang es Dr. José Rizal (1861–1896) – einer der verehrtesten Persönlichkeiten der philippinischen Geschichte –, vieles in seinem außergewöhnlichen Leben zu verwirklichen. Wie begabt dieser Mann war, zeigt der moderne Rizal Shrine (S. 57) innerhalb der Fuerza de Santiago in Intramuros. In diesem Museum erfährt man von seiner Leistung beim Schmieden einer nationalen Identität des philippinischen Volks, aber auch, dass er 22 Sprachen (darunter Deutsch) erlernte, dass er eine politische Bewegung (La Liga Filipina) gründete, zwei Romane schrieb (der bekanntere heißt *Noli Me Tángere*) und ein anerkannter Dichter und Essayist war. Außerdem erwarb er einen Doktor in Augenheilkunde, erlangte Anerkennung als bildender Künstler (Maler, Bildhauer und Karikaturist, weshalb er als „Vater des philippinischen Comics" gilt), Weltreisender und Förderer traditioneller Kampfkunst. Und damit noch nicht genug: Während seiner Verbannung nach Dapitan entdeckte er dort eine Frosch- und eine Eidechsenart (die beide nach ihm benannt sind) und gewann außerdem noch in der Lotterie.

Aber erst mit seinem Tod wurde Rizals Lebenslauf wirklich monumental. Seine Erschießung (S. 59) im Jahr 1896 machte ihn zum Märtyrer und Nationalhelden, sodass ihm schließlich sogar Göttlichkeit nachgesagt wurde: Dutzende von Kulten, die als die Rizalistas zusammengefasst werden, verehren ihn in der Gegend des Vulkans Banahaw noch heute als eine Reinkarnation Christi oder sogar als den wiedergekehrten Messias.

Auch wenn Kritiker darauf hinweisen, dass er erst von den US-amerikanischen Kolonialherren zum Nationalhelden gemacht wurde (weil sie wollten, dass die Filipinos jemanden verehren sollten, der Gewaltlosigkeit gepredigt hatte), oder dass er ein Aristokrat war, der mehr Zeit im Ausland als auf den Philippinen verbracht hatte, gibt es wirklich kaum etwas, was die Größe dieses Mannes schmälert.

MANILA IN...

...zwei Tagen
Los geht's mit einem Spaziergang durchs historische **Intramuros** und den **Rizal Park**. Am späten Nachmittag eilt man zum **Roxas Blvd** (S. 61), um den Sonnenuntergang über der Bucht von Manila zu genießen und anschließend ein paar Stunden in den vielen Bars von **Malate** zu verbringen. Für den zweiten Vormittag nimmt man sich einen unterhaltsamen Spaziergang durch ein Viertel der Stadt vor und fährt dann mit der LRT hinauf zum **Chinesischen Friedhof** (S. 63), von dem aus man fürs Mittagessen zurück nach **Chinatown** fährt. Den Abend verbringt man im eleganten **Makati**, wo unzählige Restaurants, Bars und Nachtclubs zur Auswahl stehen.

...vier Tagen
Nachdem man die beiden ersten Tage wie oben beschrieben zugebracht hat, besucht man am dritten Tag in Makati das **Ayala Museum** (S. 65) und ein paar Restaurants. Am Vormittag des vierten Tags steht das Museumsviertel rund um **National Museum of the Filipino People** (S. 59) auf dem Programm. Man erkundet Kitsch und Klassik im **Cultural Center of the Philippines** (S. 61) und genießt schließlich den Sonnenuntergang auf der **Sofitel Philippine Plaza** (S. 76) oder einer der vielen **Dachterrassen** (S. 89).

---

meisten Touristenattraktionen befinden, sowie Ermita und Malate, wo immer noch die meisten Touristen absteigen. Unmittelbar nördlich des Pasig liegen die Viertel Binondo und Quiapo, das Tor zur Chinatown. Weitere Stadtviertel sind Paco, San Miguel, Santa Cruz, San Nicolas und das vom Slums durchzogene Tondo, nahe dem neu erschlossenen North Harbour Port.

Gleich südlich von Malate liegen die Viertel Parañaque und Pasay nebeneinander an Manilas geschäftiger Hauptdurchgangsstraße, der EDSA (Epifanio de los Santos). Zusammengenommen kennt man das Gebiet als ein Kultur- und Transportzentrum, da sich hier der Flughafen und viele wichtige Busbahnhöfe befinden.

Das Zentrum des modernen Manila bildet Makati, das wirtschaftliche Herz des Landes. Hier kann man, in einem eigenartig ordentlich wirkenden Umfeld, nach Lust und Laune einkaufen, essen und trinken. Immerhin wird das gattungstypische Mall-Erscheinungsbild durch ein eigenes Flair aufgelockert, das sich den vielen Einheimischen verdankt, die hierher zum Arbeiten, Spielen und Relaxen kommen. Rund 3 km weiter östlich liegt das teure Fort Bonifacio (alias Bonifacio Global City), ein Neubauviertel auf dem Gelände einer früheren US-amerikanischen und philippinischen Militärbasis. Sein Zentrum bildet die High Street Mall mit teuren Läden, guten Restaurants und Bars und wohlhabenden Anwohnern.

Im nördlichen Abschnitt der Metro Manila, ca. 15 km von Downtown Manila, liegt Quezon City, eine große, moderne Stadt, die mit rund 3 Mio. Einwohnern die größte der 19 „Citys" in Manila ist.

◉ Sehenswertes

Obwohl sich Manila nicht rühmen kann, ein bedeutendes Reiseziel zu sein, gibt es hier doch viel zu sehen. Wegen der Größe des Stadtgebiets und des gewaltigen Verkehrs wird man sich aber wahrscheinlich nicht alles anschauen können: Die beste Strategie besteht darin, sich immer ein Viertel als Ganzes vorzunehmen. Die besten Erlebnisse versprechen nicht immer traditionelle Sehenswürdigkeiten, sondern die Erkundung des Lebens in den verschiedenen Vierteln.

Der gewaltige Großraum, der als Metro Manila bezeichnet wird, besteht aus 16 Städten, aber dessen Herz und Seele bildet das eigentliche Manila („Downtown" Manila; 1,7 Mio. Ew.). Die Stadt wurde hier an den Ufern des Pasig gegründet; hier festigten die Spanier ihren Anspruch auf die Philippinen, nachdem sie die muslimischen Herrscher von Maynilad gestürzt hatten, und hier erlebte die Stadt ihre düstersten Stunden in der Endphase des zweiten Weltkriegs.

◉ Intramuros

Als Miguel López de Legazpi die Herrschaft über Manila erlangt hatte, beschloss er, seine Festung auf den Überresten der muslimischen Siedlung an der Mündung des Pasig zu errichten. Das von einer Stadtmauer geschützte Intramuros, wie das Gebiet später genannt wurde, wurde von chinesischen Piraten überfallen, von niederländischen Flotillen bedroht und zu verschiedenen Teilen von Großbritannien, den USA und Japan besetzt. Nichtsdestotrotz überstand Intramuros aber alles bis in die Endtage des Zweiten Weltkriegs, als es schließlich in der Schlacht um Manila vollständig vernichtet

Großraum Manila

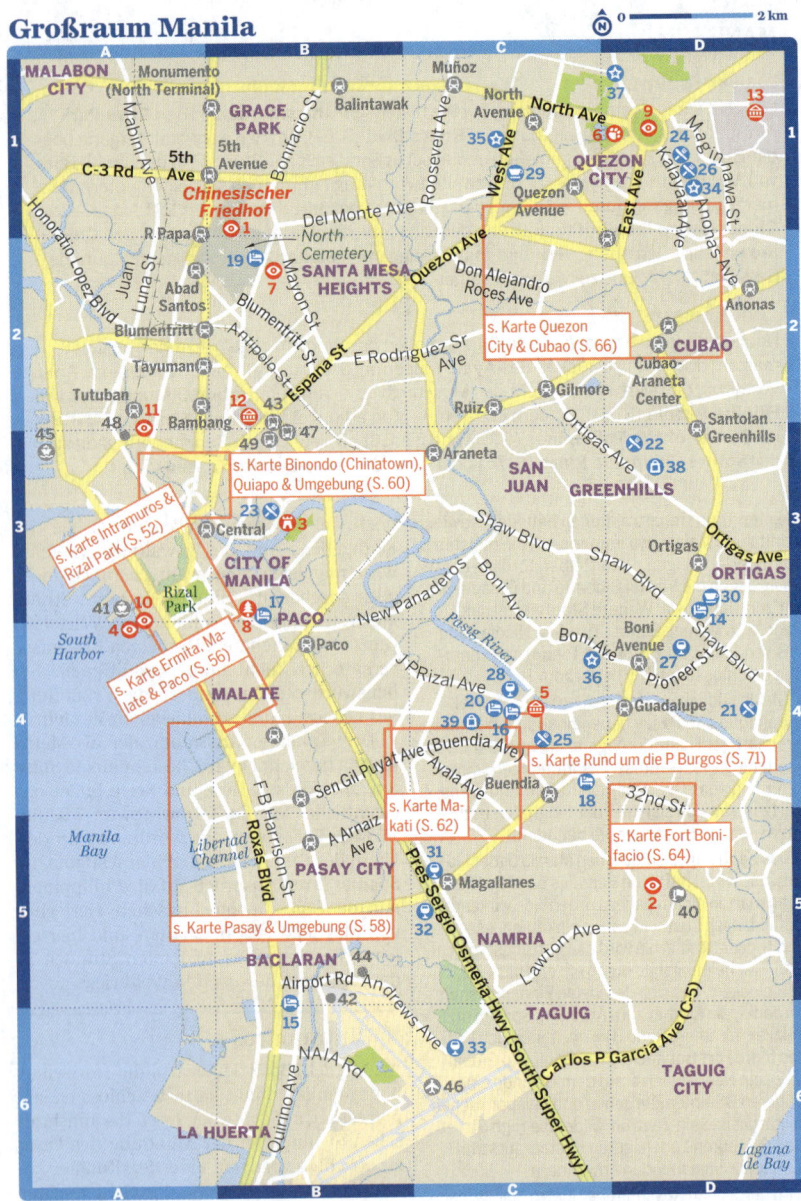

wurde – nur San Agustín entging der Zerstörung.

Seit seiner Gründung im Jahr 1571 war Intramuros das exklusive Viertel der spanischen Herrscherelite. Die mit Bastionen versehene Mauer umschloss ein Gebiet von rund 64 ha. Tore mit Zugbrücken bildeten die Verbindung zum Umland. Innerhalb des von der Mauer geschützten Gebiets fanden sich imposante Regierungsbauten, stattliche Wohngebäude, Kirchen, Konvente, Klöster, Schulen, Hospitäler und kopfsteingepflasterte Plazas. Die einheimische Bevölkerung wurde in umliegenden Gebieten wie Paco

Großraum Manila

⊙ Highlights
1. Chinesischer Friedhof..........................B1

⊙ Sehenswertes
2. American Memorial Cemetery............D5
3. Malacañang Palace..............................B3
4. Manila Ocean Park...............................A4
5. Museo Ng Makati................................. C4
6. Ninoy Aquino Parks & Wildlife Center... D1
7. North Cemetery....................................B2
8. Paco Park..B3
9. Quezon Memorial Shrine D1
10. Quirino Grandstand............................A3
11. Seng Guan Buddhist Temple A2
12. UST Museum..B2
13. Vargas Museum................................... D1

⊙ Schlafen
14. Edsa Shangri-La Hotel D3
15. Manila International Youth Hostel... B5
16. MNL Boutique Hostel C4
17. Oasis Paco Park...................................B3
18. Our Awesome Hostel C4
19. Red Carabao...B2
20. Robelle House C4
    Y2 Residence Hotel .... (siehe 16)

⊗ Essen
    Casa Roces ....(siehe 23)
21. Charlies Grind & Grill D4
22. Charlie's Grind & Grill D3
23. La Cocina de Tita Moning B3
24. Pipino Vegetarian Food......................D1
25. Som's Noodle House........................... C4
26. Van Gogh is Bipolar D1

⊙ Ausgehen & Nachtleben
27. Bed... D4
    Black Market...........................(siehe 31)
28. Bravo.. C4
29. Coffee Empire......................................C1
30. EDSA Beverage Design D3
31. Finders Keepers................................. C5
32. Global Beer Exchange C5
33. Republiq C6

⊙ Unterhaltung
34. '70s Bistro.. D1
35. Black Kings Bar....................................C1
36. Club Mwah!... C4
37. Conspiracy Bar & Garden Cafe D1

⊙ Shoppen
38. Greenhills Shopping Center D3
39. LRI Design Plaza.................................. C4

⊙ Praktisches
40. Britische Botschaft............................. D5

⊙ Transport
41. 2GO Travel A3
42. Cebu Pacific.. B5
43. Florida Bus Lines.................................B2
44. ITIAIR... B5
45. Manila North Harbor Port A3
46. Ninoy Aquino International Airport... C6
47. Ohayami...B3
48. Philippine National Railways A3
49. Victory Liner Sampaloc.......................B3

und Binondo angesiedelt, während die Chinesen streng überwacht in *parian* genannten Ghettos lebten.

Der Wiederaufbau mit dem Ziel, die Erscheinung der kolonialen Architektur dem Vorkriegsbild entsprechend treu zu rekonstruieren, begann im Jahr 1951, aber erst nach der Einrichtung der Intramuros Administration (1979) wurde das Viertel zu der heutigen Touristenattraktion. Die Wohngebiete innerhalb der Mauern wirken freundlich-entspannt und bieten, verglichen mit anderen Stadtvierteln, ein erfreulich gemächlicheres Tempo. Die Anda St ist hervorragend für einen Stadtbummel geeignet, an vielen der Gebäude finden sich spanische Fliesen mit den Straßennamen.

Die meisten der Mauern, Tore und Bollwerke von Intramuros sind zugänglich: Man kann fast die gesamte Länge (4,5 km) oben auf der Brustwehr laufen; Zu- und Abgänge gibt es an mehreren Stellen.

Beginnen sollte man den Stadtspaziergang im **Intramuros Visitors Center** (Karte S. 56; ☏ 02-527 2961; Fort Santiago; ⊙ 8–17 Uhr) gleich innerhalb des Tors zur Fuerza de Santiago. Dort erhält man eine ausgezeichnete, kostenlose Karte der ummauerten Stadt. Gleich nebenan ist in einem Luftschutzkeller ein Kino untergebracht, in dem ein kurzer Film über die Geschichte des Gebiets gezeigt wird.

Kalesa (traditionelle Pferdekutschen) sind in diesem Gebiet immer noch ein Verkehrsmittel und eine stimmungsvolle Art der Fortbewegung. Die Kutscher verlangen einen Festpreis von 350 P pro Fahrt (4 Pers., 30 Min.); eine 1½-stündige Rundfahrt kostet 500 P pro Kopf.

Fuerza de Santiago FORT
(Karte S. 56; Santa Clara St; Erw./Student 75/50 P; ⊙ 8–18 Uhr) Die Einfahrt in den Pasig bewacht die größte Touristenattraktion von Intramuros: die Fuerza de Santiago. Innerhalb des

Intramuros & Rizal Park

Intramuros & Rizal Park

Highlights
1. Casa Manila B3
2. National Museum of the Filipino People C5
3. Rizal Shrine B1

Sehenswertes
4. Ayuntamiento B2
5. Bahay Tsinoy C3
6. Chess Plaza B5
7. Fort Santiago B1
8. Lapu-Lapu Statue C5
9. Manila Cathedral B2
10. Memorare Manila B3
11. Museo Pambata A6
12. Museum of Natural History C6
13. Museum of the Philippines Political History B6
14. National Gallery of Art C5
15. Open-Air Auditorium B5
16. Reliefkarte der Philippinen D5
17. Rizal Park B6
18. Rizaliana Furniture Hall B1
19. San Agustin Church B3
20. San Agustin Museum B3
21. Rizals Hinrichtungsstätte B5

Aktivitäten, Kurse & Touren
Bambike .... (siehe 1)
22. Club Intramuros Golf Course A1

Schlafen
23. Bayleaf C4
24. Casa Bocobo C6
25. Lotus Garden Hotel B7
26. Luneta Hotel B6
27. Manila Hotel A5
28. Miramar Hotel B6
29. Ralph Anthony Suites C7
30. Sailor's Inn B2
31. White Knight Hotel Intramuros B3

Essen
Barbara's .... (siehe 31)
32. Harbor View A6
33. Ilustrado C4
34. Patio de Conchita B2
35. Ristorante delle Mitre B3
36. Seafood Market C7

Ausgehen & Nachtleben
37. Hobbit House B7
38. Sky Deck C4

Shoppen
39. Hiraya Gallery B7
40. Silahis Arts & Artifacts C4
41. The Manila Collectible Co B2
Tradewinds Books .... (siehe 40)

Praktisches
42. Intramuros Visitors Center B2
43. National Library B6
44. Rizal Park Visitor Centre B6

Transport
45. Jeepneys nach Ermita, Malate & Baclaran D4
46. Jeepneys nach Quiapo, Sampaloc & Cubao D4

Forts präsentiert sich die Anlage mit hübschen Gärten, Plazas und Springbrunnen, an denen vorbei man zum gewölbten Tor und einem schönen Lilienteich gelangt. Auf dem Gelände befindet sich der **Rizal Shrine** (Karte S. 56; Eintritt im Ticket für die Festung inbegriffen; Di–So 9–18, Mo 13–17 Uhr); das schöne Museum wurde in dem Gebäude eingerichtet, in dem der philippinische Nationalheld Dr. José Rizal (S. 52) vor seiner Hinrichtung im Jahr 1896 eingesperrt war. Zu sehen gibt's faszinierende Dokumente und Exponate zu Rizal sowie Nachbauten seiner Zelle und des Gerichtssaals.

Am äußersten Ende des Forts blickt man von Aussichtspunkten über ein Industriegebiet am Pasig hinüber zur **Baluarte de Santa Barbara**, einer restaurierten spanischen Kaserne aus dem 18 Jh., in der während des Zweiten Weltkriegs Hunderte philippinischer und US-amerikanischer Kriegsgefangene getötet wurden; heute befindet sich hier die **Rizaliana Furniture Hall** (Karte S. 56; P10), in der die Möbel von Rizals Familie ausgestellt sind. Sehr interessant sind auch die diversen Zellenblöcke im Verlies, darunter jener, in dem Rizal seine letzte Nacht verbrachte. Messing-Fußspuren im Pflaster markieren seine letzten Schritte auf dem Weg zur Exekutionsstätte im heutigen Rizal-Park.

San Agustín Church
KIRCHE

(Karte S. 56; 02-527 4060; General Luna St) Diese Kirche war das einzige Gebäude, das die Zerstörung von Intramuros im Zweiten Weltkrieg überstand. Das zwischen 1587 und 1606 errichtete Gotteshaus ist die älteste Kirche der Philippinen. Hinter der imposanten Fassade verbirgt sich ein aufwendig geschmückter Innenraum voller Objekte von großem historischen und kulturellen Wert. Sehenswert sind die komplexen Trompe-l'oeil-Fresken an der Deckenwölbung. Anschauen sollte man sich auch die tropischen Kreuzgänge und den etwas schäbigen Garten hinter der Kirche.

MANILA MIT KINDERN

Mit ein oder zwei Kindern im Schlepptau nach Manila zu reisen, ist kein Problem. In der Stadt gibt's eine Reihe kinderfreundlicher Aktivitäten und Attraktionen.

Mind Museum (Karte S. 70; 02-909 6467; www.themindmuseum.org; 3rd Ave, Bonifacio Global City; Erw./Kind 600/450 P; Di-So 9-18 Uhr) Dem Technikmuseum von Weltklasse gelingt es, Bildung mit Spaß zu verbinden. Zu den vielen coolen interaktiven Attraktionen zählen ein Planetarium, ein lebensgroßer T Rex, Roboter mit Fernsteuerung, Grabungen nach Fossilien, stündliche wissenschaftliche Experimente und Arcade-Spiele aus den 1980er-Jahre.

Museo Pambata (Karte S. 56; 512 1797; www.museopambata.org; Ecke Roxas Blvd & South Blvd; Eintritt 150 P; Di-Sa 9-12 & 13-17, So 13-17 Uhr) Das charmante Museum mit Exponaten, die man in die Hand nehmen kann, widmet sich auf kindgerechte Art so verschiedenen Themen wie der Umwelt, dem menschlichen Körper oder dem alten Manila.

Manila Ocean Park (Karte S. 54; 567 7777; www.manilaoceanpark.com; hinter dem Quirino Grandstand, Rizal Park; ab 400 P; 10-20 Uhr) Hier locken ein eindrucksvolles Aquarium, Begegnungen mit Haien und Rochen und die Gelegenheit, schwimmen zu lernen wie eine Meerjungfrau. Wenn möglich, nicht am Wochenende kommen, wenn sich lange Schlangen bilden.

Star City (Karte S. 64; 832 3249; www.starcity.com.ph; CCP Complex, Roxas Blvd; Eintritt 65 P, Tickets ab 100 P/Ride, 420 P/alle Rides; Mo-Do 16-24, Fr-So 14-24 Uhr) Der ordentliche Vergnügungspark im Herzen des Cultural Centre of the Philippines (CCP) Complex bietet einige Rides für Kinder, Spielplätze und andere Ablenkungen wie z. B. Eisskulpturen. An Werktagen vorher anrufen, um sicher zu gehen, dass geöffnet ist.

Mall of Asia (S. 92) Am frühen Abend bzw. bei Sonnenuntergang bietet sich ein Bummel auf der stimmungsvollen Promenade mit Fahrgeschäften an, zu denen auch das MOA-Eye-Riesenrad mit tollem Ausblick auf die Manila Bay gehört.

Rizal-Park (S. 59) Ein großer Spielplatz, die tanzende Musikfontäne und Karnevalsstimmung halten die Kids bei Laune.

Repertory Philippines (S. 91) Die angesehene Theatertruppe zeigt auch kinderfreundliche Vorstellungen wie *Pinocchio* oder *Seussical*.

Das gegenwärtige Gebäude ist das dritte an dieser Stelle. Es hat sieben größere Erdbeben und die Schlacht von Manila überstanden. Die Kirche wird immer noch als Gotteshaus benutzt und ist als Ort für Hochzeiten und andere Festlichkeiten beliebt.

Wer sich das Innere der Kirche kostenlos anschauen will, muss während der Messe kommen. Ansonsten gelangt man aber auch über das interessante **San Agustin Museum** (Karte S. 56; General Luna St; Erw./Student/Kind 100/50/40 P; 8-12 & 13-18 Uhr) hinein, eine mit Antiquitäten vollgestopfte Schatzkammer, die einen Eindruck vom sagenhaften Reichtum des alten Manila vermittelt. Sehenswert ist die vage chinesisch anmutende Statue der Unbefleckten Empfängnis aus ätherischem Elfenbein.

★ Casa Manila MUSEUM
(Karte S. 56; 02-527 4084; Plaza Luis Complex, General Luna St; Erw./Student 75/50 P; Di-So 9-18 Uhr) Die schöne Nachbildung eines spanischen Kolonialhauses zeigt das opulente Leben des hiesigen Adels im 19 Jh. Imelda Marcos ließ das Gebäude als Musterbeispiel für die Architektur und Inneneinrichtung der späten spanischen Kolonialzeit errichten. Es ist überaus luxuriös und bietet auch einige skurrile Details wie eine zweisitzige Toilette. Das Haus ist zwar nicht authentisch, aber die bemerkenswerten antiken Möbel und die Kunstwerke sind echt.

Bahay Tsinoy MUSEUM
(Karte S. 56; 02-527 6083; www.bahaytsinoy.org; Ecke Anda & Cabildo St; Erw./Student 100/60 P; Di-So 13-17 Uhr) Das große Bahay-Tsinoy-Museum widmet sich der bedeutenden Rolle, die die Spanier den Chinesen *sangley* nannten, für Manila spielten (*sangley* bedeutet im lokal vorherrschenden Hokkien-Dialekt „umherziehender Kaufmann"). Lebensgroße Dioramen zeigen das Leben der Chinesen und Mestizen (Menschen von gemischter spanisch-indigener Abkunft) in den *parian* (Ghettos), außerdem sind hier

alte Münzen und Porzellan sowie eine ausgezeichnete Sammlung von Fotos zu sehen.

Memorare Manila
DENKMAL

(Karte S. 56; Ecke General Luna St & Anda St) Das schlichte, aber bewegende Denkmal auf einem kleinen, schattigen Platz, ehrt die annähernd 150 000 Zivilisten Manilas, die in der Schlacht von Manila ums Leben kamen. Auf Schautafeln in der Nähe sieht man Fotos aus der Zeit vor und nach der Zerstörung.

Manila Cathedral
KIRCHE

(Karte S. 56; Ecke Postigo St & General Luna St) Mit ihrer verwitterten romanischen Fassade und der anmutigen Kuppel wirkt Manilas Kathedrale altehrwürdig, obwohl sie der siebte Neubau seit 1581 an dieser Stelle ist und nach der Zerstörung des Vorgängerbaus im Zweiten Weltkrieg hier erst seit 1951 neu errichtet wurde. Drinnen finden sich ein vergoldeter Altar, eine Orgel mit 4500 Pfeifen und wunderschöne, mit Buntglas geschmückte Rosettenfenster. Friese auf der Bronzetür zeigen die Kette der tragischen Ereignisse, die zur Zerstörung der Kathedrale führten. Die Kathedrale liegt an der **Plaza de Roma**, die eine Stierkampfarena war, ehe sie zu einem Platz umgebaut wurde.

Rizal Park & Umgebung

Rizal Park
PARK

(Karte S. 56) Der Rizal Park ist ein Wahrzeichen Manilas. Er umfasst rund 60 ha mit Rasenflächen, Ziergärten, Teichen, gepflasterten Wegen und bewaldeten Bereichen sowie eine Reihe von Denkmälern für ein ganzes Pantheon philippinischer Nationalhelden. Der Park ist ein stimmungsvoller Ort für einen Spaziergang, vor allem am späten Nachmittag und frühen Abend sowie an den Wochenenden.

Als Ort, an dem José Rizal von den spanischen Kolonialherren hingerichtet wurde, hat der Park große Bedeutung. Hier steht das **Rizal Monument** (mit einem 46 m hohen Fahnenmast und Wachtposten in Paradeuniform). In dem Denkmal, das ein Symbol der philippinischen Nation ist, befinden sich die sterblichen Überreste des Freiheitshelden.

Der Park ist in drei Abschnitte unterteilt. Am Rand des mittleren Abschnitts befindet sich **Rizals Hinrichtungsstätte** (Karte S. 56; Rizal-Park; Eintritt 20 P; Mi–So 7–17 Uhr); am Eingang zu ihr ist auf einer schwarzen Granitmauer Rizals „Mi Ultimo Adios" („Mein letzter Abschied") eingraviert. Acht Tableaux aus lebensgroßen Bronzestatuen stellen die dramatischen letzten Augenblicke in Rizals Leben nach; abends werden sie Teil der Rizal gewidmeten **Light-and-Sound-Präsentation** (Eintritt 50 P; Mi–So 19 Uhr). Die Vorführung findet auf Filipino statt, wird aber auch auf Englisch geboten, wenn eine ausreichend große Gruppe zusammenkommt (oder man den entsprechenden Preis für eine solche bezahlt). Am entgegengesetzten Ende des Parks (zur Kalaw Ave) lohnt ein Blick auf den Trinkbrunnen, der aus Heidelberg hierhergebracht wurde, weil Rizal an der dortigen Universität studiert hatte.

Ebenfalls in der Mitte befinden sich die **Central Lagoon**, ein von Büsten philippinischer Helden und Märtyrer gesäumter Teich, und die **tanzende Musikfontäne,** die abends bunt angestrahlt in Aktion tritt.

Das lange bestehende **Concert at the Park** ist im Open-Air Auditorium zu hören; die kostenlose Veranstaltung beginnt sonntags gegen 17.30 Uhr. Morgens kommen diverse Gruppen zusammen, um Tai-chi oder die örtliche Kampfkunst *arnis* bzw. *arnis de mano* zu praktizieren, einen Stockkampf aus vorspanischer Zeit.

Am Nordrand finden sich mehrere Ziergärten und die **Chess Plaza**, ein schattiger Platz, wo Stammgäste sich im Schachspiel messen und Vorbeikommende mit einem „Hey Joe, do you play chess?" zu einem Spiel herausfordern.

Jenseits des Roxas Blvd am westlichen Ende des Parks erhebt sich der **Quirino Grandstand**, wo die philippinischen Präsidenten ihren Amtseid ablegen und ihre erste Ansprache an die Nation halten.

Am entgegengesetzten Ende des Parks jenseits der M Orosa St, an der das Nationalmuseum steht, finden sich eine große Statue für **Lapu-Lapu** (den Nationalhelden aus dem 16. Jh., der den portugiesischen Entdecker Ferdinand Magellan in der Schlacht besiegte), das mit vielen Blumen prunkende **Manila Orchidarium**, eine riesige dreidimensionale **Reliefkarte der Philippinen** und ein auffälliger **Kinderspielplatz**.

Das neue **Visitors Centre** (Karte S. 56; Kalaw Ave, Rizal-Park; 8–17 Uhr) am Parkeingang an der Kalaw Ave bietet eine gute Karte, auf der alle Attraktionen des Parks dargestellt sind, und Infos zu kommenden Events.

★ National Museum of the Filipino People
MUSEUM

(Karte S. 56; www.nationalmuseum.gov.ph; T Valencia Circle, Rizal Park; Eintritt Erw./Kind 150/50 P, So

Eintritt frei; ⊙ Di–So 10–17 Uhr) In einem glanzvollen neoklassizistischen Gebäude zeigt das wunderbare Museum eine große und vielfältige Sammlung, darunter die Schädelkalotte einer Frau aus der Fundgruppe in der Tabon-Höhle. Diese Menschen lebten vor rund 26 000 Jahren und gehören damit zu den ältesten bekannten Vertretern des Homo Sapiens auf den Philippinen. Eine große Abteilung des Museums ist dem Wrack der *San Diego* gewidmet, einer spanischen Galeone, die im Jahr 1600 vor Luzon sank. Ausgestellt sind geborgene Funde, darunter muschelbedeckte Schwerter, Münzen, Porzellanteller und Schmuckstücke.

Zu den weiteren Schätzen gehören eine große Sammlung vorspanischer Artefakte und Musikinstrumente sowie viele Exponate zu den wichtigsten indigenen Volksgruppen der Philippinen. Die Eintrittskarte gilt auch für die National Gallery of Art.

National Gallery of Art MUSEUM
(Karte S. 56; P Burgos St; Erw./Student 150/50 P, So Eintritt frei; ⊙ Di–So 10–17 Uhr) Das stolze Museum zeigt viele der bekanntesten philippinischen Kunstwerke, darunter Juan Lunas bahnbrechendes *Spoliarium*, ein Monumentalgemälde, das einen bitteren Kommentar über die spanische Kolonialherrschaft darstellt. Das Museum residiert in dem von Daniel Burnham entworfenen alten Kongressgebäude gegenüber dem angeschlossenen National Museum of the Filipino People (im Eintrittspreis inbegriffen).

Museum of Natural History MUSEUM
(Karte S. 56; www.nationalmuseum.gov.ph; Kalaw Ave) Das Naturkundemuseum, das im Lauf des Jahres 2015 eröffnet werden soll, wird in dem denkmalgeschützten, neoklassizistischen Gebäude untergebracht, das vormals von der Tourismusbehörde genutzt wurde. Gezeigt werden ausgestopfte Tiere und Artefakte von den Philippinen.

Museum of the Philippines Political History MUSEUM
(Karte S. 56; www.nhcp.gov.ph/museum-of-philippine-political-history; Kalaw Ave; Eintritt gegen Spende; ⊙ Di–Fr 8–16 Uhr) GRATIS Gleich neben dem Eingang zum Rizal Park an der Kalaw Ave gibt das kleine Museum einen aussagekräftigen Überblick über die soziale und politische Geschichte der Philippinen von der vorspanischen Zeit über die Herrschaft der Spanier und US-Amerikaner bis zur EDSA-Revolution gegen das Marcos-Regime. Vor dem Gebäude parken die Karossen des ehemaligen Diktators.

⊙ Ermita, Malate & Paco

Baywalk PROMENADE
(Karte S. 62; Roxas Blvd) Den prächtigen Sonnenuntergang über der Bucht von Manila kann man von der Fußgängern vorbehalte-

---

VIVA MANILA

Downtown Manila ist zwar von jeher Herz und Seele der Stadt, hat aber nach der Zerstörung im Zweiten Weltkrieg nicht wieder zu ihrem Glück zurückgefunden. Gerade im letzten Jahrzehnt ist die Gegend zurückgefallen, weil sich die Augen aller Investoren auf die glänzenden Hochhaus-Projekte in Makati, Fort Bonifacio und Quezon City richteten. Glücklicherweise bringen nun junge, stolze Manileños einige Initiativen auf den Weg, um etwas Glanz und Vitalität zurückzubringen.

VivaManila (https://www.facebook.com/vivamanila.org) Was als ein Twitter-Hashtag von Carlos Celdran (von Walk this Way, S. 69) zur Förderung cooler Events in Downtown Manila begann, ist inzwischen zu einer auf Kunst und Events ausgerichteten NGO geworden, geführt von engagierten hippen Einheimischen, die es zu ihrer Aufgabe gemacht haben, das Zentrum der Stadt wiederzubeleben. Einen Kalender der anstehenden Events findet man auf der Facebook-Seite. Das Hauptevent sind die Paysal Sundays, ein autofreier Straßenmarkt, der in Intramuros von September bis Juni einmal im Monat stattfindet. Lohnend sind auch die Sonntags-Brunches.

98b (www.98-b.org; 413 Escolta St, Zwischengeschoss, First United Building) Eine Kooperative von Künstlern, Schriftstellern und Filmemachern hat sich in einem verfallenen historischen Gebäude in der Escolta St eigenistet. Sie bemühen sich um die Erhaltung der Architektur und veranstalten Events und Diskussionen. Am bekanntesten sind sie für den **Saturday Future Market** – ein Straßenfest in der Escolta St (Hausnummer 98b), bei dem originale Kunstwerke, Zeitschriften, alter Trödel und dergleichen verkauft wird.

nen Uferpromenade entlang des Roxas Blvd genießen.

Malate Church
KIRCHE

(Karte S. 62; Ecke MH del Pilar St & Remedios St, Malate) Die Kirche wurde erstmals 1588 errichtet, aber das heutige attraktive Gebäude entstand in den 1860er-Jahren im Barockstil. In ihr befindet sich ein hochverehrtes Bild der Maria als *Nuestra Señora de Remedios* (Unsere Liebe Frau der Hilfe).

1335Mabini
GALERIE

(Karte S. 62; 0917 886 7231; www.1335mabini.com; 1335 Mabini St, Ermita; Di-Sa 14-18 Uhr, So nach Vereinbarung) Ein weiterer kleiner Schritt bei der Erneuerung von Downtown Manila ist die neue Galerie dieses Künstlerkollektivs in der kolonialzeitlichen Casa Tesoro. Sie zeigt regelmäßig Wechselausstellungen von experimenteller Kunst und Installationen in dem Sälen im Erdgeschoss und 2. Obergeschoss.

Paco Park
PARK

(Karte S. 54) Wer Ruhe sucht, findet sie in dem von derben Steinmauern eingefassten, kreisrunden, malerischen grünen Park. Die Stätte ist auch von historischer Bedeutung: Sie war in der spanischen Kolonialzeit ein Friedhof; die idyllische Kapelle steht noch. Rizal liebte die Stätte, deshalb befand sich hier von 1898 bis 1912 seine Grabstätte.

Philippine Kim Luan Temple
TEMPEL

(Karte S. 62; 1644 Adriacto St; 9-17 Uhr) Als Wahrzeichen heiterer Ruhe steht dieser friedliche und schöne taoistische Tempel inmitten einer heruntergekommenen Umgebung. Es lohnt sich, hineinzuschauen

Pasay & Umgebung

Cultural Center of the Philippines
HISTORISCHES GEBÄUDE

(Tanghalang Pambansa; Karte S. 64; www.culturalcenter.gov.ph; CCP Complex, Roxas Blvd; Kunstgalerie Eintritt frei, Museum Erw./Student 30/20 P; Galerie & Museen Di-So 10-18 Uhr) Das Kernstück des CCP Complex (S. 75) ist dieses, von dem bekannten philippinischen Architekten Leandro Locsin entworfene bombastische Gebäude. Drinnen finden sich moderne Kunstgalerien wie die **Bulwagang Juan Luna Gallery** mit Wechselausstellungen modernistischer und zeitgenössischer Malerei und eine Reihe von **Theatern und Konzertsälen**, in denen das Philippine Philharmonic Orchestra, das Ballet Philippines und Gastspiele heimischer und auswärtiger Künstler zu sehen und zu hören sind. Außerdem residieren hier das **Museum of Philippine Culture** und das **Asian Traditional Musical Instruments Museum**.

★ Metropolitan Museum of Manila
KUNSTGALERIE

(Karte S. 64; 02-523 7855; www.metmuseum.ph; Roxas Blvd; Eintritt 100 P; Mo-Sa 10-17.30, Goldausstellung bis 16.30 Uhr) Manilas bedeutendstes Museum moderner Kunst ist eine Galerie von Weltklasse, die zeitgenössische und experimentelle philippinische Kunst ausstellt. Im Erdgeschoss werden Wechselausstellungen gezeigt, in den oberen Stockwerken befindet sich die Sammlung modernistischer und abstrakter Gemälde. Im Untergeschoss sind goldene Schmuckstücke und Töpferwaren aus präkolonialer Zeit zu bewundern. Zu den Führungen (Di & Do 10.30 & 14 Uhr) muss man sich vorab anmelden.

Museo ng Sining
MUSEUM

(Kunstmuseum; Karte S. 64; GSIS Bldg, CCP Complex, Pasay; Di-Sa 8-12 & 13-16.30 Uhr) GRATIS Eine weitere CCP-Galerie mit Klasse: Sie zeigt eine große Sammlung zeitgenössischer und klassischer philippinischer Kunst.

Binondo (Chinatown), Quiapo & Umgebung

Nach Jahrhunderten der Unterdrückung durch die Spanier kletterte Manilas chinesische Bevölkerung unter liberaleren Regierungen schnell auf der ökonomischen und sozialen Leiter empor. Heute ist **Chinatown**, an der Grenze zwischen Santa Cruz und Binondo, das Zentrum der munteren chinesischen Gemeinde. Die Teehäuser von Chinatown sind die große Attraktion in diesem Gebiet, das sich von Intramuros aus gleich jenseits des Pasig befindet. Dies sind einige der ältesten Teile Manilas, aber leider werden die wenigen verbliebenen Beispiele spanischer Kolonialarchitektur in schneller Folge abgerissen. Das Gebiet ist aber immer noch ein Handelszentrum, und es gibt hier zahlreiche Märkte, vor allem in Quiapo.

Bahay Nakpil-Bautista
HISTORISCHES GEBÄUDE

(Karte S. 66; 02-734 9341; www.bahaynakpil.org; 432 A Bautista St; Erw. 80 P; Di-So 9-17 Uhr) Das schöne, 1914 erbaute Familienhaus war der Wohnsitz von Perona Nakpil, der Witwe von Andrés Bonifacio, dem Vater der philippinischen Revolution. Das Museum vermittelt nicht nur einen Einblick in die Pracht

Ermita, Malate & Paco

Ermita, Malate & Paco

◉ Sehenswertes
1. 1335Mabini B1
2. Baywalk A2
3. Malate Church A5
4. Philippine Kim Luan Temple B3

◉ Aktivitäten, Kurse & Touren
5. Touch of Hands B5

◉ Schlafen
6. Adriatico Arms Hotel B4
7. Casa Nicarosa B7
8. Chill-Out Guesthouse C5
9. Hyatt Regency Hotel & Casino Manila B3
10. Malate Pensionne B4
11. Pan Pacific Hotel B3
12. Pension Natividad A3
13. V Hotel B4
14. Wanderers Guest House B4
15. Where 2 Next B5

◉ Essen
16. Aristocrat A5
17. Bistro Remedios B5
18. Cafe Adriatico B5
19. Casa Armas B4
20. Kashmir B1
21. Korean Palace B5
22. Purple Yam B4
23. Shawarma Snack Center B2
24. Zamboanga Restaurant B3

◉ Ausgehen & Nachtleben
25. Destination Heaven C4
26. Erra's Place B4
27. Oarhouse B4
28. Pacific Lounge B4
29. Silya C4

◉ Unterhaltung
30. 1951 .... B5
31. The Library C4

◉ Shoppen
Maria Closa .... (siehe 1)
32. Robinsons Place Manila C2
33. San Andres Market C6
34. Solidaridad Bookshop B1
35. Tesoro's B1

◉ Transport
36. Cagsawa Ermita Terminal A1
RSL .... (siehe 36)
37. Si-Kat B1

Manilas in der Vorkriegszeit, sondern informiert auch über die Ilustrados und den Katipunan, den revolutionären Geheimbund zum Sturz der spanischen Kolonialherrschaft. Das Haus steht an einer verstopften Gasse, die auf Höhe der Quiapo Church von der Hauptstraße abzweigt.

★ Chinesischer Friedhof   FRIEDHOF
(Karte S. 54; Rizal Ave Extension, Santa Cruz; 7.30–19 Uhr) GRATIS Wohlhabende chinesische Einwohner lassen sich auf diesem riesigen chinesischen Friedhof mit allem Komfort bestatten. Der Friedhof wirkt eher wie ein Wohnviertel in der Vorstadt: An seinen Straßen stehen Mausoleen, von denen manche mit Kristall-Kronleuchtern, Klimaanlage, fließendem warmen und kalten Wasser, Küche und Spültoilette ausgestattet sind (falls die Verblichenen auf dem Weg ins Paradies mal dringend aufs WC müssen).

Um sich auf dem weitläufigen Gelände umzuschauen, mietet man am besten ein Fahrrad (100 P/Std.) und sollte auch in Erwägung ziehen, einen Führer zu engagieren, um zu den interessantesten Grabstätten zu kommen. Eine ausgezeichnete Führung veranstaltet Ivan Man Dy von Old Manila Walks (S. 70).

Anfahrt: Mit dem LRT bis Abad Santos, dann zu Fuß oder per Dreirad (25 P) bis zum Südeingang. Wenn man hier ist, kann man sich auch gleich den abgefahrenen North Cemetery anschauen.

North Cemetery   FRIEDHOF
(Karte S. 54; Santa Cruz; Führer ca. 300 P) Wem schon Manilas Chinesischer Friedhof etwas sonderbar anmutet, der ist mit Sicherheit nicht bis zum angrenzenden North Cemetery vorgedrungen. Dieser Friedhof ist zwar auch deshalb bedeutend, weil auf ihm viele bekannte Filipinos, darunter Präsidenten und Revolutionäre, begraben wurden, aber für Reisende ist es viel interessanter, sich die Gemeinde der rund 6000 Menschen anzusehen, die hier zwischen den Toten ihr Domizil haben: Viele Mausoleen dienen zugleich als Behausungen und beherbergen kleine Läden und Spielsalons für Kinder.

Während die Verwaltung die Bewohner als Landbesetzer betrachtet (und ihnen gelegentlich mit Räumungsbefehlen zusetzt), haben doch viele Bewohner des North Cemetery dort einen Job; manche werden z. B. von den Besitzern der Grabstätten angestellt, um für die Instandhaltung zu sorgen und den Verstorbenen Gesellschaft zu leisten.

Pasay & Umgebung

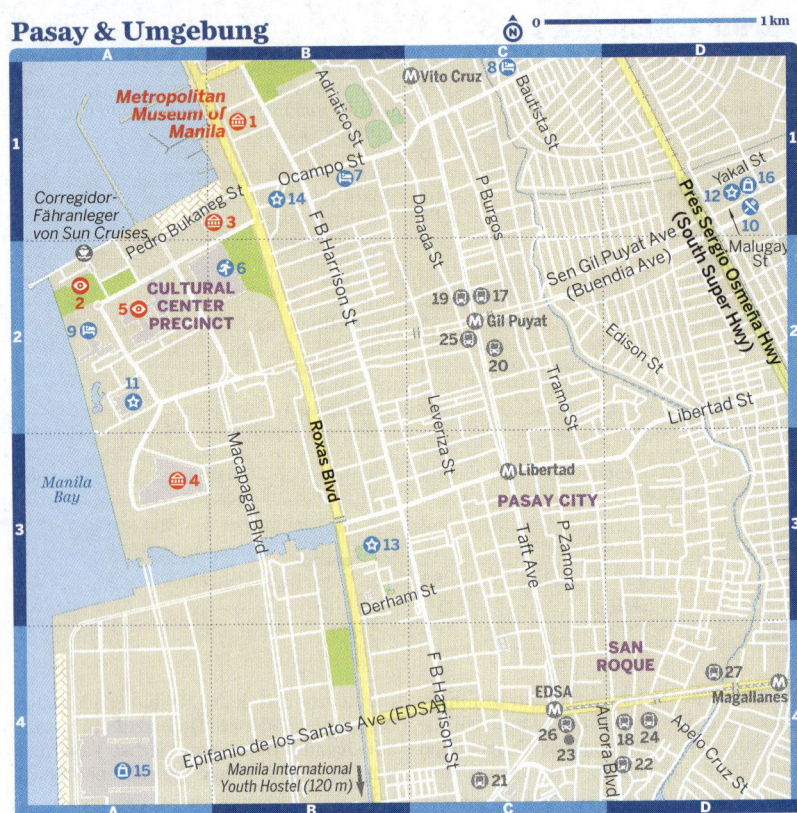

Da es sich um ein Gelände mit extremer Armut handelt, sollte man es nur mit einem Führer aufsuchen, der sich hier auskennt. Das nahegelegene Hostel Red Carabao (S. 76) vermittelt Führer, zudem stehen auch welche (die aber nicht unbedingt auch Englisch können) am Friedhofseingang bereit.

Golden Mosque MOSCHEE

(Karte S. 66; Globo de Oro St) Die Goldene Moschee wurde 1976 anlässlich eines geplanten Staatsbesuchs des damaligen libyschen Staatsführers Muammar al-Gaddafi errichtet, der dann aber abgesagt wurde. Das Bauwerk ist immer noch die größte Moschee der Stadt und dient einer wachsenden Zahl muslimischer Gemeindemitglieder, die sich zu Tausenden in Quiapo angesiedelt haben.

Binondo Church KIRCHE

(Karte S. 66; Ecke Paredes St & Ongpin St) Am nördlichen Ende der Paredes St erhebt sich der hübsche Glockenturm der Kirche von Binondo. Das Gebäude mit seinem ungewöhnlichen achteckigen Grundriss wurde 1596 aus Granit errichtet. Die Kirche daneben wurde im Zweiten Weltkrieg bei US-amerikanischen Luftangriffen zerstört und später wieder aufgebaut.

Seng Guan Buddhist Temple TEMPEL

(Karte S. 54; Narra St) Der Seng Guan Buddhist Temple ist das Zentrum von Manilas buddhistischer Gemeinde.

Escolta St ARCHITEKTUR, MUSEUM

(Karte S. 66; Escolta St) Die Escolta St ist heute zwar recht heruntergekommen und verwahrlost, ist aber als eines der letzten Zeugnisse des glanzvollen Vorkriegs-Manilas, als sie eine schicke Meile mit teuren Warenhäusern und Theatern war, von historischer Bedeutung. Zahlreiche Gebäude im Art-déco-, im Beaux-Arts- und im neoklassizistischen Stil sind noch erhalten. Gegenüber dem Capital Theatre lohnt das **Escolta Museum** (Karte S. 66; 266 Escolta St, 2. OG, FI Calvo Bldg;

Pasay & Umgebung

🔴 Highlights
1 Metropolitan Museum of Manila............B1

🔵 Sehenswertes
2 Coconut Palace..A2
3 Cultural Center of the
    Philippines..B1
4 Museo ng Sining.....................................A3
5 Philippine International
    Convention Center..............................A2

🟢 Aktivitäten, Kurse & Touren
6 Star City..B2

🟣 Schlafen
7 Orchid Garden Suites............................B1
8 Pink Manila..C1
9 Sofitel Philippine Plaza..........................A2

🟠 Essen
10 Wingman...D1

🟡 Unterhaltung
11 Amazing Show..A2
12 B-Side..D1

Cultural Center of the
    Philippines.....................................(siehe 3)
13 Cuneta Astrodome..................................B3
14 Sev's Cafe..B1

🟤 Shoppen
15 Mall of Asia...A4
16 The Collective...D1

🔵 Transport
17 Ceres..C2
    DLTB..(siehe 19)
18 Five Star Bus Lines................................D4
    Genesis Pasay Terminal..........(siehe 23)
19 Jac Liner..C2
20 Jam Liner...C2
21 Jeepneys zu den Flughafen-Terminals..C4
22 Partas Pasay Terminal..........................D4
23 Pasay Rotunda.......................................C4
24 Philtranco..D4
25 RRCG..C2
26 San Agustin..C4
    Shuttle (Kleinbusse) zum NAIA
    Terminal 3...................................(siehe 23)
27 Victory Liner Pasay Terminal..............D4

Eintritt 100 P; Di–So 9–12 & 13–17 Uhr) mit einer Sammlung von Fotos und anderen Zeugnissen aus dem Manila der Vorkriegszeit einen Besuch.

Lohnend ist auch der jede Woche von 98b (S. 60) im historischen First United Building veranstaltete **Saturday Future Market**.

UST Museum
MUSEUM

(Karte S. 54; http://ustmuseum.ust.edu.ph/; Espana Blvd, Hauptgebäude, University of Santo Tomas; Eintritt 50 P; Di–Sa 8.30–16.30 Uhr) Das Museum der Päpstlichen und Königlichen Universität des heiligen Thomas von Aquin residiert auf dem Campus in einem prächtigen Gebäude aus dem 19. Jh. Es rühmt sich, das älteste in Asien zu sein (der ursprüngliche Campus in Intramuros stammte von 1611). Die Sammlung umfasst naturkundliche Präparate, Münzen, sakrale Kunst und eine tolle Gemäldekollektion mit Werken philippinischer und modernistischer Meister. Das Gebäude weckt auch schlimme Erinnerungen an den Zweiten Weltkrieg, weil die Japaner es drei Jahre lang als Internierungslager für 4000 alliierte Soldaten nutzten.

👁 Makati & Umgebung

Die hiesigen Wolkenkratzer beherbergen die Firmensitze der wichtigsten Unternehmen des Landes und viele große Hotels. Der Ausbau des Viertels begann nach dem Zweiten Weltkrieg, als die Familie Ayala die weitgehende Zerstörung der Stadt als Chance begriff, hier zu bauen. Das heutige Zentrum Makatis war in den 1930er- und 1940er-Jahren Manilas Flughafen: Die Ayala Ave und die Makati Ave waren die Start- und Landebahnen, im damaligen Terminal befindet sich heute das Restaurant Blackbird.

★ Ayala Museum
MUSEUM

(Karte S. 68; www.ayalamuseum.org; Greenbelt 4, Ayala Centre, Makati; Erw./Student 425/300 P; Di–So 9–18 Uhr) Das Museum mit der gläsernen Fassade zeigt auf vier Stockwerken erstklassig kuratierte Ausstellungen zur philippinischen Kunst, Kultur und Geschichte. Im Zentrum der Sammlung stehen 60 Dioramen, die knapp, aber effektiv, die Geschichte des Landes umreißen – bei Kids sind sie sehr beliebt. Die Sammlung vorkolonialen Goldschmucks und anderer vorkolonialer Objekte zeigt einige ausgezeichnete Stücke und ist ein weiteres Highlight. Im Mittelpunkt der Wechselausstellungen stehen meist philippinische Meister wie Luna oder Amorsolo, gelegentlich auch internationale Künstler wie die Japanerin Yayoi Kusama.

Die Führungen (100 P), die man eine Woche vorab buchen sollte, sind sehr zu empfehlen. Es gibt auch Audioguides (75 P).

Binondo (Chinatown), Quiapo & Umgebung

Binondo (Chinatown), Quiapo & Umgebung

Sehenswertes
1. Bahay Nakpil-Bautista D2
2. Binondo Church A2
   Escolta Museum .... (siehe 3)
3. Escolta St B3
4. Golden Mosque D3
5. Goodwill Arch B3
6. Plaza Miranda D2
7. Quiapo Church D2

Essen
8. Happy Veggie B1
9. Mei Sum Tea House B1
10. President Tea House A1
11. Salazar Bakery B1
12. Sincerity A2

Transport
13. Buses nach Makati D2
    Jeepneys und FX nach Rizal
    Park, Ermita, Malate und
    Pasay .... (siehe 6)
14. Jeepneys und FX zur University
    of Santo Tomas und
    Quezon City D2

Yuchengco Museum   GALERIE
(Karte S. 68; www.yuchengcomuseum.org; Ecke Ayala & Sen Gil Puyat Ave, Makati; Erw./Student/Kind 100/50/20 P; Mo-Sa 10–18 Uhr) Diese fantastische Kunst- und Design-Galerie, die recht unpassend zwischen den Firmenzentralen in Makati sitzt, wurde von dem prominenten Geschäftsmann und früheren UNO-Diplomaten Alfonso Yuchengco begründet. Auf drei Stockwerken zeigt diese Institution Gemälde philippinischer Meister und Ausstellungen zeitgenössischer Kunst. Außerdem finden sich Erinnerungsstücke an José Rizal (darunter Liebesbriefe) und Fotos von Yuchengco bei Begegnungen mit führenden Politikern der Welt.

Museo Ng Makati   MUSEUM
(Karte S. 52; 896 0277; JP Rizal St; Mo-Fr 8-17 Uhr) GRATIS Das Museo Ng Makati unten am Fluss besteht aus einem typischen alten Stadthaus. Es prunkt u. a. mit sehenswerten Fenstern aus Capiz-Muschelschalen, einigen tollen Fotos des alten Makati und Wandmalereien, die frühere Bürgermeister zeigen. Zum Zeitpunkt der Recherche war das Haus wegen Renovierung geschlossen.

Fort Bonifacio

Das aufstrebende Viertel Fort Bonifacio, das in Taguig City liegt und eigentlich eine Verlängerung von Makati darstellt, könnte sich gut auch in Singapur befinden. Es bietet einen interessanten Einblick, wie die „Bessergestellten" mit passend ausgewählten Hunden und Lamborghinis leben. Wie in Makati gibt es auch hier gute Restaurants und Bars.

Das interaktive Mind Museum (S. 58) lohnt einen Besuch, wenn man sich in der Gegend befindet.

American Memorial Cemetery   FRIEDHOF
(Karte S. 54; Old Lawton Dr, Fort Bonifacio; 9–17 Uhr) Ein ergreifender, friedlicher Ort: Die weitläufige Kriegsgräberanlage auf einem mit Rasen bepflanzten, schönen Gelände ist die letzte Ruhestätte von 17 206 Soldaten, die im Zweiten Weltkrieg fielen. Neben den Hunderten, perfekt aufgereihten weißen Kreuzen gibt es auch mehrere Freiluftgalerien mit Wandmalereien und Beschreibungen der entscheidenden Schlachten.

Quezon City

Mit rund 3 Mio. Einwohnern ist Quezon City (QC) das am dichtesten besiedelte Gebiet im Großraum Manila, wird aber von den meisten Travellern übersehen. QC unterscheidet sich so stark vom übrigen Manila, dass man gut daran tut, es als eigenständige Stadt zu betrachten. Wer Zeit hat, sollte ruhig ein paar Tage bleiben. Gute Restaurants und Bars sind der Haupttrumpf von QC, aber es gibt durchaus auch einige Sehenswürdigkeiten.

Das Hauptproblem bei der Anreise ist das Verkehrschaos. Am besten kommt man sonntags, wenn die Hauptstraßen einigermaßen frei sind, an anderen Tagen sollte man unbedingt den Berufsverkehr meiden. Besser ist es, für die Anfahrt die LRT-2 oder die MRT-Linien zu nutzen. Im Zentrum von QC liegt das chaotische Cubao, ein Gewerbegebiet rund um den großen Busbahnhof.

Marikina Shoe Museum   MUSEUM
(www.marikina.gov.ph/#!/museum; JP Rizal St; Eintritt 50 P; 8–12 & 13–17 Uhr) Wer sich für die Exzesse von Imelda Marcos interessiert, muss unbedingt das Marikina Shoe Museum besuchen. Hier sind zwar Schuhe von diversen philippinischen Berühmtheiten zu sehen, aber eigentlich kommen die Leute wegen Imeldas Schuhen – rund 800 Paar sind hier in Glasvitrinen ausgestellt. Das sind übrigens nur rund 25 % des Schuhschatzes, den die ehemalige First Lady bei der Flucht im Malacañang-Palast zurückließ.

Anfahrt: Mit der LRT-2 zur Endstation (Santolan), dort steigt man in den Jeepney mit der Zielangabe „San Mateo" um und fährt bis zur City Hall an der zentral gelegenen Shoe Ave und läuft das kurze letzte Stück zu Fuß.

Vargas Museum   KUNSTGALERIE
(Karte S. 54; 02-928 1927; www.vargasmuseum. wordpress.com; Roxas Ave, UP Campus, Quezon City; Eintritt 30 P; Di–Sa 9–17 Uhr) Das wundervolle Kunstmuseum auf dem grünen Campus der University of the Philippines Diliman (UP) zeigt Wechselausstellungen moderner und experimenteller Kunst und eine Dauerausstellung mit Werken vom 19. Jh. bis zur Gegenwart.

Ninoy Aquino Parks & Wildlife Center   ZOO
(Karte S. 54; 02-924 6031; Quezon Memorial Circle; Eintritt Erw./Kind 8/5 P; 7–17 Uhr) Dieser Naturschutzpark betreibt einen kleinen Zoo, in dem verletzte Wildtiere wieder aufgepäppelt werden. Ein paar Patienten, die als Dauergäste geblieben sind, können besucht werden, darunter ein Tigerpython und diverse Vögel, Reptilien und Affen. Im Park gibt's auch einen friedvollen See.

Quezon Memorial Shrine   SCHREIN
(Karte S. 54; Quezon Memorial Circle; Museum Di–So 8–16 Uhr) Mitten auf dem Quezon Circle erhebt sich dieses 36 m hohe, von drei Engeln bekrönte Art-déco-Monument über dem Mausoleum des früheren Präsidenten Quezon. Es gibt hier auch ein Museum, das zum Zeitpunkt der Recherche renoviert wurde.

Aktivitäten

Golf

★ Club Intramuros Golf Course   GOLF
(Karte S. 56; 02-527 6613; Bonifacio Dr; Gebühr für Nichtgäste Tag/Nacht 1500/2400 P, Golfschläger 700 P) Gleich außerhalb von Intramuros kann man auf dem Gelände des früheren Wallgrabens tagsüber und nachts auf dem idyllischen Platz (18 Löcher, Par 66) des Club Intramuros golfen. Caddys kosten 300 P, die schattenspendenden Dienste eines „Umbrella Girl" 350 P. Im Club wohnende Gäste zahlen nur die halbe Golfplatzgebühr.

Spas

Es ist nicht schwer, in Manila in den Genuss einer Massage zu kommen. Man sollte seinen gesunden Menschenverstand einsetzen, um nicht mehr zu bekommen, als man wollte – in Malate hält man sich daher vorsichtshalber an die besseren Hotels. In Makatis zentralem Geschäftsviertel sind die Angebote ziemlich teuer (rund um die P Burgos gilt dies nicht).

Makati

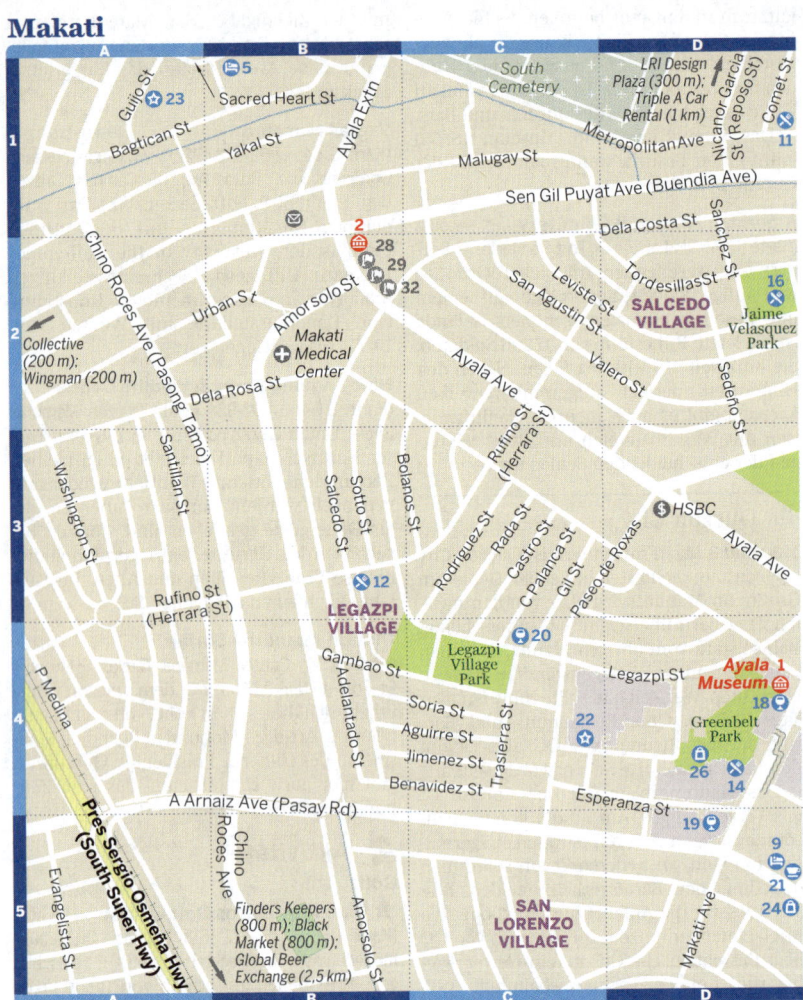

Touch of Hands
SPA

(Karte S. 62; www.touchofhands.com; 513 Remedios St, Malate; 1-stündige Massage 300–800 P; ⊙13–24 Uhr) Gutes Preis-Leistungs-Verhältnis, kein Gefummel. Es gibt auch mehrere Filialen in Makati.

★ Mandarin Oriental Spa
SPA

(Karte S. 68; ☏750 8888; www.mandarinoriental.com; Ecke Makati Ave & Paseo de Roxas, Makati; Anwendungen ab 3400 P; ⊙9–23 Uhr) In dem erst kürzlich renovierten Spa dieses Fünf-Sterne-Hotels kann man sich mit einer Vielzahl von Anwendungen verwöhnen lassen.

The Spa
MASSAGE

(www.thespa.com.ph; 1-stündige Massage ab 820 P; ⊙12–20.30 Uhr) Diese Kette hat etliche Filialen, z. B. am Greenbelt 1 in Makati sowie in der Bonifacio High St in Fort Bonifacio.

Neo Spa
MASSAGE

(Karte S. 70; ☏02-815 6948; www.neo.ph; Ecke 26th St & 3rd Ave, Fort Bonifacio; 1-stündige Massage 950 P; ⊙13–23 Uhr) Diese Option ist teurer als viele andere in Manila, lohnt sich aber.

Schwimmen

Man kann den Pool fast jedes Fünf-Sterne-Hotels benutzen (und dort prima einen

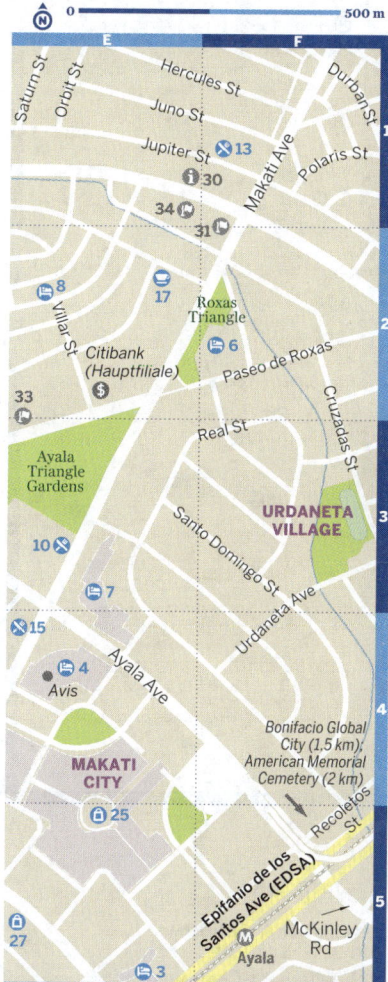

Makati

⦿ Highlights
1 Ayala Museum..................................D4

⦿ Sehenswertes
2 Yuchengco Museum........................B2

Aktivitäten, Kurse & Touren
Mandarin Oriental Spa ....(siehe 6)

Schlafen
3 Dusit Thani Manila...........................E5
4 Makati Shangri-La............................E4
5 Makati YMCA Hostel........................B1
6 Mandarin Oriental Manila................F2
7 Peninsula Manila..............................E3
8 Picasso Makati.................................E2
9 Raffles Makati..................................D5

Essen
10 Blackbird..E3
11 Corner Tree Cafe.............................D1
12 Legazpi Sunday Market..................B3
13 Legend of India................................F1
14 People's Palace...............................D4
15 Sala..E4
16 Salcedo Community Market...........D2

Ausgehen & Nachtleben
17 Commune..E2
18 Museum Café..................................D4
19 Palladium...D5
Salon de Ning ....(siehe 7)
The Bar ....(siehe 7)
20 The Curator.....................................C4
21 Writers Bar......................................D5

Unterhaltung
22 Repertory Philippines.....................C4
23 SaGuijo..A1

Shoppen
24 Balikbayan Handicrafts...................D5
25 Glorietta..E5
26 Greenbelt..D4
27 Tesoro's...E5

Praktisches
28 Australische Botschaft...................B2
29 Kanadische Botschaft....................B2
30 Department of Tourism
 Information Centre.........................E1
31 Französische Botschaft..................F1
32 Deutsche Botschaft........................B2
33 Niederländische Botschaft.............E2
34 Neuseeländische Botschaft...........E1

Nachmittag zubringen) – dies schlägt jedoch mit 600 bis 1000 P zu Buche.

Geführte Touren

★ Walk This Way TOUR
(☎ 0920 909 2021; www.carlosceldran.com; Erw./Student 1100/600 P) Er ist so etwas wie eine Berühmtheit in Manila: Carlos Celdran bietet eine komisch-exzentrische One-Man-Show zur philippinischen Geschichte und zum philippinischen Alltagsleben, die für Leute mit offener Einstellung und Sinn für Humor sehr zu empfehlen ist. Seine Zentrale befindet sich in Intramuros in La Monja Loca, einer Art Souvenirladen, gegenüber der San Agustín Church – Carlos steht mit der katholischen Kirche wegen der Ablehnung eines Gesetzes zur Schwangerschaftsverhütung auf Kriegsfuß und musste 2010

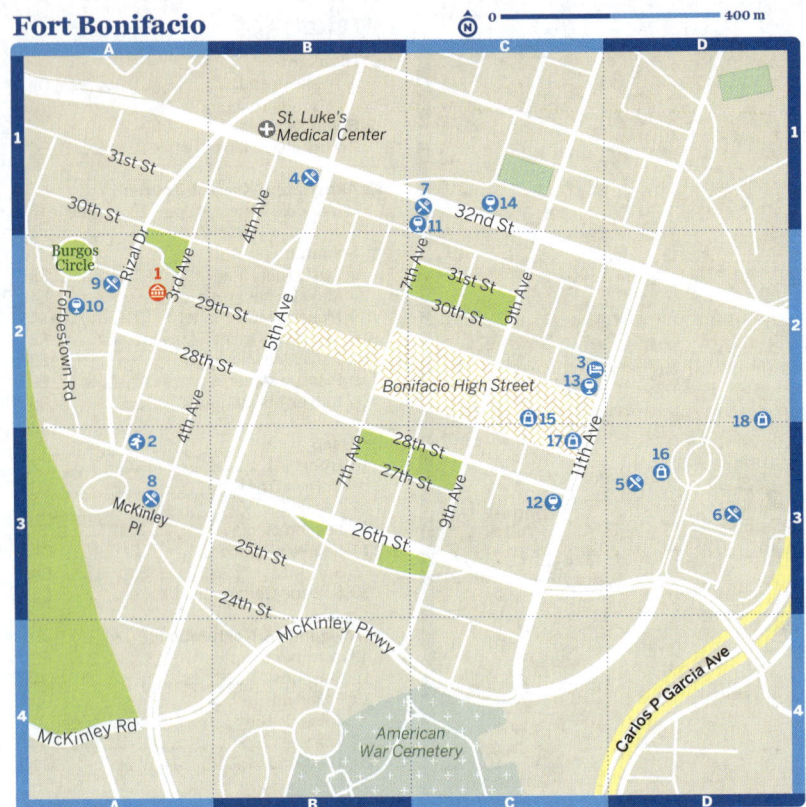

Fort Bonifacio

⊙ **Sehenswertes**
1 The Mind Museum A2

⊕ **Aktivitäten, Kurse & Touren**
2 Neo Spa A3

🛏 **Schlafen**
3 Seda C2

⊗ **Essen**
4 Aubergine B1
5 Balducci D3
6 Fiesta Market D3
7 Hungry Hound C1
8 Las Flores A3

9 The Bowery A2

🍸 **Ausgehen & Nachtleben**
10 Big Bad Wolf A2
11 Niner Ichi Nana C1
12 Skye C3
13 Straight Up C2
14 The Perfect Pint C1

🛍 **Shoppen**
15 Bonifacio High Street C2
16 Echo Store D3
17 Fully Booked C3
18 Market! Market! D2

wegen Störung eines Gottesdiensts sogar eine Nacht im Gefängnis verbringen.

Old Manila Walks   STADTSPAZIERGANG
(📞 0918 962 6452, 02-711 3823; www.oldmanila walks.com; Tour ab 1100 P) Führer Ivan Man Dy kennt Manila und dessen Geschichte und Kultur wie seine Westentasche. Er versteht sich darauf, die oft übersehenen Geheimnisse der Stadt aufzuspüren. Am bekanntesten ist er für seine kulinarischen Stadtspaziergänge durch sein Heimatviertel Binondo (1200 P,

3½ Std.), bei denen man so viel essen kann, wie man will, sowie für Führungen über den Chinesischen Friedhof (650 P, 2 Std.).

Ebenfalls sehr zu empfehlen sind die Stadtspaziergänge durch San Miguel einschließlich Malacañang-Palast (S. 81; 1200 P mit Bier und Knabbereien, 2½ Std.) sowie durch Intramuros (1000 P, 2½ Std.) und die Tagesausflüge zur Insel Corregidor.

Bambike — RADTOUR

(Karte S. 56; 02-525 8289; www.bambike.com; Plaza Luis Complex, Ecke General Luna St & Real St, Intramuros; 2½-stündige Tour 1200 P; 10 & 15 Uhr) Das von dem jungen, lässigen Bryan gegründete Unternehmen veranstaltet Radtouren durch Intramuros auf handgefertigten Rädern mit Bambusrahmen. Durch die ruhigen Gassen der ummauerten Stadt zu radeln ist eine tolle Möglichkeit, das Intramuros kennenzulernen; an allen wichtigen Attraktionen und einigen weniger bekannten wird Halt gemacht. Im Preis inbegriffen sind Eintrittsgebühren, Schutzhelm und Wasser.

Auf Anfrage gibt's auch einstündige „Expresstouren" (600 P). Das Geschäft neben dem Casa Manila (S. 58) verkauft auch seine Bambusfahrräder.

Feste & Events

Black Nazarene Procession — RELIGION

Der Schwarze Nazarener, die lebensgroße, hoch verehrte Christusstatue der Quiapo Church, wird am 9. Januar und in der Karwoche mit Prozessionen durch die Straßen geführt. Tausende Gläubige kommen, um das angeblich wundertätige Bild auf ihren Schultern durch die Straßen der Stadt zu tragen.

Fringe Manila — KUNST

(www.fringemanila.com) Das jährliche Kunstfestival, bei dem drei Wochen lang örtliche Künstler und Darsteller im Mittelpunkt stehen, fand erstmals Mitte Februar 2015 statt.

Drink Up — BIER

(www.drinkupph.com; Mai) Beim Bierfest in Fort Bonifacio gibt's Biere philippinischer und ausländischer Kleinbrauereien. Die genauen Termine stehen auf der Website.

Unabhängigkeitstag — NATIONALFEIERTAG

(12. Juni) Mit einem großen Umzug im Rizal Park feiern die Philippinen den Tag der Unabhängigkeit von Spanien.

Allerheiligen & Allerseelen — RELIGION

(1. & 2. Nov.) Was für Mexiko der Dia de los Muertos ist, sind Allerheiligen und Allerseelen für Manila. Hunderte Feiernde versammeln sich auf dem North Cemetery und dem Chinesischen Friedhof. Die ganze Nacht hindurch wird dort gefeiert; chinesisch-philippinische Familien kommen, um ihren Ahnen Speisen und Blumen zu spenden.

Schlafen

Manila bietet Unterkünfte in allen Preisklassen an – von Betten in modernen Hostels für 400 P bis zu luxuriösen Penthouse-Suiten für 1000 US$.

Intramuros

Erst in den letzten Jahren wurden hinter den sagenumwobenen Mauern von Intramuros Hotels aufgemacht. Sie sind keine schlechte Wahl, wenn man Frieden und Ruhe sucht, denn spätestens um 22 Uhr werden hier die Bürgersteige hochgeklappt.

Sailor's Inn — HOSTEL $

(Karte S. 56; 02-527 6206; 1 Fort Santiago; B/4BZ/Suite 350/1700/2200 P;) Mit zwei riesigen, halb abgeteilten und mit Klimaanlagen ausgestatteten Schlafsälen (100 Betten für Männer, 40 für Frauen) ähnelt das Hostel einer Kaserne – man könnte glauben, man wäre bei der Kriegsmarine. Die Gemeinschaftsbäder mit Kaltwasser sind entsprechend groß. Ansonsten sind die Schlafsäle und Privatzimmer einfach, aber tadellos.

White Knight Hotel Intramuros — HOTEL $$

(Karte S. 56; 524 7382; www.whiteknighthotel-intramuros.com; General Luna St; Zi. 1960–3000 P;) Das Hotel residiert in einem historischen, restaurierten Gebäude aus dem 19. Jh., das zum Casa-Manila-Komplex gehört, und ist eine gute Wahl für all jene, die die Ruhe in der ummauerten Stadt vorziehen. Das Hotel bietet viel Charakter, aber die Blumendekoration ist etwas übertrieben.

Bayleaf — HOTEL $$$

(Karte S. 56; 02-318 5000; www.thebayleaf.com.ph; Ecke Muralla St & Victoria St; Zi. mit Frühstück 3700 P;) Während ein Boutiquehotel innerhalb der alten Mauern von Intramuros deplatziert wirken könnte, ist das Bayleaf zu Recht für seine in kräftigen Farben postmodern gestalteten Zimmer mit Regenduschen beliebt. Es bietet auch ein geschäftiges Restaurant und auf der Dachterrasse die Bar Sky Deck (S. 89). Die günstigsten Preise gibt's bei Online-Buchung.

Quezon City & Cubao

Rizal Park

Rund um den Rizal Park gibt's ein paar wundervolle historische Hotels.

Casa Bocobo   HOTEL **$$**
(Karte S. 56; 02-526 3783; www.casabocobo.com.ph; Bocobo St; Zi. mit Frühstück 1500–3000 P; ❄@🛜) Ein tolles Mittelklassehotel nahe dem Rizal Park: Schöne Schwarzweißfotos und Flachbild-TVs zieren die Wände und hübsche Lampen stehen neben Betten mit weicher, weißer Bettwäsche. Die kleineren Budgetzimmer sind schlichter, haben aber ein sehr gutes Preis-Leistungs-Verhältnis.

Ralph Anthony Suites   APARTMENTS **$$**
(Karte S. 56; 02-254 7981; www.ralphanthonysuites.com; M Orosa St; 1-Zi.-Apt. ab 2000 P, Suite ab 2400 P; ❄@🛜) Die Apartments werden hauptsächlich langfristig vermietet, aber auch für Kurzzeitgäste ist das Angebot gut und preisgünstig. Meiden sollte man die Einraumwohnungen (die in schlechtem Zustand sind) und sich stattdessen an die Suiten mit Einbauküche halten.

★**Manila Hotel**   HOTEL **$$$**
(Karte S. 56; 02-527 0011; www.manila-hotel.com.ph; 1 Rizal Park; Zi. ab 8500 P; ❄@🛜) Dies ist eines der prächtigen, hochherrschaftlichen Hotels Asiens, in denen schon zahlreiche historische Größen, von General MacArthur bis zu den Beatles und John F. Kennedy abgestiegen sind. Es ist schon über 100 Jahre alt, hat aber gut mit der Zeit Schritt gehalten: Elegante philippinische Details wie Trennwände aus Capiz-Muscheln oder Betten mit dekorativen Kopfstücken sind hinzugekommen. Die Zimmer bieten allen modernen Komfort bis hin zu Flachbild-TVs über der Badewanne.

Man hat die Wahl zwischen den modern eingerichteten Business-Zimmern im neuen Flügel und den historisch aufgemachten im Altbau.

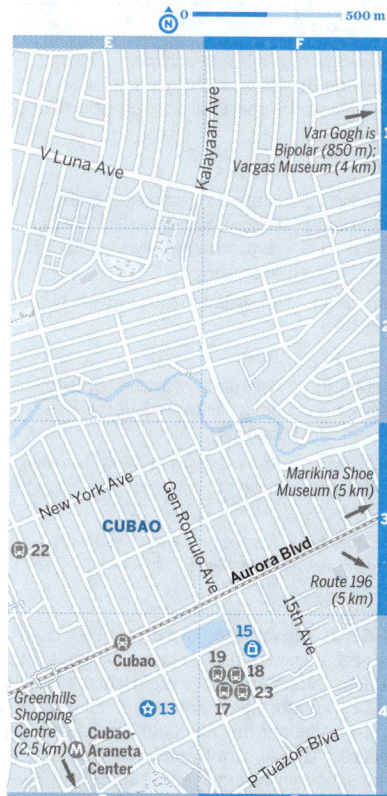

Quezon City & Cubao

🟦 Sehenswertes
1 Monument to Boy Scouts B2

🛏 Schlafen
2 Imperial Palace Suites B1
3 Stone House B3
4 Torre Venezia Suites A1
5 Tune Hotel C2

🍴 Essen
6 Chocolate Kiss A2
7 Greens Vegetarian Restaurant
 and Cafe B2
8 Restorante La Capre A1
9 Uno Restaurant B2
10 Victorinos C2

🍸 Ausgehen & Nachtleben
11 Big Sky Mind A4
12 Craft Coffee Revolution A4
 Cubao Expo .... (siehe 15)

⭐ Unterhaltung
13 Araneta Coliseum E4
14 Philippine Educational
 Theater Association A3

🛍 Shoppen
15 Cubao Expo F4
16 Q Mart D3

🚌 Transport
17 Amihan Bus Lines F4
18 Araneta Bus Terminal F4
19 Cagsawa Cubao Terminal F4
20 Dagupan Bus Co D3
21 Dominion Bus Lines D3
22 Genesis Cubao Terminal E3
23 Isarog Bus Lines F4
24 Partas Cubao Terminal D4
25 Victory Liner Cubao Terminal D3
26 Victory Liner Kamias Terminal D2

⭐ Miramar Hotel HISTORISCHES HOTEL $$$
(Karte S. 56; ☎02-523 4486, 02-523 4484; www.miramarhotel.ph; 1034-36 Roxas Blvd; DZ mit Frühstück 4480–5600 P, Suite 7728 P; ❄❋@🛜) Wer nach einem klassischen Hotel sucht, dessen Flair an Alt-Manila erinnert und dessen Preis die Bank nicht sprengt, ist mit diesem Art-déco-Meisterstück aus den 1930er-Jahren bestens bedient. Die Zimmer und Gemeinschaftsbereiche sind schick in diesem Stil eingerichtet und absolut modern, strahlen aber trotzdem einigen Vorkriegscharme aus. Wenn man zudem eines der regelmäßigen Sonderangebote zum halben Preis erwischt, hat man wirklich ein tolles Schnäppchen gemacht.

⭐ Luneta Hotel BOUTIQUEHOTEL $$$
(Karte S. 56; www.lunetahotel.com; Kalaw Ave; Zi. mit Frühstück ab 3000 P, Suite ab 8800 P; ❋🛜) Das Hotel im Stil der französischen Renaissance, das zum Zeitpunkt der Recherche gerade seine Pforten öffnete, ist ein Symbol für die Rückkehr Manilas zum Vorkriegsglanz. Das elegante, denkmalgeschützte Gebäude mit Blick auf den Rizal Park gehört zu den wenigen, die die Luftangriffe des Zweiten Weltkriegs überstanden, und die großen Zimmer, von denen einige schmiedeeiserne Balkone haben, bieten ein ausgezeichnetes Preis-Leistungs-Verhältnis.

Das opulente Foyer mit einem glänzenden Café sorgt für zusätzliche Klasse.

Malate, Ermita & Paco

Malate's Adriatico St ist Manilas traditionelles Aufmarschgelände für Backpacker, quasi eine kleinere Version der Khao San Rd in Bangkok. Es gibt hier aber auch eini-

WO IN MANILA ÜBERNACHTEN?

Angesichts der Größe dieser Megacity fällt die Wahl des richtigen Hotels schwer, vor allem, wenn man zum ersten Mal hierher kommt. Entscheidend ist, sich zunächst einmal für ein bestimmtes Stadtviertel und erst danach für ein Hotel zu entscheiden. Eine schnelle Übersicht über die wichtigsten Gebiete mit Unterkünften:

STADTVIERTEL	PRO	CONTRA
Downtown (Malate & Ermita)	Traditionelles Touristenviertel; in der Nähe der meisten Sehenswürdigkeiten; „authentisches" Manila; beste Budgetunterkünfte	Bettler und Abzocker; ärmliche Straßen; durchschnittliche Restaurants; anderswo interessanteres Nachtleben
Downtown (Intramuros)	Ruhige, nachbarschaftliche Atmosphäre; nahe der meisten Sehenswürdigkeiten	wenig Restaurants; kein Nachtleben
Downtown (Rizal Park)	Geschichte, Charme	Teuer
Pasay & Parañaque	In der Nähe des Flughafens, des Kunstviertels und der Pasay Bus Terminals	Nahe der stark befahrenen Epifanio de los Santos Ave; laut; keine Restaurants
Makati	Spitzenrestaurants; tolles Nachtleben; saubere Straßen; moderne Hostels und Hotels	Keine Atmosphäre, wirkt übermäßig saniert
Quezon City	Weniger touristisch, mehr auf Einheimische ausgerichtet; gute Restaurants und Bars; nahe der Cubao Bus Terminals	Weit weg von allem – außer den Cubao Bus Terminals

ge Spitzen- und Mittelklasseunterkünfte mit mehr Schick.

Wanderers Guest House HOSTEL $
(Karte S. 62; 02-525 1534; www.wanderersguesthouse.com; 1750 Adriatico St, 4. OG, Ecke J Nakpil St; B mit Ventilator/Klimaanlage 300/350 P, DZ mit Ventilator/Klimaanlage ab 700/1200 P; ✻@✺) Im Zentrum von Malate weiß das Wanderers genau, was Backpacker wollen und bedient sie bestens mit einem Mix aus sauberen Schlafsälen und Privatzimmern (einige mit Balkon), sehr guten Reiseinfos und Kochgelegenheiten. Das Highlight ist die Dachterrasse, eine Mischung aus Bar, Restaurant und Lounge, wo man prima mit anderen Travellern ins Gespräch kommen kann. Auch Yoga (morgens) und Meditation sind im Angebot.

V Hotel HOTEL $
(Karte S. 62; 02-328 5553; www.vhotelmanila.com; 1766 Adriatico St; DZ mit Frühstück 900–2800 P; ✻✺≋) Das preisgünstige Designerhotel mitten in Malate hat schicke (aber schachtelartige) Zimmer, ein munteres Café und einen kleinen Pool auf der Dachterrasse. Die billigsten Zimmer haben Stockbetten und Gemeinschaftsbäder und sind eine gute Budgetoption verglichen mit den Hostels.

Where 2 Next HOSTEL $
(Karte S. 62; 02-354 3533; www.where2nexthostel.com; 1776 Adriatico St; B mit Klimaanlage 495 P, Zi. mit Ventilator/Klimaanlage 950/1550 P; ✻@✺) Das schicke Hostel punktet mit einem blitzblanken Gemeinschaftsbereich voller komfortabler Sofas und einem verglasten Balkon mit Blick auf die Hauptstraße von Malate. Graffitimalereien hübschen die sauberen Zimmer auf, und es gibt eine komplett ausgestattete Küche für Selbstversorger. Zusätzliche Pluspunkte sind kostenloses WLAN, das kostenlose kontinentale Frühstück und kostenloser Kaffee.

Malate Pensionne HOSTEL $
(Karte S. 62; 02-523 8304; www.mpensionne.com.ph; 1771 Adriatico St; B mit Klimaanlage 490 P, DZ ohne/mit Bad 950/1200 P, mit Klimaanlage 1100–1600 P; ✻@✺) Das gemütliche, schon lange bestehende Hostel (in dem man dem abendlichen Trubel auf der Adriatico St entgehen kann) hat einige altmodische Architekturdetails wie z. B. dunkle Holzböden. Das Management und die freundlichen Leute an der Rezeption sind auf die Fragen der Gäste eingestellt und wissen, was sie wünschen. Man sollte sich einige Zimmer ansehen, denn manche sind schöner als andere.

Pension Natividad PENSION $
(Karte S. 62; 02-521 0524; www.pensionnatividad.com; 1690 MH del Pilar St; B mit Ventilator 400 P, DZ mit Gemeinschaftsbad/eigenem Bad 1000/1100 P, mit Klimaanlage 1500 P; ✻✺) Die

ruhige Budgetpension in einem schönen Art-déco-Gebäude ist bei den Freiwilligen des US-amerikanischen Friedenscorps beliebt. Wer richtig auf die Pauke hauen will, wohnt besser anderswo, denn das Haus wirbt mit „sauberen Gästezimmern für Einzelpersonen, Verheiratete und Familien".

Chill-Out Guesthouse HOSTEL $
(Karte S. 62; 02-503 2660; www.manille-hotel. com; 612 Remedios St; B 350 P, DZ mit Ventilator/ Klimaanlage ab 750/1200 P;) Das von Franzosen geführte Hostel ist gerade ab einen Standort gleich neben dem Remedios Circle umgezogen und wirkt auf den ersten Blick überzeugend. Es hat saubere Schlafsäle und Einzelzimmer, dankenswerterweise mit Klimaanlage, außerdem einen annehmbaren Aufenthalts- und Küchenbereich, in dem Rauchen erlaubt ist. Im Erdgeschoss gibt's ein Barrestaurant.

Adriatico Arms Hotel HOTEL $$
(Karte S. 62; 02-524 7426; 561 J Nakpil St; Zi. Standard/Deluxe 1650/1850 P;) Als Relikt der einstigen Pracht der Nakpil St bringt dieses hübsche und erschwingliche Boutiquehotel einen Hauch von Klasse nach Malate. Das charmante Café im Erdgeschoss mit seinen schmiedeeisernen Details und angenehmer Literatenatmosphäre sorgt für einen netten Eindruck. Die Zimmer sind zwar betagt, aber geräumig und komfortabel. Die Zimmer zur Straße haben einen Balkon, die Zimmer nach hinten sind dafür ruhiger.

Oasis Paco Park HOTEL $$
(Karte S. 54; 02-521 2371; www.oasispark. com; 1032-34 Belen St, Paco; Zi. ab 2000 P;) Man kommt hauptsächlich hierher, weil das Hotel relativ ruhig und isoliert liegt und zu den wenigen Mittelklassehotels in Manila gehört, die über einen Pool in einem grünen, mit Gartenmöbeln ausgestatteten Hof verfügen. Die Zimmer sind im typischen Motelstil eingerichtet, die Deluxe-Zimmer haben auch Fenster.

Casa Nicarosa HOTEL $$
(Karte S. 62; 02-536 1597; www.casanicarosa hotelmanila.com; 2116 Madre Ignacia St, Malate; DZ 2000–2400 P;) Versteckt in einer ruhigen Wohnstraße ist das entspannte Casa Nicarosa eine tolle Wahl für alle, die zwar den Trubel von Malate und Ermita in der Nähe haben, aber nicht mitten darin wohnen möchten. Die gemütliche Pension ist in einem recht prächtigen Gebäude untergebracht, das wie eine Villa aus den 1980er-Jahren anmutet – garniert mit ein paar viktorianischen Details.

Lotus Garden Hotel HOTEL $$
(Karte S. 56; 02-522 1515; www.lotusgardenho telmanila.com; 1227 Mabini St, Ermita; EZ/DZ ab 2000/2200 P;) Das annehmbare Mittelklassehotel hat eine prachtvolle, geschwungene Treppe und im Foyer das geschäftige (und verrauchte) Barrestaurant Cilantro. Die Zimmer sind nichts Besonderes, aber je teurer sie sind, umso mehr Licht, Platz und Annehmlichkeiten bieten sie. Der Whirlpool ist ein nettes Extra, aber das Hotel steht in einem recht unansehnlichen Viertel.

Pan Pacific Hotel HOTEL $$$
(Karte S. 62; 02-318 0788; www.panpacific.com; Ecke Adriatico St & Gen M Malvar St; Zi. ab 8500 P;

CCP & DER COCONUT PALACE

Von all den durchgeknallten Projekten von Imelda Marcos war der **Coconut Palace** (Karte S. 64; 02 832-1898; Pedro Bukaneg St, CCP Complex) vielleicht das verrückteste. Auf die Nachricht hin, dass Papst Johannes Paul II. plane, seine Schäfchen auf den Philippinen zu besuchen, ordnete Imelda die Errichtung eines prächtigen Palasts an. Und nicht nur irgendeinen Palasts – dieser sollte auch noch das handwerkliche Können der Einwohner und die landesüblichen Materialien herausstellen.

Große Teams von Handwerkern leisteten Überstunden, um das Projekt rechtzeitig vor der Anreise des Papstes fertigzustellen. Als Imelda schon die Tür aufreißen wollte, um den Heiligen Vater zu empfangen, erhielt sie eine Abfuhr: Der Pontifex tadelte, dass die 37 Mio. US$, die der Bau verschlungen hatte, besser für etwas Sinnvolles, z. B. sauberes Wasser für die Menschen, ausgegeben worden wären und reiste lieber anderswohin.

Dieser Tage dient der Palast als Amtssitz des Vizepräsidenten und ist für Besucher geschlossen. Man kann ihn sich aber von außen anschauen. Er liegt innerhalb des Komplexes des Cultural Centre of the Philippines (CCP) und ist von Malate aus mit einem netten Spaziergang auf der Promenade am Roxas Blvd oder von der MH del Pilar St aus mit jedem Jeepney Richtung Baclaran zu erreichen.

⊖✱@⊠) Das luxuriöse Fünf-Sterne-Geschäftshotel ist das einzige in Malate, in dem in Großbritannien ausgebildete Butler arbeiten. Online kann man seine genauen Wünsche für den Aufenthalt festlegen. Bei Standardzimmern hat man z. B. die Wahl zwischen kostenlosem Frühstück, einem kostenlosen Zimmer-Upgrade oder dem kostenlosen Transport vom/zum Flughafen. Einige Zimmer bieten Blick auf die Bucht und Badewannen mit TVs. Das Hotel hat einen hübschen Pool und eine schicke Dachbar (S. 89).

Hyatt Regency Hotel & Casino Manila　　HOTEL $$$

(Karte S. 62; 02-245 1234; www.manila.casino.hyatt.com; 1588 Pedro Gil St; EZ/DZ mit Frühstück ab 179/200 US$; ✱@🛜⊠) Mehr Einrichtungen als im Hyatt gibt's nirgendwo in Manila. Ohne das Gebäude verlassen zu müssen, kann man hier einen Yogakurs besuchen, oder sich die Haare schneiden oder die Füße massieren lassen. Das Haus wirkt mit seinen hohen Decken und dem zeitgenössischen Stil wie aus einem Hochglanzmagazin.

Pasay & Umgebung

Pink Manila　　HOSTEL $

(Karte S. 64; 02-484 3145; www.pinkmanilahostel.com; Ecke Bautista St & San Pedro St; B mit Ventilator/Klimaanlage 450/570 P, DZ 1600 P; ✱🛜⊠) Versteckt im 5. Stock eines unscheinbaren Gebäudes in uninteressanter Lage liegt eines der geselligsten Hostels von Manila. Auf der Dachterrasse fühlt man sich wie bei *Big Brother*: Backpacker hängen rund um den Pool mit Bikini bzw. nacktem Oberkörper am Pool und den Hängematten ab und klimpern auf der Gitarre. Es gibt eine große Auswahl an Schlafsälen und Privatzimmern, die alle mit rosa Bettwäsche ausgestattet sind, sowie eine Bar und eine Küche. Dank der Lage zwischen Malate und Makati kann man beide Stadtteile bequem erreichen.

Manila International Youth Hostel　　HOSTEL $

(Karte S. 54; 02-851 6934; 4227-9 Tomas Claudio St; B mit Ventilator 350 P, DZ/3BZ mit Klimaanlage 1100/1650 P; ✱@🛜) Das einfache Hostel hat einen riesigen Schlafsaal für Männer (36 Betten) und akzeptablere für Frauen (12 Betten). Die Herberge wird mehr von Einheimischen als von Backpackern frequentiert, ist aber praktisch, wenn man in Flughafennähe übernachten will.

Orchid Garden Suites　　HOTEL $$

(Karte S. 64; 02-708 9400, 708 9414; www.orchidgardensuites.com.ph; 620 Ocampo St; DZ mit Frühstück ab 3000 P; ⊖✱@🛜⊠) Die elegante Option, die auch praktisch für einen Besuch Malates liegt, bietet gut gepflegte, sehr große Zimmer in einem Hochhausblock aus den 1980er-Jahren; von den oberen Zimmern hat man einen tollen Blick. Die Lobby und die Bar befinden sich in einer an das Gebäude angebauten Art-déco-Villa aus den 1930er-Jahren, einem der wenigen erhaltenen architektonischen Wahrzeichen Manilas aus der Vorkriegszeit. Schön wäre es, wenn es mehr Platz zum Abhängen am Pool gäbe.

Sofitel Philippine Plaza　　HOTEL $$$

(Karte S. 64; 02-551 5555; www.sofitel.com; CCP Complex, Atang Dela Rama St; Zi. mit Frühstück ab 8000 P; ⊖✱@🛜⊠) Diese Fünf-Sterne-Oase mit einem weitläufigen Poolbereich direkt an der Bucht von Manila kommt in Manila am ehesten einer Ferienanlage gleich. Das prachtvolle Hotel bildet schon seit mehreren Jahrzehnten den Mittelpunkt des CCP Complex. Weitere Highlights sind die Bibliotheksbar und die üppigen Büffets.

Santa Cruz

★ Red Carabao　　HOSTEL $

(Karte S. 54; 02-861 6614; www.redcarabaomanila.com; 2819 Felix Huertas St, Santa Cruz; B 450–500 P, Zi. mit Ventilator/Klimaanlage pro Pers. 650/1050 P; ⊙ Okt.–März Mindestaufenthalt 2 Nächte; ✱@🛜; LRT Abad Santos Station) Das Hipster-Hostel in einem nichttouristischen Viertel verspricht authentischere Einblicke ins Alltagsleben. Die gesellige Anlage erstreckt sich über vier Stockwerke. Auf Kreidetafeln werden interessante Events und Treffen angekündigt, und die coole Dachterrasse ist ideal für Hauspartys. Die Schlafsäle und Privatzimmer sind geräumig, komfortabel und piekssauber.

Weitere Pluspunkte sind die gemütliche Lounge mit Küche, Sportgeräte, kostenloses Trinkwasser und Kaffee. Mit dem LRT ist man in 15 Minuten im Zentrum von Manila; die Beschreibung der Anfahrt steht auf der Website.

Makati & Umgebung

Moderne Hostels mit Klimaanlage entstehen derzeit überall in Makati, um zu dem großen Angebot an Geschäfts- und Fünf-Sterne-Hotels aufzuschließen.

Rund um die P Burgos

MNL Boutique Hostel
HOSTEL $

(Karte S. 54; 0917 858 5519; www.mnlboutiquehostel.com; Ecke B Valdez St & Santiago St; B ab 520 P, Zi. mit Gemeinschaftsbad 1550 P; ❄@🛜🏊) Mit Industriebau-Details wie poliertem Beton und bunten Sperrholztüren rühmt sich das künstlerisch angehauchte Hostel als modische, komfortable Backpackerbleibe. Der Platz ist zwar beengt, und es fehlt an Sonnenlicht, aber die Zimmer haben Charakter und gute Betten. Es gibt gute Reiseinfos, eine komplett ausgestattete Küche und kostenlosen Filterkaffee. An den Wochenenden sind die Preise etwas höher.

Our Melting Pot
HOSTEL $

(OMP; Karte S. 77; 02-659 5443; www.ourmeltingpotmakati.com; 4. OG, Mavenue Bldg, 7844 Makati Ave; B 550–750 P, EZ/DZ ohne Bad 1050/1500 P, DZ mit Bad 1800 P; ♿❄@🛜) Makatis ältestes Hostel punktet mit minimalistischem Stil, freundlichem Personal und einer gemütlichen Atmosphäre. Die Zimmer sind einfach,

Rund um die P Burgos

🛏 Schlafen
1 A Venue Suites A1
2 Berjaya Hotel B2
3 Hotel Durban A2
4 Lokal Hostel B3
5 Our Melting Pot B1
6 St. Giles Hotel B2
7 Sunette Tower A3

🍴 Essen
8 Alba C4
9 El Chupacabra C3
10 Filling Station B3
11 La Tienda B4
12 Ziggurat A3

🍷 Ausgehen & Nachtleben
13 71 Grammercy A2
A Toda Madre .... (siehe 7)
14 Beers Paradise B4
15 H&J's B3
16 Le Café Curieux A3
17 Time B1

bieten aber eine Klimaanlage und Trennvorhänge zwischen den Schlafsaalbetten Dass man die Straßenschuhe ausziehen muss (Latschen werden gestellt), sorgt für Sauberkeit. Im Preis inbegriffen sind das einfache Frühstück und Stadtführungen.

Für Leute, die der Stadt entkommen wollen, haben die Betreiber auch ein Hostel in Tagaytay eröffnet.

Lokal Hostel　　　　　　　　　　HOSTEL $

(Karte S. 77; ☎02-890 0927; www.lokalhostel.com; 3. OG, 5023 P Burgos St; B mit Ventilator/Klimaanlage 450/600 P, DZ mit Ventilator/Klimaanlage 1200/1400 P; ❄@☎) Mitten in Makatis schäbigem Rotlichtviertel strahlt dieses neue Hostel innere Ruhe aus. Es bietet geräumige Schlafsäle mit großen Betten, Wandmalereien und eine coole Dachterrasse.

Makati YMCA Hostel　　　　　　HOSTEL $

(Karte S. 68; ☎02-899 6379; www.ymcaofmakati.com; 7 Sacred Heart St; B/Zi. mit Klimaanlage ab 400/1100 P; ☺❄) Was diesem Hostel an Backpackergeselligkeit fehlt, macht es mit für den Preis ausgezeichneten Zimmern mit Klimaanlage und seine Lage in einem ruhigen *barangay* (Viertel) nur fünf Gehminuten von Makatis zentralem Geschäftsviertel wieder wett. Die Schlafsaalbetten sind ausschließlich Männern vorbehalten, aber Frauen können die Privatzimmer mieten.

Robelle House　　　　　　　　PENSION $$

(Karte S. 54; ☎02-899 8209; www.robellehouse.net; 4402 B Valdez St; EZ/DZ ohne Bad 1000/1250 P, mit Bad 1495/1750 P; ❄☎☺) Das alte Haus mit viel Flair und Geschichte ist eine tolle Wahl für Budgettraveller etwas über der Backpackerszene. Die entspannte Lage an einer ruhigen Wohnnebenstraße ist ein weiteres Plus. Die Zimmer sind einfach, aber gut, und es gibt einen kleinen Pool.

Hotel Durban　　　　　　　　　　HOTEL $$

(Karte S. 77; ☎02-897 1866; www.hoteldurban.net; 4875 Durban St, Makati; Zi. 1600–2550 P; ❄☎) Makatis bestes Mittelklassehotel wird zackig geführt. Die makellosen Zimmer mit Holzvertäfelungsimitat sind für den Preis mehr als angemessen. Das Haus ist beliebt, darum vorab reservieren.

Sunette Tower　　　　　　　APARTMENTS $$

(Karte S. 77; ☎02-895 2726; www.sunette.com.ph; Durban St; DZ/Suite ab 2500/3000 P; ❄@) Die Anlage ist entschieden 1980er-Jahre, bietet aber eine Reihe unterschiedlicher Einraumwohnungen und Apartments mit Bad und Einbauküche.

★ Y2 Residence Hotel　　　BOUTIQUEHOTEL $$$

(Karte S. 54; ☎02-224 3000; www.y2hotel.com; 4687 Santiago St, Makati; Zi. mit Frühstück 8000 P; ❄@☎) Das stilvolle Konzepthotel ist ganz in Schwarz und Weiß gehalten, und die Einrichtung setzt auf Balance und Harmonie nach dem Prinzip von Yin und Yang. Die großen, schicken Zimmer haben asiatisch inspirierte Wandmalereien und sind dank Einbauküche und großen Kühlschränken ideal für einen längeren Aufenthalt. Weitere Extras

---

ABSTECHER

SOZIALES ENGAGEMENT AUF DER VERZAUBERTEN FARM

1½ Fahrtstunden nördlich von Quezon City liegt eine versteckte kleine Farm, die ein paar große Ideen aussät. Die 2003 gegründete **GK Enchanted Farm** (☎02-533 2217; www.gk1world.com/gk-enchanted-farm; Tagestour inkl. Mittagessen 850 P, B mit Ventilator/Klimaanlage 500/600 P, DZ mit Klimaanlage 1800 P) hat sich das Ziel gesetzt, bis zum Jahr 2024 die Armut auf den Philippinen auszurotten.

Auf dem 34 ha großen Gelände erlernt die örtliche Dorfbevölkerung neue Fertigkeiten und tauscht Ideen über alles Mögliche aus, von der Produktion von Käse oder Enteneiern bis hin zur Wurmzucht. Zum Zeitpunkt der Recherche sollte gerade eine High School eröffnet werden, die Einheimische dazu befähigen soll, eigene Unternehmen zu gründen.

Bei einer Tagestour erhalten Besucher eine Reihe von Vorführungen und erfahren, was hier in Hinsicht auf Permakultur und Ökodesign getan wird. Wer über Nacht bleiben will, findet komfortable Unterkunft und sogar einen Infinity Pool zum Abhängen.

Eine Wegebeschreibung zur Anreise steht auf der Website der Farm; mit öffentlichen Verkehrsmitteln nimmt man einen Bus ab Cubao und steigt dann in einen Jeepney um. Wer es nicht bis zur Farm schafft, kann im **Enchanted Farm Cafe** (www.enchantedfarm.com; 463 Commonwealth Ave, Quezon City; ⓒMo-Sa 11–20 Uhr; ❄☎) in Quezon City Bio-Produkte der Farm z. B. in Form von vegetarischen Bananenblüten-Burgern genießen.

sind die luxuriöse Dachterrrassenbar, Tauchbecken, Fitnessraum und Spa. Im Erdgeschoss gibt es eine asiatische Garküche und ein Café mit guter Tee- und Kaffeeauswahl. Bei Online-Buchung gibt's bis zu 50 % Rabatt.

⭐ Peninsula Manila   HOTEL $$$
(Karte S. 68; ☏02-887 2888; www.peninsula.com; Ecke Ayala & Makati Ave; Zi. ab 9000 P; ❄✱@✆☀) Mit Zimmern in bestem philippinischen Design ist das Peninsula schon ein Veteran in Makati, wirkt aber gleichwohl brandneu. Das Café in dem hohen Foyer bietet einen guten Sonntagsbrunch und ist rund um die Uhr ein Treffpunkt der führenden Geschäftsleute der Stadt. Anmerkung: Bei einem niedergeschlagenen Putschversuch durchbrach 2007 ein Schützenpanzer die Vordertüren.

⭐ Picasso Makati   APARTMENTS $$$
(Karte S. 68; ☏02-828 4774; www.picassomakati.com; 119 Leviste St, Salcedo Village; Zi. mit Frühstück ab 9000 P; ❄✱@✆) Das zuvorkommende Hotel mit künstlerischem Flair und Rock-and-Roll-Schick bietet betreute Apartments und Einraumwohnungen mit Bettpodesten, Freitreppen, spaciger Bestuhlung und einem bunten, von Picasso inspirierten Farbschema. Getreu seinem Namen ist das Hotel, das auch über einen Fitnessraum und ein Bistrocafé verfügt, zugleich eine Galerie. Bei Sonderangeboten kann man die Zimmer schon zum halben Preis bekommen.

Makati Shangri-La   HOTEL $$$
(Karte S. 68; ☏02-813 8888; www.shangri-la.com; Ecke Ayala Ave & Makati Ave; Zi. ab 14500 P; ❄✱@✆☀) Mit seinem atemberaubenden Haupteingang gegenüber dem Einkaufszentrum Glorietta hätte das schön aufgemachte Shangri-La gute Aussichten, den Preis für die ästhetisch eindrucksvollste Innenarchitektur in Makati zu gewinnen. Die Zimmer bieten alles, was man zu diesem Preis erwarten darf. Für 600 P können auch Nichtgäste den Pool nutzen. 2016 soll eine neue Filiale in Fort Bonifacio eröffnet werden.

Mandarin Oriental Manila   HOTEL $$$
(Karte S. 68; ☏02-750 8888; www.mandarinoriental.com; Ecke Makati Ave & Paseo de Roxas; Zi. ab 8000 P; ❄✱@✆☀) Wie in allen Mandarin Orientals weltweit ist der Service auch hier überwältigend. Die Zimmer funkeln, und das Spa dürfte das beste in Manila sein.

Raffles Makati   HOTEL $$$
(Karte S. 68; ☏02-555 9777; www.raffles.com/makati; Ecke A Arnaiz Ave & Makati Ave, Makati; Suite mit Frühstück ab 19 000 P; ❄@✆☀) Das Raffles beansprucht, das luxuriöseste Hotel in Manila zu sein. Die hinreißenden Suiten zollen der Kolonialarchitektur Singapurs Tribut, hinzu kommen zeitgenössische Gestaltungselemente. Hier darf man riesige Zimmer mit hohen Decken und Holz-Wandleisten, freistehende Badewannen mit Blick auf die Stadt und Butler auf Abruf erwarten. Der opulente, von Palmen gesäumte Pool wirkt wie einer Villa in Beverly Hills entnommen. Im Preis inbegriffen sind abendliche Cocktails und der High Tea in der Writers Bar.

A Venue Suites   APARTMENTS $$$
(Karte S. 77; ☏403 0865; www.avenuehotelsuites.com; 7829 Makati Ave; Suite mit 1/2 Schlafzi. & Frühstück 7850/9400 P; ❄✱☀) In einem Hochhaus, das über der A-Venue Mall aufragt, finden sich stilvolle, makellose Suiten. Die Anlage ist aber auch ein Wohnkomplex für Dauermieter, daher sind der Service und die Einrichtungen zwar gut, aber nicht auf Fünf-Sterne-Niveau. Auf Online-Buchungsportalen gibt's tolle Angebote für diese Anlage und die zugehörigen Antel Suites nebenan.

Berjaya Hotel   HOTEL $$$
(Karte S. 77; ☏750 7500; www.berjayahotel.com; 7835 Makati Ave; Zi. mit Frühstück ab 4500 P; ❄✱@✆) Dieses von Malaysiern geführte Hotel, ein Stück die Straße hinunter von der A Venue Mall, ist sehr hübsch und bietet einen tollen Service. Gleichwohl fällt es erheblich gegenüber den Fünf-Sterne-Häusern ab und wirkt etwas wie ein Geschäftshotel. Dafür gibt's aber sehr günstige Sonderangebote.

St. Giles Hotel   HOTEL $$$
(Karte S. 77; ☏02-988 9888; www.stgilesmanila.com; Ecke Makati & Kalayaan Ave; Zi. ab 4140 P; ❄✱@✆☀) Ein von Geschäftsreisenden frequentiertes Hotel mit Fitnessraum, Pool auf der Dachterrasse und kleinen, aber modisch eingerichteten Zimmern.

Dusit Thani Manila   HOTEL $$$
(Karte S. 68; ☏02-238 8888; www.dusit.com; Ecke EDSA & A Arnaiz Ave; Zi. ab 8000 P; ❄✱@✆☀) Durch die kürzliche Renovierung schließt das Hotel besser zu den größeren Konkurrenten auf.

🛏 Fort Bonifacio

In diesem Neubauviertel, das noch ziemlich in den Kinderschuhen steckt, werden nach und nach auch Hotels eröffnet. 2016 soll das Shangri-La hier wiedereröffnet werden.

Our Awesome Hostel   HOSTEL $
(Karte S. 54; 02-804 2013; 5756 Kalayaan Ave, Fort Bonifacio; B ab 450 P; ✱ ⌀) Das neue Hostel in kurzer Gehentfernung zum Fort hat nur gemischte Schlafsäle mit vier bis zehn Betten. Es handelt sich um eine gesellige Absteige mit regelmäßigen Partys auf der Dachterrasse.

Seda   HOTEL $$$
(Karte S. 70; 02-588 5700; www.sedahotels.com; Ecke 30th St & 11th Ave, Fort Bonifacio; Zi. mit Frühstück ab 8000 P; ✱ @ ⌀ ≋) Das Geschäftshotel mit Klasse ist eines der wenigen Hotels in Fort Bonifacio und bietet große, stilvolle Zimmer mit Jumbo-Plasma-TVs und Sitzbänken. Es gibt einen Fitnessraum, einen Pool und kostenlos zu nutzende Mac-Computer im Foyer. Am Wochenende sind beträchtliche Rabatte drin. Hier ist auch die Dachterrassenbar Straight Up (S. 89).

Quezon City

Die bei weitem attraktivste Gegend hier ist rund um die T Morato Ave.

Stone House   HOTEL $$
(Karte S. 72; 02-724 7551; www.stonehouse.ph; 1315 E Rodriguez Sr Ave, Quezon City; Zi. 1100–2500 P; ✱ ⌀) Das Hotel punktet mit günstigen Preisen und Komfort, aber ein Zimmer mit Fenster gibt's nur für 200 P Aufschlag. Das Haus liegt in bequemer Gehentfernung zu den Restaurants der T Morato.

Tune Hotel   HOTEL $$
(Karte S. 72; 02-426 0567; www.tunehotels.com; 100 Timog Ave, Quezon City; Zi. 1500–2500 P; ✱ @ ⌀) Das pieksaubere Kettenhotel ist eine gute, verlässliche Wahl mit hochwertigen Betten und Duschen mit starkem Wasserdruck. Die besten Preise gibt's bei Online-Buchung.

★ Torre Venezia Suites   APARTMENTS $$$
(Karte S. 72; 02-332 1658; www.torreveneziasuites.com.ph; 170 Timog Ave; Zi./Suite ab 4500/5500 P; ⌀ ✱ ⌀ ≋) In dem Hochhaushotel/Wohnanlage gibt's schicke Zimmer mit tollen Betten, Möbeln und Bädern. Nimmt man noch den Fitnessraum und das luxuriöse Spa hinzu, hat man hier wirklich ein echtes Schmuckstück. Online gibt's starke Rabatte.

Edsa Shangri-La Hotel   HOTEL $$$
(Karte S. 54; 02-633 8888; www.shangri-la.com; 1 Garden Way, Ortigas; Zi. ab 200 US$; ⌀ ✱ @ ⌀ ≋) Das Haus ist zwar weniger eindrucksvoll als die Filiale in Makati, aber immer noch in jeder Hinsicht ein Fünf-Sterne-Hotel. Die Gartenanlagen sind entzückend, und die MRT ist nur ein paar Schritte entfernt.

Imperial Palace Suites   APARTMENTS $$$
(Karte S. 72; 02-927 8001; www.imperial.ph; Ecke Timog Ave & T Morato Ave; DZ mit Frühstück 3700–4875 P, Suite ab 8500 P; ⌀ ✱ @ ⌀ ≋) Die Anlage bietet gepflegte, wenn auch etwas in die Jahre gekommene Zimmer mit vielen Annehmlichkeiten und Blick auf das Boy Scouts Monument. Es gibt einen hübschen Gartenpool auf der Dachterrasse und einen Fitnessraum.

Essen

Downtown ist nicht mehr das kulinarische Paradies von früher, denn die meisten der besten Restaurants sind nordwärts nach Makati abgewandert, wo die Stammgäste mehr Geld zur Verfügung haben.

Selbstversorger finden große Supermärkte westlicher Art in den Malls, aber die vielen Freiluftmärkte, z. B. der San Andres Market in Malate, versprechen ein stimmungsvolleres Einkaufserlebnis.

Intramuros

Patio de Conchita   PHILIPPINISCH $
(Karte S. 56; Ecke Cabildo St & Beaterio St; Gerichte 75–150 P; ⊙ 10–22 Uhr) Mit seiner Lage in einem alten Haus wirkt das Conchita schicker, als es ist, denn im Grunde handelt es sich um einen besseren *turu-turò* (Straßenimbiss); man bestellt, indem man auf die fertig zubereiteten Gerichte in der Theke deutet.

Ristorante delle Mitre   PHILIPPINISCH $$
(Karte S. 56; 470 General Luna St; Hauptgerichte 175–400 P; ⊙ 8.30–20.30 Uhr) In diesem einmaligen, hübschen, mit katholischen Devotionalien geschmückten Bistro, das sich passend gegenüber der San Agustín Church befindet, helfen oft Nonnen bei der Zubereitung der nach Erzbischöfen benannten Gerichte. Es gibt eine Mischung philippinischer, italienischer und spanischer Gerichte. Ein guter Ort, um nach einem anstrengenden Sightseeing-Tag wieder aufzutanken.

Barbara's   SPANISCH, PHILIPPINISCH $$$
(Karte S. 56; 02-527 3893; www.barbarasrestaurantandcatering.com; Plaza San Luis Complex, General Luna St; Büffet mittags/abends 395/425 P; ⊙ Café 9–18 Uhr, Restaurant Mo–Sa mittags & abends) In einem eleganten Saal im Komplex

ABSTECHER

DIE RESIDENZ DES PRÄSIDENTEN

Die ruhige, grüne Vorstadt San Miguel ist nicht nur als Geburtsstätte des beliebtesten Biers der Philippinen (das San Miguel Pilsen wurde hier erstmals 1890 gebraut) bekannt, sondern noch mehr für die offizielle Residenz des Präsidenten der Philippinen, den **Malacañang Palace** (Karte S. 54; 02-784 4286; presidentialmansion@yahoo.com; JP Laurel Sr St, San Miguel; Mo-Fr). Der weitläufige Palastkomplex über dem Ufer des Pasig stammt aus der Mitte des 18. Jhs. und wurde als Herrenhaus für einen spanischen Aristokraten errichtet. Später residierten hier der spanische und dann der amerikanische Generalgouverneur. Seit 1935 ist der Palast der offizielle Amtssitz des Präsidenten der Philippinen.

Für Besucher ist nur das **Museo ng Malacañang** zugänglich, das für alle, die sich für Geschichte und koloniale Architektur interessieren, sehr zu empfehlen ist. Es zeigt faszinierende Erinnerungsstücke zu den 15 Präsidenten des Landes seit 1899. Zu den Highlights gehören das Büro des Präsidenten Quezon, der den First Ladys gewidmete Saal und das 20-seitige Original des Dekrets, mit dem Ferdinand Marcos das Kriegsrecht verhängte – 1986 wurde dann während der EDSA-Revolution das Palastgelände vom Volk gestürmt und der Diktator vertrieben. Das Gebäude selber prunkt mit poliertem Parkett, hohen Decken, funkelnden Kronleuchtern, Wandvertäfelungen und Capiz-Fenstern.

Für einen Besuch muss man bestens organisiert sein und sich zehn Tage im Voraus anmelden – das geht auch von zu Hause aus, indem man einfach eine E-Mail an den Palast mit seiner Kontaktnummer, der Anzahl der Mitkommenden und Fotokopien aller Pässe schickt. Ansonsten kann man eine Führung über Old Manila Walks (S. 70) buchen. An den Wochenenden bleibt der Palast geschlossen.

---

der Casa Manila (S. 58) bietet das Barbara's ein Büffet-Dinner mit einer Kulturshow (19.15 Uhr), bestehend aus traditioneller Musik und Tänzen wie dem *tinikling* (einem Volkstanz mit Bambusstöcken). Das Ambiente ist festlich mit weißer Tischwäsche, sodass man seinen inneren Kolonialherrn voll befriedigen kann.

Ilustrado SPANISCH, PHILIPPINISCH $$$
(Karte S. 56; 02-527 3674; www.ilustradorestaurant.com.ph; 744 General Luna St; Hauptgerichte 420–720 P; Mo-Sa mittags & abends, So mittags; ❄) Das Restaurant in einem wiederaufgebauten Haus aus der spanischen Ära ist elegant und eher steif. Neben traditionellen spanisch-philippinischen Gerichten wie Paella stehen Lachs, Ente und Lammkoteletts auf der Karte. Die zugehörige Kuatro Kantos Bar ist ein weniger förmliches Café mit Kunstplakaten an den Wänden.

🍴 Rizal Park

Harbor View SEAFOOD $$
(Karte S. 56; 02-524 1532; South Blvd, Rizal Park; Gerichte ab 150 P; mittags & abends) Das schon lange bestehende und beliebte Meeresfrüchte-*inahaw* (Grill) ragt in die Bucht von Manila. An schwülen Tagen kann die Brise angenehm sein, aber man sollte die Windrichtung prüfen, denn manchmal treibt er große Mengen übelriechendes Strandgut direkt an die Piers. Den frischen Fisch genießt man am besten bei einem goldenen Sonnenuntergang zusammen mit einem bernsteinfarbenen Getränk.

Seafood Market SEAFOOD $$$
(Karte S. 56; 02-521 6766; 1190 Bocobo St; Gerichte ab 400 P; 11–22.30 Uhr) Die lange, mit Eis bedeckte Theke ähnelt der in einem Lebensmittelgeschäft. Man deutet auf das Stück seiner Wahl und kann zusehen, wie die Köche es zubereiten – beim Wiegen des Fischs nach dem Preis fragen, damit man später keine unangenehme Überraschung erlebt.

🍴 Malate, Ermita & Paco

Die besten Restaurants finden sich in Malate rund um den Remedios Circle und an der J Nakpil St, wo man das bunte Lokalkolorit genießen kann, sofern man einen Platz an der Straße ergattert.

Shawarma Snack Center NAHÖSTLICH $
(Karte S. 62; 485 R Salas St; Schawarma 55 P, Gerichte 100–250 P; 24 Std.) Der Name des Lokals am Straßenrand verspricht nicht viel, aber hier bekommt man das aromatischste Falafel, *muttabal* (Auberginen-Dip), Hummus und Kebab in Downtown Manila. In der Filiale gegenüber speist man eleganter im klimatisierten Innenraum oder oben auf dem Balkon unter freiem Himmel.

Aristocrat
PHILIPPINISCH $$

(Karte S. 62; ☎ 524 7671; www.aristocrat.com.ph; Ecke Roxas Blvd & San Andres St; Gerichte 150–400 P; ⊗ 24 Std.) Diese Institution Manilas begann 1936 mit einem mobilen Imbisswagen und hat heute Filialen überall auf den Philippinen, in denen es köstliche philippinische Gerichte gibt. Dies ist der originale Laden; das alte Ford-Gefährt steht im Schaufenster.

★ Casa Armas
SPANISCH $$

(Karte S. 62; ☎ 02-523 0189; J Nakpil St; Tapas 25–35 P, Hauptgerichte 300–500 P; ⊗ Mo-Sa 11–24, So 18–24 Uhr) Gourmets sind schon seit Jahren von diesem höhlenartigen spanischen Restaurant begeistert, das vor allem für Tapas-Spezialitäten wie *calamares a la plancha con alioli* (gegrillter Tintenfisch mit Knoblauchsauce) oder *gambas al ajillo* (gebratene Garnelen in Knoblauch und Öl) bekannt ist. Es gibt auch ausgezeichnete Paellas und, für Essen auf die Schnelle, *bocadillos* (baguetteartiges Sandwich).

Bistro Remedios
PHILIPPINISCH $$

(Karte S. 62; ☎ 02-523 9153; Adriatico St; Hauptgerichte 200–400 P; ⊗ 11–15 & 18–23 Uhr) Eine ausgezeichnete Option, wenn man die regionale philippinische Küche kennenlernen will. Die hiesige Spezialität sind Gerichte aus der Provinz Pampanga. Auf der Karte stehen exotische und gesunde Gerichte wie Taroblätter-Frikadellen in Kokossauce und gedünsteter *bangus* (Milchfisch). Das hübsch entspannte Ambiente hält die Mitte zwischen traditionell philippinisch und einen schicken europäischen Bistro.

Cafe Adriatico
INTERNATIONAL $$

(Karte S. 62; 1790 Adriatico St, Malate; Hauptgerichte 200–400 P; ⊗ 7–5 Uhr; ❄ 🛜) Ein weiteres beliebtes Lokal alter Schule in Malate ist dieses romantische Eckbistro, das für sein originelles, multikulturelles Essen mit spanischen, englischen, amerikanischen und italienischen Gerichten die Mehrausgabe lohnt, zumal man auch noch das Treiben auf dem Remedios Circle beobachten kann. Das Bistro ist bis zum Morgengrauen geöffnet, bietet sich also auch für eine Mahlzeit spät in der Nacht an.

Zamboanga Restaurant
PHILIPPINISCH $$

(Karte S. 62; ☎ 02-521 9836; www.zamboangarestaurant.com; 1619 Adriatico St; Hauptgerichte 250–500 P; ⊗ 11–23 Uhr, Kulturshow 20 Uhr) Die Preise sind gar nicht so hoch, wenn man bedenkt, dass viele Gerichte für zwei reichen und es zum Abendessen zudem noch eine Show mit farbenfrohen Kostümen und Tänzen philippinischer Indigenas gibt. Die Küche versorgt einen mit philippinischen Gourmetspeisen und Seafood-Spezialitäten.

Korean Palace
KOREANISCH $$

(Karte S. 62; ☎ 02-521 6695; 1799 Adriatico St; Hauptgerichte 200–500 P; ⊗ 10–24 Uhr) Immer noch das beste koreanische Restaurant vor Ort: Zu empfehlen sind das im Steintopf gegarte *bibimbap* (Reis mit Fleisch, Gemüse, Eiern und Chili; 400 P; gibt's auch vegetarisch) und das koreanische Barbecue (300–400 P).

Kashmir
INDISCH $$$

(Karte S. 62; ☎ 02-524 6851; P Faura St; Hauptgerichte 300–550 P; ⊗ 11–23 Uhr) Das vergleichsweise kleine, aber sehr teure Restaurant serviert indische Spezialitäten und ein paar malaysische und nahöstliche Gerichte. Die Currys sind hier besonders lecker.

★ Purple Yam
MODERN-PHILIPPINISCH $$$

(Karte S. 62; ☎ 0926 713 3523; www.facebook.com/purpleyam; Ecke Nakpil St & Bocobo St, Malate; Abendessen 2500–3500 P, Brunch 1500 P; ⊗ Fr & Sa abends, So Brunch) Das berühmte Purple Yam aus Brooklyn in New York hat seinen Horizont erweitert und in einem renovierten alten Haus an einem Vorzeigeabschnitt der Nakpil St in Malate eine Filiale eröffnet. In einem intimen, aufwendigen Ambiente mit schmiedeeisernem Dekor, sakralen Bildern, Motivtapeten und Holzböden werden die Gourmets verwöhnt. Auf der ständig wechselnden Karte steht ein Sieben-Gänge-Verkostungsmenü mit modern-philippinischen, panasiatisch beeinflussten Gerichten, für die saisonale Zutaten verwendet werden. Reservierung erforderlich.

🍴 Binondo (Chinatown)

Der wirkliche Grund für einen Besuch in Chinatown ist das Essen. Es ist stark von der Hokkien-Küche beeinflusst, worin sich die Herkunft der chinesischen Einwanderer widerspiegelt. Gourmets sollten sich die wunderbaren kulinarischen Stadtspaziergänge von Old Manila Walks (S. 70) nicht entgehen lassen.

Mei Sum Tea House
CHINESISCH $

(Karte S. 66; 965 Ongpin St; Dim Sum ab 68 P, Hauptgerichte ab 115 P; ⊗ 7–24 Uhr) Erstklassiges Dim Sum und Nudelsuppen in einem der muntersten Teehäuser im Herzen Chinatowns. Tolle Jiaozi!

President Tea House
CHINESISCH $

(Karte S. 66; 809 Salazar St; Dim Sum 75–120 P; Hauptgerichte 150–380 P; ⊙ 7–22 Uhr) Das helle und piekssaubere Restaurant ist der Ursprung einer der beliebtesten chinesischen Restaurantketten in Manila und bekannt für sein Dim Sum.

Happy Veggie
CHINESISCH $

(Karte S. 66; 958 Masangkay St; Gerichte 60–150 P; ⊙ 9.30–20 Uhr; 🖉) Der Speiseraum dieses Restaurants ist so farbenfroh wie eine reife Melone, und der Name lässt keinen Zweifel daran, was hier geboten wird. Neben den leckeren vegetarischen Gerichten aus China gibt's auch ein paar westliche. Zum Restaurant gehört ein Laden, der gesunde chinesische Lebensmittel verkauft.

Salazar Bakery
BÄCKEREI $

(Karte S. 66; 783 Ongpin St; Snacks ab 35 P; ⊙ 5–22 Uhr) Hier kann man die einmaligen Freuden schwarzer Mungbohnen, klebriger Mondkuchen und aller Arten merkwürdiger und exotischer Backwaren kennenlernen.

Sincerity
CHINESISCH $$

(Karte S. 66; 497 Nueva St; Hauptgerichte 150–200 P; ⊙ 9–21 Uhr) Das Restaurant ist für seine Hausmannskost aus Hokkien, z. B. gebratene Hühnchen, bekannt und wird in dritter Generation von einer Familie geführt.

🍴 Makati & Umgebung

Das Geschäftszentrum Manilas ist auch zum Mittelpunkt der Restaurantszene und des Nachtlebens geworden. Einige der besten Restaurants von Makati finden sich in den teuren Einkaufszentren Greenbelt 2 und 3. In allen gibt es offene Fußgängerstraßen, die von Restaurants und Bars gesäumt sind.

⭐ El Chupacabra
MEXIKANISCH $

(Karte S. 77; 5782 Felipe St; Tacos ab 95 P; ⊙ Mo-Do 8–24, Fr-So bis 3 Uhr) Die schäbige Freiluft-Taqueria bringt den Hype um mexikanisches Imbissessen nach Manila mit seiner leckeren Auswahl an Maistortilla-Tacos. Zu empfehlen sind die scharfen Chipotle-Shrimps-Tacos und die *sisig*-Tacos (mit gegrilltem Schweinefleisch). Der Laden ist sehr beliebt, darum bilden sich abends lange Schlangen (keine Reservierung): Man wird aufgerufen, wenn man an der Reihe ist und schnappt sich am besten einen Margarita, während man in der Schlange mit den anderen wartet. Tagsüber bekommt man problemlos einen Sitzplatz.

> ### KULINARISCHES WOCHENEND-PARADIES
>
> Wer traditionell hergestellte Lebensmittel und entspannte Bauernmärkte liebt, sollte sich den **Salcedo Community Market** (Karte S. 68; Jaime Velasquez Park, Salcedo Village; ⊙ Sa 7–14 Uhr) am Samstag oder den **Legazpi Sunday Market** (Karte S. 68; Ecke Salcedo St & Rufino St, Legazpi Village, Makati; ⊙ 7–14 Uhr) an Sonntag anschauen. Fast 150 Händler halten hier ein verwirrendes Angebot von lokalen Spezialitäten aus kulinarisch berühmten Regionen wie Ilocos, Pampanga oder Bicol feil; hinzu kommen französische, thailändische und indonesische Speisen und jede Menge Bio-Produkte. Auch mehrere lokale Restaurants sind hier vertreten.

Ziggurat
NAHÖSTLICH $

(Karte S. 77; 📞 02-897 5179; abseits der Makati Ave; Hauptgerichte ab 150 P; ⊙ 24 Std.; 🖉) Das kulinarische Juwel ist einer der bestgehüteten Geheimtipps in Makati. Auf der langen Karte stehen indisch, nahöstlich und afrikanisch beeinflusste Gerichte. Auf der gar nicht so geheimen „Geheimkarte" stehen Lieblingsgerichte der Familie Gaddafi.

Alba
SPANISCH $$

(Karte S. 77; www.alba.com.ph; 38 Polaris St; Paella ab 490 P, Tapas 150 P; ⊙ 9–23 Uhr) Das 1952 gegründete Restaurant alter Schule ist beliebt für seine Paella nach Valencia-Art und das sehr gute und günstige Mittagsbüffet (700 P; 11–14 Uhr).

Som's Noodle House
THAILÄNDISCH $

(Karte S. 54; 5921 A Alger St; Hauptgerichte 120–220 P; ⊙ 10.30–22.30 Uhr) Die Restaurants der Philippinen kommen in der Regel mit der thailändischen Küche nicht gut zurecht. Dies gilt nicht für das Som's, das typische Gerichte wie rotes Curry oder *tom yum* nach Kundenwunsch zu würzen versteht. Tolles Preis-Leistungs-Verhältnis, und das Essen wird auch ins Hotel geliefert.

Corner Tree Cafe
VEGETARISCH, CAFÉ $$

(Karte S. 68; www.cornertreecafe.com; 150 Jupiter St, Makati; Hauptgerichte 200–400 P; ⊙ 11–22 Uhr; 🖉) Ein ruhiger Zufluchtsort von der geschäftigen Jupiter St mit guten vegetarischen und veganen Suppen, Eintöpfen, Tofu-Walnuss-Burgern, Kroketten mit Spinat und Feta sowie Smoothies.

Wingman
AMERIKANISCH $$
(Karte S. 64; The Collective, Malugay St; 6/12 Wings 180/300 P; ⊗12–1 Uhr) Als eines der ersten Lokale, das seine Fahne im The Collective (S. 92) aufpflanzte, versorgt das Wingman örtliche Hipster mit amerikanischer Diner-Kost, vor allem mit mehreren Varianten von Buffalo Wings – die bei weitem besten vor Ort – sowie mit Burgern, Importbier und Cocktails.

Legend of India
INDISCH $$
(Karte S. 68; 114 Jupiter St, Makati; Hauptgerichte ab 250 P; ⊗11.30–15 & 18–23.30 Uhr) Das elegant aufgemachte Lokal gehört zu den besten indischen Restaurants in Manila, wie die vielen vom indischen Subkontinent stammenden Gäste beweisen. Zu den köstlichen Kormas, Tandooris und Masala Dosas trinkt man ein kaltes Kingfisher oder eine Tasse Tee.

★ Blackbird
INTERNATIONAL $$$
(Karte S. 68; ☎02-828 4888; Nielson Tower, Ayala Triangle, Makati; ⊗11–24 Uhr) Ginge es nur um das Ambiente, wäre Colin Mackays neues Restaurant etwas ganz Besonderes. Blackbird residiert im Nielson Tower, dem 1937 im Art-déco-Stil errichteten historischen Kontrollturm des Flughafens, der als eines Gebäuden in Makati den Zweiten Weltkrieg überstand. Gespeist wird im alten Terminal. Die Karte bietet internationale Fusionküche wie Schottische Eier mit Garnelen auf Betelblättern mit Sambal, Gourmetburger, zweimal gegarte Rinderrippe oder vegetarische Lasagne mit Champignons, Spargel, Fontinakäse und Trüffelöl.

Sala
FUSION $$$
(Karte S. 68; ☎02-750 1555; www.salarestaurant.com; A Locsin Bldg, Ecke Makati Ave & Ayala Ave; Hauptgerichte 1100–1880 P; ⊗Mo–Fr 11–14 & 18–23, Sa & So 18–23 Uhr; P) Das elegante europäische Bistro, eines der besten Restaurants der Stadt, wird von dem schottischen Koch Colin Mackay geleitet (dem auch das People's Palace und das Blackbird gehören). Es bietet erstklassigen Service, eine sich ständig ändernde Auswahl an Fusion-Gerichte und kreative Desserts. Das Fünf-Gänge-Verkostungsmenü (2100 P) ist eine gute Wahl.

People's Palace
THAILÄNDISCH $$$
(Karte S. 68; ☎729 2888; www.peoplespalacethai.com; EG, Greenbelt 3; Hauptgerichte ab 350 P; ⊗Mo–Fr 11–14.30 & 17–23, Sa & So 11–23 Uhr) Das stilvoll-moderne thailändische Restaurant bietet eine Mischung aus authentischen klassischen und innovativen Gerichten, die alle prächtig angerichtet werden. Man speist drinnen in einem schicken Ambiente oder an lauen Abenden draußen auf der Terrasse.

La Tienda
SPANISCH $$$
(Karte S. 77; ☎02-895 1651; 43 Polaris St; Hauptgerichte 300–700 P; ⊗Laden 7.30–23 Uhr, Restaurant 8–15 & 17.30–23 Uhr) Wie der Name („Der Laden") vermuten lässt, ist dies smarte spanische Lokal zugleich ein Feinkostladen. Das Restaurant liefert feine Tapas wie *patas bravas* und größere Gerichte wie Paella oder Steaks aller möglichen Art. Viele kommen auch nur, um ein Glas spanischen Rotweins zu genießen.

Filling Station
DINER $$$
(Karte S. 77; ☎02-897 2053; www.fillingstation.com.ph; 5012 P Burgos St; Burger 450 P; ⊗24 Std.) Nicht einmal in den USA dürfte man einen Diner mit so viel Popkultur der 1950er-Jahre finden wie in diesem Wahrzeichen der P Burgos – von lebensgroßen Statuen von Superhelden bis hin zu alten Motorrädern. Burger und Milchshakes sind die Spezialitäten des Hauses.

Fort Bonifacio

Balducci
ITALIENISCH $$
(Karte S. 70; www.balducciristorante.com; Serendra, Fort Bonifcacio; Pizza 350 P; ⊗11–23 Uhr) Ein weiterer Grund, diesen Stadtteil zu besuchen: Das Ristorante liefert köstliche toskanische Gerichte, authentische Holzofenpizza mit dünnem Boden und hausgemachte Pasta aus Zutaten, die aus Italien importiert werden. Dazu gibt's ausgezeichnete Negroni-Aperitifs und eine umfangreiche Weinkarte sowie ein kleines Feinkostgeschäft.

Hungry Hound
GASTROPUB $$
(Karte S. 70; www.hungry-hound.com; EG, Globe Tower, Ecke 32nd & 7th Ave, Fort Bonifacio; Hauptgerichte 200–600 P; ⊗Mo–Sa 11–23 Uhr) Der klassische Gastropub mit dunkler Holztäfelung serviert amerikanische Gerichte und englische Pub-Klassiker. Gleich nebenan befindet sich die schicke Cocktailbar **Niner Ichi Nana** (Karte S. 70) – eine gute Wahl, wenn man richtig was trinken will.

The Bowery
AMERIKANISCH $$
(Karte S. 70; Ecke Rizal & 29th Ave, Fort Bonifacio; Hauptgerichte ab 300–500 P; ⊗Mo–Fr 11–2 Uhr, Sa & So ab 10 Uhr) Gegenüber vom Mind Museum serviert dieses anheimelnde Bistro im New Yorker Stil alles von in Buttermilch gebratenem Huhn und Waffeln bis hin zu Trut-

hahn-Burgern und Mac 'n' Cheese (auch in einer Nobelvariante mit Hummer, Shrimps und Trüffeln!). An der Bar gibt's Bier aus Kleinbrauereien vom Fass und preisgünstige Cocktails.

Las Flores
SPANISCH $$$

(Karte S. 70; ☎552 2815; 1 McKinley Pl, Fort Bonifacio; Paella für 2 Pers. 495 P; ⊙10–13 Uhr) Das trendig-zeitgeistige spanische Restaurant beeindruckt mit schickem Industriedekor und authentischen, katalanisch inspirierten Tapas und Hauptgerichten. Es gibt auch spanischen Sekt (pro Glas).

Aubergine
EUROPÄISCH $$$

(Karte S. 70; ☎856 9888; www.aubergine.ph; Ecke 5th Ave & 32nd St, Fort Bonifacio; Hauptgerichte 500–1500 P; ⊙11.30–14 & 18–22 Uhr; ♣) Als eines der Spitzenrestaurants von Manila lockt das Aubergine eine gut betuchte Klientel aus der ganzen Metropolregion an. Der Service ist makellos und die Karte, auf der auch ein ganzer Abschnitt mit fantastischen vegetarischen Gerichten zu finden ist, ist ein Vergnügen. Markenzeichen sind das Steinpilz-Lauch-Fondue und der chilenische Seebarsch auf Risotto. Zu empfehlen ist auch das Sieben-Gänge-Verkostungsmenü.

 Quezon City

Quezon City hat trendige Restaurants, ausgezeichnete Kaffeeröstereien und jede Menge Resto-Bars, die auf philippinische Gerichte spezialisiert sind und das studentische Publikum ansprechen.

Greens Vegetarian Restaurant and Cafe
VEGETARISCH $

(Karte S. 72; 92 Scout Castor St, Quezon City; Hauptgerichte 80–200 P; ⊙Mo–Sa 11–22, So 12–21 Uhr; ♣♣) Das erdverbundene und entspannte Greens serviert wunderbare vegetarische und vegane Gerichte, darunter Auberginen-Parmigiana und köstliches, der Logik spottendes, fleischloses *sisig* (denn eigentlich handelt es sich um gegrilltes Schweinefleisch).

Pipino Vegetarian Food
VEGETARISCH $

(Karte S. 54; www.pipinovegetarian.com; 39 Malingap St, Quezon City; Hauptgerichte 120–275 P; ⊙Mo–Sa 11–24, So 11–22 Uhr) Das Pipino hat eine der kreativsten vegetarischen Karten in Manila. Hier bekommt man alles von einem Wassermelonen-Steak mit Taro-Miso-Brei bis zu Champignons *inasal* (in Soja mariniert und gegrillt). Es gibt auch vegane Eiscreme mit Cashew-Milch und Ahornsirup. Etwas zu trinken bekommt man im Erdgeschoss in der rauen Pino Bar. Eine weitere Filiale befindet sich in Makati.

Van Gogh is Bipolar
CAFÉ $$

(Karte S. 54; ☎0922 824 3051; www.vanggoghisbipolar.com; 154 Maginhawa St; ⊙18–24 Uhr) Das chaotische Restaurant ist so interessant, wie der Name vermuten lässt. Der winzige Raum ist mit Kunst und Krempel vollgestopft und eine Freude für die Sinne. Der Künstler Jetro bereitet hier originelle, köstliche Gerichte in einer aufgekratzten Atmosphäre zu – Gäste tragen hier schon mal überkandidelte Kopfbedeckungen (vom Hutständer im Café). Jetro hat sich das Café als sein Refugium zur Unterstützung einer medikamentenfreien Behandlung seiner bipolaren Störung eingerichtet. Beim Kochen verwendet er viele natürliche Zutaten, denen stimmungsfördernde Eigenschaften nachgesagt werden.

Die Öffnungszeiten sind unregelmäßig, also vorher anrufen. Reservierung erforderlich. Selbst wenn hier geschlossen ist, lohnt sich ein Besuch der Maginhawa St, die ein munterer Streifen mit viele angesagten neuen Lokalen und Bars ist.

Charlie's Grind & Grill
BURGER $$

(Karte S. 54; Ortigas Ave, Ronac Art Center, Greenhills, Quezon City; Burger ab 200 P; ⊙10–1 Uhr) Das Charlie's liefert immer noch Manilas beste Burger mit einer großen Auswahl amerikanischer Dinerkost von Burgern mit Black-Angus- oder Wagyu-Rindfleisch bis hin zu Pulled-Pork-Sandwiches und Entenfett-Fritten. Zum Hinunterspülen stehen diverse Biere internationaler Kleinbrauereien zur Auswahl. Das Charlie's liegt bequem, wenn man in Greenhills shoppen geht, ansonsten gibt's noch die Hauptfiliale in **Pasig** (Karte S. 54; 16 East Capitol Dr, Pasig City).

Cafe Kapitan
SPANISCH, PHILIPPINISCH $$

(Rizal St, Marikina; Hauptgerichte ab 185 P; ⊙9–18.30 Uhr) In einem stimmungsvollen Gebäude aus dem 18. Jh., nur ein Stück vom Marikina Shoe Museum die Straße hinauf, kann man hier gut eine Mittagspause einlegen. Zu essen gibt's von allem etwas, vor allem aber spanisch geprägte Kost.

Restorante La Capre
PHILIPPINISCH $$

(Karte S. 72; Ecke Scout Santiago St & Scout Limbaga St; Hauptgerichte 190–350 P; ⊙Mo–Sa ab 16 Uhr; ♣) Versteckt in den ruhigen Straßen westlich der T Morato Ave bietet das kleine Lokal beliebte Gerichte aus Pinoy und viele

> **INSIDERWISSEN**
>
> ## WOHIN AM ABEND?
>
> Diese Websites bieten aktuelle Infos zu Club-Events, Auftritten, Kunstveranstaltungen und neuen Restaurants:
>
> **Bandstand** (www.bandstand.ph) Großartige Site für einen Einblick in Manilas Underground-Musikszene mit einer Auflistung anstehender Punk-, Indie- und Metal-Konzerte.
>
> **Manila Clubbing** (www.manilaclubbing.com) Infos zu Manilas Clubszene.
>
> **Hey Garch** (www.heygarch.com) Stets aktuelle Site zu Events, Konzerten und Clubs.
>
> **Juice.ph** (www.juice.ph) Lifestyle und anstehende Events.
>
> **Spot** (www.spot.ph) Stadtführer zu Manila mit ausgezeichneten Restaurantempfehlungen.

exotische Pampanga-Spezialitäten wie gebratenes Krokodil (400 P) und *kabayo* (Pferd).

Chocolate Kiss   EUROPÄISCH $$
(Karte S. 72; www.thechocolatekiss.com; 91 A Roces Ave; Sandwiches 150–200 P, Hauptgerichte 200–300 P; Mo-Sa 11–22, So 9–14 Uhr;) Bei den europäischen Gerichten, die die Köche in diesem beliebten Restaurant in QC zaubern, kann man Heimweh bekommen. Zu den Überraschungen zählen Hühnchen Kiew und Salisbury-Steak. Lohnend ist der All-You-Can-Eat-Sonntagsbrunch für nur 395 P, und auch die Sandwiches und Desserts sind gut. Eine weitere Filiale ist in der UP Diliman.

Victorinos   ILOKANO $$$
(Karte S. 72; 114 Scout Rallos St, Ecke 11th Jamboree St, Quezon City; Hauptgerichte ab 300 P; 11–22 Uhr) Mit den schachbrettförmig gemusterten Böden und antiken Möbeln strahlt dieses gute Restaurant Eleganz aus, aber die Preise bleiben durchaus im Rahmen. Es ist auf köstliche Gerichte der Ilokano-Küche spezialisiert, das Markenzeichen ist das *lechon* (am Spieß gebratenes Schwein). In der zugehörigen Bäckerei gibt es mit den leckersten Kuchen in Manila. Das Restaurant veranstaltet auch Kochkurse, Infos finden sich unter www.henysison.com.

Uno Restaurant   FUSION $$$
(Karte S. 72; 02-374 0774; 195C T Morato Ave; Hauptgerichte 300–600 P; Mo-Sa 10–21.30 Uhr) In dem schlichten und hübschen klei-

nen Bistro serviert der talentierte Koch und Besitzer Jose Mari Relucio komplexe Fusiongerichte. Die Karte wechselt vierteljährlich. Der Eingang befindet sich in der Scout Fuentebella St.

Ausgehen & Nachtleben

Downtown Manila

In Downtown Manila ist die nächste Bar nie weit. Das College-Publikum trinkt preiswertes Bier in den Kneipen gleich westlich vom Remedios Circle in der Remedios St in Malate – die wegen des Vorherrschens wackliger Plastikstapelstühle als „Monobloc-Republik" bekannt ist. Auch in den Livemusiktreffs kann man prima etwas trinken.

Oarhouse   BAR
(Karte S. 62; www.oarhousepub.com; Ecke Bocobo St & General M Malvar St; Mo-Sa 16 Uhr–open end) Das seit 1977 existierende Oarhouse ist ein Schatz in Malate, das aufgeweckte, trinklustige Stammgäste – Studenten, Journalisten und Ausländer – anzieht, die hier oft bis ins Morgengrauen abhängen. Hier gibt's das kälteste Bier der Stadt, tolle Musik und Kneipengerichte.

Erra's Place   BAR
(Karte S. 62; 1755 Adriatico St; 24 Std.) Mitten im Zentrum serviert dieser typisch südostasiatische Straßenstand preiswertes San Miguel (30 P) und lockt Leute aus allen Ecken des Universums an.

Hobbit House   BAR
(Karte S. 56; www.hobbithousemanila.com; 1212 MH del Pilar St; Eintritt 150–175 P; 17–2 Uhr;) Diese Bluesbar lockt einige der besten Musiker Manilas an. Das Personal besteht ausschließlich aus kleinwüchsigen Menschen, was manche nett und andere etwas ausbeuterisch finden. Die Bar hat mit die beste Auswahl an Kleinbrauerei- und Importbieren in Manila.

Silya   RESTO-BAR
(Karte S. 62; 642 J Nakpil St; 16 Uhr–open end) Die Resto-Bar in einer Seitenstraße mit Platz im Freien ist toll, um sich zu entspannen und sich an Karaoke zu versuchen, ehe man sich in die Provinzen aufmacht.

Republiq   CLUB
(Karte S. 54; www.republiqclub.com; Resorts World, Andrews Ave, Pasay; Grundpreis inkl. 2 Getränke 600 P; Mi, Fr & Sa 21.30 Uhr–open end)

Mit einem Mix lokaler und internationaler DJs, die Hiphop, R&B und Partymusik auflegen, ist das Republiq immer noch der angesagteste Club im Großraum Manila. Die strikte Kleiderordnung verlangt, dass Männer Hemden mit Kragen tragen, und verbietet Shorts und Mützen.

Destination Heaven CLUB
(Karte S. 62; Ecke J Nakpil & M Orosa Sts; Grundpreis inkl. ein Getränk 250 P; ⊙ Mi–So 21–5 Uhr) Der Komplex mit vier Clubs und Bars unter einem Dach ist Manilas angesagtester neuer Schwulentreff. Es gibt regelmäßig Drag-Shows, Go-Go-Boys und eine wunderbar kitschige Cocktailbar auf der Dachterrasse.

Makati City & Umgebung

Makati besitzt ein tolles Nachtleben mit billigen Kneipen, dröhnenden Clubs, schicken Dachterrassenbars und schmuddeligen Musiktreffs.

Finders Keepers BAR
(Karte S. 54; www.facebook.com/finderskeepers MNL; La Fuerza Plaza, abseits der Don Chino Roces Ave; ⊙ Di–So 20 Uhr–open end) Eine der angesagtes Bars in Makati ist diese schummrig beleuchtete Kneipe, die sich an einer Nebenstraße eines Industriegebiets in einem uninteressanten Lagerhaus versteckt (zu erkennen an der „Fleischbaracke" draußen). Hat man hineingefunden, schnappt man sich einen Hocker an der Theke oder pflanzt sich auf ein Sofa und genießt die hochwertigen Cocktails. Im Obergeschoss befindet sich der ultracoole Club Black Market (S. 88).

Le Café Curieux RESTO-BAR
(Karte S. 77; www.lecafecurieux.com; Badajos St; ⊙ Mo–Fr 11–14 & 18 Uhr–Open End, Sa & So 18 Uhr–open end) Diese von Franzosen geführte Bar mit Bistro ist ein willkommener Neuzugang zu der ansonsten anrüchigen Szene um die P Burgos. Der Laden destilliert seinen eigenen Rum mit verschiedenen Aromazusätzen. Man schnappt sich einen Hocker an der schäbigen Bar vorn oder speist köstliche französische Gerichte hinten unter freiem Himmel; montags gibt's immer noch *moules frites* (Muscheln mit Pommes; All-You-Can-Eat 500 P).

Salon de Ning BAR
(Karte S. 68; Ecke Ayala Ave & Makati Ave, The Peninsula; ⊙ Di–Sa 19–2 Uhr) Die einem Nachtclub aus dem Shanghai der 1930er-Jahre nachempfundene Bar ist eine der stimmungsvollsten der Stadt und versteckt sich im Luxushotel Pensinsula. Die Nebenräume sind thematisch gestaltet: Man sieht z. B. ein Bohème-Wohnzimmer, ein Zeppelin-Cockpit oder auch Damenschuhe in Vitrinen.

KLEINBRAUEREI-BIER

Die Kleinbrauereibier-Revolution hat Manila erreicht. Infos zu den neuesten Hotspots der Craft-Beer-Szene findet man unter www.globalbeerexchange.com.ph; im Mai steigt das Bierfest Drink Up (S. 71). Hier ein paar Läden, die sich auf handwerklich produziertes philippinisches Bier spezialisiert haben:

Global Beer Exchange (Karte S. 54; www.globalbeerexchange.com.ph; Unit 103, Tritan Plaza, Makati; ⊙ Mo–Sa 13–2 Uhr) Unter einer Autobahnbrücke bietet dieser Laden mit Bar eine eindrucksvolle Palette regionaler und internationaler Kleinbrauereibiere (vom Fass und in der Flasche), die man hier probieren oder mitnehmen kann.

Big Bad Wolf (Karte S. 70; www.facebook.com/bigbadwolfph; Forbestown Rd, Burgos Circle, Fort Bonifacio; ⊙ Mo–Sa 11–15 Uhr) Das an eine Hipster-Bar in Portland erinnernde Lokal bietet auf zwei Stockwerken in einem Ambiente mit bequemen Sofas und Holzdielen auf der Kreidetafel angeschriebene Gerichte und eine ausgezeichnete Auswahl von Bieren aus Negros, Palawan und Mindanao.

Perfect Pint (Karte S. 70; www.facebook.com/theperfectpintph; Crossroads Bldg, 32nd St, Fort Bonifacio; ⊙ 11 Uhr–open end) Der Pub, ein großer Name der hiesigen Craft-Beer-Szene, bietet viele Kleinbrauereibiere vom Fass, darunter auch sein selbstgebrautes. Zum Bier gibt's auch passendes Essen.

Bravo (Karte S. 54; 1331 Angono St, Makati; 1 l Bier 200 P; ⊙ Mo–Sa 11–23 Uhr; 🛜) Der Stammsitz der Kleinbrauerei Pivo Praha, die seit 2001 Pilsener, Schwarz- und Weizenbiere nach tschechischer Art braut. Es gibt Verkostungen; knusprige Holzofenpizza und tschechische Gerichte sind auch im Angebot. Der Laden röstet auch seinen eigenen Kaffee.

> ### MANILAS KAFFEEKULTUR
>
> Kaffee wird von Manilas junger Generation sehr ernst genommen, und Quezon City ist hier mit mehreren guten Kaffeeröstereien führend. Die folgenden Läden verwenden alle sortenreine Bohnen aus Luzon, aus Asien, Afrika und Lateinamerika und rösten sie vor Ort.
>
> **Craft Coffee Revolution** (Karte S. 72; 66c Broadway Ave; Mo–Sa 8–23, So 11–20 Uhr;) Das Craft Coffee Revolution gleich neben dem Big Sky Mind hat alles, was ein Kaffeehaus ausmacht. Für die Kunden gibt es Holzkistenmöbel, und man genießt seinen sortenreinen Espresso, Eiskaffee oder Kaffee aus der Vakuumkanne.
>
> **Coffee Empire** (Karte S. 54; www.coffeeempire.com.ph; 74 West Ave; 6–1 Uhr) Das schicke Lagerhausambiente mit offenem Grundriss ist mit Röstern und Kartoffelsäcken voller grüner Bohnen ausstaffiert. Es gibt eine Auswahl sortenreiner Kaffees, und die Baristas informieren gern und demonstrieren die Vorgänge. Es gibt auch Kaffeeverkostungen (Termine stehen auf der Website) und ausgezeichnetes Essen.
>
> **EDSA Beverage Design** (Karte S. 54; www.edsa-bdg.com; CLMC Bldg, 209 EDSA, Mandaluyong City; 7–23 Uhr) Diese Kaffeebar, eine Kooperative kreativer Typen, hat Baristas, die mit schickem Equipment mit die besten Kaffee-Kreationen Manilas zaubern.

Angeschlossen ist **The Bar** (Karte S. 68; The Pensinsula), eine Kneipe, in der man donnerstags, freitags und samstags von 19 bis 24 Uhr zur Flatrate von 1280 P so viel trinken kann, wie man will, auch Cocktails und Schnäpse.

Black Market CLUB
(Karte S. 54; www.blackmarketmnl.com; La Fueza Plaza, abseits der Don Chino Roces Ave; Mi–Sa 21–3 Uhr) In dem Club mit Industrie-Schick über dem Finders Keepers (S. 87) legen DJs gute Electronica und Hiphop ohne Kitsch auf. Für 600 P kann man so viel Rumcola trinken, wie man will.

Commune CAFÉ
(Karte S. 68; www.commune.ph; Ecke D Costa St & Valero St, Salcedo Village, Makati; Kaffee ab 90 P; Mo–Sa 8–23 Uhr;) Das Commune, eines der besten Kaffeehäuser in Makati, beschafft sich seine Bohnen aus allen Ecken der Philippinen und bietet guten Espresso, Press- und Eiskaffee. Bei gutem Lesestoff und ästhetisch ansprechender Popkunst an den Wänden kann man gut abhängen. Es gibt auch Speisen und Kleinbrauereibier.

The Curator BAR
(Karte S. 68; 134 Legazpi St, Ecke C Palanca St; Cocktails ab 400 P; Bar 18–2, Café ab 7 Uhr) Der Ort für die, die beim Trinken Ansprüche stellen: Das Curator serviert ständig wechselnde Cocktail-Kreationen, gemixt von Barkeepern, die sich auf das Geschäft verstehen. Die Drinks sind teuer, verwenden aber hochwertige Zutaten. Man sitzt gemütlich in einem Raum, der an einen Betonbunker erinnert. Wie die anderen Flüsterkneipen Makatis hat auch diese kein Schild und versteckt sich hinter vorgetäuschten Bar, durch die man erst hindurchgehen muss.

Tagsüber ist der Laden ganz anders, nämlich ein gutes Kaffeehaus – ein weiterer Grund hineinzuschauen.

71 Grammercy CLUB
(Karte S. 77; www.facebook.com/71Grammercy; 71. OG, Grammercy Residences, Kalayaan Ave, Makati; Mo–Sa 18–4 Uhr) Im obersten Stockwerk des mit 302 m höchsten Gebäudes der Philippinen treffen sich die Schönen und Reichen in diesem Club, in dem DJs ab 22 Uhr House und Electro auflegen. Hier muss man sich groß aufbrezeln, um hineinzukommen.

Museum Café LOUNGEBAR
(Karte S. 68; Ayala Museum, Greenbelt 4) Der Laden ist viel mehr als ein Erholungsplätzchen nach dem Museumsbesuch, nämlich ein Treffpunkt der Schickeria Manilas. Normalerweise wärmt man sich hier nur innerlich oder äußerlich für den Abend auf, aber am Donnerstagabend steigt die Party hier. Auf der Karte stehen kleine Gerichte und Sandwiches (400–600 P).

Writers Bar CAFE, BAR
(Karte S. 68; Ecke A Arnaiz Ave & Makati Ave, Raffles Makati; High Tea für 2 Pers. 995 P; 14.30–17.30 Uhr;) Obwohl die Briten nur wenige Jahre (1762-1764) über Manila herrschten, wähnt man sich beim High Tea im Raffles wie in den Kolonialismus zurückversetzt. Wie in der originalen Hotelbar in Singapur gibt's Gurkensandwiches, Scones und Gebäck auf dreiteiligen Platten und natürlich Tee ohne Ende.

A Toda Madre BAR
(Karte S. 77; www.atmrestaurant.com; EG, Sunette Tower, Durban St; Mo–Sa 17–2, So ab 11 Uhr) Die kecke Tequilabar, eine der wenigen anständigen Bars in dieser Gegend, bietet 85 verschiedene Tequilas, außerdem Mescals, mexikanische Biere und Margaritas. Auch das Baressen ist gut: handgeformte weiche Maistortilla-Tacos, Mais-Chips und dazu eine Reihe importierter scharfer Saucen.

Time CLUB
(Karte S. 77; 7840 Makati Ave; Di–Sa ab 17 Uhr) Drinnen dröhnen die Bässe, draußen gibt's eine nette Terrasse mit Blick auf die Makati Ave.

Palladium CLUB
(Karte S. 68; New World Hotel, Esperanza St; Eintritt inkl. Getränk 500 P; Mi–Sa) Ein stimmiger Club in den Tiefen unter dem Fünf-Sterne-Hotel New World.

Bed CLUB
(Karte S. 54; www.bed.com.ph; Mayflower St, Ortigas, Pasig; Eintritt inkl. einiger Getränke 350 P; So–Do 18–2, Fr & Sa bis 5 Uhr) Der Club hat zwar im Lauf der Jahre schon viele Veränderungen erlebt, beweist aber trotzdem eine seltene Beharrlichkeit. Immer noch dauern die berühmt-berüchtigten Partys für Schwule und Heteros bis in die Morgenstunden.

H&J's BAR
(Karte S. 77; www.hnjbar.ph; 5781 Felipe St; 14–5 Uhr) Wer dem ausschweifenden Treiben auf der nahen P Burgos St entkommen will, für den ist dieser schlichte und im allgemeinen recht friedliche Pub eine der besten Optionen in der Gegend und ein guter Ort, um Livesport im Fernsehen zu schauen.

Beers Paradise BAR
(Karte S. 77; Ecke Polaris St & Durban St; 17–4 Uhr) Belgisches Bier ist die Spezialität in dieser spartanisch aufgemachten Kneipe. Die meisten Sorten hauen mächtig rein.

Quezon City

★Cubao Expo BARVIERTEL
(Karte S. 72; Gen Romulo Ave, Cubao; Di–So 17 Uhr–open end) Das Viertel mit coolen Bars, billigen Lokalen und Läden ist ein Muss für alle, die sich für Manilas Underground-Szene interessieren. Die Treffs kommen und gehen, aber immer einen Besuch wert sind **Vinyl on Vinyl**, eine Kneipe mit Drinks,

---

MANILAS BESTE DACHTERRASSENBARS

Um eine andere Perspektive auf Manila zu bekommen, sollte man eine der Dachterrassenbars aufsuchen – man entkommt dem Gewimmel auf den Straßen und genießt eine großartige Aussicht.

Sky Deck (Karte S. 56; http://www.thebayleaf.com.ph/restaurants/sky-deck-view-bar; Muralla St & Victoria St, Intramuros; 17–1 Uhr;) Eine der besten offenen Dachterrassenbars in Manila: Nach einem anstrengenden Sightseeing-Tag kann man hier in Intramuros den Abend mit einem Panoramablick, Akustik-Livebands und einer Auswahl klassischer Cocktails ausklingen lassen. Die Bar befindet sich über dem Hotel Bayleaf.

71 Grammercy (S. 88) Schicker, erstklassiger Restaurant-Nachtclub oben im höchsten Gebäude der Philippinen mit einer Kunstrasen-Terrasse und Blick auf die Stadt.

Pacific Lounge (Karte S. 62; 21. OG, Pan Pacific Hotel, Ecke Adriatico St & M Malvar St; Cocktails & Knabbereien 250 P; 6–23 Uhr) Versteckt im 21. Stock eines Fünf-Sterne-Hotels thront diese auch für Nichtgäste geöffnete Bar hoch über Malate. Man kann draußen in der Gartenoase (mit Pavillon und Fußgängerbrücke) abhängen oder drinnen den Blick auf die Stadt genießen. Vom Restaurant aus hat man auch tagsüber einen wunderbaren Panoramablick auf die Bucht von Manila.

Skye (Karte S. 70; W High St Bldg, 28th St, Bonifacio Global City; Di–Sa 17–2 Uhr) Diese Dachterrasse in Fort Bonifacio ist mit regelmäßig auflegenden DJs, einer riesigen Markise, Kunstrasen und einer echten begrünten Wand mit tropischen Pflanzen ein idealer Ort, um zu feiern.

Straight Up (Karte S. 70; Ecke 30th St & 11th Ave, Seda Hotel, Bonifacio Global City) Eine weitere tolle Dachbar im Manhattan-Stil in Fort Bonifacio. Man hat einen wundervollen Blick auf die Stadt, und von 17 bis 19 Uhr gibt's zwei Cocktails zum Preis von einem. Die Bar befindet sich über dem Hotel Seda.

Schallplatten und Livebands, die feuchtfröhliche Bar **Fred's Revolución** mit „kommunistischer Gestaltung" und das elegantere **Humidor** mit kubanischen Zigarren und Single-Malt-Whiskys.

Big Sky Mind   BAR
(Karte S. 72; Ecke E Rodriguez Sr Ave & 14th St, New Manila; Di–So 21–5 Uhr) Die seit langem bei Manilas Indie-Szene beliebte Bar hat Tische aus Ziegelsteinen, Second-Hand-Sofas und an den Wänden Werke örtlicher Künstler. Es gibt billiges Bier (30 P), coole Musik und schmackhaftes Kneipenessen.

☆ Unterhaltung

Livemusik
Livemusik steht im Zentrum der Studentenkneipen von Quezon City.

★ SaGuijo   LIVEMUSIK
(Karte S. 68; 02-897 8629; www.saguijo.com; 7612 Guijo St, Makati; Eintritt nach 22 Uhr inkl. ein Getränk 150 P; 18–2 Uhr) In der wunderbar schäbigen Kneipe legen ab 22.30 Uhr Indie-, Punk- und New-Wave-Bands richtig los.

★ 1951   LIVEMUSIK
(Penguin Cafe; Karte S. 62; 1951 Adriatico St; Di–Sa ab 18 Uhr) Die legendäre Bar und Galerie zieht Bohemiens und Livemusikfreunde magnetisch an, denn hier standen schon manche der besten musikalischen Talente des Landes auf der Bühne. Der offizielle Name lautet jetzt 1951, aber alle kennen es immer noch als das Penguin Cafe.

B-Side   LIVEMUSIK
(Karte S. 64; www.facebook.com/thecollectivemanila; The Collective, Malugay St, Makati; unterschiedlich) In dieser Bar kommt die Kunstszene des Collective (S. 92) auf Touren. An Wochenenden und an einigen Abenden unter der Woche treten im Innenhof des Collective ein oder zwei Bands auf, und der ganze Komplex tanzt – besonders beim Reggae-Sonntag, der am späten Nachmittag startet. Wie bei anderen Orten des Collective steht nie fest, wo was stattfindet, das aktuelle Programm steht auf der Facebook-Seite.

Sev's Cafe   MUSIK
(Karte S. 64; 02-239 2327; www.sevscafe.com; Ecke Roxas Blvd & Ocampo St, Legaspi Towers; 7–21 Uhr;) Mitten in Manilas Kulturviertel versammelt sich Manilas Intelligentsia in diesem Kellertreff zu Poetry-Slams, Livemusik und Open-Mike-Abenden. Es gibt hier auch gesunde Gerichte. Besitzer ist der angesehene Journalist Howie Severino.

Black Kings Bar   LIVEMUSIK
(BKB; Karte S. 54; 0917 8432 708; www.bkbmusic.com; 107 West Ave, Quezon City; 18 Uhr–open end) Ein toller Ort, um die Rockszene von Quezon City kennenzulernen. Jeden Abend jammen auf der düsteren Kneipenbühne Punk-, Metal- und Bluesbands. Trinken kann man billigen Whisky mit Cola (70 P).

'70s Bistro   LIVEMUSIK
(Karte S. 54; www.70sbistro.com; 46 Anonas St, Quezon City; Eintritt rund 150 P; Mo–Sa 19 Uhr–open end) Die lange bestehende Bar in Quezon City bringt mit die landesweit besten Reggae-Bands sowie klassische Pinoy-Rockbands wie die Jerks, die schon seit fast den 1970er-Jahren dabei sind, auf die Bühne. Das Stammpublikum kommt jeden Abend.

Conspiracy Bar & Garden Cafe   LIVEMUSIK
(Karte S. 54; 453 2170; www.conspi.net; 59 Visayas Ave, Quezon City; Eintritt 100–150 P; Mo–Sa 17–2 Uhr) Der lange bestehende, stimmungsvolle Treff, in dem man sitzt, spricht ein älteres Publikum mit meist akustischer Musik an. Im Garten kann man sich gut mit einem dunklen San Miguel entspannen. Die Musik beginnt gegen 22 Uhr.

SIE SIND HIER, SIE SIND SCHWUL UND SEHEN TOLL AUS!

Bangkok mag das Konzept der Transsexuellen- und Transvestiten-Bühnenshows entwickelt haben, aber Manila macht sie womöglich noch besser.

Die besten Transvestiten-Bühnenshows der Stadt finden im opulenten **Club Mwah!** (Karte S. 54; 02-535 7943; www.clubmwah.com; 3. OG, Venue Tower, 652 Boni Ave, Mandaluyong City) statt, einem unglaublich glänzenden, funkelnden und tollem Ort, dessen Inneneinrichtung an Las Vegas denken lässt. Manilas schwule Expats sind begeistert.

Im Herzen des Cultural Centre of the Philippines (CCP) gibt's im Gebäude des Manila Film Center die **Amazing Show** (Karte S. 64; 02-834 8870; www.amazing-show.com; Manila Film Center, CCP Complex; Eintritt 1300 P; Mo–Sa 20 Uhr). Bei den einstündigen Revuen und Schönheitskonkurrenzen stehen Transen aller Art im Mittelpunkt.

Route 196 LIVEMUSIK
(☎ 439 1972; 196 Katipunan Ave, Quezon City; ⊙ Mo-Sa 18 Uhr–open end) Ein weiterer beliebter Indie-Musiktreff in Quezon City mit guten lokalen Bands.

The Library COMEDY
(Karte S. 62; ☎ 02-522 2484; www.thelibrary.com.ph; 1139 M Orosa St; Shows 100–500 P; ⊙ Shows ab 21 Uhr) Im Herzen von Malates Schwulenviertel bietet das Library jeden Abend Comedyshows (21 Uhr), die bei Schwulen und Heteros gleichermaßen beliebt sind.

Araneta Coliseum LIVEMUSIK
(Karte S. 72; ☎ 911 3101; www.aranetacoliseum.com; Araneta Center, Ecke EDSA & Aurora Blvd, Quezon City) Hier treten internationale Bands auf, darunter eine Reihe abgewrackter Rocker aus den 1970er- und 1980er-Jahren. In den letzten Jahren ließen sich z. B. Boy George, die Eagles und Duran Duran hier blicken. In der Arena finden auch Spiele der PBA (Philippine Basketball Association) statt.

Darstellende Kunst
Cultural Center of the Philippines DARSTELLENDE KUNST
(Karte S. 64; ☎ 02-832 1125; www.culturalcenter.gov.ph; CCP Complex, Roxas Blvd; Preise variieren; ⊙ Kartenbüro an Veranstaltungstagen Di–Sa 9–18, So 13–17 Uhr) Manilas kulturelle Schwergewichte treten hier auf, z. B. das Ballet Philippines, die beste Tanztruppe des Landes, das Philippine Philharmonic Orchestra, das wichtigste Sinfonieorchester, und das Tanghalang Pilipino, eine Theatertruppe, die klassische und philippinische Stücke, oft auf Tagalog, aufführt.

Theater
Repertory Philippines THEATER
(Karte S. 68; ☎ 02-843 3570; www.repertoryphilippines.com; Onstage Theare, 2. OG, Greenbelt 1, Makati; Karten ab 420 P) Die professionelle Truppe bringt Stücke (teilweise auch auf Englisch) auf die Bühne des OnStage Theatres.

Philippine Educational Theater Association THEATER
(PETA; Karte S. 72; ☎ 02-725 6244; www.petatheater.com; 5 Eymard Dr, Quezon City; ⊙ Veranstaltungen Fr–So 10, 15 und/oder 20 Uhr) Diese tolle „offene" Theatergruppe führt Komödien und Tragödien auf, meist Originalstücke. Die Proben finden aber auf Englisch statt.

Sport
Cuneta Astrodome BASKETBALL
(Karte S. 64; ☎ 02-831 4652; Derham St) Beliebte Spielstätte der Profi-Basketballspiele der PBA (Philippine Basketball Association), des philippinischen Gegenstücks der US-amerikanischen NBA.

Kinos
In Manilas Malls gibt es Hunderte Kinos, von denen viele topmodern sind. Hollywood-Blockbuster starten auf den Philippinen oft gleichzeitig mit den USA, aber hier kostet der Kinobesuch nur 120 bis 180 P. Ein IMAX-Kino gibt's in der Mall of Asia (S. 92).

 Shoppen

Die größte Auswahl an Shops findet man in den Einkaufszentren (besonders im Robinsons und der Mall of Asia). Hier hat man die Vorteile einer Klimaanlage und diverser Zerstreuungen wie Restaurants und Kinos. Wer Märkte liebt, sollte sich in die Gegend um die Quiapo Church aufmachen. In Ermita entdeckt man bei einem Bummel auf der Mabini St oft authentische alte Textilien und andere Antiquitäten.

 Downtown Manila

★**The Manila Collectible Co.** SOUVENIRS, ESSEN
(Karte S. 56; www.manilacollectible.com; Villa Blanca Bldg, Ecke Cabildo St & Beaterio St, Intramuros; ⊙ 10–18 Uhr; ☎) Oben in diesem schrillen Laden in Intramuros gibt's handgewebte Textilien und Accessoires, die von indigenen Gruppen überall auf den Philippinen hergestellt werden. Angeboten werden auch Bio-Kaffee aus fairem Handel, philippinische Zigarren, örtliche Liköre, aromatisierte Kedongdong-Kerne und reiner Kakao – alles prima Mitbringsel. Kinder können sich hier als Töpfermaler betätigen und das Resultat mit nach Hause nehmen (100 P). Von der hübschen Dachterrasse, auf der ein Café entstehen soll, hat man einen Blick auf die Manila Cathedral.

Silahis Arts & Artifacts SOUVENIRS
(Karte S. 56; www.silahis.com; 744 General Luna St, Intramuros; ⊙ 10–19 Uhr) Dies ist eher ein Kulturzentrum als ein Laden. Neben schönen Antiquitäten werden fein gewebte Körbe, *bulol*-(Reiswächter-)Holzfiguren der Ifugao, Textilien und anderes Kunsthandwerk aus den gesamten Land verkauft.

Tesoro's SOUVENIRS
(Karte S. 62; www.tesoros.ph; 1325 Mabini St, Ermita; ⊙ 9–20 Uhr) Die Spezialität sind gewebte Produkte aus *pinya* (Fasern der Ananaspal-

me), man findet hier aber auch Produkte aus lackierten Kokosschalen, Körbe, Taschen, Kaffee, getrocknete Mangos und einige seltene Bücher zur philippinischen Kultur.

Der Laden hat mehrere Filialen in **Makati** (Karte S. 68; 1016 A Arnaiz Ave, Makati) und, fürs Last-Minute-Shopping, am Flughafen (Terminal 1 und 3).

San Andres Market   MARKT
(Karte S. 62; San Andres St, Malate; 24 Std.) Malates Hauptmarkt sieht aus wie ein Füllhorn voller Früchte, darunter exotische wie *guyabano* (Stachelannone) und Durian. Das düstere Gängegewirr lockt zum Erkunden.

Hiraya Gallery   KUNST
(Karte S. 56; www.hiraya.com; 530 United Nations Ave, Ermita; Mo-Sa 9-17 Uhr) Die schon lange bestehende Verkaufsgalerie bietet philippinische zeitgenössische Kunst von Museumsqualität. Umschauen sollte man sich z. B. nach Werke von Leonard Aguinaldo, Norberto Carating und Eric Guazon.

Maria Closa   ANTIQUITÄTEN, KUNST
(Karte S. 62; www.mariaclosa.com; 1335 Mabini St, Ermita; 9-18.30 Uhr) Im selben Gebäude wie das 1335Mabini (S. 61) wendet sich diese teure Galerie mit hochwertigen handgefertigten Möbeln, Skulpturen und Artefakten aus dem ganzen Land an ernsthafte Sammler.

Solidaridad Bookshop   BÜCHER
(Karte S. 62; 531 P Faura St, Ermita; Mo-Sa 9-18 Uhr) Der fantastische Laden des philippinischen Autors F. Sionil José bietet eine meisterlich zusammengestellte Auswahl an Sachbüchern aus Orient und Okzident, internationale Zeitschriften wie den *New Yorker* und schwer aufzutreibende Bücher und Dokumentationen zur philippinischen Geschichte.

Tradewinds Books   BÜCHER
(Karte S. 56; 3. OG, Silahis Arts & Artifacts, 744 General Luna St, Intramuros) Innerhalb von Silahis Arts & Artifacts verkauft Tradewinds ein vielfältiges Sortiment von Büchern über die Philippinen und Asien, darunter vergriffene oder schwer aufzutreibende Titel, philippinische Kochbücher und coole Postkarten hiesiger Künstler.

Mall of Asia   EINKAUFSZENTRUM
(Karte S. 64; www.smmallofasia.com; Manila Bay; 10-22 Uhr) Das Einkaufszentrum gehört zu den zehn größten der Welt. Neben allen üblichen Geschäften gibt es hier eine Olympia-taugliche Eisbahn und ein IMAX-Kino. Am frühen Abend locken die Fahrgeschäfte am Meeresufer.

Makati & Umgebung

Das Zentrum von Makati kann wie eine einzige große und teure Mall wirken – hier kann man unversehens kaufsüchtig werden. Die Einkaufszentren Greenbelt und Glorietta greifen über mehrere Blocks aus.

★ LRI Design Plaza   DESIGN, KUNST
(Karte S. 54; www.lridesignplaza.com; 210 Nicanor Garcia St; Mo-Sa 10-19 Uhr) Die Ansammlung von Kunstgalerien und modernen Möbelstudios versammelt unter einem Dach alles, was in der Kunst- und Designwelt der Hauptstadt schick ist.

★ The Collective   TRÖDEL
(Karte S. 64; www.thecollectivemnl.com; Malugay St) Diese Kooperative ist ein Bienenstock voller Kreativität und Coolness, bestehend aus städtischen Galerien, Trödelläden und Boutiquen sowie ein paar Bars und Restaurants, der erst am frühen Abend wirklich zum Leben erwacht. Viele Läden waren zum Zeitpunkt der Recherche gerade dabei, an einen anderen Standort umzuziehen. Die aktuelle Lage sollte man der Website entnehmen.

Balikbayan Handicrafts   SOUVENIRS
(Karte S. 68; www.balikbayanhandicrafts.com; 1010 A Arnaiz Ave; Mo-Sa 9-20, So ab 10 Uhr) Der über drei Stockwerke verteilte Laden ist einer von jenen, die Busladungen von Touristen anziehen – aber die Ware ist von erstaunlich guter Qualität, wenn man bedenkt, in welch großen Stückzahlen die Artikel vorhanden sind. Die Spezialitäten sind u. a. schön glasiertes Geschirr aus Kokosschalen und Deko-Kugeln.

Greenbelt   MALL
(Karte S. 68; Ayala Centre) Dies ist das teurere Ende des Ayala Centre, wo sich unzählige schicke Cafés und Restaurants um einen Parkbereich in der Mitte anfinden. Es gibt fünf Abschnitte (Greenbelt 1 bis Greenbelt 5) mit jeweils eigenem Character.

Fort Bonifacio

Bonifacio High Street   EINKAUFSSTRASSE
(Karte S. 70; zw. 5th & 11th Ave, Fort Bonifacio) Zwei angrenzende, offene Einkaufsstraßen mit jeder Menge guter Restaurants und teurer

Modeläden führen zum **Fiesta Market** (Karte S. 70; Bonifacio Global City) mit Freiluftrestaurants und regionaler Küche.

Echo Store
LIFESTYLE, ESSEN

(Karte S. 70; www.echostore.ph; Serendra Piazza McKinley Parkway, Fort Bonifacio; ⊙ 9–21 Uhr) Der Laden ist auf regionale Produkte aus fairem Handel (darunter Kaffee und Kunsthandwerk) sowie chemiefreie Kosmetik und Pflegeprodukte spezialisiert. Im Café bekommt man schmackhafte Gerichte aus Bio-Zutaten.

Fully Booked
BÜCHER

(Karte S. 70; www.fullybookedonline.com; 902 Bonifacio High St) Manilas größter Buchladen hat eine tolle Abteilung von Reiseliteratur und eine prima Auswahl an Belletristik und Sachbüchern (alles in englischer Sprache). Es gibt Filialen in den meisten Einkaufszentren rund um Manila, aber Tim-und-Struppi-Fans halten sich an diese im Fort.

Quezon City

★ Cubao Expo
TRÖDEL, ANTIQUITÄTEN

(Karte S. 72; Gen Romulo Ave, Cubao) In dem Komplex gibt's eine hippe Ansammlung kitschiger Läden und Galerien, die von alten Schallplatten bis zu altmodischen Spielsachen und Haushaltswaren alles verkaufen.

Greenhills Shopping Center
MARKT

(Karte S. 54; www.greenhills.com.ph; Ortigas Ave, San Juan; ⊙ 10–20 Uhr) So etwas wie ein Flohmarkt drinnen und draußen: Im Greenhills gibt's reihenweise Stände, die DVDs und Markenkleidung von zweifelhafter Echtheit verkaufen. Beim Herumstöbern entdeckt man aber auch hochwertige Antiquitäten und das landesweit beste Angebot echter Perlen.

Human Nature
KOSMETIK

(www.humanheartnature.com; 463 Commonwealth Ave, Quezon City; ⊙ Sa-Mo 9–18 Uhr) Das Flaggschiff dieses sozialen Unternehmens verkauft chemiefreie, komplett auf den Philippinen hergestellte Kosmetik und Pflegeprodukte, außerdem regionalen Kaffee, den man kostenlos probieren kann. Das Unternehmen leistet ausgezeichnete Arbeit zur Förderung ärmerer Gemeinden.

Q Mart
MARKT

(Karte S. 72; Ermin Garcia Ave) Wer echtes Lokalkolorit schnuppern – oder eine Ziege kaufen – will, sollte sich auf diesem großen überdachten Basar unweit der Cubao Bus Terminals an der EDSA umschauen.

ℹ Praktische Informationen

GEFAHREN & ÄRGERNISSE

Manila ist wahrscheinlich nicht gefährlicher als andere Städte, wirkt aber doch an vielen

---

BUNTES TREIBEN AUF DEM QUIAPO MARKET

Fans von Märkten und Gedränge sollten die Pasig auf der Quezon Bridge überqueren und sich zur **Quiapo Church** (Karte S. 66; Quezon Blvd) aufmachen, dem Sitz des Schwarzen Nazareners (S. 71).

Der Hauptgrund für einen Besuch in Quiapo ist jedoch nicht die Besichtigung der Kirche, sondern das zu erleben, was sich auf dem Kirchplatz, der Plaza Miranda, und rund herum bietet. Hier und auf den umliegenden Märkten werden den Menschenmassen alle erdenklichen Produkte zum Kauf angeboten.

Am berüchtigtsten sind die zweifelhaften Apothekenstände, die Kräutermittel und Volksmedizin sowie Amulette (gravierte Steine und Medaillons, denen man magische Kräfte zuschreibt) feilbieten. Mit bewundernswerter Initiative werden die Verkäufer einem erzählen, dass der „Pampa Regla"-Trank für alles von Gewichtsverlust bis zur Behandlung von Erektionsstörungen gut ist – je nachdem, wie der potenzielle Kunde aussieht. Langis Ng Ahas ist übrigens Schlangenöl – vielleicht.

Besonders bunt sind die Stände rund um die Carriedo St, die dick ausgestopfte BHs, Geräteteile, Porno-DVDs und alles erdenkliche Andere verkaufen. In der Nähe, unter der **Quezon Bridge** findet man in dem als **Ilalim ng Tulay** (wörtlich „unter der Brücke") bezeichneten Areal billigen Touristenschund. Auf der Anderen Straßenseite preisen auf dem **Quinta Market** die Verkäufer Fisch, Fleisch, Gemüse, Obst und andere Nahrungsmittel an.

Besonders heftig ist das Treiben an den Wochenenden, wenn die Hälfte der Einwohner, die nicht in den Einkaufszentren ist, hierher zum Einkaufen kommt. Wie in anderen überlaufenen Arealen sollte man keine Wertsachen in seinen Taschen tragen und den Rucksack vor den Bauch nehmen.

Ecken zwielichtig. Wie in allen Großstädten ist Kriminalität auch hier ein Teil des Lebens, und Ausländer werden manchmal zum Opfer von Taschendieben und Autoräubern. Wer abends auf eigene Faust unterwegs ist, sollte vor allem in verlassenen Gegenden und in rauen Vierteln wie Tondo auf der Hut sein. Bei der Fahrt mit dem Taxi sollte man die Tür verriegeln, wie der Fahrer es auch macht. Taschendiebstahl ist ein Problem in den MRT/LRT-Zügen (Wertsachen nur im Rucksack befördern und diesen nach vorn nehmen) sowie in den größeren Barvierteln, wo betrunkene Touristen leichte Beute sind.

Staus sind das größte Ärgernis in Manila – man wird wahrscheinlich die Hälfte der Zeit in einem feststecken oder darüber reden. Bei der Fahrt zu den Flughäfen oder Busbahnhöfen oder zu Restaurants, für die man reserviert hat, sollte man unbedingt zusätzliche Zeit einplanen. Krach, Menschenmassen und Luftverschmutzung sind mit dem Verkehr verbundene Ärgernisse.

Manipulierte Taxameter werden häufiger, die meisten Taxifahrer sind aber ehrlich.

GELD

Die drei wichtigsten philippinischen Banken mit Geldautomaten, die westliche Bankkarten akzeptieren – die Bank of the Philippine Islands (BPI), die Metrobank und die Banco de Oro (BDO) –, haben unzählige Filialen in der gesamten Stadt und in allen größeren Einkaufszentren. In der Regel gibt es ein Limit von 10 000 P pro Abhebung. Die Citibank erlaubt Abhebungen von bis zu 15 000 P, die HSBC von bis zu 40 000 P. Die Hauptfilialen der **Citibank** (Karte S. 68; 8741 Paseo de Roxas) und der **HSBC** (Karte S. 68; 6766 Ayala Ave, Makati) befinden sich in Makatis zentralem Geschäftsviertel.

In Malate und Ermita gibt's jede Menge Geldwechsler, und überall in der Stadt finden sich Wechselstuben, in denen man ausländische Devisen in philippinische Pesos umwechseln kann. Man sollte aber unbedingt nachzählen, um sicherzustellen, dass man nicht zu wenig herausbekommt.

INFOS IM INTERNET

Es gibt eine Reihe von Websites zur Kultur und zum Nachtleben von Manila, auf denen man sich gut über anstehende Events (S. 86) informieren kann.

Click the City (www.clickthecity.com) Manilas Online-Business-Adressbuch enthält eine umfangreiche Auflistung von Geschäftsadressen und Telefonnummern, die meist aktuell sind, sowie Kritiken von Restaurants und Veranstaltungsstätten.

Explore BGC (www.fbdcorp.com) Die praktische Website gibt einen Überblick über die Unterkünfte, Restaurants und sonstigen Angebote in Bonifactio Global City (alias Fort Bonifacio).

Make it Makati (www.makeitmakati.com) Die ausgezeichnete Website informiert über Unterkünfte, Restaurants und anstehende Events in und um Makati.

INTERNETZUGANG

In Einkaufszentren wie dem Robinsons Place finden sich Internetcafés, ein paar gibt es auch an der Adriatico St in Malate sowie an der Makati Ave nahe der Kreuzung mit der Jupiter St. Die Preise betragen zwischen 30 und 60 P pro Stunde.

MEDIZINISCHE VERSORGUNG

Im Großraum Manila gibt es mehrere große Privatkliniken, die zunehmend ein Ziel des medizinischen Tourismus werden.

Das Makati Medical Center, das Manila Doctors Hospital und das St. Luke's Medical Center sind moderne Krankenhäuser in bequemer Nähe zu den wichtigsten Touristengebieten von Malate und Makati.

Makati Medical Center (Karte S. 68; 02-888 8999; www.makatimed.net.ph; 2 Amorsolo St, Makati)

Manila Doctors Hospital (Karte S. 56; 02-524 3011; www.maniladoctors.com.ph; 667 United Nations Ave, Ermita)

St. Luke's Medical Center (Karte S. 70; 02-789 7700; www.stluke.com.ph; 32nd St, Fort Bonifacio) Das modernste Krankenhaus im Großraum Manila verfügt auch über eine Zweigstelle in Quezon City (02-723 0101, Notfall 02-725 2328; 279 E Rodriguez Sr Ave, Quezon City).

NOTFALL

Bei Notfällen ruft man mit 117 Polizei, Ambulanz oder Feuerwehr.

POST

Hauptpost Makati (Karte S. 68; Sen Gil Puyat Ave, Makati; Mo–Fr 8–17 Uhr) Nahe der Kreuzung mit der Ayala Extension.

Hauptpost Manila (Karte S. 66; Magallanes Dr, Intramuros; Mo–Fr 6–18.30, Sa 8–12 Uhr) Das schöne Postgebäude ist ein Wahrzeichen und bietet alle Postdienste.

Postamt Ermita (Karte S. 62; P Hidalgo St, Malate) Die bequemste Filiale im Touristengebiet von Malate.

REISEBÜROS

Reisebüros gibt es überall in Ermita, Malate und Makati, die meisten sind aber auf Fernreisen spezialisiert. Viele Hotels arrangieren Ausflüge rund um Manila.

Filipino Travel Center (Karte S. 62; 02-528 4507; www.filipinotravel.com.ph; Ecke Adriatico St & Pedro Gil St, Malate; Mo–Fr 8–18, Sa 9–17 Uhr) Das hilfsbereite und kenntnisreiche Büro ist auf ausländische Reisende eingestellt und organisiert Stadtführungen und Tagesausflüge ins Umland und darüber hinaus.

Discovery Islands (Karte S. 56; ☎ 02-523 8541; 2. OG, Swagman Hotel, 411 A Flores St, Ermita; Bus-/Fährtickets nach Puerto Galera 880 P; ⊙ Mo–Sa 9–18 Uhr) Das hilfsbereite Büro im Swagman Hotel kann Visaverlängerungen arrangieren.

TOURISTENINFORMATION

Department of Tourism Information Centre (DOT; Karte S. 68; ☎ 02-459 5200; www.visitmyphilippines.com; JB Bldg, 351 Sen Gil Puyat Ave, Makati; ⊙ Mo–Sa 7–18 Uhr) Die kürzlich nach Makati umgezogene Touristeninformation hat hilfsbereites Personal, Stadtpläne und Infos zu Ausflügen rund um Manila. Kleinere DOT-Büros gibt's in den verschiedenen Terminals des Ninoy Aquino International Airport (NAIA).

❶ An- & Weiterreise

AUTO & MOTORRAD

Wer mit dem Auto unterwegs ist, für den sind der North und der South Luzon Expressway die schnellsten Wege, um aus Manila hinauszukommen. Das sind (selbst nach westlichen Maßstäben) relativ teure Mautstraßen, aber genau deshalb hält sich der Verkehr in Grenzen.

BUS

Aus Manila hinauszukommen, ist schwieriger, als man vielleicht erwartet, weil es keinen zentralen Busbahnhof gibt. Stattdessen fahren unzählige Privatanbieter von ihren eigenen Höfen zu spezifischen Zielen.

Die beiden wichtigsten „Ballungen" von Bus Terminals sind **Cubao**, in Quezon City nahe der Kreuzung der EDSA und des Aurora Blvd, und **Pasay** an der EDSA nahe dem LRT/MRT-Umsteigebahnhof (Pasay Rotunda).

Zwei schlechter zu erreichende „Ballungen" sind **Sampaloc**, nördlich von Quiapo nahe der University of Santo Tomas (UST), und **Caloocan** am nördlichen Rand des Großraums Manila.

Wenn man Richtung Norden unterwegs ist, sollte man einen Bus mit der Aufschrift „SCTEX" nehmen, denn diese sparen bis zu zwei Stunden, weil sie über den neuen Subic–Clark–Tarlac Expressway fahren.

Busunternehmen

Amihan Bus Lines (Karte S. 72; ☎ 02-387 1790; www.amihanbuslines.com.nu; Araneta Bus Terminal, Cubao)

Cagsawa Ermita (Karte S. 62; ☎ 02-525 9756; P Faura Centre, P Faura St); Cubao (Karte S. 72; ☎ 02-998 9050; Araneta Bus Terminal)

Ceres (Karte S. 64; Ecke Taft Ave & Sen Gil Puyat, Pasay, Buendia Terminal)

Dagupan Bus Co (Karte S. 72; ☎ 727 2330; Ecke EDSA & New York Ave, Cubao)

DLTB (Karte S. 64; ☎ 986-2771; www.dltbbus.com.ph; Ecke Taft Ave & Sen Gil Puyat Ave, Pasay, Buendia Terminal)

Dominion Bus Lines (Karte S. 72; ☎ 02-727 2350; Ecke EDSA & New York Ave, Cubao)

Fariñas Transit (☎ 731 4507; Ecke Laong Laan St & M de la Fuente St, Sampaloc)

Five Star Bus Lines (Karte S. 64; ☎ 853 4772; Aurora Blvd, Pasay)

Florida Bus Lines (Karte S. 54; ☎ 781 5894; Ecke Extremadura St & Earnshaw St, Sampaloc)

Genesis Pasay Terminal (Karte S. 64; ☎ 02-853 3511; www.genesistransport.com.ph; Pasay Rotunda); Cubao (Karte S. 72; ☎ 02-709 0545; www.genesistransport.com.ph; Ecke New York Ave & EDSA)

Isarog Bus Lines (Karte S. 72; ☎ 02-925 6835; Araneta Bus Terminal)

Jac Liner (Karte S. 64; ☎ 02-404 2073; www.jacliner.com; Ecke Taft Ave & Sen Gil Puyat Ave, Pasay, Buendia Terminal; 🛜)

Jam Liner (Karte S. 64; ☎ 02-425 5489; www.jam.com.ph; Ecke Taft Ave & Sen Gil Puyat Ave, Pasay, Buendia Terminal; 🛜)

Ohayami (Karte S. 54; ☎ 02-516 0501; www.ohayamitrans.com; Ecke Fajardo St & Lacson Ave, Sampaloc)

Partas Pasay Terminal (Karte S. 64; ☎ 400 5115; Aurora Blvd, Pasay); Cubao (Karte S. 72; ☎ 400 5115; Ecke Aurora Blvd & Bernadino St)

Philtranco (Karte S. 64; www.philtranco.com.ph; Ecke EDSA & Apelo Cruz, Pasay)

RRCG (Karte S. 64; ☎ 0932 741 9885; Ecke Taft Ave & Sen Gil Puyat Ave, Pasay, Buendia Terminal)

RSL (Karte S. 62; ☎ 0917 593 6024; Padre Faura Center, P Faura St, Ermita)

San Agustin (Karte S. 64; Pasay Rotunda, Ecke Taft Ave & EDSA)

Victory Liner Pasay Terminal (Karte S. 64; ☎ 02-833 5019-20; Ecke EDSA & Taft Ave, Pasay) Cubao (Karte S. 72; ☎ 02-727 4534; Ecke EDSA & New York Ave); Kamias (Karte S. 72; ☎ 02-920 7396; Ecke EDSA & East Ave, Kamias, Quezon City); Sampaloc (Karte S. 54; ☎ 02-559 7735; www.victoryliner.com; 551 Earnshaw St, Sampaloc)

Ins nördliche Luzon

Die komfortablen Deluxe-Expressbusse mit 27 Plätzen lohnen die Extraausgabe für die Fahrt nach Baguio und Vigan. Plätze für diese Busse und die direkten Nachtbusse nach Banaue sollte man mindestens einen Tag im Voraus reservieren.

Nach Baguio, Ilocos & Zambales

Mehrere Buslinien fahren mit Deluxe-Nachtexpressbussen mit 27 Plätzen nach Vigan und Laoag. Den Platz sollte man einen oder zwei Tage im Voraus reservieren.

BUSSE AB MANILA

ZIEL	DAUER (STD.)	PREIS (P)	UNTERNEHMEN	HÄUFIGKEIT
Baguio	5–7	Deluxe mit Klimaanlage 445–760	Genesis, Victory Liner, Dagupan	häufig
Baler	5	Deluxe mit Ventilator 450–700	Genesis	morgens
Balanga	3–4	210–400	Genesis	häufig
Banaue	8½–10	450–550	Florida, Ohayami	2–4 Nachtbusse
Batangas	2–2½	120–167	Jam Transit, RRCG, DLTB, Ceres	alle 20 Min.
Bolinao	7	350–470	Victory Liner, Dagupan, Five Star	6–7 Busse
Clark Airport	2–3	450	Philtranco	6.30, 11.30, 20.30 Uhr
Dau (Angeles)	2–3	139–150	Victory Liner	häufig
Iba	5–7	367	Victory Liner	6–7 Busse
Laoag	8–12	750–850	Fariñas, Partas, Florida	häufig
Legazpi	10–12	Deluxe mit Klimaanlage 850–1100	Isarog, Cagsawa, Philtranco, DLTB, Amihan, RSL	häufig
Lucena	4–5	210	JAC, DLTB, Jam	häufig
Naga	8–10	Deluxe mit Klimaanlage 670–900	Cagsawa, Isarog, Philtranco, DLTB, Amihan, RSL	häufig
Santa Cruz (nach Pagsanjan)	2½–3	140	DLTB, Greenstar	häufig
San Fernado (La Union)	6	378–436	Dominion, Partas	stündl.
San Pablo (zum Banahaw)	2½–3	127–150	Jam, DLTB, Jac	stündl.
Solano (nach Banaue)	8	320	Florida, Victory Liner	häufig
Subic Bay (Olangapo)	3–4	Express mit Klimaanlage 207–235	Victory Liner	häufig
Tagaytay	2–3	114	San Agustin	stündl.
Tuguegarao	12	650	Victory Liner, Florida	abends
Vigan	7–12	Deluxe mit Klimaanlage 580–680	Florida, Partas, Dominion	stündl.

Nach Mindoro

Nach Puerto Galera auf Mindoro bieten mehrere Unternehmen (darunter Discovery Islands, S. 95, im Swagman Hotel) kombinierte Bus-/Fährverbindungen an. Die Fahrt startet gegen 8 Uhr in Ermita. Die Reise dauert ungefähr 4 Std. und kostet rund 350 P mehr als wenn man einfach zunächst mit dem Bus zur Anlegestelle in Batangas fährt und dort eine Fähre nach Puerto Galera nimmt.

Si-Kat (Karte S. 62; 02-708 9628; Citystate Tower Hotel, 1315 Mabini St, Ermita) Tickets nach Puerto Galera kosten 800 P. Abfahrt ist um 8.30 Uhr.

Ins südöstliche Luzon

Das Zentrum für Busse in die Region Bicol ist der **Araneta Bus Terminal** (Karte S. 72; zw. Times Sq & Gen Romulo Ave, Cubao) mit unzähligen „normalen" Bussen (d. h. ohne Klimaanlage) und teureren Deluxe-Bussen mit drei zurückstellbaren Sitzen pro Reihe. Cagsawa und RSL bieten begehrte Plätze in Nachtbussen, die direkt ab Ermita fahren.

Zum Clark Airport

Zum Clark Airport nimmt man entweder den Philtranco-Shuttle, der auf dem Weg aus der Stadt an der Mega Mall in Ortigas hält, um Fahrgäste aufzunehmen, oder jeden anderen Bus, der Richtung Norden zum Malabacat-Busbahnhof in Dau (nahe Angeles) fährt, der nur eine kurze Taxifahrt vom Clark Airport entfernt ist.

FERNBUSSE

Philtranco und ein paar andere Busunternehmen bieten eine nur für Masochisten zu empfehlende Fahrt über den sogenannten „Nautical Highway" nach Davao in Mindanao (mit Ventilator/Klimaanlage 1185/2445 P) über Samar, Leyte und Surigao City (2 Tage, 3-mal tgl.) an.

FLUGZEUG

Alle internationalen Flüge von und nach Manila nutzen einen der drei Hauptterminals des Ninoy Aquino International Airport (NAIA; S. 505) im Süden Manilas, viele Inlandsflüge nutzen einen vierten, Inlandsflügen vorbehaltenen Terminal. Die vier Terminals teilen sich die Rollbahnen, liegen aber nicht besonders nahe beieinander. „Airport Loop"-Shuttletransporter (20 P, 7–22 Uhr) verbinden die vier Terminals, sind aber langsam und fahren selten. Wer es eilig hat, sollte ein Taxi nehmen.

Internationale Flüge

Zum Zeitpunkt der Recherche sollte die Flughafensteuer von 550 P für internationale Flüge ab dem NAIA gerade in die Flugpreise integriert werden, sodass man nicht mehr extra am Flughafen bezahlen muss.

Achtung: Mehrere asiatische Billig-Fluglinien fliegen den Clark International Airport (Diosdado Macapagal Airport, DMIA) in der Clark-Freihandelszone, zwei Fahrstunden nördlich von Manila, an.

Inlandsflüge

Die wichtigsten Anbieter von Inlandsflügen sind PAL Express (PAL) und die Billigfluglinie Cebu Pacific. Beliebte Anbieter sind auch Tigerair Philippines und AirAsia Zest.

Einfache Flüge kosten für die meisten Strecken 1000 bis 3000 P (inkl. Steuern), sofern man vorab bucht. Die Flugzeiten liegen zwischen 45 Minuten für kurze Strecken wie von Manila nach Caticlan und 1½ Stunden für Flüge von Manila in den Süden Mindanaos.

Die folgenden Fluglinien bieten Inlandsflüge von und nach Manila. Alle haben Ticketschalter in ihrem Abflugterminal oder anderswo in der Stadt.

AirAsia Zest (www.airasia.com; NAIA Terminal 4) Flüge nach Cebu, Boracay (Kalibo), Puerto Princesa, Tagbilaran, Davao, Iloilo, Bacolod und Cagayan de Oro.

PAL Express (02-855 8888; www.philippineairlines.com; NAIA Terminals 2 & 3)

Cebu Pacific (Karte S. 54; 702 0888; www.cebupacificair.com; NAIA Terminal 3)

ITIAIR (Karte S. 54; 02-851 5664; www.itiair.com; ITI Hangar No 5-03-127, Andrews Ave, Pasay) Fliegt von Manila nach El Nido und dient in erster Linie den Gästen der vor der Küste gelegenen El Nido Resorts. Achtung: Der Terminal ist in Pasay City, nicht auf dem NAIA.

Tigerair Philippines (02-7020 888; www.tigerair.com/ph/en/; Terminal 4) Wurde kürzlich von Cebu Pacific übernommen.

SCHIFF/FÄHRE

Der schicke **Manila North Harbor Port** (Karte S. 54; www.mnhport.com.ph; Piers 4 & 6, Tondo) nordwestlich von Binondo ist der neue Satrt- und Zielpunkt für den gesamten inländischen Fährverkehr. Der South Harbour wird jetzt ausschließlich für den Frachtverkehr und internationale Kreuzfahrtschiffe genutzt.

Zum North Harbor nimmt man am besten ein Taxi, weil Tondo kein Viertel ist, in dem Ausländer mit Gepäck herumlaufen sollten.

2GO Travel (Karte S. 54; 02-528 7000; http://travel.2go.com.ph; Pier 4, Manila North Harbor Port) Das größte Schiffsfahrtsunternehmen für Verbindungen zu den anderen Inseln ab Manila. Auf der sehr guten Website findet man den Fahrplan und kann Tickets reservieren. Tickets sind online, bei Reisebüros, in größeren Einkaufszentren oder in der Hauptfiliale des Unternehmens am Rizal Park (Karte S. 56; The Hub @ Kilometer Zero, Rizal Park) erhältlich.

Fähren nach Boracay fahren von der Anlegestelle in Batangas ab.

Moreta Shipping Lines (02-359-6568; www.moretashipping.com; Pier 6, Manila North Harbor Port) Fährt jeden fünften Tag über die Stadt Roxas nach Caticlan (zur Weiterreise nach Boracay) sowie zweimal pro Woche nach Puerto Princesa auf Palawan. Außerdem gibt es Fahrten nach Bacolod auf Negros und nach Kalibo und Dumaguit auf Panay.

Romblon Shipping Lines (243 5886; www.romblonshippinglines.com; Pier 8, Manila North Harbor Port) Fährt einmal wöchentlich nach Mandaon, Masbate und zu mehreren Häfen auf Romblon.

ZUG

Philippine National Railways (PNR; Karte S. 54; 02-319 0041; www.pnr.gov.ph) betrieb zum Zeitpunkt der Recherche keine Fernzüge nach Bicol im Südosten von Luzon, es gibt aber Pläne, den Betrieb wiederaufzunehmen. Züge fahren von der Tutuban Station in Tondo über fünf kurze Stops in Lucena, Hondagua, Tagkawayan, Cagay und Sipocot nach Naga (Preise ca. 600/1000/1500 P pro Sitzplatz/Sleeper/Executive, 10 Std.). Von beiden Zielbahnhöfen fahren die Züge um 18.30 Uhr ab.

ⓘ Unterwegs vor Ort

Für viele dürfte die schlimmste Erfahrung in Manila das beschwerliche Vorankommen sein.

Wie viele asiatische Metropolen leidet die Stadt unter gewaltigen Verkehrsproblemen. Im Berufsverkehr, bei Regen oder, wenn beides zusammenkommt, bleibt man unweigerlich stecken. Eines allerdings ist der öffentliche Nahverkehr glücklicherweise nicht: teuer. Selbst eine lange Taxifahrt wird selten mehr als 250 P kosten.

Noch billiger sind die Jeepneys, die auf verwirrenden Strecken überallhin fahren, aber trotz aller Kamikaze-Fahrkünste der Fahrer doch in den gleichen Staus steckenbleiben.

Die LRT- und MRT-Züge sind ein ausgezeichnetes Mittel, über und unter dem Chaos auf den Straßen voranzukommen. Leider decken sie nicht die gesamte Stadt ab, und im Berufsverkehr herrscht in den Zügen mächtig viel Gedränge.

AUTO & MOTORRAD

Wegen des dichten Verkehrs und des unorthodoxen Fahrstils der Einheimischen ist davon abzuraten, mit dem eigenen Auto oder Motorrad durch Manila zu fahren. Andererseits kann man mit einem Mietwagen prima die Attraktionen außerhalb des Großraums von Manila besuchen, von denen viele mit öffentlichen Verkehrsmitteln nur schwer zu erreichen sind.

Am besten besorgt man sich für solche Ausflüge über sein Hotel (oder eine andere verlässliche Quelle) ein Taxi samt Fahrer, was pro Tag ungefähr zwischen 2000 und 4000 P kostet.

Wer selbst fahren will, findet Büros internationaler Autovermieter am Flughafen sowie in einigen größeren Hotels. Mietwagen kosten ab ca. 3000 P pro Tag. Örtliche Autovermieter sind in der Regel billiger.

Avis (Karte S. 68; 02-462 2881; www.avis.com.ph)

Nissan (02-854 7099; www.nissanrentacar.com)

Triple A Car Rental (0920 926 5750, 895 4382; tr-a@pldtdsl.net; 1158 Antipolo St, Makati) Vermietet Autos ab ca. 2000 P pro Tag, zuzüglich 500 P für einen Fahrer (vorgeschrieben). Guter, ehrlicher Service.

BUS

Nahverkehrsbusse sind nur wirklich dann von Nutzen, wenn man zu Orten an Hauptstraßen wie der Taft Ave, dem España Blvd, der Buendia (aliasSen Gil Puyat Ave) oder der EDSA gelangen will, weil sie von den meisten Straßen im Stadtzentrum verbannt sind. Je nach Strecke kosten Fahrten mit gewöhnlichen Bussen zwischen 10 und 15 P und mit klimatisierten zwischen 10 und 25 P.

Wie bei Jeepneys ist auch bei Bussen das Fahrtziel vorne an der Windschutzscheibe angegeben, z. B. „Ayala" (zum Ayala Centre) oder „Monumento" (nach Caloocan).

FÄHRE

Zum Zeitpunkt der Recherche war **Pasig River Ferry** dabei, seinen Wasserbus-Service wieder aufzunehmen, sodass sich nun eine neue Möglichkeit bietet, von Makati und Pasig aus nach Intramuros zu kommen.

VOM/ZUM FLUGHAFEN & FÄHRHAFEN

Da es keine direkte Transportverbindung von einem der vier Terminals nach Malate oder Makati gibt, sollte man die bittere Pille schlucken und ein Taxi nehmen, vor allem, wenn man viel Gepäck hat. Der Ninoy Aquino International Airport (NAIA) liegt recht nahe bei der Stadt und man könnte mit dem Taxi in 20 Minuten in Malate oder Makati sein, wenn der Verkehr nicht wäre.

Gleich vor den Ankunftsbereichen der drei internationalen Terminals finden sich die Parkbuchten für die gelben, mit Taxameter ausgestatteten Flughafentaxis. Bei ihnen beträgt der Grundpreis 70 P (bei regulären Taxis mit Taxameter 40 P). Der gesamte Fahrpreis nach Malate sollte rund 200 P. nach Makati an die 250 P betragen.

Eine Option sind die weißen, Prepaid-„Coupontaxis", die für Fahrten nach Malate einen Festpreis von mehr als 440 P und nach Makati von 530 P nehmen. Sie findet man vor den Ankunftsbereichen aller vier Flughafenterminals.

Um ein paar Pesos zu sparen, kann man auch nach oben in den Ankunftsbereich aller Terminals gehen und dort ein reguläres Taxameter-Taxi nehmen, das gerade Passagiere absetzt. Damit spart man nach Makati oder Malate rund 70 bis 100 P.

Vor dem Inlandsterminal gibt es einen Stand mit regulären Taxameter-Taxis.

Vom Flughafen öffentliche Verkehrsmittel zu nehmen, ist eine schwierige Sache und erfordert mehrfaches Umsteigen. Eigentlich lohnt es sich nicht, weil Taxifahrten billig sind. Wer es trotzdem versuchen will, läuft bis zur Hauptstraße und winkt einen Jeepney mit der Aufschrift „Baclaran" heran. In Baclaran steigt man dann in den LRT oder einen Jeepney nach Malate um.

Von NAIAs Terminal 3 fährt von 7 bis 22 Uhr alle 15 Minuten ein „Airport Loop"-Shuttlebus (20 P) direkt zum MRT/LRT-Umsteigebahnhof an der **Pasay Rotunda** (Karte S. 64; Ecke EDSA & Taft Ave). Dort finden sich öffentliche Verkehrsmittel, die einen nach Malate oder Makati bringen. Nach dem Verlassen des Terminals geht man nach rechts – den „Airport Loop"-Shuttle nicht mit dem anderen verwechseln, der die vier Terminals verbindet! Der Shuttle verkehrt in der Gegenrichtung von der Pasay Rotunda zum Flughafen nach ungefähr dem gleichen Fahrplan.

Wer in Manila mit der Fähre ankommt, nimmt in die Stadt ebenfalls besser ein Taxi, denn die Hafengegend ist ein ziemlich raues Pflaster und die öffentlichen Verkehrsverbindungen sind kompliziert.

FX/UV EXPRESS

In Manila sind zahlreiche weiße Toyota-UV-Express-Kleinbusse auf ähnlichen Routen wie die Jeepneys unterwegs, die zwischendurch auch Fahrgäste aufnehmen und aussteigen lassen. Der Preis beträgt 30 P für lange und 20 P für kürzere Strecken.

JEEPNEY

Für Uneingeweihte können Manilas Jeepneys eine große Herausforderung darstellen. Die großrädigen Jeeps fahren zu einer verwirrenden Zahl von Zielen; obwohl diese an der Windschutzscheibe angeschlagen sind, kommen nur wenige Leute bei ihrer ersten Jeepney-Fahrt genau ans gewünschte Ziel. Solange man sich aber an die gebräuchlicheren Routen hält, wird man auch nicht zu weit davon entfernt landen.

Von der Quiapo Church fahren Jeepneys mit der Zielangabe „Baclaran" Richtung Süden auf der MH del Pilar St durch Ermita/Malate und weiter nahe vorbei am CCP, überqueren dann die EDSA und beenden die Fahrt am LRT-Bahnhof Baclaran. Nach Ermita kann man von der Quiapo Church auch Jeepneys mit der Zielangabe „Kalaw" nehmen.

Von Baclaran aus fahren Jeepneys Richtung Norden auf der Mabini St oder der Taft Ave und verzweigen sich am Rizal-Park in verschiedene Richtungen.
- Jeepneys mit Zielangabe „Divisoria" nehmen die Jones Bridge, fahren nahe am Büro des Amts für Einwanderung vorbei und weiter zum Divisoria Market.
- Jeepneys mit Zielangabe „Monumento" fahren am Manila Central Post Office vorbei, passieren die MacArthur Bridge und dann den Chinesischen Friedhof und die Caloocan Bus Terminals.
- Jeepneys mit Zielangabe „Quiapo" und „Cubao" nehmen die Quezon Bridge und fahren an der Quiapo Church vorbei, jene mit der Zielangabe „Cubao via España" fahren über die UST und Haltestellen in Sampaloc weiter zu den Haltestellen in Cubao.

LRT & MRT

Außerhalb des Berufsverkehrs kann man mit Manilas U-Bahn dem berüchtigten Verkehrschaos in klimatisiertem Komfort entkommen. Im Berufsverkehr machen der riesige Andrang und lange Schlangen das Verkehrsmittel aber nahezu unbenutzbar.

Die LRT (Light Rail Transit; Stadtbahn) fährt auf zwei Hochstrecken. Die LRT-1 fährt von Monumento im Norden nach Baclaran im Süden mit Umsteigemöglichkeit zur MRT an der Kreuzung der EDSA und der Taft Ave nahe der Pasay Rotunda. Die LRT-2 fährt von Recto im Westen nach Santolan im Osten mit Umsteigemöglichkeit zur MRT in Cubao.

Die MRT (Metro Rail Transit; U-Bahn) befährt eine Nord-Süd-Strecke längs der EDSA. Sie ist praktisch, um vom/zum Ayala Centre in Makati und nach Quezon City zu kommen.

Die elektronischen Fahrkarten gelten in der Regel nur für eine Fahrt, ein unpraktisches System, wodurch während des Berufsverkehrs an den Schaltern lange Schlangen entstehen. Der Preis (12–15 P) ist von der Länge der Strecke abhängig. An einigen Bahnhöfen bekommt man Karten, die mit bis zu 100 P aufgeladen werden können und drei Monate gelten, aber es kann schwer sein, sie zu finden.

TAXI

Taxis sind in Manila billig und reichlich vorhanden. Der Grundpreis für den ersten Kilometer beträgt nur 40 P, danach 3,5 P für alle 300 m (bzw. für 2 Min. Wartezeit). Eine 15- bis 20-minütige Fahrt kostet selten mehr als 150 P.

Die meisten Fahrer stellen den Taxameter an, wenn nicht, sollte man sie höflich dazu auffordern. Wenn der Taxameter angeblich kaputt ist oder der Fahrer erklärt, man möge einen Preis nennen, sollte man am besten aussteigen und ein anderes Taxi nehmen (oder einen bewusst niedrigen Preis nennen).

Manipulierte Taxameter treten in Manila immer häufiger auf. Wenn man beobachtet, dass sich der angezeigte Preis innerhalb der ersten 500 m ändert und/oder plötzlich in die Höhe schnellt, soll man übers Ohr gehauen sein. In einem Taxi mit richtig eingestelltem Taxameter sollte unter für Manila normalen Verkehrsbedingungen der Taxameter nach den ersten fünf Minuten nicht mehr als 50 oder 60 P anzeigen.

TRICYCLE

Motor-Dreiräder sind für kurze Strecken im Stadtgebiet nützlich. Kurze Fahrten kosten je nach Verhandlungsgeschick zwischen 40 und 50 P. Mechanische Dreiräder oder Fahrradrikschas sind in einigen wenigen Gebieten, z. B. in Malate, eine preiswertere Alternative.

Rund um Manila

Inhalt ➜
Corregidor 102
Südlich von Manila 103
Taal 107
Batangas 108
Anilao 108
Nördlich von Manila.... 112
Olongapo &
Subic Bay 112
San Fernando
(Pampanga) 115
Clark & Angeles 115

Gut essen
➜ Antonio's (S. 106)
➜ Kinabuhayan Cafe Bed & Breakfast (S. 111)
➜ Josephine (S. 106)
➜ Feliza Café y Taverna (S. 107)
➜ The Castle (S. 115)

Schön übernachten
➜ Kinabuhayan Cafe Bed & Breakfast (S. 111)
➜ Arthur's Place Dive Resort (S. 109)
➜ Villa Severina (S. 107)
➜ Sonya's Garden (S. 105)
➜ Alvin's Mt. Pinatubo Guesthouse (S. 119)

Auf in Manilas Umgebung!

Wer vom urbanen Vergnügen in Manila erschöpft ist, begrüßt wohl eine Dosis Frischluft. Diese liefert die hügelige Umgebung der philippinischen Hauptstadt im Überfluss – auch wenn das unglaublich klingen mag.

Südlich von Manila warten einige militärhistorische Sehenswürdigkeiten und ein paar der spektakulärsten Landschaften des Planeten. Das Highlight sind dabei Vulkane, die sich mit einigen eindrucksvollen Küsten- und Stadtlandschaften abwechseln.

Direkt nördlich von Manila erhebt sich der berüchtigtste dieser Feuerberge: der Mt. Pinatubo in den zu Unrecht wenig beachteten Zambales Mountains. An seinem Fuß liegen die früheren Militärstützpunkte Subic und Clark, die sich heute intensiv um Touristen buhlen.

Die Attraktionen können im Rahmen eines Tagesausflugs besucht werden. Allerdings benötigt man mitunter den Großteil des Morgens, um Manilas Stadtgebiet hinter sich zu lassen. Ratsamer sind daher Ausflüge über Nacht.

Reisezeit
Manila

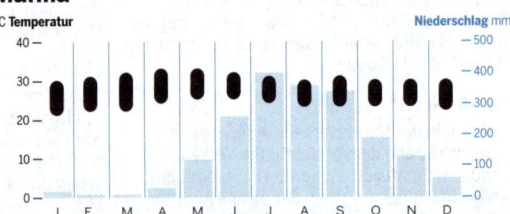

Dez.–Feb. Die kühlsten Monate sind besonders beliebt.

Mai Auf dem Höhepunkt der heißen Zeit werden die Berge der Region zu kühlen Refugien.

Aug.–Okt. Etwas Brandung an der Zambales Coast, die von Subic aus erreichbar ist.

Highlights

1. Den spektakulären **Mt. Pinatubo** (S. 119) in Aktion erleben

2. In **Tagaytay** (p95) leckere Küche und den sagenhaften Blick auf den Vulkan Taal genießen

3. Einen Tagestrip von Manila nach **Corregidor** (S. 102) unternehmen und in die Geschichte des Zweiten Weltkriegs eintauchen

4. In **Pagsanjan** (S. 109) durch das Herz der Dunkelheit paddeln

5. An und in der **Subic Bay** (S. 113) zwischen unberührten Wäldern und versunkenen Wracks die eigenen Grenzen ausloten

6. Bei einem Wochenende in **Anilao** (S. 108) die besten Tauchspots nahe der Hauptstadt besuchen

7. Auf **Taals** (S. 107) ruhigen Straßen an historischen Familiensitzen vorbeibummeln

CORREGIDOR

Das malerische Corregidor liegt 48 km südwestlich von Manila. Die oft als The Rock (Der Felsen) bezeichnete Insel ist ein beliebtes Tagesziel ab der Hauptstadt. In den Jahrzehnten nach dem Zweiten Weltkrieg waren viele Geschichtsfans und Veteranen unter den Besuchern. Heute erfreuen sich hingegen vor allem Einheimische am herrlichen Ausblick.

Corregidor wurde einst von den Spaniern erstmals als ideale erste Verteidigungsposition gegen Eindringlinge genutzt. Im Zweiten Weltkrieg tobten hier wilde Schlachten: Während die Japaner auf Luzon einmarschierten (1941), wurde die Insel zur letzten US-Verteidigungsbastion. Bis zu seiner Flucht nach Australien (März 1942) verschanzte sich General Douglas MacArthur auf Corregidor. Sein Nachfolger (General Jonathan Wainwright) ergab sich im Mai 1942 den Japanern. Zahllose amerikanische und philippinische Kriegsgefangene starben auf dem Todesmarsch von Bataan, der von Mariveles zum Konzentrationslager in Capas führte.

Die Japaner hielten Corregidor bis zu MacArthurs Rückkehr (Januar 1945). Die zweite Schlacht um die Insel war genauso blutig wie die erste und kostete Tausenden das Leben.

Sehenswertes & Aktivitäten

Wie zu erwarten, ist die Insel von zahlreichen Kriegsdenkmälern und Ruinen geprägt. Erwähnung verdienen **General MacArthurs Hauptquartier**, die 1,6 km langen **Kasernenblocks**, diverse **Geschützstellungen** und der **spanische Leuchtturm** mit guter Aussicht auf die Manila Bay. Ebenfalls sehenswert ist der schlicht und streng wirkende **japanische Friedhof**.

Den Eintritt zu all diesen Attraktionen beinhalten die Pauschaltrips der Firma **Sun Cruises** (02-831 8140; www.corregidorphilippines.com; Anleger des CCP Complex, Pasay; nur Fähre Werktag/Wochenende 1300/1400 P, Exkursion inkl. Mittagessen Werktag/Wochenende 2250/2500 P, Führung zu Fuß ohne Mittagessen 1700 P), die Corregidors größter Touranbieter ist. Als Besuchervehikel dienen offenen Trolley-Busse nach dem Vorbild der elektrischen US-Varianten von einst. Alternativ gibt's geführte Spaziergänge, die jedoch weniger umfangreich ausfallen.

Zudem kann man auch nur mit der Fähre auf die Insel übersetzen und nicht an den Touren von Sun Cruises teilnehmen. In diesem Fall empfiehlt sich eine der informativeren individuellen Exkursionen, die Ivan Man Dy (Experte für den Zweiten Weltkrieg) für Old Manila Walks (S. 70) leitet.

Malinta Tunnel BUNKER
Der Malinta Tunnel in einer Hügelflanke wurde 1932 nach zehnjähriger Bauzeit vollendet. Die Amerikaner nutzten den bombensicheren Komplex als Bunker, Munitionsdepot und Lazarett. Von dem 250 m breiten Tunnel zweigen einige Nebenbunker ab, von denen einer als General MacArthurs Hauptquartier diente. Die unregelmäßig stattfindende Sound-&-Light-Show lässt die Ausmaße des Dramas 1941/42 erahnen. In einigen Bunkerbereichen stehen immer noch Einrichtungselemente (u. a. Schreibmaschinen) im unberührten Originalzustand.

Pacific War Memorial KRIEGERDENKMAL
Das von den Amerikanern errichtete Pacific War Memorial auf dem höchsten Punkt der Insel (210 m) erinnert an die zahllosen Toten beider Kriegsparteien. Es besteht u. a. aus einer symbolischen Flamme aus Metall und von einer offenen Kuppel, die am 6. Mai (Kapitulationstag Corregidors) das Sonnenlicht einfängt. Ein kleines **Museum** zeigt Fotos, Orden, Gasmasken, Samuraischwerter und japanische Pistolen.

Schlafen & Essen

Einziges Inselrestaurant ist das Corregidor Inn, wo im Rahmen der Pauschaltouren ein Mittagsbuffet serviert wird. Alternativ können Gäste aber auch etwas von der Karte bestellen.

Corregidor Inn GASTHOF $$
(0917 527 6350; www.corregidorphilippines.com; EZ/DZ inkl. Frühstück 1500/2000 P;) Attraktives Hotel mit Pool, Holzfußböden, großartigem Küstenblick, Rattanmöbeln und Capiz-Fenstern. Gebucht wird über Sun Cruises.

An- & Weiterreise

Sun Cruises ist Hauptanbieter von Trips nach Corregidor. Die Fähren (Abfahrt tgl. 7.30 Uhr, Rückkehr nach Manila ca. 15.45 Uhr) der Firma bieten Platz für 100 bis 200 Passagiere. Das Ticket beinhaltet jeweils ein Mittagessen und eine ausgedehnte Inseltour.

Ansonsten ist Corregidor nur mit gecharterten *bangkas* (Holzbooten) ab Mariveles erreichbar (2500–3000 P, 2 Std.).

SÜDLICH VON MANILA

Hier sind diverse Kurztrips möglich. Die beliebtesten Attraktionen werden am Wochenende von vielen Einwohnern der Hauptstadt besucht, weshalb man Ausflüge besser werktags unternimmt.

Las Piñas

🎵 02

Das einst selbstständige Nest liegt 5 km südlich von Pasay (Manila), gehört aber schon längst zu dessen Stadtgebiet. Dennoch herrscht im Zentrum von Las Piñas immer noch etwas Dorfatmosphäre. Viele der Gebäude sind mit traditionellen Methoden restauriert worden.

Hiesige Hauptattraktion ist die **Bambusorgel** in der schmucken **Gemeindekirche San Joseph Parish Church** (🎵 825 7190; www.bambooorgan.org; Quirino Ave; Eintritt inkl. Führung 50 P; ⊘ Di–So 8–12 & 14–18 Uhr, Mo nach Vereinbarung). Der spanische Priester Padre Diego Cera erbaute das berühmte Instrument in den besonders mageren Jahren 1816 bis 1821. Dabei gab er die Anweisung, Bambus statt teureren Metalls für die meisten Orgelpfeifen zu verwenden. Die horizontalen Trompeten bestehen dennoch aus Metall.

Der Eintritt beinhaltet ein kurzes Orgelkonzert. Organisten aus aller Welt treffen sich hier beim **Bamboo Organ Festival** in der zweiten Februarwoche.

Um nach Las Piñas zu gelangen, nimmt man ab der LRT-Haltestelle in Baclaran einen Jeepney (Route Baclaran–Zapote–Alabang) und lässt sich vom Fahrer an der Kirche absetzen.

Kawit

🎵 046 / 76 000 EW.

Rund 20 km südlich von Manila können Geschichtsfans das **Aguinaldo Mansion** (www.nhcp.gov.ph/baldomero-aguinaldo-shrine; Tirona Hwy; ⊘ Di–So 8–16 Uhr) GRATIS im Ort Kawit besichtigen. Hier verkündete die Revolutionsarmee von General Emilio Aguinaldo am 12. Juni 1898 die Unabhängigkeit der Philippinen – ein Triumph, den die Amerikaner bald zunichte machten. Das schmucke Haus aus Mahagoni und *nara*-Holz (erb. 1849) ist heute eine Gedenkstätte. Besucher können sich Aguinaldos Privaträume und seine geliebte Bowlingbahn anschauen. Der General, der auch zeitweilig mit den japanischen Besatzern kooperierte, starb 1964 nach einem sehr langen und erreignisreichen Leben.

Busse und Jeepneys nach Kawit starten an der LRT-Haltestelle in Baclaran oder am Roxas Blvd in Pasay.

Calamba

🎵 049 / 360 300 EW.

Südöstlich von Manila wurde hier am Ufer der Laguna de Bay der philippinische Nationalheld José Rizal geboren. Der **Rizal Shrine** (Ecke Rizal & Mercado St; ⊘ Di–So 8–16 Uhr) GRATIS befindet sich in seinem Geburtshaus aus der spanischen Kolonialzeit, das in den 1950er-Jahren wiederaufgebaut wurde. Ausgestellt sind zahlreiche Erinnerungsstücke aus Rizals Leben.

Nach Calamba fahren Busse von DLTB und Greenstar (100 P, 1 Std.).

Tagaytay, Taal Volcano & Lake Taal

🎵 046 / 62 000 EW.

An klaren Tagen bietet der Taal-See einen wahrhaft wunderbaren Anblick. Von Tagaytay aus schaut man direkt hinunter in die brodelnden Krater des aktiven Vulkans Taal (alias Volcano Island bzw. Vulkaninsel), der sich 600 m weiter unten in der Seemitte erhebt.

See und Vulkan befinden sich innerhalb einer riesigen, in prähistorischer Zeit entstandenen Caldera (Umfang ca. 75 km). Deren Rand bildet die Tagaytay Ridge, auf der die Ortschaft Tagaytay liegt. Wie bei russischen Matroschka-Puppen umgibt der Taal-Vulkan wiederum seinen eigenen kleinen Kratersee mit kleiner Insel.

Das ruhige Tagaytay schlängelt sich scheinbar endlos an der Tagaytay Ridge entlang. Es liegt nur 60 km südlich von Manila und ist all das, was die Hauptstadt nicht ist: kühl, sauber, schmuck und sauerstoffreich. Die Umgebung des Orts gilt zudem als eine Art Feinschmeckerparadies.

Am Wochenende verändert sich Tagaytays Gesicht, wenn Besucherhorden aus der Hauptstadt Verkehrsstaus auslösen.

Direkt unterhalb liegt das kleine Uferdorf Talisay, wo *bangkas* zum Vulkan starten.

Die Tagaytay Rotunda an der Kreuzung mit der Straße nach Silang ist eine praktische Landmarke, die die Ost- und Westhälfte der Tagaytay Ridge voneinander trennt. Gleich daneben erstreckt sich die Olivares Plaza als hiesiges Geschäftszentrum.

> ### ENTSCHLACKEN IN SAN BENITO
>
> Die **Farm at San Benito** (02-884 8074; www.thefarm.com.ph; Zi. ab 6300 P; ❄@🌐🏊) ist das bekannteste Wellness- und Entschlackungszentrum der Philippinen. Nahe Lipa City versteckt sich dieses friedvolle Paradies weniger als zwei Fahrtstunden südlich von Manila im Dschungel. Das Resort hat viele Entschlackungs- und Wellnessbehandlungen im Programm, so z. B. therapeutische Kaffeepeelings und traditionelle Hilot-Massagen. Das vegane Restaurant serviert überraschend reichhaltige wie leckere Fünf-Gänge-Menüs mit Rohkost. Die reizenden Suiten aus Hartholz und Bambus werden durch extrem vornehme und luxuriöse Villen (z. T. mit Privatpool) in wunderschönen Landschaftsgärten ergänzt. Gelegentlich sind A-Promis aus aller Welt unter den Gästen.

◉ Sehenswertes & Aktivitäten

Taal Vulcano — WANDERN & TREKKEN, VULKAN
(Eintritt 50 P) Sobald man den Anblick des dunstigen Taal-Vulkans aus der Ferne bewundert hat, wird es Zeit, mit dem Berg auf Tuchfühlung zu gehen. Der sehr staubige und heiße Aufstieg ist weder besonders anstrengend noch sonderlich lohnend.

Die bei Weitem beliebteste der Wanderrouten ist der ausgetretene Pfad hinauf zum Hauptkrater mit Blick auf ein diabolisch wirkendes Schwefelbecken. Statt selbst zu laufen (ca. 35 Min.), kann man auch ein altes müdes Pferd mieten (500 P). Trotz vorhandener Guides (200 P) lässt sich der Weg gut auf eigene Faust meistern.

Der Großteil von Volcano Island entwuchs dem See bei einer starken Eruption im Jahr 1911, die Hunderte Todesopfer forderte. Seit damals haben regelmäßige Ausbrüche das Gesicht der Insel immer wieder verändert. Rund 50 Krater und 35 Vulkankegel machen den Taal bis heute zu einem der gefährlichsten Feuerberge der Welt.

Der Hauptkrater befindet sich in der Inselmitte. Bei dem markanten Kegel, der vom Bergrücken aus sichtbar ist, handelt es sich um den Binitiang Malaki (letzter Ausbruch 1715). Am aktivsten ist der Mt. Tabaro auf der Westseite, der in den 1960er- und 1970er-Jahren spektakuläre Lavaströme ausstieß.

Bangkas nach Volcano Island (je nach Mietzeit 1200–1800 P/Boot; 20 Min.) starten im Uferdorf Talisay, wo Dutzende Anbieter um die Gunst von Touristen buhlen. Am besten arrangieren lassen sich die Bootstrips in den vielen heruntergekommenen Resorts, die das Seeufer direkt westlich von Talisay säumen.

Zu den abenteuerlicheren Wanderoptionen auf Volcano Island gehören die anstrengenden Tageswanderungen, die den Mt. Tabaro oder den Südrand des Hauptkraters erklimmen. Von letzterem führt ein Pfad hinunter zum Kratersee. Auf den beiden Routen sind jeweils nur wenige Guides unterwegs. Diese verlangen rund 500 P und berechnen einen Aufpreis für eine *bangka*-Fahrt zur südlichen Inselseite (3000 P, max. 6 Pers.).

Wichtig: Bei allen Wanderungen besteht kaum Schutz vor der gnadenlosen Sonne – darum unbedingt genügend Trinkwasser und eine Kopfbedeckung mitnehmen!

Das **Philippine Institute of Volcanology & Seismology** (Philvolcs; 773 0293; Barangay Buco, Talisay; 24 Std.) GRATIS am Seeufer liegt 3 km westlich der Kreuzung, an der die Straße aus Richtung Tagaytay endet. Das Museum der Überwachungsstation informiert über frühere Ausbrüche und kürzlich seismografisch aufgezeichnete Ereignisse. Falls die Tür abgeschlossen sein sollte, einfach klopfen – bald darauf wird einen jemand hineinlassen.

Taal Lake Yacht Club — SEGELN
(773 0192; www.tlyc.com; Barangay Santa Maria, Talisay; 8–18 Uhr) Dieser Jachtclub liegt 1 km westlich der Tagaytay-Straßenkreuzung und ermöglicht einzigartige Trips auf dem See: Er vermietet Hobie-16-Katamarane (3800 P/Tag), Topper mit Einzelsegel (1800 P/Tag) und Seekajaks für zwei Personen (pro Std./Tag 400/1200 P). Zudem veranstaltet er Segelkurse und stellt Guides bereit, die Besucher über einen „Geheimpfad" auf der Rückseite von Volcano Island führen (Guide inkl. Boot 3350 P).

People's Park in the Sky — AUSSICHTSPUNKT
(Eintritt 30 P; 7.30–18.30 Uhr) An Tagaytays östlichem Ende thront die nie vollendete Sommerresidenz von Ferdinand Marcos gewagt auf einem hohen Erdhügel. Die marode und doch reizvolle Ruine umfasst ein baufälliges Amphitheater im griechischen Stil. Zudem verteilen sich diverse Touristenattraktionen über das Gelände. Und über alldem ragt ein kürzlich errichteter Wet-

terturm mit wahrhaft spektakulärer Aussicht empor. Auf dem Parkplatz verkaufen Snackhändler Teigröllchen mit Kokos, die man getrost probieren kann. Das Ganze liegt 8,5 km östlich der Tagaytay Rotunda und ist ab Olivares Plaza per Jeepney erreichbar.

🛏 Schlafen

Besucher können entweder in Tagaytay oder direkt am Seeufer in Talisay übernachten. Tagaytay liegt deutlich weiter vom See entfernt, punktet aber mit super Panoramablick. Zudem gibt's dort hervorragende Restaurants sowie bessere und günstigere Unterkünfte. Talisay eignet sich perfekt für Fans verschlafener Refugien, hat aber etwas heruntergekommene Hotels.

🛏 Tagaytay

Our Melting Pot HOSTEL $
(📞 0917 400 0960; www.ourmeltingpottagaytay.com; 75 Smokey Hill; B 400 P, Zi. mit Gemeinschaftsbad/eigenem Bad ab 800/1050 P; 🛜) Tagaytays beste Budget-Bleibe und das beliebte Makati Hostel (S. 78) stehen unter derselben Leitung. Das OMP ist ein behagliches Refugium am Ende einer ruhigen Wohngebietsstraße. Zur Auswahl stehen blitzblanke, hellblau gestrichene Privatzimmer und Schlafsäle. Zudem gibt's eine gemütliche Lounge, eine Dachterrasse und eine Gästeküche. Der Preis beinhaltet jeweils ein einfaches Frühstück.

Keni Po HOTEL $$
(📞 483 0977; www.keniporooms.blogspot.com; 110 Calamba Rd; DZ 1200–1500 P; ❄@🛜) Das beste hiesige Hotel im unteren Mittelklassesegment liegt 3,5 km östlich der Rotunda auf der Talseite. Die kleinen, gut gepflegten Doppelzimmer überzeugen mit Minibars, Kabel-TV und Gemeinschaftsbalkonen. Der kleine Pool hinter dem Haus ist ein nettes Extra.

Tagaytay Econo Hotel HOTEL $$
(📞 483 4284; Calamba Rd; Zi. inkl. Frühstück 1500–4480 P; ❄@🛜) Rund 2,7 km östlich der Rotunda steht das gut gepflegte Hotel mit Aussicht auf den See, super Preis-Leistungs-Verhältnis und etwas düsteren Budgetzimmern. Es liegt an einer belebten Kreuzung, weshalb es etwas lauter werden kann. Die teureren Quartiere sind weiter von der Straße weg und punkten mit Seeblick.

⭐ **Sonya's Garden** B&B $$$
(📞 0917 533 5140; www.sonyasgarden.com; Barangay Buck Estate, Alfonso; EZ/DZ in Hütte inkl. Frühstück & Abendessen 5000/6000 P; ❄🛜) Neben seinem reizenden Restaurant betreibt das Sonya's auch ein exquisites B&B in einem wunderschönen Blumengarten. In den attraktiven, rustikalen Zimmern mit dicken Läufern stört keinerlei Fernsehen die Ruhe. Im Angebot sind auch Yoga, Meditation und allerlei Wellnessbehandlungen. Am Wochenende kosten die Doppelzimmer mehr. Das B&B liegt ziemlich weit außerhalb des Orts. Zu erreichen ist es über eine Abzweigung, die 13 km westlich der Rotunda vor dem MC Mountain Home Apartelle deutlich ausgeschildert ist.

Joaquin's B&B $$$
(📞 483 0463; www.joaquinsbedandbreakfast.com; Aquinaldo Hwy; DZ inkl. Frühstück So–Do 4800 P, Fr & Sa 5800 P; ❄🛜) Alle Zimmer des angenehm rustikalen B&Bs haben neben hohen Decken auch Privatbalkone mit herrlicher Aussicht auf See und Vulkan. Einige Gemeinschaftsbereiche könnten eine Renovierung vertragen. Polierte Bodendielen und künstlerische Elemente zieren das ganze Haus.

Taal Vista Hotel HOTEL $$$
(📞 413 1000; www.taalvistahotel.com; Aguinaldo Hwy, km 60; Zi. ab 5525 P; 🏊❄@🛜) Das Relikt aus den 1970er-Jahren wirkt längst nicht mehr verblasst: Seit seiner frischen Renovierung kombiniert es eine großartige Aussicht mit Kingsize-Betten, flauschiger Bettwäsche und edlen Kosmetikprodukten. Unter der Woche gibt's normalerweise großzügige Sonderangebote. WLAN kostet extra. Zu finden ist das Hotel rund 4 km westlich der Rotunda.

Estancia RESORT $$$
(📞 413 1133; www.estanciatagaytay.com.ph; Nipa-Hütte/DZ inkl. Frühstück ab 4000/5100 P; ❄@🛜) Etwa 1,3 km östlich der Rotunda werden hier alle möglichen Quartiere vermietet. Am besten sind jedoch die auf Pfählen errichteten Nipa-Hütten. Diese verstecken sich unauffällig hinten im Dschungel und besitzen Balkone mit Seeblick.

🛏 Talisay

San Roque Paradise Resort RESORT $$
(📞 773 0271; Barangay Buco, Talisay; Zi. 1500–2500 P; ❄@🛜) Der gepflegte Komplex gleich östlich des Philippine Institute of Volcanology & Seismology ist die bei Weitem beste Bleibe unten am Seeufer. Er beherbergt elf saubere Zimmer; das familienfreundliche Management organisiert gern

Talisay Green Lake Resort
RESORT $$

(☎ 773 0247; www.taal-greenlakeresort.net; Barangay Sta Maria, Talisay; DZ/3BZ/4BZ 1500/2000/2500 P; ❄☎☂) Vor allem sein anständiger Pool macht das Resort am See zu einer akzeptablen Option. Die Zimmer hätten jedoch mal eine Renovierung nötig. Es lassen sich hier gut Verkehrsmittel für die Weiterreise organisieren.

Essen

Tagaytay hat ein paar der besten Restaurants des Landes. Weitab des Vulkans verstecken sich viele davon in abgeschiedenen Gärten nördlich der Straße entlang des Bergrückens.

Java Jazz Cafe
CAFÉ $

(442 Calamba Rd; Sandwiches ab 65 P, Hauptgerichte 100 P; ⊙ Mo-Sa 9-21 Uhr) Teils Café, teils Galerie: Der belebte kleine Laden serviert gutes Frühstück, philippinischen Kaffee und leichte Mittagsgerichte. Zudem vermietet er spartanische Zimmer (ab 980 P).

Mushroomburger
BURGER $

(Aguinaldo Hwy; Burger ab 67 P; ⊙ 6-23 Uhr; ✎) Die Institution in Tagaytay ist für ihre unglaublich günstigen und leckeren Pilzburger bekannt. Rund 300 m westlich vom Taal Vista Hotel gibt's hier aber auch herkömmliche Varianten (z. B. mit Rindfleisch).

★ Josephine
PHILIPPINISCH $$

(www.josephinerestaurant.com; Aguinaldo Hwy, km 58; Hauptgerichte 195-520 P; ⊙ Mo-Fr 8-21, Sa & So 7-22.30 Uhr) Etwa 3 km westlich der Rotunda punktet der alteingesessene Favorit mit spektakulärem Panoramablick auf den See, einigen der besten Gerichte der Umgebung (z. B. üppige Seafood-Platten, philippinische Klassiker) und tollen Cocktails.

Bag of Beans
BÄCKEREI $$

(www.bagofbeans.com.ph; 115 Aguinaldo Hwy; Pasteten ab 115 P, Hauptgerichte 200-500 P; ⊙ 6-22 Uhr; ☎) Dieses hervorragende Bäckereirestaurant liegt 6,5 km westlich der Rotunda. Auf der Gartenterrasse speist man zwischen herabhängenden Engelstrompeten, Begonien und anderen exotischen Blütenpflanzen. Spezialität des Hauses sind Fleischpasteten im englischen Stil (eine vegetarische Variante kann ebenfalls bestellt werden). Zudem werden Frühstück, guter Kaffee und leckere Desserts serviert.

Leslie's
PHILIPPINISCH $$

(☎ 483 4271; Aguinaldo Hwy; Hauptgerichte ab 200 P; ⊙ 8-22 Uhr) Das Zentrum der Tagaytay Ridge (rund um den Starbucks) wird von mehreren großen *inahaw*- bzw. Grillrestaurants mit philippinischer Küche geprägt. Dort kann man *tawili,* einen Kleinfisch aus dem Taal-See, probieren. Das Leslie's ist die berühmteste von diesen Lokalen. Es liegt 1,8 km westlich der Rotunda und wartet mit sensationellem Seeblick auf.

★ Antonio's
INTERNATIONAL $$$

(☎ 0917 899 2866; www.antoniosrestaurant.ph; Barangay Neogan; Festpreismenüs ab 1500 P; ⊙ Di-So 11.30-13.30 & 17.30-20.30 Uhr; ☎) Dieses Nobellokal zählt zu den besten Restaurants des Landes. Bei toll angerichteten Köstlichkeiten lässt es sich hier unter Politikern und Oligarchen speisen – sofern es mit der Reservierung klappt. Die Gäste sitzen u. a. an reizenden Tischen in eleganten Speiseräumen, von denen man auf Lotusteiche und einen üppigen Tropengarten mit großartiger Cocktailbar schaut. Die Zufahrtsstraße beginnt 7,6 km westlich der Rotunda. Besuche am Wochenende müssen Monate im Voraus reserviert werden.

Das Antonio's betreibt außerdem zwei Ableger im eigentlichen Tagaytay. Die sind zwar beide gut, sollten aber nicht mit dem Stammhaus verwechselt werden.

Sonya's Garden
BIOKÜCHE $$$

(☎ 0917 532 9097; www.sonyasgarden.com; Buffet 683 P; ⊙ 11-19 Uhr) ✐ Eins von Tagaytays populärsten Restaurants ist für sein Mittags- und Abendbuffet zum Festpreis berühmt. Selbstgemachte Nudeln und Bio-Zutaten werden hier in einem großen Garten serviert. Reservierung erforderlich.

ℹ Praktische Informationen

Rund um die Olivarez Plaza gibt's diverse Internetcafés, Bankfilialen und Geldautomaten.

Talisay Tourism (☎ 773 0238; www.talisay batangas.gov.ph/tourism; 2. Stock, Stadtverwaltung, Talisay-Tanauan Rd; ⊙ Mo-Fr 8-17 Uhr) Stadtpläne plus Grundinfos zu umliegenden Sehenswürdigkeiten.

ℹ An- & Weiterreise

Ab der Pasay Rotunda in Manila fahren Busse von San Agustin nach Nasugbu und Calatagan. Unterwegs halten sie in Tagaytay (114 P, 2 Std.). Zurück nach Manila gelangt man mit Bussen, die sich von den Wartehäuschen an der Olivarez Plaza oder der Mendez Crossing heranwinken lassen.

Wer in Talisay übernachten will, nimmt alternativ einen Bus nach Batangas City und steigt in Tanauan (95 P, 1½ Std.) aus. Von dort aus geht's dann per Jeepney oder Rikscha weiter.

❶ Unterwegs vor Ort

Jeepneys fahren regelmäßig vom einen zum anderen Ende des Bergrückens.

Die Route Tagaytay–Talisay bedienen Jeepneys (35 P, 25 Min., stündl.) und Rikschas (300 P, 30 Min.), die 4 km östlich der Rotunda an der Abzweigung nach Talisay starten und direkt bergab rollen.

Taal

📞 043 / 51 500 EW.

Diese zauberhafte Stadt sollte nicht mit dem gleichnamigen Vulkan oder See verwechselt werden. Sie ist für ihre denkmalgeschützten Gebäude aus der Kolonialzeit berühmt. Familiensitze säumen die ruhigen Straßen. So bietet sich Taal für einen netten Ausflug mit Übernachtung ab Manila an.

Da die ganze Stadt unter Denkmalschutz steht, bleibt ihre großartige Architektur aus dem 19. Jh. erhalten. Neuerdings bauen einige Eigentümer ihre Häuser zu Museen, B&Bs oder Restaurants um.

Die **Touristeninformation** (📞 0917 501 8060; www.taal.gov.ph; ⏱ 8–17 Uhr) bei der Basilika verteilt Stadtpläne. Ideal ist jedoch ein Stadtspaziergang (500 P/Gruppe) unter der Leitung des Architekten und Tourismusbeauftragten Robert Arambulo, dem auch das Villa Severina B&B gehört.

Viele Läden verkaufen die berühmten Stickereien und *balisong* (Butterflymesser) der Stadt. Achtung: Deren Besitz ist in vielen Ländern – so auch mit Ausnahmen in Deutschland und in der Schweiz – verboten!

Die tolle Website www.taal.com.ph gibt einen umfassenden Überblick über Sehenswürdigkeiten, Restaurants und Geschäfte.

◉ Sehenswertes

Galleria Taal ARCHITEKTUR
(60 Agoncillo St; Eintritt 70 P; ⏱ 8–17 Uhr) Die großartige Galleria Taal ist ein gutes Beispiel für einen schön erhaltenen Familiensitz. Im Inneren befindet sich heute ein wunderbares Museum mit alten Fotokameras.

Basilica of St. Martin de Tours KIRCHE
Die gewaltige Basilika wurde 1759 im Barockstil errichtet, später zerstört und von 1849 bis 1865 wiederaufgebaut. Sie dominiert den unteren Teil des Taal Park und zählt zu Asiens ältesten und größten katholischen Kirchen.

🛏 Schlafen & Essen

★**Villa Severina** B&B $$
(📞 0917 501 8060; villa.severina@yahoo.com; 55 JP Laurel St; Zi. inkl. Frühstück 2000 P; ❄ 📶) Der großartige Familiensitz von 1870 vermietet insgesamt vier Zimmer mit zeitgenössischer Einrichtung. Jedes davon ist individuell gestaltet und orientiert sich an Paris oder einer jeweils anderen Stadt des ehemaligen französischen Kolonialreichs (Puducherry, Hanoi, Martinique). Die Einrichtungen sind Geschmackssache, weshalb man nach Möglichkeit alle vier Quartiere vorab besichtigt sollte. Das B&B hat außerdem reizende Gemeinschaftsbereiche, Hartholzböden und eine gut ausgestattete Küche. Das im Preis enthaltene Frühstück wird auf einer attraktiven Freiluftterrasse serviert.

Don Juan BBQ PHILIPPINISCH $
(www.donjuanbarbeque.wix.com; Calle Diokno St; Hauptgerichte ab 75 P; ⏱ Mo–Fr 9.30–20.30, Sa & So 7.30–20.30 Uhr; ❄ 📶) Im Nachbau eines historischen Familiensitzes bleibt das Don Juan dem Stil der Stadt treu. Es ist bekannt für regionale Spezialitäten wie *sinaing na tulingan* (Makrele im Bananenblatt) oder *tawili* (Süßwasserfisch aus dem Taal-See). Gruppen können ein *boodle* (Gemeinschaftsbankett) bestellen.

★**Feliza Café y Taverna** PHILIPPINISCH, SPANISCH $$$
(📞 740 0113; 6 F Agoncillo St; Hauptgerichte ab 300 P; ⏱ Di–Do 11–22, Fr–So 10–22.30 Uhr; ❄ 📶) Die Näherin Marcela Agoncillo fertigte einst die erste Nationalflagge der Philippinen an. Ihr früheres Heim in einem großartig umgebauten Familiensitz ist inzwischen ein B&B mit Restaurant. Der herrliche Speiseraum mit Capiz-Fenstern strotzt vor Antiquitäten und Erinnerungsstücken. Hinter dem Gebäude befindet sich ein reizender Hofgarten.

Die Küche serviert einen erstklassigen Mix aus philippinischen, spanischen und regionalen Gerichten. Zudem kann man hier prima Kaffee und leckeren Kuchen genießen. Die zauberhaften Zimmer (inkl. Frühstück 1000 P) haben ein hervorragendes Preis-Leistungs-Verhältnis.

❶ An- & Weiterreise

Taal liegt 3 km abseits der Hauptstraße zwischen Batangas und Tagaytay. Von Manila oder Tagaytay nimmt man den von Cubao kommenden Jam-Busse, der nach Lemery (150 P, 3 Std.) fährt. Von dort aus geht's per Riksccha weiter.

Batangas

☎ 043 / 295 000 EW.

Der geschäftige Industriehafen ist für Traveller wenig reizvoll. Allerdings geht's von hier aus nach Puerto Galera und zu ein paar anderen Häfen auf Mindoro oder Romblon.

Schlafen

Für eine Übernachtung in Batangas besteht kein Grund, solange man nicht das Pech hat, die letzte Fähre verpasst zu haben.

Travellers Hotel HOTEL $$
(☎ 733 2309; New Access Rd; EZ/DZ 850/1050 P; ❄ ☏) Komfortable und bezahlbare Option in 1 km Entfernung zum Anleger. Die sauberen, farbenfrohen Zimmer verfügen über WLAN, Kabelfernsehen und Klimaanlage.

ⓘ An- & Weiterreise

BUS

Die meisten Busse auf der Route Manila–Batangas halten am Fähranleger (wichtig: unbedingt vorher nochmal beim Fahrer nachfragen!). Zum Terminal nimmt man idealerweise einen der Expressbusse, die den Schnellstraßen SLEX oder STAR (180 P, 1½ Std.) folgen. Diese Fahrzeuge sind mit Batangas Pier und/oder *derecho* (direkt) gekennzeichnet. Busse nach Manila starten direkt am Anleger.

SCHIFF/FÄHRE

Super Shuttle Roro hat Langstreckenboote nach Masbate (800 P, 12 Std.), Cebu (1200 P, 24 Std.) und Cagayan De Oro (1400 P, 72 Std.).

Boracay
2Go Travel (☎ 043-702 5525; www.travel.2go.com.ph; Terminal 2) Schippert nach Caticlan (1300 P, 9 Std., tgl. 21 Uhr).

Abra de Ilog & Calapan (Mindoro)
Mehrere andere Firmen schicken auch Autofähren nach Calapan und Abra de Ilog.
SuperCat (☎ 723 8227; www.2go.com.ph; Terminal 3) Schnellfähren nach Calapan (mit Ventilator/Klimaanlage 280/360 P, 1 Std., 6.30–19 Uhr, 9-mal tgl.).
FastCat (☎ 043-702 6983; www.fastcat.com.ph; Terminal 2) Boote nach Calapan (300 P, 1½ Std.).
Montenegro Lines (☎ 740 3201; www.montenegrolines.com.ph; Terminal 3) Autofähren nach Calapan (192 P, 2½ Std., alle 4 Std.) und Abra de Ilog (260 P, 2½ Std., 6-mal tgl)

Panay Island & Romblon
Montenegro Lines (☎ 740 3201; www.montenegrolines.com.ph; Terminal 3) Fährt einmal täglich nach Odiongan (762 P, 8 Std., 17 Uhr); montags, donnerstags und samstags schippert dasselbe Boot weiter nach Romblon (954 P, 12 Std.).
Navios Shipping (☎ 0908 146 2243; Terminal 3) Boote nach Romblon (900 P, 10 Std., Di, Fr & Sa 17 Uhr).

Puerto Galera (Mindoro)
Von Terminal 3 aus flitzen schnelle *bangka*-Fähren nach Puerto Galera (230 P, 1 Std.), Sabang (230 P, 1 Std.) und zum White Beach (270 P, 1¼ Std.). Bis ca. 17 Uhr legen sie den ganzen Tag über regelmäßig ab.

Der Bootsbetrieb endet normalerweise erst, wenn sich ein Tropensturm zusammenbraut. Passagiere sollten immer mit einer schaukeligen Fahrt rechnen. Falls das Meer zu aufgewühlt wirken sollte, empfiehlt sich eine ruhiger laufende Autofähre nach Calapan.

Anilao

☎ 043 / 650 EW.

Anilao liegt 30 km westlich von Batangas auf einer kleinen Halbinsel. In den 1960er-Jahren eröffneten hier die ersten Tauchanbieter des Landes. Der Ort ist zwar inzwischen von Konkurrenten wie Puerto Galera oder dem Alona Beach (Bohol) überholt worden, aber immer noch ein äußerst beliebtes Wochenendziel von Tauchern aus Manila.

Wenn sich die Gegend unter der Woche leert, sind die Resorts unterbesetzt und bieten keinen Top-Service. Für Nichttaucher ist hier nicht sonderlich viel geboten. Die schöne Aussicht und die Ruhe an Werktagen haben jedoch durchaus ihren Reiz.

Anilao ist der gewöhnliche Touristenname für die 13 km lange Halbinsel, die sich südwärts ab dem Dorf Anilao (zu Mabini gehörend) erstreckt. Eine kurvig Asphaltstraße verbindet die Tauchresorts am felsigen Westrand der Halbinsel miteinander.

Aktivitäten

Anilao ist für seine farbenprächtigen Korallen und seinen großen Artenreichtum berühmt – hervorragende Voraussetzungen für Freunde der Makrofotografie. Gute Tauchspots gibt es in der Balayan Bay sowie rund um die Inseln Sombrero und Maricaban. Die meisten Resorts bieten neben Tauchtrips (pro Tauchgang mit/ohne Leihausrüstung ca. 800/1300 P) auch Kurse mit Zertifikat an.

🛏 Schlafen

Die meisten örtlichen Resorts liegen getrennt voneinander. Von der Straße aus führen teilweise 100 oder mehr Stufen hinunter zur Unterkunft – zwei Gründe, warum die meisten Gäste an Ort und Stelle bleiben.

★ Arthur's Place Dive Resort RESORT $$
(☎ 0919 716 7973; www.arthurs-place.com; DZ ohne Mahlzeiten & mit Ventilator/Klimaanlage 1250/2275 P; ❄) Das Arthur's zählt zu den wenigen hiesigen Tauchresorts im Budgetbereich. Die sehr angenehmen Quartiere mit kleinen Privatterrassen verteilen sich rund um einen mit Gras bewachsenen Innenhof. Wenn man nicht jeden Peso einzeln umdrehen muss, nimmt man das Familienzimmer (3620 P) direkt am Wasser. Das Gelände liegt 9,5 km südlich der Abzweigung im Dorf Anilao.

Ligaya RESORT $$
(☎ 02-553 7564; www.philtech.net/VillaLigaya; B/DZ inkl. 3 Mahlzeiten pro Pers. ab 2000/2700 P; ❄ 🛜) Das Ligaya zählt schon lange zu unseren Favoriten: Die schlafsaalartigen Zimmer sind schlicht, aber komfortabel und orientieren sich an den Bedürfnissen von Backpackern. Zudem ist der Tauchunterricht richtig super, da der Resortbetreiber zu den besten Tauchern des Landes gehört.

Dive Solana RESORT $$
(☎ 0908 876 5262; www.divesolana.com; Zi. inkl. 4 Mahlzeiten ab 3600 P/Pers.; ❄ @ 🛜) Das altmodische und verlässlich gute Resort liegt 10 km südlich der Abzweigung. Es ist eine gute Wahl für alle, die Ruhe und Erholung suchen: Hier kann man einfach bei idyllischem Blick auf das funkelnde Wasser relaxen.

Dive & Trek RESORT $$
(☎ 0910 936 4556, 02-851 8746; www.diveandtrek.com; Zi. inkl. unbegrenztes Tauchen ab 3850 P/Pers., Nichttaucher 3000 P/Pers.; ❄ @ ❄) Dieses Resort ist nur per Boot zu erreichen und daher perfekt zum Abschalten. Am hauseigenen Riff kann man nach Herzenslust tauchen und schnorcheln. Die einfachen, aber komfortablen Zimmer am Hang befinden sich in zwei Komplexen aus Bambus und Nipa-Palmholz. Die Gratis-Bootsshuttles für Gäste (telefonisch anmelden!) starten am Resort Dazu by Dazi, das 1,5 km südlich der Abzweigung nach Anilao liegt.

Pacifico Azul RESORT $$
(☎ 0917 577 9270; www.pacificblueasia.com; Zi. ohne Mahlzeiten & Bad 1600 P/Pers., Zi. mit Bad 2600–3600 P/Pers.; ❄) Rund 200 m südlich des Ligaya vermietet das Pacifico u. a. frisch renovierte Budgetzimmer in abgefahrenen, aber komfortablen Baumhäusern. Die gepflegten Quartiere mit Klimaanlage sind etwas teurer. Der tolle Restaurant- und Gemeinschaftsbereich liegt unter einem hohen Sonnendach. Aussicht ist leider Mangelware.

ℹ Anreise & Unterwegs vor Ort

Um ab Manila nach Anilao zu gelangen, nimmt man zunächst einen Bus zum Pier von Batangas und steigt kurz vor der Brücke aus, die zu diesem hinüberführt. Von dieser Stelle aus fahren Jeepneys westwärts zum eigentlichen Dorf (30 P, 30–45 Min.).

In Anilao stehen Rikschas bereit, die Kurztrips (40 P) und Fahrten zu weiter entfernten Resorts (150–200 P) ermöglichen. Über die kleine **Touristeninformation** (☎ 410 0607) am Dorfpier lassen sich gute Preise aushandeln.

Pagsanjan

☎ 049 / 35 900 EW.

Pagsanjan („pag-san-*han*" ausgesprochen) liegt 100 km südöstlich von Manila. Von hier aus folgen beliebte Kajaktrips dem Pagsanjan River hinauf zu den Magdapio Falls. Die Stadt selbst ist recht raubeinig und bietet nicht viel Unterhaltung.

🏃 Aktivitäten

Magdapio Falls KANUFAHREN
Einziger Grund für einen Abstecher nach Pagsanjan ist der Flusstrip zu den Magdapio Falls. Dort drehte Francis Ford Coppola ein paar der letzten Szenen seines Vietnam-Epos *Apocalypse Now*. Durch eine spektakuläre Schlucht am Rand von Dschungel und hohen Felsen paddeln jeweils zwei *bangcero* (Bootsleute) ihre Passagiere eineinhalb Stunden flussaufwärts. Am Ziel bringen einen die *bangcero* dann auf einem Bambusfloß unter die 10 m hohen Wasserfälle. Besonders berauschend ist der Moment, in dem man direkt durch den stark strömenden Wasservorhang schippert.

Bei der schnellen und spannenden Rückfahrt flussab übernimmt die Strömung die Arbeit. Auf dem Höhepunkt der Regenzeit (Aug.–Okt.) ist der Ritt durch die Stromschnellen am besten. Den Ausflug sollte man am besten an einem Werktag unternehmen, da sich am Wochenende scheinbar halb Manila nach Pagsanjan aufmacht. Interessenten sollten einen Kunststoffbeutel für ihre Kamera mitbringen und sich darauf einstellen, nass zu werden.

Für den Wasserfalltrip reserviert man am besten ein Kanu bei der **Touristeninformation** (📞 501 3544; ⊙ 8–17 Uhr) an der Plaza im Stadtzentrum. Pro Boot (max. 3 Pers.) sind mindestens zwei Passagiere erforderlich. Alleinreisende werden von der Touristeninformation nach Möglichkeit auf anderen Kanus untergebracht. Wichtig: Nur offiziell lizenzierte *bangcero* im Dienst der Stadtverwaltung dürfen Boote betreiben. Daher Vorsicht vor Schleppern am Highway, die eintreffenden Touristen eine Bootsfahrt anbieten! Zudem sollte man darauf achten, nicht mehr als den Standardpreis zu bezahlen (zum Recherchezeitpunkt 1250 P/Pers.).

Trinkgeld für den *bangcero* (Empfehlung: 100 P/Pers.) ist üblich und wird erwartet.

🛏 Schlafen & Essen

Die meisten Unterkünfte sind ausgesprochen schlicht. Außerdem gibt's ein paar überteuerte Resorts dort, wo die Boote zu den Wasserfällen ablegen.

La Vista PENSION $
(📞 501 1229; Garcia St; Zi. ohne Bad 450 P, Zi. mit Bad & Klimaanlage 1200; P ❄ 🛜) Das freundliche, familiengeführte La Vista im Stadtgebiet, rund 150 m westlich der Brücke direkt am Fluss gelegen, ist alles in allem eine gute Wahl. Es vermietet u. a. sechs saubere Doppelzimmer. In einem gegenüberliegenden Haus befinden sich zusätzlich sechs akzeptable Budgetzimmer mit Ventilatoren.

Willy Flores Guesthouse PENSION $
(📞 0948 601 2086; Garcia St; Zi. mit Ventilator 400 P) Eher Homestay als Pension: Diese Bleibe im Stadtzentrum (400 m westlich der Brücke) wirkt schlicht und recht heruntergekommen. Dafür ist sie günstig und wird von einer freundlichen Familie geführt, die zahllose Infos zur Region parat hat. Frühstück kostet 60 P extra.

⭐ **Aling Taleng's Halo Halo** PHILIPPINISCH $
(📞 0916 309 3683; 169 General Luna St; *halo-halo* 65 P, Gerichte für 2 Pers. 200–300 P; ⊙ 9–20 Uhr) Nach einem heißen Tag auf dem Fluss gibt's wohl nichts Besseres als die gekühlte Nationalspezialität: zuckeriges und milchiges *halo-halo*, das in Tassen serviert wird. Das schlichte Lokal direkt neben der Brücke lässt diesen Traum seit 1933 wahr werden und tischt obendrein auch herzhafte Hausmannskost auf.

Calle Arco PHILIPPINISCH $$
(National Hwy; Hauptgerichte 120–300 P; ⊙ 10–21 Uhr) Das stimmungsvolle Calle Arco ist das bei Weitem beste Restaurant der Stadt: Es peppt philippinische Klassiker mit einzigartigen Aromen auf. Zu empfehlen sind die pikant-sauren *sisig*-Fajitas mit Hühner- oder Schweinefleisch (120 P). Zum Haus gehört auch ein Café mit Dekor à la Paris.

ℹ An- & Weiterreise

Nach Pagsanjan fahren keine Direktbusse. DLTB und Greenstar verbinden Manila jedoch regelmäßig mit dem nahe gelegenen Santa Cruz (140 P, 2½ Std.). Der dortige Busbahnhof am Highway liegt etwa auf halber Strecke nach Pagsanjan; dorthin besteht regelmäßig Verbindung per Jeepney (10 P).

Nach Lucena und Lucban geht's mit Jeepneys, die Pagsanjans Hauptstraße ostwärts folgen.

Lucban

📞 042 / 45 500 EW.

Die ruhige Bergstadt Lucban versteckt sich in den unteren Ausläufern des Mt. Banahaw. Am 15. Mai erwacht sie zum Leben, wenn das **Pahiyas-Festival** gleichzeitig die Ernte und San Isidro Labrador feiert. Im Rahmen eines Wettbewerbs schmücken die Einheimischen dann ihre Häuser mit Obst, Gemüse und kunterbunten, höchst vielfältigen Deko-Elementen aus Reisstärke *(kiping)* und riesige Heiligenbilder aus Pappmaché werden dabei durch die Straßen zur Kirche getragen. Am allerbesten: Ausländer sind bei dem tollen und facettenreichen Festival herzlich willkommen (Zimmer mindestens sechs Monate im Voraus reservieren!).

Doch auch im übrigen Jahr ist Lucban ein nettes Ziel: Alte spanische Stadthäuser stehen an den schmalen Seitenstraßen, während man westwärts auf den Mt. Banahaw blickt. Die schmucke **Gemeindekirche San Luis Obispo** (erb. 1595) aus der Kolonialzeit wurde 1737 nach einem Brand wieder aufgebaut. An der Plaza davor befindet sich die Touristeninformation.

An der Rizal St im Stadtzentrum starten regelmäßig Jeepneys nach Lucena (30 P, 45 Min.) und Pagsanjan (44 P, 1 Std.).

🛏 Schlafen & Essen

Lucban Summer Capital Inn PENSION $
(📞 042-540 3421; Racelis Ave; Zi. mit Ventilator/Klimaanlage 500/950 P) Einfache, aber extrem freundliche und behagliche Budgetpension;

ABSTECHER

DUNSTIG UND GEHEIMNISVOLL: DER MT. BANAHAW

Der riesige Vulkankegel des Banahaw (2177 m) dominiert den ganzen Südwesten der Region Luzon. Beschreibungen des schlafenden Feuerbergs gehen fast immer mit dem Begriff „geheimnisvoll" einher. Im Inneren sollen zahlreiche Gottheiten und Geister hausen – so auch als berühmtestes Beispiel der philippinische Revolutionsheld und Dichter José Rizal, der 1896 von den Spaniern hingerichtet wurde. Eine Gruppe namens Rizalistas glaubt, dass Rizal die Reinkarnation Christi war. Und in den unteren Ausläufern des Berges leben nicht weniger als 75 Glaubensgemeinschaften, die die vielen Geister verehren.

Der Vulkan bietet ein paar der tollsten Wandermöglichkeiten im Süden Luzons. Allerdings ist sein Gipfel aus Umweltschutzgründen mindestens noch bis 2016 für Wanderer gesperrt. Beim **Protected Areas and Wildlife Bureau** (PAWB; 02-928 1178; www.pawb.gov.ph) in Manila kann man nachfragen, ob der Berg gerade zugänglich ist. Falls ja, gibt's dort die entsprechende Genehmigung für den Aufstieg ab Tayabas oder Lucban.

Ob der Banahaw nun erklommen werden kann oder nicht: Er ist immer ein lohnendes Ziel. Die lange Umrundung (über San Pablo, Tiaong, Tayabas, Lucban) zählt zu den schönsten Autorouten des Landes. Hierfür sorgt nicht nur der Anblick des im Dunst liegenden Vulkan; seine untere Ausläufern, der Mt. Banahaw de Lucban (1875 m) und Mt. San Cristobal (1470 m) sind nicht weniger reizvoll. Besucher können auch bei Glaubensgemeinschaften vorbeischauen. Eine davon – die Suprema de la Iglesia del Ciudad Mistica de Dios – unterhält einen ziemlich eindrucksvollen Komplex. Achtung: Vor dem Fotografieren von Gläubigen um Erlaubnis bitten und niemals die Kamera im Inneren der Andachtsstätten zücken!

Die ideale Basis für Trips zum Banahaw ist die Ortschaft **Dolores**. Von dort aus führt eine Holperpiste durch diverse Sektendörfer zum Nest **Kinabuhayan**. Die obskure Gemeinschaft Tres Persona verehrt dort die „drei Persönlichkeiten Gottes". Nahe Kinabuhayan beginnen die Wanderrouten zum Banahaw und San Cristobal.

Im bergigen Südwesten Luzons wartet noch ein weiteres gutes Wanderrevier: der artenreiche Mt. Makiling bei Los Baños. Achtung: Während der Regenzeit tummeln sich in der gesamten Region zahllose Blutegel!

Schlafen & Essen

Kinabuhayan Cafe Bed & Breakfast (0916 221 5791; http://kinabuhayancafe.multiply.com; Dolores; Zi. inkl. 3 Mahlzeiten 2250 P;) Im verschlafenen Dolores steht eine der großartigsten Pensionen des Landes: Offene Hütten aus Bambus sind hier im Wipfel eines Tamarindenbaums installiert. Die Geistesblitze des charismatischen Inhabers Jay Herrera prägen die gesamte Anlage, vom Bambusbad mit Fischteichwanne bis hin zur abgefahrenen Bar mit Billardtisch.

Highlight und Hauptgrund für einen Besuch ist jedoch Jays außergewöhnliche Küche (Snacks 100–200 P, Menüs 750 P): Seine Überraschungsgerichte zählen zu den leckersten und einfallsreichsten des Landes. Zudem mixt er klasse Cocktails auf Basis von Lambanog (Schnaps aus fermentierten Kokosnüssen). Unbedingt vorher anrufen!

Bangkong Kahoy Valley (0929 819 8537; www.bkvalley.webs.com; Kinabuhayan; Stellplatz/Ferienhaus 100/25 000 P, Zi. inkl. Frühstück ab 2000 P;) In der spektakulären Naturlandschaft zwischen Banahaw und San Cristobal baut dieses tolle Ökoresort sein eigenes Bio-Gemüse an. Es vermietet u. a. hotelartige Zimmer und offene Hütten aus nipa-Palmholz. Für größere Gruppen oder Flitterwöchner dürfte das luxuriöse Ferienhaus (max. 12 Pers.) die passende Wahl sein; es besitzt eine Whirlpool mit Blick auf den Banahaw.

Inhaber ist ein leidenschaftlicher Naturschützer, der Aktivitäten wie Wanderungen, Vogelbeobachtungen oder Fahrten entlang einer 120 m langen Seilrutsche organisiert. Ein Tennisplatz und eine rustikale SB-Bar sind ebenfalls vorhanden.

An- & Weiterreise

Auf der Route Manila–Lucena halten Busse in San Pablo (130 P, 2½ Std.). Am dortigen Markt starten Jeepneys nach Dolores (35 Min., tagsüber regelm.). Ab dort rollen Jeepneys wiederum unregelmäßig zum Dorf Kinabuhayan. Alternativ kann man eine Rikscha mieten (hin & zurück 300 P). Zum Bangkong Kahoy Valley geht's für 350 P.

die Zimmer 306 und 307 punkten mit Blick auf die Kirche San Luis Obispo.

Patio Rizal Hotel   HOTEL $$
(☏ 540 2107; 77 Quezon Ave; DZ 2100–2600 P; ✴🛜) Das zentral gelegene Hotel im Kolonialstil ist das beste der Stadt. Von seinem hervorragenden Café schaut man auf eine kleine Plaza.

Mama Lydia's Special Siopao   CHINESISCH $
(A Regidor St; Klöße ab 80 P; ⓘ 7–21 Uhr) Lokale Institution, die für ihre pastetenartigen Teigklöße berühmt ist.

Cafe San Luis   PHILIPPINISCH, ITALIENISCH $$
(Ecke San Luis & Regidor St; Hauptgerichte ab 190 P; ⓘ 8–24 Uhr) Attraktives Open-Air-Bistro, das in einer Seitenstraße Pizza, kaltes Bier und philippinische Gerichte serviert.

Lucena
☏ 042 / 236 500 EW.

Die Hauptstadt der Provinz Quezon ist Abfahrtspunkt von Passagierbooten nach Marinduque. Raubeinige Atmosphäre und zahllose Rikschas machen einen Aufenthalt wenig empfehlenswert. Festsitzende Traveller finden hier jedoch ein paar akzeptable Optionen für eine Nacht. Hinweis: Wer Wert auf ruhigen Schlaf legt, sollte sich eine Bleibe außerhalb vom Zentrum suchen.

🛏 Schlafen

Fresh Air Hotel & Resort   HOTEL $
(☏ 710 2424; Tagarao St, Isabeng; Zi. 325–1025 P; ✴🛜🏊) Nicht einmal Hitchcock hätte sich etwas so Gruseliges ausdenken können: Das billige Hotel ist wirklich nur was für Traveller mit extrem knappen Budget. Es liegt außerhalb vom Zentrum an der Straße nach Batangas und besitzt einen heruntergekommenen Poolkomplex.

Sulu Plaza Hotel   HOTEL $$
(☏ 660 5400; Diversion Rd; Zi. inkl. Frühstück ab 1475 P; ✴@🛜🏊) Gleich außerhalb der belebten Stadt steht das Sulu in praktischer Lage gegenüber vom Busbahnhof. Saubere Zimmer und Riesenpool mit Wellenmaschine (!).

ℹ An- & Weiterreise

BUS & JEEPNEY
Busse von JAM Liner sind auf die Abfahrt der Fähren zur LRT-Haltestelle Buendia in Pasay (Manila; 175 P, 3½ Std.) abgestimmt.

Eine weitere Option nach Pasay (210 P, 4 Std., alle 20 Min.) ist **Lucena Lines** (☏ 0922 852 2096), dessen Busse 5 km nördlich der Stadt in Grand Central (Diversion Rd bzw. National Hwy) starten. Bicol (420 P) und Legazpi (450 P, 8 Std.) werden ebenfalls bedient.

Jeepneys verbinden Grand Central mit Lucenas Zentrum. Dort muss man in andere Jeepneys umsteigen, die über die SM Mall zum Hafen Salahican fahren.

Nahe dem Fresh Air Hotel & Resort lassen sich normale Busse von Supreme Lines auf ihrem Weg nach Batangas heranwinken.

SCHIFF/FÄHRE
Boote nach Marinduque starten am großen Passagier- und Fischereihafen Dalahican (Terminalgebühr 30 P), der 5 km südlich des riesigen Shoe Mart am Ostende von Lucena liegt.

Starhorse Shipping (☏ 0948 548 0767) schippert mehrmals täglich nach Balancan (Marinduque; 260 P, 2½ Std.) – ebenso die Firma **Montenegro Lines** (☏ 047-373 7084), die zusätzlich eine direkt befahrbare RORO-Autofähre nach Cawit schickt (16 Uhr).

Zweimal pro Woche fahren Fähren von **Kalayaan Shipping** nach Magdiwang auf Sibuyan Island in der Provinz Romblon (über Banton Island und Romblon; 700 P, 17 Std.).

Eine Rikscha von Lucena zum Hafen kostet 50 bis 75 P.

NÖRDLICH VON MANILA

Die Halbinsel Bataan nördlich von Manila ist beliebt bei Geschichtsfans, die sich zum Ort des tragischen Todesmarschs von 1942 begeben möchten. Zweiter großer Besuchermagnet ist die Subic Bay, wo ein aufkeimendes Resortzentrum und viele Aktivitäten warten. Angeles City ist bis heute weder neu organisiert noch wiederaufgebaut. Allerdings sind am nahe gelegenen Clark Airport immer mehr Billigfluglinien vertreten.

Der Pinatubo, mächtiger Vulkan in den Zambales Mountains, dominiert die Region und ist heute leichter zu erreichen denn je.

Olongapo & Subic Bay
☏ 047 / 227 300 EW.

Bis 1992 war mit der 7th Fleet die größte Auslandsflotte der US-Marine in Subic Bay stationiert. Der Nachbarort Olongapo machte in erster Linie mit seinem Rotlichtmilieu von sich reden.

Vor Kurzem ist die US-Marine vorübergehend und in kleinerem Rahmen nach Subic

Bay zurückgekehrt. Gleichzeitig geben sich die Behörden große Mühe, den früheren Militärstützpunkt (heute Subic Bay Freeport Zone; SBFZ) in ein seriöses Geschäftszentrum und familienfreundliches Touristenziel zu verwandeln.

Hauptattraktionen sind eine herrliche Bucht, Tauchspots rund um Wracks, große Areale mit unberührtem Dschungel sowie einige Strände und Vergnügungsparks für Kinder. Die Freeport Zone wirkt recht ruhig, wohl auch, weil hier keine Jeepneys und Rikschas verkehren. Zudem besitzt sie einen netten Uferbereich mit Restaurants, Bars und Hotels. Genau das Gegenteil gilt für das hektische Olongapo: Außer den Busverbindungen gibt's keinerlei Grund, sich dorthin zu begeben. Der übelriechende, träge fließende Kanal zwischen Olongapo und der Freeport Zone spült ständig ungeklärtes Abwasser in die Subic Bay. Sein Spitzname „Shit River" (Fäkalienfluss) stammt von den Amerikanern und hält sich bis heute.

Sehenswertes & Aktivitäten

Subic Bay bietet allerlei Aktivitäten für Familien. Beispielsweise liegen südlich der Freeport Zone mehrere beliebte Tierparks.

Tauchen

Wracktauchen zählt zu den beliebtesten Abenteuer-Aktivitäten in Subic. Insgesamt locken sieben Wracks die Taucher an. Das eindrucksvollste davon ist wohl die USS New York auf 28 m Tiefe. Der 1891 erbaute Schlachtkreuzer wurde 1941 von US-Truppen versenkt, um nicht in japanische Hände zu fallen. Taucher können in das riesige Wrack vordringen, sollten sich aber vorsehen: In den endlosen Korridoren und Durchgängen kann man sich leicht hoffnungslos verirren. Gutes Training und ein erfahrener Guide sind daher buchstäblich überlebenswichtig.

Weitere Wracks im Hafen: Unterwasserfotografen schätzen die *El Capitan* (20 m) wegen ihres guten Allgemeinzustands, der viele Meereslebewesen und der Möglichkeit, sie innen zu besichtigen. Die *San Quintin* (16 m) beheimatet größere Fische wie Lippfische, Doktorfische, Großaugenbarsche und Großkopfschnapper. Die *Capitan* und die *Quintin* eigenen sich beide für Anfänger. Fortgeschrittene Taucher können sich auch das amerikanische gepanzerte Landungsboot (Landing Ship Tank) auf 37 m Tiefe anschauen.

Auf der *Oryuku Maru* (20 m) alias Hell Ship (Höllenschiff) waren einst 1600 US-Kriegsgefangene eingesperrt; sie kamen bei einem fehlgeleiteten Luftangriff ums Leben. Zum Recherchezeitpunkt war dieses Wrack für Taucher gesperrt.

In Subic ist die Sicht unter Wasser schlechter als im übrigen Land; von Februar bis April ist sie noch am besten. Dafür sind die Tauchtarife recht günstig (1000–1500 P/Tauchgang, Open-Water-Kurs 16 000–18 000 P).

Der erfahrene Wracktaucher Brian Homan liefert gute Infos für fortgeschrittene Taucher und ist in der Bar Vasco's anzutreffen.

Boardwalk Dive Center TAUCHEN
(✆ 252 5367; www.boardwalkdivecentre.com; Waterfront Rd) Professioneller Anbieter, der auch technisches Tauchen im Programm hat.

Subic Scuba 719 TAUCHEN
(✆ 252 9428; 664 Waterfront Rd) Freundlicher, entspannter und günstiger Veranstalter mit zahllosen Infos zu den Wracks.

Ökotourismus

Während der US-Marinezeit gab es keine illegale Abholzung in der Freeport Zone. So führen hier heute tolle **Wanderpfade** durch ein ganze unberührte Dschungelgebiete. Das **Subic Bay Tourism Department** (✆ 047-252 4123; www.sbma.com; 2. Stock, Subic Bay Exhibition & Convention Center, Efficiency Rd, SBFZ; ⊙ 8–17 Uhr) liefert Wanderinfos zum großen Regenwaldareal südlich der SBFZ. Dieses bietet auch super Möglichkeiten für Vogelbeobachter, ist aber nur mit einem eigenen Fahrzeug erreichbar.

Zudem hat man in Subic Bay die einmalige Gelegenheit, es den US-Offizieren von früher gleichzutun und das Überleben im Dschungel von den indigenen Aeta (Negritos) zu erlernen.

Im Bezirk Cubi nahe dem Subic Airport befindet sich die größte bekannte Kolonie der weltgrößten **Fledermausarten**: der Nacktrücken- und Goldkronen-Flughunde. Das sogenannte Bat Kingdom (Fledermaus-Königreich) haust jedes Jahr an einer anderen Stelle, ist aber leicht zu finden: einfach den eigenen Ohren folgen, wenn Hunderte Flughunde während der Abenddämmerung in den Himmel aufsteigen.

**Pamulaklakin
Forest Trail** ÖKOTOUR, WANDERN & TREKKEN
(✆ 0921 682 7175; ab 150 P; ⊙ 8–17 Uhr) Im Vergleich zum kommerziellen JEST Camp in der Nähe ist diese Option etwas bodenständiger: In Begleitung eines Aeta-Guides geht's vom Startpunkt aus in den Dschungel

hinein, wo man Feuermachen und andere praktische Überlebenstechniken erlernt. Im Angebot sind auch längere Ökotouren und Trips mit Übernachtung (500 P).

Jungle Environment Survival Training (JEST) Camp ÖKOTOUR
(☎ 047-252 1489; www.jestcamp.com; ab 200 P; ⏲ 8.30–17 Uhr) Für mindestens fünfköpfige Gruppen organisiert das JEST Camp diverse Aktivitäten. Diese reichen von einfachen Demonstrationen bis hin zu mehrtägigen Hardcore-Überlebenskursen, bei denen man sich seine eigenen Schutzhütten baut und Trinkwasser aus Pflanzenranken gewinnt. Ein Vogelpark, der Goliath Swing und der Aerial Adventure Walk gehören ebenfalls zum Camp.

Tree Top Adventure ABENTEUERSPORT
(☎ 047-252 9425; www.treetopadventureph.com; Eintritt/Aktivitäten 50/200 P; ⏲ Mo–Fr 8–16.30, Sa & So 8–17 Uhr) Eine tolle Methode, um Subics wunderschönen Wald hautnah zu erleben: In die hiesigen Wipfel sind u. a. Hindernisparcours, Seilrutschen, Abseil- und Freifall-Stationen integriert.

Strände

Das **Camayan Beach Resort** (www.camayanbeachresort.com; Erw./Kind 300/250 P), das **All Hands Resort** (www.allhandsbeach.com; 500 P) und die meisten anderen Strände gleich südlich der SBFZ kosten Eintritt. Am Wochenende tummeln sich hier viele lärmige Tagesausflügler. Dennoch ist das Ganze gut genug für einen faulen Strandtag in der Nähe von Manila.

Der Boardwalk Beach entlang der SBFZ-Hauptmeile ist zum Schwimmen nicht zu empfehlen. Dasselbe gilt für den palmengesäumten Sandstreifen entlang des Waterfront Beach, der unter den Abwässern des nahe gelegenen Hafens leidet.

Der nette, sandige Barrio Barretto erstreckt sich nordwestlich der SBFZ. Allerdings ist er ein zwielichtiger Sextouristentreff, den man besser meidet. Die schönen **Strände** in der weiter nördlich gelegenen Region Zambales sind am leichtesten per Mietwagen zu erreichen.

Reiten

El Kabayo Stables REITEN
(☎ 047-252 1050, 0906 453 1175; Ausritte 30/60 Min. 370/770 P; ⏲ 8.30–17 Uhr) Von Manila aus fahren leidenschaftliche Reiter extra hinauf zu diesen Stallungen in den Binictican Heights. Hier warten viele Pferde, mit denen sich rund um Subic zahllose Ausritte unternehmen lassen. Der Tourpreis beinhaltet jeweils einen geführten Abstecher zu einem nahe gelegenen Wasserfall.

🛏 Schlafen

The Cabin PENSION $
(☎ 250 3042; www.thecabinsubic.com; Schley Rd, SBFZ; B/EZ/DZ 430/700/900 P) Angesichts von Subics teuren Unterkünften ist dieser gemütliche Nachbau eines Blockhauses eine willkommene Überraschung. Gleiches gilt für die Lage an einer ruhigen Seitenstraße nahe der Spanish Gates. Die modernen Schlafsäle und Privatzimmer wirken leicht beengt, sind aber sauber und haben insgesamt ein super Preis-Leistungs-Verhältnis.

Subic Park Hotel HOTEL $$
(☎ 252 2092; www.subicparkhotel.com; Waterfront Rd, SBFZ; Zi. inkl. Abendessen 2250–3500 P; ❄@🖃⛱) Dieses Hotel nahe dem äußeren Ende des Waterfront Beach macht inzwischen einen etwas betagten Eindruck. Allerdings hat es einen guten Pool und ist eine anständige Option unter den Quartieren direkt an der Bucht. Die „Oceanfront"-Zimmer mit Kingsize-Betten und Meerblick vom Balkon sind den Aufpreis wert.

Herbie's Mansion HOTEL $$
(☎ 047-252 7350; Waterfront Rd, SBFZ; Zi. ab 1500 P; ❄🖃) Das Herbie's mitten an der Waterfront Rd ist definitiv kein Herrenhaus. Dafür vermietet es schlichte, familienfreundliche Zimmer zu erschwinglichen Preisen.

Sheavens Seafront Resort STRANDRESORT $$
(☎ 223 9430; www.sheavens.com; Barrio Barretto, Olongapo; DZ 1250–1850 P, Deluxe-DZ 2950–4800 P; ❄🖃⛱) Das Sheavens ist zwar nichts für Familien, bietet aber zumindest etwas Abstand zur schlüpfrigeren Seite des Barrio Barretto. Es erfreut sich einer Traumlage über den Felsen am äußersten Südostende des bekannten Baloy Long Beach und hat ein breites Spektrum von Zimmern, einige auch mit Meerblick.

Lighthouse Marina Resort HOTEL $$$
(☎ 252 5000; www.lighthousesubic.com; Waterfront Rd, SBFZ; Zi. inkl. Frühstück ab 6000 P; ♿❄@🖃⛱) In puncto Komfort, Design, Service und Preis rangiert das Lighthouse jeweils weit über seinen örtlichen Konkurrenten. In den geräumigen und sehr luxuriösen Zimmern gibt's übergroße Flachbildfernseher.

🍴 Essen & Ausgehen

In den beliebten Restaurantbars entlang der Waterfront Rd spielt oft Livemusik. In den Seitenstraßen der SBFZ verstecken sich auch ein paar Nobellokale.

Vasco's KNEIPENESSEN $$
(☎ 252 1845, 047-252 1843; www.vascosresort-museum.com; Lot 14, Argonaut Hwy, SBFZ; Hauptgerichte 200–300 P; ⊙ 24 Std.; 🛜) In Hafennähe genießt dieser Mix aus Restaurant und „Piratenbar" eine tolle Lage oberhalb der Bucht. Inhaber ist der Australier Brian Homan, der die Philippinen schon ewig als Wracktauch-Profi erkundet. Gäste können wunderbar in luftiger Atmosphäre frühstücken. Das Vasco's vermietet auch ein paar Zimmer (ab 2800 P).

In einem kleinen Museum zeigt Homan zudem ein paar der Schätze, die er bei seinen Trips geborgen hat, u. a. Porzellan und Objekte aus dem Zweiten Weltkrieg. Vom CBD aus fahren Winstar-Busse mit Kennzeichnung „Airport–Cubi" hierher (9 P).

Gerry's Grill PHILIPPINISCH, SEAFOOD $$
(www.gerrysgrill.com; Waterfront Rd, SBFZ; Hauptgerichte ab 200 P; ⊙ 11–23 Uhr; 🛜) Das beliebte Uferlokal gehört zu einer philippinischen Kette und empfiehlt sich vor allem zu Sonnenuntergang. Mit Sand zwischen den Zehen vertilgt man leckeres Seafood vom Grill.

Rachi Curry Corner INDISCH $$
(☎ 047-250 2855; Santa Rita Rd; Gerichte 200–375 P; ⊙ 10–22 Uhr) Das heimelige Lokal an einer Wohnstraße gehört dem fröhlichen Ram aus Nepal, der leckere südasiatische Spezialitäten in üppigen Portionen auftischt. Eine Filiale befindet sich in der Harbor Point Mall.

The Castle FRANZÖSISCH, BELGISCH $$$
(☎ 047-250 0540; www.thecastlesubic.com; Sampson Rd, SBFZ; Hauptgerichte 500–1400 P; 🛜) Subics beste Adresse für Spitzengastronomie serviert erlesene traditionelle Gerichte aus der belgischen und französischen Küche und hausgemachte Eiscreme. Die zugehörige Bar führt 50 belgische Biersorten. Nahe den historischen Spanish Gates.

Roofdeck BAR
(Terrace Hotel, Waterfront Rd; Grundpreis 300 P; ⊙ 10–24 Uhr) Die Dachbar des Terrace Hotel empfiehlt sich für einen netten Meerblick, Cocktails und Hüpfer in einen Infinity Pool. Der Grundpreis wird voll auf Speis und Trank angerechnet.

❶ Praktische Informationen

VisitSubic (www.visitsubic.com) Nützliche Infos (z. B. zu Unterkünften, Themenparks, Verkehrsmitteln).

❶ An- & Weiterreise

Für Trips ab/nach Manila empfehlen sich Expressbusse von **Victory Liner** (☎ 222 2241; Ecke W 18th St & Rizal Ave), die bis zum frühen Nachmittag stündlich starten und mindestens eine Stunde früher am Ziel sind (Kennzeichnung „via SCTEX"; 245 P, 2¼ Std.). Alternativ fahren auch langsamere und günstigere Busse nach Manila (218 P, 3½ Std., stündl.). Eine regelmäßige Verbindung besteht nach Iba (139 P, 2 Std.) und Baguio (449 P, 6 Std.) im Norden. Jeepneys verkehren zwischen der SBFZ und dem Firmenterminal von Victory Liner (10 Min.).

❶ Unterwegs vor Ort

Statt Jeepneys sind in der SBFZ die einzigartige „Winstar"-Busse unterwegs; sie starten am Transport Terminal nahe dem Haupttor und verlassen die Freeport Zone nicht.

Ab Olongapo fahren blaue Jeepneys mit Kennzeichnung „Castillejos" nach Subic und zum Barrio Barretto.

Die Taxis entlang der Waterfront Rd sind bei Einzelfahrten vergleichsweise teuer (ca. 400 P). Der Tarif für Tagestrips (300 P/Std. bzw. 2400 P/Tag) in der Umgebung ist dagegen o. k.

San Fernando (Pampanga)

☎ 045 / 269 400 EW.

Die industriell geprägte Hauptstadt der Provinz Pampanga sollte nicht mit San Fernando (La Union) nordwestlich von Baguio verwechselt werden. Der praktisch einzige Besuchsgrund besteht im Beobachten der **Kreuzigungszeremonie** zu Ostern: An Karfreitag um 12 Uhr lassen sich fromme Christen mit einem Faible für Schmerzen an Holzkreuze nageln und blutig peitschen. Schauplatz des Ganzen ist das *barangay* (Dorf) San Pedro Cutud.

Vom Victory-Liner-Terminal in Cubao (Manila) fahren Busse nach San Fernando (102 P, 1 Std., alle 30 Min.). Wichtig: Alle Busse, die von der Hauptstadt aus weiter nördlich gelegene Ziele bedienen, rollen auf der NLEX an San Fernando vorbei.

Clark & Angeles

☎ 045 / 314 500 EW.

Clark liegt 80 km nordwestlich von Manila und war früher der Standort einer US-Luft-

DIE HALBINSEL BATAAN

Für Pazifikveteranen des Zweiten Weltkriegs sind nur wenige Orte mit so furchtbaren Erinnerungen verbunden wie die Halbinsel Bataan. Im Dschungel rund um den Mt. Mariveles erlebten beide Kriegsparteien ein paar ihrer düstersten Momente.

Heute leben nur noch wenige, die selbst am Todesmarsch von Bataan teilgenommen haben. Dieses grausige Unterfangen nahm seinen Ausgang im April 1942, nachdem sich 70 000 amerikanische und philippinische Soldaten den Japanern ergeben hatten. Die Sieger trieben ihre Gefangenen – viele davon nach monatelangen Kämpfen erschöpft, krank oder verwundet – über 90 km von Mariveles nach San Fernando (Pampanga). Von dort aus wurden die Männer in Güterwagons zum Kriegsgefangenenlager Camp O'Donnell (heute Capas National Shrine; S. 119) transportiert. Unterwegs ließen 15 000 bis 25 000 Amerikaner und Filipinos ihr Leben.

Von Clark, Subic Bay oder (notfalls) Manila aus können Geschichtsinteressierte diverse Stätten auf Bataan leicht im Rahmen von Tagesausflügen besuchen. Ergreifende „Death-March"-Markierungen säumen alle 1000 m den National Highway, der in Mariveles beginnt und nach 102 km am Bahnhof von San Fernando endet. Die alljährlichen Gedenkfeiern rund um den Bataan Day (9. April) umfassen eine organisierte Wanderung entlang eines Teilabschnitts und einen Ultramarathon über die gesamte Strecke.

Die interessanteste Stätte auf der Halbinsel ist der **Dambana ng Kagitingan** (Schrein des Heldenmuts; Eintritt 20 P) auf dem Samat nahe Balanga. Reliefs mit Schlachtszenen zieren den Fuß des 90 m hohen **Kruzifixes** auf dem Berggipfel. Ein **Aufzug** (10 P; 8–12 & 13–17 Uhr) fährt hinauf zur Spitze des Kreuzes. Dort wartet eine lange Aussichtsgalerie, von der man einen herrlichen Blick auf den Mariveles, die Manila Bay und das Südchinesische Meer hat.

Vom Fuß des Kreuzes führt eine 50 m lange Treppe bergab zum eigentlichen Schrein. Dort illustrieren eine **Gedenkwand** mit Marmorreliefs die Schlacht und der Todesmarsch von Bataan. Das hervorragende **Museum** (20 P; 8–12 & 13–17 Uhr) GRATIS im Bunker unterhalb des Schreins zeigt eine eindrucksvolle Waffensammlung, Zeichnungen und Dioramen von Schlachtszenen sowie eine ausgezeichnete Reliefkarte der Halbinsel.

Jedes Jahr am 9. April treffen sich ein paar wenige Veteranen am eigentlichen Schrein – zusammen mit Angehörigen von amerikanischen und japanischen Soldaten, die an der Schlacht und am Marsch teilgenommen haben. Gemeinsam wird dann der zahllosen Kriegskameraden gedacht, die einst im Dschungel ihr Leben ließen.

Die Website des **Bataan Tourism Office** (047-237 4785; www.bataan.gov.ph; Capital Compound, Balanga) hilft hervorragend bei der Lokalisierung von Weltkriegsstätten und anderen Sehenswürdigkeiten.

An- & Weiterreise

Zum Schrein geht's über Balanga, das ab der Pasay Rotunda in Manila mit Bussen von Genesis und Bataan Transport zu erreichen ist (210 P, 3–4 Std.; über Busbahnhof Mabalacat/Dau in Angeles). Eine Alternative sind die Busse von Victory Liner nach/ab Olongapo (70 P, 1¾ Std.).

Ein paar Kilometer südlich von Balanga muss man vom Highway nach rechts (westwärts) in Richtung Bagac abbiegen. Nach 4,5 km zweigt dann die Straße zum Mt. Samat ab. Zum Schluss führen sieben steile, aber gut asphaltierte Kilometer hinauf zum Kreuz. Rikschas warten an der Abzweigung zum Mt. Samat (hin & zurück 200 P). Diese ist auch ab Balanga mit Jeepneys in Richtung Bagac erreichbar.

In Balanga lassen sich Vans für halbtägige Trips zum Mt. Samat mieten (1500 P). Das **Gap Plaza Hotel** (047-237 6757; www.gapplaza.com; Ecke Capitol Dr & Sampaguita St; DZ inkl. Frühstück 2300–3000 P;) liefert hierzu Infos und hat zudem die besten Zimmer der ganzen Gegend – bei den teuersten Varianten ist eine Tour zum Mt. Samat im Preis enthalten.

Zum Recherchezeitpunkt wurde gerade das Vorhaben diskutiert, wieder eine Fährverbindung von Manila nach Bataan einzurichten. Sollte dieses umgesetzt werden, würde dies die Reisezeit auf 40 Minuten verkürzen.

waffenbasis. Diese war seit 1903 in Betrieb gewesen und musste mit dem Ausbruch des Pinatubo (1991) hastig aufgegeben werden. Seitdem ist sie umgestaltet worden und umfasst neben einem internationalen Flughafen heute auch die Clark Freeport Zone. Bei dieser handelt es sich um eine gentrifiziert wirkende Enklave aus Anwesen, aufstrebenden Restaurants, zollfreien Läden und einem Geschäftsbezirk. Überdies wird das Gelände auch von der philippinischen Luftwaffe genutzt.

Wer nicht gerade von hier abfliegt oder am Busbahnhof Mabalacat (Dau) umsteigen will, hat eigentlich keinen Grund für einen Abstecher nach Clark oder Angeles. Letzteres ist die Hochburg der philippinischen Rotlichtszene: Die rund 10 000 leichten Mädchen und Tänzerinnen, die in der Meile aus kitschigen Clubs und Bars ihr Geld verdienen, sind ein Relikt aus der Zeit des US-Stützpunkts. In der trostlosen Szene sind vor allem ältere Sextouristen unterwegs. Flugpassagiere warten daher am besten im Areal von Clark auf ihre Maschine.

Sehenswertes & Aktivitäten

★ Clark Museum   MUSEUM
(Clark Parade Grounds; Eintritt 50 P; ☉ Mo-Sa 8-17 Uhr) Das tolle Museum am Rand des früheren US-Paradeplatzes beleuchtet Clarks Geschichte von 1901 bis zur Einrichtung der Freeport Zone. Zu sehen gibt's großartige Militaria, Fotos und Ausstellungen zum dramatischen Ausbruch des Pinatubo (wenn möglich, erklimmt man erst den Berg und schaut sich dann das Museum an!). Obendrein gibt's interessante Infos zu den indigenen Aeta, die die Region einst als erste Menschen besiedelten und immer noch hier leben.

Empfehlenswert ist auch ein Bummel über den ruhigen **Paradeplatz**. Die historischen Baracken an dessen Rand stammen aus dem frühen 20. Jh. und wurden früher von US-Soldaten bewohnt.

Mt. Arayat National Park   WANDERN & TREKKEN
(Zugang 50 P) Der Wanderpfad am Vulkankegel des Mt. Arayat (1026 m) wirkt etwas vernachlässigt, ist aber immer noch großartig und in einem halben Tag zu bewältigen. Um hierher zu kommen, geht's zunächst per Jeepney vom Busbahnhof Mabalacat (Dau) zum Ort Arayat. Von dort fahren Rikschas zum Parkeingang, wo man die Zugangsgebühr bezahlt und seinen obligatorischen Guide trifft.

Angeles City Flying Club   PANORAMAFLUG
(☎ 802 2101, 0918 920 3039; www.angelesflying.com; Panoramaflug 10/20 Min. 1650/2900 P) Diese renommierte Firma ist 25 Fahrtminuten außerhalb von Angeles in Magalang ansässig. Ihre Panoramaflüge über Pampanga versprechen Traumaussichten: Vom Ultraleichtflugzeug aus schaut man auf grüne Reisfelder und den Mt. Arayat.

Schlafen

Tune Hotel   HOTEL $
(☎ 045-459 0888; www.tunehotels.com; Don Juico Ave, Angeles; DZ ab 900 P; ❄ ⊙) Verlässlich gutes Kettenhotel mit bequemen Betten und professionellem Personal; aufgrund der starken Preisschwankungen sollte man online buchen, um sich die besten Tarife zu sichern.

Holiday Inn   HOTEL $$$
(☎ 045-599 8000; www.holidayinn.com/clark; Mimosa Dr, Freeport Zone; Zi. ab 5750 P; ❄ ⊙ ≋) Perfekt, um vor dem Abflug zu entspannen: Nur fünf Fahrtminuten vom Clark Airport entfernt lädt dieses weitläufige Hotel mit Blick ins Grüne und einem funkelnden Pool zum Relaxen ein.

Essen

Yakiniku Kosyu Japanese Grill   JAPANISCH $$
(Santos St, Clark Freeport Zone; Hauptgerichte ab 160 P; ☉ 11-22 Uhr) In einer umgebauten historischen Baracke am Rand des Paradeplatzes trifft hier der Stil eines traditionellen *izakaya* (japanisches Kneipenrestaurant) auf kunterbunten Kitsch. Serviert werden super Sushi und Grillgerichte.

Iguana's   MEXIKANISCH $$
(☎ 893 3654; Don Juico Ave; Hauptgerichte ab 160 P; ☉ Di-Sa 11-22 Uhr; ❄) Das Iguana's liegt auf halbem Weg zwischen dem Clark Airport und Angeles in der Freeport Zone. Großartige Margaritas und Tacos mit Fisch im Bierteig machen es zu einem der besten mexikanischen Lokale des Landes.

Cottage Kitchen Cafe   AMERIKANISCH $$
(☎ 893 2599; 582 Don Juico Ave; Hauptgerichte 200-800 P; ☉ Di-So 10-23 Uhr; ❄) Die Cajun- und kreolische Küche reicht von Schweinsrippchen à la St. Louis bis hin zu gebratenem Wels auf US-Südstaatenart.

ⓘ An- & Weiterreise

BUS
Am günstigsten nach Manila geht's über den Hauptbusbahnhof Mabalacat in Dau. Rund

3 km vom Haupttor der Clark Freeport Zone entfernt starten dort zahlreiche Busse in Richtung Hauptstadt (mit Ventilator/Klimaanlage 114/150 P, 1½ Std.). Weitere Busse bedienen Olongapo (140 P1 Std.) und fast den ganzen übrigen Norden von Luzon. Los geht es meistens erst, wenn alle Plätze im Bus besetzt sind.

Philtranco und Partas schicken jeweils täglich vier Direktbusse von Clark nach Manila. Diese halten normalerweise in Cubao (400 P, 1½ Std.) und Pasay (450 P, 2 Std.).

Trips nach Banaue gestalten sich etwas komplizierter: Wem Umsteigen nichts ausmacht, wählt am besten die Route Dau–Cabanatuan–Solano–Lagawe– Banaue. Alternativ fährt man zurück nach Manila und nimmt einen Nachtbus direkt nach Banaue.

Jeepneys verkehren regelmäßig zwischen Dau und Angeles (5 Min.).

FLUGZEUG

Vom **Clark International Airport** (www.clarkairport.com; Clark Special Economic Zone) aus fliegen asiatische Billigfluglinien u. a. Großstädte wie Bangkok (Tigerair), Hongkong (Cebu Pacific, Tigerair) und Singapur (Cebu Pacific, Tigerair) an.

Theoretisch warten klimatisierte Shuttlebusse auf alle Flüge und bringen Passagiere entweder zum Haupttor der Clark Freeport Zone (30 P) oder zum Busbahnhof Mabalacat (Dau; 50 P). Falls nicht, kann man per Jeepney zum Haupttor fahren oder ein überteuertes Festpreistaxi nehmen (nach Mabalacat/Angeles 450/500 P).

Pinatubo & Umgebung

Die Einwohner von Angeles hielten die Vulkane der Umgebung, den Pinatubo und kleineren Arayat, jahrhundertelang für harmlos. Das änderte sich am 15. Juni 1991 buchstäblich mit einem Schlag, als der Pinatubo explosionsartig ausbrach und Asche und Gestein 40 km hoch in den Himmel schleuderte. Dabei „schrumpfte" er um 300 m, während feiner Staub und faustgroße Felsbrocken auf Angeles, die Clark Airbase und die Subic Bay herabregneten. Verschlimmert wurde die Naturkatastrophe noch durch einen starken Taifun, der den Norden Luzons zeitgleich heimsuchte und die Asche in tödliche Lahare (pyroklastischen Schlammströme) verwandelte. Diese schossen die Hänge des Vulkans hinunter und hinterließen ein wüstes Bild: In der Provinz Zambales westlich des Pinatubo veränderten sie den Verlauf von Flüssen, während ganze Dörfer im neu entstandenen Lake Mapanuepe versanken.

Der Aufstieg am Pinatubo (1450 m) ist landesweit eines der am leichtesten zu erlebenden Abenteuer. Bei schlechtem Wetter wird die Route jedoch gesperrt. Aufgrund der porösen Lahar-Felsen ereignen sich zudem öfters Erdrutsche. Bei ungünstigen Bedingungen sollte man daher nicht losmarschieren! Nach einem Taifun 2009 spülten Sturzfluten einen Jeepkonvoi hinweg; sieben Menschen, unter ihnen fünf Touristen aus Europa, kamen ums Leben.

Nach diesem Unglück wurde der Berg vorübergehend gesperrt. Die erneute Freigabe ging mit der Einführung neuer Bestimmungen einher. Seitdem müssen Trips zum Gipfel spätestens zwischen 7 und 8 Uhr starten, da starke Regenfälle nachmittags häufiger auftreten; nur zum Höhepunkt der Trockenzeit kann es bis spätestens 10 Uhr losgehen. Organisierte Ausflüge zum Pinatubo beginnen also stets in aller Herrgottsfrühe – in Manila schon vor der Morgendämmerung und in Angeles nur wenig später.

Der Pinatubo kann nur mit einem Guide und einem Geländewagen erklommen werden. Viele Besucher entscheiden sich für eine geführte Tour mit einem Veranstalter aus Manila oder Angeles. Alternativ kann man jedoch problemlos in Santa Juliana übernachten, das Ganze selbst organisieren und dabei einen gewissen Vorteil genießen: Mit einer Übernachtung am Fuß des Bergs lässt sich das extrem frühe Aufstehen umgehen.

Die wichtigsten Anlaufstellen für Wanderer sind Alvin's Mt. Pinatubo Guesthouse und Marisa vom **Sta Juliana Tourism Council** (0906 462 3388). Dort gibt's tatkräftige Unterstützung bei der Buchungen und Organisation und Sicherheitshinweise. Wichtig: Unbedingt vorher anrufen, um zu ermitteln, ob der Aufstieg am jeweiligen Tag erlaubt ist!

Die Preise variieren je nach Gruppengröße. Bei eigener Organisation bezahlen Gruppen von mindestens vier Teilnehmern etwa 2000 P pro Person (inkl. Mittagessen). Alvin und die Touristeninformation verstehen sich gut darauf, Individualreisende in anderen Gruppen unterzubringen. Wer dennoch allein losziehen will, blättert ca. 4000-5000 P hin. In Manila oder Angeles ansässige Touranbieter verlangen noch weitaus mehr.

◉ Sehenswertes & Aktivitäten

Nach dem Besteigen des Pinatubo laden ein paar regionale Dörfer der Aeta zu interessanten Besichtigungen ein. Infos liefert Alvin in Alvin's Mt. Pinatubo Guesthouse.

Capas National Shrine KRIEGERDENKMAL
(Eintritt 10 P; 8–17 Uhr) Nach dem berüchtigten **Todesmarsch von Bataan** im Zweiten Weltkrieg wurden die amerikanischen und philippinischen Überlebenden schließlich zu diesem früheren Kriegsgefangenenlager, dem damaligen Camp O'Donnell, transportiert. Heute ist das Gelände ein 22 ha großer Gedenkpark. Als dessen Wahrzeichen ragt der Capas National Shrine in Form eines nadelförmigen Obelisken (70 m) feierlich am Ende eines von Flaggen gesäumten Boulevards empor.

Vor Ort steht zudem einer der Güterwaggons, in denen bis zu 100 Kriegsgefangene gepfercht und zum Camp O'Donnell gebracht wurden (aufgrund unzureichender Belüftung erstickten auf der Fahrt viele der Männer qualvoll). Ein kleines Museum kann ebenfalls besichtigt werden. Die Stätte liegt auf halber Strecke zwischen Capas und Santa Juliana – unterwegs auf die Todesmarsch-Markierungen achten!

Pinatubo WANDERN & TREKKEN, VULKAN
Ausgangsbasis für einen Aufstieg ist Santa Juliana nahe dem Fuß des Nordhangs. Von dort aus geht's zuerst per Jeep durch eine gespenstische Mondlandschaft, wobei ein paar aufregende Flussdurchquerungen anstehen. Anschließend folgt die eigentliche Wanderung zum Krater des Pinatubo (2 Std.), den ein ruhiger See mit sandigen Strand füllt. Zum Recherchezeitpunkt war das Schwimmen im Kratersee verboten. Da sich dies aber wahrscheinlich in naher Zukunft ändern wird, sollte man für den Fall der Fälle Badekluft dabeihaben.

Die erstarrten Lahar-Ströme sind wenig widerstandsfähig gegen Erosion. Rund um den Vulkan haben sie eine atemberaubende und surreale Landschaft erschaffen, die erst jetzt wieder teilweise grün wird. Die Flüsse Abacan und Pasig-Potrero haben jeweils Kanäle durch das Sediment gegraben. Dabei sind Schluchten, hängende Täler und mächtige Spitzen aus Lahar-Gestein entstanden.

Bis auf den schweißtreibenden und steilen Aufstieg ganz zum Schluss ist die Wanderung größtenteils nicht sonderlich anstrengend. Dennoch erfordert sie eine gewisse Vorbereitung: Unbedingt genügend Trinkwasser, einen Hut und Sonnencreme mitnehmen! Zudem bekommt man beim Überqueren der kleinen Wasserläufe eventuell nasse Füße.

Schlafen

Alvin's Mt. Pinatubo Guesthouse PENSION $
(Bognot Homestay; 0919 861 4102; www.mt-pinatubo.weebly.com; Sta Juliana; Zi. inkl. Frühstück 500 P;) Die ruhige Pension in einem ländlichen Dorf wird von einem super freundlichen Paar (Alvin und Angie) geleitet. Sie ist Anlaufstelle Nummer eins von Individualreisenden, die ihren Aufstieg zum Krater selbst organisieren wollen. Inmitten von Obstbäumen herrscht hier eine erholsame Atmosphäre. Die einfachen, sauberen Quartiere sind ein Mix aus Schlafsälen und Doppelzimmern. Leckeres, selbst gekochtes Essen wird ebenfalls serviert (100 P).

An- & Weiterreise

Um von Manila aus nach Santa Juliana zu gelangen, eignen sich alle Busse nach Capas im Norden Luzons (mit Ventilator/Klimaanlage 139/180 P). Von dort aus geht's per Riksha direkt zum Ziel (300 P). Oder man nimmt ab Capas ein Jeepney nach Patling (28 P) und dort Riksha nach Santa Juliana (6 P). Busse nach Capas starten auch regelmäßig am Busbahnhof Mabalacat (Dau) in Angeles (50 P, 45 Min.).

Nord-Luzon

Inhalt ➡
Iba & Botolan	124
San Juan (La Union)	127
Ilocos	130
Vigan	130
Laoag	135
Pagudpud & Umgebung	137
Baguio	139
Kabayan	147
Bontoc	154
Banaue	158
Kiangan	164
Baler & Umgebung	166
Tuguegarao	169
Batanes	171

Auf nach Nord-Luzon!

Nord-Luzon lockt furchtlose Entdecker an und ist eine Art Miniversion des ganzen Landes. Herzliche, Buschmesser tragende Bergvölker teilen gern ihren Reiswein mit Besuchern, vor dem blauen Himmel türmen sich Surfwellen auf, weiße Sandstrände werden von blaugrünem Wasser gesäumt, im undurchdringlichen Dschungel verstecken sich zahlreiche nur hier heimische Tiere, in spanischen Kolonialstädten bricht sich das Licht in Muschelfenstern, und einsame Inseln mit ursprünglicher Natur ziehen nur wenige Touristen an.

Die Hauptattraktion für viele Besucher sind die smaragdgrünen Reisterrassen der Cordillera, einer Gebirgskette voller hängender Särge, mumifizierter Ahnen und alter Waldgeister. Die beliebteste Aktivität in der Wildnis ist Trekking, daneben lockt das nördliche Luzon mit Höhlenwanderungen, Mountainbike-Trips und Rafting. Kulturell zeigen sich die Philippinen hier am facettenreichsten, dafür sorgen die Sprachen und Riten der Bergvölker Zambales, Ilocos und Batanes.

Abseits der üblichen Pfade
➡ Sierra Madre (S. 168)
➡ Babuyan Islands (S. 174)
➡ Itbayat Island (S. 176)
➡ Adams (S. 139)

Indigene Kultur
➡ Provinz Kalinga (S. 156)
➡ Sabtang Island (S. 175)
➡ Timbac Caves (S. 149)
➡ Hängende Särge im Echo Valley (S. 150)
➡ Bontoc Museum (S. 154)

Reisezeit
Sagada

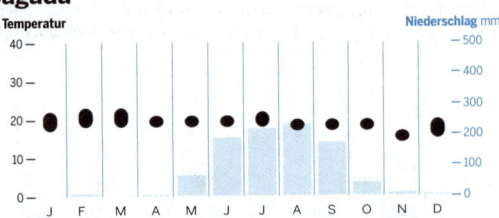

Nov.–Mai Das beste Wetter, das die Philippinen zu bieten haben, zieht jede Menge Besucher an.

April–Juli Große Hitze und wenige Besucher.

Juli–Okt. Die Reisterrassen sind grün, teils gibt es jedoch Taifune.

Sprache

Im nördlichen Luzon werden unzählige Sprachen gesprochen, allein in der Cordillera sind es Dutzende Dialekte. Besonders verwirrend ist der Mix in Kalinga, wo jedes Dorf seinen eigenen Dialekt hat. Die Bewohner der Cordillera verstehen oft eher Ilokano oder Englisch als die Landessprache Tagalog.

Im Flachland sind Tagalog und Ilokano die Hauptsprachen. Letztere ist nicht nur in Ilocos, sondern auch in Cagayan, Isabela und La Union vorherrschend. Verbreitete Dialekte sind außerdem Pangasinan und Sambal, die Sprache der Zambales, während die Einwohner von Batanes Ivatan sprechen.

🛈 An- & Weiterreise

Es gibt regelmäßige Flüge zwischen Manila und Laoag, Tuguegarao sowie Basco (Batanes), zwischen Tuguegarao und Basco, Palalan sowie Maconacon und zwischen Cauayan (Provinz Isabela) und Palalan sowie Maconacon. Klimatisierte Busse verbinden Manila mit größeren Städten in Nordluzon, u. a. sind es komfortable Luxusbusse nach Laoag, Vigan, Pagudpud und Baguio.

Auch die entlegeneren Gegenden von Luzon wie die Cordillera und der Nordosten der Insel werden recht regelmäßig von öffentlichen Verkehrsmitteln angefahren. Abseits der üblichen Straßen ist ein anständiger Geländewagen vonnöten, wobei einige Strecken in der Provinz Kalinga nichts für Zartbesaitete sind. Staus und ein Mangel an Parkplätzen sind in den meisten größeren Städten ein Problem. Autovermietungen findet man in Manila.

ZAMBALES-KÜSTE

Die Zambales-Küste liegt zwischen Stein und kühlem Nass. Bei Ersterem handelt es sich um das raue Massiv Pinatubo, bei Zweiterem natürlich um das Meer mit einigen guten Surfspots, insbesondere rund um Pundaquit und Liwa. Im Sommer wird die 100 km lange Küste oft von starken Regenfällen heimgesucht, im restlichen Jahr locken unbewohnte vorgelagerte Inseln und Strandresorts, die bei Wochenendausflüglern aus Manila beliebt sind.

Pundaquit, Capones Island & Liwliwa

📞 047 / 2670 EW.

Nur eine dreistündige Autofahrt von Manila entfernt können Besucher auf der sanduhrförmigen Capones Island unter dem Sternenhimmel nächtigen. Die Insel ist in 20 bis 30 Minuten mit dem *bangka* (Auslegerkanu) von dem kleinen Fischerdorf Pundaquit aus zu erreichen. In der Regenzeit können keine Boote anlegen, dann müssen Passagiere ans Ufer (und zurück) schwimmen. Die Leihgebühr für ein *bangka* für eine eintägige Inseltour beträgt rund 1300 P.

Ideale Surfbedingungen herrschen von Juli bis Oktober, wobei es bis Februar einen anständigen Wellengang gibt. Von März bis Mai ist das Meer ruhig. Die besten Spots sind die Südseite von Capones Island, Anawangin Cove (südl. von Pundaquit) und San Narciso (7 km nördl. von San Antonio). Anawangin Cove ist nur zu Fuß oder mit dem Boot zu erreichen. Das **Crystal Beach Resort & Campsite** (📞 047-913 4309; www.crystalbeach.com.ph; DZ ab 1550 P) in San Narciso, eine Mischung aus evangelikalem Zufluchtsort und Surfcamp, bietet die beständigsten Wellen von Zambales, einen Surfbrettverleih (200 P/Std.) und Surfkurse (200 P/Std.).

Wunderbar zum Surfen eignet sich auch Liwliwa, ein hübscher Strand mit Vulkan- und Bimsstein südlich von San Felipe, das 5 km nördlich von San Narciso liegt. Dieser Teil Luzons hat sich ein entspanntes Backpacker-Flair bewahren können.

🛏 Schlafen & Essen

In der Nebensaison (Juni–Okt.) fallen die Strandorte in Zambales in einen Winterschlaf, einfache Surfunterkünfte haben dann hingegen Hochkonjunktur.

★ Circle Hostel   HOSTEL $
(📞 0917 861 1929; www.zambales.thecirclehostel.com; Zelt 300 P, Hängematte 350 P, B 450 P) Das alteingesessene, farbenfrohe Backpacker-/Surfer-Hostel in Liwliwa mit dem herzlichen Personal eignet sich bestens, um Kontakte zur jungen Surfgemeinde zu knüpfen. Die günstigen Unterkünfte gibt's zu unterschiedlichen Preisen, wobei die luftigen Schlafsäle mit strohgedeckten Wänden am meisten kosten. Gästen stehen Schließfächer zur Verfügung und die Atmosphäre lädt zu einem längeren Aufenthalt am und im Meer ein.

Kilabot Surfing   STRANDRESORT $
(📞 0930 509 5122; Hütten 800 P) Wer zum Surfen nach Liwliwa gekommen ist und Wert auf Privatsphäre legt, trifft mit diesen einfachen *kubos* (strohgedeckten Hütten) am Strand die richtige Wahl.

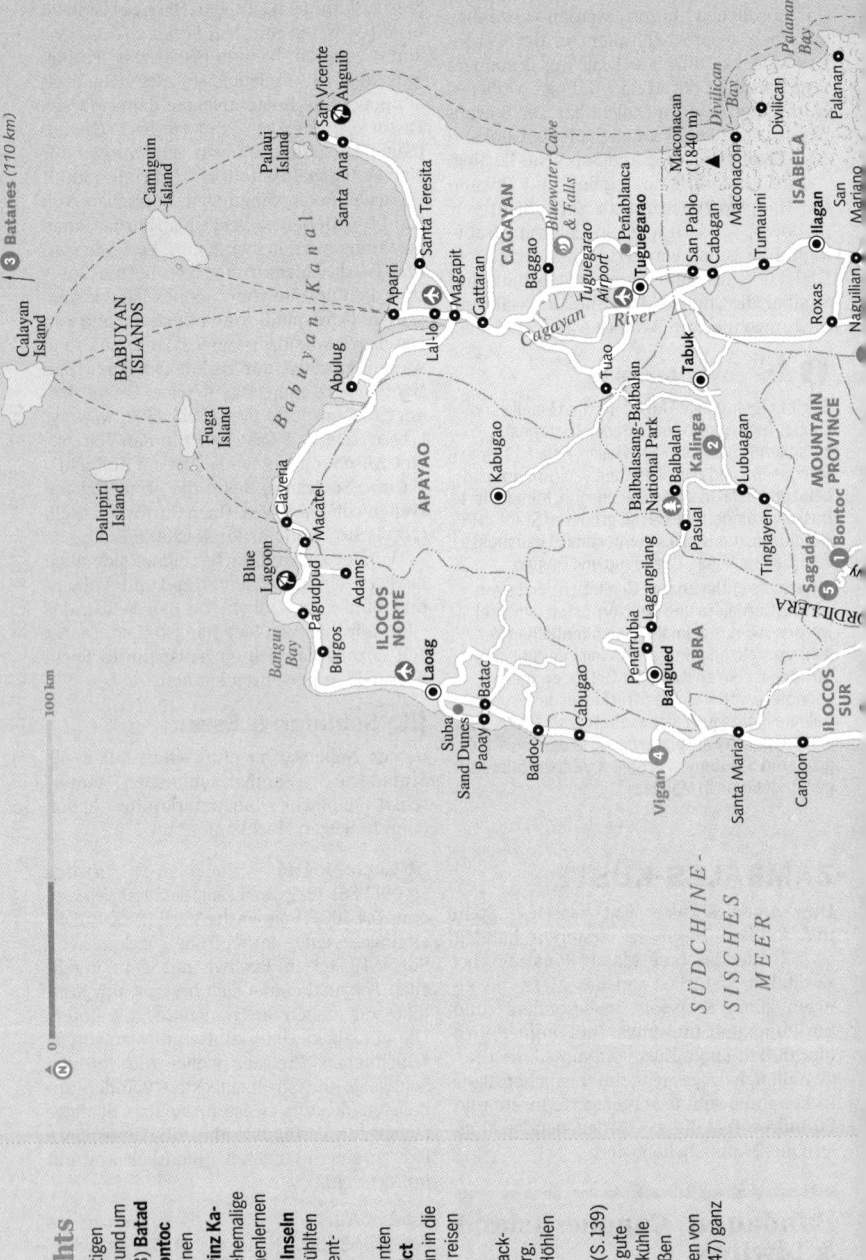

⑧ In **San Juan (La Union)** (S. 127) und **Baler** (S. 166) das Surfen lernen

ABSEITS DER ÜBLICHEN PFADE

LAKE MAPANUEPE

Als der Pinatubo 1991 ausbrach, hinderten Lavaströme den Mapanuepe River daran, aus den Zambales-Bergen abzufließen. Das langsam ansteigende Hochwasser zwang die Bewohner von Aglao und Bajaoen, in die Höhe zu fliehen. Scheinbar unbeeindruckt errichteten die Einheimischen ihre Dörfer am Ufer des neu entstandenen Lake Mapanuepe im Schatten der Zambales Mountains, rund 15 km östlich von San Marcelino.

Die Dörfer sind nur per Boot zu erreichen und sehr ursprünglich. Bis heute sieht man häufig Aeta im traditionellen Lendenschurz.

Mitten auf dem Lake Mapanuepe befindet sich die **versunkene Kirche** von Bajaoen, deren braunes Kreuz unübersehbar aus dem Wasser ragt – ein unheimlicher Anblick.

Täglich verkehren ein oder zwei Jeepneys von San Marcelino nach Aglao (45 Min.), die letzte Abfahrt in Aglao ist allerdings um 12 Uhr. Eine *bangka*-Fahrt vom „Hafen" in Aglao zur versunkenen Kirche kostet rund 800 P.

Alle zwischen Olongapo und Iba verkehrenden Busse halten in San Marcelino.

Norma Beach Resort STRANDRESORT **$$**
(☎ 0910 948 8607, 0918 361 5924; DZ ab 1650 P, Hütten 750 P; ❄ ❄) Die Anlage mit strohgedeckten Strandhütten versteckt sich hinter einer Bambuspalisade an der hübschen Anawangin Cove jenseits von Pundaquit. Die kleinen, günstigen Varianten sind sehr einfach. Auf Anfrage kümmern sich die Betreiber um die Anfahrt per *bangka*.

Mommy Phoebe's Place PHILIPPINISCH **$**
(Hauptgerichte 80–220 P; ◷ 5.30 Uhr–open end) Mommy Phoebe sorgt mit ihrem köstlichen *pansit* (Pfannengericht mit Nudeln), *bagnet* (frittiertem Schweinefleisch) und anderen Leckereien für die Hungrigen und verkauft hochwertige Surfausrüstung.

❶ An- & Weiterreise

In Olongapo oder Manila nimmt man einen beliebigen Bus Richtung Iba, steigt in San Antonio aus und macht sich mit dem Motordreirad ins 4,5 km entfernte Pundaquit (80 P) auf. Wer weiter nach San Felipe fährt, gelangt per Motordreirad nach Liwliwa (50 P).

Iba & Botolan

📞 047 / 101195 EW.

Die benachbarten Städte rund 45 km nördlich von San Antonio bieten sich als Ausgangspunkt für Wanderungen in den Zambales Mountains und für einen Zwischenstopp auf der Durchreise an.

🏃 Aktivitäten

Tapulao WANDERN
Die Hauptwanderroute in der Gegend ist der Aufstieg zum nebelverhangenen Tapulao (High Peak; 2037 m), dem höchsten Berg der Zambales Mountains. Eine 18 km lange Bergbaustraße, die zu Fuß oder mit dem Geländewagen bewältigt werden kann, führt zu einem Punkt, der nur noch einen einstündigen Fußmarsch vom Gipfel entfernt liegt. Sie beginnt im *barangay* (Dorf) Dampay, das man nach einer 40-minütigen Motordreiradfahrt (170 P) ab der Kleinstadt Palauig, 14 km nordwestlich von Iba, erreicht.

🛏 Schlafen & Essen

Bei der Fahrt entlang der Zambales-Küste von Süd nach Nord passiert man jede Menge Strandresorts.

🛏 Botolan

Botolan Wildlife Farm PENSION **$$**
(☎ 0917 829 5478, 0917 734 2206; www.botolan wildlifefarm.com; EZ/DZ 1500/1800 P) Am Fuß der Zambales Mountains betreibt der Schweizer Zoologe Martin Zoller ein Reservat für gerettete Tiere sowie Gästezimmer mit Blick auf die Gehege und Berge. 4 km östlich von einer gut beschilderten Abzweigung am National Hwy, unmittelbar südlich des Zentrums von Botolan, verkehren Motordreiräder (80 P) hierher. Star des Zoos ist ein riesiger Sibirischer Tiger namens Ramses.

Rama Beach Resort STRANDRESORT **$$**
(☎ 0918 910 1280; www.ramabeach.com; DZ 1600 P, Cottages ab 800 P; ❄ ❄) Das Resort unter australischer Leitung an einem ruhigen Strandabschnitt 8 km südlich von Botolan selbst bietet hübsche Unterkünfte und ein einladendes Restaurant mit Bibliothek und Billardtisch. Von Oktober bis Februar nisten hier Schildkröten, und die Betreiber bieten Ausflüge zu Höhlen in der Nähe an.

Iba

Ibas Strandresorts finden sich im *barangay* Bangantalinga, 3 km nördlich der Stadt.

Palmera Garden Beach Resort STRANDRESORT $$
(☏ 0908 503 1416, 047-811 1886; www.palmera-garden.com; Zi. ab 1600 P; ✱ ⚡ ☆) Das Resort unter Schweizer Leitung, 2 km nördlich von Iba, bietet den besten Service der Gegend. Im Restaurant kommen einfache Gerichte wie Currywurst und philippinische Klassiker auf den Tisch. Die Zimmer sind sauber, klimatisiert und wenig atmosphärisch, dafür gibt es Zugang zu einem hübschen Strandabschnitt und einem Pool inmitten blühender Blumen.

❶ An- & Weiterreise

Regelmäßig verkehren Busse von Victory Liner (5–18 Uhr stündl.) von Iba südwärts nach Cubao und Pasay in Manila (389 P, 5–6 Std.) über Olongapo (154 P, 2 Std.) sowie alle 30 Minuten nordwärts nach Santa Cruz (111 P, 1½ Std.).

Nördlich von Iba

Wer Inseltouren unternehmen und am Strand campen möchte, macht sich zur Grenze zwischen den Provinzen Zambales und Pangasinan auf. **Hermana Menor Island** vor Santa Cruz säumt ein malerischer weißer Strand mit anständigen Schnorchelspots vor der Küste. Die Insel befindet sich in Privatbesitz, allerdings organisiert das SeaSun Beach Resort *bangka*-Ausflüge hierher und zur benachbarten **Hermana Mayor Island**.

Potipot Island unmittelbar südlich ist leichter zugänglich und beliebter. Besucher können am weißen Strand zelten. Das SeaSun Beach Resort bietet für 800 P Exkursionen zur Insel.

Das **SeaSun Beach Resort** (☏ 0917 409 3347; www.seasun.com.ph; Barangay Sabang; D/FZ 2000/4000 P; ✱) in Santa Cruz unter dänischer Leitung liegt an einem wunderbar abgeschiedenen Strandabschnitt mit Blick auf Hermana Menor und Hermana Mayor. Die Bandbreite der Unterkünfte reicht von einfachen, kleinen Quartieren mit Ventilator (600 P) bis zu schickeren Zimmern mit Minibars und Satelliten-TV. Das Resort liegt 1,5 km von der Hauptstraße entfernt; einfach der gut beschilderten Abzweigung 2 km südlich von Santa Cruz folgen!

Victory-Liner-Busse verkehren regelmäßig südwärts nach Iba und Olongapo sowie gen Norden nach Alaminos und Lingayen. Tagsüber bedienen nicht klimatisierte Lokalbusse dieselbe Strecke.

GOLF VON LINGAYEN

Die wunderschöne Meeresbucht mit smaragdgrünen Inseln inmitten von azurblauem und türkisfarbenem Wasser dominiert die Küste der Provinz Pangasinan.

Es gibt Schutzprojekte zur Wiederherstellung der Korallenriffe, die durch Dynamit- und Cyanidfischerei stark beschädigt wurden. An der Küste zwischen Bolinao und San Juan (La Union), einem beliebten Surftreffpunkt, gibt es zahlreiche Strandresorts.

Bolinao & Patar Beach

☏ 075 / 74 545 EW.

Bolinao verströmt das Flair totaler Abgeschiedenheit, schließlich liegt es auch in einem abgelegenen Winkel. Je nach Sichtweise wirken die hiesigen Strandorte romantisch einsam oder trist und verlassen.

Patar Beach, ein langer, schmaler Sandstrand zwischen Bolinao und dem *barangay* Patar, 18 km weiter südlich, ist bei Wochenendausflüglern aus Manila beliebt und bietet sich für einen erholsamen Zwischenstopp an. Am besten zum Baden eignet sich der White Beach direkt in Patar, über dem der von den Spaniern errichtete Leuchtturm des Bolinao-Kaps thront.

Sehenswert sind die seltenen *santos* (religiösen Statuen) an der Fassade der **Church of St. James** aus dem 17. Jh. auf der Plaza. Wer sich für die sensible Meeresökologie des Golfs von Lingayen interessiert, für den lohnt sich außerdem ein Besuch des **University of the Philippines Marine Science Institute** (☏ 075-554 2755; www.msi.upd.edu.ph/bml; Eintritt 15 P; ⊙ Mo–Fr 8–17 Uhr). Dort züchten Forscher riesige Korallen produzierende Muscheln, die im Hundred Islands National Park und sogar in Australien und Malaysia angesiedelt werden.

Für eine luxuriöse Übernachtung am Patar Beach bieten sich die schicken Villen und gehobenen Kokosnuss-Hütten mit Meerblick des luxuriösen **Treasures of Bolinao** (☏ 0921 564 2408, 075-696 3266; 2-Pers.-Villa 4000 P; ✱ ☆), 17 km von Bolinao entfernt an einer teils befestigten Straße, an.

Regelmäßig verkehren Busse (55 P), Jeepneys und Kleintransporter (65 P) nach Alaminos (1 Std.).

Je nach Ziel kostet ein Motordreirad zu den Resorts am Patar Beach pro Strecke rund 175 P.

Hundred Islands National Park

075

Der kleine **Nationalpark** (075-551 2145; www.hundredislands.ph) vor der Küste von Aminos, 35 km südöstlich von Bolinao, besteht aus 123 Inselchen. Im Lauf der Jahrhunderte hat der Wellengang den Kalksteingrund einiger Inseln abgetragen, was für eine charakteristische, an Pilze erinnernde Oberfläche sorgt.

Leider wurde den Hundred Islands ihre Popularität zum Verhängnis. Das hiesige Ökosystem ist durch den Tourismus und die Fischerei beschädigt. Die Suche nach einer Insel, deren Korallen nicht durch Dynamitfischerei oder Taifune beschädigt wurden, ist deswegen nicht einfach. Viele Besucher planen für die Inseln einen Tag ein, dabei verdienen sie eine längere Erkundung.

Seit die Stadtverwaltung von Alaminos 2005 die Verwaltung des Parks übernahm, hat sich die ökologische Situation verbessert. Schnellboote spüren illegale Fischer auf, während das University of the Philippines Marine Science Institute in Bolinao die dezimierten Riesenmuscheln, die für die Erholung des Korallenbestandes sorgen, wieder ansiedeln.

Sehenswertes & Aktivitäten

Um in den Park zu gelangen, macht man sich auf in die Stadt Alaminos und nimmt dann ein Motordreirad (50 P) zum Lucap-Kai. Die Eintrittsgebühr ist in der Touristeninformation vor Ort zu entrichten.

Die Inseln INSELN

Die verstreut liegenden 123 grünen Inseln und Inselchen aus Kalkstein sind teils felsig und steinig, andere bieten tolle Strände (auf den beliebtesten ist allerdings Müll ein Problem), ruhige See für Schnorchelausflüge, Höhlen für Entdecker und eine bunte Vogelwelt. Quezon Island, Governor's Island und Children's Island sind die einzigen mit Besuchereinrichtungen, die übrigen sind unbewohnt und quasi verlassen, da sie von einheimischen Touristen verschmäht werden.

Die Strände auf Quezon Island, Governor's Island und Children's Island sind nichts Besonderes, dafür hat **Governor's Island** einen hübschen Aussichtspunkt und **Children's Island** ruhiges, seichtes Wasser, das sich bestens für Kinder eignet.

Cathedral Island zählt zu den abgeschiedensten Inseln und ist für ihre facettenreiche Meeresvogelwelt bekannt. Auf **Marcos Island** kann man sich auf einem 20 m hohen Fels im Klippenspringen versuchen, **Cuenco Island** wird von einer Höhle in zwei Teile geteilt, und das winzige **Martha** ist traumhaft malerisch; der Strand zwischen den zwei Inselchen ist nur während der Flut zu erreichen.

Schlafen & Essen

Besucher können für 200 P überall im Nationalpark zelten. Auf Quezon Island gibt es sechs einfache Nipa-Hütten für zwei Personen (300–1100 P) ohne Strom, auf Governor's Island eine Pension (5000 P) für acht bis zehn Gäste mit Klimaanlage zwischen 18 und 6 Uhr (dann ist Strom verfügbar). Essen und andere Versorgungsgüter müssen selbst mitgebracht werden. Für Reservierungen und die Bezahlung ist das Büro des Hundred Islands National Park in Lucap zuständig.

Besucher, die nicht auf den Inseln übernachten, wählen in der Regel Lucap als Ausgangsbasis. Mehrere Pensionen und Hotels mit angeschlossenen Restaurants säumen die Küstenstraße beim Kai.

Island Tropic HOTEL $$
(0906 469 7888, 075-551 4913; www.islandtropichotel.com; DZ/FZ 1600/2400 P;) Motel-ähnliche Anlage mit luftigem Restaurant im oberen Stock und einem Block mit geräumigen Einzimmerapartments (ohne Küche). WLAN ist nur im Restaurant verfügbar.

> **BOOTE ZU DEN HUNDRED ISLANDS**
>
> Ein Standardboot zu den Inseln kostet 800 P für bis zu fünf Personen und fährt nach Quezon Island, Children's Island und Governor's Island; die Passagiere bestimmen, auf welcher Insel sie am meisten Zeit verbringen möchten, die anderen werden nur kurz besucht. Wer hingegen ein Service-Boot (1400 P) chartert, kann die anzusteuernden Inseln und die Zeit, die er dort verbringen möchte, selbst festlegen.
>
> Boote verkehren von 6 bis 17.30 Uhr.

Maxine By the Sea   HOTEL $$
(☏ 075-696 0964; www.maxinebythesea.com; DZ/FZ 2110/4020 P; ❄☎) Das Maxine ist kaum zu übersehen, dafür sorgt seine klobige Fassade am Meer. Hinter dieser verbergen sich einige hübsche, dezent eingerichtete Zimmer, zuverlässige Warmwasserduschen und Kabelfernsehen. Das Restaurant ist das Beste an der Boulevard St; die Spezialität des Hauses, *kinilaw* (Ceviche) mit Kalmar und fangfrischen Fisch, ist den zu ambitionierten Gerichten vorzuziehen.

❶ Praktische Informationen

Die BDO (Banco de Oro), BPI (Bank of the Philippine Islands) und Metrobank in Alaminos haben Geldautomaten, zudem gibt es ein paar Internetcafés.

Hundred Islands National Park Office (☏ 075-203 0917, 075-551 2505; www.hundredislands.ph; ⏲24 Std.) Das Büro liegt nahe dem Pier in Lucap. Hier können Besucher Park- (40 P/Tag, 80 P/Nacht) und Campinggebühren entrichten, Bootsfahrten, Kajakausflüge, „Snuba"-Tauchgänge (Teilnehmer sind durch einen 12 m langen Schlauch mit einem Tank an der Wasseroberfläche verbunden) und Gleitschirmflüge buchen und sich über die offiziellen Leihgebühren für *bangkas* informieren.

❶ An- & Weiterreise

Five Star und Victory Liner verkehren regelmäßig von Alaminos nach Pasay, Manila (einfach/klimatisiert 380/490 P, 5½ Std.) und Santa Cruz (180 P, 2 Std.), wo Anschluss nach Olongapo besteht. Victory Liner schickt außerdem Busse nach Baguio (230 P, 4 Std., 3-mal tgl.).

Vom Zentrum von Alaminos gelangt man per Motorreirad (50 P, 5 km) in zehn Minuten zu den Resorts von Lucap.

Nach Bolinao fahren regelmäßig Jeepneys (45 P), Busse (55 P) und klimatisierte Kleintransporter (65 P).

San Fernando (La Union) & Umgebung

☏ 072 / 114 963 EW. / VERKEHRSKNOTENPUNKT

Bei der Fahrt die Westküste von Luzon hinauf passiert man San Fernando (La Union), ein kompaktes, staugeplagtes Konglomerat von Straßen, das kaum zum Verweilen einlädt.

❶ An- & Weiterreise

Partas (☏ 072-242 0465; Quezon Ave) bedient Manila (550 P, 7 Std., stündl.), Pagudpud (620 P, 7 Std.), Laoag (420 P, 5 Std.) und Vigan (280 P, 3 Std.). Günstigere Standardbusse verkehren regelmäßiger von der Haltestelle an der Quezon Ave gegenüber dem zentralen Platz nach Laoag und Vigan.

Zweimal stündlich fahren Kleinbusse von der Governor Luna St nach Baguio (80 P, 1½ Std.).

Jeepneys nach Bauang und San Juan (18 P) verkehren entlang der Quezon Ave.

Reisende mit dem Ziel Dagupan, Lingayen oder Zambales-Küste fahren am besten mit einem beliebigen Bus Richtung Manila bis zur Abzweigung Damortis gen Rosario, steigen aus und warten dort auf einen Bus oder nehmen eines der wartenden Motordreiräder nach Dagupan (350–400 P).

San Juan (La Union)

☏ 072 / 35 098 EW.

Willkommen im Surferparadies! Die meisten Besucher lockt das *barangay* Urbiztondo in San Juan, ein unauffälliger Strandort 6 km nördlich von San Fernando. Von November bis März gibt es dort den beständigsten Wellengang des Landes. In der Saison bietet eine ganze Legion braungebrannter Surflehrer Anfängern auf perfekten Wellen Kurse, die zu den günstigsten der Welt zählen (400 P/Std.).

Unterkünfte in Urbiztondo vermitteln Surflehrer, dort kann man zudem Bretter ausleihen (200 P/Std.). Den besten Surfspot für Anfänger findet man in der Regel beim „Zementwerk" in Bacnotan, 6 km nördlich von San Juan. Tendenziell größere Wellen bieten Urbiztondos Beach Break und der benachbarte Mona Lisa Point. Auch die weiter entfernten Spots Cartile Point und Darigayos sind beliebt.

🛏 Schlafen

Surfinteressierte Besucher übernachten in der Regel im *barangay* Urbiztondo, einem Küstenabschnitt 3,5 km südlich von San Juan, während das winzige *barangay* Montemar, 1 km nördlich von San Juan, mit einigen exklusiveren Unterkünften aufwartet.

🛏 Brgy. Urbiztondo

★ **Circle Hostel**   HOSTEL $
(☏ 0917 832 6253; www.launion.thecirclehostel.com; Hängematte 350 P, B 450 P) In dem farbenfrohen, entspannten Hostel fühlt man sich fast wie bei Freunden. Nach einem Tag auf dem Surfbrett warten gesellige Entspannung auf Sitzsäcken im Aufenthaltsbereich und das wunderbare Personal – hier bleiben viele länger als geplant. Genächtigt wird in luftigen, strohgedeckten Schlafsälen mit

San Fernando (La Union) & Umgebung

🛏 Schlafen
- 1 Awesome Hotel D1
- 2 Circle Hostel C3
- 3 Final Option D1
- 4 Flotsam and Jetsam Hostel C2
- 5 Little Surfmaid C2
- 6 San Juan Surf Resort C3

🍴 Essen
- 7 Angel & Marie's C3
- 8 Gefseis C3

🍸 Ausgehen & Nachtleben
- 9 El Union C3

🚌 Transport
- 10 Busse nach Vigan und Laoag B2
- 11 Jeepneys nach Bauang und San Juan B1
- 12 Minibusse nach Baguio B2
- 13 Partas B1

Moskitonetzen oder in Hängematten. Die Mitarbeiter organisieren Surfkurse, verleihen Bretter und veranstalten gelegentlich Wanderungen und Trips zu Wasserfällen.

★ Flotsam and Jetsam Hostel   HOSTEL $
(☎0917 802 1328; www.flotsamandjetsamhostel.com; ❄️🛜🏊) Künstler-Dekor macht dieses mit Surfbrettern gespickte Hostel am Strand aus. Hier legen Gäste gern spontane Gitarren-Jam-Sessions ein, und die strohgedeckte Bar zieht auch in der Nebensaison viele braungebrannte Surfer an. Zur Wahl stehen ein Schlafsaal mit strohgedeckten Wänden und Ventilator, eine „Meeressuite" und ein umgebautes Wohnmobil. Der „Spicy Nikki" des hiesigen Spirituosenmeisters hat's in sich.

Little Surfmaid   STRANDRESORT $$
(☎072-888 5528; www.littlesurfmaidresort.com; Zi./Suite ab 2500/3900 P; ❄️🛜) Das Hotel unter dänischer Leitung direkt oberhalb des beliebtesten Surf-Breaks bietet eine hohes Service-Niveau und eines der besten Restaurants am Strand. Die Strandsuiten mit zwei Zimmern und Balkonen mit Blick auf den Mona Lisa Point sind ihren Preis wert, die Standarddoppelzimmer eher nicht. Außerhalb der Saison ist das Resort praktisch wie ausgestorben.

San Juan Surf Resort   STRANDRESORT $$
(☎072-687 9990, 0917 887 5470; www.sanjuansurfresort.com.ph; DZ/4BZ mit Klimaanlage ab 1800/2600 P, 2-Pers.-Villas 1800 P; ❄️🛜) Die Anlage unter Leitung des Australiers Brian Landrigan, der bereits 25 Jahre in der Gegend lebt, hat sich zu einem gehobenen Surferdorf entwickelt, dessen Bandbreite von spartanischen Standardzimmern über Villen für mehrere Personen bis hin zu Deluxe-Quartieren reicht. Das strohgedeckte Restaurant mit Strandblick ist beliebt, und die professionell organisierten, mehrtägigen Surfpakete sind sehr zu empfehlen.

🛏 Brgy. Montemar

Final Option   STRANDRESORT $$
(☎072-888 2724, 0929 448 5505; www.finaloptionbeach.com.ph; Zi./Suite 2200/3800 P; ❄️🛜🏊) Der Name verheißt nichts Gutes, dabei überzeugt das Resort unter deutscher Leitung nördlich von San Juan mit sauberen Apartments und Bungalows, entspanntem Urlaubsflair, einem eindrucksvollen Pool und anständiger deutscher Küche (Schweineschnitzel, Wiener Würstchen, Kartoffelsalat, etc.).

Awesome Hotel   HOTEL $$$
(319 Eagle St; Zi. ab 4000 P; ❄️🛜🏊) Normalerweise sind Einrichtungen mit einem solch selbstverliebten Namen nicht vertrauenswürdig, doch das „Großartige Hotel" wird seinem Namen zweifellos gerecht. David und Grace sind liebenswürdige Gastgeber, die Bäder modern und geräumig, die geschmackvollen Zimmer mit bequemen Doppelbetten ausgestattet und die Meerblicke von den oberen Etagen grandios.

🍴 Essen & Ausgehen

Alle Resorts haben hauseigene Restaurants, meist von ordentlicher Qualität. In Urbiztondo gibt es ein paar eigenständige Lokale.

★ Angel & Marie's   PHILIPPINISCH $$
(☎0920 836 4232; Hauptgerichte 80–199 P; ⊙Mo–Fr 18–21, Sa & So 7.30–21 Uhr) Das wunderbare, kleine Restaurant mit Strohdach mitten in Urbiztondo erfreut sich wegen seiner Bananenpfannkuchen und des Thunfisch-*kinilaw* (Ceviche) einer treuen Anhängerschaft. Bei guten Surfbedingungen schließt es am Wochenende.

Gefseis   GRIECHISCH $$
(Hauptgerichte 140–300 P; ⊙Di–So 10.30–22.30 Uhr; 🛜) Die authentische griechische Taverne lockt Surfer mit Köstlichkeiten wie

Moussaka, Pastitsio und großzügigen Souvlaki-Tellern.

El Union CAFÉ
(Kaffee 90 P; ⊙ Di–Fr 13–21, Sa & So 8–21 Uhr) Das winzige Café versorgt Surfer mit Koffein, dicken Sandwiches und großartigem Kuchen aus der Pfanne.

❶ An- & Weiterreise

Mehrmals am Tag kommen klimatisierte, nach Norden verkehrende Partas-Busse auf dem Weg nach Laoag, Vigan und Pagudpud hier vorbei; die nach Süden fahren nach Manila und Baguio. Regelmäßig verkehren Jeepneys zwischen San Juan und San Fernando (18 P).

ILOCOS

Vigan

☎ 077 / 49 747 EW.

Vigan, eine der ältesten Städte der Philippinen, wirkt mit seinen Villen aus dunklem Holz, den Kopfsteinpflasterstraßen und ratternden *kalesa* (Kutschen) wie ein spanischer Kolonialort aus dem Bilderbuch. Das ist jedoch nur eine Seite der UNESCO-Welterbestätte. Vigan ist zweifellos das hübscheste erhaltene Beispiel einer spanischen Kolonialstadt in Asien, jenseits der gepflegten (vorwiegend verkehrsberuhigten) Crisologo St und der umliegenden Blocks präsentiert es sich jedoch typisch laut und philippinisch. Für Besucher attraktiv sind vor allem die Ecken lebendiger Geschichte, wo der Duft frisch gebackener *empanadas* an Antiquitätenläden, Töpfereikooperativen und Capiz-Muschel-Fenstern vorbeizieht.

Geschichte

Aufgrund seiner Lage nahe der Mündung des Govantes River in das Südchinesische Meer war Vigan ein wichtiger Punkt an der Seidenstraße, die China, den Nahen Osten und Europa miteinander verband. In dem florierenden Handelsposten wurden Gold, Holz und Bienenwachs gegen Waren aus der ganzen Welt getauscht, während sich chinesische Siedler unter die Einheimischen mischten.

1572 übernahm der spanische Eroberer Juan de Salcedo (der Enkel von Miguel Lopez de Legazpi, einem der ersten Konquistadoren) die Kontrolle über den betriebsamen internationalen Hafen. Er wurde zum stellvertretenden Gouverneur der Region Ilocos und Vigan zum politischen, religiösen und wirtschaftlichen Zentrum des Nordens. Aufstände der Mestizen führten zu großen Spannungen, und Vigan entwickelte sich zu einem Nährboden des Widerstands gegen Spanien. 1762 nahm Diego Silang die Stadt ein und ernannte sie zur Hauptstadt eines unabhängigen Ilocos. Nach der Ermordung Silangs (die Spanier bestachen Silangs Freund Miguel Vicos, der ihn rücklings erschoss) übernahm seine Frau Gabriela Silang die Kontrolle und war damit die erste Frau, die eine Revolte auf den Philippinen anführte. Sie wurde jedoch gefangengenommen und auf dem Marktplatz gehängt.

Die Stadt blieb im Zweiten Weltkrieg von der Zerstörung verschont. Japanische Truppen flohen damals vor der amerikanischen Luftwaffe, die sich in letzter Sekunde gegen die flächendeckende Bombardierung Vigans entschied.

⊙ Sehenswertes

Die zwei großen Plätze Vigans liegen in direkter Nähe zueinander am Nordende der Stadt: Die Plaza Salcedo wird von der St. Paul Cathedral dominiert, während auf der belebteren Plaza Burgos Einheimische gern spazieren gehen und verweilen. Der historische Mestizo District konzentriert sich auf die nahe gelegene Crisologo St. Bei der wichtigsten Handelsstraße handelt es sich um die südlich zum öffentlichen Markt verlaufende Quezon Ave, die stark von Motordreirädern frequentiert wird.

★ Mestizo District HISTORISCHES VIERTEL
Die Straßen des Mestizo District oder Kasanglayan („wo die Chinesen leben") werden von der Plaza Burgos und dem Liberation Blvd begrenzt und von der wunderschön erhaltenen Crisologo St zweigeteilt. Bei einer Entdeckungstour wartet ein Gewirr aus altehrwürdigen Häusern und Kolonialbauten auf Besichtigung. Die wunderschönen, architektonisch einzigartigen Gebäude verbinden zwei großartige Stilrichtungen miteinander, die chinesische und die spanische. Letztere prägten Vigans Kolonialherren, Erstere Händler, die sich vor Ort ansiedelten, Einheimische heirateten und im 19. Jh. die Elite der Stadt stellten.

Tatsächlich reichen die Begriffe spanisch und chinesisch jedoch nicht aus, um die Architektur der Stadt zu beschreiben. Spanien ist von wechselseitigen Einflüssen aus Mexiko, der Karibik und Nordafrika geprägt. Von diesen zeugen luftige Veranden, grüne Innenhöfe und schmiedeeiserne Balkone. Asien steuerte dunkle Holzelemente, glänzende Böden, Schiebefenster aus Capiz-Muscheln und *ventanillas* (belüftete Wände) bei.

In den meisten Herrenhäusern hat das Erdgeschoss Steinwände und ist für die Lagerung bzw. Arbeit vorgesehen, während der 1. Stock aus Holz gestaltet und mit seiner großen, luftigen *sala* (Wohnraum) als Wohnbereich dient. Die Fenster aus Capiz-Muscheln sind so hoch wie die Türen, und die breiten Fensterbänke laden zu einer Siesta ein. Die Capiz-Muschel stammt aus den Küstengewässern der Philippinen, kam im 16. Jh. in Mode, da sie günstiger war als Glas und Taifunwinden und Regen widersteht, und sorgt für romantisches Licht.

Ein paar Villen wurden in B&Bs oder Museen umgewandelt, beim Großteil handelt es sich jedoch um Privathäuser. Zwei bemerkenswerte Exemplare sind das Quema House mit Originalmöbeln und -dekor sowie die Syquia Mansion am Quirino Blvd, das einstige Ferienhaus von Elpidio Quirino; der sechste Präsident der Philippinen wurde im Provinzgefängnis in der Nähe geboren. Dabei handelt es sich um eines der am besten erhaltenen historischen Häuser, das dem Betrachter einen Eindruck vom traditionellen Interieur einer chinesisch-spanischen Villa aus dem späten 19. Jh. vermittelt.

St. Paul Cathedral KIRCHE
(Burgos St; 6–21 Uhr) Die Kirche wurde im „erdbebensicheren Barockstil" (dicke Wände, massiv) errichtet, nachdem das Vorgängermodell von zwei Beben 1619 und 1627 beschädigt worden war. Den Bau der ursprünglichen strohgedeckten Holzkirche 1574 soll Salcedo persönlich beaufsichtigt haben. Die Kommunionsbalustrade aus Messing wurde in China hergestellt, und am Übergang zum Gebäude sind blasse chinesische Schriftzeichen zu sehen. Der achteckige Grundriss soll auf Elementen des Feng Shui beruhen.

Museo San Pablo MUSEUM
(Eintritt 15 P; Di–So 9–12 & 14–17 Uhr) Das Museo San Pablo in der St. Paul Cathedral ist ein guter Ort, um alte *santos* (religiöse Statuen) zu bewundern. Lohnend ist die wunderbare alte Fotosammlung eines deutschen Apothekers, der Ende des 19. Jhs. ein paar Jahre in Vigan lebte.

Magic Fountain SPRINGBRUNNEN
(Plaza Salcedo; 19.30 Uhr) In der Hauptsaison gibt es am Springbrunnen auf der Plaza Salcedo jeden Abend um 19.30 Uhr eine Musik-&-Licht-Show. Der Betrachter fühlt sich schnell an Freddie Mercury und Montserrat Caballé erinnert, die „Barcelona" schmettern.

Padre José Burgos National Museum MUSEUM
(Ayala Museum; Burgos St; Eintritt 20 P; Di–So 8.30–11.30 & 13.30–16.30 Uhr) Das Padre José Burgos National Museum ist im einstigen Wohnsitz von Pater José Burgos von 1788 untergebracht. Dieser zählt zu den drei Märtyrer-Priestern, die 1872 von den Spaniern hingerichtet wurden. Zu sehen ist eine umfangreiche Sammlung von Ilokano-Artefakten, darunter eine Serie mit 14 Bildern des regional bekannten Malers Don Esteban Villanueva, die die Basi-Revolte von 1807 zeigt. Zu den Exponaten gehören außerdem Webarbeiten, Tingguian- bzw. Itneg-Schmuck, Musikinstrumente, Keramik, Fotos von Osterumzügen und kunstvolle Möbel.

Töpfereien KUNSTHANDWERK
(Gomez St) Vor Ankunft der Spanier führten chinesische Siedler eine noch immer existierende Töpfereiindustrie ein. Auf der Gomez St nahe der Ecke mit dem Liberation Blvd gibt es einige Keramikfabriken, die besichtigt werden können. Eindrucksvoll ist der 50 m lange Brennofen von **RG Jar** aus dem Jahr 1823, der eine Kapazität von fast 1000 Gefäßen hat. Hiesige Töpfer lassen Besucher gern eigene unförmige Arbeiten an der Töpferscheibe formen. Im Anschluss bietet sich der Kauf eines Keramiksouvenirs an.

Die *burnay* (Tonkrüge), die man vor Ort herstellt, werden zur Fermentierung von *basi* (Zuckerrohrwein) und *bagoong* (Fischpaste) genutzt, dienen jedoch vor allem als Dekoelemente in Häusern und Gärten.

Webereien KUNSTHANDWERK
Vigans Webereien sind bekannt dafür, aus *abel*, einem vor Ort hergestellten Baumwollstoff, von Hand Schals, Tischdecken, Taschentücher und *barong* (traditionelle philippinische Hemden) zu produzieren. Im *barangay* Camanggaan eine nur zehnminütige Motordreiradfahrt südöstlich von Vigan kann man in der **Rowilda's Weaving Factory**, die in einem einfachen Haus untergebracht ist, sowie bei der benachbarten Fabrik **Cristy's Loom Weaving** *abel*-Webern bei der Arbeit zusehen.

Hochwertige *binakol* (Decken), darunter einige alte Exemplare aus der Provinz Abra in der Nähe, verkaufen **Mira Furniture** und viele Geschäfte an der Crisologo St.

Vigan

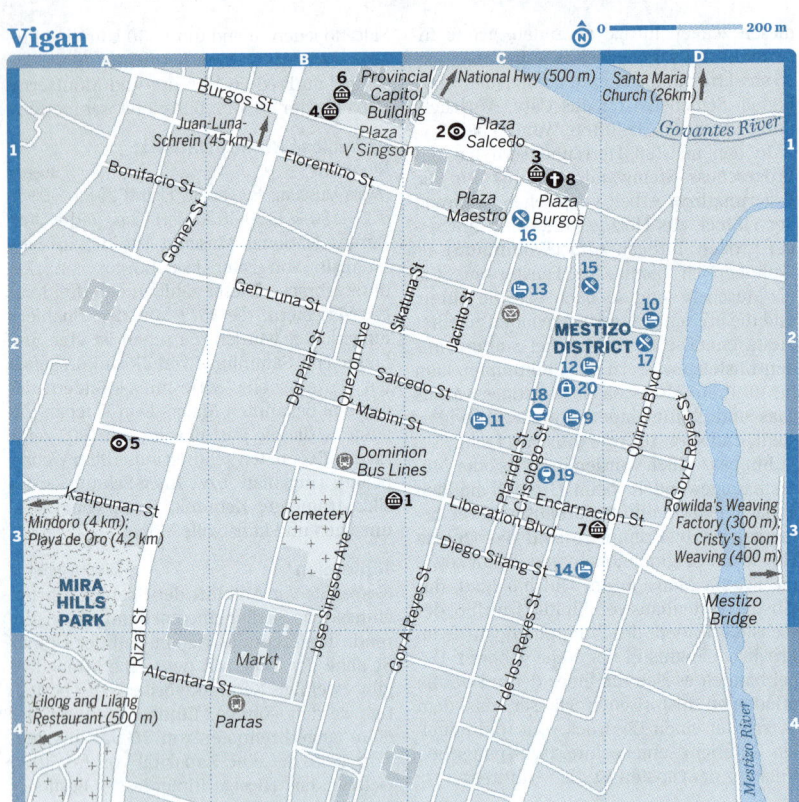

Crisologo Museum MUSEUM
(Liberation Blvd; Eintritt gegen Spende; ⊗8.30–11.30 & 13.30–16.30 Uhr) Die Crisologos, Vigans bedeutendste politische Dynastie, haben ihren altehrwürdigen Wohnsitz in einen bizarr-fesselnden Familienschrein verwandelt. Neben mäßig interessanten Familienfotos, persönlichen Gegenständen, historischen Möbeln und einer eindrucksvollen Sammlung indigenen Kopfschmucks gibt es die blutbefleckten Hosen von Floro Crisologo, der 1972 ermordet wurde, und den alten Chevy, in dem Gouverneurin Carmeling Crisologo 1961 ein Attentat überlebte, zu sehen.

Feste & Events

Vigan Town Fiesta KULTUR
In der dritten oder vierten Januarwoche feiert die Stadt ihren Schutzpatron Paulus von Tarsus mit einem Umzug, musikalischen Darbietungen, Schönheitswettbewerben und kulturellen Vorführungen.

Kannawidan Ylocos Festival KULTUR
Das Fest Ende Januar ist den kulturellen Highlights von Ilocos Sur gewidmet, von traditioneller Kleidung und Volkstanz über Stammesrituale bis hin zu Blaskapellenwettbewerben.

Viva Vigan Festival of the Arts KULTUR
In der ersten Maiwoche wird das kulturelle Erbe der Stadt prachtvoll gefeiert. Zum Programm gehören Straßentänzer, eine Modenschau, ein *kalesa*-Umzug und natürlich jede Menge Essen.

Schlafen

Von Juni bis Oktober sinken die Preise um rund 20%.

Hem Apartelle PENSION $
(☏077-722 2173; 32 Governor A. Reyes St; DZ 700 P; ❄☎) Eine hochherrschaftliche Bleibe darf man hier nicht erwarten, vielmehr ist die klimatisierte Pension vor allem günstig. Die

Vigan

Sehenswertes
1. Crisologo Museum B3
2. Magic Fountain.. C1
3. Museo San Pablo C1
4. Padre José Burgos National Museum B1
5. Töpfereien.. A3
6. Provinzgefängnis................................... B1
7. Quema House C3
8. St. Paul Cathedral................................. C1

Schlafen
9. Gordion Inn C2
10. Grandpa's Inn D2
11. Hem Apartelle C2
12. Hotel Luna... C2
13. Hotel Veneto de Vigan......................... C2
14. Villa Angela C3

Essen
15. Cafe Leona C2
    Cafe Uno ....(siehe 10)
16. Imbissstände.. C1
17. Uno Grille... D2

Ausgehen & Nachtleben
18. Coffee Break Vigan C2
19. Legacy... C3

Shoppen
20. Rowilda's C2

Praktisches
Ilocos Sur Tourism Information Centre ....(siehe 15)

Zimmer sind gefliest und nichtssagend, dafür gibt es Fernseher sowie saubere Bettwäsche, saubere Böden und saubere Sitztoiletten.

★Villa Angela HISTORISCHES HOTEL $$
(☏0919 315 6122, 077-722 2914; www.villangela.com; 26 Quirino Blvd; DZ/4BZ ab 2000/3200 P; ❋🛜) Das über 130 Jahre alte Hotel hat sich seinen altehrwürdigen Charme durch und durch bewahrt. Die geräumigen Zimmer, das wunderbare altertümliche Interieur mit hölzernen Harfen und breiten Himmelbetten aus *nara*-Holz sowie die Lounge im Kolonialstil waren Tom Cruise und Willem Dafoe 1989 während des Drehs von *Geboren am 4. Juli* in der Nähe als Bleibe gut genug.

Grandpa's Inn HOTEL $$
(☏077-674 0686; 1 Bonifacio St; DZ/FZ ab 750/2680 P; ❋🛜) Das Grandpa's überzeugt mit einer großen Auswahl von Unterkünften, darunter günstige Doppelzimmer mit Ventilatoren und solider Qualität. Alle Quartiere haben Backsteinwände, Fenster aus Capiz-Muscheln, Holzbalken, Antiquitäten und rustikales Flair; in einigen nächtigen Gäste in einer *kalesa*. Negativ ins Gewicht fallen die winzigen Bäder und der Straßenlärm – Ohrstöpsel sind sehr zu empfehlen.

Gordion Inn HOTEL $$
(☏077-674 0288, 077-722 2526; reservation@vigangordionhotel.com; Ecke V de los Reyes St & Salcedo St; EZ/DZ/Suite ab 2500/2800/7000 P; ☕❋🛜) Das B&B in Hellblau und Gelb beherbergt schicke, geräumige Zimmer (denen ein paar Ablageflächen und Kleiderhaken gut täten). Das Frühstücksbüfett ist eine gute Einführung in philippinische Küche.

Hotel Veneto de Vigan HOTEL $$
(☏077-674 0938; www.hotelvenetodevigan.com; Ecke Bonifacio St & Governor A Reyes St; DZ/FZ ab 2410/6900 P; ❋🛜) Hinter der renovierten Fassade dieses historischen Holzgebäudes verstecken sich helle, freundliche, moderne Zimmer mit besonders bequemen Betten und glänzenden Böden. Die Treppen sind teils sehr steil, dafür gibt es Pluspunkte für das wunderbar freundliche Personal und das farbenfrohe Wandbild in der Lobby.

★Hotel Luna BOUTIQUEHOTEL $$$
(☏077-632 2222; www.hotelluna.ph; Ecke V de los Reyes & General Luna St; DZ/Suite ab 5000/11 000 P; ❋🛜🏊) Das eindrucksvollste Hotel der Stadt ist in einem Herrenhaus aus dem 19. Jh. mit Steinwänden, Holzparkett, Kristallleuchtern sowie Gemälden und Skulpturen des philippinischen Künstlers Juan Luna untergebracht. Die Standardzimmer sind kompakt, mit Teppich ausgelegt und ruhig. Besonders schön ist die Loft-Suite mit zwei Ebenen, freistehender Badewanne und Regendusche. Das elegante Restaurant Comedor serviert fantastische Ilokano-Gerichte.

✕ Essen & Ausgehen

Die Ilocos-Region ist für ihre Küche bekannt. Zu den hiesigen Spezialitäten zählen *pinakbet* (gemischte Gemüsepfanne), *bagnet* (frittierte Schweinshaxe) und *poqui-poqui* (Gericht mit gebratener Aubergine).

★Lilong and Lilang Restaurant ILOKANO $
(☏077-722-1450; www.hiddengardenvigan.com; Barangay Bulala; Hauptgerichte 40–120 P; ⊙12–21

> **NICHT VERSÄUMEN**
>
> ## NÖRDLICH & SÜDLICH VON VIGAN
>
> **Santa Maria Church** Die massive Barockkirche 38 km südlich von Vigan (1769), eine UNESCO-Weltkulturerbestätte, ist einzigartig. Mit ihrer imposanten Backsteinfassade thront sie allein auf einem Hügel – nicht auf dem zentralen Platz wie die meisten spanischen Kirchen – und überblickt die Stadt Santa Maria, was ihr ein Alamo-Flair verleiht. Es ist nicht schwer zu erraten, warum sie 1896 während der Philippinischen Revolution als Festung genutzt wurde.
>
> **Juan-Luna-Schrein** (www.nhcp.gov.ph; Di–So 8–17 Uhr) In Badoc, auf halbem Weg zwischen Vigan und Laoag, lohnt sich ein Besuch des restaurierten Familiensitzes von Juan Luna, dem wohl größten Maler der Philippinen. Der sachkundige Kurator klärt Besucher über die Familiengeschichte und den Kontext der Bilder auf. Alle nach Laoag verkehrenden Busse passieren Badoc; das Museum liegt in der Nähe der Kirche Virgen Milagrosa.

Uhr) Das Restaurant mit Schilfdach und jeder Menge Pflanzen liegt mitten in einer Art Gärtnerei samt Mini-Naturlehrpfad. Auf den Tisch kommen Ilokano-Gerichte wie *empanada* nach Vigan-Art, *poqui-poqui*, *warek-warek* (Schweineinnereien mit Mayonnaise), konventionelleres *bagnet* und *pinakbet* sowie riesige Frucht-Shakes.

Imbissstände SNACKS $
(Plaza Burgos; Snacks 50 P) Günstige Ilokano-Snacks verkaufen die Imbissstände an der Florentino St entlang der Plaza Burgos. Zur Auswahl stehen ortstypische *empanadas* mit einer Füllung aus Kohl, grüner Papaya und *longganisa* (Wurst), *okoy* (Garnelenomeletts) und *sinanglao* (Rindersuppe).

Uno Grille BARBECUE $$
(Bonifacio St; Hauptgerichte 120–220 P) Das Restaurant in einem Hinterhof steht unter der Leitung des Grandpa's Inn auf der anderen Straßenseite und richtet sich an ausgesprochene Fleischliebhaber. Zur Auswahl stehen in erster Linie Grillgerichte. Die superzarten Schweinekarrees, verfeinert mit Fünf-Gewürze-Pulver, sind einfach traumhaft.

Cafe Uno ILOKANO $$
(1 Bonifacio St; Hauptgerichte 90–150 P; 9–23.30 Uhr;) Das Café ist an das benachbarte Grandpa's Inn angeschlossen und hat eine treue einheimische Stammkundschaft, vor allem dank *longganisa* und *bagnet* nach Vigan-Art. Auch die Shakes und Kuchen sind einen Versuch wert.

Cafe Leona PHILIPPINISCH, INTERNATIONAL $$
(Crisologo St; Gerichte 120–290 P; 12–22 Uhr) Das beliebte Lokal mit Tischen an der Crisologo St versucht mit seiner abwechslungsreichen Speisekarte mit italienischen, chinesischen, japanischen und philippinischen Spezialitäten jeden Geschmack zu bedienen, am besten sind jedoch die Ilokano-Gerichte wie *bagnet*. Negativ ins Gewicht fallen die Plastikmöbel im Innenhof und die angeschlossene Karaokebar unter freiem Himmel, aus der Lärm herüberdringt.

Legacy CLUB
(Crisologo St; 19 Uhr–open end) Das Legacy repräsentiert das Nachtleben im konservativen Vigan. Das Innere erinnert an eine New Yorker Lounge, die versehentlich in Ilocos gelandet ist. Dröhnende Bässe und Elektromusik schallen durch die Wände. Bei der Lady's Night am Mittwoch bekommen weibliche Gäste ein Gratisbier, freitags und samstags sorgen hiesige DJs für Stimmung.

Coffee Break Vigan CAFÉ
(3 Salcedo St; 10–22 Uhr) Das niedliche, kleine Café sorgt mit seinem Frappuccino für wunderbare Erholung von der Hitze. Die Pasta mit Pesto ist ebenfalls gut.

Shoppen

Antiquitäten- und Textilgeschäfte säumen beide Seiten der Crisologo St. Verhandlungsgeschick wird mit recht guten Schnäppchen belohnt.

Rowilda's KUNSTHANDWERK
(Crisologo St) Viele Souvenir- und Antiquitätenläden an der Crisologo St verkaufen *abel*-Webarbeiten aus dem *barangay* Camanggaan. In diesem Geschäft ist die Auswahl besonders gut.

Praktische Informationen

Viele Internetcafés und Banken mit Geldautomaten sammeln sich an der Quezon Ave.
Ilocos Sur Tourism Information Centre
(077-722 8520; www.ilocossur.gov.ph; 1

Crisologo St; ⊗8–12 & 13–17 Uhr) Im Familiensitz der Dichterin Leona Florentino untergebracht; die sehr sachkundigen Mitarbeiter haben Stadtpläne von Vigan auf Lager.

Post (Ecke Bonifacio St & Gov A Reyes St)

❶ An- & Weiterreise

Es gibt viele Busverbindungen nach Manila (700 P, 9 Std.). **Dominion Bus Lines** (✆ 077-722 2084; Ecke Liberation Blvd & Quezon Ave) verkehrt nach Cubao und Sampaloc, **Partas** (✆ 077-722 3369; Alcantara St) nach Cubao und Pasay. Partas bietet drei nächtliche Deluxe-Expressbusse mit 29 Sitzen (850 P, 8 Std.) sowie regelmäßige Verbindungen nach Laoag (265 P, 2 Std.), eine tägliche Verbindung nach Pagudpud (370 P, 5 Std.) und Busse nach Baguio (390 P, 5–7 Std., 3-mal tgl.).

Viele weitere Busse nach Laoag und Manila halten an der Caltex Station am National Hwy direkt vor Vigan. Richtung Süden verkehren Busse über San Fernando (235 P, 3½ Std.) etwa alle zwei Stunden.

❶ Unterwegs vor Ort

Vigan ist eine der wenigen verbliebenen Städte der Philippinen, in der noch immer *kalesa* (150 P/Std.) fahren. Ganztagestouren kosten rund 1000 P, bei der Suche nach dem richtigen Fahrer sollte sich jedoch Zeit lassen, da nicht viele Englisch sprechen. Eine Fahrt mit dem Motordreirad innerhalb der Stadt schlägt mit etwa 11 P zu Buche, nachts zahlt man mehr.

Laoag

✆ 077 / 104 904 EW.

Wie das nahe gelegene Vigan blickt Laoag auf eine recht interessante Geschichte zurück. Diese ist jedoch nur an wenigen Orten nachzuvollziehen, ansonsten hat die laute Stadt ihr Potenzial noch nicht ausgeschöpft. Hier leben viele treue Marcos-Anhänger, so wird der alte Diktator bis heute ehrfürchtig als „Präsident Marcos" bezeichnet.

⊙ Sehenswertes

⊙ Laoag

Museo Ilocos Norte　　　　　　　　MUSEUM
(www.museoilocosnorte.com; General Antonio Luna St; Eintritt 30 P; ⊗Mo–Sa 9–12 & 13–17, So ab 10 Uhr) Das recht ansprechende Museo Ilocos Norte ist im historischen Tabacalera-Lagerhaus untergebracht und zählt zu den besseren ethnografischen Museen der Philippinen. Ausgestellt ist u. a. eine große Sammlung von traditioneller Kleidung, Haushaltsutensilien und zeremoniellen Gegenständen der Ilokano, Igorot und Itneg. Am Ende des Saals befindet sich der Nachbau eines *ilustrado* (Familienhauses aus dem 19. Jh.) mit zwei Ebenen.

Sinking Bell Tower　　　　　　　　GLOCKENTURM
(Bonifacio St) Laoags architektonische Hauptattraktion ist der „Sinkende Glockenturm", dessen Eingang aktuell Hobbitgröße hat. Er wurde von Augustinermönchen errichtet, bot einst Platz für Reiter auf ihren Pferden und versinkt nach und nach immer weiter im weichen Lehmboden am Fluss.

St. William's Cathedral　　　　　　KIRCHE
Die riesige Kathedrale wurde 1880 im italienischen Renaissance-Stil erbaut.

⊙ Rund um Laoag

Sanddünen　　　　　　　　　　　　SANDDÜNEN
Die scheinbar endlosen Sanddünen erstrecken sich entlang der Küste nahe Laoag südwärts bis nach Paoay. Am einfachsten zugänglich ist der Abschnitt La Paz, nur 15 Minuten von der Stadt entfernt. In den Suba-Dünen nahe dem Resort Fort Ilocandia wurden Szenen von *Mad Max* und *Geboren am 4. Juli* gedreht. Das Fort Ilocandia verleiht Quads, wir bevorzugen jedoch die umweltfreundlichen Sandboarding-Touren von LEAD Movement.

Paoay Church　　　　　　　　　　　KIRCHE
19 km südwestlich von Laoag steht die berühmteste Kirche des nördlichen Luzons. Das UNESCO-Welterbe wurde im erdbebensicheren klassischen Barockstil mit gewaltigem Glockenturm und massiven Verstärkungen aus Ziegelstein an den Seiten errichtet. Der Bau wurde 1704 begonnen und dauerte 90 Jahre. Das Ergebnis ist ein architektonisch einzigartiger, bunt zusammengewürfelter und doch ansprechender Mix aus gotischen, chinesischen, japanischen und sogar javanesischen Einflüssen, wobei der überlagerte Aufbau an die berühmte stufenförmige Pyramide von Borobudur erinnert. Von Laoag fahren Jeepneys über Batad nach Paoay.

🛏 Schlafen

Laoag Renzo Hotel　　　　　　　　HOTEL $
(✆ 077-770 4898; www.laoagrenzohotel.tripod.com; F Guerrero St; Zi. ab 900 P; ❄🛜) Mit seiner überraschend prächtigen Lobby voller Holzschnitzereien ist das Renzo das beste

> ### ZUKUNFTSWEISEND: ÖKOTOURIMUSTOUREN IN ILOCOS
>
> **Laoag Eco-Adventure Development Movement** (LEAD; 077-772 0538, 0919 873 5516; http://leadmovement.wordpress.com) Die engagierten Mitarbeiter vermitteln umweltfreundliche, nachhaltige Reisen nach Ilocos Norte. LEAD ist zudem der erste verlässliche Sandboarding-Anbieter (Snowboarden in Sanddünen) in der Region und fördert nachhaltige Ökotourismustouren im Dorf Adams.
>
> **Wen! Travel & Tours** (077-770 3420, 0917 511 1050; wentravelandtours.tripod.com) Wen! Travel & Tours gehört zu LEAD und organisiert Trekkingtouren, Raftingausflüge und andere ökotouristische Abenteuer in ganz Ilocos Norte. Der Preis für Gruppen von bis zu vier Personen beträgt rund 2800 P.

Schnäppchen der Stadt. Die nach Zitrone duftenden Zimmer mit eigenen Bädern sind geräumig, kühl und ruhig. Wer mit viel Gepäck reist, für den ist der Weg ins Obergeschoss eine sportliche Herausforderung.

Isabel Suites   HOTEL $$
(077-770 4998; www.isabelsuites-laoag.com; General Segundo Ave; EZ/DZ/3BZ ab 850/1450/1950 P; ❈) Das schmucklose Isabel beherbergt recht kleine Quartiere, dafür sind die Betten bequem und die gefliesten Böden blitzblank. Die Geräuschdämpfung ist für ein Hotel in zentraler Lage an der Hauptstraße ganz gut – statt bis 6 kann man hier bis 6.30 Uhr schlafen.

Java Hotel   HOTEL $$
(077-770 5596; www.javahotel.com.ph; General Segundo Ave; Zi./Suite ab 2180/4160 P; ❈ 🛜 ❈) Die Tankstelle auf dem Parkplatz passt nicht wirklich zum „balinesisch-marokkanischen" Stil. Die geräumigen Zimmer sind in warmen Ocker- und Gelbtönen gestaltet, dem Motto gerecht werden die Korbmöbel, und im strohgedeckten Restaurant kommen Ilokano-Gerichte und Sushi auf den Tisch.

🍴 Essen & Ausgehen

Dap-ayan ti Ilocos Norte   FOOD-COURT $
(Ecke Rizal Ave & V. Llanes St; Hauptgerichte ab 50 P; ⏰11–21 Uhr) Der Food-Court unter freiem Himmel lädt dazu ein, hiesige Küche zu kosten, darunter *bagnet*, hellorangefarbene *empanadas* mit einer Füllung aus grüner Papaya, *longganisa*, Ei und Bohnensprossen sowie die legendäre Ilocos-Spezialität *longganisa* (Wurst).

La Preciosa   ILOKANO $$
(077-773 1162; Rizal Ave; Hauptgerichte 120–160 P; ⏰8–23 Uhr) Das heimelige Restaurant zählt zu den beliebtesten der Stadt und lockt vor allem mit seinen großen Portionen leckerer Ilokano-Spezialitäten wie *pinakbet* (in Fischpaste gekochtes Gemüse), knusprig-zartem *bagnet*, *poqui-poqui* und *dinardaan* (in Brühe mit Schweineblut geschmorte Innereien). Auch Naschkatzen kommen auf ihre Kosten: Besonders gut sind die Karottenkuchen und die wenig regionaltypischen Velvet Cupcakes.

Saramsam Ylocano Restaurant   ILOKANO $$
(Ecke Rizal Ave & Hizon St; Hauptgerichte 75–220 P; ⏰11–23 Uhr) Inmitten der Antiquitätensammlung des Besitzers können sich Gäste hier hervorragendes *pinakbet*, *poqui-poqui*-Pizza (eine eigene Interpretation der Fusion-Küche) und Pasta mit Mango, die ungewöhnliche Spezialität des Hauses, schmecken lassen. Die Portionen sind großzügig, deswegen sollte man möglichst viel Hunger mitbringen.

ℹ️ Praktische Informationen

Filialen aller großen Banken findet man rund um die Kreuzung von General Segundo Ave und Rizal Ave, Laoags zentraler Geschäftsstraße. An der General Segundo Ave und der Primo Lazaro Ave gibt es viele Internetcafés.

ℹ️ An- & Weiterreise

PAL Express und Cebu Pacific fliegen täglich vom Flughafen 7 km westlich der Stadt nach Manila. Dorthin verkehren Jeepneys (20 P, 15 Min.) ab der Fariñas St; die meisten haben die Aufschrift „Laoag-Gabu".

Es gibt viele Busverbindungen nach Manila (ab 650 P, 9–11 Std.). Zu den Anbietern gehören **Partas** (077-771 4898; Gen Antonio Luna St) und **Fariñas Trans** (077-772 0126; www.farinastrans.com; FR Castro Ave), wobei Letzterer auch nach Baguio (600 P, 8–10 Std.) verkehrt. Die Expressbusse der Super-Deluxe-Klasse nach Manila (bis 965 P) fahren meist über Nacht.

Regelmäßig verkehren Partas-Busse nach Baguio (550 P, 7 Std.) und Pagudpud (120 P, 1½ Std.). Alle nach Süden fahrenden Busse halten in Vigan (175 P, 2 Std.).

GMW/GV Florida (☏ 077-771 7382; Paco Roman St) schickt mehrmals täglich Busse nach Tuguegarao (550 P, 7 Std.) über Pagudpud (120 P, 1½ Std.) und Claveria (270 P, 3 Std.). Kleinbusse nach Pagudpud (90 P) fahren alle 30 Minuten hinterm Provincial Capitol Building ab.

Jeepneys bedienen ab der Hernando Ave die Route Laoag–Batac–Paoay. Jeepneys, die auf der Strecke Laoag–Nagbacalan–Paoay fahren, nehmen die Küstenstraße nach Paoay (45 Min.) über die Abzweigung nach Fort Ilocandia und Malacañang of the North (30 Min.). Die Abfahrt erfolgt an der Fariñas St.

Jeepneys nach Fort Ilocandia (25 Min.) sind an dem Schild „Calayab" zu erkennen und starten vor der St. William's Cathedral.

Pagudpud & Umgebung

☏ 077 / 21877 EW.

Pagudpud (und vor allem die Blue Lagoon) verkörpert perfekte Postkartenidylle. Dafür sorgen weiße Sandstrände, sich wiegende grüne Palmen und in Blautönen schimmerndes Wasser. Bei Nacht singen die Frösche, bei Tag vergnügen sich freundliche Einheimische. Darüber hinaus machen eine Reihe stilvoll renovierter Hotels und das große Potenzial als nächstes Surfermekka den einsamen Küstenabschnitt für Touristen attraktiv. Glücklicherweise ist er im Vergleich zu seinen Pendants in Boracay angenehm ruhig.

⊙ Sehenswertes

Pagudpud besteht eigentlich aus drei weitläufigen Stränden, die Luzons Nordrand säumen und von Landzungen flankiert werden. Am von Kokospalmen gespickten **Saud Beach** befinden sich die meisten Resorts. Die idyllische Blue Lagoon liegt ein paar Kaps weiter östlich. Den verlassenen **Pansian Beach** findet man noch weiter entfernt nahe der Grenze zur Provinz Cagayan.

Blue Lagoon STRÄNDE

An der Blue Lagoon wetteifern der weißeste Sand Luzons und das tiefblaue Wasser würdevoll um einen Platz als Bildschirmschoner. Die Schnorchelbedingungen sind großartig, und trotz einiger neuer Resorts ist der Strand fast nie überfüllt. Saud ist 16 km von der Abzweigung zum Strand entfernt, danach führt eine 4 km lange befestigte Straße zum Ziel. Touristen müssen für den Besuch

---

MARCOS' ERBE

Für viele Filipinos steht die 20-jährige Regierungszeit von Ferdinand Marcos für Kriegsrecht, die Unterdrückung von Bürgerrechten, die Gefangennahme und Folter Oppositioneller und die Unterschlagung öffentlicher Gelder in epischen Ausmaßen. Dennoch ist die Marcos-Familie in diesem Teil Luzons bis heute beliebt, davon zeugen „Gedenkstätten".

Marcos Mausoleum (Barangay Lacub; ⊙ 9–12 & 13–16 Uhr) In der ansonsten dunklen Grabstätte im Marcos Museum & Mausoleum liegt der einbalsamierte Leichnam von Ferdinand Marcos (1917–1989) auf einer Matratze in hellem Flutlicht. Unheimliche Chormusik in Endlosschleife macht die gruselige Kulisse perfekt. Das Mausoleum befindet sich in Batac, wo Marcos aufgewachsen ist. Die Stadt liegt 15 km südlich von Laoag und ist mit dem Jeepney ab der Hernando Ave zu erreichen.

Dass der Leichnam von Marcos an den Ort seiner Kindheit zurückgebracht wurde, spricht für den andauernden politischen Einfluss seiner Familie. Die Ambivalenz und oft offene Feindseligkeit gegenüber seinem Erbe zeigt sich darin, dass viele Filipinos ihn für eine Wachsfigur halten und somit einen letzten Coup des Meisters der Manipulation vermuten.

Nebenan steht der eindrucksvolle Familiensitz von Marcos. Er ist für Besucher geschlossen, draußen stehen jedoch ein paar ehrerbietige Exponate zu sehen.

Malacañang of the North (Eintritt 30 P; ⊙ Di–So 9–12 & 13–16 Uhr) Das prachtvolle Anwesen, in dem die Marcos-Familie einst ihren Urlaub verbrachte, ist ruhig neben dem malerischen **Paoay Lake** gelegen und für die Öffentlichkeit zugänglich. Das eindrucksvolle Haus mit verwinkelter *sala* (Wohnraum), Capiz-Muschel-Fenstern und anderen kolonialen Elementen gibt Einblicke in den luxuriösen Lebensstil der Familie. Der Golfplatz, auf dem Marcos einst spielte, gehört heute zum Fort Ilocandia.

Marcos Museum (Eintritt gegen Spende; ⊙ 8–18 Uhr) Das Haus, in dem Ferdinand Marcos am 11. September 1917 geboren wurde, steht im Dorf Sarrat, 15 km östlich von Laoag. Die Exponate sind der juristischen Laufbahn des Diktators gewidmet. In der nahen Santa Monica Church heiratete 1983 seine jüngste Tochter – das Fest kostete über 10 Mio US$.

der Blue Lagoon eine „Umweltgebühr" von 30 P entrichten.

Kabigan Falls
WASSERFÄLLE

Die Kabigan Falls im Dschungel bestehen aus 120 m in die Tiefe stürzendem Wasser und einem kühlen, sauberen Becken, das zum Baden einlädt. Hotels organisieren Gruppentouren zu den Wasserfällen, alternativ mietet man sich ein Motordreirad (hin & zurück ca. 700 P). Wer möchte, kann den letzten Abschnitt ab der Abzweigung an der Schnellstraße zu Fuß bewältigen (30 Min.).

Stingray Memorial
DENKMAL

Eine Nebenstraße führt vom Highway zur abgeschiedenen Caunayan Bay, wo das Stingray Memorial an die Mission des amerikanischen U-Boots USS *Stingray* erinnert. Es versorgte Ilokano-Guerrillas mit Waffen und spielte somit eine entscheidende Rolle beim letztendlichen Sieg über Japan. Hin- und Rückfahrt mit dem Motordreirad kosten rund 1000 P.

Lovers' Rocks
FELSFORMATION

Nahe dem *barangay* Balaoi sieht man vor der Küste die unzugänglichen Inseln **Dos Hermanos**. Laut Legende handelt es sich um zwei Fischerbrüder, die im Meer verschwunden sind. In der Nähe locken die wohl freudianischsten Felsformationen in Pagudpud: **Bantay-abot** („Berg mit Loch"), ein Loch in einem vorgelagerten steinigen Inselchen, und **Timmangtang Rock**, ein klobiger Fels mit Dschungel. Gemeinsam sind die beiden als Lovers' Rocks bekannt – warum wohl?.

Aktivitäten

Viele Resorts verleihen **Mountainbikes**, und im Terra Rika Beach Resort gibt es ein Tauchzentrum.

Pagudpud wird als **Surfsport** immer beliebter. Bei der Blue Lagoon türmen sich gelegentlich regelrechte Giganten auf, während Saud und das abgeschiedenere *barangay* Caparispisan gute, wenn auch unbeständige Wellen bieten. Die Hauptsurfsaison dauert von August bis Oktober. Bretter (200 P/Std.) und Kurse (400 P/Std.) gibt es im Kapuluan Vista Resort.

Verlässlich starke Winde machen den ungeschützten Teil der Westküste von Oktober bis März zum Mekka für **Kite**- und **Windsurfer**. Kurse bietet das Kingfisher Resort.

Schlafen & Essen

Die Zimmerpreise sinken in der Nebensaison (Juni–Dez.) beträchtlich. Viele einfache Privatunterkünfte haben in dem Dorf am Saud Beach geöffnet (einfach der Straße hinter der großen Biegung nahe dem Saud Beach Resort folgen!). Während der Recherche kosteten Zimmer mit Ventilator/Klimaanlage 650/1100 P.

Saud Beach

Evangeline Beach Resort STRANDRESORT $$
(0908 863 7564, 077-655 5862; www.evangelinebeachresort.net; DZ/4BZ 2600/3700 P; ✳︎⊛) Die Zimmer sind im einfachen Bali-Schick gehalten, und es gibt einen kleinen Pool. Die Suiten mit von Rosenblättern bedeckten Betten bieten das beste Preis-Leistungs-Verhältnis, auch wenn die Bäder winzig sind. Das hauseigene Strandrestaurant ist exzellent; besonders lecker sind die Meeresfrüchte.

Northridge Resort STRANDRESORT $$
(0921 415 9545; Zi. mit/ohne Klimaanlage 1650/1300 P; ✳︎⊛) Die sauberen, gepflegten Doppelzimmer am Südende von Saud Beach kommen einer Backpackerunterkunft am nächsten. Das Personal vermittelt gern Leihräder und andere Transportmittel.

Apo Idon STRANDRESORT $$$
(0917 510 0671, 077-676 0438; www.apoidon.com; Zi./Suite ab 4800/7200 P; ✳︎⊛✈) Im schickstem Resort am Saud Beach erwarten Gäste fröhliche Farben, Holzschnitzereien und hübsch eingerichtete Zimmer mit Ifugao-Kunst, Capiz-Muschel-Fenstern und Komfort nach westlicher Art.

Terra Rika Beach Resort STRANDRESORT $$$
(077-676 1559, 0918 951 5250; www.terrarika.com; B/DZ/Suite ab 1550/3850/6550 P; ✳︎⊛) Das Resort liegt fast am Strand und beherbergt farbenfroh gestrichene, ansonsten jedoch recht spartanische Zimmer. Die Deluxe-Variante (der Name ist wenig passend) ist den Aufpreis nicht wert, eine gute Wahl sind hingegen die teureren Hütten aus dunklem Holz. Zum Angebot gehören Tauchkurse (Anfängerkurs 3000 P) und Schnorchelausrüstung (nur für Gäste).

Caparispisan

★ **Kingfisher Resort** STRANDRESORT $$
(0927 525 8111; www.kingfisher.ph; Tiki-Hütte 2500 P, Casita 7000 P, Suite 12000 P; ✳︎⊛✈) Das Kingfisher in grandios abgeschiedener Lage, 10 km entlang einer teils gepflasterten Straße ab Saud Beach, richtet sich an Aktivurlauber. Von Oktober bis März kann man

kite- und windsurfen, bei ruhigerem Wellengang Paddleboards und Kajaks ausleihen. An Unterkünften stehen einfache Tiki-Hütten oder eine luxuriöse *casita* zur Auswahl, und das entspannte Strandflair lädt zu einem längeren Aufenthalt ein. Gäste müssen mindestens drei Übernachtungen buchen.

Blue Lagoon

Kapuluan Vista Resort STRANDRESORT $$
(077-676 9075, 0920 952 2528; www.kapulanvistaresortandrestaurant.com; B/DZ ab 650/2700 P;) Das urbane Resort, rund 7 km westlich der Abzweigung zur Blue Lagoon war ursprünglich für Surfer gedacht, richtet sich jedoch heute an alle Urlaubertypen. Der exzellente Allrounder bietet ausgezeichnetes Essen und eine gute Auswahl attraktiver Zimmer um einen Pool auf einer gepflegten Anlage. Es gibt Surfbretter (200 P/Std.) und -kurse (400 P).

Hannah's Beach Resort STRANDRESORT $$$
(0928 520 6255; www.hannahsbeachresort.com; B/DZ/FZ/Suite 1200/3300/5750/16 500 P;) Das Hannah's ist ein exklusives Paradies mit Blick auf eine wunderschöne Bucht und elegante, kleine Cottages und Villen. Die Schlafsäle sind spartanisch und die Preise zu hoch, dafür steht Gästen ein großes Angebot von Touren und Aktivitäten zur Verfügung, auch Bananenboote, Jetski und sogar Leihgitarren. Wer möchte, kann in Supermann-Manier per Zipline vom Aussichtspunkt an der Blue Lagoon hinab zu dem Resort sausen.

An- & Weiterreise

Die Schnellstraße vor Ort ist teilweise spektakulär. Aus Laoag kommend bietet sich auf der linken Seite des Busses die schönste Aussicht.

Regelmäßig verkehren Busse entlang der Küstenstraße nach Laoag (120 P, 2 Std.) und Claveria (85 P, 1¼ Std.).

Mittlerweile fährt täglich ein Partas-Bus von Pagudpud nach Manila.

CORDILLERA

Für viele Besucher ist Nordluzon ein Synonym für die Cordillera. Die zerklüfteten Berge sind bis zu 2900 m hoch und werden von denen, die sie betrachten und unter ihnen leben, geliebt, verehrt und gefürchtet.

Die Stämme der Cordillera werden unter dem Namen Igorot zusammengefasst. Ihre verschiedenen Traditionen haben die spanische und die amerikanische Besetzung überdauert und machen die vielen Vorzüge der Region um eine kulturelle Attraktion reicher. Die bekannten Reisterrassen von Banaue gelten als eine Art achtes Weltwunder. Weniger berühmte, jedoch ebenso spektakuläre Exemplare gibt es in Ifugao, in der Mountain Province und in Kalinga. Von den Reisterrassen abgesehen, locken die Berge Wanderer, Radfahrer, Höhlenwanderer und andere Frischluftfanatiker an.

> **ABSEITS DER ÜBLICHEN PFADE**
>
> **ADAMS**
>
> Zur früheren Rebellenhochburg zwischen dschungelbewachsenen Bergen führt eine holprige 14 km lange Straße, die in der Nähe von Pansian Beach abseits des Küsten-Highways beginnt. Mit seinen unbefestigten Wegen und klapprigen Brücken bietet Adams gute Wandermöglichkeiten, darunter die beliebte zweistündige Route zu den knapp 8 m hohen **Anupliq Falls**. Unterhalb des Wasserfalls gibt es ein klares Becken, und auf einem Abschnitt des Bulu River kann man Tubing-Touren unternehmen.
>
> Trotz der spektakulären Lage kommen nur wenige Besucher nach Adams. Über Privatunterkünfte informiert die Stadtverwaltung, zudem gibt es Campingmöglichkeiten. Zu den hiesigen kulinarischen Spezialitäten gehören frittierte Frösche und *buos* (gekochte Feuerameiseneier). Nach Adams gelangt man mit dem Motorrad ab Pagudpud (ca. 250 P) oder im Rahmen einer Tour mit Wen! Travel & Tours (S. 136).

Baguio

074 / 318 676 EW. / 1450 M

Jedes Land in Südostasien hat einen mit Pinien gespickten Ort im Hochland, der Erholung von der Hitze und dem Staub der Niederungen bietet. Baguio (*bah*-gie-oh) ist die philippinische Variante. Wie andere Hill Stations ist auch Baguio eine Universitätsstadt, deren 0,25 Mio. Studenten starke Studentengemeinde zu einer der größten des Landes gehört. Zudem trifft hier die Kultur der Bergvölker auf die der Siedler im Tiefland. Die meisten Besucher nutzen Baguio als Zwischenstation zu den Backpacker-Paradiesen weiter nördlich in Sagada, Banaue und Kalinga.

Cordillera

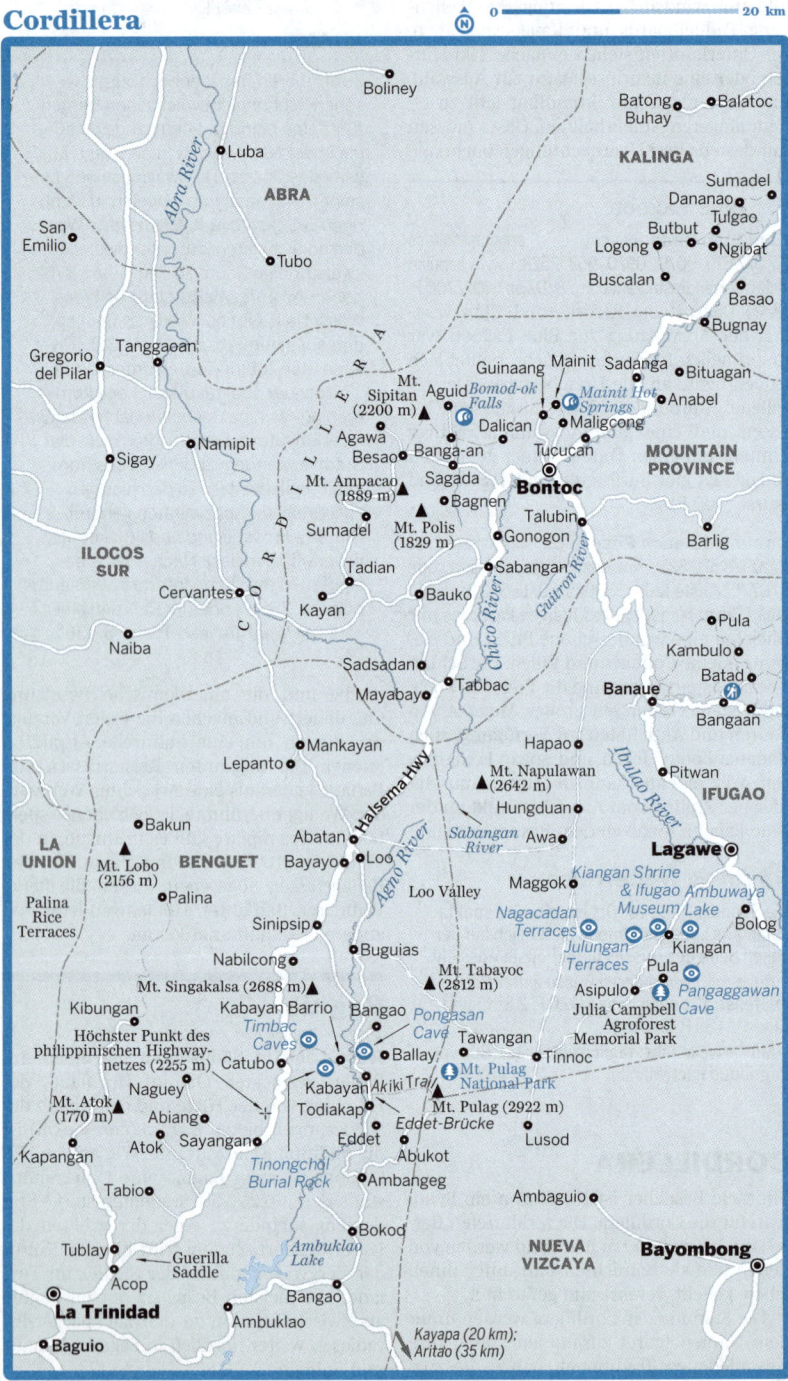

Leider sorgen Tausende Jeepneys, Taxis und Motordreiräder für fast unerträgliche Smogwerte im Zentrum. Abseits der verkehrsgeplagten Innenstadt zeigt Baguio hingegen seine angenehme, frische Seite. Wer gerade aus den Bergen zurückkehrt, für den sind der kleinstädtische Trubel, das Nachtleben und die florierende Restaurantszene eine willkommene Abwechslung.

⊙ Sehenswertes & Aktivitäten

Baguio erstreckt sich vom Burnham Park in alle Richtungen. Das Stadtbild ändert sich südlich und östlich des Zentrums dramatisch: Statt Chaos gibt es hier grüne Parks, hoch aufragende Benguet-Pinien, elegante Sommerhäuser und verschlungene Straßen mit spektakulären Ausblicken.

★ BenCab Museum MUSEUM

(www.bencabmuseum.org; Km 6, Asin Rd, Tadiangan; Erw./Student 100/80 P; ⊙Di–So 9–18 Uhr) Das großartige Museum widmet sich dem Leben, dem Zeitalter und der Arbeit von Benedicto Reyes Cabrera (BenCab) und ist ebenso faszinierend wie die Hauptfigur selbst. Die Galerie birgt hohe Glastafeln, durch die das Licht auf Säulengänge mit moderner Kunst scheint, Wände mit traditionellen animistischen Holzschnitzereien, *bulol* (Reiswächter), psychodelische Werke von Leonard Aguinaldo und zeremonielle *hagabi* (geschnitzte Holzbänke). Besucher lassen sich mit dem Jeepney nach Asin fahren und steigen beim BenCab aus oder nehmen ein Taxi (150 P).

Das Museum zeigt eine Mischung aus philippinischem Kunsthandwerk und moderner Kunst in einem Ausstellungsbereich, der sehr modern anmutet und teils einer traditionellen Reisterrasse nachempfunden ist. Darüber hinaus gibt es eine wunderbar anzügliche erotische Ausstellung im unteren Stock und ein tolles, kleines Café mit Blick auf echte Reisterrassen.

Tam-awan Village MUSEUM

(✆ 0921 588 3131, 074-446 2949; www.tam-awan village.com; Long-Long Rd, Pinsao; Erw./Stud. 50/30 P, Workshops 450 P/Pers.) Acht traditionelle Ifugao-Häuser und zwei seltene achteckige Kalinga-Hütten wurden in diesem Dorf auf einem Hügel am Nordwestrand der Stadt nachgebaut. Steile Wege führen zwischen den Bauten durch die Natur, und bei klarem Wetter kann man das Südchinesische Meer sehen, wodurch sich der Name Tam-awan („Aussichtspunkt") erklärt. Besucher können zudem Kunstworkshops belegen und sich indigene Musik- und Tanzvorführungen ansehen (im Voraus anmelden!).

Hierher kommt man mit dem Taxi (70 P) oder einem Jeepney nach Tam-awan–Long-Long (15 P).

Die Chanum Foundation unter der Leitung des zeitgenössischen Künstlers Ben Cabrera („BenCab") entwickelte das Projekt in Einklang mit ihren Prinzipien der Erhaltung und der Weitergabe der Kunst und Kultur der Bewohner der Kordilleren.

Vor Ort gibt es Übernachtungsmöglichkeiten. Eine Nacht in einer der Hütten (EZ/DZ 500/1000 P) ist ein seltener Genuss.

★ St. Louis University Museum MUSEUM

(Magsaysay Ave; ⊙Mo–Sa 8–12.30 & 13.30–17 Uhr) GRATIS Das Museum in der Campusbibliothek wird von Isekias „Ike" Picpican geleitet, einem der angesehensten Experten für Geschichte und Kultur der Cordillera-Bewohner des Landes. Besucher können stundenlang Waffen, Begräbnisartefakte, Trachten, Musikinstrumente wie die Nasenflöte, Holzschnitzereien und Fotografien verschiedener Rituale und Opferdarbringungen bewundern. Ist Ike vor Ort, kann er die Exponate zudem in einen Kontext setzen. Am Eingang der St. Louis University müssen Besucher einen Ausweis beim Sicherheitspersonal hinterlassen.

Baguio Mountain Provinces Museum MUSEUM

(Governor Pack Rd; Erw./Student 40/20 P; ⊙Mo–Sa 8–17 Uhr) Das sorgfältig gestaltete Museum ist eine tolle Einführung zu den Igorot („Bergmenschen") der Cordillera und der von den Spaniern geprägten gefährlichen Unterteilung in „wilde Bergbewohner" und „kultivierte Flachlandbewohner". Jede Ausstellung ist einer anderen indigenen Gruppe gewidmet. Zu sehen sind z. B. die Speere, *bolos* (Macheten) und Kleider der Kalinga-Kopfjäger, Darstellungen von Mumifizierungspraktiken der Ibaloi, eine Kabayan-Mumie, der perlenbesetzte Kopfschmuck der Tinguians, Fotos von Ifugao-Imbayah-Zeremonien und eine Ausstellung zur Geschichte Baguios.

Lourdes Grotto MONUMENT

Die Lourdes-Grotte von 1907 geht auf spanische Jesuiten zurück und thront im hügeligen Westteil der Stadt oberhalb von 252 Stufen. Von oben bieten sich hübsche Blicke auf die Dächer Baguios, noch schöner ist jedoch die Aussicht vom Gipfel des Dominican Hill, einen kurzen Fußmarsch von der Grotte die Dominican Hill Rd hinauf.

Baguio

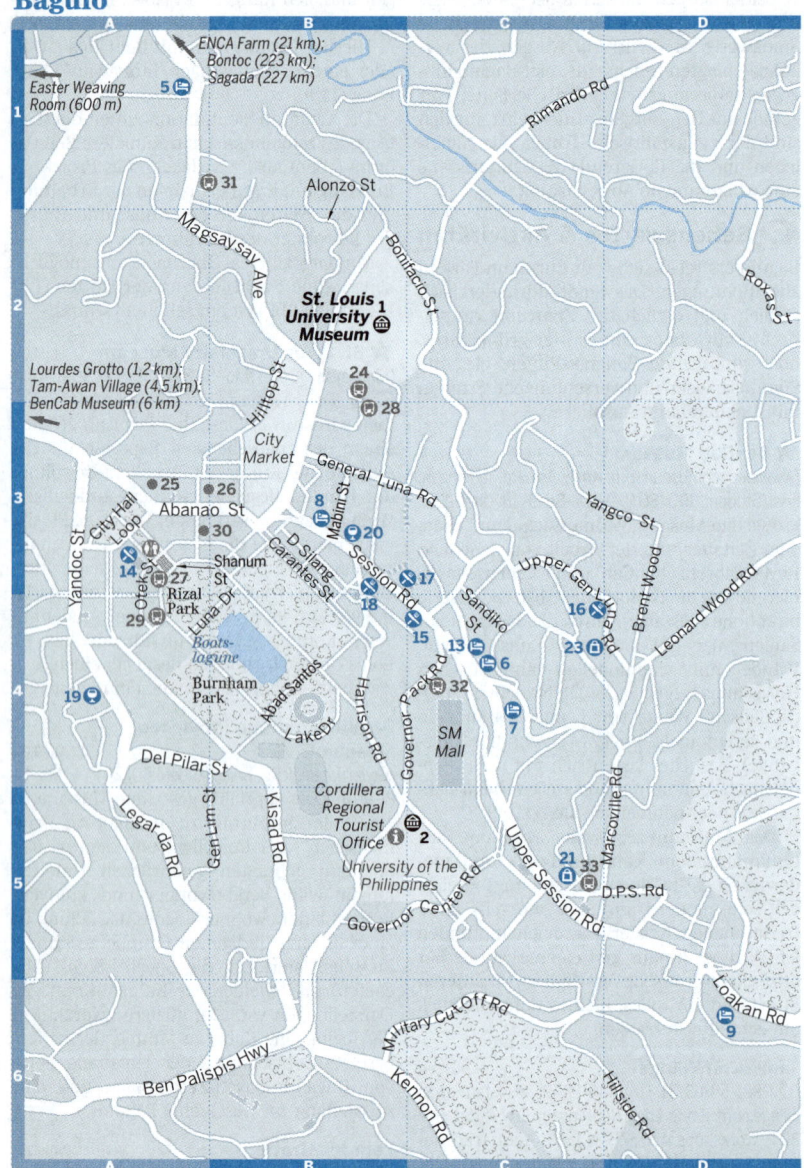

Camp John Hay
BERGRESORT

Das 246 ha große Camp John Hay diente einst als japanisches Internierungslager für alliierte Kriegsgefangene und später als Freizeitanlage des US-Militärs. Heute präsentiert es sich als Bergresort mit Restaurants, Hotels, Geschäften, einem Golfplatz und einer Handvoll verstreuter Sehenswürdigkeiten, die sich auf die hügelige Landschaft mit Benguet-Pinienwäldern verteilen. Camp John Hay ist sehr weitläufig; da Jeepneys nicht erlaubt sind, nimmt man sich am besten ein Taxi.

Der historische Stadtkern mit dem hübsch angelegten **Bell Amphitheatre** und ein paar

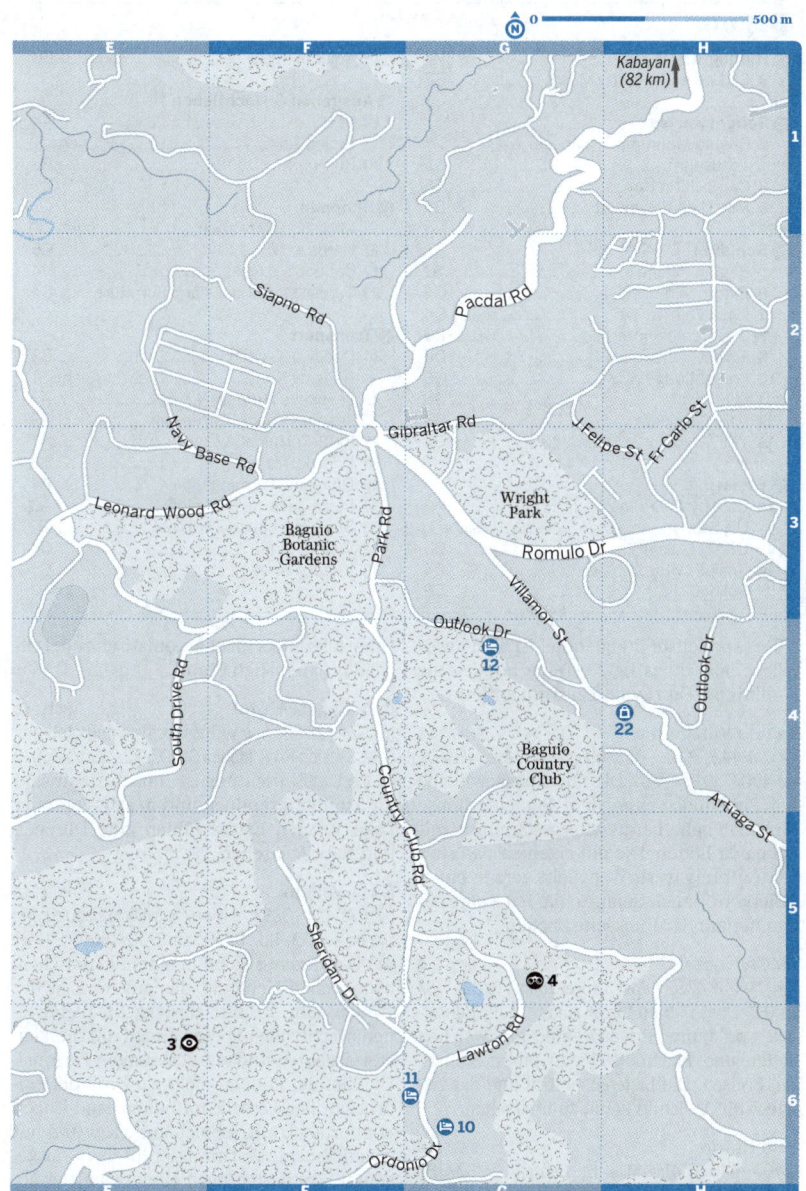

Spazierwegen umfasst die Stätte, an der General Yamashita sich den Amerikanern ergab, die **Tree Top Adventure Zipline** und den **Cemetery of Negativism** (9–17 Uhr), ein Friedhof, der den Betrachter zu positiven Gedanken anregen soll. Vom Aussichtspunkt Mile High bieten sich gute Ausblicke.

Schlafen

Wer dem notorischen Lärm und der Luftverschmutzung Baguios entkommen möchte, nächtigt außerhalb des Zentrums. In der Nebensaison sollte man nach der „Promo Rate" (oder einfach einem Rabatt) fragen.

Baguio

◉ Highlights
1 St. Louis University Museum B2

◉ Sehenswertes
2 Baguio Mountain Provinces Museum C5
3 Camp John Hay E6
4 Mile High Viewpoint G5

🛌 Schlafen
5 Baguio Village Inn A1
6 Bloomfield Hotel C4
7 Casa Vallejo C4
8 City Center Hotel B3
9 Forest House D6
10 Forest Lodge G6
11 Mile Hi Inn G6
12 Villa Cordillera G4
13 YMCA Hostel C4

🍴 Essen
14 Cafe by the Ruins A3
Hill Station .... (siehe 7)
15 Oh My Gulay! C4
16 Rose Bowl C4
17 Solibao C3
18 Volante Pizza B3

🍷 Ausgehen & Nachtleben
19 18 BC A4
Beans Talk .... (siehe 8)
20 Rumours B3

🛍 Shoppen
Mt. Cloud Bookshop .... (siehe 7)
21 Narda's C5
22 Sabado's H4
23 Teresita's Antiques and Furniture C4

ℹ Transport
24 Dangwa-Terminal B2
D'Rising Sun .... (siehe 31)
25 Jeepneys zur Asin Rd A3
26 Jeepneys nach Tam-awan A3
27 KMS-Terminal A3
28 Lizardo Trans B3
29 Ohayami-Terminal A4
30 Plaza-Jeepney-Terminal A3
31 Slaughterhouse-Terminal B1
32 Victory Liner C4
33 Victory Liner C5

Das speziellste Budgethotel ist Tam-awan Village, allerdings liegt es eine mindestens 15-minütige Fahrt vom Zentrum entfernt.

Baguio Village Inn PENSION $
(☎ 074-442 3901; 355 Magsaysay Ave; EZ/DZ ab 400/750 P; 📶) Die Backpacker-Bleibe aus Pinienholz nahe dem Slaughterhouse Terminal beherbergt winzige Zimmer mit schmalen Betten. Die mit eigenem Bad sind den Aufpreis wert. Wer nicht gerade einen außergewöhnlich tiefen Schlaf hat, sollte ein Zimmer auf der Rückseite buchen.

YMCA Hostel HOSTEL $
(☎ 074-442 4766; Post Office Loop; B/DZ 375/1200 P) Das „Y" bietet großzügige, helle Schlafsäle und bunte Privatzimmer mit weichen Betten und Flachbild-TVs zu fairen, günstigen Preisen. Die Lage ist zentral und das riesige „YMCA"-Schild kaum zu übersehen.

Mile Hi Inn HOSTEL $$
(☎ 074-446 6141; Mile Hi Center; B/DZ/3BZ 600/2100/2350 P; 📶) Das hauseigene Motto „sauber, gemütlich, komfortabel" wird hier ernst genommen. Das Hostel befindet sich im Duty-Free-Einkaufszentrum von Camp John Hay und hat einfache gefliest Schlafsäle mit vier Betten und Einzelzimmer in Goldtönen. Eine Übernachtung mit der eigenen besseren Hälfte in diesem Haus macht einen allerdings nicht automatisch zum Mitglied im Mile High Club…

City Center Hotel HOTEL $$
(☎ 074-422 3637; www.baguiocitycenterhotel.com; Ecke Session Rd & Mabini St; DZ/FZ 2100/3200 P; ❄📶) Die Einrichtung ist einfach, dafür sind die Zimmer brandneu und in sehr zentraler Lage. Zu den Extras zählen gute Duschen und Kabelfernseher.

Casa Vallejo HOTEL $$
(☎ 074-424 3397; www.casavallejo-baguio.com; Upper Session Rd; DZ/FZ ab 2700/4500 P; ➖❄@) Das dezente Hotel in einem klassischen, historischen Gebäude, das auf die Zeit der Wende zum 20. Jhs. zurückgeht, bietet einen prachtvollen Speisebereich mit dunklen Holzakzenten und aufmerksamem Personal. Die Zimmer können nicht ganz mit der eindrucksvollen Fassade mithalten, sind jedoch komfortabel, mit Teppich ausgelegt und mit zuverlässigen Warmwasserduschen ausgestattet. Am besten nach einem Quartier abseits der Straße fragen!

Bloomfield Hotel HOTEL $$
(☎ 074-446 9112; www.bloomfieldhotel.com; 3 Leonard Wood Rd; DZ/Suite ab 2140/3750 P; ➖❄📶) Das schicke Hotel nahe der SM Mall verfügt über geschmackvoll einfache Zimmer mit einladenden Betten, glänzendem Parkett

und farbenfrohen Drucken. Die Suiten mit breiten Doppelbetten lohnen den Aufpreis.

Forest Lodge
HOTEL $$

(www.campjohnhay.ph; Loakan Rd; DZ/3BZ 2400/3950 P; 🛜) Das weitläufige, holzgetäfelte Innere dieser großen Lodge im Herzen von Camp John Hay lässt fast einen Skihang in der Nähe vermuten. Stattdessen erwarten die Gäste Piniendufte, den man in Baguio selbst vermisst, geräumige, auf Geschäftsleute ausgerichtete Zimmer mit umfassendem Komfort sowie Zugang zu dem Fitnessbereich und dem Spa, die sich die Forest Lodge mit dem Manor Hotel teilt.

Villa Cordillera
LODGE $$

(📞 074-442 6036; www.villacordillera.com; 6 Outlook Dr; DZ/3BZ/4BZ 1600/2400/3200 P; 🛜) Die Lodge mit Blick auf den Baguio Country Club ein gutes Stück vom Zentrum entfernt versprüht das Flair einer Waldhütte. Wenn nicht gerade die Liveband spielt, ist es hier so ruhig, dass der Trubel Baguios weit entfernt scheint. Die schicken Zimmer haben Holzfußböden, begehbare Kleiderschränke und große Bäder (denen eine Modernisierung gut täte). Unbedingt probieren sollte man das knusprige Rosinenbrot.

Forest House
BOUTIQUEHOTEL $$$

(📞 074-447 0459; www.foresthouse.ph; 16 Laokan Rd; DZ/3BZ ab 3700/4950 P; 🛜) Der Name des Boutiquehotels mit nur vier Zimmern geht auf die Kinder des Besitzers zurück. Der Stil ist auf rustikal gemacht, ohne kitschig zu wirken, die Fenster bieten Blicke auf die Berge oder den Garten. Die holzgetäfelten Unterkünfte bieten luxuriöse Details (unser Favorit ist der Kahlil's Room). Das exzellente hauseigene Bistro serviert großartiges *bagnet*, *pinakbet* und andere Klassiker. Im Preis inbegriffen ist ein großzügiges Frühstück.

🍴 Essen

Gemessen am Preis hat Baguio das wohl beste kulinarische Angebot des Landes. Im Mile Hi Center in Camp John Hay findet man mehrere gute Optionen, zudem gibt es die üblichen Fast-Food-Imbisse in der Nähe der SM Mall sowie koreanische Restaurants an der Kisad Rd.

Oh My Gulay!
VEGETARISCH $

(La Azotea Bldg., Session Rd; Hauptgerichte 110–140 P; ⏰ 11–20.30 Uhr; 🌱) Im 4. Stock des La Azotea Bldg. lockt ein verzauberter Garten mit mehreren Ebenen, Holzschnitzereien, Pflanzen, Wasserspielen und kleinen, versteckten Nischen. Zum durchweg vegetarischen Speiseangebot gehören Salat mit Tofu-*lumpia* (kleinen Frühlingsrollen), Pasta und gefüllte Crêpes sowie einige recht experimentelle Kreationen.

Volante Pizza
INTERNATIONAL $

(82 Session Rd; Pizza mit 15/25 cm Durchmesser 69/210 P; ⏰ 24 Std.) Das informelle Lokal lockt mit überraschend guter Pizza, Brathähnchen und üppigen Po'boy-Sandwiches Nachtschwärmer, hungrige Partygänger und mittags treue Stammgäste an.

★ Cafe by the Ruins
FUSION $$

(25 Chuntug St; Hauptgerichte 200–340 P; ⏰ 7–21 Uhr; 🛜🌱) Das strohgedeckte Innere von Baguios beliebtestem Restaurant voller Pflanzen und Holzskulpturen ist ebenso ansprechend wie die umfangreiche Speiseauswahl, die von hausgemachtem Broten und Pasteten über Biosalate und innovative Sandwiches bis hin zu herausragenden Speisen wie Garnelen-Mango-Curry und *bagnet* nach Baguio-Art reicht. Das *suman at tsocolate* (heißer Schokoladen-Klebreis-Kuchen) ist jede Kalorie wert.

Solibao
PHILIPPINISCH $$

(www.solibao.com; Session Rd; Hauptgerichte 75–270 P; ⏰ 12–22 Uhr; 🌱) Die informelle Filiale an der Session Rd von Baguios renommierter Restaurantkette serviert eine verführerische Auswahl philippinischer Klassiker wie *kare-kare* vom Rind, knuspriges *dinguan* (mit Chili verfeinertes, in Schweineblut gekochtes Schweinefleisch) und *pinakbet*, *palabok* (Nudeln mit Garnelen-Fleisch-Sauce) – die Spezialität des Hauses –, grünen Mangosalat und mehr.

Rose Bowl
CHINESISCH $$

(General Luna Rd; Hauptgerichte 140–850 P; ⏰ 10–22 Uhr) Das Rose Bowl ist bereits seit Jahrzehnten ein Favorit der Einheimischen und serviert die beste chinesische Küche der Stadt. Die umfangreiche Speisekarte reicht von Chop Suey bis hin zu teureren Kreationen mit Meerschnecke und Hummer. Am besten speist man in Gesellschaft, denn die Portionen sind zum Teilen gedacht.

Hill Station
FUSION $$$

(📞 074-424 2734; www.hillstationbaguio.com; Upper Session Rd; Hauptgerichte 180–450 P; ⏰ 7–22 Uhr; 🌱) Die Speisekarte dieses ambitionierten, gehobenen Restaurants liest sich wie die fantastische Weltreise eines Gourmets:

NICHT VERSÄUMEN

BIOBAUERNHOF IN BENGUET

ENCA Farm (☏ 0919 834 4542, in den USA 425 698 5808; www.encaorganicfarm.com) Wer sich schon immer mal als Farmer versuchen wollte, kann sich im Rahmen von WWOOF (World Wide Opportunities on Organic Farms; www.wwoof.com.ph) auf der biologisch betriebenen ENCA-Farm der Familie Cosalan in Acop, Benguet, 21 km nördlich von Baguio, ehrenamtlich engagieren. Marilyn Cosalans Familie ist seit Generationen in der Landwirtschaft tätig und setzt Methoden der Ibaloi ein. Sowohl Kurzbesucher (50 P) als auch Freiwilligenarbeiter können sich den Hof ansehen.

Entweder kontaktiert man Marilyn oder steigt am Dangwa-Terminal in einen Jeepney von Baguio nach Acop (1 Std.); vor Ort muss man noch 3 km bis zu der Farm laufen.

Die Cosalan-Familie verlor ihre ursprüngliche Farm für *kintoman* (roten) Reis im nahe gelegenen Itogon wegen unkontrollierten Kupferabbaus, durch den viele Hektar Anbaufläche zerstört wurden und mehrere Flüsse im südlichen Benguet in der Marcos-Zeit kippten. Durch Gerichtsprozesse gewann sie ihr Land zurück und baut heute Bohnen, Salat, Brokkoli, Karotten, Rettich und Kaffee an. Ehrenamtliche arbeiten in der Regel rund acht Stunden täglich auf der Farm. Die Übernachtung erfolgt in rustikalen, aber gemütlichen und sehr günstigen (250 P/Nacht) Unterkünften auf dem Hof; Besucher können auch campen (150 P).

---

knuspriges, langsam gekochtes Entenfleisch, geschmortes Rind mit Zimt und Oregano und Fisch in Teemarinade mit fünf Gewürzen. Nicht alle Gerichte sind gleich gut. Eine Kostprobe wert sind die Ahorn-Frühstückswürste, die individuell zubereiteten Cocktails und der köstliche Kuchen mit dunkler Schokolade und Zitrone.

Ausgehen & Nachtleben

Beans Talk CAFÉ
(Ecke Session Rd & Mabini St; ⊙ 7–22 Uhr) Das helle, kantinenähnliche Café im City Center Hotel ist bei Studenten beliebt, dafür sorgen guter Kaffee, Kuchen, Smoothies, Chili-Pommes mit Käse, Lasagne und *lechon kawali* (knusprig gebratenes Schweinefleisch).

18 BC BAR
(16 Legarda Rd; ⊙ 18.30 Uhr–open end) Livemusik, Reggae- und Alternative-Abende sowie hiesige Bands locken Einheimische in die Bar. Am Wochenende ist hier immer viel los.

Rumours BAR
(56 Session Rd; Cocktails 85–130 P; ⊙ 11–23 Uhr) Die entspannte Bar zieht Traveller, die Ausländergemeinde und hiesige Studenten gleichermaßen an. Einige der speziellen Bargetränke haben es ganz schön in sich.

Shoppen

Baguio ist ein Einkaufsmekka. Die Auswahl umfasst verschiedenstes Kunsthandwerk, von antiken *bulol* (Reiswächtern), die wegen der hohen Preise ausschließlich Sammlern vorbehalten sind, über antike Ware wie Ifugao-Kopfschmuck bis hin zu traditionellen Webarbeiten, Körben, Silber, Kalinga-Speeren und massengefertigten, glänzenden Schnitzarbeiten.

An der Asin Rd, 7 km westlich des Zentrums in direkter Nähe zum BenCab Museum, gibt es mehrere Holzschnitzateliers.

★**Sabado's** KUNSTHANDWERK
(16 Outlook Dr; ⊙ 8–17 Uhr) Hinter der unauffälligen Fassade des Sabado's verbirgt sich eine wahre Fundgrube von indigenen Schätzen. Im Halbdunkel verstecken sich Kalinga-Speere (2000 P), Ifugao-Kopfschmuck (2500 P), hohle Stöcke zum Transport von Wasser durch den Dschungel, verschiedene gewebte Behältnisse und Holzschnitzereien sowie antike *bulol* (6000–10 000 P).

Easter Weaving Room TEXTILIEN
(☏ 074-442 4972; www.easterweaving.com; 2 Easter School Rd) Der Easter Weaving Room stellt echte Igorot-Webarbeiten und traditionelle Kleidung sowie moderne Männer- und Frauenmode her. Das breitgefächerte Sortiment reicht von handgewebten Lesezeichen bis zu *tapis* (gewebten Wickelröcken). In der Fabrik im Keller kann man Weberinnen bei ihrer anstrengenden Arbeit zusehen.

Narda's TEXTILIEN
(www.nardas.com; 151 Upper Session Rd; ⊙ 8–19 Uhr) Das bekannte Geschäft wurde von der aus Bontoc stammenden Weberin Narda Capuyan eröffnet und bietet eine breite Auswahl hochwertiger Artikel aus lokaler Her-

stellung wie traditionelle *barongs* (philippinische Hemden), Taschen, Blusen, Schals und Tischläufer. Die Stücke begeisterten kürzlich das Publikum der Modenschau World Eco-Fiber Textile in New York.

Mt. Cloud Bookshop BÜCHER
(Upper Session Rd; ◉9–19 Uhr) Der wohl hippste Buchladen Luzons befindet sich unterhalb der Casa Vallejo und hat eine fantastische Auswahl westlicher und philippinischer Literatur auf Lager. Der Schwerpunkt liegt auf historischen und ethnografischen Sachbüchern, es gibt jedoch auch jede Menge Romane.

Teresita's Antiques and Furniture KUNSTHANDWERK
(☎074-442 3376; 90 Upper General Luna Rd; ◉9–18 Uhr) Das Teresita's richtet sich in erster Linie an ausgewiesene Sammler – die antiken *bulol* sind für Spontankäufe viel zu teuer. Daneben gibt es ein gutes Sortiment von Textilien und Perlen der Igorot, Holzschnitzarbeiten, alten Opferstöcken und Lindenholzbehältnissen für das zeremonielle Kauen von Betelnüssen. Eine weitere Filiale findet man im Mines View Park, die jedoch vor allem massenproduzierte, moderne Schnitzarbeiten verkauft.

ⓘ Praktische Informationen

Banken und Geldautomaten gibt es im gesamten Zentrum. Die Session Rd und ihre Nebenstraßen säumen jede Menge Internetcafés.
Cordillera Regional Tourist Office (☎074-442 7014; Governor Pack Rd; ◉Mo–Fr 8–17 Uhr) Informationen zu Touren und Wanderungen in der Cordillera sowie Stadtpläne.

ⓘ An- & Weiterreise

Die schnellsten, komfortabelsten Busse nach Manila sind die Direktverbindungen mit 29 Plätzen von **Victory Liner** (☎074-619 0000; www.phbus.com/victory-liner-bus/; Upper Session Rd) nach Pasay (715 P, 5 Std., 5-mal tgl.). Viele Busse nehmen den bequemen, schnell befahrbaren SCTEX (Subic–Clark–Tarlac Expressway), während der Recherche bot jedoch nur Victory Liner eine Direktverbindung an. Es ist ratsam, Tickets im Voraus zu buchen. Alle 20 Minuten verkehren langsamere Victory-Busse nach Manila (445 P, 6½ Std.); Kreditkartenzahlung ist möglich. Victory Liner bedient zudem Iba und Zambales (347 P, 3–4½ Std., 4-mal tgl.) vom zweiten unternehmenseigenen Terminal an der Governor Pack Rd.

Partas (☎074-410 1307, 074-725 1740) bietet von 8 bis etwa 18 Uhr stündliche Verbindungen nach San Fernando (La Union; 110 P, 1½ Std.) und Vigan (370 P, 5–7 Std.), teils mit Weiterfahrt nach Laoag (466 P). Kleinbusse nach San Fernando (80 P) fahren regelmäßig vom Jeepney-Halt an der Plaza östlich des Rizal Park ab.

Busse von **Lizardo Trans** (☎074-304 5994) verkehren von 6 bis 13 Uhr stündlich vom **Dangwa Terminal** (Magsaysay Ave) nach Sagada (220 P, 5–7 Std.) sowie um 10 und 14 Uhr über San José nach Baler (312 P, 8 Std.). **D'Rising Sun** (☎0910 709 9102) mit Sitz im **Slaughterhouse Terminal** (Magsaysay Ave) an der Slaughterhouse Rd bietet von 6 bis 16 Uhr stündliche Verbindungen nach Bontoc (240 P, 6 Std.). Am Slaughterhouse Terminal fährt zudem ein A-Liner nach Kabayan (180 P, 4–5 Std.); es gibt einen täglichen Bus um 7 Uhr und einen Minivan, der sich in der Regel gegen 16 Uhr nach Kabayan aufmacht – verlassen sollte man sich allerdings nicht darauf.

Ohayami und KMS verkehren täglich gegen 7 sowie über Nacht um 18 oder 19 Uhr entlang der asphaltierten Südroute über San José nach Banaue (520 P, 9–11 Std.). Ihre Terminals liegen nicht weit voneinander entfernt an der Shanum St. Eine schnellere Verbindung nach Banaue sind die direkten klimatisierten Kleintransporter ab dem Dangwa Terminal (7 Std.) über die Ambuklao Rd.

Kabayan
☎074 / 1389 EW. / 1200 M

Inmitten einer spektakulären Bergkulisse mit Reisterrassen unter den wachsamen Augen der weltbekannten Mumien gelegen, bleibt Kabayan ein attraktives, angenehm untouristisches Ziel. Hier erwachen die Dörfer mit dem Hahnenschrei zum Leben und versinken mit der Abenddämmerung in den Schlaf.

Wer sich nicht für mumifizierte sterbliche Überreste interessiert, kann vor Ort durch die Reisterrassen in dramatischer Hanglage wandern und nachts den Sternenhimmel bestaunen. Kabayan ist zudem das Zentrum der Ibaloi-Kultur, so sind viele Traditionen und animistische Glaubensvorstellungen geblieben, besonders in den umliegenden Hügeln. Das Gebiet ist für starken Arabica-Kaffee und leckeren *kintoman* (roten Reis) bekannt.

⦿ Sehenswertes & Aktivitäten

Kabayan National Museum MUSEUM
(Eintritt 50 P; ◉Mo–Fr 8–12 & 13–17 Uhr) Das kompakte Museum ist eine gute Einführung in die indigene Kultur in diesem Teil der Cordillera. Auf Anfrage erklärt der freundliche Kurator den Unterschied zwischen der

traditionellen Kleidung der Reichen und der Armen, zeigt einen Rucksack zum Transport von Schweinen sowie eine weibliche Mumie und erklärt lokale Todesriten, rituelle Artefakte der Kankanay und Ikalahan sowie Pflanzen, die beim Mumifizierungsprozess zum Einsatz kamen.

Bangao Mummy Caves   HÖHLEN
(Eintritt 30 P) In den Wäldern rund um Kabayan sollen Dutzende Mumienhöhlen versteckt liegen, die nur Stammesälteste der Ibaloi aufspüren können. Die nächste Stätte mit einigen (wenn auch nur mittelmäßig gut erhaltenen) Mumien ist das *sitio* (kleine Dorf) **Bangao** am Fuß des Mt. Tabayoc (2812 m), 7 km nördlich von Kabayan. Am interessantesten ist die **Pongasan Cave** mit fünf Mumiensärgen, einen halbstündigen Anstieg von Bangao entfernt. Von Bangao nach Kabayan führt eine zweistündige Wanderung.

Tinongchol Burial Rock   HÖHLEN
(Spende 30 P) Etwa 3 km nordwestlich von Kabayan in der Nähe des Barangay Kabayan Barrio befindet sich der Tinongchol Burial Rock, wo mehrere Särge in Löchern lagern, die in den Fels geschlagen wurden. Hierher führt ein einstündiger Fußweg durch eindrucksvolle Bergkulisse, der hinter dem Nationalmuseum von Kabayan beginnt. Nach Überqueren des Flusses geht es die befestigte Straße hinauf; der Rock ist linker Hand ausgeschildert. Den Schlüssel zum Tor bekommt man beim Oberhaupt des *barangay*, alternativ legt man bei einer Tour mit Guide zu den Timbac-Höhlen einen Zwischenstopp ein.

Opdas Mass Burial Cave   HÖHLE
(Eintritt gegen Spende von 50 P) Am Südrand der Stadt steht (in einem privaten Hinterhof) dieses gruselige Gebeinhaus, in dem hunderte zwischen 500 und 100 Jahre alte Schädel und Knochen auf einem Steinvorsprung aufgereiht sind. Man geht davon aus, dass sie entweder auf eine Pockenepidemie zurückgehen, die von den Spaniern eingeschleppt wurde, oder dass die Toten wegen ihres niedrigen gesellschaftlichen Ranges in einem Massengrab beerdigt wurden. Ein kurzer Fußweg führt zu einem Gewächshaus auf der linken Seite; vor dem Betreten sollte man um Erlaubnis bitten.

Schlafen & Essen
Entlang der Hauptstraße verkaufen Geschäfte einfache Lebensmittel, die Restaurantszene steckt hingegen noch in den Kinderschuhen. Bei unserem Besuch war die Coop Lodge geschlossen, eine Renovierung war jedoch für 2015 vorgesehen.

Pine Cone Lodge   PENSION $
(0929-327 7749; Zi. 250 P) Die freundliche Pension am Dorfende mit Flussblick ist aktuell die einzige Übernachtungsmöglichkeit vor Ort. Sie verfügt über geräumige holzgetäfelte Zimmer und Gemeinschaftsbäder mit Eimerduschen. Auf Anfrage bekommen hungrige Gäste Brathähnchen mit Pommes Frites.

Rockwood Cafe   PHILIPPINISCH $
(Hauptgerichte 70–100 P; 7–18 Uhr) Das geschmackvoll mit Kiefernholz und Stein gestaltete Café serviert Kaffee und Gemüse aus biologischem Anbau. Daneben stehen Souvenirs aus lokaler Produktion zum Verkauf, darunter Zitronengrasöl, Tee und gewebte Umhängetaschen von Kabayan Weaving in der Nähe. Nur in der Hauptsaison geöffnet.

An- & Weiterreise
Zwischen Kabayan und dem Slaughterhouse-Terminal in Baguio verkehren täglich Busse (135 P, 4–5 Std.); die Abfahrt in Baguio erfolgt um 7, in Kabayan gegen 8.30 Uhr. Die asphaltierte, verschlungene Bergstraße hinauf nach Kabayan ist traumhaft schön, allerdings ist die Gefahr von Erdrutschen sehr hoch. Die Straße nordwärts nach Abatan wird nach und nach

---

GUIDES FINDEN
Beim Großteil der Attraktionen von Kabayan ist es unwahrscheinlich, sich zu verirren, allerdings geben die professionellen, höflichen Guides vor Ort einen kulturellen Kontext, den man sonst versäumen würde. Während unserer Recherche wurden Führer von der Pine Cone Lodge oder vom engagierten Tourismusbeauftragten Berry Sangao im **Rathaus** (0917 521 5830; Mo-Fr 8–12 & 13–17 Uhr) zu festen Tarifen vermittelt: Tinongchol Burial Rock 500 P, Pongasan Cave 800 P, Timbac Caves 1500 P und Mt. Pulag über Akiki 2400 P.

Die ersten drei Ziele sind auch per Geländewagen zu erreichen (jeweils 1000 P, 1000 P bzw. 3500 P). Wer zu den Timbac Caves wandern möchte, kann sich für 500 P von Guides das Gepäck tragen lassen.

ABSTECHER

DIE MUMIEN VON TIMBAC

Von den zehn Kulturen weltweit, die Mumifizierungen durchführen, sind die Ibaloi die einzigen, bei denen bei dem jahrhundertelangen Prozess die inneren Organe erhalten bleiben. Laut mündlicher Überlieferung der Ibaloi trocknete man die Leichname durch die Hitze und den Rauch eines kleinen Feuers und behandelte sie dann sorgfältig mit konservierenden Kräutern. Um Würmer zu vertreiben und die Organe zu erhalten, wurde in regelmäßigen Abständen Tabakrauch in die Bauchhöhle geblasen. Der gesamte Prozess dauerte bis zu einem Jahr. Der Direktor des University Museum in Baguio bestreitet dies jedoch; laut den Aussagen von Ibaloi-Ältesten habe die Methode bei einem Versuch 1907 nicht funktioniert, zudem habe es sich keine Familie leisten können, ein ganzes Jahr nicht zu arbeiten, wie es die Todesriten verlangt hätten.

Ab dem 20. Jh. stellten die Ibaloi die Mumifizierung ihrer Toten ein, da die Praxis bei den Amerikanern als unhygienisch galt. Die Mumien wurden im Laufe der Jahre regelmäßig gestohlen oder beschädigt, deswegen sind die Haupthöhlen inzwischen geschlossen.

Die am besten erhaltenen Ibaloi-Mumien findet man in den **Timbac Caves** (Eintritt 100 P). Sie liegen rund 1200 m über Kabayan selbst und zählen zu Kabayans heiligsten Höhlen. Vor dem Betreten bringen Einheimische Gin als Opfer dar.

Die intensivste und respektvollste Art, die einzigartigen Bräuche hier zu erleben, ist eine Wanderung mit einem Guide ab Kabayan. Die anstrengende, wunderschöne vier- bis sechstägige Tour folgt der Geländewagenstrecke, wobei man unterwegs eine kleine Abkürzung durch die Reisterrassen unternimmt.

Nach der Ankunft bei den Höhlen holt der Guide beim Verwalter, der über den Höhlen lebt, den Schlüssel und öffnet die Särge, sodass man die mumifizierten Überreste sehen kann. Die Mumien reichen von Erwachsenen bis zu kleinen Kindern und wurden in der traditionellen Embryonalstellung begraben. Der Anblick ist ziemlich unheimlich.

Manche Besucher ziehen der Wanderung ab Kabayan eine Busfahrt auf der Route Baguio–Sagada vor, steigen bei der beschilderten Abzweigung zu den Timbac-Höhlen aus und folgen der 3,5 km langen asphaltierten Straße. Dies ist die leichtere Variante, wer sich allerdings ohne Guide auf den Weg macht, riskiert, lokale Befindlichkeiten zu stören, außerdem gibt es keine Garantie, dass der Verwalter den Schlüssel herausgibt.

---

befestigt, aktuell ist jedoch noch ein guter Geländewagen mit großer Bodenfreiheit vonnöten.

Etwas mehr Abenteuer verspricht die Wanderung zu den Timbac-Höhlen. Nachdem man zum Halsema Hwy gelaufen ist, winkt man einen Bus südwärts nach Baguio oder nordwärts nach Bontoc oder Sagada heran.

Mt. Pulag National Park

Der Mt. Pulag (2922 m) gilt bei den Ibaloi und Kalanguya als heilig. Er ist der höchste Gipfel auf Luzon und liegt im größten Nationalpark der Cordillera. Das **Protected Areas Office** (PAO; ☎ 0919 631 5402) in Ambangeg, eineinhalb Stunden südlich von Kabayan, fungiert als Besucherzentrum des Parks. Auswärtige Besucher müssen hier oder an anderen Zugangspunkten eine saftige Gebühr von 950 P entrichten.

Um zum PAO-Büro/Besucherzentrum zu gelangen, fährt man mit dem A-Liner-Bus zwischen Baguio und Kabayan bis nach Ambangeg. Busreisende aus Baguio kommen zu spät an, um den Mt. Pulag zu besteigen, da es bis 14 Uhr oft regnet. Deswegen sollte man eine Übernachtung im PAO oder in Kabayan einplanen, um am nächsten Tag früh aufzubrechen.

Vom Besucherzentrum führt eine holprige Straße 11 km hinauf zum Beginn des Grassland Trail nahe der Ranger-Station des Department of Environment & Natural Resources (DENR). Für die letzten drei Stunden zum Gipfel müssen Besucher einen Guide anheuern (600 P) oder einen aus Kabayan mitbringen. Rund 30 Minuten unterhalb des Gipfels befindet sich der Grassland-Campingplatz.

Eine interessantere Zweitageswanderung führt entlang des Akiki Trail, der auch als „Killer Trail" bekannt ist. Er beginnt 2 km südlich von Kabayan in Todiakap, einem *sitio* (territoriale Enklave) von Duacan. Vom Ausgangspunkt des Weges sind es zwei Stunden bis zum Eddet River und weitere sechs Stunden zum Campingplatz Cow Country. Entweder schlägt man dort sein

Lager auf oder läuft vier Stunden bis zum Zeltplatz Saddle Grassland. Von dort ist es der Gipfel in 30 Minuten zu erreichen. Ein Guide kostet für diese Route 1200 P pro Tag.

Es gibt noch längere Routen hoch zum Mt. Pulag, die über die Rückseite des Berges durch Tawangan oder Lusod, das Heimatland der Kalanguya, führen. Genauere Infos liefern das PAO oder Guides in Kabayan. Im März und April ist die Sicht am besten. Von Juni bis November kommt es regelmäßig zu schweren Niederschlägen.

Sagada & Umgebung

074 / 1674 EW. / 1477 M

Das winzige Sagada inmitten nebelverhangener Berge kommt der philippinischen Variante eines südostasiatischen Backpacker-Mekkas am nächsten. Trotz der vielen Wanderwege und spannenden Abenteuer in den Tiefen der Höhlen kann man hier noch immer Ruhe finden. Der einstige Zufluchtsort der vor der Diktatur fliehenden intellektuellen Elite versprüht eine gewisse Mystik: Hoch oben in den Kalksteinklippen ruhen jahrhundertealte Särge, da die Geister der Toten der Legende zufolge gern dem Himmel nah waren.

Wer es termlinich einrichten kann, für den lohnt sich der Besuch eines *begnas*. Bei dem traditionellen Gemeindefest der Kankanay, bei dem Frauen *tapis* und ältere Männer eine Art Lendenschurz tragen, versammelt man sich im *dap-ay* (Innenhof); Hühner werden geopfert, und es erklingen Gongschläge, danach wird gefeiert. Die Bewohner Sagadas stammen von den Applai (Kankanay aus dem Norden) ab und sprechen Kankanay.

⊙ Sehenswertes

★ Hängende Särge im Echo Valley HÄNGENDE SÄRGE

Die beliebteste Attraktion Sagadas sind die hängenden Särge im Echo Valley. Manche sind Jahrhunderte alt, andere wurden erst kürzlich angebracht. Der Großteil hängt hoch oben am steilen Felsen und stellt den Betrachter vor die Frage, wie dies bewerkstelligt wurde. Der Weg ist kurz (300 P). Man gelangt in unter einer halben Stunde über den zugewucherten Pfad am Friedhof hinab zu den Särgen, ohne einen Guide verirrt man sich jedoch schnell.

In den Beerdigungsstühlen, die ebenfalls am Fels angebracht sind, wurden die Verstorbenen früher während des Begräbnisrituals festgebunden. In den kleinsten Särgen liegen die Toten in Embryonalstellung.

Lumiang Burial Cave HÖHLE

Die Lumiang Burial Cave liegt einen zehn- bis 15-minütigen Fußmarsch südlich des Hauptdorfes Richtung Ambasing. Der Weg ist gut ausgeschildert und verläuft entlang der Abzweigung links der Straße. Stufen führen zu einer riesigen, mit Flechten bedeckten Höhle hinab, an deren Eingang sich über 100 Särge stapeln. Der älteste soll wohl 500 Jahre alt sein. In viele sind Bilder von Eidechsen geschnitzt, ein Symbol für langes Leben und Fruchtbarkeit. Den Stufen gegenüber auf der anderen Straßenseite gibt es eine weitere Höhle mit Särgen zu sehen. Animistische Stammesälteste der Applai werden noch immer in den Höhlen rund um Sagada begraben – wenn sie es sich leisten können. Die Götter fordern für dieses Privileg ein Opfer von über 20 Schweinen und dreimal so vielen Hühnern.

Sumaging Cave HÖHLE

Die Sumaging Cave oder Big Cave ist die beliebteste von Sagadas Höhlen und verspricht einen unterhaltsamen Besuch. Die riesigen Kammern beherbergen unwirkliche Felsformationen mit so fantasievollen Namen wie „Königsvorhang" oder „Blumenkohl". Für eine Besichtigung der Höhle (ca. 2 Std.) ist ein Guide erforderlich (500 P), der mit einer Gaslaterne ausgestattet ist. Es ist teilweise recht glitschig und man wird nass, deswegen benötigen Besucher Wassersandalen oder andere Schuhe mit rutschfester Sohle. Von Sagada aus ist es ein 45-minütiger Fußmarsch hierher.

Ganduyan Museum MUSEUM

(Eintritt 30 P; ⊙ 8–19 Uhr) Das kleine Museum zeigt jede Menge Skulpturen, Schmuck und Kankanay-Artefakte. Lohnend ist ein Gespräch mit der Besitzerin Christina Aben, die viel über die hiesige Kultur und Geschichte weiß. Ganduyan ist der traditionelle Name der Kankanay für Sagada.

Besao DORF

Die Wanderwege im nahe gelegenen Besao sind ebenso gut wie die rund um Sagada, auf Särge wird man allerdings nicht stoßen. Besucher können in Privathäusern vor Ort für 250 P übernachten. Jeepneys und Busse nach Besao passieren den ganzen Tag über Sagada, die letzte Abfahrt in Besao erfolgt jedoch vormittags, deswegen sind Tagesausflügler für die Rückfahrt nach Sagada auf

Sagada

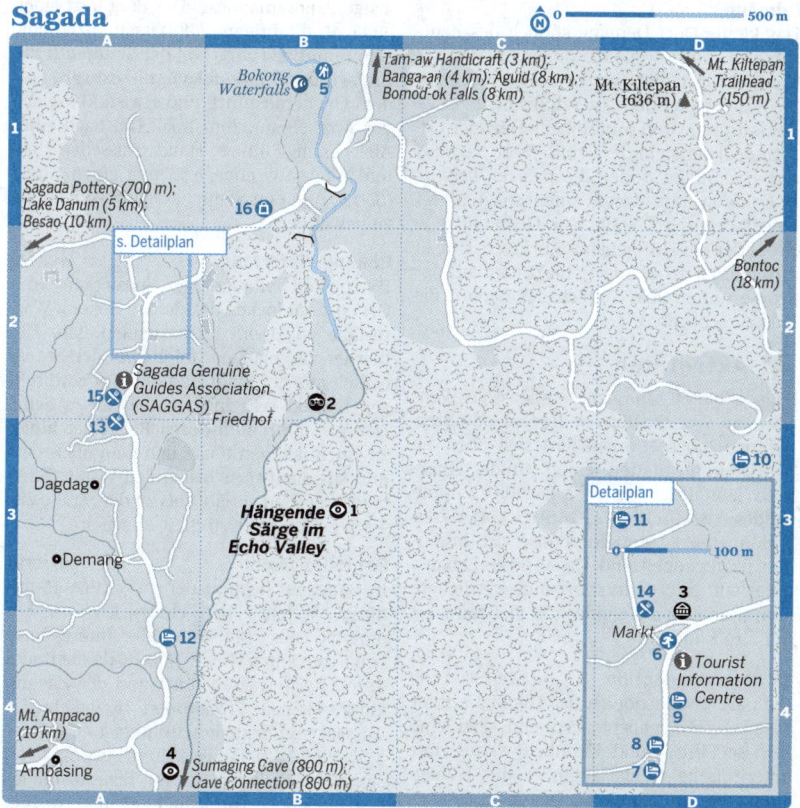

Sagada

◎ Highlights
1 Hängende Särge im Echo Valley B3

◉ Sehenswertes
2 Echo Valley Lookout B2
3 Ganduyan Museum D3
4 Lumiang Burial Cave A4

◆ Aktivitäten, Kurse & Touren
5 Bokong Waterfalls B1
6 Sagada Outdoors D4

🛏 Schlafen
7 Canaway Resthouse D4

8 George Guesthouse D4
9 Masferré Inn & Restaurant D4
10 Rock Inn D3
11 Sagada Homestay D3
12 Treasure Rock Inn A4

✕ Essen
13 Lemon Pie House A3
14 Log Cabin D3
15 Sagada Brew A2
Yoghurt House .... (siehe 8)

🛍 Shoppen
16 Sagada Weaving B1

---

private Transportmittel angewiesen. Die 10 km lange Strecke führt über eine zum Teil asphaltierte Straße.

Echo Valley Lookout AUSSICHTSPUNKT
Der Weg zu dem Aussichtspunkt führt hinter der St. Mary's Episcopal Church scharf links auf eine Schotterstraße, die sich hoch zu einem Friedhof windet. Diesem folgt man bis zum oberen Ende des Friedhofs und weiter zu einem Handymast. Der Aussichtspunkt befindet sich in unmittelbarer Nähe. Hier findet man schnell heraus, woher das Echo Valley seinen Namen hat.

Demang
DORF

Das kleine Dorf Demang südlich des Zentrums ist mittlerweile ein *barangay* von Sagada, ursprünglich war es jedoch das erste Siedlungsgebiet der Gegend. Bis heute ist es das kulturelle und traditionelle Herz der Gemeinde. Hier steht der Großteil von Sagadas *dap-ay*, zudem finden die meisten *begnas* in Demang statt. Wer zu einem solchen Fest eingeladen wird, sollte ein Geschenk wie Brot oder ein Hühnchen mitbringen. Um zu Fuß hierher zu gelangen, biegt man auf der Straße unmittelbar südlich des Lemon Pie House rechts ab.

Aktivitäten

Sagada bietet zahlreiche erstklassige Wanderwege. Wer Ausflüge in die Gegend unternehmen möchte, organisiert sich über die Touristeninformation einen Guide. Alternativ kontaktiert man die Sagada Genuine Guides Assocation (SAGGAS) (S. 154), deren Trekkingtouren und Kundenservice besonders professionell sind. Da sie ihren Lebensunterhalt mit dem Tourismus verdienen, kümmern sich die Guides mit viel Herzblut um ihre Kunden.

★ Cave Connection
HÖHLENKLETTERN

Die Cave Connection ist das Highlight unter Sagadas Höhlenabenteuern und setzt eine gewisse Fitness und Kühnheit voraus. Der unterirdische Gang verbindet die Höhlen Sumaging und Lumiang. Die drei- bis vierstündige Tour (800 P) ist definitiv nichts für Klaustrophobiker: Teilnehmer müssen durch mehrere Tunnel kriechen, einige enge und anstrengende vertikale Aufstiege überwinden und durch unterirdische Wasserbecken schwimmen. Trekkingsandalen sind empfehlenswert, ebenso wie wasserdichte Taschenlampen, auch wenn der Guide Licht hat.

Sagada Outdoors
RAFTEN

(📞0919 698 8361, 0919 671 9875; www.luzonoutdoors.com) Der exzellente Veranstalter unter Leitung eines amerikanischen Einwanderers, der seine Einnahmen aus dem Tourismus in die örtliche Gemeinde investiert, bietet eine große Auswahl von Rafting- und Kajaktouren den Chico River hinauf sowie Mountainbike-Ausflüge. Die beste Zeit ist von September bis Dezember. Im 1. Stock des Marktes gibt es einen guten Laden für Outdoor-Kram.

Mt. Kiltepan
WANDERN

Von den Reisterrassen und umliegenden Bergen des Mt. Kiltepan bieten sich großartige Panoramablicke. Der Berg liegt einen etwa 40-minütigen Fußmarsch (bzw. eine zehnminütige Fahrt) von der Stadt entfernt. Einfach der Straße folgen, die ostwärts aus dem Ort herausführt, und etwa 500 m nach der Abzweigung zum Rock Inn nach einer Abzweigung linker Hand Ausschau halten! Alternativ engagiert man einen Guide (350 P), um den Sonnenaufgang vom Gipfel zu bewundern.

Bokong Waterfalls
WANDERN

Einen rund halbstündigen Spaziergang vom Ort entfernt locken die kleinen Bokong-Wasserfälle zu einem erfrischenden Bad. Um hierher zu gelangen, folgt man der Straße östlich aus der Stadt und den Stufen direkt gen Sagada Weaving auf der linken Seite. Der Weg führt nun durch Reisfelder hinab zu einem kleinen Fluss, den man überquert und stromaufwärts bis zu den Wasserfällen läuft. Der Pfad verläuft bis zu der Straße zur 4 km entfernten Ortschaft Banga-an.

Bomod-ok Falls
WANDERN

In Banga-an beginnt der großartige 45-minütige Weg zu den eindrucksvollen Bomod-ok Falls (Big Waterfall). Interessierte benötigen einen Guide (600 P), da die Route durch Reisterrassen führt und der Zugang aufgrund von Traditionen bezüglich der Aussaat und Ernte beschränkt ist.

Zweimal am Tag verkehren Jeepneys von Sagada nach Banga-an, für Tagesausflügler sind sie jedoch von keinem großen Nutzen, da sie nachmittags abfahren. Lieber läuft man oder chartert einen Jeepney. Jeepneys von Banga-an nach Sagada starten am frühen Morgen.

Mt. Sipitan
WANDERN

In der Gegend warten einige Gipfel darauf, bezwungen zu werden, darunter Sagadas höchster Berg, der Mt. Sipitan (2200 m). Da es dort Sprengfallen von Jägern geben soll, ist ein Guide erforderlich. Die anstrengende Ganztagswanderung beginnt nahe dem wenig idyllischen Lake Danum auf dem Weg nach Besao, führt größtenteils durch moosbedeckten Wald und endet in Banga-an. Die Route zum **Mt. Ampacao** (1889 m) 10 km südlich der Stadt hinter Ambasing über eine Schotterstraße ist sehr viel einfacher; auch hier benötigt man einen Guide (800 P).

🛏 Schlafen

Das Preis-Leistungs-Verhältnis der Unterkünfte in Sagada ist außergewöhnlich gut.

Viele Gemeinschaftsbäder bieten nur kaltes Wasser. In dem winzigen Dorf gibt es mindestens ein Dutzend Pensionen, an Neujahr und in der Karwoche ist jedoch eine Vorabreservierung zu empfehlen.

Sagada Homestay PENSION $
(☎ 0919 702 8380; sagadahomestay@yahoo.com.ph; EZ/DZ ab 350/650 P; @ 🛜) Trotz des Namens handelt es sich hier um eine Pension. Sie ist freundlich, günstig und mit all dem glänzenden Kiefernholz voller Charakter. Auch die Aussicht kann sich sehen lassen.

George Guesthouse PENSION $
(☎ 0920 948 3133; EZ/DZ ab 300/500 P) Das George ist in einem hell gefliesten Gebäude untergebracht. Die Einzelquartiere sind einfach, die Doppelzimmer jedoch mit Fernseher ausgestattet, und aus den Duschen kommt verlässlich warmes Wasser – ein echter Pluspunkt in kühlen Nächten und nach einer anstrengenden Wanderung! WLAN ist nur im Restaurant verfügbar.

Treasure Rock Inn PENSION $
(☎ 0920 0272 5881; Zi. 250 P; 🛜) „Aunty Mary" betreibt diese kleine, sehr saubere Unterkunft mit Traumblicken aus den einfachen Zimmern. In der gemütlichen Bar können sich Gäste beim Videoke (vor 21 Uhr) vergnügen. Der Weg zur Pension führt durch ein märchenhaftes Wäldchen mit knorrigen Bäumen; nachts braucht man eine Taschenlampe.

Canaway Resthouse PENSION $
(☎ 0918 291 5063; Zi. 300 P/Pers.; 🛜) Zimmer mit super Preis-Leistungs-Verhältnis, freundlicher Service, saubere Bettwäsche und Duschen mit verlässlich warmem Wasser. Das WLAN ist weniger verlässlich.

Masferré Inn & Restaurant PENSION $$
(☎ 0918 341 6164; http://masferre.blogspot.co.uk; DZ/3BZ/4BZ/Suite 1800/2500/3000/4500 P; 🛜) Sagadas schickste Unterkunft zieren wunderbar kraftvolle Bilder des verstorbenen in Sagado geborenen Fotografen Eduardo Masferré, der das Leben der Cordillera-Bewohner in Szene setzte. Die Zimmer sind gepflegt, die Aussicht ist traumhaft, das Wasser heiß und das Restaurant (morgens, mittags & abends geöffnet) zaubert tolle Gerichte aus leckerem regionalem Gemüse.

Rock Inn HOTEL $$
(☎ 0928 213 1149, 0905 554 5950; www.rockfarmsagada.com; B/3BZ/4BZ 450/1500/1800 P; 🛜) Wer nichts gegen lange Spaziergänge hat, sollte dieses Hotel in einem Zitrushain 2 km vom Zentrum entfernt in Betracht ziehen. Hier gibt es einen riesigen, wunderschönen Bankettsaal und erstklassige Doppelzimmer mit Blick auf einen idyllischen Steingarten und ein *dap-ay*. Reisende mit geringem Budget können wie Mr. Rochesters verrückte Frau auf dem Dachboden übernachten (300 P).

🍴 Essen & Ausgehen

Wegen des kühlen Bergklimas wächst in Sagada eine unglaubliche Vielfalt leckerer Gemüsesorten, die auf den hiesigen Speisekarten prominent vertreten sind. Selten hat uns Brokkoli so begeistert.

⭐ Yoghurt House FUSION $
(Hauptgerichte 70–180 P; ⏰ 7–20.30 Uhr; 🍴) Schwärmereien liegen uns eigentlich nicht, doch die würzige Joghurtsauce in diesem tollen Lokal ist der perfekte Begleiter für das saftige Gemüse aus lokalem Anbau. Der Bananenpfannkuchen zum Frühstück schmeckt auf dem Balkon am besten, zudem gibt's Haferkekse zum Mitnehmen, Pasta, Sandwiches und Rinderkotelett.

Lemon Pie House PHILIPPINISCH $
(Kuchen 30 P/Stück; ⏰ 8–20 Uhr; 🍴) Das Café serviert hübsch angerichtete philippinische Klassiker und anständige internationale Gerichte. Spezialität des Hauses ist der namensgebende Zitronenkuchen.

Sagada Brew FUSION $$
(Gerichte 200 P; 🍴) Klare Linien, Glasfronten und helle Holzmöbel: Das Sagada Brew will das kultivierteste Café der Stadt sein und hat damit durchaus Erfolg. Auf der abwechslungsreichen Speisekarte finden sich gefüllte Paprika, Paprika-Hühnchen mit Rosmarin und Waffeln, zudem verweilen hier Gäste gern bei einem frisch aufgebrühten Kaffee oder einem hübsch angerichteten Wildkräutertee.

⭐ Log Cabin INTERNATIONAL $$$
(☎ 0920 520 0463; Hauptgerichte 170–250 P; ⏰ 18–21 Uhr) Die „Holzhütte" (der Name passt!) zählt zu Sagadas vielen wunderbaren Überraschungen und wirkt mit ihrem flackernden Feuer und der winterfest gekleideten ausländischen Klientel wie eine gemütliche Skilodge. Zur leckeren Auswahl gehören Braten mit lokalem Gemüse, Pasta und sogar Fondue, dazu gibt's eine internationale Weinkarte. In der Hauptsaison sollte bis 15 Uhr reserviert werden.

INSIDERWISSEN

NO SPITTING MOMA

Die roten Pfützen, die man immer wieder sieht, sind keine Überbleibsel grausamer Gefechte, und das purpurne Grinsen von Männern in der Cordillera spricht auch nicht für kannibalistische Vorlieben. Das Kauen von Betelnüssen ist eine alte Tradition der Bergvölker. Typischerweise wird die Nuss in Minzblätter gewickelt und mit einem Hauch Limettenpulver (aus zermahlenen Schalen) genossen. Die Folgen sind leichte Euphorie, erhöhte Kondition, Wohlbefinden und leider auch Mundkrebs. Die philippinische Regierung versuchte (erfolglos), den Brauch zu verbieten, was die allgegenwärtigen Schilder mit der Aufschrift No Spitting Moma („Keine Bettelnüsse spucken") erklärt.

Shoppen

Sagada Weaving KUNSTHANDWERK
(7–18 Uhr) Produziert u. a. Rucksäcke, Geldgürtel, traditionelle Lendenschurze und Tischläufer mit regionaltypischen Mustern.

Sagada Pottery KERAMIK
Die Töpferei liegt 1,5 km nördlich von Sagada an der Hauptstraße nach Besao und produziert aufwendige Keramik, die 30 Stunden gebrannt wird. Die Mitarbeiter zeigen gegen eine kleine Gebühr (ca. 100 P) ihr Können.

Praktische Informationen

Neben der Touristeninformation gibt es einen Geldautomaten, der jedoch oft nicht in Funktion ist. Es ist ratsam, viel Bargeld mitzubringen.
Rund um das Rathaus finden sich mehrere Internetcafés.
Sagada Genuine Guides Association (SAGGAS) (0916 559 9050; www.saggas.org) Gut organisierter hiesiger Guide-Verband, der in Sachen Guides in Konkurrenz zum Tourist Information Centre steht.
Tourist Information Centre (7–17 Uhr) Das Touristeninformationszentrum im Rathaus vermittelt die Hälfte aller Guides in Sagada. Für alle Wanderungen, Höhlentouren und gecharterten Privat-Jeepneys gelten feste Tarife.

An- & Weiterreise

Stündlich verkehren Jeepneys nach Bontoc (60 P, 1 Std.); die letzte Abfahrt erfolgt um 13 Uhr. Busse von GL Lizardo fahren bis 13 Uhr jede Stunde nach Baguio (250 P, 7 Std.).

Für Reisen nach Manila muss man nach Baguio zurückfahren und dort umsteigen. Nach Banaue gelangt man über Bontoc.

Bontoc

074 / 3795 EW. / 900 M

Das betriebsame Bontoc zählt zu den wichtigsten Marktstädten und Verkehrsknotenpunkten der Cordillera. Wer die Reisterrassen von Maligcong und Mainit besuchen oder in den früheren Kopfjägerdörfern von Kalinga übernachten möchte, verbringt hier in der Regel ein bis zwei Tage, die sich vor Ort besonders gut Guides organisieren lassen. Noch heute sieht man gelegentlich eine alte Frau mit tätowierten Armen und Kopfschmuck aus Schlangenwirbeln oder einen alten Mann im Lendenschurz, besonders während des **Lang-Ay Festival** in der ersten Aprilwoche, bei dem Einheimische in traditioneller Kleidung durch die Straßen ziehen.

Sehenswertes

★ Bontoc Museum MUSEUM
(Eintritt 60 P; 8–12 & 13–17 Uhr) In diesem tollen Museum begleiten ausdrucksstarke Schwarzweißfotos und indigene Musik die Ausstellungen, die den Hauptstämmen der Region gewidmet sind. Zu den Exponaten gehören Äxte von Kalinga-Kopfjägern, *gansa*-(Gong-)Griffe aus menschlichen Kieferknochen, *fanitan* (Körbe zum Transport abgeschlagener Köpfe), kunstvolle Nasenflöten, Kopfschmuck von Bontoc-Frauen aus Schlangenwirbeln, Regenkleidung der Ifugao aus Baumrinde, traditionelle gewebte Lendenschurze, die die Männer der Cordillera-Stämme tragen, und Bambusrohre zur Aufbewahrung von Reiswein-Opfergaben.

Geführte Touren

Raynoldo „Kinad" Waytan TOUREN
(0929 384 1745) Kinad ist ein erfahrener Guide, kennt sich bestens aus und kandidierte einst für das Amt des Stadtrats. Er bietet individuelle Ausflüge nach Maligcong, Mainit, in die Provinz Kalinga und zu entfernteren Zielen an. Bis zu vier Teilnehmer zahlen ohne Verpflegung rund 1000 P pro Tag. Wenn Kinads Nummer nicht funktioniert, in der Touristeninformation nachfragen!

Schlafen

Ein wenig Komfort gibt es auf der anderen Seite der Brücke am ruhigen Ostufer des Chico River.

Bontoc

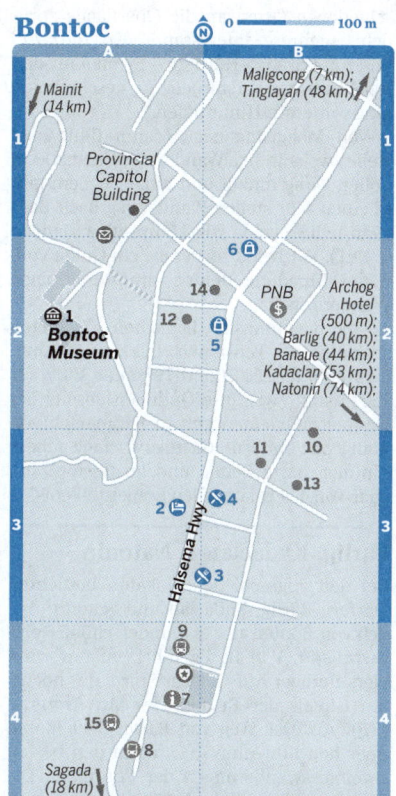

Bontoc

◉ Highlights
1 Bontoc Museum.....................................A2

🛏 Schlafen
2 Churya-a Hotel & Restaurant..............A3

🍴 Essen
3 Cable Cafe...B3
4 Goldfish Cafe B3
Lucky Three ....(siehe 5)

🛍 Shoppen
5 Markt...B2
6 Mountain Province Trade
  Centre...B2

ⓘ Praktisches
7 Städtische Touristeninformation........A4

ⓘ Transport
8 Dadance-Busbahnhof...........................A4
9 D'Rising-Sun-Busbahnhof...................A4
Jeepneys und Busse nach
  Banaue .... (siehe 7)
10 Jeepneys nach Barlig, Kadaclan
   und Natonin..B3
11 Jeepneys nach Mainit............................B3
12 Jeepneys nach Maligcong...................A2
13 Jeepneys nach Sagada B3
14 Jeepneys nach Tinglayen....................B2
15 Vonvon-Terminal (Busse nach
   Banaue)..A4

Churya-a Hotel & Restaurant HOTEL $
(📞0927 449 6779; http://churyahotel.bolgspot.com; Halsema Hwy; EZ/DZ/3BZ 250/500/800 P; 📶) Die Unterkunft mit geschmackvoll dekoriertem Gemeinschaftsbereich und Café mit Blick auf die Hauptstraße ist eine akzeptable Option, auch wenn sie ziemlich in die Jahre gekommen ist. Wer über 1,70 m groß ist, muss mit angezogenen Beinen schlafen.

Archog Hotel HOTEL $$
(📞0920 607 2126, 0921 456 3166; DZ/Suite 1000/1800 P; ❄📶) Das Archog kommt in Bontoc einem Businesshotel am nächsten. Die sauberen Doppelzimmer ohne Bäder sind eine solide Wahl. Die Anfahrt mit dem Motordreirad über die Brücke kostet 8 P.

🍴 Essen & Ausgehen

Hundefleisch ist in der Cordillera (und in Bontoc) weit verbreitet. Die meisten ausländischen Besucher meiden die Delikatesse, manch einer wagt jedoch das kulinarische Abenteuer. Auf dem Markt werden neben Obst und Gemüse auch Frösche für den *adobo*-Eintopf (in Essig und Knoblauch geschmortes Fleisch) verkauft.

Goldfish Cafe INTERNATIONAL $
(Halsema Hwy; Hauptgerichte 65–120 P; ⊙8–21 Uhr; 📶) Im Goldfish sorgen Arme Ritter, Omeletts, Pasta mit Pesto, (recht süßes) Phat Thai und raffinierte Kaffeevariationen in hippem, hellem Ambiente mit Bildern des Lang-Ay Festival an den Wänden für einen kosmopolitischen Touch.

Lucky Three PHILIPPINISCH $
(Halsema Hwy; Hauptgerichte ab 90 P; ⊙10–21 Uhr) Die inoffizielle Lieblingsadresse Einheimischer auf dem Markt serviert philippinische Klassiker mit so viel Reis, wie man möchte. Ideal für den großen Hunger.

Cable Cafe PHILIPPINISCH $
(Hauptgerichte ab 80 P; ⊙7–15 & 18–22 Uhr) Die Bar mit gedämpfter Beleuchtung serviert große Portionen *lechon kawali*, Hähnchenflügel und andere hiesige Klassiker. Dazu gibt's jeden Abend Livemusik (vor allem

1980er-Jahre-Pop und Pinoy-Liebeslieder) und Bier.

🛍 Shoppen

Mountain Province Trade Centre TEXTILIEN

(⊙ 8.30–18 Uhr) Webarbeiten aus Sagada, Sadanga und Samoki in individuellen Stilen im 2. Stock.

ℹ Praktische Informationen

Die Hauptstraße säumen mehrere Internetcafés.

PNB Der einzige Geldautomat der Stadt, der mit ausländischen Karten (nur Visa) funktioniert.

Städtische Touristeninformation (☏ 0949 623 4913; Halsema Hwy; ⊙ Mo–Fr 8–17 Uhr) Sehr hilfreiche Touristeninformation mit Wandkarten des Umlandes und Mitarbeitern, die Wanderrouten empfehlen und zuverlässige lokale Guides vermitteln.

ℹ An- & Weiterreise

Vonvon-Busse verkehren um 10 und 14 Uhr nach Banaue (140 P, 1½ Std.). Gegen 12 Uhr fährt ein Jeepney nach Banaue (170 P); die Abfahrt erfolgt, wenn er vollbesetzt ist.

Von 5.30 bis 16 Uhr fahren stündlich Busse von D'Rising Sun nach Baguio (250 P, 6 Std.).

Jeepneys machen sich von 8 bis 17.30 Uhr jede Stunde auf den Weg nach Sagada (60 P, 1 Std.). Der letzte fährt nicht immer, deswegen ist es ratsam, etwas früher zu kommen. Täglich verkehren mindestens ein Bus und ein Jeepney nach Tinglayen (120 P, 2 Std.); die beste Verbindung ist in der Regel der Bus um 9 Uhr mit Weiterfahrt nach Tabuk (240 P, 5 Std.). Maligcong wird um 8, 12, 14 und 16 Uhr von Jeepneys (25 P, 30 Min.) angefahren, die Rückfahrt erfolgt um 7, 14 und 16 Uhr.

Jeepneys bedienen die holperigen Straßen nach Mainit (50 P, 1 Std., 7.30, 16 & 17 Uhr), Barlig (110 P, 1½ Std., 13.30 Uhr) und Kadaclan (130 P, 4 Std., 11, 13 & 15 Uhr). Um 11 Uhr fahren Jeepneys über Barlig und Kadaclan nach Natonin (170 P, 6 Std.). Auf derselben Route verkehrt ein Dadance-Bus am frühen Morgen.

Rund um Bontoc

Maligcong & Mainit

Die gewaltigen, von Steinmauern umsäumten **Reisterrassen** von Maligcong können sich mit denen von Banaue und Batad messen, ziehen jedoch nur einen Bruchteil der Touristen an. In Mainit gibt es ein paar **Thermalquellen**, die regelmäßig an verschiedenen Orten an die Oberfläche sprudeln, mehrere interessante **ato** *(dap-ay)* und mit Carabao-Hörnern – Symbol für den Reichtum der Verstorbenen – geschmückte **Mausoleen** in Hinterhöfen.

Von Maligcong nach Mainit führt eine steile zweistündige Wanderung einen 300 m hohen Hang hinauf und hinab. Zudem gibt es einen sehr steilen Wanderweg nach Bangaan nahe Sagada von Mainit über Dalican (6 Std.). Für beide Touren ist ein Guide vonnöten. Kinad aus Bontoc veranstaltet beide Wanderungen.

Übernachtungsmöglichkeiten bieten spartanische Pensionen in ganz Mainit. **Geston's** (Zi. 250 P) und **Terraces View** (Zi. 250 P) sind zwei gute Optionen abseits der Hauptstraße, einen kurzen Fußmarsch von Maligcong entfernt. Gäste erwarten saubere Zimmer, harte Betten und im Geston's ein paar von Thermalquellen gespeiste Pools.

Barlig, Kadaclan & Natonin

Bei den abgeschiedenen, kaum besuchten Dörfern Barlig, Kadaclan und Natonin östlich von Bontoc gibt es wunderschöne **Reisterrassen**. Von Barlig führt ein nur rund vierstündiger Aufstieg zur Spitze des höchsten Gipfels der Region, des **Mt. Amuyao** (2702 m). Der Weg von Barlig nach Batad über den Mt. Amuyao zählt zu den besten Zweitageswanderungen der Cordillera. Die Route von Natonin nach Mayoyao ist in zwei bis drei Tagen zu bewältigen. Guides verlangen in der Regel 800 P am Tag und sind in der Stadthalle von Barlig oder in Bontoc zu finden.

In den Dörfern gibt es ein paar *extrem* einfache Pensionen und Privatunterkünfte. Unser Favorit ist das **Sea World** (Zi. 250 P) in Barlig, auch wenn der Name nicht so recht zum landumschlossenen Barlig passen will.

Provinz Kalinga

Während der Zeit der Conquista stürzten die Spanier die mächtigen Reiche der Inka, Azteken und Maya und nahmen das Tiefland der Philippinen ein. Kalinga konnten sie jedoch nicht erobern. Die Praxis der Kopfjagd gibt es zwar schon seit Jahrzehnten nicht mehr, dennoch gelten die stolzen Bewohner der winzigen Bergdörfer zu Recht als unerschütterliche Krieger. Bis heute kommt es gelegentlich bei Stammeskonflikten zu Todesfällen. Lendenschurze und großflächige

Armtätowierungen bei Frauen verschwinden immer mehr, die Buschmesser, die viele Männer an der Hüfte tragen, dienen hingegen nicht nur der Dekoration. Tattoos am Bizeps eines Mannes zeugen von dessen Teilnahme an einem Kampf.

In Kalinga werden beim *cañao* (rituellen Festessen) regelmäßig Tiere geopfert. Dabei schlägt Tradition Moderne, auch wenn überraschenderweise amerikanische Country-Musik zum Programm gehört. Besucher der Region erwarten Dörfer ohne Abwasseranlagen mit frei umherlaufendem Nutzvieh, Übernachtungen auf Fußböden in traditionellen Hütten und Wanderungen entlang alter Bergpfade zu Ortschaften inmitten von Reisterrassen, die ebenso spektakulär wie die in Bontoc und Ifugao sind.

Tinglayen

♪ 074 / 1097 EW. / 900 M

Der beste Ausgangspunkt für Wanderungen in Kalinga ist Tinglayen, zweieinhalb Stunden nördlich von Bontoc am Chico River. Victor Baculi, Oberhaupt des *barangay* Luplupa (in Tinglayen einfach die Hängebrücke überqueren!), vermittelt Guides. Anzutreffen ist er im Luplupa Riverside Inn, das von seinem Sohn geführt wird. Entsprechende Informationen gibt es beim exzellenten städtischen Tourismusbüro in Bontoc und bei den Guide-Verbänden in Banaue oder Sagada. Die Preise betragen durchschnittlich 1000 P pro Tag.

 Aktivitäten

Kalingas Hauptattraktion sind die malerischen **Wanderungen** inmitten steiler Reisterrassen zwischen zahlreichen Dörfern der Ureinwohner, Kontakt mit Einheimischen inklusive. In der Region Tinglayen gibt es mehrere großartige Routen, teils handelt es sich dabei um halbtägige Ausflüge in nahe gelegene Dörfer, teils um Mehrtagestouren bis nach Tabuk oder in die Provinz Abra. Hiesige Guides organisieren, wenn nötig, Unterkunft und Transport zum Startpunkt der Wanderwege.

Die Kopfjagd ist ausgestorben, allerdings hört man gelegentlich davon, dass sie hier und da noch immer praktiziert wird. Eiserne Traditionalisten sind an kunstvollen Brusttätowierungen zu erkennen. Bizeps-Tattoos bei Männern stehen für deren Teilnahme an einem Kampf. Von den Kalinga-Frauen tragen vor allem Ältere aufwendige Armtätowierungen, da die Kunstform langsam

> ### ℹ STAMMESKRIEGE
>
> Gelegentlich brechen Stammeskriege zwischen Dörfern der Provinzen Kalinga, Bontoc und Mountain aus. Die philippinische Regierung überlässt den Stammesältesten die Lösung der Konflikte, die teils jahrhundertealt sind und auf Wasser- oder Jagdrechten und Ähnlichem beruhen. Die Bergvölker haben keinerlei Interesse daran, dass Traveller in ihre internen Streitigkeiten involviert werden. Dennoch ist die Begleitung durch lokale Guides erforderlich, da diese mit den hiesigen Gegebenheiten vertraut sind, kritische Gebiete meiden und auf die Befindlichkeiten der Einheimischen Rücksicht nehmen.
>
> Geschenke sind in Kalinga eine große Hilfe. Guides haben Streichhölzer dabei, richtig beliebt macht man sich außerdem mit lebenden Hühnern.

ausstirbt. Zu den Dörfern, in denen sich traditionelle Lebensweisen gehalten haben, zählen Sumadel, eine neunstündige Wanderung von Tinglayen entfernt, und Dananao, das nach einer dreistündigen Trekkingtour ab Sumadel zu erreichen ist. Letztere kombiniert man am besten mit einem dreistündigen Ausflug nach Tulgao, in dessen Nähe Thermalquellen und ein 30 m hoher Wasserfall locken. Am frühen Nachmittag bedient ein Jeepney fast die gesamte Route nach Tulgao (40 Min.).

Südwestlich von Tinglayen existiert eine weitere exzellente Tageswanderung auf der Route Ngibat–Botbot–Logong–Buscalan. Alternativ organisieren Guides eine Motorradfahrt von Tinglayen nach Tulgao mit anschließender rund vierstündiger Wanderung zwischen Tulgao und Buscalan über Botbot und Logong. Teilnehmer sollten in recht guter körperlicher Verfassung sein und sich auf den meisten Wegen auf ein paar kurze, steile Abschnitte einstellen. Der Schmied in Botbot verkauft Buschmesser in hölzernen Scheiden, und das hübsche Dorf Buscalan wartet mit hübschen, von Steinmauern gesäumten Reisterrassen, ein paar traditionellen Häusern, einem vor Ort bekannten Tattookünstler und einer winzigen Pension auf.

Die Gemeinde Tanudan östlich des Chico River wird weniger besucht als die Dörfer westlich von Tinglayen. Die Gegend ist sehr abgeschieden und zerklüftet.

Eine kürzere Wanderung ermöglicht der Rundweg Tinglayen–Ambuto–Liglig–Tinglayen. Er führt über einige kleine Reisterrassen und durch Dörfer, in denen ein paar Häuser der Ureinwohner erhalten sind.

🛏 Schlafen & Essen

In den meisten Dörfern rund um Tinglayen gibt es verschiedene Kooperativen oder einfache Privatunterkünfte.

Luplupa Riverside Inn & Restaurant PENSION $
(Zi. 250–300 P/Pers.) Das riesige Schild auf dem Dach ist kaum zu übersehen. Das Personal der einfachen Pension ist Gäste aus aller Welt gewöhnt und serviert auf Anfrage Mahlzeiten. Von der Hauptstraße aus einfach die Brücke überqueren.

Sleeping Beauty Resthouse PENSION $
(Zi. ab 200 P/Pers.) Tinglayens schickste Übernachtungsmöglichkeit liegt einen kurzen Fußmarsch östlich des Hauptdorfs und verfügt über Zimmer mit eigenen Bädern und heißem Wasser sowie über einfache Quartiere mit Gemeinschaftstoiletten.

Friendly Guest House PENSION $
(Zi. 200 P) Jede Menge Medizinmann-Utensilien (Federn, Schädel, Fischreusen, ausgestopfte Tweetys) baumeln von den Dachsparren des Friendly Guest House im Dorf Buscalan mit einem einzigen Zimmer für zwei Personen. Der Besitzer hat eine echte Toilette.

Good Samaritan Inn PHILIPPINISCH $
(Hauptgerichte 50 P; ⏱ 11–19 Uhr) Hier, mitten in Tinglayen, legen Busse auf ihrem Weg zwischen Bontoc und Tabuk eine Imbisspause ein. Im gut gefüllten Speiseraum kommen großzügige Tagesgerichte auf den Tisch.

ℹ An- & Weiterreise

Der tägliche Bus zwischen Tabuk und Bontoc kommt auf dem Weg nach Norden (Tabuk) gegen 11 Uhr, auf dem Weg nach Süden (Bontoc) gegen 10.30 Uhr vorbei. In der Hauptsaison verkehren zwei Busse in jede Richtung. Mindestens ein Jeepney pro Tag bedient Bontoc und Tabuk. Die besten Blicke hat man vom Dach.

Tabuk

📞 074 / 103 912 EW. / 200 M

Die Hauptstadt der Provinz Kalinga ist eine flache, staubige, drückend heiße Universitätsstadt am Ufer des Chico River. Viel hat sie nicht zu bieten, allerdings veranstaltet

> **HÄNGEBAUCHSCHWEINE & HYGIENE**
>
> Bei einer Übernachtung in den Dörfern Kalingas fällt auf, dass es a) kein Abwassersystem gibt und b) dennoch nicht unangenehm riecht. Das Geheimnis sind jede Menge vietnamesische Hängebauchschweine. Mehr als ein ausländischer Besucher wurde bereits beim Verrichten seines Geschäfts in den Reisfeldern von einem Stupser ins Hinterteil überrascht.

Chico River Quest (📞 0920 237 8802, 0920 205 2680; www.chicoriverquest.com; Touren unterer/oberer Chico River inkl. Transport & Verpflegung 4000/7000 P) von Juni bis Anfang Januar Raftingtouren ab Tinglayen. Bei Ullalim, dem unteren Teil des Flusses, handelt es sich um einen unkomplizierten Schwierigkeitsgrad III, während der obere Abschnitt Mataguan durch die Schlucht des Chico River führt und mit einigen fordernden Stromschnellen der Klasse VI aufwartet.

Das beste Hotel in Tabuk ist das rundherum ansprechende **Davidson Hotel** (📞 0926 412 6018, 0917 579 7110; Provincial Hwy; DZ/3BZ ab 1050/1400 P; ❄ 🛜 ⊜) mit makellosen Doppelzimmern und dem Schick einer kolonialen Hill Station.

Täglich fährt ein Bus von Victory Liner nach Manila (750 P, 12 Std.), die bessere Option sind allerdings die regelmäßigen Kleintransporter nach Tuguegarao (100 P, 1½ Std.) mit vielen Anschlussverbindungen nach Norden und Süden.

Ab dem *barangay* Dagupan, 7 km nördlich der Stadt, verkehren ein morgendlicher Bus nach Bontoc (5 Std.) und Jeepneys zu Dörfern im Inneren von Kalinga.

Banaue

📞 074 / 2834 EW. / 1200 M

Das von spektakulären Reisterrassen umgebene Banaue ist von Manila aus direkt zu erreichen und deshalb manchmal überlaufen. Man kann den Besuchern jedoch keinen Vorwurf machen – die von Lehmmauern umgebenen Terrassen verströmen ein wunderbares Flair, das sie von den von Stein geschützten Pendants in großen Teilen der Cordillera unterscheidet. Sie gehören zum UNESCO-Welterbe und beeindrucken nicht nur mit ihrer Schönheit, sondern auch mit

Banaue

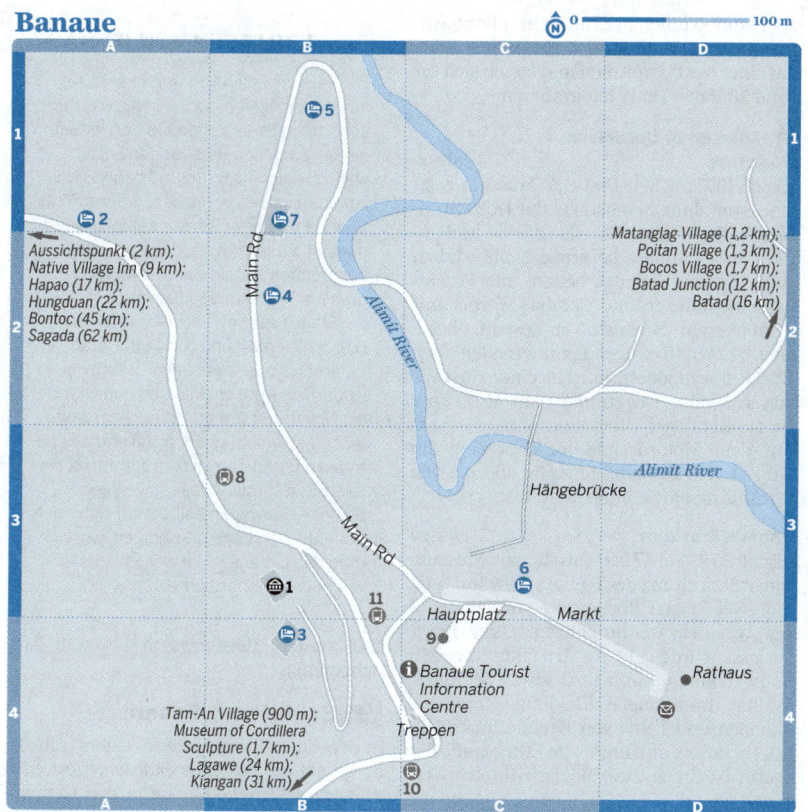

ihrem Alter: Vor rund 2000 Jahren wurden sie von Chinesen eingeführt.

Die Ifugao, einst Kopfjäger, legten die Terrassen an und erwiesen sich dabei als ebenso kunstfertig wie beim Holzschnitzen. Ihre handgefertigten *bulol*-Statuen sind philippinische Ikonen, die allerdings oft missverstanden werden: Bei den *bulol* handelt es sich um Reiswächter und nicht um Reisgötter, wie viele glauben.

Banaue ist noch immer das Zentrum der vielfältigen Ifugao-Kultur, allerdings prägt mittlerweile der Tourismus das Stadtbild Bei einem Ausflug zu abgeschiedenen Dörfern wie Kambulo und Pula mit eigenen eindrucksvollen Reisfeldern kann man die Besuchermassen jedoch größtenteils hinter sich lassen.

◉ Sehenswertes & Aktivitäten

Aussichtspunkt   AUSSICHTSPUNKT

Eine zehnminütige Fahrt mit dem Motordreirad führt hinauf zu dem Aussichtspunkt

Banaue

◉ Sehenswertes
1 Banaue Museum B3

🛏 Schlafen
2 Banaue Homestay A1
3 Banaue View Inn B4
4 People's Lodge B2
5 Randy's Brookside Inn B1
6 Sanafe Lodge & Restaurant C3
7 Uyami's Greenview Lodge B1

ℹ Transport
8 Busse nach Bontoc B3
9 Jeepney- und Kleinbusabfahrtspunkt C4
10 KMS-Busbahnhof C4
11 Ohayami-Bushaltestelle B3

(hin & zurück 220 P), der den besten Ausblick über die Reisterrassen von Banaue bietet. Tatsächlich besteht dieser aus vier Aussichtspunkten entlang der Straße nach Bontoc im Abstand von jeweils 200 m. Alte, aber stolze Frauen der Ifugao und Bontoc in kompletter Stammestracht versammeln sich auf einer der Plattformen und lassen sich für rund 20 P pro Motiv fotografieren.

★ Museum of Cordillera Sculpture
MUSEUM

(Eintritt 100 P; 8–18 Uhr) Das Museum zeigt eine Sammlung herausragender Holzschnitzereien der Ifugao. Rituelle Objekte und antike *bulol* säumen die große Halle, zudem sind Waffen, Schnitzarbeiten mit Fruchtbarkeitssymbolen und Carabao-Hörner mit geräucherten Schädeln ausgestellt. Besucher können in einigen faszinierenden alten Büchern schmökern, u.a. in einer Ausgabe von *National Geographic* von 1912 über Ifugao-Kopfjäger. Die zehnminütige Anfahrt mit dem Motordreirad ab dem Zentrum (70 P) ist ein absolutes Muss für alle, die sich für Anthropologie interessieren.

Banaue Museum
MUSEUM

(Eintritt 30 P; 8–17 Uhr) Das Banaue Museum unter der Leitung des Banaue View Inn zeigt auf zwei Etagen Bücher, die vor Jahrzehnten von dem Anthropologen Otley Beyer verfasst wurden, Igorot-Artefakte, die sein Sohn William sammelte, sowie Schmuck, Waffen, traditionelle Kleidung, Kopfbedeckungen und Fotos von Banaue im frühen 20. Jh. Beyers umfangreiche Ethnografie der Igorot ist für anthropologisch Interessierte sehr lohnend.

Tam-an, Poitan, Matanglag & Bocos
WANDERN & TREKKEN

Die Wanderungen zwischen diesen Dörfern führen durch Reisfelder in unmittelbarer Nähe zu Banaue und sind mühelos an einem halben Tag zu bewältigen. Ein Guide ist nicht erforderlich, allerdings muss man häufig nach dem Weg fragen. In allen drei Ortschaften stehen traditionelle Ifugao-Häuser.

Die 45-minütige Wanderung von Tam-an nach Poitan beginnt nahe dem Pool des Banaue Hotel und folgt einem 100 Jahre alten Bewässerungskanal. In Poitan steigt man hoch zur Straße, geht links Richtung Banaue, kurz danach bei einer Treppe rechts und beginnt den Aufstieg. Nach 30 Minuten taucht Matanglag auf, wo einige Bronzeschmiede ansässig sind. Nach einer weiteren halben Stunde gelangt man nach Bocos, bekannt für seine Holzschnitzarbeiten. Auf dem Weg liegt der von Banaue aus sichtbare Wasserfall. Von Bocos steigt man entweder hinab nach Banaue oder wandert nordwärts

> **DIE TERRASSEN VON IFUGAO**
>
> Die Reisterrassen von Ifugao sind zu jeder Jahreszeit eindrucksvoll, von ihrer schönsten Seite zeigen sie sich jedoch ein bis zwei Monaten vor der Ernte, wenn sie sich hellgrün und schließlich langsam golden verfärben. Während der Saat nehmen die Terrassen ein karges, nacktes Aussehen an, das ebenfalls ansprechend ist. In Banaue kommt man am besten in den Juni und Juli (vor der Ernte) oder im Februar und März (zur Säuberung und Saat). In Batad, wo zweimal pro Jahr gesät wird, sind die Felder von April bis Mai und von Oktober bis November am grünsten. Allerdings gibt es Abweichungen: Aufgrund des Klimawandels ist in den letzten Jahren ist die beste Zeit für die Aussaat weniger gut planbar. Deswegen sollte man sich nach der aktuellen Lage erkundigen, wenn man das Lebenselixier der Philippinen wachsen sehen möchte.

über weitere Reisterrassen bis zum Aussichtspunkt.

🛏 Schlafen & Essen

In den Gästezimmern der Pensionen in Banaue gibt es keine Steckdosen, deswegen müssen elektrische Geräte in den Gemeinschaftsbereichen aufgeladen werden.

Die besten Pensionen haben auch die besten Restaurants; unser Favorit ist das Sanafe. In der Regel kosten Hauptgerichte zwischen 70 und 150 P. Bei den teureren Speisen handelt es sich um westliche Küche mit philippinischen Elementen.

🛏 Zentrum

★ Randy's Brookside Inn
PENSION $

(0917 577 2010; Zi. ab 200 P; 🛜) Randy ist nicht nur ein toller, sachkundiger Gastgeber, der jede Menge über Banaue weiß, sondern er leitet auch eine makellose Pension mit den günstigsten Zimmern der Stadt und kostenlosem Frühstück. Die perfekte Backpacker-Bleibe!

Uyami's Greenview Lodge
PENSION $

(0920 540 4225, 074-386 4021; www.ugreen view.wordpress.com; EZ/DZ ab 300/550 P; 🛜) Das Greenview gehört zu den beliebtesten Unterkünften der Stadt, schließlich erfüllt es sämtliche Backpacker-Ansprüche: ein anständiges Restaurant, fast durchweg funktionierendes WLAN, Transportinfos und Guides vor Ort. Bei den günstigsten Zimmern handelt es sich um fensterlose Zellen, toll ist die „Deluxe"-Variante mit eigenem Bad und eingeschränktem Blick auf die Terrassen. Eine gute Adresse, um andere Reisende zu treffen!

People's Lodge PENSION $
(☏074-386 4014; EZ/DZ ab 300/550 P; @ 🕿) Die freundliche Pension teilt sich die Räumlichkeiten mit einem Geschäft für Holzschnitzereien. Es gibt schlichte, winzige Zimmer (teils ohne Fenster) und ein sehr betriebsames Restaurant mit Blick auf die Terrassen.

Sanafe Lodge & Restaurant PENSION $$
(☏0939 939 0128, 0918 947 7226; www.sanafelodge.com; EZ/DZ ab 850/1100 P; 🕿) Die Sanafe Lodge hat das optisch ansprechendste Restaurant im Zentrum mit Gerichten wie gebratenem Milchfisch. Außerdem gibt es sehr gemütliche Zimmer, einen wunderbaren, grünen Innenhof und Barhocker mit direktem Blick auf die Terrassen (zur Happy Hour ist das besonders schön). Die „Deluxe"-Doppelzimmer sind (für Banaue) recht schick, wenn auch etwas übertreuert, und haben Minibalkone mit Terrassenblicken.

Ridge Road & Umgebung

★ Banaue Homestay PENSION $
(☏0920 278 7328, 0929 197 4242; www.banauehomestay.weebly.com; DZ 600–1200 P; 🕿) In der sauberen, gemütlichen Pension ein kleines Stück oberhalb des Hauptorts fühlt man sich fast wie bei seiner Lieblingstante. Hier lernt man schnell andere Gäste kennen, zudem gibt's tolle persönliche Betreuung, viele Tipps, hübsche Blicke von den Zimmern und Mahlzeiten, in denen Banaue ihresgleichen suchen. Die Unterkunft ist das ganze Jahr über sehr beliebt, deswegen empfiehlt es sich, weit im Voraus zu buchen.

Banaue View Inn PENSION $
(☏074-386 4078, 0916 694 4551; www.nativevillageinn.com/banaueview.html; DZ/3BZ/FZ 1000/1200/1500 P; 🕿) Die Pension oben auf dem Hügel Magubon mit Blick auf die Stadt und die Reisterrassen bietet hübsche, saubere Zimmer und freundlichen Service. Die Besitzerin Lily erzählt gern Geschichten von ihrem Großvater, dem renommierten Yale-Anthropologen Otley Beyer, der jede Menge Literatur über die Ifugao-Kultur verfasste, oder ihrem Vater William, einem verwegenen Antiquitätenhändler mit 16 Kindern.

Native Village Inn HÜTTEN $$
(☏0908 864 6658, 0916 405 6743; www.nativevillage-inn.com; 2-Pers.-Hütte ab 1200 P) Die hübschen Ifugao-Hütten 9 km außerhalb der Stadt warten mit unvergleichlichen Blicken auf Banaue und die umliegenden Reisterrassen auf. Die Straße zu der Anlage ist fast komplett asphaltiert; bereits vor der Anreise sollte man über die Besitzer den Transport organisieren. Gäste haben Zugang zu den Minimuseen in zwei Hütten mit umfangreichen Sammlungen von *bulol* und geräucherten japanischen Schädeln, die an Carabao-Hörnern befestigt sind.

🛍 Shoppen

Wer nach alten Ifugao-Holzschnitzereien und *bulol* sucht, wird wahrscheinlich enttäuscht sein, da die Geschäfte in der Stadt vor allem Standard-Tierfiguren und Schüsseln aus Holz sowie Küchenutensilien verkaufen. Wer ein bisschen sucht, findet eventuell einen echten Ifugao-Jagdrucksack. Die Chancen auf echtes Kunsthandwerk sind in Batad am höchsten.

ℹ Praktische Informationen

Es ist ratsam, mit genügend Pesos anzureisen, da es in Banaue keine mit ausländischen Karten nutzbaren Geldautomaten gibt und die Wechselkurse in Unterkünften schlecht sind. Die meisten Quartiere bieten unterschiedlich gutes WLAN.

Die **Hauptpost** befindet sich in der Nähe des Eingangs zum Banaue Hotel.

Banaue-Besucher entrichten nach der Ankunft im hiesigen Touristeninformationszentrum eine Umweltgebühr von 30 P. Batad hat ein eigenes Guide-Netzwerk.

Banaue Tourist Information Centre (☏074-386 401; ⊙6–19 Uhr) Verwaltet ein Netzwerk von lizensierten Guides, verkauft einen Stadtplan (20 P) und ist für die offizielle Tarifliste für Guides und Transportmittel zu bestimmten Zielen verantwortlich. Ein Führer für eine Ganztageswanderung kostet rund 1200 P.

ℹ An- & Weiterreise

Um 19 Uhr verkehrt ein Ohayami-Bus zwischen Banaue, Sampaloc und Manila (470 P, 9 Std.) über Cubao. In der Hauptsaison ist es ratsam, Tickets weit im Voraus zu kaufen. Eine Fahrt mit dem Motor-Tricycle vom **Busbahnhof** ins Zentrum kostet 20 P.

Wer lieber tagsüber reist, nimmt einen der regelmäßig verkehrenden Jeepneys nach Lagawe (40 P, 50 Min.), einen weiteren nach Solano (80 P, 1¼ Std.) und dort einen der häufigen Busse nach Manila bzw. Sampaloc (350 P, 7 Std.).

KMS (3-mal tgl.) und Ohayami (3-mal tgl.) bieten vor allem Nachtbusse (17 Uhr) nach Baguio (515 P, 9–11 Std.) über Solano und San José; Ohayami hat zudem eine Verbindung um 6.30 Uhr im Angebot. Gegen 7 Uhr fahren Kleintransporter vom zentralen Platz nach Baguio (415 P, 8 Std.).

Die unkomplizierteste Anfahrt nach Vigan (min. 12 Std.) erfolgt über einen dieser Busse; einfach in Rosario, La Union, aussteigen und einen Bus nach Norden nehmen! Es gibt auch Busverbindungen bis nach Tuguegarao, allerdings dauert die Fahrt etwa so lange wie die direktere Route Banaue–Bontoc–Tabuk–Tuguegarao.

Um 12 Uhr fährt ein Bus nach Bontoc (170 P, 2½ Std.), daneben passieren mehrere weitere Busse den Ort. Um 8.30 Uhr macht sich ein Jeepney auf den Weg nach Bontoc (80 P). In Bontoc besteht Anschluss nach Sagada.

Die meisten Jeepneys starten am Hauptplatz.

Rund um Banaue

Fünf Ifugao-Reisterrassen wurden von der UNESCO zum Welterbe erklärt: Batad, Bangaan, Mayoyao, Hungduan und die Nagacadan-Terrassen nahe Kiangan.

Am bekanntesten sind die Terrassen von Batad, Mayoyao ist eine harte Konkurrenz. Mayoyao ist über Banaue (3 Std.) oder Santiago (5 Std.) in der Provinz Isabela zugänglich.

Batad & Umgebung
♪ 074 / 1152 EW.

Angesichts der vielen äußerst malerischen Reisterrassen in der gesamten Cordillera ist der offizielle Titel der besten Terrasse eine beachtliche Leistung. Wir sind zwar nicht der Meinung, dass genau diese die allerschönsten sind, dennoch ist der Anblick vom Bergkamm über Batads „Amphitheater" aus Reis mehr als eindrucksvoll. Eine spektakulärere Kulisse findet man wohl nicht so schnell.

Das beliebte Backpackerziel ist weiterhin nur zu Fuß zu erreichen, was die wenigen Besucher aus Manila erklärt. Das könnte sich jedoch bald ändern, da die Straße ins Dorf zu Redaktionsschluss gerade asphaltiert wurde. Wem Batad zu touristisch ist, der kann entlegenere Dörfer im Umland besuchen, z. B. Pula und Kambulo.

◉ Sehenswertes & Aktivitäten

In der Gegend gibt es viele Wanderwege. Das Banaue Tourist Information Centre und Guides informieren über längere Touren. In Batad gibt es ein Netzwerk von Führern namens Batad Environmental Tour Guides Association. 20 % von deren Einnahmen gehen in die Pflege der Reisterrassen. Für den Großteil der Wanderungen rund um Batad ist ein Guide erforderlich; ihr Wissen ist ein großer Vorteil, vor allem wenn man lokale Kunsthandwerker treffen möchte.

Tappia Waterfall
WASSERFALL

Eine 40-minütige Wanderung über die Terrassen und ein steiler Abstieg führen zu dem 21 m hohen Tappia Waterfall, der zum Sonnen auf den Felsen oder einem Bad im kühlen Wasser einlädt. *Unter keinen Umständen unter dem Wasserfall schwimmen* – es gab bereits mehrere Todesfälle! Um hierher zu gelangen, läuft man vom Pensionenvier-

Rund um Banaue

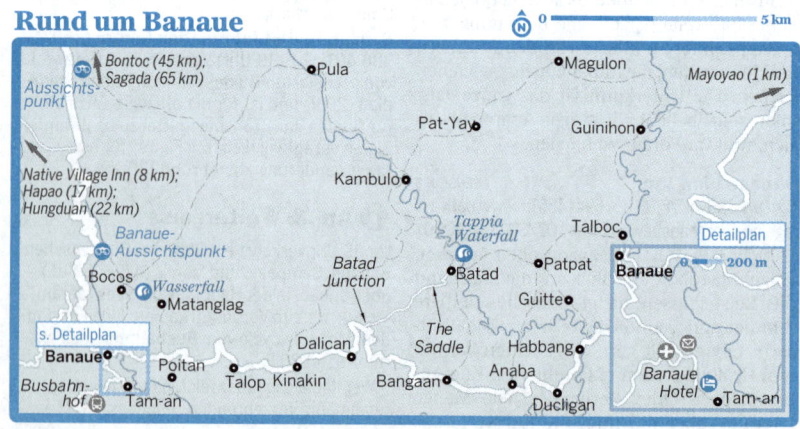

tel hinunter zum Dorf und hinauf zu der Landzunge unmittelbar links der Waterfall Side Lodge.

Batad–Bangaan
WANDERN

Die zweieinhalbstündige Wanderung ist eine empfehlenswerte Route ab Batad mit möglichem Stopp im winzigen Dorf Bangaan und einigen wunderschönen Ausblicken. In Batad geht's hinter der Pension Rita's hinab zu dem kleinen Fluss. Nach dessen Überquerung läuft man über die kleine Brücke auf der linken Seite und folgt dem Weg. Bei der Gabelung nach zehn Minuten geht's nach rechts auf entspanntes Terrain, das Gelegenheit zur Erholung und für Blicke auf das eindrucksvolle Panorama aus Bergen und Reisterrassen bietet, die Hunderte Meter weiter unten von einem Fluss durchquert werden. Schließlich passiert man eine Reisterrasse und stößt auf die Hauptstraße. Von hier aus sind es 2 km zum Bangaan Family Inn mit Blick auf Bangaan und weitere 1,5 km bis zur Abzweigung nach Batad.

Banaue Viewpoint–Pula–Kambulo–Batad
WANDERN

Die mittelschwere Wanderung führt durch eindrucksvolle Reisterrassen. Die meisten Traveller bewältigen sie in zwei Tagen mit Übernachtungsstopp in Pula; ein Guide ist Pflicht. Vom Aussichtspunkt mit Blick auf Banaue nach Pula benötigt man vier bis sechs Stunden, von Pula nach Kambulo zwei bis drei Stunden und von Kambulo nach Batad weitere zwei Stunden.

Der Weg vom Aussichtspunkt nach Pula führt durch den Dschungel und ist der einzige Streckenabschnitt, auf dem keine Reisterrassen zu sehen sind. Pula selbst ist eine winzige Ansammlung von Ifugao-Häusern auf einem Felsen. Direkt vor dem Ort Richtung Banaue Viewpoint gibt es einen Wasserfall und ein Schwimmbecken unter einer Brücke. Von Pula nach Kambulo folgt der Weg einem Fluss - hoch oben in den Bergen wurden ebenfalls Terrassen angelegt.

Unterwegs bietet sich eine Übernachtung in Pula an, wo das einfache Pula Village Inn Zimmer für 200 P pro Nacht vermietet. Auch in Kambulo gibt es Übernachtungsmöglichkeiten. Manche Wanderer gehen die Route in umgekehrter Richtung an, dann geht es jedoch mehr bergauf.

Pula–Mt. Amuyao
WANDERN

Von Pula führt eine anstrengende siebenstündige Wanderung hinauf zum höchsten Gipfel der Region (2702 m). Für die Route sind ein Guide (800–1000 P/Tag) und eine sehr gute Kondition vonnöten. Übernachtet wird in der Radarstation auf dem Gipfel. Alternativ führt eine sehr viele einfachere dreistündige Wanderung ab Barlig nahe Bontoc, ein Dreistundenmarsch von Pula entfernt, zum Amuyao.

🛏 Schlafen & Essen

In Batad gibt es kaum Handyempfang, und die meisten örtlichen Pensionen sind nicht telefonisch erreichbar. Normalerweise stellt das kein Problem dar, von März bis Mai kommen jedoch viele philippinische Reisegruppen hierher, und die Unterkünfte sind schnell belegt. Während dieser Zeit kommt man am besten frühmorgens.

Die meisten Unterkünfte liegen an dem Kamm mit Blick auf das Hauptdorf und die Reisterrassen. In der Regel sind sie hübscher und angenehmer als die spartanischen Optionen im Ort selbst. Das Angebot ist jeweils ähnlich: einfache holzgetäfelte Zimmer, (meist) Gemeinschaftsbäder und ein hauseigenes Restaurant, das philippinische und westliche Küche serviert (Hauptgerichte 50–80 P). Die Zimmerpreise gelten pro Nase.

Hillside Inn
PENSION $

(📞 0936 131 1724; Zi. 200–250 P/Pers.) Das Hillside verfügt über saubere Zimmer, Warmwasserduschen und eine hübsche Veranda, auf der *malawach* (jemenitisches Fladenbrot), *shakshuka* (Rührei mit Tomaten) und philippinische Hauptgerichte serviert werden. Gegen einen ordentlichen Aufpreis gibt's ein Doppelzimmer mit eigenem Bad (900 P).

Ramon's Place
PENSION $

(Zi. 200–300 P/Pers.) Die Pension versprüht mehr Flair als der Großteil der Konkurrenz. Zur Auswahl stehen eine Ifugao-Hütte für 500/800 P (1/2 Pers.) und einfache, unterschiedlich große Zimmer. Der gesellige Besitzer stellt seinen Gästen traditionelle Ifugao-Kleidung zur Verfügung, zeigt, wie man Reiswein herstellt, und serviert in seinem Restaurant mit Terrasse Currys, Salate und Pizza.

Die zweite Ifugao-Hütte auf dem Gelände wurde von Ramons Großvater erbaut und ist mit Schädeln von Hirschen, Affen und Schweinen geschmückt. Drinnen wartet ein wahrhafter Anthropologentraum: Das Minimuseum mit Speeren, Reisweinfässern und traditionellen Schnitzarbeiten erinnert an die Kulisse eines Indiana-Jones-Films. Besucher, die nicht hier übernachten, hinterlassen am besten eine kleine Spende (ca. 40 P).

Simon's View Point & Pizza Restaurant PENSION $
(Zi. 250 P/Pers.) Grünes Gebäude mit 16 Zimmern, rund um die Uhr verfügbarem Strom, einer großen Terrasse mit Talblick und einem Restaurant, das neben *malawach*, einem jemenitischen Fladenbrot, auch Pizza serviert.

Batad Guesthouse & Pension PENSION $
(0918 964 3368; Zi. 250 P/Pers.) Hier stehen acht kleine Zimmer zur Auswahl. Die Gemeinschaftsbäder werden verlässlich mit warmem Wasser versorgt, zudem schmücken die kleine, freundliche Pension Arbeiten des geübten Holzschnitzers, dessen Kinder heute die Unterkunft betreiben. Ein kleiner Laden verkauft traditionelle Tücher, Holzschnitzereien und Reiswein.

Rita's PENSION $
(0910 842 3076; Zi. 200 P/Pers.) Die Zimmer sind zwar recht klein, dafür jedoch mit Moskitonetzen ausgestattet. Der lebhafte Mr. Romeo mit seinem roten Betelnuss-Lächeln ist ein echter Charakter.

❶ An- & Weiterreise

Von Banaue führt eine 12 km lange, teils asphaltierte Straße zur Abzweigung nach Batad. Dort verläuft eine gut befestigte Straße über 3 km hinauf zu dem Plateau hoch über Batad und weiter Richtung Dorf. Von oben kann man in 40 Minuten hinunter nach Batad wandern. Für Mitte 2015 ist die Fertigstellung einer asphaltierten Strecke geplant, die auf halbem Weg zum Dorf führt und die Wanderzeit halbieren wird.

Drei- bis viermal am Tag passieren Jeepneys aus Banaue die Abzweigung nach Batad (100 P, 1 Std.). Von dort läuft man bis zum Plateau oder chartert ein privates Jeepney (hin & zurück 2500 P) oder Motor-Tricycle (hin & zurück 1000 P).

Um zurück nach Banaue zu gelangen, organisiert man sich vorab ein Transportmittel, läuft (entlang einer der oben aufgeführten Routen) oder winkt entlang der Hauptstraße nach Banaue einen der passierenden Jeepneys heran (frühmorgens ist der Verkehr am stärksten).

Hapao & Hungduan

Über den Boden des Tals erstrecken sich die faszinierenden Reisterrassen von Hapao und Hungduan.

Wer zu einer kleinen **Badestelle** neben einem Fluss in Hapao (ca. 2200 Ew.), einem *barangay* von Hungduan 17 km nordwestlich von Banaue, laufen möchte, folgt den Betontreppen hinter dem Aussichtspunkt in Hapao und biegt unten links ab. Nun geht's etwa zehn Minuten den befestigten Bewässerungskanal entlang bis zu einer kleinen Häusergruppe. Nach weiteren 15 Minuten stößt man auf den Fluss, wo ein erfrischendes Bad lockt.

5 km hinter Hapao liegt Hungduan *poblasyon* (Stadtzentrum; ca. 1500 Ew.), Standort der spektakulären **Spinnennetzterrassen von Bacung** und Ausgangspunkt für den sechsstündigen Anstieg zum **Mt. Napulawan** (2642 m), dem letzten Versteck von General Yamashita am Ende des Zweiten Weltkrieges.

Über weitere Wanderungen informiert das Touristeninformationszentrum von Hungduan, ein paar Kilometer von Hapao entfernt. Guides (ab 800 P/Tag) findet man beim Rathaus von Hungduan, wo es außerdem eine Pension gibt.

Jeepneys nach Banaue fahren gegen 8 Uhr in Hungduan (80 P, 22 km, 2 Std.) und Hapao (70 P, 17 km, 1 Std.) ab und kehren zwischen 15 und 17 Uhr wieder zurück. Pro Tag gibt es mindestens eine Jeepney-Verbindung ab/zu beiden Orten. Von Hapao nach Banaue verkehren Tricycles (hin & zurück 800 P, 1½ Std.) und Jeepneys (45 Min.).

Kiangan

074 / 1689 EW. / 1200 M

In Kiangan halfen Truppen der Ifugao und der USA bei der inoffiziellen Kapitulation von General Yamashita, dem „Tiger von Malaya", im Zweiten Weltkrieg.

◉ Sehenswertes & Aktivitäten

Wer einen Guide sucht oder sich über anspruchsvollere Wanderungen vor Ort informieren möchte, wendet sich an den Vorsitzenden der Tourismusverwaltung Ani Dumangeng im **Rathaus von Kiangan**. Eine weitere gute Adresse ist Ibulao, Ibulao Bed & Breakfast (S. 165), das Raftingausflüge auf dem Ibulao River über einen Veranstalter in Tuguegarao organisiert und Wanderungen zu Höhlen mit Übernachtung anbietet.

War Memorial Shrine KRIEGSDENKMAL
(30 P) Eine kurze Fahrt vom Ort entfernt, markiert ein pyramidenförmiges Kriegs-

denkmal den Ort, an dem sich Yamashita am 2. September 1945 ergab. Kurz danach wurde er wegen Kriegsverbrechen gehängt.

Ifugao Museum MUSEUM
(20 P; ⊗Mo–Fr 8–12 & 13–17 Uhr) Gegenüber dem Rasen des War Memorial Shrine zeigt das Ifugao Museum eine interessante Sammlung von Ifugao-Artefakten, darunter Haushaltsgeräte, *bolos* (Buschmesser) für die Kopfjagd und kunstvoll verzierte *pakko* (Holzlöffel). Herzstück ist eine Reihe von *bulol* (Reiswächtern).

Terrassen von Nagacadan REISTERRASSEN
Die Terrassen von Nagacadan und *Julungan* gehören zum UNESCO-Weltnaturerbe, liegen rund 10 km westlich der Stadt und sind mit dem Tricycle zugänglich. Wer möchte, kann auf den Terrassen von Nagacadan wandern und dann nach Maggok hinabsteigen (3 Std.).

Pangaggawan Cave HÖHLE
Die Höhle ist eine dreistündige Wanderung von Kiangan entfernt. In der Nähe gibt es weitere Höhlen zu entdecken.

Ambuwaya Lake SEE
Der See liegt 3 km östlich der Stadt und lädt zum Baden ein.

Mt. Kapugan WANDERN
Von der Stadt führt ein klassischer (also steiler) Igorot-Weg eineinhalb Stunden hinauf zum Mt. Kapugan, wo sich großartige Ausblicke auf die umliegenden Terrassen bieten.

Feste & Events

Bakle'd Kiangan KULTUR
Wer am letzten Augustwochenende vor Ort ist, kann eventuell das Bakle'd Kiangan erleben. Bei dem Fest, mit dem die Reisernte gefeiert wird, tragen Einheimische traditionelle Kleidung und konsumieren jede Menge *binakle* (Reiskuchen) und *baya* (-wein).

Schlafen

Kiangan Youth Hostel HOSTEL $
(☎0910 324 3296; B/DZ 250/400 P) Wer sich nicht an dem Waisenheim-Charme stört, findet hier passable Zimmer.

★ **Ibulao, Ibulao Bed & Breakfast** B&B $$
(☎09175533599, 09175533299; totokalug@yahoo.com.ph; Baumhaus 600 P, B/EZ/DZ 500/1600/1800 P; ❋❄☎) Roberto Kaludgan und seine Frau Teresa, beides praktizierende Ärzte, haben dieses Haus an der Kreuzung der Straße zwischen Lagawe und Kiangan nach hohen innenarchitektonischen Ansprüchen gestaltet. Der riesige, wunderschöne Familienraum mit Akzenten aus heimischem Hartholz wurde direkt in das Steinfundament gebaut, und Gäste können zwischen einem Baumhaus, einer Ifugao-Hütte und komfortablen Zimmern mit Klimaanlage wählen. Es ist eine Vorabreservierung erforderlich.

Auf Anfrage gibt es Mahlzeiten und von Oktober bis Februar Raftingausflüge.

❶ An- & Weiterreise

Kiangan ist eine Jeepney-Fahrt von Lagawe (40 P, 25 Min., bis 16 Uhr alle 20 Min.) entfernt, wo Anschluss nach Manila und Banaue besteht.

NORDOSTEN

Im nordöstlichen Luzon tauchen Besucher tief ins philippinische Grenzland ein. Hier

---

ABSEITS DER ÜBLICHEN PFADE

FLECKENMUSANGS & KAFFEE AUS KIANGAN

Im *barangay* Pula der Gemeinde Asipulo liegt die 48 ha große Bio-Kaffeeplantage **Bantai Civet Coffee**, ein Projekt von WWOOF (World Wide Opportunities on Organic Farms; www.wwoof.com.ph). Es hat sich auf eine seltene und teure Kaffeesorte spezialisiert, die aus den Exkrementen des Kaffeebohnen fressenden Fleckenmusangs gewonnen wird. Die Farm gehört zum **Julia Campbell Agroforest Memorial Park** (☎in den USA 512-305-3367, in den USA 210-859 4342; www.bantaicivetcoffee.com), der nach einer Entwicklungshelferin des US-Friedenskorps benannt ist, die vor Ort ermordet wurde. Freiwillige Helfer und Besucher können in einem kleinen Ifugao-Dorf übernachten (300 P).

Jeepneys verkehren von Lagawe über Kiangan ins *barangay* Pula (80 P, 2 Std.).

Während die meisten kommerziellen Kaffeeplantagen abgeholzte Flächen nutzen, wurden die Pflanzen hier inmitten des ursprünglichen Waldes angepflanzt. Diese natürliche Umgebung zieht die Schatten liebenden Fleckenmusangs an, die Farm hat also ökonomische und ökologische Motive für den Schutz des Urwalds.

warten Bergstämme, riesige Waldflächen und kleine Städte, die durch schmale Holzwege miteinander verbunden sind. Philippiner, geschweige denn Ausländer, findet man hier draußen nur wenige, Ausnahme ist Baler, die hippe Surferstadt, die ein beliebtes Wochenendziel darstellt. Der Cagayan River, der längste Binnenfluss des Landes, schlägt eine Schneise durch die fruchtbare Region. Östlich des Flusses liegt die Sierra Madre, eines der undurchdringlichsten Gebirge der Philippinen, mit dem wilden, nebligen Northern Sierra Madre Natural Park.

Baler & Umgebung

042 / 36 010 EW.

Baler (bah-*lehr*) hat nie Stadtmauern benötigt – die Sierra Madre und die Philippinensee, die die Hauptstadt der Provinz Aurora von der Außenwelt abschnitten, waren Schutz genug. Heute ist Baler vor allem als Drehort der Surfszene in *Apocalypse Now* bekannt. Die Miniwellen, die damals gefilmt wurden, zeugen vom unbeständigen Seegang der Gegend, doch die Surfbretter der Filmcrew ließen eine lebendige Surfszene entstehen.

Sehenswertes & Aktivitäten

Die meisten Unterkünfte verleihen Surfbretter (200 P/Std.) und bieten Kurse (350 P), ebenso wie die kleinen Surfläden am Sabang Beach.

Sabang Beach — SURFEN

Jeden Februar richtet die Stadt am Sabang Beach den Aurora Surfing Cup aus. Der endlose Strand aus feinem, dunklen Sand erstreckt sich nördlich von Baler bis zur Flussmündung Charlie's Point, bekannt durch das berühmte Zitat „Charlie surft nicht!" in *Apocalypse Now*.

Dicasalarin Cove — WANDERN & TREKKEN

5 km südlich vom Cemento-Kai führt bei Digisit ein Wanderweg durch den Dschungel Richtung Süden zu einem abgeschiedenen weißen Sandstrand bei der Dicasalarin Cove. Zu Fuß (Guide erforderlich) benötigt man zwei bis drei Stunden, alternativ mietet man in der Nähe der Mündung des San Luis River beim Sabang Beach ein *bangka* (hin & zurück 1300 P). Ein *bangka* ohne Motor (5 P) steuert das *barangay* Castillo an; von dort ist der Cemento-Kai zu Fuß zu erreichen. Ansonsten fahren Tricycles ab Sabang oder dem Zentrum von Baler (einfache Strecke 140 P).

Ditumabo Falls — WANDERN & TREKKEN

Die Ditumabo Falls (Mother Falls), die über 15 m in ein kleines Staubecken über einem nicht vollendeten hydroelektrischen Damm hinabstürzen, sind bequem von Ditumabo, rund 12 km westlich von Baler, zu erreichen. Den 2 km langen unbefestigten Weg zum Ausgangspunkt der Route kann man zu Fuß oder mit dem Tricycle (100 P) bewältigen. Von dort führt eine 30- bis 45-minütige Wanderung einen Bach hinauf neben einer Wasserleitung zu dem Wasserfall. Das tiefe, saubere Becken darunter lädt zu einem erfrischenden Bad ein.

Schlafen

Der Großteil der Unterkünfte in Baler säumt den Strand in Sabang. Sogar in der Nebensaison ist eine Reservierung vonnöten, da die Stadt bei Wochenendausflüglern aus Manila beliebt ist. Budgetoptionen sind Mangelware, das könnte sich jedoch im Laufe des Jahres 2015 ändern, denn dann öffnet mit dem Circle Hostel eine anständige Backpacker-Bleibe in der Nähe der Polizeiwache.

Elaine MM Lodge — PENSION $

(0919 537 9405; Zi. 800 P; ❄) Budgetunterkunft am Strand mit farbenfrohen, einfachen Zimmern mit Ventilatoren und einem Balkon im 2. Stock, der um das gesamte

---

NICHT VERSÄUMEN

SURFVERGNÜGEN

In Baler gibt es von September bis März die größten Wellen, allerdings kann man (vor allem als Anfänger) das ganze Jahr über surfen. Hier kommen unsere fünf Lieblings-Breaks:

Sabang Beach Left und Right Breaks, keine Reef Breaks (gut für Anfänger)

Dicasalarin Point Zuverlässige Reef Breaks für Profis sowie Left und Right Beach Breaks für Anfänger

Cemento Reef Mächtige Right Reef Break für Profis und Austragungsort von Surfwettbewerben

Lobbot's Point, Dipaculao Left und Right Beach Breaks für Anfänger und Fortgeschrittene

Dalugan Bay, San Ildefonso Seichte Left-Hand Reef Break für Fortgeschrittene

Baler

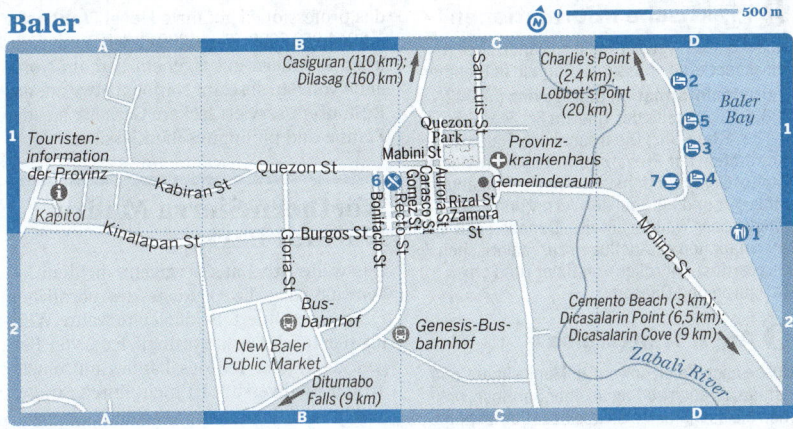

Baler

🌟 Aktivitäten, Kurse & Touren
1 Sabang Beach D2

🛌 Schlafen
2 Aliya Surf Resort D1
3 Bay's Inn... D1
4 Costa Pacifica D1
5 Elaine MM Lodge.................................. D1

🍴 Essen
6 Gerry Shan's Place B1

🍸 Ausgehen & Nachtleben
7 Charlie Does D1

Gebäude herumführt (da gilt es, auf nette Nachbarn zu hoffen). Toilettensitze sucht man vergeblich, und zum Duschen gibt's Eimer und Kellen.

Aliya Surf Resort
HOTEL $$
(0929 758 6005, 0939 939 0929; www.aliyasurfcamp.com; 3BZ/4BZ/FZ ab 2100/3200/3600 P; ❄🛜🏊) Das dreistöckige Betongebäude am Meer verfügt über helle Zimmer mit Buntglasfenstern und modernen, sauberen Betten, Warmwasser, funktionierendes Internet, einen hauseigenen Surfausrüstungsverleih und ein lebendiges Strandcafé. Der Infinity Pool ist nicht komplett gefüllt und wirkt daher wie ein normaler Pool.

Bay's Inn
HOTEL $$
(0908 982 3509; DZ mit Ventilator/Klimaanlage 1200/1600 P; ❄🛜) Das Hotel am belebten Strand hat ein Restaurant, das sich mit leckeren Fisch-Tacos und lauter Musik ganz der Surferklientel angepasst hat. Die Zimmer sind sauber, aber wenig inspirierend – ganz im Gegensatz zu dem Ausblick auf die Bucht.

Costa Pacifica
HOTEL $$$
(0917 857 4424, 0917 853 6040; reservations@costapacificabaler.com; DZ/Suite ab 3000/5500 P; ❄🛜🏊) Die beiden Pools, eine gepflegte Anlage, zwischen Palmen aufgespannte Hängematten und gut ausgestattete Zimmer mit Kaffeemaschine machen das riesige Hotel am Meer zur schicksten Adresse vor Ort. Das elegante Restaurant Beach House serviert eine umfangreiche Auswahl von Speisen, von exzellenten Fisch-Tacos und Rippchen bis hin zu philippinischen Klassikern. Der Service ist allerdings durchwachsen – und wehe dem, der ein Extrahandtuch benötigt!

🍽 Essen & Ausgehen

Der Großteil der Strandhotels hat hauseigene Restaurants. Zum Recherchezeitpunkt war die Öffnung eines authentischen indischen Restaurants in Planung.

Gerry Shan's Place
PHILIPPINISCH, SEAFOOD $$
(Quezon St; Büfett 199 P; ⏱11–23 Uhr) Das Gerry's ist für sein Büfett bekannt, auf dem sich schwerpunktmäßig Meeresfrüchten finden. Das Essen weist chinesische Elemente und eine angenehme Schärfe auf.

Charlie Does
CAFÉ
(⏱10–17 Uhr) Der coole, kleine Laden gegenüber dem Hotel Costa Pacifica beim Sabang Beach kombiniert Surfermode mit einer Tauschbörse für Bücher (Schmökern erlaubt!), hippem Galerie-Flair und einer Cafétheke mit großen Frappuccinos.

❶ Praktische Informationen

Da die Banken vor Ort keine ausländischen Karten akzeptieren, muss man Bargeld mitnehmen.

Touristeninformation der Provinz (☏ 042-209 4373; abseits der Quezon St; ⊙ Mo–Fr 8–12 & 13–17 Uhr) Die freundliche Touristeninformation der Provinz gehört zum Provincial Capitol Compound, hat Karten zur Umgebung auf Lager und hilft bei der Vermittlung eines *bangka* oder Wanderführers. Daneben gibt es Informationen zu Ausflügen zur malerischen Aurora-Küste nördlich von Baler rund um Casiguran und Dilasag.

❶ An- & Weiterreise

Busse nach Baler, sowohl ab Manila über Cabanatuan als auch ab Baguio über San Jose, nehmen die asphaltierte Straße über Pantabangan. Wer sich einen Geländewagen geliehen hat, kann sich auch die direktere und schönere Schotterpiste ab Palayan vornehmen, allerdings besteht hier die Gefahr von Erdrutschen. Stündlich bis 15 Uhr verkehren klimatisierte Busse von **Genesis** (☏ 042-421 1425) nach Manila (580 P, 6–8 Std.), zudem gibt es direkte, komfortable Nachtbusse (750 P, 5 Std.). Busse von Manila nach Baler machen sich in der Regel frühmorgens auf den Weg.

Wer der Cordillera oder Zambales zum Ziel hat, nimmt am besten den Lizardo-Trans-Bus um 16 Uhr Richtung Baguio (8 Std.) und steigt in San Jose (3½–4½ Std., 180 P) um.

Kleintransporter nach Cabanatuan (270 P, 4 Std.) fahren am zentralen Busbahnhof nahe dem neuen öffentlichen Markt ab. Von dort macht sich auch vormittags ein klappriger Bus von D'Liner auf den Weg über die größtenteils asphaltierte Straße nach Dilasag (450 P, 5–6 Std.), dem Ausgangspunkt für Bootsfahrten nach Palanan über Casiguran.

San Jose

San Jose ist eine Durchgangsstadt ohne erwähnenswerte Attraktionen. Als Verbindungspunkt zwischen Cordillera, Westküste, Ostküste und nordöstlichem Luzon wird sie von zahlreichen Bussen angefahren. Aus Banaue kommend, kann man mit einem der drei täglich entlang der Bonifacio Ave (der Hauptstraße) verkehrenden Lizardo-Trans-Busse nach Baler (140 P, 3–4 Std.) fahren. Besucher aus Baler mit dem Ziel Tuguegarao und Nordküste steigen am National Hwy (Nord-Süd), der von der Bonifacio Ave (Ost-West) gekreuzt wird, in einen Bus nach Norden. Geldautomaten und Fast-Food-Imbisse säumen den National Hwy. Für eine Übernachtung bietet sich das professionell geführte **Hotel Francesko** (☏ 044-958 0988; Zi. ab 1200 P; ❋ ☏) mit farblosen Zimmern mit eigenem Bad am Nordende von San Jose am National Hwy an; das Restaurant serviert leckere Gerichte aus der Pfanne und philippinische Klassiker.

Northern Sierra Madre Natural Park

Das weite Areal aus bergigem, dichtem Regenwald, das die Ostküste des nördlichen Luzons dominiert, ist die letzte wahre Wildnis der Insel. Der ursprünglichste, von Bergen geschützte Teil des Landes mit einzigartiger Biodiversität ist nicht durch Straßen gezähmt und nur mit winzigen Flugzeugen, je nach Wellengang mit dem Boot oder zu Fuß zugänglich.

Die Northern Sierra Madre nimmt ganze 3600 km² ein (ist also fast so groß wie die gesamte Schweiz) und umfasst die längste Gebirgskette der Philippinen. In dem Paradies für Naturforscher wachsen über 60 % der Pflanzenarten des Landes, zudem gibt es hier 29 gefährdete Tierarten. Dazu gehören der stark bedrohte Philippinenadler, der Nationalvogel der Philippinen, das überwiegend harmlose Philippinenkrokodil (das Süßwasserreptil ist das gefährdetste Krokodil der Welt) und der *Varanus bitatawa*, der bis zu 2,2 m lang wird und sich ausschließlich von Früchten ernährt.

Der Park ist größtenteils unbewohnt. Ausnahme ist die ursprüngliche Küste, an der die Dumagats leben. Die halbnomadische Negrito-Ethnie hat ihren Lebensstil praktisch seit Jahrtausenden nicht geändert. Die Region diente zudem den letzten Aufständischen der Philippinischen Revolution als Versteck; am 23. März 1901 nahmen Truppen unter US-Führung in der Küstenstadt Palanan General Emilio Aguinaldo gefangen.

Mit einem kompetenten Guide kann man ab **San Mariano**, rund 30 km östlich von Naguilian, Trekkingtouren durch das Herz des Parks nach **Palanan** unternehmen. Üblich ist ein Preis von etwa 1000 P pro Tag; Guides vermitteln die Palanan Wilderness Development Cooperative und eventuell das Bürgermeisteramt von San Mariano. Vor einem Ausflug in den Park sollte man die Tourismusbeauftragte in Palanan kontaktieren, damit diese das Büro von Development of Environment and Natural Resources (DENR), das den Park verwaltet, informiert.

Wer sich für die bedrohtesten Krokodile der Welt interessiert, wendet sich an das **Cagayan Valley Program for Environment & Development** (CVPED; ☎ 078-622 8001; www.cvped.org/croc.php) der Isabela State University in Cabagan. Dieses unterhält ein Schutzprojekt für die Tiere und organisiert geführte Beobachtungstouren für Besucher.

Es gibt keine Pensionen und nur ein paar einfache Lokale in Palanan, einer verschlafenen Stadt, die wie am Ende der Welt wirkt. Dumagat-Männer errichten strohgedeckte Lean-Tos (eine Art Unterschlupf) am Strand, Stammesmitglieder der Aeta verkaufen Waran zum Mittagessen und man fühlt sich weit von jeder Zivilisation entfernt. In **Dicotcotan** und **Didadungan** locken abgeschiedene, ursprüngliche Strände, und Guides führen Besucher zu den wunderschönen **Disadsad Falls** tief im Dschungel am Palanan River.

ⓘ Praktische Informationen

Palanan Wilderness Development Cooperative (☎ 0928 341 5375; amgpalanan@yahoo.com) Die Organisation in Palanan vermittelt Guides für Wanderungen im Park.

Tourismusbeauftragte (☎ 0906 721 1016) Myrose Alvarez, die man im Rathaus antrifft, ist eine sehr hilfsbereite Tourismusbeauftragte, die jede Menge Infos über den Park bereithält und bei der Vermittlung von Privatunterkünften in Palanan hilft, wo es keine kommerziellen Pensionen gibt.

ⓘ An- & Weiterreise

BUS & BOOT

Es gibt zwei Bootsrouten durch den Park. Die erste führt über den Hafen von San Vicente nahe Santa Ana (10 Std., 1-mal wöchentl., 500 P) nach Maconacon, wo man in ein zweites Boot nach Palanan (4–5 Std., 500 P) umsteigen muss. Alternativ nimmt man in Baler (7 Std., 3-mal tgl.) oder Santiago (10–12 Std., ca. 5 Uhr, tgl.) einen Bus nach Dilasag und dort ein Boot nach Palanan (500 P, 1-mal tgl., 6–8 Std.). Wer in Dilasag übernachten möchte, findet dort ein paar einfache Pensionen. Der Bootsverkehr ist vom Wetter abhängig.

FLUGZEUG

Palanan, der Hauptzugang in den Park, ist mit Cauayan durch tägliche Flüge von **Cyclone Airways** (☎ 0915 387 3048, in Cauayan 078-652 0913; www.cyclone-airways.com) und drei wöchentliche Flüge von **Sky Pasada** (☎ 02-912 3333; www.skypasada.com) verbunden, während **Northsky Air** (☎ 078-304 6148; www.northskyair.com) mittwochs und sonntags Verbindungen von Tuguegarao nach Palanan bietet. Alle drei Fluglinien bedienen auch Maconacon (tgl. außer Do). Die Flüge starten meist frühmorgens, dauern in jede Stadt rund 30 Minuten und kosten pro Strecke etwa 2000 P.

ZU FUSS

Von San Mariano, erreichbar durch direkt verkehrende Victory-Liner-Busse ab Manila, ist eine Trekkingtour nach Palanan möglich. Für die 45 km lange Route benötigt man wegen der Streckenverhältnisse mindestens fünf Tage; Guides vermittelt die Palanan Wilderness Development Cooperative.

Tuguegarao

☎ 078 / 138 865 EW.

Das einzig Bemerkenswerte an Tuguegarao (tuh-geg-ah-rao), der politischen und kommerziellen Hauptstadt der Provinz Cagayan, ist das größte Höhlensystem des Landes, 25 km östlich der Stadt. Ansonsten werfen die meisten Besucher nur einen kurzen Blick auf die von Tricycles verstopften Straßen und ziehen dann weiter nach Pagudpud und zum Saud Beach im Nordosten oder in die Provinz Kalinga im Westen.

⊙ Sehenswertes & Aktivitäten

Über 300 Höhlen wurden in der Gemeinde Peñablanca, rund 40 Minuten nordöstlich der Stadt entdeckt. Manche werden in der Taifunsaison (Aug.–Okt.) überflutet.

★ Callao Cave   HÖHLE

(20 P) Der am besten zugängliche Teil des riesigen Kalksteinkomplexes ist die Callao-Höhle mit sieben Kammern, zu der 184 glitschige Stufen führen. Durch Dolinen dringt Licht in die hohlen Kammern, von denen die größte eine kleine Kapelle beherbergt. Guides sind vorgeschrieben (100 P) und sollen die Höhle vor Vandalismus schützen. Hierher kommt man mit dem Jeepney (50 P) ab dem Don Domingo Market nördlich der Stadt oder per Tricycle (hin & zurück inkl. Wartezeit 500 P).

Bei einem Besuch der Region ist es außerdem sehr zu empfehlen, sich ein *bangka* (700 P) nahe der Callao-Höhle zu mieten und 15 Minuten flussaufwärts zu fahren. Dort flattern in der Abenddämmerung Zehntausende Fledermäuse aus den Höhlen heraus und über den Pinacanauan River hinweg. Bei Regen fällt das Spektakel aus. Das Callao Caves Resort, von der Callao-Höhle über den Pinacanauan River, verleiht Kajaks (200 P/Std.).

Odessa-Tumbali Cave HÖHLE

Die Odessa-Tumbali Cave gilt mit 12,5 km aktuell als mindestens zweitgrößtes Höhlensystem des Landes (es wurde noch nicht vollständig erforscht). Sie ist ausschließlich für erfahrene Höhlenkletterer geeignet und darf nur mit Genehmigung der Touristeninformation in Tuguegarao und in Begleitung eines Guides erkundet werden. Um in die Höhle zu gelangen, muss man eine 7 km lange Wanderung ab Callao bewältigen und sich 30 m in eine Doline abseilen.

Geführte Touren

Adventures & Expeditions NATUR
(078-844 1298, 0917 532 7480; 29 Burgos St) Der Veranstalter unter Leitung des erfahrenen Guides Anton Carag bietet Kajaktouren auf dem Pinacanauan, dessen klares, grünes Wasser zwischen Kalksteinklippen hindurchführt. Teilnehmer fahren zunächst per *bangka* 5 km stromaufwärts, bevor es in sicheren Kajaks über leichte Stromschnellen geht. Adventures & Expeditions organisiert auch mehrtägige Höhlenwanderungen, Kajakfahrten und Raftingtrips auf dem Chico River in der nahen Provinz Kalinga.

Schlafen & Essen

An viele Hotels sind gute Restaurants angeschlossen. Günstigeres Essen gibt es bei den Fast-Food- und Straßenimbissständen an der Bonifacio St. Mehrere kleine Imbisse servieren die lokale Variante von *pansit* (Nudelpfanne).

Hotel Joselina HOTEL $
(078-844 7318, 0917 553 7930; http://hoteljoselina.com; Aguinaldo St; EZ/DZ/FZ ab 750/900/1000 P; ※ 🛜) Das Joselina bietet für ein professionelles Businesshotel in zentraler Lage ein erstaunlich gutes Preis-Leistungs-Verhältnis. Die Innenrichtung ist ansprechender als bei den meisten Mitbewerbern: Die kompakten, schnörkellosen Zimmer sind in recht stimmungsvollen, warmen Gelb- und Brauntönen gehalten und verfügen über gute Betten und verschiedenen Komfort.

Hotel Carmelita HOTEL $
(0917 572 2777, 078-844 7027; 9 Diversion Rd; EZ/DZ/FZ ab 350/600/1030 P; ※ 🛜 ≋) Die Vorteile: Das Hotel liegt in der Nähe der beiden Hauptbusbahnhöfe und hat einen Pool für Gäste, und ein Restaurant, dessen Pizza und Kaffee zu den besten der Stadt gehören, und sehr günstige Zimmerpreise. Die Nachteile: Die Bäder haben eine Renovierung nötig, und die Klimaanlage in den Budget-Unterkünften erinnert an ein startendes Flugzeug (Ohrenstöpsel helfen!).

★ Hotel Lorita HOTEL $$
(078-844 1390; www.hotellorita.com; 67 Rizal St; EZ/DZ ab 1000/1700 P; ※ 🛜) Tuguegaraos bestes Gesamtpaket, insbesondere wenn man sich für eines der riesigen „Deluxe-Hochzeitszimmer" auf der Rückseite entscheidet. Die Zimmer sind überraschend modern, gut ausgestattet und ruhig. Unten serviert ein Restaurant leckere Ilokano-Küche und chinesische Gerichte, zudem ist ein hippes Café angeschlossen.

Praktische Informationen

Tuguegaraos Hauptverkehrsstraße ist die Bonifacio St. Sie wird von vielen Geldautomaten und Internetcafés gesäumt.

DOT Region II Office (078-373-9563, 0918 909 2326; www.dotregion2.com.ph; 2 Dalan na Pavvurulun, Enrile Ave; 9–18 Uhr) Das Büro des Regional Government Centre ist eine exzellente Informationsquelle für Tuguegarao, Cagayan, die Inselketten Batanes und Babuyan, Nueva Vizcaya und den Northern Sierra Madre Natural Park, zudem gibt's hier Genehmigungen für Höhlenwanderungen, Guides und Ausflüge in den Northern Sierra Madre Natural Park. Das Büro liegt abseits der Enrile Ave, 4,5 km nördlich des Zentrums.

Sierra Madre Outdoor Club (SMOC) (0917 272 6494) Der SMOC (wie das englische *smoke* gesprochen) bietet aktuelle Infos zu Höhlenwanderungen, Klettertouren und anderen Abenteueraktivitäten und vermittelt Höhlenführer für rund 1000 P pro Tag.

An- & Weiterreise

PAL Express und Cebu Pacific fliegen täglich zwischen Manila (1 Std.) und dem hiesigen Flughafen, 2 km nördlich des Zentrums. Daneben gibt es Flüge von **Sky Pasada** (www.skypasada.com) nach Basco, Batanes und Maconacan (Northern Sierra Madre Natural Park).

Victory Liner (078-844 0777), **Baliwag** (078-844 4325) und **Florida Liner** (078-846 2265; Diversion Rd) bieten die komfortabelsten Verbindungen nach Manila (750 P, 12–13 Std.) und verkehren zweimal stündlich. GMW-Busse fahren über Claveria und Pagudpud nach Laoag (550 P, 7–8 Std.). Florida wiederum schickt Super-Deluxe-Nachtbusse auf den Weg (950 P, 10 Std.), während nachmittags Busse von Dangwa und Dalin nach Baguio (11–12 Std.) fahren.

Vom Van-Terminal, 2,5 km nördlich des Zentrums, verkehren regelmäßig Kleintransporter nach Tabuk (1½ Std., 80 P), Santa Ana (180 P,

3 Std.), Santiago (160 P, 3 Std.) und Claveria (180 P, 3½ Std.).

Santa Ana
📞 078 / 30 458 EW.

Nahe der Ostspitze des wenig besuchten Teils der Nordküste liegt die Fischerstadt Santa Ana. Sie dient als Ausgangspunkt für Ausflüge in den Northern Sierra Madre Natural Park und zu den ebenso abgelegenen Babuyan Islands. Die Stadt selbst hat wenig zu bieten, dafür lockt 6 km weiter nördlich der wunderbar ursprüngliche **Anguib Beach**, eine *bangka*-Fahrt vom Hafen von San Vicente (hin & zurück 1500 P) entfernt. Mit dem *bangka* gelangt man außerdem in 15 Minuten zur **Palaui Island** (hin & zurück 800 P); auf der relaxten Insel ohne Unterkünfte führt eine wunderschöne dreistündige Wanderung vom Dorf Punta Verde zum Cape Engaño mit noch immer funktionstüchtigem spanischem Leuchtturm.

Santa Ana ist in Sportfischerkreisen bekannt, dafür sorgen Speerfische, Schwertfische und Fächerfische im Babuyankanal. Die Angelsaison dauert von März bis Juni; Angelausflüge organisiert die **Philippine Game Fishing Association** (📞 0927 320 7261; www.pgff.net). Von Februar bis Mai lassen sich im Babuyankanal zudem verschiedene Wale und Delfine beobachten, darunter Buckel-, Grind- und Zwergglattwale sowie Große Tümmler.

Die beste Unterkunft ist das **Jotay Resort** (📞 0906 478 1270, 078-372 0560; www.jotayresort.com; Zi./Suite ab 1000/2500 P; ❄ 🛜 🏊) mit sauberen, stilvollen Zimmern und einem atmosphärischen Meeresfrüchterestaurant, dessen Hausspezialität Chilikrabben sind. Der Besitzer Trevor organisiert Bootsfahrten entlang der Küste, Wal- und Delfinbeobachtungstouren, Wanderungen in der Sierra Madre und verschiedene Aktivitäten im Wasser.

Die **Touristeninformation** (📞 078-858 1004; ⏱ Mo–Fr 8–17 Uhr) in der Stadtverwaltung bietet Infos zur Gegend und vermittelt Privatunterkünfte auf den Babuyan Islands.

ℹ An- & Weiterreise

Der Lal-lo International Airport soll Anfang 2015 eröffnet werden.

Große, motorisierte Auslegerkanus fahren einmal pro Woche vom Pier in San Vicente nach Maconacon im Northern Sierra Madre Natural Park.

Direktbusse von Guardian Angels verbinden Santa Ana mit Manila (14–15 Std., 2-mal tgl.), während GMW Trans über Laoag nach Vigan (12–13 Std., 2-mal tgl.) verkehrt. Regelmäßig fahren klimatisierte Kleintransporter in Richtung Süden nach Tuguegarao (180 P, 3 Std.).

BATANES

Batanes, das entlegenste Gebiet der Philippinen, besteht aus einer Gruppe von zehn Inseln in der Nähe von Taiwan. Nur drei davon sind dauerhaft bewohnt, die Hauptinsel Batan, das traditionsbewusste Sabtang und das abgeschiedene Itbayat ganz im Norden. Die Landschaft prägen grün bewachsene, erloschene Vulkane, zerklüftete Klippen, sanfte Hügel, üppiges Grasland und von türkisfarbenem Wasser gesäumte weiße Strände.

Batanes wird regelmäßig von Taifunen heimgesucht. Die Bewohner, bei denen es sich größtenteils um Angehörige des Ivatan-Stammes handelt, die in ihrer eigenen Sprache kommunizieren, erbauen ihre traditionellen Häuser taifunsicher: ein kleines Stück unter der Erde mit meterdicken Kalksteinwänden und buschigen Dächern aus *cogon*-Gras.

Den strohartigen Kopfschmuck, den manche Ivatan-Frauen tragen, nennt man *vakul*. Er wird aus Abacá und Fasern der nur in Batanes wachsenden *voyavoy*-Palme hergestellt. Männer tragen ein *kanayi*, eine Weste aus *voyavoy*. Beide schützen vor Sonne und Regen.

Die beste Reisezeit ist zwischen März und Mai, wenn das Wetter recht trocken ist und Taifune nur vereinzelt auftreten.

ℹ An- & Weiterreise

Northsky Air (📞 078-304 6148; www.northskyair.com) Montags, mittwochs und freitags fliegen kleine Flugzeuge (Cessna 402 & BN Islander) von Tuguegarao nach Basco und Itbayat; der Rückflug erfolgt am selben Tag.

PAL Express (www.philippineairlines.com) Fliegt täglich außer montags und freitags von Manila nach Vasco (1¾ Std.) sowie täglich außer montags und sonntags wieder zurück nach Manila.

Skyjet Airlines (www.skyjetair.com) Die einzigen Jet-Flüge zwischen Manila und Basco (1¼ Std.). Nur montags und freitags.

Sky Pasada (www.skypasada.com) Drei wöchentlich stattfindende Flüge zwischen Tuguegarao und Basco.

Batanes

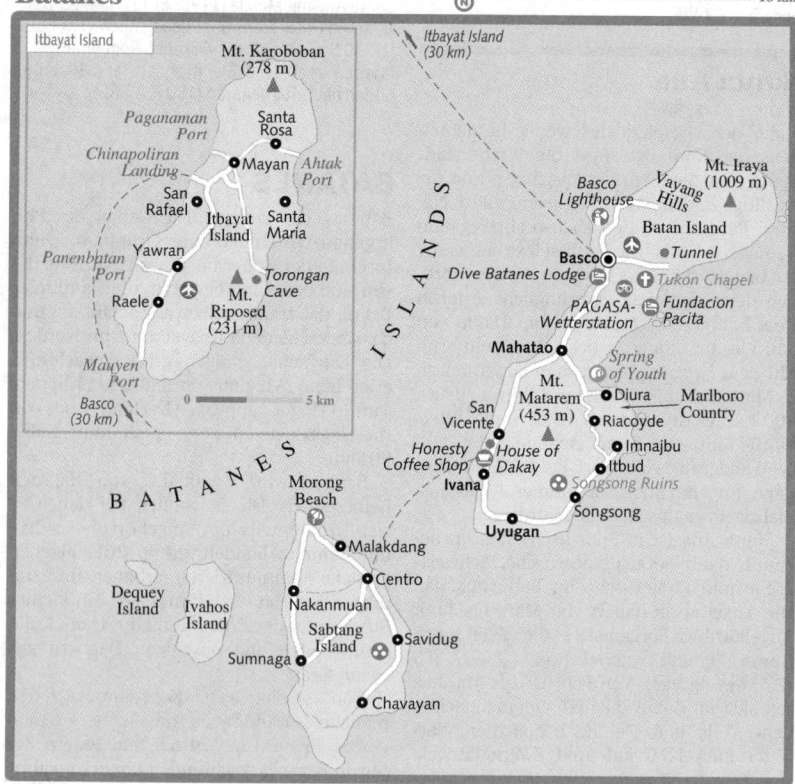

Batan Island

📞 078 / 7907 EW.

Fast alle Batanes-Besucher kommen über Batan in die Region, kommerzielles Zentrum und Sitz der Provinzregierung. Für die Erkundung der großartigen Landschaft der Insel über hügelige Straßen und den Besuch von Dörfern benötigt man mindestens einen Tag. Batan wartet mit wunderschöner Natur auf, wer ursprüngliche Ivatan-Kultur erleben möchte, ist mit Sabtang Island jedoch besser beraten.

ⓘ Unterwegs vor Ort

Auf der Insel stehen unterschiedliche Transportmittel zur Auswahl.

Die meisten Unterkünfte verleihen komfortable Stadträder (20 P/Std.), die Dive Batanes Lodge (250 P/Tag) und **Mabino Bikes** (📞 0939 643 9472; Lopez St; 500 P/Tag; ⏱ 9–19 Uhr) außerdem Mountainbikes. Für die Südschleife benötigt man ohne Stopps rund sechs Stunden, eine recht gute Kondition und jede Menge Wasser.

Mehrere Unterkünfte vermieten Roller oder Motorräder (150 P/Std.); ist dies nicht der Fall, sind die Petron-Tankstelle und die Touristeninformation Alternativen.

Von der Motordreirad-Haltestelle in Basco bieten Fahrer Rundfahrten durch den nördlichen (1000 P) und den südlichen (1500 P) Inselteil.

Teilstücke der Südschleife kann man zu Fuß bewältigen, wobei Jeepneys in unregelmäßigen Abständen die Küstenorte miteinander verbinden; eventuell ist Trampen eine Alternative. Manche Unterkünfte verleihen Jeepneys und Kleintransporter (ab 2500 P/Tag).

Jeepneys bedienen zwischen 4.30 und 20.30 regelmäßig die Straße zwischen Basco und Itbud. In Basco halten Jeepneys vor dem Shane-Del's.

Basco

Zahlreiche Unterkünfte und ein paar anständige Restaurants machen Batanes' kompakte Hauptstadt zu einer exzellenten Ausgangsbasis für die Erkundung von Batan Island. Die grünen Straßen voller Bougainvilleen laden zu charmanten Spaziergängen ein. Die Abad St ist die Hauptverkehrsader. Zum Leben erwacht sie vor allem abends, wenn sie vom Duft von einem halben Dutzend Straßengrills erfüllt wird.

Aktivitäten

Die Hauptaktivität besteht in der Erkundung der restlichen Insel.

Mt. Iraya   WANDERN & TREKKEN

Nördlich von Basco liegt der Mt. Iraya (1009 m), ein schlafender Vulkan, der zuletzt im Jahr 505 ausgebrochen ist. Für den Aufstieg benötigt man rund fünf, für den Abstieg drei Stunden, allerdings ist der Gipfel oft in Nebel gehüllt. Hotels vermitteln Guides (1200 P).

Schlafen

Die Unterkünfte auf Batan Island befinden sich im Zentrum von Basco und am Chanarian Beach, ungefähr 2 bis 3 km südlich der Stadt.

Time Travel Lodge   PENSION $

(☏ 0939 623 8979, 0929 166 9838; Zi. ab 400 P/Pers.; ❈ ⚘) Die kleine Pension nördlich des Zentrums von Basco versteckt sich hinter einer Bambuspalisade und blühenden Büschen. Gäste erwarten drei Zimmer, eine geräumige Küche, ein gepflegter Rasen vor dem Haus und ein Restaurant-/Lounge-Bereich mit Strohdach unter freiem Himmel. Exzellentes Preis-Leistungs-Verhältnis.

Crisan Lodge   PENSION $

(☏ 0915 849 0178; www.crisanlodge.com; Dita St; Zi. ab 400 P/Pers.; ❈ ⚘) Die Pension der freundlichen Betreiber Mon und Crisan hat eine sehr zentrale Lage über einem Lebensmittelladen und bietet winzige Zimmer, eine Gästeküche und ein kleines Restaurant.

Dive Batanes Lodge   HOTEL $$

(☏ 0939 922 4609; www.divebatanes.com; Zi. 1700–2700 P; ❈ ⚘) Die Zimmer des Tauchhotels prägen warme Farben und Bettwäsche mit Blumenmuster. Zum Angebot gehören verschiedene Aktivitäten, wie Tauchausflüge vor dem südlichen Ende der Insel, Schnorcheltouren und Mountainbike-Trips. Das Dive Batanes liegt in unmittelbarer Nähe zum Chanarian Beach, 3 km südlich von Basco. Die günstigsten Quartiere teilen sich Bäder.

Octagon Bed and Dine   HOTEL $$

(☏ 0917 552 6684, 0939 925 5166; National Hwy; Zi. ab 2500 P; ❈ ⚘) Das Octagon mit Meerblick, einen fünfminütigen Spaziergang südlich von Basco, verfügt über ein überladenes, jedoch komfortables Trio von geräumigen Zimmern mit jeder Menge floralen Motiven und bunt zusammengewürfelten Korbmöbeln. Das Restaurant serviert neben Pasta und Suppe Ivatan-Küche.

★ Pacita Batanes   HOTEL $$$

(☏ 0917 855 9364, 0939 901 6353; www.fundacionpacita.ph; Suite 6500–13500 P; ❈ ⚘) Luxus hat seinen Preis – dafür wird Gästen eine unkonventionelle Boheme-Villa mit künstlerischem Flair, frechen Farben, Steinwänden, edler Bettwäsche und geschnitzten Holzelementen geboten, die auf einem Felsvorsprung über dem stürmischen Ozean steht. Bei unserem Besuch wurde das Hotel renoviert, hat jedoch Ende 2014 mit einem italienischen Restaurant neu eröffnet.

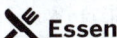 Essen

Eine reiche Auswahl frischer Meeresfrüchte und exotischen Gemüses prägt die ansprechende hiesige Restaurantszene. *Tatus* (Palmendiebe), die leckerste Spezialität der Inseln, werden immer seltener, große Exemplare werden jedoch noch immer gefangen und legal verkauft. Auch Hummer ist beliebt.

Ela Food House   PHILIPPINISCH $

(National Rd; Hauptgerichte ab 60 P; ⊙ 7–22 Uhr) Einfaches, kleines Lokal an der Ecke National Rd/Lopez. Das Mutter-Tochter-Team bereitet Klassiker wie *lechon kawali* und knuspriges *pata* sowie frischen Fisch und Ivatan-Gerichte zu.

★ Pension Ivatan   PHILIPPINISCH, IVATAN $$

(Reyes St; Hauptgerichte 80–150 P; ⊙ 12–22 Uhr; ⚘) Man sollte sich nicht von Äußerlichkeiten (unscheinbares Lokal mit lautem Fernseher in der Ecke) abschrecken lassen, denn das Restaurant ist die beste Adresse der Stadt für hiesige Spezialitäten. Die Auswahl reicht von Palmendieben und *kinilaw* über *uved*-Bällchen (Bananenwurzelbällchen mit Knoblauch und Fisch) bis hin zu *vunes* (frittierten Taro-Stängeln).

Casa Napoli   ITALIENISCH $$$

(Ecke Abad St & La Fuente St; Pizza 280–340 P; ⊙ 12–14 & 17.30–22 Uhr; ⚘) Bascos Variante einer Trattoria ist geprägt von karierten

ABSEITS DER ÜBLICHEN PFADE

BABUYAN ISLANDS

Die Babuyan Islands sind vom Festland klar zu sehen, jedoch meist nur schwer zugänglich. Die 24 Vulkaninseln bestehen teils aus zerklüfteten Klippen und Höhlen, während andere von weißen Sandstränden und leuchtend blauem, sehr klarem Wasser gesäumt werden. Nur die vier größten Inseln, Fuga, Dalupri, Calayan, Babuyan und Camiguan, sind bewohnt. Das dortige Leben ist ruhig und ländlich, mit begrenzter Stromversorgung und wenig Kontakt zum Festland. Wer sich an eine wilde *banka*-(Auslegerkanu-)Fahrt hinaus zu der abgeschiedenen Inselgruppe rund 30 km vor Luzons Nordspitze wagt, wird in Traveller-Kreisen zweifellos für seinen Mut bewundert.

Das vulkanische **Camiguin** ist für seine Thermalquellen bekannt und hat eine Privatunterkunft. Auf den unerschlossenen Inseln **Fuga** und **Dalupiri** gibt es wunderschöne weiße Sandstrände, jedoch keinen Strom und keine Unterkunft. Besucher können eventuell bei Einheimischen übernachten oder zelten einfach. Auf der am besten erschlossenen Babuyan-Insel **Calayan** mit ihrer wunderschönen Natur gibt es ein paar Privatunterkünfte.

Die beste Zeit für einen Besuch ist von April bis Juni. Von Dezember bis März und während der Taifunsaison (Aug.–Okt.) ist der Babuyankanal in der Regel für den Bootsverkehr zu rau; der April ist meist der ruhigste Monat.

Wenn das Wetter es zulässt, verkehrt die Passagierfähre **MV Eagle** (0906 8356 715, 0939 921 6181) von San Vicente über Camiguin (400 P, 2–3 Std.) nach Calayan (750 P, 4–5 Std., 3-mal wöchentl.).

Ansonsten fahren mehrmals pro Woche *bangkas* ab Claveria und Aparri zu den Inseln. Alternativ kann man ein privates *bangka* in San Vicente, Aparri oder Claveria (hin & zurück ca. 7500 P) mieten oder versuchen, an einem der drei Häfen für rund 600 P einen Platz auf einem *lampitaw* (Frachtschiff) zu ergattern; der Wellengang ist meist unruhig und die Überfahrt entsprechend wild. In unregelmäßigen Abständen verbinden *bangkas* Calayan mit den anderen bewohnten Babuyan-Inseln, zudem kann man die Inseln mit gemieteten *bangkas* besuchen.

Tischdecken und großzügig portionierten Pizzaklassikern zum Teilen.

ⓘ Praktische Informationen

Die Abad St säumen ein paar Internetcafés, die sehr langsamen Verbindungen erinnern jedoch an die längst vergessenen Modems der 1990er-Jahre.

Batanes by Bike (0917 827 4225, 0917 535 3807; www.ironwulf.net) Bietet Broschüren zu den drei Inseln samt Radwegen zum Herunterladen an und hilft bei der Planung von Radtouren in Batanes.

Municipal Tourism Office (0929 846 8395; www.batanes.gov.ph; National Rd) Die hilfsbereite Touristeninformation befindet sich im Erdgeschoss der Stadtverwaltung, vermittelt Guides auf der Insel und hat auch Infos zu Sabtang und Itbayat. Am Flughafen gibt es zusätzlich einen kleinen Infostand.

PNB (Ecke Cagpo & Hordoñez) Bank mit zuverlässigem Geldautomaten (nur Visa).

Nordschleife

Nun gut, „Achter" trifft's wohl eher als „Schleife": Zunächst geht's nördlich von Basco zum **Leuchtturm von Basco** (1,2 km), von dessen Spitze sich Traumblicke auf die Küste bieten. Weiter nördlich führt ein kurzer Wanderweg vor der Kulisse der Inseln Itbayat und Dinem den Bergkamm einer der **Vayang Hills** hinauf.

Nun geht's zurück nach Basco und südostwärts zur **Tukon-Kapelle** hinauf, einer hübschen, von der Familie Abad erbauten Steinkirche. Weiter oben bietet die verlassene Wetterstation **Radar Tukon** auf einer Kuppe tolle Panoramablicke; zu erreichen ist sie nach einer eineinhalbstündigen Wanderung oder einer anstrengenden 30-minütigen Radtour ab Basco.

Rund 500 m hinter Radar Tukon bergab steht die **Fundacion Pacita** (www.fundacionpacita.ph). Das schöne Steinhaus thront auf einem Felsvorsprung mit Blick aufs Marlboro Country. Hier lebte und arbeitete die Künstlerin Pacita Abad bis zu ihrem Tod 2004. Weiter östlich gen Felsstrand von Valugan liegen die **Dipnaysupuan-Tunnel**. Die Japaner ließen sie von Zwangsarbeitern tief in die Felsen hauen; Besucher können sie mit einer Taschenlampe besichtigen.

Südschleife

Die Hauptstraße der Insel, der National Hwy, verläuft entlang der verschlungenen Küste südlich von Basco.

Unmittelbar südlich von Mahatao mit seinen traditionellen Häusern liegt **White Beach**, eine meist sichere Badebucht. Weiter südlich passiert man Ivana; die Stadt dient als Basis für Ausflüge nach Sabtang Island und beherbergt das UNESCO-Weltkulturerbe **House of Dakay** (1877), das älteste Steinhaus der Batanes. In der Nähe des Piers wirft man im tollen, kleinen **Honesty Coffee Shop** (8–18 Uhr) sein Geld in eine Box und holt sich dann selbst sein Getränk. Die Straße wird auf dem Weg ins mit ein paar traditionellen Häusern versehene **Uyugan** ganz im Süden zunehmend flacher.

Danach führt die Straße nach Norden, vorbei an einer weit ausladenden Bucht und den **Songsong-Ruinen**, durch eine Flutwelle zerstörten Steinhäusern. Nachdem man Itbud und Imnajbu passiert hat, geht's hinauf in grünes, hügeliges Weideland mit wilden Carabaos und Rindern – willkommen in Racuh Apayaman, besser bekannt als **Marlboro Country**! Von hier bieten sich fantastische Blicke auf die Ostküste Batans und den Mt. Iraya. Danach gelangt man zu einer Kreuzung; die linke Weggabelung führt nach Mahatao (3 km), die rechte zu dem für Schwertfisch bekannten Fischerdorf Diura (1,5 km). Dort muss man sich für 50 P registrieren lassen und kann in 20 Minuten zur erfrischenden **Spring of Youth** laufen.

Sabtang Island

078 / 1637 EW.

Bei einer Reise von Basco nach Sabtang wirken die Philippinen weit entfernt. Die hiesige Ivatan-Kultur ist noch fast völlig intakt: Frauen mit *vakul*-Kopfschmuck arbeiten auf den Feldern, und im Gegensatz zu Batan sind die traditionellen Kalksteinhäuser *(vahay)* mit ihren buschigen Dächern gut erhalten. Spektakuläre Landzungen, weiße Strände und ein eindrucksvolles, bergiges Landesinneres prägen die großartige Landschaft Sabtangs.

Bei der Ankunft müssen Besucher bei der **Gemeindetouristeninformation** (0918 488 2424; 8–17 Uhr) eine Gebühr von 200 P entrichten.

Wer die Insel auf eigene Faust erkunden möchte, erkundigt sich bei der Touristeninformation über den Verleih von Motorrädern (800–1000 P) oder Fahrrädern (200 P), ansonsten muss man sich auf lange Wanderungen einstellen. Alternativ lässt man sich mit den für Sabtang einzigartigen, mit *cogon*-Gras bedeckten Tricycles umherfahren (halber/ganzer Tag 800/1500 P). Eine 30 km lange asphaltierte Küstenstraße verbindet die sechs Dörfer der Insel miteinander.

Von **Centro**, wo die Fähren anlegen, führt die Straße südlich nach **Savidug** (6 km). Direkt südlich von Savidug steht eine grasbewachsene Festung *(idjang)*, die auf prähispanische Zeiten zurückgeht, zudem gibt es einen tollen Aussichtspunkt mit Blick auf eine unberührte Bucht.

4 km von Savidug entfernt liegt das malerische **Chavayan**, für das die Gemeinde wegen der außerordentlich gut erhaltenen, traditionellen Ivatan-Architektur den UNESCO-Welterbestatus beantragte. Handgemachte *vakul* und *kanayi* verkauft die **Sabtang Weavers Association** an der Hauptstraße.

Die Straße endet in Chavayan, wer möchte, kann jedoch in zwei Stunden durch das Inselinnere nach **Sumnaga** wandern. Dort drängen sich noch mehr Steinhäuser an der Küste, und an Wäscheleinen trocknen Fliegende Fische. Bis 2017 soll eine Straße Chavayan und Sumnaga miteinander verbinden. Von Sumnaga führt eine Asphaltpiste nördlich nach **Nakanmuan** um die Nordspitze der Insel und zurück nach Centro über den hübschen **Morong Beach** und **Malakdang** mit wunderschönen Küstenblicken auf dem Weg. Im Landesinneren verläuft ein Wanderweg zwischen Nakanmuan und Centro (45 Min.). Am Morong Beach lohnt sich ein Besuch der **Mayahaw Cave**, die den Japanern im Zweiten Weltkrieg als Versteck diente.

In Centro gibt es zwei Unterkünfte. Die städtische Touristeninformation betreibt eine Pension (2BZ mit Bad 300 P/Pers.), während die **School of Fisheries** (B 150 P) nebenan Betten in Schlafsälen vermietet. In Chavayan stehen außerdem Privatunterkünfte (150–300 P/Pers. ohne Verpflegung) zur Auswahl.

Kantinen in ein paar *sari-sari* (kleinen Stadtvierteln) in Centro kochen Gerichte aus saisonalen Zutaten. Die städtische Touristeninformation organisiert bei Vorabbestellung für 300 P eine leckere Mahlzeit mit verschiedenen Ivatan-Gerichten in einem der Lokale der Stadt. Die Nächte auf Sabtang sind ruhig, da der Strom gegen 20 Uhr abgestellt wird.

Wenn es das Wetter zulässt, verkehren bestimmte Boote *(falowa)* mindestens einmal täglich zwischen Ivana auf Batan und Centro (75 P, 30–45 Min.); in Centro fährt das erste gegen 5, in Ivana gegen 7 Uhr. In der Regel legt um 13 Uhr ein Boot in Centro ab, manchmal gibt es ein zweites am Nachmittag. Wer die Boote verpasst, übernachtet auf Sabtang oder leiht sich ein *falowa* (min. 3000 P). Vorsicht: Die Überfahrt kann ziemlich rau sein!

Itbayat Island

078 / 2988 EW.

Ein aufregender 15-minütiger Flug führt von Basco nach Itbayat, in das letzte besiedelte Grenzgebiet der Philippinen. Im Gegensatz zu den anderen Inseln hat dieses plattformähnliche Eiland keine Strände; es ragt senkrecht in die Höhe und ist komplett von Klippen umgeben.

Wege durchziehen die Mitte der Insel und bieten gute Wandermöglichkeiten. Vom **Mt. Riposed** (231 m) östlich von Raele bieten sich tolle Ausblicke, mit denen man nach einem ziemlich anstrengenden Fußmarsch (hin & zurück 3–4 Std.) belohnt wird. Ein schöner, halbstündiger Spaziergang führt vom Hauptort **Mayan** (Centro) nach Paganaman Port, wo in der Abenddämmerung Bauern von ihren Feldern und Fischer mit ihrem Tagesfang zurückkehren. Bei Ebbe kann man in einem kleinen natürlichen Pool in den Felsen neben dem Hafen baden.

Die Orte **Raele** und **Yawran** lohnen mit ihren traditionellen, schilfgedeckten Häusern mit *cogon*-Grasdächern einen Besuch. Die Bauweise ist älter als die Stein-Stroh-Konstruktionen auf den benachbarten Inseln.

Im nördlichen Teil der Insel lockt die Aussichtsterrasse auf dem Gipfel des höchsten Berges von Ibayat, dem **Mt. Karoboban** (278 m) mit Traumblicken auf Taiwan; hierher verkehren Trucks.

Im Südwesten der Insel liegt die **Torongan Cave**. Sie soll bereits vor 4000 Jahren von Menschen bewohnt gewesen sein. Zum Höhleneingang führt eine kurze Wanderung den Hügel hinauf; man kommt an kaum sichtbaren, alten, bootsförmigen Gräbern vorbei und hat hübsche Blicke aufs Wasser.

Der Bürgermeister, den man im Rathaus antrifft, lässt Gäste im **Municipal Hall Guesthouse** (B 150 P) in Mayan mit Zugang zur Küche übernachten. Inselbesucher müssen im Büro des städtischen Schatzmeisters eine Gebühr von 90 P entrichten. Eine gemütliche Bleibe ist das **Cano Homestay** (0919 300 4787; 200 P) unter der Leitung von Faustina Cano; die frühere Tourismusbeauftragte kennt sich gut auf der Insel aus.

Die meisten Gastronomiebetriebe auf Itbayat erinnern an Kantinen und haben unregelmäßige Öffnungszeiten. Auf Bestellung liefert die **Itbayat Caterer Cooperative** (Gerichte 200 P) allerdings täglich fertige Ivatan-Gerichte in Privatunterkünfte.

Wie auf Sabtang gibt es auch auf Itbayat von 6 bis 24 Uhr Strom. Bei schlechtem Wetter kommt man eventuell für ein paar Tage nicht mehr von der Insel weg, deswegen ist eine flexible Reiseplanung sinnvoll.

Achtsitzige Flugzeuge von Northsky Air fliegen montags, mittwochs und freitags um 11 Uhr zwischen Basco und Itbayat (1875 P, 15 Min.). Die Landebahn liegt in der Nähe von Raele, 10 km südlich von Mayan. Von dort werden Besucher mit dem Kipplaster nach Mayan gebracht.

Falowa-Fähren von **M/B Ocean Spirit** (0920 664 0137) und **M/B Itransa** (0908 502 2814) legen gegen 6 oder 7 Uhr in Basco ab (450 P, 3–4 Std.) und gehen in Itbayat am Chinapoliran Port (auf halbem Weg entlang der Westküste) oder am Panenbatan Port im Südwesten vor Anker. Dann kehren sie um und machen sich gegen 12 Uhr auf den Rückweg. Auch bei gutem Wetter ist die Überfahrt recht rau, bei besonders starkem Seegang werden die Verbindungen manchmal gestrichen.

Auf der Insel gibt es keine öffentlichen Transportmittel. Besucher können sich für den ganzen Tag ein Tricycle mieten (1500 P), noch flexibler ist man mit Pick-up-Trucks oder zu Fuß.

Südost-Luzon

Inhalt ➜
Bicol 180
Naga 181
Caramoan-Halbinsel ... 185
Legazpi 187
Donsol 194
Masbate 197
Catanduanes 200
Virac 200
Marinduque 203
Boac 204
Gasan & Westküste 205

Schön übernachten

➜ Pacific Surfers' Paradise (S. 203)

➜ Residencia de Salvacion (S. 186)

➜ Balai Tinay Guesthouse (S. 189)

➜ Victoria's Guest House (S. 196)

Beste Outdoor-Abenteuer

➜ CamSur Watersports Complex (S. 185)

➜ Bicol Adventure ATV (S. 186)

➜ Majestic Surf Break (S. 202)

➜ Mt. Isarog National Park (S. 184)

Auf nach Südost-Luzon!

Südost-Luzon sieht ein bisschen so aus wie ein Seepferdchen, das gerade einen Ball köpft, und gehört zu den unbekannteren Landesteilen. Ein Jammer, denn es ist eine der wildesten, vielfältigsten und seltsamsten Ecken des Landes. Besucher begegnen hier viel Ungewöhnlichem, seien es Geschöpfe aus der Tiefe (in Donsol und Ticao), Römer, Selbstgeißelungen an Ostern (Marinduque) oder Cowboys, die nicht nur Ochsen, sondern auch Krebse zusammentreiben (Masbate).

Die meisten, die bis hierher reisen, sind Surfer, die von den starken Winden und den hohen Wellen angezogen werden, aber man trifft in Südost-Luzon auch jene Traveller, die Abenteuer einer guten Infrastruktur und ausgetretenen Touristenpfaden vorziehen. Die Region besitzt einige der aktivsten Vulkane des Landes und lockt damit Outdoor-Freunde an, die diese Magma-Kocher nur zu gerne erklimmen. Und zu guter Letzt kommen noch die Gourmets: Passend zu diesem unberechenbaren Land bringt die Bicolano-Küche willkommene Würze auf den ansonsten eher faden philippinischen Tisch.

Reisezeit

Naga

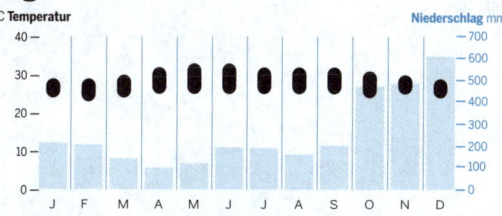

April & Mai Bei den Rodeos Bullen und Krebse bejubeln.

Mai–Juli Sonnige (und heiße) Jahreszeit, ideal für Insel-Hopping und zum Tauchen.

Aug.–Nov. Rauf aufs Surfbrett in Catanduanes und Bagasbas; die Kitesurf-Saison beginnt jetzt.

Highlights

1 Neben Bicols sanften Riesen, den **Walhaien** von Donsol (S. 194), schnorcheln

2 Mit dem ATV (Quadbike) über die alten Lava-Wege am **Mt. Mayon** (S. 192), Bicols hübschestem Vulkan, fahren

3 In **Legazpi** (S. 187) das Beste aus Bicols feuriger Küche kosten

4 Zuschauen, wie die Viehtreiber beim **Rodeo Masbateño** (S. 199) in Masbate die Tiere zusammentreiben

5 Auf der legendären **Majestic Surf Break** (S. 202) von Catanduanes reiten

6 Die unbewohnten Inseln und Strände der unberührten **Caramoan-Halbinsel** (S. 185) erkunden

7 In der **Manta Bowl** am Ticao Pass (S. 195) mit Mantarochen tauchen

8 Im **CWC** (S. 185) in der Nähe von Naga wakeboarden, wakeskaten und Wasserski fahren

9 Sich beim wilden **Moriones-Festival** (S. 206) in Marinduque wie ein römischer Legionär fühlen

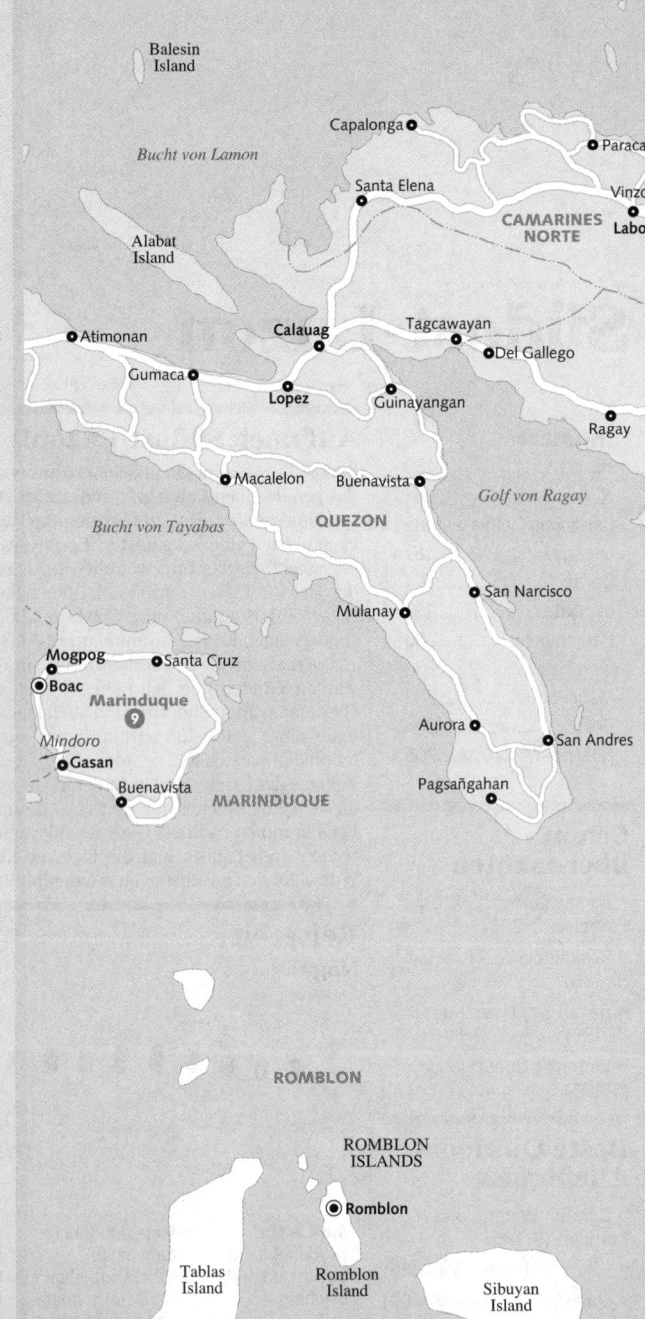

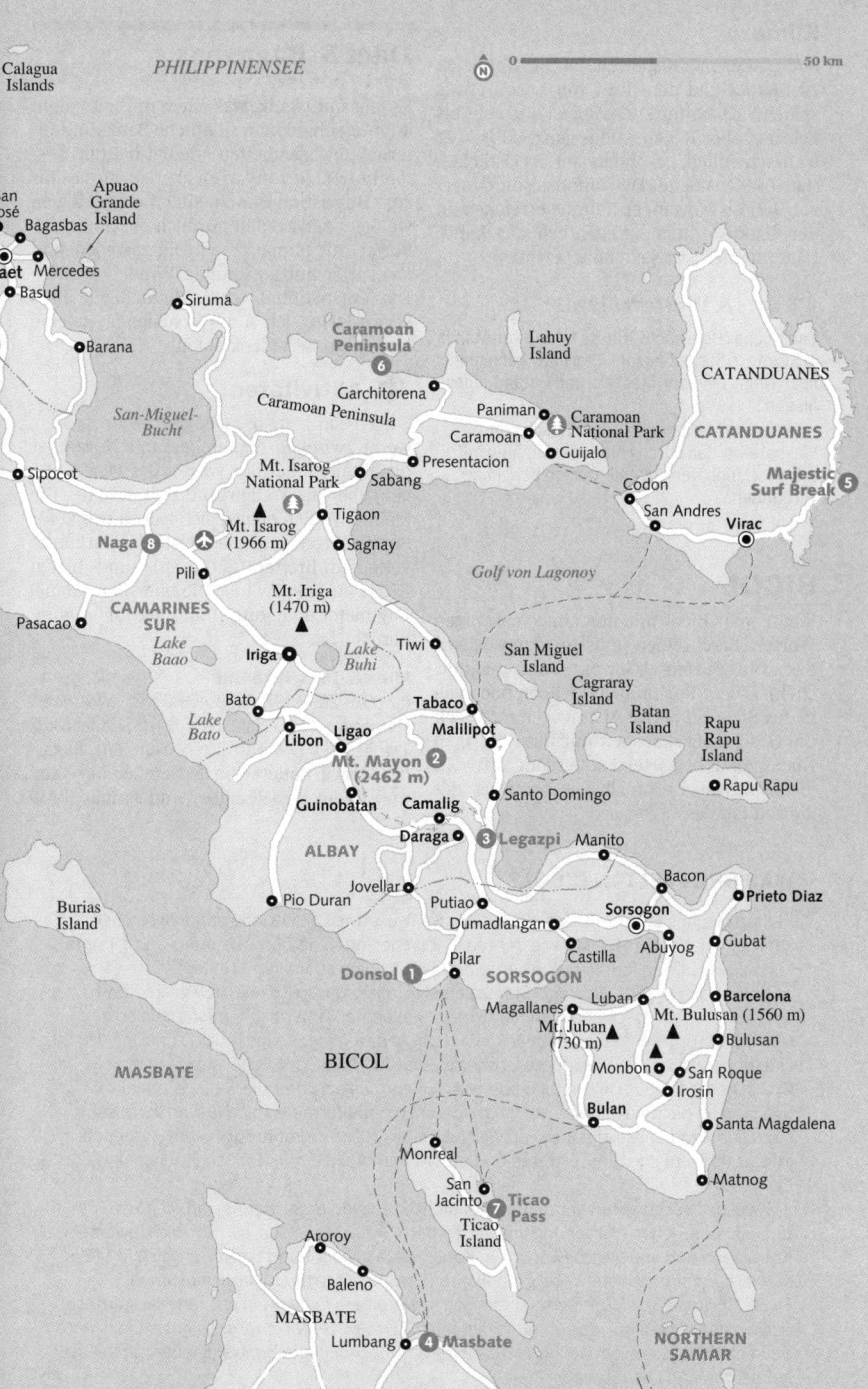

Klima

Südost-Luzons Regenzeit ist im Vergleich zu Manila und dem Rest von Luzon etwas später. Sie beginnt Ende August und geht bis Februar, aber Regen ist das ganze Jahr über wahrscheinlich, besonders auf der östlichen (pazifischen) Seite. Die Taifunsaison dauert von Juli bis November. Taifune erreichen an der Ostküste auch gelegentlich das Land; Catanduanes ist regelmäßig betroffen.

An- & Weiterreise

Zahlreiche (Übernacht-)Busse fahren von Manila in Städte in Südost-Luzon. Alternativ kann man nach Naga, Legazpi, Masbate und Catanduanes fliegen.

Die Inseln Marinduque, Catanduanes und Masbate werden durch Fähren regelmäßig mit den Festlandhäfen Lucena, Tabaco bzw. Pilar verbunden.

BICOL

Wenn man Bicol mit nur einigen wenigen Worten beschreiben müsste, dann wären das wohl „Surfen", „Gewürze" und „Schnorcheln". Diese Region bietet jedoch noch viel mehr: Sie lockt aktive Abenteurer an, kitzelt die Geschmacksknospen mit ihrer feurigen Küche und begeistert außerdem mit den vielleicht ungewöhnlichsten Festivals des ganzen Landes.

Daet & Bagasbas

054 / 95572 EW.

Es gibt nur wenig, was einen in Daet halten könnte, sobald man sämtliche Bank- und Internetangelegenheiten erledigt hat (am besten in der Vinzons Ave), aber es ist das Tor zum **Bagasbas Beach**, einem 4 km langen, weißen Sandstreifen nördlich der Stadt, der Surfer mit temperamentvollen Wellen und Kitesurfer mit konstanten Winden anzieht. Die entspannten, etwas baufälligen Bars verwandeln sich am Wochenende in eine einzige große Videoke-Meile.

Aktivitäten

Surfen kann man in Bagasbas am besten, wenn zwischen September und November die Taifune über das Wasser des Pazifiks fegen, aber die Wellen sind unbeständig. Die kleinen Wellen eignen sich jedoch prima für Surfanfänger, und die meisten Unterkünfte verleihen Bretter (200 P/Std.) und bieten Kurse an (400 P/Std.). Die nahe San Miguel Bay bietet eine gute Brandung für erfahrenere Surfer.

Mike & Joy's Kite Bar KITESURFEN
(0919 209 9191, 0999 458 0902; www.mikes-kites.com; 2-std. Einführung 60 US$, Kiteboard/Tag 20 US$) Die Kitesurf-Saison am Bagasbas Beach dauert von November bis März und findet im Dezember und Januar ihren

---

WAS BRUTZELT IN BICOL?

Philippinisches Essen wird oft als der langweilige, arme Cousin international so anerkannter asiatischer Küchen wie der thailändischen oder vietnamesischen verunglimpft. Mit seiner Fülle an feurigen Speisen widerspricht Bicol aber allen Kritikern.

Kokosnuss ist eine Bicolano-Schlüsselzutat. Alles, was in Kokosmilch gekocht wird, wird als *ginataán* bezeichnet. In Kokosmilch gekochter Tintenfisch (*pusít*) ist also *ginataán pusít* (und sehr zu empfehlen). *Ginataán santol* (eine breiige Frucht) und Jackfrucht sind ebenfalls lecker. Die andere Schlüsselzutat für die Bicol-Küche ist *sili* (scharfe Chilischote). Es gibt viele verschiedene Arten von *sili*, darunter die winzige, aber kräftige *labuyo*, die man in Bars mit den milderen, mandelförmigen *pili*-Nüssen vermischt bestellen kann. Diese allgegenwärtige Nuss – angeblich ein Aphrodisiakum – ist auch im Dessertbereich stark vertreten und taucht immer wieder in Gebäck, Kuchen und Eiscreme auf.

Zwei der beliebtesten herzhaften Köstlichkeiten sind *Bicol exprés* und *pinangat*. Ersteres ist eine scharfe Mischung aus gehacktem Schweinefleisch, *sili*, Shrimps, Zwiebeln, Knoblauch und anderen Gewürzen, in Kokosmilch gekocht und typischerweise mit Reis serviert. *Pinangat* besteht aus grünen *gabi*(Taro)-Blättern, gefüllt mit kleinen Stücken Fisch, Shrimps und/oder Schweinefleisch sowie einem gehackten grünen Blattgemüse namens *natong/laing*, das oft auch einfach als Beilage serviert wird. Zu guter Letzt wäre da noch das überraschend leckere *candingga*: geschnetzelte Schweineleber mit in Essig gekochten und gesüßten Karotten.

Höhepunkt. Das Mike's wird vom Amerikaner Mike Gambrill geführt und bietet Kitesurf-Unterricht mit einem zertifizierten Lehrer, verleiht Ausrüstung und arrangiert Ausflüge zum Surfen, Insel-Hopping und Wakeboarden. Seekajaks und Jetskis sind ebenfalls erhältlich.

Schlafen & Essen

Surfers Dine-Inn HOTEL $
(DZ/3BZ/4BZ 1000/1200/1500 P) Der Speisesaal dieses Strandhotels ist mit buntem Schnickschnack und Surfbrettern dekoriert und ein Favorit der lokalen Surfgemeinde. Die Zimmer sind recht gemütlich (es gibt auch billige Doppelzimmer mit Ventilator für alle mit kleinem Budget), und die jungen Besitzer sind unheimlich freundlich.

Mike & Joy's Bar HOTEL $$
(0919 209 9191, 0999 458 0902; www.mikeskites.com; Bagasbas Rd; Bungalow mit Klimaanlage/Ventilator 1400/800 P, Hütte mit EZ/DZ 300/500 P; ❄ 🛜) Im Bar-Restaurant gibt's gute westliche und philippinische Küche, kühles Bier und die Chance, andere Surfer zu treffen. Die passioniertesten Surfer bleiben auch mal wochenlang in den traditionellen Hütten am Strand, aber wer etwas mehr Komfort möchte, kann auch einen klimatisierten Bungalow mieten. Das Hotel liegt nördlich der Hauptstraße, gleich neben dem großen Gewächshaus.

Bagasbas Lighthouse RESORT $$$
(0917 510 1856, 054-731 0355; www.bagasbaslighthouse.com; B/DZ/4BZ ab 550/1750/3950 P; ❄ 🛜 ♨) Dieses Resorthotel mit nautischem Thema liegt am Südende des Strands und ist von herrlicher Vegetation umgeben. Uns gefallen besonders die abgedrehten Zimmer in umgebauten Wohnwagen (auch wenn die Betten den Großteil der beengten Räumlichkeiten einnehmen). Auch für Backpacker ist hier mit spartanischen Sechs- bis Acht-Bett-Schlafsälen mit Bad (Frühstück kostet extra) bestens gesorgt. Die luxuriöseren Zimmer bieten Aussicht auf die Wellen.

Kusina ni Angel PHILIPPINISCH $
(Hauptgerichte ab 60 P; 8–21 Uhr) Die Institution wird vom charmanten Angel de la Cruz geführt und hat eine kreative Karte, die auf Meeresfrüchte und Nudeln spezialisiert ist. In der Nähe der Kreuzung mit den Tricycles.

★ Catherine's PHILIPPINISCH, MEERESFRÜCHTE $$
(Hauptgerichte 155–450 P; 8–22 Uhr) Dieses Restaurant ist dem Hotel Bagasbas Lighthouse angeschlossen und mit Abstand das schickste in Bagasbas. Auf dem Grill brutzelt der Fang des Tages, und philippinische sowie Bicolano-Klassiker sind ebenfalls gut vertreten (etwa knuspriges *pata* und Bicol exprés). Auch köstliche chinesische Küche sowie „exotische und einheimische" Enten- und Ziegenkreationen verwöhnen Gourmets: das Ziegen-*kinilaw* (philippinisches Ceviche) ist eigenwillig, aber lecker.

❶ An- & Weiterreise

Tricycles von Daet nach Bagasbas kosten 50 P.

Klimatisierte Busse von Philtranco (800 P) fahren für gewöhnlich um 8 Uhr, 20 Uhr und 21 Uhr von Pasay, Manila, nach Daet (9 Std.). Von Daet verkehren regelmäßig DLTB-Busse nach Manila; sie fahren am eigenen Busbahnhof in der Mahalika Diversion Rd ab, und es gibt auch tagsüber klimatisierte Verbindungen.

Außerdem verkehren regelmäßig Minivans vom Central Terminal entlang der Vinzons Ave nach Naga (170 P, 2½ Std.).

Naga
054 / 174 931 EW.

Studenten sind in dieser lebendigen Stadt, in der die älteste Universität von Bicol steht, ebenso allgegenwärtig wie alles, was das Studentenherz begehrt: Cafés mit WLAN, günstige Restaurants und ein wildes Nachtleben. Viel interessanter für Besucher sind jedoch die „vulkanischen" Freizeitmöglichkeiten rund um Naga, die von Wandern über Radfahren bis hin zu Klettern reichen. Man kann sich aber auch mit einem Wakeboard ins Wasser stürzen oder die Welt unter den Wellen beim Tauchen erforschen.

Im September strömen Tausende Gläubige zum **Peñafrancia Festival** nach Naga, um die Jungfrau von Peñafrancia, Bicols Schutzheilige, zu feiern. Unterkünfte sollte man mindestens zwei Monate im Voraus buchen.

⊙ Sehenswertes

Naga City Museum MUSEUM
(Burgos St; Mo–Fr 8–12 & 14–17 Uhr) GRATIS Dieses kleine Museum befindet sich im dritten Stock im Gebäude der University of Nueva Caceras. Der Schwerpunkt liegt auf ethnografischen Exponaten wie Kunsthandwerk, Werkzeugen und anderen Artefakten aus dem präkolonialen Bicol, aber es erzählt von der gesamten Geschichte der Philippinen. Am besten bittet man den begeisterten Kurator um eine geführte Tour.

Naga

Holy Rosary Minor Seminary Museum
MUSEUM

(abseits Elias Angeles St; ⊙ Mo–Fr 9–12 & 14–17, Sa 8–12 Uhr) GRATIS Wer es nicht zum Peñafranica Festival schafft, kann auch dieses kleine Museum besuchen – das ist fast genauso gut. Es befindet sich in der St. John Cathedral, die die Stadt dominiert, und die Ausstellungen bestehen aus Bildern und Vitrinen, die religiöse Umzüge sowie einige unterhaltsame Dioramen der Hauptprozession zeigen.

🏃 Aktivitäten

Kadlagan Outdoor Shop & Climbing Wall
FELSENKLETTERN

(☎ 0919 800 6299; kadlagan@yahoo.com; 16 Dimasalang St; ⊙ Laden 9–19 Uhr, Kletterwand nach Vereinbarung) Tolle Anlaufstelle, wenn man Ausrüstung leihen, Führer anheuern oder Tipps zum Wandern oder Klettern holen will. Besitzer Jojo Villareal kennt alle Felsen und die besten Routen und ist meist abends hier. Er organisiert auch Touren zum Mt. Isarog, zum Cayoning und zum Wasserfall und er führt Gruppen bei mehrtägigen Abenteuertrips auf der Caramoan-Halbinsel.

Steady Eddie
TAUCHEN

(☎ 054-811 2664, 054-472 7333; www.steadyeddiedivecenter.com; Peñafrancia Ave; ⊙ 8–19 Uhr) Taucher sollten den zweiten Stock des Edventure Building aufsuchen. Man kann einige Tage vorher anrufen und versuchen, einen Platz für eine der Tauchexpeditionen am Wochenende zu ergattern, die zu den Caramoan-Inseln, zum Wracktauchen in Santo Domingo oder zur Manta Bowl in Ticao führen. Sie kosten ab 150 US$ für drei Tauchgänge. Open-Water- und Fortgeschrittenen-Tauchkurse werden ebenfalls angeboten.

🛏 Schlafen

Die Budget- und Mittelklasseunterkünfte liegen im Zentrum, teurere Optionen rund um die Magsaysay Ave, eine etwa zehnminütige Tricycle-Fahrt Richtung Norden entfernt.

Hillary & Andrew Hostel
HOSTEL $

(☎ 0943 709 7118, 0917 558 3347; 32 Barlin St; EZ/DZ ab 600/900 P; ❋ 🛜) Eigentlich ist es eher ein Budgethotel als eine Backpacker-Unterkunft mit echtem Hostel-Vibe, aber das Personal ist hilfsbereit, im Haus gibt's ein beliebtes Café, das Bicolano-Gerichte serviert, und die Lage ist superzentral. Die billigsten Zimmer haben zwar ein Bad, aber keine Fenster und sind nichts Besonderes.

Eurotel Naga
HOTEL $$

(☎ 054-472 5321; www.eurotel-hotel.com; Ecke General Luna St & Riverside Rd; DZ/Suite ab 1500/

Naga

◎ Sehenswertes
1 Holy Rosary Minor Seminary
  Museum A1
2 Naga City Museum A2

✪ Aktivitäten, Kurse & Touren
3 Kadlagan Outdoor Shop &
  Climbing Wall....................................... B2
4 Steady Eddie C1

🛏 Schlafen
5 Avenue Plaza Hotel................................. C1
6 Eurotel Naga.. A3
7 Hillary & Andrew Hostel B2
8 Naga Regent Hotel A3

🍴 Essen
9 Bob Marlin.. D2
10 Geewan... A2
11 Naga Restaurant A3

🍸 Ausgehen & Nachtleben
12 Lolo's Music Bar D1
13 San Diego Jazz Bar D2

🛍 Shoppen
14 SM City Mall... B3

🍴 Essen & Ausgehen

Abends öffnen auf den Plätzen in der Innenstadt viele tolle Essensstände. Einige Händler versammeln sich bei der Kirche San Francisco abseits der Peñafrancia Ave, aber ansonsten ist das kulinarische Angebot im Zentrum auf den Gastro-Bereich der SM Mall und Ähnliches begrenzt. Nördlich des Zentrums gibt's einige trendige Bars, Clubs, Restaurants und Cafés rund um die Ecke Dayangdang St und Magsaysay Ave sowie am Avenue Sq, an dem sich auch das Avenue Plaza Hotel befindet. Die Bars sind für gewöhnlich von 16 Uhr bis 1 Uhr geöffnet.

🍴 Zentrum

Geewan BICOLANO $

(Burgos St; Hauptgerichte 65–135 P; ⊙9–21 Uhr; ❄) Dieses Bicolano-Lokal im Cafeteria-Stil ist bei Einheimischen zu Recht beliebt, nicht zuletzt dank seiner umfangreichen Karte, auf der auch *lechón* (Spanferkel) und *pinangat* (mit Taro-Blättern umwickelter Fisch, Shrimps oder Schwein), *candingga* (geschnetzelte Schweineleber mit Karotten) und *bangus* (Milchfisch) mit *laing* (grünes Blattgemüse) stehen, und alles wird auf wirklich bequemen Stühlen in arktisch-klimatisierter Umgebung verspeist. Man sollte das Personal daran erinnern, das Essen richtig heiß zu servieren.

Naga Restaurant PHILIPPINISCH $$

(40 General Luna St; Hauptgerichte ab 100 P; ⊙16–1 Uhr) Alteingesessenes, lockeres Lokal mit treuen Stammkunden, die dank der köstlichen getoasteten *siopao* (Dampfbrötchen) und einfacher Gerichte wie *pansit* (gebratene Nudeln), *adobo* (Fleisch in Essig und Knoblauch) und anderer philippinischer Klassiker kommen.

🍴 Magsaysay Avenue

Bob Marlin PHILIPPINISCH $$

(Magsaysay Ave; Hauptgerichte 160–300 P; ⊙11–23 Uhr) Das Bob Marlin ist vor Ort für seine knusprige *pata* (frittierte Schweinshaxe) als das beste Lokal der Stadt bekannt. Auch die anderen philippinischen Gerichte sind wirklich lecker und – mit am wichtigsten – bieten eine gute Grundlage, wenn mal wieder bei Livemusik und Drinks gefeiert wird.

San Diego Jazz Bar BAR

(Magsaysay Ave) Diese lässige Lounge und Jazzbar ist eine gute Alternative, wenn man

---

2350 P; ❄🛜) Ein makelloses Geschäftshotel in zentraler Lage mit Blick auf den Fluss. Die Wände zieren riesige Drucke berühmter europäischer Wahrzeichen, die Suiten haben Stuckdecken und die kompakten Zwei-Bett- und Doppelzimmer haufenweise moderne Annehmlichkeiten.

Naga Regent Hotel HOTEL $$

(☎054-472 2626; http://nagaregenthotel.com; Elias Angeles St; B/EZ/DZ/Suite inkl. Frühstück ab 400/1100/2000/3000 P; ❄@🛜) Dieses neu eingerichtete Business-Class-Hotel hat einfach alles: von riesigen Suiten mit polierten Holzböden bis hin zu geräumigen Schlafsälen mit stabilen Stockbetten. Alle Betten (und Stockbetten) sind mit orthopädischen Matratzen ausgestattet, und das Frühstück ist für alle Gäste inklusive – die perfekte „Rundum- sorglos-Option".

Avenue Plaza Hotel HOTEL $$$

(☎054-473 9999; www.theavenueplazahotel.com; Magsaysay Ave; Zi. ab 4400 P; Suite ab 7500 P; P❄🛜) Das zuvorkommende Personal passt perfekt zur erstklassigen Ausstattung des besten Hotels der Stadt. Die Zimmer sind geräumig und bieten gemütliche Betten und Flachbild-TV. Unten gibt's ein Café, ein Fitnessstudio und einen großen Infinity-Pool mit Sonnenterrasse und Liegestühlen.

kein Fan der feucht-fröhlichen Karaoke-Szene ist, die bei vielen Studenten in Naga so beliebt ist.

Lolo's Music Bar BAR
(Magsaysay Ave; ⊙16–1 Uhr) Diese coole Bar im zweiten Stock des Avenue Sq bietet jede Menge Luft zum Atmen, und ab 21 Uhr gibt's Livemusik. Sie richtet sich an ein Ü30-Publikum, serviert Bicolano-Gerichte und der Dresscode ist sportlich-elegant.

❶ Praktische Informationen

Alle großen Banken sind gut vertreten.
Postamt in der Innenstadt (University of Nueva Caceres)
Naga City Visitors Center (☏ 054-473 4432; www.naga.gov.ph/tourism; Ecke Miranda Ave & Maria Cristina St; ⊙Mo–Fr 8–12 & 13–17 Uhr) Touristeninformation im Rathaus-Komplex.

❶ An- & Weiterreise

BUS & JEEPNEY

Alle Busunternehmen nutzen den **zentralen Busbahnhof** (Ecke Ninoy & Cory Ave) in Naga südlich der SM City Mall. Cagsawa und **RSL** (☏ 054-472 6885) bieten klimatisierte Nachtbusse an, die direkt nach Ermita in Manila fahren, während **Isarog** (☏ 054-478 8804) und Amihan über Pasay nach Cubao und Philtranco fahren. Die nicht klimatisierten und Luxusbusse verkehren nachts (klimatisiert/Liegesitz 650/750 P). Busse von Raymond fahren täglich um 14 Uhr direkt nach Caramoan (250 P, 5½ Std.).

Jeepneys und klimatisierte Minivans fahren am **Jeepney-Terminal** (Waling-Waling St) ab, 200 m östlich der SM City Mall, während **Minivans nach Daet** (Ecke Ninoy & Cory Ave) morgens an einem Stand neben der Mall abfahren (170 P, 2½ Std.). Außerdem verkehren häufig Minivans nach Legazpi (170 P, 2½ Std.), Tabaco (160 P, 2 Std.) und Sabang (100 P, 1½ Std.). Jeepneys verkehren auch nach Panicuason (25 P, 30 Min.) und Pili (15 P, 20 Min.).

FLUGZEUG

Der Flughafen befindet sich in Pili, 14 km südlich von Naga. Cebu Pacific und PAL Express fliegen täglich zwischen Manila und Naga (1 Std.).

Mt. Isarog National Park

Die Landschaft von Camarines Sur wird vom Mt. Isarog (1966 m) dominiert, Bicols (schlafendem) zweithöchstem Vulkan. Von Panicuason (pan-ie-*kwa*-son) aus führt eine steile, halbstündige Wanderung auf einer holprigen Straße (bei Trockenheit passierbar, aber für normale Autos schwierig) zum Eingang des Mt. Isarog National Park. Am Fuß des Berges muss man ein Eintritt bezahlen (100 P). Rechts führt ein kurzer Weg einige sehr steile Steinstufen zu den Malabsay Falls hinunter, wo man mit Blick auf den Mt. Isarog schwimmen kann – eine unglaubliche Erfahrung. In Panicuason bieten die Mt. Isarog Hot Springs (Eintritt 100 P; ⊙7–18 Uhr) fünf natürliche heiße bis lauwarme Quellbecken – eine wunderbare Art, nach einer Wanderung im Park zu entspannen. Die Quellen liegen 1,3 km Fußweg abseits der Hauptstraße, direkt vor der Straße zum Nationalpark.

Der Aufstieg zum Mt. Isarog

Wir empfehlen wärmstens, für die zweitägige Rundwanderung auf den Mt. Isarog einen Bergführer anzuheuern. Der Aufstieg führt durch den letzten tropischen Primärwald in Luzon. Man kann den Trek auch an einem Tag meistern, wenn man sehr fit ist, aber die Parkbehörde berechnet trotzdem die Gebühr für zwei Tage. Während man höher hinaufsteigt, verwandelt sich die Vegetation in moosigen Wald, der in der Nähe des Gipfels zu kargem Grasland ausdünnt.

Was das Wetter angeht, liegt die beste Zeit für den Aufstieg für gewöhnlich zwischen Anfang März und Ende Mai. Mehr als nur ein Weg schlängelt sich den Vulkan hinauf: Wanderer steigen typischerweise auf dem beliebten Weg von Panicuason hinauf oder wählen den weniger ausgetretenen, umweltfreundlicheren Pfad, der in Consocep beginnt. Am besten spricht man mit Jojo im Kadlagan Outdoor Shop (S. 182) in Naga; die Wan-

---

❶ NAGAS TRICYCLES

Zu den skurrilen Details in Naga gehören auch die etwas größeren Tricycles, die auf bis zu fünf Passagiere ausgerichtet sind. Diese Tricycles sind abends oft vollgepackt und die Fahrer scheinen auch nicht gewillt zu sein, von gewissen Routen abzuweichen: Wer beispielsweise vom Zentrum aus zur Magsaysay Ave fahren möchte, positioniert sich am besten entlang der Peñafrancia Ave, um eines heranzuwinken. Fahrten innerhalb der Stadt kosten 8 P oder 40 P, wenn man das Tricycle ganz für sich alleine haben möchte.

> **ABSTECHER**
>
> ## RAUS AUS DEN FEDERN UND AB AUFS WAKEBOARD!
>
> **CamSur Watersports Complex** (CWC; ☎ 054-477 3172, 054-475 0689; www.cwcwake.com; ⓧ Mo–Do 8.30–19, Fr–So bis 21 Uhr) Im CWC gibt's alles: Surfermusik, Restaurants, einen Wasserpark und vieles mehr; auf dem See sausen Wakeboarder über Hindernisse und vollführen Überschläge und Stunts. Hier wartet jede Menge Spaß auf Erfahrene und Anfänger, mit einer Fülle von Unterkünften für längere Aufenthalte.
>
> Der Komplex liegt 12 km südlich von Naga in Pili; ein Tricycle von Naga hierher und zurück kostet 500 P einschließlich Wartezeit.
>
> Keine Ahnung, wovon wir sprechen? Wakeboarding ist quasi Snowboardfahren auf dem Wasser. Die Füße werden auf ein Brett geschnallt und man wird an einem Seil durch einen Wasserparcours gezogen. Klingt simpel? Nicht, wenn man die Profis gesehen hat! Es gibt eine separate Strecke für Anfänger, auf der man Selbstvertrauen tanken kann, indem man auf dem Wasser hin und her fährt. Kneeboarding, Wasserski und Wakeskating sind auch im Angebot.
>
> Wer sich das Treiben lieber nur anschauen will, kann dies vom großen Swimmingpool, vom Restaurant oder vom Café in der Nähe des Wassers aus tun, und gar nicht weit entfernt gibt's auch einen Wasserpark. Die Preise hängen davon ab, was man machen möchte: eine Stunde/ein halber Tag auf dem Wasser inklusive Helm, Weste und Brett kostet 165/460 P.
>
> Der Bau des CWC war ein großes Risiko, aber er hat sich bezahlt gemacht: Wakeboarder kommen aus aller Welt hierher, und einige bleiben wochenlang. Die Unterkünfte reichen von den Mansion Suites (DZ/Suite 1750/2000 P) über Privatvillen für zwei (3500 P) sowie Familienwohnwagen (ab 2850 P) bis hin zu günstigeren Optionen wie den Tiki-Hütten für zwei Personen (1000 P) oder den gemütlichen Cabanas (1250 P).

derpakete (5000 P für eine Person, 7000 P für zwei) schließen auch einen erfahrenen, englisch sprechenden lokalen Führer, Campingausrüstung und Verpflegung sowie den Transport und Genehmigungen ein. Eifrige Kletterer sollten sich außerdem nach den interessanten Routen am **Mt. Lobo** in Camarines Norte (Cam Nor) und am **Mt. Asog** in Iriga erkundigen.

Am besten erreicht man den Mt. Isarog von Naga aus mit einem Jeepney nach Panicuason. Der letzte Jeepney nach Naga fährt gegen 17 Uhr in Panicuason ab.

Caramoan-Halbinsel

Die bergige, von dichtem Dschungel bewachsene Caramoan-Halbinsel liegt nur rund 50 km weit von Naga weg, wirkt aber, als sei sie ganze Welten entfernt. Wer mit dem Boot anreist, glaubt angesichts der zerklüfteten Klippen, des türkisfarbenen Meers und der unberührten Sandstreifen fast, er würde sich der Insel aus Jurassic Park nähern (es fehlen nur die Dinosaurier, aber dafür paddeln braun gebrannte Fischer zwischen den rauen Wellen in ihren Bangkas übers Wasser). Man kann aber auch per Bus nach Caramoan reisen, dann führt die Fahrt durch winzige Dörfer und vorbei an flachsblonden Naturfasern, die am Straßenrand trocknen und wie überdimensionale Dolly-Parton-Perücken aussehen.

Trotz der Tatsache, dass in Caramoan schon die französischen, israelischen, norwegischen und andere Versionen von Expedition Robinson gedreht wurden und die Halbinsel durch die Asphaltierung der Straße besser zugänglich ist, haben sich die Besucherzahlen noch nicht in einen Strom verwandelt – so haben die wenigen Glücklichen die ursprüngliche Insel und ihre Strände immer noch ganz für sich allein.

⊙ Sehenswertes & Aktivitäten

Neben Insel-Hopping-Ausflügen organisieren viele Unterkünfte eine Vielzahl weiterer Aktivitäten, von Felsenklettern und Höhlentouren bis hin zu River Tubing und River Trekking.

Insel-Hopping

Zwischen den von Dschungel bewachsenen Kalkstein-Klippen und den goldenen Sandstreifen, die den Archipel vor der Nordküste von Caramoan dominieren, liegt eine der größten Attraktionen Caramoans. Man kann entweder ein Insel-Hopping-Paket buchen oder mit den Fischern in Bokal bzw. am Paniman Beach verhandeln und für einen Tag selbst ein Bangka steuern (um 2000 P) oder sich ein Seekajak ausleihen.

Zu den Highlights gehören das hübsche kleine **Matukad** mit seiner versteckten Lagune, die man nur erreicht, wenn man unter den Felsen hindurchschwimmt, **Lahos**, das vor dem Gota Beach liegt und nur bei Ebbe zu sehen ist, sowie das Postkartenidyll **Aguirangan**. Auf der V-förmigen Insel **Sabitan Laya** locken lange weiße Sandstreifen und ein Kalkstein-Vorsprung am Ende des Vs – hier kann man prima schnorcheln. **Tinago** bietet eine abgeschiedene, unberührte Bucht, in der man wunderbar sonnenbaden kann, während auf **Pitogo** Expedition Robinson gedreht wurde. Unter dem runden Dutzend Inseln ist **Lahuy** die größte und punktet mit Stränden, einheimischen Goldschürfern und einer Flughund-Kolonie; am besten erreicht man sie vom Barangay Bikal aus. Dasselbe gilt für **Tabgon**, das mit Mangrovenhainen am Ufer aufwartet. Hier kann man außerdem die 500 Stufen zur riesigen Statue der Mary of Peace hinaufsteigen, die auch eine beliebte Pilgerstätte vieler Filipinos ist.

Sonstige Aktivitäten

Bicol Adventure ATV ABENTEUER-TOUR
(0909 413 1706, 0947 566 4926) Dieser Ableger von Bicol Adventure ATV in Legazpi arrangiert Ausflüge mit seiner Flotte von 150 ccm ATVs (Quadbikes), die von überschaubaren zweistündigen Touren zum Paniman Beach (999 P) bis zu den anspruchsvolleren mehrstündigen Fahrten zur Culapnit Cave (2699 P) reichen, die über raueres Gelände führen und mehrere Flussdurchquerungen beinhalten. Der Anbieter befindet sich an der Hauptstraße in Caramoan.

Caramoan Kayaks KAJAK FAHREN
(0921 987 3157; www.cki-inn.com; 1 Std./Tag 150/1900 P) Die Besitzer des CK Inn verleihen Seekajaks, können Paddler um die Inseln lotsen oder Campingausrüstung verleihen, wenn man seine eigene kleine Expedition Robinson starten möchte.

Schlafen & Essen

Caramoan-Stadt liegt nur ein paar Kilometer vom Meer entfernt, und hier bleibt man eher für eine Nacht als für einen längeren Aufenthalt. Es gibt hier keine Restaurants, und man muss essen, was immer die Pension, in der man absteigt, gerade auftischt. Ein Stück abseits des Meeres findet man jedoch im Küsten-Barangay Paniman Beach, 6 km von Caramoan entfernt, ein paar kleinere Lokale.

Wer seine Verschollen-Fantasien mal richtig ausleben will, kann auf einer unbewohnten Insel übernachten. Im Kadlagan Outdoor Shop (S. 182) in Naga, im CK Inn nahe Guijalo und im B&B Residencia de Salvacion kann man sich zu diesem Zweck ein Zelt ausleihen.

★ **Residencia de Salvacion** B&B $
(0939 310 1135; http://residenciasalvacion.weebly.com; Zi. ab 800 P; ❄ ⓦ) Die neue Inkarnation des Residencia de Salvacion ist von einer Bambuspalisade und Treibholz-Skulpturen umgeben, liegt am Nordende des Paniman Beach und bietet ein gutes Preis-Leistungs-Verhältnis und ein so tolles Flair, dass man am liebsten wochenlang bleiben würde. Das Pauschalangebot (zwei Tage, eine Nacht 1800 P) umfasst Insel-Hopping und mit die beste Hausmannskost in ganz Bicol. Das Personal tut wirklich alles, damit sich die Gäste wohlfühlen.

Crazy Coconut Cottages RESORT $
(0998 467 2425; www.crazy-coconut.com; Zi. 1000 P; ❄ ⓦ) Diese neuen Strandunterkünfte mitten am Paniman Beach werden von Sam und Jenalyn geführt, die einfach wundervoll sind. Man kann an der Strandbar entspannen, bei einer Höhlenforschung mitmachen, Insel-Hopping betreiben oder sich anderen Aktivitäten anschließen – alles von den stets sehr hilfsbereiten Gastgebern organisiert.

CK Inn B&B $$
(0920 474 2637, 0908 203 5082; www.ck-inn.com; DZ/3BZ ab 1600/1900 P; ❄ ⓦ) Das CK ist ein hübsches, familiengeführtes B&B und liegt ein wenig abseits in der Umgebung von Guijalo, aber das Personal ist hilfsbereit, die Zimmer sind blitzsauber, das Frühstück ist kostenlos und die Umgebung herrlich grün – eine wirklich bezaubernde Option zum Übernachten. Im Familienzimmer (3500 P) kann man sich mitsamt sieben seiner Lieben einquartieren. Es wird von den Besitzern von Caramoan Kayaks geführt.

Casita Mia Bed & Breakfast B&B $$
(0917 819 5150; www.casitamia.com.ph; DZ 2700 P; ❄ ⓦ) Diese lokale Variante einer spanischen Hacienda versteckt sich in einer ruhigen Straße in Marktnähe und ist die schickste Option in Caramoan-Stadt. Neben stilvollen Zimmern bietet die aufmerksame Inhaberin All-inclusive-Pakete mit Über-

ABKÜRZUNG AUF DEM „TAIFUN-HIGHWAY"

Die kürzeste Reisemöglichkeit zwischen der Caramoan-Halbinsel und Catanduanes ist es, in Codon oder im Hafen von Guijalo ein Bangka anzuheuern, das einen über den „Taifun-Highway" schippert (ab 1500 P pro Bangka, 1½ Std.). Dies sollte man bei rauer See (also die meiste Zeit über) allerdings nicht versuchen, da die Überfahrt dann geradezu haarsträubend gefährlich sein kann.

nachtung, Vollpension und einer Bootstour, die zu den unbewohnten Inseln führt.

Rex Tourist Inn PENSION $$
(☏ 0915 329 5658, 0919 882 1879; www.rextouristinn.com; EZ/DZ 800/1500 P; ❄☎) Dieses Wahrzeichen von Caramoan gibt's schon ewig, und man sieht ihm sein Alter auch an. Es liegt an der Hauptstraße, hat aber auch noch einen etwas ansprechenderen Ableger zu bieten: Das Rex Tourist Inn Garden Resort in der Nähe des Bootsanlegers von Bikal, 5 km außerhalb der Stadt, bietet einen Pool, eine Kletterwand, Bootsausflüge und geräumige Zimmer.

★ Hunangan Cove RESORT $$$
(☏ 0920 967 2942; http://caramoanislands.com; DZ 5000–7500 P, Suite 10 000 P; ❄) Diese hübsche Ansammlung luxuriöser Hütten mit Strohdach wird vom Gota Village Resort am Gota Beach geführt und bietet sämtliche Annehmlichkeiten. Das Resort versteckt sich in der namensgebenden Bilderbuch-Bucht, die von Dschungel und türkisblauem Meer umrahmt wird. Den Gästen wird eine schwindelerregende Vielfalt an Aktivitäten angeboten, von Klippentauchen über Insel-Hopping und Kajakfahren bis hin zu Höhlentouren, River Tubing und wandern.

❶ Praktische Informationen

Touristeninformation (☏ 0928 407 9960; caramoan.tourism@gmail.com; ⏰ Mo–Fr 8–17 Uhr) Die ultrahilfsbereite Mylene Cordial weiß alles, was es über Caramoan zu wissen gibt. Die Touristeninformation befindet sich im Gebäude der Gemeindehalle in der Hauptstraße.

❶ An- & Weiterreise

BUS
Die Straße zwischen Sabang und Guijalo (35 km) war zur Zeit der Recherche bereits größtenteils asphaltiert, und Raymond-Busse verkehrten täglich nach und von Naga (250 P, 5–5½ Std.). In Caramoan fährt der Bus um 7 Uhr neben dem Markt ab und die Hauptstraße entlang.

Von Legazpi oder Tabaco kann man mit dem Jeepney nach Tigaon fahren, in einen anderen Jeepney nach Sabang steigen und dann entweder das letzte Boot nach Guijalo nehmen oder gegen 16 Uhr mit dem täglichen Raymond-Bus weiterfahren.

SCHIFF
Wer aus Naga anreist, steigt am besten in einen klimatisierten Minivan nach Sabang (90 P, 1½ Std.). Von Sabang aus fahren „Harry"-Boote (große Bangkas) nach Fahrplan etwa stündlich zum Hafen von Guijalo (120 P, 2 Std.); das letzte legt gegen 13 Uhr ab.

Die **MB Gracia Salvacion** (☏ 0919 326 2680), ein Linienfracht- und Passagierschiff zwischen Tabaco und dem Hafen von Guijalo, legt täglich von Freitag bis Montag um 7.30 Uhr in Tabaco ab und kehrt um 14 Uhr wieder zurück. Zur Zeit der Recherche wurde der Verkehr aufgrund von Taifunschäden am Guijalo-Dock vorübergehend ausgesetzt.

Bei der Ankunft in Guijalo muss man sich registrieren und eine Umweltgebühr von 30 P entrichten. Vom Hafen von Guijalo sind es 15 Minuten Fahrt mit dem Jeepney oder Tricycle (60 P) nach Caramoan-Stadt.

Legazpi
☏ 052 / 182 201 EW.

Die wackere Provinzhauptstadt liegt direkt am Fuß des aktiven Mt. Mayon (2462 m), der zu Recht als der perfekte Vulkan bezeichnet wird. Ihre Hauptstraßen versin-

NICHT VERSÄUMEN

SLEEPING LION HILL

**Sleeping Lion Hill** (Legazpi Blvd) Der Ausblick, der in Legazpi jeden in seinen Bann zieht, ist der auf den Mt. Mayon, aber es bietet sich auch noch ein anderes Panorama, das viele Besucher verpassen: der Blick auf den hübschen Hafen von Legazpi selbst. Der Legazpi Blvd führt direkt zum Sleeping Lion Hill in der Nähe des Wassers, und seine hinterteilartige Erhebung erinnert tatsächlich vage an eine schlummernde Katze. Der 30-minütige Aufstieg folgt einem rauen Pfad und gipfelt in einer grandiosen Aussicht auf den Hafen und die nahen Inseln.

Legazpi

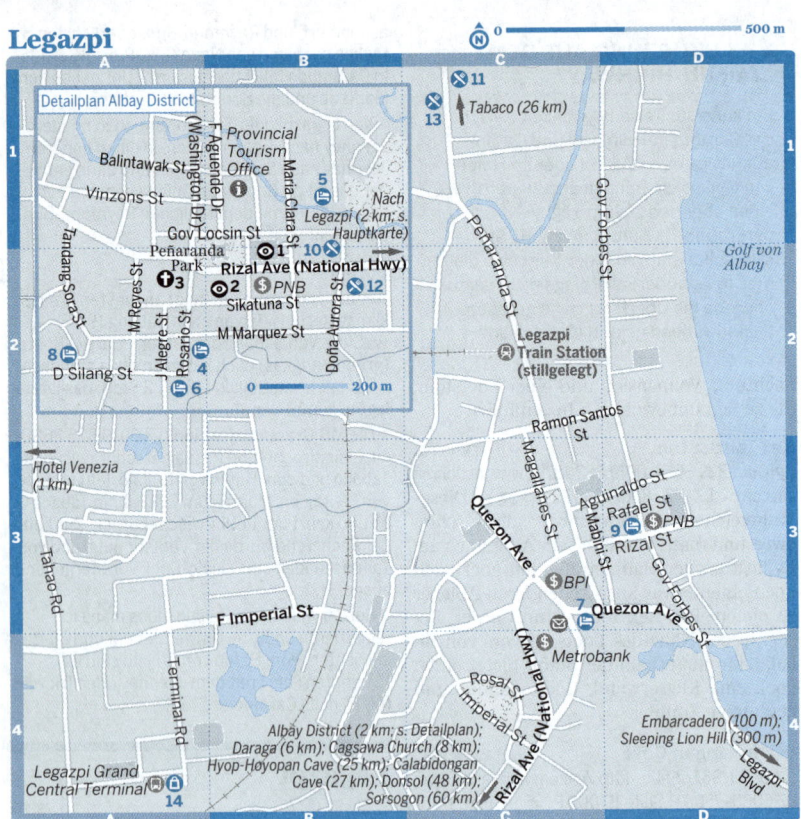

ken im Verkehr, aber wenn man nur einen Block weitergeht, vor allem nach Albay, ist man umgeben von stillen Häusern inmitten von Grün, pickenden Hühnern und Tricycle-Fahrern, die ein Nickerchen machen.

Legazpi ist in den Albay District und Legazpi City unterteilt. Die meisten Regierungsbüros, der Flughafen und die schickeren Restaurants und Hotels liegen im Albay District. Legazpi City dagegen ist ein ziemlich lautes, verwinkeltes Labyrinth aus Straßenständen, Märkten, Bars und von Abgasen verschmutzten Gebäuden. Die billigeren Unterkünfte findet man hier, und der Busbahnhof und das Jeepney-Terminal liegen auf halber Strecke zwischen beiden. Hunderte von Jeepneys verbinden Tag für Tag die beiden Distrikte, die 3,5 km auseinander liegen.

⊙ Sehenswertes

Lignon Hill
HÜGEL

Wer einen wirklich guten Blick auf den feurigen Mt. Mayon (und natürlich die Stadt) genießen möchte, sollte auf den Lignon Hill steigen (oder fahren bzw. ein Trike nehmen; die Fahrt kostet hin & zurück etwa 300 P). Die 20-minütige Wanderung auf den Hügel ist steil, aber der Weg ist asphaltiert; am besten erklimmt man ihn morgens, bevor es zu heiß wird. Auf dem Gipfel befindet sich ein Observatorium, das vom Philippinischen Institut für Vulkanforschung betrieben wird, und außerdem gibt's ein paar Seilrutschen sowie die allgegenwärtigen Souvenirläden und Cafés.

Embarcadero
PIER

(http://wowlegazpi.com/embarcadero; Legazpi Blvd) Dieser glitzernde Komplex gleich östlich von Legazpi City wird durch elektronische Jeepneys mit Haltestellen des öffentlichen Nahverkehrs verbunden und besteht aus einem riesigen Einkaufszentrum, einer von Palmen gesäumten Promenade am Meer, einem Skywalk, von dem aus man den Mt. Mayon bewundern kann, sowie einem

Legazpi

⊙ Sehenswertes
1 Albay Provincial Capital Building B2
2 Legazpi City Hall B2
3 San Gregorio Cathedral A2

⊙ Aktivitäten, Kurse & Touren
Bicol Adventure ATV .... (siehe 7)

⊙ Schlafen
4 Apple Peach House A2
5 Balai Tinay Guesthouse B1
6 Hotel Villa Angelina A2
7 Legazpi Tourist Inn C3
8 Mayon Backpackers Hostel A2
9 Tyche Boutique Hotel D3

⊙ Essen
10 1st Colonial Grill B2
11 Sibid-Sibid C1
12 Smalltalk Cafe B2
13 Waway Restaurant C1

⊙ Shoppen
14 Kababayan Handicraft Market A4

Bungee-Trampolin, einer Seilrutsche und einer Go-Kart-Bahn für aktivere Besucher.

🏃 Aktivitäten

Legazpi ist ein gutes Basislager für Erkundungen des nahen Abenteuerlands Bicol. Die meisten Hotels können Vans und Fahrer organisieren; der übliche Preis für eine Tagestour innerhalb der Provinz Albay liegt zwischen 3000 P und 3500 P, aber bei Bicol Adventure ATV sind auch günstigere Tagestouren durch das Stadtgebiet von Legazpi erhältlich.

Bicol Adventure ATV   ABENTEUERTOUR, WANDERN
(📞 0907 290 6409, 052-480 2266; www.bicoladventureatv.com; V&O Bldg, Quezon Ave; ⊙ 7–18 Uhr) Dieser enthusiastische und höchst professionelle Anbieter im zweiten Stock arrangiert einfach alles: von Wanderungen auf den Mt. Mayon über Tauch- und Schnorchelausflüge bis hin zu ATV-Touren entlang der alten Lava-Wege in der Umgebung des Vulkans. Außerdem sind die günstigen Stadttouren mit Yellow Bee im Angebot (299 P plus 500 P für den Fremdenführer).

🛏 Schlafen

In fußläufiger Entfernung zum Flughafen befinden sich zwar mehrere recht gute Hotels, aber sie bieten sich eigentlich nur für eine Übernachtung an, wenn man recht früh abfliegt.

🛏 Legazpi City

Legazpi Tourist Inn   INN $
(📞 052-820 4880; V&O Bldg, Quezon Ave; EZ/DZ mit Ventilator 600/700 P, mit Klimaanlage 1000/1200 P; ❄🛜) Das Tourist Inn im dritten Stock ist mit falschen Blumen dekoriert und bietet moderne, ordentliche (wenn auch nicht gerade kreative) Zimmer mit privaten Bädern, TV und jeder Menge Spiegeln.

Tyche Boutique Hotel   HOTEL $$
(📞 052-480 5555; www.tycheboutiquehotel.com; Ecke Rizal & Governor Forbes St; Zi. 2700–3900 P; ❄🛜) Wir sind uns zwar nicht sicher, ob dieses Hotel das Etikett „Boutique" wirklich verdient, aber es liegt sehr zentral, bietet moderne, kompakte Zimmer, die in klassischen Creme- und Brauntönen gehalten sind, und das Personal ist wirklich nett und hilfsbereit. Das Restaurant serviert eine gute Mischung aus philippinischen und chinesischen Gerichten. („Tyche" spricht sich übrigens „tai-keh".)

🛏 Albay District

Mayon Backpackers Hostel   HOSTEL $
(📞 052-480 0365; http://mayonbackpackers.wordpress.com; Diego Silang St; B 250–350 P, DZ/4BZ 1000/1200 P; ❄🛜) Das einzig wahre Hostel in Legazpi ist mit Abstand die beste Budgetoption, mit gemütlichen Sechs- und Vier-Bett-Schlafsälen (wenn auch schmalen Betten), zwei hübschen Privatzimmern, einer Gemeinschaftsküche, einem Computer für Gäste und einer Dachterrasse mit Hängematten und Blick auf den Mayon.

★ Balai Tinay Guesthouse   B&B $$
(📞 052-480 8216; 70 Gapo St; Zi. ab 1000 P; ❄🛜) Dieses familiengeführte B&B liegt in einer ruhigen kleinen Straße in Albay (von der Albay Central School aus einfach dem Pfad am Fluss nach rechts folgen). Es gehört den freundlichsten, aufmerksamsten Gastgebern, die man sich nur wünschen kann, und sie helfen gerne bei der Planung der Legazpi-Abenteuer ihrer Gäste. Die kompakten Zimmer mit Bad sind tipptopp, und die Gäste dürfen sich am Obst und an den Getränken im Gemeinschaftsbereich bedienen.

Apple Peach House   BOUTIQUE-HOTEL $$
(📞 052-481 1724, 0977 782 7635; www.applepeachhouse.com.ph; Ecke Marquez & Rosario St; Zi,

1888–2500 P; ❄📶) Dieses glänzende Gebäude aus Glas und Chrom beherbergt das schickste Hotel im Albany District. Die lebendige zeitgenössische Kunst unten gleicht die gedämpfte, ernst wirkende Einrichtung in schwarz-weiß wieder aus. Die Zimmer bieten besonders gemütliche Betten und Duschen mit einem angenehm kräftigen Wasserdruck.

Hotel Villa Angelina
HOTEL $$

(☎ 052-480 6345; www.villaangelinahotel.com; 32 Diego Silang St; Zi.. inkl. Frühstück 1800–2500 P; ❄📶) Die vielleicht etwas glatten, aber dafür sehr ordentlichen Zimmer der heimeligsten Option in Albay werden von einer besonders freundlichen Gastgeberin gemanagt, und das Frühstück ist im Preis inbegriffen. Das Restaurant unten serviert gute philippinische und westliche Küche, und während den Regierungskongressen im September und Oktober ist das Haus schon weit im Voraus ausgebucht.

Hotel Venezia
HOTEL $$$

(☎ 052-481 0888; Washington Dr; Zi./Suite 2500/4729 P; ❄📶) Das Venezia ist eines der nobelsten Hotels der ganzen Stadt – und es bietet dabei dennoch ultramoderne Zimmer in gedeckten Grautönen, wunderschöne Bettwäsche und private Balkone mit Blick auf den Mt. Mayon. Das Personal ist professionell und höflich und die Umgebung angenehm grün. Das Restaurant lässt man allerdings besser links liegen.

🍴 Essen

🍴 Legazpi Zentrum

★ Waway Restaurant
BICOLANO $$

(Peñaranda St; Mittagsbüffet 249 P; ⓘ Mo–Sa 12–22 Uhr) Wer authentisches Bicol-Essen genießen möchte, ist in dieser lokalen Institution genau richtig. Das Mittagsbüffet ist großartig (aber ziemlich fleischlastig) und bietet Spezialitäten mit scharfer Kokosmilch, *karekare* (Ochsenschwanz und Gemüse in Erdnusssoße) sowie Tempura-Gemüse als Beilage. Es liegt 1 km nördlich von Legazpi City.

Sibid-Sibid
MEERESFRÜCHTE $$

(328 Peñaranda; Hauptgerichte 160–220 P; ⓘ 10–21 Uhr; 📶) Das Sibid-Sibid ist ein absolut wundervolles Freiluft-Restaurant etwa 1 km nördlich von Legazpi City und auf sehr originelle, von Bicol inspirierte Meeresfrüchte-Kreationen spezialisiert, etwa „Bicol exprés" mit Fisch. Unserer ganz bescheidenen Meinung nach serviert es mit das beste *pinangat* der Region.

🍴 Albay District

★ Smalltalk Cafe
BICOLANO $

(Doña Aurora St; Hauptgerichte 60–250 P; ⓘ 11–22 Uhr; ❄🚭) Dieses tolle kleine Lokal definiert Bicol-Fusion-Küche ganz neu, und ganz egal, ob man sich für die „Bicol exprés Pasta", die mit *pinangat* gefüllten Ravioli oder das Hühnchen-Cordon-Blue entscheidet: Alles schmeckt köstlich! Wir sind auch große Fans des nach mehr schmeckenden *Pili*-Nuss-Kuchens und des phänomenalen Desserts Mayon Hot Lava mit *Sili*-(Chili-)Eiscreme.

1st Colonial Grill
BICOLANO $$

(Rizal Ave; Hauptgerichte ab 130 P; ⓘ 12–22 Uhr) Dieses Restaurant serviert zwar köstliche Bicolano-Gerichte wie *Tinapa*-Reis (Reis mit *Tinapa*-Flocken und grüner Mango) oder Hühnchen mit fünf Gewürzen, ist aber vor allem für seine ungewöhnlichen Eissorten berühmt, etwa *sili* und *pili*.

🛍 Shoppen

Kababayan Handicraft Market
KUNSTHANDWERK

Dieser Markt für schönes Kunsthandwerk befindet sich gleich neben der Bushaltestelle und ist der perfekte Ort, um sich mit Abaca-Taschen und -Geldbeuteln, Produkten aus *Pili*-Nüssen (Marzipan, Kekse, Gebäck) und Gläsern mit *laing* und *Bicol exprés* einzudecken, damit man die leckeren Bicolano-Gerichte auch einmal zu Hause nachkochen kann.

ℹ Praktische Informationen

Internetcafés gibt's überall, und Geldautomaten findet man in Legazpi City und im Albay District. Die Tourismus-Website von Legazpi City, **Wow! Legazpi** (http://wowlegazpi.com), ist erstens eine gute Quelle und zweitens dank ihres ungewöhnlichen Namens sehr einprägsam. Die Website **Musings of the Midnight Writer** (http://goldimyrr.repolles.com) wird von einem in Legazpi wohnhaften Autor unterhalten und bietet ihren Lesern einen wirklich ausgezeichneten Überblick über den Kulturkalender der Bicol-Region.

Provincial Tourism Office (☎ 052-820 6314; Aquende Dr) Die Touristeninformation der Provinz befindet sich im Astrodome Complex und bietet ihren Besuchern einen ausgezeichneten kostenlosen Stadtplan zum Mitnehmen, der sehr hilfreich sein kann.

❶ An- & Weiterreise

BUS

Vom **Legazpi Grand Central Terminal** (Terminal Rd) fahren die meisten klimatisierten sowie die Luxus-Busse nach Manila (ca. 850–1100 P, 11–12 Std.) zwischen 18.30 und 20.30 Uhr ab, aber gewöhnliche (also nicht klimatisierte) Busse verkehren den ganzen Tag über, sowohl nach Manila als auch in andere Städte wie Sorsogon und Tabaco. **Cagsawa** (☏ 052-480 7810) und RSL unterhalten komfortable Nachtbusse nach Ermita in Manila. **Isarog** (☏ 052-481 4744) und **Peñafrancia** (☏ 052-435 3012) fahren nach Cubao, und **Philtranco** (☏ 02-851 8078; www.philtranco.com.ph) bedient Pasay.

Gegenüber vom Busbahnhof starten tagsüber häufig Minivans nach und von Naga (170 P, 2½ Std.), Sorsogon (90 P, 1½–2 Std.), Tabaco (50 P, 40 Min.), Donsol (80 P, 1¼ Std.) und Pilar (70 P, 1 Std.).

FLUGZEUG

Cebu Pacific und PAL Express fliegen täglich mindestens einmal nach/von Manila (1¼ Std.).

Rund um Legazpi

Daraga & Umgebung

In der geschäftigen Marktstadt Daraga steht die barocke **Daraga-Kirche** auf einem Hügel mit wunderschönem Blick auf den Mt. Mayon. Sie wurde 1773 komplett aus Vulkangestein erbaut. In Legazpi kann man entlang der Rizal Ave in jeden Jeepney nach Daraga (8 P) steigen. Neben der Daraga-Kirche lohnt sich zum Mittagessen oder auf ein kaltes Getränk auch ein Abstecher zum sehr stilvollen **7 Degrees Grill & Restaurant** (Gerichte ab 120 P; ⊙ 12–22 Uhr). Hier bieten mehrere Terrassen einen fantastischen Ausblick, und außerdem werden besonders gutes *kinilaw* und eine Auswahl feuriger Bicolano-Gerichte serviert.

Ein paar Kilometer nordwestlich von Daraga kann man das klassische Bicol-Panorama erleben: die einsamen, von Grün bewachsenen Überreste der versunkenen **Cagsawa-Kirche** (Eintritt 30 P) auf einer grünen Ebene vor der Kulisse des Mt. Mayon. 1200 Menschen suchten hier 1814 beim gewaltigen Ausbruch des Mayon Zuflucht und wurden lebendig begraben. Wer früh kommt, umgeht die Selfie-Knipser und Souvenirhändler. Ein paar Fußminuten von der Cagsawa-Kirche entfernt befindet sich die lokale Filiale von **Bicol Adventure ATV** (www.bicoladventureatv.com; Cagsawa Trail ab 699 P, Combo Trail ab 3000 P), die aufregende Quad-Touren an den Ausläufern des Mt. Mayon anbietet; man kann zwischen Quads mit 150 ccm oder 500 ccm Leistung und Terracross-Fahrzeugen wählen. Man fährt durch Flüsse, über Ebenen und durch bergiges Terrain. Zur Zeit der Recherche war aufgrund von Vulkanaktivitäten nur der 40-minütige Cagsawa Trail zugänglich. Von Legazpi oder Daraga kommt man am besten mit einem Jeepney (10 P) Richtung Camalig, Guinobatan oder Ligao hierher. Man kann den Fahrer bitten, an den Ruinen aussteigen zu dürfen und die restlichen 500 m von der Straße zu Fuß gehen.

Hoyop Hoyopan Cave & Calabidongan Cave

In der leicht zugänglichen Kalksteinhöhle **Hoyop Hoyopan Cave** (Eintritt 250 P, Leihlaterne inkl.) wurden Keramiken aus den Jahren von 200 v. Chr. bis 900 n. Chr. gefunden. Sie liegt auf einem ruhigen Hügel über einem hübschen ländlichen Tal. Am Eingang kann man einen Führer anheuern; **Marife Nieva** (☏ 0915 286 7221) gehört zu den besseren. Trinkgeld ist willkommen.

Die Hoyop Hoyopan Cave liegt 25 km von Legazpi entfernt. Man kann ein Jeepney Richtung Camalig, Polangui, Guinobatan oder Ligao nehmen, in Camalig (20 P) aussteigen und sich dort ein Motorrad ranwinken (einfache Fahrt 150 P).

Der Name der Höhle bedeutet so etwas wie „wehen-wehen", eine Anspielung auf den kühlen, etwas unheimlichen Wind, der durch die Höhle pfeift. Eine Tour dauert rund 30 Minuten; von der antiken Keramik mal abgesehen, sieht man dabei auch die Tanzfläche, auf der während der Zeit des Kriegsrechts unter Marcos heimlich lokale Partys veranstaltet wurden. Außerdem gibt's unzählige Felsformationen, und eine erinnert sogar an die Jungfrau Maria oder aber an den Teufel, je nachdem, von wo aus man sie anschaut.

3 km von der Hoyop-Hoyopan-Höhle entfernt befindet sich die anspruchsvollere **Calabidongan Cave** (wörtlich: Höhle der Fledermäuse). Sie ist eher etwas für abenteuerlustige, erfahrene Höhlenforscher, da sie teilweise unter Wasser steht und man ein kurzes Stück durch die Höhle schwimmen muss. Sie ist nur zugänglich, wenn der Wasserstand es ermöglicht (für gewöhnlich von März bis Juni), und eine wasserdichte Ta-

schenlampe ist eine gute Idee. Die Höhlenführer an der Hoyop-Hoyopan können den Transport organisieren; die Erforschung der unterirdischen Tiefen der Calabidongan-Höhle dauert aber ein paar Stunden.

Mt. Mayon

Der perfekte Kegel des **Mt. Mayon** (2462 m) erhebt sich dramatisch über dem flachen Terrain von Albay, und man kann ihn sogar aus Naga und Catanduanes sehen. Der Name des Vulkans kommt vom Bicolano-Ausdruck *daragan magayon* und bedeutet „schöne einsame Frau" – und der aktivste Vulkan der Philippinen ist wirklich eine streitlustige Schönheit, auf deren Konto seit dem Jahr 1616 schon mehr als 40 fatale Ausbrüche gehen, wobei sich der letzte während unserer Recherchen im September 2014 ereignete.

Während der Recherche stieg die Warnstufe außerdem auf „kritisch": Es bestand eine Sperrzone von 8 km rund um den Vulkan, und die Dörfer wurden evakuiert. Die letzten Opfer des Mt. Mayon waren vier deutsche Wanderer und ein lokaler Führer, die 2013 getötet wurden, als sich während ihres Aufstiegs zum Gipfel eine kleinere Eruption mit Asche und Gestein ereignete. 2006, nachdem der Lavastrom verebbt war, nahm der Taifun Durian geradezu biblische Ausmaße an und löste Schlammlawinen am Mt. Mayon aus, durch die über 1000 Menschen ums Leben kamen, während 1993 durch Ausbrüche 77 Menschen getötet wurden, darunter auch ein Team amerikanischer Vulkanforscher. Die folgenreichste Eruption ereignete sich 1814: Sie zerstörte die Cagsawa-Kirche und kostete über 1200 Menschen das Leben.

Der Mt. Mayon wird vom **Philippine Institute of Volcanology and Seismology** (PhiVolcs; www.phivolcs.dost.gov.ph) in der Nähe des Lignon Hill in Legazpi sehr genau beobachtet. Das Institut errichtet eine Sperrzone von 6 km bis 10 km rund um den Vulkan, falls die Gefahr eines Ausbruchs besteht.

Tabaco

🎵 052 / 59 930 EW.

Tabaco liegt im Schatten des Mt. Mayon und ist der Ausgangspunkt für Boote nach Catanduanes. Die hübsche Fassade der **Kirche von San Juan Bautista** (Ziga Ave) stammt aus dem 19. Jh., und aus den Rissen des mächtigen Steinbaus wächst allerhand Grünzeug – das Bauwerk ist ein Muss für alle Freunde kolonialer Architektur. Einige der Ziegel haben individuelle Steinmetzzeichen, eine echte Seltenheit in diesem Land. Ansonsten ist eine frühe Abfahrt mit dem Boot eigentlich der einzige Grund, hierzubleiben.

Drei Blocks vom Pier entfernt befindet sich das **Gardenia Hotel** (🎵 052-487 8019; Riosa St; Zi. ab 1100 P; ❄🎧), mit großen, sauberen Doppelzimmern, Vulkanblick, Frühstück und relativ ruhiger Lage hinter dem

---

DIE BESTEIGUNG DES MT. MAYON

Obwohl der Mt. Mayon bei unserem Besuch gerade ausbrach, müsste es wieder möglich sein, ihn zu besteigen, wenn sich die Aktivitäten gelegt haben. Unterwegs kommt man durch vielfältiges Gelände: von Felsen durchzogene Wüste, grasbewachsene Ebenen und Wälder, und die meisten Wanderer brauchen zwei Tage, um zum Gipfel und wieder zurück zu wandern. Man muss die komplette Ausrüstung (Zelt, warme Kleidung) und Essen mitnehmen; am Weg gibt's zwar mehrere Wasserquellen, aber Reinigungstabletten sind ein Muss.

Drei Routen führen auf den Vulkan: eine von Legazpis Barangay Buyunan aus und eine andere über den Centennial Forest von Santo Domingo, die beliebteste aber beginnt im Barangay San Roque in der Nähe der Forschungsstation PhiVolcs (Philippine Institute of Volcanology & Seismology). Die beste (und trockenste) Zeit für die Wanderung ist traditionell zwischen Februar und April – durch den Klimawandel ändert sich dies allerdings langsam. Ein Guide für ein Mayon-Wanderpaket kostet rund 7500 P für den zweitägigen Aufstieg bzw. 5000 P für eine eintägige Besteigung. Im Preis sind Essen, Transport, Ausrüstung und Träger inbegriffen; Bicol Adventure ATV (S. 189) kann die Führung organisieren.

PhiVolcs empfiehlt dringend, nicht höher als bis 1800 m hinaufzusteigen, auch wenn einige Führer trotz Warnungen bis auf 2000 m gehen. Wer höher steigt, wird von den Schwefelgasen überwältigt.

Markt eine der schickeren Optionen in Tabaco. Unser Favorit ist jedoch das **JJ Midcity Inn** (052-487 4158; www.jjmidcityinn.com; Herrera St; EZ/DZ/Suite 800/1000/3800 P; ❄🛜) mit seinen makellosen Zimmern mit bunten Farbklecksen, einer Suite mit Whirlpool und 12-Stunden-Tarifen. Das Restaurant im **Casa Eugenia Hotel** (Ziga Ave; Hauptgerichte ab 80 P; ❄) serviert anständige philippinische und chinesische Gerichte.

Cagsawa, Philtranco und Raymond Tours unterhalten Busse nach und von Cubao, Manila (klimatisiert/Luxus ab 850/1100 P, 12 Std.). Häufig fahren außerdem Busse, Jeepneys und Minivans (50 P, 30 Min.) nach und von Legazpi, wobei die Minivans auch nach Naga pendeln. Die meisten Unternehmen nutzen den Integrated Terminal in der Rizal St.

Täglich verkehren außerdem Fähren nach Virac und San Andres (S. 200; S. 182), die auch bald wieder den Hafen von Guijalo auf der Caramoan-Halbinsel anfahren sollten.

Sorsogon

056 / 73375 EW.

Die namensgebende Hauptstadt von Bicols südlichster Provinz liegt inmitten wunderschöner Strände, natürlicher Quellen und Reisfelder, die sich unter mit Dschungel bewachsenen Vulkanen erstrecken. Die Stadt Sorsogon selbst mag vielleicht nicht allzu ansprechend sein, aber von hier aus bietet sich ein **Trek** auf den höchsten Vulkan der Provinz an, den Mt. Bulusan. Außerdem ist sie ein wichtiger Verkehrsknotenpunkt für den Rest der Provinz. Am lebendigsten ist die Stadt während des **Kasanggayahan-Festivals** Mitte Oktober, bei dem die Geschichte der Stadt mit Schönheitswettbewerben, Musik und Bangka-Rennen gefeiert wird.

🛏 Schlafen & Essen

Auf der Hauptstraße in der Nähe des Jeepney-Terminals gibt es auch ein paar Fastfood-Läden.

Villa Kasanggayahan   PENSION $
(056-211 1275; Rizal St; Zi. 800–1150 P; ❄🛜) Der hübsche Garten, die grünen Wände, die luftigen Balkone und die Sitzgelegenheiten im Freien machen diese Unterkunft zu etwas Besonderem. Die Zimmer sind geräumig, könnten aber einen Hauch Farbe vertragen. Die Pension versteckt sich hinter einem großen Tor abseits der Hauptstraße.

Fernandos Hotel   HOTEL $$
(056-211 1357; www.fernandoshotel.com; N Pareja St; DZ/3BZ ab 1000/1350 P; ❄🛜) Das Fernandos liegt einen Block vom Rizal-Park entfernt und ist nach wie vor das netteste Hotel der Stadt. Die teureren Zimmer sind großzügig und haben geschmackvoll mit Abaca und anderen heimischen Fasern dekorierte Wände; die billigeren Alternativen sind funktionell, aber klein (und liegen über der Musik-Bar). Die energiegeladene Besitzerin Cecilia Duran und ihre Tochter Angie sind die besten Quellen für Informationen zur ganzen Umgebung.

⭐**Sirangan Beach Resort**   RESORT $$$
(0919 582 2732; www.sirangan.com; Zi. 4500–6500 P; ❄🛜) 10 km außerhalb von Sorsogon findet man am Bacon (sprich: „Bäcken") Beach diese ausgesprochen elegante Unterkunft der Spitzenklasse. Die zwölf Zimmer mit privaten Balkonen, stilvoll gearbeiteten Möbeln aus lokalem Holz, klassisch-weißen Bettlaken und unglaublichen Bädern sind sowohl bei einheimischen als auch internationalen Gästen beliebt.

Fernando 168 Bistro   BICOLANO $$
(N Pareja St; Hauptgerichte ab 120 P; ⊙8–22 Uhr) Die Einrichtung ist zwar etwas dunkel und erinnert an eine Cafeteria, aber dieses Bistro neben dem Fernandos Hotel serviert ausgezeichnete Bicolano-Gerichte und gegrillte Meeresfrüchte.

ⓘ Praktische Informationen

Mehrere Banken in der Stadt – darunter auch PNB, BPI und BDO – unterhalten Geldautomaten, und auf der Rizal St, der Hauptstraße, gibt's ein paar Internetcafés.

Die Besitzer des Fernandos Hotel helfen gerne weiter, egal, ob man eine Tour in der Gegend machen, Campingausrüstung ausleihen, einen Führer für die Besteigung des Mt. Bulusan anheuern oder nur allgemeine Auskünfte möchte.

ⓘ An- & Weiterreise

Der Jeepney-Terminal liegt neben der riesigen Kirche, die an das Capitol in Washington erinnert, während Busse an den Haltestellen neben dem Rathaus abfahren.

Es fahren regelmäßig Busse/Minivans nach Legazpi (60/80 P, 1½ Std.) und zu ungünstigen Zeiten mitten in der Nacht auch Busse nach Manila.

Jeepneys fahren die meisten Ziele der Provinz Sorsogon an, darunter auch Bulan, Barcelona, Bulusan und Matnog. Wer nach Donsol möchte, muss erst mit einem Jeepney nach Putiao (40 P, 45 Min.) und dann mit dem nächsten weiter nach Donsol (40 P, 1 Std.) fahren.

Bulusan Volcano National Park & Umgebung

Südlich von Sorsogon liegt der **Bulusan Volcano National Park** (Eintritt 30 P; ⊙7–17.30 Uhr). Dort befinden sich der **Bulusan Lake**, ein beliebter Picknickplatz, und der 1,8 km lange **Wanderweg** um den Kratersee. Wenn der Nebel tief über dem umliegenden Wald hängt und die Vögel singen, ist er ein wunderschöner, friedlicher Ort, und das stille Wasser lädt zum Schwimmen ein. Bergsteiger müssen einen Führer anheuern; man kann ihn über das Fernandos Hotel in Sorsogon organisieren oder den Barangay-Kapitän in San Roque bitten, bei der Suche nach einem lokalen Führer zu helfen.

Nach der Besteigung des Mt. Bulusan hat man sich ein Bad in den **Palogtoc Falls** verdient. Man erreicht die Grotte nach 500 m Fußweg, ausgehend vom Beginn eines Wanderweges abseits der Hauptstraße zwischen dem Parkeingang und San Roque (sie liegt auch an der Jeepney-Route Bulusan–Irosin). Die Grotte bietet ein wunderschönes Becken mit kaltem Wasser, das von den Wasserfällen neben einem schattigen Fluss gespeist wird, sowie ein paar einfache Bambus- und Nipa-Hütten. Die **Masacrot Springs** (Eintritt 35 P) ganz in der Nähe bieten ein ähnliches Becken, aber mit Betonhütten und Videoke.

ⓘ An- & Weiterreise

Der Eingang zum Park befindet sich in der Nähe von San Roque, etwa 10 km westlich von Bulusan. Ein Tagesausflug zum See ist auch machbar, wenn man sich keiner organisierten Tour anschließen möchte: einfach in einen der häufig verkehrenden Jeepneys von Sorsogon nach Bulusan (etwa 1½ Std.) steigen und in Bulusan nach den Jeepneys der Strecke Bulusan–Irosin Ausschau halten; sie lassen Passagiere am Weg zum Parkeingang aussteigen, und zwar 6 km außerhalb der Stadt, die restlichen 2 km kann man dann zu Fuß gehen. Alternativ mietet man in Bulusan ein Tricycle direkt zum See (rund 260 P, inkl. Wartezeit). Von Bulusan sind es 6 km zum Parkeingang, von Irosin 8 km, aber man kann den Ausflug auch von Sorsogon aus über Irosin machen.

Donsol

🕿 056 / 23 470 EW.

Bis hier 1998 Walhaie vor der Küste gesichtet wurden, war das 45 km südwestlich von Legazpi gelegene Donsol nur ein vergessenes, verschlaftes Fischerdorf in einer abgeschiedenen Ecke von Sorsogon. 1998 drehte ein örtlicher Taucher jedoch ein Video von Walhaien, und eine Zeitung brachte eine Geschichte über Donsols sanfte *butanding*. Seither hat sich Donsol zu einem der beliebtesten Touristenziele der Philippinen entwickelt, obwohl die Beständigkeit der Walhai-Sichtungen mittlerweile infrage steht.

Nur ein örtliches Resort akzeptiert Kreditkarten, und es gibt hier keine internationalen Geldautomaten. Am besten bringt man eine ausreichende Menge Bargeld mit. Der Ort verfügt immerhin über ein paar Internetcafés.

🏃 Aktivitäten

Walhaibeobachtungen

Mit diesen riesigen, blau-grauen Kreaturen mit silbernen Flecken zu schwimmen, ist

---

UNSTETE GÄSTE: WALHAIE

Die Mangrovenwälder, die den Donsol River säumen, sind eine reiche Nährstoffquelle für Plankton, das wiederum Walhaie in großer Zahl nach Donsol gelockt hat. Im Laufe der vergangenen Jahre sind die Sichtungen der Walhaie rund um Donsol jedoch zurückgegangen. Der WWF äußerte daraufhin Bedenken, die Haipopulation könne vom Klimawandel betroffen sein: Der Temperaturanstieg des Wassers und die Zerstörung der Mangrovenwälder wirke sich auf die Hauptnahrungsquelle der Haie aus, das Plankton. Aber vielleicht liegt es auch daran, dass einige Bootsführer und Touristen die Verhaltensregeln zur Interaktion mit den Haien missachteten und die Tiere berührten, was die Haie verstörte und in die Flucht schlug. 2012 kehrten die Giganten der Tiefe dann in großer Anzahl wieder zurück, wenn auch früher als in den Jahren zuvor – sie tauchten schon im Oktober in Donsols Gewässern auf und wurden zwischen Dezember und April seltener gesehen. 2013 waren die Sichtungen unregelmäßig (sieben Haie am einen Tag, keiner am nächsten). Es wird sich zeigen, ob sich die Situation irgendwann wieder stabilisiert.

ABSTECHER

MANTA BOWL

März bis Mai ist Hochsaison für Tauchgänge in der Manta Bowl, einer 17 m bis 22 m tiefen Atoll-Tauchstätte, an der man sich am Boden einhaken kann, um sich von den starken Strömungen zu erholen. Sie bietet die perfekten Bedingungen für eine Art Mantarochen-Reinigungsstation, in der die Mantas regelrecht Schlange stehen, damit die Putzerfische ihre Haut von Parasiten säubern. Walhaie wurden hier auch schon gesichtet, außerdem gelegentlich Fuchshaie und Hammerhaie, während die Tuna Alley riesige Massen von Tunfischen und Barrakudas anzieht. Tauchen in der Manta Bowl ist nur was für Fortgeschrittene, aber die Touranbieter nehmen auch Taucher mit weniger als 20 Tauchgängen Erfahrung mit, solange sie für einen Tauchlehrer bezahlen, der mit ihnen taucht. Geografisch gehört die Bowl zu Masbate, logistisch ist es aber einfacher, den Tauchtrip von Donsol auf dem Festland in Südost-Luzon aus zu machen. Informationen zu guten Tauchanbietern in der Manta Bowl gibt's beim Bicol Dive Center. Zur Zeit der Recherche betrugen die Kosten für einen Tauchtrip für zwei Personen mit drei Tauchgängen in der Manta Bowl 7500 P (komplette Ausrüstung eingeschlossen).

eine wahrhaft erhebende Erfahrung – aber man muss schon ein geübter Schnorchler sein, um mit ihnen mithalten zu können!

Walhaie ziehen zwischen November und Juni hierher, wobei die Hochzeit für gewöhnlich von März bis April dauert (das supervolle Osterwochenende sollte man als Besuchszeit aber meiden). Die Sichtungen waren in den letzten Jahren jedoch nicht konstant. Walhaibeobachtungen sind außerdem vom Wetter abhängig – wenn die See rau oder ein Taifun unterwegs ist, fahren die Boote nicht raus. Am besten schaut man sich die Wettervorhersage an, bevor man bucht, um Enttäuschungen zu vermeiden.

In Donsol kann man sich ans **Donsol Visitors Center** (📞 0917 868 1626, 0906 504 9287; www.donsolwhalesharkecotour.com; ⏲ 7–17 Uhr) wenden, 1,5 km nördlich der Flussbrücke (35 P per Tricycle aus der Stadt).

So lief es, als wir vor Ort waren: Man bezahlt eine Registrierungsgebühr (300 P) und organisiert sich dann Plätze auf einem Boot (3500 P für bis zu sechs Pers.) für eine dreistündige Tour. Das Visitors Center tut sein Bestes, um alle Boote vollzukriegen, und wer alleine reist, wird einfach zu einer Gruppe gepackt. Dann geht's los! Das Zentrum schließt manchmal auch schon früher (nur an einzelnen Tagen oder die ganze Saison über), wenn das Wetter schlecht ist oder keine Besucher da sind.

Es ist nur Schnorchelausrüstung erlaubt, Tauchen ist verboten. Man kann die Ausrüstung ausleihen (300 P/Schnorchelgang), aber in der Hochsaison kann der Vorrat knapp werden. Auf jedem Boot fahren ein „Spotter" (er hält Ausschau) und ein „Butanding Interaction Officer" mit – man kann ihnen ruhig ein paar Hundert Pesos Trinkgeld geben, besonders, wenn man einen schönen Tag hatte. Bevor es losgeht, wird man ausführlich darüber aufgeklärt, wie man sich den Haien gegenüber verhalten muss: vor allem nicht anfassen und sich vom kräftigen Schwanz fernhalten.

Das Erlebnis ist ziemlich reglementiert, um das Wohlergehen der Tiere und eine faire Auslastung der verschiedenen Bootscrews zu gewährleisten und der hohen Besucherzahlen Herr zu werden, und das Schnorcheln mit den Walhaien ist auf 25 Boote pro Tag begrenzt.

Tauchen

Taucher strömen in Scharen hierher, um die Manta Bowl und andere Tauchgebiete an der Küste zu erkunden. Jedes Resort verfügt über ein Tauchzentrum mit einer Mannschaft erfahrener freiberuflicher Tauchlehrer.

Bicol Dive Center TAUCHEN
(📞 0906 801 6852, 0921 929 3811; www.bicoldivecenter.com) Langjähriger Tauchanbieter, der PADI-Zertifizierungskurse (19 500 P), 5D4N-Abenteuer in Ticao (29 000 P) und Tagestouren mit zwei Tauchgängen rund um Donsol (7000 P) anbietet.

Sonstige Aktivitäten

Man kann sich für einen Tagesausflug zur wunderbaren San Miguel Island vor Ticao ein Boot anheuern, und eine kurze Bootsfahrt nördlich der Resorts kann man prima schnorcheln.

Immer beliebter wird es, abends nach Einbruch der Dämmerung ein paar Stunden auf dem Fluss zu verbringen und zuzusehen, wie die Myriaden von winzigen Lichtern der Glühwürmchen sanft vorüberschweben. Bootsfahrten kosten 1250 P für maximal fünf Personen; die Boote legen zwischen 17.30 Uhr und 18 Uhr an der „Glühwürmchen-Station" am Ende der Flussbrücke ab.

🛏 Schlafen & Essen

Die meisten Budgetunterkünfte liegen im Stadtgebiet von Donsol, während sich die Resorts entlang der Küstenstraße, die hinter der Brücke von Donsol beginnt, auf mehreren Kilometern finden. In der Nebensaison von Juni bis Mitte November sind die Resorts wie leergefegt. Alle Resorts haben Restaurants, und auch die Pensionen bieten Mahlzeiten an. Die Bar im Giddy's ist einer der beliebtesten Treffpunkte der Gegend.

🛏 Donsol

Giddy's Place RESORT $$
(☏ 0917 848 8881; www.giddysplace.com; 54 Clemente St; DZ/4BZ ab 2800/4480 P; ❄🛜🍴) Das Giddy's hat die Latte für Unterkünfte in Donsol ganz schön hoch gelegt: Es bietet eine gute Bar und ein Restaurant, Kabel-TV, moderne, saubere Suiten mit Bad, ein hauseigenes Spa und einen Pool und arrangiert außerdem Kajakausflüge (1500 P). Das Resort akzeptiert Kreditkarten, aber man sollte sicherheitshalber Bargeld mitbringen. Es bietet auch professionellen Tauchunterricht an, und man kann im Pool das erste Blasenblubbern üben.

Aguluz Homestay PRIVATUNTERKUNFT $$
(☏ 0920 952 8170, 0918 942 0897; razormarilyn@yahoo.com; San José St; Zi. mit Ventilator/Klimaanlage 900/1800 P; ❄🛜) Das Aguluz ist die schickste Privatunterkunft in Donsol und lockt mit ausgezeichnetem hausgemachtem Essen und hübschen Zimmern. Die Familie ist wirklich freundlich, und Gastgeberin Marilyn ein kleiner Wirbelwind voller Energie. Sie tut, was immer sie kann, um Touren oder den Weitertransport zu arrangieren. Wer mit kleinem Budget reist, aufgepasst: Die Kosten läppern sich hier ganz schön.

🛏 Küstenstraße

⭐ Victoria's Guest House B&B $
(☏ 0912 456 8888, 0906 556 0697; www.victoriasguesthouse-donsol.com; Purok 1; Zi. ab 500 P, Hütte für 2 Pers. 1000 P) Das zauberhafte Victoria serviert nicht nur mit die köstlichste Hausmannskost in ganz Donsol, es bietet auch ansprechende Hütten mit Strohdach und moderne Zimmern mit Ventilator und Bad. Das B&B liegt auf einem Strandstreifen mit schwarzem Sand, kurz hinter der Brücke in der Nähe der Polizeiwache. Nahe genug, um von der Stadt aus zu Fuß zu gehen, aber weit genug weg für ein bisschen Ruhe und Frieden.

Vitton & Woodland Resorts HOTEL $$
(☏ 0917 544 4089, 0927 912 6313; http://whalesharksphilippines.com; B 500 P, Zi. ab 800 P; ❄🍴) Diese beiden Resorts werden von derselben Familie geführt: Jedes hat einen hübschen Garten, saubere Unterkünfte und freundlichen Service. Das neuere Vitton verfügt über eine Bar und einen Pool, während man den Zimmern im älteren Woodland ihre Jahre ansieht, aber dafür ist es dank der schlichten Gemeinschaftszimmer mit Ventilator auch für Backpacker eine gute Wahl.

Elysia Beach Resort RESORT $$$
(☏ 0917 547 4466; www.elysia-donsol.com; Zi. ab 3150 P; ⊘ Mitte Nov.–Juni; ❄🍴) Das abgeschiedene Elysia liegt am weitesten entfernt an der Küstenstraße und ist das einzige echte Spitzenklasse-Resort in Donsol. Es bietet attraktiv gestaltete Cabanas mit Strohdach, und die Zimmer mit Klimaanlage rund um den Pool sind hell, geräumig und haben Kabel-TV. Nicht das beste Preis-Leistungs-Verhältnis, aber die beste Wahl, wenn man auf einen gewissen Komfort steht.

BARracuda PHILIPPINISCH $$
(Hauptgerichte ab 100 P; ⊘ 17 Uhr–open end) Beliebtes Strandrestaurant mit Bar zwischen dem Woodland und dem Vitton Resort, mit umfangreicher Cocktail- und Bierkarte und frischem Fisch vom Grill.

ℹ An- & Weiterreise

Jeepneys und Busse halten am Terminal in der Hernandez St im Südwesten der Stadt. Es gibt Direktverbindungen mit klimatisierten Minivans nach und von Legazpi (85 P, 1 Std.), die bis etwa 16 Uhr abfahren, wenn sie voll sind. Die Jeepneys fahren über Pilar und brauchen mindestens doppelt so lang. Nach 16 Uhr kann man mit dem Jeepney nach Pilar fahren und dort in einen der häufiger fahrenden Minivans oder Busse umsteigen. Ein einziger Philtranco-Bus fährt um 12 Uhr nach Manila (850 P, 12–14 Std.), aber von Legazpi aus sind die Abfahrtszeiten etwas praktischer.

Pilar

Pilar ist eine Hafenstadt, in der man wahrscheinlich nicht viel Zeit verbringen wird.

Sie bietet praktische Jeepney-Verbindungen zwischen Donsol und Legazpi, tägliche Schnellboote und ROROs nach und von Masbate sowie Verbindungen zwischen Pilar und Ticao Island. Die Boote bieten Anschluss zu klimatisierten Vans nach Legazpi (70 P).

MASBATE

📞 056 / 834 650 EW.

Masbate Island sieht aus wie ein gebogener, lockender Finger und besteht hauptsächlich aus Viehwirtschaft, was der Insel – gepaart mit einem gewissen Hang zur Gesetzlosigkeit – den Spitznamen „Wilder Osten" beschert hat. Die größte Touristenattraktion der Insel ist das alljährliche Rodeo im April im Hafen von Masbate. Viele werden aber auch vom relativen Mangel an Infrastruktur angezogen, von den fehlenden Touristenmassen oder von der Landschaft im Inselinneren, die zwischen Weideland und von Dschungel bedeckten Bergen wechselt und ein paar entspannte Attraktionen bietet. Von der Hauptinsel einmal abgesehen, besteht die Provinz Masbate aus den Satelliteninseln Ticao mit ihrem berühmten Tauchziel Manta Bowl und der wilderen, isolierteren Insel Burias.

ℹ An- & Weiterreise

FLUGZEUG

PAL Express bietet täglich Flüge vom Hafen von Masbate nach Manila und zurück.

SCHIFF

Masbate-Stadt ist ein wichtiger Schiffereihafen. Roll-on-roll-off(RORO)-Fähren fahren von Masbate nach Manila, Pilar und Cebu City, von Mandaon nach Mindoro, Sibuyan und Caticlan, von Milagros nach Iloilo City und von Cawayan nach Bogo. Im Büro der Hafenbehörde am Pier von Masbate kann man einen Blick auf den Schiffsverkehrsplan werfen und jede Woche aktuelle Informationen einholen.

Masbate

Große Bangkas pendeln mehrmals täglich zwischen Pilar und Monreal oder San Jacinto auf Ticao Island (150 P, 2 Std.) sowie zwischen Bulan und San Jacinto.

Zu den beliebtesten RORO- und Schnellbootrouten gehören:

2Go Travel (☎ 056-578 0034; www.2go.com.ph) Fährverbindungen von Masbate über Romblon (7 Std.) nach Manila (donnerstags um 10 Uhr, 22 Std.); über Ormoc (9 Std.) nach Cebu (dienstags um 15.30 Uhr, 15½ Std.); nach Coron, Palawan (sonntags um 16.30 Uhr, 46 Std.); und Puerto Princesa (sonntags um 1 Uhr, 37½ Std.). Die Boote fahren montags um 15.30 Uhr von Manila zurück, dienstags um 6.30 Uhr von Romblon, mittwochs um 23.59 Uhr von Ormoc, sonntags um 16.30 Uhr von Coron, Palawan, und ebenfalls sonntags um 1 Uhr von Puerto Princesa.

Montenegro Lines (☎ 043 723 6980; www.montenegrolines.com.ph; Schnellboot/RORO 396/288 P) Zweimal täglich, um 5 Uhr und um 12 Uhr, fährt ein Schnellboot (etwa 2½ Std.) von Masbate nach Pilar, während RORO-Fähren (4 Std.) um 8.30 Uhr und 14.30 Uhr ablegen. Die Rückfahrt erfolgt um 8 Uhr bzw. 16 Uhr bei den Schnellbooten und um 6 Uhr bzw. 12 Uhr bei den ROROs. Außerdem gibt's täglich um 12 Uhr RORO-Verbindungen von Cataingan, Masbate, nach Bogo, Cebu (456 P); die Rückfahrt erfolgt um Mitternacht.

Trans Asia (☎ 032-254 6491; www.transasiashipping.com; 2./1./Kabinenklasse 640/875/1505 P) Trans Asia fährt montags, mittwochs und freitags um 18 Uhr von Cebu nach Masbate und kommt um 7.30 Uhr an. Die Rückfahrten sind dienstags, donnerstags und samstags zur selben Zeit.

Masbate

Die Stadt Masbate ist auf drei Seiten von Wasser umgeben und erfreut mit einem lebendigen Hafenbereich, und sein kompaktes Straßennetz ist mit gelben Tricycles verstopft – genau so stellt man sich einen philippinischen Hafenort vor. Die Stadt selbst bietet keine Attraktionen, aber nur eine kurze Tricycle-Fahrt entfernt nimmt das Chaos ab und die geschäftigen Straßen machen Mangroven und Stränden Platz.

👁 Sehenswertes

Pawa Mangrove Nature Park　SCHUTZGEBIET
Der Pawa Mangrove Nature Park besteht aus 300 ha Mangrovengebiet, das von einem 1,3 km langen Fußgängersteg durchzogen ist. Er bietet sich für einen hübschen, ruhigen Spaziergang an, und die Chancen stehen gut, dass man ganze Schwärme von Watvögeln sieht. Man erreicht den Park mit einem Jeepney nach Maingaran und folgt dann dem Weg an der Santos Elementary School vorbei. Ebbe ist eine gute Zeit für einen Besuch, dann ist das Leben dort besonders aktiv und die watenden Vögel sind ausgesprochen zahlreich.

Buntod Sandbar　STRAND
7 km östlich der Stadt liegt die Sandbank Buntod, die gute Schnorchelmöglichkeiten, aber nur wenig Schatten bietet, im Meeresschutzgebiet Bugsayon. Man kann ein Bangka anheuern (um 600 P hin & zurück, inkl. Wartezeit) und vom Barangay Nursery an der Küstenstraße östlich von Masbate-Stadt zur Sandbank fahren (einfache Fahrt 20 bis 30 Min.).

Bituon Beach　STRAND
14 km südlich von Masbate liegt der attraktive, halbmondförmige Bituon Beach, der am Wochenende besonders bei Familien beliebt ist, an einer holprigen, unbefestigten Straße. Wer nicht im ziemlich seltsam anmutenden **Bituon Beach Resort** (www.bituonbeach.com) absteigt – einer Ansammlung strohgedeckter Hütten und schlichter Zimmer, aufgelockert durch Statuen von Disneys Goofy und seinen Freunden – bezahlt 50 P, um den Strand und die Picknickplätze zu genießen. Eine Tricycle-Fahrt ab Masbate und zurück kostet rund 350 P inklusive Wartezeit.

🛏 Schlafen & Essen

Die Unterkünfte im Zentrum sind, mit wenigen Ausnahmen, billig und ziemlich abgenutzt. Die teureren Hotels befinden sich entlang des Wassers in Punta Nursery, eine kurze Tricycle-Fahrt vom Zentrum entfernt. Auch die Optionen zum Abendessen hauen einen nicht gerade um.

Balay Valencia　HOTEL $
(☎ 056-333 6530; Ibañez St; Zi. ab 650 P; ❄🛜) Dieses gut erhaltene alte Holzhaus mit Lattenwerk direkt unter der Decke bietet eine Ansammlung einfacher, jedoch etwas dunkler Zimmer mit Bad. Die Rezeption ist ausgesprochen freundlich. Durch die nächtlichen Essensstände in der Ibañez St unten ist es manchmal zwar ziemlich laut, aber zumindest findet man so leicht etwas zum Abendessen. Das WLAN (50 P) kommt und geht wie eine streunende Katze.

★ MG Hotel & Restaurant　HOTEL $$
(☎ 056-333 5614; Punta Nursery; Zi. 1400–2400 P; ❄🛜🏊) Dieses Hotel ist in deutscher Hand

und das effizienteste in ganz Masbate. Die Zimmer im oberen Stock sind besonders einladend – groß und luftig, mit riesigen Betten, jeder Menge natürlichem Licht und einem Balkon mit Blick aufs Wasser. Das Restaurant unten ist gut, und das Hotel bietet einen kostenlosen Shuttleservice zum Pier oder zum Flughafen.

GV Hotel HOTEL $$
(056-333 6844; www.gvhotels.com.ph; Danao St; DZ/FZ ab 1050/2800 P; ❄) Anonyme, saubere Zimmer mit Kabel-TV, ein paar Blocks vom Hafen entfernt, die billigsten haben Ventilator. Überraschend ruhig angesichts der Lage!

Minlan Restaurant PHILIPPINISCH, CHINESISCH $
(Osmeña St; Hauptgerichte ab 70 P; 12–22 Uhr) Dieses heimelige Restaurant ist das beste im Zentrum von Masbate (was allerdings nicht viel heißen will). Hier gibt's frittierten Fisch in süß-saurer Soße, *lechón kawali* (knusprig gebratenes Schwein) und ein paar chinesische Gerichte auf einer separaten Karte.

Ham's Cup PHILIPPINISCH $
(Quezon Ave; Hauptgerichte ab 60 P; 7–22 Uhr) Überraschend guter Kaffee, günstige Pasta und philippinische Gerichte werden in diesem Café serviert, das an eine Caltex-Tankstelle angeschlossen ist.

❶ Praktische Informationen

Die Tara St – parallel zum Pier – und die Quezon St gleich oberhalb sind die Hauptschlagadern der Stadt. In der Quezon St findet man Internetcafés und mehrere Banken mit Geldautomat.

Coastal Resource Management Interpretation Center (0906 212 5684; esperanza danao@yahoo.com; Capitol Rd; Mo–Fr 8–17 Uhr) Befindet sich im Rathaus-Komplex, drei Blocks nördlich der Quezon Ave. Der „interpretation officer" des Zentrums, Jaja, hilft bei allen Fragen rund ums Thema Meer weiter.

❶ Anreise & Unterwegs vor Ort

Tricycle-Fahrten in der Stadt kosten 8 P. Vom integrierten Terminal abseits der Diversion Rd, gleich südlich des Hafens, starten häufig Jeepneys und klimatisierte Vans nach Aroroy, Mandaon, Cataingan über Palanas, Esperanza und Balud.

Rund um Masbate Island

Die Attraktionen von Masbate Island sind von der Stadt Masbate aus leicht mit öffentlichen Verkehrsmitteln zu erreichen. Zu den interessantesten gehören der älteste **Leuchtturm** der Provinz im Goldminen- und Fischerstädtchen Aroroy und die riesigen Höhlen **Kalanay** und **Batongan** in der Nähe des Hafens von Mandaon samt unterirdischem Fluss (im Rathaus von Mandaon nach Führern fragen). Eine Jeepney-Fahrt nach Mandaon lohnt sich schon allein wegen des Ausblicks auf Berge und Landschaft. Südöstlich von Masbate haben in Uson noch ein paar **spanische Holzhäuser** überlebt, während es in Palanas weiter östlich ähnliche **Ahnenhäuser** gibt, wenn auch mit den traditionellen Strohdächern. Um diese Orte zu finden, muss man ein bisschen Eigeninitiative zeigen, und wer eine Unterkunft sucht, steuert am besten auf direktem Weg das Rathaus an.

Ticao Island

Ticao scheint sich in der Schwebe zwischen entspannter Insel und rasant wachsendem Tourismus zu befinden. Im Moment weht noch der süße, verrottende Geruch von Kopra durch die Bäume, und die Bambus- und Strohhäuser werden – außer in ein paar kleinen Siedlungen – nur selten von Beton durchbrochen. Die einzige Straße der Insel holpert, schlängelt und windet sich durch

---

NICHT VERSÄUMEN

IN DEN SATTEL, COWBOY!

Rodeo Masbateño (2. Woche im April) Masbate veranstaltet ein bekanntes viertägiges Rodeo-Spektakel, bei dem sich Cowboys und Cowgirls in Wettbewerben im Bullenreiten, Barrel Race (Slalom für Reiter und Pferd) und Stierringen (der Reiter springt vom Pferd, packt den Stier bei den Hörnern und ringt ihn zu Boden) aneinander messen.

Aroroy Wacky Rodeo (Mai) Dieses Rodeo findet in der Stadt Aroroy statt, und hier stehen die Cowboys besonders streitlustigen Kreaturen gegenüber: Krebsen. Zu den Events gehören Krebsrennen, Krebsfangen, Paraden, Tanz und natürlich der massenhafte Verzehr der bereits erwähnten Tierchen. Der begehrte Miss-Crab-Preis geht an die Schönheitskönigin mit den schönsten O-Beinen der Stadt (war nur ein Scherz: Er geht natürlich an die Schönste).

Dörfer wie Batuan, wo man über einen **Mangroven-Holzsteg** schlendern kann.

In **Monreal** kann man für einen Tag (2500 P bis 3000 P) ein motorisiertes Auslegerboot leihen und die Küste entlangschippern, und man sollte auf keinen Fall die 30 m hohen **Catandayagan Falls** oder den hübschen **Talisay Beach** verpassen, beide an der Westküste.

🛏 Schlafen & Essen

Ticao Island Resort　　　　　　RESORT $$$
(📞 02-893 8173, 0917 506 3554; www.ticao-island-resort.com; EZ/DZ/3BZ 2000/3400/4800 P, EZ/DZ/3BZ Cabanas 3600/5200/6900 P; ❄) In Tacdogan, 8 km nördlich von San Jacinto, umringen neun hübsche Cabanas eine perfekte, abgeschiedene Bucht, während am Strand vier Budgetzimmer mit Ventilator vorhanden sind. Taucher freuen sich über die Nähe der Insel zur berühmten Tauchstätte Manta Bowl, und wer nicht taucht, kann reiten, Kajak fahren, angeln oder die Geheimnisse der Bicolano-Küche lüften. Mit Vollpension.

**Altamar Ticao Island
Beach Resort**　　　　　　　　RESORT $$$
(📞 056-817 7463, 0917 812 8618; www.ticaoaltamar.com; Cottage 3500 P/Pers.; ❄) Das Altamar besteht aus einer Reihe geschmackvoll eingerichteter Strandhütten; die meisten richten sich an Paare und sind mit Vollpension. Das Personal ist sehr aufmerksam und serviert wirklich köstliches Essen, und die freundlichen Besitzer arrangieren Tauchausflüge, Massagen und andere tolle Aktivitäten.

❶ An- & Weiterreise

Drei große motorisierte Auslegerboote verkehren täglich zwischen dem Lagundi-Pier und Masbate (90 P, 1 Std.). Außerdem gibt's Fähren zwischen San Jacinto und Bulan in Bicol sowie zwischen Monreal und Pilar (150 P, 2 Std.). Das letzte Boot legt normalerweise um 13 Uhr ab.

CATANDUANES

📞 052 / 246 300 EW.

Catanduanes, auch als „Land der heulenden Winde" bekannt, wird regelmäßig von Taifunen gepeitscht. Dies hat zur Folge, dass der Tourismus hier noch nicht wirklich angekommen ist, und so können die wenigen, die hierherkommen, die gelassenen Fischerdörfer, die zerklüftete, wunderschöne Küste und die Höhlen und Wasserfälle im Landesinneren in aller Ruhe erkunden. Die Stürme fegen von Juli bis November über die Insel, und der saftig grüne Regenwald nimmt die heftigen Niederschläge gierig auf. Die Wälder sind dank Catanduanes' Abgeschiedenheit und der dünnen Besiedelung glücklicherweise erhalten geblieben.

Die meisten ausländischen Besucher in Catanduanes sind Surfer, die auf dem weltberühmten, wenn auch launischen Majestic Surf Break reiten wollen. Die besten Wellen gibt's während der Taifunsaison, besonders zwischen August und Oktober, aber man muss schon etwas Geduld mitbringen.

❶ An- & Weiterreise

FLUGZEUG
PAL Express fliegt täglich von Manila nach Virac (1¼ Std.); Cebu Pacific fliegt die Route viermal pro Woche. Der Flughafen liegt 3,5 km außerhalb der Stadt; die Tricycle-Fahrt kostet rund 50 P.

SCHIFF
Regina Shipping Lines (📞 052-811 1707; normal/klimatisiert 195/260 P) unterhält drei Fähren täglich zwischen Tabaco und San Andres, 17 km westlich von Virac (normal/klimatisiert 185/240 P, 3 Std.). Die Schiffe legen um 5.30 Uhr, 8 Uhr und 13.30 Uhr in Tabaco ab, auf der Rückfahrt um 9.30 Uhr, 12 Uhr und 17.30 Uhr. Jeepneys (25 P, 45 Min.) und Tricycles (150 P, 25 Min.) nach Virac bieten Anschluss an die Fähre in San Andres. Man kann aber auch mit der MV Eugenia fahren, einer langsameren Fähre von Tabaco nach Virac (normal/klimatisiert 216/275 P), die um 6.30 Uhr ablegt und um 16 Uhr zurückkehrt, oder die MV Star Ferry um 14 Uhr nehmen.

Für Verbindungen zwischen Codon und dem Hafen von Guijalo in Caramoan s. S. 187.

Virac

Die Hauptstadt von Catanduanes hat Reisenden nicht viel zu bieten, aber es gibt immerhin ein paar wirklich gute Restaurants und Transportverbindungen in andere Teile der Insel, und sie eignet sich außerdem prima für Tagesausflüge zu den Stränden.

In der Stadt findet man auch ein paar Internetcafés, und die PNB und BDO auf beiden Seiten des Hauptplatzes der Stadt haben Geldautomaten.

🛏 Schlafen

Marem Pension House　　　　PENSION $
(📞 0929 162 0000; www.marem.com.ph; 136 Rizal St; EZ/DZ ab 550/900 P; ❄ 📶) Dieses irrgartenartige Gebäude in mannigfaltigen Aqua-

Catanduanes

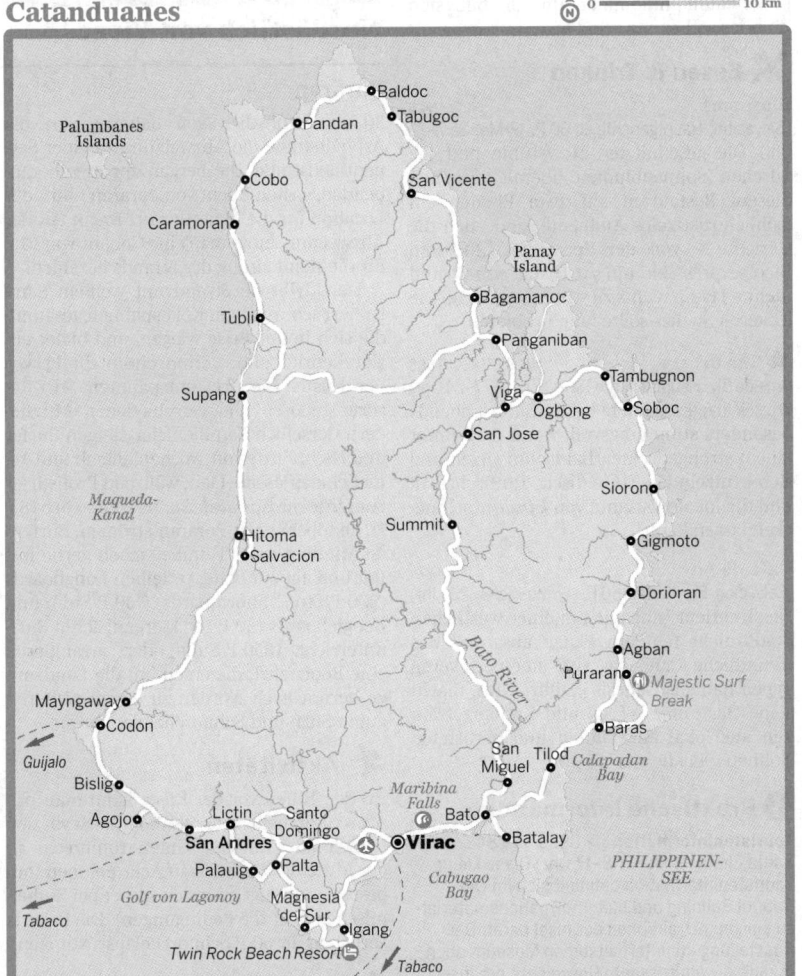

marintönen bietet eine lockere Atmosphäre, ein Labyrinth aus schicken Zimmern und eine ansprechende Dachterrasse. Es ist sehr entspannt, und das Personal ausgesprochen freundlich. Die günstigen Standard-Einzelzimmer (250 P) erinnern an von Ventilatoren gekühlte Schuhkartons.

★ Catanduanes Midtown Inn HOTEL **$$**
(052-811 0527; http://catmidinn.tripod.com; San José St;/EZ/DZ/FZ ab 900/1200/2500 P; ✱) Dies ist nach wie vor das beste Hotel im Stadtzentrum. Die großen Doppelzimmer haben klassische Akzente wie Parkettfußboden, und einige sogar einen Balkon, den wahren Unterschied macht jedoch die freundliche, hilfsbereite Gastgeberin. Nebenan gibt es ein auch bei Einheimischen beliebtes Fastfood-Lokal.

Twin Rock Beach Resort RESORT **$$**
(0917 562 9597, 0928 836 8648; www.twinrock.com.ph; DZ/4BZ ab 1000/1800 P; ✱ ✈) 10 km südlich von Virac liegt das Twin Rocks in einer abgeschiedenen Bucht an einem kleinen Strand. Es blickt auf zwei lampenschirmförmige Felsen. Die Lage ist traumhaft, und die Aktivitäten (Tauchen, Kajakfahren, Quads) sind ein Fest für Aktivurlauber. Am Wochenende kann man dem Videoke aller-

dings kaum entkommen, und die billigsten Zimmer sollte man meiden.

 Essen & Trinken

Blossoms BICOLANO $
(Salvacion; Hauptgerichte ab 60 P; ⊗ Mo-Sa 7-22 Uhr) Die geschnitzten Holzstühle und die falschen Sonnenblumen überall verleihen diesem Restaurant auf zwei Ebenen ein fröhlich-rustikales Ambiente, und auch die Gerichte – von der Spezialität „Blossom Bicol exprés" bis hin zu Pasta, *pansit* und mehr – lassen nichts zu wünschen übrig. Die leckeren Shakes sollte man probieren.

★ Sea Breeze MEERESFRÜCHTE $$
(Imelda Blv; Hauptgerichte 180-270 P; ⊗ 7-24 Uhr) Dieses ausgezeichnete Restaurant ist abends besonders stimmungsvoll, wenn man unter einem strohgedeckten Baldachin sitzen und sich brutzelnden Tintenfisch, Tunfischsteak und die lokale Variante von *kinilaw* schmecken lassen kann.

Café de Au CAFE
(Salvacion St; Kaffee 60 P; ⊗ Mo-Sa 8-22 Uhr) Das Interieur sähe auch in einer westlichen Stadt nicht fehl am Platze aus, und das freundliche Café, das von einem cleveren Typen namens Genesis geführt wird, macht seine Gäste mit WLAN und Koffeingetränken aus lokal angebauten und gerösteten Bohnen glücklich.

❶ Praktische Informationen

Touristeninformation (☏ 0929 399 8437; Santa Elena; ⊗ Mo-Fr 8-17 Uhr) Diese kleine Touristeninformation befindet sich im Old Capitol Building und hält Informationsmaterial zu einigen Attraktionen der Insel parat. Die Ausstellung im unterhaltsamen Museum oben erzählt die interessante Geschichte der Insel nach.

❶ Unterwegs vor Ort

Vom **Bus- und Jeepney-Terminal** (Rizal Ave) werden täglich mehrere Verbindungen nach Pandan (5 Std., 180 P), Bagamanoc (2 Std., 120 P), Baras (80 P, 1 Std.) und zu anderen Zielen angeboten. Die Straßen auf der Insel sind größtenteils asphaltiert, und angesichts der Tatsache, dass es im Norden der Insel nur recht wenig öffentlichen Nahverkehr gibt, ist ein eigener fahrbarer Untersatz in diesen Gefilden durchaus hilfreich. An der Touristeninformation oder in den Unterkünften erhält man Informationen, falls man einen Van (bis zu 5000 P/Tag) oder aber lieber ein Motorrad mit Fahrer anheuern will.

Nordöstlich von Virac

Puraran

20 km nordöstlich von Bato passiert die Asphaltstraße die Abzweigung zu einer Serpentinenstraße, die bergab zur atemberaubenden, weiten Bucht von Puraran führt, der Location für die Majestic Surf Break. An der Abzweigung muss man eine Gebühr von 10 P für die Reinhaltung des Strands bezahlen.

Der idyllische Strand mit weißem Sand ist herrlich weit, von Kokospalmen gesäumt, die sich in der Brise wiegen, und bietet ein Korallenriff zum **Schnorcheln** direkt vor der Küste. Die drei entspannten Surf-Resorts gehören alle verschiedenen Mitgliedern derselben Familie. Hier steigen Surfer und Nicht-Surfer oft wochenlang ab und genießen das lässige Flair, während Profisurfer zum **internationalen Surfwettbewerb** (8.-11. Oktober) nach Puraran strömen. Surfende Mitglieder der Familie stehen gerne mit Rat und Tat zur Seite, verleihen Longboards (200 P/Std.), Shortboards (150 P/Std.) und Boogieboards (50 P/Std.), organisieren Surfunterricht (350 P/Std.) oder arrangieren eine Bootsfahrt, die einen um die Landzunge herum nach Norden zu einem weiteren guten Surf- und Schnorchelplatz bringt.

🕺 Aktivitäten

An den Riffen vor der Küste kann man prima schnorcheln, aber man sollte sich vor den manchmal kräftigen Unterströmungen in der Mitte des Strandes in Acht nehmen (am besten erkundigt man sich vorher bei Einheimischen über die Bedingungen). Die Resorts verleihen für 50 P Schnorchelausrüstungen.

★ Majestic Surf Break SURFEN
Die Majestic Surf Break, eine Riffbrandung 200 m vor der Küste, ist keine Anfängerwelle. Wie die meisten Brandungen an der Pazifikküste des Landes funktioniert auch die Majestic für gewöhnlich nur, wenn vor der Küste während des *habagat* (Südwest-Monsun) zwischen Juli und Oktober ein Taifun lauert. Der *amihan* (Nordost-Monsun) jagt von Oktober bis März kräftige Winde über die Küste, dann hier nur noch Profis zurecht.

🛏 Schlafen & Essen

Zwischen Juli und Oktober ist es ratsam, vorab zu buchen. Alles Resorts servieren feste Menüs für rund 130 P.

Majestic Puraran RESORT $
(☎ 0927 357 2665, 0919 558 1460; http://majestic puraran.com; Hütte 650 P, Zi. 850 P) Dieses familienfreundliche, familiengeführte Haus ist unglaublich nett und entspannt. Es bietet einfache, gemütliche Bambushütten mit privater Veranda, Hängematten und Blick aufs Meer sowie schickere klimatisierte Zimmer über dem Restaurant. Für Regentage gibt's Brettspiele, Kabelfernsehen im Barbereich und natürlich die gesellige Atmosphäre.

Puraran Surf RESORT $
(☎ 0915 764 9133, 0921 664 1933; www.puraransurf.com; B/EZ/DZ/FZ 300/500/600/1000 P) Das Puraran Surf bietet hübsche, schlichte Hütten (einigen sieht man ihr Alter an) und Zimmer mit Ventilator und Gemeinschaftsbad sowie ein paar klimatisierte Alternativen im (weniger gemütlichen und privaten) Hauptgebäude aus Beton. Von der Terrasse des Schlafsaals im obersten Stock aus hat man einen grandiosen Blick aufs Meer, aber diese Option ist nur was für alle mit Minibudget, denen es nichts ausmacht, mit zwanzig anderen in einem Zimmer zu schlafen.

Pacific Surfers' Paradise RESORT $$
(☎ 0917 804 6648, 0917 738 2941; pacsurfers@yahoo.com.ph; Hütte 700 P, 3BZ 1500 P) Das Pacific Surfers' Paradise ist der Neuling der Szene und sieht auch so aus. Es verfügt über sechs zauberhafte Bambushütten mit Strohdach (angeblich für vier gedacht, aber wir haben keine Ahnung, wie das gehen soll) und französischen Betten, außerdem gibt es eine Hütte für bis zu acht Gäste. Die klimatisierten Drei-Bett-Zimmer haben weniger Flair.

❶ An- & Weiterreise

Am schnellsten gelangt man hierher, wenn man einen Van anheuert (einfache Fahrt rund 1300 P, eine Stunde); Tricycles fahren dieselbe Strecke für etwa 800 P.

Täglich fährt nur ein Jeepney von Virac über Puraran nach Gigmoto (50 P, 2 Std., 32 km). Er wartet auf die Ankunft der RORO-Fähre in Virac und fährt gegen 11 Uhr ab. Die Fahrt in die andere Richtung führt zu so unchristlichen Zeiten wie 4 und 5 Uhr durch Puraran. Die Resorts können Tricycle-Transporte (150 P) nach Baras arrangieren; dort kann man dann einfach in einen Bus oder Jeepney (50 P) nach Virac steigen.

Rund um die Insel

Catanduanes' Attraktionen liegen über die ganze Insel verstreut. Zu den leichter zugänglichen gehören die beliebten **Maribina Falls** (Eintritt 10 P; ⊙ 8–17 Uhr), die sich in eine Reihe erfrischender Becken stürzen und 4 km nordöstlich von Virac liegen, sowie die weitläufige **Luyang Cave** in der Nähe des Dorfes Lictin auf dem Weg nach San Andres (Führer in Lictin verlangen rund 550 P), außerdem der lange, unberührte **Toytoy Beach** nahe Caramoran, an dessen Korallenformationen man prima schnorcheln kann, und die beeindruckenden **Nahulugan Falls**, die sich im Inselinneren im Dschungel bei Gigmoto in die Tiefe stürzen.

MARINDUQUE
☎ 042 / 227828 EW.

Das verschlafene Marinduque ist eine herzförmige Insel, die sich ungefähr im Herzen des philippinischen Archipels befindet. Sie ist von einer malerischen, 120 km langen Ringstraße umgeben, und scheinbar erwacht das Eiland nur einmal im Jahr während des Moriones-Festivals an Ostern wirklich zum Leben. Den Rest des Jahres müssen sich Besucher mit dem entspannten Charme seiner Dörfer, der wunderschönen Landschaft, dem schlafenden Vulkan Mt. Malindig, einer Handvoll Strand-Resorts, heißen Quellen im Inselinneren und Höhlen voller wilder Tiere begnügen.

❶ An- & Weiterreise

FLUGZEUG
Der Flughafen von Masbate wurde zur Zeit der Recherche gerade renoviert, aber Flüge nach Manila sollten ab Ende 2014 wieder starten.

SCHIFF
Die Mehrzahl der Passagierschiffe (von Lucena) legen in Balanacan an, 30 Minuten nördlich von Boac. Bei der Ankunft besteht Anschluss zu Tricycles (150 P nach Boac) sowie Jeepneys und klimatisierten Vans, die nach Boac, Santa Cruz, Torrijos und Buenavista fahren.

Montenegro Shipping Lines (☎ 0917 867 2337; www.montenegrolines.com.ph) Unterhält täglich zwei RORO-Fähren und zwei "Schnellboot"-Passagierfähren zwischen Lucena und Balanacan. Die Schnellboote verlassen Lucena um 2 und 10 Uhr (390 P, 1½ Std.) und kehren um 6 bzw. 14 Uhr zurück, während die RORO-Fähren (260 P, 3 Std.) um 4 und 12 Uhr in Lucena abfahren und um 8 bzw. 16 Uhr zurückkehren.

Starhorse Shipping Lines (☎ 0921 274 5340) Bietet täglich vier RORO-Fähren zwischen Lucena und Balanacan. Sie fahren um 2.30, 10.30, 15.30 und 23.30 Uhr von Lucena nach

Marinduque

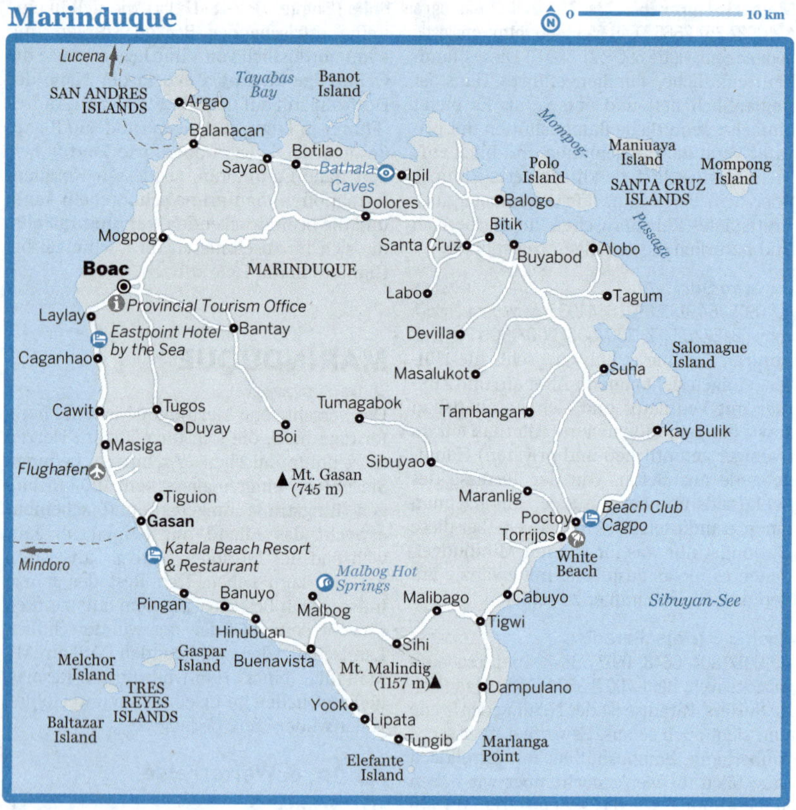

Balanacan und kehren um 6.30, 11.30, 14.30 und 19.30 Uhr zurück.

ℹ️ Unterwegs vor Ort

Man kann die Insel problemlos mit öffentlichen Verkehrsmitteln erkunden (mit Ausnahme des Küstenstreifens zwischen Lipata und Tigwi, auf dem keine Jeepneys fahren), aber man sollte mehrere Tage dafür einplanen. Viel teurer (und effizienter) ist es, einen Van anzuheuern, der einen für rund 3500 P pro Tag über die Insel kutschiert. Die Touristeninformation und Hotels können die Vans organisieren.

Boac

📞 042 / 52898 EW.

Marinduques Hauptstadt schließt sich um Kathedrale und Festung und hat wesentlich mehr Charakter als die meisten anderen philippinischen Städte. Die engen Straßen sind mit Ahnenhäusern aus dem 19. Jh. gesäumt, die sich in mehr oder weniger verfallenem Zustand befinden und über Capiz-Muschel-Fenster sowie Terrassen im oberen Stock verfügen, die vor Blumen überquellen.

👁 Sehenswertes

Kathedrale
KIRCHE

(San Miguel St) Diese steinerne Kathedrale ist das Herz der Stadt. Sie stammt aus dem 17. Jh. und ihre Festungsmauern zeugen davon, welche Rolle sie während der Überfälle der Moro-Piraten als Zufluchtsort spielte. Über der Haupttür befindet sich eine Nische, in die sich die Statue der Heiligen Jungfrau aus dem Jahre 1792 schmiegt, die angeblich die Piraten mit Stürmen vertrieb und die Stadt vor Naturkatastrophen bewahrte.

Marinduque Museum
MUSEUM

(Mercador St; ⏰ Mo–Fr 8–12 & 13–17 Uhr) GRATIS Zu den Höhepunkten dieses kleinen Museums gehören die Sammlung mit *moriones*-Masken, die Keramiken aus der Ming-Dynastie, die in der Nähe von Gaspar Island aus dem Meer geborgen wurden, sowie ein *kalutang*, eines der ersten lokalen Musikinstrumente.

🛏 Schlafen & Essen

Wer im April zum Moriones-Festival hierherkommt, sollte spätestens im Dezember seine Unterkunft buchen.

Tahanan Sa Isok   HOTEL $
(☎ 042-332 1231; 5 Canovas St; EZ/2BZ/FZ ab 1000/1200/1800 P; ❄🛜) Dieses von Kletterpflanzen bedeckte Steinhaus liegt in einer ruhigen Nebenstraße abseits der Magsaysay St und bietet mit sauberen, geräumigen, schlichten Zimmern, einem hübschen Gartenrestaurant und einer sehr hilfsbereiten Rezeption das beste Preis-Leistungs-Verhältnis der Stadt. Außerdem sind hier Kunstwerke ausgestellt, und man kann *moriones*-Masken kaufen, die von Gefängnisinsassen in der Provinz von Hand hergestellt wurden.

Boac Hotel   HOTEL $$
(☎ 042-332 1121; Nepomuceno St; EZ/DZ/FZ/Suite 1000/1200/2000/2500 P; ❄🛜) Das charaktervollste Hotel in Boac liegt nahe der Kathedrale. Das künstlerische, ausgefallene Innere ist mit alten Fotos, *moriones*-Masken und traditionellem Kopfschmuck dekoriert. Die standardmäßigen Zimmer sind eher klein, und die Betten mit geschnitzten Kopfenden bilden das Herzstück. Billige Zimmer mit Ventilator (500 P) gibt's auch. Am besten sind die Boutique-Suiten, die mit fließenden Vorhängen und angenehmer Beleuchtung ausgestattet und in dunklen Farben gehalten sind.

Kusina sa Plaza   PHILIPPINISCH $
(Mercador St; Hauptgerichte ab 50 P; ⊗5.30–20 Uhr) Ein allseits beliebtes Lokal im Büffetstil, gleich gegenüber vom Museum. Hier bekommt man philippinische Spezialitäten und Pasta serviert.

Good Chow   PHILIPPINISCH $
(Mercader St; Hauptgerichte ab 60 P; ⊗7–19 Uhr) Freundliche Imbiss-Bar, die *siopao* (Dampfbrötchen), Pizza und philippinische Klassiker bietet.

ℹ Praktische Informationen

Die **PNB** (Reyes St) hat einen Geldautomaten, aber man sollte trotzdem Bargeld mitbringen, besonders während des Moriones-Festivals. In den Nebenstraßen gibt's auch ein paar **Internetcafés**.

Provincial Tourism Office (☎ 042-332 1498; www.marinduque.gov.ph; ⊗Mo–Fr 8–17 Uhr) Das Tourismusbüro der Provinz befindet sich im Capitol-Building-Komplex, 2 km außerhalb der Stadt an der Hauptstraße Richtung Süden. Das Personal hilft bei der Anmietung eines Vans zum Erkunden der Insel.

ℹ An- & Weiterreise

Vom Fährdock in Balanacan fahren Jeepneys nach Boac (50 P, 25 Min.).

Von Boac fahren Jeepneys Richtung Süden über den Capitol Compound nach Gasan (20 P, 30 Min.) und Buenavista (40 P, 1 Std.). Häufig verkehren außerdem Jeepneys nach Mogpog (10 P, 10 Min.), Balanacan (30 P, 45 Min.), Santa Cruz (60 P, 1 Std.) und Torrijos (120 P, 2 Std.) im Nordosten.

Alle Nahverkehrsmittel fahren rund um das zentrale Terminal in der Nähe der Kreuzung Nepomuceno St und Magsaysay St ab.

Gasan & Westküste

☎ 042 / 33 402 EW.

Ein paar Strände mit Kies, der sich weiter südlich in Sand verwandelt, und eine bunte Ansammlung von Strandresorts reihen sich auf den 17 km von Boac Richtung Süden und Gasan aneinander.

In Gasan kann man ein Boot anheuern und die **Tres Reyes Islands** (benannt nach den Heiligen Drei Königen Kaspar, Melchior und Balthasar) besuchen. Für ein paar Stunden Insel-Hopping muss man mit rund 2000 P rechnen. Gaspar Island ist ein Meeresschutzgebiet, vor dessen Nordstrand man prima **schnorcheln** kann – aber man muss seine eigene Ausrüstung mitbringen. Die Resorts können Tauchausflüge in der Nähe der Inseln organisieren.

🛏 Schlafen & Essen

Eastpoint Hotel by the Sea   HOTEL $$
(☎ 042-332 2229; www.eastpointhotel.com; Zi. 1000–2000 P; ❄🛜) Dieses skurrile Hotel liegt auf halber Strecke zwischen Boac und Gasan. Die Gastgeberin ist sehr hilfsbereit und selbst viel gereist, und das Haus bietet gut ausgestattete Zimmer zu wirklich fairen Preisen. Das Restaurant ist auf den Strand hin ausgerichtet und serviert köstliche Hausmannskost. Für Inseltouren gibt's einen Van, und man kann sich im Wellness-Center verwöhnen lassen oder mit der Meute freundlicher Hunde spielen, die beispielsweise nach Gewürzen (und nach Brad Pitt) benannt sind.

Katala Beach Resort & Restaurant RESORT $$

(0906 515 8736, 0915 512 4784; www.members.tripod.com/katala.beach.resort; Zi. mit Ventilator/Klimaanlage 1000/1500 P; ❄) Dieses Resort unter deutscher Leitung liegt 3 km südlich von Gaspan auf einer Anhöhe mit Blick auf einen privaten Pier inklusive schwimmender Insel, hinter dem die Tres Reyes Islands zu erkennen sind. Die Zimmer sind gut in Schuss, und man kann vom Privatbalkon oder vom Restaurant aus – das übrigens echte deutsche Würstchen serviert – den Sonnenuntergang genießen.

Barbarossa PHILIPPINISCH, INTERNATIONAL $$

(San José St; Hauptgerichte ab 90 P; 9–21 Uhr) Dieses Restaurant in Gasan ist in deutscher Hand und erfreut sich dank seiner köstlichen Versionen philippinischer Klassiker und internationaler Gerichte (hauptsächlich Pasta) einer recht bunt gemischten Gästeschar, die sich aus Auswanderern und Einheimischen zusammensetzt.

 An- & Weiterreise

Täglich verkehren mehrere Bangkas von Marinduque nach Pinamalayan (300 P, 3 Std.) auf Mindoro. Sie legen meist früh morgens am Pier in Gasan ab.

Buenavista & Umgebung

Ein paar Kilometer im Landesinneren von Buenavista liegen die **Malbog Hot Springs** (Eintritt 80 P) mit einer Reihe von Badebecken, die von nach Schwefel riechendem Wasser gespeist werden. Übernachtungsgäste dürfen sich in der bescheidenen Pension willkommen fühlen.

Eine wunderschöne Küstenstraße verbindet Buenavista mit Tigwi, führt an strohgedeckten Fischerhütten und an am Strand trocknenden Bangkas vorbei und schlängelt sich durch Kokospalmenhaine. Von Buenavista nach Lipata fährt nur ein Jeepney, die einzige andere Option ist daher, in Boac einen Van für einen Tag anzuheuern oder mit den Tricycle-Fahrern in Buenavista zu verhandeln.

Elefante Island vor der Küste von Lipata war einst ein einfacher Fischerort und beherbergt heute das superschicke **Bellarocca Island Resort** (02-403 2418; www.bellaroccaresorts.com; Zi. 500–960 US$, 2-/6-Personen-Villa

---

JENSEITS DES MORIONES-WAHNSINNS

Man ahnt irgendwie, dass auf Marinduque irgendetwas Seltsames vor sich geht, wenn man die lebensgroßen, sehr bunten Gipsstatuen römischer Zenturios – *moriones* – auf dem Kreisverkehr am Balanacan-Pier sieht. Und dann ist da noch die Ringstraße der Insel, die von Pfosten gesäumt ist, auf denen *moriones*-Köpfe stehen, die zu Blumenkübeln umfunktioniert wurden: Einige haben wild wucherndes Haar aus Gras, andere sind ziemlich verlottert, traurig und vernachlässigt.

Marinduques **Moriones-Festival** fand erstmals 1807 statt, als Padre Dionsio Santiago, ein Priester aus der Gemeinde Mogpog, die Aufführung eines Theaterstücks organisierte, das auf der Geschichte von Longinus (oder Longino) basierte, einem der römischen Zenturios, die Christus hinrichten sollten. Als während der Kreuzigung ein Tropfen von Christus' Blut auf ihn fiel, konnte Longinus auf wundersame Weise auch auf seinem blinden rechten Auge wieder sehen. Longinus war bekehrt und tat seinen Glauben sofort öffentlich kund, woraufhin er durch die Stadt gejagt, gefangen und schließlich geköpft wurde.

Heute vereinen die fabelhaften Osterfeierlichkeiten folkloristischen Mystizismus mit katholischem Prunk. Sie verwandeln Marinduques Straßen in eine bunte Nachstellung dieser Ereignisse und erstrecken sich über alle sieben Tage der heiligen Woche. Jede Gemeinde in Marinduque veranstaltet ein eigenes Fest, bei dem Hunderte *moriones* Zenturio-Masken und Kostüme tragen und sich mit Holzschwertern, Speeren und Schilden bewaffnen. Es dauert Monate, diese Masken anzufertigen, und sie werden selbst vor der eigenen Familie und den engsten Freunden geheim gehalten, damit keiner die Identität der *moriones* kennt.

Während der ganzen Woche ziehen *moriones* wild durch die Straßen, tragen Schwertkämpfe aus, tanzen und spielen Passanten Streiche, während sich Longinus hinter den Zuschauern versteckt, bevor ihm „der Kopf abgehackt" wird und sein „lebloser" Körper in einer Parade durch die Stadt getragen wird.

880/2800 US$), das sich vor allem an verliebte Pärchen richtet und aus blendend weißen Gebäuden à la Santorini in Griechenland besteht, die sich in der saftig-grünen Vegetation verstecken.

Die fünfstündige Rundwanderung zum perfekten Kegel des **Mt. Malindig** (1157 m) folgt einem für gewöhnlich gut markierten Pfad ab Sihi, einem Barangay. Man kann von Buenavista aus mit dem Tricycle nach Sihi fahren (400 P hin & zurück) oder in einen Jeepney nach Torrijos (30 P) steigen und sich in Sihi erkundigen, ob eine Genehmigung nötig ist, da sich auf halber Strecke zum Gipfel des Vulkans ein Militärposten befindet.

Morgens unternimmt ein Jeepney die schöne Fahrt über die Berge nach Torrijos (70 P, eine Stunde); Tricycles direkt nach Poctoy kosten rund 800 P (1 Std.). Außerdem verkehren regelmäßig Jeepneys von Buenavista nach Boac.

Torrijos & Ostküste

Der weißeste und längste Strand von Marinduque liegt in Poctoy und trägt den treffenden Namen **White Beach** (Eintritt 30 P). Hier schimmert der Ozean in aquamarinblau. Er liegt in der Nähe von Torrijos und bietet sogar einen Blick auf den Kegel des Mt. Malindig. Hier gibt's ein paar Tageshütten, und am Wochenende ist ziemlich viel los. 2 km nördlich von Poctoy befindet sich der ansprechende **Beach Club Cagpo** (0928 559 6005, 0921 993 2537; www.beachclubcagpo.com; B 350 P, DZ mit Ventilator 1000–1250 P, DZ mit Klimaanlage 1350–1500 P) mit eigenem unberührtem Strand, einem Restaurant, das anständige Pizza und Grillgerichte serviert und großzügige Zimmer mit Blick aufs Meer bietet (der eher enge Schlafsaal mit Ventilator ist nur was für Asketen). Man kann sich auch ein 125 ccm starkes Motorrad ausleihen – ideal für die Erkundung der Insel.

Mindoro

Inhalt ➡
Puerto Galera............. 210
Calapan 219
Roxas...........................221
Rund um Roxas.......... 222
Bulalacao 222
San José..................... 223
Calintaan.................... 225
Sablayan 226
Abra de Ilog................ 228

Schön übernachten

➡ Pandan Island Resort (S. 227)
➡ Coco Beach Island Resort (S. 216)
➡ Apo Reef Club (S. 225)
➡ El Galleon Beach Resort (S. 216)
➡ Tambaron Green Beach Resort (S. 222)

Beste Wanderungen

➡ Mt. Halcon (S. 220)
➡ Mt. Iglit-Baco (S. 225)
➡ Siburan Rainforest (S. 227)
➡ Mt. Talipanan (S. 210)

Auf nach Mindoro!

Das wilde Mindoro wird von einer praktisch unpassierbaren Bergkette geteilt – die den treffenden Namen High Rolling Mountains trägt – und ist teils tropisches Paradies, teils provinzielles Hinterland. Die Berge bilden fast überall den dramatischen Hintergrund und trennen die beiden Provinzen der Insel voneinander: das raue, karge Occidental Mindoro im Westen und das üppigere Oriental Mindoro im Osten.

Die meisten Traveller strömen in die Tauchresorts rund um Puerto Galera an der Nordküste, aber Mindoro hat noch viel mehr zu bieten. Wer Abgeschiedenheit mag, sollte Occidental Mindoro besuchen, wo das quasi touristenfreie Sablayan wartet, das Sprungbrett zum unberührten Taucherparadies am Apo Reef. Bessere Straßen machen diese einst schwer erreichbare Provinz inzwischen besser zugänglich.

Insel-Hopping an der Südküste von Mindoro ist unvergesslich, und im bergigen Inselinneren kann man zu entlegenen Dörfern wandern, die von einem der ursprünglichsten Völker Asiens bewohnt werden, den Mangyan.

Reisezeit
San José

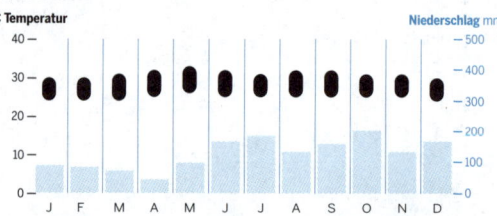

April–Mai Die Regenzeit steht noch bevor, und der Wind ist für Apo-Reef-Verhältnisse ruhig.

Feb.–April Die trockensten Monate und die beste Zeit, um den Mt. Halcon zu besteigen.

Okt.–Nov. Windtechnisch eine weitere Übergangszeit, in der das Meer zum Tauchen ruhiger ist.

Highlights

① Zwischen Schildkröten, Haien, Putzerfischen und anderen Meereskreaturen am **Apo Reef** (S. 226) abtauchen

② Die Buchten und Strände von **Puerto Galera** (S. 210) entdecken und zu seinen Unterwasserwundern tauchen

③ Die Zählung der stark bedrohten *tamaraw* (einheimische Büffel) im **Mt. Iglit-Baco Nationalpark** (S. 225) beobachten

④ Die unerwarteten Attraktionen rund um die **Sablayan Prison Farm** (S. 227) entdecken

⑤ Den Aufstieg zum **Mt. Halcon** (S. 220) wagen, die ultimative Bergsteigererfahrung vor Ort

⑥ In Puerto Galera das **Malasimbo Music & Arts Festival** (S. 213) erleben, das größte Open-Air-Musikevent der Philippinen

❶ An- & Weiterreise

Man kann nach San José fliegen, aber die große Mehrzahl der Besucher reist von Batangas in Luzon per Schiff nach Mindoro.

BUS

Wer von Manila aus anreist, fährt meist mit dem Bus nach Calapan, Apra de Ilog oder zu anderen Zielen im Süden durch; der Bus für den Abschnitt Batangas–Mindoro rollt auf die Autofähre.

SCHIFF/FÄHRE

Luzon Die übliche Touristenroute nach Mindoro führt mit einem schnellen *bangka* (Auslegerboot) von Batangas nach Puerto Galera, aber es steht auch eine Flotte schnellerer und langsamerer Schiffe zur Verfügung, die Batangas mit Calapan verbinden, während Roll-on-roll-off(RORO)-Autofähren Batangas mit Abra de Ilog verbinden.

Marinduque *Bangkas* legen jeden Morgen um 8.30 Uhr in Pinamalayan (250 P, 3 Std.) an der Ostküste von Mindoro ab und fahren nach Gasan.

Panay & Romblon Roxas im Süden von Oriental Mindoro wird häufig durch Autofähren mit Caticlan (nach Boracay) und fast täglich durch *bangkas* nach Odiongon in Romblon verbunden.

Palawan Zum Zeitpunkt der Recherche waren die einzigen Boote nach Palawan *bangkas* von San José nach Coron bzw. von San José zu den Cuyo Islands.

❶ Unterwegs vor Ort

Die Straße rund um Mindoro ist größtenteils asphaltiert und wird von einer beachtlichen Zahl von Bussen und Jeepneys genutzt. Allerdings besteht keine Straße zwischen Puerto Galera und Abra de Ilog im Norden der Insel; man kann die Strecke nur mit dem Boot zurücklegen.

Puerto Galera

🎵 043 / 32521 EW.

Diese bezaubernde Ansammlung von Buchten und Inseln liegt nur ein paar Stunden von Manila entfernt und ist eines der beliebtesten Tauchziele des Landes. Puerto Galera ist spanisch für „Hafen der Galeonen". Der tiefe natürliche Hafen ist von allen Seiten geschützt und war schon lange, bevor die Spanier 1572 hier eintrafen, ein beliebter Ankerplatz. Auch heute noch liegen Kurzurlauber und Jachtbesitzer für einen längeren Aufenthalt gern hier vor Anker.

Puerto Galera („PG" oder „Puerto") bezieht sich normalerweise auf die Stadt Puerto Galera einschließlich der Ferienanlagen in ihrer Umgebung, vor allem Sabang 5 km weiter östlich und White Beach 7 km im Westen. Jede hat ihren ganz eigenen Charakter, und sie decken die komplette Palette von eher schäbig bis stilvoll ab. Es ist also ratsam, seine Wahl sorgfältig zu treffen.

◉ Sehenswertes

Talipanan Falls & Mt. Talipanan　WASSERFALL
Die Talipanan Falls sind viel weniger touristisch als die Tamaraw Falls und nur einen kurzen Spaziergang vom Dorf Talipanan entfernt. Man kann im **Iraya-Mangyan Village** gleich abseits der Hauptstraße in Talipanan einen Mangyan-Führer anheuern (200 P). Von hier schlängelt sich ein Weg hinter der Schule etwa 30 Minuten lang bergauf durch den Wald zu einem zweistufigen Wasserfall, in dem man schwimmen kann. Frühmorgens hat man gute Chancen, Affen zu sehen.

Wer eine anspruchsvollere Wanderung wagen möchte, kann sich für 700 P von denselben Führern auf den Mt. Talipanan (1130 m) lotsen lassen. Der Aufstieg dauert etwa vier Stunden, der Rückweg etwas weniger; man sollte also früh aufstehen. Der nahe Mt. Malasimbo (1215 m) bietet sich ebenfalls für eine Ganztageswanderung an.

Tamaraw Falls　WASSERFALL
(Eintritt 30 P; ⊙7–17 Uhr) Dieser Wasserfall stürzt von einer bewaldeten Schlucht in ein künstlich angelegtes Becken abseits der Hauptstraße von Puerto Galera nach Calapan, 13 km außerhalb der Stadt. Am Wochenende wird's hier voll, aber sonst ist man praktisch allein. Jeepneys nach Calapan lassen Passagiere hier aussteigen (25 P, 30 Min.).

Excavation Museum　MUSEUM
(P Concepcion St, Puerto-Galera-Stadt; Eintritt gegen Spende; ⊙Mo–Sa 8–11.30 & 13.30–17 Uhr) Dieses winzige, unbeaufsichtigte Museum besteht nur aus einem Raum und zeigt einige Grabgefäße und antike chinesische Tonwaren, die größtenteils in den 1960er-Jahren in der Gegend gefunden wurden. Es befindet sich auf dem Kirchengelände.

🏃 Aktivitäten

Rund um Puerto Galera dreht sich alles ums Tauchen (dicht gefolgt vom Feiern). Das Campbell's Beach Resort in Small La Laguna gehört zu einer Reihe von Resorts, die **Paddleboards** verleihen. Aber auch für Landratten gibt's hier genug zu erleben. Sich ein Motorrad auszuleihen und an PGs spektakulärer Küste entlangzufahren, ist besonders beliebt. Jeden Samstag um 15.30

INSIDERWISSEN

CHUCKS BESTE TAUCHPLÄTZE IN PUERTO GALERA

Chuck Driver, der Manager von Capt'n Gregg's Dive Resort (S. 214), hat praktisch alles gesehen, was es in den Gewässern rund um Puerto Galera zu sehen gibt. Er traf vor 25 Jahren in dem damals unerforschten Tauch-Mekka ein und begann, mit ein paar anderen Tauchlegenden der Philippinen zu tauchen – mit dem Gründer von Capt'n Gregg, Brian Homan, dem heute das Magellan's in Subic Bay gehört, und mit John Bennett.

Bennett und Driver testeten damals die Grenzen des Tiefseetauchens aus und tauchten an der Sinandigan Wall schon bis in 200 m Tiefe hinab, bevor es überhaupt Aufzeichnungen gab. Wie ist es dort unten? „Schwarz wie die Nacht", sagt Driver. „Nach 135 m ist es, als würde man nachts tauchen. Ansonsten ist es gar nicht so anders, abgesehen von der Kälte – man braucht 6 mm dicke Neoprenanzüge."

Laut Driver schaffte es Bennett sogar bis in 300 m Tiefe, bevor er bei einem Unfall als Berufstaucher starb. Driver hingegen ist auch nach rund 8000 Tauchgängen immer noch hier und taucht nach wie vor. Er hat uns Tipps zu den fünf besten Tauchplätzen gegeben:

Hole in the Wall–Canyons „Große Fächerkorallen, Zackenbarsche, Tunfische und Makrelen in einer Maximaltiefe von ca. 27 m." Escarceo Point, 3 km östlich von Sabang.

Sinandigan Wall „Ein guter Multilevel-Tauchspot mit jeder Menge Makroleben, Nacktkiemern und Ähnlichem. Viele Passagen zum Durchschwimmen. Das Licht ist morgens am besten; man beginnt in 42 m Tiefe und arbeitet sich dann bis ganz nach oben vor." Sinandigan Point, 3 km östlich von Sabang.

Monkey Beach „Auch ein guter Multilevel-Spot. Los geht's bei 30 m, und man steigt langsam bis auf 4 m auf. Tolle Fischwelt und verschiedene Korallen." Nahe Sabang.

Verde Island Dropoff (auch „Spanish Fort") „Eine große Wand, die bis in 70 m Tiefe reicht. Viele Makrelen und pelagische Fische, aber kräftige Strömungen. Toll zum Nachttauchen, aber das macht niemand mehr, weil es so abgeschieden ist." Verde Island.

Washing Machine „Hier kriegt man eine heftige Strömung ab – aber, Mann, was für ein Spaß. Einfach treiben lassen und dann durch die Canyons wieder aufsteigen und sich an den Felsen hochziehen. Echtes Abenteuertauchen." Verde Island.

Uhr trifft sich der lokale Ableger der **Hash House Harriers** im Capt'n Gregg's Dive Resort zu einem „Spaßlauf", gefolgt von einer feucht-fröhlichen Feier.

Strände

Die besten Strände der Gegend sind der **Aninuan** und **Talipanan** im Westen. Sie sind viel ruhiger und gediegener als der nahe White Beach – im Moment. Besonders der Talipanan entwickelt sich rasant. Der **White Beach** ist zwar auch nicht schlecht, leidet jedoch unter den Folgen geschmackloser Bebauung und den Menschenmassen in der Hauptsaison. An Werktagen in der Nebensaison kann er aber sehr angenehm sein.

Sabangs schmutziger kleiner Strand hat diese Bezeichnung kaum verdient. Am besten fährt man um die Landspitze herum zum viel besseren **Small La Laguna** oder noch weiter zum hübschen **Big La Laguna**.

5 km südlich der Stadt an der Straße nach Calapan liegt der **Dulangan Beach**, ein Favorit der Einheimischen. Hier kann man Jetskis und Wakeboards ausleihen und ihn prima mit einem Ausflug zu den Tamaraw Falls kombinieren.

Tauchen & Schnorcheln

Puerto Galera bietet eine erstklassige Unterwasserwelt. Zwischen den Korallen leben ungewöhnliche Tiere wie Anglerfische, Zwerg-Seepferdchen, Schmuck-Geisterpfeifenfische und Nacktkiemer. Einige der besten Tauchplätze findet man rund um Verde Island, ein paar Kilometer vor der Küste.

Die Preise fürs Tauchen variieren so stark, dass man sich unbedingt umschauen sollte (obwohl Qualität und Sicherheit immer über dem Preis stehen sollten). Man kann mit 1000 bis 1800 P für einen Tauchgang rechnen; Open-Water-Kurse kosten zwischen 16 000 und 20 000 P.

Schnorchler brauchen sich aber auch nicht ausgeschlossen fühlen, denn viele der besten Tauchstätten eignen sich auch prima zum Schnorcheln. Die meisten Tauchanbieter haben auch eine Schnorcheloption im Programm. 1200 P sind der gängige Preis für eine dreistündige Tour.

Strände von Puerto Galera

Strände von Puerto Galera

⊙ Sehenswertes
- **1** Excavation Museum E3
- **2** Talipanan Falls & Mt. Talipanan A3

⊙ Aktivitäten, Kurse & Touren
- Asia Divers .... (siehe 12)
- **3** Asia Tech E1
- Badladz .... (siehe 8)
- **4** Blue Ribbon Divers E1
- **5** Pacific Divers B2
- Puerto Galera Yacht Club .... (siehe 26)
- **6** Tina's Reef Divers F1

⊙ Schlafen
- **7** Amami Beach Resort A3
- **8** Badladz D3
- Blue Ribbon .... (siehe 12)
- **9** Campbell's E1
- **10** Cataquis E1
- **11** Coco Beach Island Resort E1
- **12** El Galleon Beach Resort E1
- **13** Fisherman's Cove D3
- **14** IDive B2
- **15** Kalaw Place E2
- **16** La Laguna Villas E1
- **17** Lenley's Cottages B2
- Luca's .... (siehe 25)
- **18** Mountain Beach Resort A3
- **19** Reynaldo's Upstairs F1
- Sha-Che .... (siehe 12)
- **20** Steps Garden Resort E2
- **21** Sunset at Aninuan A3
- **22** Tamaraw Beach Resort A2

⊙ Essen
- **23** Ciao Italia B2
- Full Moon .... (siehe 12)
- Hangout Bar .... (siehe 8)
- **24** Hemingway's E1
- Le Bistro .... (siehe 8)
- **25** Luca's Cucina Italiana A3
- **26** Puerto Galera Yacht Club D2
- **27** Robby's Cafeteria D3

⊙ Ausgehen & Nachtleben
- **28** Point Bar E1
- **29** View Point E2

Asia Divers
TAUCHEN
(☎043-287 3205; www.asiadivers.com; Small La Laguna) Höchst professionell; betreibt auch den sehr guten Anbieter **Asia Tech** (Small La Laguna) für technisches Tauchen.

Blue Ribbon Divers
TAUCHEN
(☎043-287 3561; www.blueribbondivers.com; Small La Laguna) Ausgezeichneter Anbieter mit guten Preisen.

Capt'n Gregg's Dive Shop
TAUCHEN
(☎043-287 3070; www.captngreggs.com; Sabang) Langjähriger zuverlässiger Anbieter.

Tina's Reef Divers
TAUCHEN
(☎0917 532 4555; www.tinasreefdivers.com; Sabang) Top für Pfennigfuchser mit Preisen ab 1000 P pro Tauchgang inklusive Ausrüstung.

Badladz
TAUCHEN
(☎0998 989 8485; www.badladz.com; Muelle Pier) Gute Wahl in Puerto Galera (Stadt).

Pacific Divers
TAUCHEN
(☎0920 613 5140; http://pacificdivers.net/; White Beach) Professionell; am White Beach.

Golf

Ponderosa Golf & Country Club
GOLF
(☎0916 469 3156; www.puertogaleragolf.com; Minolo; 9 Löcher inkl. Ausrüstung & Caddy 1350 P) Golfer können ihr Geschick auf einem der skurrilsten Plätze überhaupt unter Beweis stellen: auf dem winzigen, aber spektakulären Ponderosa Golf & Country Club, der 300 m oberhalb von Puerto Galera in einen steilen Berg gehauen wurde.

Segeln

Puerto Galera Yacht Club
SEGELN
(☎043-287 3401; www.pgyc.org; Puerto Galera (Stadt)) Begeisterte Segler und Neulinge können sich in den Puerto Galera Yacht Club begeben, wo man am „Wet Wednesday" mit einem erfahrenen Segler in ein Team gesteckt wird und an den Spaßrennen am Nachmittag teilnehmen kann (500 P; 13 Uhr). Der Club verleiht auch Laser-Segelboote (2 Std. 1700 P) und Hobie-Katamarane (2 Std. 2250 P) und kann beim Chartern eines größeren Bootes für eine Halbtagstour (4000 P) helfen.

Kareem
SEGELN
(☎0927 718 7103; kareem.magill@hotmail.com; halber Tag 8000 P) Verleiht Luxus-Katamarane für Sonnenuntergangstouren und lange Cruises.

Seilrutschen

Zipline
SEILRUTSCHE
(☎0917 506 2280; Rutschen 500 P) Mit dieser spektakulären Seilrutsche geht's im Schatten des Mt. Malasimbo 250 m abwärts.

🎉 Feste & Events

Malasimbo Music & Arts Festival
MUSIKFESTIVAL
(www.malasimbofestival.com) Das Malasimbo Festival wurde 2011 ins Leben gerufen und

hat sich schnell zum größten Open-Air-Musikfestival der Philippinen entwickelt. Es zieht Talente aus Pinoy und einige internationale Künstler an und findet jeden Februar in einem mit Gras bewachsenen natürlichen Amphitheater nahe dem Ponderosa Golf & Country Club in den Ausläufern des Mt. Malasimbo statt. Den unglaublichen Blick hinunter auf die wunderschöne Küste von Puerto Galera gibt's gratis dazu.

Schlafen

Die richtige Lage ist in Puerto Galera alles. Generell gilt: Sabang ist die laute Partyzone (Small La Laguna und Big La Laguna sind viel ruhiger), und hierher strömen auch die meisten Taucher, da es den Tauchspots am nächsten liegt. Puerto Galera (Stadt) ist tagsüber auch laut, abends aber ruhig. White Beach zieht hauptsächlich lokale Touristen und ein paar loyale Auswanderer und vereinzelte Backpacker an. Die westlichen Strände Aninuan und Talipanan versprühen das einsamste Flair und sind am schönsten.

Wer tauchen will, kann sich nach Tauch- und Übernachtungspaketen erkundigen.

Sabang (Ort)

Sabang an der Ostküste zeigt, was es hat. Tagsüber ist es ganz entspannt, dann tauchen die Taucher und das Partyvolk schläft, aber bei Sonnenuntergang findet eine wahre Metamorphose statt. Dann öffnen die Bars, die Nachtschwärmer strömen herbei, die Musik wird lauter und das Nachtleben entfaltet sich in all seiner bunten Herrlichkeit – und wenn wir bunt sagen, meinen wir auch bunt. Die billigsten Unterkünfte findet man in den Hügeln am Ostende des Strandes von Sabang, wo man vielleicht auch eine Privatunterkunft für zwischen 500 und 600 P ergattern kann.

★ Capt'n Gregg's Dive Resort   LODGE $
(☎ 0917 540 4570, 043-287 3070; www.captngreggs.com; Zi. mit Ventilator 800–1200 P, mit Klimaanlage 1200–1900 P; ❄ ☏) Diese Institution in Sabang bietet seit über 25 Jahren das beste Preis-Leistungs-Verhältnis des Orts. Die kompakten, aber gemütlichen, mit Holz verkleideten „alten" Zimmer direkt am Wasser bieten den meisten Charme und sind auch am günstigsten. Die Zimmer oben sind größer und haben Balkone – am besten wählt man eines der vorderen mit Meerblick.

Reynaldo's Upstairs   PENSION $
(☎ 0917 489 5609; rey_purie@yahoo.com; Sabang; Zi. 900–1200 P; ❄ ☏) Das Reynaldo's wird von der nettesten Familie geführt, die man je getroffen hat, und bietet eine tolle Mischung aus mehr als passablen günstigen Ventilator-Zimmern und großen Panorama-Zimmern mit Küchenzeile und Privatbalkon am Hang. Nur die Bäder enttäuschen etwas. Einige Zimmer bieten Extras wie DVDs und Korbsofas.

DIE IRAYA-MANGYAN VON TALIPANAN

Aufmerksame Beobachter werden bei ihrem Spaziergang durch das Iraya-Mangyan-Dorf in Talipanan merken, dass hier zwei Dinge anders sind: Erstens befindet es sich im Tiefland (die große Mehrheit der Mangyan leben in den Bergen), und zweitens ist es relativ wohlhabend. Das Dorf ist in gutem Zustand, die Häuser sind sauber, und es gibt sogar ein Gemeindezentrum mit brandneuen Computern.

Die Mangyan hier haben es weit gebracht, seit sie vor mehreren Jahrzehnten aus den Bergen vertrieben wurden, weil sie in die Kämpfe zwischen der Regierung und den kommunistischen Rebellen der Neuen Volksarmee geraten waren. Sie ließen sich am Strand nördlich des Talipanan Beach nieder, aber dieses Land gehörte einer der reichsten Familien der Philippinen, den Ayalas.

Durch ihre Ayala Foundation starteten die Ayalas ein umfassendes Programm für eine nachhaltige Lebensgrundlage, das auch Unterstützung bei der Gesundheitsfürsorge, Ausbildung und Ernährung innerhalb der Gemeinde beinhaltet. Die Stiftung half den Dorfbewohnern außerdem, die Kunst des Webens der typischen sechseckigen Körbe aus *nito* (Weinrebenholz) wiederzubeleben.

Touristen, die das Dorf heute besuchen, können noch immer Weber bei der Arbeit sehen und ihre wunderschönen *nito*-Waren kaufen. Es ist meilenweit von den meisten anderen Mangyan-Dörfern entfernt, die schockierend arm sind. In einem Land, in dem der Kontrast zwischen Arm und Reich so krass ist, ist es schön zu sehen, dass eine wohlhabende Familie etwas zurückgegeben hat.

Sabang

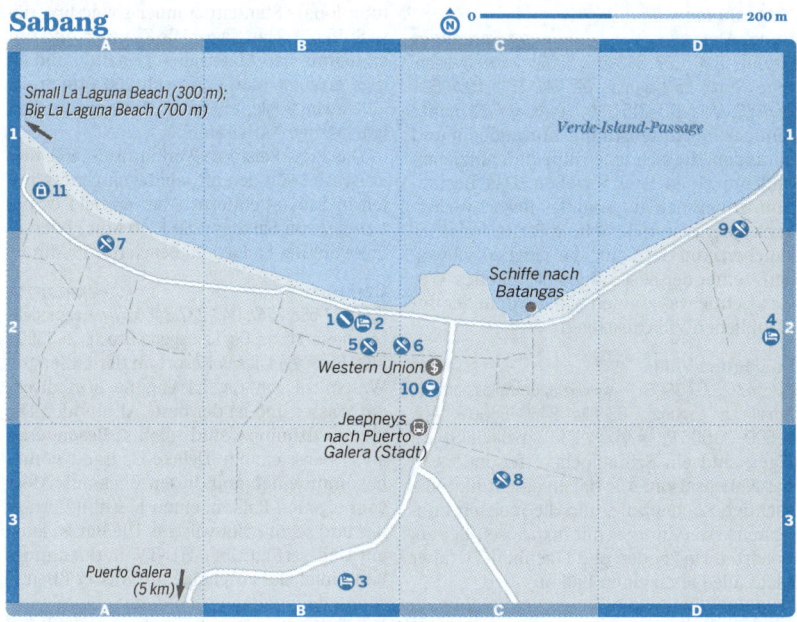

Steps Garden Resort HÜTTEN $$
(☏ 0915 381 3220, 043-287 3046; www.steps
garden.com; Sabang; DZ 1600–3000 P; ❄☎☀)
Eine bezaubernde Ansammlung einzelner
Hütten mit Balkon in einem üppigen bunten Garten: Die Anlage liegt hoch über dem
Strand und bietet einen hübschen Pool,
sanfte Brisen, Aussicht und Ruhe vor dem
Lärm. Und ja, hier gibt's eine Menge Stufen.

Mermaid Dive Resort RESORT $$
(☏ 0916 439 8132; www.mermaiddivers.com; Sabang; DZ 63–125 US$; ❄☎☀) Das zuverlässige Mermaid liegt etwas abseits des Strandes,
aber das sollte niemanden abhalten. Es
schirmt den Lärm besser ab als die meisten
anderen Häuser in Sabang, und die Zimmer
machen den fehlenden Meerblick mehr als
wieder wett. Selbst die billigsten Optionen
bieten jede Menge Platz, weiche Betten,
genügend Mobiliar und alle modernen Annehmlichkeiten, die man so braucht.

Oriental Sabang Hill Resort HOTEL $$
(☏ 043-287 3559; www.sabanghhill.com; Sabang;
Zi. ab 1850 P; ❄☎☀) Dieses Hotel auf dem
Hügel ist in schwedischer Hand und punktet mit dem tollen Ausblick dank seiner
Lage ganz am Ende von Sabangs (etwas)
ruhigerer Ostseite. Der Service ist toll, und
es gibt ein beeindruckendes Bar-Restaurant
und einfache, gut ausgestattete Zimmer mit
weißen Wänden, Wandgemälden und Minibar. Außerdem kann man die Aussicht auch
vom privaten Balkon genießen.

Small La Laguna

Small La Laguna umschließt die Landzunge
von Sabang, bietet bessere Chancen auf ruhigen Schlaf und noch dazu den hübscheren
Strand.

Sabang

✪ Aktivitäten, Kurse & Touren
1 Capt'n Gregg's Dive Shop...................B2

⌂ Schlafen
2 Capt'n Gregg's Dive Resort B2
3 Mermaid Dive Resort..........................B3
4 Oriental Sabang Hill Resort D2

✖ Essen
5 Bella Napoli B2
6 Mira's Bakery & Deli Shop C2
7 Tamarind Restaurant A2
8 Teo's Native Sizzling House C3
9 Tina's D1

⚇ Ausgehen & Nachtleben
10 Aquabest...C2

⛒ Shoppen
11 Frontier Handicrafts A1

★ El Galleon Beach Resort
STRANDRESORT $$

(☏ 0917 814 5107, 043-287 3205; www.elgalleon.com; Small La Laguna; DZ inkl. Frühstück 59–110 US$, Villa 110–315 US$; ❄️ 📶 🏊) Elegante Zimmer im Hüttenstil mit Korbmöbeln und Veranden, die sich eine Klippe hinaufziehen und um einen Pool verteilen. Das Restaurant ist wirklich gut, und das Resort verfügt auch über eine tolle Schule für technisches Tauchen, von der Point Bar ganz zu schweigen – einer der besten Bars des Landes. Wer sich richtig was gönnen will, kann in der unglaublichen Villa absteigen.

La Laguna Villas
RESORT $$

(☏ 043-287 3696; www.lalagunavillas.com.ph; Small La Laguna; DZ-Villa 2450–5500 P, Apt. 12 500–20 000 P; ❄️ 📶 🏊) Die Luxusvillen am Hang sind ein Schnäppchen, besonders in der Nebensaison. Alle haben eine funktionstüchtige Küchenzeile, und die meisten mindestens zwei Zimmer mit luxuriösen Betten, polierten Holzböden und Flachbild-TV (aber nicht alle bieten einen Balkon).

Blue Ribbon
RESORT $$

(☏ 0917 893 2791, 043-287 3561; www.blueribbondivers.com; Small La Laguna Beach; DZ/4BZ 1995/3995 P; ❄️ 📶 🏊) Dieses beliebte Haus hat anständige Preise. Aber nicht nur die Zimmer sind richtig günstig, auch die Tauchpreise sind fair, und Taucher erhalten 20 % Rabatt auf Übernachtungen. Außerdem gibt's ein Fitnessstudio (für Gäste gratis), einen Pool, Küchenzeilen (in den teureren Zimmern) und eine Strandbar mit im Sand verstreuten Stühlen.

Sha-Che
HÜTTEN $$

(☏ 0917 641 0112; Zi. 1000–2500 P) Eine Ansammlung preiswerter, kleiner Selbstversorger-Wohneinheiten mit Terrasse und Küche, die sich in Strandnähe aneinanderreihen.

🛏 Big La Laguna

Einen Strand östlich von Small La Laguna liegt Big La Laguna. Es ist noch besser vom Trubel Sabangs abgeschirmt, und der Strand selbst ist der beste in der ganzen Gegend.

★ Coco Beach Island Resort
STRANDRESORT $$

(☏ 043-287 3529; www.cocobeach.com; Zi. 3000–5000 P; @ 📶 🏊) Dieses gigantische Resort erstreckt sich von einem langen Privatstrand an der Spitze von Big La Laguna in den Dschungel und bietet dunkle, aber funktionale Standardzimmer sowie luxuriöse Suiten in Hanglage. Alle Zimmer sind mit einheimischen Materialien gestaltet, und einige erreicht man erst nach 250 Stufen. Es gibt zwei Pools, ein paar Restaurants und jede Menge Aktivitäten.

Das Preis-Leistungs-Verhältnis ist toll, und es ist weit von den oft schäbigen Unterkünften in Sabang entfernt. Man erreicht es per *bangka* von Sabang (250 P, 10 Min.) oder zu Fuß vom Big La Laguna Beach (ca. 15 Min.).

Campbell's
STRANDRESORT $$

(☏ 0917 558 7547, 043-287 3466; www.campbellsbeachresort.com; Big La Laguna Beach; Zi. 1550–3100 P; ❄️ 🏊) Dieses Resort an der äußersten Westspitze von Big La Laguna liegt direkt am Wasser und ist der beste Allrounder. Die Standardzimmer sind nichts Besonderes, aber wer sich ein Deluxe-Upgrade gönnt, bekommt einen grandiosen Blick aufs Meer vom eigenen Balkon, einen Flachbildfernseher und schöne Bettwäsche. Die Bar ist auch gut und verfügt über HD-TV, und sonntags kann man Golfabschläge ins Wasser üben.

Cataquis
BUNGALOW $$

(☏ 0916 297 8455; Big La Laguna Beach; Zi. mit Ventilator/Klimaanlage 1000/1800 P; ❄️) Hier gibt's zwar keine Extras, aber diese Hütten in zwei Gruppen in der Nähe des Eingangs zum Big La Laguna Beach haben einen gewissen Charme. Ein paar stehen wirklich direkt am Strand, aber die netteren liegen versteckt weiter zwischen in den Bäumen.

🛏 Puerto Galera (Stadt) & Umgebung

Einige Besucher ziehen die verhältnismäßige Ruhe am Hafen rund um den Muelle Pier in Puerto Galera den geschäftigen Strandresorts vor. Hier liegen auch oft Jachten vor Anker. Direkt außerhalb der Stadt gibt's ein paar schickere, teurere Optionen in privaten Buchten.

Fisherman's Cove
RESORT $$$

(☏ 043-287 3257; www.fishermenscove.com; Barangay Sta Niño; Zi. pro Person inkl. VP 3500 P; ❄️ 🏊) Dieses gut geführte italienische Resort liegt 1 km westlich von PG und ist ideal für alle, die auf Privatsphäre aus sind. Die geräumigen Zimmer in einem dreistöckigen Gebäude blicken auf den Pool und sind geschmackvoll-klassisch eingerichtet, und eine tolle Gemeinschaftsbibliothek sowie ein Tauchzentrum gibt's auch. Zur Anlage gehört kein Strand, aber ein Boot bringt die

Gäste vom hauseigenen Pier gratis zu den umliegenden Stränden.

Badladz
RESSORT $$

(☏ 0927 268 9095; www.badladz.com; Muelle Pier; DZ/4BZ 1390/1690 P; ❄☎) Das Badladz befindet sich in perfekter Lage direkt am Hafen von PG und lockt mit einem renommierten Tauchladen, funktionalen, wenn auch unspektakulären Zimmern und leckeren mexikanischen Klassikern wie *huevos rancheros*.

Kalaw Place
VILLA $$$

(☏ 043-442 0209; www.kalawplace.com.ph; Barangay Palangan; Villa inkl. Frühstück 160–250 US$; ☎) Es gibt hier nur zwei Villen, aber die sind atemberaubend: mehrstöckige Häuser aus Hartholz mit wunderschönen Nipapalmen-Dächern in einer traumhaften privaten Bucht mit Strand. Einfach wow! Sie sind 2 km östlich von PG-Stadt angeschrieben.

White Beach & Umgebung

White Beach füllt sich am Wochenende und von März bis Mai mit Scharen von Manileños. Die Unterkünfte richten sich an große Familien und sind für Individualreisende viel zu teuer. Am Wochenende steigen die Preise in der Gegend sogar noch höher als hier aufgelistet. Am besten reist man weiter nach Westen zum lockereren Aninuan bzw. Talipanan Beach, obwohl die dortigen Resorts die Preisschwankungen mitmachen.

★ Amami Beach Resort
STRANDRESORT $$

(☏ 0908 206 8534; www.amamibeachresort.com; Talipanan; EZ/DZ inkl. Frühstück ab 800/1200 P; ☎) Dieses Resort wird mit viel Elan von einer gastfreundlichen italienisch-philippinischen Familie geführt und ist das preiswerteste am Talipanan Beach. Die Zimmer im einheimischen Stil sind einfach, aber geschmackvoll, haben Moskitonetze und Warmwasser. Die meisten gehen von einer langen Gemeinschaftsveranda hinter dem ausgezeichneten Amami Ginger Restaurant (Hauptgerichte 180–250 P) ab.

★ IDive
TAUCHRESORT $$

(☏ 0916 420 5199; www.idivedivingcenter.com; White Beach; DZ inkl. Frühstück 2200 P; ❄☎) Hier gibt's nur ein paar Zimmer, aber sie sind mit Abstand die schönsten am White Beach, und Details wie Designer-Seifen und das Boutique-Design machen sie umso netter – dies ist eines der wenigen Häuser der Gegend, die sich nicht an große Gruppen Einheimischer richten.

Tamaraw Beach Resort
RESSORT $$

(☏ 0917 504 8679; www.tamarawbeachresort.com; Aninuan; DZ mit Ventilator ab 800 P, mit Klimaanlage 1300–4000 P; ❄☎) Dieses relaxte Resort wird immer größer und erstreckt sich mit schattigen Gärten am sandigen Aninuan Beach. Die gemütlichen Hütten sind mit Abstand die beste Option. Die schlichten Ventilator-Zimmer sind in einem großen Betongebäude untergebracht.

Mountain Beach Resort
BUNGALOWS $$

(☏ 0906 362 5406; www.mountainbeachresort.com; Talipanan; DZ mit Ventilator/Klimaanlage ab 1000/2000 P; ❄@☎) Das beste einer ganzen Ansammlung kleiner, familiengeführter Resorts am Talipanan Beach. Wir bevorzugen die Ventilator-Zimmer im Holzreihenhaus mit den Strohwänden und der langen Veranda.

Luca's
RESORT $$

(☏ 0916 417 5125; www.lucaphilippines.com; Talipanan; Zi. ab 1800 P; ❄) Das Luca's befindet sich in optimaler Lage am isolierten Westende des Talipanan Beach, aber der Service lässt zu wünschen übrig. Es ist vor allem für sein Restaurant bekannt. Die Zimmer sind groß und funktional, die Kulisse ist unschlagbar – dies ist der schönste Strandstreifen weit und breit, auch wenn es etwas turbulent zugeht.

Lenley's Cottages
HÜTTEN $$

(☏ 0917 353 8820; White Beach; Zi. mit Ventilator/Klimaanlage ab 1500/2000 P; ☎) Diese Oase im Herzen von White Beach liegt hinter Imbissständen. Man steigt in einem der privaten Bambus-Bungalows mit Balkon ab, die rund um einen sandigen Innenhof liegen.

Sunset at Aninuan
STRANDRESORT $$$

(☏ 0920 931 8924; www.aninuanbeach.com; Aninuan; alter Flügel 3000–5000 P, neuer Flügel 7000–14 000 P; ❄☎≈) Das Sunset hat zwei Gesichter: Der alte Flügel besteht aus unscheinbaren Zimmern mit TV, schlichten Betten und wenig mehr. Die Zimmer im neuen Flügel hingegen bieten Luxus pur, mit Böden und Möbeln aus Hartholz, Kunsthandwerk und Wandbehängen sowie Balkonen mit Meerblick. Die Kajaknutzung ist kostenlos.

🍴 Essen & Ausgehen

Fast überall gibt's eine Happy Hour, irgendwann zwischen 14 und 19 Uhr.

🍴 Sabang & Umgebung

Die Restaurants in Sabang sind vor allem eines: teuer. Dafür ist die Qualität verglichen mit den meisten anderen Resortgebieten auf den Philippinen recht gut.

Teo's Native Sizzling House   PHILIPPINISCH $
(Hauptgerichte 150–300 P; ⊙24 Std.) Entspanntes Lokal mit langer Karte voller philippinischer Klassiker und Steaks.

Tina's   DEUTSCH, PHILIPPINISCH $$
(Sabang; Hauptgerichte 200–450 P; ⊙8–22 Uhr; 🕿) Das schweizerisch angehauchte Tina's serviert einige der besten Gerichte am Strand, und die Preise sind für PG auch gut. Unbedingt das Schnitzel probieren!

Mira's Bakery & Deli Shop   FEINKOST $$
(Sabang; Sandwiches 300–350 P; ⊙6.30–22 Uhr) Kleiner Sandwich-Laden, der hochwertiges Fleisch, Käse und sonstiges importiertes Picknickzubehör verkauft.

★ Full Moon   KNEIPENESSEN $$$
(Small La Laguna Beach; Hautgerichte 200–900 P; ⊙10–21 Uhr; 🕿) Der Spaziergang zum Ende von Small La Laguna lohnt sich schon allein wegen des Chili con Carne – das ist wirklich authentisch. Pasta, Steaks und Currys gibt's ebenfalls. Das „Full Moon Breakfast" macht pappsatt und bietet jede Frühstückszutat, die man sich nur vorstellen kann.

Bella Napoli   ITALIENISCH $$$
(Sabang; Pizza 260–450 P, Hauptgerichte 300–1000 P; ⊙11–22 Uhr; ❄) Noch so ein Lokal in Sabang, bei dem man sich denkt: „Mann, war das lecker, aber wie bin ich bloß 1500 P losgeworden?" Die solide Weinauswahl (Glas ab 140 P) führt Weinkenner in Versuchung, während sich Feinschmecker über das Essen und das entspannte Flair freuen. Leider verdirbt abends die Karaoke-Bar gegenüber die Atmosphäre ein wenig. Am besten sucht man sich drinnen einen Platz.

Tamarind Restaurant   INTERNATIONAL $$$
(Sabang; Hauptgerichte 350–1000 P; 🕿) Das Tamarind lockt mit dem Duft von gegrillten Steaks und Seafood – unbedingt das Steak vom *carabao* (Wasserbüffel) testen! Philippinisches, Pasta und Schnitzel stehen auch auf der Karte. Die Lage am Wasser ist toll.

Hemingway's   INTERNATIONAL $$$
(Sabang; Hauptgerichte 500–2000 P; ⊙10.30–22 Uhr; 🕿) Hier gibt's verschiedene karibische Gerichte und eher traditionelle importierte Steaks, deutsche Würstchen und gegrillte Meeresfrüchte (aber man muss aufpassen, dass sie nicht verkocht sind). Pluspunkte sind das gelassene Flair und die Lage am Meer.

★ Point Bar   BAR
(El Galleon Beach Resort, Small La Laguna) Unsere Lieblingsbar. Die Point Bar ist ein lässiger Treffpunkt mit toller Aussicht und buntem Musikmix. Sie gehört zu den wenigen Bars der Stadt, in der sich auch alleinreisende Frauen wohlfühlen. Bei gutem Wetter verlagert sich das Treiben zur neu eröffneten **Barrel Bar** am Dock von Asia Dive weiter unterhalb. In der Happy Hour von 17.30 bis 18.30 Uhr gibt's in beiden Bars zwei Drinks zum Preis von einem.

View Point   BAR
(Hauptgerichte 200–300 P; ⊙9–21 Uhr) Das View Point liegt auf einer Anhöhe an der kurvigen Straße zwischen PG und Sabang und bietet einen atemberaubenden Ausblick auf die wunderschöne Dalaruan Bay 2 km westlich von Sabang. Neben der Aussicht kann man englische Lieblingsgerichte wie Steak and Mushroom Pie genießen.

Aquabest   WASSERSTATION
(Sabang; ⊙8–19 Uhr) Wasser auffüllen: 5 P pro 1-l-Flasche.

🍴 Puerto Galera (Stadt) & Strände im Westen

Bars und Lokale säumen den schönen Hafen westlich vom Muelle Pier und bieten eine breite Palette lokaler und westlicher Gerichte.

★ Puerto Galera Yacht Club   INTERNATIONAL $$
(Puerto-Galera-Stadt; Hauptgerichte 275–430 P; ⊙12–21 Uhr, NS Mo geschl.) Diese Perle liegt zwischen den Bäumen am Westrand der Muelle Bay. Ein kostenloses Shuttle-Boot (3 Min.) verkehrt vom Muelle Pier aus, aber man kann auch ganz leicht hinfahren. Den Freitag feiert man traditionell mit einem Drink bei Sonnenuntergang und einem Barbecue.

★ Luca's Cucina Italiana   ITALIENISCH $$
(Talipanan; Hauptgerichte 200–300 P, Pizza 260–480 P; ⊙6–22 Uhr; 🕿) Serviert tolles italienisches Essen, meist vom italienischen Besitzer zubereitet. Die Pizzas werden draußen im Holzofen gebacken, sind lecker und sättigen drei Personen. Das Restaurant liegt oberhalb des Strands mit den Klippen darüber und den Bergen im Hintergrund. Toll!

Robby's Cafeteria   ITALIENISCH $$
(Main Road, hinter Muelle Pier; Hauptgerichte 150–300 P, Pizza 200–360 P; ⊙8–21 Uhr) Was ist das nur mit den Italienern und Puerto Galera?

Besitzer Roberto kommt direkt aus Bologna und kreiert köstliche Pizzas, Gourmet-Sandwiches und üppige Desserts. Man kann draußen mit Blick auf den Hafen von PG essen oder drinnen an einem Tisch mit roter Tischdecke zwischen Wänden aus Wein (der ab 70 P auch glasweise erhältlich ist).

Ciao Italia ITALIENISCH $$$
(White Beach; Hauptgerichte 300–700 P, Pizzas 240–440 P; 9–21.30 Uhr) Dies ist eines von mehreren authentischen italienischen Restaurants in Puerto Galera. Die Pizzas sind solide, und Lasagne und Gnocchi sind auch gut. Eine Pizza reicht für zwei. Das Lokal befindet sich in beneidenswerter Lage am viel ruhigeren Westende von White Beach.

Hangout Bar KNEIPENESSEN $$
(Muelle Pier; Hauptgerichte 180–280 P; 7–22 Uhr;) Qualitativ hochwertiges Kneipenessen und Internetzugang (60 P/Std.).

Le Bistro FRANZÖSISCH $$$
(Muelle Pier; Hauptgerichte 400–800 P; 7.30–21.30 Uhr) Weiße Tischdecken und Französisches wie Steak Tartare und Bouillabaisse.

Shoppen

Frontier Handicrafts SOUVENIRS
(6.30–21 Uhr) Wirklich guter Laden, der sich zwischen den Restaurants von Sabang versteckt. Viele Holzstatuen der Ifugao (Nord-Luzon) und lokales Kunsthandwerk.

Praktische Informationen

An den überdachten Gassen von Sabang und in PG (auch in der Hangout Bar) gibt's Internetcafés.
Das El Galleon Beach Resort verfügt über einen Geldautomaten („RTM"), an dem die meisten westlichen Karten funktionieren sollten (max. 10 000 P/Transaktion).
Allied Bank (National Rd; Mo–Fr 8–16 Uhr) Der einzige zuverlässige Geldautomat; wechselt Dollar (akzeptiert aber keine Euro oder Reiseschecks).
Einwanderungsbehörde (043-287 3570; Public Mkt, 2. St., Puerto-Galera-Stadt; Mo–Mi 9–12 Uhr) Erledigt Visaerneuerungen innerhalb eines Tages.
Post (E Brucal St, Puerto-Galera_Stadt; Mo–Fr 8–16.45 Uhr)
Western Union (Sabang; 7.30–23 Uhr) Geldwechsel, Auszahlungen (Gebühr 7%).

An- & Weiterreise

JEEPNEY & VAN
Jeepneys (80 P, 1½ Std., bis 15.45 Uhr alle 45 Min.) und klimatisierte Vans (100 P, 1¼ Std., bis 17 Uhr stündl.) fahren entlang einer kurvigen Straße mit spektakulärer Aussicht auf die Verde-Island-Passage nach Calapan, 48 km südöstlich von PG. Alle fahren am **Jeepney-Stand** in der Nähe der Petron-Tankstelle in PG ab.

Wer nach Roxas will, steigt in Calapan um.

SCHIFF/FÄHRE
Häufig verkehrende *bangka*-Fähren verbinden Puerto Galera mit Batangas auf Luzon. Aufgepasst: Das letzte Boot von Sabang nach Batangas geht schon um 13 oder 14 Uhr (sonntags und in der Hauptsaison gibt's noch eine spätere Verbindung). Vom White Beach legt die letzte Fähre normalerweise um 15 Uhr ab, vom **Muelle Pier** in Puerto Galera (Stadt) um 15.30 Uhr.

Vom **Balatero Pier**, 2,2 km westlich von PG, verkehrt täglich um 10.30 Uhr ein *bangka* nach Abra de Ilog (200 P, 1–1½ Std.).

Unterwegs vor Ort

Regelmäßig verbinden Jeepneys tagsüber Sabang und Puerto Galera (20 P, 25 Min.). Ein Tricycle zwischen den beiden kostet 100 P (abends mehr); von Sabang nach Talipanan beträgt der Preis 300 P, und eine Fahrt von Puerto Galera (Stadt) zum White Beach kostet 100 P. Motorradtaxis („Singles") sind billiger.

In Puerto Galera kann man sich in mehreren Läden rund um **Alex Motorcycle Rental** (Sinandigan Rd) östlich des Marktes ein Motorrad ausleihen. Man kann verhandeln, muss aber etwa mit 400 P für ein kleines Motorrad und 700 P für ein Trail-Bike rechnen.

Calapan

043 / 124 173 EW.

Calapan, die geschäftige Verwaltungshauptstadt von Oriental Mindoro, ist ein wichtiger Hafen für Batangas, Luzon, und – für die meisten Touristen – ein Zwischenstopp auf der Bus- und Bootsroute zwischen Manila und Boracay. Die Stadt ist außerdem ein gutes Basislager für Wanderungen am grandiosen Mt. Halcon und für alle, die etwas mehr über die Mangyan-Kultur erfahren wollen.

Sehenswertes & Aktivitäten

Mangyan Heritage Center KULTURZENTRUM
(043-441 3132; www.mangyan.org; St Augustine Bldg., Sto Niño St; Mo–Fr 8.30–17 Uhr, Sa & So nach Vereinbarung) Dieses freundliche Forschungszentrum mit Bibliothek ist eine wahre Schatzkiste voller Bücher, Archivfotos und alter Zeitungsausschnitte über die Mangyan-Kultur. Der Souvenirladen verkauft Körbe, Wildhonig, Mangyan-Maultrommeln, von den Mangyan gewebte Hemden und

Taschen und Grußkarten mit alter Mangyan-Schrift – alles direkt gehandelt und zu fairen Preisen. Das Personal klärt Traveller gern über die acht Hauptstämme der Mangyan auf und bringt Interessierten sogar die Mangyan-Schrift bei. Das Zentrum befindet sich in der Stadtmitte von Calapan gegenüber der Altstadt-Plaza.

Mt. Halcon
TREKKING

Der Mt. Halcon (2582 m) thront im Westen über Calapan und gilt vielen als anspruchsvollster der großen Gipfel der Philippinen. Die Wandersaison dauert von Mitte Januar bis Ende Mai; der Berg ist zu anderen Zeiten gesperrt. Wer den Aufstieg wagen will, kann im **Apâk Outdoor Shop** (0916 241 1780; richard.alcanices@yahoo.com; Quezon Blvd) vorbeischauen. Richard, der Besitzer, ist Mitglied in der Bergsteigervereinigung Mt. Halcon Mountaineering Association, die Wanderungen auf den Berg organisiert. Für gewöhnlich dauert die Tour zwei Tage für den Hinweg und zwei für den Rückweg.

Zuerst muss man verschiedene Genehmigungen (350 P) vom Gemeindeamt in Baco besorgen, der nächsten Stadt nördlich von Calapan. Die Vereinigung kann das übernehmen und Wanderer zum Startpunkt des Weges transportieren und einen Mangyan-Träger (500 P/Tag) und Führer (max. 5 Pers. 2000 P/Tag) organisieren. Die volle Ausrüstung kostet 1000 P.

Richard und die Vereinigung können außerdem andere Outdoor-Aktivitäten rund um Calapan und Puerto Galera arrangieren: Tageswanderungen, Vogelbeobachtungen, Höhlentouren in San Teodoro oder Tubing auf dem Baco River vom *barangay* (Dorf) Sta. Rosa (auf 1200 m Höhe) sind nur ein paar der Optionen.

Apâk befindet sich gegenüber dem Land Transportation Office (LTO), 1,5 km östlich des Zentrums an der Straße zum Pier.

Schlafen & Essen

★ Don Amando's Inn
LODGE $

(0918 552 5629; donamandosinn@yahoo.com; Ecke San Agustin & G Paras St; DZ 350–650 P, 3BZ 850 P;) Das superfreundliche Don Amando's ist eher ein gemütliches Hostel als ein Inn und die perfekte Wahl für eine Klettergruppe. Es verfügt über eine hübsche Gemeinschaftsküche, einen Gemeinschaftsbereich und neun schlichte, aber saubere und penibel gestrichene Zimmer, und die relativ ruhige Lage nahe der Altstadt-Plaza ist ein weiteres Plus.

Filipiniana Hotel
HOTEL $$

(043-286 2624; www.filipinianacalapan.com; M Roxas St; Zi. 1750–3500 P;) Hilfsbereites Personal, gemütliche, ordentliche Zimmer, ein großer Pool in grüner Umgebung und die Lage gegenüber der Robinson's Mall machen dieses Hotel zur ersten Wahl für Geschäftsreisende nach Calapan. Unbedingt nach dem „Promo-Angebot" fragen!

Calapan Bay Hotel
HOTEL $$

(043-288 1309; calapanbayhotel@ymail.com; Quezon Blvd; Zi. 1100–1200 P;) Dieses Hotel am Hafen liegt nur fünf Gehminuten westlich des Piers und bietet große, freundliche Zimmer und eine Terrasse, auf der man zu Abend essen und dabei den Blick auf die Inseln vor der Küste genießen kann. Am besten wählt man sein Zimmer soweit wie möglich von der Straße weg.

Cargo Grill
PHILIPPINISCH $

(JP Rizal St; Burger ab 110 P; 10–24 Uhr) Die Spezialität dieser Grill-Bar ist *carabao* (Wasserbüffel), der auf viele verschiedene Arten serviert wird, aber die Burger sind am beliebtesten. Das Restaurant liegt 2 km südlich des Stadtzentrums im Tawiran-Distrikt.

Dutch Cafe
CAFÉ $

(JP Rizal St; Snacks 50–70 P; 10–21 Uhr;) Dieses ruhige kleine Café versteckt sich unpassenderweise mitten im chaotischen Zentrum von Calapan und lockt mit Kaffeespezialitäten, ein paar Snacks, WLAN und sogar einer Klimaanlage! Es liegt gleich nördlich der zentralen Ampel der Stadt. Eine größere zweite Filiale befindet sich neben dem Filipiniana Hotel.

🛈 Praktische Informationen

BDO, BPI und Metrobank haben Geldautomaten entlang der Hauptstraße im Zentrum, der JP Rizal St, und auch Internetcafés gibt's haufenweise.

🛈 An- & Weiterreise

BUS & JEEPNEY

Jeepneys nach Puerto Galera (80 P, 1½ Std., alle 45 Min.) fahren meist am Jeepney-Terminal neben der Tankstelle Flying V in der JP Rizal St ab, 1,5 km südlich von Calapans Zentrum. Man kann auch einfach in Tawiran (südl. des Zentrums) an der Kreuzung der Straße nach Puerto Galera auf einen vorbeifahrenden Jeepney warten. Vans nach PG fahren vom Calapan City Market in der Juan Luna St ab (100 P, 1¼ Std., alle 45 Min.). Nach 17 Uhr werden die Verbindungen seltener.

Außerdem starten regelmäßig zwischen 7 und 18 Uhr Vans vom Calapan City Market nach Pin-

DIE MANGYAN

Die Mangyan waren die ersten Siedler in Mindoro, als sie vor rund 800 Jahren hier eintrafen. Sie gehören zu den Proto-Malaien-Völkern und stammen von derselben ethnischen Gruppe ab wie die Mehrzahl der Malaien auch. Die Mangyan bestehen aus acht linguistisch verwandten Stämmen, die sich über die gesamte Länge des bergigen Inneren der Insel verteilen. Schätzungen zufolge machen sie 10 % der Bevölkerung von Mindoro aus.

Die Mangyan haben sich ihre Kultur in viel größerem Ausmaß erhalten als viele der anderen indigenen Gruppen auf den Philippinen. Viele Stammesvölker tragen noch immer traditionelle Kleidung, etwa den typischen Lendenschurz (ba-ag), der von den Männern getragen wird. Animismus – der Glaube, dass der Natur Geister innewohnen – bestimmt die Kosmologie der Mangyan nach wie vor sehr stark, auch wenn sich darin heute viele christliche Einflüsse finden.

Die meisten Mangyan betreiben Brandrodung. Während der Trockenzeit brennen sie Buschland und Wälder nieder, um den Boden freizulegen und zu düngen; anschließend bauen sie eine Folge von Feldfrüchten an, darunter Knollengewächse, Mais, Hülsenfrüchte und „Berg"-Reis (eine Trockenreisart). Sofern es genügend Wild gibt, jagen sie in der Regenzeit Schweine, Affen, Vögel und andere Kleintiere. An Markttagen steigen die Mangyan ins Tiefland ab, um ihr Getreide und Kunsthandwerk mit Nicht-Mangyan zu tauschen.

Die Mangyan wurden in ihrer langen Geschichte oft von Neuankömmlingen auf der Insel verfolgt oder sonstwie unfreiwillig in deren Kriege verwickelt. Die Spanier bestraften die Mangyan für ihre enge Beziehung zu den Moros (der größten nicht-christlichen Gruppe), und die Amerikaner ließen die Mangyan auf Zuckerplantagen schuften oder zwangen sie in Reservate. In jüngerer Vergangenheit wurden die Mangyan in die Konflikte zwischen der philippinischen Armee und der Neuen Volksarmee (NPA) verstrickt.

Dass sie trotz jahrhundertelanger Übergriffe von außen noch immer in der Lage sind, ihre Kultur aufrechtzuerhalten, zeugt von ihrer Lebendigkeit und Zähigkeit. Wer noch mehr erfahren möchte, kann das Mangyan Heritage Center in Calapan besuchen.

---

amalayan (100 P, 1½ Std.), Roxas (200 P, 3 Std.) und San José (500 P, 5½ Std.).

SCHIFF/FÄHRE

Der Pier liegt 4 km außerhalb des Stadtzentrums (Tricycle-Fahrt 20–30 P). Das einzige Ziel von Calapan aus ist Batangas auf Luzon. Tickets gibt's direkt am Pier. Die eindrucksvollen Boote von **FastCat** (043-288 8121; www.fastcat.com.ph) sind am zuverlässigsten (190–250 P, 1¼ Std., 8-mal tgl.). **SuperCat** (www.supercat.com.ph) bietet ebenfalls Schnellbootverbindungen (280–360 P, 1 Std., 7-mal tgl.). Die langsameren RORO- (Roll-on-roll-off- oder Auto-) Fähren verkehren mindestens stündlich rund um die Uhr (200 P, 2½ Std.).

Roxas

043 / 49 854 EW.

Roxas ist ein staubiges kleines Städtchen mit Fährverbindungen nach Caticlan. Nur wenige Touristen steigen gezielt hier ab, aber ein paar bleiben stecken, wenn die notorisch unzuverlässigen Fähren Fahrten absagen. Wer Zeit hat, kann ins Zentrum spazieren und sich den Markt anschauen (am besten mittwoch- oder sonntagmorgens, wenn Angehörige des Mangyan-Volks und andere Dorfbewohner ihre Waren verkaufen). Im Zentrum gibt's eine Allied Bank mit Geldautomat.

Schlafen & Essen

Tulip Residence Inn   HOTEL $$
(043-289 3150; Dangay Pier; Zi. 6 Std./24 Std. 1000/1500 P; ❄@☎) Mit Abstand die beste Option am Pier, mit soliden Holztüren, hinter denen sich solide Zimmer mit hellen Laken und sogar Flachbild-TVs verstecken.

Lyf Hotel & Restaurant   HOTEL $
(043-289 2819; Magsaysay Ave; Zi. mit Ventilator 300 P, mit Klimaanlage 650–850 P; ❄) Die geräumigen, erstklassigen klimatisierten Zimmer am National Hwy sind das Beste, was im Zentrum zu finden ist. Die fensterlosen Ventilator- und Standardzimmer mit Klimaanlage sind allerdings schmuddelig. Außen ist das Hotel eher finster. Das Restaurant (Hauptgerichte 60–150 P) serviert praktisch das einzige Essen auf Bestellung in der ganzen Stadt.

An- & Weiterreise

BUS & VAN

Vans nach Calapan (180 P, 3 Std.) über Pinamalayan (100 P, 1½ Std.) bieten Anschluss zu den

Fähren am Pier. Weitere Vans fahren den ganzen Tag über von diversen Stationen im Zentrum ab. In die andere Richtung starten die Vans ca. stündlich bis ca. 16 Uhr vom Zentrum aus nach Bulalacao (80 P, 1 Std.) und San José (250 P, 2½ Std.).

Vom Highway verkehren ein paar durchfahrende Dimple-Star-Busse täglich nach San José im Süden und Richtung Norden nach Calapan und Manila (640 P, 8 Std. – mit ein wenig Fährunterstützung). Ceres Liner bietet um 7 Uhr und 19 Uhr komfortable Direktbusse von Manila nach Roxas.

SCHIFF/FÄHRE

Der **Dangay Pier** in Roxas liegt 3 km außerhalb des Zentrums (öffentliches Tricycle 10 P od. Sonderfahrt 50 P). Vans aus dem Norden halten auch am Pier, bevor sie ins Zentrum fahren.

Wer nach Caticlan (400 P, 4 Std.) will, ruft am besten die **Hafenbehörde** (Ports Authority; ☏ 043-289 2813) am Pier an, 3 km außerhalb des Zentrums, und informiert sich über den Fahrplan der Autofähre, da sich dieser häufig ändert und es tagsüber nur wenige Verbindungen gibt. In der Hauptsaison (Nov.–Mai) bietet **Montenegro Shipping** (☏ 0932 461 9096) täglich drei Verbindungen, aber die Zeiten variieren – 10, 12, 14 und 16 Uhr sind mögliche Abfahrtszeiten. In der Nebensaison gibt's meist nur eine Fahrt um 14 Uhr. Montenegro und andere Unternehmen bieten außerdem das ganze Jahr über mehrere Nachtverbindungen.

Außer nach Caticlan bestehen von Roxas auch jeden Morgen außer dienstags *bangka*-Verbindungen nach Odiongon in Romblon (350 P, 3 Std.). Die Zeiten variieren, also vorher die Hafenbehörde anrufen!

Rund um Roxas

Bait

Der Freitagsmarkt (*tiangge* – Mangyan für „Markttag") in Bait, einem *barangay* von Mansalay, ist fantastisch. Angehörige des Mangyan-Volks wandern bis zu fünf Stunden aus den Bergen hierher, um Reis, Mais, Knollen- und anderes Gemüse gegen Tieflandprodukte zu tauschen. Viele der Männer tragen nur *ba-ag* (Lendenschurze), während die Frauen in farbenprächtig gewebte Kleidung gehüllt sind. Man sollte immer erst fragen, bevor man ein Foto von ihnen macht. Der Markt beginnt in der Morgendämmerung und dauert etwa bis mittags. Man erreicht ihn, wenn man ca. 6 km südlich von Mansalay vom National Hwy nach rechts (Westen) abbiegt und der holprigen Straße für 2,7 km folgt (in der Regenzeit muss man ein paar Flüsse durchqueren).

Buktot Beach

30 km südlich von Roxas liegt ein wunderschöner, sauberer Streifen weißen Sands am ruhigen Wasser: der Buktot Beach. Am besten besucht man ihn werktags, dann hat man ihn ganz für sich allein. Am Wochenende strömen manchmal die Massen hierher. Von einer gut ausgeschilderten Abzweigung 10 km südlich von Mansalay sind es noch 1,7 km bis zum Strand. Wer möchte, kann am Strand übernachten oder alternativ im nahen **RC Farm & Resort** (☏ 0915 251 2164; rcfarmresort@yahoo.com.ph; Barangay Manauli; Zi. mit Ventilator/Klimaanlage 700/1100 P; ❄ ☎ ⌘) absteigen, das aus ein paar netten Betonhütten besteht, die sich rund um einen sauberen Innenhof und einen kleinen Pool scharen. Es liegt 1 km südlich der Abzweigung zum Buktot Beach.

Bulalacao

33 754 EW.

Diese unauffällige Küstenstadt ist von einsamen Buchten und praktisch unbewohnten Inseln umgeben, die nur auf eine Erkundung warten. Larry in der South Drive Restobar organisiert Insel-Hopping-Ausflüge, verleiht Motorräder (500 P/Tag) und hat einen Mietwagen. An Markttagen (Di & Sa) kommen viele Mangyan in die Stadt. In Bulalacao gibt's keinen Geldautomaten.

🛏 Schlafen & Essen

Tambaron Green Beach Resort STRANDRESORT $
(☏ 0919 993 4987; www.tambaron.com; B/DZ 350/1500 P) Dieses Resort auf Tambaron Island ist fast zu preiswert, um wahr zu sein. Auf der Insel gibt's vier private weiße Sandstrände, zu denen man spazieren und an denen man quasi direkt vor der Haustür schnorcheln kann. Die Zimmer mit Strohdach sind einfache Unterkünfte aus Beton, aber das *All you can eat*-Büfett (200–250 P) ist toll. In Bulalacao kann man ein *bangka* hierher anheuern (700 P, 30 Min.).

J Felipa Lodge II LODGE $
(☏ 0947 868 5277; DZ mit Ventilator/Klimaanlage 500/800 P; ❄ ☎) Das außergewöhnliche Schnäppchen versteckt sich inmitten gepflegter Gärten am Wasser, 2 km westlich der Stadt nahe dem neuen Terminal für die RORO-Fähre. Die Ventilator-Zimmer bieten mit zwei französischen Betten vier Personen

Platz, haben aber keine Waschbecken. Man sollte nach einem Moskitonetz fragen.

South Drive Restobar & Homestay
PENSION $$

(✆ 0917 541 2761; 3BZ 1000 P; ❄@📶) Diese Restobar mit Blick aufs Meer serviert nicht nur das beste Essen der Stadt, sie vermietet auch drei gemütliche, freundliche Zimmer mit Klimaanlage.

❶ An- & Weiterreise

Ein paar Vans fahren nach San José, aber man winkt besser einen komfortableren Dimple-Star-Bus an der Hauptstraße ran (140 P, 1½ Std., 6-mal tgl.). In die andere Richtung nach Roxas (80 P, 1 Std.) verkehren die Vans häufiger, oder man winkt sich für die Fahrt nach Roxas oder weiter einen Dimple-Star-Bus gen Manila ran.

San José

✆ 043 / 131 188 EW.

San José ist die südlichste Stadt in Occidental Mindoro und besteht aus einer Ansammlung dreier hübscher Inseln – **White**, **Ambulong** und **Ilin** – direkt vor der Küste. Bemerkenswert ist der Flughafen, und es ist auch die Lage als Verkehrsknotenpunkt, die viele Reisende hierher bringt. Außerdem kann man sich am einzigen Geldautomaten in Occidental Mindoro mit Bargeld versorgen.

Zu den Attraktionen um San José gehören auch die Mangyan-Märkte und die Wasserfälle; Michelle von der Touristeninformation kann helfen, Trips zu den Inseln zu organisieren. Ilin ist die größte und am weitesten entwickelte; sie lockt mit einer neuen Ringstraße und auf der anderen Seite mit dem pudrig-weißen Sandstrand **Inakasang Beach**.

🛏 Schlafen

Wir empfehlen, am Aroma Beach abzusteigen, nur eine 1,5 km lange Tricycle-Fahrt (10 P) nördlich der Stadt, statt im lauten, abgasverseuchten Zentrum zu übernachten. Der Strand ist sauber und eignet sich wunderbar zum Flanieren, und bei Flut kann man auch prima schwimmen.

Sikatuna Beach Hotel
HOTEL $

(✆ 043-491 2182; www.sikatunabeachhotel.com; abseits Airport Rd; DZ 1250–1350 P; ❄@📶) Dieses große Haus am Aroma Beach liegt weit über allem, was das Zentrum zu bieten hat. Man sollte eines der hellen, freundlichen neueren Zimmer wählen (am besten eines mit Meerblick-Balkon). Das Restaurant (Hauptgerichte 175–400 P) ist eine wahre Oase in San José und auf Seafood spezialisiert.

Jazmine Royal Hotel
HOTEL $$

(✆ 043-491 4269; Sikatuna St; EZ/DZ ab 900/1200 P; ❄) Mit Abstand die erste Wahl im Zentrum: mit schicken Betten, relativ guter Schalldämmung und fröhlichem Dekor in Orange. Die Einzelzimmer haben keine Fenster, aber wer sich ein Doppelzimmer nimmt, hat auf jeden Fall eines.

Mindoro Plaza Hotel
HOTEL $

(✆ 043-491 4661; P Zamora St; EZ 300–850 P, DZ 400–950 P; ❄) Die Ventilator-Zimmer werden Budgetreisende erfreuen; ansonsten ist dieses Hotel eher unspektakulär, und selbst die teureren Zimmer zeigen ein paar Qualitätsmängel.

White House Beach Resort
HOTEL $$

(✆ 043-491 1656; edithpark@yahoo.com; abseits Airport Rd; Zi. 2500–3500 P; ❄📶) Diese Option am Aroma Beach wirkt eher wie das stilvolle Herrenhaus eines besonders gut situierten Verwandten als wie ein Hotel. Es ist das luxuriöseste Haus der Stadt – es hat Balkone und riesige Marmorbäder (und Bidets!) –, aber auch ein bisschen verschlafen und überteuert.

---

❶ ÜBER MINDORO VON BORACAY NACH PALAWAN?

Zur Zeit der Recherche wurde noch an den Plänen gearbeitet, aber alle Anzeichen deuteten darauf hin, dass 2015 oder 2016 eine RORO-(Roll-on-roll-off-)Route zwischen Mindoro und Coron (Palawan) eröffnet wird. Sollte dies passieren, wäre es möglich, relativ leicht auf dem See- und Landweg zwischen den beiden hippsten Orten des Landes, Boracay und Palawan, zu reisen – eine Art Heiliger Gral des philippinischen Tourismus.

San José und Bulalacao sind ebenfalls für diese Route im Gespräch. Bulalacao verfügt über einen neuen RORO-Terminal und verhandelte mit dem aufstrebenden Unternehmen FastCat über tägliche Direktverbindungen nach Coran-Stadt. Auch San José wollte einen neuen RORO-Terminal am Caminawit Port eröffnen, und es besteht die Hoffnung, dass Coron zu den ersten Routen gehört, wenn er in Betrieb geht. Das Rennen ist eröffnet.

San José

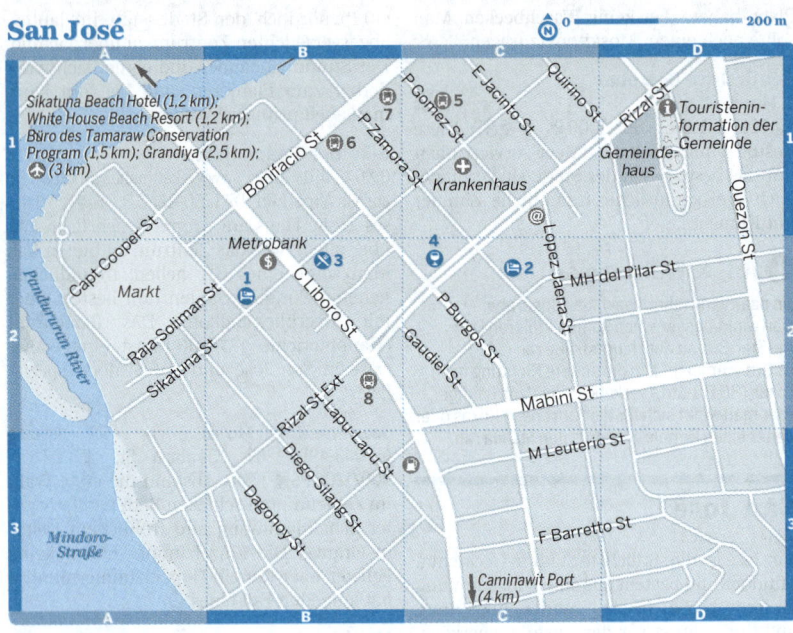

San José

🛏 Schlafen
1. Jazmine Royal Hotel B2
2. Mindoro Plaza Hotel C2

🍴 Essen
3. Kusina ni Lea B2

🍸 Ausgehen & Nachtleben
4. Chowder C2

ℹ Transport
5. Dimple Star C1
6. Jeepneys nach Manoot B1
7. Vans nach Roxas und Calapan B1
8. Vans nach Roxas und Calapan B2

🍴 Essen & Ausgehen

⭐ Kusina ni Lea   PHILIPPINISCH$
(Sikatuna St; Hauptgerichte 80–150 P; ⊙ 8–22 Uhr; ❄) Das Kusina bietet freundlichen Service und eine gute Auswahl von Seafood, etwa süßsauren *lapu-lapu* (Zackenbarsch) und gegrillten Tintenfisch. Es ist vielleicht auch das einzige Restaurant in Occidental Mindoro mit Klimaanlage – abgesehen vom Jollibee.

Chowder   RESTOBAR
(Rizal St; Hauptgerichte 50–150 P; ⊙ 24 Std.) Diese zentral gelegene Restobar zieht abends wild-laute Livemusik-Künstler an und serviert rund um die Uhr anständiges philippinisches Essen.

Grandiya   RESTOBAR
(Airport Rd; ⊙ 18 Uhr–open end) Das Grandiya verfügt über eine große Bühne für abendliche Livemusik und serviert das übliche philippinische Kneipenessen. Es liegt gegenüber vom Aroma Beach neben dem gigantischen Aroma Family Hotel.

ℹ Praktische Informationen

Entlang der Rizal und C Liboro St gibt's ein paar Internetcafés.

Geox (pro Std. 20 P; ⊙ 8–19 Uhr) Internetcafé.
Metrobank (C Liboro St)
Touristeninformation der Gemeinde (📞 043-491 1301; Municipal Compound, Rizal St; ⊙ Mo–Fr 8–17 Uhr) Hat viele Ideen für Unternehmungen rund um San José.

ℹ An- & Weiterreise

BUS & JEEPNEY
Klimatisierte Busse von **Dimple Star** (📞 0908 700 7769; Bonifacio St) fahren über Abra de Ilog (6-mal tgl.) oder Calapan (5-mal tgl.) nach Manila (850 P, 12 Std.). Busse Richtung Norden bringen Passagiere nach Calintaan (60 P, 1 Std.) und Sablayan (140 P, 2½ Std.). Dimple-Star-Busse Richtung Osten fahren über Bulalacao (170 P, 1½ Std.) und Roxas (250 P, 2½ Std.).

Die Preise für Vans sind ähnlich, und sie fahren von verschiedenen Startpunkten nach Abra de Ilog und Calapan. Sobald sie voll sind, geht's los – die Verbindungen am Morgen sind viel zuverlässiger. Billigere Jeepneys und klapprige normale Busse sind langsamere Optionen nach Calintaan und Sablayan.

FLUGZEUG

Der Flughafen von San José liegt 3 km nordwestlich des Zentrums und war während der Recherche wegen Renovierungen geschlossen. Wenn er wieder öffnet, kann man mit wenigstens ein paar Flügen pro Woche nach Manila rechnen.

SCHIFF/FÄHRE

Bei entsprechendem Wetter fahren dienstags, mittwochs, donnerstags und samstags um 8 Uhr von San Josés Hauptpier, dem Caminawit Pier 4 km südlich der Stadt, *bangkas* nach Coron (Stadt) im Norden von Palawan (800 P inkl. Mittagessen, 8 Std.).

Vom „Fish Port" in der Nähe des Caminawit Pier fährt dienstag- und freitagmorgens ein Boot nach Manamok auf den Cuyo Islands (800 P, 8 Std.).

Aktuelle Fahrplaninformationen gibt's telefonisch bei der **Hafenbehörde** (043-491 2707; Caminawit Port).

Mt. Iglit-Baco National Park

Wer in diese entlegene Gegend reist, wird womöglich mit einem Blick auf den scheuen wildlebenden Tamarau *(tamaraw)* belohnt, dem bedrohten, hier heimischen Büffel. Der Nationalpark besteht aus weitem Grasland (dem liebsten Lebensraum des *tamaraw*), Brandrodungsgebieten der Mangyan und waldbewachsenen Hügeln. Die Schutzmaßnahmen im Park zahlen sich aus: Der Bestand der *tamaraw* ist in den vergangenen Jahren stetig gestiegen, von 253 Tieren im Jahr 2002 auf 382 im Jahr 2014.

Der Besuch im Park ist theoretisch gut möglich, aber aufgrund des geschützten Status der Wildtiere gibt es sehr strenge Regeln. Man muss sich registrieren und beim **Tamaraw Conservation Program Office** (043-491 1236; tcp.denroccmin04@gmail.com; abseits der Airport Rd; Mo-Fr 8-17 Uhr) am Aroma Beach in San José Genehmigungen einholen (zur Zeit der Recherche gratis). Das Büro ruft dann am Parkeingang in Mantancob (einem *sitio* des *barangay* Poypoy) in der Gemeinde Calintaan an, damit ein Führer (350 P inkl. Verpflegung) und Träger (optional, 500 P) dort warten. Wer es nicht ins Parkbüro schafft oder sich außerhalb der Geschäftszeiten eine Genehmigung holen möchte, kann Projektleiter Rodel Boyles (0918 511 1323, 0917 715 4489; rmboyles@yahoo.com) kontaktieren, der einem alles sagen kann, was man über einen Besuch im Nationalpark wissen muss.

Von Mantancob sind es rund drei Stunden Fußmarsch zur Schlafbaracke an der Iglit Station (Station 1), wo man übernachten kann. Oder man geht noch zwei Stunden weiter zur Magawang Station (Station 3), wo eine neuere Schlafbaracke mit Aussichtsplattform wartet, von der aus man hoffentlich beobachten kann, wie die *tamaraw* unten über die Ebene ziehen. Man braucht für diese Wanderungen eine eigene Ausrüstung. Dezember bis April ist die beste Wanderzeit, und im April kann man vielleicht sogar die alljährliche *tamaraw*-Zählung miterleben. In der Regenzeit von Juli bis September ist der Zugang schwierig bis unmöglich.

Das Tamaraw Conservation Program unterhält eine Zuchtstation, die innerhalb des Parks als „Genpool" bekannt ist. Hier werden in Gefangenschaft gezüchtete *tamaraw* aufgezogen. Sie befindet sich im *barangay* Manoot in der Gemeinde Rizal, rund eine Stunde Fahrt mit einem „Single" (500 P) oder eineinhalb Stunden mit einem der gelegentlich verkehrenden Jeepneys (50 P) von San José. Man kann auch von der Genpool-Station in Manoot zur Aussichtsplattform am Mt. Magawang wandern (ca. 4 Std.).

❶ An- & Weiterreisen

Von San José verkehren ein paar Direkt-Jeepneys nach Poypoy, die geradewegs nach Mantancob fahren, oder man nimmt den Bus nach Calintaan (60 P, 1 Std.) und fährt dann mit einem Tricycle zum Parkeingang in Mantancob (75 P, 35 Min.).

Calintaan

28 148 EW.

Calintaan liegt 40 km nördlich von San José und ist ein möglicher Ausgangspunkt für den Mt. Iglit-Baco Nationalpark und das Apo Reef. Man kann in Manila früh morgens in einen Flieger steigen und noch am selben Morgen am Apo Reef tauchen, wenn man beim **Apo Reef Club** (0917 815 2499, 02-506 1801; www.aporeefclub.com; Zi. inkl. Frühstück & Abendessen pro Pers. mit Ventilator 1450 P, mit Klimaanlage ab 2650 P; ❄@🛜🏊) bucht, der sich in Schweizer Hand befindet und über ein Schnellboot verfügt, das einen in nur einer Stunde zum Riff bringen kann. Das Resort baut großzügige Büfetts auf und lockt mit schicken Betonhütten am Strand, die sich zu den rustikaleren Nipa-Hütten und schlichteren „Backpacker-Zimmern" gesellen. Es liegt 1 km abseits des National Hwy, rund 10 km nördlich von Calintaan im Barangay Concepcion.

Sablayan

043 / 76153 EW.

Ein willkommener Anblick nach der langen Reise aus dem Norden oder Süden: Das ländliche, freundliche Sablayan liegt am Bagong Sabang River und wartet mit einem lebendigen Markt auf. Außerdem eignet es sich gut als Basislager für verschiedene interessante Landausflüge. Die Hauptattraktion ist jedoch das Apo Reef, neben dem Tubbataha das beste Tauchgebiet des Landes, das keine zwei Stunden von der Küste entfernt liegt.

Sehenswertes & Aktivitäten

Apo Reef Natural Park TAUCHEN

Zur Zeit der Recherche boten vier Unternehmen Tauch- und Schnorchelausflüge zum Apo Reef an: das North Pandan Island Resort, das Gustav's Place und das Ecotourism Office in Sablayan sowie den Apo Reef Club in Calintaan. Kleine Gruppen, die sich die Kosten mit anderen Tauchern teilen möchten, sollten sich ans Ecotourism Office wenden, das Taucher manchmal zu einer bestehenden Gruppe stecken kann (einer eigenen oder der Gruppe eines anderen Anbieters).

Ein Tagesausflug oder ein Trip mit Übernachtung kostet beim Ecotourism Office 8500 P pro Gruppe für das Boot (max. 15 Pers., hin & zurück je 2 Std.). Außerdem fallen eine Eintrittsgebühr von 650/2450 P pro Person zum Schnorcheln/Tauchen an (für Philippiner viel niedriger) sowie 800 P pro Tag für einen Tauchleiter und 150/2000 P für die Schnorchel-/Tauchausrüstung (inkl. 1 Tank, zusätzl. Tanks 300 P). Man muss sein eigenes Mittagessen, Wasser und Snacks mitbringen. Bei den anderen beiden Tauchanbietern in Sablayan bezahlt man mehr, aber man profitiert auch von besserer Ausrüstung und besseren Tauchleitern. Bei den Übernachtungstrips schläft man in Hängematten oder auf dem Boden der Open-Air-Station der Parkranger auf Apo Island (oder auf dem Boot).

Touren

Ecotourism Office TOUREN, TOURISTENINFORMATION

(0915 995 3895, 043-458 0028; www.sablayan. net; Town Plaza, P Urieta St; 8–17 Uhr) Diese Touristeninformation ist insofern einzigartig, als dass sie tatsächlich Touren veranstaltet und nicht nur Broschüren und Ratschlä-

---

APO REEF

Mit 35 km² ist der Apo Reef Natural Park (nicht zu verwechseln mit Apo Island vor der Südküste von Negros) das größte atollartige Riff der Philippinen. Das kristallklare Wasser ist voller Leben, darunter auch 285 Fischspezies und 197 Korallenarten. Es ist die einzige leicht zugängliche Tauchstätte der Philippinen, an der für Schnorchler wie Taucher praktisch garantiert ist, dass sie jede Menge (große) pelagische Fische sehen – hauptsächlich Weiß- und Schwarzspitzen-Haie, Riffhaie, Lippfische, Makrelen und Thunfische. Auf einem Tagesausflug von Sablayan haben wir so viele Haie gesehen, dass wir sie gar nicht mehr zählen konnten. Man hat hier draußen außerdem die Chance, besonders eindrucksvolle Tiere wie Hammerhaie, Walhaie und Mantarochen zu beobachten. Die drei Inseln abseits des Riffs geben einer Vielzahl von Schildkröten- und Vogelarten ein Zuhause, u. a. der bedrohten Nicobarentaube, die so groß ist wie ein großes Huhn.

Ein durchschnittliches *bangka* schafft die Fahrt von Sablayan hinaus zum Apo Reef bei ruhiger See in etwa zwei Stunden (etwas kürzer von North Pandan Island). Der Apo Reef Club in Calintaan verfügt über ein Schnellboot, das die Strecke in einer Stunde zurücklegt. Außerdem kann man auf einer Übernachtungstour von Anilao und vor allem Coron hier rausfahren.

Die beste Zeit für den Ausflug zum Apo Reef ist, wenn das Meer am ruhigsten ist: im April und Mai bzw. Oktober und November. Während der windigen Monate von Dezember bis März ist die Fahrt ziemlich rau. Während der Hochphase des Südwest-Monsuns (Juli–Sept.) ist es oft unmöglich, das Riff zu erreichen, und ein paar Touranbieter haben in dieser Zeit geschlossen – unbedingt vorher anrufen!

ABSTECHER

SABLAYAN PRISON FARM

Die **Sablayan Prison Farm** (Eintritt frei) ist eine wunderbar skurrile Einrichtung und bietet viel mehr als nur die Chance, Häftlingen von Mensch zu Mensch zu begegnen. Auch einige von Gefangenen geführte Touren in die grünen Wälder rund um die Farm stehen auf dem Programm, und man kann sogar in der Gefängnispension übernachten, in direkter Hörweite zu den schnarchenden Häftlingen.

Man muss sich beim Ecotourism Office in Sablayan eine Genehmigung (50 P) besorgen, um das Gefängnisgelände betreten zu dürfen. An einem halben Tag kann man z. B. eine etwa einstündige geführte Wanderung durch den **Siburan Rainforest** (Eintritt 50 P) unternehmen und den **Libuao Lake** (Eintritt 50 P) besuchen, sich mit einigen der Insassen im **zentralen Gefängnistrakt** unterhalten oder dem **Pasugi-Gefängnistrakt** einen Besuch abstatten und von Gefangenen gefertigtes Kunsthandwerk kaufen.

Der Siburan Rainforest und der Libuao Lake sind hervorragende Plätze zur Vogelbeobachtung. Einer der Häftlinge weiß alles über Vögel und kann Besuchern den einheimischen Mindorokuckuck, die stark bedrohte Mindoro-Dolchstichtaube und mit etwas Glück auch einen Weißbauchseeadler und eine Philippinen-Schlangenweihe zeigen. Der See ist für seine Lotus berühmt und ein beliebter Ort zum Angeln und Bootfahren (150 P). Man kann sich ein Picknick mitnehmen und herrlich entspannen. An den Baracken des Siburan-Gefängnistrakts, 5 km nordöstlich des zentralen Trakts, kann man einen Führer (150 P) anheuern.

Die Gefangenen begrüßen die Besucher auf dem ganzen Gelände sehr freundlich und tragen einheitliche T-Shirts mit der Aufschrift „Minimum" oder „Medium Inmate". Die Insassen aus dem Hochsicherheitstrakt werden von den Touristen ferngehalten, aber die orangefarbenen „Maximum"-Shirts, die sehr diskret von einigen Häftlingen verkauft werden, geben tolle Souvenirs ab.

Die Gefängnis-Farm bietet sich als toller Halbtagsausflug von Sablayan per Single (rund 800 P) an, oder man fährt selbst mit dem Motorrad hierher. Man biegt 17 km südlich von Sablayan vom National Hwy ab und folgt der Straße über 19 km, bevor man im *barangay* Yapang an der 341-km-Markierung rechts abfährt. Von hier sind es noch 2 km bis zum Siburan-Gefängnistrakt.

---

ge verteilt. Tauchausflüge zum Apo Reef sind die Attraktion, aber das Personal kann auch Trips zur Sablayan Prison Farm, in den Mt. Iglit-Baco Nationalpark und zweitägige Waldwanderungen zu verschiedenen Mangyan-Dörfern arrangieren.

🛌 Schlafen & Essen

★Pandan Island Resort　　　STRANDRESORT $
(📞 0919 305 7821; www.pandan.com; Budget-Zi. 800 P, Bungalows 1600 P, 4BZ-Hütte ab 2400 P; 📶) Diese Resort-Insel in privater Hand ist ein wahres Postkartenidyll und ein entspanntes Tropenparadies. Die Insel ist von mehreren erstklassigen Tauchstätten umgeben, und man muss schon großes Pech haben, wenn man beim Schnorcheln keine Grüne Meeresschildkröte sieht. Frühmorgens ist die beste Zeit zur Vogelbeobachtung; zu den seltenen hier lebenden Arten gehören Schwarznackenpirole, Philippinenhühner und Grünflügeltauben. Das Resort selbst befindet sich auf einem langen, gebogenen Strand mit weißem Sand. Die Zimmer sind eine Mischung aus spartanischen Budgetquartieren mit Gemeinschaftsbad und komfortablen Bungalows. Es gibt nur begrenzten Solarstrom und daher auch keine Ventilatoren in den Budgetzimmern (man muss auf eine kühle Brise hoffen). Die leckeren Büfett-Mahlzeiten kosten 470 P, und die Gäste müssen mindestens eine im Restaurant einnehmen; Vollpension kostet 1000 P. Man erreicht das Resort mit dem gut ausgeschilderten Shuttle-*bangka* am Sabang River gleich südwestlich des Emily Hotels (1 Pers. 200 P, jede weitere 50 P, 20 Min.). Der Eintritt kostet Tagesausflügler 150 P.

Along D' Beach　　　HOTEL $
(📞 0947 964 6238; National Hwy; Zi. mit Ventilator/Klimaanlage 350/700 P; ❄) Dieses Hotel am Wasser südlich des Zentrums ist ein wenig verwohnt, bietet aber einen tollen Ausblick. Die Ventilator-Zimmer sind ein guter Deal.

Emily Hotel　　　HOTEL $
(📞 0916 737 4710; Gozar St; Zi. mit/ohne Bad ab 400/200 P; ❄) Absolut schrecklich, aber bil-

lig und in guter Lage gegenüber den Booten nach North Padan Island. Kürzlich wurde es um etwas bessere Zimmer mit Klimaanlage erweitert.

Gustav's Place   STRANDRESORT $$
(📞0939 432 6131; www.grabler.at; Zi. mit Ventilator 800–1400 P, mit Klimaanlage 2200 P) Das Gustav's befindet sich draußen auf dem weiten, grausandigen Strand von Sablayan und ist wunderbar abgeschieden. Die Zimmer sind schlichte Unterkünfte aus Beton mit Strohdach, teils in separaten Hütten, teils im Haupthaus untergebracht. Die teureren haben eine Klimaanlage und Warmwasseranschluss. Als Aktivitäten werden Waldspaziergänge, Kajakfahrten und natürlich Tauchtrips angeboten. Vom Markt aus einfach über die Fußgängerbrücke gehen und 1,5 km dem Strand Richtung Norden folgen!

Camalig   PHILIPPINISCH $
(Hauptgerichte 130–350 P, Snacks 50–100 P) Mit Abstand das beste Restaurant der Stadt: Das Camalig serviert frisch zubereitete Currys und andere philippinische Gerichte unter einem hohen Nipa-Baldachin. Es befindet sich abseits des National Hwy gegenüber der Town Plaza hinter der Card Bank.

GVD Kubo   PHILIPPINISCH $
(Town Plaza, P Urieta St; Gerichte 75–100 P; ⓘ 7–21 Uhr) Bietet eine Mischung aus fertigen und Gerichten auf Bestellung. Man kann sich ein Mittagessen zum Mitnehmen aus kalten Hühnerschenkeln und anderen Snacks zusammenstellen lassen und es am folgenden Tag als Picknick zum Apo Reef mitnehmen.

ⓘ An- & Weiterreise
Klimatisierte Dimple-Star-Busse rumpeln auf ihrem Weg über Abra de Ilog (220 P, 3½ Std.) nach Cubao in Manila (800 P, 9 Std., ca. 8-mal tgl.) etwa alle drei Stunden durch die Stadt; in die andere Richtung verkehren sie nach San José (140 P, 2½ Std.). Klimatisierte Vans fahren in beide Richtungen etwas häufiger.

Man kann sich am Stand mit den *habal-habal* (Motorradtaxis) gleich nördlich des Markts am Sabang River nahe des Emily Hotels ein Motorrad ausleihen (400 P/Tag).

Abra de Ilog
📞 043 / 28 255 EW.

Die staubige Stadt Abra de Ilog ist das nördliche Tor zu Mindoros Westküste. Wer über den Seeweg anreist, sieht sofort, warum es westlich von Puerto Galera keine passierbare Straße gibt: Ein Gebirge, das hoch in die Wolken aufragt, erstreckt sich direkt bis zum Ufer.

Traveller werden sich wahrscheinlich nicht lange in Abra aufhalten. Wer nicht sowieso schon in einem sitzt, sollte versuchen, einen Platz in einem Dimple-Star-Bus nach San José zu ergattern, der hier von der Fähre rollt und über Sablayan (220 P, 3½ Std.) weiterfährt. Alternativ kann man auch in einen der überfüllten klimatisierten Vans steigen, die am Pier auf Passagiere warten und über Mamburao (80 P, 1 Std.) Richtung Süden nach San José (350 P, 6 Std.) fahren. Sowohl in Abra de Ilog als auch in Mamburao, der verschlafenen Hauptstadt von Occidental Mindoro, gibt's ein paar (recht trostlose) Unterkünfte.

ROROs von **Montenegro** (📞0919 878 8055) fahren sechsmal täglich nach Batangas (260 P, 2½ Std.); die Fähren um 10, 14 und 17 Uhr sind am praktischsten. Außerdem verkehrt täglich um 9 Uhr ein *bangka* zum Balatero Pier in Puerto Galera (200 P, 1–1½ Std.).

Boracay & Western Visayas

Inhalt ➡

Boracay	231
Panay	246
Roxas (Capiz)	250
Provinz Antique	252
Iloilo	255
Guimaras	260
Negros	263
Silay	271
Sugar Beach	275
Apo Island	277
Valencia & Umgebung	285
Siquijor	287
Provinz Romblon	292

Beste Bars

➡ Area 51 Secret Party Facility (S. 244)

➡ KGBar (S. 268)

➡ Red Paprika (S. 259)

➡ Bar 360 (S. 254)

Beste Strandresorts

➡ Discovery Shores (S. 238)

➡ Cabugan Adventure Resort (S. 262)

➡ Kookoo's Nest (S. 277)

➡ Aglicay Beach Resort (S. 296)

Auf nach Boracay & zu den Western Visayas!

Im Allgemeinen locken die westlichen Visayas drei Sorten von Travellern an. In erster Linie kommen die Urlauber, die der prächtige White Beach von Boracay mit seinen Resorts, Restaurants, Bars und Tourveranstaltern anlockt. Noch die letzte asiatische Reisegruppe wird bestätigen, dass es keinen besseren Ort für ein Selfie in den Wellen gibt. An zweiter Stelle stehen die Taucher, die die Tauchspots von Weltklasse ansteuern – von der Insel Romblon im Norden bis zur Insel Apo im Süden. Und schließlich sind da noch jene, die abseits ausgetretener Pfade unendliche Kilometer lang an Baracken vorbeifahren, um die geheimen Freuden der Region zu entdecken: einsame Wanderwege in den Bergen, Höhlen, Ecken mit faszinierendem Nachtleben, ein paar interessante Zeugnisse der Architekturgeschichte, reizvolle Strandresorts und kulinarische Oasen. Die Schlüsselfrage lautet also: Hat man seinen Kompass, seinen Schnorchel und seinen Selfie-Stick eingepackt?

Reisezeit
Bacolod

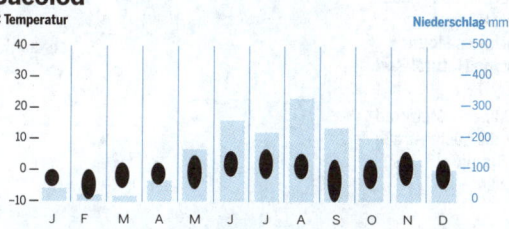

Dez.–April Beste Tauchbedingungen.

Juni–Okt. Riskant. Tropenstürme und Taifune lassen erahnen, warum dies die Nebensaison ist.

Okt.–Juni Haupttouristensaison. Auf Boracay wird es richtig teuer.

Highlights

❶ Auf dem berühmten White Beach Path in **Boracay** spazieren

❷ Am farbenfrohen Riff von **Apo Island** (S. 277) schnorcheln

❸ Dem Lauf des aquamarinblauen **Malumpati River** (S. 252) bis zu seiner mysteriösen Quelle im Dschungel von Panay folgen

❹ Mit dem Kajak rund um **Danjugan Island** (S. 275) paddeln, der Trauminsel des Ökotourismus

❺ Die **Expat Happy Hour** in der anheimelnden Stadt Romblon (S. 296) stürmen

❻ Auf der organisch bewirtschafteten **Spring Bloom Farm** (S. 260) auf Guimaras das Obst probieren

❼ In **Silay** (S. 271) die historischen Herrenhäuser der Zuckerbarone besichtigen

❽ Die unberührte **Sipaway Island** (S. 274) mit dem Motorrad erkunden

❾ Zur **Area 51 Secret Party Facility** (S. 244) hinunterstürmen, einer Partyinstitution auf Boracay

❿ Erfrischung finden in den kühlen Bergresorts des **Mount Kanlaon Natural Park** (S. 269)

⓫ Mit dem Motorrad über die Küstenstraße von **Siquijor** (S. 287) brausen

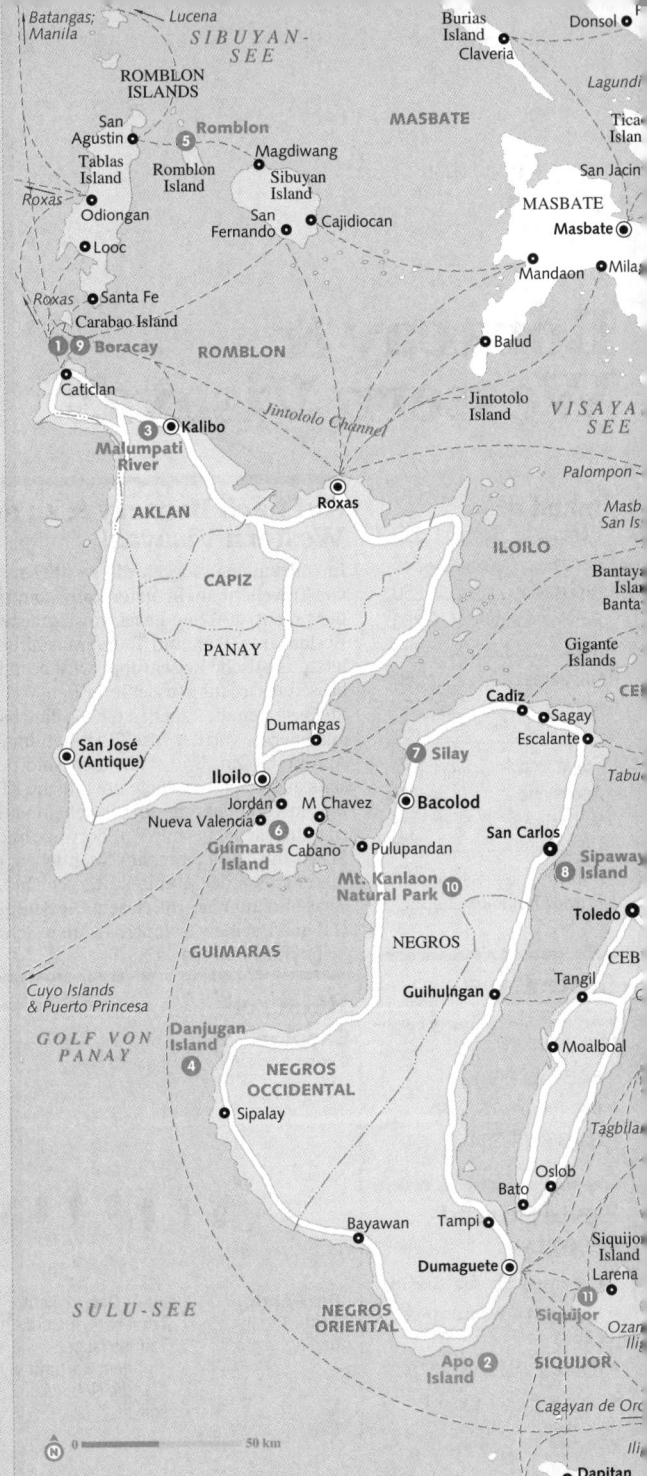

BORACAY

📞 036 / 30 000 EW.

Obwohl gerade einmal 7 km lang und 500 m breit, ist das winzige Boracay dank eines explosiven Wachstums und eines unglaublichen Hypes schnell zum Top-Touristenmagneten der Philippinen geworden: 2013 erkoren die Leser des US-Magazins *Travel & Leisure* es zur zweitbesten Urlaubsinsel der Welt nach Palawan. Das Zentrum der Action bildet der traumhafte White Beach, ein 4 km langes Postkartenidyll, hinter dem sich mittlerweile mehrere Blocks tief Hotels, Restaurants, Bars und Tauchshops aneinanderreihen. Der Weg am Strand wird meist von vielen Besuchern bevölkert, zu denen große Gruppen von Pauschaltouristen aus ganz Asien – vor allem aus Südkorea, China und Taiwan – zählen. Auf dem Wasser liegen zig romantische *paraws* (Ausleger-Segelbooten), die Ausfahrten veranstalten, während farbenfrohe Parasailschirme durch die Luft gleiten. Nach einem perfekten Sonnenuntergang beginnen Musiker und Feuertänzer mit ihrer Show. Die Party geht durch die ganze Nacht. Der Riesenspaß erinnert an Waikiki und kann leicht den gesamten Besuch auf der Insel ausfüllen. Allerdings darf man nicht mehr das Boracay von vor 30 Jahren erwarten, als sich die Besucher noch darüber freuten, dass es in ihrem spottbilligen *bahay kubo* (Pfahlhütten mit Palmdach) keinen Strom gab.

Hinter dem White Beach erlebt die Insel eine ungebremste Bautätigkeit. Neue Multimillionen-Dollar-Projekte erheben sich neben Wellblechhütten. Der Bauboom setzt sich mit der riesigen Erschließung von Newcoast fort, einer Siedlung, die Santorini, Ibiza und anderen Urlaubsinseln nachäfft und inzwischen 14 % der Insel verschlungen hat. Wer aber nach Authentizität sucht, kann sie immer noch finden. Der friedliche Diniwid Beach im Norden verspricht eine Unterbrechung der Action, während im Osten der **Bulabog Beach** liegt, die Heimat der hiesigen Wassersportler mit ihrer lockeren und einladenden Atmosphäre. Alles in allem ist Boracay eine Insel, wo man alles finden kann, was man will, sofern man weiß, wo man danach zu suchen hat. Ansonsten schnappt man sich seinen *weng-weng*-Cocktail, lässt sich auf seinen Sitzsack am Ufer plumpsen und bestaunt einfach das Spektakel.

⊙ Sehenswertes

Unglaublich, aber wahr: Auf Boracay gibt's andere Strände, die fast genauso schön sind wie der White Beach, wenn auch nicht so endlos. Ein Spaziergang um die malerische Landspitze am Nordende der Insel führt einen zu dem hübschen und abgeschiedenen **Diniwid Beach**, wo es ausgezeichnete Unterkünfte und Restaurants gibt. An der Nordspitze der Insel liegt der in der Nebensaison beliebte, niedliche **Puka Beach,** an dem es ein paar Restaurants gibt. An den hiesigen Kunsthandwerksständen findet man mit den besten *puka*-Schmuck (Halsketten, Fußketten und Armbänder aus den winzigen Gehäusen von Kegelschnecken). Weitere Strände im Norden liegen fern der Welt der Pauschaltouristen und sind nahezu menschenleer. Lohnend, aber schwer zu finden ist der **Ilig-Iligan Beach** im Nordosten; er blickt auf ein paar malerische Kalksteininselchen, die in Schnorchelentfernung vor der Küste liegen. In der Nebensaison zieren malerische *paraws* den Strand.

White Beach North & Umgebung

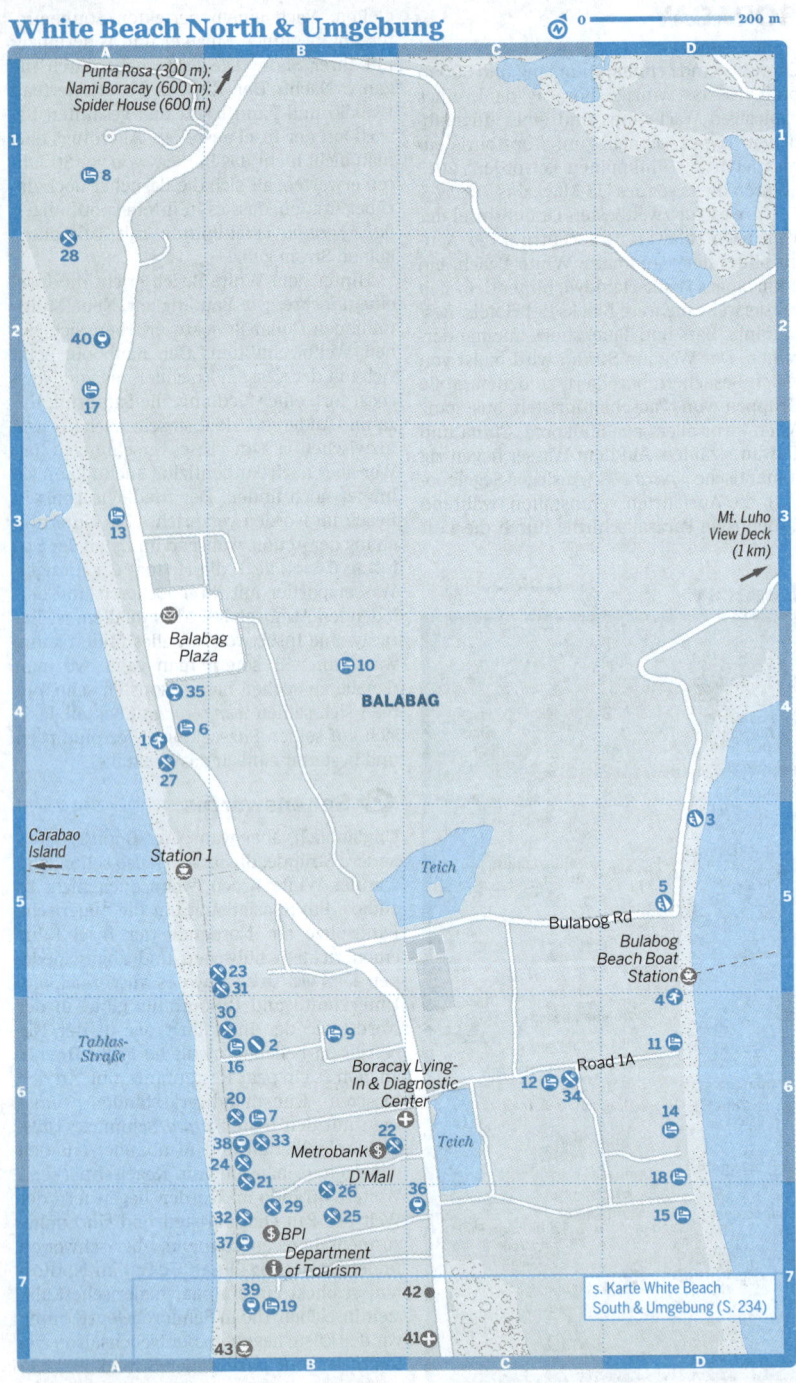

White Beach North & Umgebung

🟢 Aktivitäten, Kurse & Touren
1. Diamond Watersports A4
2. Fisheye Divers B6
3. Funboard Center Boracay D5
4. Isla Kitesurfing D6
5. Reef Riders D5
   Tribal Adventures .... (siehe 16)

🛏 Schlafen
6. Boracay Beach Club A4
7. Boracay Beach Resort B6
8. Discovery Shores A1
9. Frendz Resort B6
10. Hampstead Boutique Hotel Boracay B4
11. Hangin Kite Center & Resort D6
12. MNL Hostel C6
13. Nigi Nigi Too A3
14. Pahuwayan Suites D6
15. Palassa Private Residences D7
16. Sandcastles B6
17. Sea Wind A2
18. Seven Stones Boracay Suites D6
19. Taj Guesthouse B7

🍴 Essen
20. Aplaya B6
21. Aria Restaurant B6
22. Budget Mart B6
23. Cozina B5
   Crafty's .... (siehe 36)
24. Crazy Crepes B6
25. Cyma B7
26. Heidiland B7
   Jammers .... (siehe 21)
27. Jonah's Fruit Shakes A4
28. Kasbah A2
29. Lemon Cafe B7
30. Mañana Mexican B6
31. Pamana B5
32. Real Coffee & Tea Cafe B7
33. Smoke B6
34. Sushi Shiro C6

🍸 Ausgehen & Nachtleben
   Bom Bom .... (siehe 38)
35. Cocomangas A4
36. Crafty's C7
37. Epic B7
38. Exit Bar B6
39. Summer Place B7
40. White House Beach Lounge A2

ℹ️ Praktisches
41. Boracay Island Hospital C7
42. Bureau of Immigration C7

ℹ️ Transport
43. Station 2 .... B7

★ White Beach STRAND
(Karte S. 234) Mit seinem prächtigen, pulverweichen Sand ist der White Beach das Zentrum des Geschehens auf Boracay und die einzige Attraktion, die die meisten Besucher zu Gesicht bekommen. Die jeweilige Stelle am Strand wird anhand dreier ehemaliger Bootsanlege-Stationen bezeichnet, wo früher einst *bangkas* (Auslegerboote) aus Caticlan ankamen. Im Gebiet südlich der Station 3, das als Angol bekannt ist, finden sich die meisten Budgetunterkünfte und ein paar Reste des alten Boracay.

Der Abschnitt zwischen den Stationen 1 und 3 ist kommerziell geprägt und einziges Sammelsurium von Geschäften. Die meisten Luxusunterkünfte liegen an einem unglaublich schönen Strandabschnitt nördlich von Station 1. Parallel zum gesamten Strand läuft ein sandiger Fußgängerweg – der White Beach Path –, der offiziell für motorisierte Fahrzeuge gesperrt ist.

Mt. Luho-Aussichtsterrasse AUSSICHTSPUNKT
(Karte S. 231; Lapus-Lapus Rd; Eintritt 120 P) Der Aussichtspunkt hoch über der Ostküste bietet einen fantastischen Blick über die Insel. Allerdings wurden die Stufen hinauf offensichtlich für Riesen gebaut. Die von der Hauptstraße abzweigende grüne Zufahrtsstraße quer durchs Land bildet einen reizenden Kontrast zur Küste.

🏃 Aktivitäten

Man kann sich an einer ganzen Reihe von Aktivitäten im Freien versuchen. Den ganzen Tag über fliegen Fuß- und Volleybälle durch die Luft, am späten Nachmittag dann auch Frisbee-Scheiben. Yoga gibt's im Mandala Spa (S. 241) von 9.30 bis 10.45 Uhr und im True Food Indian Restaurant bei Station 2 von 9 bis 10.30 Uhr (400 P). Wer weiter entfernt Abenteuer sucht, kann in die Provinz Antique eilen (s. geführte Touren) oder mit einem *bangka* in die Provinz Romblon schippern.

Segeln
Paraw-Touren in den Sonnenuntergang sind ein typisches Erlebnis auf Boracay. Solche Ausflüge gibt's ab 700 P pro Stunde für bis zu fünf oder sechs Passagiere; oft ist der Preis aber Verhandlungssache. In der Saison (Okt.–Juni) legen die Boote an Station 1 und 3 ab, in der Nebensaison (Juni–Okt.) vom Bulabog Beach.

White Beach South & Umgebung

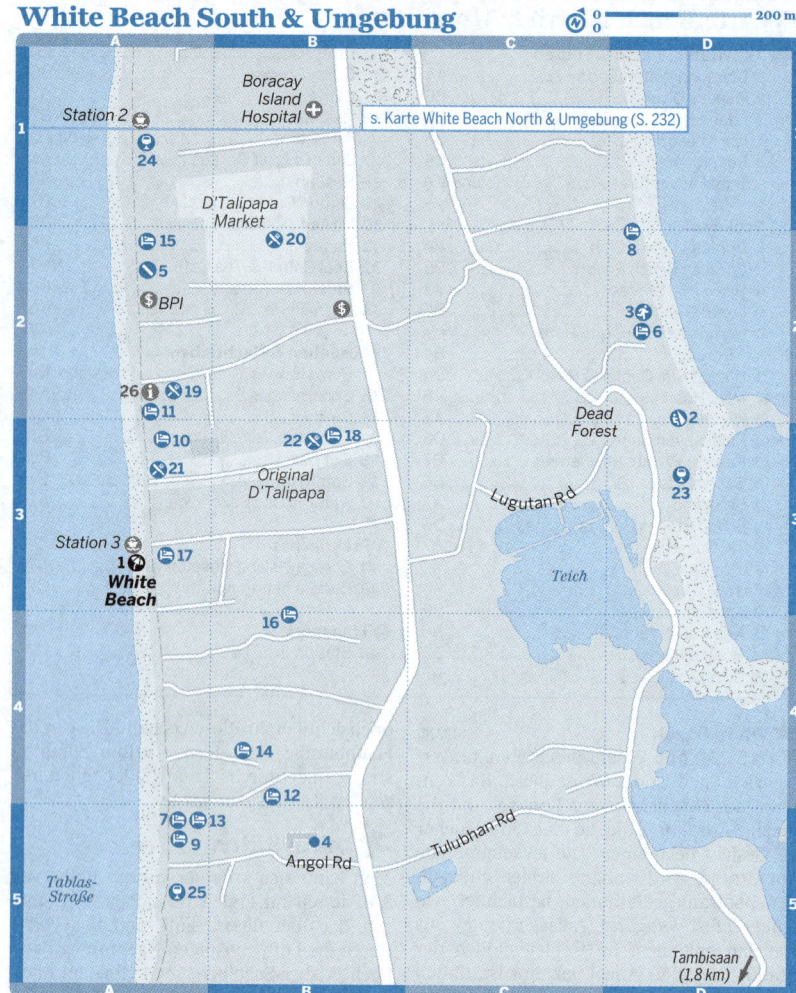

Red Pirates
BOOTSTOUR
(☎ 0921 782 1494, 288 5767; red-pirates.blogspot.co.uk; 800 P/Boot) Red Pirates fährt mit einem extra großen *paraw* (max. 12 Pers.) auf den üblichen Routen vor dem Strand; längere Fahrten gehen zu geheimen Stellen rund um den Norden von Panay und Carabao.

D'Boracay Sailing
BOOTSTOUR
(☎ 0906 308 8614; www.boracay-sailing.com) Für ein elegantes Segelerlebnis organisiert dieser Veranstalter zweistündige Sonnenuntergangsfahrten auf einem 12,6 m langen Luxus-Katamaran (3500 P/Pers., inkl. Wein, Bier und Canapés). Online reservieren.

Parasailing
Mehrere Veranstalter buhlen um Kundschaft. Doch wenn man schon an einem Fallschirm über dem Wasser schweben will, sollte man nicht knausern, sondern das unbedingt bei Sonnenuntergang machen.

Diamond Watersports
PARASAILING
(Karte S. 232; ☎ 288 6621; Flug 2500 P) Wohl der bekannteste Anbieter. In der Nebensaison kostet der Spaß nur die Hälfte.

Tauchen & Schnorcheln
Die Tauchspots rund um Boracay verblassen im Vergleich mit berühmteren Zentren wie

White Beach South & Umgebung

◉ Highlights
1 White Beach A3

◎ Aktivitäten, Kurse & Touren
2 Adventure Windsurfing D2
Calypso Diving .... (siehe 11)
3 Habagat D2
4 Mandala Spa B5
5 Victory Divers A2

◉ Schlafen
6 Aissatou Beach Resort D2
7 Angol Point Beach Resort A5
8 Banana Saging D2
9 Blue Mango Inn A5
10 Boracay Pito Huts A3
11 Calypso Resort A2
12 Dave's Straw Hat Inn B4
13 Hey! Jude South Beach A5
14 Melinda's Garden B4
15 Nigi Nigi Nu Noos A2
16 Ocean Breeze Inn B4
17 Sulu-Plaza A3
18 Trafalgar Garden Cottages B3
White Beach Divers
Hostel .... (siehe 9)

◎ Essen
Cowboy Cucina .... (siehe 9)
19 Dos Mestizos A2
20 Plato D'Boracay B2
21 Sunny Side Cafe A3
22 Zest Boracay B3

◎ Ausgehen & Nachtleben
23 Area 51 Secret Party Facility D3
24 Juice A1
Nigi Nigi Nu Noos .... (siehe 15)
25 Red Pirates A5

◉ Praktisches
26 Boracay Tourist Center A2
Filipino Travel Center .... (siehe 26)

Puerto Galera, ein paar passable Reviere gibt es aber schon: **Yapak** (Karte S. 231), vor der Nordspitze, ist eine glatte, von weichen Korallen bedeckte Wand in 30 bis 65 m Tiefe. Wer große Fische sehen will, ist hier richtig; wegen der Tiefe, der Strömungen und des Wellengangs an der Oberfläche ist der Spot allerdings nur für erfahrene Taucher geeignet. Auch Strömungs- und Höhlentauchen ist möglich. **Crocodile Island** vor dem kleinen Strand bei Tambisaan ist bei gutem Wetter ein beliebtes Schnorchelziel.

Es gibt viele Tauchcenter auf Boracay, die Preise werden jedoch von der Boracay Association of Scuba Diving Schools festgelegt. Die Preise vor Ort liegen bei 1800 P pro Tauchgang mit voller Ausrüstung und bei 22 500 P für ein Open-Water-Tauchzertifikat. Die hohen Preise stellen sicher, dass die Qualität der Ausrüstung und Unterweisung generell ein hohes Niveau hat und windige Geschäftemacher scheitern. Trotzdem ist bei Leihausrüstung allezeit Vorsicht geboten. Die Tauchresorts am White Beach bieten auch Tauchurlaub an.

Calypso Diving   TAUCHEN
(Karte S. 234; ☎ 288 3206; www.calypso-boracay.com; Station 3) Ein PADI-Fünf-Sterne-Zentrum für Tauchlehrer; gehört zum gehobenen Calypso Resort.

Victory Divers   TAUCHEN
(Karte S. 234; ☎ 288 3209; www.victorydivers.com; zw. Station 2 & 3) Fünf-Sterne-PADI-Zentrum und Pionier des örtlichen Meeresschutzes; gehört zum Victory Beach Resort.

Fisheye Divers   TAUCHEN
(Karte S. 232; ☎ 288 6090; www.fisheyedivers.com; Station 1) PADI-Tauchcenter; betreibt drei Tauchboote, darunter eines mit Übernachtungsmöglichkeiten an Bord.

Kitesurfen
Auf dem Höhepunkt des *amihan* (Nordostmonsun; Dez.–März) ist der Bulabog Beach an der Ostseite der Insel dank ausgezeichneter Bedingungen und fairer Preise (ca. 19 000 P für einen 12-stündigen Kurs) der ideale Ort, um Kitesurfen zu lernen. Während des *habagat* (Südwestmonsuns; Mai–Okt.), wenn starke auflandige Böen den Sport eher zur Expertensache machen, verlagert sich das Geschehen an den White Beach. Die Veranstalter verlagern ihr Geschäft entsprechend vom einen Strand an den anderen.

Isla Kitesurfing   KITESURFEN
(Karte S. 232; ☎ 288 5352; www.islakitesurfing.com; Bulabog Beach) Der schon zwölf Jahre tätige Veteran bietet Unterricht, Ausrüstung, Ausflüge und Unterkünfte in Bungalows an.

Freestyle Academy   KITESURFEN
(☎ 0915 559 3080; www.freestyle-boracay.com) In der Nebensaison nördlich von Station 1.

Habagat   KITESURFEN
(Karte S. 234; ☎ 036-288 5787; www.kiteboracay.com) Hat seinen Sitz von Mai bis Oktober

am White Beach; Infos bekommt man im Steakhouse Boracay nahe dem Boracay Beach Club.

Windsurfen

Boracay war ein Windsurfermekka Asiens lange, bevor das Kitesurfen überhaupt erfunden war – heute jedoch sind Windsurfer am Bulabog Beach in der Minderheit. Die Saison ist für beide Sportarten die gleiche. Ein Surfbrett auszuleihen, kostet zwischen 700 und 1300 P pro Stunde, eine Unterrichtsstunde um 1300 P. In der Hauptsaison ist es kein Problem, ein hochwertiges Short- oder Longboard zu mieten.

Funboard Center Boracay WINDSURFEN
(Karte S. 232; ☎ 288 3876; www.windsurfasia.com; Bulabog Beach) Ausrüstung und mehrsprachige Kurse im Wind- und Kitesurfen.

Reef Riders WINDSURFEN
(Karte S. 232; ☎ 0908 820 2267; www.reefriders-watersports.com; Bulabog Beach) Ausrüstung und Unterricht. Bietet auch Stand Up Paddling an.

Adventure Windsurfing WINDSURFEN
(Karte S. 234; ☎ 288 3182; www.adventure-windsurfing-boracay.com; Bulabog Beach) Unterricht und Ausrüstung für Wind- und Kitesurfen.

👉 Geführte Touren

Tribal Adventures ABENTEUERTOUREN
(Karte S. 232; ☎ 0920 558 7188, 288 3207; www.tribaladventures.com; Sandcastles Resort, Station 2) Veranstaltet eine Reihe von Abenteuertouren im gebirgigen Inneren von Panay, u. a. Kajakausflüge in Tibiao, sowie längere Trips zum fernen Palawan. Teuer, aber gut organisiert.

🛏 Schlafen

Boracay hat alle nur erdenklichen Unterkünfte, darunter auch Taucherhotels (White Beach) und Kitesurferhotels (Bulabog Beach), die Unterkunft, Unterricht und den Verleih der Ausrüstung kombinieren.

🛏 Angol
(Südlich von Station 3)

Man findet immer noch eine preisgünstige Unterkunft in Angol, wo – wie manche sagen – der Geist des alten Boracay weiterlebt. Es gibt keine wirklichen Nachteile, wenn man hier wohnt, denn der Trubel des White Beach ist nur einen schönen und entspannten Spaziergang entfernt.

White Beach Divers Hostel HOSTEL $
(Karte S. 234; ☎ 036-288 3809; www.whitebeach-divers.com; B 300 P, DZ/3BZ ohne Bad 650/1000 P; 🛜) Ein Superangebot, vor allem, wenn man das hinten gelegene, geräumige Bambus-Loft mit Platz für drei bekommt. Die anderen Zimmer sind schlichter, die meisten haben Gemeinschaftsbäder. Der Besitzer hat vorne einen kleinen Infokiosk eingerichtet und weiß alles über Touren nach Romblon und zu anderen nahegelegenen Gebieten.

⭐**Hey! Jude South Beach** HOTEL $$
(Karte S. 234; ☎ 0917 861 6618, 288 2401; www.heyjude-boracay.com; Zi. mit Frühstück 2800–4750 P; ❄🛜) Die hiesige Legende hat die Lektion vom Schwesterhotel nahe der D'Mall gelernt und hier Boracays perfektes Mittelklasse-Strandhotel errichtet. Der minimalistische Stil mit großen, offenen Zimmern, alle mit Meerblick, ist genau richtig. Und das entspannte Frühstück am White Beach Path sorgt für den idealen Start in den Tag. Das Personal ist hilfsbereit, der Preis sehr attraktiv. Fazit: das beste Preis-Leistungs-Verhältnis vor Ort.

⭐**Boracay Pito Huts** BUNGALOWS $$
(Karte S. 234; ☎ 0922 820 9765, 288 2457; www.boracaypitohuts.com; Bungalow 3500 P; ❄🛜) Angesichts des Palisadenzauns abseits vom Strand, der an ein Wildwest-Fort erinnern,

---

ACHTUNG, FLUGHUNDE

Eine der bekanntesten Szenen auf Boracay ist der nächtliche Zug von Hunderten großer Flughunde am Himmel. Man trifft hier den Kalong an, den verbreiteten Insel-Flughund und den bedrohten Goldkronen-Flughund, das schwerste Fledertier der Welt. Diese bemerkenswerten Kreaturen haben eine extrem wichtige Funktion für das hiesige Ökosystem, gedeihen doch aus den Samen, die sie mit ihrem Kot ausscheiden, 95 % der auf gerodeten Flächen nachwachsenden Bäume. Da die Flughund-Bestände wegen der fortschreitenden Erschließung schrumpfen, versuchen die **Friends of the Flying Foxes Boracay** (☎ 288 1239; www.fb.com/friendsoftheflyingfoxes-boracay) im Norden der Insel ein Reservat zu schaffen. Die Organisation führt regelmäßig Bestandszählungen durch, an denen sich freiwillige Helfer gerne beteiligen können.

dürfte sich wohl mancher am Kopf kratzen. Doch inmitten dieser Einfriedung im weißen Sand verbirgt sich eines der echten Schmuckstücke der Insel. Die sieben („pito") Hütten verdienen eine glatte Eins für Originalität und ansprechendes, modernes Design – schräge Wände und schummerige Innenräume sind wie ein pfiffiger Kontrast zum nahen hellen Strand. Jede Hütte ist für drei Personen konzipiert; ein Extrabett kostet 500 P. Die coolsten Bungalows liegen am Strand.

Dave's Straw Hat Inn   HÜTTEN $$
(Karte S. 234; 288 5465; www.davesstrawhatinn.com; Zi. mit Ventilator/Klimaanlage P1300/2490; ❄🛜) Die klimatisierten Unterkünfte sind komfortable, moderne Hütten mit Palmdächern und eigener Veranda, die in einem grünen, abgeschiedenen Garten stehen. Die Zimmer mit Ventilator sind weniger charmant, aber vom Preis-Leistungs-Verhältnis her immer noch ausgezeichnet. Das Dave punktet außerdem mit seinem Frühstück, vor allem den schallplattengroßen Pfannkuchen. Keine Kreditkartenzahlung.

Ocean Breeze Inn   HOTEL $$
(Karte S. 234; 288 1680; www.oceanbreezeinn.info; Zi. 1100–1900 P; ❄🛜) Die besten Zimmer hier sind zugleich die preisgünstigsten: die in Rattan eingehüllten, freistehenden Cottages im Garten. Sie ergänzen die schlichten, gut geschnittenen und klimatisierten Zimmer aus Beton. Kein Restaurant, dafür aber Gemeinschaftsküche für die Gäste.

Angol Point Beach Resort   STRANDRESORT $$
(Karte S. 234; 288 3107; Cottage 3000 P; 🛜) Eine treue Stammkundschaft schwört auf diese Anlage. Manch einer mag die Hütten mit Palmdächern und großen, mit Hängematten ausgestatteten Veranden in einer Kokosplantage am Strand etwas zu spartanisch finden.

Sulu-Plaza   HOTEL $$
(Karte S. 234; 288 3400; www.sulu-plaza.com; Zi. 2300 P; ❄🛜) Zu einem sehr vernünftigen Preis erhält man ein stilvolles Zimmer mit zwei Bambusstühlen, bequemen, dicken Betten, attraktiver Kunst und Lage am Strand direkt bei Station 3. Attraktiv sind auch die geräumigen Eckapartments für zwei Personen im Obergeschoss (3600 P).

Melinda's Garden   BUNGALOW $$
(Karte S. 234; 288 3021; www.melindasgarden.com; Zi. mit Ventilator 1500 P, mit Klimaanlage 2500–3500 P; ❄🛜) Wer nach dem alten Bo-

> **ℹ DIE JAHRESZEIT ENTSCHEIDET**
>
> Boracay hat zwei Klimaperioden und dementsprechend auch zwei touristische Saisons. Die Hauptsaison ist vom *amihan* (Nordostmonsun; Okt.–Juni) geprägt, der Wind aus Nordost bringt. Dann sind die Gewässer am White Beach ruhig und es fällt kaum Regen. Dafür strömen die Urlauber herbei und die Preise steigen. Die Nebensaison bestimmt der *habagat* (Südwestmonsun; Juni–Okt.). Nun trifft der Westwind auf den White Beach und es gibt häufig Schauer. Die Geschäfte stellen hässliche Windabschirmungen auf, Wanderwege stehen unter Wasser und allerlei Müll wird an den Strand gespült. Die Preise fallen und die Hotels nutzen die Zeit für Renovierungen. Sportarten, die den Wind nutzen, gibt's das ganze Jahr über; die Anbieter wechseln entsprechend der Wetterlage von der West- zur Ostseite der Insel und umgekehrt.

racay sucht, findet in dieser 25 Jahre existierenden Institution Hütten mit Palmdächern in einem privaten Hof, die allerdings etwas düster sind. Die Zimmer im Obergeschoss (1500 P) sind sehr stimmungsvoll; sie haben große Balkone mit Rattan-Hängematten, auf denen man gut und gern einen ganzen Nachmittag dösen kann.

Blue Mango Inn   HOTEL $$
(Karte S. 234; 288 5170; www.bluemangoinn.com; Zi. mit Frühstück 2800–4900 P; ❄@🛜) Die stilvollen Cottages mit kleinen Veranden im grünen Hinterhof sind hier wohl die beste Option, wenngleich einige Zimmer muffig sind. Das Tauchcenter ist geschlossen.

Zentraler White Beach (Station 1–3)

Wer hier wohnt, ist mitten im Geschehen. Die mit Boracays Erfolg verbundenen Touristenfallen sind allgegenwärtig: Resorts, Restaurants, Bars, Strandhändler, Schlepper, Masseuses, Souvenirläden, Transvestiten und Taschendiebe. Die meisten Resorts liegen ein gutes Stück abseits vom Strand, sodass man einigermaßen ruhig schlafen kann.

Man zahlt etwas mehr in diesem Strandabschnitt, es gibt aber einen Komplex von Budgetresorts rund um Tans Guesthouse, nahe dem Summer Place, die auf einheimische Urlauber ausgerichtet sind. Ausländische Besucher ziehen in der Regel Angol vor.

Trafalgar Garden Cottages BUNGALOW $
(Karte S. 234; ✆ 288 3711; trafalgarboracay@hotmail.com; Zi. mit Ventilator/Klimaanlage 650/1500 P; ✸✺) Ein Backpackerparadies: Das kleine, grüne Dorf aus Budgetzimmern liegt zwar nahe der Hauptstraße, ist aber ruhiger, als man vielleicht glaubt. Die freistehenden Cottages für 650 P sind die billigsten auf Boracay und haben kleine Veranden mit Hängematten. Bis zum Strand hat man nur einen kurzen Weg.

★ Frendz Resort RESORT $$
(Karte S. 232; ✆ 288 3803; www.frendzresortboracay.com; B 600 B, Zi. mit Ventilator/Klimaanlage 1600/1800 P; ✸@✺) Ein engagiertes Management, bessere Preise, gemütliche Zimmer und die Gemeinschaftsflair haben das Hostel in ein Backpackerparadies verwandelt. Livemusik (Mi & So), Kneipenessen und billige Cocktails heizen Stimmung in der Bar an. Zu den *nipa*-Hütten gehören jeweils Strandbetten (2 Gehminuten entfernt). Die Schlafsäle sind nach Geschlechtern getrennt, Sperrstunde ist um 23 Uhr.

Boracay Beach Resort STRANDRESORT $$
(Karte S. 232; ✆ 288 3208; www.boracaybeachresort.com; Cottages 2750–4356 P, Suite 7385–11 420 P; ✸✺) Die Standard-Cottages haben schon bessere Tage gesehen, die Deluxe-Varianten bieten jedoch voll gefliesste Marmorbäder, einladende Bettwäsche und große, gut möblierte Veranden. Man sollte versuchen, einen kostenlosen Transport von Caticlan zu bekommen.

> ### ⓘ BORACAY: BUCHUNGSTIPPS
>
> ➡ In manchen Hotels erhalten Gäste ohne Reservierung Rabatt – also vor der Reservierung nachfragen.
>
> ➡ Etwa die Hälfte der Hotels auf Boracay erheben bei Kreditkartenzahlung eine Bearbeitungsgebühr von 3–5 %.
>
> ➡ Immer nach „Sonderaktionen" fragen, besonders in der Nebensaison (auch wenn das Zimmer schon mit Rabatt angeboten wird).
>
> ➡ Stets hart feilschen, besonders in der Nebensaison: Zwischen Juni und Oktober fallen die Preise um 20 bis 50 %.

Taj Guesthouse HOTEL $$
(Karte S. 232; ✆ 288 4628; tajboracay@gmail.com; DZ/4BZ 2000/2500 P; ✸✺) Eines von mehreren unscheinbaren Hotels in diesem Areal. Der Anbau ist schicker.

★ Calypso Resort STRANDRESORT $$$
(Karte S. 234; ✆ 288 2038; www.calypso-boracay.com; Zi. 5650–9830 P; ✸@✺) Superb eingerichtete Deluxe-Zimmer mit tollen Betten und einer schicken und topmodernen Einrichtung mit regionalen Akzenten sowie ein herrlicher Ausblick sind Markenzeichen des auf Taucher ausgerichteten Hotels, in dem Gäste ohne Reservierung auch mit Rabatt rechnen können. Wer auf längere Zeit zum Tauchen bleibt, findet auch ein paar Budgetzimmer (2000 P).

Nigi Nigi Nu Noos STRANDRESORT $$$
(Karte S. 234; ✆ 288 3101, 0923 701 2163; www.niginigi.com; Zi. ohne Reservierung ab 5000 P; ✸✺) Die polygonalen zweistöckigen Cottages in einem üppigen Garten haben riesige Zimmer, Balkone und viel balinesisches Flair – für Freunde des Tropenstils die wohl eleganteste Option an diesem Strandabschnitt.

Sandcastles APARTMENTS $$$
(Karte S. 232; ✆ 288 3207, 0920 558 7188; www.boracaysandcastles.com; Apt. mit 1 Schlafzi. 9890–12 765 P; ✸@✺) Mit luxuriösen Sofas und Betten und gut ausgestatteten Küchen sind diese großen Apartments mit ein oder zwei Schlafzimmern stilvoll. Die teureren haben eine ideale Sicht auf den Strand und sind nur Schritte vom Strandweg entfernt. Sie sind robust gebaut, aber trotzdem komfortabel. In der Nebensaison gibt es bis zu 50 % Rabatt, sonst sind sie ziemlich teuer.

🛏 Nördlich von Station 1

Die Fotos in Hochglanzbroschüren, die man vielleicht gesehen hat, dürften an diesem himmlischen Abschnitt des White Beach aufgenommen worden sein. Bei Ebbe scheint sich der weiße Sand ins Endlose zu erstrecken. Und die *paraw*-Fahrten bei Sonnenuntergang – ein Markenzeichen Boracays – sind hier besonders eindrucksvoll. Gleiches gilt allerdings auch für die Preise.

★ Discovery Shores STRANDRESORT $$$
(Karte S. 232; ✆ 288 4500; www.discoveryshoresboracay.com; Apt. mit 1/2 Schlafzi. 19 000/30 000 P; ✸✺≋) Das ist ohne Zweifel das tollste Resort am White Beach. Die fantastische moderne Anlage, die wie eine kleine

weiße Stadt wirkt, ist überall offen und geräumig, besonders in den mehrstöckigen Apartments, die eigentlich schicke Lofts sind. In eleganten Extras wie den Schränken mit Innenbeleuchtung spiegelt sich die Detailverliebtheit der Raumgestalter.

Vom Privatstrand schwebt man in die Bar, vorbei an dem stilvollen Pool und ins Foyer, als würde man von einer Welle getragen. Das Personal ist so zuvorkommend, als käme es vom Planeten der Gastlichkeit. Da auch alle üblichen Annehmlichkeiten – Spa, Restaurants etc. – vorhanden sind, hat man alles für einen perfekte Urlaub. Flitterwöchner sollten sich den getrost von ihren Verwandten schenken lassen!

★Hampstead Boutique Hotel Boracay BOUTIQUEHOTEL $$$
(Karte S. 232; 288 2469; www.hampsteadboracay.com; Zi. 5500 P;) Wer nahe dem White Beach wohnen, aber dabei Ruhe und Frieden haben will, für den ist dieses künstlerisch angehauchte neue Boutiquehotel in kurzer Gehentfernung zu Station 1 eine ideale Option. Die Zimmer des stilvollen Refugiums sind gut ausgestattet, bis hin zu Bademänteln und Espressomaschinen. Es gibt eine Dachbar, großzügige öffentliche Bereiche mit viel Sonne und ein paar ausgezeichnete Kunstwerke.

Das Bistro im Haus ist auf Krebse spezialisiert; alte Gepäckaufkleber zieren zuhauf die Wände.

Nigi Nigi Too STRANDRESORT $$$
(Karte S. 232; 288 3150; www.niginigitoo.com; Zi. mit Frühstück 6195–7560 P;) Das ansprechende, zweistöckige Hotel in Rosa und Weiß bietet gut ausgestattete Zimmer mit attraktiven Balkonen und Blick auf den Innenhof. Das asiatisch geprägte Dekor verschmilzt mit einem mediterranen Stil zu einem kuriosen, aber durchaus geschmackvollen Strandrefugium.

Punta Rosa BOUTIQUEHOTEL $$$
(0917 500 7878, 288 6740; www.puntarosa.com; DZ mit Frühstück 4800–9000 P;) Das stilvolle Punta Rosa liegt gleich abseits vom Strand am nahezu verlassenen äußersten Nordende des White Beach. Kundige Expats kommen aus Manila hierher, um Frieden, Ruhe und den Luxus von behaglichen Kastenbetten, Flachbildfernsehern, DVD-Spielern und vielen Sofakissen zu genießen.

Boracay Beach Club STRANDRESORT $$$
(Karte S. 232; 288 4853, 0910 777 8888; www.boracaybeachclub.com; Zi. mit Frühstück 110 US$;) Die Anlage ist vom White Beach durch die Straße getrennt, doch sollte einen das nicht abhalten. Es gibt hier einen hübschen Poolbereich mit viel Schatten, der zu Fuß weniger als eine Minute vom Strand entfernt ist. In den kleinen, aber sehr komfortablen Standardzimmer wirkt nichts deplatziert. Die geräumige Admiral-Suite (120 US$) mit Blick auf Pool und Meer bietet ein ausgezeichnetes Preis-Leistungs-Verhältnis.

Sea Wind STRANDRESORT $$$
(Karte S. 232; 288 3091; www.seawindboracay.ph; Zi. 9250–10 350 P;) Das Hotel präsentiert sich als eine seltsame Mischung, weil es schrittweise aus einem alten Strandhotel ausgebaut wurde. Der ursprüngliche Empfangsbereich im Hof ist dementsprechend chaotisch. Die angrenzenden Zimmer wirken attraktiv-altmodisch, leiden aber unter Straßenlärm. Die Villen hinter der Straße sind jedoch echte Schmuckstücke; man sollte den kleinen Aufpreis für die tollen Deluxe-Zimmer bezahlen, die wirklich luxuriös sind. In jedem Fall bekommt man auch einen exquisiten Platz am Sandstrand.

Diniwid Beach

Vom White Beach führt ein schmaler betonierter Weg nordwärts zum friedlichen und ruhigen Diniwid Beach. Es ist ein schönes Fleckchen mit dem weichesten weißen Sandstrand und einer schönen Ansammlung von Bungalows auf einem Hügel über dem Meer.

Beach House STRANDRESORT $$
(0928 931 1075, 288 3934; cja1025@yahoo.com; B mit Frühstück 2500–3500 P;) Die Zimmer des besten Mittelklassehotels an diesem Abschnitt sind sauber und haben Stil, vor allem aber punkten sie mit der zentralen Lage am Diniwid Beach. Man sollte ein Zimmer mit Blick auf den Strand wählen.

★Spider House STRANDRESORT $$$
(0949 501 1099; www.spiderhouseresort.com; Zi. ab 3150 P;) Das Flaggschiff der Hotels am Diniwid Beach präsentiert sich als Bambusdickicht aus Zimmern und Decks, die der Schwerkraft spottend ins Meer hinein ragen. Der Zauber beginnt schon am Eingang, wo ein schmaler Weg am Strand entlang durch eine Höhle führt, und endet bei den Leitern zu den höchstgelegenen Quartieren. Wen dünne Wände nicht stören, findet hier ein einmaliges Refugium, das schon allein ein Erlebnis ist. Keine Klimaanlagen, einige Zimmer teilen sich die Bäder.

★ Diniview
BUNGALOWS $$$

(☏ 0917 799 2029; www.diniviewboracay.com; Villa 10 000–12 000 P; ❄🛜🏊) Hoch oben in dem grünen Tal hinter dem Diniwid Beach wirken diese fünf Villen wie einer Architekturzeitschrift entsprungen. Einrichtungsdetails und Dekoration im noblen Tropenstil zeugen von liebevoller Gestaltung. Jede Villa bietet Platz für vier bis sechs Personen und ist mit allen modernen Extras, darunter auch eine voll ausgestattete Küche, versehen.

Es gibt einen Gemeinschaftspool. Bis zum Strand muss man ein ganz schönes Stück laufen, bald soll jedoch ein Elektroshuttle im Einsatz sein. Mindestaufenthalt drei Nächte.

★ Nami Boracay
STRANDRESORT $$$

(☏ 288 6753; www.namiresorts.com; Zi. mit Frühstück 10 675–13 725 P; ❄🛜) Wie ein Luxus-Baumhaus thront dieses Resort über einem zauberhaften Strand. Das Nami bietet Privatsphäre, eine atemberaubende Aussicht und einen Bambus-Aufzug, damit man die Anhöhe nicht zu Fuß überwinden muss. Die zwölf Luxuszimmer haben eigene Whirlpools im Freien hoch über dem Meer. Das Restaurant bietet einen Champagner-Brunch (650–875 P, 10–14 Uhr) und eine Karte, auf der alles von philippinischen und asiatischen Fusion-Gerichten bis hin zu Burgern und Filet Mignon mit Ziegenkäse steht. Das Resort ist bei Flitterwöchnern beliebt.

🏖 Banyugan Beach

Shangri-La Boracay Resort & Spa
STRANDRESORT $$$

(☏ 288 4988; www.shangri-la.com; Zi. 13 900–15 900 P, Villa 32 000–40 000 P; ❄🛜🏊) Kein Zweifel: Das ist das eindrucksvollste Resort auf Boracay. Die Anlage, die die Nordwestspitze der Insel einnimmt, lässt keine Wünsche offen: So gibt es zwei Privatstrände (u. a. der wunderschöne Banyugan Beach), einen riesigen Pool, eine tropische Lodge, eine Strandbar, eine riesige Fitnesshalle, ein beeindruckendes Spa usw. Einziger Wermutstropfen: die von der Außenwelt abgeschottete Anlage könnte überall in den Tropen stehen.

Im Streben nach Exklusivität hat dieses Resort eine gewaltige Mauer zwischen sich und dem Rest der Insel errichtet; so werden Gäste mit Booten direkt aus Caticlan abgeholt und zum privaten Anleger gefahren, um nur ja jeden Kontakt zum übrigen Boracay zu vermeiden. Wer also sein Shangri-la sucht, ist hier durchaus richtig, wer Boracay kennenlernen will, eher nicht.

🏖 Bulabog Beach

Am Boracays „Flaschenhals" liegt dem White Beach das Wassersportlerparadies am Bulabog Beach direkt gegenüber, nur zehn Gehminuten entfernt von der D'Mall, der Fußgänger-Ladenzeile. Am Bulabog Beach herrscht eine lockere Atmosphäre. Allerdings ist das Wasser hier schmutziger, weil die meisten Abwässer Boracays auf dieser Seite der Insel ins Meer geleitet werden. An einer Verbesserung dieses Zustands wird gearbeitet – und die Investoren scheinen darauf zu vertrauen, wie eine große Zahl ausgezeichneter neuer Unterkünfte belegt. Während der Kitesurfing-Saison (Dez.–März) steigen die Preise, in der Nebensaison liegt eine charmante *bangka*-Flotte am Strand.

★ MNL Hostel
HOSTEL $

(Karte S. 232; ☏ 0917 702 2160; www.mnlhostels.com; Rd 1a; B 650–700 P, EZ 1000 P jeweils mit Frühstück; ❄🛜) Das Hochhaus-Hostel ist schnell zum bevorzugten Backpackertreff am Bulabog Beach geworden. Die pieksaubere, intelligent gestaltete Anlage – es gibt z. B. Steckdosen an jedem Schlafsaalbett – bietet viel Spaß, eine Lounge auf der Dachterrasse und jede Woche Karaoke. Eine Sperrstunde kennt man nicht; auch Warmwasser-Regenduschen und kostenloses Frühstück sind nicht zu verachten. Die Doppelzimmer kosten doppelt so viel wie ein Einzelzimmer und sind daher preislich etwas weniger attraktiv.

Banana Saging
STRANDRESORT $

(Karte S. 234; ☏ 288 6121; www.boracayguesthouse.com; Zi. mit Ventilator/Klimaanlage ab 1000/1500 P; ❄🛜) Ein Superangebot: Einen Steinwurf vom Bulabog Beach entfernt punkten die Zimmer hier mit Sauberkeit und Gestaltungselementen wie schrillen Leuchten und Skulpturen.

★ Palassa Private Residences
BOUTIQUEHOTEL $$$

(Karte S. 232; ☏ 288 2703; www.palassaprivateresidencesboracay.com; Einraum-Apt. 4900 P, Apt. mit 1 Schlafzi. 6500–6900 P; 🛜🏊) Als der hochtalentierte Künstler Antonio Gelito San Jose Jr. die Errichtung dieses tollen neuen Hotels auf seinem Land erlaubte, verlangte er, dass sein Atelier am Strand in die Anlage einbezogen werden müsse. Die Eigentümer gingen einen Schritt weiter und schmückten jedes Zimmer mit Kunstwerken von ihm. Das Resultat kann sich sehen lassen!

San Joses farbenfrohe Porträts, einige davon auf Staffeleien, fügen sich prima in die minimalistischen Zimmer. Man hat das Gefühl, nicht in einem Apartmenthaus, sondern einer Galerie zu wohnen – das schlägt am Bulabog Beach genau den richtigen Ton an.

★ **Pahuwayan Suites** STRANDRESORT $$$
(Karte S. 232; ☎ 288 1449, 0917 807 5810; www.pahuwayan.com; Zi. mit Frühstück 3750–4250 P; ❄☎) Für Kitesurfer mit Sinn für Stil und gut gefüllter Brieftasche ist diese schön gestaltete Anlage eine Überlegung wert. Alle Zimmer haben Flachbildfernseher, tolle Betten, schicke Einbauten und gute halb private Patios. Die Zimmer im obersten Stock haben beste Sicht aufs Meer und in der Nebensaison auf die große *paraw*-Flotte.

★ **Aissatou Beach Resort** BOUTIQUEHOTEL $$$
(Karte S. 234; ☎ 288 5787, 0917 492 1537; www.kiteboracay.com; Zi. ab 3500 P; ☎) Die neun Zimmer sind makellos gepflegt und reichlich mit handgearbeiteten Möbeln, importierten Toiletten und Kunstwerken bestückt, die bei örtlichen Künstlern in Auftrag gegeben wurden. Zimmer 12 im Obergeschoss mit einem Schlafzimmer und fantastischem Blick aufs Wasser ist eines der besten Angebote in der Gegend. Private Liegen finden sich vorne am Strand.

Seven Stones
Boracay Suites APARTMENTS $$$
(Karte S. 232; ☎ 288 1601; www.7stonesboracay.com; Zi. 11 025 P, Suite 15 345–26 460 P; ❄☎☀) Der schön gestaltete, wenn auch teure Apartmentkomplex hat seinen eigenen privaten Badebereich am Bulabog Beach und einen netten Pool. Die 30 Ferienwohnungen sind von höchster Qualität und bieten alle modernen Einrichtungen, darunter Unterhaltungselektronik und große Fenster zum Genießen der Aussicht. Durch die attraktive

---

DIE DREI BESTEN SPAS AUF BORACAY

Willkommen im Land der Spas. Wer sich richtig verwöhnen lassen will, sollte nicht sparen – darum hier die drei besten Einrichtungen der Insel. Wer sich nicht mit den diversen Angeboten auskennt, hält sich jeweils an die Massage des Hauses.

Mandala Spa (Karte S. 234; ☎ 288 5857; www.mandalaspa.com; Angol; 90-minütige Massage 2995 P, Yoga 400 P; ◷ 10–22 Uhr) Auf einer grünen Hügelspitze, aber Welten entfernt vom White Beach, taucht man in dem wunderbar friedlichen Ambiente dieses Spas in die Natur ein. Man kann für eine Anwendung kommen oder einen ausgedehnten Aufenthalt mit komplettem Entgiftungsprogramm buchen. Für jede Nacht, die man hier verbringt, wird im Namen des Gastes ein Baum gepflanzt.

Ein Dutzend hübscher und lichtdurchfluteter tropischer Villen mit allen stimmigen Details und großen Bädern werden vermietet (270 US$ inkl. Frühstück, Yoga und einer 15-minütigen Massage). Die beliebte Pool-Villa kostet stolze 420 US$. In den Genuss einer Anwendungen kommt man ab ca. 2600 P (Gesichtsbehandlung), für ca. 9500 P gibt es die „Prinzessinnenbehandlung". Die Anlage ist ideal für einen romantischen wie auch einen therapeutischen Aufenthalt.

Tirta Spa (☎ 260-2488; www.tirtaspa.com; Sitio Malabunot, Manoc-Manoc; 90-minütige Massage 3355 P; ◷ 9–21 Uhr) Im exotischsten Spa auf Boracay fühlt man sich ein wenig wie in Angkor Wat. Die Eigentümerin ist eine kundige Sammlerin asiatischer Kunst mit erlesenem Geschmack. Auf dem Gelände findet man prachtvolle Türen, Skulpturen, Brunnen und andere Details aus Indien, Thailand, den Philippinen und anderen Ländern Asiens.

Die lange Liste der Anwendungen wird in drei fürstlichen Suiten und drei für einen Pascha geeigneten offenen Pavillons durchgeführt, sodass man sich wie im Märchenland fühlt. Einmalig ist auch, dass die Eigentümerin zwei Zimmer (4400–6050 P) in ihrem eigenen attraktiven Haus vermietet.

Chi (☎ 288 4988; www.shangri-la.com/; Shangri-La Resort; 75-minütige Massage 5800 P; ◷ 10–22 Uhr) Das Chi im riesigen Shangri-La Resort ist gewissermaßen eine Oase in einer Oase. Und was für eine! Es gibt vier Villen für die Anwendungen, die jeweils nach einem tibetischen Dorf benannt sind und stimmig asiatisch herausgeputzt sind. Hier will man sich nicht massieren lassen, sondern wohnen! Das Behandlungsangebot ist begrenzter als bei der Konkurrenz, reicht aber allemal, um alle Sorgen vergessen zu lassen. Der Schwerpunkt liegt darauf, Blockaden des Chi, der Lebensenergie, zu beseitigen.

Mischung aus hellem Naturstein und Fliesen mutet die Anlage mediterran an. Ein Neuzugang mit Klasse!

Hangin Kite Center & Resort   STRANDRESORT $$$
(Karte S. 232; ☎ 288 3766; www.kite-asia.com; Rd 1a; Zi. 3000–3500 P; ❄ 📶) Der ebenerdige Garten und die Zimmer mit Meerblick im Obergeschoss sind gut, dabei aber so minimalistisch wie Kites, Bretter und Wind. Die Zimmer haben gefliese Böden, Flachbildfernseher und schöne Bäder. Wenn der Tag zur Neige geht, kann man in der beliebten Hang Out Bar entspannen.

🍴 Essen

Der White Beach Path ist ein einziger, langer und fantastischer Foodcourt – der halbe Spaß besteht schon darin, sich bei Sonnenuntergang umzuschauen. Eine große Auswahl von Restaurants mit Ethno-Küche findet sich auch rund um D'Mall, der geschäftigen Fußgängerstraße auf mittlerer Höhe des White Beach.

🍴 Angol & Station 3

★ Sunny Side Cafe   CAFÉ $$
(Karte S. 234; ☎ 288 2874; www.thesunnysideboracay.com; Gerichte 225–395 P; ⊗ 7–21.30 Uhr; 📶) Wer außerhalb seines Hotels frühstücken will, ist hier richtig. Man wird über die Qualität der Küche des modernen Strandcafés überrascht sein; selbst Standards werden frisch aufgepeppt. Das Lokal ist für sein ganztägiges Frühstück bekannt, man kann aber auch jederzeit hineinschauen, um z. B. gegrillte Käsesandwichs mit Schinken und Mango oder Käsemakkaroni mit Chorizo zu bestellen. Die Portionen sind gewaltig.

★ Cowboy Cucina   INTERNATIONAL $$
(Karte S. 234; Hauptgerichte 180–600 P; ⊗ 7–23 Uhr; 📶) Wie der Name nahelegt, locken hier Burger, Steaks, Chili, ein paar mexikanische Gerichte und eine der besten Rippchen auf der Insel. Man isst mit den Zehen im Sand. Eine willkommene, auf Boracay seltene Ausnahme sind vegetarische Gerichte. Es gibt auch eine Kinderkarte und sonntags ein Braten-Buffet.

 Zentraler White Beach

Budget Mart   SUPERMARKT $
(Karte S. 232; D'Mall; ⊗ 7.30–23.30 Uhr) Die größte Auswahl an Lebensmitteln.

Crazy Crepes   CREPERIE
(Karte S. 232; Crêpe 95–150 P; ⊗ 10–23.30 Uhr) Der bunte Kasten am Strand am Anfang von D'Mall hat eine große Auswahl leckerer Crêpes, die sich perfekt als Nachtisch eignen.

Smoke   PHILIPPINISCH $$
(Karte S. 232; Gerichte 120–180 P; ⊗ 24 Std.; 📶) Punktet mit frisch zubereiteten philippinischen Gerichten, anregenden Kokosmilch-Currys und Frühstücksgerichten sowie einem ausgezeichneten Preis-Leistungs-Verhältnis. Die Filiale, die der Hauptstraße am nächsten liegt, ist von 7 bis 22 Uhr geöffnet.

Jammers   MEXIKANISCH $$
(Karte S. 232; Sandwichs 100–300 P; ⊗ 24 Std.) In Spitzenlage bietet dieses Lokal köstliche und günstige Fischsandwichs, Tacos und Burger auf die Schnelle.

★ Plato D'Boracay   MEERESFRÜCHTE $$
(Karte S. 234; D'Talipapa Market; Zubereitung auf Bestellung 150–250 P; ⊗ 8–21 Uhr) Man wählt Hummer, Garnelen oder andere Meeresfrüchte auf dem D'Talipapa-Markt und lässt sie sich an diesem familiären Grill zubereiten. Dabei kommt man wesentlich günstiger weg als bei den Seafood-Grills am Strand.

Cyma   GRIECHISCH $$
(Karte S. 232; D'Mall; Hauptgerichte 170–350 P; ⊗ 10–23 Uhr; 📶) Das beliebte und gut geführte griechische Restaurant ist bekannt für Grillfleisch, Vorspeisen wie den scharfen *saganaki* (gebratenen Salzlakenkäse) und klasse Salate. Wer beim Essen sparen will, hält sich an das günstige Gyros. Die Bedienung ist schnell und professionell, der blaue, mediterrane Speisesaal lässt einen vergessen, dass man sich an D'Mall befindet.

Real Coffee & Tea Cafe   CAFÉ $$
(Karte S. 232; ☎ 288 5340; Station 1; Frühstück 200–350 P; ⊗ 7–19 Uhr; 📶) Das seit Langem beliebte Café hat einen tollen neuen Standort in einem Obergeschoss mit Blick auf Station 2, am Erfolgsrezept hat sich aber nichts geändert: kreative Tee- und Kaffeespezialitäten, exotische Drinks und amerikanische Hausmannskost. Der Name verweist auf die noch gar nicht lange zurückliegende Zeit, als man auf Boracay nur Nescafé bekam.

Zest Boracay   PHILIPPINISCH $$
(Karte S. 234; Original D'Talipapa; Gerichte 100–250 P; ⊗ 8–20 Uhr) Die günstige, saubere und bunte Oase nahe dem ursprünglichen D'Talipapa-Markt serviert philippinische

WIE GRÜN IST BORACAY?

Boracays geringe Fläche und die rasante Erschließung erzeugen einen besonderen Druck auf das Ökosystem der Insel. Zu den Problemen sorgen eine unzureichende Abwasserentsorgung, häufige Stromausfälle, Probleme mit der Müllbeseitigung und eine fehlende Durchsetzung von Umweltrichtlinien. Deutliches Zeichen für eine Schieflage ist die Grünalgenblüte am White Beach von Februar bis Mai.

Die Inselverwaltung hat die Zeichen der Zeit erkannt und der Umweltverschmutzung den Kampf angesagt. Ein Strandschutzprogramm wurde eingeführt, flankiert von einem mit Geldstrafen belegten Rauchverbot. Alle Gebäude, die weniger als 30 m Abstand zum Meer haben, werden abgerissen. Das Unternehmen, das auch für die Abwasserentsorgung in Manila zuständig ist, soll bis 2017 eine neue zentrale Kanalisation schaffen. In der Nähe von Caticlan entsteht ein Windpark, der die Stromversorgung nachhaltig verbessern soll. Das ehrgeizigste Vorhaben besteht darin, alle benzinbetriebenen Dreiräder auf der Insel in den nächsten fünf Jahren durch Elektro-Dreiräder zu ersetzen. Für alle, die im Dreirad ein Wahrzeichen der Philippinen sehen, ist das leise E-Trike ein freundlicher Hinweis darauf, dass sich Fortschritt an den unerwartetsten Orten ereignen kann.

Alltagsgerichte und das ganze Sortiment an Frühstücksgerichten.

Heidiland
DELI $$

(Karte S. 232; D'Mall; ⊙7–19 Uhr) Der erstaunlich gut bestückte Feinkostladen hat alles für ein Strandpicknick, ferner auch Sandwichs, Brot und importierte Spezialitäten. Wer Reisgerichte zum Frühstück nicht mehr sehen kann, wird sich gierig aufs Nutella stürzen.

★ Aplaya
MEDITERRAN $$$

(Karte S. 232; ☎288 2841; www.fb.com/aplayaboracay; Hauptgerichte 350–600 P; ⊙8–1 Uhr) Dieses mediterrane Freiluftrestaurant mit entspannter Strandbar ist Boracay vom Feinsten: Designmöbel drinnen, draußen Sitzsäcke auf dem Strand, eine riesige Karte mit Tropendrinks, stimmungsvolle Musik, coole Shishas und jede Menge kreative Gerichte können einen auf Stunden fesseln. Am stimmungsvollsten ist's bei Sonnenuntergang.

★ Cozina
SPANISCH $$$

(Karte S. 232; ☎288 4477; www.fb.com/cozina authenticspanish; Hauptgerichte 380–680 P; ⊙7–23 Uhr) Barcelona am Strand: dieses spanische Restaurant mit Klasse überzeugt durch seine warme Inneneinrichtung, die gute Weinkarte, schön angerichtete Speisen, eine moderne Karte und seine tolle Lage.

Dos Mestizos
SPANISCH $$$

(Karte S. 234; ☎288 5786; Tapas ab 300 P; ⊙10–23 Uhr) Die hervorragende traditionelle spanische Küche, angereichert um lokale Nuancen, macht dieses Lokal selbst bei anderen Restaurantbetreibern beliebt. Zu den Gerichten zählen raffinierte Tapas, authentische Paella, Bohnensuppen und herzhafte Eintöpfe. Eine Statue des hl. Jakob ziert die Wand. Der freundliche Besitzer weiß alles über Boracays faszinierende moderne Geschichte. Die Fotos an der Wand zeigen die „Gründer des modernen Boracay", und zu jedem gibt es eine interessante Geschichte.

Lemon Cafe
INTERNATIONAL $$$

(Karte S. 232; ☎288 6781; D'Mall; Hauptgerichte 300–550 P; ⊙7–23 Uhr) Frisch und gesund sind die Gerichte in diesem farbenfrohen Café an der D'Mall. Serviert werden große Salate, kreative Sandwichs, klassische Eggs Benedict zum Brunch, tropische Säfte und schmackhafte Quiches. Das Lunchpaket für 450 P – mit Suppe des Tages, grünem Salat sowie Sandwichs, Reisgerichten und Dessert nach Wahl – ist ein klasse Angebot.

Pamana
PHILIPPINISCH $$$

(Karte S. 232; ☎288 2674; www.pamanarestaurant.com; Station 1; Hauptgerichte 250–700 P; ⊙10–23 Uhr) Auf Boracay gibt es erstaunlich wenig philippinische Küche der Spitzenklasse, dieses Restaurant ist jedoch eine bemerkenswerte Ausnahme. Das Pamana, das Filialen in Manila und Tagaytay besitzt, hat sich einen Namen damit gemacht, seine Gäste mit traditionellen Gerichten zu verwöhnen. Das recht kleine Restaurant bietet mit seinen Familienerbstücken genau das richtige Ambiente für die Gerichte nach alten Rezepten. Man kann auch draußen sitzen.

Aria Restaurant
ITALIENISCH $$$

(Karte S. 232; ☎036 288 5573; Hauptgerichte 288–573 P; ⊙11–23.30 Uhr) Das Aria hat ein erstklassige Lage am Strandweg am Anfang von D'Mall – hier kann man gut die Leute beobachten. In dem stilvollen, modernen

Speisesaal wird ausgezeichnetes italienisches Essen serviert, z. B. wunderbare *tagliatelle con tartufu* (weiße Trüffel). Die Pasta ist ausnahmslos hausgemacht.

Mañana Mexican · MEXIKANISCH $$$
(Karte S. 232; Hauptgerichte 275–550 P; ⊙ 11–22 Uhr; ⌕) Boracays bestes mexikanisches Restaurant serviert Burritos und Tortillas und mixt einen tollen Mango-Margarita.

Crafty's · INDISCH, THAILÄNDISCH $$$
(Karte S. 232; Main Rd; Gerichte 250–350 P; ⊙ 11 Uhr–Open End) Ohne Wenn und Aber, das beste indische Essen auf Boracay kommt aus der Küche dieser Dachterrassenbar über D'Mall. Und es ist wirklich scharf gewürzt. Das Lokal ist auch für seine Burger und Rippchen bekannt.

✕ Nördlich von Station 1

Jonah's Fruit Shakes · PHILIPPINISCH $$
(Karte S. 232; Shakes rund 110 P; ⊙ 7–23 Uhr) Trotz großer Konkurrenz rühmt sich das Jonah's stolz, die besten Shakes auf der Insel zu haben – der Avocado-und-Bananen-Mix ist sensationell. Es serviert auch eine große Auswahl typisch philippinischer Gerichte.

Kasbah · MAROKKANISCH $$$
(Karte S. 232; Hauptgerichte 200–900 P; ⊙ Mo-Fr 9–21, Sa & So bis 23 Uhr) In diesem Abschnitt voller schicker Resorts würde man ein unprätentiöses marokkanisches Restaurant wie das Kasbah am wenigsten vermuten. Aber warum sich beschweren? Die köstlichen *kemias* (Vorspeisen), z. B. Hummus und *mechoum* (gebratene, gewürzte Paprika) könnten sich auch in Marrakesch sehen lassen. Nach dem Essen kann man einen Zug Wassermelonentabak aus der Shisha nehmen.

✕ Bulabog Beach

Sushi Shiro · JAPANISCH $$$
(Karte S. 232; ☏ 288 2587; Road 1a; Nigiri-Lunch 650 P; ⊙ 12–22 Uhr) Hier wird Sushi kunstvolle praktiziert. Alle Zutaten stammen entweder frisch vom Markt oder werden selber im Haus gemacht – sogar so alltägliche Dinge wie Miso und Sojasauce. Auf der interessanten Karte stehen auch viele ausgefallene und hochwertige Optionen.

Ausgehen & Nachtleben

Die Abende am White Beach beginnen mit einer ausgedehnten Happy Hour, die meist gegen 16 oder 17 Uhr startet und irgendwann zwischen 19 und 21 Uhr endet. Viele Bars schließen in der Regel erst zwischen 1 und 3 Uhr … oder auch wenn der letzte Gast nach Hause taumelt.

Um die Discos zu finden, braucht man nur dem Dröhnen der Beats zu folgen; fünf davon sind selbst in der Nebensaison bis in die Morgenstunden geöffnet. Praktisch überall gibt's zwischen 18 und 23 Uhr Livemusik.

Wer lieber umherziehen will, kann sich der beliebten Kneipentour anschließen, der von **Pub Crawl** (☏ 917 808 8433; www.pubcrawl.ph/boracay; Frauen/Männer 690/790 P; ⊙ Mo, Mi, Fr & Sa 19.30–23.30 Uhr) viermal die Woche angeboten wird. Im Preis sind zehn Freigetränke enthalten.

★ Area 51 Secret Party Facility · CLUB
(Karte S. 234; ☏ 288 2343; Lugutan Beach; Grundpreis 100–200 P) Abgesehen davon, dass der Laden einen tollen Namen hat, ist Area 51 (bitte flüstern!) auch der einzige Underground-Partyspot auf der Insel. Der Terminkalender ist dementsprechend auf die Mondphasen ausgerichtet, d. h. es gibt jeden Monat Vollmond- und Neumondpartys sowie weitere in der Hauptsaison.

Hier trifft man die Einheimischen und erlebt die einmalige Inselatmosphäre, für die Boracay berühmt ist. Es gibt Imbissstände, Musik, Stammestrommler, Feuertänze und die üblichen Erfrischungen. Die Partys gehören mit 400 bis 500 Gästen zu den größten vor Ort, besonders zu speziellen Anlässen wie Halloween oder Silvester, und dauern von Mitternacht bis zum Sonnenaufgang. Einfach nach dem Schild an dem Zaun vor dem Dead Forest an der Straße beim Lugutan Beach schauen. Aliens willkommen!

★ Epic · CLUB
(Karte S. 232; www.epicboracay.com; Eintritt Fr & Sa 300 P; ⊙ 22–3 Uhr) Der schicke Club mit Weltklasse-DJs bleibt die beliebteste Strand-Disco und ist auch bekannt für seine Tischkicker-Turniere am Mittwochabend. Tagsüber ist der Laden eine Bar und ein Grill; die Happy Hour dauert von 12 bis 22 Uhr – viel länger, als man es verträgt!

★ Cocomangas · BAR, DISCO
(Karte S. 232; ⊙ 11–3 Uhr) Im „Trink für dein Land"-Wettbewerb mitzumischen, ist eine Tradition auf Boracay, aber damit fängt in dieser energiegeladenen, die ganze Nacht rappelvollen Bar und Disco der Spaß erst an. Hier trifft man asiatische Pauschalurlauber,

trinkfeste Expats, Disco-Freaks, Backpacker und die unvermeidlichen Damen vom ältesten Gewerbe der Welt. Einfach unters Volk mischen und sehen, was geschieht.

Red Pirates   PUB
(Karte S. 234; Angol; 10–14 Uhr) Unten am südlichen Ende des White Beach verkörpert diese erstaunlich entspannte Bar mit ihren abgefahrenen Treibholz-Möbeln am besten den Geist des alten Boracay.

White House Beach Lounge   STRANDBAR
(Karte S. 232; www.whitehouseboracay.com; nördlich von Station 1; 7–22 Uhr) Die geschmackvoll ganz in weiß gehaltene Bar, die an Ibiza erinnert und die erste nördlich von Station 1 ist, wird in der Saison auch zum Schauplatz großer Rave-Partys.

Nigi Nigi Nu Noos   BAR
(Karte S. 234; 10–24 Uhr) Die legendären Einweckgläser mit Long Island Iced Tea sind ein passender Start in den Abend – während der Happy Hour von 17 bis 21 Uhr gibt's zwei von diesen starken Cocktails zum Preis von einem. Man kann auch gut zum Essen bleiben, denn auf der aufgepeppten Karte stehen auch saftige Steaks.

Exit Bar   STRANDBAR
(Karte S. 232; Station 2; 17–2 Uhr) Die coole Kneipe könnte auch gut Expat Bar heißen. Und weil Boracays Expats ein buntes Häufchen sind, geht es hier auch munter zu.

Bom Bom   BAR
(Karte S. 232; Station 2; 8–24 Uhr) Jeden Abends gibt's Livemusik mit Bongos. Das entspannt-coole Lokal ist der beste Ort für die Zeit zwischen dem Abendessen und dem Tanzen in den Nachtstunden.

Crafty's   BAR
(Karte S. 232; Main Rd; Restaurant 9–22, Bar 11 Uhr–Open End) Das luftige Expat-Versteck über Craft's Supermarket hat eine tolle Aussicht und prima indisches Essen; wenn der Aufzug erst installiert ist, wird kein Weg mehr daran vorbeiführen. Am besten genießt man das Lokalkolorit während der Happy Hour (16–19 Uhr).

Juice   CLUB
(Karte S. 234; zw. Station 2 & 3; 16–3 Uhr) Die kleinste, bodenständigste und schwulenfreundlichste der zentral gelegenen Stranddiscos. Das Verhältnis zwischen denen, die tanzen, und jenen, die an der Bar abhängen, hält sich hier genau die Waage.

Summer Place   CLUB
(Karte S. 232; www.summerplaceboracay.com; Station 2; 11 Uhr–Open End) Diese brodelnde Disco ist am längsten auf und damit die letzte Station einer Nacht am White Beach, deshalb zuweilen auch weniger ersprießlich.

❶ Praktische Informationen

GELD
BPI (Karte S. 232; D'Mall) und **Metrobank** (Karte S. 232; D'Mall) hat bedienerfreundliche Geldautomaten; weitere gibt es entlang der Hauptstraße und am Strandweg. Viele Resorts und Touristenzentren tauschen Geld um.

INTERNETZUGANG
Internetterminals (30–70 P/Std.) und WLAN-Hotspots (oft kostenlos) gibt's überall.

MEDIZINISCHE VERSORGUNG
Bei ernsthaften Erkrankungen sorgen Boote der Tauchcenter für einen schnellen Transport aufs Festland. Dort werden die Patienten nach Kalibo gebracht oder nach Manila ausgeflogen.
Boracay Lying-In & Diagnostic Center (Karte S. 232; 288 4448; D'Mall; 24 Std.) Die von Expats bevorzugte Privatklinik.

POST
Den Postschalter in der Touristeninformation, der einen saftigen Aufschlag von 50 % als Bearbeitungsgebühr erhebt, sollte man meiden. Ein reguläres **Postamt** (Karte S. 232; Main Rd; Mo-Sa 9–17 Uhr) gibt's am nördlichen Ende der Main Rd.

TOURISTENINFORMATION
Boracay Tourist Center (Karte S. 234; Station 3; 9–22 Uhr) Hier findet man alles, was man braucht: eine Post, Telefondienste, einen Devisentausch (inkl. Einlösen von Amex-Reiseschecks) und schnelles Internet (70 P/Std.).
Filipino Travel Center (Karte S. 234; 036-288 3704, 036 288 3705; www.filipinotravel.com.ph; Station 3; 9–18 Uhr) Das hilfreiche, professionelle Büro im Boracay Tourist Center verkauft auch Tickets.

VISAS
Bureau of Immigration (Karte S. 232; 036-288 5267; Main Rd; Mo-Mi 8–17, Do bis 12 Uhr) Problemlose Verlängerung von Visa.

❶ An- & Weiterreise

FLUGZEUG
Boracay hat keinen kommerziellen Flughafen. Traveller kommen über einen der beiden Flughäfen auf dem nahe gelegenen Panay, entweder Caticlan oder Kalibo. Der schnellste Weg ist über Caticlan, wo auch der nächste Seehafen

ist. In der Hauptsaison sind Flüge nach Caticlan schnell ausgebucht. Preiswerter sind Tickets nach Kalibo, von wo aus Caticlan auf dem Straßenweg (1½–2 Std.) leicht zu erreichen ist.

SCHIFF/FÄHRE

Eine ganze Flotte von *bangkas* pendelt zwischen 5 und 19 Uhr alle 15 Minuten zwischen Caticlan und Boracay (200 P, 15 Min.); zwischen 19 und 22 Uhr – manchmal auch noch später, wenn sich eine Fähre verspätet – fahren sie nach Bedarf. Im Preis enthalten sind neben der Bootsfahrt eine Terminal- und eine Umweltgebühr. Alle Boote legen auf Boracay am **Cagban Pier** (Karte S. 231) an, wo eine Schlange von motorisierten Tricycles bereitsteht, um Besucher in ihre Unterkünfte zu bringen. Die Fahrt kostet 25 P pro Person oder 150 P pro Tricycle (mehr, wenn das Ziel nördlich von Station 1 liegt).

Zwischen Juni und November fahren die Boote bei dem häufig auftretenden heftigen Südwestwind um die Nordspitze von Caticlan herum nach Tabon, von wo einen die gleichen Boote zu Boracays anderer Anlegestelle bei **Tambisaan** (Karte S. 231) bringen.

Wer nach Abfahrt des letzten fahrplanmäßigen *bangka* ankommt, muss entweder ein privates *bangka* chartern oder in einer der schlichten Pensionen im Ort übernachten.

VAN

Der An- und Abtransport direkt vom Flughafen Caticlan zum Hotel per Van und Boot kostet, je nach Lage des Hotels, zwischen 800 und 1500 P pro Person. Anbieter sind **Southwest** (✆ 288 2026), **Island Star Express** (✆ 288 3888) und **BLTMPC** (✆ 288 3271). Viele Hotels haben einen eigenen (oft kostenlosen) Shuttledienst – ruhig nachfragen und feilschen!

ⓘ Unterwegs vor Ort

Um vom einen Ende des White Beach zum anderen zu gelangen, kann man laufen, oder eine Fahrradriksha (10–100 P) nehmen, die auf dem Fußgängerweg fährt. Oder man winkt eines der Motorräder heran, die auf der Hauptstraße fahren. Tricycle-Fahrten kosten nur 10 P, wenn man sich vor den „besonderen Trips" hütet, die die standortgebundenen Fahrer anbieten (100 P). Am besten nimmt man ein neues, geräuschlos fahrendes E-Tricycle, die geräumig und nahezu schon luxuriös sind.

PANAY

4 030 000 EW.

Für die meisten Besucher der Philippinen ist Panay einfach die Insel, auf der sie landen, um nach Boracay weiterzufahren. Dabei besteht Panay aus mehreren eigenständigen Provinzen, die sich alle dank des ausgezeichneten Straßennetzes gut erkunden lassen. Die Provinz Aklan im Nordwesten (zu der auch Boracay gehört) ist bekannt für das wundervolle Ati-Atihan Festival, die größte Sause im Land, die jedes Jahr im Januar in der Hauptstadt Kalibo stattfindet. Die Provinz Capiz im Nordosten ist seit Langem für die Fischteiche berühmt, die ihre Hauptstadt Roxas schmücken, und zunehmend auch für die riesigen Heiligenstatuen, die in den umliegenden Hügeln aufgestellt werden. Antique an der Westküste ist die am wenigsten erschlossene Provinz der Insel und daher für Erkundungstouren erst recht interessant; ihre schönen Berge und Flüsse werden mehr und mehr vom Ökotourismus entdeckt. In der Provinz Iloilo im Osten befindet sich die eleganteste Stadt auf Panay; in dieser Provinz locken auch zahlreiche Küsteninseln.

ⓘ An- & Weiterreise

Die wichtigen Flughäfen liegen in Iloilo im Süden sowie in Caticlan und Kalibo im Norden. In Kalibo starten und landen auch internationale Flüge, u. a. einer von AirAsia aus Kuala Lumpur, womit dieser Flughafen eine Budgetalternative für Traveller auf dem Weg nach Boracay ist.

Die beliebtesten Schiffsverbindungen sind die Autofähren von Roxas auf Mindoro nach Caticlan und die Schnellboote von Bacolod auf Negros nach Iloilo. Von den wichtigsten Häfen der Insel (Caticlan, Kalibo, Roxas, Iloilo und Dumangas) kann man zahlreiche weitere Inseln erreichen.

Caticlan

✆ 036 / VERKEHRSKNOTENPUNKT

Caticlan ist wenig mehr als das Sprungbrett nach Boracay. Die Besucher fliegen entweder direkt zu dem kleinen Flughafen oder kommen mit dem Bus vom Kalibo Airport. Vom Flughafen aus ist man in fünf Minuten zu Fuß oder per Tricycle (50 P) an der Schiffsanlegestelle. Die Busse laden am Pier aus, ebenso die RoRo-Schiffe. Guides führen Ankömmlinge durch den Terminal zu den Auslegerbooten für die kurze Überfahrt nach Boracay.

ⓘ An- & Weiterreise

Caticlan baut seinen Flughafen aus, um bis 2016 ein internationales Drehkreuz für die westlichen Visayas zu werden. Unterdessen bleibt der bestehende Flughafen in Betrieb. Gegenwärtig können Maschinen nach Anbruch der Dunkelheit nicht in Caticlan landen, weshalb verspätete

Flüge nach 18.30 Uhr zum Flughafen von Kalibo umgeleitet werden.

Vom Caticlan Airport fliegen AirPhil Express und Cebu Pacific nach Manila (stündl.) und Cebu (2- bis 3-mal tgl.). Seair fliegt mehrmals wöchentlich nach Clark und Puerto Princesa.

Kalibo

036 / 70 000 EW.

Kalibo, die Hauptstadt der Provinz Aklan, ist für Traveller vor allem eine Alternative bei der Anreise nach Boracay und der Schauplatz des Urvaters aller philippinischen Festivals, des rauen Ati-Atihan im Januar. In den übrigen Zeit ist der Ort eine typische, laute und verstopfte philippinische Provinzstadt, in der überall strippenartig Stromleitungen gezogen sind. Aklan wurde 1213 von Malaien besiedelt, die aus Borneo kamen. Die Hauptsprache in der Region ist Aklanon. Aklan, 1956 vom benachbarten Capiz abgetrennt ist eine der jüngsten Provinzen der Philippinen.

Sehenswertes & Aktivitäten

In Kalibo kann es wirklich sehr heiß werden. Da kommt die Abkühlung im sehr große Pool des Marzon Hotel gerade richtig (80 P).

Museo It Akean MUSEUM
(268 9260; Martelino St; Eintritt 15 P; Mo–Sa 8–12, So 13–17 Uhr) Das kleine Museum residiert in einem hübsch restaurierten Schulgebäude zwischen dem Markt und dem Pastrana-Park im Zentrum. Es gewährt seltene Einblick in die Geschichte, die Kultur und die Bräuche der Provinz Aklan. Der Besuch lohnt sich, zumal ein Rundgang nur ca. 30 Minuten dauert.

Feste & Events

Ati-Atihan Festival KULTUR
(Jan.) Das fantastische Festival ist der größte und beste Karneval im ganzen Land. Vermutlich reicht das Fest bis in die Zeiten der ersten Siedler aus Borneo zurück. Das einwöchige Straßenfest wird von der Werbung als ein Mix aus „katholischem Ritual, geselligen Aktivitäten, indigenem Drama und Touristenattraktion" beschrieben. Das Fest dauert täglich von Sonnenaufgang bis -untergang und erreicht seinen Höhepunkt am dritten Sonntag im Januar.

Schlafen

Rund um das Ati-Atihan im Januar sollte man seine Unterkunft Monate im Voraus

---

SCHIFFE/FÄHREN & BUSSE AB CATICLAN

Schiffe/Fähren

ABFAHRT	ZIEL	PREIS (P)	DAUER (STD.)	HÄUFIGKEIT (TGL.)
Caticlan Port	Boracay	200	¼	häufig*
Caticlan Port	Carabao (Lanas)	85	1	1
Caticlan Port	Carabao (San José)	75	¾	1
Caticlan Port	Roxas (Mindoro)	430–460	4	5–6
Caticlan Port	Batangas	950	10	1, außer Di
Caticlan Port	Tablas (Odiongan)	300	2	Do & So
Caticlan Port	Tablas (Looc)	300	2½	1

* *Bangkas* nach Boracay legen zwischen 5 und 19 Uhr alle 15 Minuten und danach nach Bedarf bis gegen 22 Uhr ab (wenn sich eine Fähre verspätet, verkehren sich auch noch länger). Private *bangkas* kann man rund um die Uhr chartern.

Busse

ABFAHRT	ZIEL	UNTERNEHMEN	TYP	PREIS (P)	DAUER (STD.)	HÄUFIGKEIT (TGL.)
Caticlan Port	Iloilo	Ceres	Bus	350	6	stündl.
Caticlan Port	Iloilo	verschiedene	Van	400	4	morgens
Caticlan Port	Kalibo	Ceres	Bus	107	2	stündl.
Caticlan Port	Kalibo	verschiedene	Van	100-200	1½	stündl.
Caticlan Port	Kalibo	verschiedene	Jeepney	80	2½	unregelmäßig
Caticlan Port	Antique	Ceres	Bus	250	3½	alle 2 Std.

Panay

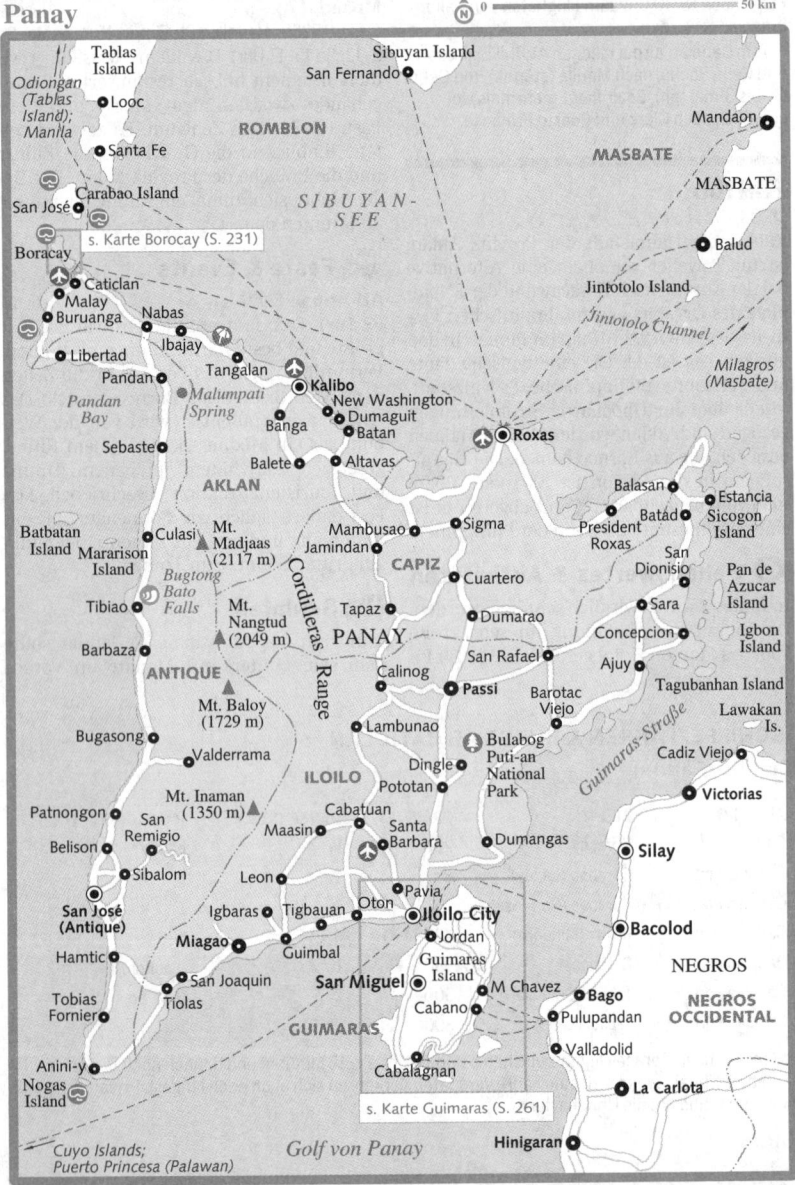

buchen. In dieser Zeit zahlt man für ein Zimmer das Doppelte bis Fünffache vom Normalpreis!

Ati-Atihan County Inn　　　HOSTEL $
(☏ 268 6116; atiatihancounty@yahoo.com; D Maagma St; B/DZ/3BZ/4BZ 150/840/960/1400 P; ❄ ☏) Nur ein paar Blocks südlich vom Stadtzentrum bietet das staatlich geführte Hotel ein gutes Preis-Leistungs-Verhältnis, ganz besonders während des Ati-Atihan, weil es seine Preise nicht nach oben anpasst. Die schlichten Zimmer sind sauber und haben eine Klimaanlage, der Schlafsaal

mit 16 Betten und Ventilator ist makellos. WLAN-Zugang kostet 100 P.

Garcia Legaspi Mansion HOTEL $
(262 5588; garcialegaspimansion@yahoo.com; 1016 Roxas Ave; Zi. mit Ventilator/Klimaanlage ab 800/880 P; ❄🛜) Das beste an dieser Unterkunft einen Block östlich des Markts ist der exzentrische und kundige Betreiber Gerwin. Die Zimmer sind gut ausgestattet und gepflegt, grenzen aber an die laute Hauptstraße.

⭐ Marzon Hotel HOTEL $$
(268 2188; www.marzonhotelkalibo.com; Quezon Ave Ext; DZ/3BZ/4BZ mit Frühstück 1800/2352/3136 P; ❄🛜🏊) Kalibos Spitzenhotel ist dieses sehr gut ausgestattete Haus nur fünf Minuten vom Flughafen. Auf Boracay würde eine solche Unterkunft 6000 P kosten – dort hat man aber eben auch einen Strand, hier „nur" einen 25 m langen Pool. Das Hotel ist 2,5 km vom Stadtzentrum entfernt.

Kalibo Hotel HOTEL $$
(268 4765; www.kalibo-hotel.com; 467 N Roldan St; Zi. 1232–1960 P; ❄🛜) Das freundliche, saubere, professionell geführte Mittelklassehotel ist nur zwei Blocks vom Rathaus entfernt, bietet aber doch etwas Ruhe. Die besten Zimmer sind die Suiten zur Straße.

🍴 Essen

Kitty's Kitchen INTERNATIONAL $
(268 9444; Rizal St; Gerichte 75–400 P; ⏱10–21 Uhr; ❄) Die klimatisierte Oase im Zentrum bietet mexikanische Gerichte und andere westliche Überraschungen, z. B. Kansas City Ribs.

⭐ Roz and Angelique's Cafe PHILIPPINISCH $$
(268 3512; www.rozandangeliques.com; Quezon Ave; Hauptgerichte 200–325 P; ⏱9–22 Uhr) Trotz des Wellblechs über dem Eingang ist das Café erstaunlich stilvoll. Es serviert schmackhafte Gerichte in großen Portionen; bekannt ist es für seine *patatim* (Schweinehaxe) und Pekingente. Das Restaurant wird demnächst seinen Standort wechseln. Da es aber sehr populär ist, wird jeder Tricycle-Fahrer wissen, wo es dann zu finden ist.

Latte Cafe & Internet Station CAFÉ $$
(Jaime Cardinal Sin Ave; Hauptgerichte 150–300 P; ⏱Mo–Sa 7–19 Uhr; ❄🛜) Das hippe, moderne Latte bietet willkommene Zuflucht aus dem Gedränge von Kalibo. Es gibt eine große Auswahl an Kaffeespezialitäten und Internetzugang (30 P/Std.).

⭐ Primavera ITALIENISCH $$$
(268 3533; 19 Martyrs St; Hauptgerichte 225–995 P; ⏱10–22 Uhr) Mit großen Portionen, einer langen Karte mit Sonderangeboten, Plätzen im Freien und einer Weinkarte hat dieses neue Restaurant ein paar Blocks östlich vom Pastrana-Park das Niveau in Kalibo deutlich angehoben. Die Klimaanlage ist auch kein Nachteil. Zu essen gibt's klassische Pastagerichte, Steaks und Sandwichs. Sein Dessert holt man sich nebenan im Peil (gleicher Öffnungszeiten).

🍷 Ausgehen & Nachtleben

⭐ Lorraine's Tapsi CAFÉ
(Mabini St; ⏱So–Do 10–23, Fr & Sa bis 1 Uhr) Das an eine Tiki-Hütte erinnernde, bei Ausländern beliebte Café an der Straße, zwei Blocks nördlich der Kreuzung Roxas Ave/Mabini St, serviert ordentliche philippinische Gerichte, zeichnet sich aber vor allem durch eine relaxte Inselatmosphäre, eiskaltes Bier und am Wochenende auflegende DJs aus.

Abregana RESTOBAR
(262 1482; Martelino St; ⏱15–1 Uhr) Kalibos Party-Treff. 100 m vom östlichen Ende der Roxas Ave entfernt gibt's hier jeden Abend Livemusik.

ℹ️ Praktische Informationen

Bureau of Immigration (BOI; 500 7601; Municipal Hall, United Veterans Ave; ⏱Mi–Fr 8–17 Uhr) Nimmt Visaverlängerungen vor. Das Personal teilt seine Arbeitszeit zwischen diesem Büro und einem separaten im Flughafen auf.

Kalibo Tourism Office (262 1020; 2. OG, Municipal Hall, United Veterans Ave; ⏱Mo–Fr 8–17 Uhr) Das hilfsbereite Personal arrangiert Ausflüge in die Umgebung und kann bei der Zimmersuche helfen, wenn anlässlich des Ati-Atihan alles ausgebucht ist.

ℹ️ Anreise & Unterwegs vor Ort

Traveller Richtung Boracay können jetzt mit der Billigairlinie AirAsia von diversen asiatischen Städten aus direkt nach Kalibo fliegen. Der Service besteht allerdings nur in der Saison und ist hochgradig flexibel.

Am Flughafen gibt es keine Autovermietungen. Die Fahrt mit dem Tricycle ins Zentrum von Kalibo kostet einen Festpreis von 150 P. Alternativ kann man auch die 500 m bis zur Autobahn laufen und dort ein Tricycle oder einen Jeepney heranwinken (10 P). Busse fahren vom **Ceres Bus Terminal** (0917 771 1230; Osmeña Ave) ab, Vans von mehreren Punkten im Stadtzentrum, die meisten in der Nähe des La Esperanza

SCHIFFE/FÄHREN & BUSSE AB KALIBO

Schiffe/Fähren

ABFAHRT	ZIEL	PREIS (P)	DAUER (STD.)	HÄUFIGKEIT (TGL.)
Dumaguit	Manila	1000	18	Di & Fr

Busse

ABFAHRT	ZIEL	PREIS (P)	DAUER (STD.)	HÄUFIGKEIT (TGL.)
Ceres-Busbhf.	Caticlan	87–105	1¾	häufig
Ceres-Busbhf.	Iloilo	186–240	5	häufig
Ceres-Busbhf.	San Jose, Antique	195	6	Fr–Mo 4-mal
Stadtzentrum (diverse Stellen)	Caticlan	100	1½	häufig
Stadtzentrum (diverse Stellen)	Iloilo	200	3½	häufig
Stadtzentrum (diverse Stellen)	Roxas	120	2	häufig

Hotel an der Kreuzung von Toting Reyes und Quezon Ave.

Vom Kalibo Airport fliegen AirPhil Express, AirAsia, Seair und Cebu Pacific nach Manila (stündl.). Cebu Pacific fliegt außerdem nach Cebu (tgl.). AirAsia fliegt saisonal diverse Ziele in Ostasien an.

Die Fähren legen in Dumaguit, rund 20 km südöstlich der Stadt, ab.

Roxas (Capiz)

036 / 160 000 EW.

Roxas beschreibt sich selbst als „Meeresfrüchtehauptstadt der Philippinen". Die geschäftige Hauptstadt der Provinz Capiz ist das Wirtschaftszentrum des nördlichen Panay, von dem aus täglich tonnenweise Meeresfrüchte verschifft werden, die zu großen Teilen aus den unzähligen Fischteichen der Region stammen. Das große Neubaugebiet Pueblo de Panay hat das Stadtgebiet stark vergrößert und um einen neuen, zentralen Busbahnhof erweitert. Ein paar Strandresorts stehen zur Auswahl, außerdem gibt's sehr günstige Hummer und ein paar Sehenswürdigkeiten, darunter immer mehr riesige Heiligenstatuen.

Sehenswertes & Aktivitäten

Ang Panublion Museum — MUSEUM
(522 8857; Hughes St; Mo–Sa 9–17 Uhr) GRATIS Das skurrile Museum an der Plaza, ursprünglich ein Wasservorratstank, vermittelt einen schnellen (30 Min.) Überblick über die Stadt. Das Faltblatt mit dem historischen Stadtspaziergang ist nützlich, um sich die Gegend anzuschauen.

Baybay Beach — STRAND
Rund 3 km nördlich der Innenstadt von Roxas liegt dieser 7 km lange, graue Sandstrand, den Restaurants und Picknickplätze gesäumt ist. Abhängig von Stelle und Tidenhub unterscheidet sich seine Breite erheblich. In der Morgen- und der Abenddämmerung kann man zuschauen, wie Fischer ihren Fang entladen.

Cadimahan — PARK
(Eintritt 10 P) Ein Weg aus Bambusplanken zieht sich durch diesen Mangrovenpark. Es gibt zweistündige Touren mit Bambus-Tretbooten (150 P/Pers.) mit der einmaligen Zugabe einer Fußmassage während der Fahrt.

Feste & Events

Sinadya sa Halaran Festival — KULTUR
(Anf. Dez.) Das bunte, viertägige Event feiert die Unbefleckte Empfängnis u. a. mit einer Kerzenprozession am Roxas River.

Capiztahan — FESTIVAL
(April) Das dreitägige Fest anlässlich der Gründung von Capiz kulminiert in einem Lichterumzug und Feuerwerk.

Schlafen

Halaran Plaza Hotel — LODGE $
(621 0649; Gov Abalo St; DZ mit Ventilator 550 P, mit Klimaanlage 750–850 P;) Die Holzlodge alter Schule im Zentrum ist erstaunlich laut, aber frisch gestrichen und stimmungsvoll und hat riesige Zimmer.

Hotel Veronica — HOTEL $$
(621 0919; hotelveronicaroxascitycapiz@gmail.com; Sacred Heart of Mary Ave; Zi. 1600 P;)

Das neue Geschäftshotel in Pueblo de Panay ist die erste Wahl, wenn man in der Nähe des Busbahnhofs wohnen will. Ein Restaurant mit Livemusik und ein Pool sorgen für Unterhaltung.

Roxas President's Inn HOTEL $$
(621 0208; www.roxaspresidentsinn.com; Ecke Rizal & Lopez Jaena St; EZ/DZ ab 1180/1800 P;) Mit ihrer Mischung aus altmodischem Charme und modernen Einrichtungen ist dieses Hotel das beste im Stadtzentrum. Die Zimmer sind stilvoll möbliert. Es gibt nur zwei günstige Einzelzimmer.

San Antonio Resort STRANDRESORT $$
(621 6638; www.thesanantonioresort.com; Baybay Beach; DZ 1000–2840 P;) Das bei philippinischen Familien beliebte, große und trubelige Resort liegt nicht direkt am Strand (von dem es durch die Straße getrennt ist), hat aber einen riesigen Pool und eine Lagune. Die günstigeren Zimmer sind recht spartanisch, die besten blicken auf die Lagune.

 **Essen**

Am Baybay Beach gibt es rund ein Dutzend Meeresfrüchterestaurants, davon etwa die Hälfte im Betongebäude des Seafood Court und die übrigen links davon in Richtung Meer. Am besten läuft man hier einfach etwas herum und wählt das, wonach einem gerade der Sinn steht. Die Preise sind erstaunlich niedrig.

Cebrew CAFÉ $
(Gaisano Arcade, gegenüber der Gaisano Mall; Getränke & Snacks 50–125 P; Mo–Do 11.30–2, Fr & Sa bis 3, So bis 24 Uhr;) Eine hübsche, klimatisierte und sehr angesagte Zuflucht aus der Stadt. Es gibt Kaffee, Frappé, Brownies, Eiscreme und natürlich kostenloses WLAN.

 Ausgehen & Nachtleben

Grand Ville at Gaisano Arcade CLUB
(Arnaldo Blvd) Das Nachtleben in Roxas konzentriert sich auf das Grand Ville at Gaisano Arcade mit Karaoke, zwei Tanzclubs und am Wochenende einer live aufspielenden Straßenband. Donnerstags bis samstags herrscht hier bis 3 Uhr Betrieb.

Praktische Informationen

Die weit verbreitete *EZ Map Panay* enthält einen Stadtplan von Roxas, der viel besser ist als jener, denen die Touristeninformationen kostenlos ausgeben.

City Tourism Office (621 5316; Mo–Fr 8–17 Uhr) Am Nordufer des Flusses gleich bei der Brücke. Hier bekommt man einen Führer

SCHIFFE/FÄHREN & BUSSE AB ROXAS

Schiffe/Fähren

ABFAHRT	ZIEL	UNTERNEHMEN	TYP	PREIS (P)	DAUER (STD.)	HÄUFIGKEIT
Culasi Seaport	Odiongan	Super Shuttle	RoRo	650	7	Mo, Mi & Fr
Culasi Seaport	Batangas	Super Shuttle	RoRo	800	15	Mo, Mi & Fr
Culasi Seaport	Manila	Moreta	Fähre	1000	21	alle 5 Tage
Culasi Seaport	Romblon City	2GO	RoRo	1990	5	Sa 15 Uhr
Culasi Seaport	Batangas	2GO	RoRo	958	14	Sa 15 Uhr
Culasi Seaport	Odiongan	diverse	bangka	350	4	variiert; am Hafen fragen
Culasi Seaport	Sibuyan (San Fernando u. a.)	diverse	bangka	350	5	tgl. 9 Uhr
Banica	Masbate (diverse Häfen)	diverse	bangka	250–500	2–7	tgl.

Busse & Vans

ABFAHRT	ZIEL	UNTERNEHMEN	TYP	PREIS (P)	DAUER (STD.)	HÄUFIGKEIT
Roxas City Terminal	Iloilo City	Ceres Liner	Bus	150	3	stündl.
Roxas City Terminal	Kalibo	GM's Tours	Van	120	1½	stündl.
Roxas City Terminal	Caticlan	GM's Tours	Van	220	3	stündl.

NICHT VERSÄUMEN

HEILIGSTES-HERZ-JESU-STATUE

Außer für seine Meeresfrüchte ist Roxas zunehmend auch für religiöse Statuen bekannt. Die reichen katholischen Landbesitzer, die hinter der Erschließung des Pueblo de Panay stehen, bestücln die umliegenden Hügel mit riesigen Figuren. Rund 1,5 km vom Terminal steht der neu errichtete **Sacred Heart of Jesus Shrine** (Heiligstes-Herz-Jesu-Schrein, Pueblo de Panay), eine der größten Christusstatuen diesseits von Rio; die Erbauer sagen, sie wäre über 39 m hoch, aber das ist heiß umstritten. Ursprünglich sollte Jesus seine Arme Willkommen heißend ausbreiten, aber Zwänge bei der Konstruktion zwangen den Bildhauer, sie in die Höhe zu recken, so dass es jetzt aussieht, als wolle der Heiland sich ergeben. Man kann in der Figur bis nach oben klettern. Mit der Lage auf der Hügelspitze gewährt die Stätte einen wunderbaren Überblick über die Region, darunter auf die vielen Fischteiche, die man unten nicht übersehen hat.

Eine ergänzende Marienstatue erblickt man, wenn man sich Roxas von Osten nähert. Weitere Statuen sollen auf umliegenden Hügeln folgen und die Heilige Familie komplettieren.

---

zu dem Touristen-Trail in der Innenstadt, der gegenwärtig entwickelt wird.
Touristeninformation der Provinz (📞 621 0042; Capitol Bldg; ⊙ Mo–Fr 8–17 Uhr) Gibt gute Anregungen für mögliche Unternehmungen in der Provinz Capiz.

ℹ An- & Weiterreise

Büros der Fluglinien befinden sich am Flughafen, der mit einem motorisierten Tricycle (15 P) fünf Minuten nördlich vom Stadtzentrum von Roxas liegt. Der **Culasi Port** (📞 522 3270) befindet sich rund 3 km westlich vom Baybay Beach. Die kleine Anlegestelle Banica pier liegt östlich der Stadt. Alle Transportverbindungen auf der Straße werden jetzt über den neuen integrierten Verkehrsterminal in Pueblo de Panay abgewickelt.

Provinz Antique

Jahre lang war die Provinz Antique (Betonung auf der zweiten Silbe) an der Westküste Panays mit ihren zerklüfteten Gipfeln und Dschungelströmen recht vergessen, weil sie durch eine hohe Gebirgskette und schlechte Infrastruktur vom Rest der Insel abgeschnitten war. Nun führt eine ausgezeichnete Straße vom einen Ende zum anderen; insbesondere Tibiao hat sich zu einer abenteuerlichen Alternative zu Boracay gemausert. Es gibt gewiss noch andere Attraktionen, vor allem in Pandan, aber man muss dazwischen viel Gelände überwinden. Wenn man also diese Region erkunden will, fährt man besser mit dem eigenen Auto oder wählt ein Resort, das geführte Touren anbietet. Auf der Nationalstraße fährt aber auch ein Linienbus.

Pandan

📞 036 / 33 000 EW.

Pandan mag nicht so bekannt sein wie Tibiao, ist aber ein ausgezeichnetes Standquartier für Ökotouristen, die abseits ausgetretener Pfade Abenteuer erleben wollen.

◉ Sehenswertes & Aktivitäten

★ **Malumpati River** FLUSS
(Pandan) Eines der erstaunlichsten Naturwunder in den westlichen Visayas ist der geheimnisvolle Malumpati, der mitten im Dschungel aus dem Nichts entspringt und dann mit seinem türkisblauen, klaren Wasser zum Meer strömt. Man mutmaßt über eine Quelle, aber angesichts seiner Wassermenge und der vielen Höhlen in der Region kann es auch sein, dass der Fluss zunächst unterirdisch verläuft.

Der Fluss ist von der Nationalstraße aus ausgeschildert. Zunächst gelangt man zum Malumpati Health Spring Resort (Eintritt 10 P), wo es ein paar schlichte Pensionen (Zi. 1000 P), zwei 200 bzw. 300 m lange Seilrutschen (200 P) und ein Sprungbrett gibt. Die „Quelle" des Flusses liegt 30 Gehminuten stromaufwärts. Ein (obligatorischer) Führer kostet 200 P. Für die Wanderung wasserfeste Schuhe anziehen. Von hier aus kann man auch auf einem Bambusfloß flussabwärts fahren (450 P/Pers. für bis zu 5 Pers.), was eine Menge Spaß bereitet.

🛏 Schlafen & Essen

★ **Phaidon Beach Resort** STRANDRESORT $$
(📞 0929 599 2308, 278 9901; www.island-dreams.com; Pandan; Zi. mit Frühstück 2500 P; ❄ 🛜) Das Resort ist eine tolle Unterkunft und zugleich

die Zentrale der Abenteueraktivitäten. Die sehr intime Anlage hat ihren eigenen weißen Sandstrand, ein kleines Hallenbad, ein Restaurant mit Meerblick, ein paar recht kleine Bungalows und ein großes Angebot an Unternehmungen (vor allem Tauchen aber auch u. a. Wandern, Vogelbeobachtungen, Flussfahrten und Besuche auf anderen Inseln). Die Touren kosten zwischen 800 und 3500 P. Kreditkartenzahlung möglich.

Rose Point Beach Resort STRANDRESORT $$
(0946 242 4524; rosepointbeach.webs.com; Pandan; Bungalows 2500–2800 P; ❄ ☏) Das spektakulär an der Mündung des Bugang gelegene Resort verfügt über ein Restaurant/eine Bar und schlichte Bungalows. Eigentlich kommt man aber wegen der schönen Aussicht über die Pandan-Bucht und in die Berge. Und wegen der Möglichkeit, mit dem Kajak flussaufwärts zu paddeln.

Tibiao

036 / 25 000 EW.

Tibiao, nur eineinhalb Stunden (85 km) von Caticlan entfernt, ist das bekannteste Ökotourismusziel in Antique, hauptsächlich wegen der Besucher aus Boracay. Die Stadt vermarktet alle Aktivitäten rund um den Fluss Tibiao als **Tibiao EcoAdventure Park** (TEA Park; www.tibiaoantique.info; bei Km 172, National Rd), der auf der Nationalstraße nahe Kilometer 172 ausgeschildert ist.

Die Linienbusse zwischen San José und Caticlan halten in Tibiao vor dem Rathaus. Die Fahrt nach Caticlan führt über Buruanga oder Nabas.

⊙ Sehenswertes & Aktivitäten

Bugtong Bato Falls WASSERFALL
(TEA Park) Die sieben malerischen Kaskaden mit einigen guten Badestellen am Ende der TEA Park Rd sind der Reihe nach zu erreichen. Zum ersten Wasserfall (rund 18 m) gelangt man auf einer hübschen, halbstündigen Wanderung; seinen Führer engagiert man am Barangay-Kiosk (100 P/5 Pers.).

Tibiao Zip Trip SEILRUTSCHE
(TEA Park; pro Seilrutsche 300 P; 9–17 Uhr) Zwei eindrucksvolle, 500 m lange Seilrutschen sind über das Tal des Tibiao gespannt.

☞ Geführte Touren

Katahum Tours & Fish Spa TOUR
(0917 631 5777; www.katahum.com; TEA Park-Tagestour 1600 P) Der Anbieter veranstaltet gut geführte Trips zu den Inseln Seco und Malalison, zum Malumpati, zum TEA Park (inkl. Kajak-Einführung für Anfänger) und zu Höhlen. Eine einmalige Attraktion ist das *lambaklad*-Fischen, bei dem man mit Fischern bei Tagesanbruch ausfährt und die Netze mit wandernden Fischen, besonders Thunfischen, einholt. Im Büro im Ortszentrum gibt's etwas Einmaliges: ein Fisch-Spa, in dem Fische einem die Füße sauber knabbern – aber Vorsicht mit den großen Burschen!

Tribal Adventures ABENTEUERTOUR
(Edwin 0921 570 1947, Sheila 0928 779 0776; TEA Park; ♨) Wer einfach vorbeikommt, kann auch im TEA Park die Dienste des auf Boracay sitzenden Veranstalters in Anspruch nehmen. Kajakfahrten mit Abholung stromaufwärts kosten 200 P pro Stunde, diverse Wanderungen 250 bis 500 P, zuzüglich 500 P für den Führer. Das Unternehmen hat auch einfache Unterkünfte (250 P/Pers.).

🛏 Schlafen & Essen

University of Antique Hometel HOTEL $
(0920 476 2670; Tibiao; DZ ohne Bad 450–1000 P; ❄) Saubere, schlichte und billige Zimmer nahe der Fernstraße. Suite 6 ist ein besonders gutes Angebot.

Bugtong Bato Falls Inn BUNGALOWS $$
(0998 980 4726; Bugtong Bato Falls; Bungalow 2500 P) Die drei zweistöckigen *nipa*-Hütten blicken auf die letzte Kaskade der Wasserfälle und bieten Platz für sechs Personen. Die Unterkunft ist stimmungsvoll, man muss aber sein Essen mitbringen und vorab entschlossen feilschen.

Rosh Al Cafe PHILIPPINISCH $$
(Hauptgerichte 100–300 P; 7–22 Uhr) Das Freiluftcafé hinter der Tankstelle ist die einzige Ausbeute vor Ort. Und das mit WLAN!

Patnongon

036 / 35 000 EW.

Diese Gemeinde nördlich von San Jose ist nicht weiter bemerkenswert – eine Ausnahme macht das **Parola Orchids** (0915 586 0997; parolaorchids.com; Zi. mit Frühstück 2500 P; ❄ ☏). Das schön gestaltete und sehr komfortable europäische Hotel mit Leuchtturm auf dem Dach ist eine echte Überraschung. Es bietet große, nett möblierte Zimmer, ein großes Restaurant mit internationaler Karte und einen Privatstrand. Der durchgängig Einsatz hochwertiger Steine, Fliesen und Hölzer lässt einen verwundert staunen, wie die Besitzer dies verwirklichen konnten. Das Hotel ist an der Nationalstraße bei Kilometer 123 ausgeschildert; die grellen Wandmalereien am Eingang sollte man einfach übersehen.

San José de Buenavista

036 / 54 800 EW.

San Jose de Buenavista (oft auch San José Antique) ist die Hauptstadt der Provinz, hat aber für Traveller außer den einzigen Geldautomaten der Provinz, ein paar Internetcafés an der Hauptstraße (TA Fornier St) und zwei energiegeladenen Nachtlokalen wenig zu bieten. Wer hier übernachten muss, für den ist das zentral gelegene neue **Eagles Inn** (540 7265; TA Fornier St; Zi. 1100–1300 P; ❄🌐) die beste Alternative, gefolgt vom benachbarten **Centillion House 2000** (540 9853; www.centillionhouse.com; TA Fornier St; EZ/DZ mit Frühstück 900/1300 P; WLAN 50 P; ❄🌐). In puncto Essen bietet das **Boondoc's** (Hauptgerichte 90–180 P; 11–23 Uhr) auf einem Hügel hinter der Haupteinkaufsstraße Meeresfrüchte und eine tolle Aussicht auf die gesamte Stadt. Und Spaß und Unterhaltung gibt's im Zentrum in der beliebten Restobar **Parillahan** (TA Fornier St; So–Do 8.30-1.30, Fr &Sa bis 3 Uhr) mit Livemusik in einem offenen Hof. Die eigentliche Party steigt aber auf der anderen Straßenseite in der **Bar 360** (TA Fornier St; 17–3 Uhr); dieser Club auf der Dachterrasse gehört drei einheimischen Frauen und hat eine tolle Livebühne, auf der bis 3 Uhr gejammmt wird.

Busse von Ceres fahren häufig ostwärts nach Iloilo (105 P, 2½ Std.) und zu allen Punkten im Norden.

Tobias Fornier & Anini-y

Das Gebiet an der Südwestspitze von Panay wirkt wie ein gepflegtes Refugium – der Unterschied fällt sofort ins Auge. Der Tourismus konzentriert sich auf eine Handvoll Strandresorts mit prima Preis-Leistungs-Verhältnis. Südlich von Tobias Fornier liegt das **Dala-ag Campsite & Resort** (0926 448 1063; www.fb.com/dalaag; Poblacion Norte, Tobias Fornier; Zi. 1200 P), ein ausgedehnter Komplex mit einem riesigen Pool und Wasserrutsche, der auf alle Gäste von Backpackern bis zu einheimischen Familien eingestellt ist. Das charmante **Punta Hagdan** (0917 950 1094, 0916 795 0264; puntahagdan@yahoo.com; Paciencia, Tobias Fornier; Zi. 500–1250 P) hat einige ausgezeichnete Budgetzimmer, eine Küche, die auf Anfrage Gerichte zubereitet, und Leihkajaks in einer parkartigen Anlage am Meer – ein idealer Ort, um etwas auszuspannen, wenn man schon länger unterwegs war. Die **Hacienda Feliza** (0917 363 0631; Paciencia, Tobias Fornier; Zi. 1500–2300 P; ❄) ist ein hübsches und sehr ruhiges, 13 ha großes Anwesen auf einem Hügel. Wer das Cottage, die „Casa Isabel", mietet (nur 1500 P), hat das riesige Gelände praktisch ganz für sich. Man

---

ABSEITS DER ÜBLICHEN PFADE

ISLAS DE GIGANTES

Der aus acht Inselchen und den zwei großen Inseln **Gigantes Norte** und **Gigantes Sur** bestehende kleine Archipel vor der Nordostspitze Panays ist ein großartiges Ausflugsziel. Die sehr unterschiedlichen, aber gleichermaßen zauberhaften Inseln bieten sich mit attraktiven Strände, Höhlen, einer türkisblauen Lagune und mehr Muscheln, als man je im Leben gesehen hat, zu Erkundungen an. Die einzige günstige Verkehrsverbindung besteht vom Hafen **Estancia**, der eine Stunde von Roxas, drei von Iloilo und vier von Bantayan entfernt ist. Von Estancia fahren vier Bankgas zu verschiedenen Dörfern (80 P); die Boote legen um 13.30 Uhr ab und kehren um 9 Uhr zurück.

Gigantes Sur ist die einzige Insel des Archipels, auf der es Unterkünfte gibt. An der Westseite befinden sich mehrere, einander ähnliche Strandresorts mit einfachen Hütten (1000–1800 P/4 Pers.). Eine bessere Option ist das **Gigantes Hideaway** (0918 468 5006, 0999 325 4050; Gigantes Sur; B 200 P, Cottage 1000 P, Bungalow 1500 P) im größten Fischerdorf. Das gut geführte Resort hat zwar keinen Strand, aber schöne *nipa*-Hütten und ein gutes Restaurant. Das Pauschalangebot ist zudem die beste Option für einen Besuch der Inseln: Es kostet 2300 P pro Person für drei Personen und umfasst den Transport ab Estancia, einen Ausflugstag mit Abstechern zu den verschiedenen Inseln, zwei Übernachtungen und Vollpension. Ansonsten kostet schon allein ein Boot von Insel zu Insel 1500 bis 2000 P.

braucht ein eigenes Verkehrsmittel, um die Hazienda zu erreichen; sie ist aber auch ein schönes Wanderziel vom Punta Hagdan aus.

In Anini-y ist das **Dive House** (☏ 0920 952 8869; all Gerichte, Unterkunft & 2–3 Tauchgänge pro Tag 6500 P) eine charmante Lodge aus recycelten Materialien, die Tauchgänge und Ausflüge zur Insel Nogas veranstaltet; ein Zimmer ohne Vorbuchung gibt's für 1500 P. Das sehr familiäre **Sira-an Hot Spring** (☏ 0929 295 0879) vereint ein Thermalbad mit schöner Aussicht und gegrilltem Fisch im Kanza Grill.

Iloilo

☏ 033 / 425 000 EW.

Iloilo City bzw. Lungsod ng Iloilo, das an Bedeutung nur Manila nachsteht, rappelt sich langsam aus den Schwierigkeiten heraus, die die Stadt ein halbes Jahrhundert durchgemacht hat. In böse verfallener Pracht präsentiert sich die verstopfte Altstadt, die praktisch das gesamte Gebiet südlich des Iloilo River und östlich seines Nebenflusses, des Dungon River, umfasst. Die Zukunft wird im Norden und Westen, im Stadtteil Mandurriao gestaltet, von der neuen Ufer-Esplanade bis hin zum munteren Unterhaltungskomplex Smallville und der gehobenen Plazuela Arcade nahe dem Einkaufszentrum SM City. Die Eröffnung des eindrucksvollen neuen Iloilo Conference Center 2015 gilt bei den Ilonggo, den Einwohnern der Stadt, als Schlüsselereignis.

Geschichte

Als letzte Hauptstadt des spanischen Weltreichs in Asien ergab sich Iloilo erst 1898 auf der Plaza Libertad gegen die philippinische Revolutionsarmee, nachdem Manila bereits in die Hände der US-amerikanischen Invasionstruppen gefallen war. Der Regierungssitz wurde zeitweilig hierher verlegt, weil die Stadt dank ihres tiefen Hafens bereits ein wichtiges Zentrum des Handels mit Europa geworden war. Doch als nur eine Woche später eine 3000-Mann starke US-Streitmacht die Stadt beschoss und einnahm, markierte dies den Beginn des philippinischen Unabhängigkeitskampfs gegen die neue Kolonialmacht USA.

◉ Sehenswertes & Aktivitäten

Iloilo besteht aus sieben Stadtteilen mit jeweils eigener Plaza, die zu Rundgängen und zur Besichtigung einiger interessanter historischer Stätten, vor allem Kirchen, einladen. Bemerkenswert sind die riesige **Metropolitan Cathedral** in Jaro, der Sitz der katholischen Diözese der Westlichen Visayas, und der **Campanario de Jaro** (Glockenturm) direkt daneben, die hübsche **St. Anne's Church** (Molo Plaza) an der Plaza von Molo, 1 km westlich vom Stadtzentrum, und die **San Jose Church** im Stadtzentrum.

City Hall AUSSICHTSPUNKT
(Plaza Libertad; ⊙ Mo–Fr 8–18 Uhr) `GRATIS` Den besten Blick auf die Altstadt hat man vom Dach über dem siebten Stock des Rathauses. Man wird überrascht sein, wie anders sie aus der Vogelperspektive aussieht. Man hat auch eine tolle Sicht auf die Insel Guimaras.

Museo Iloilo MUSEUM
(Bonifacio Dr; Eintritt 50 P; ⊙ Mo–Sa 9–17 Uhr) Das Museum zeigt eine lohnende Ausstellung zu den Ati, den Ureinwohnern der Region, sowie eine Sammlung alter *pinya*-Webarbeiten, die aus den Fasern der Ananaspalme hergestellt werden und für die das Gebiet berühmt ist. Gezeigt werden auch Funde aus gesunkenen Schiffen und Schmuckstücke, die geöffneten spanischen Gräbern entstammen.

★ **Iloilo Esplanade** SPAZIERGANG
Die neue Uferpromenade ist schön angelegt und eine Hommage an die Stadt, die Berge versetzen musste, um sie zu errichten. Der ausschließlich Fußgängern vorbehaltene Weg ist 1,3 km lang und mit Backstein ge-

---

INSIDERWISSEN

LA PAZ MARKET

Lokalkolorit gefällig? Neben den faszinierenden Eindrücken eines chaotischen öffentlichen Markts hat der **La Paz Market** (Ecke Rizal & Huervana St) auch noch zwei Lokallegenden zu bieten. Bachoy, das beliebte Gericht aus Brühe, Zwiebeln, Reisnudeln, Rindfleisch, Schweinefleisch und Leber, wurde hier erfunden; Netong's Bachoy ist der richtige Laden, um das Gericht zu probieren. Gleich um die Ecke serviert das **Madge Cafe** (La-Paz-Markt; ⊙ Mo–Sa 5–18, So bis 13 Uhr) seit den 1940er-Jahren gerösteten Iloilo-Kaffee.

Wer Märkte liebt, sollte sich auch den **Central Market** (Rizal St) anschauen, wo sich die Stände mit getrocknetem Fisch scheinbar endlos fortsetzen.

Iloilo City

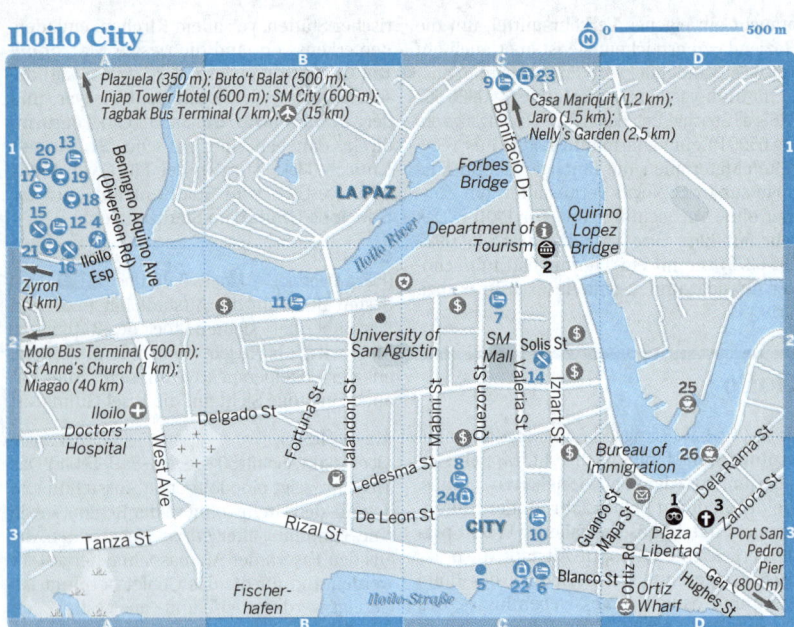

Iloilo City

◎ Sehenswertes
1. City Hall D3
2. Museo Iloilo C2
3. San Jose Church D3

◎ Aktivitäten, Kurse & Touren
4. Iloilo Esplanade A1
5. Panay Tours C3

◎ Schlafen
6. Circle Inn C3
7. Eros Travellers Pensionne C2
8. GO Hotel C3
9. Grand Dame Hotel C1
10. Iloilo Grand Hotel C3
11. Riverside Inn B2
12. Skinetics Wellness Center A1
13. Smallville 21 .... A1

◎ Essen
14. Buto't Balat C2

15. Bluejay Coffee & Delicatessen A1
    Freska .... (siehe 19)
16. The Boardwalk A2

◎ Ausgehen & Nachtleben
17. Aura A1
    Flow .... (siehe 19)
18. G-Lounge A1
19. JLK Music Lounge & Bar A1
20. MO2 Ice A1
21. Red Paprika A2

◎ Shoppen
22. Central Market C3
23. La Paz Market C1
24. Robinson's Mall C3

◎ Transport
25. Iloilo River Wharf D2
26. Muelle Loney Pier (geschl.) D3

pflastert. Im Bau ist eine größere Verlängerung, die schließlich bis zum alten Muelle Loney Pier reichen soll.

Historische Herrenhäuser
HISTORISCHE GEBÄUDE

Iloilo besitzt eine eindrucksvolle Zahl historischer Herrenhäuser aus dem 19. und frühen 20. Jh., das Erbe einer viel reicheren Ära, als in der Stadt die meisten Millionäre außerhalb von Manila lebten. Sie gehörten prominenten Familien hauptsächlich aus der Zucker- und der Textilindustrie und wurden schließlich infolge des Krieges und des wirtschaftlichen Zusammenbruchs aufgegeben. Leider sind diese schönen Beispiele spanischer und US-amerikanischer Kolonialarchitektur dem Verfall preisgegeben.

Die meisten dieser Häuser stehen in Jaro (*haro* ausgesprochen), einige aber auch an den Plazas. Zwei der prächtigsten sind das stattliche, an das Weiße Haus erinnernde **Nelly's Garden** (320 3075; www.fb.com/nellygardenstours; E Lopez St; 200 P/Pers., Min. 1000 P, Anmeldung 3 Tage vorab) von 1928 und die schmucke **Villa Lizares** (MacArthur Dr, Jaro) von 1937, in der sich heute eine Schule befindet. Die regionale Touristeninformation entwickelt einen neuen Stadtplan, auf dem diese Gebäude markiert sind; auf eigne Faust wird man aber wenig entdecken. Wer einen allgemeinen Überblick gewinnen will, bucht besser die von Panay Tours angebotene „Heritage Tour".

Geführte Touren

Panay Tours
GEFÜHRTE TOUREN

(330 1769, 0929 751 2692; www.fb.com/CafePanay; 45 Rizal St) Dieser gut geführte Veranstalter bietet die einmalige Iloilo City Heritage Tour (3450 P), die auch Miagao einschließt, längere Ausflüge nach Guimaras oder zu den Islas de Gigantes (2900–3500 P) sowie kulinarische Touren an. Das Unternehmen setzt akkreditierte Führer ein. Es hat seinen Sitz im angeschlossenen Cafe Panay, wo man nicht nur eine Tasse Tee trinken, sondern auch diverse Produkte von der gesamten Insel kaufen kann.

Feste & Events

Dinagyang Festival
KULTUR

Bei dem dreitägigen, karnevalesken Fest zu Ehren des Santo Niño wird in der vierten Januarwoche mit gewagten Kostümen und Tänzen gefeiert. Wer zu anderen Zeiten kommt, kann sich die bunte Ausstellung im Rathaus (Mo–Do 8-17 Uhr) anschauen.

Paraw-Regatta
REGATTA

Das Rennen mit traditionellen Ausleger-Seglern (*paraw*) führt am dritten Februar-Wochenende von Iloilo nach Guimaras.

Schlafen

In Iloilo gibt's ein Überangebot guter Unterkünfte; die meisten liegen bequem am Fluss an der General Luna St und im nahe gelegenen Smallville.

Riverside Inn
HOTEL $

(508 3488, 0922 838 0191; www.riverside-inn.net; General Luna St; EZ/DZ ab 510/670 P;) Für den Preis sieht das Hotel großartig aus, nur stört der Straßenlärm. Die Zimmer nach hinten helfen dem aber ab – am besten nimmt man Nr. 241 mit Flussblick. WLAN kostet extra.

Iloilo Grand Hotel
HOTEL $

(335 1801; www.iloilograndhotel.com; Iznart St; EZ/DZ mit Frühstück 995/1600 P;) Als bestes von mehreren verblassten Relikten im Stadtzentrum bietet das 110-Zimmer-Hotel große Suiten mit Schreibtischen und sauberen Betten, aber wenig darüber hinaus. Die Einzelzimmer sind für den Preis gut. Man sollte nach Sonderangeboten fragen und ein ruhiges Zimmer hinten hinaus nehmen. WLAN kostet extra.

Eros Travellers Pensionne
PENSION $

(337 1359; General Luna St; EZ/DZ ab 490/570 P;) Motelartige Budgetunterkunft mit schlichten, von der Straße zurückgesetzten Zimmern.

★ Injap Tower Hotel
HOTEL $$

(330 7111; www.injaptowerhotel.com.ph; Aquino Rd; Zi. mit Frühstück 2850 P;) Das neue Hochhaushotel hat an alles gedacht und überragt die Konkurrenz in mehr als einer Hinsicht. Die Zimmern warten mit Extras wie Bademänteln und 46-Zoll-Flachbildfernsehern auf. Zudem gibt es einen wunderbaren Dachterrassenkomplex mit schicken Pool und Inselbar, das Horizon Cafe, das westliche und asiatische Gerichte (Hauptgerichte 250–380 P, 6–22 Uhr) auffährt, und ein Spa (einstündige Anwendung 300–500 P). Und das Beste: Die Preise halten sich im Rahmen. Wer hibbelig wird – Smallvilles Nachtleben liegt in Gehweite.

★ Smallville 21
HOTEL $$

(501 6821; www.ann2.net/hotels/smallville21; Smallville; Zi. 1800–3300 P;) Das superstylische Smallville 21 hat ein großartiges Preis-Leistungs-Verhältnis. Es ist mit allen erdenklichen modernen Einrichtungen und richtig flauschigen Betten ausgestattet, in die man sich gerne plumpsen lässt. Wenn die Lage mitten im Partytrubel nicht stört, ist man hier richtig aufgehoben.

Circle Inn
HOTEL $$

(508 0000; www.circleinn-iloilo.com; Iznart Street; Zi. 1800–3100 P;) Das neue gehobene Geschäftshotel hat zwar keine Spitzenlage, bietet aber riesige Zimmer und große Balkone. Am besten nimmt man ein Deluxe-Zimmer am Nichtschwimmer-Pool oder gleich ein Premium-Zimmer mit Meerblick (3100 P).

GO Hotel
HOTEL $$

(📞 335 0375; www.gohotels.ph; Robinsons Mall; Zi. 1200 P; ❄🛜) Die neue Kette klont passable Hostels neben jede Robinsons Mall. Der Clou: bei Vorabbuchung sind Rabatte von mehr als 50 % drin.

Skinetics Wellness Center
BOUTIQUEHOTEL $$$

(📞 320 8726; www.skinetics.com.ph; Boardwalk Ave, Smallville; Zi. mit Frühstück 3500–6509 P; ❄🛜) Die seltsame hybride Hochhausanlage vereint therapeutisches Bad, Schönheitsklinik und Boutiquehotel (die Einrichtungen sind auf verschiedene Stockwerke verteilt). Es zielt auf die Branche des medizinischen Tourismus ab, man kann sich aber auch nur einen Teil davon herauspicken. Das Hotel bietet die schönste Suite (12 000 P) der Stadt: Auf zwei Etagen bietet sie sechs Personen Platz und punktet mit einer voll eingerichteten Küche und Panoramafenster mit grandiosem Ausblick. Die Standardzimmer entsprechen mit komfortablen Betten und Holzvertäfelung einem Geschäftshotel der Spitzenklasse. Das preislich vernünftige Spa arbeitet ebenfalls hochprofessionell.

Grand Dame Hotel
HOTEL $$$

(📞 320 5252; Ecke Rizal & Huervana St; Zi. mit Frühstück 5335 P; ❄🛜) Das Hotel nahe dem La Paz Market wirkt wie ein Stück altes Europa und überzeugt mit Qualität. Nach Sonderangeboten fragen.

Essen

In Iloilo auswärts essen kann man beispielsweise, indem man sich einfach in Smallville, am nahe gelegenen **Boardwalk** und der gehobenen Einkaufsstraße **Plazuela** umschaut, wo es viele Restaurants gibt. Coffee Break (8–22 Uhr) ist das sympathische Starbuck's-Pendant der Stadt mit etlichen Filiale, vor allem in den Einkaufszentren.

Seafood-Liebhaber sollten sich 10 km westlich der Stadt ins Dorf Arevalo begeben, wo mehrere Meeresfrüchtebuffets am Ufer Picknicktische aufgebaut haben. Das beliebte **Breakthrough** (Gerichte 100–150 P; ⏱ 7.30–21 Uhr) hat eine gute Atmosphäre und einen mittelmäßigen Service. Mit den meisten Jeepneys mit der Zielangabe „Arevalo" gelangt man hin.

★ DoVa
INTERNATIONAL $$

(Javellana Street; Hauptgerichte 150–350 P; ⏱ 9–21 Uhr) Das für seinen ganztägigen Brunch bekannte stimmungsvolle moderne Café gegenüber vom La Paz Market ist mit Musik, schöner Aussicht und nett angerichteten westlichen Gerichten mit philippinischem Touch der Konkurrenz weit überlegen.

★ Wawa Heritage Restaurant
INTERNATIONAL $$

(📞 321 0315; E Lopez St; Gerichte 135–150 P; ⏱ 11–14 & 17–24 Uhr; 🛜) Von solchen Restaurants könnte die Stadt mehr haben: Inmitten der historischen Herrenhäuser von Jaro wirkt dieses Paradies für Freunde der regionalen Küche wie ein Wohnzimmer aus dem 19. Jh. Angeboten wird ein leckerer Mix aus philippinischen, chinesischen und spanischen Gerichten. Das anheimelnde Ambiente ist eine willkommene Alternative zur mallartigen Anmutung des „neuen Iloilo". Außerdem ist das Essen auch noch bemerkenswert günstig.

Bluejay Coffee & Delicatessen
CAFÉ $$

(Ayala Technohub, Smallville; Sandwichs/Hauptgerichte ab 85/150 P; ⏱ 7–23 Uhr; 🛜📶) Starbucks trifft auf deutsche Feinkost. Darf's ein Sandwich mit Fleisch oder doch lieber ein eiskalter Zimt-Cappuccino-Frappé sein?

Buto't Balat
PHILIPPINISCH $$

(Solis St; Hauptgerichte 120–175 P; ⏱ 10.30–22.30 Uhr) In dem überdachten Speisepavillon des immer beliebten, gepflegten Gartenrestaurants gibt's Ilonggo-Spezialitäten wie *tinuom* (Hühnchen in Bananenblättern). Die meisten Gerichte reichen für zwei oder drei Gäste. Filialen an der Jaro Plaza und südlich der Plazuela an der Pison Ave.

Freska
PHILIPPINISCH $$

(📞 321 3885; Ayala Technohub, Smallville; Hauptgerichte 100–200 P; ⏱ 11–15 & 17–1 Uhr) Traditionelle Ilonggo-Gerichte mit Meeresfrüchten stehen hier im Mittelpunkt; Schnapper und Schalentiere stehen ganz oben auf der Karte. Vor allem aber wird hier das San-Miguel-Monopol gebrochen, gibt es doch auch eine große Auswahl ausländischer Biere.

🍸 Ausgehen & Nachtleben

Zu Smallville gehört ein Block mit Clubs (einfach der Geräuschquelle folgen), der das Zentrum der hiesigen Dance-Szene ist. Das

> ### ℹ RAUCHVERBOT
> Seit 2014 ist Iloilo eine rauchfreie Stadt. Das Rauchen ist an allen öffentlichen Orten verboten, auch in Restaurants und Bars.

Flow (Smallville; Fr & Sa Grundpreis 200 P; ⊘Mi–Sa 20–4 Uhr), das **G-Lounge** (Smallville; ⊘Mi–Sa 21–4 Uhr), das **MO2 Ice** (Smallville) und das **Aura** (⊘Mi–Sa 21–4 Uhr) sind allesamt auf Iloilos große Studentenzahl ausgerichtet – Ohrenstöpsel nicht vergessen und Flipflops im Hotel lassen. Der Eintritt ist werktags kostenlos und beträgt an Wochenenden bis zu 200 P, wenn die Clubs zwischen 2 und 4 Uhr schließen; manche sind nur mittwochs bis samstags geöffnet.

★ Red Paprika — RESTOBAR
(Riverside Boardwalk; ⊘10–14 & 16–1 Uhr) In der offenen asiatischen Restobar mit Bühne kann man vergnüglich abhängen. Der Laden ist bekannt für seine hauseigene Coverband Binhi, die montags bis mittwochs sowie freitags „goldene Oldies" spielt. Das Lokal liegt am Boardwalk, der Einkaufsstraße am südlichen Rand von Smallville.

★ JLK Music Lounge & Bar — LOUNGE
(Red Square Building; ⊘19–2 Uhr) Kopfschmerzen von den Clubs? Für ein echt entspanntes Erlebnis kann man in die kühle blaue Beleuchtung und die Retro-Töne dieser neuen Lounge in Smallville eintauchen.

Zyron — CLUB
(R Mapa St; ⊘Di–So 21–2 Uhr) Wer einen echt heißen Abend oder zumindest eine der gelegentlich stattfindenden Pyjama-Partys erleben will, ist im Zyron am westlichen Ende der Esplanade genau richtig. Der Club ist nicht zu übersehen: Ein riesiges Wolfsmaul bildet den Eingang.

Shoppen

Robinsons ist das große Einkaufszentrum der Innenstadt, während gehobene Ansprüche in der **SM City** (Diversion Rd; ⊘9–20 Uhr)

SCHIFFE/FÄHREN & BUSSE AB ILOILO

Schiffe/Fähren

ABFAHRT	ZIEL	UNTERNEHMEN	TYP	PREIS (P)	DAUER (STD.)	HÄUFIGKEIT
Iloilo River Wharf	Bacolod	Weesam Express, 2GO, Ocean Jet	Schnellboot	560–600	1 Std.	stündl.
Port San Pedro	Manila	2GO	Fähre	1243	27 Std.	So, Mi & Do
Port San Pedro	Cagayan de Oro	2GO	Fähre	1113	14 Std.	Sa
Port San Pedro	Bacolod	2GO	Fähre	595	4 Std.	So
Port San Pedro	Cebu	Trans-Asia, Cokaliong	Fähre	760–800	13 Std.	Di–So
Ortiz Wharf	Jordan, Guimaras	diverse	bangka	28	20 Min.	alle 30 Min.
Parola Wharf	Buenavista, Guimaras	diverse	bangka	29	20 Min.	alle 30 Min.
Lapuz Terminal	Jordan, Guimaras	FF Cruz	RoRo	70 + Fahrzeug	1 Std.	alle 2 Std.
Lapuz Terminal	Cuyo/Puerto Princesa	Milagrosa, Montenegro	RoRo	950–1220	12 Std./24 Std.	Do & Sa

Busse

ABFAHRT	ZIEL	PREIS (P)	DAUER (STD.)	HÄUFIGKEIT
Tagbak Terminal	Kalibo	238	3	stündl.
Tagbak Terminal	Caticlan	291	4½	stündl.
Tagbak Terminal	Roxas City	145	2¾	alle 30 Min.
Tagbak Terminal	Antique (über Miagao)	275	5	alle 30 Min.
Tagbak Terminal	nördliches Iloilo	45-170	bis zu 4½	alle 30 Min.
Tagbak Terminal	zentrales Iloilo	8-60	bis zu 1¾	1
Molo Terminal	San Jose, Antique	110 (nach San Jose)	3 (bis San Jose)	1

an der Benigno Aquino Ave hinter Smallville bedient werden. Zu beiden Einkaufszentren gehören auch die üblichen Einrichtungen wie Kinos, Restaurants usw.

★ **Camiña Balay nga Bato** KUNSTHANDWERK (Lola Rufina Heritage Curio Shop; 396 4700, 336 3858; 20 Osmeña St) Der Wohnbereich im Obergeschoss des schön restaurierten spanischen Wohnhauses kann im Rahmen einer Führung (150 P, Min. 5 Pers.) besichtigt werden. Im Erdgeschoss befindet sich ein Laden, der sich der alten Technik des Webens von *hablon*-Kleidung widmet. Verkauft werden *hablon*-Hemden *(patadyong)* und eine kleine, aber erlesene Auswahl anderer kunsthandwerklicher Arbeiten und Nahrungsmittel aus der Region.

ⓘ Praktische Informationen

Geldautomaten finden sich überall in der Stadt, vor allem in den Einkaufszentren und an der zentralen Iznart St.
Bureau of Immigration (BOI; 509 9651; 2. Stock, Customs House Bldg, Aduana St)
Department of Tourism (DOT; 337 5411; deptour6@mozcom.com; Capitol Grounds, Bonifacio Dr; Mo–Fr 8–17 Uhr)
Iloilo Doctors' Hospital (337 7702; West Ave) Das modernste Hospital der Stadt.

ⓘ An- & Weiterreise

Im September 2014 wurde der Schnellbootbetrieb nach Bacolod vom alten Muelle Loney Pier, der der künftigen Erweiterung der Esplanade weicht, zum neuen **Iloilo River Wharf** direkt jenseits des Flusses verlegt. Die RoRo-Fähre nach Guimaras und Puerto Princesa wird ebenfalls dorthin umziehen, sobald die dortigen Einrichtungen fertiggestellt sind. Bis zu diesem Zeitpunkt nutzen sie weiterhin das nahe gelegene **Lapuz Terminal**. Die häufig fahrende RoRo-Fähre nach Bacolod startet weiterhin in Dumangas, 20 km nördlich von Iloilo (90 P, 2 Std.).

Die Ticketbüros in den großen Einkaufszentren sind täglich von 9 bis 20 Uhr geöffnet. Bootstickets können am Pier gekauft werden.

Vom Iloilo Airport gibt's Flüge nach Manila (stündl.), Davao (tgl.) und mehrmals pro Woche nach Cagayan de Oro, General Santos, Puerto Princesa, Singapur und Hongkong.

ⓘ Unterwegs vor Ort

VOM/ZUM FLUGHAFEN
Der Flughafen liegt 15 km nördlich der Stadt in Santa Barbara. Flughafen-Shuttlebusse (70 P, 20 Min.) verkehren zwischen 4 und 18 Uhr ab der Travellers Lounge der SM City. Die Busse fahren recht sporadisch; man sollte mindestens zwei Stunden vor Abflug dort sein. Die Taxifahrt aus dem Zentrum von Iloilo kostet rund 300 P.

AUTO
Mietwagen, ob mit oder ohne Fahrer, lassen sich leicht über das Hotel organisieren. Ein Van mit Klimaanlage, mit dem man ins Umland fährt, kostet pro Tag ohne Benzin ungefähr 2500 P.

GUIMARAS

033 / 163 000 EW.

Obwohl nur eine kurze Bootsfahrt von der Stadt Iloilo entfernt, erscheint das ländliche Guimaras wie aus einer anderen Welt. Die für ihre süßen Mangos bekannte Insel hat kurvenreiche Straßen (ideal für Motorräder), grüne Plantagen, Koralleninselchen und – für Traveller am wichtigsten – Resorts. Im Verhältnis zu seiner Größe besitzt Guimaras außerordentlich viele Strand-, Insel- und Naturresorts mit meist moderaten Preisen. Wer ein paar Tage Robinson spielen will, ist auf Guimaras definitiv nicht falsch.

⊙ Sehenswertes & Aktivitäten

Navalas DORF
Die einzige historische Kirche der Insel, die kuriose **Navales Church** aus der spanischen Ära (1880), besteht aus im Lauf der Jahre schwarz gewordenen Korallenblöcken. In der Nähe, gleich hinter dem Navales Beach, liegt das oft fotografierte Sommerrefugium der reichen Familie López, die **Roca Encantada** („verzauberter Felsen"). Die Fahrt mit einem Tricycle von Jordan nach Navalas kostet 400 P.

★ **Spring Bloom Farm** FÜHRUNG
(336 3858, 0908 821 1269; zw. Km 100 & 101; Führung 150 P) Die friedliche Bio-Farm veranstaltet sehr zu empfehlende, individuell zugeschnittene Führungen, zu denen man sich einen Tag im Voraus anmelden muss. Auf dem 24 ha großen Gelände sieht man u. a. Bananen-, Papayas-, Cashew- und Ananasplantagen, das eigentliche Highlight besteht aber sicher darin, in dem charmanten weißen Cottage der Farm einen frischen Calamondinorangensaft zu schlürfen.

🎉 Feste & Events

Manggahan Sa Guimaras Fiesta ESSEN
Das wichtigste Fest der Insel gilt der bewunderten Mango und wird gleich nach der Ernte (April od. Mai) gefeiert. In San Miguel gibt

Guimaras

es einen Umzug, einen Straßenkarneval und einen Mango-Esswettbewerbs. Der letzte Sieger verputzte 13 kg und musste anschließend ins Krankenhaus!

Ang Pagtaltal Sa Guimaras RELIGIÖSES FEST
Zur Karfreitagsprozession in Jordan strömen die Menschen massenhaft nach Guimaras.

🛏️ Schlafen & Essen

🏨 San Miguel & Umgebung

Valle Verde Mountain Spring Resort RESORT $
(✆ 0918 730 3446; www.valleverdemtnresort.com; DZ mit Ventilator 500–800 P, mit Klimaanlage 1500 P; ❄️ 🏊) Das Budget-Refugium auf einer Hügelspitze bietet eine erfrischende Abwechslung zum Strandleben. Die Unterkünfte sind sehr schlicht, der Pool schimmert etwas grünlich, aber man hat einen wunderbaren Blick über ein von Dschungel bewachsenes Tal auf die Lawi Bay in der Ferne. Man verlässt die Fernstraße 6 km südlich von San Miguel und fährt dann 1 km weiter auf einer Schotterpiste (von San Miguel per Tricycle 100 P).

★ **Camp Alfredo** RESORT $$
(✆ 0908 123 2977; Ring Rd, nach km 101; Cottage 2000 P; ❄️ 🏊) Das neue Naturresort auf halber Strecke zwischen San Miguel und Nueva Valencia ist hervorragend gemacht. Es liegt in einem schönen Wald, den betonierte Wege und ein munterer Bach durchziehen, und bietet einen wunderschönen offenen Speisepavillon und einen noch schöneren Infinity Pool, an dem man gut und gern den ganzen Tag faulenzen kann. Mehr Aufregung verspricht der 325 m lange Seilrutschen-Parcours (Nicht-Gäste 425 P).

Die Cottages nach dem Baukastenprinzip sind nicht luxuriös, aber günstig und passen zum Ambiente. Die nur 30 Minuten vom

Jordan Wharf entfernte Anlage ist ideal, um von Iloilo in die Natur zu entkommen.

Cabaling Beach Resort STRANDRESORT $$
(www.cabalingbeachresorts.com; Cabaling; Zi. mit Ventilator/Klimaanlage 2000/3000 P) Das Resort auf seiner eigenen Halbinsel südlich von Espinosa hat schöne Einrichtungen, man wird aber nicht die ganze Strecke am Strand hinlaufen wollen – wer sich telefonisch anmeldet, kann sich per *bangka* abholen lassen (Boot ab Iloilo 2000 P). Die riesigen Zimmer mit großen Balkonen befinden sich an einer attraktiven Bucht mit einem schmalen Strand. Schöner Infinity-Pool und schlecht ausgebildetes Personal.

Man sollte sich der zusätzlichen Ausgaben bewusst sein; so wird man z. B. während seines gesamten Aufenthalts im Resort essen müssen!

★ Pitstop PIZZA, BURGER $
(0927 894 9395; thepitstoprestaurant.com.ph; San Miguel; Hauptgerichte 35–140 P; 8–20 Uhr) Das kleine Juwel an der Hauptstraße von San Miguel punktet mit seiner Mangopizza (das Markenzeichen – eigentlich ein Muss!), tellergroßen Hamburgern und engagierter Arbeit. Weitere Filialen wurden in Nueva Valencia und Buenavista eröffnet.

Sa Payaw Seafood Grill MEERESFRÜCHTE $
(0916 263 5286; Gerichte 95–145 P; Mo–Do 7–22.30, Fr & Sa bis 2 Uhr) Das preisgünstige Freiluftrestaurant nahe dem E-Werk in San Miguel serviert unter seinem Strohdach ausgezeichnete gegrillte Meeresfrüchte und mehr. Abends grault einen Videoke hinaus.

Südküste

★ Cabugan Adventure Resort STRANDRESORT $
(0917 321 0603, 0939 921 5908; www.fb.com/cabuganadventureresort; nahe Lucmayan; Zi. mit Ventilator 900–1200 P, mit Klimaanlage 2200 P) Unser Favorit unter den Budgetresorts in den Westlichen Visayas: Das Cabugan ist eine besondere Art irdisches Tropenparadies. Das Resort verbirgt sich auf einer Spitze mit weißem Sand zwischen einer Landzunge und einem riesigen Korallenfelsen und erinnert an Scaramangas Schlupfwinkel in *James Bond 007 – Der Mann mit dem goldenen Colt*. Auf der einen Seite liegt ein Meer von Inselchen, auf der anderen eine private Bucht.

An die Klippen schmiegen sich *nipa*-Hütten für vier Personen mit Ausblick in alle Richtungen; die Sunrise-Zimmer (1200 P) sind zum Sterben schön. Auch das Mittag- und Abendessen (je 250 P) sind prima; Krabben, Hummer und große Barrakudas werden in der Nähe gefangen. Ein zentraler Beachvolleyballplatz führt die Gäste zusammen. Für größere Erkundungstouren stehen Kanus bereit. Das Ganze ist eigentlich keine Ferienanlage, sondern ein neuer Lebensstil.

★ Magic Island Resort STRANDRESORT $
(www.fb.com/magicislandresortguimaras; nahe Lucmayan; Cottage inkl. 3 Mahlzeiten, Bootstransport & 90-min.-Inselbesuche für 2 Pers. 3500 P;) Die winzige Resortinsel (die man in zehn Minuten umrunden kann) liegt in einem bezaubernden Meer von Koralleninselchen. Die top geführte Anlage bietet erstklassiges Essen und Unterkünfte verschiedener Art, darunter zweistöckige „vietnamesische Häuser" (300 P!) und komfortable Cottages am Ufer. Die Zimmer überraschen mit Helligkeit, Sauberkeit und westlichen Bädern. Auch Kanus stehen bereit.

★ Jannah-Glycel Beach House INN $$
(0929 281 6498, 582 1003; www.jannahglycelbeachhouse.com; Nueva Valencia; Zi. 1450–1800 P;) Die in erster Linie auf europäische und amerikanische Kundschaft ausgerichtete Villa in privater und toller Uferlage steht am sehr ruhigen Ende des Alubihod Beach. Die Gäste wohnen unten in ausgezeichneten separaten Quartieren, gleich neben dem attraktiven Garten am Meer. *Bangkas* bringen einen vom Strand direkt zu den Inseln. Wem der Lärm der Resorts am anderen Ende des Alubihod Beach auf die Nerven geht, ist hier goldrichtig.

Costa Aguada Island Resort STRANDRESORT $$
(752 3688, in Manila 02-896 5422; www.costaaguadaislandresort.com; Zi. mit Ventilator/Klimaanlage ab 1500/2250 P;) Das Resort auf Inampulugan, einer großen Insel 30 Minuten vor der Südostküste, ist ein guter Ort, um stilvoll Robinson zu spielen. Die 68 Bambus- und *nipa*-Hütten sind geräumig, das Restaurant serviert im Freien frische Meeresfrüchte und in der Nähe locken vier Inseln zur Erkundung. Man kann es sich natürlich auch einfach nur am Pool gemütlich machen.

La Puerta Al Paraizo STRANDRESORT $$
(0927 507 9024; www.fb.com/lapuerta.alparaizo; Zi. mit Ventilator 1800 P, mit Klimaanlage 2800–3800 P;) Das gepflegte Resort hat

eine beneidenswerte Lage auf einer Kalksteinklippe über zwei weißen Privatstränden. Mehr Balkone wären zwar wünschenswert, doch an dem spektakulären Blick auf die pilzartigen Inselchen von den Zimmern auf dem Hügelkamm ist genauso wenig zu bemängeln wie an dem hübschen Pool. Die Ausfahrt von der Hauptstraße liegt rund 6 km südlich von Alubihod; von dort sind es noch 5 km bis zum Resort.

Isla Naburot Resort STRANDRESORT $$$
(📞0918 909 8500, 321 1654; www.fb.com/Isla Naburot; Cottages 5990 P) Das absolut privat auf einer eigenen Insel gelegene Resort ist eine der besten Optionen vor der Küste. Möchtegern-Robinsons werden sich über die acht Cottages freuen, die aus natürlichen Materialien wie Kiesel, Muschelschalen, Baumstümpfen und Relikten anderer Häuser bestehen. Die rustikalen Bauten sind gut gestaltet und komfortabel. Reservierung und Zugang mit dem Resort abklären!

Nordküste

Kelapa Gading Beach Resort STRANDRESORT $$
(📞0917 921 0277; Zi. mit Ventilator/Klimaanlage from P1000/1500; ❄) Es gibt ein paar Resorts an einem schmalen Strand in der Ortschaft East Valencia (Buenavista). Ein besonders gutes Preis-Leistungs-Verhältnis haben sie alle nicht, dieses hier bietet aber immerhin ein paar erschwingliche *nipa*-Hütten mit Ventilator und einige sehr schlichte Zimmer mit Klimaanlage.

❶ Praktische Informationen

Die hilfreiche **Touristeninformation** (www.guimaras.gov.ph; ⊙7.30–17 Uhr) am Hoskyn Port in Jordan lohnt einen Zwischenstopp. Hier sind die Transportpreise zu allen Zielen auf der Insel angeschlagen.

❶ An- & Weiterreise

Auf Guimaras gibt's keinen Flughafen. Besucher gelangen auf die Insel mit RoRo-Fähren, die in Iloilo bzw. in Pulupandan oder Valladolid auf Negros ablegen.

❶ Unterwegs vor Ort

Die Touristeninformation am Hoskyn Port kann helfen, ein Tricycle oder Multicab (Kleintransporter) für die Fahrt zum Resort zu finden. Öffentliche Jeepneys verbinden Jordan mit San Miguel (15 P), sind aber für die meisten Resorts unpraktisch, da diese oft mehrere Kilometer abseits der Fernstraße liegen.

NEGROS

3,6 MIO. EW.

Mit seinem zerklüfteten bergigen Landesinneren, unberührten Stränden, Korallengärten unter Wasser und Städten voll Atmosphäre hat Negros in den Westlichen Visayas nach Boracay am meisten zu bieten. Das gilt besonders für die Südküste, die sich von Danjugan Island rund um die Landspitze bis zur Bais-Bucht erstreckt, wo das Tauchen inzwischen zu einem großen Geschäft geworden ist. Das naheliegende Standquartier ist Dumaguete, eine entspannte Universitätsstadt und ein Expat-Zentrum mit guter Stimmung. Im Norden bietet Bacolod hauptsächlich kulinarische Verlockungen, während sich das nahe gelegene Silay als Freiluftmuseum voll historischer Wohnhäuser einer vergangenen Epoche präsentiert und die kühlen Gebirgsresorts am Mt. Kanlaon eine erfrischende Alternative zu den Stränden sind.

Negros ist in zwei Provinzen unterteilt, deren Grenze der zentrale Gebirgszug bildet. In der westlichen Provinz, Negros Occidental mit der Hauptstadt Bacolod, sprechen

SCHIFFE/FÄHREN AB GUIMARAS

ABFAHRT	ZIEL	UNTERNEHMEN	TYP	PREIS (P)	DAUER (STD.)	HÄUFIGKEIT
Hoskyn Port	Lapuz Terminal, Iloilo*	FF Cruz	RoRo	P25	½	4 Mo–Sa, 2 So
Sebaste Port	Pulupandan, Negros	Montenegro	RoRo	P80	1	9 & 12 Uhr
Hoskyn Port	Ortiz Wharf, Iloilo	diverse	bangka	P14	¼	alle 20 Min.
MacArthur's Wharf	Parola Wharf, Iloilo	diverse	bangka	P15	¼	alle 20 Min.
Cabalagnan Port	Valladolid, Negros	diverse	bangka	P150	2	1
Tumanda Wharf	Pulupandan, Negros	diverse	bangka	P60	¾	10 & 15 Uhr

*RoRo-Fähren werden den neuen Iloilo River Wharf nutzen, sobald dieser fertiggestellt ist.

Negros

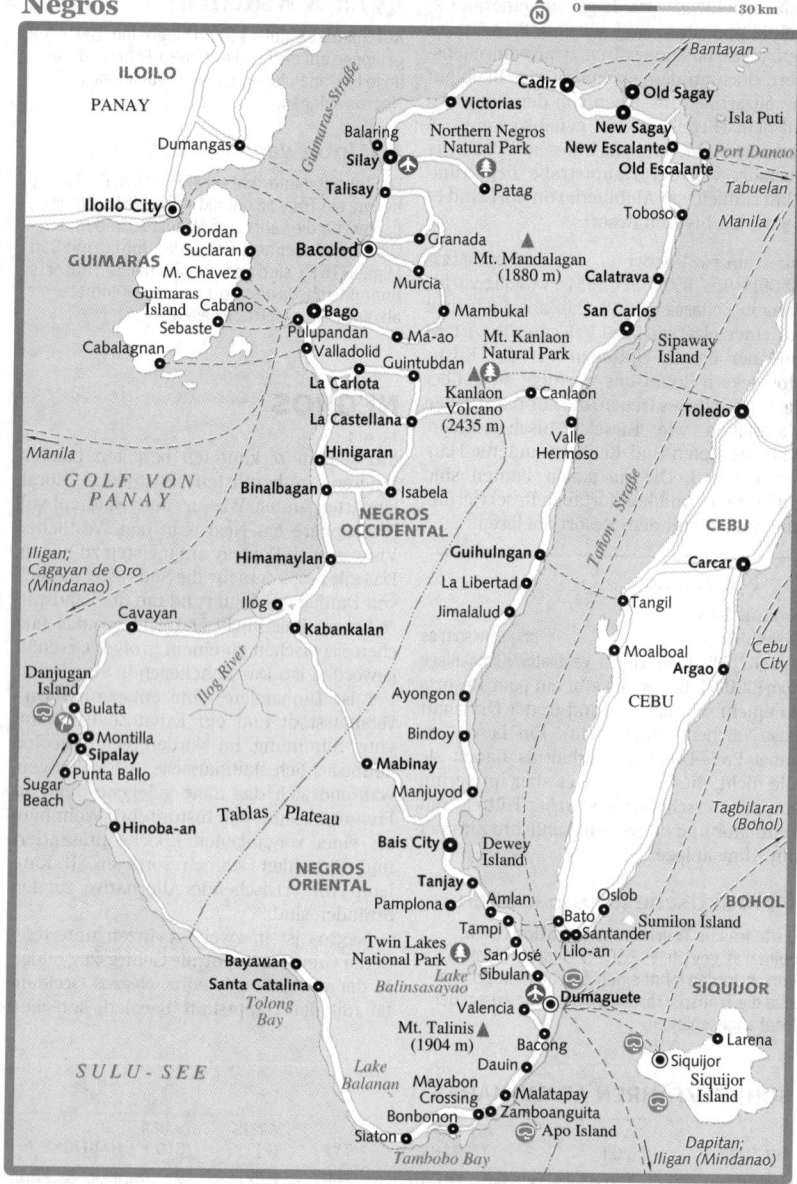

die Menschen hauptsächlich Ilonggo, in der östlichen, Negros Oriental mit Dumaguete als Hauptstadt, sprechen sie hauptsächlich Cebuano. Für Traveller unterteilt sich Negros aber eher in einem Nord- und einen Südteil, da der mittlere Abschnitt der Insel wenig für sie zu bieten hat.

🛈 Anreise & Unterwegs vor Ort

Von Bacolod und Dumaguete gibt es Flüge nach Manila und Cebu City. In Bacolod und Dumaguete finden sich auch die wichtigsten Häfen der Insel, obwohl auch eine Reihe kleinerer Städte per Fähre erreichbar sind. Fähren verbinden Negros mit Cebu, Bohol, Mindanao, Panay und Siquijor.

Auf der Insel kommt man problemlos herum: Die Straßen sind gut ausgebaut und an der Küste fahren praktisch ununterbrochen Busse.

Bacolod

📞 034 / 512 000 EW.

Einst Zentrum einer boomenden Zuckerindustrie hat Bacolod heute den ungerechtfertigten Ruf, wenig mehr als ein Verkehrskreuz zu sein. Tatsächlich handelt es sich um eine jener Städte, deren Attraktionen in der Zersiedlung untergehen – wer weiß, wo er suchen muss, kann hier eine tolle Zeit verbringen. Die Stadt wirkt der Welt gegenüber aufgeschlossener; es gibt hier eine raffiniertere Küche als anderswo und auch ein aufkeimendes Umweltbewusstsein. In puncto Nachtleben kann sich der hiesige Art District nicht mit Iloilos Smallville messen, dafür befinden sich aber zwei Ziele, die man nicht versäumen sollte, in leicht erreichbarer Entfernung: der Mt. Kanlaon Natural Park und Silay mit seinem historischen Viertel.

◉ Sehenswertes

★ Negros Forests & Ecological Foundation
ZOO

(www.negrosforests.org; South Capitol Rd; Eintritt gegen Spende; ⊙ Mo-Sa 9-12 & 13-16 Uhr) Ein besonderer Zoo: Die Negros Forests & Ecological Foundation will bedrohte Tierarten schützen, die auf Negros endemisch sind. In erster Linie leben hier Vögel, darunter ein außerordentliche Population seltener bunter Nashornvögel, die allein schon einen Besuch rechtfertigen. Außerdem sind Flughunde, eine Unterart der Bengalkatze und einheimische Hirscharten zu bewundern.

Capitol Park & Lagoon
PARK

(Ecke Lacson & 6th St) Der zentrale Treffpunkt der Stadt lohnt einen Spaziergang besonders am Wochenende, wenn viele Städter im Park picknicken. Etwas Futter für die im See lebenden Tilapia (Buntbarsche) mitnehmen!

Dizon Ramos Museum
MUSEUM

(📞 434 8512; Burgos St; Eintritt 40 P; ⊙ Di-So 10-17 Uhr) Auf den ersten Blick könnte man meinen, es handle sich um eine Verkaufsausstellung, aber das unprätentiöse und sonderbare Museum verzaubert mit einer begeistert zusammengetragenen Sammlung an Familienhobbys. Schnickschnack aus dem Heiligen Land? Keramikpferde? Kristall? Schlüsselanhänger? Das alles hat hier seinen eigenen Raum. Und wo sonst bleibt der Museumsführer stehen, um auf einem alten Plattenspieler eine Guy-Lombardo-Platte aus den 1950er-Jahren abzuspielen?

Negros Museum
MUSEUM

(📞 433 4764; www.thenegrosmuseum.org.ph; Gatuslao St; Erw./Kind 50/25 P; ⊙ Mo-Sa 9-18 Uhr, Café Di-So 10-22 Uhr) Das Museum zeigt eine bunt zusammengewürfelte Sammlung. Ein Raum widmet sich beispielsweise der Zuckerindustrie, ein anderer Spielsachen aus aller Welt. Sehenswert sind die Kanonenattrappen mit Kokosnüssen statt Kanonenkugeln, die eingesetzt wurden, um die Spanier einzuschüchtern. Es gibt hier auch eine kleine Kunstgalerie, einen Souvenirshop und ein beliebtes Freiluftcafé.

🏃 Aktivitäten

Genehmigungen für Wanderungen im nahe gelegenen Mt. Kanlaon Natural Park erhält man in Bacolod im **Office of the Park Superintendent** (📞 441 3329, 435 7411; www.fb.com/mountkanlaon; Ecke Porras & Abad-Santos St, hinter dem Plaza Hotel; ⊙ Mo-Fr 8-17 Uhr); der beste Ansprechpartner ist Angelo Bibar (📞 0917 301 1410, angelobibar@gmail.com). Anfahrt: mit einem Bata-Libertad-Jeepney bis zur Lupit Church und von dort zum Büro mit einem Tricycle.

🎭 Feste & Events

MassKara Festival
KULTUR

Am Wochenende, das dem 19. Oktober am nächsten liegen, feiert die Stadt alljährlich das MassKara Festival, bei dem die Teilnehmer mit aufwändigen grinsenden Masken in den Straßen tanzen (*máscara* ist das spanische Wort für Masken).

🛏 Schlafen

★ Hotel Sea Breeze
HOTEL $

(📞 433 7370; San Juan St; Zi. ab 785 P; ❄🛜) Eine attraktive Reminiszenz: Das Sea Breeze vermittelt einen erschwinglichen Einblick in die Pracht der Zuckerplantagen von Einst. Eine Freitreppe aus Holz führt an einem alten Ballsaal vorbei zu den betagten, aber funktionalen Zimmern. Hinten gibt es einen netten grünen Innenhof. Am besten nimmt man eines der kunstvoll eingerichteten Standard-Doppelzimmer über den Budgetzimmern.

11th Street Bed & Breakfast Inn
PENSION $

(📞 433 9191; www.bb11st.webeden.co.uk; 11th St; EZ/DZ/3BZ mit Frühstück & Ventilator

Bacolod

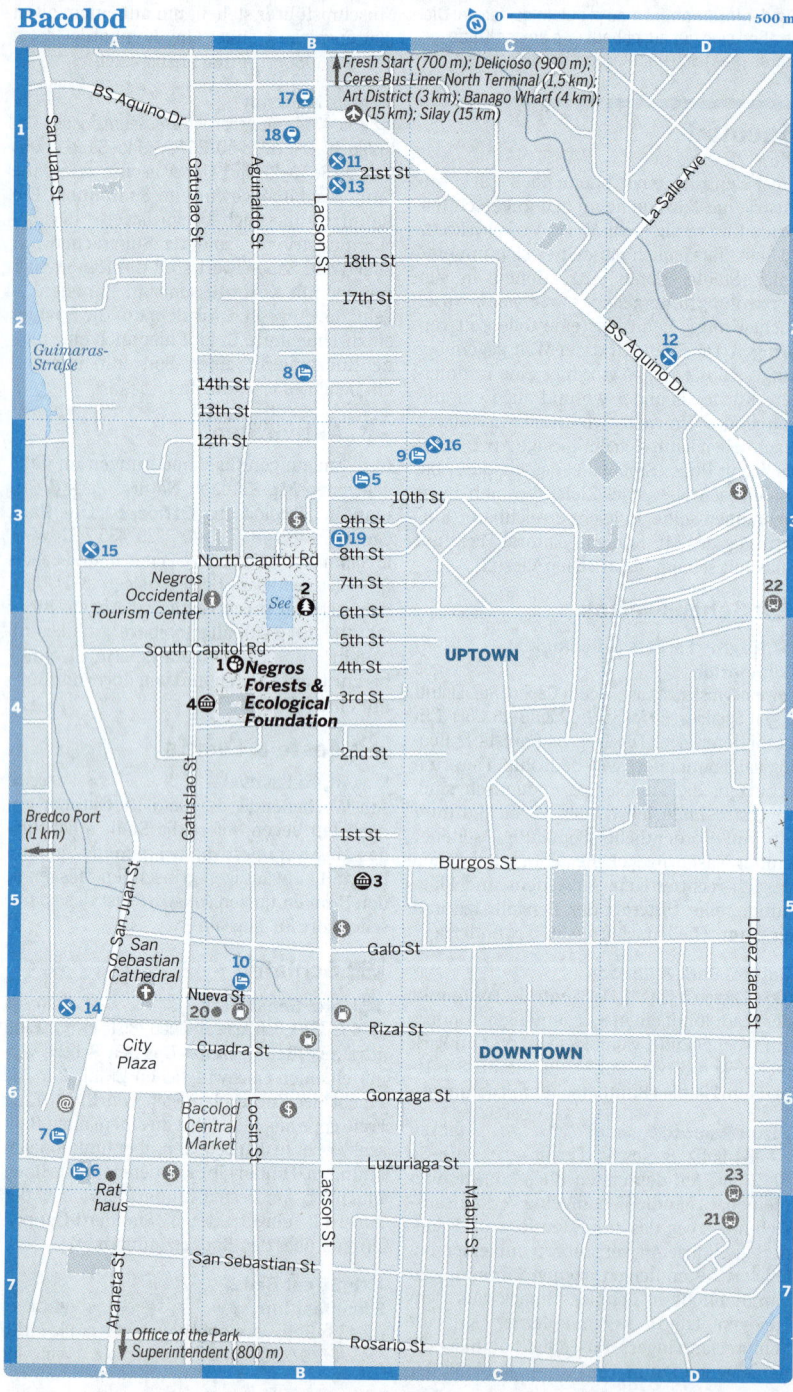

Bacolod

⊙ Highlights
1 Negros Forests & Ecological Foundation...B4

⊙ Sehenswertes
2 Capitol Park & Lagoon B3
3 Dizon Ramos Museum B5
4 Negros Museum................................... A4

🛏 Schlafen
5 11th Street Bed & Breakfast Inn........... B3
6 Check Inn A6
7 Hotel Sea Breeze A6
8 L'Fisher Hotel Complex........................ B2
9 Pension Bacolod C3
10 Suites at Calle Nueva B5

⊗ Essen
11 21 Restaurant B1
12 365 Modern Cafe..................................D2
C's.. (siehe 8)
13 Inaka... B1
14 Manokan Country................................. A6
15 Pala Pala A3
16 Tyrol..C3

⊙ Ausgehen & Nachtleben
17 KGBar... B1
18 Mushu... B1

🛍 Shoppen
19 Negros Showroom................................B3

ⓘ Transport
20 Cebu Pacific B6
21 Ceres Bus Liner South Terminal D7
22 North Bus Station.................................D3
23 South Bus Station D6

400/550/650 P, mit Klimaanlage 650/850/1060 P; ❄🌐) Die Pension im Grünen liegt an einer ruhigen Seitenstraße, aber doch in Gehweite zum ganzen Trubel in der Lacson St und wirkt wie das Zuhause einer wohlhabenden Familie. Die Zimmer sind nichts Besonderes, aber makellos sauber und sehr preisgünstig.

Pension Bacolod
PENSION $

(☎ 433 3377; 27 11th St; EZ/DZ mit Ventilator 150/250 P, mit Klimaanlage 470/560 P; ❄🌐) Das Gewirr aus zusammenhängenden Höfen ist eine gut geführte Anlage, gehört aber eindeutig zur Budgetklasse. 76 Zimmer von ordentlicher Größe stehen zur Auswahl.

Check Inn
HOTEL $

(☎ 432 3755; www.checkinn.com.ph; Luzuriaga St; EZ/DZ ab 650/850 P; ❄@🌐) Mit Mittelklassekomfort wie Warmwasser und Kabelfernsehen bietet dieses schicke Kettenhotel in Downtown mit seinen Budgetpreisen ein tolles Preis-Leistungs-Verhältnis und läuft wie ein Uhrwerk. Den Fitnessraum kann man gratis nutzen.

★ Suites at Calle Nueva
BOUTIQUEHOTEL $$

(☎ 708 8000; www.thesuitesatcallenueva.com; 15 Nueva St; EZ/DZ mit Frühstück ab 1000/1500 P; ❄🌐) Das zentral gelegene Boutiquehotel bietet das beste Preis-Leistungs-Verhältnis in der Stadt. Die geschmackvollen Zimmer sind in jeder Hinsicht so komfortabel wie in einem kleinen Spitzenklassehotel. Die Betten sind neu und bequem, die Sofas haben Kissen. Überdies darf man sich auf Flachbild-TVs, funkelnde Bäder und ein großzügiges im Preis enthaltenes Frühstücksbüffet freuen.

★ Nature's Village Resort
RESORT $$

(☎ 495 0808; www.naturesvillageresort.net; Talisay City; Zi. 1800–2400 P, Suite 4200 P; ❄🌐) Das 3 ha große Ökoresort bildet die Avantgarde nachhaltiger Gastlichkeit. Die Unterkünfte befinden sich im Village Hotel, einer rustikalen, aber hochwertigen Hazienda, die mit Textilkunst und schönen Möbeln geschmückt ist, die aus Bahnschwellen hergestellt sind. Das angrenzende ausgezeichnete Village Restaurant verwendet zum Teil Produkte von der Bio-Farm vor Ort. Der beliebte Pool ist öffentlich. Das Resort befindet sich in Talisay City, auf halber Strecke zwischen Bacolod und Silay. Wenn es einem nach etwas urbanen Flair ist, erreicht man beide Städte in zehn bis 15 Minuten.

L'Fisher Hotel Complex
HOTEL $$

(☎ 433 3731; www.lfisherhotelbacolod.com; Ecke 14th & Lacson St; Zi. 989–5000 P; ❄@🌐) Die Anlage bündelt drei Hotels in einem mallartigen Komplex. Die Budgetbleibe Ecotel (Zi. 989 P) kann man getrost vergessen. Das der Mittelklasse angehörende Chalet (Zi. ab 1500 P) und das Spitzenklassehotel L'Fisher (Zi. 3500 P) haben beide sehr hübsche Zimmer; erstgenanntes empfiehlt sich aber wegen der Gemeinschaftseinrichtungen wie Spa, Fitnessraum und Infinity-Pool mit Bar auf dem Dach. Das Management wirkt seltsam lustlos.

 Essen

Manokan Country
PHILIPPINISCH $

(Rizal St; Hühnchen 70 P) Dieser Streifen mit Open-Air-Restaurants ist bekannt für die berühmten *inasal-Hühnchen* der Stadt (mariniert in Zitronensaft und Soja und dann auf dem Holzkohlengrill gegart). Auch gegen billiges Bier und Austern (35 P pro Teller) ist nichts einzuwenden.

★ Fresh Start   VEGETARISCH $$

(www.freshstartorganic.com; Robinsons Mall; Hauptgerichte 175–195 P; ⏱ 10–21 Uhr; 📶) Dieses wunderbar gesundheitsbewusste Restaurant, hinter dem eine eigene Bio-Farm steht, ist ein Eldorado für jeden Vegetarier. Zum vegetarischen Wrap kann man sich eine Flasche Bog's Brew bestellen, ein Bier aus einer der seltenen Mikrobrauereien. Weitere Filiale in der Ayala Mall.

★ 365 Modern Cafe   PIZZA $$

(📞 435 2351; Ecke BS Aquino Dr & Kamagong St; Hauptgerichte 185–275 P; ⏱ So–Do 9–22.30, Sa bis 24 Uhr) Man sollte dieses grüne Café nicht links liegen lassen, nur weil es in einer Fuelstar-Tankstelle beheimatet ist. Es hat einen kundigen Koch, der erstklassige Pizza, wunderbare Pasta und zarte Rippchen auftischt. Prima Preis-Leistungs-Verhältnis!

C's   CAFÉ $$

(📞 433 3731; Ecke Lacson & 14th St; Hauptgerichte 210–380 P; ⏱ 7–22 Uhr) Die authentische Patisserie mit französischem Koch hat eine ständige wechselnde Auswahl von Feinschmecker-Leckereien.

Pala Pala   MEERESFRÜCHTE $$

(North Capitol Rd; ⏱ 10 Uhr–Open End) Dieser riesige, markthähnliche Schuppen ist bei den Einheimischen sehr beliebt. Zunächst wählt man sich auf dem angrenzenden Fischmarkt seinen Fisch, seine Garnelen oder seinen Hummer, bevor man sie sich in einem der kleinen Ladenlokale zum Abendessen auf dem Holzkohlengrill zubereiten lässt. Die Zubereitung kostet ab 120 P pro Kilogramm.

21 Restaurant   PHILIPPINISCH $$

(www.21restaurant.com; Lacson St; Hauptgerichte 175–360 P; ⏱ 10–23 Uhr) Gestärkte weiße Tischwäsche, professionelle Kellner und eine appetitanregende Karte bestimmen dieses Restaurant mit Klasse und vernünftigen Preisen. Es ist bekannt für *bachoy* und Meeresfrüchte, z. B. mit Zitronengras gefüllten, gegrillten Tintenfisch.

★ Tyrol   ÖSTERREICHISCH $$$

(📞 703 1878; 12th St; Hauptgerichte 225–395 P; ⏱ Mo 17–23, Di–So 11–23 Uhr) Das authentische österreichische Restaurant ist so, wie man es erwartet: Holzbänke, Hirschgeweihe und prima Schnitzel. Die spektakuläre König-Ludwig-Platte (1295 P, reicht für 6–8 Pers.) versammelt das Beste von der Karte. Der Inhaber betreibt auch seine eigene Kochschule, die Bacolod Academy for Culinary Arts (www.culinary-bacolod.com).

Inaka   JAPANISCH $$$

(Lacson St; Gerichte 100–750 P; ⏱ Di–So 10–16 & 18–22 Uhr) Das geschmackvoll mit moderner Kunst dekorierte Restaurant hat authentische japanische Küche mit einer guten Auswahl an Sushi, Sashimi und Teppanyaki. Vegetarier können das Tofusteak mit Reis und Pilzen probieren (250 P). Wenn der Laden voll ist, geht man ins nahe gelegene L'Kaisei mit ähnlichem Angebot.

🍷 Ausgehen & Nachtleben

In dem als Art District bezeichneten Komplex aus Bars und Restaurants an der Lacson St in Mandalagan spielt sich das Leben im Freien ab. Er ist mehr ein von jungem Publikum frequentierter Partyspot als ein Treffpunkt der Künstlerszene. Dank unglaublich billiger Drinks geht es im **Gypsy Tea Room** (Art District; ⏱ 14–2 Uhr) besonders derb zu: Ein Schild weist darauf hin, dass 250 P Strafe fällig werden, wenn man sich übergibt. Das relaxtere **Café Joint** (⏱ 16 Uhr–Open End) ist ein Open-Air-Treff für kreative Typen.

★ KGBar   BAR

(Ecke Lacson & 23rd St; ⏱ 18–1 Uhr) Gut versteckt hinter einer nichtssagenden Mauer liegt diese von Kerzenschein erhellte hippe, schrille und absolut entspannte Dschungelbar. Sitze mit Kissen, chillige Musik und Avantgardekunst laden zu langen Gesprächen ein und locken ein aus Künstlern, Expats und aufgeschlossenen Einheimischen zusammengesetztes Publikum an. Die asiatischen Fusion-Gerichte (Hauptgerichte 135–185 P) passen bestens dazu.

Mushu   BAR

(Ecke Lacson & 20th St) Im stimmungsvollen, stets beliebten Mushu kann man schrecklich süße Haus-Cocktails schlürfen und hiesigen Bands lauschen, während man ausgezeichnete chinesische Thekengerichte verputzt.

Shoppen

Bacolod hat drei große Einkaufszentren: **SM City** (Rizal St), **Robinsons** (Lacson St) und **Ayala North** (Lacson St north of Robinsons). In den beiden erstgenannten gibt es auch Kinos.

★ **Negros Showroom** KUNSTHANDWERK
(☎ 433 3728; www.anp-philippines.com; Ecke 9th & Lacson St; ⊕10–20 Uhr) 🍴 In diesem Laden gibt es Kunsthandwerk und Bio-Produkte, darunter einheimischen Schmuck, MassKara-Masken und *piaya* (süße Fladen). Auch im Einkaufszentrum Robinsons.

🛈 Praktische Informationen

Mit allen touristischen Fragen wendet man sich an das **Negros Occidental Tourism Center** (☎ 433 2515; tourism.negros-occ.gov.ph; Provincial Capitol Bldg, Gatuslao St), dessen Angestellte engagiert bei der Sache sind.

🛈 An- & Weiterreise

Der Bacolod-Silay Airport liegt 15 km nordöstlich von Bacolod; ein Taxi ins Stadtzentrum kostet rund 500 P. Vom Flughafen fliegen Cebu Pacific, PAL, und Seair stündlich nach Manila, Cebu Pacific zwei- bis dreimal täglich nach Cebu und mehrmals wöchentlich nach Davao und Cagayan de Oro.

Der Bredco Port liegt rund 1 km westlich vom Zentrum (per Tricycle 15 P), Banago Wharf 7 km nördlich, Pulupandan 25 km südwestlich der Stadt (per Jeepney 15 P, 25 Min.) und Valladolid noch einmal 5 km weiter. Alle Fähren haben Verkaufsschalter am Pier, **2GO Travel** (☎ 441 0652) hat auch ein Büro im Einkaufszentrum Robinsons.

Ceres hat zwei Busbahnhöfe. Das neue **North Terminal** (☎ 433 4993, 0917 771 1213; Lacson St) bedient Ziele nördlich von Bacolod (u. a. auch San Carlos), der **South Terminal** (☎ 434 2387; Ecke Lopez Jaena & San Sebastian St) Ziele im Süden. Wer hier festsitzt, kann sein Glück in den nahe gelegenen North bzw. South Bus Stations versuchen, wo kleinere Unternehmen abfahren.

Die Jeepneys nach Ma-ao (25 P, 30 Min.) und Mambukal (25 P, 45 Min.) sowie zu den Gebirgsresorts starten hinter dem Markt zwischen der Libertad St und der Lizares Ave.

🛈 Unterwegs vor Ort

Die Lacson St bildet das Rückgrat der Innenstadt von Bacolod. An ihr liegt der nördliche Busbahnhof; um vom südlichen Busbahnhof dorthin zu kommen, steigt man in einen Jeepney mit der Zielangabe „Shopping". Auf derselben Straße fahren Jeepneys mit Zielangabe „Bata" und „Mandalagan" von Norden nach Süden.

Ein Auto mit Fahrer kostet rund 1800 P pro Tag; organisieren kann man sich eines über das Tourism Center (S. 269) und viele Hotels.

Mt. Kanlaon Natural Park

Der Mt. Kanlaon Natural Park umfasst ein Gebiet von 24 388 ha. Kühler, dichter Wald umgeben den kegelförmigen aktiven Vulkan

SCHIFFE/FÄHREN & BUSSE AB BACOLOD

Schiffe/Fähren

ABFAHRT	ZIEL	PREIS (P)	DAUER (STD.)	HÄUFIGKEIT (TGL.)
Bredco	Iloilo	300	1	alle 30 Min.
	Dumangas	120	2	stündl.
Banago Wharf	Manila	1130	20	Mi, Do & So
	Cagayan de Oro	1360	21	Fr
Pulupandan	Guimaras	80	1	3–4

Busse

ABFAHRT	ZIEL	PREIS (P)	DAUER (STD.)	HÄUFIGKEIT (TGL.)
Ceres South Terminal	Dumaguete	260–315	6	stündl.
Ceres South Terminal	Sipalay	185	5	alle 30 Min.
Ceres North Terminal	Silay	15	½	stündl.
Ceres North Terminal	San Carlos (Inlandsroute)	165	3	2
Ceres North Terminal	San Carlos (Küstenroute)	165	4	stündl.
Ceres North Terminal	Sagay	90	2½	stündl.
Ceres North Terminal	Cebu (über Escalante-Tabuelan)	380–420	8	4
Ceres North Terminal	Cebu (über San Carlos-Toledo)	320–420	8	6

BESTEIGUNG DES MT. KANLAON

Der anstrengende Aufstieg auf den Gipfel des Kanlaon (2435 m) gehört mit der Besteigung des Guiting-guting auf Sibuyan und des Madjaas auf Panay zu den besten Bergtouren in den Westlichen Visayas.

Routen Es gibt vier Startpunkte: Wasay, Mananawin, Maput und Guintubdan. Für die meisten Routen braucht man zwei Tage, die Route ab Guintubdan können gut trainierte Wanderer auch an einem Tag bewältigen. Welche Route man auch wählt, am besten campiert man die erste Nacht im Margaha Valley, dem spektakulären flachen Becken des alten (erloschenen) Kraters. Der lohnendste Teil des Aufstiegs ist der Abschnitt vom Pagatpat Ridge zum Gipfel, wo man an klaren Tagen das Margaha Valley unten, den rauchenden Krater oben und Bacolod in der Ferne erblickt. Der schwerste Teil des Aufstiegs ist der lange, steile Hang hinauf zum Pagatpat Ridge.

Gefahren Für erfahrene Wanderer ist der Kanlaon kein schwieriger oder sonderlich anspruchsvoller Aufstieg, einige Risiken birgt er aber schon. Alle paar Jahre gibt es regt sich der Vulkan – er „niest", wie die Einheimischen sagen. Seine Aktivitäten werden rund um die Uhr überwacht und der Berg ggf. für Wanderer gesperrt. Hin und wieder ordnet die Parkverwaltung auch die Evakuierung einer 8 km breiten Zone um den Fuß des Berges an. Beim letzten Vulkanausbruch im August 1996 kamen drei Wanderer ums Leben.

Ausrüstung Das Wetter ist mitunter launisch, das Gelände schwierig – eine leichte, wasser- und winddichte Jacke und Wanderschuhe sollten also nicht fehlen. Für die kühlen Nächte empfehlen sich Thermounterwäsche und eine Wollmütze.

Genehmigungen & Gebühren Jeder, der in einem 4-km-Radius um den Gipfel wandert bzw. klettert, braucht eine Genehmigung (700 P) vom Büro der Parkverwaltung (S. 265) in Bacolod. Dazu bedarf es einer eingescannten Kopie des Reisepasses, auf der das Alter der Person deutlich erkennbar sein muss.

Führer & Träger Der obligatorische Führer (700 P/Tag, max. 10 Wanderer, 5 pro Führer) lässt sich über die Parkverwaltung oder über das Büro des **Department of Environment & Natural Resources** (DENR; Mo–Fr 8–17 Uhr) in Guintubdan engagieren. Träger kosten zusätzliche 500 P pro Tag.

Reisezeit Der Berg kann am besten von März bis Mai und von Oktober bis Dezember erklommen werden. In der Nebensaison werden pro Tag nur 30 Kletterer zugelassen, so dass man ohne Reservierung Gefahr läuft, abgewiesen zu werden, weil schon alle Genehmigungen vergeben sind.

Geführte Touren Vulkan-Wandertouren werden auch angeboten, kosten aber deutlich mehr, als wenn man alles selber managt. In Bacolod arrangiert **Billy Torres** (0917 887 6476; billytorres369@yahoo.com; ML Inc, Goodyear Servitek, Capitol Shopping Ctr, BS Aquino Dr) Trips für 7000 P pro Person, mit Gruppenrabatt ohne Unterkunft; 500 P davon gehen als Spende an die Negros Forest Foundation. Am besten meldet man sich mindestens zwei Monate im Voraus an. In Maolboal auf Cebu bietet **Planet Action** (0916 624 8253, 032-474 3016; www.action-philippines.com) dreitägige All-Inclusive-Touren ab 10 000 P an. In Dumaguete organisiert Harold's Mansion (S. 281) gelegentlich zweitägige All-Inclusive-Touren für 8000 P. Das Unternehmen hilft auch bei der Buchung der diversen Elemente der eigenen Reise, wodurch sich die Kosten auf rund 2500 P plus Verpflegung reduzieren (was dann vielleicht insgesamt die günstigste Möglichkeit ist).

---

mit seinem tiefen Krater. Durch den Park streift eine reiche Fauna: u. a. Visayas-Pustelschweine, Zibetkatzen, Bengalkatzen, Prinz-Alfred-Hirsche, Nashornvögel, Philippinenadler und Negros-Dolchstichtauben. Die meisten dieser Arten sind jedoch selten, vom Aussterben bedroht oder haben eine nächtliche Lebensweise, sodass man selbst mit einem Führer viel Glück benötigt, ihnen aufzuspüren. Fitte Wanderer können die anspruchsvolle Wege zum Gipfel angehen. Die meisten Besucher konzentrieren sich auf die Bergresorts, die diverse Aktivitäten anbieten und das Gebiet zu einem stets beliebten, erfrischenden Ausflugsziel ab Bacolod machen (selbst wenn man nur tagsüber bleibt).

🏃 Aktivitäten

Die meisten Aktivitäten in dieser Region werden von Bergresorts organisiert. Dazu gehören sowohl Unternehmungen vor Ort wie auch geführte Touren in der Umgebung.

🛏 Schlafen & Essen

Die schattigen, erfrischenden Wälder und Bäche an den westlichen Ausläufern des Kanlaon sind seit Langem ein beliebtes Ausflugsziel von Bacolod. Es gibt hier mehrere preisgünstige Resorts, die den hiesigen Gemeinden gehören und eine wunderbaren Kontrast zu den Stränden darstellen. Die Resorts veranstalten diverse Aktivitäten für Übernachtungsgäste und Tagesausflügler.

★ Mambukal   RESORT $
(☎ 473 0601; mambukal.negros-occ.gov.ph; Barangay Minoyan; B 100 P, Zi. 600 P, Villa 4000 P; ❄ ☼) Negros' bestes und beliebtestes Bergresort liegt im Wald an einem Bach mit einem großen Teich. Thermalquellen speisen das hübsch angelegte japanische Bad. Die Unterkünfte bestehen aus Schlafsaalbetten, Zimmern und attraktiven Familienvillen für sechs bis zehn Personen mit zwei Schlafzimmern und zwei Bädern. Es gibt viel zu sehen und zu tun, z. B. locken ein netter Baumwipfelpfad (50 P), diverse Wasserfälle, eine Kletterwand (25 P) und ein Spa. Aus Bacolod gibt es einen Jeepney-Service.

Buenos Aires Mountain Resort   RESORT $
(☎ 034-461 0540; tourismbago@yahoo.com; B 200 P, Cottages ab 800 P, Zi. mit Klimaanlage ab 1250 P; ❄ ☼) Das Resort aus den 1930er-Jahren erlangte Berühmtheit, als sich Präsident Quezon während des Zweiten Weltkriegs hier vor den Japanern versteckte. Das 5 ha große, an eine Hazienda erinnernde Anwesen hat eine schöne Lage an einem Fluss in Ma-ao, ein Restaurant und ein klassisches Thermalbecken. Die Unterkünfte unterscheiden sich qualitativ. Besser etwas mehr für die Hostelzimmer zahlen. Sie liegen zwar ein Stück den Hügel hinauf, haben aber hübsche Balkone mit schöner Aussicht.

Die nahe gelegenen Kipot Twin Falls sind ein netter Abstecher. Von Bacolod nimmt man einen Jeepney (S. 269) nach Ma-ao (40 P, 1½ Std.) und von dort ein Tricycle zum Resort (200 P, 30 Min.).

Guintubdan Visitors Center   PENSION $
(☎ 460 0286; www.lacarlotacity.net; Guintubdan; DZ & 3BZ 1000 P) Das schöne Gebäude mit feiner Aussicht bietet nur einfache und etwas übertreuerte Quartiere. Es gibt zwar eine Gästeküche, die Versorgung mit Nahrungsmitteln ist jedoch mau. Führer veranstalten ausgezeichnete Tagesausflüge (100 P) zu jedem der sieben Wasserfälle in der Nähe. Der angrenzende **Rafael Salas Park** (☎ 461 0540; www.bagocity.gov.ph/travel-tourism/resort-beaches), zum Zeitpunkt der Recherchen wegen Renovierung geschlossen, verspricht ab Dezember 2015 ein gehobeneres Ferienerlebnis. Jeepneys fahren von Bacolod über La Carlota nach Guintubdan.

Silay

☎ 034 / 121 000 EW.

Nur 14 km nördlich von Bacolod liegt Silay, einst das Juwel in der Krone des Zuckerbooms auf Negros, als die Plantagen die Insel mit der ganzen Welt verbanden. Während dieses goldenen Zeitalters (1880–1935) errichteten die reichen Plantagenbesitzer Herrenhäuser, von denen 29 erhalten sind; drei sind heute Museen. Diese waren elegante Paläste der Oberschicht, die eine Kultur pflegten, die an *Vom Winde verweht* erinnert. Der Zweite Weltkrieg und der Einbruch der Zuckerindustrie packten die Stadt in Mottenkugeln, sodass sie heute ein faszinierender Zwischenstopp für alle Geschichts- und Architekturinteressierten ist.

⊙ Sehenswertes

In der Touristeninformation erhält man einen kostenlosen, nützlichen Lageplan des historischen Viertels.

★ Hofileña Heritage House   HISTORISCHES GEBÄUDE
(☎ 495 4561; Cinco de Noviembre St; Erw./Kind 50/30 P; ⊙ Di–So 10–17 Uhr, sonst auf Anfrage) Das stattliche Haus enthält eine erstaunliche private Kunstsammlung sowie Antiquitäten, die einer der führenden Familien von Silay gehören. Besitzer ist der charismatische und auskunftsfreudige Ramon Hofileña, der sich unermüdlich für die Erhaltung des kulturellen Erbes in der Region einsetzt. Wenn man sich vorab anmeldet, zeigt einem Ramon stolz höchstpersönlich seine unvergleichliche Sammlung lokaler Kunst.

Silay Museum   MUSEUM
(Civic Centre, Ecke Zamoa & Gamboa St; ⊙ Mo–Fr 8–12 & 13–17 Uhr) Beginnen sollte man einen Stadtrundgang mit diesem gut aufbereiteten Museum, das anhand von Modellen, Kleidern aus der Zuckerära und alten Fotos der

Silay

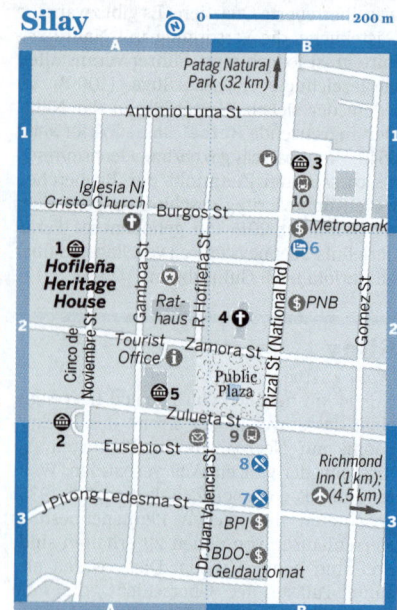

Silay

◉ Highlights
1 Hofileña Heritage House A2

◉ Sehenswertes
2 Balay Negrense Museum A2
3 Bernardino Jalandoni Ancestral House B1
4 Church of San Diego B2
5 Silay Museum A2

🛏 Schlafen
6 Winbelle Pension Hauz B2

✖ Essen
7 Café 1925 .... B3
8 El Ideal Bakery B3

ℹ Transport
9 Busse und Jeepneys nach Bacolod B3
10 Busse und Jeepneys nach San Carlos B1

historischen Häuser einen kompakten Überblick über die Stadtgeschichte vermittelt.

Bernardino Jalandoni Ancestral House   MUSEUM
(☏ 495 5093; Rizal St; Erw./Kind inkl. Führung 60/30 P; ⏰ Di–So 9–17 Uhr) Das Museum ist im „Pink House" von 1908 untergebracht, das den Eindruck erweckt, als habe sein Besitzer es erst gerade verlassen. Im hinteren Raum finden sich alte Fotos von Schönheitsköniginnen der 1940er- und 1950er- Jahre, während in einer Glasvitrine Dutzende Ken- und Barbie-Puppen in traditionellen philippinischen Trachten ausgestellt sind, darunter ein Ken als General MacArthur bei der Landung in Leyte und eine Barbie als Imelda Marcos inmitten Dutzender Schuhe.

Balay Negrense Museum   MUSEUM
(☏ 714 7676; Cinco de Noviembre St; Erw./Kind 60/30 P; ⏰ Di–So 10–18 Uhr) Das auch als Victor Gaston Ancestral Home (1898) bekannte Gebäude aus Hartholz hat die malerischste Fassade von allen Häusern in der Stadt. Das Gebäude wurde sorgsam restauriert und mit Möbeln aus Silays Glanzzeit eingerichtet, die von Einheimischen gespendet wurden. Die angeschrägten Glasfenster und das durchbrochene chinesische Gitterwerk sind original erhalten.

Church of San Diego   KIRCHE
(Rizal St) An der Hauptstraße durch die Stadt steht die mit einer silbernen Kuppel versehene neoromanische Kirche des hl. Didakus (1927). Das Kruzifix auf der Kuppel wird nachts beleuchtet und ist weit bis aufs Meer hinaus zu sehen. Anschauen sollte man sich den Garten in der angrenzenden Ruine der Vorgängerkirche, die einen hübschen Gebetssaal mit Capiz-Fenstern beherbergt.

🛏 Schlafen & Essen

Mehrere Meeresfrüchterestaurants bei den Mangroven in Balaring schaffen ein stimmungsvolles Ambiente. Man nimmt die Rizal St bis zum nördlichen Stadtrand, biegt links in die Balaring Rd ab und folgt ihr bis zum Ende.

Winbelle Pension Hauz   PENSION $
(☏ 495 5898; www.winbelle.weebly.com; Rizal St; Zi. 700 P, Suite 1500 P; ❄) Das von einer Familie geführte Hotel im zweiten Stock könnte einen neuen Anstrich vertragen, ist aber sonst durchaus gut und anheimelnd.

Richmond Inn   HOTEL $$
(☏ 0923 521 8618; www.richmondinnsilay.com; J Pitong Ledesma St; Zi. mit Frühstück 1500–1800 P; ❄📶) Das Haus im Missionsstil hat ordentliche Zimmer und ist die erste Wahl in Silay. Man sollte schauen, dass man eines der helleren Zimmer zur Straße hin erwischt. Das Hotel befindet sich am Stadtrand in Richtung Flughafen.

El Ideal Bakery BÄCKEREI $
(Rizal St; Pies & Kuchen 45–50 P; ⊙ 6.30–18.30 Uhr) Direkt südlich der Public Plaza wurde diese bekannte Bäckerei 1920 – also noch in Silays Glanzzeit – eröffnet, um Glücksjäger, die sich nicht vom Spieltisch losreißen konnten, mit einem Imbiss zu versorgen. Der mit dunklem Holz ausgekleidete Innenraum hat sich die Atmosphäre jener Zeit bewahrt.

Zu den berühmten Kreationen des Hauses zählen *lumpia ubod* (Frühlingsrollen mit Schweinefleisch, Shrimps und der saftigen Note der Kokospalme) und *piaya* (Fladenbrot mit braunem Zucker und Sesamkörnern).

★ Café 1925 ITALIENISCH $$
(J Pitong Ledesma St; Hauptgerichte 135–180 P; ⊙ 9.30–21.30 Uhr; 🛜) Gourmets wird das kleine italienische Bistro mit gutem Koch, wöchentlichen Tagesmenüs und großen Portionen Hausmannskost zusagen. Zu empfehlen sind die Pasta mit Krabbenfleisch (180 P) und zum Dessert das wundervolle Mango-Käse-Eis (60 P).

❶ Praktische Informationen

Silays **Touristeninformation** (✆ 495 5553; silaycity _tourism@yahoo.com; Ecke Zamora & Gamboa St; ⊙ Mo–Fr 8–12 & 13–17 Uhr) befindet sich innerhalb des Gemeindezentrums. Es organisiert Touren zu nahe gelegenen Zuckerplantagen und stellt Genehmigungen für den Patag Natural Park aus.

Es gibt mehrere Geldautomaten; das höchste Limit hat der Automat der **Metrobank** (Ecke Burgos & Rizal St).

❶ An- & Weiterreise

Der Flughafen von Silay liegt ungefähr 10 Minuten außerhalb der Stadt. Die Fahrt dorthin kostet mit einem Van 50 P.

Zwischen Silay und **Bacolod** fahren Busse und Jeepneys (14 P, 30 Min.). In Silay halten alle Busse und Jeepneys Richtung Norden und Süden an der Rizal St.

Von Silay fahren den ganzen Tag über Busse Richtung **San Carlos** (130 P, 3 Std.), die unterwegs in allen Küstenorten halten.

Sagay

✆ 034 / 19 323 EW.

Nahe der Nordspitze von Negros liegt die Stadt Sagay, die eigentlich aus zwei Städten besteht: New Sagay am National Hwy und Old Sagay an der Küste, 5,5 km entfernt (mit dem Tricycle 9 P). Die Stadt ist vor allem bekannt als Wächterin des 1999 gegründeten, 32 000 ha großen **Sagay Marine Reserve**. Zu den Highlights für Besucher zählen das 200 ha große **Carbin Reef** (Eintritt 100 P) rund 15 km nordöstlich von Old Sagay (mit *bangka* 20 Min.) und **Suyac Island** (Eintritt 20 P), wo man über einen erhöhten, 400 m langen Bambusplankenweg schlendern und durch die Mangroven paddeln kann (300 P).

Boote organisiert die **Touristeninformation** (✆ 488 0649; sagaycityinfo@yahoo.com; City Hall, New Sagay); wenn man da keinen Erfolg hat, am Pier nachfragen. Ein kleines Boot kostet 1200 P (max. 10 Pers.). Schnorchelausrüstung (300 P) bekommt man in der Touristeninformation – zum Tauchen ist es hier zu flach. Im Wasser leben verschiedene Arten von Riesenmuscheln, aber nur wenige Fische. Das ist anders im **Museo Sang Bata Sa Negros** (✆ 457 8003; www.fb.com/museosangbatasanegros; Old Sagay Port; Eintritt Erw./Kind 40/20 P; ⊙ 8–17 Uhr), einem interaktiven Meeresmuseum nahe dem Hafen von Old Sagay, wo an manchen Wochenenden als Rifftiere kostümierte Kinder die Schaukästen erläutern. Das ist liebreizend und sollte nicht versäumt werden.

Die Touristeninformation hilft bei der Suche nach einer Unterkunft in der Stadt. Meiden sollte man das staatlich geführte Balay Kauswagan, ein langweiliges Tagungshotel mit schmuddeligen Zimmern und ohne Restaurant.

Ceres-Busse fahren regelmäßig nach Cadiz (16 P, 30 Min.) und Escalante (9 P, 15 Min.). Von Cadiz fährt ungefähr jeden zweiten Tag eine Fähre nach Bantayan Island (200 P, 4 Std.), normalerweise um 10 Uhr (die Abfahrtszeit am Hafen überprüfen!). Für eine sicherere und schnellere Überfahrt sollte man sich für eine Fähre und nicht für ein *bangka* entscheiden.

INSIDERWISSEN

HERITAGE-TOUREN

Seit 41 Jahren veranstaltet Ramon Hofileña die **Annual Cultural Tour of Negros Occidental** (Tour 1000 P). Die drei eintägigen Touren finden im Dezember statt und berücksichtigen Attraktionen des näheren Umlands. Wenn man einige Tage vorab Bescheid gibt, arrangiert Ramon auch architektonische Führungen durch Silay. Im Hofileña Heritage House (S. 271) nachfragen.

Escalante

📞 034 / 14 569 EW.

Wie das benachbarte Sagay ist auch Escalante eine Stadt mit zwei voneinander getrennten Vierteln: Old Escalante liegt an der Küste, New Escalante an der Fernstraße. Das Rathaus, die Plaza, der Busbahnhof und die BDO-Bank befinden sich in New Escalante, der Hafen Danao, von dem die Boote nach Cebu fahren, in Old Escalante. Die beiden Ortsteile sind 7 km voneinander entfernt, die Fahrt mit dem Tricycle kostet rund 10 P (15 Min.).

Die hilfsbereite **Touristeninformation** (📞 454 0696; www.escalantecity.gov.ph; City Hall, New Escalante) hilft in Sachen Unterkunft und Freizeitprogramm weiter. Sie vermittelt Führer (1000 P/Tag) zu den nahe gelegenen Höhlen, von denen manche von den Japanern im Zweiten Weltkrieg als Verstecke genutzt wurden, sowie für Vogelbeobachtungstouren zu **Kalanggaman**.

Die winzige **Isla Puti** (alias Enchanted Isle) ist von Old Escalante mit einem *bangka* in 20 Minuten zu erreichen (oder auch über den Vito Port in Sagay). Diese Sandbarriere ist bei Ebbe mit **Jomabo Island** verbunden. Boote dorthin (900 P, 20 Min., 10 Pers.) lassen sich am Barcelona-Pier oder (weit günstiger) über die Touristeninformation beschaffen. Ein Quartier bietet das **Jomabo Island Paradise Beach Resort** (📞 0920 438 8963, 0922 864 5706; jestermontalbo@yahoo.com; Jomabo Island; Cottage 2820–3380 P).

Die beste Unterkunft in der Stadt ist das **Rodeway Inn** (📞 454 0185; www.facebook.com/rodewayinnescalanteph; National Hwy, New Escalante; Zi. ab 850 P; ❋ 🛜), ein freundlicher, effizienter Familienbetrieb mit komfortablen und sicheren Zimmern. Das Hotel liegt gegenüber der hübschen Plaza.

Die RoRo-Fähre nach Tabuelan auf Cebu (180 P, 2 Std.) legt viermal täglich zu wechselnden Zeiten am Port Danao in Old Escalante ab. Von Escalante fahren Busse direkt nach Bacolod (145 P, 2 Std.) und über San Carlos nach Dumaguete (250 P, 5 Std.).

San Carlos & Sipaway Island

📞 034 / POP 40 000

San Carlos ist der wichtigste Hafen, der Negros mit Cebu verbindet. Täglich fahren Fähren nach Toledo an der Westküste von Cebu. Die Stadt ist nicht übermäßig ansprechend, aber durchaus geeignet für einen Übernachtung. Dies gilt vor allem während des ausgelassenen **Pintaflores Festival** (⊙ 5. Nov.), einem Umzug, bei dem die Teilnehmer fantasievolle Blumenkostüme tragen. Das **Skyland Hotel & Restaurant** (📞 312 5589; Ecke Endrina & Broce St; Zi. mit Ventilator/Klimaanlage 475/625 P; ❋ 🛜), auf halbem Weg zwischen Bootsanlegestelle und Busbahnhof, hat makellose Zimmer mit Warmwasser und ein Restaurant mit gutem Essen (Hauptgerichte 150 P).

Im Gegensatz zu San Carlos ist die nahe gelegene Insel Sipaway – mit einem *bangka* nur 15 Minuten vom Hafen der Stadt entfernt (15 P) – ein wundervoller Ort, um ein paar Tage zu verbringen. Ein betonierter Weg führt an Palmen und Dörfern vorbei von einer Seite der schönen, gepflegten Insel zur anderen – schöne Ausblick zurück nach Negros inklusive. Am Pier kann man ein *habal-habal* (Motorradtaxi; 60 P) nehmen und die Insel gemächlich erkunden. Die Insel ist lang und schmal, man kann sich also nicht verlaufen. Die glücklich und zufrieden wirkenden Einwohner schaffen das Flair eine früheren, einfacheren Zeit. Die beste Unterkunft ist das von Deutschen geführte **Whispering Palms Island Resort** (📞 0929 873 1146; www.whispering-palms.com; Sipaway Island; Zi. 1500–2300 P; ❋ 🛜 🏊). Es hat geräumige und pieksaubere Zimmer, einen Mini-Zoo und ein Tauchcenter auf einem 4 ha großen Areal am Ufer (Schwimmen kann man nur bei Flut). Um sich mit dem Shuttle abholen zu lassen, vorher reservieren.

Im Gebiet um San Carlos gibt es Wasserfälle, Höhlen und Reisterrassen. Weitere Infos gibt's im **City Tourism Office** (📞 312 6558; www.sancarloscityinteractive.com; Rathaus; ⊙ 9–17 Uhr).

ℹ️ An- & Weiterreise

Boote von **M/V Lite Ferry** (📞 729 8040; www.liteferries.com; San Carlos Port) fahren täglich nach Toledo (110 P, 1¾ Std., 5, 7, 10, 3 & 15.30 Uhr). Schnellboote (7.30, 9.30, 11.30 & 15.30 Uhr) von **EB Aznar** (📞 467 9447; San Carlos Port) bewältigen dieselbe Strecke in weniger als einer Stunde. Der Fahrplan ändert sich häufig.

Den ganzen Tag fahren fahrplanmäßig Busse vom Busbahnhof in San Carlos (1 km vom Pier; per Tricycle 8 P) nach Dumaguete (145 P, 4 Std.) und Bacolod (155 P, 4 Std.).

Bulata & Danjugan

Das Städtchen Bulata ist das Tor zum südlichen Negros. Von dort zweigt ein 3 km langer Weg zum schicken **Punta Bulata Resort & Spa** (473 0235; www.puntabulata.com; Zi. 4500–5500 P, Cabana 5700 P; ❄☎☰) ab, das seinen eigenen, rund 1 km langen goldenen Sandstrands besitzt, vor dem eine Reihe von Inselchen liegen. Der von dem Besitzer, einem Architekten, selbst entworfene Hauptkomplex ist modern-asiatisch mit einigen regionalen Anklängen gestaltet. Zu dem vielfältigen Angebot an Unterkünften zählen riesige Zimmer rund um den attraktiven Swimmingpool und Strandhütten mit riesigen Betten und Bädern drinnen und draußen. Die Anlage umfasst auch ein Tauchcenter und ein elegantes Uferrestaurant mit eindrucksvollen Meeresfrüchtegerichten. In diesem Resort verschwimmt die Grenze zwischen Hotel und Spa, sodass man hier prima entspannen kann.

Der Wert eines Aufenthalts im Punta Bulata Resort vermehrt sich noch durch die exklusive Nähe zum **Danjugan Island Marine Reserve & Sanctuary** direkt vor der Küste. Die von der **Philippine Reef & Rainforest Conservation Foundation** (PRRCF; 0918 600 1589, in Bacolod 034-441 6010; www.prrcf.org) in Bacolod verwaltete, 42 ha große Insel ist ein Modell für durchdachten Ökotourismus. Gut gepflegte Wege führen durch dichten Wald zu verlassenen Stränden, Seeadlernestern und einer Höhle voll kreischender Fledermäuse, vor deren Eingang Pythons lauern, um sich beim abendlichen Rundflug der Fledermäuse ihre Beute zu schnappen. Kajaks sind verfügbar und es gibt ein Tauchcenter (1300 P/Pers., Min. 4 Pers.). Vor der Küste wurden drei Fangverbotszonen eingerichtet, weshalb man gut Fische beobachten kann. Übernachtet wird in schlichten, offenen Hütten mit Moskitonetzen. Tagesausflüge lassen sich über die PRRCF oder das Punta Bulata Resort arrangieren (1750 P/Pers.); sie umfassen die Bootsfahrt, Mittagessen, Paddeltour, Wanderung und die benötigte Ausrüstung. Ausflüge mit Übernachtung (2750 P), bei denen die Unterkunft und Verpflegung hinzukommt, arrangiert nur die PRRCF. Empfohlen wird, sich drei Tage im Voraus anzumelden.

Sugar Beach

Mit nur ein paar bunt zusammengewürfelten, eher bodenständigen Resorts, einem prachtvollen Strandabschnitt und psychedelisch wirkenden Sonnenuntergängen ist Sugar Beach eines der bestgehüteten Geheimnisse auf Negros. Grund hierfür ist auch der Tidefluss, der das Gebiet vom Straßennetz abschneidet. Die Atmosphäre ist geruhsam – wer auf Strandpartys aus ist, fährt besser nach Boracay.

🛌 Schlafen & Essen

Die meisten Resorts finden sich am Strand.

★ **Big Bam Boo Beach Resort** STRANDRESORT $
(0999 671 6666; www.bigbamboobeachresort.com; B 300 P, Zi. mit Ventilator 600–1200 P, mit Klimaanlage 1600 P; ❄☎) Im Vergleich zu diesem gut geführten Neuzugang sehen manche ältere Anlagen am Strand wirklich alt aus. Die lackierten Cottages sind allesamt hochwertig und ordentlich, das Restaurant serviert beliebte philippinische Gerichte, es gibt ein neues Tauchcenter und ausgezeichnete Preise.

★ **Sulu Sunset** STRANDRESORT $
(0919 716 7182; www.sulusunset.com; Sugar Beach; Zi. 550–1200 P) Das richtige Rezept: hübsche *nipa*-Hütten mit gefliesten Böden, eigenen Bädern und Veranden mit Hängematten und Blick aufs Meer zu sehr erschwinglichen Preisen. Die Finnhütten sind das beste Angebot am Strand, insbesondere die Doppelhütte (550 P).

Driftwood Village STRANDRESORT $
(0920 900 3663; www.driftwood-village.com; Sugar Beach; B 250–300 P, DZ ab 450 P; ☎) Die Anlage bietet klassisch entspannte Strandatmosphäre mit Hängematten und *nipa*-Hütten unterschiedlicher Qualität, die sich über das grüne Gelände verteilen. Die Küche ist auf thailändische Gerichte spezialisiert, typisch europäische sind aber auch zu haben (Gerichte rund 200 P).

★ **Takatuka Lodge & Dive Resort** STRANDRESORT $$
(0920 679 2349; www.takatuka-lodge.com; Zi. 1700–2400 P; ❄☎) Die Liebe und Energie, die die deutschen Besitzer in dieses abgefahrene Hotel investiert haben, sind überall zu spüren, ganz besonders in den neun Themenzimmern. Das „Mad Mix"-Zimmer hat skurrile Details wie eine umgedrehte Toilettenschüssel als Duschkopf, das „Rockadelic"-Zimmer prunkt mit Marshall-Verstärkern, E-Gitarren und einer an der Wand montierten Goldenen Schallplatte.

Für Zimmer mit Ventilator und/oder Kaltwasser gibt's einen Rabatt von 15–25 %. Die

Lichtschalter sind kreativ versteckt, manchmal an frechen Stellen. Das verrückte Restaurant hat eine sehr vielseitige Karte und das beste Essen in der Gegend. Die einzige nicht schräge Ausrüstung sind zwei Tauchboote.

Bermuda Beach Resort STRANDRESORT $$
(☎ 0920 529 2582; www.bermuda-beach-resort.com; Zi. mit Ventilator 1050–1950 P, mit Klimaanlage 1450–1550 P; ✳@🛜) Die schlichten Zimmer sind nichts Besonderes, aber in dem stimmungsvollen Restaurant verbringt man gern seine Zeit. Aus der ausgezeichneten Küche kommen europäische Gerichte.

Ausgehen & Nachtleben

Sugar Rocks Music Bar BAR
(⊙ 11 Uhr–Open End) Lust auf bisschen Action? Die neue Bar auf dem Hügel am Ende des Strands sticht mit seiner eingeengten, aber schönen Aussicht ein lohnendes Ziel. Gelegentlich gibt es Musik.

ℹ An- & Weiterreise

Sugar Beach ist durch einen Tidenfluss abgeschnitten, die Anreise dadurch schwierig. Bei gutem Wetter ist die schnellste und einfachste Verbindung ein *bangka* (300–350 P, 10 Min.) vom 3 km südlich gelegenen Poblacion Beach in Sipalay. Viele Resorts holen dort ihre Kundschaft ab.

Alternativ nimmt man vom *barangay* Montilla, 3 km nördlich von Sipalay, ein Tricycle (110 P) zum *barangay* Nauhang, wo einen Paddelboote über den Fluss übersetzen (15 P/Pers.; vorab den Preis aushandeln). Sugar Beach liegt einen kurzen Weg hinter der Landspitze. Während der Flut kann es, insbesondere in der Regenzeit, nötig sein, ein Motorboot (200 P) von der Brücke in Nauhang zu nehmen oder bei seinem Resort anzurufen, um sich abholen zu lassen.

Sipalay

☎ 034 / 67 400 EW. / VERKEHRSKNOTEN

Der einzige Grund, in diese ausgedehnte Küstenstadt auf halber Strecke zwischen Bacolod und Dumaguete zu kommen, ist, mit einem Bus wieder wegzukommen. Nach Bacolod fährt ein fahrplanmäßiger Bus (normal/mit Klimaanlage 189/289 P, 6 Std.). Um nach Dumaguete zu gelangen, muss man mit drei verschiedenen Ceres-Bussen fahren, die aber alle regelmäßig verkehren: Zunächst geht es nach Hinoba-an (25 P, 30 Min.), von da nach Bayawan (80 P, 2 Std.) und nach nochmaligem Umsteigen dann nach Dumaguete (100 P, 2½ Std.).

Wenn man aus irgendeinem Grund in der Stadt hängen bleibt, bietet **Sipaloy Suites** (☎ 473 0350; www.sipalaysuites.com.ph; Mercedes Blvd; Zi. mit Ventilator/Klimaanlage ab 700/1500 P; ✳🛜) komfortable Zimmer, einen netten, großen Pool und ein Strandrestaurant am Poblacion Beach (Hauptgerichte 90–150 P, 6–20 Uhr), wo man gut den Sonnenuntergang genießen kann. Das winzige **Sipalay Tourist Information Centre** (www.sipalaycity.gov.ph; Poblacion Beach; ⊙ Okt.–Mai tgl. 8–17 Uhr, Juni–Sept. Mo–Fr) hilft bei Bootsanmietung und Zimmersuche.

In Sipalay gibt's nur einen Geldautomaten in der Landbank, der nächste befindet sich im zweieinhalb Stunden entfernten Kabankalan. Wenn man also auf dem Weg zur nahe gelegenen Punta Ballo oder zum Sugar Beach ist, sollte man auf alle Fälle schon ausreichend Bargeld in der Tasche haben.

Punta Ballo

Die Punta Ballo ist eine Landspitze mit einem himmlischen weißen Strand aus feinem Muschelsand vor einer Kulisse bewaldeter Hügel. Während man nur bei Flut schwimmen kann, ist der Ort vor allem für das bekannt, was sich unter Wasser befindet: einige der besten Tauchspots vor Küste von Negros. Bei der letzten Zählung gab es vier PADI-Tauchschulen, mindestens zehn Meeresschutzgebiete und 42 Tauchstellen, drei davon zu Wracks. Die Preise sind recht einheitlich: Man zahlt 1500 P pro Tauchgang, 750 P zusätzlich für Ausrüstung und 18 000 P für ein Open-Water-Tauchzertifikat. Die Gebühr für Meeresschutzgebiete beträgt 50 P für Schnorchler und 150 P für Taucher.

🛏 Schlafen & Essen

Neben den unten aufgeführten gibt es noch mehrere andere saisonale geöffnete Resorts.

★**Nataasan Beach Resort
& Dive Center** STRANDRESORT $$
(☎ 0915 670 5027, 453 8936; www.nataasan.com; Zi. 1600–1800 P, Bungalow 2200–2900 P; ✳🛜☰) Das auf einer Klippe über dem Punta Ballo Beach stehende familienfreundliche Resort setzt auf Bambus, hat eine große Lodge mit eindrucksvoller Aussicht, gutes regionales Essen und große Zimmer rund um einen zentralen Pool mit schwimmender Bar. Im Restaurant hoch auf den Klippen kann man morgens toll frühstücken.

Artistic Diving Beach Resort
STRANDRESORT $$
(☎ 453 2710, 0919 409 5594; www.artisticdiving.com; Zi. ohne Bad 500 P, mit Ventilator/Klimaanlage 1350/1770 P; ✴@🛜🏊) Das nach seinem Eigentümer Arturo benannte Artistic vermietet in einer gepflegten Parkanlage am Strand große und komfortable Cottages mit privatem Balkon, Meerblick, Kabelfernsehen und Bad mit Warmwasser. Zu essen gibt's schmackhafte Schweizer Gericht mit selbst gebackenem Brot und vegetarische Currys. Angeboten werden auch Pauschalpakete mit Unterkunft und Tauchgängen.

Easy Diving Beach Resort
STRANDRESORT $$
(☎ 0917 300 0381; www.sipalay.com; Zi. mit Ventilator/Klimaanlage ab 1600/1950 P; ✴) Das Resort besitzt hübsche, makellose, mediterran gestaltete Zimmer, einen schönen Strand und ein gut ausgestattetes Tauchcenter, das auch längere, mehrtägige Ausflüge in die weitere Umgebung anbietet. Statt den Super-Deluxe-Zimmern sollte man sich mit einem Deluxe-Zimmer beschränken: Für die Preisdifferenz von 1150 P gibt's gerade mal einen Fernseher.

ⓘ An- & Weiterreise
Die Nebenstraße nach Punta Ballo zweigt von der Plaza in Sipalay ab (wenn man in die Stadt hineinfährt, nach links). Ein *habal-habal* (Motorradtaxi; 50 P) oder Tricycle bringt einen die 7 km bis zu den Resorts, die alle aufs Meer blicken.

Tambobo Bay
📞 035

Die prächtige Tambobo Bay am südlichsten Punkt von Negros mutet wie eine versteckte Piratenbucht an. Beliebt ist sie vor allem bei Seglern, die hier in sicherem Gewässer an der Mündung zweier kleiner Flüsse vor Anker gehen können. Am Eingang der Bucht gibt es einige weiße Sandstrände, wo man abends einen spektakulären Sonnenuntergang erleben kann. Überdies gibt es ein paar echte versteckte Schätze: Das **Kookoo's Nest** (☎ 0919 695 8085; www.kookoosnest.com.ph; Tambobo Bay; Cottage für 3/4 Pers. 1000/1500 P) liegt 1700 Stufen unterhalb der Hauptstraße – wenn man die bewältigt hat, wird einen das nicht mehr stören. Das von sanften Brisen und Wellen eingelullte idyllische Mini-Resort liegt an einer hübschen Bucht mit weißem Sandstrand. Mit seinen sechs Bambus-Cottages könnte es auch als Love Nest durchgehen. Es gibt ein Tauchcenter und ein überraschend raffiniertes Restaurant. Der Abwechslung halber kann man auch mit einem Boot zu mehreren improvisierten Lokalen in der Bucht fahren und an Bord das Lokalkolorit genießen. Um zum Resort zu gelangen, sollte man dort eine Abholung vereinbaren.

Malatapay & Zamboanguita
📞 035

Malatapay ist bei Travellern für seinen großen, munteren **Markt** bekannt, zu den an jedem Mittwochmorgen Dorfbewohner, Fischer und die indigenen Bukidnon strömen, laut ihre Waren tauschen und *lechón* (am Spieß gebratenes Schwein) spachteln.

Ferner legen hier Boote zur Insel Apo ab; sie starten am Strand vor dem Markt.

Wer hier übernachten will, um zu den Tauchstellen vor der Insel Apo zu kommen, ist im **Thalatta Resort** (☎ 0920 668 7393, 0917 314 1748; www.thalattaresort.com; Zamboanguita; Zi. 3300 P; ✴🛜🏊) im nahe gelegenen Zamboanguita richtig: Hier gibt es gutes Essen und ausgezeichnete Quartiere in Bungalows rund um einen hübschen Infinity-Pool mit Blick auf den Ozean. Das parkartige Gelände wirkt zwar nicht authentisch, dafür aber haben die französischen Besitzer ihren Laden und das zugehörige Tauchcenter fest im Griff. Die meisten Gäste kommen aus Europa, ungefähr die Hälfte sind Taucher.

Apo Island
📞 035 / 920 EW.

Die kleine, nur 12 ha große Vulkaninsel mit nur einer Strandsiedlung wartet mit einigen der besten Tauch- und Schnorchelspots der Philippinen auf. Prächtige weiße Korallensandstrände, ein paar schöne, kurze Wanderungen, eine freundliche Inselgemeinde und einen ausgezeichneten Blick auf Negros mit dem Mt. Talinis (Cuernos de Negros) komplettieren das Idyll. Die Insel ist inzwischen ein bekanntes Ziel – wer mehr Natur und weniger Gesellschaft sucht, ist daher auf Danjugan Island besser aufgehoben. Strom gibt es nur abends im Dorf.

🏃 Aktivitäten
Während der Flut trifft man morgens nahezu immer gleich vor dem Hauptstrand auf große Suppenschildkröten, die dort in den flachen Gewässern weiden und für ein denkwürdiges Schnorchel-Erlebnis sorgen.

Apo Island Marine Reserve & Fish Sanctuary
TAUCHEN

(Eintritt 100 P, zzgl. Schnorchel-/Tauchgebühr 50/300 P) Das 15 000 m² große Meeresschutzgebiet ist eines der erfolgreichsten in den Philippinen. Es umfasst einen vitalen marinen Lebensraum und ist bei Tauchern und Schnorchlern wegen der ausgezeichneten Sicht beliebt. Nachdem sich das Gebiet von Taifunschäden erholt hat, soll es 2015 wieder zugänglich gemacht werden.

Schlafen & Essen

Auf Apo gibt es nur ein begrenztes Angebot von Unterkünften, man sollte daher reservieren – für die Spitzensaison (Dez.–Jan.) weit im Voraus. Außer ein paar Resorts gibt es auch diverse schlichte Zimmer bei Gastfamilien für rund 500 P.

Mario Scuba PENSION $
(0906 361 7254; www.marioscubadivinghomestay.com; B 300 P, DZ 500–1000 P; 🖥) Das kleine, etwas chaotische Tauchcenter hat sonnige Zimmer, von denen die teureren (1000 P) mit viel Platz, Parkettböden und Balkon super sind. Frühstück kostet 100 P, Mittag- und Abendessen 180 P.

★ Liberty's Lodge & Dive RESORT $$
(0920 238 5704; www.apoisland.com; B/EZ/DZ mit VP ab 900/1500/1950 P; @🖥) Das Resort oberhalb des Strandes ist das bei Tauchern beliebteste. Es punktet mit sachkundiger Anleitung, einer freundlichen, entspannten Atmosphäre und einer großen Auswahl gut gestalteter Zimmer mit Balkonen und ausgezeichnetem Ausblick. Da im Zimmerpreis drei herzhafte Mahlzeiten enthalten sind, gibt's das zu einem phantastischen Preis-Leistungs-Verhältnis. Ein Tauchgang vom Boot kostet inklusive Ausrüstung 400 P.

Apo Island Beach Resort RESORT $$
(0917 701 7150; www.apoislandresort.com; B 800 P, DZ ab 2700 P) Versteckt in einer ganz einsamen Bucht kann sich dieses elegante Tauchresort des schönsten weißen Sandstrands und der friedvollsten Atmosphäre rühmen. Die Zimmer und Cottages im spanischen Missionsstil haben Ventilator und Badezimmer mit Kaltwasser. Auf der einfachen Karte stehen gute philippinische Gerichte (175–210 P). Während der Flut erreicht man das Resort über Stufen vorbei am nahen Liberty's Resort – oder, der schönere Weg, durch die Brandung und eine Felsschlucht.

> **ABSEITS DER ÜBLICHEN PFADE**
>
> **SURFEN IN BAYAWAN**
>
> Surfer aufgepasst: Es gibt eine wachsende Surferszene in Bayawan, auf halber Strecke zwischen Sipalay und Dumaguete. Die Action, hauptsächlich von Juni bis Oktober, konzentriert sich auf die 2 km lange Uferstraße der Stadt, wo es sicher und freundlich zugeht. Der Brettbauer **Rex Lamis** (0916 665 2477, 0947 270 3613; www.facebook.com/negroshapers) ist der Experte vor Ort; er erteilt nützliche Ratschläge und vermietet Equipment.

ℹ An- & Weiterreise

Apo liegt rund 25 km südlich von Dumaguete. Vom Malatapay Beach legen Boote (300 P, 30 Min., tgl. 7–16 Uhr, 3- bis 4-mal) ab. Man kann auch versuchen, einen Transport mit einem der Resorts zu organisieren, sich ein Boot mit anderen zu teilen oder sich einer Tauchgesellschaft anzuschließen. Ein eigenes Boot zu chartern, kostet 2000 P für vier Personen und 3000 P für acht. Wertsachen wasserdicht verstauen!

Dauin
035 / 25 000 EW.

In Dauin (dau-in) entdecken Taucher ihr Eldorado. Der Ort ist bekannt für beste Tauchmöglichkeiten im Meeresschutzgebiet Masaplod Norte sowie für gute Schnorchelspots hinter dem steilen Abhang rund 20 m vor dem Strand. Der Strand ist nicht sonderlich attraktiv, weshalb man sich ansonsten wahrscheinlich eher an den Pool hält. Die meisten Resorts bieten Ausflüge in die Umgebung, beliebt sind dabei vor allem die Twin Lakes und der Lake Balanan. Und dann sind da noch die Schwefelthermalquellen von **Baslay** (Eintritt gegen Spende). Sie liegen an einer holprigen, Straße 10 km abseits der Hauptstraße; am besten sind sie zu erreichen mit einem Motorrad oder einem *habal-habal* (Motorradtaxi).

Schlafen & Essen

Puerto Citas Beach Resort STRANDRESORT $
(0919 656 2244; www.puertocitas.com; Zi. ab 950 P; ❄🖥) In dieser polyglotten Anlage gibt es weder ein Restaurant noch ein Tauchcenter, aber die entspannten und netten Gartenbungalows gehören zu den billigsten in Dauin.

Pura Vida Beach & Dive Resort
STRANDRESORT $$

(☏ 0928 507 7167, 400 6959; www.sea-explorers. com; Zi. mit Ventilator/Klimaanlage & Frühstück 2900/3900 P; ❋ ☒) Das hochklassige und sehr freundliche Tauchresort und Spa mit gepflegten Unterkünften ist der Vorposten des landesweit vertretenen Tauchunternehmens Sea Explorers. Man wohnt allerdings ein wenig eng neben den Nachbarn.

★ Atmosphere
STRANDRESORT $$$

(☏ 400 6940, 0917 700 2048; www.atmosphere resorts.com; Zi. 9600 P, Apartment 11 500 P; ❋ ☎ ☒) Hervorragendes Personal, geräumige Suiten und Apartments, geschmackvoll mit hübschen Korbmöbeln gestaltet, perfekte Grünanlagen, ein großes, strohgedecktes Restaurant und das absolut beste Spa der Region – das Resort hat die Messlatte für Unterkünfte auf Negros eindeutig höher gelegt. Das Spa hat vier Hütten mit Anwendungen (2650 P/Std.) in einem eigenen, heiteren Wassergarten.

★ Atlantis Dive Resort
STRANDRESORT $$$

(☏ 424 2327, 0917 562 0294; www.atlantishotel. com; Zi. mit Frühstück 150 US$; ❋ ☎ ☒) Das Atlantis verbindet eine schöne Unterkunft mit vielen Jahren Taucherfahrung – für gut betuchte Taucher eine unschlagbare Kombination. Es sind fünf Tauchgänge pro Tag angesetzt, bei denen Sicherheit großgeschrieben wird. Auf einem Boot sind Tauchtouren von bis zu zehn Tage Länge möglich. Auch Nichttaucher werden die charmanten, im spanischen Stil gehaltenen Gebäude schätzen. Vor Ort gibt's Massagen, einen hübschen Pool und eine entspannende Tropenatmosphäre.

Azure Dive & Yoga Resort
STRANDRESORT $$$

(☏ 422 6715; www.azuredive.com; Masaplod Norte, Dauin; Zi. 4250 P; ❋ ☎ ☒) Das brandneue Azure, das einzige mit philippinischen Besitzern in Dauin, ist gründlich durchdacht. Die geschmackvoll-minimalistischen Zimmer sind mit Holzelementen und ortstypischer Dekoration verziert. Yoga ist eine nette Ergänzung zum Tauchen. Das Resort ist hauptsächlich auf asiatische Taucher ausgerichtet, das Essen daher philippinisch-chinesisch.

Dumaguete

☏ 035 / 130 000 EW.

Das bei Travellern sehr beliebte Dumaguete ist weit hipper und urbaner als eine durchschnittliche Provinzhauptstadt, da es einerseits eine Universitätsstadt ist und andererseits hier 4000 Expats leben (in Bacolod beispielsweise nur 400). Die selbstbewusste Stadt besitzt eine kosmopolitische Uferpromenade mit gehobenen Bars, Restaurants und Imbissständen. Sie ist ein ideales Standquartier zu nahe gelegenen Tauchspots, für Vorstöße ins wilde Binnenland von Negros Oriental oder zur Erkundung der nahen Inseln Siquijor und Cebu.

◉ Sehenswertes

Zwei Wahrzeichen der Stadt sind der aus Korallenstein errichtete **Glockenturm** (Ecke Perdices & Teves St) nahe dem städtischen Platz (1754–1776) und der große und lebhafte **öffentliche Markt** an der Real St.

Rizal Boulevard
STRASSE

Die philippinischen Städte sind nicht gerade für ihre Schönheit oder ihren Charme berühmt, Dumaguetes Uferpromenade am Rizal Blvd bildet jedoch eine Ausnahme von dieser Regel. Die 1916 angelegte, 400 m lange Allee mit altmodischen Straßenlaternen ist ein friedlicher Ort für einen Spaziergang. Hier sieht man Familien picknicken, Power-Walker staksen vorbei und andere sitzen einfach friedlich auf den Bänken und blicken hinaus aufs Meer. In der Nähe findet sich eine gute Auswahl von Restaurants, Bars und Imbissständen.

Silliman University Anthropology Museum
MUSEUM

(Eintritt 60 P; ⊙ Mo–Fr 8.30–11.30 & 14–16.30 Uhr) Das aus den Resten eines New Yorker Theaters erbaute Haus im unverkennbaren amerikanischen „Stick-Style" auf dem Universitätscampus beherbergt die sehr schöne anthropologische und ethnobotanische Sammlung. Zu sehen sind u. a. Artefakte der indigenen Negritos und aus islamischer Zeit, darunter ein mächtiger, 3 m langer Zeremonial-*kris* (Dolch).

Centrop
ZOO

(Center for Tropical Conservation Studies; ☏ 422 6002; Ipil St; Erw./Kind 10/5 P; ⊙ Mo–Sa 9–17 Uhr) Gegenüber dem Hospital beherbergt das Forschungszentrum mit kleinem Zoo 16 Arten von auf den Philippinen beheimateten Säugetieren, Reptilien und Vögeln, u. a. die vom Aussterben bedrohten Negros-Dolchstichtauben, Prinz-Alfred-Hirsche und Visayas-Pustelschweine. Spenden werden gerne genommen und sind dringend nötig.

Dumaguete

Sidlakang Negros Village KULTURZENTRUM
(226 3105; Blanco Dr) Auf demselben Gelände wie die Touristeninformation der Provinz vermarktet dieses Kulturzentrum Produkte und Kunsthandwerk aus Negros Oriental. Am besten kommt man während eines Festivals, weil sonst viele der Pavillons geschlossen sind. Man nimmt den National Hwy Richtung Flughafen und biegt in die rechte Seitenstraße gegenüber dem Mercury Drugstore ab.

🏃 Aktivitäten

Dumaguete ist in erster Linie ein Standquartier für Erkundungstouren, man sollte also schauen, was man in der Umgebung unternehmen kann. Die meisten Tauchcenter befinden sich in den Resorts südlich der Stadt.

Scuba Ventures TAUCHEN
(035-225 7716; www.dumaguetedive.com; Hibbard Ave; ⊘ Mo-Sa 9–12 & 13–18 Uhr) Der gute, von Filipinos geführte Veranstalter bietet Tauchtraining und Ausflüge zu den Inseln Apo, Siquijor und Cebu.

👉 Geführte Touren

⭐ Touristeninformation der Provinz
TOUR
(225 1825; negrostourism.com; EJ Blanco Dr; ⊘ Mo-Fr 7–19 Uhr) Anders als viele Touristen-

Dumaguete

◎ Sehenswertes
1 Glockenturm C4
2 Silliman University Anthropology
 Museum C2

✪ Aktivitäten, Kurse & Touren
 Harold's Mansion .... (siehe 5)

🛏 Schlafen
3 Bethel Guest House D4
4 C&L Bayview Inn C5
5 Harold's Mansion C1
6 Honeycomb Tourist Inn C4
7 Hotel Essencia B3
8 Hotel Palwa B4
9 La Residencia Al Mar C3
10 Vintage Inn B4

✪ Essen
11 Casablanca C3

12 Coco Amigos C3
13 Kri B3
14 Panda Ice Cream B3
15 Pasta King C4
16 Sans Rival Cakes & Pastries C3
17 Two Story Kitchen C4

🍸 Ausgehen & Nachtleben
18 Bo's Coffee C3
19 El Amigo C3
 Zanzibar .... (siehe 11)

ℹ Praktisches
20 Bureau of Immigration C4
21 Dumaguete Tourism Office C4

ℹ Transport
 Aleson Shipping Lines .... (siehe 22)
22 GL Shipping D2
23 Maganda Travel & Tours C4

---

informationen fungiert diese hier eher wie ein Reiseveranstalter und übernimmt für Besucher eine aktive Rolle bei der Planung von Trips; so vermittelt es z. B. auch exzellente Führer (wie den Vogelexperten Jac Señagan; tourguidejac@yahoo.com). Mögliche Ausflugsziele in der Gegend sind Wasserfälle in Valencia und Delfin- und Walbeobachtungsspots in Bais; ferner kann man in Oslob auf Cebu mit Walhaien schwimmen oder Waldwanderungen im Twin Lakes National Park, Höhlenerkundungen in Mabinay und Vogelbeobachtungen rund um den Lake Balanan unternehmen.

Harold's Mansion TOUR

(☎ 225 8000; www.haroldsmansion.com; 205 Hibbard Ave) Das Harold's-Imperium umfasst preiswerte Ausflüge in die nähere und ferne Umgebung. Im Programm sind Wanderungen zum Mt. Talinis und Mt. Kanlaon, Schwimmen mit Walhaien in Oslob auf Cebu oder ein Besuch auf dem Markt von Malatapay. Ein Schwerpunkt liegt auf Tauchen (das Unternehmen betreibt ein Tauchboot in Dauin, auf dem man an Bord wohnt).

🛏 Schlafen

★ Harold's Mansion HOSTEL $

(☎ 035-225 8000; www.haroldsmansion.com; 205 Hibbard Ave; B/EZ/DZ ab 250/350/500 P; ❋@🛜) Harold weiß, was Backpacker wünschen, wie sich an diesem Hostel zeigt. Die Zimmer sind schlicht, aber sauber und preisgünstig. Im Preis eingeschlossen sind WLAN, Frühstück und die Abholung. Am Besten ist das gesellige Barrestaurant auf der Dachterrasse, wo man prima mit anderen Travellern ins Gespräch kommt. Harold veranstaltet auch diverse Touren rund um Negros.

Vintage Inn INN $

(☎ 225 1076; Surban St; EZ/DZ ab 300/400 P; ❋🛜) Eine sichere, saubere und zentral gelegene Budgetunterkunft gegenüber vom Markt.

GO Hotel HOTEL $

(☎ 0922 464 6835; www.gohotels.ph; Real St, hinter der Robinsons Mall; Zi. 888 P; ❋🛜) Ausgezeichnete Budgetoption für durchreisende Traveller.

Florentina Homes APARTMENTS $$

(☎ 422 0827; www.florentinahomes.com; Rovira Rd; Zi. 1500–2500 P, Apartments 3000–5000 P; ❋🛜🏊) Ideal für junge Familien: Der Komplex bietet lustig dekorierte Zimmer, riesige Apartments mit europäischer Themengestaltung, ein bunt zusammengewürfeltes Bistro voller Reiseandenken (Hauptgerichte 175–395), eine Eisdiele und einen wunderbaren Pool.

Island's Leisure BOUTIQUEHOTEL $$

(☎ 035-994 9291; www.islandsleisurehotel.com; Hibbard Ave; DZ mit Frühstück 1000–1400 P; ❋🛜🏊) Dieses unkonventionelle Anwesen will wegen des Straßenlärms als Spa nicht so recht funktionieren, hat aber ein paar schöne Gemeinschaftsbereiche, vor allem einen zentralen Hof mit kleiner Bar, bequemen Sesseln und zeitgenössischer asiatischer Kunst. Die Mittelklassezimmer sind etwas kahl, die Backpackerzimmer – eine Seltenheit in einem Boutiquehotel – jedoch für 450 P ein echtes Schnäppchen.

C&L Bayview Inn　　　　　　　　HOTEL $$
(421 0696; www.clhotel.com.ph; Teves St; Zi. mit Frühstück 1150–1700 P; ❄🛜) Markenzeichen des Hotel sind seine psychedelischen Farben von leuchtend gelb über flammend orange bis hellgrün. Die Zimmer sind nett und geräumig. Wer die Farbflut nicht mehr aushält, kann sich auf die Balkone retten.

Bethel Guest House　　　　　　　HOTEL $$
(225 2000; www.bethelguesthouse.com; Rizal Blvd; EZ 900–1500 P, DZ 1100–2200 P; ❄🛜) Der Sündenlast müde? Das christlich geführte Hotel will einen auf den rechten Weg führen. Aber auch wer dagegen immun ist, kann in den durchaus schönen außen gelegenen Zimmern übernachten; besonders nett sind die Eck-Familienzimmer mit wundervollem Blick auf die Stadt und die Villa Suite (4500 P), eine der besten Unterkünfte vor Ort.

Hotel Palwa　　　　　　　　　　　HOTEL $$
(422 8995; www.hotelpalwa.com; Locsin St; Zi. ab 979 P; ❄@🛜) Mitten im Trubel. Das helle und freundliche Hotel vermietet ordentliche, pastellfarbene Zimmer und hat einen Reiseveranstalter, der Touren arrangiert. Die lichtdurchfluteten, geräumigen Drei-Bett-Zimmer (1499 P) haben ein gutes Preis-Leistungs-Verhältnis. Aber unbedingt nur ein Zimmer über dem 3. Stock nehmen; darunter blickt man auf eine Mauer!

Hotel Essencia　　　　　　　　　HOTEL $$
(422 1136; www.hotel-essencia.com; 39 Real St; Zi. mit Frühstück 1500–1800 P; ❄🛜) Das Hochhaus bietet Zimmer von solider Qualität mit Flachbild-TVs und sehr guter Bettwäsche. Mehr Licht bekommen die Deluxe-Zimmer ab.

Honeycomb Tourist Inn　　　　　HOTEL $$
(225 1181; www.honeycombtouristinn.com; Ecke Locsin St & Rizal Blvd; EZ/DZ mit Frühstück ab 800/1000 P; ❄🛜) Die Zimmer wirken etwas mitgenommen, aber das Hotel hat einen gewissen historischen Charme und ist für den Rizal Blvd allemal sehr gut. Hilfsbereites Personal und gutes Meeresfrüchterestaurant. Zimmer mit Blick aufs Meer müssen weit im Voraus reserviert werden (2300 P).

La Residencia Al Mar　　　　　　HOTEL $$
(225 7100; www.laresidenciaalmar.com; Rizal Blvd; Zi. 2000–2900 P; ❄🛜) Fake einer spanischen Hazienda mit Ölgemälden, einer weiten Holztreppe und jeder Menge eingetopfter Farne. Die Zimmer haben solide Holzböden und sind im Kolonialstil dekoriert. Wenn man nicht eines der teureren Zimmer mit Meerblick nimmt, ist man woanders wahrscheinlich besser aufgehoben. Im Haus gibt es ein gutes japanisches Restaurant.

🍴 Essen

Eine schmackhafte und billige Option sind die Imbissstände, die abends auf 800 m am Rizal Blvd aufgebaut werden. Wer will, kann ein *balut* (Entenembryo) versuchen – keine Angst vor den Federn.

⭐ Two Story Kitchen　　　　　KOREANISCH $
(522 0126; Santa Catalina St; koreanische Gerichte 189–250 P; ⏰ So–Do 10–23, Fr & Sa bis 24 Uhr) Noch nie in einem zweistöckigen koreanischen Café gewesen? Dann ab in das Teehaus im Oberstock, wo man in lauschigen Nischen erhöht auf bequemen Sitzkissen Platz nimmt, die auf dem Boden ausgebreitet sind. Es gibt zwei Karten: Auf der einen stehen übliche Café-Gerichte (Sandwichs, Pasta, Pizza etc.), auf der anderen koreanische Speisen. Ein lustiger und beliebter Treffpunkt.

Sans Rival Cakes & Pastries　　BÄCKEREI $
(225 4440; 3 San José St; ⏰ 9–19 Uhr) Man sollte die Stadt nicht verlassen, ohne in dieser alteingesessenen, seit 1977 existierenden Bäckerei die süchtig machenden *silvanas* (mit Buttercreme gefüllte Cookies) oder ein Stück Kuchen probiert zu haben. Leider ist das nahe gelegene Sans Rival Bistro mit seiner bebilderten Karte nicht so toll (schönes Gebäude, aber langweiliges Essen). Wenn man also ein richtiges Mittagessen braucht, hält man sich hier besser an die Pasta und Sandwichs.

Panda Ice Cream　　　　　　　EISCREME $
(225 9644; www.yumchacatering.net; Ma Cristina St; ⏰ 9–20 Uhr) Weit und breit für frittiertes Eis bekannt (55 P).

⭐ Kri　　　　　　　　　　INTERNATIONAL $$
(421 2392; 53 Silliman Ave; Hauptgerichte 200 P; ⏰ Fr–Mi 10.30–21.30 Uhr; 🛜) In diesem schicken, topmodernen Restaurant bereiten die Köche in einem Glaswürfel raffinierte Speisen zu erschwinglichen Preisen zu. Die deutlich international geprägte Fusion-Karte lässt sich nicht wirklich zusammenfassen, man braucht aber nicht besorgt zu sein – für jeden Geschmack ist etwas Kreatives dabei.

Der innen gelegene Speisesaal ist eleganter als das danebenliegende Café. Letzteres ist aber ein toller Stopp auf einen Drachenfrucht-Shake.

⭐ Lab-as Seafood Restaurant   MEERESFRÜCHTE $$

(☏ 035-225 3536; Flores Ave; Gerichte rund 250 P; ⊙ 10–2 Uhr) Dieser laute und muntere Laden – eine Institution in Dumaguete – begann 1988 als kleines Meeresfrüchterestaurant. Inzwischen hat es sich zu einem vielseitigen Restaurant-, Bar- und Unterhaltungskomplex gemausert, in dem man den ganzen Abend verbringen kann. Es gibt Tanks mit frischen Meeresfrüchten, ein Steakhaus und eine Sushibar. Alles wird lecker zubereitet.

⭐ Casablanca   EUROPÄISCH $$

(Ecke Rizal Blvd & Noblefranca St; Hauptgerichte 185–575 P; ✱ ☏) Das Restaurant, eines der beliebtesten der Stadt, versucht sich an Gerichten aus vielen Küchen, ist aber hauptsächlich für herzhafte österreichische Speisen bekannt. An seinem hübschen Uferstandort serviert es knusprigen, saftigen Schweinebraten und Schnitzel; Vegetarier sollten das köstliche Auberginengericht kosten. Scharf angebratener Thunfisch mit Sesam und Salsa ist eine nette Vorspeise. Mittags gibt's auch eine gute Auswahl an Sandwichs.

Coco Amigos   MEXIKANISCH $$

(☏ 226 1207; Rizal Blvd; Gerichte from P180; ⊙ Mo, Do & So 7–24, Fr & Sa 7–1 Uhr; ☏) Das farbenfrohe mexikanische Restaurant am Boulevard bietet alles Erdenkliche, darunter mehr als 200 verschiedene Drinks.

Pasta King   ITALIENISCH $$

(☏ 421 0865; www.pastakingasia.com; 5 Locsin St; Hauptgerichte 100–300 P; ⊙ Mo-Sa 11–21, So 16–21 Uhr) Klassische italienische Gerichte; nicht aufregend, aber lecker.

🍺 Ausgehen & Nachtleben

⭐ Hayahay Treehouse Bar & Viewdeck   BAR

(☏ 226 3677; 201 Flores Ave; ⊙ 16 Uhr–Open End) Von den Tischen auf dem Bürgersteig bis zu dem Baumhaus oben ist dieses Lokal prima, wenn man etwas trinken und/oder essen will (es teilt sich die Küche mit dem Lab-as Seafood Restaurant nebenan). Jeden Abend wird andere Musik gespielt, am Freitag und Samstag trällern die Bands bis 4 Uhr in der Früh. Und die Pizza ist süperb!

Tiki Bar   BAR

(tiki.ph; Escaño Beach; ⊙ So–Do 17–2, Fr & Sa bis 4 Uhr) Auf der Konzertbühne dieser spätabends brummenden Strandbar gibt's ausgelassene DJs und live Partymusik. Unter dem jungen Publikum herrscht am Wochenende fröhliches Gedränge. Das Lokal befindet sich am Escaño Beach, rund 1 km nördlich vom Main Wharf.

El Amigo   LIVEMUSIK

(Silliman Ave; ⊙ 9–13 Uhr) Dank Livemusik unter freiem Himmel ist dies eine lustige und muntere Bar. Das mexikanische Essen hilft dabei, das San Miguel herunterzubekommen.

Zanzibar   BAR

(www.zanzibardumaguete.com; 2 San José St; ⊙ 17 Uhr–open end) Bei jungem studentischem Publikum beliebt. Im lauschigen Zanzibar dröhnt Tanzmusik durch die zwei kleinen Etagen.

Bo's Coffee   CAFÉ

(☏ 422 2119; Ecke Rizal Blvd & San Juan St; ⊙ 7–24 Uhr; ☏) Das Starbucks von Dumaguete.

ℹ️ Praktische Informationen

Im hiesigen **Bureau of Immigration** (BOI; ☏ 225 4401; 38 Locsin St; ⊙ Mo-Fr 8–17 Uhr) herrscht meist wenig Andrang; es eignet sich daher, um sein Visum verlängern zu lassen – das wird meist noch am gleichen Tag erledigt. Das Büro befindet sich neben dem Lu Pega Building.

Das **Provincial Tourism Office** (☏ 225 1825; www.negrostourism.com; Blanco Dr; ⊙ Mo-Fr 7–19 Uhr) hat außerordentlich hilfsbereite Angestellte und tolle Auskünfte zu ganz Negros Oriental. Sie teilt sich das Gelände mit dem Sidlakang Negros Village. Das kleinere, aber zentraler gelegene **Dumaguete Tourism Office** (☏ 422 3561; www.dumagueteunitown.com; Quezon Park; ⊙ Mo-Fr 8–17 Uhr) konzentriert sich auf die eigentliche Stadt. Außerdem hat die Tourismusbehörde hier zwei akkreditierte Reisebüros: **Maganda Travel & Tours** (☏ 225 8256; Ecke Santa Catalina & Locsin St; ⊙ 9–17 Uhr) und **Orient Wind** (☏ 225 3536; Flores St; ⊙ 9–17 Uhr).

Eine ausgezeichnete Infoquelle für alle, die sich länger in Dumaguete aufhalten wollen, ist www.dumagueteinfo.com; die Seite hat auch ein aktives Forum.

In der Stadt gibt es mehrere Banken mit Geldautomaten, darunter Filialen der BPI, der Chinabank, der Metrobank und der PNB. Die **Hauptpost** (Ecke Santa Catalina & Pedro Teres St) befindet sich nahe dem Quezon Park. Die beste medizinische Versorgung bietet das **Silli-**

man University Medical Center (225 0841; V Aldecoa Rd; 24 Std.).

❶ An- & Weiterreise

Der Flughafen liegt am Nordrand der Stadt (Tricycle 12 P). Vom Dumaguete Airport fliegen Cebu Pacific und AirPhil viermal täglich nach Manila und Cebu Pacific jeden Vormittag nach Cebu.

Der Main Wharf liegt im Stadtzentrum, das Sibulan Ferry Terminal 4 km jenseits des Flughafens und der Hafen Tampi 22 km nördlich der Stadt; Ceres-Busse fahren zwischen 2 und 14.15 Uhr stündlich nach Tampi.

Die **Ceres Bus Liner Station** (225 9030; Calindagan Rd) liegt gleich südlich der Stadt. Am 100 m weiter südlich (hinter der Robinsons Mall) gelegenen neuen **Integrated Terminal** (Robinsons Mall) werden alle Jeepneys Richtung Norden und Süden abgefertigt.

Nach Cebu City besitzt Dumaguete den am besten angebundenen Hafen der Visayas. Eine Reihe von Fährgesellschaften haben Büros am Pier.

SCHIFFE/FÄHREN & BUSSE AB DUMAGUETE

Schiffe/Fähren

ABFAHRT	ZIEL	UNTERNEHMEN	TYP	PREIS (P)	DAUER (STD.)	HÄUFIGKEIT (TGL.)
Main Wharf	Tagbilaran	Ocean Jet	Schnellboot	680	2½ Std.	1
Main Wharf	Cebu	Ocean Jet	Schnellboot	950	4½ Std.	1
Main Wharf	Dapitan	Ocean Jet	Schnellboot	680	1 Std. 40 Min.	1
Main Wharf	Dapitan	Montenegro, Aleson, Cokaliong, George & Peter	RoRo	295–360	4–6 Std.	4–5
Main Wharf	Siquijor	GL Shipping	Schnellboot	120	1½ Std.	5 Mo–Fr
Main Wharf	Siquijor	Ocean Jet	Schnellboot	200	40 Min.	1
Main Wharf	Siquijor	Aleson	RoRo	100	2 Std.	2
Main Wharf	Larena, Siquijor	Montenegro	RoRo	136	2 Std.	2
Main Wharf	Zamboanga City	George & Peter, 2GO	RoRo	942–1489	10–11 Std.	Di & So
Main Wharf	Cebu City	George & Peter, Cokaliong	RoRo	320–430	6 Std.	1–2
Main Wharf	Manila	2GO	RoRo	2500	15 Std.	Di
Sibulan	Lilo-an	verschiedene	Schnellboot	62	20 Min.	10
Sibulan	Lilo-an	verschiedene	*bangka*	47	20 Min.	alle 45 Min.
Tampi	Bato, Cebu	Maayo	RoRo	70	30 Min.	alle 45 Min.

Busse

Jeepneys fahren zu allen Zielen vom integrierten Verkehrsterminal.

ABFAHRT	ZIEL	PREIS (P)	DAUER (STD.)	HÄUFIGKEIT (TGL.)
Ceres Bus Station	Bacolod	241–284	5	alle 30 Min.
Ceres Bus Station	San Carlos	171	4	stündl.
Ceres Bus Station	Bayawan	100	2	alle 45 Min.
Ceres Bus Station	Sipalay (über Hinobaan)	285	4½	alle 45 Min.
Ceres Bus Station	Cebu City (über Fähre)	270	5	stündl.

🛈 Unterwegs vor Ort

Die zahlreich vorhandenen Tricycles nehmen für Stadtfahrten 10 bis 15 P.

Es gibt mehrere **Motorradvermietungen** an der Kreuzung der Santa Rosa und der Perdices St (ca. 300 P/Tag oder 1750 P/Woche). Es empfiehlt sich, die Preise zu vergleichen und Bremsen und Scheinwerfer zu prüfen.

Valencia (Negros Oriental) & Umgebung

🎵 035 / 31 477 EW.

Die saubere und grüne Stadt Valencia (Negros Oriental) wartet mit stattlichen, von Bäumen gesäumten Alleen und einer großen, grasbewachsenen zentralen Plaza auf. Die Stadt liegt zu Füßen des **Mt. Talinis**, einem zweigipfligen Schichtvulkankomplex, der auch als Cuernos de Negros („Hörner von Negros"; 1904 m) oder Magaso bekannt ist. Vier Wege führen auf den Gipfel. Führer lassen sich über das Provincial Tourism Office (S. 283) in Dumaguete oder über Harold's Mansion (S. 281) organisieren.

Das in einem Privathaus am Stadtrand untergebrachte **Cata-al War Memorabilia Museum** (🎵 035-423 8078; Eintritt gegen Spende; ⊙ 8–17 Uhr) zeigt Militaria aus dem Zweiten Weltkrieg – Bomben, Schutzhelme, Gewehrkugeln etc. Die meisten wurden von Felix Cata-al, dem Besitzer des Museums, im Dschungel rund um die Cuernos de Negros gefunden, wo nach Schätzungen bis zu 10 000 japanische Soldaten während eines einmonatigen Bombardements ums Leben kamen.

2 km westlich der Stadt (Tricycle 15 P) liegen zwei Ökoparks nebeneinander, die sich zu einem wundervollen Tagesausflug verbinden lassen und bei einheimischen Familien stets beliebt sind: das **Forest Camp** (🎵 422 7027; Eintritt 80 P; Zi. 1000–2500 P; ⊙ 8–18 Uhr) und der **Tejero Highland Resort & Adventure Park** (🎵 400 3977; www.tejerohighlandresort.com; Eintritt Erw./Kind 60/40 P; ⊙ 9–18 Uhr). Das Forest Camp ist eine attraktive Anlage mit Bächen, Pavillons, Seilrutschen und natürlichen, in den Dschungel integrierten Teichen. Im weitläufigen Areal von Tejero gibt es außerdem Geländewagen, Segways, ein Restaurant, eine längere Seilrutsche und noch mehr Pools. Das Tejero-Resort betreibt außerdem eine eindrucksvolle, 600 m lange Seilrutsche über das Tal (250 P, Mo geschl.) in Tierra Alta, einem 4 km entfernten Resort auf einer Hügelspize.

4 km außerhalb der Stadt verheißen die prächtigen, 30 m hohen **Casaroro Falls** (Eintritt 15 P) eine Erfrischung, nachdem man 335 Stufen hinaufgestiegen ist. Ein *habal-habal* (Motorradtaxi) vom Markt (150 P) setzt einen oben ab. Auf dem Weg liegt **Harold's Ecolodge** (🎵 0999 816 8055; www.haroldsmansion.com; B/Zi. 200/500 P), eine Filiale von Harold's Mansion. Die Anlage mit Trailhead zu den Cuernos de Negros bei Apolong (1000 P, 2 Tage) bietet Schlafsaalbetten (250 P) und sehr schlichte Hütten (500 P). Das nahe Videoke nervt ein wenig, doch noch vor Einbruch der Dunkelheit ist hier Zapfenstreich.

Rund 2 km abseits der Küste liegt an der Straße von Valencia nach Bacong das friedliche und beliebte **Bambulo Resort** (🎵 0999 797 33 18; www.bambulo.com; Valencia-Bacong Rd; Zi. 690 P, Bungalow EZ/DZ 1610/1840 P; 🅿🏊). Hier gibt's tolle Holzofenpizza, ein stimmungsvolles Freiluftrestaurant, einen hübschen, schattigen Pool auf zwei Ebenen, leichte und luftige Bungalows mit schönen Bambusdetails (1850–2070 P) sowie billige Zimmer mit Gemeinschaftsbad und einem netten Gemeinschaftsbereich (690 P) – eine prima Adresse, um seine Akkus wieder aufzuladen.

Jeepneys fahren den ganzen Tag zwischen Dumaguete und Valencia (12 P, 30 Min.). Die Fahrt mit einem *habal-habal* kostet rund 150 P.

Balinsasayo Twin Lakes National Park

Rund 20 km nordwestlich von Dumaguete locken die beiden Kraterseen des **Balinsasayao** und des **Danao** zu wunderbar malerischen Wanderungen. Der hiesige Urwald ist Heimat vieler Wildtiere (u. a. Affen und Vögel); mit Glück erspäht man sogar einen Vertreter der sehr seltenen Prinz-Alfred-Hirsche oder der gleichfalls bedrohten Visayas-Pustelschweine.

Der Eintritt in den Park kostet 100 P, zu zahlen im Büro am Kontrollpunkt. Dort kann man auch Führer (300 P) engagieren, doch ist es besser, sich vorab einen über die Touristeninformation der Provinz (S. 281) in Dumaguete zu besorgen. 900 m hinter dem Tor erreicht man den ersten See, an dem Kajaks (100 P/Std.) und Tretboote (250 P/Std.) vermietet werden. Ein angenehmes Restaurant blickt auf den schimmernden Lake Balinsasayao. Wanderer können u. a. wählen zwischen einem kurzen Weg, der die beiden

Seen verbindet, einer beliebten, halbstündigen Strecke zu einigen Wasserfällen und einer dreistündige Wanderung zu den Zwillingswasserfällen im Red River Valley. Die Wege können sehr rutschig sein, also unbedingt festes Schuhwerk anziehen!

Von Dumaguete liegt der Zugangspunkt zu dem 13,5 km langen, malerischen Weg zu den Twin Lakes kurz vor San José an der Küstenstraße bei Kilometer 12,4 (dort weist ein Schild ins Landesinnere). Ein *habal-habal* von hier zu den Seen kostet hin und zurück 400 P. Um von Dumaguete aus die Abzweigung zu erreichen, nimmt man einen der Busse, die mehrmals täglich vom nördlichen Busbahnhof (25 P) abfahren oder einen Jeepney an der Real St.

Bais & Umgebung

035 / 80 700 EW.

Rund 45 km nördlich von Dumaguete (50 P, mit dem Ceres-Bus 1 Std.) liegt die Stadt Bais, einer der besten Orte im Land, um Delfine und Wale zu beobachten. In der 900 m tiefen Tañon-Straße zwischen Negros und Cebu wimmelt es nur so von Tintenfischen, weshalb hier mehr Walarten, u. a. auch Schwertwale, gesichtet werden als irgendwo sonst in den Gewässern der Visayas. Auch diverse Delfinarten sind weit verbreitet, darunter die für ihre akrobatischen Sprünge bekannten Ostpazifischen Delfine; sie halten sich meist in größeren Schulen auf. Walsichtungen sind recht selten, besonders außerhalb ihrer Wandersaison (März–Okt.).

Die **Touristeninformation von Bais** (0998 344 0588, 402 8338; City Plaza; Mo-Fr 8–17 Uhr) organisiert ausgezeichnete Ausflüge, die Walbeobachtungen mit einem Schnorchel-Stopp an der Manjuyod-Sandbank und mit Vogelbeobachtungen im 250 ha großen **Talabong Mangrove Forest and Bird Sanctuary** verbinden, durch den erhöhte Plankenwegen führen. Ein Boot mit 20 Plätzen kostet 4020 P, die Kosten für den einzelnen Teilnehmer hängen also von der Größe der Gruppe ab. Die Boote legen am **Capiñahan Wharf** 4 km außerhalb der Stadt (Tricycle ab dem Plaza 25 P) ab, wo man auch Boote zu einem ähnlichen Preis bekommen kann. Die Ausflüge dauern von 7 bis 14 Uhr, sind wirklich malerisch und eröffnen Ausblicke in schöne Insellandschaften.

Die beste Unterkunft in Bais ist das historische **La Planta Hotel** (402 8321; www.laplanta.com.ph; Mabini St; Zi. ab 1450 P;) mit einer schönen, schattigen Umgebung, großen, hellen Doppelzimmern und einem stimmungsvollen, aber überteuerten Restaurant.

Weitere 8 km nördlich erreicht man **Manjuyod**, wo man vom Hafen Canibo (ganztägig 2500 P) aus die zauberhafte weiße Sandbank besuchen kann, die bei Ebbe einen 7 km langen, schmalen Streifen bildet. Ein schlichtes Quartier gibt es in vier **Pfahlhütten** (3000–4000 P); bei Flut steigt das Wasser über die Gründungsstützen, sodass die Häuser quasi mitten im Meer stehen. Tagsüber kann man Streifenruderschlangen erspähen und nachts einen lupenreinen Sternenhimmel bewundern. Die Beleuchtung wird mit Solarenergie betrieben, Nahrungsmittel muss man selber mitbringen. Im Preis inbegriffen ist der Rücktransport per Boot. Arrangieren lässt sich das über das **Manjuyod Tourist Office** (0917 622 4678, 404 1136; manjuyodtourism office@yahoo.com.ph; Mo-Fr 8–17 Uhr).

Wenn man an der Kreuzung der Straße nach Manjuyod links (ins Inland) abbiegt, erreicht man nach weiteren 20 km das 87 km von Dumaguete entfernte **Mabinay**, wo sich ein Komplex von mehr als 400 Höhlen befindet. Führer (ab 400 P pro 7 Pers.) und Infos gibt's im sehr hilfreichen **Bulwang Caves Information Centre** (0917 789 2445; Eintritt einfache/schwierige Höhlen 15/30 P). Acht Höhlen sind für die Öffentlichkeit zugänglich, die teils für Anfänger geeignet und teils sehr schwierig zu erkunden sind. Am beliebtesten und zugänglichsten (mit Beleuchtung und Laufgang) ist die **Crystal Cave**, ein unterirdisches Märchenland mit funkelnden Kristallen und milchweißen Stalaktiten. Erkundet werden kann auch die 8,7 km lange **Odloman Cave**, die zweitgrößte Höhle auf den Philippinen; zuvor muss man sich jedoch abseilen lassen. Die Höhle ist nur zwischen Dezember und Mai zugänglich, in der übrigen Zeit tobt durch sie ein unterirdischer Flusslauf. Für eine ernsthafte Höhlenerkundung sollte man eigene Ausrüstung mitbringen, weil Helme und Taschenlampen nur in begrenzter Zahl zur Verfügung stehen.

Das Informationszentrum kann auch Ausflüge zu einem nahen **Dorf der Aeta**, der dunkelhäutigen, kleinwüchsigen Urbevölkerung, arrangieren. Im Dorf leben allerdings kaum noch 20 „echte" Aeta.

Wer übernachten will, findet 3 km vor den Höhlen im **Econotel Guest Inn** (0918

510 3997; Zi. ab 500 P; ❄) eine Reihe von Zimmern vor (einige mit Whirlpool und Wasserbett).

Busse fahren regelmäßig nach Dumaguete (2½ Std., 110 P).

SIQUIJOR

♪ 035 / 91 000 EW.

Für die meisten Filipinos ist Siquijor eine unbekannte Welt voller Zauberei und Geheimnissen. Tatsächlich ist die kleine Inselprovinz berühmt für die in den Bergen hausenden *mangkukulam* (Heiler), die traditionelle Heilmittel gegen moderne Beschwerden zusammenbrauen. Heutzutage bestehen die beliebtesten Heilverfahren auf Siquijor jedoch in Cocktails und Liegestühlen in den entspannten und wunderbar preisgünstigen Strandresorts. Zu den irdischen Attraktionen zählen tolle Tauchspots, Wasserfälle, Höhlen und Wanderungen durch die Wälder im bergigen Inselinneren. Praktisch vor jedem Strand Siquijors kann man prima schnorcheln. Wie an vielen Stränden in den Visayas kann man allerdings nur während der Flut baden. Und zum Schutz gegen Seeigel sollte man Latschen tragen.

🛈 An- & Weiterreise

Die weitaus meisten Besucher kommen per Boot aus Duamguete nach Siquijor. Seltener fahren auch Fähren von Cebu, Bohol und Mindanaon. Die beiden wichtigsten Häfen der Insel sind diejenigen von Siquijor-Stadt und Larena.

Das letzte Boot, das von Dumaguete zur Insel ablegt, ist Montenegros RoRo-Fähre nach Larena um 18 Uhr, das erste Boot, das die Insel verlässt, ist das in Siquijor-Stadt um 6 Uhr startende Schnellboot von GL Shipping; und als letztes Boot am Tag verlässt eines von Aleson ebenfalls Siquijor-Stadt um 17.30 Uhr.

Verbindungen ab Siquijor-Stadt:

Schnellboote nach Dumaguete betreiben **Oceanjet** (♪ 0923 725 3732; Pier von Siquijor-Stadt) (210 P, 1 Std., 13.50 Uhr) und **GL Shipping** (♪ 035-480 5534; ⊕ 4.30–17 Uhr) (140 P, 1¼ Std., 5-mal tgl.). Bei rauer See sollte man sich an die robustere, zweimal täglich fahren Ro-Ro-Fähre von **Aleson Lines** (♪ 035-422 8762; ⊕ 6–4 Uhr) (100 P, 2 Std.) halten.

Da GL Shipping Siebenten-Tags-Adventisten gehört, fahren die Boote samstags nicht. Oceanjet fährt in der Hauptsaison gelegentlich auch zweimal täglich.

Die Boote von Oceanjet fahren weiter nach Tagbilaran (910 P, 3 Std.) und Cebu (1410 P, 6 Std.).

Von Larena aus bietet Montenegro Lines täglich zwei RoRo-Fähren nach Dumaguete (136 P,

---

DIE SCHAMANEN VON SIQUIJOR

Seit Langem verbindet man Siquijor mit Erzählungen über Schamanen, Hexerei und Schwarze Magie, weshalb man die Insel oft als „Mystique Island" tituliert. Die Behörden und die meisten Einheimischen wollen aber weniger was von Schwarzer Magie und bösen Geistern auf der Insel wissen, sondern vermarkten Siquijor vielmehr als Ort Weißer Magie, wobei auf die vielen „traditionellen Heiler" auf der Insel angespielt wird. Von diesen „praktizieren" hier drei Arten: Kräuterheiler, Glaubensheiler und *bolo-bolo*-Heiler, die mit Wasser und Steinen arbeiten.

Die Kräuterheiler, von denen die meisten in den Bergen rund um San Antonio hausen, arbeiten mit Salben und Tränken, die sie aus Kräutern zubereiten, die sie in den angeblich verzauberten Wäldern auf Siquijor finden. Glaubensheiler, die sich überall auf den Philippinen finden, verwenden Beschwörungen und Gebete. Einmalig und nur auf Siquijor anzutreffen ist *bolo-bolo*. Dabei kommt ein Glas mit Wasser zum Einsatz, in dem sich ein schwarzer Stein befindet. Das Wasser wird durch einen Strohhalm angeblasen, wobei das Glas über dem Körper des Patienten geschwenkt wird. Wenn das Wasser bräunlich wird, diagnostiziert der Heiler anhand der Farbe die Krankheit.

Man braucht etwas Geschick, um Siquijors *mangkukulam* (Heiler) aufzuspüren. Das Villa Marmarine (S. 288) kann einem den Weg zu *bolo-bolo*-Heilern im Tiefland rund um Tulapos und Bitaug weisen. Die meisten Kräuterheiler wohnen in San Antonio und Cantabon; in beiden Orten gibt es auch Glaubensheiler und *bolo-bolo*-Praktiker. Annelyn, die Sekretärin des Tourguide in Cantabons Barangay Hall, kann einem die richtigen Adressen nennen.

Die beste Zeit für einen Besuch bei den Kräuterheilern ist die Karwoche, wenn sich traditionelle Heiler und Schamanen aus dem ganzen Land zum **Lenten Festival of Herbal Preparation** (⊕ Ostersamstag) im Bandila-an Mountain View Park versammeln.

2 Std.) auf Negros. **Lite Shipping** (0926 160 4932; Larena Pier) fährt über Tagbilaran auf Bohol (ab 220 P, 3½ Std.) nach Cebu (350 P, 8 Std., Abfahrt Di, Do & So 19 Uhr). Lite Shipping bedient dreimal wöchentlich Plaridel auf Mindanao (ab 345 P).

ⓘ Unterwegs vor Ort

Die Insel lässt sich wunderbar per Motorrad erkunden. Die 75 km lange Küsten-Ringstraße ist mehr oder weniger verkehrsfrei; die Entfernungen ab Siquijor-Stadt sind mit gelben Kilometersteinen deutlich markiert. Selbst wenn man zwischendurch das eine oder andere Päuschen einlegt, kann man die Insel locker in einem Tag umrunden. Das bergige Inselinnere ist durch asphaltierte Straßen gut erschlossen und kann ebenfalls mit einem Motorrad problemlos erkundet werden.

Motorräder werden überall vermietet, der übliche Preis liegt bei 300 P. Am besten mietet man ein Bike gleich an der Anlegestelle in Larena oder Siquijor, um damit schon zu seinem Resort zu düsen.

Über die meisten Resorts kann man auch klimatisierte Vans, Kleintransporter (Multicab) und Jeeps für bis zu drei Mitfahrer mieten. Eine geführte Tour rund um die Insel mit Jeep oder Van kostet 1500 bis 2000 P, mit einem Kleintransporter rund 1000 P.

Tricycles-Fahrer verlangen 25 P für eine rund 10 km lange Fahrt zwischen größeren Ortschaften; wer das Gefährt für sich allein haben will, muss rund 250 P bezahlen. Öffentliche Multicabs stehen an den Fähren und fahren rund um die Insel, allerdings sporadisch und nur bis gegen 15 Uhr.

Siquijor (Stadt)

035 / 25 500 EW.

Abgesehen von einem munteren Markt, auf dem frischer Fisch verkauft wird, und der üblichen Auswahl kleiner Läden ist in Siquijor nicht viel los. Es gibt eine malerische, aus Korallenstein 1783 erbaute **Kirche**, von der aus man die Stadt aus der Vogelperspektive betrachten kann.

Internetzugang bietet **Das Traum Cafe** (15 P/Std.; 7–19.30 Uhr) am Pier.

🛏 Schlafen

Das Traum Guesthouse PENSION $
(0917 366 2704; Siquijor-Stadt; DZ mit Ventilator 250–350 P, mit Klimaanlage 700 P; ❄) Wer Geld sparen will und wen die Lage abseits des Strandes nicht stört, findet hier am Ostrand von Siquijor große, helle und etwas abgewetzte Zimmer.

★ **Villa Marmarine** PENSION $$
(0919 465 9370, 035-480 9167; www.marmarine.jp/en; bei Km 2,5; EZ-/DZ-Bungalow mit Ventilator 500/700 P, DZ mit Klimaanlage 3500–4500 P; ❄@🛜) Die von einem stets fröhlich aufgelegen japanischen Paar geführte Villa Marmarine wurden von diesem auch japanisch inspiriert und sehr stimmig gestaltet. Einige Zimmer haben Furo-Bäder, hölzerne Deckenventilatoren und japanische Hightech-Toiletten. Kein Zimmer gleicht dem anderen. Viele Cottages haben zwei Etagen; die neuesten besitzen zudem große Balkone mit Meerblick.

Die Anlage steht an einem wunderbaren weißen Sandstrand mit Liegestühlen und einem Tauchcenter. Weitere Pluspunkte sammeln die barrierefreie Gestaltung, die kostenlose Nutzung von Kajaks und Schnorchelausrüstung und der Tennisplatz mit offenem Training am späten Nachmittag, das der Inhaber Daman selbst leitet.

Larena & Umgebung

035 / 12 931 EW.

Larena hat eine entspannte Provinzatmosphäre, ein paar ordentliche Restaurants und eine Reihe Resorts am bezaubernden Sandugan Beach, 6 km nördlich vom Ortszentrum. Anders als das zunehmend beliebter werdende San Juan wirkt Sandugan immer noch hübsch abgeschieden – der richtige Ort für jene, die nichts weiter wollen, als stundenlang aufs Meer zu blicken. Im Ort gibt es ein Postamt und eine Filiale der PNB mit einem unzuverlässigen Geldautomaten.

🛏 Schlafen

Kiwi Dive Resort RESORT $
(0908 889 2283; www.kiwidiveresort.com; bei Km 16,9, Sandugan; Zi. mit Ventilator 450–690 P, mit Klimaanlage 990–1190 P; ❄@🛜) Ein hübscher Weg führt von den schlichten und sauberen Zimmern auf dem Hügel hinunter zum Strand, dem Sitzbereich und der kleinen Bar. Es gibt ein Tauchcenter und es werden Motorräder, Mountainbikes und Kajaks verliehen.

Islander's Paradise Beach Resort STRANDRESORT $
(035-377 2412; www.islandersparadisebeach.com; km 16,9, Sandugan; Cottages mit Ventilator/Klimaanlage 850/1150 P; ❄@) Das Resort ist eines der ältesten auf Siquijor und bietet

Siquijor

Siquijor

◎ Sehenswertes
Ambaka'g Baki, Cang
Anhao & Dacanay Caves ....(siehe 6)
1 Balete-Baum C3
2 Bandila-an Mountain View Park C2
Bandila-an Nature Centre ....(siehe 2)
3 Cambugahay Falls C3
4 Kapanig Dairy Processing Plant B3
5 Lugnason Falls B3
6 Mt. Bandila-an C2
7 Olang Art Park D2
8 Paliton Beach A2
9 Salagdoong Beach D2
San Isidro Convent ....(siehe 10)
San Isidro Labrador Church ......(siehe 10)
10 Siquijor Heritage Museum C3

✪ Aktivitäten, Kurse & Touren
11 Cantabon Cave B2
12 Kagusua Beach D3
Last Frontier Divers ....(siehe 22)
13 Paliton Marine Sanctuary A2
14 Salagdoong Point D2
15 Sandugan Point C1
16 Tambisan Point A2
17 Tongo Point A2
18 Tubod Marine Sanctuary B3
19 Tulapos Marine Sanctuary C1

🛏 Schlafen
20 Coco Grove Beach Resort B3
Coral Cay Resort ....(siehe 28)
21 Das Traum Guesthouse B2
22 Hambilica Ecolodge B3
23 Islander's Paradise Beach
Resort C1
JJ's Backpackers Village &
Cafe ....(siehe 28)
24 Kiwi Dive Resort C1
25 Princesa Bulakna Resort D3
26 Royal Cliff Resort B3
27 Sea Breeze C1
28 The Bruce A2
29 Tori's Backpacker's Paradise B3
30 Villa Marmarine B2

✖ Essen
Break Point ....(siehe 27)
31 Larena Triad C2

🍸 Ausgehen & Nachtleben
Ceasar's Place ....(siehe 22)

---

acht nachgebaute *nipa*-Hütten mit kleinen Betonveranden direkt am Wasser, von denen aus man prima den unglaublich schönen Sonnenuntergang genießen kann.

Sea Breeze PENSION $
(☏ 0998 182 4304; Larena; EZ/DZ ohne Bad 200/300 P) Die schlichte Unterkunft am manchmal lärmigen Pier von Larena ist be-

quem, wenn man spät ankommt oder früh mit der Montenegro-Fähre abreisen will. Wer auf jeden Pesos achten muss, fragt nach einer Unterbringung in der Studentenbude des Sohns an der Straße nach Basak (100 P/Pers.).

🍴 Essen

Larena Triad PHILIPPINISCH $
(Bei Km 8,5; Hauptgerichte 100–150 P; ⏲ 7–21 Uhr) Wie ein riesiges UFO mit Jesus-Thema thront das skurrile, wundervolle Triad auf einem Hügel über Larena. Das Essen ist nichts Besonderes, dafür aber der hinreißende Ausblick umso mehr. Von der Hauptstraße geht es auf einer rauen Piste 1 km bergauf; ein Tricycle kostet 30 P (einfache Strecke). Der Eintritt kostet 20 P, sofern man nichts essen will.

Break Point RESTOBAR $
(Hauptgerichte 80–120 P; ⏲ 8–24 Uhr) In der Freiluft-Restobar in Larena kann man an einem lauen Abend gut bei einem kalten Bier und einem ordentlichen Tintenfisch-Chili mit Einheimischen abhängen.

San Juan (Siquijor) & Umgebung

📞 035 / 13 525 EW.

Siquijors beste Tauchspots, einige der schönsten Strände und ein ausgezeichnetes Angebot von Unterkünften – kein Wunder ist San Juan heute der Ort, den die meisten Besucher der Insel ansteuern. Der Ort selber ist eine typische kleine Visayas-Gemeinde rund um eine Plaza und eine landschaftlich gestaltete Anlage, den Calipay's Spring Park.

Nordöstlich von San Juan liegt der hinreißende, weiße **Paliton Beach** (bei Km 66,6). Das Wasser ist wunderbar klar und man hat einen schönen Blick hinüber zur Insel Apo. An der kleinen Kirche im Dorf Paliton, nahe der Westspitze der Insel, biegt man ab und fährt auf einer asphaltierten Nebenstraße rund 1 km bis zum Strand. Wenn man weiter Richtung Westen läuft, findet man einsamere Sandstrände.

Die besten **Tauchspots** Siquijors liegen an einer Unterwasserklippe, die sich vom Paliton Beach südöstlich bis zum Tubod Beach zieht. Es gibt hier mehrere Meeresschutzzonen, ein japanisches Schiffswrack und eine „versunkene Insel". Dieser Teil der Insel ist auch der beste Ausgangspunkt für Tauchausflüge zur Insel Apo. Taucher, die nicht in einem Tauchresort wohnen, wenden sich an **Last Frontier Divers** (📞 0917 553 0454; Tauchgang ohne/mit Ausrüstung 1100/1400 P) am National Hwy im Zentrum von San Juan.

Vom Barangay Tubod 2,5 km südöstlich von San Juan führt eine asphaltierte Straße 3 km hinauf zu den hübschen **Lugnason Falls**, deren Wasser über Kaskaden in ein kühles, klares, blaugrünes, zum Baden einladendes Becken stürzt.

Ein Stück weiter steht gleich vor dem Dorf Campalanas ein gewaltiger **Balete-Baum** (Banyan-Feige; bei Km 51,3) GRATIS, der verzaubert sein soll. Sein Alter wird auf 400 Jahre geschätzt. Vor dem Baum befindet sich ein von einer Quelle gespeister Teich voller knabbernder Fische – wer seine Füße hineinhält, erlebt ein kostenloses **Fisch-Spa**.

🛏 Schlafen & Essen

Eine Art Backpacker-Streifen entsteht ein paar Kilometer nordwestlich von San Juan im *barangay* Solangon. Hostels, billige Cafés und sogar ein, zwei Bars wurden eröffnet – Boracay darf aber man trotzdem noch nicht erwarten. Die meisten Resorts bieten kostenlose Kajaks und gewähren in der Nebensaison einen Rabatt von mindestens 20 %.

⭐ JJ's Backpackers Village & Cafe HOSTEL $
(📞 0918 670 0310; jiesa26@yahoo.com; km 64,6, Solangon; Zelt/B 250/350 P, DZ 500–600 P; @ 📶) Das entspannte JJ's ist eine Reminiszenz an die sorglosen Tage, als man am Strand zeltete, sich sein Essen selber zubereitete und den lieben Gott einen guten Mann sein ließ. Die an einem gepflegten Strandabschnitt liegende Anlage bietet nur ein paar Zimmer; sind diese ausgebucht, darf man sein eigenes Zelt aufstellen.

Das Café serviert am Strand preiswertes und sehr leckeres Essen; die Burger und Frucht-Shakes sind sehr zu empfehlen. Der Laden backt sein eigenes Brot und verwendet auch frische Milch. Morgens kommt ein Fischer vorbei und verkauft Fische, die man sich zum Abendessen zubereiten kann.

Tori's Backpacker's Paradise HOSTEL $
(📞 0907 132 6666; torisbackpackersparadise@gmail.com; bei Km 60,8, Tubod; B/DZ ab 350/400 P; 📶) Die von einem außerordentlich netten Paar geführte kleine Backpacker-Bleibe hat ein paar schlichte Zimmer nahe am Wasser und ein Restaurant an der Straße mit köstlichen Gerichten und langsamer Bedienung.

Das Hostel liegt an einem felsigen Strandabschnitt, aber in Gehweite zu dem weißen Sandstrand rund um das Coco Grove Beach Resort.

Hambilica Ecolodge RESORT $
(☎ 0917 700 0467; www.hambilicasiquijor.com; bei Km 62,4, Maite; DZ mit Frühstück 900–1700 P; 🛜) 🌿 Für ein etwas anderes Erlebnis bietet sich dieses Öko-Resort gleich südöstlich von San Juan an. Die freistehenden Cottages sind schmucklos, aber geräumig und sauber; einige haben Küchenzeilen. Es gibt hier keinen wirklichen Strand, aber Aussichtsterrassen über den Felsen. Abends werden Leuchtkäfer-Beobachtungstouren in den nahen Mangroven (Nichtgäste 100 P) veranstaltet.

★ Coco Grove Beach Resort STRANDRESORT $$
(☎ 0939 915 5123, 0917 325 1292; www.cocogrovebeachresort.com; bei Km 60,5, Tubod; DZ 2950–5800 P, Suite 6900–8700 P; ❄🛜🏊) Das Coco Grove genießt einen wohlverdienten guten Ruf, den es einem ausgezeichneten Service und komfortablen Unterkünften am Strand verdankt. Zwei große Swimmingpools, mehrere Bars und Restaurants, ein Spa und jede Menge Aktivitäten, nicht zu vergessen ein hochangesehenes Tauchcenter und ein Zugang zum wunderschönen Meeresschutzgebiet Tubod gleich vor dem Haus lassen keine Langeweile aufkommen. Die Anlage hat von allen gehobenen Resorts auf den Philippinen vielleicht das beste Preis-Leistungs-Verhältnis.

Royal Cliff Resort STRANDRESORT $$
(☎ 0999 751 7944; www.royal-cliff-resort.de.tf; bei Km 61,3, Maite; Zi. 980–1600 P; 🛜) Ein entspanntes Resort mit Doppelhütten aus Beton; die teureren Zimmer sind groß, anheimelnd und schön dekoriert. Das Restaurant hat einen unschlagbaren Meerblick. Und die vielen Hängematten auf den Felsen über dem Strand bieten sich an, um den Sonnenuntergang zu genießen.

Coral Cay Resort STRANDRESORT $$
(☎ 019 269 1269; www.coralcayresort.com; bei Km 65,2, Solangon; DZ mit Ventilator/Klimaanlage 1000/2000 P; ❄🛜🏊) Das erste Solangon-Resort und – in erster Linie wegen des beneidenswerten Strand – immer noch das beste: Die charmanten Doppelhäuser mit Holzböden am Strand sind die erste Wahl. Hinten finden sich noch gut eingerichtete Gartencottages und funktionale Zimmer mit Ventilator. Von der großartigen Strandbar genießt man bei Sonnenuntergang einen tollen Blick auf die Insel Apo.

The Bruce STRANDRESORT $$
(☎ 0928 601 1856; thebrucesiquijor@yahoo.com; bei Km 65,3, Solangon; DZ 750–1200 P, 4BZ 1800 P; 🛜🏊) Die riesigen hölzernen Strandcottages, deren möblierte Balkone abends in den Sonnenuntergang blicken, bilden den Mittelpunkt in dieser von Iren geführten Anlage, die sich über einen erstklassigen Abschnitt des Solangon Beach erstreckt. Preiswertere Zimmer sind hinten aufgereiht. Es gibt auch ein uriges Baumhaus mit Ventilator und einen kleinen Pool. Gutes Preis-Leistungs-Verhältnis.

Ceasar's Place RESTOBAR
(☎ 0916 310 4810; bei Km 62,5, Maite; 🛜) Das Ceasar's ist für seine rauen Freitagabende bekannt. Auf der Bühne draußen hinter dem Haus spielen Livebands. Es gibt auch Zimmer (DZ 500–800 P).

Lazi & Umgebung
☎ 035 / 20 024 EW.

Lazi, ein ruhiges Städtchen im Südosten, wird von dem einzigen größeren Fluss der Insel, dem Po-o (po-oh) in zwei Hälften unterteilt. Im Ort steht die eindrucksvolle, stilvoll verfallene, 1884 aus rosa Korallenstein und Holz erbaute **San Isidro Labrador Church**. Gegenüber findet sich, flankiert von Jahrhunderte alten Akazien, der älteste **katholische Konvent** der Philippinen, eine prächtige Villa aus Holz und Stein, die vor Alter knarrt und heiter und unheimlich einsam wirkt. Im Obergeschoss ist das kleine **Siquijor Heritage Museum** (Eintritt 20 P; Di–So 10–16 Uhr) untergebracht, im Erdgeschoss befindet sich eine katholische Volksschule.

Von Lazi führt eine asphaltierte Straße 2 km nordwärts zu mehreren erfrischenden Badeseen an den **Cambugahay Falls** am Po-o. Von der Straße aus führen viele Stufen hinunter; Wertsachen nicht unbeaufsichtigt zurücklassen, da Diebe hier oft ihren Geschäften nachgehen.

Zwischen den Städten Lazi und Maria erreicht man über das hübsche Dorf Minalolan den **Kagusua Beach** –man nimmt die Abzweigung zum *barangay* Nabutay und fährt an einer alten Kalksteinmine vorbei. Vom Dorf führt eine gute Straße nach Kagusua, wo man über steile Stufen zu einer

Reihe wunderbar abgeschiedener Buchten hinuntergelangt, die man mit großer Sicherheit für sich alleine hat.

Zwischen Kagusua und Salagdoong liegt die große, hufeisenförmige Maria Bay, wo an einem wunderschönen Strand das **Princesa Bulakna Resort** (☏ 0917 202 6720; www.princesabulakna.com; bei Km 37,2; Zi. 1200–2500 P; ✻ 🛜 ❄) steht. Die sieben sterilen Zimmer liegen unter Siquijors Durchschnitt, es lohnt sich allerdings, zum Mittagessen vorbeizuschauen und in dem Meeresschutzgebiet gleich vor der Küste zu schnorcheln. Die Anlage befindet sich 1 km abseits der Fernstraße.

Ein paar Kilometer hinter dem Ort Maria liegt der bei Tagesausflüglern beliebte **Salagdoong Beach** (Km 29,5; Eintritt 15 P). Es gibt einen halb offenen Wasserpark, der schon viel bessere Zeiten gesehen hat; von 5 bis 10 m hohen, in die Felsen hineingebauten Sprungbrettern kann man in den Ozean hechten. Es gibt hier zwar Unterkünfte und ein lautes Restaurant, wir können diese aber nicht empfehlen.

Rund 200 m hinter der Abzweigung zum Salagdoong Beach liegt der verschlafene **Olang Arts Park** (☏ 0915 186 5618; annacornelia@yahoo.com; bei Km 29,3), wo üblicherweise ein oder zwei Künstlerstipendiaten herumhängen. Die Einrichtung umfasst eine Bühne, eine bescheidene Sammlung moderner Kunst, eine Galerie mit Antiquitäten und Andenken sowie eine Wand mit Aktbildern des verstorbenen US-amerikanischen Fotografen Marlon Despues.

Cantabon & Umgebung

Im kleinen Bergdorf Cantabon lockt Siquijors aufregendstes Abenteuer: die Erkundung der 800 m langen **Cantabon Cave** (Eintritt 20 P). Führungen durch die Höhle arrangiert die gut geführte Barangay Hall in Cantabon. Sie kosten 500 P für bis zu drei Personen, inklusive (obligatorischem) Führer, Helm und Taschenlampe. Hier wird zwar nicht geschwommen oder sich abgeseilt, beim Klettern durch enge Durchlässe, Waten durch knietiefes Wasser und hohe Luftfeuchtigkeit wird man aber unweigerlich schmutzig und nass. Badelatschen sind o. k., rutschfeste Sandalen oder Sportschuhe jedoch eindeutig besser! Es gibt noch mehrere andere Höhlen in der Gegend, die aber zum Zeitpunkt unserer Recherche nicht öffentlich zugänglich waren.

Cantabon liegt außerdem in der Nähe des höchsten Bergs auf Siquijor, des **Mt. Bandila-an** (557 m). Von zwei deutlich markierten Stellen an der Straße zwischen dem **Bandila-an Nature Centre** und dem **Bandila-an Mountain View Park** führen Betonstufen hinauf zum Gipfel (10 Min.). Vom Aussichtspunkt auf dem Gipfel kann man ganz Siquijor überschauen. Das Naturzentrum ist ziemlich vernachlässigt, unterhält aber gute Wanderwege und hat einige eindrucksvolle Bäume und andere Flora zu bieten. Der Bandila-an Mountain View Park wirkt mit seinen vielen Blumen, Wegen und kleinen Picknickpavillons eher wie ein öffentlicher Park. Beide Einrichtungen sind prima, um Vögel und Schmetterlinge zu beobachten. Das Naturzentrum liegt 2 km östlich von Cantabon, der Mountain View Park noch 1 km weiter.

Cantabon ist von Siquijor (10 km), San Juan (12 km) oder Lazi (15 km) leicht über steile und kurvenreiche Straßen zu erreichen. Alle Straßen sind asphaltiert. Die Fahrt mit einem Tricycle aus der Ebene kostet rund 500 P inklusive Wartezeit.

PROVINZ ROMBLON

☏ 042 / 284 000 EW.

Die Provinz Romblon besteht aus drei größeren Inseln: Sibuyan, Romblon und Tablas. Diese sind schwer zu erreichen, teilweise auch, weil das Gebotene so unterschiedlich ist. Auf der großen Insel Sibuyan kann man den Guiting-Guiting besteigen, während es sonst wenig zu sehen gibt. Auf Tablas trifft man ein paar schöne Strandresorts an, aber auch ein unglaubliches Ausmaß an Korruption. Ein verstecktes Juwel ist schließlich das kleine Romblon mit dem verschlafenen Charme eines tropischen Hafens, ein paar gute Restaurants und Unterkünften, zwei Tauchcentern – den einzigen in der Provinz – und einer Gemeinde von lockeren Expats. Schon allein wegen dieser Insel lohnt ein Abstecher in die Region.

In der Nebensaison sind die Resorts der Provinz oft komplett verlassen. Überall kann es zum Problem werden, an Bargeld zu kommen. Es gibt zwar ein paar Geldautomaten, doch akzeptieren diese nicht alle Karten. Oft sind sie am Wochenende außer Betrieb oder versagen bei Stromausfall den Dienst. Daher rechtzeitig mit Bargeld eindecken.

Die Provinz Romblon gehört politisch, wie auch Mindoro und Palawan, zur Region MIMAROPA.

Romblon

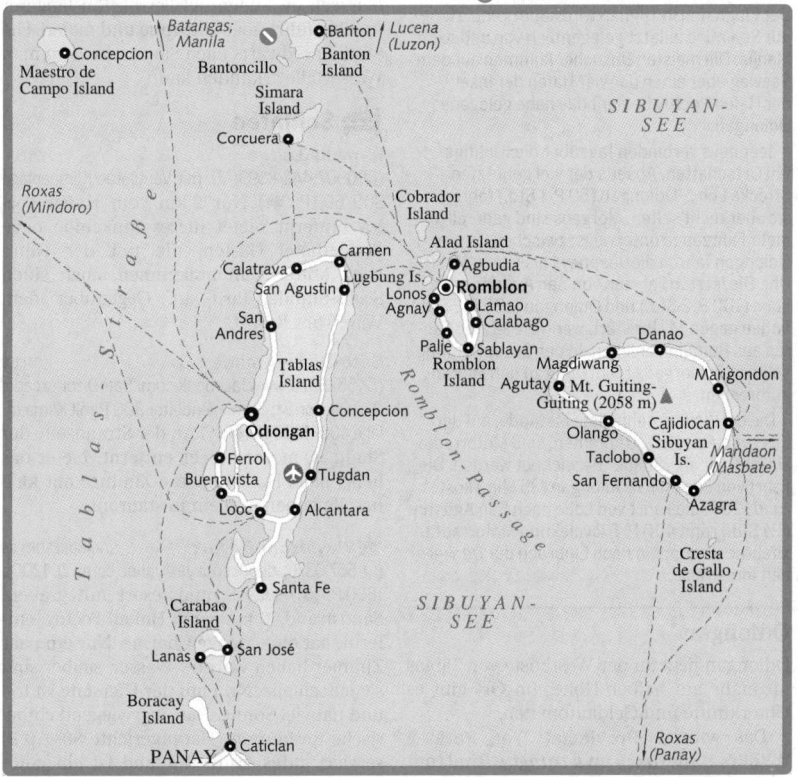

ℹ An- & Weiterreise

FLUGZEUG
Der einzige Flughafen in der Provinz Romblon ist ein Lande- und Startpiste nahe Tugdan an der Ostküste von Tablas. Zum Zeitpunkt der Recherchen wurde er nur mit Unterbrechungen von **Seair** (↗ Manila 02-849 0101; www.flyseair.com) für Flüge von und nach Manila (2725 P, 40 Min.; Mo, Mi & Fr) genutzt. Diese Flüge sind über Buchungsportale im Internet nicht zu bekommen. Es ist jedoch nicht ausgeschlossen, dass andere Fluglinien den Betrieb aufnehmen.

SCHIFF/FÄHRE
Die beliebtesten Fährverbindungen bestehen von Caticlan nach Looc auf Tablas sowie von Batangas nach Odiongan auf Tablas und zur Stadt Romblon. In Looc und Odiongan gibt es auch regelmäßige Verbindungen mit Roxas auf Mindoro. Fähren verbinden Sibuyan mit Roxas auf Panay und Mandaon auf Masbate. Der Fährbetrieb wird in der Taifunsaison (Juni–Nov.) bei Tropenstürmen eingestellt – in dieser Zeit muss man also flexibel sein.

Anchor Bay Watersports (S. 297) auf Romblon hat direkt verkehrende Schnellboote ab/nach Boracay (12 000–22 500 P/Boot; 20 Min.–1 Std.).

Tablas Island

↗ 042 / 160 000 EW.

Tablas hätte ein hohes touristisches Potenzial. Die Insel besitzt ein paar ausgezeichnete Strände, sie ist der Hauptzugangspunkt zur Provinz und liegt von den drei Hauptinseln Boracay am nächsten. Leider verbaut sie sich bisher mit Korruption und mieser Verwaltung alle Chancen. Bei unserem letzten Besuch fiel der Strom fünf Tage lang aus, weil sich irgendwer an dem Verkauf der Notvorräte an Diesel persönlich bereichert hatte. Ein größeres Resort wurde nach einer bewaffneten Auseinandersetzung mit Polizeikräften geschlossen. Die Offiziellen sind auf der Flucht, ziehen aber immer noch die Strippen. Und die Zukunft bleibt ungewiss.

❶ Anreise & Unterwegs vor Ort

Der Flughafen in Tugdan wird kaum genutzt; nur Seair flog zuletzt gelegentlich von und nach Manila. Die meisten Besucher kommen auf dem Seeweg über einen der vier Häfen der Insel; der Hafen Poctoy bedient das nahe gelegene Odiongan.

Jeepneys verbinden tagsüber die wichtigsten Ortschaften. Abseits der viel genutzten Strecke Looc–Odiongan (50 P, 1 Std.) fahren sie aber recht selten. Morgens sind generell mehr Fahrzeuge unterwegs; zwischen Looc und Odiongan fahren die Jeepneys bis gegen 15.30 Uhr. Die letzten Fahrten von San Agustin nach Looc (100 P, 2 Std.) und Odiongan (100 P, 2 Std.) finden gegen 14 Uhr statt, wenn die letzten Fähren aus Romblon anlegen. In der Gegenrichtung sollte man morgens rechtzeitig zu den Fähren aufbrechen.

Die bei Weitem schnellste Methode, auf der Insel von A nach B zu kommen, sind Motorradtaxis, die hier als „Single" bezeichnet werden. Die Fahrt von Looc nach Odiongan (35 Min.) kostet rund 120 P, die Fahrt von Looc nach San Agustin (1¼ Std.) rund 400 P. Tricycle- und Motorradtaxifahrer verdoppeln nach Einbruch der Dunkelheit ihre Preise.

Odiongan

Odiongan liegt an der Westküste von Tablas ungefähr auf halber Höhe. Im Ort gibt es Unterkünfte und Geldautomaten.

Das winzige **Provincial Tree Park & Wildlife Sanctuary** im *barangay* Rizal (mit Motorradtaxi 250 P, 30 Min.) verspricht einen netten Morgenspaziergang. Strände finden sich im Süden bei Ferrol. Ein längerer Ausflug führt über eine raue und malerische Straße nordwärts nach San Andres, wo man Wasserfälle erkunden kann.

🛏 Schlafen

Kamella Lodge   HOTEL $
(☏ 0907 442 8593; Zi. mit Ventilator/Klimaanlage 300/600 P; ❄) Nur 2 km vom Hafen Poctoy entfernt bietet dieses funkelnde neue Budgethotel Gästen, die mit der Fähre nach Mitternacht ankommen, auch einen Sechs-Stunden-Tarif an. Gegenüber dem Wavefront Resort.

Sato-Dizon Arcade   HOTEL $
(☏ 5676070; www.facebook.com/SatoDizonArcade; 039 Quezon St; Zi. mit Ventilator 300 P, mit Klimaanlage 400–1200 P; ❄ 🛜) An der Strandseite der Stadt, 50 m vom Meer entfernt, bietet das helle, neue Hotel saubere Zimmer mit kleinen Balkonen und ein Restaurant.

★ **Wavefront Resort**   STRANDRESORT $$
(☏ 567 5376; doodsendaya@yahoo.com; Zi. 1200–1800 P; ❄) Das Strandsresort mit grauem Sandstrand, 2 km vom Hafen Poctoy entfernt, hat eine Menge Charme. Nur ein paar Zimmer haben warmes Wasser, sauber sind sie jedoch alle. Nr. 1 auf der Uferseite ist toll und hat viel Sonne. Das überwiegend chinesische Restaurant (Hauptgerichte 80–170 P) serviert gutes Frühstück und ist ein guter Aufenthalt, wenn man auf die Fähre wartet.

SCHIFFE/FÄHREN AB TABLAS

ABFAHRT	ZIEL	UNTERNEHMEN	TYP	PREIS (P)	DAUER (STD.)	HÄUFIGKEIT (TGL.)
Santa Fe	Caticlan	diverse	*bangka*	200	1	1
Santa Fe	Carabao	diverse	*bangka*	200	1	1
Looc	Caticlan	diverse	*bangka*	200	1½	1
Odiongan (Poctoy)	Culasi, Roxas	Super Shuttle	RoRo	650	6	So & Mi
Odiongan (Poctoy)	Romblon-Stadt	Montenegro	RoRo	320	3	So, Di & Fr
Odiongan (Poctoy)	Dangay, Roxas (Mindoro)	diverse	*bangka*, Fähre	350	3½	1, außer Di
Odiongan (Poctoy)	Batangas	2GO, Super Shuttle, Montenegro	RoRo	760–850	7–10	2
Odiongan (Poctoy)	Caticlan	2GO	RoRo	300	3	Di–Do, Sa, So
San Agustin	Romblon-Stadt/ Sibuyan (Magdiwang)	Montenegro	RoRo	175/375	1/3½	1
San Agustin	Romblon-Stadt/ Sibuyan (Magdiwang)	diverse	*bangka*	150/350	1/3½	2

Harbour Chateau HOTEL $$
(✆ 0908 940 6771; B 200 P, Zi. 1200 P; ❄🛜)
Das kürzlich renovierte Hotel hat eine ausgezeichnete Lage an einer Kaimauer nahe dem Hafen Poctoy. Wenn möglich, Zimmer 201B (1200 P) nehmen; es hat ein Bad, schöne Balkone, eine gute Aussicht und einen gemeinschaftlichen Wohnbereich.

 Essen

★ Mouse's Morsels INTERNATIONAL $
(✆ 0926 637 3048; www.mousesmorsels.com; Quezon St; Gerichte 100–200 P; ⏲ 9–22 Uhr; 🛜)
Diese Sportbar/Straßencafé ist die erste Adresse für eine gute Mahlzeit und/oder Reisetipps. Die Küche wird von einem Feinkostladen mit importierten Fleischwaren und Weinen bestückt und ist die beste der Stadt. Es läuft gute Musik und in der Regel trifft man auch ein paar ortsansässige Expats an. Eigentümer Steve ist ein begeisterter Fürsprecher des Tourismus auf Tablas und kann helfen, Ausflüge zu organisieren. Das Lokal liegt am südlichen Stadtrand an der Hauptstraße nach Looc.

Pearl's Cafe CAFÉ $
(✆ 0917 592 7932; Quezon St; philippinisches Frühstück 50 P; ⏲ 6–21 Uhr; ❄) Das Café serviert tolles philippinisches Frühstück und Kaffee und verkauft ein paar importierte Speisen.

★ Ghetto Plates PIZZA $$
(✆ 567 6169; www.facebook.com/ghettoplates; Pizza 175–350 P; ⏲ Mo–Sa 9–22, So bis 20 Uhr) Der Eingang sollte einen nicht täuschen, drinnen weht ein frisches Lüftchen. Der coole Treff im Zentrum ist berühmt für seine Pizza; probieren sollte man das Markenzeichen, die Pizza Extravaganza (325 P). Akustische Livemusik (Sept.–April) und Plätze, von denen aus man in den Dschungel blickt.

Star Palace Restaurant PIZZA $$
(✆ 0918 639 0309; Pizza 200–295 P; ⏲ So-Fr 10-22 Uhr) Zwei Blocks nördlich des Plaza zeichnet sich diese einmalige Kombination aus Pizzeria und Teestube in beiderlei Hinsicht aus.

ⓘ Praktische Informationen & Transport

Infos für Traveller gibt's im hiesigen **Tourism Office** (✆ 042 567 5145; Governor's Office Compound; ⏲ 8–17 Uhr) oder im Mouse's Morsels.

In der Nähe der Plaza gibt es einen verlässlichen Geldautomaten der Land Bank. Ein Geldautomat der Philippine National Bank (PNB) befindet sich an der Kreuzung M Formilleza/JP Laurel St.

Unweit vom Pier verleiht **Tablas Scooter** (✆ 0908 199 9684; Scooter 700 P/Tag, Motorrad 1000 P/Tag; ⏲ 7–19 Uhr) neue Scooter und Motorräder.

Ferrol

Ferrol, auf halber Strecke zwischen Odiongan und Looc gelegen, besitzt zwei nebeneinanderliegende, gut geführte Resorts, die sich eine hufeisenförmige schöne Bucht zwischen zwei Landzungen teilen. Im **Binucot Sunset Cove Resort** (✆ 0918 214 0545; www.binucotsunsetcove.com; Bungalow 1800–2800 P; 🛜) kann man zwischen zwei interessanten Bungalowtypen wählen: charmanten balinesischen Bambushütten (1800 P) und größeren, luftigen, achteckigen Bauten (2800 P) mit schönen Gestaltungselementen. Schlafsaalbetten gibt's für 300 P. Man kann ausgezeichnet am Meer speisen; die Mahlzeiten sind flexibel. Das **Binucot Beach Resort** (✆ 0918 633 1643; www.facebook.com/Binucot.Beach; Zi. 1800–2000 P; ❄❄) erinnert mehr an ein Motel, hat aber nett eingerichtete Zimmer und einen kleinen Pool. Man kann sich vom Pier abholen lassen.

Buenavista

Südlich von Ferrol finden sich im kleinen Fischerdorf Buenavista die erstklassigen **Buenavista Cottages** (✆ 0921 271 9637; Cottage 1500 P) mit Küchen, Kühlschrank und hübschen, aufs Meer blickenden Dachgeschossbalkonen. In der Nähe gibt's nur schlichtes Essen (Lebensmittel mitbringen) und nur ein Jeepney kommt täglich hier durch. Bei längerem Aufenthalt gibt es jedoch Rabatt, sodass man hier prima eine faule Zeit verbringen kann. Im **Buenavista Marine Sanctuary** rund um eine winzige Insel ca. 7 km nördlich von Looc kann man schnorcheln und dabei nach Riesenmuscheln, Hummern und Babyhaien Ausschau halten. Ein *bangka* bringt einen vom Dorf hin.

Looc

Looc (*lo-ok*) ist der erste Halt bei einer Reise von Boracay in die Provinz Romblon. Der Ort besitzt einen interessanten und sehenswerten Obst- und Lebensmittelmarkt nahe dem Pier. Alles übrige findet sich an der nur einen Steinwurf entfernten Plaza. Das **KOICA-Büro** (✆ 0918 500 9136; ⏲ 8–17 Uhr) am Pier erteilt Auskünfte und arrangiert

Trips zum **Looc Bay Marine Refuge & Sanctuary** (0919 787 6693; Eintritt 100 P), einem 48 ha großen, geschützten Korallenriff, das per *bangka* in zehn Minuten zu erreichen ist. Die Bootsfahrt ist im Eintrittspreis für Gruppen ab vier Personen enthalten, kleinere Gruppen zahlen pauschal 300 P. Schnorchelequipment kann ausgeliehen werden (50 P). Die Boote bringen die Besucher zu dem vertäuten Bambusfloß des Schutzgebiets, von dem aus man Riesenmuscheln sehen kann.

In der Stadt gibt es nur wenige Restaurants. Eine mögliche Anlaufstelle ist **Ashley Bakeshop** (Rizal St; Hauptgerichte 90–130 P; 7–18 Uhr), der eine große, bebilderte Karte mit philippinischen und Frühstücksgerichten hat (von der Pizza lässt man besser die Finger). Wer übernachten will, findet im stimmungsvollen, von einer Familie betriebenen **Angelique Inn** (0927 315 3638; Zi. mit Ventilator/Klimaanlage 400/800 P;) im Obergeschoss luftige Zimmer mit Gemeinschaftsbad und Kaltwasser und unten ein anheimelndes Restaurant. Ansonsten gibt es noch **Caesar's Lodging Inn** (0919 657 3906; joyglori06@yahoo.com; Grimares St; Zi. 850–1200 P;) mit 08/15-Betonschachteln einen Block abseits des Plaza.

Alcantara

Alcantara ist ein kleiner Ort mit einem ordentlichen Strand; die meisten Besucher verschlägt es jedoch wegen des **Aglicay Beach Resort** (0915 425 6898; www.aglicaybeachresort.com; EZ/DZ ab 900/1200 P;) rund 4 km abseits der Fernstraße hierher. Das 20 ha große Resort hat die schönste Lage auf der Insel: Es liegt an einem langen, privaten weißen Sandstrand, der von zwei Landzungen eingerahmt wird; von der nächstgelegenen genießt man einen spektakulären Blick auf die Küstenlinie mit ihren zahlreichen, bogenförmigen Buchten. Das Resort besitzt ein nettes Freiluftcafé/-restaurant und angenehme, wenn auch etwas eintönige Zimmer. Wer auf der Flucht vor den Behörden ist, könnte sich hier prima verstecken und hin und wieder auf andere Inseln hüpfen, schnorcheln und kitesurfen. Aus Looc nimmt man ein Tricycle (400 P).

San Agustin

San Agustin ist ein malerischer Halt auf dem Weg von der oder zur Insel Romblon. Auch wenn man eigentlich keine Übernachtung plant hat, kann es sein, dass man hier hängen bleibt, weil man die letzte Fähre um 13 Uhr verpasst hat. Wer hungrig ist, kann die Grills an der Straße und die Imbissstände rund um den Markt ansteuern.

Die Unterkünfte konzentrieren sich in einer Straße, die quer zur Hauptstraße verläuft, eine Gehminute vom Pier entfernt. Das **Kamilla Lodge** (0921 375 2288; Zi. mit Ventilator/Klimaanlage 400/600 P) ist die beste Wahl: eine gemütliche, freundliche Bleibe in einem auffällig modernen Gebäude. Das **August Inn** (0919 592 2495; EZ/DZ ohne Bad 200/400 P, 3BZ mit Bad 800 P;) bietet ein paar kleine gefliese Zimmer im 2. Stock eines knallig rosa Gebäudes – in den Gemeinschaftsbädern gibt es Schöpfkellen statt Duschen.

Calatrava

Das abgelegene Calatrava liegt per Motorradtaxi (30 P) rund 20 Minuten von San Agustin entfernt. Hier bietet das **Paksi Cove Resort** (0946 145 6356; www.paksicoveresort.com; Cottage 750–1000 P) eine Handvoll Cottages mit eigenem Strand an einer abgeschiedenen Bucht. Hier kann man vor allem entkommen; die üppige Dschungelkulisse trägt noch zur Romantik bei. Vorher anrufen.

Romblon Island

042 / 40 000 EW.

Die sehr ursprüngliche und nur wenig touristisch erschlossene Insel Romblon ist das charmante Juwel im Zentrum der nach ihr benannten Provinz. Die kleine Insel wird für Besucher noch kleiner, weil sich fast alles, was man sehen will, in einem Umkreis von wenigen Kilometern um den Haupthafen und einzigen bedeutenden Ort, Romblon-Stadt, konzentriert. Man findet hier ein paar ausgezeichnete Resorts und Restaurants vor und kann auch aktiv werden – mehr als genug für ein paar Tage Entspannung.

Umgeben von grünen Hügeln präsentiert sich Romblon-Stadt wie der Schauplatz eines Hemingway-Romans: eine träge, aber auch kecke tropische Hafenstadt mit knatternden Tricycles, an- und ablegenden *bangkas* und einem bunten Völkchen ortsansässiger Expats. Hat die Unterkunft kein Fernsehen? Keine Sorge, bei einem nächtlichen Bummel über den Markt östlich der Plaza wird man sich garantiert besser unterhalten.

◎ Sehenswertes

Um den besten Blick auf Romblon-Stadt zu genießen, steigt man die Stufen zu den Ruinen des **Fort San Andres** hinauf, einer verfallenen Festung aus dem 17. Jh. über dem Stadtzentrum.

Von Romblon führt die Küstenstraße in Richtung Westen zunächst zum **Bon Bon Beach** (20 Gehminuten abseits der Straße) und dann zum **Tiamban Beach** (Tricycle 100 P, Jeepney 12 P). An beiden Stränden kann man gut baden. Auch **San Pedro** besitzt einen guten Strand und ordentliche Schnorchelspots.

Romblon ist vor allem bekannt für den grauen Marmor, der überall in der Provinz und im benachbarten Boracay die Böden von Kirchen und Resorts ziert. Steinbrüche und Werkstätten ballen sich besonders an der Straße rund 5 km östlich der Stadt, nahe Lamao. Fertig bearbeitete Stücke kann man in der Gasse mit den Souvenirläden gegenüber der Plaza kaufen.

🏃 Aktivitäten

Wassersport

Anchor Bay Watersports WASSERSPORT
(☎ 0918 247 9941; www.anchorbaywatersports.com; ⊙ 8–21 Uhr) Das vielseitige Unternehmen am Wasser 5 km westlich der Stadt verleiht in erster Linie Wassersportausrüstung – Tretboote, Kajaks, kleine Segel-Katamarane und Surfbretter. Es vermietet aber auch Zimmer (1500 P) mit ausgezeichnetem Ausblick und Gemeinschaftsbädern und serviert beliebte Sunset-Gerichte wie Steaks und Meeresfrüchte (200–500 P); Drinks gibt es in der Sportbar Marlin. Und wem das Bargeld ausgeht, der kann sich mit der Kreditkarte Pesoten auszahlen lassen (10% Kommission!).

Tauchen

Die Insel Romblon besitzt die beiden einzigen Tauchcenter in der Provinz. Das eine befindet sich im Three P Holiday & Dive Resort und nennt sich Ducks Diving, das andere im Cabanbanan Dive Resort, einer gut geführten Anlage mit eigenem Meeresschutzgebiet. Zu den Tauchzielen zählen ein **japanisches Wrack aus dem Zweiten Weltkrieg** nördlich der Insel Romblon und die **Blue Hole**; das Innere eines alten Vulkans vor Tablas ist bevorzugtes Ziel erfahrener Taucher.

Schnorchler sollten unbedingt von Romblon-Stadt aus ein Boot nach Cabanbanan nehmen, um sich das Meeresschutzgebiet anzuschauen; das Resort verleiht Ausrüstung und kann den Transport arrangieren. Für einen wundervollen Tagesausflug kombiniert man dies mit der Besichtigung der Insel Lugbung (650 P).

🛏 Schlafen

Mitte Januar steigt in Romblon eine Woche lang eine Fiesta – für diese Zeit Unterkünfte weit im Voraus buchen!

🛌 Im Ort

Romblon Plaza Hotel HOTEL $
(☎ 507 2269; rphreservation@yahoo.com; Roxas St; Zi. mit Ventilator/Klimaanlage ab 650/1100 P; ❄ @) Das Haus gegenüber der städtischen Basketballanlage hat saubere Zimmer und hilfsbereites Personal. Die teureren Zimmer gibt es mit Ausblick; aufgrund der Lage an der Plaza kann es hier aber sehr laut werden, wenn ein öffentliches Ereignis ansteht. Kein warmes Wasser.

D'Maeastro Inn LODGE $
(☎ 0949 930 277; Dz mit Ventilator/Klimaanlage 400/700 P; ❄) Die schlichte, von einer Familie geführte Holzlodge blickt auf den Hafen. Sie steht an einer Straßenbiegung 300 m südlich vom Romblon Deli.

⭐ **Punta Corazon Resort** STRANDRESORT $$
(☎ 0909 674 2606; puntacorazonresort@yahoo.com; Zi. ab 1200 P; ❄) Das gepflegte Resort hat eine prächtige Lage am Eingang des Hafens von Romblon und bietet eine weite Sicht auf die umliegenden Inseln. Man findet hier verschiedene Zimmer und einen großen Meerwasserpool vor. Am besten sind die Cabanas mit angeschlossenem Bad (1200 P) und das Apartment auf der Hügelspitze mit wundervollem Balkon (3000 P). Es gibt auch billige Schlafsäle (B 250 P). Dank Ausblick und günstiger Preise ist dieses Resort in Romblon eindeutig die erste Wahl. Zu erreichen ist es nur übers Meer; ein Shuttleboot zur Stadt kostet jedoch gerade mal 25 P.

⭐ **Casa Joebelle** HOTEL $$
(☎ 0929 721 0309; otik_riano@yahoo.com; Manuel Roxas St; Zi. 1000–1700 P) Saubere, moderne Zimmer mit Balkonen im 3. Stock und viel Sonne machen dieses neue Hotel zu einer ansprechenden Option. Es steht abseits der Küste einen halben Block von der Plaza.

Stone Creek House PENSION $$
(☎ 0906 212 8143; Zi. mit Ventilator/Klimaanlage ab 2000/3000 P, Suite 4000 P, ganzes Haus

8500 P; ✴@☂) Das elegante Steinhaus ist das am besten eingerichtete Ferienhaus, das man sich vorstellen kann. Es bietet Platz für sechs Personen, ist schick gestaltet und mit großem Flachbildfernseher und Playstation im Gemeinschaftszimmer ausgestattet. Der Eigentümer vermietet am liebsten das ganze Haus, was ideal für Familien ist; gelegentlich bekommt man aber auch einzelne Zimmer, wenn man vorab per E-Mail reserviert.

Blue Ridge Hotel
HOTEL $$
(☎0919 991 8132; Fetal Vero St; DZ 1200 P) Ein paar Gehminuten abseits der Stadtplaza gibt es in diesem 08/15-Betonkasten ordentliche Zimmer mit ein paar zusammengewürfelten Möbeln und kaltem Wasser.

🛏 Außerhalb des Ortes

★ San Pedro Beach Resort
STRANDRESORT $
(☎0928 273 0515; minamingoa@yahoo.com; Ginablan; Cottage 700 P) Das gut geführte Refugium liegt an einem kleinen, weißen Sandstrand in Ginablan, rund 10 km südlich der Stadt Romblon. Aus den makellosen Bambus-Cottages blickt man durch das Blätterdach des Dschungels hinunter auf den Strand, an dem man bei Flut prima schnorcheln kann.

Das günstige Restaurant serviert Frühstück und Mittagessen (Abendessen vorab bestellen); mit der aus Büchern früherer Gäste bestückten Bibliothek kann man sich die Zeit vertreiben. Die Fahrt aus der Stadt mit einem Tricycle zum Resort kostet rund 150 P. Wer mit dem eigenen Auto von Romblon-Stadt kommt, braucht einen guten Orientierungssinn – eine Ausschilderung ist praktisch nicht vorhanden.

★ Cabanbanan Dive Resort
STRANDRESORT $
(☎0910 283 7612, 0920 711 5451; www.romblon-isl.com; Cottage 800–1000 P) Das hervorragende Taucherrefugium liegt an einem Strand, der per Boot aus Romblon-Stadt in 20 bis 30 Minuten zu erreichen ist. Der Schweizer Eigentümer betreibt ein erstklassiges PADI-Tauchcenter mit einem zauberhaften Meeresschutzgebiet vor der Haustür. Die Unterkünfte sind schlicht, aber gepflegt und bieten luxuriöse Hängematten. Wer übernachtet, kann vorab anrufen, um sich kostenlos per Boot abholen zu lassen. Die Spitzensaison dauert von März bis Juni.

Schnorchler können gleich nördlich der Stadtbrücke am Moro Pier ein Boot nehmen und sich anschließend die Insel Lugbung anschauen (600 P). Eine vollständige Schnorchelausrüstung gibt's für 120 P, ein Tauchgang mit Ausrüstung für 1400 P.

Dream Paradise Mountain Resort & Spa
HOTEL $$
(☎0908 748 2272; www.facebook.com/DPMResort; B 350 P, Zi. 1500–1800 P; ✴☷) Ist das eine tropische Version des Potala-Palasts? Der ausgedehnte, grellbunte Komplex an einem Hügelhang in Mapula, 9 km südlich von Romblon, blickt hinunter auf Reisfelder und birst geradezu vor Balkonen, Treppenaufgängen, Wimpeln und Balustraden. Es gibt einen zentralen Pool und diverse nette Zimmer, von denen keines dem anderen gleicht. Ob man die Anlage nun traumhaft oder geschmacklos findet, ist Ansichtssache.

Three P Holiday & Dive Resort
NIPA-HÜTTEN $$
(☎0929 440 7135; www.the-three-p.com; Cottage 1000 P; ✴) Der Tauchveranstalter hat ein paar gut eingerichtete *nipa*-Hütten auf einem grünen Gelände am Strand, rund 7,5 km südwestlich von Romblon.

 Essen

★ Romblon Deli & Coffee Shop
INTERNATIONAL $$
(☎0929 304 0920; Hauptgerichte 100–250 P; ◷6.30–22 Uhr) Mit seiner Lage direkt an der Uferpromenade neben den Fähranlegestellen ist dieses unaufdringliche Lokal – teils Bar, teils Bistro, teils Touristeninformation – das muntere Zentrum der Expat-Szene von Romblon. Wer das sonstige Essen in der Provinz kennt, freut sich über lockere Bananenpfannkuchen, fantastische Omelettes, kreative Burger und dick belegte Sandwichs. Und nach der Happy Hour am Freitagabend kommt man vielleicht am nächsten Morgen angeschlagen zum berühmt-berüchtigten „Katerfrühstück": zwei Zigaretten, eine Cola und ein Kaffee für 70 P.

Republika Bar & Restaurant
INTERNATIONAL $$
(☎0921 284 3175; Gerichte 150–220 P; ◷6–21 Uhr) In Uferlage serviert dieses ausgezeichnete Restaurant riesige Sandwichs und kreative Gerichte. Draußen kann man prima Leute beobachten.

JD&G Italian Food
ITALIENISCH $$
(Hauptgerichte 120–350 P; ◷7–20 Uhr) Das neue Ladenlokal mit Barhockern in einem strohgedeckten Kasten serviert gute Pasta und Pizza.

❶ Praktische Informationen

Postamt und Polizeiwache haben den üblichen Standort nahe der Plaza.

GELD
Eine Filiale der PNB mit einem Geldautomaten, der nur Visa-Karten akzeptiert, befindet sich vom Republika ein Stück die Straße hinauf auf der anderen Seite.

INTERNETZUGANG
Öffentliches WLAN gibt es auf der Insel nicht. Nahe der Plaza befindet sich ein **Internetcafé**, und das Plaza Hotel hat ein paar Computer.

TOURISTENINFORMATION
Im Capitol gibt es eine **Touristeninformation** (romblongov@gmail.com; Capitol Bldg; ⊙8–17 Uhr). Infos zur Gegend bekommt man am aber besten von David und Tess Kershaw; die Besitzer des Romblon Deli (S. 298) teilen gerne ihr umfangreiches Wissen.

❶ Anreise & Unterwegs vor Ort

Die Umrundung der Insel mit einem Tricycle ist wegen des Straßenzustands auf der Westseite schwierig. Besser mietet man ein Motorrad am Park neben dem Pier (mit Fahrer 700 P ohne Benzin, ohne Fahrer 300–500 P/Tag). Man kann problemlos alleine fahren, sollte aber bei regnerischem Wetter vorsichtig sein. Jeepneys fahren fast überall auf der Insel, aber unregelmäßig und umso seltener, je weiter man sich vom Ort Romblon entfernt.

Sibuyan Island

♪ 042 / 35 249 EW.

Auf den ersten Blick wirkt die Insel Sibuyan wie ein Ökotourismus-Paradies. Geprägt wird sie von einem eindrucksvollen Berggipfel, viel intaktem Urwald, zahlreichen Wasserfällen und einer Menge endemischen Arten, weshalb hiesige Resortbesitzer die Insel gern als „Asiens Galapagos" anpreisen. Aber die traurige Wahrheit ist: Es gibt nur ein hochwertiges Resort, kaum Strände und Schnorchelspots (weil die Insel von einer Korallenplatte umgeben ist), keine interessanten Ortschaften und keine sonderlich spannenden Tiere. Die einzigen endemischen Lebensformen, die man als Besucher zu Gesicht bekommen wird, sind tropische Pflanzen, die einen kaum begeistern werden, wenn man nicht gerade Botaniker ist. Nimmt man dazu noch einen zerstrittenen Haufen deutscher Expats, könnte man meinen, die Unbekanntheit Sibuyans sei wohlverdient. Die einzige Ausnahme ist der spektakuläre Mt. Guiting-Guiting (2058 m), eines der besten Kletterziele der Philippinen.

❶ Anreise & Unterwegs vor Ort

Der Hafen Ambulong, 2 km außerhalb der Stadt Magdiwang, ist der gebräuchlichste Anreisepunkt, aber abenteuerlicher ist die fünfstündige *bangka*-Fahrt von Roxas auf Panay nach San Fernando. Boote nach San Fernando weichen zum nahe gelegenen Azagra aus, wenn das Wetter es erforderlich macht.

Täglich fahren ungefähr zwei Jeepneys zwischen Magdiwang und Cajidiocan (70 P, 1½ Std.) und zwischen Magdiwang und San Fernando (100 P, 2 Std.). Einige davon sind auf die Fahrpläne der Fähren am Pier abgestimmt. Jeepneys fahren auch zwischen San Fernando und Cajidiocan (55 P, 1 Std., 3-mal tgl.). Die meisten Fahrten finden morgens statt.

Eine Ringstraße erleichtert das Herumkommen auf der Insel, sie ist aber nicht durchgängig asphaltiert. Man kann ein Motorradtaxi oder Tricycle mieten, um von einer der drei Städte in eine andere zu gelangen. Ein Tricycle von Magdiwang nach San Fernando kostet 500 P. Die Resorts verleihen Motorräder (ca. 600 P/Tag) und Mountainbikes.

Magdiwang

Das an einem Fluss gelegene Magdiwang ist für die meisten Traveller der Ankunftshafen auf Sibuyan und das Sprungbrett zum Mt. Guiting-Guiting Natural Park. Es gibt hier ein paar nette Häuser, aber sonst wenig zu sehen; auch gibt es praktisch keinerlei Restaurant.

SCHIFFE/FÄHREN AB ROMBLON

ABFAHRT	ZIEL	UNTERNEHMEN	TYP	PREIS (P)	DAUER (STD.)	HÄUFIGKEIT (TGL.)
Romblon Town	Tablas (Odiongan)	Montenegro	RoRo	320	3	Di, Fr & So
Romblon Town	Batangas	Montenegro	RoRo	954	13	Di, Fr & So
Romblon Town	Tablas (San Agustin)	Montenegro	RoRo	96	1	1
Romblon Town	Batangas	Navios	RoRo	900	11	Mi & Sa
Romblon Town	Cajidiocan	Navios	RoRo	300	3½	Mi & Sa

○ Sehenswertes

Mt. Guiting-Guiting Natural Park PARK
Der 15 200 ha große Naturpark (ausgesprochen *gi-ting gi-ting* mit Betonung auf dem „ting") ist eine biologische Schatzkammer, in der geschätzte 700 Pflanzen- und 130 Vogelarten sowie ein paar seltenen Säugetieren anzutreffen sind, darunter eine kleine, nachtaktive Fruchtfledermausart. Viele dieser Arten sind endemisch. Es gibt im Park jedoch nur wenig Infrastruktur. Er ist vor allem für seinen Berg bekannt, an den sich rund 100 Kletterer im Jahr wagen.

Abgesehen von dem schwierigen Aufstieg zum Gipfel gibt es auch noch einen mittelschweren Weg, der quer durchs Land über rund 18 km von Magdiwang (Jao-asan) nach Olango (Espana) führt und unterwegs mehrere Flüsse kreuzt. Dieser Weg erreicht maximal eine Höhe von 300 m und lässt sich in wenigen Stunden bewältigen. Auskünfte hierzu erteilt das Protected Area Office (S. 301).

Cataja Falls WASSERFALL
Der dreistufige Wasserfall mit seinem erfrischenden Badesee ist ein tolles Ziel für einen Halbtagesausflug. Man geht (oder fährt) ostwärts aus Magdiwang heraus, vorbei an Basketballplatz (an dem man sich rechts hält) und rund 1 km weiter bis zu einer Straßengabelung. Dort nimmt man die rechte Abzweigung, biegt dann gleich noch einmal rechts den Hügel hinauf ab und sieht nach weiteren 2 km die ersten Zeichen der Zivilisation – einen Komplex von *nipa*-Hütten. Hier fragt man nach einem Führer, der einen durch Farmland und Wald bis zu den Wasserfällen bringt (100 P, 30 Min.).

Lambingan Falls WASSERFALL
Der wunderschöne Wasserfall mit Badesee liegt rund 12 km außerhalb von Magdiwang (4 km hinter der Abzweigung zum Naturpark). Tricycle bringen einen hin (130 P, 25 Min.).

🛏 Schlafen & Essen

★ Magdiwang Nature's View Lodge HOTEL $
(☏ 0921 463 9422; Rizal St; B 200 P, Zi. mit Ventilator/Klimaanlage ab 600/850 P) Das neue und freundliche Hotel im Zentrum bietet makellose Zimmer in einer ausgezeichneten Lage am Fluss und ein begrenztes Angebot von Speisen. Wegen der Aussicht sehr zu empfehlen ist das Eckzimmer (3BZ 1200 P).

Bagumbayan Beach House & Tapsihan Restaurant STRANDRESORT $
(☏ 0919 976 5596; Zi. mit Ventilator/Klimaanlage ab 200/700 P; ❄) Die ruhige Anlage an einem braunen Sandstrand außerhalb der Stadt bietet 14 Zimmer und fast keinen Service. Sie betreibt ein kleines Meeresschutzgebiet, zu dem man per Boot hinausfahren kann (15 Min.), wenn man vorab Bescheid sagt. Das zugehörige, sehr schlichte Restaurant **Tapsihan** (Hauptgerichte 20–50 P; ⊙ 5–24 Uhr) liegt an der Straße und hat mit seinen philippinischen Gerichten und Bier in dieser Gegend Seltenheitswert.

Rancher's PENSION $
(☏ 0908 786 4006; José Rizal St; EZ 250 P, DZ mit Ventilator/Klimaanlage ab 500/800 P; ❄) Die einzige Unterkunft mit etwas Stil vor Ort: Das Rancher's hat einfache Zimmer und eine Dachterrasse, auf der man etwas

SCHIFFE/FÄHREN AB SIBUYAN

ABFAHRT	ZIEL	UNTERNEHMEN	TYP	PREIS (P)	DAUER (STD.)	HÄUFIGKEIT (TGL.)
Magdiwang (Ambulong)	Romblon	Montenegro	RoRo	228	2	1
Magdiwang (Ambulong)	Tablas (San Agustin)	Montenegro	RoRo	324	3½	1
Azagra	Batangas	Navios	RoRo	1000	16	Fr & So
Cajidiocan	Romblon	diverse	*bangka*	300	2½	Fr
Cajidiocan	Romblon	Navios	RoRo	900	4	Mi & Sa
Cajidiocan	Batangas	Navios	RoRo	1000	16	Mi & Sa
Cajidiocan	Mandaon, Masbate	diverse	*bangka*	450	4	Do & Fr
Cajidiocan	Culasi, Roxas City	diverse	*bangka*	350	5	Di
San Fernando	Culasi, Roxas City	diverse	*bangka*	350	5	So–Fr
San Fernando	Romblon	diverse	*bangka*	250	3	Do & Sa

DIE BESTEIGUNG DES GUITING-GUITING

Der G2, wie der Mt. Guiting-Guiting (2058 m) auch genannt wird, verheißt eine der besten Gipfeltouren der Philippinen, wenn nicht gar, wie manche meinen, die beste. Bemerkenswert ist der Gipfel wegen seines langen und dramatisch scharfen Grats, über den man wie auf einem Hochseil zum Gipfel balanciert. Dorthin zu gelangen, ist oft eine aufreibende Kraxelei. Man braucht keine Seile und Haken, wohl aber einen Führer, und man muss sehr sorgfältig sein. Ein Aufstieg bei trockenem Wetter ist das eine, bei feuchtem Wetter hat der Berg aber seine Tücken, weshalb er dann auch oft tagelang gesperrt wird.

Die traditionelle Route beginnt in der Nähe von Magdiwang und dauert hin und zurück zwei bis drei Tage. Man erreicht das erste Camp am ersten Tag, verbringt dort die Nacht und ist vor 12 Uhr am folgenden Tag auf dem Gipfel. Nun kann man entweder die ganze Strecke bis nach Magdiwang zurückwandern oder man übernachtet unterwegs noch ein Mal. Es gibt auch einen Weg vom Gipfel, der sich nach Olango auf der anderen Seite der Insel fortsetzt. Der ist jedoch eher etwas für erfahrene Dschungelwanderer, insbesondere gegen Ende, wo die Wanderung zu einer zähen Plackerei wird. Auf alle Fälle wird aber empfohlen, die Wanderung in Magdiwang zu beginnen, weil es in Olango und überhaupt auf dieser Seite der Insel keine erfahrenen und zuverlässigen Führer gibt – was bei diesem Aufstieg ein entscheidender Faktor ist.

Für die Besteigung des Bergs braucht man eine Genehmigung (300 P). Sie erhält man im **Protected Area Office** (0928 490 1038, 0949 651 6340; mt_guiting2@yahoo.com; Mo–Fr 8–17 Uhr, Personal ist aber generell auch am Wochenende vor Ort) am Parkeingang, rund 8 km östlich von Magdiwang (Tricycle 100 P). Wenn man die Wanderung selbst organisieren will, kann man hier einen Führer (800 P/Tag, Führer für 5 Pers.) und Träger (600 P/Tag, optional) engagieren, idealerweise mindestens einen Tag vor dem Aufbruch. Kleidung, die vor Regen und Kälte schützt, sowie festes, zum Klettern geeignetes Schuhwerk, sind das A und O dieser Tour. Wer ein Unternehmen sucht, das die Wanderung für einen arrangiert, muss sich an Sanctuary Garden (S. 301) halten, den einzigen Veranstalter mit der notwendigen Erfahrung, um einen sicheren und erfolgreichen Trek zu organisieren und an alle notwendige Ausrüstung im Blick zu behalten. Wir empfehlen diese Option.

---

trinken und sich fragen kann, wie man nur in Magdiwang landen konnte. Arrangiert *bangka*-Fahrten den Fluss hinauf (200 P).

★ Sanctuary Garden   RESORT $$
(0920 217 4127; www.sanctuarygardenresort.com; Stellplatz/B 100/250 P, Zi. 1100–1800 P; ❄) Im unbestreitbar besten Resort der Insel macht man dank dem talentierten Eigentümer Edgar alles richtig. Das 30 ha große Anwesen nistet im Dschungel, bietet einen schönen Ausblick, kurze Wanderwege und einen strömenden Bach. Die Unterkünfte reichen von einem netten Zeltplatz über einen tollen Schlafsaal bis hin zu eleganten Öko-Bungalows mit Marmorbädern. Das Freiluftrestaurant serviert tolles Essen.

Das Resort ist das richtige Basislager zur Besteigung des Guiting-Guiting, liegt es doch nahe dem Ausgangspunkt des Gipfelwegs. Und – noch wichtiger – hier findet man alle Ortskenntnis, die Führer und die benötigte Ausrüstung. Kajaks werden auch vermietet (160 P/Std.). Das Resort liegt jenseits des Flusses, 1,5 km östlich der Stadt.

Olango

An der mittleren Südküste gibt es in Olango mehrere Ferienwohnungen. Das **Boathouse** (www.isledreams.com; B 350 P, EZ/DZ 650/1300 P) hat zwei Stockwerke und Platz für sechs Personen; ein Bett hat die Form eines Bootes. Der Preis der Zimmer richtet sich nach der Zahl der Personen. Ein felsiger Strand liegt in der Nähe. Der nebenan wohnende Eigentümer tischt gute Gerichte auf. Andere Anwesen in der Nähe kann man sich auf seiner Webseite www.isledreams.com anschauen. Dazu gehört das **Sa Agoha Beach Resort** (www.isledreams.com; Preis auf Anfrage; ❄), dessen vier ausgezeichneten Cottages viel Potenzial besäßen, wäre das Resort nicht normalerweise wie ausgestorben.

San Fernando

In dieser Gemeinde liegt der felsige Cantingas River. Der überschwänglich als „Öko-Abenteuerzone" angepriesene öffentliche Zugangspunkt zum Fluss bietet einen

Tauchturm, eine rostige Seilrutsche (200 P) und ein paar einfache Zimmer (300 P) mit Kochgelegenheit in einem hübschen, aber einsamen Gelände. Das ist alles, das von einem Resort übrigblieb, das 2008 vom Taifun Frank zerstört wurde.

Private *bangka*s können einen vom Hafen zu einem abgelegenen Refugium bringen: **Cresta de Gallo** ist eine kleine Insel mit weißem Korallensand vor der Südspitze von Sibuyan. Man kann das Inselchen in rund einer halben Stunde umrunden und wird weniger mehr entdecken als seine eigenen Fußspuren. Es gibt hier ein paar ganz ordentliche Schnorchelspots, man muss aber seine eigene Ausrüstung mitbringen. Die Preise starten bei 2500 P für sechs Personen und variieren je nach Länge des Aufenthalts.

An der der Küste zugewandten Seite der Stadt nimmt das **Sea Breeze Inn** (0921 211 6814; chuchiandres@yahoo.com; Zi. 800–1500 P) ein hübsches Ufergelände inmitten eines Fischerdorfs ein; die Bambushütten haben Veranden und blicken aufs Meer. Es gibt eine Gemeinschaftsküche und ein angeschlossenes Café. Das R-Hub, ein Hostel, das zur Zeit unserer Recherche an der Don Carlos St im Bau war, könnte nach seiner Fertigstellung bessere Zimmer bieten.

Im Marktbereich finden sich drei billige Restaurants mit unregelmäßigen Öffnungszeiten.

Cajidiocan & Umgebung

Cajidiocan ist wohl in erster Linie dafür bekannt, dass sich hier der einzige Geldautomat auf Sibuyan befindet – mit einem Abhebelimit von 200 P. Er steht in der Hauptstraße der Ortschaft gegenüber dem passend benannten **Marble House** (0926 887 0037; EZ 250 P, DZ mit Klimaanlage 700–800 P; ❄). Es gibt kein Schild, aber das B&B ist nicht zu übersehen. Drinnen finden sich gut eingerichtete, sehr behagliche Zimmer mit Gemeinschaftsbädern. Der Eigentümer Miguel Rivas vermietet auch die **Alaheg Farm** (0926 887 0037; Preis auf Anfrage), eine eindrucksvolle Obstfarm mit einer zweistöckigen, gut möblierten, strohgedeckten Lodge mit Platz für sechs Personen – ein ideales Refugium im Dschungel. Sie befindet sich in Danao, auf halber Strecke zwischen Cajidiocan und Magdiwang.

In puncto Verpflegung hat man Glück: **Duane's Store & Burger House** (Pizza 200–600P) versteht sein Geschäft und macht vor allem eine gute Pizza. In San Fernando biegt man an der Plaza rechts ab, dann an der Apotheke nach links und findet den Laden auf der linken Seite.

Ein paar Kilometer weiter südlich bietet **Laura's Shop** (0916 958 9765; Cottage 600 P) in Cambiang günstige Duplex-Cottages mit unverputzten Deckenbalken und Marmorböden – einfach im Dorf nachfragen.

Cebu & Eastern Visayas

Inhalt ➡
Cebu City 305
Malapascua Island 322
Bantayan Island 325
Camotes Islands 333
Bohol 336
Tagbilaran 336
Panglao Island 340
Chocolate Hills 348
Leyte 351
Biliran Island 363
Maripipi Island 365
Samar 366
Catarman 366
Borongan 372
Guiuan 373

Auf nach Cebu & zu den Eastern Visayas!

Schwer heimgesucht, aber nicht zerstört von der Wucht der Naturkatastrophen von 2013 bewies diese Region, dass sie weit mehr ist als nur ein Inselparadies. Sie erwies sich als unglaublich zäh. Weniger als einen Monat nachdem ein Erdbeben Bohols historische Kirchen zerstört und die Chocolate Hills entwaldet hatte, verwüstete der Supertaifun Yolanda (international als Haiyan bekannt) weite Teile der Inseln Samar, Leyte und Cebu. Die am schwersten betroffenen Landstriche befinden sich heute noch im Wiederaufbau. Dennoch verbreiteten die Einheimischen eine optimistische Botschaft: Besucht uns, hört euch unsere Erlebnisse an und helft uns, auf die Beine zu kommen. Dabei waren die *meisten* Highlights dieser Region – die Korallenriffe und die Strände von Bohol und Cebu, die Wasserfälle von Camotes und Biliran, die Höhlen von Samar und Leyte – von den Katastrophen nicht betroffen. Sie bleiben so wunderbar wie eh und je.

Beste Strände
➡ Malapascua (S. 322)
➡ Bantayan (S. 325)
➡ Alona Beach (S. 340)
➡ Anda (S. 349)

Schön übernachten
➡ Nuts Huts (S. 348)
➡ The Henry (S. 314)
➡ Mike & Diose's Aabana Beach Resort (S. 324)
➡ Abacá Boutique Resort & Restaurant (S. 320)

Reisezeit
Cebu

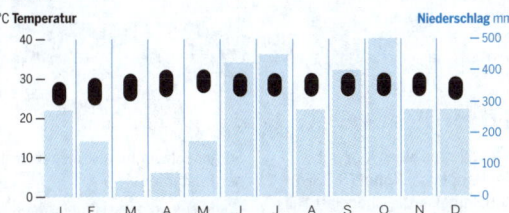

Juli–Sept. Wenn kein Taifun wütet, ist es auf Samar und Leyte trocken, das übrige Land versinkt im Regen.

April–Mai Niedriger Wasserstand für Taucher auf Bohol, Cebu und im Süden von Leyte.

Jan. Kühlster Monat, in Cebu findet das Sinulog Festival statt.

Highlights

① Während einer Tour auf der Hauptinsel **Bohol** (S. 336) Koboldmakis, die Chocolate Hills und Reisterrassen besuchen

② Auf der entspannten Insel **Malapascua** (S. 322) eine direkte Begegnung mit dem Fuchshai erleben

③ In den Höhlen rund um **Catbalogan** (S. 370) in Western Samar schwimmen, kriechen und herumstapfen

④ Mitten in den strudelartigen Sardinenschwärmen vor **Moalboal** (S. 328) tauchen

⑤ Die großartige Museen, das pulsierende Nachtleben und die aufstrebenden Restaurants in **Cebu City** (S. 305) genießen

⑥ Zwischen den Korallenriffen von **Balicasag Island** (S. 344) vor Bohol tauchen

⑦ Eine Stippvisite auf **Calicoan Island** (S. 374), Samar, machen, dem tollsten Surfspot des Landes nach Siargao

⑧ Mit den sanften *tiki-tiki* (Walhaien) von **Pintuyan** (S. 361), Southern Leyte, schnorcheln

CEBU

2.6 MIO. EW.

Allein die Tatsache, aus Cebu zu sein, bringt schon eine gewisse kulturelle Bürde mit sich, und die Gründe hierfür sind leicht erkennbar. Cebu ist der Mittelpunkt, um den die Visayas kreisen. Es ist die am dichtesten bevölkerte Insel der Philippinen und belegt in strategischer und wirtschaflicher Hinsicht den zweiten Platz hinter Luzon. Die Hauptattraktionen sind die weißen Sandstrände und die spektakulären Tauchspots, vor allem vor der Nordspitze von Cebu bei den Inseln Bantayan und Malapascua ebenso wie an der Südwestküste bei Moalboal. Und nicht zu vergessen Cebu City mit seinen lebhaften Bars, aufstrebenden Lokalen und den tollen Möglichkeiten zum Inselhopping.

❶ An- & Weiterreise

Cebu City ist das Tor zu den Visayas. Es hat den geschäftigsten Hafen des Landes und den zweitgrößten Flughafen. Für aus Asien ankommende Touristen bietet sich als Alternative an, zunächst nach Manila zu reisen, von wo es mehrere internationale Direktflüge nach Cebu City gibt.

Vom betriebsamen Hafen aus verkehrt eine Armada von langsamen und Schnellbooten nach Norden, Osten und Süden. Um zu den benachbarten Inseln zu gelangen, eignen sich als Alternative zu Cebu City Argao, um nach Bohol zu gelangen, Danao für Camotes und Bogo für Leyte. Negros ist über nicht weniger als fünf Häfen vom Westen der Insel Cebu aus erreichbar.

Cebu City

♪ 032 / 866171 EW.

Cebu City ist wie ein Manila im Kleinen: geschäftig, pulsierend und schnelllebig, oder laut, schmutzig und rücksichtslos, je nach dem Standpunkt, von dem aus man es betrachtet. Auf den ersten Blick zeigt sich Cebu City mit seinen wild hupenden, Abgase ausstoßenden Jeepneys, der Shopping-Mall-Kul-

DAS VERMÄCHTNIS EINES SUPER-TAIFUNS

Am 8. November 2013 traf der Taifun Yolanda (international als Haiyan bekannt), einer der stärksten bislang gemessenen Wirbelstürme, bei Guiuan im Südosten von Samar auf die Philippinen. Der Sturm nahm Kurs nach Westen durch das Zentrum der Visayas und fegte direkt über die fünf großen Inseln Samar, Leyte, Cebu, Panay und Coron in Palawan hinweg. Am schlimmsten wurde die Hauptstadt der Eastern Visayas, Tacloban, getroffen. Eine 5 m hohe Sturmflut überrollte die Stadt und ihre 250 000 Einwohner sowie die benachbarten Städte Palo, Tanuan, Tolosa und Basey auf Samar. Die offizielle Zahl der Opfer betrug den Angaben des National Disaster Risk Reduction and Management Council zufolge rund 6400, wobei die Opferzahlen selbst ein Jahr nach dem Sturm noch korrigiert werden. Ein Teil der Einheimischen und einige Mitglieder von Hilfsorganisationen stellen diese Zahlen jedoch infrage, da sie glauben, die tatsächliche Zahl der Toten gehe in die Zehntausende.

Rund ein Jahr nach der Katastrophe ist die Lage in den betroffenen Gebieten insgesamt betrachtet relativ gut. Viele Hotels in den am schwersten betroffenen Regionen haben schon kurz nach dem Sturm den Betrieb wieder aufgenommen, um den Zustrom an Mitarbeitern von Hilfsorganisationen zu versorgen. Einige Riffe wurden zerstört, aber die meisten Attraktionen des Gebiets – die Schiffswracks von Coron, die Strände von Bantayan, die Fuchshaie von Malapascua – blieben verschont. Sogar das Zentrum von Tacloban mit seinen massiven Betongebäuden, die der Sturmflut widerstanden hatten, wurde in gewissem Maß renoviert und das Bar- und Restaurantviertel begann sich zu erholen.

Völlig anders präsentiert sich die Lage in den Küstenvororten von Tacloban. Neben dem Flughafen im *barangay* San Jose, wo Tausende starben, hausen die Überlebenden immer noch in einer riesigen „Zeltstadt". Weiter südlich, in Palo, Tanuan und Tolosa, sind auf Schritt und Tritt die Spuren der schweren Katastrophe erkennbar. Guiuan blieb der hohe tödliche Zoll Taclobans zwar erspart, aber der mit 350 km/h dahinbrausende Wind zerstörte alle Gebäude mit Ausnahme der soliden Betonbauten und ließ die aus dem 16. Jh. stammende Kirche als Ruine zurück. Diese Gebiete befinden sich abseits der Touristenpfade, wer sie aber besuchen möchte, dem erzählen die Einheimischen bereitwillig ihre Geschichte – das alles ist Teil des Aufarbeitung dieses furchtbaren Geschehens.

Über die aktuellen Bemühungen beim Wiederaufbau informiert das United Nations Office for the Coordination of Humanitarian Affairs (OCHA; www.unocha.org/philippines). Eine gute Info-Quelle ist auch das Philippinische Rote Kreuz (www.redcross.org.ph).

Cebu

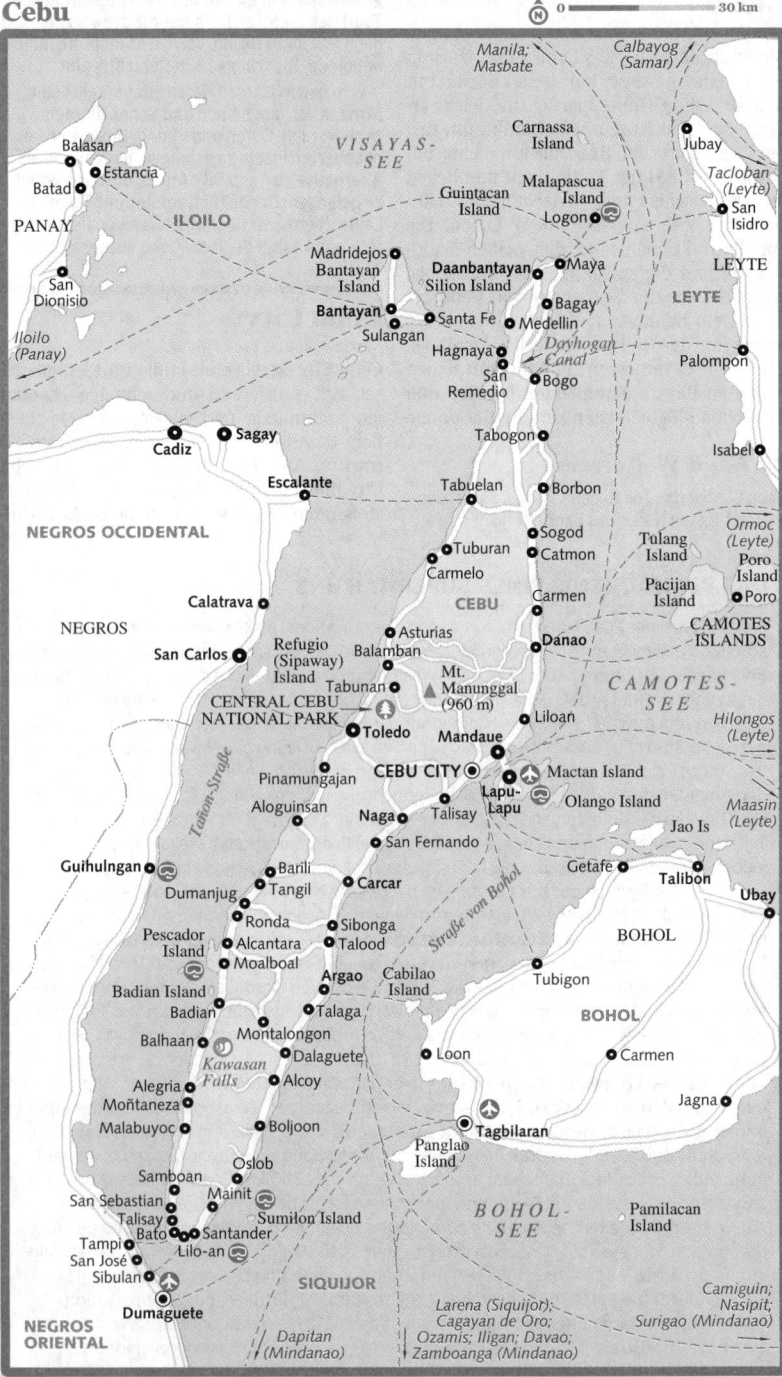

tur und dem Mangel an Weltklasse-Attraktionen von seiner schlechtesten Seite, um Besucher anzulocken. Wenn man sich aber etwas Zeit nimmt, entdeckt man, dass man hier viel unternehmen kann. Cebu blickt auf ein reiches geschichtliches Erbe zurück, das in etlichen kleinen Museen anschaulich dargestellt ist. Das mondäne Viertel Lahug mit Bars und Clubs für jeden Geschmack erwacht abends zum Leben und gleich hinter der Brücke liegt Mactan Island, einer der wenigen Orte weltweit, der, nur einige Minuten von einem internationalen Flughafen entfernt, Weltklasse-Tauchspots bietet.

Geschichte

Als Ferdinand Magellan am 7. April 1521 den Hafen von Cebu erreichte, war er, einem Bericht eines Augenzeugen zufolge, keinesfalls der Erste hier: „Viele Schiffe aus Siam, China und Arabien lagen im Hafen vor Anker. Die Menschen aßen aus Porzellangeschirr und verwendeten jede Menge Gold und Geschmeide…".

Magellan mag zwar nicht der erste Fremde auf Cebu gewesen sein, aber er brachte etwas mit, was niemand sonst besaß: missionarischen Eifer. Selbst sein Tod – er wurde einige Wochen später auf Mactan Island vom Kriegsherrn Lapu-Lapu ermordet – verschaffte den Einheimischen nur eine vorübergehende Pause vor den Einfällen der Konquistadoren. Die Ankunft des rächenden Spaniers Miguel López de Legazpi im Jahr 1565 bedeutete den Anfang der Bekehrung Cebus – und später der ganzen Philippinen – zum Katholizismus und die Eroberung durch Spanien. Die 1575 erfolgte Gründung von Villa del Santísimo Nombre de Jesús (Stadt des Allerheiligsten Namens Jesu) steht für Cebu City als erste spanische Gründung auf den Philippinen und ist damit um sieben Jahre älter als Manila.

Orientierung

Die Stadt lässt sich, grob gesehen, in eine Uptown und eine Downtown gliedern; Letztere ist die Altstadt, die durch ärmlichere, heruntergekommene Straßen geprägt ist, und hier befinden sich auch die meisten Sehenswürdigkeiten. Nur eine kurze Strecke nordwärts auf dem Pres Osmeña Blvd erreicht man den zentralen Kreisverkehr Fuente Osmeña und danach den Capitol Compound. Ein kleines Stück weiter nordöstlich beginnt das Viertel Lahug, wo sich die meisten Spitzenrestaurants, Bars und Nachtclubs befinden.

◉ Sehenswertes

★ Basilica Minore del Santo Niño KIRCHE

(Pres Osmeña Blvd) Diese heiligste aller Kirchen ist ein wirkliches Überlebenswunder. Sie wurde 1565 erbaut (und ist damit das älteste Gotteshaus der Philippinen) und brannte dreimal nieder. In ihrer jetzigen Form stammt sie aus dem Jahr 1737. Ein Erdbeben brachte den Kirchturm 2013 zum Einsturz, aber die Kirche selbst erlitt nur kleinere Schäden.

Die Kirche verdankt ihre „heiße" Vergangenheit wohl den ständig brennenden Kerzen im Innenhof, die vom nicht enden wollenden Strom von Pilgern und Gläubigen angezündet werden. Das Objekt ihrer Verehrung ist eine flämisches Statue des Santo Niño, des Jesuskindes, das geschützt in einer Kapelle links vom Hauptaltar aufbewahrt wird. Sie stammt aus Magellans Zeit und soll Wunder bewirkt haben (die vermutlich auch dazu beitragen, dass sie alle Feuerbrünste überstand). Alljährlich steht die Figur im Mittelpunkt von Cebus bedeutendstem Ereignis, dem Sinulog Festival.

An Sonn- und Feiertagen ist die Straße vor der Kirche für den motorisierten Verkehr gesperrt; dann finden den ganzen Tag über Gottesdienste statt und in die Kirche strömt ein Meer von Pilgern, während sich davor Wasserverkäufer und Händler mit Nachbildungen des Santo Niño einfinden.

Magellan's Cross HISTORISCHE STÄTTE

Magellans katholisches Vermächtnis, ein großes Holzkreuz, steht in einem (1841 erbauten) steinernen Rundbau gegenüber der Cebu City Hall. Das ausgestellte Kreuz soll im Inneren die Überreste eines Holzkreuzes beherbergen, das Magellan am Ufer von Cebu 1521 errichten ließ. Das Deckengemälde des Rundbaus zeigt, wie Magellan das Kreuz aufstellte (obwohl eigentlich die Einheimischen diese Arbeit verrichteten, während Magellan und seine Männer das Geschehen beobachteten). Nach dem Santo Niño ist dies die am meisten verehrte religiöse Reliquie auf Cebu.

Fort San Pedro FESTUNG

(S Osmeña Blvd; Stud./Erw. 20/30 P; ⊙8–20 Uhr) Das 1565 unter dem Befehl von Miguel López de Legazpi, dem Eroberer der Philippinen, erbaute Fort San Pedro diente als Garnison, Rebellenhochburg, Gefängnis und städtischer Zoo. Heute präsentiert es sich als friedlicher, ummauerter Garten und gepflegte verfallene Ruine. Es ist vor

Cebu City

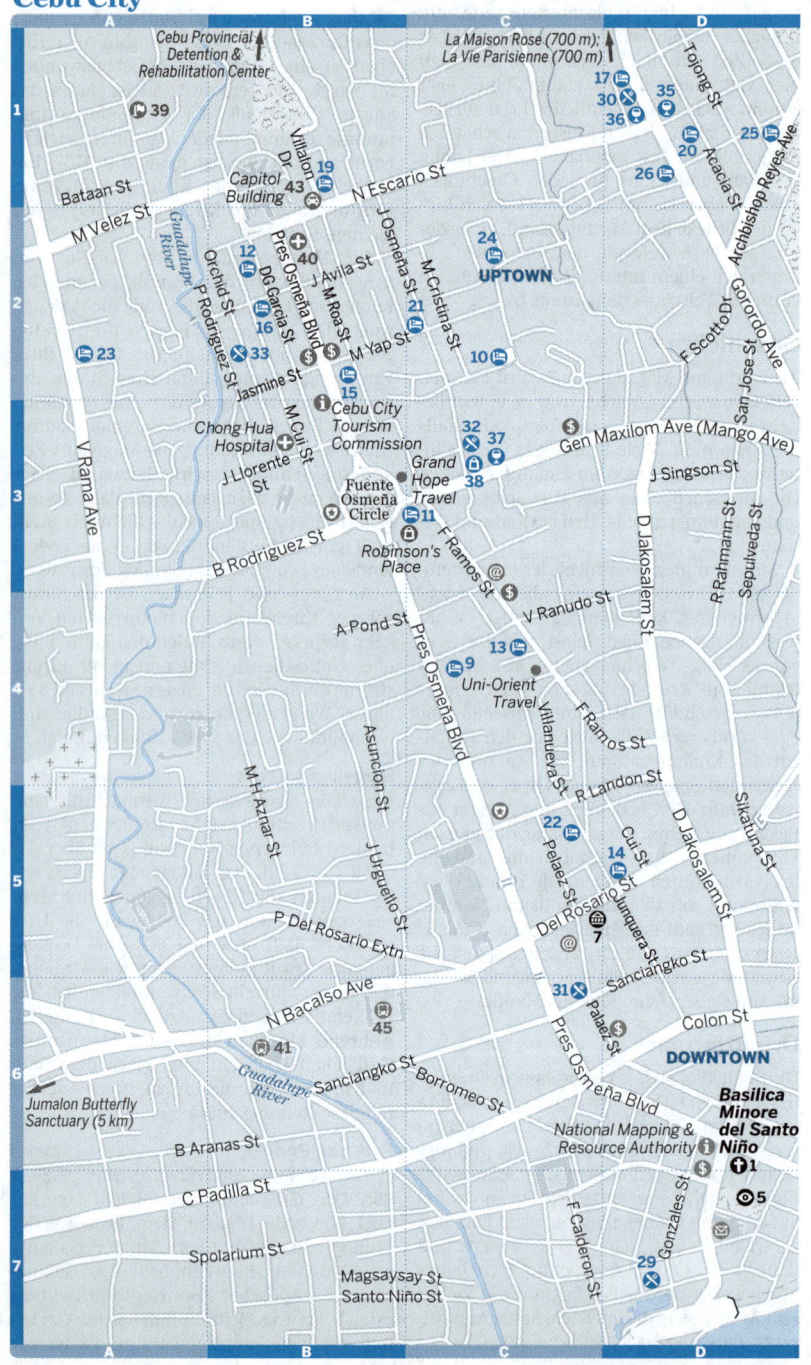

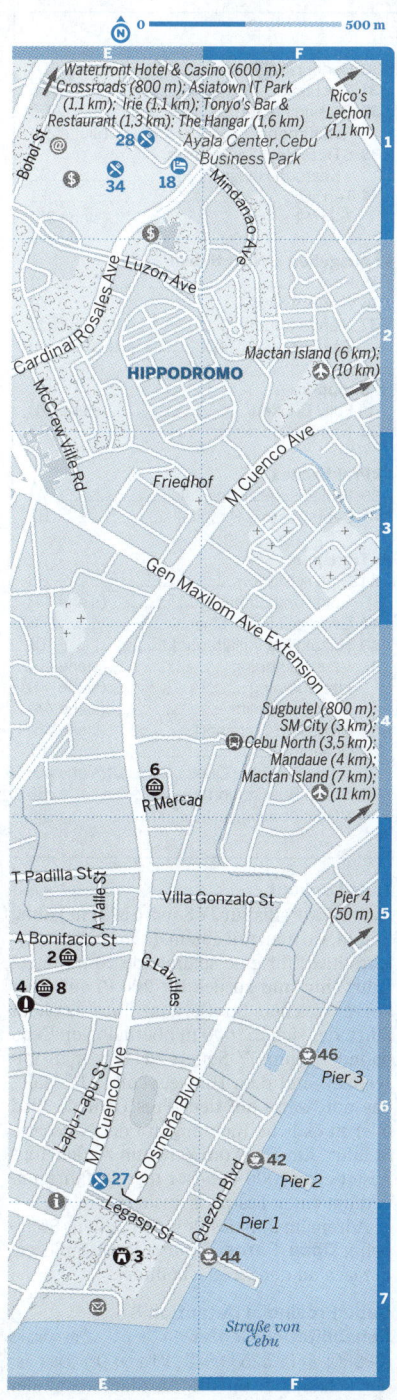

allem bei Sonnenuntergang der perfekte Rückzugsort vom Chaos und der Hektik der Downtown von Cebu City.

Museo Sugbo
MUSEUM

(MJ Cuenco Ave; Erw./Kind 75/50 P; Mo-Sa 9-16 Uhr) Dieses überwältigende Museum enthält mehrere Galerien und ist in einem aus Korallenstein errichteten Gebäude untergebracht, das zwischen 1870 und 2004 als Cebus Provinzgefängnis diente. Besonders interessant sind die Galerien zur spanischen Epoche und zur amerikanischen Kolonialzeit. Letztere beherbergt eine Sammlung von Briefen und persönlichen Erinnerungsstücken von Thomas Sharpe, einem der 1065 als Thomasites bekannten Lehrer, die zu Beginn der amerikanischen Kolonialepoche hier ankamen, um das Versprechen von US-Präsident McKinley zur „Erziehung der Philippinos" umzusetzen.

Im ersten Stockwerk ist eine im Zweiten Weltkrieg über Cebu abgeworfene US-Bombe ausgestellt; gezeigt werden auch japanische Propagandazeitungen sowie die amerikanischen Orden Purple Heart und Bronze Star, die Uldrico Cabahug, einem gebürtigen Cebuano, verliehen wurden, der noch lebt und gelegentlich hier vorbeischaut. Die neueste Museumsgalerie umfasst eine Sammlung seltener Architekturzeichnungen aus der spanischen Kolonialzeit sowie Landkarten und Himmelskarten, alles Leihgaben des Nationalarchivs.

Casa Gorordo Museum
MUSEUM

(35 L Jaena St; Eintritt 70 P; Di-So 9-17 Uhr) In der Downtwon, in einer ruhigen Wohngegend befindet sich das Casa Gorordo Museum, das ursprünglich in den 1850er-Jahren als Privathaus erbaut und von den Gorordos, einer der namhaftesten Familien Cebus, erworben wurde. Die Mauern des Erdgeschosses des Hauses bestehen aus Mactan-Korallengestein, während die Wohnräume im oberen Stock aus philippinischen Edelhölzplanken gezimmert sind, die nicht mit Metallnägeln, sondern mit Holzstiften verbunden sind. Zum Zeitpunkt der Recherche war das Museum wegen umfangreicher Restaurierungsarbeiten geschlossen.

Wenn man schon in der Gegend ist, lohnt ein Besuch des im 18. Jh. erbauten **Yap-San-diego Ancestral House** (Mabini St), das zu den ältesten erhaltenen Holzhäusern der Philippinen gehört, sowie des **Heritage of Cebu Monument** (Mabini St), das die 500-jährige Geschichte der Stadt präsentiert. *Tartanilla*

Cebu City

Highlights
1 Basilica Minore del Santo Niño D6

Sehenswertes
2 Casa Gorordo Museum E5
3 Fort San Pedro E7
4 Heritage of Cebu Monument E5
5 Magellan's Cross D7
6 Museo Sugbo E4
7 University of San Carlos
   Museum C5
8 Yap-Sandiego Ancestral House E5

Schlafen
9 Arbel's Pension House C4
10 Casa Rosario C2
11 Cebu Midtown Hotel C3
12 Cebu R Hotel B2
13 Diplomat Hotel C4
14 Elicon House D5
15 Fuente Oro Business Suites B2
16 Gran Tierra Suites B2
17 Harold's Hotel D1
18 Marriott Hotel E1
19 Mayflower Inn B1
20 Pensionne La Florentina D1
21 Premiere Citi Suites C2
22 Teo-Fel Pension House C5
23 Tr3ats A2
24 Travelbee Guesthouse C2
25 Tune Hotel D1
26 West Gorordo Hotel D1

Essen
27 AA BBQ E6
28 Canvas Bistro Bar E1
29 Carbon Market D7
30 Handuraw Pizza D1
31 Our Place C6
32 Persian Palate C3
   Red Kimono .... (siehe 28)
33 STK ta Bay! Sa Paolito's
   Seafood House B2
34 Terraces E1
   Tsim Sha Tsui .... (siehe 28)

Ausgehen & Nachtleben
35 Koa D1
36 Kukuk's Nest D1
37 Mango Square C3
   The Social .... (siehe 18)

Shoppen
   Fully Booked .... (siehe 34)
38 National Bookstore C3

Praktisches
39 Kanadisches Konsulat A1
40 Cebu Doctors Hospital B2

Transport
41 Citilink Station B6
   Cokaliong Shipping .... (siehe 44)
42 George & Peter Lines F6
43 Habal-Habal-Haltepunkt B1
   Island Shipping .... (siehe 46)
   Lite Shipping .... (siehe 44)
   M/V Star Crafts .... (siehe 44)
   Medallion Transport .... (siehe 46)
44 Oceanjet F7
   Roble Shipping Lines .... (siehe 46)
45 South Bus Station B6
46 VG Shipping F6

(Pferdekutschen) warten neben der Casa Gorordo auf Kundschaft und können für kurze Touren gemietet werden.

University of San Carlos Museum MUSEUM
(Del Rosarios St; Eintritt 30 P; ⊙Mo–Fr 8–12 & 13.30–17, Sa 8–12 Uhr) Dieses gut eingerichtete Museum ist besonders für seine anthropologischen und archäologischen Ausstellungsstücke bekannt; dazu gehören u.a. Schaukästen, die die im 16. Jh. verbreitete Mode der künstlichen Schädeldeformation veranschaulichen, der Kinder aus ästhetischen Gründen unterworfen wurden. Jeder Besucher mag sich dazu ein eigenes Urteil bilden. Gezeigt werden auch Bootssärge, die in Anda, Bohol, in den 1970er-Jahren ausgegraben wurden, sowie einige faszinierende Kalksteinurnen aus dem 6. Jh. Beachtenswert sind die Urnendeckel – geschnitzte Phalli für Männer, Dächer für Frauen und Gesichter für die *datu* (Häuptlinge).

Tops Lookout AUSSICHTSPUNKT
(Eintritt 100 P) Bis zur JY Square Mall in Lahug fahren, wo man mit einem *habal-habal* (Motorradtaxi) für eine spannende 20-minütige Fahrt (hin und zurück für 200 P) auf einer kurvenreichen Straße zum Tops Lookout fährt, der sich ca. 600 m oberhalb von Cebu befindet. Zum JY Square gelangt man mit Jeepneys mit dem Hinweisschild „JY Mall", das nordwärts auf dem Pres Osmeña Blvd oder in östliche Richtung auf der N Escario St fährt. Ein Taxi vom Zentrum zu den Tops kostet etwa 1000 P; bevor man losfährt, unbedingt einen Festpreis aushandeln.

Adrenalin-Junkies können einen Stopp beim **Doce Pares Zipline Park** einlegen, der sich an der Strecke befindet.

Cebu Provincial Detention & Rehabilitation Center GEFÄNGNIS
(CPDRC; ☎032-253 5642; Villaron Dr) Das ist der Schauplatz für die Tanzdarbietung der

Gefängnisinsassen, die vor einigen Jahren Michael Jacksons *Thriller* in Szene setzten und bei YouTube für Furore sorgte. Die Aufführung war die Idee des Oberaufsehers Byron Garcia, dessen Liebe zur Popmusik der 1980er-Jahre ihn dazu anregte, den regulären Gefängnisdrill unterhaltsamer zu gestalten. Am letzten Samstag eines jeden Monats finden um 15 Uhr kostenlose Vorstellungen statt. Die Vormerkung beginnt um 12 Uhr. Da eine begrenzte Anzahl von Plätzen nach dem Prinzip „Wer zuerst kommt, mahlt zuerst" vergeben wird, sollte man früh da sein.

Die Haftanstalt ist etwa 4 km nördlich vom Gelände der Provinzregierung entfernt. Man erreicht sie mit einem Taxi oder einem *habal-habal* (150 P hin und zurück, inkl. Wartezeit) von der **Haltestelle** an der Ecke von N Escario St und Villaron Dr aus.

Aktivitäten

Bugoy Bikers MOUNTAINBIKEN
(032-321 6348; www.bugoybikers.com) Bietet eine Reihe von reizvollen, halb- bis mehrtägigen Mountainbike-Touren an, darunter auch Touren zu Nachbarinseln wie Bohol und Leyte. Zur Verfügung stehen auch einige preiswerte Zimmer (inkl. Frühstück 1200 P). Es liegt etwas verborgen in einer Wohngegend in Lahug, ungefähr hinter der Bar Outpost (S. 315).

Island Buzz Philippines KAJAKFAHREN
(0927 568 3799; www.islandbuzzphilippines.com; geführte Tour 4000 P/Pers.) Dieser Tourenanbieter bringt Reisende hinüber zum Kon-Tiki Resort auf Mactan Island, wo eine Flotte von Kajaks und Stehpaddeln darauf wartet, dass man geführte Touren u. a. durch die herrlichen Mangrovenwälder von Olango Island unternimmt.

Feste & Events

Sinulog Festival KULTUR
Cebus jährliches großes Sinulog Festival zieht Pilger aus dem ganzen Land an. Am dritten Sonntag im Januar findet das Sinulog, auch Fiesta Señor genannt, zu Ehren des Santo Niño (des Jesuskindes) statt. Im Mittelpunkt steht ein farbenprächtiger Umzug mit dem in der Basilika aufbewahrten verehrten Bildnis des Santo Niño.

Das Wort *sinulog* ist ein Visaya-Begriff und bezeichnet einen Tanz, der den Rhythmus eines Flusses nachahmt. Er hat seinen Ursprung in einem animistischen Ritual, das sich aber nach der Bekehrung der Cebuanos zum Christentum zu einem Tanz zu Ehren des Bildnisses des Santo Niño wandelte.

Schlafen

Wer in der Uptown übernachten will, was zu empfehlen ist, sollte rechtzeitig im Voraus buchen. Die Hotelauswahl in Downtown ist im Allgemeinen nur ein wenig besser, als auf offener Straße zu übernachten. Die meisten passablen Unterkünfte befinden sich in der Junquera St in der Gegend der von Jugendlichen geprägten University of San Carlos (USC).

Downtown

★ Elicon House HOTEL $
(032-255 0300; www.elicon-house.com; Ecke Del Rosario St & Junquera St; EZ/DZ/3BZ/4BZ 550/800/1050/1300 P; ✷@ ⓢ) Dies ist die Downtown-Version der Hotels Mayflower und West Gorordo aus Uptown und teilt mit diesen dasselbe Konzept – saubere, nüchterne Zimmer, nette Gemeinschaftsbereiche mit Spielen, ein großartiges, vegetarierfreundliches Café und an den leuchtend bunten Wänden prangen Slogans zur Permakultur.

Sugbutel HOTEL $
(032-232 8888; www.sugbutel.com; Osmeña Blvd nr Rd East; B 250–450 P, DZ ab 1200 P; ✷ ⓢ) Das Sugbutel, das für ein neues Übernachtungskonzept auf Cebu steht, ist ein Hotel mit Rundumservice mit kompakten, hoch funktionalen Zimmern und drei riesigen Schlafsälen (jeweils 75–85 Betten) mit Klimaanlage. Die Stockbetten haben kleine Safes unter dem Bettkissen und Vorhänge, die eine gewisse Privatheit schaffen. Das Hotel befindet sich neben der SM City Mall.

Teo-Fel Pension House PENSION $
(032-253 2482; 4 Junquera St; EZ 500–600 P, DZ 750–950 P; ✷ ⓢ) In diesem hohen, schlanken Hotel haben die Doppelzimmer Warmwasser und alle Zimmer sind mit Klimaanlage und Fenstern ausgestattet. Es bietet jenen ein gutes Preis-Leistungs-Verhältnis, die eine ruhige und zentrale Lage schätzen.

Diplomat Hotel HOTEL $$
(032-253 0099; www.diplomathotelcebu.com; 90 F Ramos St; Zi. 1360–2400 P; ✷ ⓢ) Mit einem tüchtigen Personal an der Rezeption und den schicken Ledercouches verströmt das Diplomat Hotel mit seinen 150 Zimmern internationales Flair. Die Zimmer sind etwas altmodisch, aber riesig und praktisch,

haben einen großen Schreibtisch und gute Beleuchtung. Das Hotel bietet ein tolles Preis-Leistungs-Verhältnis und liegt günstig zwischen Uptown und Downtown.

Uptown

★ Pensionne La Florentina PENSION $
(032-231 3318; 18 Acacia St; Zi. ab 950 P; ❄) In einer ruhigen Straße gelegen, stellt diese elegante und klassisch-altmodische Pension eine gute preiswerte Option zum Übernachten in der Uptown und eine reizvolle Alternative zu einem muffigen Hotel dar. Sie hat kein eigenes Restaurant, was aber nicht weiter schlimm ist, denn man ist kaum fünf Gehminuten vom Ayala Center entfernt. Die Zimmer im Erdgeschoss sind dunkel; nettere Zimmer gibt's im ersten Stock. Das Highlight ist jedoch Zimmer 3A.

Travelbee Guesthouse PENSION $
(www.travelbee.ph; 225 Elizabeth Pond St; Zi. ab 600 P; ❄@🛜) Bietet in der günstigen Preisklasse ein besonders gutes Preis-Leistungs-Verhältnis. Den Kernbereich bilden Schlafsäle mit vier bis sechs Betten. Diese können nicht einzeln gebucht werden, sodass sich die Schlafsäle am besten für kleine Gruppen eignen. Es gibt auch hübsche Doppelzimmer. Alle Zimmer sind sauber, hell und haben eigenes Bad. Die Pension liegt zentral, jedoch etwas versteckt in einer ruhigen Seitenstraße. Taxis kann man über das Personal bestellen.

Tr3ats HOSTEL $
(032-422 8881; www.tr3ats.com; 785 V Rama Ave; B/DZ/4BZ 375/900/1600 P; ❄🛜) Hat den Anspruch, das einzige echte Hostel Cebus zu sein. Es hat drei Schlafsäle mit je acht Betten und Klimaanlage und einige winzige Zimmer mit eigenem Bad. Das Hostel ist allerdings nicht perfekt und die Schlafsäle sind beengt. Es gibt keine Gemeinschaftsräume, entspannen kann man in der Dachbar.

Arbel's Pension House PENSION $
(032-253 5303; 57 Pres Osmeña Blvd; DZ mit Ventilator, mit Klimaanlage ab 750 P; ❄🛜) Die Unterkunft ist etwa so preiswert, wie es in Cebu City möglich ist zu übernachten, ohne sich in „verrufene" Viertel vorzuwagen. Wie zu erwarten, sind die Zimmer schlicht, aber haben zumindest Fenster. Die Pension liegt relativ ruhig hinter einem 7/11.

★ Mayflower Inn HOTEL $$
(032-255 2800; www.mayflower-inn.com; Villalon Dr; EZ/DZ/3BZ/4BZ 850/1150/1400/1750 P; ❄🛜) Das Mayflower preist sich selbst als „Permakultur"-Hotel und der Nachhaltigkeitsanspruch ist tatsächlich gerechtfertigt. Außer schmucken, sorgfältig gestrichenen Zimmern bietet es ein Feng-Shui-freundliches Gartencafé und zum Entspannen eine Lounge/Bibliothek mit Tischtennis, Fußball, Stapeln von National Geographic-Zeitschriften und Brettspielen. Eine unverzichtbare Option, wenn man mit Kindern reist.

West Gorordo Hotel HOTEL $$
(032-231 4347/8; http://westgorordo.com; 110 Gorordo Ave; EZ/DZ/3BZ inkl. Frühstück ab 1380/1980/2580 P; ❄🛜) Das Schwesterhotel der gleichermaßen reizenden und umweltfreundlichen Hotels Mayflower und Elicon folgt einer strengen Vorschrift, die es verbietet, Gäste aufs Zimmer zu nehmen, und wirbt mit seiner Null-Kohlenstoff-Philosophie. Draußen gibt's einen Nutzgarten, es wird kein Kunststoff verwendet und man ermutigt die Gäste, die Treppen zu benutzen. Die netten Zimmer haben bequeme Betten und motivierende Kunst. Das Journeys Café, das dem Thema Reisen gewidmet ist, befindet sich im Erdgeschoss.

Gran Tierra Suites HOTEL $$
(032-253 3575; www.grantierrasuites.com; 207 M Cui St; EZ/DZ 789/989 P; ❄🛜) Cebu hat einige tolle Hotels in der mittleren Preisklasse und dieses ist ein erstes Beispiel hierfür. Es ist fast ein Boutiquehotel, die Zimmer haben Fotoleinwände, Flachbild-TVs und großzügige Schreibtische.

Cebu R Hotel HOTEL $$
(032-505 7188; www.ceburhotel.com; 101 M Cui St; EZ/DZ inkl. Frühstück ab 950/1250 P; ❄@🛜) Alles hier ist geschmackvoll, vom Personal mit seinen schicken Uniformen bis zur Kombination von Lindenholz mit dunklen Edelhölzern. Die Zimmer verfügen über Tische und Flachbild-TVs. Die Deluxe-Zimmer sind noch um Einiges größer.

Fuente Oro Business Suites HOTEL $$
(032-268 7912; www.fuenteoro.com; 173 M Roa St; DZ 1295–2950 P; ❄@🛜) Es ist kein richtiges Businesshotel – die Zimmer haben z.B. kein WLAN –, dennoch bietet das Fuente Oro ein gutes Preis-Leistungs-Verhältnis, denn die geräumigen Zimmer haben fast alles, was man braucht: Arbeitstisch, Nachttische, gute Beleuchtung und weiche Betten zum Entspannen nach zu vielen süßen Stückchen im Cupcake Society Cafe, das sich im Erdgeschoss befindet.

ABSTECHER

JUMALON BUTTERFLY SANCTUARY

Julian Jumalon (1909–2000), ein bekannter Künstler aus Cebu und leidenschaftlicher Schmetterlingssammler, gründete dieses **Schutzgebiet** (032-261 6884; Eintritt 50 P; 9–17 Uhr) in seinem Zuhause westlich der Downtown. Seine Kenntnisse hatte er sich nicht durch eine theoretische wissenschaftliche Ausbildung erworben, sondern durch direkte Beobachtung während der in den Wäldern unternommenen Expeditionen zum Studium der Schmetterlinge (er gilt als Entdecker neuer philippinischer Schmetterlingsarten und gewann zahlreiche Preise im Bereich Biologie).

Der wohl interessanteste Grund, das Sanctuary zu besuchen, ist die ihm angeschlossene kleine Kunstgalerie, in der Jumalons Lepido-Mosaike gezeigt werden – Kunstwerke, die ausschließlich aus beschädigten Schmetterlingsflügeln gefertigt werden, die er von Sammlern aus aller Welt erworben hat. Neben den außergewöhnlichen Lipido-Mosaiken sind Jumalons Original-Aquarelle ausgestellt. Nach dem Ausbruch des Zweiten Weltkriegs erhielt Jumalon von der philippinischen Regierung den Auftrag, Notfall-Banknoten zu entwerfen; diese genießen heute Sammlerstatus und sind im Museo Sugbo ausgestellt.

Das Sanctuary selbst ist ein Muss für Schmetterlingsliebhaber. Die beste Zeit, um sie zu beobachten, sind die Morgenstunden, vor allem in der Paarungszeit von August bis Januar. Das Sanctuary wird gegenwärtig von Jumalons Sohn und Tochter geleitet, die seine Leidenschaft teilen und einen informativen Rundgang durch den Garten veranstalten; zu sehen sind auch Schautafeln mit den Lebenszyklen der Schmetterlinge und im Hauptraum Jumalons umfangreiche Sammlung an Schmetterlingen und Motten.

Zum Sanctuary gelangt man mit einem Jeepney (Nr. 9 oder 10) von der N Bacalso Ave aus, der dann in die Cebu South Rd abbiegt. Dann steigt man an der *barangay*-Halle im *barangay* Basak Pardo aus. Das Sanctuary liegt hinter der Grundschule Basak Pardo. Von hier kostet ein Taxi nach Downtown etwa 80 P.

Premiere Citi Suites   HOTEL $$
(032-266 0442; www.premierecitisuites.com; M Yap St; Zi. 1500–2400 P; ❄🛜) Das schicke, zentral gelegene Hotel hat helle Zimmer mit weißer, gestärkter Bettwäsche, Flachbild-TVs und Papier-Lampenschirmen. Zusätzlich gibt's in jeder Etage gefiltertes Trinkwasser und von der Bar auf der Dachterrasse hat man einen tollen Blick auf die Berge. Einige preiswertere Zimmer haben keine Fenster.

Casa Rosario   PENSION $$
(032-253 5134; www.casarosario.multiply.com; 101 R Aboitiz St; DZ 1000–1400 P; ❄@🛜) Diese etablierte und verlässliche Pension besticht durch freundlichen Service und in leuchtenden Farben getünchte Zimmer unterschiedlicher Qualität – nach renovierten Zimmern im dritten und vierten Stock fragen.

Tune Hotel   HOTEL $$
(032-232 0888; www.tunehotels.com; 36 Archbishop Reyes St; DZ ab etwa 800 P; ❄@🛜) Die Zimmerpreise unterliegen je nach Nachfrage starken Schwankungen. Ihr Geld wert sind die kleinen, aber äußerst funktionalen und identisch eingerichteten Zimmer. Häufiger bekommt man aber Zimmer für 1500–2000 P; dafür kann man in Cebu City besser übernachten.

Marriott Hotel   LUXUSHOTEL $$$
(032-411 5800; www.marriottcebu.com; Cardinal Rosales Ave; DZ ab 5700 P; ❄🛜≋) Unmittelbar neben dem Ayala Center befindet sich das noble Marriott. Keine Musikberieselung und kein weiß gekleideter Pianist stört die Ruhe der Gäste. Die bequemen Zimmer sind geschmackvoll eingerichtet und im Bad gibt's Regenduschen. An den Wochenenden sind die Zimmer etwas preiswerter.

Harold's Hotel   HOTEL $$$
(032-505 7777; www.haroldshotel.com.ph; Gorordo Ave; Zi. ab 3200 P; ❄🛜) Das Highlight dieses Hotels ist der Umstand, dass man so nah zur Bar auf der Dachterrasse ist; mit ihrem 360-Grad-Panoramablick auf die Stadt ist sie nach Geschäftsschluss ein beliebter Treffpunkt für Cebus Schickeria. Danach folgen die herrlichen Betten.

Cebu Midtown Hotel   HOTEL $$$
(032-239 3000; www.cebumidtownhotel.net; Fuente Osmeña Circle; Zi./Suite inkl. Frühstück 3400/7000 P; ❄🛜≋) Die Zimmer mit Business-Standard in diesem straff geführten Hotel sind so gut schallisoliert, dass man schnell vergisst, wo man sich befindet – inmitten der Hektik des Fuente Osmeña. Den Tag kann man genüsslich im Swimmingpool

auf der Dachterrasse ausklingen lassen. Gegen Vorlage einer Bordkarte von Cebu Pacific kann es beim Zimmerpreis einen Nachlass von 1000 P geben.

Lahug & Banilad

★ The Henry BOUTIQUEHOTEL $$$
(032-520 8877; www.thehenryhotel.com; M Cuenco Ave, Banilad; DZ inkl. Frühstück 3600–7900 P; ❄️🛜🏊) Das Hotel wartet mit einem „Aha"-Effekt auf; das gilt für die Lobby im Industriestil ebenso wie für die riesigen, individuell gestalteten Zimmer und das luxuriöse Café. Zur Inneneinrichtung gehören Wandgemälde, Pop-Art-Werke, zeitgenössische Möbel und übergroße Betten. Selbst die kleinsten Zimmer sind stolze 36 m² groß. Es stimmt, das Hotel liegt in Banilad, ist aber nur eine 10-minütige Taxifahrt von der Ayala Mall entfernt und liegt in Reichweite der zahlreichen erstklassigen Restaurants und Bars von Lahug.

Waterfront Hotel & Casino LUXUSHOTEL $$$
(032-559 0888; www.waterfronthotels.com.ph; 1 Salinas Dr, Lahug; DZ ab 100 US$; ❄️🛜🏊) Der Name ist irreführend, denn das Hotel liegt über 2 km vom Wasser entfernt. Dennoch zieht es jene an, die von der Idee, rund um die Uhr spielen zu können, beherrscht sind, und lockt Kunden auch dank der vielen Ess- und Trinkstände, Discos, Fitnessstudios, Pianobars usw. an. Die Deluxe- und Superior-Zimmer bieten die beste Aussicht in Cebu.

🍴 Essen

In Cebu, das in Sachen Esskultur lange ein unbeschriebenes Blatt war, gibt es nun endlich einige passable Restaurants. Die gastronomische Hochburg ist Lahug und dort vor allem der Asiatown IT Park und die Schlemmermeile Crossroads Strip Mall. Wer knapp bei Kasse ist, findet ein großzügiges Angebot bei den preiswerten Imbissständen auf dem **Carbon Market** (MC Briones St).

🍴 Downtown

AA BBQ BARBECUE $
(Manalili St; Gerichte 70–125 P; ⏰9–22 Uhr) Vegetarier sind fehl am Platz in diesem beliebten Freiluft-Kettenrestaurant, in dem die Gäste das rohe Fleisch oder die Meeresfrüchte selbst aussuchen und dann sofort auf dem Kohlegrill zubereiten lassen. Eine angesagte Adresse für ein entspanntes Bier nach einem Bummel am Fort San Pedro.

Our Place INTERNATIONAL $$
(Ecke Pelaez St & Sanciangko St; Mahlzeiten 150–275 P; ⏰7–23 Uhr; ❄️🛜) Dieses sehr persönliche Lokal mit mit einer langen Bar und schönen Holzdielen ist ein typisch männlicher Ort, dennoch findet man hier die besten westlichen Gerichte in Downtown. Den Schwerpunkt bilden eindeutig Fleischgerichte, wobei Würste eine Spezialität des Hauses sind.

🍴 Uptown

Rico's Lechon PHILIPPINISCH $
(www.ricos-lechon; F Cabahug St, Mabolo; Portionen ab 135 P; ❄️🛜) Cebu ist der geeignete Ort, um die typisch philippinische Delikatesse *lechón* (geröstetes Spanferkel) kennenzulernen, und im Rico's ist sie am besten. Sie wird jeden Morgen am Sitz des Unternehmens in der Uptown zubereitet und zu den *lechón*-Süchtigen in Manila und im Ausland verschifft; man kann sie auch vor Ort in einem bescheidenen Imbiss östlich der Ayala Mall genießen. Besonders zu empfehlen ist die pikante Version.

★ STK ta Bay! Sa Paolito's Seafood House SEAFOOD $$
(032-256 2700; 6 Orchid St; Mahlzeiten 95–300 P; ⏰10–14.30 & 17–22 Uhr ❄️🛜) Werden Cebuanos gefragt, wo man in Cebu City gut essen kann, werden Feinschmecker dieses in einem großen, alten früheren Wohnhaus untergebrachte Restaurant empfehlen, das mit Erbstücken vollgestopft ist. Ein Highlight ist Jerrys Krabben-Curry, aber ein Muss sind die scharf-würzigen *Calamares* – zarte, gebratene Tintenfische im Gewürzmantel, garniert mit grüner Pfeffersauce.

Aranos SPANISCH $$
(032-256-1934; 31 Fairlane Village, Gaudalupe; Mahlzeiten 100–300 P; ⏰Mo–Sa 18–22 Uhr) Beim Betreten dieses echt baskischen Restaurants wird man von Señor Arano, dem etwas älteren spanischen Inhaber und stattlichen Schnurrbartträger, höchstpersönlich begrüßt. Der behagliche vordere Speisesaal mit Gingham-Tischtüchern und spanischen Erinnerungsstücken führt hinaus zu einem anheimelnden, dezent beleuchteten Garten-Essbereich, in dem man die selbst zubereitete Paella und die *caldereta* (Rindereintopf) genießen kann.

Taxifahrer sollten Fairlane Village kennen; dort angekommen, nach einer zwischen Blättern versteckten Holztür suchen.

Handuraw Pizza PHILIPPINISCH $$
(☏ 032-505 2121; Gorordo Ave; Pizzas 300–400 P; ◷ 11–1 Uhr; ✳🛜) In dem Restaurant, einer echten Institution in Cebu, wird den berühmten Pizzas mit dünnem Boden ein lokaler Touch verliehen. Die mittelscharfe Pizza Cebuana mit lokal hergestellter Chorizo probieren. Man kann in den klimatisierten Räumen oder draußen sitzen.

Terraces INTERNATIONAL $$
(Ayala Center, Cebu Business Park) Im Gastronomiebereich des Ayala Center gibt es eine ganze Reihe guter Restaurants. Zu den besten gehören **Canvas Bistro Bar** (☏ 032-417 1978; Hauptgerichte 300–1000 P; ◷ 7–23 Uhr) für Steaks, Fleischpasteten und den berühmten Eintopf Jambalaya; **Tsim Sha Tsui** (Hauptgerichte 100–200 P; ◷ 11–23 Uhr) mit einem knall-pinkfarbenen Limonen-Dum-Sum und einer Tee-Bar, die für ein Yum Cha perfekt geeignet sind, und das **Red Kimono** (Hauptgerichte 120–500 P; ◷ 11–23 Uhr; ✳🛜) für moderne japanische Küche. Alle befinden sich im zweiten Stock.

Persian Palate NAHÖSTLICH $$
(Mango Sq Mall, J Osmeña St; Gerichte 75–300 P; ◷ 10–21 Uhr; ✳🛜🌱) Das Vorzeigerestaurant dieser bekannten Franchise-Kette liegt versteckt hinter dem National Bookstore am Mango Sq. Nahöstliche Hauptgerichte wie Spinat-Hummus werden ergänzt durch milde südasiatische und thailändische Speisen. Die Speisekarte enthält eine Rarität für Cebu City – eine reiche Auswahl an vegetarischen Menüs.

Lahug

★ **Maya** MEXIKANISCH $$$
(☏ 032-238 9552; Crossroads, Gov M Cuenco Ave; Hauptgerichte 300–600 P; ◷ So–Do 17–23, Fr & Sa bis 2 Uhr; ✳🛜) Durch schwere, reich verzierte Holztüren betritt man das vornehme, von Kerzenlicht erhellte Restaurant, das die vermutlich landesweit beste mexikanische Küche bietet. Authentische Highlights wie etwa die Tacos aus gegrilltem Fisch mit Limone und Koriander sowie eine Auswahl an 100%-igem Agave-Tequila begründeten den Ruf des Restaurants. Angeboten werden auch Tequila-Verkostungstouren.

La Maison Rose FRANZÖSISCH $$$
(☏ 032-268 5411; 371 Gorordo Ave; Hauptgerichte 250–1200 P; ◷ 12–14 & 18–22 Uhr; ✳🛜) La Maison Rose wirkt wie ein kleines Stück Frankreich im Herzen von Cebu. Das Hauptgebäude ist im Stil einer französischen Indochina-Villa gestaltet und lädt zum vornehmen Dinieren ein. Kleine Häppchen dagegen gibt es auf der großen Terrasse des angrenzenden **La Vie Parisienne** (371 Gorordo Ave; Sandwiches 150–220 P; ◷ 7–2 Uhr; 🛜), einem Feinkostladen mit Bäckerei.

Im Restaurant werden üppige Festpreis-Menüs sowie klassische französische Gerichte serviert. Im La Vie Parisienne wird es tagsüber recht heiß, abends ist das Ambiente aber nett, wenn tolle Musik läuft und man eine Flasche gekühlten Wein bestellen kann.

Ausgehen & Nachtleben

Cebu hat einen verdienten Ruf als Party-Hochburg und es besteht kein Mangel an lauten Clubs, die über die ganze Stadt verstreut sind.

★ **Outpost** BAR
(976 Veterans Dr, Lahug; ◷ Di–So 18–2 Uhr) Livemusik in einem verwinkelten, alten Holzhaus? Es funktioniert. Man sollte versuchen, einen Abend mit der unter einem Adrenalinschub stehenden Blues-Rockband Cuarenta zu erwischen. Dazu gibt's noch Kneipengerichte und gute Cocktails. Wer die guten alten Zeiten ohne Sleaze-Musik herbeisehnt, ist hier richtig.

Asiatown IT Park CLUBS
(Salinas Dr, Lahug) In den langen, ordentlichen Straßen dieses vornehmen Business-Komplexes reihen sich alle möglichen Gastronomie- und Unterhaltungsbetriebe aneinander. Im Allgemeinen findet man hier Cebus beste Clubs, so etwa den brandneuen **Den** (India St; Gedeck 200 P; ◷ Mi–Sa), zum Zeitpunkt der Recherche der angesagtesten Spot. Man sollte aber etwas umherschlendern, um zu sehen, wo etwas los sein könnte. Hier gibt's auch das **Irie** (Geonzon St; ◷ 11–2 Uhr; 🛜), das erste Anzeichen dafür, dass Manilas Craft-Beer-Welle nun auch Cebu im Süden erreicht hat. Ausgeschenkt werden mehrere selbst gebraute Biersorten (eine Halbe 255–300 P) als Begleitung zum Kneipenessen.

Koa BAR
(157 Gorordo Ave; ◷ So–Do 9.30–2.30, Fr & Sa 24 Std.; 🛜) Das nach einem hawaiianischen Baum benannte Koa bietet einen großartigen Außenbereich und Livemusik ab Mittwochabend. Das Bier ist zwar billig und die Gerichte sind ganz annehmbar, dennoch

sind die Pizzas des hiesigen La Bella Pizza Bistro die echten Kracher.

Tonyo's Bar & Restaurant BAR
(The Hangar, Salinas Dr, Lahug; ⊙ 24 Std.) Das Tonyo's in Cebu muss man erlebt haben. Es ist eine riesige, immer überfüllte Open-Air-Restaurant-Bar in etwa gegenüber dem Asiatown IT Park. Einen 3 l-Bierturm bestellen (225 P) und dabei der Musik der Live-Coverbands lauschen.

Kukuk's Nest BAR
(124 Gorordo Ave; ⊙ 24 Std.) In dieser rund um die Uhr geöffneten, künstlerisch angehauchten Restaurant-Bar trifft sich ein interessanter Mix aus einheimischen Künstlertypen und Ausländern. Wer zu tief ins Glas geguckt hat, sollte das Angebot einer günstigen Unterkunft wahrnehmen (Zimmer 700 P).

The Social BAR
(Ayala Center; ⊙ 11–24, Fr & Sa bis 2 Uhr; 🛜) Im dritten Stock des Ayala Center neben den Terraces gelegen, ist diese lebhafte Bar mit Innen- und Außenbereich bestens zum Vorglühen geeignet, bevor man die Nacht weiter in Richtung Uptown durchfeiert. Die zahlreichen großen TV-Bildschirme eignen sich gut, um Sportereignisse zu verfolgen.

The Distillery LOUNGE
(Crossroads, M Cuenco Ave; ⊙ 18–3 Uhr) Allabendlich füllt sich dieses Lokal mit jungen, schönen Menschen, die hierher kommen, um gemeinsam zu feiern, einen Single-Malt-Whisky zu trinken und – in den frühen Morgenstunden – zu den tollsten Klängen in Cebu zu tanzen.

Mango Square BAR, CLUB
(Gen Maxilom Ave; Eintritt pro Club 50–100 P) Dieses Paradies für Clubfreunde zieht gut gelaunte, ausgelassene Massen an, obwohl bestimmte Einrichtungen recht heruntergekommen wirken können. Es geht los gegen 22 Uhr und die beliebteren Lokale haben bis in den Morgengrauen geöffnet. Die Namen der Clubs wechseln häufig, deshalb einfach dorthin gehen, wo am meisten los ist.

🛍 Shoppen

Fully Booked (Terraces, Ayala Center; 10–23 Uhr) und **National Bookstore** (Ecke J Osmeña St & Gen Maxilom Ave; ⊙ 9–20 Uhr) sind gute Adressen, um sich mit Karten zu versorgen, wobei das Fully Booked auch eine Riesenauswahl an Literatur hat. Weitere Buchhandlungen gibt's in den meisten Malls.

ℹ Praktische Informationen

GELD
Etliche Geldautomaten gibt's rund um den Fuente Osmeña sowie im Ayala Center und anderen Malls.
Citibank (Cebu Business Park, Mindanao Ave) Neben dem Ayala Center. Wechselt Bargeld und Reiseschecks; Abhebungslimit 15 000 P beim rund um die Uhr geöffneten Geldautomaten.
HSBC (Cardinal Rosales Ave; ⊙ Mo–Fr 9–16 Uhr) Abhebungslimit 40 000 P am Geldautomaten; gegenüber vom Ayala Center.

INTERNETZUGANG
Die meisten Malls haben ein bis zwei Internetcafés.
1Waretech (F Ramos St; 15 P/Std.; ⊙ 24 Std.)
Cebu Central Internet Cafe (Palaez St; 15 P/Std.; ⊙ 9–23 Uhr)

KARTEN
In den Reisebüros und einigen Hotels gibt es ausreichende Karten kostenlos zum Mitnehmen. Die gern gekaufte E-Z-Stadtkarte von Cebu City (100 P) umfasst Cebu City, Mandaue und Mactan Island.

See- und topografische Karten kann man bei der **National Mapping & Resource Authority** (NAMRIA; Room 301, 3. Stock, Osmeña Bldg, Ecke Pres Osmeña Blvd & D Jakosalem St; ⊙ Mo–Fr 8–12 & 13–17 Uhr) beziehen.

MEDIZINISCHE VERSORGUNG
Cebu Doctors Hospital (📞 032-255 5555; Pres Osmeña Blvd; ⊙ 24 Std.)
Chong Hua Hospital (📞 032-255 8000; M Cui St) Die empfehlenswerteste medizinische Einrichtung in Cebu City.

NOTFALL
Botfall-Hotlines (📞 032-166, 032-161)
Report Child Sex Tourism National Hotline (📞 in Manila 02-524 1660)
Touristenpolizei (📞 0939 519 4321, 032-412 1838)

POST
Vor dem Haupteingang zum Ayala Center befinden sich Niederlassungen internationaler Postdienste.
Central Post Office (Quezon Blvd; ⊙ Mo–Sa 8–17 Uhr) Ein Wahrzeichen in Downtown gegenüber von Fort San Pedro.

REISEBÜROS
Auch in den meisten Einkaufszentren werden Flugtickets sowie Tickets für einige Schiffslinien verkauft.
Grand Hope Travel (📞 032-255 4091; grand hope_travel@yahoo.com; Rajah Park Hotel, Fuente Osmeña Circle; ⊙ 8–18 Uhr) Verkauft

Tickets für Schnellboote nach Ormoc und Tagbilaran.
Uni-Orient Travel (032-253 1866; www.uniorient.com; Diplomat Hotel, 90 F Ramos St; 8.30–17.30 Uhr) Befindet sich mit anderen Reisebüros im Foyer des Hotels Diplomat.

TOURISTENINFORMATION

Airport Tourist Information Desk (Mactan-Cebu International Airport; 5-21 Uhr) Am Ankunft-Terminal; das Personal ist überaus hilfsbereit.

Bureau of Immigration (032-340 1473; P Burgos St, Mandaue) Das BOI hat zwei Büros in Mandaue, einem Vorort von Cebu – eines hinter der Feuerwehr von Mandaue, das zum Zeitpunkt der Recherche wegen Renovierungsarbeiten geschlossen war, und ein neues Büro in der J Centre Mall (032-340 1473; AS Fortuna St). Außerdem gibt's ein Büro in Lapu-Lapu City in der Mactan Gaisano Mall.

Cebu City Tourism Commission (032-412 4355; www.cebucitytourism.com; Pres Osmeña Blvd; Mo–Fr 8–17 Uhr) Beantwortet die meisten Fragen zur Stadt und organisiert auch geführte Stadtbesichtigungen mit authorisierten Guides. Für einen Stadtspaziergang auf eigene Faust durch die Downtown nach der Broschüre „Cebu Heritage Walk" fragen.

Department of Tourism Region VII Office (032-254 2811; LDM Bldg, Legazpi St; Mo–Fr 8–17 Uhr) Bietet Infos zur gesamten Region Central Visayas, inkl. einige Karten und nützliche Faltblätter.

Travellers Lounge (032-232 0293; 6–20.30 Uhr) Diese praktische Lounge gleich außerhalb der SM City Mall hat Gepäckschließfächer (30 P, Abholung noch am selben Tag) und Duschen (50 P) und verkauft auch Tickets für einige Fährverbindungen.

❶ An- & Weiterreise

Dank seines großen Seehafens ist Cebu der Verkehrsknotenpunkt der ganzen Region, der wie ein Strudel die Reisenden aufsaugt und sie an den Zielorten überall in den Visayas wieder entlässt.

BUS

Cebu hat zwei große Busbahnhöfe: die **South Bus Station** (Bacalso Ave) und die **North Bus Station** (032-345 8650/59; M Logarta Ave) hinter der SM City Mall. Ceres Bus Liner ist die bedeutendste Busgesellschaft, die von beiden Terminals aus verkehrt.

Von der South Bus Station fahren Busse etwa alle 15 Min. nach Bato (170 P, 4 Std.) über Moalboal (P115, 3½ Std.) oder über Argao (83 P, 2 Std.) und Oslob (155 P, 3½ Std.). Schnellere, klimatisierte Vans („V-hires") fahren nach Moalboal (100 P, 2 Std.) von der **Citilink Station** (Bacalso Ave), nahe der South Bus Station, wo auch viele Vans nach Toledo (100 P, 2 Std.) abfahren.

Von der North Station fahren Ceres-Busse etwa alle 30 Minuten nach Hagnaya (normale Busse/mit Klimaanlage 132/160 P, 3½ Std.) zur Weiterfahrt nach Bantayan Island und nach Maya (180 P, 4½ Std.) mit Anschluss nach Malapascua Island.

FLUGZEUG

Cebus touristenfreundlicher Mactan-Cebu International Airport (S. 505) befindet sich auf Mactan Island, 15 km östlich von Cebu City. Für internationale Flüge ist eine Flughafensteuer von 550 P fällig, die bar bezahlt werden muss.

Innerhalb der Philippinen fliegen die großen Fluggesellschaften Manila sowie eine immer größere Zahl von Provinzstädten an, darunter Bacolod, Cagayan de Oro, Caticlan, Davao, Iloilo, Legazpi, Puerto Princesa, Siargao und Tacloban.

Einige Fluggesellschaften unterhalten Büros am MCIA.

AirAsia Zest (www.airasia.com)
Cebu Pacific (032-230 8888; www.cebupacificair.com)
Philippine Airlines (PAL; 032-340 9780; www.philippineairlines.com)
Tiger Airways (in Manila 02-798 4499; www.tigerair.com)

SCHIFF/FÄHRE

Cebus großer Hafen mit seinen zahlreichen Piers ist mit dem übrigen Inland über eine Armada von sogenannten High Speed Crafts (HSC, Schnellbootfähren), langsameren „roll-on, roll-off"-(RO-RO)-Autofähren und den großen Passagierfähren mit mehreren Decks verbunden.

Alle Infos zum Fährverkehr sind Änderungen unterworfen. Die Zeitung *Cebu Daily News* veröffentlicht einen Fahrplan, der im Allgemeinen verlässlich ist, dennoch sollte man die Fahrzeiten noch einmal direkt bei den Schiffslinien überprüfen. Ebenso sollte man sich den Pier bestätigen lassen, von dem die Fähre ablegt.

In den meisten Fällen befinden sich die Ticketschalter der Schiffsgesellschaften an demselben Pier, von dem die Fähren ablegen. Tickets für 2GO, Supercat 2GO, Oceanjet und Trans-Asia werden in der Travellers Lounge der SM City Mall (S. 317) verkauft. Einige Reisebüros verkaufen Tickets für verschiedene Fähren und Büros der Agentur 2GO gibt's in allen Malls.

Schiffslinien in Cebu City:
2GO Travel (032-233 7000; http://travel.2go.com.ph; Pier 4)
Cokaliong Shipping (032-232 7211-18; Pier 1)
Gabisan Shipping Lines (0917 791 6618; Pier 3)
George & Peter Lines (032-254 5154; Pier 2)
Island Shipping (032-416 6592; Pier 3)

Lite Shipping (032-416 6462; Pier 1)
Medallion Transport (032-412 1121; Pier 3)
Oceanjet (032-255 7560; www.oceanjet.net; Pier 1) Oceanjet betreibt HSCs nach Tagbilaran (520 P, 2 Std, 5-mal tgl.) und Dumaguete (970 P, 4 Std., 2-mal tgl.).

Philippine Span Asia (032-232 5361-79; Sulpicio Go St, Reclamation Area) Philippine Span Asia fährt sonntags (9 Uhr) und mittwochs (20 Uhr) nach Manila.
Roble Shipping Lines (032-419 1190-95; Pier 3)

SCHIFFE AB CEBU CITY

ZIEL	TYP	UNTERNEHMEN	PREIS (P)	DAUER (STD.)	HÄUFIGKEIT
Biliran					
Naval	RORO	Roble Shipping	450	9	Mo, Mi, Fr, Sa 20.30 Uhr
Bohol					
Getafe	HSC	MV Star Crafts	200	1	4-mal tgl.
Tagbilaran	HSC	Oceanjet, Weesam, Supercat 2GO	500–650	2	regelm.
Tagbilaran	RORO	Lite Shipping	210	4	2-mal tgl.
Talibon	RORO	VG Shipping	240	4	12 & 22 Uhr
Tubigon	HSC	MV Star Crafts	220	1	8-mal tgl.
Tubigon	RORO	Lite Shipping, Island Shipping	100	3	mehrmals tgl.
Leyte					
Bato	RORO	Medallion	280	5½	20.30 Uhr
Hilongos	HSC	Gabisan	280	3	14.30 Uhr
Hilongos	RORO	Gabisan, Roble	240	5	tgl.
Ormoc	HSC	Oceanjet, Supercat 2GO, Weesam	625	2½	mehrmals tgl.
Ormoc	RORO	Lite Shipping	400	5	tgl.
Luzon					
Manila	Passagier	2GO, Philippine Span Asia	1200	23	Di, Mi, Fr, So
Masbate					
Masbate	Passagier	2GO, Trans-Asia	700	10	Mo, Mi, So
Mindanao					
Cagayan de Oro	Passagier & RORO	2GO, Super Shuttle Ferry & Trans-Asia	650–980	8–12	1- oder 2-mal tgl.
Camiguin	RORO	Super Shuttle Ferry	880	11	Fr 20 Uhr
Surigao	RORO	Cokaliong	825	7	6-mal wöchentl.
Zamboanga	RORO	George & Peter	1000	29	Mo 22 Uhr
Negros					
Dumaguete	RORO	Cokaliong & George & Peter	300	6	tgl.
Dumaguete	HSC	Oceanjet	950	4½	tgl. 8 Uhr
Panay					
Iloilo	Passenger	Trans-Asia	600	12	4-mal wöchentl.
Samar					
Calbayog	RORO	Cokaliong	690	11	Mo, Mi, Fr
Catbalogan	RORO	Roble	650	12	Mo, Do
Siquijor					
Larena	RORO	Lite Shipping	350	8	3-mal wöchentl.
Siquijor Town	HSC	Oceanjet	1410	6	tgl.

M/V Star Crafts (032-520 5212; Pier 1)
Supercat 2GO (032-233 7000; www.2go.com.ph; Pier 4) Die HSC von 2GO.
Super Shuttle Ferry (032-345 5581; Pier 8)
Trans-Asia Shipping Lines (032-254 6491; www.transasiashipping.com; Pier 5)
VG Shipping (032-238 7635; Pier 3)
Weesam Express (032-231 7737; www.weesam.ph; Pier 4)

Unterwegs vor Ort

Taxis sind das beste Verkehrsmittel, um sich in Cebu fortzubewegen. Sie sind preiswert, sehr zahlreich, man kann sie leicht anhalten und in den meisten Fällen schalten sie auch den Taxameter ein. Die Grundgebühr beträgt 40 P und danach 3,50 P für jede weiteren 300 m (oder für je 2 Min. Wartezeit). Jeepneys eignen sich vorzüglich für kurze Fahrten (8 P) entlang der großen Boulevards und um wichtige Wahrzeichen wie die Ayala Mall, die SM City Mall oder den Carbon Market zu erreichen (es genügt, die Zielangabe zu lesen).

ZUM/VOM FLUGHAFEN

Nach Verlassen des Terminals nach rechts gehen und nach dem Stand mit den gelben Airport-Taxis Ausschau halten; die Grundgebühr beträgt 70 P und eine Fahrt in die Stadt kostet 300–350 P. Einen Taxistand mit normalen Taxis gibt's eine Ebene höher, bei den Abflügen, wobei es zu Warteschlangen kommen kann. Die Fahrt mit einem normalen Taxi in die Stadt kostet etwa 200–250 P. Um die Warteschlange zu vermeiden, kann man ein Coupon-Taxi nehmen, das einen gegen eine feste Gebühr von 475/350 P zu den meisten Zielen in Cebu City/Mactan bringt. Mit öffentlichen Verkehrsmitteln ins Stadtzentrum zu fahren bedeutet, mit einem Jeepney dreimal umzusteigen. Wer aber unbedingt darauf besteht, kann beim hilfsbereiten Touristeninformationsbüro im Ankunftsterminal nach Fahrten ins Zentrum fragen.

ZUM/VOM PIER

Vom Hafen gelangt man nach Uptown mit einem der Jeepneys, die zum Pres Osmeña Blvd fahren, danach umsteigen in ein Jeepney, das nach Uptown fährt. An den Piers gibt's jede Menge Taxis; die Fahrt bis nach Fuente Osmeña kostet ca. 70 P.

Rund um Cebu City

Mactan Island

032 / 325000 EW.

Wer nach Cebu City fliegt, landet tatsächlich auf der nahen Insel Mactan (manchmal auch Lapu-Lapu genannt). Die geschäftige Insel, die über zwei Brücken mit Cebu City verbunden ist, hat vor ihrer südöstlichen Küste einige tolle Tauchspots und ihre Resorts sind besonders beliebt bei Trips von und nach Manila, Hongkong und Korea. Einzelreisende kommen hierher meist wegen der Möglichkeiten für Inselhopping-Trips in der Straße von Bohol zwischen Cebu und Bohol.

Sehenswertes

Mactan Shrine   HISTORISCHE STÄTTE

Mactan war der Schauplatz eines der entscheidenden Momente der philippinischen Geschichte. Hier wurde am 27. April 1521 Ferdinand Magellan durch den Häuptling Lapu-Lapu tödlich verwundet. An dieses Ereignis erinnert am Mactan Shrine eine steinerne Gedenktafel mit dem Datum, an dem Magellan niedergestreckt wurde. Daneben befindet sich die Statue eines übergroßen, drohenden Lapu-Lapu, der eher einem Actionhelden ähnelt.

In den Monaten vor diesem schicksalhaften Tag war es Magellan gelungen, die Gunst der meisten mächtigen Häuptlinge dieser Region zu gewinnsen – außer von Lapu-Lapu. Daher brach Magellan mit 60 seiner tapfersten Kämpfern zur Insel auf, um diesem eine Lektion in Sachen Kanonenbootdiplomatie zu erteilen. Aber Lapu-Lapu und seine Leute leisteten erbitterten Widerstand und bald schon saß Magellan wieder in seinem Boot – tödlich verwundet von einem Speer, der ihn am Kopf getroffen, und von einem vergifteten Pfeil, der ihn am Fuß verletzt hatte.

Alegre Guitar Factory   KUNSTHANDWERK

(Old Maribago Rd; Mo–Sa 7.30–18.30, So 8–18 Uhr) Mactan ist ein berühmtes Zentrum des Gitarrenbaus und dieser Betrieb in Abuno, der nur eine kurze Fahrt mit einem Jeepney oder Tricycle vom beliebten Resortbereich von Maribago entfernt liegt, ist der beste Ort, um beim Bau der Gitarren zuzuschauen – wer will, kann auch welche kaufen. Die Preise schwanken zwischen 2500 P für Billigware, die sich nur zur Dekoration eignet, und 70 000 P für Instrumente in „Exportqualität". Das teuerste Modell ist aus erlesenem, aus Madagaskar importiertem Ebenholz gefertigt. Es sind auch schöne einheimische, von Hand gearbeitete Mandolinen erhältlich.

Aktivitäten

Die Korallenriffe rund um das dicht bevölkerte Mactan wurden durch die lange Jahre praktizierten umweltzerstörerischen

Fischereimethoden stark in Mitleidenschaft gezogen. Trotzdem gibt es noch immer überraschend gute Tauchgründe in den von Schildkröten wimmelnden Gewässern vor Mactan und den nahen Inseln Nalusuan und Hilutungan, wo Meeresschutzgebiete eingerichtet wurden. Es ist wirklich eine Seltenheit, in unmittelbarer Nähe eines internationalen Flughafens gute Tauchreviere zu finden, deshalb fliegen Tauchfreunde aus Korea und Hongkong oft einfach nur für ein Wochenende nach Mactan.

Die Preise für Tauchgänge sind für philippinische Standards recht hoch und betragen durchschnittlich 2500 P pro Tauchgang einschließlich Ausrüstung. **Free Crew Dive Center** (032-495 4210; www.freecrew-diving.com; Maribago Wharf) widersetzt sich dem Trend und und verlangt pro Tauchgang vor dem Ufer nur 1000 P. Es ist teurer, auf die Inseln zu gelangen. Weitere namhafte Anbieter sind **Kon-Tiki Divers** (032-495 2471; www.kontikidivers.com; Club Kon Tiki, Maribago Beach) und **Freediving HQ** (0917 718 5508; http://freedivinghq.com; Mar Beach, Marigondon); Letzterer bietet Kurse im Apnoetauchen an und hat auch Unterkünfte.

Schlafen & Essen

Einzelreisende sollten die Gegend von Maribago, etwa in der Mitte des südöstlichen Küstenstreifens gelegen, ansteuern. Hier befinden sich exklusive, vielstöckige Resorthotels, die ansonsten besonders Familien anziehen. Nach kostenlosem Transport zum Flughafen fragen.

Rund um den Flughafen

Hotel Cesario HOTEL $$
(032-340 0211; ML Quezon Hwy; DZ inkl. Frühstück ab 1400 P;) Die Zimmer zeigen erste Abnutzungserscheinungen, das Cesario ist aber das einzige Flughafenhotel, das die Geldbörse nicht sprengt – und es bietet ein paar Vorteile, z. B. Gratis-Transfer zum Flughafen und kostenlose Nutzung des Pools des benachbarten Hotels Bellavista.

Waterfront Airport Hotel & Casino HOTEL $$$
(032-340 4888; www.waterfronthotels.com.ph; Airport Rd; DZ ab 3200 P) Jene, die ihrem Flughafen-Zwischenstopp einen Hauch von noblem Zeitvertreib verleihen wollen, sind in dieser jüngeren, weniger prächtigen Version des Waterfront Hotels aus Lahug gerade richtig. Preise und Ausstattung sind zwar vergleichbar, aber das Airport-Hotel ist entspannter.

Südostküste

La Place PENSION $
(0922 851 5422; Quezon National Hwy; DZ ohne/mit Bad 800/1000 P, 4BZ 500 P/Bett;) Das La Place, das in etwa gegenüber dem Maribago Grill liegt, ist fast ein Boutiquehotel. Es hat schicke Zimmer, noch schickere Gemeinschaftsbäder und eine beliebte Restaurant-Bar in einem oasenähnlichen Garten.

Club Kon-Tiki STRANDRESORT $$
(032-495 2434; www.kontikidivers.com; Maribago Beach; EZ 1125–2025 P, DZ 1350–2250 P;) Mactans beste Option in der mittleren Preisklasse – ein friedlicher, abgeschiedener Ort, unmittelbar am Wasser gelegen, mit Kokospalmen und einem von der Brise umwehten Freiluft-Restaurant. Es gibt keinen eigentlichen Strand, aber die Luxuszimmer bieten Meerblick.

★ Abacá Boutique Resort & Restaurant STRANDRESORT $$$
(032-495 3461; www.abacaresort.com; Punta Engano Rd; Suite & Villen inkl. Frühstück 15 900–28 900 P;) Das ultimative Abacá-Boutiquehotel bietet jeden nur erdenklichen Luxus. Mit seiner abgeschiedenen, ruhigen Lage direkt am Meer, einem riesigen Pool und Butler-Service wirkt es, als könne man jeden Moment James Bond begegnen, weil er gerade an der Poolbar einen Martini schlürft. Die Zimmer wurden von einheimischen Designern in dunklem Holz, warmen Farbtönen und einem kühlen Mix aus Schiefer und Stein gestaltet.

Und das exklusive Abacá-Restaurant (Hauptgerichte 750–1500 P) ist in Cebu einfach einzigartig. Dies allein könnte schon einen Besuch von Mactan Island rechtfertigen, auch wenn es keinen großen Strand gibt.

Inday Pina's Sutukil SEAFOOD $
(Mactan Shrine; 7.30–22 Uhr) Das beste der rustikalen Seafood-Restaurants, die sich hinter dem Marktviertel neben dem Eingang zum Mactan Shrine verbergen. Der Gast kann die Meeresfrüchte selbst auswählen, beschnuppern und sie dann dem Koch weiterreichen. Tintenfisch, Zackenbarsch, Hummer und Krabben gibt's täglich zu marktüblichen Preisen (180 P/kg für Tintenfisch und bis zu 750 P für Krabben und Zackenbarsch).

Maribago Grill & Restaurant SEAFOOD $$
(Quezon National Hwy, Maribago; Hauptgerichte 100–450 P; 10–22 Uhr) Einzeltische unter Nipa-Hütten liegen verstreut in einem üppigen, bunt beleuchteten Garten und locken gleichermaßen Einheimische und Reisende in diesen Speisetempel. Die Meeresfrüchte wählt man selbst aus und verspeist dann die Knoblauchkrabben oder die dekadenten Hummer mit den Fingern.

🛈 Anreise & Unterwegs vor Ort

Jeepneys verkehren den ganzen Tag über von Lapu-Lapu nach Cebu City (15 P). Ein Taxi von Cebu ins Bad an den Stränden im Südosten kostet mindestens 300 P. Auf der Insel selbst sind die Jeepneys und Tricycles für kurze Strecken gut geeignet, man sollte aber vor Antritt der Fahrt in einem Tricycle mit dem Fahrer unbedingt einen Festpreis aushandeln – für Kurzstrecken dürften 50 P reichen. Taxis kann man überall mühelos herbeiwinken.

Olango Island & Umgebung

📞 032 / 30 000 EW.

Mit einer öffentlichen *bangka* sind es nur knapp 20 Minuten von Mactan bis zum Olango Island, wo sich das **Olango Island Wildlife Sanctuary** (📞0915 386 2314; www.olangowildlifesanctuary.org; Eintritt 100 P; 9–17 Uhr, an den wichtigsten Feiertagen geschl.) befindet. Das Naturschutzgebiet im Süden des Eilands umfasst 1030 ha flache Sandstrände und Mangrovenwald und hat die landesweit reichsten Bestände an Zugvögeln – rund 48 Zugvogelarten, darunter die seltenen Schneereiher, Steppenschlammläufer sowie mehrere Arten von Strandläufern und Bachstelzen.

Die richtige Zeitplanung ist hier das A und O. Die besten Monate zur Vogelbeobachtung sind der Oktober und November für den ost- und südasiatischen Vogelzug nach Süden bzw. der Februar und März für den Vogelzug nach Norden. Die Beobachtung sollte bei Ebbe stattfinden, wenn die Vögel scharenweise die Strände bevölkern und nach Würmern, Schnecken und kleinen Fischen suchen. Zwischen März und August halten sich hier nicht viele Vögel auf, dennoch bewahrt das Schutzgebiet seine einsame Schönheit. Mit Island Buzz Philippines (S. 311) kann man Kajaktouren durch den Mangrovenwald unternehmen. Vom Santa-Rosa-Pier in Olango bis zum Schutzgebiet ist es nur eine 15-minütige Fahrt mit dem Tricycle (250 P hin und zurück inkl. Wartezeit).

Olango ist auch für seine **schwimmenden Restaurants** auf der Rückseite der Insel im *barangay* Caw-oy bekannt. Dabei handelt es sich eindeutig um Touristenfallen, die das Doppelte dessen verlangen, was man anderswo für gegrillte Schalentiere, Tintenfisch und Krabben zahlt. Wer dennoch hingeht, sollte zuerst einen Preis verhandeln, denn Preise sind (aus leicht nachvollziehbaren Gründen) nicht ausgeschrieben. Und die meisten Inselhopping-Touren führen ihre Gäste gern hierher, denn die Bootsführer erhalten dafür eine Provision. Als Alternative bietet sich an, vom Santa-Rosa-Pier ein Tricycle (50 P, 10 Min.) zu nehmen.

Südlich von Olango liegen eine ausgedehnte, als **Olongo Reef Flat** bekannte Flachwasserzone sowie drei weitere Inseln, die häufig von Inselhopping-Touren angesteuert werden und über Unterkünfte verfügen: Nalusuan Island, Hilutangan Island und Caohagan Island.

Nalusuan Island ist dabei am attraktivsten, dank seines vorzüglichen Meeresschutzgebietes, das vom privaten **Nalusuan Island Resort & Marine Sanctuary** (📞032-516 6432; www.nalusuanislandresort.com; Zi. P3500; ❄🛜) geführt wird. Es ist einfach herrlich, am Küstenriff zu schnorcheln, und die über dem Wasser gebauten Pfahl-Cottages mit eigenem Balkon sind ein Highlight, vor allem, wenn man bedenkt, wie nahe sie bei Cebu liegen. Ab spätem Vormittag bis frühen Nachmittag bevölkern Scharen von Tagestouristen die Insel, doch sobald sie wieder weg sind, hat man die Insel praktisch für sich. Strom und Klimaanlage gibt's zwischen 6 Uhr morgens und 8 Uhr abends. Tagesausflügler zahlen fürs Schnorcheln oder Tauchen vor dem Riff und die Nutzung der Einrichtungen des Resorts eine Gebühr von 200 P. Die Hin- und Rückfahrt der Resort-Gäste mit dem Boot kostet 2000 P.

Unmittelbar nordwestlich von Nalusuan liegt die größere und dichter besiedelte **Hilutangan Island**. Auch diese Insel ist von einem **Marine Sanctuary** (Eintritt 200 P) umgeben, obwohl die Möglichkeiten zum Schnorcheln hier nicht so gut sind wie auf Nalusuan, denn die Riffe wurden vor Jahren durch umweltzerstörende Fischereimethoden und die Chlorbleiche beschädigt. Das einzige Resort auf der Insel wurde stillgelegt, die **Unterbringung bei Gastfamilien** (📞0916 231 3391; 500 P) kann aber im Südosten der Insel organisiert werden – nach Wilson fragen, der auch eine einfache Nipa-Hütte über dem Wasser zur Verfügung stellen kann, die eine interessante Nacht verspricht. Im Nordwesten der Insel gibt es einige belebte Restaurants, die vor allem auf Tagesausflügler ausgerichtet sind.

Wer sich jedoch eher nach einer Robinson-Crusoe-Erfahrung sehnt, der kann auf seiner Inselhopping-Tour einen Zwischenstopp auf der weniger bekannten **Caohagan Island** (Eintritt 200 P) einlegen. Die Insel hat einen netten Strand, den einige Imbissstände für Meeresfrüchte und ein einziges **Resort** (0917 623 3158; Zi. ohne/mit Bad 2000/3400 P) säumen. Letzteres befindet sich in japanischem Besitz und hat keinen elektrischen Strom. Die Unterkünfte an der Strandpromenade sind schlicht und überteuert.

❶ An- & Weiterreise

Maribago Wharf auf Mactan ist der beste Ort, um Inselhopping-Touren zu organisieren, in deren Verlauf man bis zu vier inseln ansteuert. Der Standardpreis beträgt 2500 P und umfasst auch die zur Verfügung gestellte Schnorchelausrüstung. Der Punta Engaño Port neben dem Hilton und der Marigondon Wharf neben dem Plantation Bay Resort sind auch gute Anlaufstellen, um Boote zu finden. Die Resorts können solche Touren ebenfalls zusammenstellen, erheben aber natürlich einen Extrazuschlag.

Öffentliche *bangkas* verkehren vom Punta Engaño Port nach Santa Rosa, Olango Island (15 P, 20 Min., alle 40 Min.), in beiden Richtungen bis um 18 Uhr. Jeden Nachmittag gibt es auch öffentliche *bangkas* nach Hilutangan (vom Cordova-Pier) und Caohagan (vom Marigondon Wharf), die am nächsten Morgen nach Mactan zurückkehren.

Danao

032 / 119 252 EW.

Mit seiner reizvollen bergigen Kulisse ist die 25 km nördlich von Cebu gelegene Küstenstadt Danao der Ort, in dem man die Fähre zu den Camotes Islands besteigt. Neben dem Pier erhebt sich die grazile, 1755 aus Korallenstein erbaute **St. Tomas de Villanueva Church**, die 1981 vor dem Niedergang bewahrt und restauriert wurde.

Die Fahrpläne wechseln häufig, man kann aber mit mindestens fünf Abfahrten täglich nach Consuelo auf Pacijan Island mit **Jomalia Shipping** (032-346 0421; 180 P, 2 Std.) rechnen. Die letzte Fähre fährt um 17.30 Uhr, allerdings gibt es freitags, samstags und sonntags eine zusätzliche Fähre um 21 Uhr.

Malapascua Island

032 / 4500 EW.

Es sind die Weltklasse-Tauchspots, die die meisten Besucher auf die winzige, idyllische Insel Malapascua locken, während die reizvollen Strände und die Lebensfreude ihren Ruf als eines der beliebtesten Urlaubsziele Cebus rechtfertigen. Tauchen mit Fuchshaien ist die Hauptattraktion, denn nirgendwo sonst in der Welt tummeln sich diese Haie mit ihrer ausgeprägten Körperform in flacherem Wasser als in Mondad Shoal.

Malapascua wurde direkt vom Taifun Yolanda getroffen, der alle Inselbewohner obdachlos machte und die meisten Kokospalmen zerstörte. Wundersamerweise gab es aber keine Todesopfer. Die meisten Resorts wurden in kürzester Zeit wiederaufgebaut, obwohl zum Zeitpunkt der Recherche die abgelegeneren Gegenden der Insel noch immer etwas verwüstet aussahen.

Wer von Maya nach Malapascua unterwegs ist, aber die letzte Fähre verpasst, kann in der **Abba Family Lodge** (0926 984 9333; EZ/DZ ab 200/300 P; ❄), übernachten, die sich 100 m vom Pier entfernt befindet.

🏃 Aktivitäten

Wenn man gerade nicht taucht, kann man hier auf dem weißen Sand des **Bounty Beach** herrlich entspannen, denn eine Reihe von Resorts bietet Strandplätze. Gute drei Stunden dauert ein **Spaziergang** rund um die Insel, der zahlreiche Fotomotive und Sehenswürdigkeiten bietet – darunter ein **Friedhof** am Meeresufer mit verblichenen Grabsteinen, ein **Leuchtturm** in Guimbitayan und ein 12 m hoher **Aussichtsturm** in dem vom Taifun zerstörten Resort Los Bambos an der Nordwestspitze der Insel, der von einigen Wagemutigen als Plattform zum Klippenspringen benutzen. Es empfiehlt sich, Trinkwasser mitzubringen. Weite Teile der Insel kann man auch mit einem Motorrad erkunden, das für eine Gebühr von 200 P pro Stunde gemietet werden kann.

Tauchen

Taucher machen sich um 5 Uhr morgens nach **Monad Shoal** auf, wo sie in 25 m Tiefe am Meeresboden ausharren. Sie hoffen, die **Fuchshaie** zu sehen, die sich hier zur Morgentoilette versammeln, die von den wartenden Gemeinen Putzerlippfischen ausgeführt wird. Die Chancen, sie zu Gesicht zu bekommen, stehen gar nicht schlecht – sie

Malapascua Island

Malapascua Island

Sehenswertes
1 Los Bambos..A1

Aktivitäten, Kurse & Touren
Evolution Diving ....(siehe 4)
Exotic Divers.................................(siehe 5)
2 Fish Buddies...B4
3 Thresher Shark Divers A4

Schlafen
4 Evolution Resort B4
5 Exotic Island Dive Resort....................B4
6 Mike & Diose's Aabana Beach
 Resort...B4
7 Mr. Kwiz..B4
8 Ocean Vida..B4
Tepanee Beach Resort............(siehe 10)
9 Villa Sandra..A4
10 White Sand Bungalows A4

Essen
Amihan...(siehe 10)
Angelina ....(siehe 10)
11 Ging-Ging's Garden
 Restaurant..B4
12 Kiwi Bakhaw..B4

Ausgehen & Nachtleben
13 Cocoy's Maldito A4
14 Other Place A4

stehen bei etwa 75 %. Weitere Infos zu den Fuchshaien bietet das **Thresher Shark Research & Conservation Project** (www.threshersharkproject.org), das das Verhalten dieser Tiere in Monad Shoal untersucht. Tagsüber zieht Monad Shoal Mantarochen an.

Makrofotografen sind begeistert von der Gegend rund um **Gato Island**, einem Meeresschutzgebiet, das zugleich (Feb.–Sept.) Brutstätte für Seeschlangen ist. Das Passagierschiff **Dona Marilyn**, das 1988 während eines Taifuns sank und 250 Menschen in den Tod riss, bietet Weichkorallen sowie zahlreichen anderen Meereslebewesen Lebensraum. **Lapus Lapus Island** ist ein geeigneter Ort gleich vor der Nordwestspitze der Insel; man kann seinen Picknickkorb mitbringen, um den Tag am Strand zu genießen oder um die bei Ebbe sichtbar werdenden Höhlen zu erspähen.

Auf der Insel gibt es etliche Tauchschulen, die Tauchgänge zu Standardpreisen anbieten – ein Tauchgang kostet 25 US$, die Leihgebühr für die Ausrüstung 8 US$ und ein Tauchschein schlägt mit 350 US$ zu Buch. Die Tauchgebühr beträgt 50 P fürs Tauchen bei Monad Shoal, 150 P pro Tag für Tauchgänge an anderen Spots und 500 P, um vor Calangaman Island tauchen zu dürfen. Aus den Gebühren werden die Wächter bezahlt, die die Schwärme und Riffe kontrollieren.

Zu den empfehlenswertesten Tauchschulen auf Malapascua gehören **Evolution Diving** (0917 628 7333; www.evolution.com.ph), **Exotic Divers** (032-516 2990; www.malapascua.net) und **Thresher Shark Divers** (0927 612 3359; www.threshersharkdivers.com) sowie das preiswertere **Fish Buddies** (0917 576 8632; www.fishbuddies.net), wo ein Tauchgang inklusive Ausrüstung 1400 P kostet.

Inselhopping & Schnorcheln

Zu den guten Schnorchelspots gehören **Dakit Dakit Island**, eine kurze Bootsfahrt von Bounty Beach entfernt, und der **Coral Garden** vor der Ostküste der Insel. Eine kurze Schnorcheltour mit dem Boot kostet für eine kleine Gruppe 1200 P, die durchaus sehr verhandlungsfähig sind. Die weiter draußen liegenden Inseln **Carnassa** (1 Std.) und **Calangaman** (2 Std.) haben beide tolle

Strände und Schnorchelgründe, die Preise liegen bei etwa 3000 P für eine ganztägige Schnorcheltour.

🛏 Schlafen

Nach Preisnachlässen für die Nebensaison und Paketen für Tauchen und Unterkunft fragen.

★ Mike & Diose's Aabana Beach Resort   STRANDRESORT $

(☏ 0905 263 2914; www.aabana.de; DZ inkl. Frühstück 500–2200 P; ❄ 🛜) Großzügige Deluxe-Suiten, schicke Budget-Zimmer, große Doppelzimmer mit Klimaanlage und eigener Küche – egal, wofür man sich entscheidet, es ist die richtige Wahl. Das Resort bietet eindeutig das beste Preis-Leistungs-Verhältnis auf Malapascua. Die Hotelleitung ist überaus freundlich und hier am äußersten östlichen Ende des Bounty Beach fühlt man sich wie an einem Privatstrand.

White Sand Bungalows   BUNGALOW $

(☏ 0927 318 7471; www.whitesand.dk; Bungalow 900–1200 P; 🛜) Neben der Bootsanlegestelle am ruhigen Poblacion (Logon) Beach gelegen, bietet das in dänischem Besitz befindliche White Sand zu dezenten Preisen vier bequeme Nipa-Hütten mit Lofts und großen Balkonen. Der Service ist minimalistisch, dürfte aber die Gäste zufriedenstellen.

Villa Sandra   HOSTEL $

(☏ 0917 820 9041; jonjonmalapascua@gmail.com; B 300 P; @ 🛜) Das bei Backpackern sehr beliebte Hostel befindet sich neben der Grundschule im Dorf Logan und verfügt über einfache Doppel- und Vierbettzimmer mit Gemeinschaftsbad, eine Küche, einen Innenhof zum Entspannen, in dem Typen mit Dreadlocks herumhängen. Jonjon ist der gut informierte Gastgeber.

Mr Kwiz   PENSION $

(☏ 0906 620 5475; Zi. mit Ventilator/Klimaanlage 500/1500 P) Es ist im Dorf ein echtes Schnäppchen und sieht nach der Renovierung infolge der Taifunschäden ganz ordentlich aus. Selbst die Zimmer mit Ventilator haben eigene Bäder, Balkone und einige Möbel. Hier gibt's auch supergünstige Mahlzeiten. Der Zugang erfolgt über einen kleinen, neben dem Evolution Resort verlaufenden Pfad etwa 100 m vom Strand entfernt.

★ Tepanee Beach Resort   STRANDRESORT $$

(☏ 032-317 0124; www.tepanee.com; DZ 2200–2700 P; ❄ 🛜) An diesem von italienischer Hand geführten Hotel auf einer kleinen Anhöhe am Logon (Poblacion) Beach gibt es vieles, was gefällt: solide steinerne Hütten mit im balinesischen Stil gedeckten Dächern, robusten Holzböden und vorzüglichen Betten mit Moskitonetzen. Alle Zimmer haben eigene Balkone und bieten eine tolle Aussicht, aber die Zimmer mit Meerblick, die sich oberhalb eines privaten Strands befinden, sind das Beste, was Malapascua zu bieten hat.

Evolution Resort   STRANDRESORT $$

(☏ 0917 628 7333; www.evolution.com.ph; Zi. inkl. Frühstück mit Ventilator/Klimaanlage ab 2000/3500 P; ❄ 🛜) Das komfortable Taucherhotel im Süden des Strandes steht unter britisch-irischer Leitung und bietet Besonderes. Das Personal ist freundlich, die Zimmer sind einfach und bequem, während die Craic House Restaurant-Bar tolle Gerichte serviert – die scharf-würzigen Thunfischburger sind ein Traum. Die Duplex-Zimmer mit Ventilator, Balkonen und teilweise auch mit Meerblick dürften hier bevorzugt gebucht werden.

Exotic Island Dive Resort   RESORT $$

(☏ 032-516 2990; www.malapascua.net; EZ/DZ mit Ventilator ab 500/600 P, EZ/DZ mit Klimaanlage inkl. Frühstück ab 3100/3600 P; ❄ 🛜) Das am ruhigen östlichen Ende des Bounty Beach gelegene Exotic ist eine aus zwei Resorts bestehende Einheit. Den Hauptkomplex bildet ein eigenständiges Taucherresort, das einige der tollsten Zimmer von Malapascua bietet (unbedingt nach einem Zimmer mit Meerblick fragen). Getrennt vom Haupthotel befindet sich der „Backpacker"-Komplex mit Doppelzimmern mit Ventilator, die für Paare mit kleinerem Geldbeutel bestens geeignet sind. Hier gibt es hohe Nebensaison-Preisnachlässe.

Ocean Vida   STRANDRESORT $$

(☏ 0917 303 8064; www.ocean-vida.com; EZ/DZ inkl. Frühstück mit Ventilator 2400/2900 P, mit Klimaanlage ab P3400/3900; ❄ 🛜) Dieses Strandhotel mit Rundumservice steht mitten am Bounty Beach und bietet hinter seinem beliebten Restaurant direkt am Meer einige der reizvollsten Zimmer in Malapascua. Vornehme Betten, gemütliche eigene Balkone, tolle Drucke an den Wänden und eine Reihe dunkel gebeizter Holzmöbel bilden die Highlights. Es lohnt sich, für ein Zimmer mit Blick zum Strand tiefer in die Tasche zu greifen.

✖ Essen & Ausgehen

Die meisten Bars bieten eine Happy Hour von 17 bis 18 Uhr.

Ging-Ging's Garden Restaurant
PHILIPPINISCH $

(Hauptgerichte 60–100 P; 7–22 Uhr;) Im Hinterland des Strandes gelegen, bietet das Ging-Ging's schmackhafte, billige und sättigende vegetarische Gerichte und Currys.

Kiwi Bakhaw
PHILIPPINISCH $$

(Mahlzeiten 130–180 P; 7–22 Uhr) Es lohnt sich, dieses Restaurant wegen des großartigen Cordon bleu und der Currys näher kennenzulernen. Es braucht etwas Zeit, bis die erstklassigen Zutaten zubereitet werden; man muss mit einer Wartezeit von einer Stunde rechnen. Insektenspray mitbringen. Man erreicht das Restaurant, indem man vom Weg neben dem Mike & Diose's Resort zum Malapascua Starlight Hotel geht, dann rechts abbiegt und geradeaus weitergeht.

★ Angelina
ITALIENISCH $$$

(Hauptgerichte 255–595 P; 8–22 Uhr) Die namengebende Chefin dieses *ristorante* am Poblacion Beach kocht himmlische Gerichte, sodass man sich noch Wochen später nach italienischen Speisen sehnt. Die selbstgemachten *tagliatelle asparagi* sind eine al-dente-Köstlichkeit und probieren sollte man auch das Wein-Risotto mit Krabben, Shrimps und gekochtem Tintenfisch. Viele Zutaten werden aus Italien eingeführt und es gibt auch eine umfassende Weinkarte.

Amihan
MEDITERRAN $$$

(Hauptgerichte 350–500 P; 5–22 Uhr;) Auf einer Anhöhe über dem Poblacion Beach gelegen, verleiht das Amihan, in dem man nur zu Abend essen kann, der europäischen Küche philippinische Akzente. Außer den schmackhaften *kinilaw* und *lumpia* gibt es Pasta und einen opulenten Mixed Grill. Die Auswahl an vegetarischen Gerichten und sensationellen Desserts ist groß.

Cocoy's Maldito
BAR

(24 Std.) Am Poblacion Beach gelegen, ist das Cocoy's die lauteste und beliebteste Bar von Malapascua, in der es bis spät in der Nacht hoch hergeht. Barspiele wie Tischfußball und Billard locken Zocker, die durch starke Cocktails zum Dableiben verleitet werden.

Other Place
BAR

Wir lieben diese Bar – nicht nur weil sie sich in liechtensteinischem Besitz befindet, sondern auch wegen der großartigen Burger und der coolen Gäste. Hier entspannen die Einheimischen.

❶ Praktische Informationen

Da es auf Malapascua keine Geldautomaten gibt, sollte man sich zuvor mit Bargeld eindecken. Der nächste Geldautomat befindet sich in Bogo.

❶ An- & Weiterreise

Bangkas von Maya (80 P, 30 Min.) nach Malapascua legen ab, wenn sie voll sind, im Allgemeinen stündlich bis gegen 17.30 Uhr (bis 14 Uhr von Malapascua). Die Abfahrt erfolgt auf Malapascua meist vom Poblacion Beach, aber während des *habagat* (des Südwestmonsuns von Juni–Okt.) kann es passieren, dass die Reisenden das Boot am Bounty Beach oder sogar jenseits des Bounty Beach in Pasil verlassen müssen.

In Maya sind die Bootsführer dafür berüchtigt, dass sie vor allem am späten Nachmittag, unter dem Vorwand, keine Fahrgäste mehr zu haben, die Touristen zu überzeugen versuchen, für eine Sonderfahrt extra zu bezahlen. Keine Panik – das letzte Boot fährt immer gegen 17.30 Uhr ab.

Von Maya verkehrt eine *bangka* jeden Morgen um 10 Uhr (300 P, 1¾ Std.) auch nach San Isidro, Leyte. Und vom Polambato Pier bei Bogo, eine Stunde südlich von Maya, unterhält die Schiffslinie **Super Shuttle Ferry** (0906 291 2573) täglich um 12 Uhr eine RORO-Autofähre nach Palompon, Leyte (250 P, 3 Std.). Die Abfahrt in Palompon ist um 7.30 Uhr. Außerdem gibt es um Mitternacht eine Bootsverbindung von Polambato nach Cataingan und Cawayan auf Masbate.

Die Ceres-Busse (normale/Klimaanlage 163/180 P, 4½ Std.) fahren vom Pier in Maya nach Cebu alle 30 Minuten bis zum frühen Abend.

Bantayan Island

032 / 137 000 EW.

Wer einfach nur auf der Suche nach einem Ort zum Faulenzen ist, wird Bantayan Island lieben. Keine Tauchspots, keine Kanufahrten und keine Vulkane zum Besteigen, nur blendend weißer Sandstrand, fantastisches Essen und lebhafte Orte zum Ausgehen. In der lockeren, idyllischen Stadt Santa Fe an der Südküste der Insel gibt's den schönsten Strandabschnitt und entspannte Resorts. Etwa 10 km westlich von Santa Fe liegt Bantayan Town (15 P mit dem Jeepney), das gut erhaltene Verwaltungszentrum der Insel.

In der Karwoche verwandelt sich Bantayan in eine riesige Fiesta. Die Menschen schlafen am Strand, die Einheimischen vermieten ihre Häuser und die Hotelpreise steigen um das Zwei-, Drei- und sogar Vierfache an.

🏃 Aktivitäten

Inselhopping-Touren zu den nahe gelegenen **Hilantagaan Island** und **Virgin Island**, die Korallenformationen haben, sind möglich. Eine halbtägige Tour für bis zu drei Personen kostet 800 P, ohne Schnorchelausrüstung.

Neben Schlafen und Lesen gehört die Erkundung der Insel auf zwei Rädern zu den beliebtesten Tätigkeiten. Die meisten Resorts stellen gegen eine Gebühr von 150 P/Tag ein Fahrrad zur Verfügung; Motorräder kann man am Pier oder in jedem Resort ab 300 P/Tag leihen.

Etwa 5 km südöstlich von Santa Fe und danach weitere 4 km abseits der Hauptstraße gibt es im Dorf Maricabon einen **Mangrovengarten** (Eintritt P50; ⏱8–17 Uhr), den man über einen Bambussteg auf Stelzen erreicht. Hier kann man Kajaks gegen eine Gebühr von 150 P/Std. leihen oder mit einer *bangka* (350 P) durch die Mangroven touren.

🛌 Schlafen

Die Resorts von Santa Fe liegen entlang der Strandes sowie nördlich und südlich vom Pier (der sich etwas nördlich der eigentlichen Stadt befindet). Zahlreiche Resorts bieten kostenlose Abholung vom Pier.

Sunday Flower Beach Hotel & Resort STRANDRESORT $
(☎ 032-438 9556; www.bantayan-resort.com; DZ mit Ventilator/Klimaanlage 800/1100 P; ❄🛜) Am herrlichen Sugar Beach am Südrand von Santa Fe gelegen, bietet dieses von Australiern geführte Resort das beste Preis-Leistungs-Verhältnis auf Bantayan. Die Zimmer mit Klimaanlage haben große Balkone, Plasma-TVs, reichlich Holzmöbel und viel Flair, während die Nipa-Hütten mit Ventilator viel schlichter sind.

Bantayan Cottages COTTAGES $
(☎ 032-438 9538; www.bantayancottages.com; DZ mit Gemeinschaftsbad und Ventilator 400 P, DZ/4BZ 650/1600 P; ❄🛜) An der Hauptstraße, etwas südlich vom Pier liegen diese preiswerten Unterkünfte, die den fehlenden Meerblick durch freundlichen Service und Rustikale, um einen üppigen Garten angeordnete Cottages mit Terrasse wettmachen. Die „Backpacker"-Zimmer sind einfach und befinden sich im Haupthaus.

St. Bernard Beach Resort STRANDRESORT $$
(☎ 0917 963 6162; www.bantayan.dk; Hütten mit Ventilator/Klimaanlage ab 950/1400 P; ❄🛜) Etwa 1 km nördlich vom Santa-Fe-Pier liegt das St. Bernard mit Blick auf einen breiten, weißen Strand. In der Anlage mit palmwedelgedeckten Hütten, die sich in einem Kokoshain und zwischen Volieren für Papageien verstecken, herrscht eine tolle, entspannte Stimmung. Jede Hütte ist anders gestaltet, alle haben aber polierte Holzmöbel, kleine Teppiche und Spitzenvorhänge.

Marlin Beach Resort STRANDRESORT $$
(☎ 032-438 9093; www.marlin-bantayan.com; DZ 1950–4900 P; ❄🛜) In der Nähe des Restaurants und der geselligen Bar im „Zentrum" von Santa Fe liegt das Marlin, dessen Zimmer im Motelstil zwar nicht sehr einladend wirken, aber die hübsche Lage direkt am Strand, die Bar und ein Restaurant machen dies wett.

Yooneek Beach Resort STRANDRESORT $$
(☎ 032-438 9124; www.yooneekbeachresort.com; EZ 1000–1590 P, DZ 1290–1890 P; ❄🛜) Das alte, verlässliche Resort am Sugar Beach gleich südlich von Santa Fes Zentrum wurde nach dem Taifun Yolanda in einem Jahr wieder aufgebaut und bietet geräumige Zimmer in Strandnähe und eine der komfortabelsten Bars auf der Insel.

White Beach Bungalows STRANDRESORT $$
(www.white-beach-bungalows.com; Zi. 1990–2990 P; ❄🛜) Wem Santa Fe nicht ausreichend ruhig erscheint, kann sich 5 km südlich der Stadt zum Maricabon Beach aufmachen. Der Taifun Yolanda zerstörte dieses Resort ebenso wie die anderen Strandhotels an der Südküste von Bantayan, aber es wurde wiederaufgebaut und bietet nun Abgeschiedenheit und gut ausgestattete, geräumige Zimmer. Leider muss das Essen bestellt werden oder man mietet ein Motorrad (350 P) und fährt in die Stadt.

Coral Blue Oriental STRANDRESORT $$$
(☎ 032-316 8054; www.coralblueoriental.com; Zi./Villa inkl. Frühstück 3500/9950 P; ❄🛜) Direkt am Strand liegen die edlen Cottages aus glänzendem Bambus und Holz, die einer Luxusunterkunft am nächsten kommen. Die Villen sind riesig und für Familien bestens geeignet.

🍴 Essen & Ausgehen

Für eine so kleine Insel bietet Santa Fe eine eindrucksvolle Reihe von gut besuchten

VON NORDWEST-CEBU NACH NEGROS

HAFEN	ZIEL	TYP	UNTERNEHMEN	PREIS (P)	DAUER (STD.)	HÄUFIGKEIT
Toledo	San Carlos	RORO	Lite Shipping	110	1¾ Std.	5-mal wöchentl.
Toledo	San Carlos	HSC	EB Aznar	225	1	7.30, 9.30, 11.30, 15.30 Uhr
Tabuelan	Escalante	RORO	Various	180	2	4-mal tgl.

Restaurants unmittelbar neben der Hauptstraße im Zentrum der Stadt.

Bantayan Island Artisan Foods FEINKOST $
(Hauptgerichte 75–200 P; ⊘7–20 Uhr) Ein Pärchen aus Seattle führt das Artisan Foods, das halb Feinkostladen, halb Bäckerei ist. Hier gibt's frisches Brot, natürlich gereiften Schinken, Gourmet-Fleisch und Kaffee. 20 % der Einnahmen fließen einer Wohltätigkeitsorganisation für Straßenkinder zu. Es liegt an der Hauptstraße etwas südlich vom Pier.

Cou Cou's INTERNATIONAL $$
(☎032-438 9055; www.hotelbantayan.com; Hauptgerichte 150–200 P; ⊘ 7–23 Uhr; 🕿) Dieses beliebte Restaurant in belgischer Hand bietet neben philippinischen Gerichten (*adobo*, Bicol *exprés*) auch westliche Küche wie etwa Burger und sogar einige Thai-Spezialitäten an. Die Pizzas mit dünnem Boden sind schmackhaft und es gibt auch eine gute Weinkarte. Im hinteren Bereich gibt es einige schicke Zimmer (1350–1600 P).

Blue Ice SKANDINAVISCH $$
(Hauptgerichte 200–275 P; ⊘ So–Do 8–22, Fr & Sa bis 3 Uhr; 🕿) Bekannt für seine Gerichte – ein Mix aus asiatischer und skandinavischer Küche wie etwa *gravlax* (Toast mit mariniertem Lachs) – und seine Bar, in der es an den Wochenenden Livemusik gibt.

★ **Caffe del Mar** ITALIENISCH $$$
(Hauptgerichte 280–500 P, Pizzas 340–400 P; ⊘10 Uhr–open end; 🕿) Selbstgemachte Nudeln, Kürbis-Gnocchi, gegrillte Steaks und Pizza – im Caffe del Mar wird das alles bestens zubereitet und außerdem gibt's eine tolle Bar (Happy Hour von 13–18 Uhr). Freitags ist Reggae-Nacht mit Livemusik.

❶ Praktische Informationen

In Bantayan Town gibt es auf der Plaza im Zentrum einen Geldautomaten von PNB, es wird aber dringend empfohlen, sich vor der Ankunft mit Bargeld einzudecken.

Regelmäßig aktualisierte Infos zur Insel findet man auf www.wowbantayan.com.

❶ An- & Weiterreise

Hagnaya ist der Einschiffungshafen in Richtung Santa Fe. Es fahren RORO-Fähren der Unternehmen **Super Shuttle Ferry** (☎0939 850 6438) und **Island Shipping** (☎0929 678 7930), die abwechselnd stündlich bis 17.30 Uhr (170 P, 1 Std.) ablegen. Für die Rückfahrt legt das letzte Boot von Santa Fe nach Hagnaya um 16.30 Uhr ab.

Ceres-Busse (normale/mit Klimaanlage 132/160 P, 3½ Std.) fahren von Hagnaya nach Cebu City alle 30 Minuten bis abends.

Von Bantayan Town legt eine *bangka*-Fähre nach Cadiz, Negros (300 P, 3 Std.) täglich um 9 Uhr ab. Jeden zweiten Morgen fährt eine *bangka* nach Estancia (350 P, 4 Std.) auf der Insel Panay.

Toledo

☎ 032 / 152 960 EW.

Nach Negros gelangt man mit Fähren, die von Toledo an der Westküste von Cebu und von Tabuelan, 65 km nördlich von Toledo, ablegen. Nach Toledo fahren oft Ceres-Busse (70 P, 2½ Std.) und Vans (100 P, 1½ Std.) vom südlichen Busbahnhof von Cebu. Nach Tabuelan fahren weniger oft Vans und Regionalbusse von Cebus North Bus Station ab.

Wer von Toledo nach Bantayan oder Malapascua reisen will, muss mehrfach umsteigen. Zunächst geht es mit einem normalen, langsamen Bus nach Tuburan. Dort steigt man dann in ein Jeepney um und fährt in Richtung Norden nach Tabuelan; dort steigt man erneut in ein Jeepney um und fährt in nördliche Richtung nach Hagnaya, wo man sich nach Bantayan einschifft, oder nach Bogo, um nach Malapascua zu gelangen. Wer von Toledo aus nach Moalboal will, muss einen Inlandbus nach Naga (50 P, 1 Std.) nehmen und dort in einen anderen Bus mit dem Ziel Moalboal umsteigen.

EB Aznar (☎032-467 9447) und **Lite Shipping** (☎032-467 9604) sind die Schiffslinien, deren Fähren in Toledo anlegen.

Moalboal

🔊 032 / 27 676 EW.

Tauchen, ausgehen und essen gehen sind (in dieser Reihenfolge) die wichtigsten Aktivitäten in Moalboal (schwer auszusprechen – etwa mo-ahl-bo-ahl). Rund 90 km von Cebu City entfernt, liegt das eigentliche Moalboal an der Hauptverkehrsstraße; der Teil, den die Touristen mit „Moalboal" meinen, ist im Grunde der **Panagsama Beach**, ein enges, lautes Resort-Dorf, das nur eine kurze Fahrt mit einem Tricycle (100) oder einem *habal-habal* (30 P) westlich der Stadt liegt. In den letzten Jahren erlangte Panagsama internationale Bekanntheit wegen der riesigen **Sardinenschwärme**, die nur wenige Meter vom Ufer entfernt Taucher und Schnorchler in Entzücken versetzen.

Während in Moalboal das Tauchen im Mittelpunkt steht, kann man an Land einer Reihe von Tätigkeiten nachgehen, die Moalboal zu einem bevorzugten Ziel für Abenteuerreisende machen. Und für Strandfreaks gibt es den nahen **White Beach**, der im Gegensatz zu Panagsama einen richtigen Strand hat. Der bei den Einheimischen beliebte Strand erlebt den üblichen Strom von Urlaubern: Wochentags geht es hier eher gemächlich zu, während an den Wochenenden und Feiertagen der Strand völlig überfüllt ist. Der White Beach ist eine 20-minütige Fahrt mit dem Tricycle (150 P) von Panagsama entfernt; von Moalboal sind es mit dem Tricycle (100 P) oder dem *habal-habal* (50 P) nur 15 Minuten bis zum White Beach.

⊙ Sehenswertes

Kawasan Falls   WASSERFALL
(Eintritt 10 P) Die Kawasan Falls liegen 17 km südlich von Moalboal und umfassen eigentlich drei Wasserfälle; der größte von ihnen stürzt 20 m in die Tiefe in einen massiven, milchig blauen Felsenpool. Leider wurde dieses Becken in den letzten Jahren durch Scharen von Wochenendtouristen und einen übertriebenen Ausbau etwas beschädigt. Die anderen Fälle sind ruhiger und man kann zu entlegeneren Spots klettern oder auch Kanutouren in Panagsama buchen.

Die Abzweigung zu den Wasserfällen befindet sich 8 km südlich von Badian; von

---

INSIDERWISSEN

WOLFGANG DAFERT: AUSBILDER FÜR APNOETAUCHEN

Der 40-jährige Österreicher Wolfgang Dafert, der sich eigenen Aussagen zufolge seit 16 Jahren als „Wassergeist" bezeichnet, zählt zu den bekanntesten Apnoetauchern der Philippinen. Er bietet über Freediving Philippines (S. 330) Kurse in Apnoetauchen und betreibt auch die Agentur Cyan Adventures (S. 330). Wir sprachen mit ihm über die wachsende Beliebtheit des Apnoetauchens.

Was genau ist Apnoetauchen? Apnoetauchen, auch als Freitauchen bekannt, ist das Tauchen mit nur einem Atemzug ohne den Einsatz von schwerer Tauchausrüstung. Die Stille, die den Taucher umgibt, ist eine Art Meditation, und ein zusätzlicher Vorteil ist, dass man sich aufgrund des Fehlens der störenden Luftbläschen den Fischen viel stärker nähern kann und sich unmittelbar als Teil des Ozeans fühlt.

Wie erlernt man das Apnoetauchen? Nach zwei Tagen Training erlernen die Schüler die richtigen Atem- und Entspannungstechniken und den Umgang mit dem Drang atmen zu wollen. Jeder kann lernen, tiefer und länger zu tauchen, als es je gedacht hat. Für Anfänger ist der Drang zu atmen die erste Hürde, die es zu überwinden gilt. Im weiteren Verlauf eignet man sich Entspannungstechniken (ähnlich wie bei Yoga) an und lernt, wie man diesen ersten reflexartigen Drang zu atmen in eine entspannte Empfindung „umsetzt", sodass man länger unter Wasser bleiben kann. Es ist eine reine Willenssache, zu erkennen, dass man den Atem viel länger anhalten kann, als der Körper es signalisiert.

Welches ist Ihr Tiefenrekord und wie lange sind Sie maximal unter Wasser geblieben? Ich bin bis zu 70 m tief getaucht (was einem 23-stöckigen Gebäude entspricht) und habe dabei den Atem für sieben Minuten und zehn Sekunden angehalten.

Was ist so toll am Apnoetauchen in Moalboal? Für jene, die aus Spaß apnoetauchen, sind es die riesigen Schwärme von Millionen von Sardinen – ein einmaliges Naturschauspiel. Ach ja, ein weiteres Luft atmendes Lebewesen unter Wasser sollte man nicht vergessen: die zahlreichen Schildkröten, die es in Moalboal gibt!

Panagsama Beach

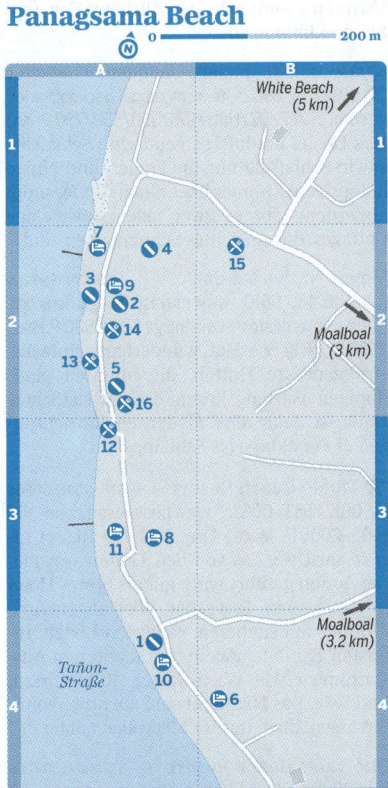

Panagsama Beach

⊕ Aktivitäten, Kurse & Touren
1 Blue Abyss Dive Shop A4
  Cyan Adventures ....(siehe 2)
2 Freediving Philippines A2
3 Freediving Planet A2
4 Nelson's Dive Shop..............................A2
5 Neptune Diving....................................A2
  Planet Action ....(siehe 11)

🛏 Schlafen
6 Blue Abyss B4
7 Cora's Palm Resort..............................A2
8 Mayas Native Garden..........................A3
9 Moalboal Backpacker Lodge...............A2
10 Quo Vadis Beach Resort......................A4
11 Tipolo Beach Resort A3

🍴 Essen
12 BB's Seaview..A3
13 Chilli Bar...A2
14 French Coffee Shop.............................A2
15 Lago di Garda......................................B2
16 Lantaw...A2
  Last Filling Station ....(siehe 11)

hier ist es ein leichter, 20-minütiger Spaziergang zu den Wasserfällen. Jeder nach Süden fahrende Bus von Moalboal kann einen bei der Abzweigung absetzen. Motorradfahrer müssen 50 P zahlen, um dort zu parken.

Mainit Springs QUELLE, WASSERFALL
(Eintritt 20 P) Die natürlichen Quellen von Montañeza, 32 km südlich von Moalboal gelegen, sind viel weniger touristisch erschlossen als die nahen Kawasan Falls. Die heißeste Quelle sprudelt mit 42,9 °C hervor und soll, laut den Werbeschildern, „Hautkrankheiten und körperliche Leiden heilen". Hinter den Quellen kann man die kleine Schlucht bis zu einigen 3–8 m hohen Wasserfällen hochklettern und dann in die smaragdgrünen Felsenpools springen.

🏃 Aktivitäten

Tauchen & Apnoetauchen
Die große Attraktion in Moalboal sind derzeit die **Sardinenschwärme**, eine riesige Ansammlung von Sardinen, die sich zu unglaublichen geometrischen Gebilden von 5 bis 10 m Durchmesser unter der Wasseroberfläche organisieren. Üblicherweise war Pescador Island der Ort, an dem man dieses faszinierende Schauspiel verfolgen konnte, aber 2013 wanderten die Sardinen zum Saumriff bis zu 30 m vom Ufer des Panagsaman Beach entfernt. Für Taucher ist es nur ein Routinetauchgang vor dem Ufer, es genügt aber auch, sich eine Taucherbrillen mit Schnorchel aufzusetzen und auf eigene Faust die Schwärme zu beobachten. Gelegentlich tauchen auch Fuchshaie auf und verfolgen die Sardinen, aber man muss Glück haben, um das beobachten zu können.

Moalboal bietet einige der besten Spots zum Rifftauchen der Visayas – dank eines langen unterseeischen Saumriffs, das sich vor dem Ufer über die ganze Länge der Stadt hinzieht. Die weiter draußen gelegene winzige **Pescador Island** erreicht man über eine 3 km lange, oft bewegte Bootsfahrt vom Tauchspot Tongo Point von Moalboal aus. Der **White Beach** bietet ebenfalls spektakuläre Tauch- und Schnorchelspots.

Die Preise schwanken zwischen 1200 und 1600 P pro Tauchgang, inklusive Ausrüstung. Ein Open-Water-Zertifikat kostet zwischen 16 000 und 19 000 P. Wer am Savedra Reef und vor Pescador Island taucht, zahlt eine Gebühr von 100 P für die Erhaltung des Riffs. Zu den empfehlenswertesten Tauchschulen gehören **Blue Abyss Dive Shop** (032-474 3036; www.blueabyssdiving.com), **Nelson's Dive Shop** (Ocean Safari Philippines; 032-474 3023; www.ibara.ne.jp/~bitoon) und **Neptune Diving** (032-495 0643; www.neptunediving.com).

Dank der Sardinenschwärme und des Saumriffs vor dem Ufer entwickelte sich Moalboal zum führenden Spot für **Apnoetauchen**. Etliche bekannte Apnoetaucher haben sich hier niedergelassen. Unterricht erhält man bei **Freediving Planet** (0908 608 7864; www.freediving-planet.com) und **Freediving Philippines** (0938 263 4646; www.freediving-philippines.com); beide bieten Kurse im Apnoetauchen in den Stufen 1 bis 4 an.

Andere Aktivitäten

In Badian gibt es einen ganz passablen **Golfplatz**.

Planet Action ABENTEUERTOUR
(032-474 3016; www.action-philippines.com) Der vom etwas wortkargen, aber freundlichen Jochen geleitete Anbieter Planet Action hat in seinem Programm einige der spannendsten Abenteuertouren in den Visayas (ab 2200 P). Die Highlights sind Mountainbiken, Kanufahren, Klettern an Flüssen, die an diversen Stellen des Flusses stattfinden. Im Angebot sind auch Reiten und Trekkingtouren auf Negros oder hinauf zum Osmeña Peak (1013 m), dem höchsten Gipfel von Cebu. Auf Wunsch können auch mehrtägige Touren organisiert werden. Planet Action allein ist schon ein Grund, um nach Moalboal zu reisen. Der Betreiber vermietet auch hochwertige Mountainbikes (ab 500 P/Tag).

Cyan Adventures ABENTEUERTOUR
(0927 426 6886; www.cyan.ph) Dies ist ein relativ neuer Touranbieter, der eine begrenzte Zahl von Exkursionen anbietet, darunter Kanufahren bei den Kawasan Falls und Klettertouren am Osmeña Peak.

🛏 Schlafen

Panagsama Beach

In den Tauch-Resorts nach günstigen Paketangeboten für Tauchen und Unterkunft nachfragen.

Cora's Palm Resort PENSION $
(0998 364 0880; cora_abarquez@yahoo.com; Zi. mit Ventilator 500 P, mit Klimaanlage 1000–1500 P; ❄🛜) Das Cora liegt direkt an der Uferpromenade. Nach den gemütlichen und preiswerten Zimmern mit Ventilator fragen. Die teureren Zimmer haben Küchenzeilen und kleine Kühlschränke.

Moalboal Backpacker Lodge HOSTEL $
(0917 751 8902; www.moalboal-backpackerlodge.com; Zi./EZ/DZ/Hütte 275/350/550/750 P; 🛜) Das Hostel mit luftigen, gemischte Schlafsäle sowie Schlafsäle nur für Frauen und einige halbprivate Zimmer über einem Coffeeshop; außerdem gibt es zwei tolle zweistöckige Cottages, die ein echtes Schnäppchen sind.

Mayas Native Garden STRANDRESORT $
(0915 480 9610; www.mayasnativegarden.com; Hütte mit Ventilator/Klimaanlage 800/1500 P, Haus 2500 P; ❄@🛜) Hat wunderbare einfache, strohgedeckte Hütten, die inmitten eines üppigen Gartens liegen. Das zweistöckige Haus ist dank aller modernen Einrichtungen ein erstklassiges Schnäppchen.

★ Tipolo Beach Resort STRANDRESORT $$
(0917 583 0062; www.tipoloresort.com; DZ 1500–2000 P; ❄@) Dieses kleine Resort direkt am Ufer, das von den Leuten von Planet Action geführt wird, gilt als bestes Hotel in Panagsama. Es verfügt über angenehme Zimmer mit sauberen, gefliesten Böden, robusten Bambusmöbeln und modernen Ausstattungen wie Warmwasser, Kühlschrank und Safe. Das Highlight sind aber die Wohnterrassen, die teilweise Meerblick haben.

Quo Vadis Beach Resort STRANDRESORT $$
(032-474 3068; www.quovadisresort.com; DZ mit Ventilator 1340 P, mit Klimaanlage 1625–3775 P; ❄🛜🏊) Es hat solide Nipa-Hütten inmitten eines schönen Gartens, während die etwas teureren Cottages, die direkt zum Strand gehen und stylish eingerichtet sind, glänzende Bodendielen und große Bäder haben, zu den reizvollsten in der ganzen Stadt zählen.

Il Sogno B&B $$
(0915 696 5124; www.bedandbreakfastcebu.it; DZ 2500 P; ❄🛜) Dieses anheimelnde B&B mit drei Zimmern ist eine willkommene Ergänzung zur unpersönlichen Resortszene von Moalboal. Zwei Zimmer haben Meerblick, extragroße Betten und riesige Badezimmer. Das dritte Zimmer verfügt über ein Außenbad, zwei Einzelbetten, ist kleiner, aber dennoch einladend. Zwar fehlt ihm das Open-Air-Feeling, im vorderen Bereich gibt's aber eine nette Gemeinschaftsterrasse.

Love's Beach & Dive Resort STRANDRESORT $$
(0917 618 5458; www.lovesbeachresort.com; DZ 1600–3000 P; ❄🛜🏊) Das Love's Beach

ist das südlichste der Resorts von Panagsama, was bedeutet, dass es hier sehr ruhig und still ist. Es besitzt ferner eine nette Bar, einen einladenden Poolbereich, ein Restaurant mit einem herrlichen Blick auf Pescador Island, einen kleinen Privatstrand und schön möblierte, wenn auch etwas dunkle Zimmer, die alle Balkone haben. Über die Verwendung von Woodcrete als Bodenbelag kann man hinwegsehen. Super Preis-Leistungs-Verhältnis.

Blue Abyss RESORT $$
(032-474 3012; www.blueabyssdiving.com; Zi. 1500 P; ✳🛜) Einen kurzen Spaziergang südlich vom Tauchshop Blue Abyss gelegen, sind die Betonzimmer dieses Resorts spartanisch eingerichtet, aber sauber und für Taucher, die knapp bei Kasse sind, funktionell und praktisch.

White Beach

Am White Beach sind die Preise um einiges höher; dafür bekommt man hier aber einen *echten* Strand.

★Blue Orchid Resort STRANDRESORT $$
(0929 273 1128; www.blueorchidresort.com; DZ mit Ventilator 3000 P, mit Klimaanlage ab 3500 P; ✳🛜🏊) Das Blue Orchid hat eine herrlich abgeschiedene Lage an der Felsküste unmittelbar nördlich vom White Beach. Die Schnorchelspots vor dem Küstenstreifen gehören zu den besten ihrer Art, man kann aber auch wunderbar am Pool oder in einer der Gartenlauben aus poliertem Holz relaxen, die sich über den türkisfarbenen Wassern mit Blick auf Negros erheben. Die geräumigen Zimmer sind sparsam eingerichtet, haben aber Himmelbetten aus Holz, große, blau gefliestes Duschkabinen und eigene Balkone. Das Resort hat auch ein vorzügliches Restaurant und einen Tauchshop.

Delgado's HOTEL $$
(0908 532 8162; Zi. mit Ventilator 1000 P, mit Klimaanlage 1500–2000 P) Direkt neben dem schicken Serena Resort, mit dem es sogar einen Strandabschnitt teilt, liegt das schlichte Delgado's, die in der Region am besten geeignete Unterkunft für Backpacker.

Asian Belgian Resort STRANDRESORT $$
(032-358 5428; www.asian-belgian-resort.com; DZ 2000–4000 P; ✳) Diesem freundlichen Mittelklassehotel unmittelbar südlich vom White Beach fehlt zwar ein sandiger Küstenstreifen, dafür hat es aber einen guten Aussichtspunkt über das Saumriff, eine Tauchschule, bietet kostenlose Nutzung der Kajaks und – besonders wichtig – belgische Pommes Frites. Die etwas teureren Zimmer haben Meerblick.

Club Serena Resort STRANDRESORT $$$
(032-516 8118; www.clubserenaresort.com; Zi. 3000–6000 P; ✳🛜🏊) Das luxuriöse und zugleich schrullige Serena Resort ist ein kleines Juwel direkt am Strand. Jedes Element, vom geräumigen Restaurant mit Bar bis zum großzügigen Baumhaus zeichnet sich durch eine individuelle Note aus und verspricht größtmöglichem Luxus. Für Tauchfreaks gibt es vor Ort einen Tauchshop.

Badian

Terre Manna Beach Resort & Camping RESORT $$$
(032-475 0296; www.terramannaresort.ph; Zelt inkl. Frühstück 600 P/Pers., DZ inkl. Frühstück 3500–3800 P) Das ausgedehnte, 10 km südlich von Moalboal gelegene Anwesen bietet Reisenden auf einer Rasenfläche aufgestellte Zelte mit Meerblick. Wahlweise kann man sich auch für einzeln stehende, geschmackvoll-nüchtern eingerichtete Cottages entscheiden. Es gibt keinen richtigen Strand, aber eine nette, zum Wasser hin ausgerichtete Plattform ermöglicht einen leichten Einstieg ins Wasser, um zu schnorcheln. Man folgt der Abzweigung Richtung Badian Island, 2 km südlich der Stadt Badian.

★Badian Island Resort & Spa STRANDRESORT $$$
(032-401 3303-05; www.badianhotel.com; Zi. ab 11000 P; ✳@🛜🏊) Dieses Luxus-Resort befindet sich 10 km südlich von Moalboal und bietet einige der prächtigsten Übernachtungsmöglichkeiten des Landes. Die Villen verfügen über eigene Meerwasser-Pools und alle erdenklichen Annehmlichkeiten. Man sollte sich nach attraktiven Nebensaison-Sonderangeboten erkundigen. Ein Tagestrip hierher kostet 500 P zuzüglich 400 P für die Bootsüberfahrt (bei Ebbe kann man auch zu Fuß hin gelangen).

Essen & Ausgehen

Am Panagsama Beach gibt's viele gute Restaurants und Bars für alle Geschmäcker; also die Bars abklappern, bis man für sich die richtige findet. Am White Beach gibt's kein Nachtleben.

Chilli Bar
RESTOBAR $

(Hauptgerichte 150–210 P; ⊙ 9.30 Uhr–letzter Gast) Die Bar ist eine Institution am Panagsama Beach und bekannt für ihre großen Pizzas, für Chilli con carne, die schwedischen Hackbällchen und die tolle Cocktailkarte. „Die Leber ist böse und muss dafür bestraft werden", verkündet ein Plakat neben dem Billardtisch, wo mittwochs Wettkämpfe stattfinden.

★ Lago di Garda
ITALIENISCH $$

(Hauptgerichte 150–250 P; Pizzas 180–250 P; ⊙ 11–14 & 18–22.30 Uhr) Mauro, ein Arzt aus der Gegend des Gardasees, nach dem dieses Restaurant benannt wurde, hat am Panagsama Beach dieses Lokal eröffnet, das zum Essen im Freien einlädt. Besonders schmackhaft sind die Pizzas und das Brot.

French Coffee Shop
CAFÉ $$

(Salate 220–280 P, Crêpes 100–220 P; ⊙ 7–22 Uhr) Das sicher gesündeste Restaurant der Stadt serviert, was das Schild verspricht, nämlich französischen Kaffee und dazu Crêpes, frisches Brot, Frühstück und Salate. Es liegt weiter weg vom Wasser, man kann seine Beine aber im herbeigeschafften Sand vergraben.

Lantaw
ASIATISCH $$

(Hauptgerichte 150–250 P; ⊙ 7.30–22 Uhr) Das Lantaw serviert indische und indonesische Gerichte, ist aber weithin vor allem für seine thailändischen Speisen bekannt – beispielsweise grünes Hühnchencurry. Von der Strandterrasse über dem Wasser genießt man einen herrlichen Blick auf Pescador Island und Negros.

Last Filling Station
INTERNATIONAL $$

(Mahlzeiten ab 180 P; ⊙ 7–22 Uhr; 🛜 🍽) Das Lokal ist bekannt für sein energiespendendes Frühstück mit Joghurt, Müsli, Baguettes und Proteinshakes. Man serviert hier auch einen ordentlichen kräftigen Kaffee.

BB's Seaview
PHILIPPINISCH $$

(Hauptgerichte 60–360 P; ⊙ 7–22 Uhr) Das BB's befindet sich im Zentrum von Panagsama, ist aber dennoch relativ abgeschirmt vom Lärm, sodass man den Blick aufs Meer so richtig genießen kann. Empfehlenswert sind die frischen Meeresfrüchte.

ⓘ Praktische Informationen

Einen Geldautomaten der Metrobank gibt's in der 360 Pharmacy an der Hauptstraße im Zentrum von Moalboal, er ist aber oft außer Betrieb, sodass es sich empfiehlt, Bargeld mitzubringen. Der nächste Geldautomat befindet sich in Barili. Internet-Cafés gibt's 200 m östlich vom Panagsama Beach an der Straße nach Moalboal sowie im Zentrum von Moalboal.

ⓘ An- & Weiterreise

Busse von Moalboal nach Cebu City fahren stündlich bis gegen 20.30 Uhr ab (normale/ mit Klimaanlage 107/130 P, 3½ Std.). Bequeme Vans mit Klimaanlage (100 P, 2½ Std.) fahren alle 30 Minuten bis 17 Uhr ab. Ein Taxi kostet 2000 P– oder auch nur 1200 P, wenn man einen Taxifahrer ausfindig macht, der zurückfährt, nachdem er jemanden abgesetzt hat (herumfragen).

Viele Busse in südliche Richtung haben ihre Endstation wenige Kilometer hinter dem RO-RO-Pier in Bato (Klimaanlage 73 P, 1½ Std.). Fähren von Bato nach Tampi, Negros (70 P, 30 Min.) legen etwa alle 1½ Std. ab. Dort kann man dann nach Dumaguete weiterfahren.

Santander & Umgebung

☏ 032 / 16 105 EW.

Die großartige Küste rund um Santander bietet einige bemerkenswerte Attraktionen, vor allem Tauchspots in der Tañon-Straße beim *barangay* Lilo-an oder vor **Sumilon Island**. Lilo-an ist der Ankunftsort vieler Traveller, die hier in Boote Richtung Sibulan bei Dumaguete in Negros Oriental umsteigen. In den letzten Jahren machte diese Region Schlagzeilen, da 8 km nördlich von Santander im Dorf Tan-awan, einem *barangay* von Oslob, ein umstrittenes Interaktionsprogramm mit Walhaien gestartet wurde.

Das Meeresschutzgebiet vor Sumilon Island ist eine der Erfolgsstorys des Naturschutzes in den Philippinen. Die Resorts in Lilo-an veranstalten vor Ort Tauchgänge, man kann sich aber auch im luxuriösen **Sumilon Bluewater Island Resort** (☏ 032-318 3129; www.bluewatersumilon.com.ph; Zi. ab 9000 P; ❄ 🛜 🏊) einquartieren. Die Einrichtungen des Hotels stehen gegen eine Gebühr von 600 P auch Nicht-Gästen offen – diese können dazu von einer kostenlosen Überfahrt von einem Pier in Banlogan Gebrauch machen, das 1 km südlich von Tan-awan liegt. Besucher des Meeresschutzgebiets müssen eine Eintrittsgebühr von 10 P zahlen; für Tauchgänge sind zudem 150 P fällig.

🛏 Schlafen & Essen

Kingdom Resort STRANDRESORT $$

(☏ 032-480 9017; Zi. ab 1500 P; ❄ 🛜) Ein südkoreanisches Tauchresort am Fuß des Hügels am Strand von Lilo-an, mit geräumigen,

DIE WALHAIE VON OSLOB

In den letzten Jahren brachte es das Dorf Tan-awan, ein *barangay* von Oslob, zu Bekanntheit, weil es ein Ort ist, an dem Touristen mit Walhaien interagieren können. Alles begann 2011, als ein Video ins Internet gestellt wurde, das zeigte, wie ein Fischer aus Oslob einen Walhai aus seinem Versteck lockte, indem er ihn mit einem kleinen Fisch köderte.

Während das Programm die Kassen des Ortes Tan-awan klingeln ließ, sorgten sich viele Naturschützer über mögliche negative Auswirkungen, die das Füttern der Tiere von Hand auf eine gefährdete Wanderfischart haben könnte, die eben im Begriff war, sich nach jahrhundertelanger rücksichtsloser Bejagung zu erholen. Experten, die dieses Programm näher untersuchten, berichteten, dass rund ein Dutzend junger Walhaie nicht mehr auf Wanderschaft gingen, sondern in Tan-awan blieben, wo sie, zumindest teilweise, auf diese „Fütterung von Hand" vertrauten. Reef-World Foundation (www.reef-world.org), Save Philippine Seas (www.savephilippineseas.com) und Green Fins (www.greenfins.net) sind nur einige der Organisationen, die sich gegen touristische Aktivitäten in Oslob aussprechen und diese Praxis der Handfütterung wilder Tiere für unverantwortbar halten. Verfechter dieser Fütterungsweise entgegnen, dass die Fütterung von Hand dem Schutz der Walhaie diene, da sie die Tiere vor den Risiken des offenen Ozeans bewahre.

Egal wie man persönlich zu den ethischen Aspekten dieser Fütterung steht, man kann von der Interaktivität mit den Walhaien in Osob beeindruckt sein oder auch nicht. Es gibt immer etliche Menschen im Wasser, die meisten von ihnen schwimmen nicht, sondern drücken lediglich ihre Tauchermasken unter die Wasseroberfläche, um ein halbes Dutzend Walhaie zu beobachten, wie sie um Futter betteln. Es ist, als würde man in einem Aquarium schwimmen. Die Walhai-Interaktionsprogramme in Donsol and Pintuyan (Southern Leyte) bieten eine natürlichere Erfahrung.

---

aber etwas heruntergekommenen Zimmern im Obergeschoss mit Blick auf Negros.

⭐ Eden Resort   STRANDRESORT $$$
(☎ 032-480 9321; www.eden.ph; Zi. inkl. Frühstück 3800 P; ❋ 🛜 ⛱) Die luxuriösen Cottages dieses im mediterranen Stil eingerichteten Resorts thronen auf einer Klippe oberhalb der Tañon-Straße. Das Resort verfügt über einen Tennisplatz, einen Infinity Pool, bietet gute Pizzas und großartige Schnorchelspots in den Gewässern mit starken Strömungen. Es lohnt sich, hier zu übernachten, egal ob man Taucher ist oder nicht.

❶ An- & Weiterreise

Von Lilo-an fahren häufig Schnellboote (62 P) und *bangkas* (37 P) nach Sibullan bei Dumaguete (25 Min.), die abwechselnd von zwei nebeneinanderliegenden Piers ablegen. Die letzte Fahrt erfolgt mit dem Schnellboot um 19.30 Uhr.

Ceres-Busse verkehren den ganzen Tag über von Lilo-an nach Cebu City (169 P, 3 Std.). Um nach Moalboal zu gelangen, muss man im nahen Bato in einen anderen Bus umsteigen.

Argao
☎ 032 / 69 503 EW.

Mit einer netten Plaza, die sich um eine alte spanische Kirche öffnet, erweist sich Argao als eines Zwischenstopps würdig, wenn man von Cebu City Richtung Süden nach Santander oder Negros unterwegs ist. Ansonsten ist es vor allem ein Ort, an dem wenig vertrauenswürdige Boote nach Bohol fahren. Lite Shipping betreibt ROROs nach Tagbilaran, die vom Pier im *barangay* Taloot täglich um 4 Uhr früh und um 12 Uhr ablegen (200 P, 2½ Std.). Vom *barangay* Looc verkehren dienstags und samstags um 13 Uhr auch *bangkas* nach Cabilao Island (120 P, 1 Std.).

CAMOTES ISLANDS
☎ 032 / 92 000 EW.

Nur knapp 2 Std. von Cebu entfernt, bieten die Camotes Islands ein authentisches Stück Inselleben. Die beiden Hauptinseln Poro und Pacijan sind durch einen von Mangroven gesäumten Damm verbunden, der es den Besuchern ermöglicht, diese beiden Inseln auch per Motorrad zu erkunden, das hier das wichtigste Verkehrsmittel ist. Die schönsten Strände und meisten Unterkünfte gibt es auf Pacijan. Nur selten machen sich Besucher nach Ponson, der dritten Insel, auf, die eher nach Leyte als nach Cebu als Verbindung zur übrigen Welt blickt. Bargeld mitbringen, da es auf den Camotes Islands keine Geldautomaten gibt.

Camotes Islands

ⓘ An- & Weiterreise

RORO-Fähren nach Danao, Cebu, legen vom Dorf Consuelo auf Pacijan Island ab. Jomalia Shipping (S. 322) bedient diese Route fünfmal täglich; die letzte Fahrt geht um 17 Uhr (180 P, 2 Std.). Eine mittwochs stattfindende Fahrt führt weiter nach Kawit auf Ponson Island.

Super Shuttle Ferry (☏ 0915 646 6857) unterhält laut Fahrplan zwei Verbindungen täglich von Poro auf Poro Island nach Danao, diese fallen aber häufig aus.

Der östliche Hafen von Pilar auf Ponson Island hat dank öffentlicher *bangkas* gute Verbindungen nach Ormoc; sie legen täglich zweimal frühmorgens und einmal am frühen Nachmittag ab (150 P, 1½ Std.). Mindestens eine davon startet in Kawit.

ⓘ Unterwegs vor Ort

Das beste Fortbewegungsmittel auf Pacijan Island und Poro Island ist die Nutzung eines *habal-habal* oder das Mieten eines Motorrads, da Jeepneys rar sind. Die meisten Resorts auf Pacijan vermieten Motorräder gegen eine Gebühr von 400–500 P. Die Fahrer von *habal-habals* sollten mit 800 P für eine ganztägige Exkursion einverstanden sein.

Um von Poro Island nach Ponson Island zu gelangen, sollte man eine *bangka* von Puertobello nach Kawit nehmen (250 P, 20 Min.). Auf Ponson kostet ein *habal-habal* 150 P für die 25-minütige Fahrt von Kawit nach Pilar. Wer von Kawit aus in Puertobello ankommt, findet am Pier einen *habal-habal*-Stand mit Listenpreisen nach San Francisco (200 P) sowie zu anderen Städten und anderen touristischen Zielen.

Pacijan Island

☏ 032 / 47 357 EW.

Pacijans Hauptattraktion sind die weißsandigen Badestrände in der Santiago Bay, wo auch die meisten Resorts der Camotes Islands angesiedelt sind. Die größte Stadt ist **San Francisco** („San Fran").

⊙ Sehenswertes & Aktivitäten

Neben Esperanza am nordwestlichen Ende von Pacijan befindet sich die touristische **Timubo Cave** (Eintritt 20 P), wo mehrere Treppen hinunter zu einem erfrischenden Höhlenbecken führen. Direkt nördlich der Höhle befindet sich das Dorf Tulang Daku, in dem man die Fischer bitten kann, einen zum tollen Strand von **Tulang Island** (hin und zurück 500 P) zu fahren. Südlich von Esperanza erstreckt sich abseits der Hauptstraße der faszinierende **Borromeo Beach**, eine leuchtend weiße Sandfläche mit einigen verschlafenen, oft leeren Resorts.

Ocean Deep   TAUCHEN
(☏ 0908 457 9355; www.oceandeep.biz; Tauchgang inkl. Ausrüstung 1500 P) Der einzige Tauchshop

der Camotes Islands ist eine gemütliche Tauchbasis am Mangodlong Paradise Beach Resort. Rund um Tulang Island und an der Nordwestküste von Ponson Island gibt es gute Möglichkeiten zum Rifftauchen, darunter am Rubber Tire Reef an Ponsons nördlichem Ende. Meeresschutzgebiete wurden vor Poro Island unweit von Esperanza und Tudela eingerichtet, aber leider wurden sie vom Taifun Yolanda stark beschädigt.

🛏 Schlafen & Essen

Am Santiago Beach servieren die nebeneinander liegenden Lokale **Pito's Sukotil** (Hauptgerichte 75–100 P) und **Nena's Grill** (Hauptgerichte 75–100 P) vorzügliche Meeresfrüchte und verkaufen lokale Cookies, die – selbstverständlich – aus *camote* (Süßkartoffeln) hergestellt sind. Bei Pito's Sukotil nach den Budget-Zimmern fragen.

Payag Beach House Resort   STRANDRESORT $
(📞 032-233 1158; Santiago; Zi. mit Ventilator 800 P, mit Klimaanlage 1500–1800 P; ❄🛜) Das direkt an einem Privatstrand gelegene entspannte Payag ist die Art von Resort, die perfekt zu Camotes passt. Es ist eine winzige Anlage mit nur einer Handvoll schlichter Zimmer, die zu ihrem gemütlichen Ambiente passen.

Bellavistamare   STRANDRESORT
(📞 0917 792 5583; Santiago Beach; DZ mit Ventilator/Klimaanlage 950/1450 P; ❄) Dieses schlichte Resort unter italienischer Führung liegt direkt am Strand und passt perfekt zu Budget-Travellern. Die Zimmer in leuchtenden Farben haben von einem Gemeinschaftsbalkon aus Meerblick, könnten aber etwas mehr Möbel gut gebrauchen.

Santiago Bay Garden & Resort   STRANDRESORT $$
(📞 032-345 8599; www.camotesislandph.com; Santiago Beach; Zi. mit Ventilator 1000 P, mit Klimaanlage 1500–3000 P; ❄) Dieses Resort in einem Hang überblickt die sichelförmige Santiago Bay und liegt auf einem der besten Grundstücke der Insel. Es verteilt sich über das ganze Gelände und übertreibt es mit der Verwendung von Woodcrete und billiger Kunst, aber der Blick auf die Bucht ist einfach umwerfend. Die meisten Zimmer haben kein Warmwasser.

Keshe Beach Resort   STRANDRESORT $$
(📞 0929 892 5792; Borromeo Beach; Zi. 1000–1500 P) Ein schlichtes Strandhotel mit einer Handvoll Cottages mit Meerblick am tollsten Strand der Camotes Islands. Das Essen kann hier zum Problem werden, da es kein Restaurant gibt. Wer im Keshe übernachtet, sollte sich daher ein Zweirad mieten.

ℹ Praktische Informationen

In San Francisco gibt es ein informatives **City Tourism Office** (📞 0921 471 1434; www.travelcamotes.com; ⊙ Mo–Fr 8–17 Uhr) in einer kleinen Hütte gegenüber der Kirche. Das Büro verkauft für 50 P eine Broschüre und eine Karte mit den Hauptattraktionen von Pacijan Island.

Poro Island

📞 032 / 21529 EW.

Poro ist die kleinere der beiden großen Camotes-Inseln. Ihr fehlen die Strände von Pacijan, aber die Bergstraßen sind besser geeignet für Radtouren, insbesondere auf geländegängigen Rädern.

Poro, die größte Stadt der Insel, ist eine unspektakuläre Siedlung mit einem Anflug von spanisch-mediterranem Flair. Es gibt eigentlich keinen wichtigen Grund, sich hier aufzuhalten, es sei denn, man will Poro morgens mit der Poro-Danao-Fähre entfliehen, sofern diese verkehrt.

Unmittelbar westlich von Poro, neben der Brücke nach San Francisco, liegt das **Boho Rock Resort** (Eintritt 20 P), ein absoluter Top-Spot zum Schwimmen; hier gibt es eine Plattform für Sprünge ins türkisfarbene Wasser und gute Schnorchelplätze zwischen den Felsen. Leider stört das Geräusch des nahen Elektrizitätswerks die Atmosphäre ziemlich stark.

In Tudela beginnt neben der Tudela Central School ein Weg, der nach zehn Gehminuten zu den Busay Falls führt, wo es Schwimmbecken und eine natürliche Wasserrutsche gibt. Der leichte Zugang bringt mit sich, dass es ziemlich voll werden kann, dennoch bleibt es ein angenehmer Ort.

Unmittelbar östlich von MacArthur befindet sich die gut ausgeschilderte Grotte **Bukilat Cave** (Eintritt 10 P), die einen Zwischenstopp lohnt, denn in ihrem Inneren kann man in einem Gezeiten-Brackwasserbecken vor allem bei Flut schwimmen.

🛏 Schlafen & Essen

Big Z Pension House   PENSION $
(📞 0932 724 9837; Zi. mit Ventilator/Klimaanlage 350/1000 P; ❄) In der Stadt Poro gelegen, stellt diese Pension in einem rustikalen Holzhaus eine Alternative für den knappen

Geldbeutel dar und bietet einfache Zimmer mit Ventilator und Badezimmer mit Kaltwasser.

Flying Fish Resort STRANDRESORT $$
(032 0908 876 5427; www.camotesflyingfishresort.com; Zi. mit Ventilator 1000 P, mit Klimaanlage 1600–2600 P; ❄ 🛜) Am nördlichen Ende der Insel und 5 km östlich von Esperanza liegt abgeschieden das Flying Fish Resort oberhalb eines felsigen Strandes und verfügt über komfortable Cottages, einige davon mit Meerblick. Leider wurde das Meeresschutzgebiet vor der Küste vom Taifun Yolanda zerstört, dennoch bleibt dies ein idealer Ort zum Entspannen. Das Resort bietet einen kostenlosen Kajakverleih und hat einen Höhlen-Pool.

Ponson Island
032 / 11 564 EW.

Der Reiz, einen so entlegenen Ort wie Ponson zu besuchen, besteht in der Aufmerksamkeit, die einem als Reisender zuteil wird. Sie reicht von warmer Herzlichkeit bis zu trockenem Humor. Nur äußerst wenige Reisende schaffen es bis hierher, obwohl die Insel von Ormoc aus leicht zu erreichen ist. Auf Ponson Island gibt es zwei größere Städte: **Pilar** und **Kawit**. Kawit ist die malerischere der beiden und hat einen recht langen, weißen Sandstrand im Stadtgebiet selbst. An diesem Strand befindet sich das wunderbar freundliche, wenn auch schlichte **Halikana Resort** (032 0918 349 8349; DZ mit Ventilator 600–1000 P, mit Klimaanlage 1500 P). Es eignet sich bestens, um in einer kleinen Inselgemeinschaft mit den Einheimischen in Kontakt zu treten. Auch in Pilar gibt es Unterkünfte: in der rustikalen **LPM Lodge**.

BOHOL
038 / 1,26 MIO. EW.

Von Cebu braucht man mit der Fähre nicht lange bis Bohol, das Individualtouristen eine reiche Auswahl an gewöhnlichen wie an ausgefallenen Zielen bietet. Für die Inselprovinz wird fast nur mit den niedlichen, glupschäugigen Koboldmakis und den majestäischen Chocolate Hills geworben; beide sind zwar außergewöhnliche Highlights, aber der wahre Touristenmagnet ist das Tauchrevier von Panglao Island. Berücksichtigt man noch den Dschungel im Inselinneren, die tollen Möglichkeiten für Abenteuersport, die Reisterrassen und die unberührten Sandstrände, so erhält man ein umfassendes Bild vom wirklichen Bohol.

Die Einwohner von Bohol nennen ihre Provinz liebevoll auch „Republik Bohol" und erinnern damit an die kurze Unabhängigkeit der Insel an der Wende zum 19. Jh. Es ist eine passende Bezeichnung – die heutigen Nachfahren der damaligen Republik sind leidenschaftliche Verfechter von Bohols kultureller Eigenständigkeit. Das Erdbeben von 2013, das eine Stärke von 7,2 hatte, forderte mehr als 200 Menschenleben und brachte einige der Kirchen aus der spanischen Kolonialzeit zum Einsturz. Nach über einem Jahr sind die Kirchen immer noch zerstört, anderen sichtbaren Folgen dieser Naturkatastrophe begegnet man jedoch kaum mehr.

❶ An- & Weiterreise
Es gibt eine ganze Reihe von Flügen von Manila nach Tagbilaran, das auch die größte Hafenstadt der Insel ist. Bohol hat Verbindungen nach Cebu, Manila, Leyte, Mindanao, Siquijor und Negros. Zu den weiteren Häfen gehören Tubigon, Jagna, Ubay und Talibon.

Tagbilaran
038 / 96 792 EW.

Der Name Taglibaran leitet sich von zwei Visaya-Worten ab, die „verborgener Schutz" *(tago bilaan)* bedeuten, und bezieht sich sowohl auf die Lage der Stadt an einer ruhigen, geschützten Meerenge als auch auf ihre historische Rolle als Zufluchtsort vor den Moro-Eindringlingen. Heute wird die Stadt von einer Armada lauter Tricycle-Taxis beherrscht. Wer Interesse sowohl an Wassersport als auch an Aktivitäten auf dem Festland hat, dem bietet sich diese kommerziell orientierte Stadt als praktischer Aufenthaltsort an.

⊙ Sehenswertes & Aktivitäten

Blood Compact Monument DENKMAL
(National Hwy) Dieses große Denkmal 1 km östlich von Tagbilaran erinnert an den Blutsbund vom März 1565, als der spanische Eroberer Miguel López de Legazpi und Rajah Sikatuna, der Häuptling von Bohol, je einen Becher Blut des anderen tranken und dadurch einen Friedensvertrag besiegelten.

National Museum MUSEUM
(Eintritt 20 P; ⊙ Mo–Fr 8–17 Uhr) Das kleine Museum zeigt einige anthropologisch interes-

Bohol

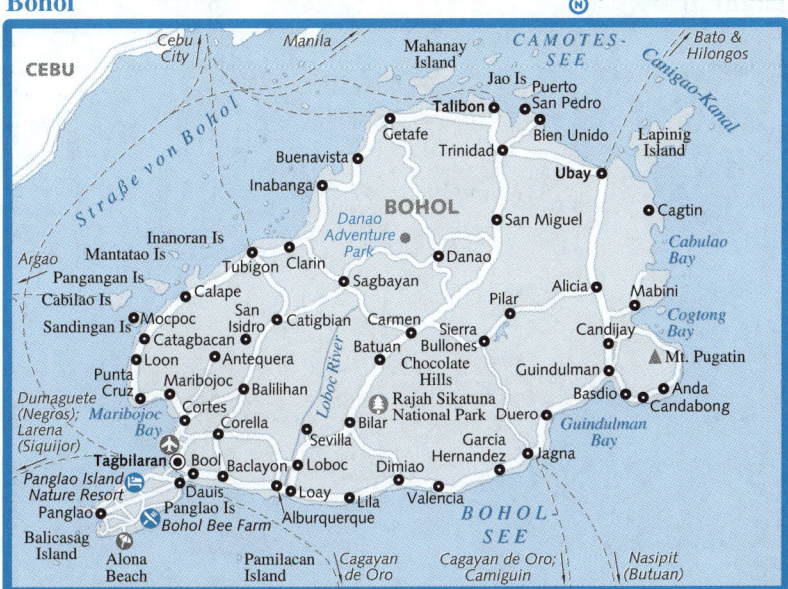

sante Exponate, die auf Bohol ausgegraben wurden, darunter fünf künstlich verformte Schädel, die sterblichen, 500 Jahre alten Überreste einer Boholana und eine Schautafel über die Höhlenmalereien von Anda.

★ Kayakasia — KAJAKFAHREN
(☎ 0933 358 0081, 0932 855 2928; kayakbohol@gmail.com; Tour ab 1950 P/Pers.) Bei Sonnenuntergang startet man im nahen Cortes zum unvergesslichen abendlichen Kajakausflug zu den Glühwürmchen, die in den Bäumen wie Tannenbaumkerzen aufleuchten. Für das gemächliche Paddeln entlang des von Nipa-Palmen gesäumten Flusses Abatan sollte man sich etwas Bier mitnehmen. Zur Erntezeit kann man entlang der Route einen Zwischenstopp einlegen und den Dorfbewohnern beim Flechten der Wände und Dächer für Nipa-Hütten zuschauen. Die Tour erreicht ihren Höhepunkt bei Einbruch der Dunkelheit, wenn in den Bäumen die zahllosen Glühwürmchen aufleuchten.

🎉 Feste & Events

Sandugo Festival — KULTUR
Der Sandugo Festival erinnert an den Blutsbund vom März 1565 und besteht aus einer Reihe von Kunst- und anderen Festen, die den ganzen Juli in einen Party-Monat verwandelt haben.

🛏 Schlafen

Wer das Alltagsleben auf Bohol kennenlernen möchte, sollte sich bei einer Gastfamilie außerhalb von Tagbilaran (S. 340) einquartieren.

Nisa Travellers Hotel — PENSION $
(☎ 038-411 3731; www.nisatravellershotel.com; CPG Ave; EZ/DZ inkl. Frühstück ab 500/600 P; ❄@📶) In Tagbilaran findet man keine preiswertere und zentraler gelegene Unterkunft. Es ist ein Hotel mit dem Flair eines Hostels – einladend und travellerfreundlich, mit sauberen Zimmern und 24-Stunden-Checkout. Für die Gäste können auch Touren organisiert werden.

Sun Avenue — HOTEL $
(☎ 038-412 5601; www.sunavenueinn.com; C Gallares St; EZ/DZ ab 800/950 P; ❄📶) Sauberes, modernes und freundliches Hotel in guter Lage zwischen Pier und Zentrum. Nur die Zimmer im Obergeschoss haben Fenster. Das dazu gehörende Sun Cafe bietet eine der besten Küchen in der Stadt.

Ocean Suites — BOUTIQUEHOTEL $$
(☎ 038-411 1031; www.oceansuites.ph; National Hwy; Zi. inkl. Frühstück 2500–5500 P; ❄📶🏊) Neben dem Blood Compact Monument gelegen, bietet das Ocean Suites eine Bar, moderne Zimmer, ein helles Café und einen großen

Tagbilaran

[Map of Tagbilaran with labeled streets and landmarks including: Hafen, Hotel La Roca, Maria Clara St, University of Bohol, Bohol Tourism Office, Loon, R Palma St, Boysam Motor Rental, Remolador St, J Borja St, Carlos P Garcia Ave, M Torralba St, Manuel Espuellas St, Kirche, Soledad St, K of C Wharf, Ramiro Community Hospital, C Gallares St, G Visarra St, Miguel Parras St, Bernadino Inting St, Tagbilaran-Straße, M H del Pilar St, Bohol Quality Mall, Agora Market, Dao Bus & Jeepney Terminal, Corella, Philippine Tarsier Sanctuary, H Grupo St, F R Ingles St, J S Torralba St, J A Clarin St, Borja Family Hospital, Lesage St, F Rocha St, Hontanosas St, Busse nach Panglao, Plaza Rizal, F Sarmiento St, Marapao St, A Luna St, San Jose St, Panglao Island, Taytay Bridge, Blood Compact Monument, Baclayon, Loboc]

Pool mit Blick über die Tagbilaran-Straße und Panglao Island im Hintergrund. Man sollte sich die Deluxe-Zimmer gönnen, die Fenster mit Meerblick sowie Balkon haben und viel größer sind als die zur Straße hin gehenden Superior-Zimmer.

✘ Essen & Ausgehen

Gerarda's PHILIPPINISCH $$
(JS Torralba St; Mahlzeiten 120–250 P; ⊙ 8–14 & 17–22 Uhr; ✻) Das anspruchsvolle Gerarda's befindet sich in einem historischen Wohnhaus mit alten, knarrenden Dielen und glitzerndem Besteck und bietet tolle philippinische Küche. Das Seafood-Gericht *kare* (Fisch und Krabben in Erdnusssauce) ist das Highlight.

Garden Cafe AMERIKANISCH $$
(JS Torralba St; Mahlzeiten 130–210 P; ⊙ 6.30–21.30 Uhr; ✻ ☎) Ein witziges, im Cowboy-Stil eingerichtetes Restaurant, das gehörlose Kellner und Köche beschäftigt. Die Speisekarte, auf der einige Wörter in Zeichensprache stehen, bietet eine reiche Auswahl an klassischen texanischen und mexikanischen Gerichten. An den Tischen im Obergeschoss gibt man seine Bestellung an die Küche über die Telefone durch, die bei den Tischen stehen.

Tagbilaran

⊙ Sehenswertes
1 National Museum................................C4
2 St. Joseph the Worker
   Cathedral C4

⊙ Aktivitäten, Kurse & Touren
3 Kayakasia...B2

⊙ Schlafen
4 Nisa Travellers Hotel C4
5 Sun Avenue..B1

⊙ Essen
6 Garden Cafe...C4
7 Gerarda's D3
8 Martin's Music Restobar.....................C3
9 Payag...D5

Payag PHILIPPINISCH $$
(CPG Ave; Hauptgerichte 100–150 P; ⊙10–22 Uhr) Das Payag befindet sich in einem liebevoll renovierten Haus aus der spanischen Kolonialzeit mit einigen seltsamen Zusätzen; alle Gerichte auf der Karte sind großartig (selbst getestet), aber die zischend-heißen *gambas* (Krabben) werfen einen einfach um!

Martin's Music Restobar RESTOBAR $$
(Ecke C Gallares St & MH del Pilar St; Mahlzeiten 70–150 P; ⊙18 Uhr–open end) Die Bar im Obergeschoss ist dank der regelmäßigen Livemusik-Aufführungen bei Studenten sehr beliebt.

ⓘ Praktische Informationen

GELD
Entlang der zentral gelegenen CPG Ave haben die meisten Banken Filialen mit Geldautomaten, darunter **Metrobank**, **BDO** und **BPI**.

INTERNETZUGANG
In den Straßen rund um die Universität von Bohol gibt es einige Internetcafés.

MEDIZINISCHE VERSORGUNG
Ramiro Community Hospital (☎ 038-411 3515; 63 C Gallares St)

TOURISTENINFORMATION
Bohol Tourism Office (☎ 032-412 3666; www.tourism.bohol.gov.ph; Governor's Mansion Complex, CPG North Ave; ⊙ Mo–Fr 8–16 Uhr) Die überaus engagierten und kompetenten Angestellten können mit Karten und Verkehrsinfos helfen und bei der Buchung von Touren und Verkehrsmitteln unterstützen. Die Touristeninformation unterhält kleine Filialen am Flughafen und am Pier.

ⓘ Anreise & Unterwegs vor Ort

BUS
Busse mit dem Schild „Tawala Alona" fahren zum Alona Beach mindestens stündlich bis 17 Uhr von der Ecke Hontanosas St und F Rocha St.

Die meisten öffentlichen Verkehrsmittel fahren vom **Dao Bus & Jeepney Terminal** ab, der sich neben der Island City Mall 3 km nördlich des Zentrums befindet. Hier gibt's häufige Busverbindungen nach Carmen für die Chocolate Hills (60 P, 2½ Std.) über Loboc (25 P, 1 Std.). Busse fahren auch nach Ubay (120 P, 3½ Std.) über Jagna und Guindulman; wer weiter nach Anda will, muss in Guindulman umsteigen. Die Busse nach Talibon (100 P, 3½ Std.) fahren über Tubigon (50 P, 1½ Std.) und Getafe; und nach Danao geht es über Sagbayan. Alle Strecken werden mehrmals täglich bis gegen 18 Uhr befahren.

Klimatisierte Vans („V-hires") fahren ebenfalls vom Dao-Terminal ab und bieten viel schnellere Verbindungen nach Jagna (100 P, 1½ Std., stündl.), Ubay und Tubigon.

FLUGZEUG
PAL, Cebu Pacific und AirAsia Zest fliegen jeweils mehrmals täglich zwischen Manila und Tagbilaran. Bis zum Flughafen nördlich des Zentrums dauert die Fahrt mit einem Tricycle 10 Minuten (50 P).

FÄHREN AB TAGBILARAN

ZIEL	TYP	UNTERNEHMEN	PREIS (P)	DAUER (STD.)	HÄUFIGKEIT
Argao	RORO	Lite Shipping	200	2½	7.30, 16 Uhr
Cagayan de Oro	RORO	Trans-Asia	680	10	Mo, Mi, Fr 19 Uhr
Cebu City	HSC	Oceanjet, Weesam, Supercat 2GO	500–650	2	regelm.
Cebu City	RORO	Lite Shipping	210	4	12, 22.30 Uhr
Dumaguete	HSC	Oceanjet	700	2	tgl.
Larena, Siquijor	RORO	Lite Shipping	220	3½	Mo, Mi, Sa 20 Uhr
Manila	Passagier	2GO	ab 600	29	Mi
Siquijor Town	HSC	Oceanjet	910	3	tgl.

SCHIFF/FÄHRE

Die Kartenschalter für die Fähren befinden sich am Pier.
Lite Shipping (038-531 8074)
Oceanjet (0932 873 4885)
SuperCat 2GO (0925 582 4824)
Trans-Asia Shipping Lines (038-411 3234)
Weesam Express (0917 301 5749)

Unterwegs vor Ort

Um die teuren Vans bzw. die langsamen öffentlichen Transportmittel zu vermeiden, lohnt es sich, in Tagbilaran ein eigenes Motorrad zu mieten (500 P/Tag), um den Rest von Bohol zu erkunden. In der Stadt gibt es das Verleihbüro **Boysam Motor Rental** (0908 936 2866; R Palma St) oder am Pier hilft **Mario** (0929 855 6357) – am besten ist es, ihn im Voraus anzurufen, er stellt dann sicher, dass das Motorrad bereits am Pier auf einen wartet, wenn man an Land geht.

Beide organisieren auch Vans oder einen Wagen für ganztägige Touren; man kann aber auch die Dienste einer der zahlreichen am Pier stationierten Autoverleiher in Anspruch nehmen. Der übliche Mietpreis beträgt 2000 P pro Tag für einen Wagen und 3000 P pro Tag für einen Van.

Panglao Island

038 / 62083 EW.

Panglao Island wird allgemein mit dem **Alona Beach** assoziiert, einem Küstenstreifen im Süden der Insel, an dem sich Strandresorts und Tauchzentren aneinanderdrängen. Von wenigen Ausnahmen abgesehen

GASTFAMILIEN AUF BOHOL

Wer einen unverfälschten Eindruck vom Alltag auf Bohol gewinnen möchte, kann sich an **Process-Bohol** (038-416 0067; www.boholhomestay.com; Ventilator/Klimaanlage inkl. Frühstück 600/700 P, zusätzliche Mahlzeiten 200 P;), eine gemeinnützige, von der Gemeinde betriebene Agentur wenden, die preiswerte Übernachtungen bei Gastfamilien auf Bohol arrangiert. Die Gebühr hilft den Kommunen, sich eine nachhaltige Existenzgrundlage zu sichern. Zum Zeitpunkt der Recherche gab es Gastfamilien in Maribojoc, Cabilao Island, Anda, Balilihan und Ubay. Es empfiehlt sich, mindestens 24 Std. im Voraus zu buchen.

sind die Unterkünfte und Restaurants in Alona übertreuert. Dafür ist die Unterwasserwelt rund um Alona in der Tat einmalig und Taucher können punkten, indem sie sich für günstige Kombi-Pakete, bestehend aus Tauchausflügen und Unterkunft, entscheiden. Alona hat auch ganz passable Ausgehmöglichkeiten. Nur 15 km von Tagbilaran entfernt, ist es ein toller Standort, um von hier aus den Rest von Bohol zu entdecken – vor allem, wenn man abends wieder heimkommt und zwei Cocktails zum Preis von einem am Strand genießen kann.

Gleich nach Überquerung der Brücke, die von Tagbilaran nach Panglao Island führt, sollte man sich kurz etwas Zeit nehmen, um sich in dem malerischen Dorf **Dauis** umzusehen und das großartige Innere und Äußere der im 19. Jh erbauten Lady of Assumption Cathedral zu bewundern, die beim Erdbebens von 2013 beschädigt wurde, aber dennoch offen blieb. Ihr angrenzendes Pfarrhaus beherbergt das **Dauis Pilgrim & Heritage Center** (Gerichte 125–185 P; 9–21 Uhr;), in dem es einen gesunden Kaffee und einen Geschenkeladen gibt, in dem schöner, von Einheimischen gearbeiteter Schmuck sowie Bildbände zur lokalen Kultur verkauft werden.

Aktivitäten

Viele Reisende, die nach Bohol kommen, widmen sich auch Aktivitäten, die nichts mit Tauchen zu tun haben. Auf Panglao Island lohnt die Bohol Bee Farm einen Zwishenstopp, man kann aber auch die **Hinagdanan Cave** (Eintritt 25 P; 7.30–18 Uhr) erkunden, in deren See man baden kann. Die Höhle befindet sich unweit vom Panglao Nature Resort an der Nordküste der Insel.

Tauchen

Tauchen ist der Magnet, der die Touristen nach Panglao lockt – vor allem das Unterwasserparadies von Balicasag Island. Auch Pamilacan Island ist ein nettes Tauchrevier, wird aber seltener aufgesucht, weil sich die Korallenriffe nach den Jahren des Dynamitfischens erholen müssen.

Man kann vermutlich sparen, indem man ein Package bucht, das aus Unterkunft und Tauchen besteht. Die Durchschnittspreise liegen bei 25 US$ pro Tauchgang, bei 8 US$ für die Leihausrüstung und bei 350 US$ für ein Open-Water-Tauchzertifikat. Wer es preiswerter haben will, sollte sich an einen lokalen Billiganbieter wie **Baywatch** (038-502-9028) wenden, der nur 2200 P proPerson

Alona Beach

Alona Beach

⊙ Sehenswertes
1 Alona Beach..C2
2 Beach...C2

⊙ Aktivitäten, Kurse & Touren
3 Baywatch..C2
4 Genesis Divers..C2
5 Philippine Fun Divers..................................B2
6 Sea Explorers...C2
7 SeaQuest Divers..C2
8 Tropical Divers...D2

⊙ Schlafen
9 Alona Grove Tourist Inn.............................B2
10 Casa-Nova Garden A1
11 ChARTs Resort.. C1
12 Oasis Resort C2
13 Peter's House..C2

⊙ Essen
14 Buzz Cafe..C2
15 CU Biergarten... C1
16 Hayahay C2
17 L'Elephant Bleu B1
18 Trudi's Place..B2

⊙ Ausgehen & Nachtleben
19 Aimz Bar... C1
20 Coco Vida Bar..C2
21 Linarella.. C1
22 Panglao Birdwatchers...............................B2
23 T2 Lounge... C1

---

für zwei Tauchgänge vor Balicasag inklusive Ausrüstung und Mittagessen verlangt.

Schnorchler können 75 m hinaus ins Meer schwimmen, um die Weichkorallen von Alonas Hausriff zu genießen.

Am Alona Beach gibt es mehrere empfehlenswerte Tauchschulen.

Genesis Divers TAUCHEN
(☏ 032-502 9056; www.genesisdivers.com; Peter's House) Etablierte, verlässliche Tauchschule.

Sea Explorers TAUCHEN
(☏ in Cebu 032-234 0248; www.sea-explorers.com; Alona Vida Beach Resort) Organisieren auch Tauch-Safaris im ganzen Gebiet der Visayas.

Philippine Fun Divers TAUCHEN
(☏ 038-416 2336; www.boholfundivers.com; Lost Horizon Beach Resort) Das witzige Team rechtfertigt den Namen.

SeaQuest Divers TAUCHEN
(☏ 038-502 9069; www.seaquestdivecenter.net; Oasis Resort) Verlässliche Tauchschule im zentralen Teil des Alona Beach.

Tropical Divers TAUCHEN
(☏ 038-502 9031; www.tropicaldivers-alona.com; Alona Tropical) Verlässliche philippinische Tauchschule.

Delfinbeobachtung & Inselhopping

In den meisten Resorts und Tauchzentren kann man Delfintouren buchen, die frühmorgens starten und in die Nähe von Pamilacan Island führen, obwohl es negative Berichte darüber gibt, dass diese Touren eher eine „Delfinjagd" sind. Man ist also besser beraten, einen solchen Ausflug über Pamilacan Island Dolphin & Whale Watching Tours (S. 344) zu buchen, das sich außerhalb von Baclayon, 6 km von Tagbilaran entfernt, befindet. Man muss mit 1500 P für eine Ausfahrt vor Alona in einem 4-Personen-Boot rechnen; ein Aufpreis ist fällig, wenn man eine **Inselhopping**-Tour zu den Inseln Pamilacan, Virgin und Balicasag unternimmt.

🛏 Schlafen

🛏 Alona Beach

Wer unmittelbar am Strand wohnen will, zahlt einen riesigen Aufpreis. Die Preise fallen, je weiter man auf der Zugangsstraße zum Alona Beach in Richtung Highway geht.

Peter's House   STRANDRESORT $
(☎ 032-502 9056; www.genesisdivers.com; Zi. Nichttaucher 1200–1400 P, Taucher 900–1100 P; 🛜) Das Peter's House, ein Komplex von mit Nipa-Palmwedeln gedeckten Hütten mit einer freundlichen, gemütlichen Gemeinschaftsatmosphäre, ist ein Tauchresort für all jene, die etwas knapp bei Kasse sind. Es gibt nur wenige Zimmer und alle haben Gemeinschaftsbäder mit kaltem Wasser. Außer in der Nebensaison ist es Tauchern vorbehalten.

Alona Grove Tourist Inn   NIPA-HÜTTEN $
(☎ 032-502 4200; alongagrove@yahoo.com; Hütte mit Ventilator/Klimaanlage 700/1200 P; ❄🛜) Eine entpannte Budgetunterkunft gleich oberhalb des Strandes mit Nipa-Hütten, die in einem Garten mit sehr gepflegtem Rasen verstreut liegen.

Casa-Nova Garden   PENSION $
(☎ 038-502 9101; EZ mit Gemeinschaftsbad 300 P, DZ 500–1000 P; ❄🛜) Dass es auch in Alona wirklich preiswerte Unterkünfte gibt, beweist diese gemütliche Oase – auch wenn sie etwas abseits gelegen ist. Die Abzweigung befindet sich 700 m hinter (westlich) der T2 Lounge.

⭐ Chill-Out Guesthouse   PENSION $$
(☎ 038-502 4480, 0912 926 5557; www.chillout-panglao.com; Zi. mit Ventilator/Klimaanlage 1000/1500 P; ❄🛜) Die geräumigen Zimmer erreichen fast den Standard eines Boutiquehotels; sie haben Hartholzböden und große, private Balkons, schattige Wege verbinden sie mit einem reizvollen Gemeinschaftsraum/Restaurant im Freien. Zu diesem Preis? Das Hotel steht dazu. Bis zum Strand ist es ein 10-minütiger Fußweg; man kann auch ein Motorrad für 300 P pro Tag mieten.

ChARTs Resort   BOUTIQUEHOTEL $$
(☎ 038-502 8918; www.charts-alona.com; DZ inkl. Frühstück mit Ventilator 1500 P, mit Klimaanlage 2450–3850 P; ❄@🛜🏊) Die um einen delfinförmigen Pool angeordneten tollen Zimmer lassen eine mediterran-asiatische Atmosphäre aufkommen, die an Dalí erinnert. Es gibt keine scharfen Kanten, und die Wände mit Stuckstruktur unterstreichen die Lackmöbel. Im ersten Stock gibt es ein passendes bohemienhaftes Café.

Oasis Resort   RESORT $$$
(☎ in Cebu 032-418 1550; www.oasisresortbohol.com; Zi. inkl. Frühstück 3000–6600 P; ❄🛜🏊) Der Name ist nicht unzutreffend für dieses heitere Resort mit seinen gut ausgestatteten Duplex- und Triplex-Hütten, die inmitten eines netten Gartens um den Pool hinter dem quirligen Alona Beach angeordnet sind. Die Standardzimmer sind alle gleich eingerichtet; wer einen Deluxe-Zuschlag zahlt, erhält ein Zimmer mit französischem Bett.

🛏 Danao Beach

Der nächste Strand von Alona aus in westlicher Richtung liegt etwas einsam, bietet aber ein gutes Preis-Leistungs-Verhältnis. Von der Kreuzung mit der Zufahrtstraße nach Alona (neben der T2 Lounge) sind es noch 700 m bis zur Abzweigung zum Danao Beach. Es ist nützlich, ein Motorrad zu mieten, wenn man hier übernachtet.

Calypso Resort   RESORT $
(☎ 038-502 8184; www.philippins.info; Zi. 800–1200 P; ❄🛜🏊) Dieses recht abseits vom Danao Beach gelegene Resort wäre sein Geld auch ohne das kostenlos zur Verfügung gestellte Motorrad durchaus wert. Zählt man also das Motorrad hinzu (eines pro Zimmer), ergibt sich hier ein wirklich tolles Preis-Leistungsverhältnis. Wer nicht Motorrad fährt, kann den ganzen Tag über am Pool rumhängen und Cocktails an der netten Bar bestellen, in der man auch Billard und andere Spiele spielen kann.

Linaw Beach Resort   STRANDRESORT $$$
(☎ 038-502 9345; www.linawbeachresort.com; Zi. 4950–7450 P; ❄🛜🏊) Die Zimmer in diesem weitläufigen Strandresort sind überaus komfortabel und gut ausgestattet: sie bieten große Flachbild-TVs, Kunstwerke und große Badezimmer. Es gibt ein angesehenes Restaurant, einen Boutique-Pool und jede Menge Spiele für die Kids, darunter Fußball, Dart und Billard. Das Resort liegt direkt am Danao Beach.

🛏 Rund um die Insel

⭐ Bohol Coco-Farm   HOSTEL $
(☎ 0917 304 9801; boholcocofarm@yahoo.com; Southern Coastal Rd, Km 13; B/DZ inkl. Frühstück 300/600 P; 🛜) 🌿 Wer das Zirpen der Gril-

ABSTECHER

DIE BOHOL BEE FARM

Die Umweltaktivistin Vicky Wallace übernahm vor 15 Jahren auf Panglao einen kleinen Gemüsegarten und begann Gemüse anzubauen. Aus diesen erfolgreichen Anfängen entwickelte sich ein Café. Heute ist die Bohol Bee Farm ein komplexer Betrieb mit einem zum Wasser hin ausgerichteten **Restaurant** (Hauptgerichte 200–800 P; 5.30–22 Uhr;), netten **Unterkünften** (038-510 1822; http://boholbeefarm.com; Southern Coastal Rd, Km 11; Zi. 3000–6000 P;) , einem Pool, einer Terrasse zum Sonnenbaden, dem besten Geschenkeladen auf Bohol und einer Biofarm. Filialen ihres viel gepriesenen **Buzz Cafe** mit Bio-Knabberzeug und vielen umweltfreundlichen *pasalubong* (kleinen Souvenirs) gibt es auf Alona Beach und Tagbilaran.

Die Bee Farm liegt 7 km östlich vom Alona Beach.

---

len dem Rauschen des Ozeans vorzieht, ist in dieser 5 km östlich von Alona liegenden Öko-Farm genau richtig. Die einfachen Nipa-Hütten fügen sich harmonisch in die ländliche Umgebung ein. Das Bio-Café (Hauptgerichte 100–190 P, Bier 40 P) ist großartig, und es gibt sogar einen 30-minütigen „Sky-Walk" zwischen den Kokospalmen (30 P).

Es werden keine Moskitonetze zur Verfügung gestellt, dafür aber verkauft man selbstgemachten Insektenschutz aus Citronellaöl.

★ Amarela   STRANDRESORT $$$

(038-502 9497; www.amarelaresort.com; Southern Coastal Rd, Km 12,5; DZ 6000–9900 P, Suite 12000–23000 P;) Das Amarela, ein Strandhotel mit Stil und Eleganz, ist so boutiquemäßig, dass es sogar eine eigene Kunstgalerie unterhält. Die Zimmer mit Hochglanzböden sind sehr hell und die meisten haben Balkone. Hängematten und Liegestühle erwarten die Gäste am netten Privatstrand, man kann sich aber auch am herrlichen Pool inmitten eines üppigen Gartens entspannen. Das Amarela liegt 5,5 km östlich vom Alona Beach.

Panglao Island Nature Resort   STRANDRESORT $$$

(038-411 5878; www.panglaoisland.com; Zi. inkl. Frühstück & Abendessen 7610–13560 P;) Die besten Zimmer in dieser weitläufigen, harmonisch in die Umgebung integrierten Anlage an der Nordküste von Panglao haben Duschen mit Blick auf private Gärten, Terrassen mit eingebautem Whirlpools und einmaligen Meerblick. Im Vergleich dazu sind die preiswerteren „Superior"-Zimmer eine Enttäuschung. Wer nicht im Hotel wohnt, kann gegen eine Gebühr von 450 P den fantastischen weißen Sandstrand, die zwei großen Pools und die private künstliche Insel vor dem Ufer benutzen.

 Essen

Der Alona Beach ist voller Barbecue-Stände, die sich auf Seafood spezialisiert haben, dafür aber zahlt man einen Aufpreis.

Trudi's Place   PHILIPPINISCH $$

(Hauptgerichte 140–240 P; 6.30–23 Uhr;) Das Trudi's am Alona Beach ist für sein preiswertes Essen bekannt. Der Bonus: Ein San Miguel-Bier für 40 P.

Hayahay   PIZZA $$

(Pizzas ab 200 P; 7 Uhr–open end) Hayahay serviert am Strand Pizzas, Thai-Gerichte und Fleischpasteten für Australier mit Heimweh.

★ Giuseppe   ITALIENISCH $$$

(038-502 4255; Hauptgerichte 300–800 P; 11–23 Uhr;) In den Visayas gibt es unzählige gute italienische Restaurants und das Giuseppe gehört zu den besten unter ihnen. Die Pizza ist göttlich, die Nudeln zergehen im Mund und die Tafel mit den Spezialitäten kann Überraschungen enthalten, wie etwa Riesengarnelen oder Straußenfilet. Das Lokal ist cool und klasse und hat einen sehr gut bestückten Weinkeller (Hauswein 120 P).

L'Elephant Bleu   FRANZÖSISCH $$$

(www.lelephantbleu.com; Hauptgerichte 260–500 P; 10–22 Uhr;) Dieses lässige Restaurant serviert ausgezeichnete flambierte Knoblauch-Garnelen, Schnecken, Crème brûlée sowie andere typisch französische Gerichte – und natürlich Käse, Wein und großartigen Kaffee.

CU Biergarten   DEUTSCH $$$

(Hauptgerichte 160–600 P; 6 Uhr–open end;) Hier gibt's alle Arten von Schnitzel und Wurst sowie den berühmten Hackbraten mit Spiegelei. Auch das Frühstück ist hervorragend.

🍷 Ausgehen & Nachtleben

Am besten schlendert man entlang des Alona Beach und findet selbst heraus, wo etwas los ist. Nach Mitternacht gibt's Action in den beiden benachbarten Discos am Highway, **Linarella** und **Aimz Bar**.

T2 Lounge   LOUNGE
(⏱24hr; 📶) Zum Zeitpunkt der Recherche war dies eindeutig die angesagteste Bar mit einem gesunden Mix an Gästen und nicht so typisch männlich wie etwa einige Bars oben auf dem Hügel. Gutes Essen und montags Quizwettbewerb.

Panglao Birdwatchers   BAR
(📞0912 710 8328; www.panglaobirdwatchers.com; 📶) Diese von Australiern betriebene Strandbar ist ein toller Ort für eine Happy-Hour. Sie zieht jede Menge junger, gut gelaunter Leute an, die so lange bleiben, dass es für einige köstliche Tacos nach Kalifornien-Art reicht, die man sich beim Grillstand Woody's On The Beach von nebenan besorgt. Es werden auch Zimmer vermietet.

Coco Vida Bar   BAR
(⏱8 Uhr–open end) Zum Zeitpunkt der Recherche war dies eindeutig die lauteste Bar am Strand.

ℹ Praktische Informationen

An der Zufahrtsstraße zum Alona Beach gibt's einen **BPI**-Geldautomaten.

ℹ Anreise & Unterwegs vor Ort

Bis gegen 15 Uhr verkehren fast stündlich Busse von Alona nach Tagbilaran (25 P, 45 Min.). Eine schnellere und leichtere Altrnative ist das Mieten eines *habal-habal* (150 P), eines Tricycles (200 P) oder eines Taxis (350 P).

Für Tagestouren kann man Pkws und Vans bei einem **Parkplatz** an der Zufahrtsstraße zum Alona Beach oder bei **Valeroso Travel** (📞0916 543 1702; www.boholtourguide.com; ⏱6.30–21 Uhr) mieten; man zahlt etwa 500 P mehr als es in Tagbilaran kosten würde. Auch Motorräder können bei den meisten Resorts gemietet werden; die Gebühr liegt bei 500 P/Tag.

Balicasag Island

Balicasag, eines der besten Tauchreviere der Philippinen, liegt ungefähr 6 km südwestlich von Panglao und ist von einem unberührten Korallenriff umgeben, das zu einem **Meeresschutzgebiet** erklärt wurde (Eintrittsgebühr Schnorchler/Taucher 150/200 P). Das eindrucksvolle Riff reicht bis in eine Tiefe von 50 m und beherbergt Weich- und Hartkorallen; auch Gelbflossen-Stachelmakrelen, Barracudas und Lippfische kann man hier sehen.

Das **Balicasag Island Dive Resort** (📞0928 217 6810, 0917 309 1417; ptabidr@bohol-online.com; B 500 P, DZ inkl. Frühstück 3200–3700 P; ❄🍴) hat Duplex-Nipa-Hütten mit Klimaanlage, eigenem Bad und Terrasse. Das Personal ist freundlich, es gibt ein gutes Restaurant und eine Insel mit Korallensand nur fürs Resort. Die Schlafsäle bieten bis zu acht Personen Platz; kleinere Gruppen müssen für die leer bleibenden Betten zahlen.

Die Überfahrt von Alona Beach nach Balicasag dauert 45 Minuten. Die Insel wird vor allem von Tauchschulen angesteuert, Einzelreisende sollten daher im Resort anrufen und die Abholung vereinbaren.

Pamilacan Island

📞038 / 1189 EW.

Die winzige Insel Pamilacan liegt etwa 23 km östlich von Balicasag und seine Gewässer sind ein Tummelplatz für Wale und Delfine. Seit 1992 ein Walfangverbot verhängt wurde, mussten sich die Insulaner, Nachfahren dreier Generationen von Walfängern, eine neue Existenzgrundlage schaffen.

Nicht weniger als drei gemeinschaftsgestützte Betreiber organisieren Expeditionen, beschäftigen ehemalige Walfänger und benutzen umgebaute Walfangschiffe und einheimische Crews. Die Ausflüge beinhalten einen Ganztagesaufenthalt draußen auf dem Meer und die Überfahrt von Baclayon (auf Bohol) oder Panglao aus; die Boote fassen vier bis sechs Personen. Walsichtungen sind relativ selten, die besten Chancen dafür hat man aber von Februar bis Juli; Delfine hingegen kann man ganzjährig beobachten. **Pamilacan Island Dolphin & Whale Watching Tours** (PIDWWT; 📞0919 730 6108, 038-540 9279; http://whales.bohol.ph; Gruppen von 1–4 Pers. 3300 P, Mittagessen 300 P/Pers.) ist ein seriöser Betreiber. Die Preise sind höher als am Alona Beach, man muss aber berücksichtigen, dass diese Touren umweltfreundlicher sind und dass in den Preisen ein längerer Zwischenstopp für ein Picknick, für Schnorcheln und Schwimmen vor Pamilacan Island mit enthalten ist, was die billigeren, vom Alona Beach aus organisierten Touren nicht bieten.

Auf Pamilacan gibt es mehrere Übernachtungsmöglichkeiten, die allesamt einfache Verpflegung anbieten. Elektrischen Strom gibt's nur von 17 Uhr bis Mitternacht. **Nita's Nipa Huts** (📞0921 320 6497; Zi. ohne Bad inkl. Vollpension 750 P/Pers.) ist die preiswerteste und bestausgebaute Unterkunft, die Doppelzimmer mit Meerblick haben die beste Lage. Nita organisiert für Besucher auch Schnorchel- oder nächtliche Angeltouren nach Tintenfischen sowie die Abholung von Baclayan/Panglao, die 1000/1500 P kostet. PIDWWT betreibt den einfachen **Pamilacan Island Tourist Inn** (📞0919 730 6108; DZ inkl. Vollpension 1500 P).

Man kann auch für die Überfahrt zwischen Pamilacan and Baclayon ein Boot mieten (einfache Fahrt/hin und zurück 1500/2000 P, 45 Min.). Boote vom Alona Beach nach Pamilacan kosten etwas mehr.

Cabilao Island

📞038 / 3200 EW.

Der Sage nach haust auf der idyllischen Insel Cabilao Balikaka, das gefürchtete Ungeheuer in Hundegestalt, das von Zeit zu Zeit das Vieh angreift. In Wirklichkeit ist Cabilao überaus friedlich und das Einzige, was die perfekte Stille unterbricht, sind die Kirchenglocken und das Krähen eines Hahns. Da es auf der Insel kaum Strände gibt, wird Cabilao vor allem von Tauchern angesteuert. Ansonsten ist die Insel ein herrlicher Ort für all jene, die Entschleunigung suchen.

Wie auch im Fall von Balicasag Island und Pamilacan Island im Süden bilden die Gewässer von Cabilao ein faszinierendes, artenreiches Tauchrevier mit zwei von der Gemeinde betriebenen **Meeresschutzgebieten**. Man kann eventuell mal einen Hai sichten sowie allerhand Kleinlebewesen, darunter das schwer zu erkennende winzige Seepferdchen (*Hippocampus bargibanti*), das nur knapp 8 mm lang ist und sich zwischen den roten Korallen versteckt.

Das interessanteste Riff befindet sich vor der nordwestlichen Küste neben dem Leuchtturm. Der renommierte Betreiber **Sea Explorers** (📞0917 727 8248; www.sea-explorers.com) hat seinen Sitz im Resort Pura Vida Cabilao. Zusätzlich zu den Tauchgebühren ist eine einmalige Gebühr von 100 P für das Tauchen und Schnorcheln im Meeresschutzgebiet zu entrichten, außerdem erhebt die Verwaltung von Loon eine Tauchgebühr von 150 P/Tag.

🛏 Schlafen

Übernachtungsmöglichkeiten auf Cabilao finden sich vor allem an der Nordwest-küste, nur eine kurze *habal-habal*-Fahrt vom Pier in Talisay entfernt; etwas länger dauert die Fahrt vom Cambaquiz-Pier aus.

⭐ **Pura Vida Cabilao** STRANDRESORT $$
(📞0918 943 6057; www.cabilao.com; Zi. 2900–4000 P; ❄🛜) Das Strandresort, das auch noch unter seinem früheren Namen Cabilao Beach Club bekannt ist, liegt einsam am nordöstlichen Zipfel der Insel. Die gepflegten, makellosen strohgedeckten Cottages bieten den Gästen des Resorts moderne, gefliese Bäder. Vom Restaurant aus hat man einen bezaubernden Blick aufs Meer. Hier befindet sich auch der Veranstalter Sea Explorers. In der Nebensaison gibt es erhebliche Preisnachlässe. Das Resort liegt fünf Minuten Fußweg vom Pier in Cambaquiz entfernt.

Polaris Resort STRANDRESORT $$
(📞0918 903 7187; www.polaris-dive.com; Zi. mit Klimaanlage 3500–4100 P, Baumhaus mit Ventilator 1860 P; ❄@🛜♨) Das Polaris hat recht große Zimmer in Cottages aus Beton sowie zwei auf Stelzen errichtete „Baumhäuser". Das Resort ist eine gute Option für Familien, denn die Kids werden den künstlichen Felspool im Disneyland-Stil und die Hügel schätzen. Teilweise wird hier auch Sonnenenergie verwendet. Dem Resort ist ein PADI-Tauchzentrum angegliedert. In der Nähe der Anlage befindet sich eine Sandbank, die sich bei Ebbe gut zum Schwimmen und Schnorcheln eignet.

ℹ An- & Weiterreise

Um nach Cabilao Island zu kommen, muss man einige Kilometer nördlich von Loon nach Mocpoc fahren (gute 20 Min. auf einer unbefestigten Straße mit einem *habal-habal*, 60 P). Loon ist 27 km von Tagbilaran entfernt (Bus oder Jeepney 30 P, 45 Min.). Von Mocpoc fahren öffentliche *bangkas* (20 P; sie starten sobald sie voll sind) zum Cambaquiz-Pier (nach Pura Vida Cabilao) und nach Talisay (zu den Resorts im Nordwesten der Insel), oder man zahlt für eine Sonderfahrt (250–350 P). Ungünstiges Wetter verhindert allerdings häufig die Fahrt nach Talisay, sodass man dann Cambaquiz ansteuern muss.

Außerdem verkehrt zweimal wöchentlich – montags und samstags um 8 Uhr – ein Boot von Cabilao nach Argao, Cebu, (120 P, 1½ Std.).

Antequera

📞 038 / 14 481 EW.

Gleich außerhalb von Antequera, etwa 20 km von Tagbilaran entfernt (Bus oder Jeepney 30 P), befinden sich die **Mag-aso Falls** – die größten Wasserfälle der Insel – und die **Inambacan Spring & Caves**. Höhlenführer gibt es am Beginn des Wanderwegs zu den Mag-aso Falls oder man schickt **Antolin** (📞 0919 808 6079) eine SMS, wenn man einen Führer im Voraus buchen möchte.

Tarsier Sanctuary

In Canapnapan, einem *barangay* von Corella, kann man die glubschäugigen Koboldmakis in Freigehegen im **Philippine Tarsier Sanctuary** (📞 0927 541 2290; www.tarsierfoundation.org; Eintritt 50 P; ⊙ 9–16 Uhr) erleben. Etwa zehn dieser baumbewohnenden Primaten leben in unmittelbarer Nähe des Zentrums – der Guide führt die Besucher direkt zu ihnen. Dies ist eine viel menschlichere, umweltfreundlichere und lohnendere Art, die Koboldmakis zu beobachten als etwa im Rahmen von Gruppenreisen zum Loboc Tarsier Sanctuary.

Die knuddeligen Koboldmakis mit ihren auffallend großen Augen haben in der Handfläche eines Menschen Platz und können dennoch bis zu 5 m weite Sprünge ausführen, zeichnen sich durch einen sehr beweglichen Hals aus, der um fast 360 Grad gedreht werden kann, und können die Ohren in die Richtung bewegen, aus der Geräusche kommen. Ihre hervorstehenden Augen sind im Verhältnis zu ihrer Körpergröße 150-mal größer als das Auge eines Menschen bezogen auf seine Körpergröße.

Der Koboldmaki ist nicht nur einer der weltweit kleinsten Primaten und der älteste Überlebende einer 45 Mio Jahre alten

SIND DIE BEFREITEN KOBOLDMAKIS WIRKLICH FREI?

Um finanzielle Gewinne zu erzielen, pflegten Tourenbetreiber in Loboc Koboldmakis einzufangen und in kleine Käfige zu stecken, um sie von Touristen bewundern zu lassen oder als lebende Kuriosiäten in der Ecke eines Ladens zu halten. Viele dieser Tiere sterben aber infolge von Krankheiten vorzeitig oder – schlimmer noch – begehen Selbstmord. Es stellte sich nämlich heraus, dass Koboldmakis besonders schlecht an ein Leben in Gefangenschaft angepasst sind – so die Philippine Tarsier Foundation, Inc (PTFI).

Im Jahr 2011 setzte der Gouverneur von Bohol in Zusammenarbeit mit dem Department of Environment & Natural Resources (DENR) dieser Praxis weitgehend ein Ende, indem er die in Käfigen gehaltenen Koboldmakis beschlagnahmte und sie in den **Loboc Tarsier Sanctuary** unweit der Grenze von Loboc und Bilar verlegen ließ, wo sie sich frei im umgebenden Dschungel bewegen konnten.

Das war die lobenswerte Absicht. Leider wurden bald kritische Stimmen laut, die betonten, dass die Koboldmakis hier im Grunde vielen der Stressfaktoren ausgesetzt waren, unter denen sie auch in Gefangenschaft gelitten hatten. Bestimmungen, wie sie im PTFI's Philippine Tarsier Sanctuary (S. 346) von Corella strengstens eingehalten werden, wie etwa die Beschränkung der Besucherzahl oder das Verbot, Fotos mit Blitzlicht zu machen, werden in Loboc nicht eingehalten. Hinzu kommt, dass die Betreuer im Loboc Sanctuary die Koboldmakis aus der Hand füttern und mit der Hand von einem Platz zum anderen bewegen, damit die Touristen sie besser sehen können.

Obwohl diese Tiere im Loboc Sanctuary gegenüber ihrem Dasein in Gefangenschaft eindeutig ein viel besseres Leben führen, zeigen sich die Nichtregierungs-Organisationen unzufrieden. Sie bemängeln die Behandlung der Tiere in Loboc und hinterfragen die Rolle des DENR bei der Gründung des Loboc Sanctuary, der als ein gewinnbringendes Unternehmen geplant war und die Genehmigung als „Wildtierfarm" erhielt, die eine Zurschaustellung der Koboldmakis zu kommerziellen Zwecken erlaubte.

Das Loboc Sanctuary, der nur wenige Minuten von den Chocolate Hills entfernt ist, wird täglich von Hunderten Touristen besucht, aber eine bessere Erfahrung und einen ethisch verantwortungsvolleren Umgang pflegt man im Philippine Tarsier Sanctuary in Corella, wo die Lebensbedingungen dieser Primaten am stärksten denen in freier Wildbahn näherkommen.

Primatengruppe, er gehört auch zu den bedrohten Tierarten. Die wichtigsten Faktoren, die sein Überleben gefährden, sind die Zerstörung seines Lebensraums, die Einwanderung fremder Tierarten, die Bejagung und der Tierhandel. Auf Samar, Leyte und in Teilen von Mindanao leben zwar noch Koboldmakis, aber Bohol ist die Provinz, die am meisten unternimmt, um die Aufmerksamkeit auf die Koboldmakis zu lenken und ihr Überleben zu sichern.

In den Visitor Centers gibt es Schautafeln, eine (für Besucher nicht zugängliche) Zuchtstation sowie Fotos; dabei kann man auch das eingerahmte Foto entdecken, das zeigt, wie die frühere First Lady Amelita Ramos 1997 Prinz Charles einen Koboldmaki überreicht.

Passionierte Wanderer können längere geführte Touren in das umgebende Naturschutzgebiet buchen, obwohl es sehr unwahrscheinlich ist, dass sie Koboldmakis unmittelbar jenseits des Visitor Centers sichten werden. Um die Chance wahrzunehmen, diese nachtaktiven Lebewesen in ihrer natürlichen nächtlichen Umgebung beobachten zu können, kann man eine Nachttour bei dem Veranstalter Habitat Bohol (S. 348) in Bilar buchen.

Um von Tagbilaran hierher zu gelangen, fährt man mit dem Bus vom Dao Terminal nach Sikatuna (20 P, 1 Std.) und bittet den Fahrer, vor dem Tarsier Sanctuary anzuhalten. Von Nuts Huts oder Loboc sind es mit dem Motorrad nur etwa 30–45 Minuten bis hierher; man kann aber auch von Loboc aus ein Jeepney nehmen (25 P, 45 Min.).

Chocolate Hills Loop

Der gut besuchte Weg zu den Chocolate Hills kann von Tagbilaran oder vom Alona Beach aus als Ganztagesausflug bequem geschafft werden. Wer mehr Zeit übrig hat, sollte unbedingt eine oder drei Nächte in Loboc verbringen und für den Rückweg nach Tagbilaran die Panoramastraße nach Sierra Bullones und Jagna benutzen und dabei einen kurzen Abstecher nach Pilar mit seinem malerischen **See** und den **Reisterrassen** machen. Man kann mühelos auch den Besuch des Tarsier Sanctuary in Corella mit in diese Rundfahrt aufnehmen.

Aufgrund des geringen Verkehraufkommens und der sanft geschwungenen Straßen ist die Route wie geschaffen für eine Motorradfahrt. Man kann aber auch von Tagbilaran/Alona Beach für 2000/2500 P eine Ganztagestour in einem Pkw oder für 3000/3500 P in einem 10-Personen-Van buchen.

Baclayon

038 / 18 630 EW.

Etwa 6 km von Tagbilaran entfernt liegt Baclayon mit seiner aus Korallengestein erbauten **Baclayon Church** (1727), die bei dem Erdbeben von 2013 schwer beschädigt wurde. Die Behörden sagen, die Kirche werde restauriert – sie ist aber auf unbestimmte Zeit weiterhin geschlossen. Das angrenzende **Museum** (Eintritt 50 P; 8–17 Uhr), das eine Sammlung liturgischer Gerätschaften beherbergt, ist jedoch geöffnet.

Baclayon eignet sich sehr gut als Ausgangspunkt für Touren zur Pamilacan Island, um Wale und Delfine zu beobachten.

Die Stadt hat auch herrliche **historische Häuser**, deren Abriss von der **Baclayon Ancestral Homes Association** (BAHANDI; 0917 620 1211) verhindert wurde. Sie organisiert auch Rundgänge zu den 67 Häusern aus der spanischen Kolonialzeit, von denen das älteste aus dem Jahr 1853 stammt. Dieser Verein bietet auch die Möglichkeit bei Gastfamilien in den historischen Häusern zu übernachten.

Das **Tourist Office** (0946 296 4297; www.baclayontourism.com) im Hafen kann Vorausbuchungen für Boote vornehmen und hat Infomaterial zu weiteren Übernachtungsmöglichkeiten in der Region.

Loboc

038 / 16 312 EW.

Schwimmende Restaurants, von denen Frank Sinatra-Melodien herüberschallen, und andere historischen Flussdampfer fahren auf dem Loboc River von der gleichnamigen Stadt ein Stück in Richtung Norden. Selbst diese unpassende Beschallung tut dem landschaftlichen Reiz von Loboc keinen Abbruch, das aus dem dichten Dschungel hervorlugt. Die **San Pedro Church** (erbaut 1602), die älteste Kirche von Bohol, lag zum Zeitpunkt der Recherche aber nach dem Erdbeben von 2013 noch in Ruinen.

Flussaufwärts von der eigentlichen Stadt befindet sich die legendäre Backpacker-Unterkunft Shangri-La Nuts Huts. Wer auf der Rundfahrt durch die Chocolate Hills unterwegs ist, sollte hier unbedingt eine Mittagspuse einlegen. Jenseits vom Nuts Huts befinden sich die **Tontonan Falls** und Visayas ältestes Wasserkraftwerk. Der **Loboc Eco Adventure Park** (038-537 9292; Seilrutsche 350 P) hat eine aufregende, 500 m lange Seilrutsche (Zipline), die in 120 m Höhe über die Wasserfälle führt. Ein ruhigerer Sessellift (250 P) ist auf derselben Strecke in Betrieb. Geführte **Stehpaddeltouren** auf dem Loboc River können über **Suptours** (0947 893 3022; www.suptoursphilippines.com; Paddles Up Guesthouse; 1 Std./halbtags 950/1450 pro Pers.) gebucht werden. Sehr empfehlenswert ist auch die nächtliche Glühwürmchen-Tour.

Loboc ist etwa 24 km von Tagbilaran entfernt und mit dem Bus erreichbar (30 P, 1 Std.).

Schlafen & Essen

★ Nuts Huts   HOSTEL $
(0920 846 1559; www.nutshuts.org; B 300–400 P, Nipa-Hütte 900–1200 P) Versteckt im Dschungel entlang des Loboc River und 2 km nördlich der Stadt Loboc, ist das Hostel der ideale Ausgangsort, um das Innere von Bohol zu erkunden. Die auf Stelzen errichteten Nipa-Hütten liegen verborgen am Fuß eines steilen Hügels entlang des Flussufers. Alle Hütten haben Balkone, um zu entspannen; sie sind aber sehr einfach.

Die Mahlzeiten werden in einem herrlichen Speiseraum/Lounge-Bereich serviert, von dem man einen tollen Blick auf die grüne Mauer des Dschungels am jenseitigen Flussufer hat. Auf geführten Trekkingtouren geht es in die nahen Höhlen und in den Rajah Sikatuna National Park. Man kann auch Kajaks mieten und in einer mit Holz beheizten Kräutersauna entspannen.

Um von Tagbilaran zum Nuts Huts zu gelangen, nimmt man einen Bus mit dem Fahrziel Carmen und steigt am Schild zum Nuts Huts, etwa 3 km hinter Loboc aus. Von hier sind es nur knapp 15 Gehminuten auf einem holprigen, staubigen Weg. Alternativ kann man in Loboc auch ein *habal-habal* (50 P) nehmen, das einen direkt zum Nuts Huts fährt. Romantischer ist die Anreise mit einem Shuttle-Boot flussaufwärts auf dem Loboc River von der Anlegestelle Sarimanok nördlich des Zentrums von Loboc aus (200/300/450 P für 1/2/3 Pers.).

Paddles Up Guesthouse   HOSTEL $
(038-537 9011; rooms@suptoursphilippines.com; B/Hütte 450/1200 P;) Seit der Eröffnung dieser kleinen, äußerst gemütlichen Pension am Flussufer hat Loboc ein weiteres Backpacker-Juwel. Die Unterkünfte sind zwar einfach, man hat dafür aber die Chance, mit Suptours (S. 348) mehr Zeit auf einer Stehpaddel-Tour auf dem Loboc River zu verbringen oder die Gegend auf dem Motorrad zu entdecken (500 P/Tag). Die Pension liegt etwas westlich von Lobocs Zentrum.

Loboc River Resort   RESORT $$
(038-510 4565; www.lobocriverresort.com; Cottage inkl. Frühstück 2800–5000 P;) Wer in Loboc etwas vornehmer übernachten möchte, findet in diesem stilvollen, etwa 1 km südlich der Stadt gelegenen Resort komfortable, im regionalen Stil eingerichtete Beton-Cottages mit Hochglanz-Holzböden und Balkon – und für 200 P Aufpreis logiert man direkt am Fluss oder lässt es sich in einer riesigen Villa gut gehen.

Bilar
038 / 17 098 EW.

Etwa 1 km südlich von Bilar liegt das bei Tagesausflüglern beliebte **Habitat Bohol** (038-535 9400; http://boholconservation.com; Eintritt 40 P, Nachtsafari 900 P, EZ 550 P, DZ 850–1000 P; 7.30–17 Uhr), das einen bekannten Schmetterlingsgarten beherbergt; die Hauptattraktion aber sind die **Nachtsafaris** (17.30–19.30 Uhr), die eine recht hohe Chance (ca. 40%) bieten, Koboldmakis in freier Wildbahn unweit des Rajah Sikatuna National Park zu beobachten. Selbst wenn man keinen zu Gesicht bekommt, so ist es doch ein faszinierendes Erlebnis, in der Dunkelheit durch ihren natürlichen Lebensraum zu wandern, in dem auch Eulen, Eulenschwalmen, Fledermäuse, Zibetkatzen und Glühwürmchen leben. Diese Touren sollte man einen Tag im Voraus buchen. Habitat Bohol hat Unterkünfte in Form von komfortablen, im Wald versteckten Cottages; außerdem gibt's ein Restaurant. Bilar liegt etwa 22 km nordöstlich von Loboc.

Chocolate Hills

Eine von Bohols touristischen Hauptattraktionen und sicherlich die am meisten gepriesene sind die Chocolate Hills, eine Ansammlung majestätischer, grasbewachsener Hügel, die sich bis weit zum Horizont hin erstrecken. Der Name der Hügel erklärt sich durch die grasähnliche Vegetation, die in der Trockenzeit (Feb.–Juli) eine schokoladenbraune Färbung annimmt. Die Hügel entstanden im Laufe der Zeit vermutlich durch nach oben gedrückte Korallenablagerungen und die Einwirkung von Regenwasser und Erosion. Weil diese Erklärung jedoch nicht ausreichend belegt ist, könnte sich der Glaube der Einheimischen, dass es sich bei den Hügeln um die Tränen eines liebeskranken Riesen handelt, eines Tages bewahrheiten.

Die Hügel erstrecken sich über drei Gemeinden, wobei sich die größte und meistbesuchte Ansammlung 4 km südlich von Carmen befindet, wo sich auch der **Chocolate Hills Main Viewpoint** (Eintritt 50 P) befindet. Vom Fuß dieses Aussichtspunkts kann man mit einem Motorrad den Hügel erklimmen (40 P/2 Pers. einfache Fahrt). Oben wird der Blick in die Ferne leider durch die Kioske, die kitschige Souvenirs verkaufen, beeinträchtigt. Natürlich kann man den Hügel auch zu Fuß besteigen (20–30 Min.).

Dieselben *habal-habal*-Fahrer nehmen die Besucher auch auf eine aufregende Erkundungsfahrt (30 Min./1 Std. 250/350 P) auf den gewundenen Straßen mit – sowohl zu den malerischsten Stellen als auch zu weniger bekannten Spots, wie etwa den **Eight Sisters Hillocks**. Viel Spaß versprechen auch Touren mit Quads und Buggys, die am Fuß des Aussichtspunkts gemietet werden können.

Wer hier in der Gegend übernachten möchte, kann die **Banlasan Lodge** (038-525 9145; DZ mit Ventilator/Klimaanlage & Gemeinschaftsbad ab 400/600 P; ✱🌀💺) an der Schnellstraße zwischen dem Aussichtspunkt und Carmen ansteuern.

Touristisch weniger überlaufen sind die Chocolate Hills nordöstlich von Sagbayan an der Straße nach Danao.

ℹ️ An- & Weiterreise

Vom Dao-Terminal in Tagbilaran fahren regelmäßig Busse nach Carmen (60 P, 2 Std.). Von Loboc sind es nur 45 Minuten mit dem Motorrad bis zu den Chocolate Hills, man kann aber auch einen in Richtung Carmen fahrenden Bus anhalten. Von Carmen gibt es ebenfalls Busse nach/von Talibon (62 P, 2 Std.) und Tubigon (50 P, 1½ Std.).

Jagna

📞 038 / 32566 EW.

Von Jagna legen die Fähren nach Camiguin, Mindanao, ab. **Oceanjet** (0932 873 4885) betreibt ein HSC-Boot, das täglich um 13.30 Uhr von Jagna nach Benoni, Camiguin, fährt (600 P, 2 Std.) und dann weiter nach Cagayan de Oro (900 P, 5 Std.). **Super Shuttle Ferry** (in Camiguin 0909 236 1790) hat eine RORO-Autofähre, die montags, mittwochs und freitags um 13 Uhr nach Balbagon, Camiguin, ablegt (400 P, 3½ Std.). Zusätzlich betreibt **Lite Shipping** eine RORO-Autofähre, die dienstags, donnerstags, samstags und sonntags um 22 Uhr nach Cagayan de Oro fährt (ab 600 P, 7 Std.). Manchmal fallen diese Verbindungen jedoch aus, sodass es empfehlenswert ist, sich die Abfahrt bei den Fährgesellschaften oder direkt beim Bohol Tourism Office (S. 339) in Tagbilaran bestätigen zu lassen.

Vans (V-hires) verkehren zwischen Tagbilaran und Jagna (100 P, 1½ Std., stündl.).

Anda

📞 038 / 1412 EW.

Wegen ihrer bedeutenden vorgeschichtlichen Stätten auch als „Wiege der Bohol-Zivilisation" bezeichnet, wirkt die Halbinsel Anda am südöstlichen Zipfel von Bohol immer noch wie aus einer längst vergangenen Zeit. Von dem Ort Anda aus reihen sich an einem leeren, fast 3 km langen weißen Sandstrand die Resorts aneinander. Hier sind Ruhe und Privatheit angesagt, wer Action sucht, könnte Anda zu entspannt finden. In Anda gibt's keine Geldautomaten; der nächste steht in Ubay.

👁 Sehenswertes & Aktivitäten

In Anda selbst gibt es einen breiten, herrlichen **Stadtstrand**, an dem es aber wegen der Tagesausflügler recht eng werden kann. Ruhigere Strände finden sich bei den meisten Resorts.

Ein gutes **Tauchrevier** ist das **Basdio Reef**; Tauchgänge kann man über **Anda Divers** (0929 454 1635; www.anda-divers-enjoy.com; Tauchgang inkl. Ausrüstung 25 €) in der Stadt buchen. Auch einige Resorts haben Tauchzentren.

Die Karststruktur der Anda-Halbinsel ließ eine Reihe von **Höhlen** entstehen und in unmittelbarer Nähe zur Stadt gibt es auch mehrere **Höhlenseen**. Das hilfreiche **Tourist Office** (0912 758 0360, 0908 793 6643; 🕗 8–17 Uhr) in Anda hat Zusatzinfos zu den Möglichkeiten, diese zu erkunden.

Lamanok Island   HÖHLE

(Tour 300 P/Pers.) Diese 7 km nördlich der Stadt Anda gelegene Insel beherbergt einige anthropologisch bedeutsame Felsmalereien, die mit der bloßen Hand ausgeführt wurden und mehrere zehntausend Jahre alt sind.

Mit einem *habal-habal* oder einem Tricycle sind es 15 Minuten bis zur Ablegestelle, wo kleine Boote die Besucher zur Insel übersetzen. Auf Lamanok Island gibt es ein kleines Informationszentrum, das Touren organisiert, in deren Verlauf es zu Fuß und mit dem Kanu durch die Höhlen geht. Dabei kann man außer den prähistorischen Felsmalereien auch alte Einbaumsärge und versteinerte Riesenvenusmuscheln bewundern.

Schlafen & Essen

Eine preiswerte Unterkunft bei Gastfamilien vermittelt Process-Bohol (S. 340). Die am Stadtstrand gelegene **Quinale Beach Bar** (Mahlzeiten 100–150 P; 9–21 Uhr) serviert philippinische Gerichte und ein San Miguel-Bier für 40 P.

Anda Global Beach Resort
STRANDRESORT $

(0948 355 2542; Zi. mit Ventilator/Klimaanlage 700/1500 P;) Direkt neben dem lebhaften Stadtstrand gelegen, ist dieses einfache Resort eine nette Alternative zu den hochpreisigeren Resorts westlich der Stadt, dürfte aber vielen zu abgeschieden sein.

Dapdap
STRANDRESORT $

(0921 833 2315; www.boholdapdaresort.com; Zi. mit Ventilator 900 P, mit Klimaanlage inkl. Frühstück 1500–3200 P;) Das in philippinischem Besitz befindliche Dapdap ist eigentlich die einzige Budgetoption unter den Resorts im Westen. Der Strand ist nett und hat eine Klippe, von der man bei Flut ins Wasser springen kann. Insgesamt unterscheidet sich das Dapdap kaum von anderen Strandresorts.

Vitamin Sea Beach Resort
STRANDRESORT $$$

(0918 310 9683; armie.calugay@gmail.com; Zi. 3500 P;) In Andas bestem Allround-Resort stimmt einfach alles. Es hat einen netten Pool, eine tolle kleine Bar, ein helles und luftiges Restaurant mit Meerblick und einen faszinierenden weißen Sandstrand. Die ansprechenden Zimmer reihen sich unter dem Restaurant aneinander und verfügen über zwei Bereiche: einen Schlafbereich und einen zum Entspannen.

Anda White Beach Resort
STRANDRESORT $$$

(0920 946 8127; www.andabeachresort.com; Zi. inkl. Frühstück 4300–6380 P;) Das Highlight hier ist der fantastische Strand. Die Zimmer sind recht stylish und gut ausgestattet, aber etwas überteuert. Nach den Zimmern mit Balkon und Blick auf den Strand fragen. Auch wer nicht im Hotel wohnt, kann den Strand und den Infinity Pool gegen eine Verbrauchsgebühr von 600 P (z. B. für Essen & Getränke einsetzbar) nutzen.

ⓘ An- & Weiterreise

Von Tagbilaran oder Ubay fährt man mit dem Bus bis zum Markt von Guindulman, steigt dann in ein öffentliches *motorilla* (10-Personen-Tricycle) nach Anda (30 P, 30 Min.) um und fährt unterwegs an den Abzweigungen zu den Resorts der Westküste vorbei.

Ubay
038 / 3698 EW.

Der auf Bohol in entgegengesetzter Richtung zu Tagbilaran gelegene einsame Ort Ubay hat einen lebhaften Markt, der sich unweit des Piers befindet. Von hier aus gibt's Bootsverbindungen nach Leyte und zum nahen, touristisch kaum erschlossenen **Lapinig Island**. Wer hier festsitzt, kann in der **JRC Pension** (038-518 8888; DZ P500–550;) neben dem Pier übernachten.

Medallion Transport (0923 242 9827) unterhält täglich eine RORO-Autofähre, die um 13 Uhr nach Bato auf Leyte ablegt (270 P, 3 Std.). Zusätzlich gibt's am Morgen zwei *bangkas* nach Bato (280 P, 2½ Std.), und 2-mal täglich fahren *bangkas* nach Hilongos auf Leyte (250 P, 2½ Std.). Zwischen Ubay und Tagbilaran besteht eine Busverbindung (120 P, 3½ Std.).

Talibon
038 / 61373 EW.

Talibon an der Nordküste ist eine zweite Anlaufstelle für die von Cebu eintreffenden Besucher, die direkt weiter nach Anda, Carmen oder Danao reisen wollen.

Im Nachbarort Bien Unido befindet sich unerwarteterweise ein Tauchzentrum außerhalb des **Bien Unido Double Dive Camp** (0905 428 1452, 0935 476 9108; DZ 1200 P;), das über saubere, kleine Zimmer und einen Pool verfügt. Das Tauchzentrum liegt am Puerto San Piedro-Pier von Bien Unido, 5 km nordwestlich der eigentlichen Stadt und gegenüber der Insel Jao (gesprochen „Hao"). Tauchen kann man vor der Insel am **Danajon Double Barrier Reef**, wo 5 m hohe Statuen der Heiligen Jungfrau und von Santo Niño ins Meer versenkt wurden, um die Dinge in Bewegung zu bringen.

Talibon Pension House (☏ 0939 241 0377; DZ 250–1000 P; ✱ ☏), außerhalb der Stadt an der Hauptstraße gelegen, bietet Budget-Unterkünfte. Außerdem gibt's einige etwas schickere Optionen am Pier.

RORO-Autofähren der Linie **VG Shipping** (☏ 038-515 5168) verkehren regelmäßig nach Cebu City (ab 240 P, 3½ Std.); sie legen täglich um 10 und 22 Uhr ab.

Busse fahren über Tubigon nach Tagbilaran (110 P, 3½ Std.) und nach Carmen (50 P, 2½ Std.) für die Chocolate Hills. Um nach Guindulman/Anda zu gelangen, nimmt man ein *multicab* (Mini-Jeepney) nach Ubay (30 P, 45 Min.) und steigt in einen Richtung Süden fahrenden Bus um. Für besondere Touren kann man am Pier Vans (V-hires) mieten.

Buenavista

☏ 038 / 27 031 EW.

Buenavista hat einen netten, malerischen **Markt** an einer Mangrovenbucht. Hier oder am Flussübergang 3 km südlich an der Hauptstraße kann man die lokale Delikatesse – Seeigel – kaufen.

Wer das Besondere sucht, kann an einer **Cambuhat Village Ecotour** teilnehmen, einer Flussfahrt auf dem von Mangroven gesäumten Daet River von Buenavista zum Dorf Cambuhat, wo es eine Austernfarm und eine Bastflechterei gibt. Für zusätzliche Informationen das **Tourist Office** (☏ 038-513 9188) in Buenavista anrufen.

Tubigon

☏ 038 / 44 902 EW.

In dem etwas maroden Fischerort Tubigon legen häufig Schnellboote von Cebu an, es gibt aber kaum einen Grund, sich hierher zu verirren, außer man fährt weiter nach Danao oder nach Carmen.

Vom Pier aus fahren viele Busse und Vans südwärts nach Tagbilaran, während die Inlandbusse etwa stündlich nach Danao (70 P, 2 Std.) und Carmen (50 P, 1½ Std.) unterwegs sind.

Danao

☏ 038 / 17 952 EW.

Eingebettet in ein bergiges Dschungelgebiet mit spektakulären Schluchten, Höhlen und reißenden Flüssen ist der **Danao Adventure Park** (☏ 0917 302 1700; www.eatdanao.com; Suislide 350 P) ein riesiger Tummelplatz für Adrenalin-Junkies. Abseilen, Höhlenwandern, Felsklettern, Kajakfahren und Tubing – alles kann hier empfohlen werden, aber richtig bekannt wurde der Park durch Aktivitäten, die den Adrenalinspiegel so richtig in die Höhe treiben. Mit der „Suislide" genannten Seilrutsche schwebt man wie Superman über einer 500 m breiten Schlucht oder man stürzt sich bei einem atemberaubenden Bungeesprung 75 m in freiem Fall in die Tiefe.

Leider trug auch der Park bei dem Erdbeben von 2013, dessen Epizentrum sich im nahen Sagbayan befand, Schäden davon. Auch ein Jahr nach dem Beben waren einige Aktivitäten, darunter auch das Bungeespringen, immer noch geschlossen. Die Zimmer (Camping inkl. Zelt 300 P, Zimmer mit Ventilator/Klimaanlage 600/1000 P) bieten ein recht gutes Preis-Leistungs-Verhältnis, wenn man die tolle Lage inmitten des Dschungels berücksichtigt. Da es in der Nacht abkühlt, braucht man vermutlich auch nicht die Klimaanlage.

Die Busse von Tagbilaran nach Danao (85 P, 3 Std.) fahren über Sagbayan. Abschnitte der neuen Straße von Sagbayan nach Danao sind unbefestigt, es gibt aber immer wieder überwältigende Ausblicke auf Reisterrassen und die einsamen Chocolate Hills. Von der Stadt Danao sind es bis zum Park noch weitere 8 km (40 P, 15 Min. mit einem *habal-habal*).

LEYTE

Bei Studenten und Historikern, die sich mit dem Zweiten Weltkrieg und dem Krieg im Pazifik beschäftigen, weckt das Wort „Leyte" die Erinnerung an blutige Seeschlachten und den Ort der Rückkehr von US-General Douglas MacArthur auf die Philippinen. Die Philippinos assoziieren es zugleich mit dem märchenhaften Aufstieg von Imelda Marcos und dem verklärten Bild, das sie von ihrem Geburtsort zeichnete, nachdem sie in der Hauptstadt reich geworden war. Für Traveller ist der Süden Leytes rund um die Sogod-Bucht eines der besten Tauchreviere der Philippinen. Die Cebuano sprechenden Einheimischen leben im Süden, während ihre Waray sprechenden Landsleute in der Viehzuchtregion des nördlichen Leyte zuhause sind. Leytes Norden wurde vom Taifun Yolanda 2013 am schwersten getroffen.

Leyte

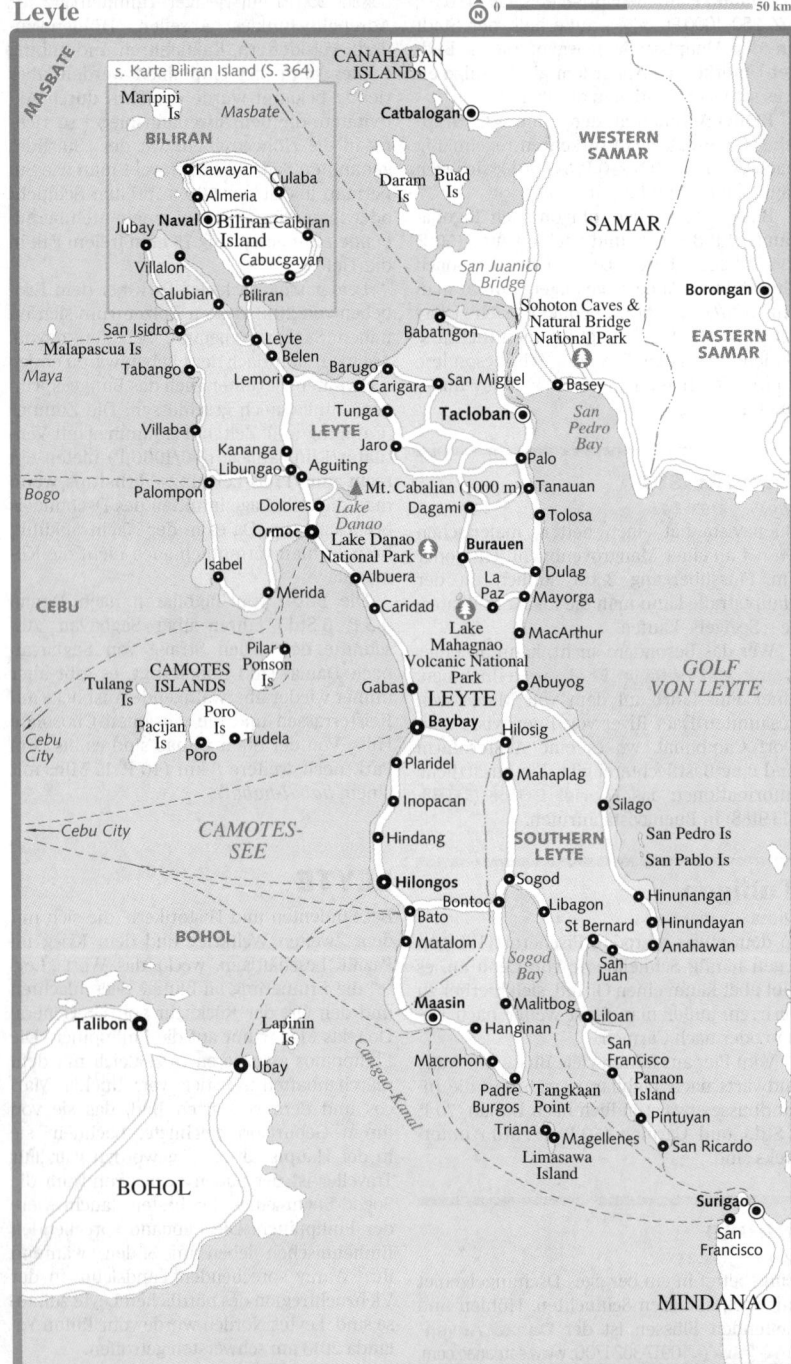

ℹ An- & Weiterreise

Am einfachsten erreicht man Leyte mit dem Boot oder auf dem Landweg über Samar. Die wichtigsten Häfen sind Ormoc im Nordwesten, mit zahllosen Verbindungen nach Cebu City und San Ricardo im äußersten Süden, das durch häufige Fährverbindungen mit Surigao auf Mindanao verbunden ist. Eine Reihe weiterer kleiner Häfen an der Westküste bieten Verbindungen nach Cebu City und in den nördlichen Teil der Insel Bohol.

Tacloban

053 / 221174 EW.

Einst als Perle von Leyte bezeichnet, wird Tacloban nun für immer mit der Naturkatastrophe vom 8. November 2013 in Verbindung gebracht werden. Hier richtete der Taifun Yolanda die schwersten Verwüstungen an. Schlendert man heute durch das Zentrum von Tacloban, kann man sich kaum das Schreckensbild vorstellen, das sich den Einwohnern an jenem schicksalhaften Morgen bot. Seither wurde das Stadtzentrum, zumindest optisch, weitgehend wiederhergestellt. Die Hotels wurden renoviert und haben wieder geöffnet. Und in die Bars kommen nun statt Mitarbeiter von Hilfsorganisationen endlich wieder Gäste. Tacloban hat wieder seine Rolle als wirtschaftliches Zentrum von Leyte und Samar übernommen.

Die psychologischen Wunden zu heilen wird jedoch länger dauern. Die Bilder der Zerstörung, die Erinnerung an die Lieben, die ihr Leben verloren, der Hauch des Todes, der noch Wochen nach dem Taifun über der Stadt schwebte ... nichts von all dem wird so schnell in Vergessenheit geraten. Vermutlich wird der Schrecken des Taifuns Yolanda bis zu einem gewissen Grad für immer im Gedächtnis von Tacloban erhalten bleiben.

In einer Sache sind sich alle einig: Die Einwohner von Tacloban sehnen die Rückkehr der Touristen herbei. Während in der ersten Zeit nach der Katastrophe die Mitarbeiter der Hilfsorganisationen ein Segen für die Stadt waren, braucht Tacloban nun die Besucher, um die Lücke zu füllen, die nach dem Weggang der Helfenden entstanden ist. Die Stadt war zwar nie eine touristische Hochburg, sie ist aber ein praktisches Sprungbrett zu fast allen Attraktionen auf Samar und Leyte und rechtfertigt einen ein- bis zweitägigen Aufenthalt.

Zu den Sehenswürdigkeiten von Tacloban werden – in nächster Zukunft zumindest – auch zwei riesige Schiffe gehören, die der Taifun ins Landesinnere geschleudert hat und die hier verbleiben, umgeben von Straßen und Barackensiedlungen. Die Schiffe, die etwas westlich vom Zentrum im *barangay* 68 liegen, dürften als dauerhaftes Mahnmal und als Symbol für die Gewalt des Sturms erhalten bleiben, der so viele Menschenleben forderte.

⊙ Sehenswertes & Aktivitäten

Unbedingt im Hotel Alejandro (S. 354) vorbeischauen, das eine sehenswerte Dauerausstellung mit Fotos zeigt, die Taclobans zivile und Kriegsgeschichte veranschaulichen.

Santo Niño Shrine & Heritage Center
HISTORISCHE STÄTTE

(Eintritt für bis zu 3 Pers. 200 P; ⊙ 8–17 Uhr) Taclobans berühmteste Tochter ist die ehemalige First Lady Imelda Romualdez Marcos, deren Elternhaus im Küstenstädtchen Tolosa steht, das vom Taifun Yolanda weitgehend zerstört wurde. Der Einfluss der Familie in Tacloban wird sichtbar in den Straßennamen und in diesem alten herrschaftlichen Wohnhaus, das zwar mit den Marcos-Millionen errichtet wurde, in dem Imelda aber nie geschlafen hat. Heute beherbergt die Villa, in der jeder Raum einer anderen philippinischen Provinz gewidmet ist, eine exquisite Sammlung von Antiquitäten und Kunstgegenständen; zudem gibt es eine bizarre Schautafel, die Imeldas gute Taten zeigt.

Bukid Outdoor Shop
ABENTEUERSPORT

(053-523 7625; 206 Burgos St; ⊙ Mo–Sa 9–19 Uhr, Kletterwand Mo–Sa 13–19 Uhr) Hier findet man eine Gruppe von Outdoor-Begeisterten, die mit Infos helfen können und lokale Kontakte in Sachen Kajakfahren, Mountainbiken und Wandern haben. Außerdem gibt's vor Ort eine Kletterwand (50 P).

🎉 Feste & Events

Ende Juni finden überall in Tacloban Feste statt und es ist eine gute Zeit, an diversen Festivitäten teilzunehmen; daher muss man für diese Zeit eine Unterkunft rechtzeitig im Voraus buchen.

Pintados-Kasadyaan
KULTUR

Das am 27. Juni stattfindende Festival erinnert an die traditionellen Tattoo-Praktiken, die vor Ankunft der Spanier üblich waren; heute werden aber für die Körperbemalung anlässlich des Festivals wasserlösliche Farben verwendet.

Tacloban

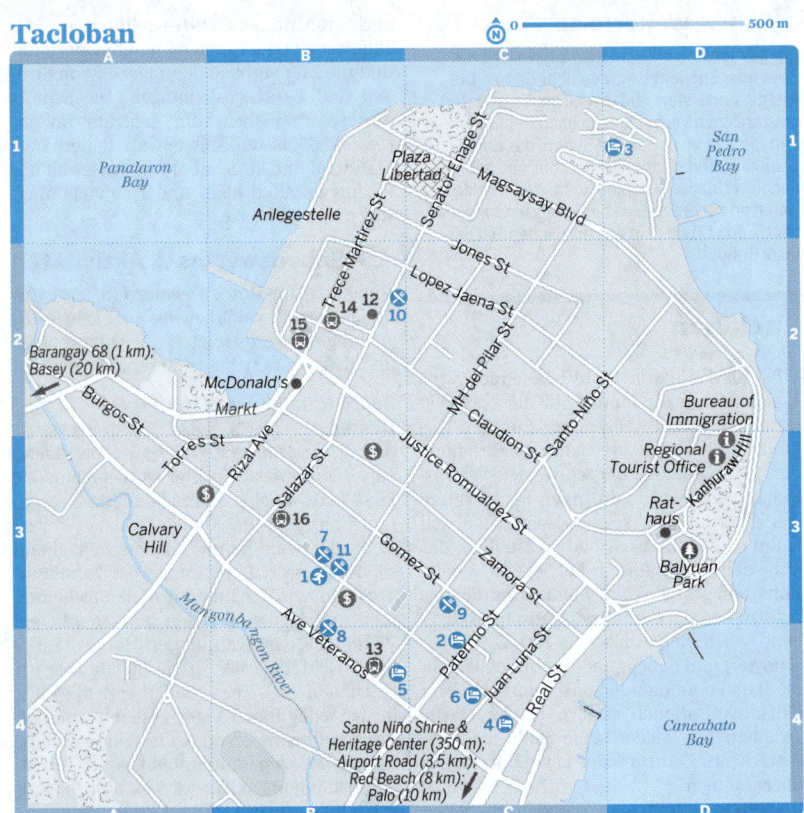

Sangyaw
KULTUR

Mardi Gras im Leyte-Stil, mit farbenfrohen Paraden von Tanzgruppen, deren Teilnehmer am 29. Juni durch die Straßen von Tacloban ziehen.

🛏 Schlafen

Man sollte das laute, unansehnliche Zentrum meiden und unbedingt in „Uptown" wohnen, in der Gegend um die Burgos St mit ihren Restaurants und Bars.

★ Yellow Doors Hostel
HOSTEL $

(📞 0906 389 1131, 0917 934 9499; jakepalami@yahoo.com; Ecke Burgos St & Juan Luna St; B 450–550 P, DZ 1100 P; ❄@🛜) Das Yellow Doors ist eine neue, großartige Ergänzung für Taclobans Hotelszene. Es hat Zimmer mit tollen Betten, Vorhänge, die vor neugierigen Blicken schützen, sowie zwei Gemeinschaftsbereiche – einer davon ist der geräumige Balkon. Der Besitzer Jacques erteilt Reiseempfehlungen, organisiert Stadtspaziergänge und kann auch mit Anregungen zur Freiwilligenarbeit helfen – „Reisen, um zu verändern" lautet der Slogan des Hostels.

Welcome Home Pension
PENSION $

(📞 053-321 2739; 161 Santo Niño St; EZ 400–800 P, DZ 600–1200 P; ❄@🛜) Die um einen ruhigen Innenhof und Garten angeordneten Budgetzimmer sind zwar in die Jahre gekommen, aber sauber; die günstigsten haben Gemeinschaftsbäder.

Hotel Alejandro
HOTEL $$

(📞 053-321 7033; Patermo St; DZ 1800–3000 P; ❄🛜🏊) Das dreistöckige Hotel entstand um ein im klassischen Stil der 1930er-Jahre erbauten Haus von Alejandro Montejo und strahlt das Flair einer herrschaftlichen Villa der Kolonialzeit aus. Die Zimmer sind nicht außergewöhnlich, man wird aber durch die Gemeinschaftsräume des alten Gebäudes entschädigt, die mit historischen Fotos und Erinnerungsstücken dekoriert sind. Im

Tacloban

Aktivitäten, Kurse & Touren
1 Bukid Outdoor Shop B3

Schlafen
2 Hotel Alejandro C4
3 Leyte Park Hotel D1
4 Rosvenil Pensione C4
5 Welcome Home Pension B4
6 Yellow Doors Hostel C4

Essen
7 Canto Fresco B3
8 Giuseppe's B4
9 Libro C3
10 Ochó Seafood & Grill B2
Socsargen Grill .... (siehe 4)
11 Sunzibar B3

Praktisches
Welcome Home Internet Cafe .... (siehe 5)

Transport
12 Cebu Pacific B2
13 Duptours B4
14 Grand Tours B2
15 Jeepneys nach Palo B2
16 Van Vans B3

neuen Gebäudeflügel gibt's eine Dachterrasse mit einem kleinen Pool sowie 15 Luxuszimmer.

Rosvenil Pensione PENSION $$
(053-321 2676; 302 Burgos St; Zi. 1280–2880 P; ❉🕿) Eine solide Mittelklassepension, erbaut um ein weitläufiges Holzhaus aus den 1940er-Jahren. Im alten Gebäude gibt es einfache, aber saubere Zimmer; die neueren, größeren und komfortablen Zimmer befinden sich in einem schönen, dreistöckigen Flügel mit schmiedeeisernem Geländer und einem Balkon.

Leyte Park Hotel HOTEL $$
(053-325 6000; leyteparkhotel@yahoo.com; Zi. 1680–5000 P; ❉🕿≋) Dieser in die Jahre gekommene Koloss, früher einmal Taclobans erste Adresse vor Ort, beherbergte nach dem Taifun Yolanda das Rote Kreuz. Dank seiner Lage auf einer Anhöhe blieb das Hotel von der Sturmflut verschont, die weite Teile der Stadt überschwemmte. Immer noch laufen Instandsetzungsarbeiten, dennoch lohnt sich hier ein Aufenthalt wegen des Panoramablicks und des Pools (Nichtgäste zahlen 50 P). Die Zimmer sind ganz unterschiedlich, man sollte nach einem bereits renovierten fragen.

🍴 Essen & Ausgehen

Taclobans einst blühende Restaurant- und Barszene zeigte zum Recherche-Zeitpunkt der Recherche erste Anzeichen eines Neuanfangs. **Grillstände** gibt's entlang des Magsaysay Blvd.

Libro CAFÉ $
(Ecke Santo Niño St & Gomez St; Sandwiches ab 50 P; ⏱Mo-Sa 12–20 Uhr) Fantastischer Secondhand-Buchladen, in dem auch echter Kaffee (38 P), Sandwiches mit Ciabatta-Brot (ab 50 P) und eine tolle Auswahl an Kuchen serviert werden.

Ochó Seafood & Grill SEAFOOD $$
(Senator Enage St; Mahlzeiten 200–500 P; ⏱10–22 Uhr; ❉🕿) Das Ochó, das eindeutige Lieblingslokal der Einheimischen, ist ein lauter Ort mit einem Hauch von Höflichkeit. Man wählt aus dem Schaufenster den Fisch, den Tintenfisch oder die Schalentiere selbst aus und lässt sie nach eigenen Wünschen zubereiten. Auch Vegetarier kommen nicht zu kurz und können für Tofu und grünes Gemüse die Zubereitungsart selbst bestimmen.

Canto Fresco CAFÉ $$
(Burgos St; Hauptgerichte 100–220 P; ⏱12 Uhr-open end; ❉🕿) Das tolle kleine, versteckte Café punktet mit schmackhaften, 25 cm durchmessenden Pizzas, Sandwiches, Originalsalaten und asiatischen Häppchen.

Sunzibar VEGETARISCH $$
(Burgos St; Hauptgerichte 100–200 P; ⏱Di-Sa 11–20 Uhr; 🕿🍴) Ein stylisches, minimalistisches Lokal mit überwiegend vegetarischen Gerichten, darunter mexikanischen und nahöstlichen Geschmacksrichtungen.

Giuseppe's ITALIENISCH $$
(053-321 4910; 173 Ave Veteranos; Hauptgerichte 150–500 P; ⏱10.30–22.30 Uhr; ❉🕿) Das in Tacloban schon lange etablierte Restaurant mit Backsteinmauern ist wie ein italienisches Bistro eingerichtet und serviert Nudeln und Pizzas.

Socsargen Grill GRILL $$
(Mahlzeiten 100–150 P; ⏱7–14 & 17.30–22 Uhr) Das gemütliche und beliebte Lokal im Freien gehört zur Rosvenil Pensione und bietet rohen Fisch (Sashimi), gegrillten *lapu-lapu* (Zackenbarsch) und brutzelnde *gambas*.

ℹ️ Praktische Informationen

Metrobank (Burgos St) und **BDO** (Rizal Ave) gehören zu den Banken, die mit Geldautomaten ausgestattet sind.

Bureau of Immigration (053-325 6004; Kanhuraw Hill; Mo–Fr 8–17 Uhr) Befindet sich neben dem Regional Tourist Office.
Regional Tourist Office (053-321 2048; dotreg8@yahoo.com; Kanhuraw Hill; 8–17 Uhr) Überaus hilfreich; kann Reisende mit einer Fülle an Infos zu Leyte und Samar versorgen.
Welcome Home Internet Cafe (161 Santo Niño St; 40 P/Std.; 8–20 Uhr) Internetzugang.

An- & Weiterreise

BUS, VANS & JEEPNEY

Auf Samar und Leyte werden Vans mit Klimaanlage und 13 Sitzplätzen gegenüber Bussen bevorzugt, da sie schneller sind, häufiger verkehren und nur unwesentlich teurer als Letztere sind. In Tacloban befindet sich die Zentrale der großen Betreiber, darunter **Duptours** (0939 937 7002) und **Van Vans** (053-523 1274; Salazar St), die Vans zu folgenden Zielen im 30-Minuten-Takt bis gegen 17 oder 18 Uhr einsetzen:

Borongan (230 P, 4½ Std.)
Catbalogan (130 P, 2 Std.)
Guiuan (180 P, 3½ Std.)
Maasin (220 P, 4 Std.)
Naval (150 P, 2¾ Std.)
Ormoc (130 P, 2½ Std.)
Grand Tours (053-325 4640; Ecke Trece Martirez St & A Mabini St) fährt bis 18 Uhr nach Ormoc, Catbalogan und nach Basey (50 P, 45 Min.). Duptours unterhält als Einziger eine direkte Verbindung nach Calbayog (220 P, 4 Std., letzte Abfahrt 16 Uhr); wer mit anderen Gesellschaften unterwegs ist, muss in Catbalogan in einen anderen Van umsteigen. Um nach Allen zu gelangen, muss man meist in Catbalogan oder Calbayog umsteigen.

Zu allen oben erwähnten Zielen gibt es auch langsame Regionalbusse und zusätzliche Vans am **New Bus Terminal** in Abucay, etwa 2 km westlich vom Zentrum. Weitere Ziele, die von Bussen oder Vans angesteuert werden, sind Sogod (150 P, 2½ Std., alle 2 Std. bis 16.10 Uhr), Hinunangan (150 P, 3 Std., letzte Abfahrt 14 Uhr) und Allen (300 P, 6 Std., letzte Abfahrt 16 Uhr). Wer nach Padre Burgos will, muss in Sogod oder Maasin umsteigen. Vom Busbahnhof fahren auch oft Jeepneys nach Basey (30 P, 1 Std.).

Vom Busbahnhof in Richtung Manila abfahrende Fernbusse befördern in der Regel Fahrgäste nicht zu Zielen südlich von Manila, außer man bezahlt den vollen Preis.

FLUGZEUG

In Tacloban gibt es gute Flugverbindungen nach Manila dank **Cebu Pacific** (Senator Enage St), PAL and AirAsia Zest, die alle täglich mehrmals nach Manila fliegen. Cebu Pacific unterhält auch Flüge nach Cebu. Der Flughafen befindet sich ungefähr 8 km südlich des Zentrums. Ein Jeepney kostet 20 P oder man zahlt 100 P für ein Tricycle.

Rund um Tacloban

Palo

Palo ist der Ort, an dem General MacArthur mit den amerikanischen Befreiungstruppen am 20. Oktober 1944 auf die Philippinen „zurückkehrte". 2013 wurden Palo und die drei südlich davon liegenden Städte Tanuan, Tolosa und Dulag vom Taifun Yolanda zerstört, als eine 5 m hohe Flutwelle über den Strand raste. Zum Zeitpunkt der Recherche waren weite Teile dieser Städte immer noch zerstört. Das einst luxuriöse Oriental Resort am Red Beach liegt in Trümmern und Palos Convention Centre hat sich in einen ineinander verkeilten Haufen Metall verwandelt – ein Zeugnis für die zerstörerische Gewalt des Sturms.

Wer an der Geschichte des Zweiten Weltkriegs interessiert ist, dürfte das Leyte Landing Memorial und den heftig umkämpften **Guinhangdan Hill**, im Krieg als Hill 522 bekannt, besuchen wollen.

Um nach Palo zu kommen, kann man von der Real St in Tacloban aus jeden Jeepney in Richtung Süden nehmen, der mit „Palo" oder „Tanuan" beschildert ist. Man bittet den Fahrer, am Red-Beach-Kreisverkehr, etwa 2 km, bevor man das eigentliche Palo erreicht, anzuhalten. Fahrradtaxis (10 P) können die Besucher dann den letzten Kilometer bis zum Red Beach befördern.

Sohoton Caves & Natural Bridge National Park

Obwohl dieser **Nationalpark** (Eintritt 200 P) auf der Insel Samar liegt, ist er von Tacloban aus am leichtesten zu erreichen. Die Fahrt von der Stadt **Basey**, dem Ausgangspunkt, flussaufwärts zum Park macht schon die Hälfte des Reizes aus – es geht durch dichte Mangrovenwälder, vorbei an Palmen, die das Ufer säumen, und an wild durcheinander stehenden Siedlungen von Bambushütten auf Stelzen. Flussaufwärts verengt sich der Fluss, es tauchen die ersten Kalksteinfelsen auf, deren Zahl stetig zunimmt, bis man durch eine schmale Schlucht zum eigentlichen Park gelangt. Nach einer weiteren 10-minütigen Fahrt flussaufwärts und

300 m zu Fuß durch den Wald taucht ein großes **Wasserbecken** unter dem Bogen einer natürlichen Kalksteinbrücke auf, nach der der Nationalpark benannt ist. Umgeben von dichtem Wald ist dies ein friedlicher, feuchtheißer, grüner Außenposten, bei dem die Dorfbewohner aktiv an der Leitung des Parks beteiligt sind und die Besucher zu den Höhlen mit den enormen, glitzernden Stalaktiten und Stalagmiten führen. Auch Kajakfahrten können organisiert werden.

Starke Regenfälle können Sturzfluten entstehen lassen, sodass der Park in der Regenzeit von Dezember bis Februar häufig geschlossen ist.

Ausflüge und Guides sollte man über das **Basey Municipal Tourism Information Office** (0928 335 8783; ABC Hall, Municipal Complex; 8–17 Uhr) buchen; dessen Personal organisiert die vier- bis fünfstündige Rundfahrt – hin und zurück mit dem Boot je eine Stunde und zwei Stunden Aufenthalt im Park selbst. Nach 13 Uhr legen keine Boote in Basey mehr ab.

Die Kostenberechnung ist nicht einfach, gestaltet sich in etwa aber folgendermaßen: Ein Auslegerboot mit Außenbordmotor ab Basey kostet 1500 P pro Gruppe. Ein Guide, der in Basey oder Sohoton zusteigt, schlägt mit 350–550 P pro Gruppe zu Buch. Hinzu kommt, dass jeder Teilnehmer der Gruppe eine Sturmlampe braucht (300 P). Schließlich müssen eine individuelle Eintrittsgebühr und eine Verwaltungsgebühr von 150 P entrichtet werden. Man kann etwas Geld sparen, wenn man sich auf eigene Faust auf dem Landweg zu den *barangays* Guiran oder Inutan in der Nähe des Parkeingangs aufmacht, wo Charterboote lediglich 500 P kosten. In diesem Fall entgeht einem aber das großartige Naturschauspiel, das die Flussfahrt bietet.

Von der Natursteinbrücke im Park kann man auch einen Abstecher zu den **Balantak Waterfalls** machen. Für diese 30-minütige Fußwanderung braucht man einen zusätzlichen Guide (300 P).

Basey selbst ist einen Kurzaufenthalt wert; dabei kann man die kunstvoll gewebten *banig*-Matten erwerben, für die die Stadt bekannt ist. Die Stadt kann das Geld der Besucher sehr gut gebrauchen, da sie mit voller Wucht von der Sturmflut des Taifuns Yolanda getroffen wurde und es Hunderte Opfer gab.

Nach Basey kommt man mit einem Van mit Klimaanlage (50 P, 30 Min.) oder einem viel langsameren Jeepney vom Busbahnhof in Tacloban aus. Unbedingt ein Lunchpaket mitnehmen – jenseits von Basey gibt es keine Verpflegung oder Trinkwasser. Der letzte Van des Veranstalters Grand Tours tritt die Rückfahrt um 18 Uhr an.

Ormoc

053 / 191 200 EW.

Die Hügel, die die Ormoc Bay säumen, bilden eine malerische Kulisse für jene Traveller, die mit dem Boot von Cebu ankommen, ansonsten ist Ormoc aber nur eine typische geschäftige Hafenstadt. Einzige Attraktion ist die Uferpromenade mit einigen passablen Restaurants und Bars. Die Ormoc Bay war 1944 im Zweiten Weltkrieg der Schauplatz einiger der blutigsten Schlachten auf philippinischem Gebiet. Der Meeresboden der Bucht ist buchstäblich von Schiffwracks übersät, man benötigt aber eine eigene Ausrüstung und viel Taucherfahrung, um sie zu erforschen.

Schlafen

★ David's Inn HOTEL $
(053-255 7618; www.davidsinn.com; Carlos Tan St; DZ 800–900 P; ❄️🛜) Nur selten findet man ein Budgethotel, das so viel Aufmerksamkeit und Sorgfalt in alles steckt, was man unternimmt. Von den gut ausgestatteten Zimmern mit Designer-Schminktischen und hübschen Kunstobjekten bis zum vorzüglichen Service und dem zuvorkommenden Café ist dieses Hotel eine Wohltat im ansonsten chaotischen Ormoc.

OCCCI Hostel & Training Center HOSTEL $
(053-255 4612; OCCCI Bldg, Arradaza St; B/DZ 350/1200 P; ❄️🛜) Ein überraschend ordentliches Hostel im oberen Stockwerk, das sogar funktionierendes WLAN in den Schlafsälen mit Klimaanlage bietet.

Hotel Don Felipe HOTEL $
(053-255 2460; hdfelipe@yahoo.com; I Larrazabal St; EZ 440–1600 P, DZ 530–3650 P; ❄️🛜) Das große Hotel Don Felipe überrascht mit einem Mix gepflegter neuer Zimmer und schmuddeliger alter Zimmer mit Ventilator. Der Hauptgrund, hier zu übernachten, ist die zentrale Lage am Hafen und die nur wenige Schritte entfernte Bus Station.

Ormoc Villa Hotel HOTEL $$
(053-255 5006; www.ormocvillahotel.com; Obrero St; EZ/DZ 2300/2700 P, Suite 3600–6750 P; ❄️🛜🏊) Eine prächtige Oase mitten in der

Ormoc

Ormoc

Schlafen
1. David's Inn C1
2. Hotel Don Felipe B3
3. OCCCI Hostel & Training Center C1
4. Ormoc Villa Hotel C3

Essen
5. Barbecue Stalls B3
6. Lorenzo Cafe B3
7. Roma Cafe D3

Ausgehen & Nachtleben
8. Bebidas Coffee Bar C3

Stadt mit großen, komfortablen Zimmern, die um einen schön gestalteten Garten angeordnet sind. Das Restaurant bietet eine reiche Auswahl an Gerichten und der Swimmingpool (100 P für Nichtgäste) hat eine Pool-Bar.

Essen & Ausgehen

Gleich westlich vom Superdome befindet sich eine Ansammlung von **Grillständen** (Burgos St), die erst nach Sonnenuntergang zum Leben erwachen. Unbedingt die frischen, saftigen Ananas probieren, die von Straßenhändlern verkauft werden und für die diese Region bekannt ist.

Roma Cafe CAFÉ $$
(Aviles St; Hauptgerichte 150–250 P; ⊙9 Uhr–open end; ❄🕿) Das Roma Cafe, das sich in amerikanischem Besitz befindet, hat gesunde Salate nach thailändischer und mexikanischer Art, die zu den Nudelgerichten serviert werden. Es liegt neben dem Ormoc Doctors Hospital.

Lorenzo Cafe CAFÉ $$
(I Lazzarabal St; Hauptgerichte 100–150 P; ⊙7 Uhr–open end; ❄) Das große, beliebte Café mit Panoramafenstern, die zur Promenade hinausgehen, wartet auf der Speisekarte mit ein paar Überraschungen auf, darunter Lammrippchen und mit Käse überbackener Thunfischtoast. Den Kaffee bestellt man an der Theke.

★ **Bebidas Coffee Bar** BAR
(Superdome; ⊙Mo–Sa 9–2, So ab 16 Uhr; 🕿) In diese abgefahrene, kleine Café-Bar, die im Superdome untergebracht ist, kommen einheimische Schickimickis, um eine Tasse guten Kaffees zu trinken oder an den unverschämt preiswerten, von den Profis hinter der Theke gemixten Cocktails zu nippen.

🛈 Praktische Informationen

In Ormoc gibt's jede Menge Internetcafés und auch die großen Banken sind gut vertreten.

Das **Ormoc City Tourism Office** (053-255 8356; www.ormoc.gov.ph/tourism; Ebony St; 8–17 Uhr) liegt gleich neben dem Hafen.

An- & Weiterreise

BUS & VANS
Duptours schickt alle 30 Minuten bis 19 Uhr Vans mit Klimaanlage nach Tacloban; noch mehr Vans und langsamere Busse fahren von der Bus Station ab. Von dort aus starten bis 16 Uhr auch regelmäßig Vans nach Naval (130 P, 2 Std.) sowie nach Palompan (80 P, 1¼ Std.) und Maasin (für Padre Burgos, 170 P, 3 Std.). Für all diese Ziele sind Busse eine langsamere und nicht so häufige (und nicht viel billigere) Alternative.

Wer nach Sogod (360 P, 2½ Std.) oder San Ricardo (420 P, 3½ Std.) in Southern Leyte möchte, muss einen Bus mit Klimaanlage von Bachelor Tours in Richtung Davao oder Mati auf Mindanao nehmen, der etwa stündlich abfährt.

SCHIFF/FÄHRE
Oceanjet (053-834 5066), **SuperCat 2GO** (053-561 9818) und **Weesam Express** (053-561 0080) fahren täglich mit jeweils drei HSC-Schiffen auf der Route Ormoc–Cebu City (625 P, 2½ Std.). Langsamere Schiffe von Lite Shipping legen um 22 Uhr nach Cebu ab (420 P, 4 Std.) und die von **Roble Shipping** (053-255 7613) fahren täglich um 10 Uhr.

In Richtung Camotes Islands verkehren täglich meistens drei *bangkas* nach Pilar auf Ponson Island (150 P, 1½ Std.), die zwischen 9 und 12 Uhr ablegen. Eine der *bangkas* fährt weiter nach Kawit. Gelegentlich (aber nicht täglich) fahren Schiffe auch nach Poro Island.

Im City Tourism Office gibt es aktuelle Fahrpläne.

Rund um Ormoc

Von Ormoc führt ein toller Tagesausflug zum 18 km entfernten **Lake Danao Natural Park** (Eintritt 45 P), einem malerisch in den Hügeln gelegenen See. Rund um den See gibt es gute Wanderwege; nicht so gut instand gehalten ist dagegen der **Leyte Mountain Trail**. Leidenschaftliche Wanderer sollten Kontakt mit Kim vom **Eastern Visayas Adventure Team** (0923 744 9954; k.lumogdang@yahoo.com) aufnehmen; er kann Trekking- und Bergtouren auf Leyte und Biliran Island organisieren.

Maasin & Umgebung

053 / 81250 EW.

Maasin (mah-*ah*-sin) ist die geschäftige Hauptstadt von Southern Leyte, einer gemütlichen, malerischen Provinz mit einer Fülle von Naturschönheiten und großartigen Tauchrevieren in der Sogod Bay. Maasin ist ein geeigneter Ausgangspunkt für Wanderungen und hat eine nette, im 18. Jh. erbaute **Kirche** – für die meisten Traveller bleibt die Stadt aber nur ein Verkehrsknotenpunkt.

Aktivitäten

Nur wenige Traveller erkunden das Umland von Maasin, obwohl es einige gute Wanderwege gibt und man Höhlen und Wasserfälle besuchen kann. Zu den leichter zugänglichen Zielen gehört die Wanderung zur **Guinsohoton Cave** und den **Cagnituan Falls**, die von Maasin aus gut erreichbar sind; nach der Abzweigung im *barangay* Maria Clara 4,5 km östlich der Stadt suchen. In der Höhle gibt's einen tollen unterirdischen Fluss, in dem man baden kann. Das hilfreiche **Provincial Tourism Office** (0915 879 4923, 053-570 8300; www.toursouthernleyte.net) im Gelände der Provinzregierung, 1 km östlich des Zentrums von Maasin hat eine Hochglanzbroschüre mit den Attraktionen von Southern Leyte und kann auch Tipps für anspruchsvollere Trekkingtouren und Kajakfahrten geben; nach Nedgar fragen.

Schlafen & Essen

Ampil Pensionne PENSION $
(053-570 8084; T Oppus St; DZ 400–800 P; ❄︎ ⓐ) Diese passable Budgetunterkunft hat von der Straße abgewandte, um einen kleinen Innenhof angeordnete Zimmer, sodass es relativ ruhig ist.

Villa Romana Hotel HOTEL $$
(053-381 2228; villaromanahotel@ymail.com; EZ/DZ inkl. Frühstück ab 950/1350 P; ❄︎ @ ⓐ) Das schicke Hotel direkt am Wasser, das den Pier überragt, ist die stadtweit beste Option zum Übernachten und Essen. Die Zimmer sind elegant und gut möbliert und im Restaurant Kinamot im Erdgeschoss mit Blick auf das Meer (Mahlzeiten 60–150 P) wird vorzügliches Seafood serviert.

An- & Weiterreise

BUS
Jeepneys fahren alle 15 Minuten bis gegen 17 Uhr nach Padre Burgos (30 P, 45 Min.).

Vans von Duptours und Van Vans verkehren stündlich bis 16 Uhr nach Tacloban (220 P, 4 Std.). An der Bus Station starten Vans nach Ormoc (170 P, 3 Std.) und gelegentlich fahren von hier auch Vans nach Sogod ab, obwohl nach Sogod häufiger Busse unterwegs sind. Einige Busse in Richtung Sogod fahren weiter nach San Ricardo mit dem Ziel Mindanao (letzte Abfahrt 14 Uhr) oder Hinunangan.

SCHIFF/FÄHRE

Die meisten Fähren legen etwas weiter nördlich, in Bato oder Hilongos, an. Von Maasin aus betreibt Cokaliong wöchentlich vier Fähren mit dem Ziel Cebu City (350 P, 6 Std.); donnerstags und samstags geht's um 15 Uhr nach Surigao (325 P, 4 Std.).

Von Bato fährt Medallion Transport täglich um 21 Uhr nach Cebu (280 P, 5½ Std.). Medallion betreibt außerdem eine RORO-Autofähre nach Ubay (270 P, 3 Std.) auf Bohol, die täglich um 9 Uhr startet. Hinzu kommen zwei täglich nach Ubay fahrende *bangkas*.

Von Hilongos legt ein HSC-Boot der **Gabisan Shipping Lines** täglich um 8.30 Uhr nach Cebu (300 P, 3 Std.) ab, während ein langsames Boot (240 P, 5 Std.) täglich um 21 Uhr außer samstags abfährt. Roble Shipping unterhält täglich zwei RORO-Autofähren nach Cebu und **Leopard Shipping** (0917 702 9299) hat zweimal täglich *bangkas*, die nach Ubay auf Bohol fahren (250 P, 2½ Std.), auf dem Fahrplan.

Padre Burgos & Umgebung

053 / 10 525 EW.

Das entspannte Padre Burgos (von den Einheimischen nur „Burgos" genannt) erstreckt sich auf einem etwa 3 km langen Streifen entlang der Küste der reizvollen **Sogod Bay**. Sie gilt wegen ihrer unberührten Hart- und Weichkorallenriffe, des tiefen Saumriffs, der Unterwasserhöhle und Strömung als eines der besten Tauchreviere der Philippinen überhaupt.

Neben dem Pier gibt es ein Internetcafé; die nächsten Geldautomaten befinden sich in Maasin und Sogod.

Sehenswertes & Aktivitäten

Tauchen ist der Grund, weshalb die meisten Traveller hierher kommen, und Tauchgänge können über die meisten Resorts organisiert werden. Sie veranstalten Tauchausflüge zur Limasawa Island und jenseits der Sogod Bay zu mehreren Meeresschutzgebieten vor Panaon Island. Außerdem organisiren sie Touren, bei denen man mit **Walhaien** (sofern gerade welche da sind) rund um Pintuyan schnorchelt.

Tangkaan Point ist eine schmale Halbinsel, die sich 3 km südlich der Stadt erstreckt und gute Möglichkeiten zum **Schnorcheln** vor der Küste bietet.

Limasawa Island INSEL
(rems_0418@yahoo.com) Wer etwas Zeit übrig hat, sollte auf die verschlafene Limasawa Island übersetzen, die für die Philippinen eine besondere historische und religiöse Bedeutung ist. Hier ist der Ort, an dem die Spanier am 31. März 1521 die erste katholische Messe zelebrierten und an dem die Bekehrung des Landes zum Christentum ihren Anfang nahm. Geht man links vom Pier weiter, erreicht man nach fünf Minuten die Stelle, an der einst die **Messe** gelesen wurde. Daneben führen 450 Stufen zur Gedenkstätte mit dem **Magellankreuz**.

Von hier aus bietet sich ein toller Panoramablick über das Meer nach Mindanao, Bohol und die Hauptinsel Leyte. Auf Limasawa gibt es auch kleine Buchten, die ideal zum Schwimmen und Schnorcheln sind.

Übernachten kann man auf der Insel bei einer Gastfamilie oder in einer **Pension** (0917 633 8215; Zi. 450 P; ❄), die von der lokalen Verwaltungsbehörde betrieben wird und sich neben dem Bürgerhaus von Cabulihan, dem größten *barangay* der Insel, befindet. Die zwei Zimmer haben Klimaanlage, allerdings nur von 18 bis 1 Uhr; dann wird auf der Insel der Strom abgeschaltet. Kontaktperson ist Remigilda, die für den Tourismus auf Limasawa zuständige Angestellte.

Drei oder vier große *bangkas* pendeln täglich nach/von Burgos (50 P, 45 Min.). Die letzte Fahrt von Burgos aus findet um 15.30 Uhr statt, während die letzte *bangka* von der Insel um 0.30 Uhr ablegt. Das Chartern einer *bangka* kostet hin und zurück zwischen 1000 und 1500 P.

San Roque Falls WASSERFALL
Diese wohltuenden, leicht zu erreichenden Wasserfälle entschädigen mit einem erfrischenden Bad. Der Weg zu den Wasserfällen beginnt gleich westlich der Abzweigung zum Southern Leyte Dive Resort. Von der Hauptstraße sind es nur etwa sieben Gehminuten.

Cambaro Caves CAVING
Die Abzweigung zu diesen spektakulären Höhlen befindet sich 10 km westlich von Burgos in Molopolo, einem *barangay* von Macrohon. Von hier führt eine teilweise geteerte Straße 7 km nach Cambaro, wo man einen Guide anheuern und sich in der *barangay*-Halle mit einer Taschenlampe versorgen kann.

🛏 Schlafen & Essen

Die meisten Unterkünfte befinden sich 2 km nördlich des Zentrums im *barangay* Lungsodaan. Alle genannten Resorts haben gute Restaurants.

Peter's Dive Resort RESORT $
(☏ 0917 791 0993; www.whaleofadive.com; Lungsodaan; B 400 P, Zi. mit Gemeinschaftsbad 880–980 P, Zi. mit eigenem Bad 1300–2750 P; ❄@🛜🏊) Das Peter's liegt direkt an der Straße an einem Kieselstrand und bietet eine Vielzahl unterschiedlicher Zimmer für jeden Geldbeutel. Die Schlafsäle und Budgetzimmer befinden sich im Hauptgebäude über dem Restaurant, während die größeren, komfortableren Cottages direkt am Strand stehen. Man sollte versuchen, ein Zimmer mit Balkon zu bekommen. Wer nicht taucht bezahlt etwas mehr für die Zimmer.

JD Beachfront Hotel PENSION $
(☏ 0921 576 1155; Pook Beach; DZ mit Ventilator/Klimaanlage 800/1000 P) Etwas preisgünstiger als die Tauch-Resorts, wenn auch mit weniger moderner Ausstattung und geringerem Service. Es gibt fünf geräumige, schicke Zimmer und eine tolle Strandlage auf der Tangkaan Peninsula, 500 m südlich vom Zentrum von Burgos.

Southern Leyte Dive Resort STRANDRESORT $$
(☏ 053-572 4011; www.leyte-divers.com; San Roque; DZ 1500–2200 P, 3BZ 2100–3700 P; ❄) Das älteste und netteste Tauch-Resort mit neun Cottages – aus Bambus und mit Ventilator oder mit moderner Klimaanlage – liegt abseits der Hauptstraße an einem Sandstrand. Es gibt eine Sundowner-Terrasse und Hängematten sowie jede Menge Kübelpflanzen. Das Essen im Gartenrestaurant ist hervorragend, u. a. gibt es Sashimi, Nudeln, Salat und deutsche Wurst.

Leyte Dive Resort RESORT $$
(☏ 0927 533 5724; www.leytedive.com; Malitbog; Zi. 1000–1600 P; ❄🛜) Das Resort befindet sich 1 km südlich von Malitbog, der ersten nördlich von Burgos gelegenen Gemeinde, und ist eine ruhige Alternative zu den anderen Resorts von Burgos. Die extra großen, sehr guten Zimmer mit tollen, großen Betten bieten das beste Preis-Leistungs-Verhältnis in der Gegend.

Sogod Bay Scuba Resort RESORT $$
(☏ 0915 520 7274; www.sogodbayscubaresort.com; Lungsodaan; Zi./Hütte am Strand 1100/1500 P; ❄@🛜) Das Besondere sind nicht die Zimmer, sondern die einmalige Lage direkt am Wasser. Man kann auf dem eigenen Balkon oder im Restaurant aufs Meer hinausschauen und wunderbar entspannen. Die preisgünstigeren Zimmer befinden sich in einem Betonbau etwa 200 m weiter weg an der Straße, ohne Blick zum Meer. Leider sind die netteren Zimme mit Meeresblick alle Zweibettzimmer.

❶ An- & Weiterreise

Reguläre Jeepneys nach Maasin fahren vom Pier ab (30 P, 45 Min.). In Maasin besteht Anschluss nach Ormoc und Tacloban.

Jeepneys in Richtung Malitbog und Sogod verkehren etwa alle 30 Minuten. In Sogod gibt's Anschluss nach Tacloban, es kann aber auch zu Wartezeiten kommen (beste Abfahrtszeit ist der Morgen). In Sogod gibt es außerdem Anschlussmöglichkeiten nach San Ricardo und Hinunangan.

Panaon Island
☏ 053

Die reizvolle Insel, die eine Brücke bei Liloan mit der Hauptinsel Leyte verbindet, ist Schauplatz eines jahreszeitlich abhängigen Interaktionsprogramms mit Walhaien außerhalb der Stadt Pintuyan.

Hier besteigt man auch die Fähre nach Lipata, unweit von Surigao City auf Mindanao. Der Hafen befindet sich in Benit, San Ricardo, an der Südspitze der Insel, wo auch die RORO-Autofähren nach Lipata (140 P, 1¼ Std.) rund um die Uhr etwa alle vier Stunden ablegen. Gelegentlich fahrende Fähren nach Lipata legen immer noch vom alten Hafen in Liloan ab, obwohl der Untergang einer Fähre auf dieser Route im Jahr 2014 das endgültige Aus für Liloans Hafen besiegelt haben dürfte.

Liloan hat einfache Unterkünfte wie die **Ofelia's Lodge** (☏ 0912 497 8460; DZ 250–350 P) neben dem Markt. Hier kann man auch ein *habal-habal* mieten, um Ziele im südlichen Teil von Panaon Island anzusteuern. Lokale Busse aus Sogod fahren auch nach Liloan, Pintuyan und San Ricardo. Von Benit geht's am einfachsten mit einem *habal-habal* (100 P) nach Pintuyan.

👁 Sehenswertes & Aktivitäten

Die Beobachtung von Walhaien ist der Magnet, der Traveller hierher lockt, es gibt aber auch tolle Tauchreviere an der Westküste

ABSEITS DER ÜBLICHEN PFADE

HINUNANGAN

Die Stadt Hinunangan an der Ostgrenze der Provinz Southern Leyte ist ein Ort, an dem man völlig der Zivilisation entfliehen kann. Hier befindet sich der herrliche, honigbraune **Tahusan Beach**, einer der schönsten Strände der Visayas, mit großartigen Schwimm- und gelegentlich auch Surfmöglichkeiten. Hier kann man entspannen, wandern oder zu den nahen Höhlen und Wasserfällen reiten – nützliche Tipps erhält man vom hilfreichen **Municipal Tourist Office** (0909 354 6023) im Rathaus. Man kann auch eine *bangka* mieten (1200 P hin & zurück) und zu den der Küste vorgelagerten Inseln San Pedro und San Pablo hinausfahren, die beide weiße Korallensandstrände, Schnorchel- und Tauchreviere haben. Übernachten kann man auf San Pedro im einfachen **Vista Resort** (0919 241 0637, 0915 548 2335; Zi. 350–500 P); es gibt keinen elektrischen Strom, außer man bezahlt eine Gebühr für die Nutzung des Generators. Das **Doña Marta Boutique Hotel** (0915 670 5900; Tahusan Beach; Zi. inkl. Frühstück 2000–2200 P; ❄🌐) ist die beste Unterkunft auf Hinunangan und es gibt eine ganze Reihe weiterer budgetfreundlicher Plätze am Strand und abseits vom Strand. Unbedingt mal die Seafood-Gerichte im herrlichen Restaurant **Captain's Place** (0917 501 0131; Hauptgerichte ab 80 P; 🌐) probieren. Gelegentlich fahren Busse auf der langen, mühsamen Strecke von Tacloban, Maasin und Sogod nach Hinunangan.

von Panaon Island. Das **Napantao Reef** vor der Station des Coral Cay Conservation in San Francisco ist ein ebenso geschätzter wie beliebter Tauchspot. Tauchgänge werden von Padre Burgos jenseits der Bucht oder vom Pintuyan Beach Resort aus veranstaltet.

Walhaie ÖKOTOUR
(0917 301 4047) Nur wenige Traveller unternehmen die landschaftlich reizvolle Reise hinunter nach Pintuyan, wo das örtliche Tourismusbüro von der Gemeinde organisierte Schnorcheltouren zur Beobachtung von Walhaien (von den Einheimischen *tiki-tiki* genannt) anbietet. Dazu fährt man in *bangkas* hinaus aufs Meer, die sich im Besitz der örtlichen Fischergenossenschaft befinden und drei Passagieren Platz bieten. Die Touren starten vom *barangay* Son-ok, etwa 3 km nördlich von Pintuyan, und kosten 1600/1850/2100 für 1/2/3 Personen inklusive Boot, Guide und Walhaibeobachter. Die Schnorchelausrüstung kostet 150 P.

Auch Tauchshops in der Gegend der Sogod Bay veranstalten hier Touren, aber die Gäste dürfen nicht am Hauptrevier in Sonok tauchen. Wer Glück hat, sichtet *tiki-tiki*, während er an anderer Stelle taucht. Dies ist eine viel umweltverträglichere Art der Walhaibeobachtung, als sie etwa in Oslob, Cebu, praktiziert wird, wo die Touristen die Tiere von Hand füttern. Zudem ist hier die Sicht weit besser als in Donsol, dem berühmtesten philippinischen Walhairevier. Die beste Zeit zur Walhaibeobachtung sind üblicherweise die Monate November bis Mai.

Man darf nicht vergessen, dass Pintuyans *tiki-tiki* launisch sind – in manchen Jahren zeigen sie sich nur kurz oder auch gar nicht. In anderen Jahren wiederum verzeichnet man sehr häufige Sichtungen. 2012 und 2013 waren tolle Jahre; 2014 kam es nur zu vereinzelten Sichtungen. Bevor man losfährt, sollte man Moncher Bardos vom örtlichen **Ecotourism Office** (0917 301 4047; moncher 64bardos@yahoo.com) kontaktieren, um zu erfahren, ob sie in der Gegend beobachtet wurden.

Coral Cay Conservation FREIWILLIGENARBEIT
(www.coralcay.org) Auf der Website dieser internationalen Organisation kann man sich darüber informieren, wieso das Programm einer Zusammenarbeit mit den örtlichen Gemeinden dieser Region zum Erhalt und Schutz der Riffe so wichtig ist. Angenommen werden nur Freiwillige, die sich rechtzeitig beworben haben.

🛏 Schlafen & Essen

La Guerta Lodge LODGE $
(0926 142 6986; EZ 200–350 P, DZ 300–450 P; ❄) Einfache, in einer Reihe angeordnete Zimmer im Motel-Stil, abseits des Wassers, unweit vom Zentrum von Pintuyan.

Pintuyan Beach Resort RESORT $$
(0921 736 8860; www.pintuyan.com; Zi. inkl. Vollpension 45 €; ❄🌐) Es ist die Top-Adresse zum Übernachten auf Panaon Island und ein toller Standort für Tauchausflüge in der Sogod Bay.

BILIRAN ISLAND

📞 053 / 150 000 EW.

Ganz allmählich nimmt der Tourismus in dieser friedlichen Inselprovinz, die das Potential zu einem Abenteuer-Wunderland hat, Fahrt auf. Die Insel hat einen langen, reizvollen Küstenstreifen und ein bergiges Landesinnere sowie etliche weiße Sandstrände auf den ihr vorgelagerten Eilanden. Eine meist befestigte Ringstraße verläuft rund um die Insel und bietet tolle Ausblicke auf Vulkane und leuchtend grüne Reisterrassen. Biliran eignet sich hervorragend, um für einige Tage den Menschenmassen zu entfliehen und auf eigene Faust die Insel zu erkunden.

Biliran wurde 1992 verwaltungsmäßig von Leyte getrennt und zu einer eigenständigen Provinz erklärt; eine kleine Brücke verbindet die beiden Inseln. Biliran zeichnet sich durch eine üppige Vegetation aus und Niederschläge können immer fallen; die stärksten verzeichnet man im Dezember, die geringsten im April. Die meisten Einheimischen leben als selbst versorgende Bauern oder Fischer und sprechen an der Westküste überwiegend Cebuano und im Osten der Insel Waray-Waray.

Joni von Trexplore (S. 370) hat in Catbalogan, Samar, begonnen, Kanufahrten, Höhlenwanderungen und Trekkingtouren auf Biliran Island zu organisieren. Für Details sollte man sich an ihn wenden.

❶ An- & Weiterreise

Biliran ist im Grund eine Erweiterung von Leyte, sodass die große Mehrheit der Traveller hier auf dem Landweg von Leyte aus ankommt. Am bequemsten sind die Vans mit Klimaanlage von Duptours und **Van Vans** (📞 0927 270 2975). Sie fahren bis 16.40 Uhr alle 30 Minuten nach Tacloban (150 P, 2¾ Std.) und Ormoc (130 P, 2 Std.). Einige klapprige Busse fahren ebenfalls zu diesen beiden Städten, brauchen aber doppelt so lange bei etwa dem gleichen Preis.

Von Navals *embarcadero* (Anlegestelle) legt eine RORO-Autofähre von Roble Shipping 4-mal wöchentlich um 20.30 Uhr nach Cebu City ab.

❶ Unterwegs vor Ort

Öffentliche Verkehrsmittel gibt es nur sehr eingeschränkt, daher erkundet man die Insel am besten per Motorrad. Für ein *habal-habal* ist mit 800–1000 P für eine ganztägige Rundfahrt um die Insel zu rechnen. Den einzigen Motorradverleih, den wir fanden, war **Norkis** (Vicentillo St, Naval; 400 P/Tag).

Der Bus und Jeepney Terminal in Naval befindet sich am öffentlichen Markt neben dem Pier.

Busse und Jeepneys fahren regelmäßig täglich bis 17 Uhr von Naval in Richtung Norden über Almeria nach Kawayan (25 P, 40 Min.). Klapprige Busse fahren stündlich bis 15 Uhr (50 P, 1 Std.) quer durch die Insel nach Caibiran. Außerdem werden vormittags einige Verbindungen über Cabucgayan nach Bunga entlang der Südroute angeboten (40 P, 1½ Std.).

Fahrradtaxis gibt's überall im Ort. Die Pauschalgebühr für kurze Fahrten innerorts beträgt 5 P.

Naval

📞 053 / 48 799 EW.

Naval (nah-*vahl*), die Provinzhauptstadt, erstreckt sich entlang einer Straße mit einer Handvoll Verwaltungsgebäuden bis hinunter zum Hafen. Hier ist kaum etwas los, der Ort eignet sich aber gut als Ausgangspunkt für Tagesausflüge rund um die Insel. Das **Provincial Tourism Information Office** (http://tourism.biliranisland.com; ⏰ Mo–Fr 8–17 Uhr) kann mit Anregungen weiterhelfen. Das Büro befindet sich im 2. Stock des Provincial Capitol Building. In Naval gibt's bei der Metrobank einen Geldautomaten.

🛏 Schlafen & Essen

In Sachen Essen hat Naval nichts Besonderes vorzuweisen. Am besten geht man 1 km hinaus aus dem Ort zu Marvin's oder zu **D'Adaoma** (213 P Inocentes St; Mahlzeiten 170–200 P; ⏰ 6 Uhr-open end; ❄🛜) im Hauptgebäude der D'Mei Residence Inn, einer der wenigen Plätze, wo auf Bestellung gekocht wird.

La Concepcion Lodge   PENSION $
(📞 0946 533 7413; P Inocentes St; DZ mit Ventilator/Klimaanlage 400/600 P; ❄) Diese einfache Pension ist laut, aber preiswert und freundlich und hat im Erdgeschoss ein passables Restaurant, in dem auf Wunsch des Gastes gekocht wird.

Marvin's Seaside Inn   HOTEL $
(📞 053-500 9171; marvinsseasideinn@yahoo.com; EZ 1000, DZ 1200–1700 P; ❄🛜) Das Marvin's ist ein senfgelbes, 3-stöckiges, modernes Gebäude etwa 1 km nördlich der Stadt. Es liegt zwar am Wasser, hat aber trotzdem keinen Strand. Dafür gibt's einen netten Pool (für Nichtgäste 30 P) sowie ordentliche Zimmer, einen hübschen Gemeinschaftsraum und die besten Gerichte in ganz Naval.

D'Mei Residence Inn Naval   HOTEL $$
(📞 053-500 9796; dmei.residence.inn@gmail.com; 213 P Inocentes St; EZ 750 P, DZ 950–1300 P; ❄🛜)

Biliran Island

Eindeutig das schickste Hotel in Naval und das bevorzugte der beiden Häuser – der andere **Ableger** (053-500 9796; P Inocentes St; DZ 1280–1840 P;) befindet sich oberhalb der WAD Mall, mit schöneren, dafür aber überwiegend fensterlosen Zimmern. Einige Zimmer dieses Gebäudes bieten einen tollen Blick auf die Berge.

Chamorita Resort RESORT $$
(0918 608 3499; www.chamoritarp.com; km 1018; Zi. 1300–1500 P;) Dieses 7 km südlich von Naval in Catmon am Strand gelegene Resort hat die komfortabelsten Zimmer auf Biliran, ganz zu schweigen von der großen Bar voller Spirituosen und Barspiele. Die Zimmer haben tolle, große Betten, Küchenzeilen und Flachbild-TVs. Es fehlt zwar ein richtiger Strand, aber mehrere Pavillons zum Entspannen bieten einen schönen Meerblick. Der amerikanische Besitzer Leo ist eine überaus nützliche Quelle für Informationen zu Biliran.

Nördlich von Naval

Der hübsche Küstenstreifen zwischen Naval und Kawayan ist der einzige Teil der Insel, der mit öffentlichen Verkehrsmitteln leicht erkundet werden kann. Jenseits von Kawayan, rund um den nordöstlichen Teil der Insel bis Caibirian ist die Straße nunmehr weitgehend befestigt, dennoch sind öffentliche Verkehrsmittel auf dieser Strecke recht selten.

Etwa 4 km nördlich von Naval befindet sich die Abzweigung zu den **Sampao-Reisterrassen**. Zwar können sie von der Größe her nicht mit den Terrassen von Banaue mithalten, dennoch wirken sie dank der Berggipfel von Biliran im Hintergrund äußerst fotogen. Auch die Dörfer Iyusan und Salangi haben Reisterrassen, sie befinden sich jeweils etwa 5 km von der Hauptstraße entfernt.

Vom *barangay* Upper Looc aus, 500 m nördlich von Almeria, steigt eine Straße nach Caucab hinauf, wo ein größtenteils befestigter Pfad zu den malerischen **Bagongbong Falls** führt.

Rund 4 km nördlich von Almeria liegt der **Agta Beach** mit der größten Dichte an Resorts, obwohl dieser verglichen mit den anderen Stränden der Visayas nur Mittelmaß ist und sich an den Wochenenden mit Karaoke singenden Einheimischen füllt. Dennoch bleibt Agta Beach ein gutes Sprungbrett für einen Besuch von **Dalutan**, einer der Küste vorgelagerten Insel mit weißem Sandstrand und guten Schnorchelrevieren, und der näher beim zum Ufer liegenden **Capinahan Island**. Die Resorts bieten Inselhopping-Touren mit *bangkas* zu 700/1000 P, hin und zurück für eine/beide Inseln. Man kann auch Kajaktouren nach Capinahan machen; das Agta Beach Resort vermietet Kajaks (150 P/Std.) und Schnorchelausrüstung.

Weiter nördlich, 2 km südlich von Kawayan, liegt **Masagongsong**, das für seine Quellen bekannt ist.

🛏 Schlafen

Estreller's Sunset View Spring Pool RESORT $
(☏ 0916 360 0467; estrellersunsetviewspringpool@yahoo.com; Km 1041, Masagongsong; DZ 800 P; ❄️🚿) Dieses Resort hat einen eigenen, von einer natürlichen Quelle gespeisten Pool, von dem aus man aufs Meer blickt. Die Zimmer gehören zu den nettesten der Insel, haben aber Gemeinschaftsbäder.

Agta Beach Resort RESORT $$
(☏ 0927 150 0335; shaunshine83@yahoo.com; Km 1038; DZ 1200–3000 P; ❄️📶) Die Zimmer sind zwar nicht gerade luxuriös, sie haben aber Marmorböden, gute TVs und einen erhöhten Schlafbereich, wodurch sie sich von den übrigen Unterkünften abheben, die nur Mittelmaß sind. Es wäre toll, wenn es Balkone gäbe. Das Resort hat ein ordentliches Restaurant und das einzige Tauchzentrum auf Biliran.

Maripipi Island

Vor der Nordwestspitze von Biliran liegt die spektakuläre, vom erloschenen Vulkan Maripipi (924 m) beherrschte Insel. Mit einem *habal-habal* (250 P) kann man in etwa 1 Std. zu der rund 23 km entfernten Insel übersetzen. An ihrer Rückseite befindet sich das schmucke **Napo Beach Resort** (☏ 0921 212 5164; http://tourism.biliranisland.com/napobeachresort.php; Zi. 1000–2500 P; ❄️🚿) mit Zimmern unterschiedlicher Kategorie, wobei die preiswertesten Gemeinschaftsbäder haben. Um Mitternacht wird die Stromversorgung abgeschaltet, das Hotel stellt aber batteriebetriebene Ventilatoren zur Verfügung. Vom Pier in Maripipi ist es nur eine 20-minütige Fahrt mit einem *habal-habal* bis zum Resort.

Von Naval legen ein bis zwei Passagierboote täglich vormittags in Richtung Maripipi ab (70 P, 1½ Std.) und kehren am nächsten Tag zurück. Man kann am Pier von Kawayan, 17 km nördlich von Naval, auch eine *bangka* mieten (einfache Strecke 1000 P, 30 Min.). Von Kawayan aus lässt sich auch ein ganztägiger Inselhopping-Ausflug (2500 P) organisieren, der nach Maripipi und zum unbewohnten benachbarten Eiland **Sambawan Island** mit weißen Sandstränden und guten Schnorchelrevieren führt. Auch die Resorts am Agta Beach bieten diese Ausflüge an, sie kosten aber mehr.

Östlich & südlich von Naval

Abseits der quer durch die Insel verlaufenden Straße liegen die **Tinago Falls** (Eintritt 10 P), die unter den zahlreichen Wasserfällen Bilarans am leichtesten zugänglich sind. Zu ihnen führt eine befestigte und stellenweise mit etwas störenden Betonplatten ausgelegte Straße. Wenn keine allzu große Wassermenge hinabstürzt, kann man in den zwei großen Felsbecken am Fuß des Wasserfalls baden. Ebenfalls abseits dieser Straße gibt es einige Thermalquellen. Beim regionalen Tourismusbüro in Naval sollte man sich erkundigen, welche gerade zugänglich sind.

Südlich der Straße, die die Insel durchquert, erblickt man mehrere Gipfel, darunter der **Biliran Vulcano**, der 1939 zum letzten Mal ausgebrochen ist. Er kann in einem gut 1½-stündigen Aufstieg erklommen werden. Beim regionalen Tourismusbüro in Naval nach der geeignetesten Aufstiegsroute fragen. Man braucht einen Guide, den man in Caibiran im *barangay* Pulang Yuta anheuern kann.

An der Ostküste stürzen die auch wegen ihres herausragenden Süßwassers bekannten **Tomalistis Falls** von einer Klippe in die Tiefe und sind nur bei Ebbe (oder ansonsten per Boot) von der Küste aus erreichbar.

Nördlich von Cabucgayan bieten die Casiawan Falls ein schönes Naturschauspiel, sofern es zuvor genug geregnet hat; andernfalls sind sie völlig unspektakulär. Man erreicht sie nach einer 20-minütigen Autofahrt auf einem Weg, der von der Straße an der Südküste bei Cabucgayan abzweigt; danach sind es noch weitere zehn Gehminuten.

Einige Kilometer westlich von Cabucgayan befinden sich die Kasabangan Falls (Eintritt 10 P), die aus einem Haupt- und mehreren Nebenfällen bestehen, zwischen denen Betontribünen errichtet wurden. An den Wochenenden strömen Scharen von Einheimischen herbei. Der Zugang erfolgt über eine wackelige Hängebrücke unweit der Hauptstraße.

Higatangan Island

Westlich von Naval liegt Higatangan Island, wo eine vorgelagerte weiße Sandbank gute Möglichkeiten zum Schwimmen und Schnorcheln schafft. An der westlichen, nur mit dem Boot erreichbaren Küste ragen mehrere seltsame Felsformationen mit einigen kleinen Sandbuchten dazwischen auf. Der ehemalige Präsident Marcos soll sich im Zweiten Weltkrieg hier zusammen mit einigen Getreuen aus dem philippinischen Widerstand versteckt haben. Daran erinnert der nach ihm benannte Marcos Hill.

Auf der Insel kann man im einfachen und einladenden Higatangan Island Beach Resort (✆ 0910 573 5963; www.higatanganislandresort.com; Zi. 800–1200 P; ❄) übernachten. In Naval legt täglich um 10 Uhr ein *bangka* (60 P, 45 Min.) ab und kehrt am nächsten Tag um 7 Uhr zurück, sodass man hier übernachten muss, wenn man mit öffentlichen Verkehrsmitteln unterwegs ist. Eine gecharterte *bangka* kostet rund 1500 P.

SAMAR

Am häufigsten wird Samar mit dem Begriff „zerklüftet" charakterisiert. Das Landesinnere ist dicht bewaldet, praktisch unzugänglich und wird von einem reizvollen Küstenstreifen mit türkisfarbenen Buchten, verborgenen Brandungsfelsen, steil aufragenden Klippen und Sandstränden gesäumt. Es ist daher kein Zufall, dass Samar eher abenteuerlustige Touristen anzieht – Höhlenfreaks, Kanufahrer, hartnäckige Surfer auf der Suche nach einem unbekannten Surfspot. Das südliche Samar hat die Wucht des Taifuns Yolanda 2013 voll zu spüren bekommen, als er auf die Küste traf. Seit einem Jahr befindet sich die Region im Wiederaufbau. Auf Samar wird vor allem Waray-Waray gesprochen.

Geschichte

Als Magellan 1521 hier erstmals philippinischen Boden betrat, geschah dies auf Homonhon Island im Süden. Im philippinisch-amerikanischen Kriegs war Samar Schauplatz einer der blutigsten Schlachten. Berichte vom erbitterten Widerstand, auf den die Amerikaner stießen, fanden Eingang in die Überlieferungen des US Marine Corps, und noch Jahre nach dem Krieg wurden Veteranen dieses Feldzugs von ihren Kameraden in den Speisesälen mit „Erheben Sie sich, Gentlemen, er diente auf Samar" begrüßt.

ℹ Anreise & Unterwegs vor Ort

Die Anreise nach Samar erfolgt meist mit einer RORO-Autofähre von Matnog, Sorsogon auf Luzon oder per Van oder Bus von Tacloban, Leyte. Außerdem gibt es einige wöchentliche Flüge von Manila nach Calbayog bzw. von Catarman nach Manila.

Die Küstenstraße, die rund um die Insel verläuft, ist befestigt, aber nicht immer in bestem Zustand. Man muss damit rechnen, durch Schlaglöcher zu holpern.

Catarman

✆ 055 / 81000 EW.

Catarman, die Hauptstadt der touristisch nicht erschlossenen Provinz Nord-Samar, hat einen Flughafen und in der Nähe einige nette Strände, an denen man gelegentlich surfen kann. Der Flughafen macht Catarman zu einem geeigneten Ausgangspunkt für Touren in Samar und nach Leyte.

Die östlichen Gebiete von Nord-Samar dienten kleinen Rebellengruppen der New People's Army (NPA) lange Zeit als Unterschlupf. Der Konflikt flaute in jüngster Zeit ab und eventuelle Zwischenfälle treten höchstens im Hinterland auf, ohne sich auf Besucher auszuwirken.

Catarman ist die einzige Stadt in Nord-Samar mit verlässlichen Geldautomaten, darunter solche von Metrobank und BDO.

🛏 Schlafen & Essen

North Hill Pension HOTEL $
(Marcos St; EZ P450–550, DZ 650–850 P; ❄🛜)
Das sauberste und am schönsten gestalte-

Samar

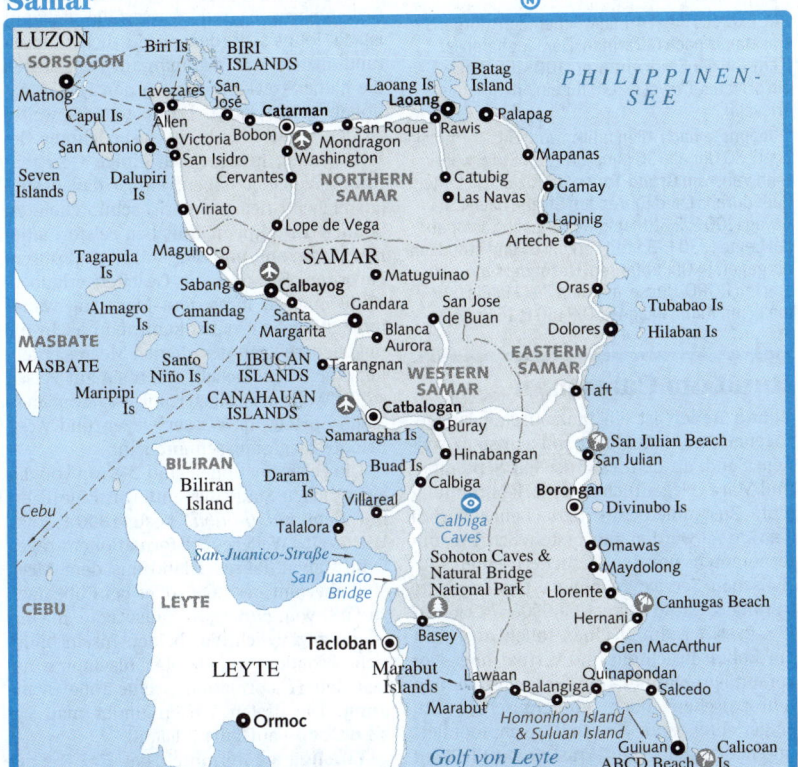

te Budgethotel im Zentrum. Besonders die Einzelzimmer mit Klimaanlage sind ein Glückstreffer.

UEP White Beach Resort
STRANDRESORT $

(☎ 0909 513 6517; DZ 800 P; ❄☼) Das 6 km östlich von Catarman gelegene Resort hat sechs Standardzimmer in einem Betonbau und einen großen Pool an einem netten Strandabschnitt. Es befindet sich im Besitz der University of Eastern Philippines und zwischen Oktober und Dezember gibt's gelegentlich eine starke Brandung.

Café Eusebio Bed & Breakfasat
B&B $$

(Ecke Annunciacion St & Marcos St; DZ inkl. Frühstück 1500–3000 P; ❄☎) Dieses B & B ist eine echte Überraschung: Eine Boutique-Unterkunft im Zentrum von Catarman. Die herrlichen Böden aus dunklem Holz sind ein Blickfang; zu den weiteren Pluspunkten des Hauses gehören Designer-Waschbecken, luxuriöse Betten und riesige Flachbild-TVs. Das B & B steht an der Rückseite einer BDO-Bank.

Miko Miko Resort
STRANDRESORT $$$

(Hütte inkl. Frühstück 5000 P; ❄☎☼) Die erste luxuriösere Unterkunft, die an der spektakulären Küste von Nord-Samar eröffnet wurde. Das Miko Miko umfasst fünf großartig gestaltete private Cottages und einen Infinity Pool oberhalb einer windumpeitschten Küste. Das Resort vermittelt ein Gefühl der Abgeschiedenheit und eignet sich daher bestens für einen romantischen Aufenthalt. Eine Frage bleibt aber: Werden Romantiker bis hierher reisen? Das Resort liegt 10 km östlich von Catarman in Mondragon.

Isla Cafe
CAFÉ $

(GH del Pilar St; Mahlzeiten 100–250 P; ⏱ 8–19.30 Uhr; ❄☎) Das gemütliche Café mit Klimaanlage, funktionsfähigem WLAN, diversen Kaffeedrinks und gegrillten Meeresfrüchten ist eine Oase im geschäftigen Zentrum von Catarman.

❶ An- & Weiterreise

PAL Express fliegt 4-mal wöchentlich morgens von Manila nach Catarman. Der Flughafen ist 3 km von der Stadt entfernt (100–150 P für ein privates Tricycle, 20 P für ein öffentliches Tricycle).

Jeepneys nach Allen fahren vom Bus Terminal bis 17.30 Uhr alle 30 Min. (60 P, 1¼ Std.), während Vans von **Grand Tours** (JP Rizal St) auf der quer durchs Land führenden Straße nach Calbayog (100 P, 2 Std.) und weiter nach Tacloban auf Leyte (330 P, 5 Std.) verkehren und stündlich bis gegen 14 Uhr abfahren. Besonders morgens starten RORO-Busse mit dem Ziel Manila (normale/mit Klimaanlage 850/1150 P, 16 Std.).

Rund um Catarman

Bobon Beach ist ein fantastischer langgezogener Strandabschnitt mit feinstem weißem Sand, an dem es zwischen September und März gelegentlich eine starke Brandung gibt. Zusammen mit dem benachbarten **San José** werden die ersten Schritte unternommen, um den Besuchern einen touristischen Service zu bieten. Das gepflegte **Binang & Cadio Resort** (☏0906 574 9367; DZ 1850 P; ✳🛜) nimmt einen tollen Abschnitt am Bobon Beach ein und verfügt über vier geräumige Zimmer, die in einem netten „europäischen" oder „einheimischen" Stil eingerichtet sind. Sie sind reich möbliert und haben steinerne Terrassen mit Blick auf einen kleinen Pool. Etwas weiter entfernt erstreckt sich auf einem Kliff mit Blick über den Strand **Playa del Carmen** (☏0947 593 2088; bukopie@hotmail.fr; DZ mit Ventilator 950–1950 P, mit Klimaanlage 2450–2850 P; ✳🛜), eine Gruppe von etwas übertreuerten, in diversen Stilen eingerichteten Hütten.

Die Straße entlang der Nordküste ist bis Rawis, 30 km östlich von Catarman, geöffnet. Wer nach Palapag im Nordosten will, muss zwei Bootsfahrten unternehmen: Zunächst geht es in kurzen Fahrt von Rawis auf die Insel Laoang und von dort mit einem Motorboot bis Palapag. **Laoang Island** hat menschenleere Strände und unerschlossene Brandungsgebiete sowie einen malerischen, von den USA erbauten **Leuchtturm** neben der Bootsanlegestelle, der seit 1907 den Taifunen trotzt.

Biri Island

In der Mitte des unter Naturschutz stehenden Biri-Archipels liegt Biri Island, das für seine großartigen bizarren Felsformationen, Gezeitenbecken und Wasserfälle bekannt ist. Es lohnt sich, den nordöstlichen Inselrand anzusteuern, wo man auf zwei Stegen die halbe Strecke hinaus zu den Felsformationen gehen kann. Dann geht es weiter zu den Felsen durch ein ausgedehntes Gezeitengebiet, in dem sich einige Gezeitentümpel gebildet haben; einige davon sind ausreichend tief, um darin schnorcheln zu können. Die klippenähnlichen Felsformationen **Magasang** und **Magsapad** sind unsere Favoriten. Wenn es die Gezeiten erlauben, sollte man zu ihrer dem Meer zugewandten Seite gehen; dabei kann man leicht die ungeheure Kraft des offenen Meeres erkennen, die es entwickelt, wenn sie auf Felsen stößt. Wenn das Meer ruhig ist, kann man einen Sprung ins Wasser wagen und westlich des Magasang schnorcheln.

Die Felsformationen sind 2–3 km von der eigentlichen Stadt Biri entfernt. Eine Fahrt mit dem *habal-habal* kostet 300 P, inkl. Wartezeit. Weitere Felsformationen ragen beim nahen Talisay Island aus dem Meer, sind aber nur per Boot (oder bei Ebbe auch zu Fuß) vom *barangay* Kauswagan auf Biri Island zugänglich. Vor beiden Inseln bildet sich besonders von Oktober bis Januar neben den Felsformationen eine tolle **Brandung**. Die besten Wellen findet man bei **sitio Cogon** auf Talisay Island.

Tauchgänge vermittelt das **Biri Resort & Dive Centre** (☏0915 509 0604; http://biri-resort.com; ✳), das über die **BIRI Initiative** (http://biri-initiative.org) an der Wiederherstellung der beschädigten Korallenriffe der Insel mitwirkt.

Biri Island kann im Rahmen eines Tagesausflugs erkundet werden oder man übernachtet auf der Insel; nicht vergessen, dass um Mitternacht der Strom abgeschaltet wird. Es kann vorkommen, dass Traveller gebeten werden, extra dafür zu zahlen, dass der Generator eingeschaltet bleibt, um den Weiterbetrieb des Ventilators zu sichern. Alternativ kann man natürlich auch auf eine kühle Brise hoffen.

Das gemütliche **Glenda's B&B** (☏0926 743 5479; johnryan55599@yahoo.com; Zi. 1100–1300 P; ✳🛜) ist unser Favorit unter den drei Hotels auf der Insel. Es hat hübsche, geräumige Zimmer, eine schöne Lage am Ufer und – besonders wichtig – batteriebetriebene Ventilatoren. Es befindet sich neben der Bootsanlegestelle im *barangay* Sto Niño, 2 km südlich der eigentlichen Stadt Biri.

Essen auf Biri Island ist problematisch. Es empfiehlt sich daher, das Hotel zu bitten, einem etwas zuzubereiten, oder man macht sich zu den *turu-turò*-Straßenschnellimbissen in der Stadt Biri auf.

Im 8 km von Allen entfernten Lavezares legen Boote, wenn sie voll sind, bis etwa 17.30 Uhr in Richtung Biri ab (50 P, 1 Std.) oder man zahlt 500 P für eine Extrafahrt. An den meisten Vormittagen verkehrt eine Güter-/Personen-*bangka* nach Matnog (150 P, 1½ Std.).

Allen

055 / 22 330 EW.

Die kleine Hafenstadt bedient die Fährroute zwischen Nord-Samar und Süd-Luzon. Ein Hinweis, den es zu beherzigen gilt: Sollte es spät werden, empfiehlt es sich, in Allen zu übernachten und ein Vormittagsboot zu nehmen, statt im gottverlassenen Matnog zu stranden, wo die Fähren ankommen.

Die **Kinabranan Lodge** (0917 324 6328; DZ 850 P; ✱ ⌂) bietet die besten Übernachtungsmöglichkeiten in der Stadt. Sie ist einem Metzgergeschäft am Ufer neben dem Dup-Dup-Pier angegliedert und der letzte Ort, an dem man moderne, schön eingerichtete Zimmer mit tollen Betten und Flachbild-TVs erwarten würde. Ein Pluspunkt: Im Metzgerladen wird kaltes Bier verkauft. Für Kurzaufenthalte gibt es Preisnachlässe, wenn man spät ankommt und früh abreist.

Preiswerte Unterkünfte gibt es am Hauptpier und 5 km südlich der Stadt am netten **Buenos Aires Beach**.

RORO-Autofähren diverser Schiffslinien verkehren von Allen nach Matnog (120 P, 1–1½ Std.) und legen am Hauptpier, dem **Balwharteco Pier** (055-300 2041; Terminalgebühr 20 P), ab. Es gibt keine festen Fahrpläne, aber man kann davon ausgehen, dass die Fähren rund um die Uhr alle paar Stunden ablegen. Beim Pier anrufen und sich nach dem Wetter und aktuellen Abfahrtszeiten erkundigen. Einige Fähren in Richtung Matnog legen am gemächlicheren Dup-Dup-Pier, 2 km südlich vom Ort, ab.

Es gibt einen Bus nach Tacloban (350 P, 8 Std.) um 9 Uhr. Die Alternative: mit einem Van zunächst bis Calbayog (100 P, 1¾ Std.), dann weiter nach Catbalogan und nach Tacloban mit **Grand Tours** (0917 700 8071). Jeepneys verkehren bis 17 Uhr nach Catarman (60 P, 1¼ Std.).

Dalupiri Island & Umgebung

Nach dem einzigen Ort auf der Insel auch häufiger San Antonio genannt, besticht Dalupiri, das Samar direkt vorgelagert ist, durch die tollen Strände und das klare Wasser. Die Insel ist so reizvoll, dass man hier oft länger als geplant bleibt.

Am Küstenstreifen nimmt die Zahl der entspannten Unterkünfte stetig zu. Die Stromversorgung ist täglich von 6 bis 12 Uhr abgeschaltet, sodass es in den Zimmern recht stickig werden kann, wenn keine Brise weht.

Das **Crystal Sand Beach Resort** (0917 336 9740; www.crystalsandbeachresort.weebly.com; DZ mit Ventilator 1000–1500 P, mit Klimaanlage 1800 P; ✱ ⌂) befindet sich in schwedischem Besitz und besticht durch seine tolle Lage nur 500 m entfernt von einem Meeresschutzgebiet. Es gibt eine Tauchbasis und man kann Schnorchelausrüstung mieten. Die Hauptzimmer befinden sich in knallig pinkfarbenen Betonhäuschen, aber die einfacheren Bungalows passen besser zur Strandlage des Resorts. Es können Ausflüge zu den nahen, aber nur selten besuchten **Seven Islands** (Naranjo Islands) organisiert werden; hier plant man, ein neues Backpacker-Resort auf dem für seinen pinkfarbenen Strand bekannten **Sila Island** (San Vicente) zu errichten.

Weiter Übernachtungsmöglichkeiten sind das nett gestaltete und etablierte **Haven of Fun** (0917 303 1656; www.havenoffunbeachresort.com; Zi. mit Ventilator 700–1000 P, mit Klimaanlage 1400–2000 P; ✱), das nur wenige Schritte vom Pier entfernt ist, und gleich nebenan das gemütliche **Puro Beach Resort** (0917 790 0243; purobeachresort@yahoo.com; Zi. mit Ventilator 600–800 P, mit Klimaanlage 1200–1400 P; ✱).

Öffentliche Boote nach San Antonio (30 P, 20 Min.) legen, sobald sie voll sind, in Victoria ab, das 8 km südöstlich von Allen liegt. Wer nicht so lange warten will, kann für 390 P eine Sonderfahrt buchen. Außerdem verkehren täglich drei *bangkas* vom Dup-Dup-Pier in Allen nach San Antonio (40 P, 45 Min.).

Auf der bewaldeten Insel **Capul**, westlich von Dalupiri, verläuft der Alltag noch gemächlicher. Während der spanischen Kolonialzeit diente Capul – der Name geht vermutlich auf das mexikanische Acapulco, das Ziel der Schiffe, zurück – als Zwischenstation für Galeonen. Daran erinnern im Ort noch ein Leuchtturm und die Ruinen eines Forts, die man bei der Ankunft sehen kann und von dessen Mauern die Wachen einst Ausschau nach Moro-Piraten hielten. Das beschauliche **Capul Island Beach Resort** (0921 672 6524; www.perfectplaces.com/vacation-rentals/33125.htm; Zi. mit Ventilator/Klimaanlage 500/1000 P; ❄) hat ordentliche Zimmer an einem reizvollen Strand. Strom gibt's nur von 16 Uhr bis Mitternacht.

Öffentliche *bangkas* legen in Capul frühmorgens in Richtung Balwharteco-Pier auf Allen und nach Matnog, Sorsogon (beide 100 P, etwa 1 Std.) ab; Die Rückfahrt von Allen ist um etwa 11.30 Uhr und von Matnog um etwa 10 Uhr.

Calbayog
055 / 147 200 EW.

Calbayog, die größte Stadt der Provinz Western Samar, hat einen Flughafen und eignet sich für einen Zwischenstopp, wenn man unterwegs nach Süden oder Norden ist. Ähnlich wie in Catarman und Catbalogan führt auch hier das Verbot motorisierter Tricycles auf den meisten Straßen der Stadt dazu, dass die ruhigeren Fahrradtaxis mit Beiwagen (Pedicabs) vorherrschen und die Atmosphäre etwas verschlafen wirkt. Das **Tourist Office** (National Rd; Mo–Fr 8–17 Uhr) neben dem Rathaus verteilt einen Stadtplan und eine Übersicht der wichtigsten Attraktionen der Region. Das Ciriaco Hotel veranstaltet geführte Touren zu den Naturschönheiten der Umgebung.

Übernachten kann man im **Eduardo's Hotel** (055-553 9996; Pajarito St; DZ mit Ventilator/Klimaanlage ab 400/500 P; ❄ 📶), einem preiswerten, zentral gelegenen Hotel mit sehr unterschiedlichen Zimmern, die aber alle etwas abgewohnt sind. Es liegt gleich um die Ecke von **Carlos & Carmelo's** (Nijaga St; Mahlzeiten 150–200 P; 10–21, Fr & Sa bis 2 Uhr), das die besten Burger und Rippchen hat und wo freitags und samstags immer Livemusik gespielt wird.

Weit besser, aber ungünstig, 2,5 km nordwestlich von der Stadt gelegen, ist **S&R Bed & Breakfast** (National Hwy; DZ 1300–1650 P; ❄ 📶), das makellose, in einer einstöckigen Reihe angeordnete Zimmer hat. Im oberen Preisbereich angesiedelt ist auch das **Ciriaco Hotel** (055-533 9300; www.ciriacohotel.com; National Rd, Km 735; DZ inkl. Frühstück 2500–4000 P; Suite 7500 P; ❄ 📶 🏊), 2 km südöstlich vom Zentrum. Es ist allerdings häufig wegen offiziellen Veranstaltungen ausgebucht.

❶ An- & Weiterreise

PAL Express fliegt 5-mal wöchentlich zwischen Calbayog und Manila. Der Flughafen liegt 10 km nördlich der Stadt in Biri.

Vans von **Grand Tours** (055-209 6177; National Rd) fahren alle 30 Min. nach Catbalogan (100 P, 1½ Std.) und mindestens stündlich nach Allen (100 P, 1¾ Std.) und Catarman (100 P, 2 Std.). Für weiter südlich gelegene Ziele muss man in Catbalogan umsteigen. Vans starten zur letzten Fahrt um 17 Uhr. Einige Stunden vor der Abfahrt einen Platz zu reservieren ist empfehlenswert.

Für dieselbe Strecke brauchen Regionalbusse und Jeepneys doppelt so lange wie Vans und sind auch nicht viel preiswerter als diese. Sie fahren vom neuen **Bus Terminal** (Magsaysay Ext), 2 km südöstlich der Stadt, ab; man kann sie aber auch auf der Hauptstraße durch Winken anhalten. Busse nach Tacloban fahren bis 12 Uhr. Zur letzten Fahrt des Tages nach Allen geht es um 16 Uhr mit dem Jeepney.

Cokaliong Shipping unterhält Fähren nach Cebu City (ab 690 P, 11 Std.), die dienstags, donnerstags und samstags um 19 Uhr vom neuen Pier in Maguino-o, 15 km nördlich von Calbayog, ablegen. Tickets erhält man in Calbayog im Fredlar Hotel. Vom Stadtpier fährt freitags und sonntags um 8 Uhr auch eine *bangka* nach Masbate (600 P, 6 Std.).

Catbalogan
055 / 84 180 EW.

Catbalogan, die Hauptstadt der Provinz Western Samar, ist der bevorzugte Ausgangspunkt für Erkundungstouren ins Inland von Samar, das mit Möglichkeiten zum Höhlenwandern, Klettern, Vögel beobachten und Kanufahren lockt. Die Stadt ist ein reizvoller Ort, denn vom Pier aus genießt man einen Blick auf etwa 30 der Küste vorgelagerte Inseln und einige sehr hohe Gipfel der Insel Biliran vor Leyte. Im **Pita Park** bei der Kirche befindet sich eine Gedenkstätte zur Erinnerung an die furchtbare Katastrophe von 1987, als die Fähre Doña Paz sank; die Mehrheit der fast 5000 Toten stammte aus Catbalogan und anderen Orten aus Samar.

🏃 Aktivitäten

Trexplore   CAVING
(055-251 2301, 0919 294 3865; www.trexplore.weebly.com) Die von Joni Bonifacio geführte Agentur Trexplore ist ein Muss für alles

rund um Abenteuertouren auf Samar. Jonis große Liebe gilt dem Höhlenwandern, er bietet aber auch Kanufahrten und Trekkingtouren an.

Seine Wanderung durch die **Jiabong Caves** nahe Catbalogan gilt als eine der besten Tagestouren, die man auf den Visayas unternehmen kann. Ein Drittel der sechsstündigen Exkursion, die mit einer angenehmen 45-minütigen Fahrt in einem Einbaumkanu endet, besteht darin, in voller Ausrüstung durch unterirdische Höhlen zu schwimmen.

Exkursionen zur riesigen **Langun-Gobingob Cave** nahe Calbiga, 50 km südlich von Catbalogan, beinhalten auch eine unterirdische Übernachtung im Zelt. Man nimmt an, dass die Höhle zum größten Karsthöhlensystem der Philippinen gehört. Die Haupthöhle Langun-Gobingob hat eine Kammer von der Größe dreier Fußballfelder. Joni entdeckt häufig neue Höhlen und erweitert seine geführten Wanderungen entsprechend. Die Tour zur jüngst entdeckten **Central Cave** umfasst einen fünfstündigen Rundgang, das Abseilen aus über 18 m Höhe und einen vierstündigen Aufenthalt im Inneren der Höhle – alles während einer einzigen strapaziösen Tagestour von Catbalogan aus.

Joni bietet auch halbtägige Kanufahrten zu den mehrarmigen **Bangon Falls** nahe Catbalogan. **Pinipisakan Falls** ist eine lange Ganztagestour, wobei der Hin- und Rückweg etwa vier Stunden dauern. Jenseits von Pinipisakan kann man die **Sulpan Cave** im Rahmen einer Exkursion mit Übernachtung erkunden.

Es empfiehlt sich, Joni mindestens ein paar Tage im Voraus von der beabsichtigten Tour zu informieren. Die Touren kosten ab 2500 P/Pers. für eine Kanufahrt und ab 3000 P/Pers. für Höhlenwanderungen, wobei es für größere Gruppen Nachlässe gibt. Die Preise verstehen sich inklusive Verpflegung, Transport, Ausrüstung und einer CD mit Fotos, die Joni im Laufe des Tages schießt. Trexplore betreibt auch einen Laden, in dem qualitätsvolle Outdoorkleidung und -ausrüstung verkauft werden.

Schlafen & Essen

Trexplore vermietet auch einige Backpacker-Zimmer zu 200 P pro Person.

Rolet Hotel HOTEL $
(055 251 5512; Mabini Ave; DZ 950 P; ❄️🛜) Die gepflegten Zimmer (einige davon ohne Fenster) sind recht klein, aber die Betten sind mit viel Können gemacht.

Fortune Hotel HOTEL $
(251 2147; 555 Del Rosario St; DZ ohne/mit Bad ab 390/490 P, DZ/3BZ mit Klimaanlage 880/1200 P; ❄️🛜) Selbst die Budgetzimmer sind hier überaus gepflegt; außerdem gibt's im Erdgeschoss ein gut besuchtes chinesisches Restaurant mit Klimaanlage (Mahlzeiten 100–150 P).

Summers Garden Pension House PENSION $
(055-251 5135; Del Rosario St; EZ ab 750 P, DZ inkl. Frühstück 1000–1200 P; ❄️🛜) Dieses alte Haus mit knarzenden Holzdielen, einem sonnendurchfluteten Innenhof und einem Garten an der Straßenseite erfüllt die Wünsche all jener, die eine heimelige Atmosphäre suchen. Die Zimmer sind sauber und gepflegt und die älteren Besitzer überaus nett. Das Frühstück ist eine große Improvisation aus Schinkenspeck und Ei.

★ San Francisco Hotel HOTEL $$
(055-543 8384; San Francisco St; DZ inkl. Frühstück 1350–1550 P, 3BZ 2400–2800 P; ❄️🛜) Ein protziges, neues Hotel in zeitgenössischem Design und mit modernen Kunstobjekten an den Wänden. Die Zimmer sind nicht so schick wie die Lobby und liegen an der Schmalseite des Gebäudes, übertreffen aber alle anderen Unterkünfte hinsichtlich Ausstattung, Flair und Schallisolierung.

Flaming Hat PHILIPPINISCH $
(City Plaza; Mahlzeiten 60–210 P; ⏱10 Uhr–open end; ❄️🛜) Das schicke Restaurant bietet eine reiche Auswahl an philippinischen Gerichten und Pizzas, aber die Shrimps mit Pfeffer und Knoblauch und der gegrillte Bauchspeck sind die Highlights.

103 Bar & Grill RESTOBAR $
(Ecke Callejon St & Allen Ave; Mahlzeiten 50–200 P; ⏱16–1 Uhr) Hier werden brutzelnde philippinische Gerichte serviert, die man mit einem San-Miguel-Bier (32 P) hinunterspült. Am Wochenende gibt's Livemusik.

ℹ️ Praktische Informationen

Es gibt Geldautomaten der BDO und der Metrobank, während das **Gizmo** (Mabini Ave; P15 P/Std.; ⏱8–21.30 Uhr) Klimaanlage hat und das beste Internetcafé ist.

ℹ️ An- & Weiterreise

Vans von **Duptours** (0907 276 4342; Ecke Allen Ave & San Francisco St) und **Grand Tours** (055-251 5243; San Bartolomew St) fahren in Richtung Tacloban (130 P, 2 Std.) und Calbayog

(100 P, 1½ Std.) bis gegen 18 Uhr. Für Allen oder Catarman muss man in Calbayog umsteigen. Ein Duptours-Bus fährt um 6.30 Uhr und manchmal auch um 13 Uhr nach Borongan (200 P, 4 Std.).

Viel langsamere Busse verkehren bis gegen 16.30 Uhr nach Calbayog (80 P, 2½ Std.), einige davon fahren weiter nach Allen (180 P, 6 Std.) oder Catarman (180 P, 6 Std.). Nach Guiuan starten täglich zwei Busse (200 P, 5½ Std., letzte Abfahrt 12 Uhr) und täglich drei Busse nach Borongan (140 P, 5 Std., letzte Abfahrt 13 Uhr). Von Buray, das eine 30-minütige Jeepney-Fahrt südlich von Catbalogan liegt, gibt es weitere Verbindungen nach Taft und Borongan an der Ostküste. Die Bus Station befindet sich neben dem Kai im Zentrum der Stadt.

Busse nach Manila (normale/Klimaanlage 1100/1300 P, 18 Std.) fahren rund um die Uhr recht pünktlich ab. Sie nehmen keine Passagiere für Nahverbindungen auf. Wer etwa nach Allen oder sonstwohin in der Provinz Bicol will, muss den ganzen Preis bezahlen.

Roble Shipping Lines unterhält Verbindungen nach und von Cebu City (650, 12 Std.), die dienstags und freitags vom Kai in Catbalogan ablegen.

Borongan

053 / 59 350 EW.

Wie Baler in Nord-Luzon ist auch Borongan ein echter Urlaubsort. Das spirituelle Zentrum ist der honigbraune Baybay Beach, den Grillstände und Straßenverkäufer säumen. Man kommt hierher, um den Sonnenaufgang zu beobachten, zum Joggen, Bodysurfen oder, am späten Nachmittag, um mit den Einheimischen ein preiswertes Bier zu schlürfen. Der Baybay Beach hat fünf „Stationen" – Baybay 1 liegt im Süden, Baybay 5 im Norden.

Borongan, die Hauptstadt der Provinz Eastern Samar, ist gut als Ausgangspunkt für Individualreisende oder Surfer geeignet, die die noch weitgehend unberührte Ostküste von Samar entdecken wollen. Während der Süden von Samar 2013 vom Taifun Yolanda direkt getroffen wurde, blieben Borongan und andere Orte im Norden der Insel von schweren Schäden verschont.

Sehenswertes & Aktivitäten

Borongan ist auch eine Surfer-Stadt. Wenn die hohen Wellen kommen (Okt.–Jan. ist die beste Zeit zum Surfen), beginnt der lokale Wettlauf um die besten Plätze am Baybay oder Bato Beach, dem nächsten Strand südlich davon. In Borongan gibt's keinen organisierten Surfbrettverleih, aber einheimische Surfer können ein Brett auftreiben, wenn man sie darum bittet. Die Alternative: von Borongan südwärts nach Maydolong gehen, wo Surf Omawas (S. 373) einen Surfbrettverleih betreibt.

Im dichten Dschungel rund um Borongan gibt es Wasserfälle und Höhlen, die man erkunden kann, darunter die nahe Talobagnan Cave im *barangay* Bato. Das Büro des *barangay* kann einen Guide vermitteln (300–500 P, je nachdem, wie weit man wandern will). Huplag Speleo (0928 995 0449; http://huplagspeleo.weebly.com) ist eine lokale Vereinigung mehrerer Hobbyhöhlenforscher, die in dieser Region Höhlenwanderungen und andere Abenteuertouren organisieren.

Divinubo Island INSEL

Der Küste von Borongan vorgelagert liegt die reizvolle, kleine Insel Divinubo, die von weißen Sandstränden und einigen verborgenen, zum Surfen geeigneten Brandungsstellen gesäumt wird. Auf der Insel gibt es einen von den Amerikanern 1906 erbauen Leuchtturm. Es ist ein Ort, der sich gut für ein Picknick eignet. Um hierher zu gelangen, nimmt man zunächst ein Tricycle zum südlich der Stadt liegenden *barangay* Lalawigan (60 P, 15 Min.), wo man entweder darauf wartet, dass sich ein Boot füllt und ablegt (20 P), oder man eine Spezialfahrt bucht (300 P, 15 Min.). Wahlweise kann man bei Ebbe von Lalawigan auch zu Fuß hierher gehen.

Therapeutische Massage MASSAGE

(Baybay 2; 200 P/Std.; 8–18 Uhr) Reine Ganzkörpermassage, durchgeführt von blinden Masseuren; neben dem Reisebüro gelegen.

Schlafen & Essen

Die Grillstände entlang dem Baybay Beach sind abends eine gute Option.

Villa Maria Brozas HOTEL $

(0906 595 3421; Zi. ab 800 P) Dieser massive Betonbau direkt am Bato Beach sieht um Jahrzehnte älter aus, als er tatsächlich ist (10 Jahre), und zum Zeitpunkt der Recherche war auch der Pool außer Betrieb. Die Lage und die Aussicht sind aber unschlagbar. Sollte das Gebäude irgendwann modernisiert und der Pool wiederbelebt werden, wird dieses Hotel sicher zur ersten Adresse am Platz.

GV Hotel HOTEL $

(055-560 9791; DZ mit Ventilator/Klimaanlage 450/650 P;) Als Teil einer Budget-Hotelkette begeistert das Hotel zwar nicht, dennoch ist es die beste Budget-Option in Borongan.

Surf Omawas
B&B $

(📞 0932 934 3164; www.surfomawas.com; Maydolong; Zi. inkl. Surfbrettverleih 700 P) Endlich gibt es einen organisierten Surfbrettverleih in der Region um Borongan. Das Surfcamp befindet sich am Strand von Omawas, einem *barangay* von Maydolong, der ersten Stadt südlich von Borongan.

Boro Bay Hotel
HOTEL $$

(📞 0936 604 2336; Baybay 5; DZ inkl. Frühstück 1200–3500 P; ❄️🛜) Dank seiner ruhigen Lage am äußersten Nordende des Baybay Beach ist dies das schickste Hotel von Borongan. Die Zimmer sind sauber und nett eingerichtet und haben Flachbild-TVs. Der WLAN-Zugang ist allerdings lückenhaft. Das Hotel liegt hinter dem zum Strand ausgerichteten Starpoint Cafe.

Hotel Dona Vicenta
HOTEL $$

(📞 055-261 3586; hoteldonavicenta@yahoo.com; Zi. 980–3070 P; ❄️🛜♨️) Das Dona Vicenta, das sich selbst als Borongans Businesshotel bezeichnet (es hat tatsächlich einen Aufzug!), kann leider nur mit kleinen Zimmern und krankenhausähnlichen Fluren aufwarten. Gegen Aufpreis gibt es geräumige Deluxe-Zimmer über der Uptown Mall mit Blick auf die Berge. In der angeschlossenen Poolsite Restobar kann man gut essen und der Pool stellt eine willkommene Annehmlichkeit dar.

Domsowir Restaurant
PHILIPPINISCH $

(📞 055-560 9093; Mahlzeiten 100–150 P, Snacks 25–75 P; ⏰ 7–21 Uhr; ❄️🛜) Das Domsowir ist zwar in die Jahre gekommen, hat aber Persönlichkeit und zeichnet sich durch seine Toplage am Ufer, die reiche Auswahl an philippinischen Gerichten und die Eiscreme aus. Im Erdgeschoss gibt's einige schmuddelige Zimmer (Zi. 385–755 P).

Phenpoint Grill
PHILIPPINISCH $

(Mahlzeiten 100–150 P; ⏰ 7–22 Uhr) Angenehmes Lokal im Freien auf der vom Baybay Beach abgehenden Straße, das preisgünstige und schmackhafte philippinische Gerichte serviert. Unbedingt den *lapu-lapu* (Roter Zackenbarsch) mit Knoblauchsauce probieren (95 P).

🛈 Praktische Informationen

Internetcafés gibt's an der Abenis St gleich östlich von Mercury Drug. In der Stadt stehen Geldautomaten der Chinabank, PNB und Metrobank. Das **Tourist Office** (📞 0917 426 9167; muntour@yahoo.com; Baybay Beach 2; ⏰ Mo–Fr 8–17 Uhr) hat einen Stadtplan sowie Broschüren und hilft bei der Planung, die benachbarten Inseln zu erreichen.

🛈 An- & Weiterreise

Die beste Wahl für eine Fahrt (230 P, 4½ Std.) nach Tacloban sind Vans von Van Vans (stündl. bis 16 Uhr) und Duptours (stündl. bis 17 Uhr), die über Basey fahren. Ein Bus von Duptours startet am frühen Morgen nach Catbalogan (100 P, 4 Std.).

Vom Bus Terminal fahren Jeepneys bis 14 Uhr stündlich nach Guiuan (120 P, 3½ Std.), während Regionalbusse täglich um 4.30 Uhr und 13 Uhr nach Catbalogan abfahren (140 P, 5 Std.). Eine bessere Möglichkeit, um nach Catbalogan zu gelangen, ist der Morgen-Bus nach Manila. Sie fahren alle von den Büros der jeweiligen Betreiber in der Stadt ab.

Guiuan

📞 053 / 43 460 EW.

Mit Guiuan (ghee-won) endet im wörtlichen wie im übertragenen Sinn die holprige, zur Südostspitze Samars führende Straße. In der Stadt kehrt allmählich wieder Leben ein, nachdem der Taifun Yolanda hier erstmals Land erreicht hatte und die Stadt schwer heimsuchte. Geschützt von Calicoan Island blieb Guiuan glücklicherweise von einer verheerenden Sturmflut wie in Tacloban verschont. Wie durch ein Wunder starben hier weniger als 200 Menschen, während der Sturm mit Spitzengeschwindigkeiten von bis zu 400 km/h über der Stadt hinwegfegte. Dennoch zerstörte oder beschädigte der Sturm die meisten Gebäude, deckte alle Häuser ab und knickte zahlreiche Kokospalmen in diesem wichtigen Kokosanbaugebiet ab. Hilfe war kaum zu erwarten, denn der Bürgermeister verschwand einfach aus der Stadt, die nun führungslos war und in der es deshalb in der Folge zu Massenplünderungen kam. Dem entlegenen Guiuan wurde nie die Aufmerksamkeit zuteil, wie sie sie Tacloban erhielt, und selbst ein Jahr nach dem Taifun sieht die Stadt in vielerlei Hinsicht schlimmer aus als Tacloban.

Dennoch wurden Guiuans Hotels rasch wiederaufgebaut und zum Zeitpunkt der Recherche waren sie für Traveller schon weitgehend offen. Die Hauptattraktion der Stadt, die tollen Surfbreaks von Calicoan Island, waren vom Taifun nicht betroffen. Die vielen Inseln in der Umgebung warten darauf, erkundet zu werden. Und die freundlichen Einwohner von Guiuan empfangen Gäste mit offenen Armen.

⊙ Sehenswertes & Aktivitäten

Die Kirche aus dem 16. Jh. und der Aussichtsturm wurden vom Taifun Yolanda zerstört und es ist ungewiss, ob sie wieder aufgebaut werden.

Wetterstation   AUSSICHTSPUNKT
Im Zweiten Weltkrieg baute das US-Militär diese Gegend zu einem Stützpunkt für Angriffe auf Japan aus und hier befand sich einst die weltweit größte Basis für Patrouillenboote mit über 300 Booten und bis zu 150 000 Soldaten – unter ihnen war auch der spätere US-Präsident Kennedy. Heute kann man zur blassblauen Wetterstation auf einer Anhöhe hinaufsteigen, um von dort aus einen tollen Fernblick über den Pazifik und den Golf von Leyte zu genießen. Die von den USA erbaute, 2 km lange Landebahn trug entscheidend dazu bei, dass Flugzeuge nach dem Taifun Yolanda die Stadt mit Hilfsgütern versorgen konnten.

🛏 Schlafen & Essen

Die besten Optionen für einen Blick auf die glitzernde Bucht findet man im *barangay* Luboc, 1–2 km nordwestlich der Stadt.

Marcelo's Hotel   HOTEL $
(0905 372 3637; Luboc; Zi. 900 P; ❄) Das blaugrün gestrichene Marcelo's Hotel, das als eines der Ersten nach dem Taifun Yolanda seine Pforten wieder öffnete, hat nüchterne Zimmer mit Klimaanlage, die für Samar ein gutes Preis-Leistungs-Verhältnis bieten; es gibt überwiegend 3BZ.

Tanghay View Lodge   RESORT $$
(📞 0936 531 9495; susan_guiuan@yahoo.com.ph; Luboc; DZ 1000–1400 P; ❄📶) Das dreistöckige Tanghay, das seit vielen Jahren von der geselligen Susan Tan geleitet wird, hat ordentliche Zimmer und ein zum Ufer ausgerichtetes Restaurant gegenüber der Tubabao Island. Unbedingt die Spezialität des Hauses – Trompetenmuschel in Gemüsepfanne mit Ingwer – probieren (110 P). Susan ist hervorragend über Southern Samar informiert und kann geführte Touren zu den Inseln oder anderen Orten in der Region organisieren.

Misty Blue Boathouse   STRANDRESORT $$
(📞 0906 251 9663; mistyblueboathouse@hotmail.com; Luboc; Zi. 1000 P; ❄📶🌊) Dieses entspannte, von einem stämmigen, überaus freundlichen Australier geführte Resort beeindruckt vor allem durch seine außergewöhnliche Lage am Meer, seinen einladenden Pool, die tolle offene Bar und das Restaurant, das Holzofenpizza und Burger serviert. Zum Zeitpunkt der Recherche waren nur zwei Zimmer wiedereröffnet, doch weitere sollen bald folgen. Gäste können den PS-starken Jetski testen oder sich damit zu den nahen Inseln mit tollen Schwimmmöglichkeiten fahren lassen.

Amy's BBQ   BARBECUE $$
(Luboc; Hauptgerichte 100–270 P; ⊙ 6 Uhr–open end; 📶) Die Norweger Klaus und Amy führen dieses freundliche Lokal gegenüber von Marcelo's Hotel. Sie servieren riesige Schweinekoteletts und wer Lust auf Blattgemüse hat, dem bereiten sie auch einen Salat zu. An den Wochenenden gibt's Livemusik und abends geht es meist fröhlich zu.

ℹ Praktische Informationen

Das **Tourist Office** (TIPC; 📞 0927 458 1175; City Plaza; ⊙ 9–12 & 13–19 Uhr) bietet Infos über die Region und fungiert zugleich auch als Souvenirladen. In der Stadt gibt es Geldautomaten von PNB und Metrobank, doch sollte man sicherheitshalber Bargeld dabeihaben, falls diese außer Betrieb sind.

ℹ An- & Weiterreise

Am besten erreicht man Tacloban mit einem Van; Duptours und Van Vans verkehren stündlich bis 17 Uhr (180 P, 3½ Std.). Vom Busbahnhof hinter dem Markt fahren langsame Regionalbusse bis 15.30 Uhr nach Tacloban (140 P, 6 Std.); Jeepneys mit dem Ziel Borongan fahren bis 0.40 Uhr (200 P, 3¾ Std.).

Calicoan Island

Die über eine Brücke von Guiuan aus leicht zugängliche und nur spärlich besiedelte Calicoan Island wurde vom Taifun Yolanda mit voller Wucht getroffen. Das Hauptresort, das luxuriöse Calicoan Surf Camp, wurde dem Erdboden gleichgemacht. Calicoans Strände sind aber unverändert traumhaft und die berühmten Wellen lassen immer noch die Herzen der Surfer höherschlagen.

Der beste Surfspot befindet sich nach zwei Drittel des Weges südwärts beim ABCD Beach, so genannt nach den vier Reef Breaks entlang der Küste und auch nach dem „Advance Base Construction Depot", das etwas für jene ist, die sich für den Zweiten Weltkrieg interessieren. An diesem Spot gibt's von Juni bis Oktober große links- und rechtsbrechende Reef Breaks. Die ABCD Surf Community unter der Leitung des lokalen Surf-Gurus Jun Jun hat ihren Sitz in einer Nipa-Hütte gegenüber der Calicoan Villa. Sie betreibt einen Surfbrettveleih (250 P/Std.), man kann aber auch Surfunterricht nehmen (250 P/Std.). Wer eine Unterkunft sucht kann Jun Jun fragen. Er ist auch eine wertvolle Hilfe, wenn man auf der Suche nach anderen Surfspots an der Südostküste von Samar ist.

Am ABCD Beach hat die **Calicoan Villa** (0917 206 9602; www.calicoanvilla.com; DZ mit Ventilator/Klimaanlage 1200/1500 P; ✴ 🛜 🏊) wieder geöffnet. Der neue Pool und das neue Restaurant sind direkt zur brechenden Brandung hin ausgerichtet. Die sechs schicken Zimmer befinden sich jenseits der Straße, weitere Zimmer werden am Ufer neben dem Hauptgebäude fertiggestellt.

Weiter südlich ist das Fischerdorf **Sulangan** auf der benachbarten Insel Sulangan über eine Brücke mit dem südöstlichen Zipfel von Calicoan verbunden. Hier erwarten den Traveller herrliche weiße Sandstrände und tolle Möglichkeiten zum Schwimmen sowie das fantastische italienische Restaurant/Resort **La Luna Beach Resort** (0917 324 3129; www.resortlaluna.com; DZ mit Ventilator/ Klimaanlage inkl. Frühstück 2200/2500 P; ✴🛜). Es ist vor allem für die vom Besitzer Giampo selbst zubereiteten 3-Gänge-Menüs bekannt (650–700 P). Selbst wenn man hier nicht wohnt, lohnt sich ein Abstecher zum Mittag- oder zum Abendessen. Die Zimmer mit hohen Decken, Lofts und Holzmöbeln sind ebenfalls erstklassig.

Selten verkehrende Mini-Jeepneys (*multicabs*) fahren zwischen Guiuan und Sulangan über den ABCD Beach (30 P), man kann aber auch ein Trcycle mieten (300 P hin & zurück). Das letzte Jeepney fährt um etwa 14 Uhr zurück nach Guiuan.

Homonhon & Suluan

Die Insel **Homonhon**, wo Magellan am 16. März 1521 erstmals philippinischen Boden betrat, und die dahinter liegende Insel **Suluan** waren dem Taifun Yolanda direkt ausgesetzt und müssen sich von den schlimmen Folgen erst erholen. Die Inseln sind für ihre Höhlen und Strände und einem baufälligen Leuchtturm auf Suluan bekannt. Wer sich in der Umgebung umsehen möchte, kann öffentliche *bangkas* benutzen, die morgens von beiden Inseln in Richtung Guiuan ablegen und am Nachmittag, sofern das Wetter mitspielt, wieder zurückfahren. Im Tourist Office von Guiuan nach Details fragen.

Marabut Islands

Diese hübsche Ansammlung winziger, zerklüfteter Kalksteininseln verleiht dem bereits malerischen Küstenstreifen zwischen Basey und Marabut zusätzliche Attraktivität; die Landschaft erinnert entfernt, wenn auch in kleinerem Maßstab, an Vietnams Halong-Bucht. Leider hat der Taifun Yolanda in dieser Gegend schwere Schäden angerichtet und die Unterkünfte und anderen Dienstleistungsbetriebe müssen erst wiedereröffnen. Im **Caluwayan Palm Island** (www.caluwayanresort.com; 🏊) haben die Wiederaufbauarbeiten begonnen, sodass das Strandhotel irgendwann wieder öffnen wird. Normalerweise verleiht es auch Paddelboote, um die Inseln zu erkunden.

Mindanao

Inhalt ➡
Cagayan de Oro 381
Camiguin...................386
Butuan 393
Surigao 393
Siargao 396
Davao 402
Samal Island 410
Talikud Island............. 411
General Santos
(Dadiangas) 414
Lake Sebu 415
Zamboanga
Peninsula 416

Beste unkonventionelle Ziele
➡ Sugba Lagoon (S. 401)
➡ Kapatagan (S. 413)
➡ Tinago Falls (S. 385)
➡ School for Indigenous Knowledge & Traditions (S. 415)

Schön übernachten
➡ Camiguin Action Geckos Resort (S. 391)
➡ Sagana Beach Resort (S. 400)
➡ Ponce Suites (S. 404)
➡ Chema's by the Sea Resort (S. 411)

Auf nach Mindanao!

Hier warten schroffe Bergketten, tolle Strände und indigene Kulturen mit einer Lebensweise, die sich seit Jahrhunderten kaum verändert hat. Dennoch bleibt Mindanao vom Tourismus unbeachtet. Sicher liegt dies zum großen Teil an dem Konflikt, der hier seit Generationen aufflammt und wieder abebbt. Die Urbanisierung schreitet dennoch voran: Ein Großteil der Nordküste ist bebaut, während die Stadt Davao im Süden kultiviert und kosmopolitisch wirkt. Allerdings hat sich Mindanao auch viel von dem bewahrt, was anderswo auf den Philippinen inzwischen verschwunden ist.

Trotz seiner Größe wirkt das ethnisch vielfältige Mindanao oft zu klein. Verantwortlich ist dafür u. a. die Konkurrenz um Land und um die riesige Menge der kostbaren Naturressourcen. Seit 1950 sind Muslime auf Mindanao in der Minderheit und nur in vier der 21 Provinzen in der Mehrheit. Zukünftig werden insgesamt 14 000 km² an die autonome Region Bangsamoro (früher ARMM) übergehen, zu der auch Inseln in Richtung Malaysia und Indonesien gehören.

Reisezeit
Cagayan De Oro

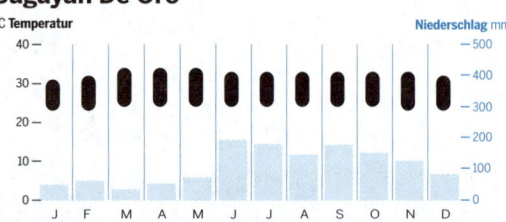

Juni–Sept. Trockenstes Klima an der Ostküste; starker Wellengang.

Nov.–März Feuchteste Zeit an der Ostküste.

Nov.–April Feuchteste Monate auf dem Großteil der Insel; Helobung Festival in Lake Sebu (Nov.).

Geschichte

Die Geschichte Mindanao verlief schon früh anders als im Rest der Philippinen. Dies resultierte schlicht aus der Lage – genauer gesagt aus der Nähe zu Zentren des arabischen Einflusses. Nach seiner Einführung auf dem Sulu-Archipel (frühe 1300er-Jahre) erreichte der Islam bald Cotabato und Lanao. Anschließend einte das Sultanat die Region unter einem Obersten Rat, während der größte Teil der Bevölkerung zum Islam konvertierte. Als die Spanier hier 1527 eintrafen, wurden sie von einer fest verwurzelten und halborganisierten Macht daran gehindert, ihre Dominanz vor Ort zu etablieren. So konnten sie nur Außenposten in Zamboanga und im Norden Mindanaos einrichten.

Erst Mitte des 19. Jhs. konnten die Spanier dank Dampfmaschinen und überlegener Feuerwaffen weit ins Innere Mindanaos vordringen, um ihre Alleinherrschaft durchzusetzen. Nächste Kolonialmacht wurden dann die USA (1898). Deren Präsenz war auf Mindanao jedoch jahrelang nicht zu spüren. Erst etwa ein Jahrzehnt später wurde die Provinz zu einer Verwaltungsregion erklärt und formell in den Machtbereich der Regierung in Manila eingegliedert.

Von Anfang an erlebten die ethnischen Minderheiten eine Verletzung ihrer Menschenrechte und traditionellen Besitzrechte: Die Stammesvölker der Insel wurden in wirtschaftlicher wie demografischer Hinsicht durch die Ansiedlung christlicher Filipinos aus dem Norden bedroht. Diese waren von der Regierung dazu ermutigt worden, sich auf dem weniger stark bevölkerten Mindanao niederzulassen. Einigen zufolge erschloss diese Politik nur eine bevölkerungsarme Region für Einwanderer und erhöhte die ethnische Vielfalt weiter. Andere sprachen jedoch von der Besetzung und Annexion ihrer Heimat. So formierte sich in den späten 1960er-Jahren bewaffneter Widerstand.

Bald darauf kamen zahllose landwirtschaftliche Großkonzerne aus aller Welt in die Region. Dies wirkte sich unweigerlich auf das Kleinbauerntum und die traditionelle Lebensart aus – und zwar unabhängig von Religion oder ethnischer Zugehörigkeit. Weniger militante Gruppen und die kommunistische NPA (bis heute auf Mindanao aktiv) behaupten, dass die Wurzel des Konflikts nicht zwangsläufig in der unmittelbaren Nachbarschaft von Christen und Muslimen liegt. Verantwortlich sei stattdessen die Ausbeutung regionaler Ressourcen, ohne sicherzustellen, dass die Bevölkerung von der Entwicklung profitiert.

In den späten 1960er-Jahren wollten die Präsidenten Macapagal und Marcos das Archipel deutlich vergrößern. Dabei sollte dessen historische Unabhängigkeit ausgenutzt werden, die für so viel Unruhe sorgte. So boten sie die Annexion von Sabah an, das damals zum nördlichen Borneo gehörte (und seit Kurzem ein Teil Malaysias ist). Dann scheiterte der unrealistische Vorschlag, die Region in einen übergeordneten Staatenbund namens Maphilindo zu integrieren. Schließlich initiierte Marcos ein Trainingsprogramm für muslimische Kommandos aus Mindanao – mit der vagen Absicht, Unruhen in Sabah zu schüren. Doch dieser Plan wurde aufgedeckt, woraufhin die meisten der Guerilla-Rekruten unter geheimnisvollen Umständen ums Leben kamen.

1976 wurde ein Abkommen mit einer der Rebellengruppen namens Moro Islamic National Liberation Front (MNLF) getroffen. Ergebnis war die Autonomous Region of Muslim Mindanao (ARMM). 1996 erkannte Manila die MNLF offiziell als politische Organisation an. Andere Gruppen betrachteten die begrenzte Autonomie innerhalb eines föderalen Systems aber als unzureichend (z. T. natürlich, weil sie beim Verteilen der Pfründe nicht berücksichtigt wurden). Dies führte 1978 zur Gründung einer Splittergruppe namens Moro Islamic Liberation Front (MILF). Am radikalsten ist die kleine Gruppe Abu Sajaf, die aus ca. 300 früheren MILF-Mitgliedern besteht und Verbindungen zu al-Qaida unterhält. Der Regierung zufolge werden entlegene Ecken auf Mindanao noch von weiteren Separatistengruppen als Trainings-Terrain genutzt (z. B. von der ursprünglich aus Indonesien stammenden Jemaah Islamiyah).

Mehrere aufeinanderfolgende Regierungen haben mit verschiedenen Mitteln versucht, die Kontrolle über die Region zu erlangen. Marcos setzte dabei auf einen Mix aus Militäraktionen und Amnestieangeboten. Doch erst die Gespräche zwischen Cory Aquino und Nur Misuari (Gründer der MNLF) führten in den späten 1980er-Jahren endlich zu einem Rückgang der Gewalt. Doch leider wurden die meisten Hauptprobleme nie gelöst. So flammte die Gewalt in den späten 1990er- und frühen 2000er-Jahren erneut auf.

Im August 2005 wurde Zaldy Ampatuan zum neuen Gouverneur der ARMM gewählt

Highlights

① Rund um das herrliche **Camiguin** (S. 386) zwischen natürlichen Quellen und Wasserfällen wechseln

② Die Wellen von **Cloud Nine** (S. 399), Siargaos Surfer-Break, reiten

③ Durch das Wildwasser des **Cagayan de Oro River** (S. 384) paddeln

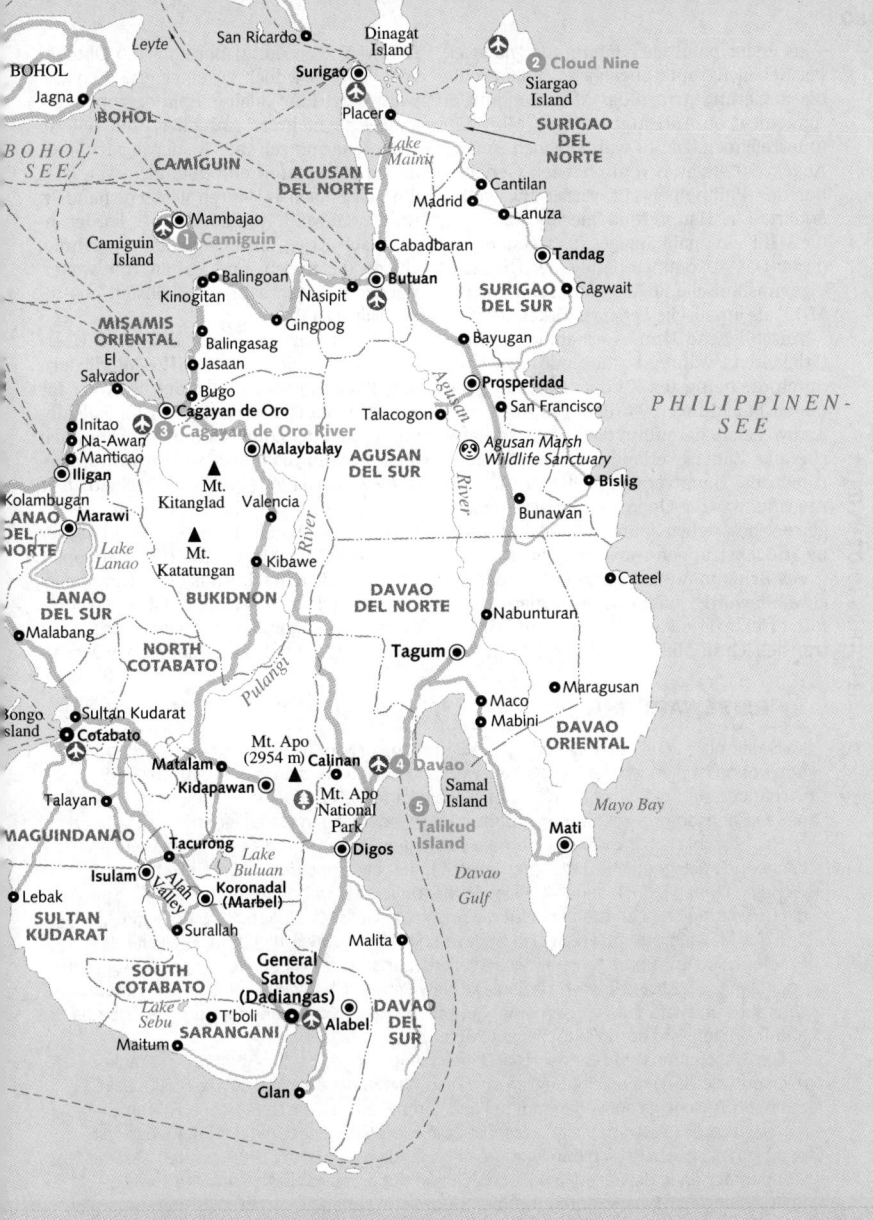

④ Im kosmopolitischen **Davao** (S. 402) einen belebten Barkomplex nach dem anderen besuchen

⑤ Aus der Stadt zu einem weißen Sandstrand auf der nahegelegenen **Talikud Island** (S. 411) flüchten

⑥ In **Zamboanga** (S. 416) in die Geschichte und ethnische Vielfalt der Insel eintauchen

– als erster politischer Führer, der nicht einer Rebellengruppe angehörte. Zudem sollte die Regierung Arroyo das Memorandum of Agreement on Ancestral Domain (MoA-AD) unterzeichnen. Dieses wurde jedoch Anfang August 2008 vorab vom obersten Gerichtshof der Philippinen für verfassungswidrig erklärt. Ein Hauptgrund hierfür war, dass die MILF ein unabhängiges Justizsystem forderte: Das Abkommen hätte eine eigenständige muslimische Region geschaffen und die MILF als juristische Person anerkannt.

Anschließend kam es erneut zu Gewalttätigkeiten, während Tausende Zivilisten durch die heftigsten Kämpfe seit Jahrzehnten zu Flüchtlingen wurden. Die Regierung Arroyo setzte daraufhin die Friedensgespräche aus. Zudem verlangte sie die Auslieferung der Hauptverantwortlichen für die Angriffe, was die Opposition jedoch verweigerte. Nach sieben Jahren zog Malaysia seine Friedenstruppen von Mindanao ab.

Als Benigno Aquino III. zum Präsidenten gewählt wurde, nahm seine Regierung sofort direkte Friedensgespräche auf. Hierzu traf sie sich in Malaysia mit dem MILF-Anführer Al Haj Murad Ebrahim. Ab Oktober 2011 kam es jedoch zu einer erneuten Gewaltwelle: Eine kleine Splittergruppe organisierte mehrere Anschläge und lieferte sich Scharmützel mit Regierungstruppen, da sie nicht damit einverstanden war, dass die MILF nach 14 Jahren weiterverhandeln wollte. Obwohl Aquino diverse Forderungen nach Krieg mit allen Mitteln ablehnte, gingen die Boden- und Luftangriffe weiter. Wieder mussten zahllose Zivilisten aus ihren Häusern fliehen.

Im Sommer 2014 vollendete eine Übergangskommission aus MILF-Mitgliedern und Regierungsvertretern den Entwurf für das Basic Bangsamoro Law (BBL). Falls der philippinische Kongress dieses Abkommen für verfassungskonform erklärt, wird im betreffenden Gebiet per Volksentscheid über die Umsetzung entschieden werden.

Seit den späten 1960er-Jahren hat der Konflikt schätzungsweise 16 000 Todesopfer gefordert. Zu den schrecklichsten Gewaltausbrüchen der letzten Jahre gehörte das Massaker von Maguindanao. Dieses war jedoch eher von Clanfehden und politischen Macht-

> ### ℹ REISEWARNUNG
>
> Im September 2014 stand die politische Situation auf Mindanao erneut auf der Kippe: Korruption ist hier sehr tief verwurzelt, während riesige Mengen von Bodenschätzen vorhanden sind. Somit ist es recht wahrscheinlich, dass irgendeine Gruppe nicht vom neuen Bangsamoro-Abkommen profitiert und wieder zu den Waffen greift.
>
> Hauptsächlich in Provinzen innerhalb der Region Bangsamoro ist es in jüngerer Vergangenheit gelegentlich zu Kämpfen zwischen Rebellen und dem Militär gekommen. Zugleich fanden jedoch anderswo eine Reihe tödlicher Bombenattentate statt. So soll die Bewegung Khilafah Islamiyah für die Anschläge auf den Limketkai Complex (2013) und das Maxandrea Hotel (2012) in Cagayan de Oro verantwortlich sein. Ein weiteres Problem sind Entführungen, mit denen verbrecherische Mitglieder von Rebellengruppen oder Gangs oft Lösegelder erpressen. Die New People's Army (NPA) ist auf Mindanao sehr aktiv und liefert sich regelmäßig Kämpfe mit Regierungstruppen. Normale Filipinos und Touristen sind davon jedoch nicht betroffen.
>
> Die Botschaften vieler Länder (u. a. Deutschland, Australien, Großbritannien, Frankreich und die USA) raten eindringlich davon ab, nach Mindanao und auf die Sulu-Inseln zu reisen. Anschläge auf Verkehrsmittel und kommerzielle Ziele (z. B. Busse, Fähren, Einkaufszentren) haben dort viele Todesopfer gefordert. Zum Zeitpunkt der Recherche galt praktisch die ganze Region Bangsamoro als gefährlich – darunter die Provinzen Miasmis Occidental, Lanao del Sur, Maguindanao, Sultan Kudarat und North Cotabato sowie die Sulu-Inseln. Auch bei geplanten Trips nach Marawi in Lanao del Norte sollte man angemessene Vorsicht walten lassen. Wichtig: Vor dem Aufbruch in potenziell gefährliche Regionen immer zuerst mit Filipinos sprechen, die den jeweiligen Teil Mindanaos sehr gut kennen!
>
> Doch trotz aller angebrachten Warnungen dürfte Travellern theoretisch nicht viel passieren – vorausgesetzt, sie hören auf Einheimische, meiden bestimmte Risikogebiete und wählen ihre Reiseziele bzw. -zeiten mit Bedacht. Die Inseln Siargao und Camiguin im Norden sind von den Unruhen im übrigen Mindanao bislang verschont geblieben. Auch Davao als Wirtschafts- und Handelszentrum der Insel gilt als sicher – ebenso die umliegenden Gemeinden.

kämpfen motiviert. Fünf Jahre später ist noch keiner der 194 Angeklagten verurteilt.

❶ An- & Weiterreise

Ab Manila fliegen Philippine Airlines (PAL) und Cebu Pacific jeden Tag regelmäßig nach Butuan, Cagayan de Oro, Cotabato, Davao, Dipolog, General Santos, Ozamiz, Surigao und Zamboanga City. Von Cebu geht's mit beiden Gesellschaften nach Camiguin, Davao, General Santos, Siargao und Zamboanga City. Einmal täglich fliegt Cebu Pacific außerdem zwischen Iloilo City (Panay) und Davao. Tigerair verbindet Manila ebenfalls mit Mindanao und bedient zusätzlich die Route Singapur–Davao. Letzteres gilt auch für Silk Air.

Von Bohol, Cebu, Leyte, Luzon, Manila, Negros, Palawan, Panay und Siquijor auf den Philippinen schippern Boote nach Mindanao. Weitere Schiffe fahren von Indonesien aus direkt nach Zamboanga City.

❶ Unterwegs vor Ort

Der Großteil von Mindanao lässt sich leicht per Bus und Minivan durchqueren. Qualität und Komfort hängen dabei stark von der jeweiligen Firma und Route ab. Entlegene Ziele sind eventuell nur mit weniger bequemen Jeepneys erreichbar. Der schmale zweispurige Highway zwischen Davao und den Städten Cagayan de Oro bzw. Butuan im Norden windet sich durch einige Bergregionen (zum Zeitpunkt der Recherche wurde er gerade umfassend saniert). Inzwischen gibt's auch Flüge zwischen den Inseln Camiguin und Siargao (über Cebu), die zu den beliebtesten Zielen im Norden Mindanaos zählen. Für die Route Davao–Zamboanga City wählen die meisten Traveller nicht den Landweg über die Zamboanga Peninsula, sondern nehmen ein Flugzeug (oder vergleichsweise seltener ein Boot).

NÖRDLICHES MINDANAO

Die Küstenlinie zwischen Cagayan de Oro und Surigao wirkt im Vergleich zum übrigen Mindanao wie eine andere Welt. Dasselbe gilt für die Inseln, die vor der äußersten Nordwestspitze im offenen Meer liegen. Obwohl diese Region größtenteils von Gewalt verschont geblieben ist, wird sie ungerechterweise mit dem übrigen Mindanao über einen Kamm geschoren. Die Universitätsstadt Cagayan fungiert gleichzeitig als Tor zur Region und Ausgangspunkt für Abenteuer in der umliegenden Provinz Bukidnon. Die vulkanische Camiguin Island ist ein Paradies für Outdoorfans, während Siargao landesweit zu den besten Gebieten zum Surfen oder Abhängen gehört.

Cagayan de Oro

☏ 088 / 602 000 EW.

Typisch für Universitätsstädte in aller Welt: Die dynamische und hoffnungsvolle Jugend beschert ansonsten gewöhnlichen Orten einen ordentlichen Schuss Lebensfreude. Zahlreiche Studenten bevölkern die belebten Innenstadtstraßen von Cagayan de Oro. Wer über 18 ist und hier entlangbummelt, kommt sich eventuell hoffnungslos altmodisch vor. Übrigens: Das „Oro" im Namen bezieht sich auf das Gold, das die Spanier einst im hiesigen Fluss fanden.

Ein Hauptmotor der örtlichen Wirtschaft ist die Ananas-Verarbeitungsfabrik Del Monte nördlich der Stadt. Auch Nestlé und Pepsi unterhalten vor Ort ihre philippinischen Firmensitze. Cagayan ist beliebt bei koreanischen Reisenden, die das relativ kühle Klima, die angebotenen Englischkurse und die Möglichkeiten zum Golfspielen schätzen. Außerdem dient die Stadt als Ausgangspunkt von Aktivitäten wie Rafting, Wandern, Klettern oder Höhlenwandern.

👁 Sehenswertes & Aktivitäten

Museum of Three Cultures MUSEUM
(Corrales St; Eintritt 100 P; ⊙ Mo–Fr 9–12 & 14–18, Sa 9–12 Uhr) In drei Galerien ist hier ein interessanter Mix aus Fotos, Keramiken, Kunst und Artefakten ausgestellt. Zu sehen sind z. B. mehrere riesige M'ranao-Zeremonienschwerter und ein *pangao*-Himmelbett in Originalgröße, das einst die ganze Familie des Sultans auf einmal aufnehmen sollte. Das Museum befindet sich in einem Unterrichtsgebäude der Capitol University. Ein kurzer Fußmarsch ab der Gaisano Mall nördlich vom Zentrum führt hierher.

Viajero Outdoor Centre OUTDOOR-ABENTEUER
(☏ 0917 708 1568, 088-857 1799; www.viajerocdo.com; 137 Hayes St, Cagayan de Oro) Zu den Zentren der örtlichen Outdoor-Abenteuerszene gehört dieser Laden unter der Leitung eines Ehepaars (Eric und Reina Bontuyan). Organisationshilfe, Kurse und Guides für Kletter-, Berg- oder Höhlenwanderer gibt's hier jeweils aus einer Hand.

🛏 Schlafen

Nature's Pensionne HOTEL $
(☏ 088-857 2274; T Chavez St; Zi. 750–1250 P; ❄) Dieses professionell geführte Hotel liegt nur ein paar Blocks von Divisoria entfernt. Die Zimmer im „Business-Class"-Flügel punk-

Cagayan de Oro

Cagayan de Oro

Aktivitäten, Kurse & Touren
1 1st Rafting Adventure C3
2 CDO Bugsay River Rafting C4
3 Viajero Outdoor Centre D4

Schlafen
4 Grand City Hotel C3
5 Nature's Pensionne C3
6 Victoria Suites B2
7 VIP Hotel C2

Transport
Philippine Airlines .... (siehe 6)

ten mit hellem Holz, modernen Bädern und hochwertigen Flachbild-TVs. Die Quartiere im älteren Gebäudeteil haben dünne Holzwände. WLAN gibt's in der Lobby des angeschlossenen **Grand City Hotel** (082-857 2272; Apolinar Velez St; Zi. 1000–1280 P; ❄️📶).

Das Schwesterhotel wartet mit einer schickeren Lobby, einem Aufzug, Kunstholz-böden und großen Queensize-Betten auf. Ansonsten rechtfertigen seine Zimmer aber keinesfalls den Aufpreis.

Victoria Suites HOTEL $
(088-309 2222; www.victoriasuitesonline.com; Tirso Neri St; EZ/DZ inkl. Frühstück 650/850 P; ❄️📶) Das Hotel in zentraler Lage ist leicht an seiner Fassade zu erkennen, die von Markisen und zwei vierstöckigen Säulen im romanischen Stil geziert wird. Das Innere wirkt jedoch weniger prachtvoll und bestimmt nicht viktorianisch: Die spartanische Einrichtung erinnert an Privatzimmer in einem Krankenhaus. Nichtsdestotrotz gibt's hier Sicherheitsmaßnahmen, ein Café, eine hauseigene Masseuse und funkelnde Fliesenböden.

New Dawn Pensionne HOTEL $$
(088-857 1776; www.grandcityhotelscdo.com; Ecke Apolinar Velez St & Macahambus St; Zi. 1500 P; ❄️📶) Die zweckmäßig gestalteten Kom-

paktzimmer auf insgesamt sieben Stockwerken stehen meist im Zeichen von Weiß und Grün. Zu den Malls Ayala Centro und Gaisano ist es jeweils nur ein kurzer Fußmarsch.

Mallberry Suites   HOTEL $$
(☏ 088-854 1999; www.mallberrysuites.com; Florentino St; Zi. 2000–2900 P; ✳ ❄) Dieses passend benannte Businesshotel mit sieben Stockwerken steht nur einen kurzen Fußmarsch vom Limketkai Complex entfernt. Mehrere Restaurants und eine Bar peppen die geschäftsmäßige Atmosphäre etwas auf. Die schlichten und gewöhnlichen Zimmer verbreiten jedoch keinerlei Wärme.

VIP Hotel   HOTEL $$
(☏ 088-856 2505; www.thevihotel.com.ph; Ecke Apolinar Velez St & JR Borja St; Zi. inkl. Frühstück 1950–2800 P; ✳ ✺) Das sechsstöckige Hotel in zentraler Lage vermietet etwas ungemütliche Zimmer, deren zusammengewürfeltes Mobiliar mal ausgetauscht werden sollte. Allerdings hat es professionelles Personal und eine einladende Lobby mit Restaurant.

Maxandrea Hotel   HOTEL $$
(☏ 088-857 2244; www.maxandrea.com; Ecke JR Borja St & Aguinaldo St; Zi. 2100 P; ✳ ✺) Dieses achtstöckige Businesshotel steht auf halbem Weg zwischen Divisoria und Limketkai. Der Service lässt mitunter zu wünschen übrig; zudem sollten Gäste unbedingt ein Zimmer mit Fenster und Tageslicht nehmen.

Limketkai Luxe Hotel   HOTEL $$$
(☏ 088-880 0000; www.limketkailuxe.com; Limketkai Ave, Limketkai Centre; Zi. 5000–6500 P; ✳ ✺ ❄) Erinnert irgendwie an einen Fisch auf dem Trockenen: Das mächtige Gebäude wurde erst vor relativ kurzer Zeit eröffnet. Mit seinen glamourösen, goldfarbenen Fenstern wirkt es wie ein Trump-Kasino. Die Zimmer mit ein paar Boutique-Elementen entsprechen dem internationalen Business-Standard. Ein hübscher Freiluftpool ist ebenfalls vorhanden. Aber der Service kann da bislang nicht ganz mithalten.

Essen

Die **Rosario Arcade** liegt ein paar Kilometer nordöstlich der Divisoria (Golden Friendship Park). Als eines der örtlichen Gastro- und Unterhaltungszentren befindet sie sich direkt vor dem Limketkai Complex. Cagayans zweites großes Zentrum dieser Art ist die **Ayala Centro Mall** (Claro M Recto Ave) gegenüber der älteren Gaisano Mall. Neben dem Spitzenklassehotel Seda beherbergt sie auch viele Restaurants und Cafés, die Essen aus aller Welt servieren – darunter thailändische (Siam Thai Cuisine), japanische (Ramen Tei) und mediterrane Gerichte (La Vetta). Zum Limketkai Complex geht's über die fußgängerunfreundliche Sergio Osmena St, die von Autowerkstätten gesäumt ist.

Das einstmals beliebte Night Café am Wochenende (im Grunde ein abendlicher Imbissmarkt auf dem Gelände der Divisoria) wurde vom neuen Bürgermeister wegen Problemen mit dem Verkehrsfluss geschlossen. Dafür findet nun allabendlich eine Miniaturversion entlang der Apolinar Velez St gleich südlich der Divisoria statt. Straßenhändler verkaufen dort z. B. *isaw* (Hühnerinnereien; 5 P/Spieß) oder potenziell unappetitliches *proven* bzw. *proben* (frittierter Mix aus diversen Hühnerinnereien). Angeboten wird auch die regionale Spezialität *kinilaw*, die ihr Aroma von der einheimischen Frucht *tabon tabon* aus dem Norden Mindanaos erhält. Cagayans Feinschmeckern zufolge ist das hiesige *lechon baboy* (Spanferkel) mit einer Füllung aus Zitronengras und anderen Kräutern bzw. Gewürzen das leckerste auf Mindanao.

Das frischeste Seafood servieren das **Panagatan** (Opol; Hauptgerichte 200 P) und das **Seablings** (Opol; Hauptgerichte 200 P; ⊙ 6.30–22.30 Uhr). Auf Stelzen stehen die beiden Lokale rund 10 km westlich der Stadt am Highway nach Iligan über dem Wasser.

Marcky's Grill   PHILIPPINISCH $
(Apolinar Velez St; Hauptgerichte 120 P; ⊙ 24 Std.) Nicht gerade die einladendste Adresse für Speisen unter freiem Himmel: Hier verpesten Auspuffgase von Jeepneys die Luft. Dennoch sind die wackeligen Stühle oberhalb der Straße prima zum Leutebeobachten. Auf der Karte stehen die üblichen Varianten von *pansit* und Gegrilltes wie Rippenstücke (240 P).

Lokal Grill   PHILIPPINISCH, SEAFOOD $$
(Corrales Ave; Hauptgerichte 120–300 P; ⊙ 12–2 Uhr) Neben philippinischen Klassikern mit Fleisch und Nudeln serviert das Lokal auch seine eigene Version von *pinakbet*. Für dieses Ilocano-Gericht wird ein Gemüsemix in Fischsauce gegart und dann mit frittiertem Tintenfisch kombiniert. Unter den anderen Spezialitäten sind gegrilltes Bauchfilet vom Thunfisch, *sisig* vom Krokodil und individuell zubereitetes Seafood (Preis nach Gewicht).

Thai Me Up   THAI $$
(☏ 088-310 8424; Capistrano St zw. Mabini St & Montalban St; Hauptgerichte 150–280 P; ⊙ 11–22

Uhr) Das Thai Me Up gehört zu den wenigen freistehenden Restaurants in Laufentfernung zu den Innenstadthotels. Die Lage in einem verwilderten Garten und der Essbereich im Freien sind mindestens genauso reizvoll wie die thailändischen Gerichte im philippinischen Stil. Jeden Mittwoch und Freitag wird ein All-You-Can-Eat-Buffet (300 P) serviert. In der Ayala Centro Mall befindet sich eine gewöhnlich aussehende Filiale.

❶ Praktische Informationen

Alle großen Banken unterhalten hier Filialen mit Geldautomaten (z. B. entlang der Divisoria oder der Apolinar Velez St). Im Limketkai Complex gibt's eine Citibank.

In den Blocks südlich der Divisoria versteckt sich über ein Dutzend Internetcafés (u. a. an der Hayes St zwischen Apolinar Velez St und Corrales Ave).

Bureau of Immigration (BOI; ☎ 088-272 6517; Zi. 205, BPI Bldg, Sergio Osmeña St; ⊙ Mo–Fr 8–17 Uhr) Verlängert Visa.

City Tourism Office (☎ 088-857 3165; Divisoria Park & Apolinar Velez St; ⊙ Mo–Fr 8–17 Uhr) Verteilt Flyer für Hotels und Verkehrsmittel; das Personal spricht nur wenig Englisch.

Department of Tourism (DOT; ☎ 088-856 4048; dotr10_nmy@ahoo.com; Gregorio Pelaez Sports Center, Apolinar Velez St; ⊙ Mo–Fr 8.30–17.30 Uhr) Großes Büro mit engagiertem, aber teilweise etwas planlosem Personal; führt auf Wunsch Anrufe durch, um die genauen Abfahrzeiten von Verkehrsmitteln zu bestätigen.

❶ An- & Weiterreise

BUS

Verbindungen in Richtung Osten und Süden starten am Integrated Bus Terminal beim Obst- und Gemüsegroßmarkt Agora. Klimatisierte Busse fahren nur bis zum frühen Abend. Um Boote nach Camiguin zu erreichen, nimmt man einen beliebigen Bus Richtung Balingoan im Osten. Wer ab Surigao nach Siargao schippern will, muss unterwegs in Butuan zu einem anderen Bus umsteigen. Ein paar Kilometer nordwestlich vom Stadtzentrum brechen Busse in Richtung Westen an einem Terminal im *barangay* Bulua auf. Los geht's im Allgemeinen alle 30 bis 60 Minuten.

ZIEL	PREIS (P)	DAUER (STD.)
Balingoan	148	1¾
Butuan	350	4¼
Davao	600	6
Iligan	145	2

FLUGZEUG

Cebu Pacific (☎ 088-856 3936; Ecke Rizal St & Hayes St) und **Philippine Airlines** (☎ 088-857 2295; Tirso Neri St) verbinden Manila mehrmals täglich mit Cagayan (1½ Std.). **Tigerair** (☎ in Manila 02-798 4499; www.tigerair.com/ph) bedient diese Route einmal pro Tag. Cebu Pacific fliegt außerdem täglich nach Cebu (45 Min.) und Davao (1 Std.). Alle Flüge starten nun auf dem Laguindingan International Airport, der 30 km westlich von Cagayan und 55 km östlich von Iligan liegt.

SCHIFF/FÄHRE

Zum Macabalan-Pier fahren Jeepneys und Taxis (ca. 70 P).

2GO (☎ 088-854 7000; www.travel.2go.com.ph) bedient folgende Ziele: Manila (2100–3400 P, 35 Std., 6-mal wöchentl.), Cebu City (925 P, 10 Std., Di, Mi & Fr), Iloilo (Panay; 1800 P, 14 Std., Sa 23 Uhr) und Dumaguete (Negros; 1000 P, Sa 24 Uhr). Trans Asia schippert nach Tagbilaran (Bohol; 750 P, 10 Std., Di, Do & Sa 19 Uhr), Lite Shipping nach Jagna (Bohol; ab 600 P, 7 Std., 4-mal wöchentl.).

TAXI

Taxis nach Balingoan (2500 P) oder Iligan (2000 P) sind für drei- bis vierköpfige Gruppen recht erschwinglich.

❶ Unterwegs vor Ort

Taxis verkehren zwischen Flughafen und Stadtzentrum (500 P, 30–45 Min.). Eine weitere praktische Option ist die Firma **LAX Shuttle** (☎ 0917 710 1529; ab Stadtzentrum/Flughafen 199/150 P), deren Minivans stündlich an der Ayala Centro Mall (Eingang an der Capt V Roa St) abfahren.

Vor der Nature's Pensionne rollen Jeepneys vorbei, die den Pier, den Limketkai Complex, Cugman (Tor zum Malasag Eco-Tourism Village) und viele weitere Ziele ansteuern.

Für mindestens zweiköpfige Gruppen sind Leihwagen eine praktische und günstige Sache. **Avis** (☎ 088-857 1492; www.avis.com.ph; RT DeLeon Plaza, Ecke Yacapin St & Apolinar Velez St) unterhält eine Vertretung in der Stadt und gestattet die Fahrzeugrückgabe in Davao. Der durchschnittliche Tagestarif liegt bei ca. 2700 P ohne Benzin. Autos und Vans mit Fahrer können ebenfalls gemietet werden.

Rund um Cagayan de Oro

Cagayan bietet Zugang zu vielen Outdoor-Abenteuern – beispielsweise zu den Raftingmöglichkeiten, die nur eine Fahrstunde weiter südlich in der Provinz Bukidnon warten.

🔍 Sehenswertes & Aktivitäten

Malasag Eco-Tourism Village — DORF
(✆088-855 6183; Eintritt 30 P) Das Malasag Eco-Tourism Village ist eine Art Themenpark inmitten großer botanischer Gärten. Zu sehen gibt's hier u. a. Hirsche sowie ein paar Schmetterlings- und Vogelarten. Hinzu kommen Stammeshäuser, ein Museum, ein Infozentrum, Zeltstellplätze, Hütten (ab 500 P), ein Pool (Benutzung 50 P) und ein nettes Restaurant. Um das Dorf zu erreichen, ein Jeepney nach Cugman nehmen, in Malasag aussteigen und dann per Motorrad das letzte Stück bergauf fahren (25 P). Eine Alternative sind Taxis (einfache Strecke ca. 150 P).

Rafting — RAFTING
Der Standard-Reftingtrip (700–900 P, 3 Std.) führt durch insgesamt 14 Stromschnellen der Grade II bis III. Die längere Alternative umfasst auch mehrere Stellen des Grades IV (1000–1500 P, Mittagessen vom Grill zzgl. 200 P, 6 Std.). Auf dem Großteil der Strecke gleitet man durch eine ländliche Idylle, während dynamische Guides und aufgeregte Neulinge den Spaßfaktor erhöhen. Zu den insgesamt sechs offiziell zugelassenen Anbietern gehören die renommierten Firmen **1st Rafting Adventure** (✆88-856-3514; www.raftingadventurephilippines.com; 86 Jongko Bldg, Tiano Hayes St) und **CDO Bugsay River Rafting** (✆88-850 1580; cdobugsayrafting@yahoo.com; Ecke Apolinar Velez St & San Agustin St).

Die Raftingbedingungen sind ganzjährig gut. Während der Trockenzeit (Jan.–Mai) sind das Wasser klarer und die Touren technisch anspruchsvoller. Im Juni und Juli fließt das Wasser schneller, ist aber braun und schlammig.

Makahambus Adventure Park — ABENTEUERPARK
(✆0916 234 6776; Himmelsbrücke, Seilrutsche & Abseilen 500 P; ⊙8–17 Uhr) Dieser Park liegt auf dem Weg zum Fluss und wird daher von vielen Rafting-Tourteilnehmern besucht (oft auch Teil von kombinierten Pauschalangeboten). Hier warten eine Seilrutsche, Abseilstationen und eine 37 m lange „Himmelsbrücke", deren Seile in 40 m Höhe über dem Dschungel verlaufen.

Die **Makahambus-Höhle** direkt vor dem Park diente philippinischen Soldaten und deren Familien während des Philippinisch-Amerikanischen Kriegs als Zufluchtsort. Oberhalb des Flusses befindet sich eine Aussichtsterrasse, während Stufen hinunter zum Boden der Schlucht führen.

Mapawa Adventure Park — ABENTEUERPARK
(www.mapawa.com; Eintritt 50 P; ⊙Di–Fr 9–17, Sa & So 7.30–17 Uhr) Ein paar Kilometer außerhalb von Malasag liegt dieser Naturpark mit einer Seilrutsche, einer natürlichen Wasserrutsche und diversen Naturpools. Pauschalpakete mit Canyoning kosten 1000 P.

Del Monte — PLANTAGE
(✆088-855 5976; ⊙Sa 8–13 Uhr) Welches Lieblingsobst man auch immer haben mag: Der Anblick von Ananas bis zum Horizont ist ziemlich surreal. Die Ananasplantagen (insgesamt 95 km²) erstrecken sich ca. 35 km nordöstlich von Cagayan auf dem Bukidnon-Plateau. Direkt daneben liegt Camp Phillips, in das General Douglas MacArthur 1942 nach der Schlacht um Corregidor flüchtete. Jeepneys fahren zum Camp; hinter dem Gebäudekomplex, einem Clubhaus und einem Golfplatz beginnen die eigentlichen Plantagen (inzwischen nicht mehr öffentlich zugänglich).

Del Monte veranstaltet Gratisführungen durch die firmeneigene Ananas-Verarbeitungsfabrik in Bugo, das ca. 15 km östlich von Cagayan liegt. Diese Touren müssen im Voraus über Ronald Badayos (badayosre@delmonte-phil.com) gebucht werden.

Iligan
✆063 / 322 800 EW.

Iligan wird als „Stadt der herrlichen Wasserfälle" beworben. Neuankömmlinge schauen hier jedoch unweigerlich zuerst auf ein weitläufiges Industriegebiet mit zahllosen Zementwerken und Lebensmittelfabriken. Oberhalb der Stadt liegt der Lake Lanao, dessen Wasserkraftwerk rund 95 % von Mindanaos Strombedarf deckt. Auch deshalb ist Iligan stärker entwickelt als seine Nachbarn. Trotzdem hat es sich jede Menge Charme bewahrt. Idealerweise kommt man während der örtlichen Fiesta (Ende Sept.) hierher.

🔍 Sehenswertes & Aktivitäten

Pat Noel vom **Iligan Tourism Office** (✆0919 320 9944; www.iligancitytourism.com) liefert Reiseinfos und fungiert auch als Guide.

Tinago Falls — WASSERFALL
(Eintritt 10 P) Iligans spektakulärste Wasserfälle verstecken sich tief im Inneren eines Berges. Besucher können direkt am Anfang der sehr steil abwärts führenden Zugangstreppe (365 Stufen) parken. Während der Regenzeit donnert das Wasser laut und wild

über die Kaskade. An deren Fuß kann man jedoch ganzjährig in einem Naturbecken baden (Schwimmwesten werden gestellt). Obendrein fährt sogar eine grob zusammengezimmerte Bambusversion einer von den Niagare-Fällen her bekannten *Maid of the Mist* direkt durch die Gischt.

President Gloria Macapagal-Arroyo's Childhood Summer Home   GEBÄUDE
Dieses Haus steht direkt vor den Timoga Springs am Haupthighway. Interessant ist es aber wohl nur für echte Politikfans. Am interessantesten sind wahrscheinlich die Familienfotos, die Macapagal-Arroyos Entwicklung vom Kind zur temperamentvollen Erwachsenen dokumentieren. Ein großes Gemälde zeigt die frühere Präsidentin auf der Seite liegend in einem aufreizenden Kleid.

Maria Cristina Falls   WASSERFALL
(Eintritt 30 P) Diese Doppelfälle wurden für die Stromerzeugung gezähmt. Besucher können aber trotzdem einen Aussichtsturm mit tollem Ausblick erklimmen. Hinzu kommen eine kleine Seilrutsche, ein Restaurant und ein Krokodilpark am Fuß der Kaskade.

Timoga Springs   QUELLE
Diese ungemein kalten Quellen versprechen Erfrischung an heißen Tagen. Die ausgebauten Naturbecken sind von vielen Imbissständen umgeben.

Schlafen & Essen

Iligans Spezialität ist das Gericht *pinakurat* mit Hackfleisch vom Wildschwein (darf auf Mindanao nur in muslimischen Gebieten bejagt werden).

Rene's Diner & Pension House   HOTEL $
(063-223 8441; Roxas Ave Extension; Zi. mit Ventilator/Klimaanlage 350/480 P; ❄︎🛜) Ein paar Minuten westlich vom Zentrum steht das Rene's direkt an der Hauptstraße und ist aufgrund seiner Lage die praktischste Option zum Übernachten. Die geräumigen Zimmer sind aber in recht schlechtem Zustand.

Corporate Inn Boutique Hotel   HOTEL $
(063-221 4456; corpor8inn@yahoo.com; 5 Sparrow St, Isabel Village; EZ/DZ inkl. Frühstück ab 750/1050 P; ❄︎🛜) Ruhiger, aber etwas weiter vom Schuss: Das Corporate Inn ist freundlicher, als sein unglücklich gewählter Name vermuten lassen könnte. Dies gilt vor allem für den Sitzbereich im Freien. In Laufentfernung finden Gäste ein paar Restaurants.

Cheradel Suites   HOTEL $$
(Handy 0917 459 6773; Jeffery Rd; Zi. inkl. Frühstück ab 1290 P; ❄︎🛜) Iligans leicht kitschige Spitzenklasseoption steht ca. fünf Minuten östlich der Innenstadt in der Nähe von Post und Landbank.

Gloria's Ihaw Ihaw   PHILIPPINISCH $
(Hauptgerichte 100 P) Gegenüber der Timoga Springs gibt's hier leckeres *kinilaw*, Grillfisch und -hähnchen direkt am Wasser.

Camiguin
088 / 83800 EW.

Das relativ unverschandelte Camiguin (Kah-mih-*gihn*) hat eine ideale Größe für Erkundungen. Seine markant-imposante Silhouette würde direkt neben Hawaii oder Maui keinesfalls deplatziert wirken. Mit über 20 Schlackekegeln, die mehr als 100 m hoch sind, hat Camiguin mehr Vulkane pro Quadratkilometer als jede andere Insel der Welt. Bislang ist es vom Massentourismus verschont geblieben und gehört daher zu den ruhigeren Eilanden der Region. Zum Teil liegt dies an der 10 km breiten Gingoog Bay, die Camiguin vom Festland trennt. Andererseits betrachten viele Besucher dieses kleine Juwel als eine Art Privatinsel und hüten daher Neuigkeiten zu dessen Schätzen wie Geheimnisse. Vor Ort gibt's z. B. Wasserfälle und heiße oder kalte Quellen. Hinzu kommen die üblichen Möglichkeiten zum Tauchen, Schnorcheln und Abhängen an Stränden. Letztere haben hier stets braunen Sand (nur die draußen im Meer nicht). Obendrein können sich masochistisch veranlagte Ausdauerathleten an allen erdenklichen Aktivitäten wie Dschungelwandern, Vulkanklettern oder Abseilen erfreuen.

Rund 30 Fahrtminuten vom Hafen bei Benoni entfernt liegt Camiguins Hauptstadt Mambajao (Mah-bau-ha) mit Läden, Regierungsgebäuden, einem Markt und ein paar Unterkünften. Die meisten Touristen übernachten jedoch näher zu den nördlichen Stränden. In Sachen Umweltschutz ist Mambajao recht fortschrittlich: Hiesige Läden dürfen keine Plastiktüten ausgeben.

Sehenswertes & Aktivitäten

Das Meer rund um Camiguin eignet sich prima zum **Tauchen** – insbesondere für Anfänger, die im flachen Wasser ein paar interessante Felsformationen bewundern können. Diese entstanden einst durch Lavaströme bei früheren Ausbrüchen des Hibok-Hibok.

Camiguin

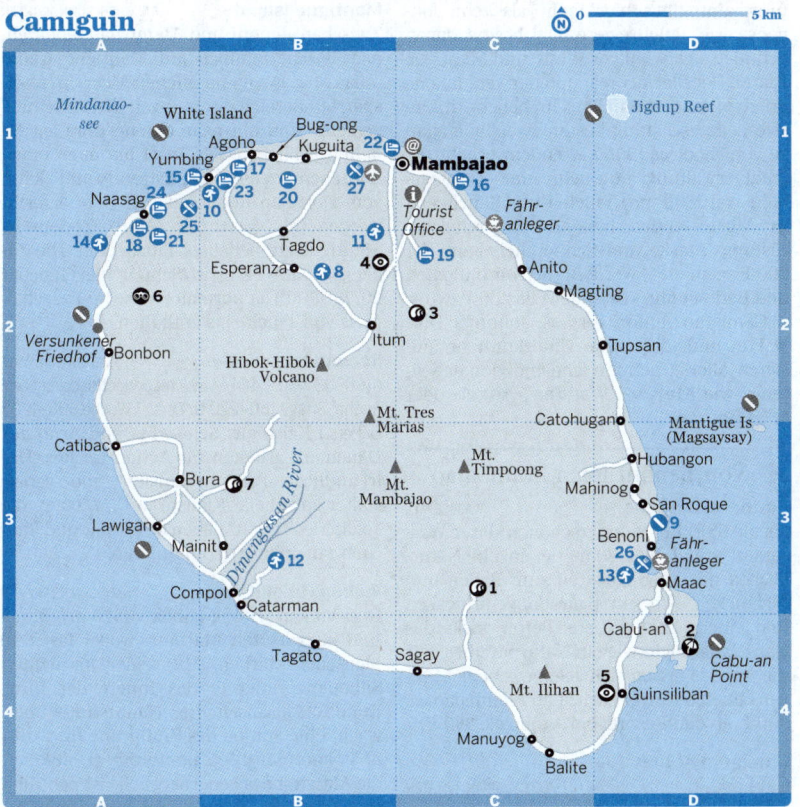

Camiguin

◎ Sehenswertes
1 Binangawan Falls C3
2 Cantaan Kabila White Beach Giant
   Clam Sanctuary D4
3 Katibawasan Falls C2
4 Philippine Institute of Volcanology
   & Seismology (Philvolcs)
   Station B2
5 Spanish Watchtower D4
6 Stations of the Cross A2
7 Tuwasan Falls B3

⊕ Aktivitäten, Kurse & Touren
8 Ardent Hot Springs B2
   Camiguin Action Geckos .... (siehe 17)
9 Dive Special D3
10 Johnny's Dive N' Fun B1
11 Saii Springs B2
12 Santo Niño Cold Spring B3
13 Taguines Lagoon D3
14 Tangub Hot Spring A2

⊟ Schlafen
15 Agohay Villa Forte Beach Resort A1
16 Bahay-Bakasyunan sa Camiguin C1
17 Camiguin Action Geckos Resort B1
18 Casa Roca Inn A1
19 Enigmata Treehouse Ecolodge C2
20 Nypa Style Resort B1
21 Puesta del Sol A2
22 Sector 9 Hotel & Bar B1
23 SomeWhere Else Boutique Resort B1
24 Volcan Beach Eco Retreat & Dive
   Resort A1

⊗ Essen
25 Checkpoint A1
26 J&A Fishpen D3
27 La Dolce Vita B1
   Luna Ristorante .... (siehe 25)
   Vjandeap Bakery .... (siehe 22)

Insgesamt gibt's hier mehr als zehn lohnenswerte Tauchreviere. Die besten davon befinden sich wohl vor White und Mantigue Island. Der Black Forest und der Versunkene Friedhof sind ebenfalls sehr beliebt. Inklusive Leihausrüstung kosten zwei Tauchgänge vom Boot ca. 3000 P. Zudem erhebt die Stadtverwaltung nunmehr eine Zusatzgebühr von 150 P pro Taucher und Tauchgang in Meeresschutzgebieten. Schnorchelausrüstung (Maske und Schnorchel) kann für 200 P gemietet werden; Schwimmflossen und Badeschuhe kosten jeweils 200 P extra.

Camiguin Action Geckos, Johnny's Dive N Fun und die eigene Unterkunft organisieren allerlei actionreiche Individualabenteuer wie **Kletter-**, **Wander-**, **Angel-** oder **MTB-Touren**.

◉ Von Benoni nach Mambajao

Katibawasan Falls WASSERFALL
(Eintritt 35 P) Ein wunderschöner klarer Wasserlauf stürzt hier 70 m tief in ein Naturbecken mit Möglichkeiten zum Baden und Picknicken. Mit ein paar Souvenirkiosken und einem Laufsteg aus Beton wirkt das Ganze aber nicht wie ein Naturparadies. Für die Anreise lassen sich Jeepneys oder Minivans mieten (hin & zurück ab Mambajao ca. 300 P, ab den Resorts bei Agoho ca. 350 P).

Camiguin Action Geckos OUTDOOR-AKTIVITÄTEN
(☏ 088-387 9146; www.camiguinaction.com; Agoho) Höchst empfehlenswerte Firma mit Rundumservice, die im gleichnamigen Resort ansässig ist. PADI-Freiwasserkurse kosten hier 19 000 P.

Johnny's Dive N' Fun OUTDOOR-AKTIVITÄTEN
(☏ 088-387 9588; www.johnnysdive.com) Ist im Caves Dive Resort (Agoho) und Paras Beach Resort (Yumbing) vertreten; bietet auch Canyoning-Touren an.

Dive Special TAUCHEN
(☏ 0905 858 9992; www.dive-special.com; Mahinog) Neu eröffneter Tauchshop, der zu einer Firma mit Sitz in Cagayan de Oro gehört.

Apnoetauchen TAUCHEN
(www.freediving-philippines.com; Agoho) Wolfgang Dafert ist ein erfahrener Apnoe-Tauchlehrer. Jeden Mai arbeitet er für Camiguin Action Geckos, wenn ein paar Wochen lang ruhiges Wasser garantiert werden kann. Zu anderen Zeiten lassen sich eventuell individuell zugeschnittene Gruppenkurse arrangieren.

Mantigue Island TAUCHEN, SCHNORCHELN
Zwischen Benoni und Mambajao leben ein paar Fischerfamilien auf Mantigue Island (alias Magsaysay) im offenen Meer. Im abgesperrten Bereich des hiesigen Meeresschutzgebietes sind ein paar schöne Korallen erhalten geblieben. Die Insel hat auch einen hübschen weißen Sandstrand und kann vom Dorf San Roque aus per Boot erreicht werden (hin & zurück 550 P). Zudem ist Mantigue ein beliebtes Tauchrevier. Die Zugangsgebühr (Eintritt/Schnorchler/Taucher 20/75/120 P) ist normalerweise im Pauschalpreis von Tauchtrips enthalten.

Reconnect Discover MEDITATION, YOGA
(☏ 0908 430 8444; www.reconnectdiscover.com; Agoho; 3 Tage 160–220 €/Pers., 1 Woche 800–1200 €/Pers.) Kaisa aus Schweden und Arno aus Dänemark arbeiten für Action Geckos. Das freundliche Paar organisiert und veranstaltet spirituelle Klausuren (3–7 Tage), die Yoga, Meditation, Lebensberatung und Tauchen miteinander kombinieren.

Vulkan Hibok-Hibok WANDERN & TREKKEN
Der Vulkan Hibok-Hibok (1320 m) brach 1951 zum letzten Mal aus, wobei fast 600 Menschen starben. Mit seiner markanten Silhouette prägt er das Innere der Insel. Rund 525 m abseits der Hauptstraße überwacht eine Station des **Philippine Institute of Volcanology & Seismology (Philvolcs)** die Aktivität des Feuerbergs. Sie ist per Mietmotorrad oder -van erreichbar und zeigt neben langweiligem Equipment auch Erinnerungsstücke an frühere Ausbrüche. Gleich dahinter ist ein kleiner Laden mit Café.

Der Aufstieg am Vulkan (3–4 Std.) ist steil, felsig und anstrengend. Er kann nur bei trockenem Wetter unternommen werden und eignet sich nur für ausreichend trainierte Personen (der spätere Abstieg dauert fast genauso lange). An klaren Tagen schaut man vom Gipfel auf Bohol, Cebu und Negros. Die meisten Resorts vermitteln Guides (1500 P/Pers., zzgl. 500 P Zugang und 200 P Umweltgebühr). Der Start sollte möglichst in der Morgendämmerung erfolgen. Beim Pauschalpaket mit Action Geckos (2400 P inkl. Guide, Shuttles, Mittagessen, Trinkwasser und Zugangsgebühr) wandern die Teilnehmer an den Ardent Hot Springs los.

Ardent Hot Springs THERMALQUELLE
(Eintritt 30 P; ⊙ 6–22 Uhr) Wenn die Lufttemperatur spätnachmittags gesunken ist, empfehlen sich diese Thermalquellen mit lauwarmem bis heißem Wasser. Mittwochs

wird das große Becken zur Reinigung abgelassen und braucht dann fast den ganzen Tag, um wieder voll zu werden. Das Gelände liegt in grüner, aber bebauter Umgebung und ist am Wochenende sehr stark besucht.

Saii Springs QUELLE
GRATIS Von der Kirche in Mambajao aus sind es landeinwärts um die 4 km (die letzten 1000 m geht's zu Fuß) bis zu diesem Betonbecken mit kaltem Quellwasser.

Taguines Lagoon LAGUNE
Die künstliche Taguines Lagoon gleich südlich von Benoni wird vor allem zur Fischzucht genutzt. Wer sich für die darüber hinwegführende **Seilrutsche** (Handy 0915 896 6585; 400 P; 6–20 Uhr) interessiert, schaut beim J&A Fishpen Restaurant vorbei.

⊙ Die Nordküste bis Guinsiliban

Von den nördlichen Stränden sind **Kuguita**, **Bug-ong**, **Agoho** und **Yumbing** am stärksten erschlossen. Zudem gibt es dort die meisten Unterkünfte. Die Erosion lässt jedoch weiterhin einen großen Teil des eigentlichen Strands zwischen Agoho und Yumbing im Meer verschwinden. So wurden bereits mehrere Strandmauern errichtet, um Anwesen am Ufer zu schützen. Noch vorhandene Strandabschnitte sind dunkel und grobkörnig – ein Ergebnis der vulkanischen Aktivität auf der Insel.

Cantaan Kabila White Beach
Giant Clam Sanctuary STRAND
Auf halbem Weg zwischen Benoni und Guinsiliban erstreckt sich dieser kleine Strand mit weißem Sand im *barangay* Cantaan. Riesenmuscheln und ein paar der besterhaltenen Korallen im Umkreis von Camuguin leben direkt davor im Flachwasser. Die Taifune Sendong (2011) und Pablo (2012) haben das Gebiet jedoch schwer geschädigt – der Riesenmuschelbestand erholt sich seitdem immer noch. Die Eigentümerfamilie verlangt Eintritt (50 P) und eine Umweltgebühr (25 P). Zudem stellt sie Guides (150 P) und verleiht Schnochelausrüstung (Maske & Schnorchel 250 P). Wer seine eigenen Sachen mitbringt, muss ein „Gebühr" bezahlen – so kann man eigentlich gleich auf das Mietequipment zurückgreifen.

White Island STRAND
(Zugang 20 P) Die unbewohnte White Island (Medano Island) ist eine unberührte weiße Sandbank, die ein paar Hundert Meter vor der Küste im offenen Meer liegt. Dorthin geht's mit Booten (500 P, max. 6 Pers.), die inzwischen nur noch an einer Stelle nahe dem Paras Beach Resort in Yumbing starten. Achtung: Die oft brutale Sonneneinstrahlung ist nur am frühen Morgen schwächer! Aufgrund eines stetigen Kampfes gegen Gezeiten, Erosion und gelegentlichen Sanddiebstahls verändert sich die Form der Insel ständig.

Binangawan Falls WASSERFALL
Camiguins kleinste Wasserfälle (ca. 15 m) sind am schwersten erreichbar und sollten nur mit einem Guide besucht werden. Dies lässt sich über die Touristeninformation oder die eigene Unterkunft arrangieren (1500 P). Die Abzweigung beginnt gleich hinter dem Dorf Sagay. Nach etwa 7 km endet die bergauf führende Straße. Dann folgen noch ein paar weitere Kilometer entlang einer steilen, felsigen Wanderroute. Da diese kein richtiger Pfad ist, müssen Wasserfallbesucher viel laufen und sich den Weg durchs Gestrüpp oft per Machete freischlagen.

Tuwasan Falls WASSERFALL
Unberührt donnerten diese Wasserfälle früher hinunter in eine felsige Schlucht. Inzwischen wurden sie jedoch von einer darüber hinwegführenden Bergstraße verschandelt. Diese ist Teil einer Strecke, die in Zukunft komplett asphaltiert über die ganze Insel führen soll. Auf dem Weg zu den Fällen passiert man das Kaltwasserbecken in **Bura**.

Stations of the Cross AUSSICHTSPUNKT
Kurz vor Bonbon erhebt sich der Vulkan Old Camiguin, dessen Hänge in einen steilen und schönen Kreuzweg verwandelt wurden. Am unteren Ende der Stufen stehen ein paar Souvenirstände, während ganz oben eine tolle Aussicht wartet.

Versunkener Friedhof WAHRZEICHEN
Zwischen dem Berghang und Bonbon treibt ein Ponton mit einem großen weißen Kreuz in der Bucht. Er markiert die Lage des *Sunken Cemetery*, der 1871 nach einem Erdbeben im Meer versank und heute ein beliebter Tauch- bzw. Schnorchelspot ist.

Dasselbe Erdbeben zerstörte auch Bonbons **spanische Kirche** aus dem 17. Jh. Deren stille Ruinen mit provisorischem Altar im Inneren stehen bis heute; in unmittelbarer Nähe grasen Rinder.

Spanish Watchtower HISTORISCHE STÄTTE
Hinter der Grundschule an Guinsilibans Pier befinden sich die Überreste dieser jahr-

hundertealten Sehenswürdigkeit, die früher als Wachturm gegen Moro-Angriffe vom Festland diente. Vor Ort wird ein hübscher Schrein unterhalten.

Tangub Hot Spring QUELLE
Rund 12 km westlich von Mambajao liegt dieses unverbaute Naturbecken, dessen Wassertemperatur von den Gezeiten abhängt bzw. je nach aktueller Einspeisung zwischen warm und kalt wechselt. Das warme Wasser stammt aus einer Vulkanquelle unter dem Meeresboden.

Santo Niño Cold Spring QUELLE
(Eintritt 20 P; 24 Std.) Nahe Catarman liegt diese Quelle ein paar Kilometer abseits vom Highway am Ende einer befestigten Straße.

Feste & Events

Lanzones Festival KULTUR
Lanzones sind kleine gelbe Früchte, die wie ein Mix aus Zitrone und Litschi schmecken. Diese Delikatesse wird jedes Jahr um die dritte Oktoberwoche herum gefeiert – mit Umzügen, Historienspielen, Tanz und viel Essen.

Panaad RELIGIÖS
Beim Panaad in der Karwoche laufen Gläubige zum Zeichen der Buße und Frömmigkeit rund um die Insel (64 km). Die Route wird von Stationen des Kreuzwegs gesäumt. Die letzte davon ist „Tabo" am Ostersonntag in Mambajao.

Schlafen & Essen

In der Hauptsaison auf Camiguin (März–Mai) sollte man reservieren. Das Wetter ist dann natürlich heiß, aber beständig – was wiederum kaum Flugstornierungen und hervorragende Unterwassersicht bedeutet. Im regnerischen Januar und Februar verbringen hier viele Europäer ihren Winterurlaub. Über Weihnachten feiern die Einheimischen zusammen mit ihren im Ausland lebenden Angehörigen. Die Semesterferien gehen von Ende Oktober bis Anfang November.

Camiguins Fischer fangen vor allem Sardellen, Sardinen und verschiedene Fliegende Fische. Daher ist Seafood auf den hiesigen Speisekarten nicht so oft vertreten wie anderswo. Etwa von Ende April bis Ende Oktober ist aber frischer Thunfisch erhältlich.

Mambajao & Umgebung

In Mambajao gibt's ein paar einfache Restaurants, Lebensmittelläden und Marktstände.

★ Enigmata Treehouse Ecolodge HOSTEL $
(088-387 0273; www.camiguinecolodge.org; Balbagon; B/Suite 300/1050 P;) Dieser verrückt gestaltete Mix aus Lodge und Baumhaus kombiniert alternative Kunst mit einem alternativen Ökostil. Das ganze Haus ist mit Ästen von Bäumen, Flaschen und Textilien dekoriert. Privatsphäre rangiert hier natürlich nicht ganz oben. Dafür aber das Gemeinschaftsleben – vor allem, wenn eine Studentengruppe unter den Gästen weilt. Das Hostel ist an einer großen Tarzan-Statue im Stammesstil zu erkennen. Rund 2 km südöstlich von Mambajao steht es auf einem Hügel abseits der Hauptstraße. Am besten vorher anrufen.

Sector 9 Hotel & Bar HOTEL $
(früher Rooftop; 0918 589 8915; Ecke Neriz St & Rizal St, Mambajao; Zi. 500–1500 P;) Die sieben behaglichen Zimmer im dritten Stock punkten jeweils mit Holzfußböden, hohen Decken und viel Tageslicht. Das höhlenartige **Restaurant** (6–23 Uhr) im Erdgeschoss besteht komplett aus Beton und ist Mambajaos bestes Lokal. Es serviert Pizzas (250 P), Burger, Sandwiches und philippinische Standardgerichte (150 P). Ein Billardtisch ist ebenfalls vorhanden. Am Wochenende verwandelt sich der zweite Stock in eine Disco.

Bahay-Bakasyunan sa Camiguin RESORT $$$
(088-387 1057; www.bahaybakasyunan.com; Zi. inkl. Frühstück 3400–4900 P;) Im Schatten eines hohen Kokoshains erstreckt sich Camiguins nobelstes Resort zwischen Highway und Wasser. Stilvolle, moderne Nurdachhütten stehen hier gegenüber von älteren Bungalows aus Bambus. Dazwischen verläuft gepflegter Rasen bis hinunter zum Restaurant und dem Pool am Meer. Besonders empfehlenswert für Traveller, die in Stadtnähe wohnen wollen.

Vjandeap Bakery BÄCKEREI $
Verkauft die gebackenen Spezialitäten der Insel.

La Dolce Vita ITALIENISCH $$
(National Hwy; Hauptgerichte 250 P; 5–23 Uhr, Nachsaison Mo geschl.;) Diese Freiluft-Pizzeria liegt gegenüber vom Flughafen. Der italienische Inhaber und Küchenchef Allesandro serviert leckere Steinofenpizzas mit dünner Kruste, für die er ausschließlich hochwertige importierte Zutaten verwendet. Pasta und Cappuccino (10 P) sind ebenfalls sehr lecker.

J&A Fishpen
SEAFOOD $$

(Hauptgerichte 95–400 P) Die Meeresfrüchte des Restaurants (z. B. Milchfisch für 55 P/100 g) stammen aus den Zuchtgehegen in der direkt davor befindlichen Benoni Lagoon. Am Wochenende ist der Laden bei großen Gruppen sehr beliebt.

Nördliche Strände

★ Camiguin Action

Geckos Resort
RESORT $$

(☎ 088-387 9146; www.camiguin.ph; Agoho; EZ/DZ ohne Bad 700/900 P, Hütte 2000–2900 P; ❄ 🛜) So ein Resort mit „rustikaler Raffinesse" sollte es überall auf den Philippinen geben: Die perfekt konstruierten, geräumigen Hütten aus Hartholz kombinieren Veranden mit Vornehmheit und Geschmack. Etwas mehr fürs Geld bieten die kleinen, aber hübschen „Travellerzimmer" über dem Freiluftrestaurant. Zum Haus gehört außerdem ein Tauchshop mit Rundumservice.

Außer Tauchen werden hier noch alle möglichen anderen Outdoor-Aktivitäten organisiert. Und obendrein liegt das Ganze an einem der breitesten Strandabschnitte der ganzen Gegend.

Casa Roca Inn
GASTHOF $$

(☎ 088-387 9500; www.casarocacamiguin.com; Naasag; Zi. mit Gemeinschaftsbad 1000–1500 P; 🛜) Knorrige Äste stützen dieses zweistöckige Wohnhaus, das oberhalb donnernder Wellen auf einer Felszunge klebt. Allein schon der Sonnenuntergangsblick vom Mahagonibalkon des Zimmers auf der Seeseite rechtfertigt einen Aufenthalt. Die beiden anderen Quartiere überzeugen mit polierten Holzfußböden und viel Tageslicht. Das empfehlenswerte **Restaurant** (Hauptgerichte 200 P) und der Garten am Wasser eigenen sich prima zum Relaxen.

Volcan Beach Eco Retreat & Dive Resort
HÜTTEN $$

(☎ 088-387 9551; www.camiguinvolcanbeach.com; Naasag; Zi. mit Ventilator/Klimaanlage 1500/2500 P; ❄ 🛜) Das neue Resort unter deutscher Leitung hat einen Palmengarten mit diversen Hängematten. Der endet an einem felsigen Strand mit starker Brandung und wird auf beiden Seiten von gut konstruierten Hütten mit Schilfdächern flankiert. Jede davon wartet mit hohen Decken, Moskitonetzen und einem kleinen Privatbalkon auf. Zukünftig soll noch ein Tauchshop mit Rundumservice hinzukommen.

Nypa Style Resort
HÜTTEN $$

(☎ 0921 638 3709; www.nypastyleresort.jimdo.com; Bug-ong; Zi. inkl. Frühstück 1300–1900 P; 🛜) Dieses tadellos gepflegte Resort liegt 500 m vom Highway entfernt im Inneren der Insel. Seine Hütten in einem ruhigen Garten empfehlen sich für Traveller, die nicht unbedingt einen Meerblick brauchen. Jede der vier Bambus-Behausungen ist individuell gestaltet. Die italienischen Eigentümer brauen hervorragenden Espresso und servieren täglich ein anderes Festpreismenü (Reservierungen auch für reine Speisegäste möglich).

Vorhanden sind außerdem ein kleines, von einer Quelle gespeistes Tauchbecken aus Stein und eine separate Hütte für Massagen.

Agohay Villa Forte Beach Resort
HOTEL $$

(☎ 0927 805 1050; www.agohayvillaforte.com; Agoho; Zi. mit Ventilator/Klimaanlage 900/1700 P; ❄ 🛜 ≋) Neben zwei großen Zimmern für jeweils sechs Personen vermietet dieses Hotel auch ein kleineres Quartier. Das hat zwar ein übertriebenes Dekor, aber auch eine hübsche Freiluftdusche mit Felsen und Pflanzen. Das Management arbeitet nur gut, wenn die Eigentümer gerade selbst anwesend sind.

Puesta del Sol
HOTEL $$

(☎ 0906 606 6172; www.puestadelsolcamiguin.com; Yumbing; Zi. 2000 P; ❄ 🛜 ≋) Der ruhige Kleinkomplex besitzt ein winziges Tauchbecken und einen ebenso kleinen Privatstrand, der von mächtigen Betonmauern umgeben ist. Hinzu kommen ein kleines Restaurant und gerade mal drei moderne Hütten mit netten Bädern. Zum Zeitpunkt der Recherche wurde gerade ein Erweiterungsbau mit sechs Zimmern errichtet.

★ SomeWhere Else Boutique Resort
VILLEN $$$

(☎ 088-387 9550; www.somewherecamiguin.com; Agoho; Zi. 3800–4500 P; ❄ 🛜) Ein Stück hinter dem Strand umgeben üppig grüne Rasenflächen diese zwei großen Villen, die europäischen Modernismus mit einem Tropen-Touch und offenen Grundrissen kombinieren. Beide haben Freiluftduschen und sind stilvoll mit skurrilen Elementen eingerichtet. In einem Fall gibt's ein kleines Tauchbecken und eine Dachterrasse. Die Anfahrt ab dem Highway ist schlecht ausgeschildert.

Balai sa Baibai
VILLA $$$

(☎ 0918 962 2800; elcoventures@gmail.com; Agoho) Diese Nobelvilla im balinesischen Stil am

Strand von Agoho war zum Zeitpunkt der Recherche noch nicht geöffnet. Inzwischen hat sie aber den Betrieb aufgenommen.

★ Luna Ristorante · ITALIENISCH $$

(National Hwy, Yumbing; Hauptgerichte 200 P; ⊙ 7–23 Uhr; 🕿) Gleich hinter der Abzweigung zum Paras Beach Resort liegt dieses Lokal an der Hauptstraße in Yumbing. Neben hervorragenden Steinofenpizzas mit dünner Kruste (u. a. Calzone) serviert es auch Pasta. Im Freiluftpavillon aus Beton kann man einen netten Nachmittag verbringen.

Checkpoint · PHILIPPINISCH, STEAK $$

(National Hwy, Yumbing; Hauptgerichte 150–450 P; ⊙7–23 Uhr; 🕿) Das kleine Einkaufszentrum Checkpoint steht an der „Hauptkreuzung" in Yumbing. Den Freiluftbereich im zweiten Stock teilen sich die beiden Restaurants **Rocky's** und **Filete Isla Resto**, die jeweils eigene Küchen und Speisekarten haben. Seltsamerweise kann man von gleichzeitig von beiden Speisekarten etwas bestellen. Die große Auswahl reicht von einfachen Sandwiches bis hin zum Porterhouse-Steak vom australischen Importrind. Gäste schauen in angenehmer Atmosphäre auf die Berge.Beim Lanzones-Festival 2013 gewann der Küchenchef vom Filete Isla Resto mit einer Fischkreation den Preis für das beste Hauptgericht.

ⓘ Praktische Informationen

Die Philippine National Bank (PNB) und die Landbank in Mambajao haben unzuverlässige Geldautomaten. Die PNB akzeptiert Mastercard und tauscht US-Dollar um, akzeptiert aber nur sehr neue Banknoten ab 5 US$. Schweizer Franken werden ebenfalls angenommen, während es mit Euro wohl immer wieder Probleme gibt. Eine bessere Alternative ist daher **All in One Island**, der US-Dollar und Euro zu guten Konditionen umtauscht. Zu finden ist der Laden an der Straße zwischen Kirche und Sector 9 Hotel & Bar.

Drachir's Internet (Rizal St, Mambajao; ⊙8–23 Uhr) Neben der Shell-Tankstelle in der Stadt; hat unregelmäßig geöffnet, aber angeblich den schnellsten Internetzugang auf der ganzen Insel (35 P/Std.).

Touristeninformation (☎ 088-387 1097; www.camiguin.gov.ph; Provincial Capitol Bldg; ⊙ Mo-Fr 8–17 Uhr) Gehört zu einem Komplex von Regierungsgebäuden, der gleich südwestlich von Mambajao auf einem Hügel liegt.

ⓘ An- & Weiterreise

FLUGZEUG

Cebu Pacific (☎ 88-387 0593; National Hwy, Mambajao; ⊙ Mo–Sa 8–17, So 8–12 Uhr) schickt täglich eine einmotorige Propellermaschine mit etwas mehr als 60 Plätzen von Mambajao nach Cebu (ab 700–3500 P, 30 Min., 7.20 Uhr). Nahe der PNB liegt das Ticketbüro gegenüber der alten Landbank. Die Beschränkung für aufgegebenes Gepäck liegt bei 15 kg. Verzögerungen wegen Schlechtwetter sind keine Seltenheit.

SCHIFF/FÄHRE

Zwei aktive Häfen auf Camiguin sind für Traveller relevant: Rund 18 km südlich von Mambajao liegt **Benoni**, wo Fähren nach Balingoan auf dem Festland ablegen. Nur ein paar Kilometer südlich der Stadt besteht in **Balbagon** Verbindung nach Cebu und Jagna auf Bohol.

Auch am Kanal zwischen Benoni und Balingoan sind Boote unterwegs (170 P, 1¼ Std., 4–17 Uhr ca. stündl.). Bei Schaumkronen auf den Wellen können Fahrten mit der kleineren und weniger seetüchtig wirkenden Fähre unangenehm sein. Vor dem Ablegen klettern einheimische Kinder seitlich an den Kähnen hoch und springen ins Wasser, um ein Trinkgeld zu erbetteln.

Der Oceanjet-Schnellbootservice auf der Route Cagayan de Oro–Benoni–Jagna (Bohol; pro Reiseabschnitt 600 P, 2 Std.) wird immer wieder mal vorübergehend eingestellt. Daher sollte man sich rechtzeitig bei Resorts nach dem aktuellen Stand erkundigen – aber nur direkt per E-Mail, da die Websites oft nur veraltete Informationen liefern. Doch selbst dann ist auf die Angaben nicht unbedingt Verlass!

Vom Pier in Balbagon schickt Lite Shipping täglich eine direkt befahrbare RORO-Autofähre nach Cebu (880 P, 11 Std., 19 Uhr). Leider verkehrt die firmeneigene Fähre nach Jagna (425 P, 3½ Std., 8 Uhr) vor allem in der Nachsaison recht unzuverlässig.

ⓘ Unterwegs vor Ort

Die asphaltierte Ringstraße rund um die Insel (64 km) ist in ein paar Stunden zu meistern. Manche Ziele sind mit Jeepneys oder *motorellas* (der lokale Begriff für Motorradrikschas) nicht erreichbar. Zwecks Flexibilität und Freiheit empfiehlt sich dann ein Leihmotorrad (300–500 P). Wichtig: Unbedingt immer einen Schutzhelm tragen und den Führerschein dabeihaben! Weniger aufregend, aber praktisch ist ein gemietetes Sammeltaxi mit ausreichend Platz für sechs Personen (1500 P).

Klimatisierte Minivans, Jeepneys, *motorellas* und Sammeltaxis warten in Benoni auf eintreffende Schiffe, um Passagiere nach Mambajao zu bringen (30 P, 30 Min.). Eine extra arrangierte Fahrt dorthin kostet 100 bis 150 P. Zu den Resorts nördlich der Stadt geht's für 250 bis 500 P. Direkt von Mambajao aus sind die meisten Resorts leicht, praktisch und günstig (9 P) mit *motorellas* in Richtung Westen (rot; in Richtung Osten grün) erreichbar.

Butuan

📞 085 / 309 700 EW.

Rund 9 km südlich der Küste säumt Butuan die Ufer des Agusan River. Abgesehen von den historischen und archäologischen Sehenswürdigkeiten ist dies eine typische Provinzstadt – stetig wachsend, sehr verkehrsreich und voller Auspuffgase. Bei Boots- und Busreisen von Camiguin nach Siargao ist Butuan jedoch eine sinnvolle Zwischenstation (selbst wenn man nur einmal übernachten muss). Mindestens seit dem 4. Jh. befindet sich hier ein mehr oder weniger bedeutender Hafen. Zudem gilt die Stadt weithin als ältestes bekanntes Siedlungs- und Seehandelszentrum der Philippinen. Und genau wie Limasawa auf Leyte beansprucht auch Butuan die Ehre für sich, der Ort von Magellans erster Messe (8. April 1521) auf den Philippinen gewesen zu sein. Gefeiert wurde diese angeblich im nahegelegenen **Magallanes**, das nördlich der Stadt an der Mündung des Agusan River liegt. Ein Denkmal kennzeichnet die genaue Stelle.

⊙ Sehenswertes

Balangay Shrine Museum MUSEUM
(⊙ Mo–Sa 8.30–16.30 Uhr) GRATIS In Richtung Flughafen liegt dieses Museum im *barangay* Libertad. Mit den Überresten eines *balangay* (seetüchtiges Auslegerboot) von 321 n.Chr. zeigt es eines der ältesten bekannten Artefakte auf den Philippinen. Ein paar Meter daneben wurden mehrere Särge aus dem 13. und 14. Jh. freigelegt. Das Wort *barangay* ist übrigens eine Ableitung von *balangay*: Diese Boote waren groß genug, um ganze Siedlergemeinden bei einer einzigen Fahrt zu transportieren. Per Rikscha geht's für 50 P zur Stätte.

🛏 Schlafen

VCDU Prince Hotel HOTEL $
(📞 085-342 7587; www.vcdupincehotel.com.ph; Montilla Blvd; EZ/DZ 800/1000 P; ❄🛜) Zentral gelegenes Hochhaus mit winzigen Zimmern, aber dennoch gutem Preis-Leistungs-Verhältnis.

Hensonly Plaza Lodge LODGE $
(📞 085-342 5866; San Francisco St; Zi. mit Gemeinschaftsbad/eigenem Bad 180/450 P; ❄) Spartanische Budgetoption.

Almont Inland Resort RESORT $$$
(📞 085-342 7414; www.almont.com.ph; JC Aquino Ave; Zi. inkl. Frühstück 3000 P; ❄🛜♨) Für etwas mehr Komfort und Aufenthaltsmöglichkeiten im Freien.

🍴 Essen

Im Bereich des Rizal Park gibt's ein paar Fast-Food-Lokale. Dasselbe gilt für die **Gaisano Mall**, die ein paar Kilometer westlich vom Zentrum an der JC Aquino Ave steht – ebenso für das neue und funkelnde Einkaufszentrum **Robinsons Place,** das noch einmal ein paar Kilometer weiter westlich liegt.

Weegols Grill Haus PHILIPPINISCH $$
(Montilla Blvd; Hauptgerichte 160 P) Örtliche Institution.

Rosarios CHINESISCH, PHILIPPINISCH $$
(JC Aquino St; Hauptgerichte ab 170 P) Gute Adresse für chinesische und philippinische Küche oder Meeresfrüchte.

ℹ An- & Weiterreise

BUS

Der Busbahnhof liegt 3,5 km nördlich vom Zentrum. Dort warten viele Rikschas darauf, Neuankömmlinge in die Stadt zu bringen. Der letzte klimatisierte Bus nach Davao fährt etwa um 14.30 ab. Normale Busse starten jedoch regelmäßig rund um die Uhr. Die folgenden Angaben gelten für klimatisierte Fahrzeuge.

ZIEL	PREIS (P)	DAUER (STD.)
Balingoan	201	3
Cagayan de Oro	325	4½
Davao	500	7¼
Surigao	205	3

FLUGZEUG

Der Flughafen liegt 10 km westlich vom Zentrum und ist per Taxi (200 P) oder Rikscha (150 P) erreichbar. Cebu Pacific und PAL fliegen mehrmals täglich ab Manila hierher. Cebu Pacific bietet auch Direktverbindungen nach Cebu an.

SCHIFF/FÄHRE

Butuans Haupthafen liegt ca. 24 km weiter westlich bei Nasipit. Von dort aus fahren Jeepneys in die Stadt (30 Min.). 2GO schickt Boote nach Manila (ab 940 P, 22 Std., Fr) und Cebu (ab 470 P, 10 Std., So).

Surigao

📞 086 / 140 500 EW.

Die ziemlich gesichtslose und staugeplagte Hauptstadt der Provinz Surigao del Norte ist normalerweise eine obligatorische Zwischenstation für alle, die nach Siargao Island unterwegs sind und nicht direkt dorthin fliegen. Von spontanen Schachturnieren bis hin zum ersten Anbandeln spielt sich der Großteil des örtlichen Lebens auf der belebten Plaza ab. Ein Stück des langen Uferboulevards säumen provisorische Karaoke-Freiluftbars und abends auch Verkaufsstände mit Gebrauchtklamotten. Zu den regionalen Attraktionen zählen z. B. das schwimmende Dorf **Day-asin** (5 km außerhalb der Stadt) oder die **Silop-Höhle** (7 km), deren zwölf Eingänge zu einer großen zentralen Kammer führen. Und dann ist da auch noch **Mati** im Süden, wo die indigenen Mamanwa ihre Kultur in einem eigens errichteten „Dorf" vorstellen. In Stadtnähe liegen zudem mehrere Strände. Einer davon ist der **Mabua Pebble Beach**, an dem man vor dem Abflug ein paar Stunden verbringen kann.

Zusammen mit einheimischen Gemeinden haben philippinische und internationale Umweltschutzorganisationen gegen den Nickelabbau in der Provinz Surigao del Sur protestiert, die sich südlich der Stadt erstreckt.

🛏 Schlafen

E.Y. Miner Suites HOTEL $
(📞 086-826 5440; Navarro St; EZ 795 P, DZ 895–1450 P; ❄ 🛜) Die verspiegelte Glasfassade erinnert stark an ein chinesisches Bürogebäude und das Plastikambiente in der Lobby hat etwas von einem Massagesalon. Das neuere und gleichnamige **Schwesterhotel** (📞 086-826 6480; Borromeo St; Zi. 1100 P) an der Borromeo St hat eine funkelnde und leicht kitschige Lobby mit Restaurant. Allerdings bieten beide Hotels zusammen das beste Preis-Leistungs-Verhältnis in Laufentfernung zum Hafen.

Das Stammhaus an der Navarro St besitzt die Art von winzigen Bädern, in denen man praktisch auf der Toilette duschen kann.

Metro Pension Plaza HOTEL $
(📞 086-231 9899; Navarro St; EZ/DZ 500/800 P; ❄ 🛜) Das fesch gekleidete Sicherheitspersonal und die bemalte Fassade versprechen einiges. Die meisten Zimmer wirken jedoch trist und düster, das Duschwasser ist kalt und die Toiletten haben keine Brillen. WLAN gibt's nur in der „Freiluftlobby". Nichtsdestotrotz sind die TVs mit Kabelanschluss erstklassig.

Hotel Tavern HOTEL $$
(📞 0918 963 6184, 086-826 8566; www.hoteltavern.com; Borromeo St; Zi. inkl. Frühstück 1900–3600 P; ❄ @ 🛜) Die nobelste Adresse der Stadt ist das einzige Hotel, das aus Surigaos Uferlage einen Vorteil zieht. Die eleganteren Zimmer mit Meerblick im Anbau sind den Aufpreis wert. Zum Haus gehören auch ein

Surigao & Umgebung

0 — 20 km

MINDANAO

Straße von Surigao

Unib Island, Hagakak Island, Dinagat Island, Alegria, Burgos, Sta Monica

Sibanag Island, San José, Dinagat Sound, PAZIFIK

Capaquian Is, Dinagat, Halian Island, Poneas Island, San Benito, San Isidro

West Capaquian Is, Hanigad Is, Cagdianao, Kangbangyo Island, Sugba Lagoon, Roxas, Magpupungko

Sumilon Is, Sibale, Awasan Is, Del Carmen, Siargao Island, Pilar, Cloud Nine

Leyte; Cebu & Luzon, Danaon Is, Hikdop Is, Bridge, Nonoc Is, General Luna (GL)

Basul Is, Nonoc, Talisay, Dapa, Guyam Is

Lipata, Hinatuan Passage, Raza Is, Union, Union Bay

San Francisco, Surigao, Bayagnan Is, Hinituan Island, East Bucas Grande Is, Naked Is, Dako Island

Talavera Island, Casulian Is, Mamon Is

Mahaba Island, SURIGAO DEL NORTE, Bucas Grande Island, La Janosa Is, Anahawan Is

Sison, Placer, Masapelid Island, Socorro, Antokon Island

Badas, Malimona, Bacuag, Lapinigan Island, Sohoton Cave

MINDANAO, Gigaquit, Hinatuan Passage, Cantilan

Surigao

Schlafen
1. E.Y. Miner Suites A3
2. E.Y. Miner Suites (Borromeo St) B2
3. Hotel Tavern B4
4. Metro Pension Plaza B3
5. One Hive Hotel & Suites A2

Essen
6. Calda's Pizzeria B3
7. Island's Seafood Restaurant A2

Praktisches
8. Surigao City Tourism Office B1
9. Surigao del Norte Provincial
    Tourism Office A2

Café (6–1 Uhr) und eine Freiluftbar (17–1 Uhr) mit Livemusik an den meisten Abenden. Ein tolles Extra sind die kostenlosen Flughafenshuttles.

One Hive Hotel & Suites HOTEL $$
(086-232 0065; www.onehivehotel.com; Rizal St; EZ/DZ inkl. Frühstück 1200/1500 P;) Das neu eröffnete Hive hat einen Aufzug, was in diesem Landesteil eine große Annehmlichkeit darstellt. Die kleinen, einfach eingerichteten Zimmer verteilen sich auf fünf steril und zweckmäßig wirkende Stockwerke. Das Restaurant (7–21 Uhr) im zweiten Stock serviert philippinisches, japanisches und koreanisches Essen (Hauptgerichte 150 P).

Essen

Das Restaurant des Hotel Tavern ist komfortabel, aber gewöhnlich. Fast-Food-Lokale säumen die südwestliche Seite der Plaza (Rizal St). Ein paar weitere befinden sich in der **Gaisano Mall** neben dem Busbahnhof (Tipp: Im Figaro Cafe lässt es sich vor der Abfahrt gut relaxen). Appetitliche **Obststände** flankieren die östliche Platzseite (Magallanes St). Abends öffnen außerdem **Grillstände** im Umkreis des Piers (Borromeo St).

★ **Calda's Pizzeria** PIZZA $$
(Borromeo St; Pizzen 180 P; 9–24 Uhr) Hervorragende Riesenpizzas mit dünner Kruste landen hier auf ein paar Tischen am Uferboulevard. Die „extra supergroßen" Varianten bestehen aus 50 Stücken und haben einen Durchmesser von schlappen 90 cm.

Island's Seafood Restaurant SEAFOOD, PHILIPPINISCH $$
(Rizal St; Hauptgerichte 160 P;) Das kleine, belebte Lokal mit moderner Einrichtung serviert Seafood nach Gewicht (z. B. *lapu-lapu* oder Zackenbarsch; 80 P/100 g). Hinzu kommen Standardgerichte mit Schweine- oder Hühnerfleisch.

Praktische Informationen

Wichtig: Vor dem Aufbruch nach Siargao unbedingt mit Bargeld eindecken! Im Umkreis der Plaza gibt's mehrere Bankfilialen mit Geldautomaten. Außerdem befindet sich ein Gerät der Metrobank im Hauptterminal des Hafens. Internetcafés verteilen sich über die ganze Stadt.

Surigao City Tourism Office (086-Luneta 826 8064; www.surigaocity.gov.ph; Luneta Park; 8–17 Uhr) Liegt praktisch an der zentralen Plaza, hat aber außer Stadtplänen und Broschüren nicht viel zu bieten.

Surigao del Norte Provincial Tourism Office (086-231 9271; www.surigaodelsur.gov.ph; Rizal St) Neben der Haupttribüne an den städtischen Basketball- und Fußballplätzen bekommt man hier Reiseinfos zur übrigen Region.

ℹ An- & Weiterreise

BUS

Der Bus Terminal neben der neuen Gaisano Mall liegt ca. 4,5 km westlich der Stadt und 50 m vor dem Flughafen (zum/vom Pier Jeepney/Rikscha ca. 10/30 P). Bei Bustouren nach Cagayan de Oro oder Balingoan (dort starten Boote nach Camiguin) muss unterwegs in Butuan umgestiegen werden. Die folgenden Ziele werden auch von Minivans bedient.

ZIEL	PREIS (P)	DAUER (STD.)	HÄUFIGKEIT
Butuan	205	3	ca. alle 30 Min.
Davao	500	8	stündl.
Tagum	580	8½	21 Uhr
Tandag	315	5	bei Vollbelegung

FLUGZEUG

PAL und Cebu Pacific fliegen täglich nach Manila. Mit Cebu Pacific geht's zudem mehrmals pro Woche nach Cebu. Achtung: Wegen der strengen Gepäckbestimmungen sollten PAL-Passagiere genügend Bares für den Strafzuschlag in der Tasche haben! Zudem gilt es die Ankunfts- und Abflugszeiten im Auge zu behalten, um Boote nach/ab Siargao rechtzeitig zu erreichen. Lautsprecherdurchsagen der Fluglinien werden in das Café **Basti's** (Hauptgerichte 75–200 P) übertragen, das gleich hinter dem Flughafeneingang mit Backwaren und einer langen Speisekarte aufwartet. Der Flughafen liegt 5 km westlich vom Zentrum (Jeepney/Rikscha 10/30 P).

SCHIFF/FÄHRE

Die Bootsverbindung nach Siargao ist für Traveller am wichtigsten. Wer gewissen Komfort und eine erträgliche Abfahrtszeit schätzt, wählt am besten die *Fortune Angel* (240 P, 2½ Std., 11.45 Uhr), die 2 km südlich der Plaza am **Hauptpier** (Eva Macapagal Terminal, Borromeo St) ablegt. Tipp: Bei Buchung einer klimatisierten Kabine empfehlen sich ein Pullover und Ohrenstöpsel gegen den lauten Ton der an Bord gezeigten Actionfilme. Die bessere Alternative bei Schlechtwetter ist die direkt befahrbare RORO-Autofähre (250 P, 4 Std., 6 Uhr), die ebenfalls täglich vom Hauptpier ablegt. Zusätzlich legen *bangkas* am **Boulevard** vor dem Hotel Tavern ab (tgl. 5.30 & 6 Uhr).

Wer nach Burgos im Norden von Siargao will, kann sich auch zur **Punta Bilang Bilang** begeben: Einen kurzen Fußmarsch südwestlich vom Hauptpier startet dort täglich um 12 Uhr ein *bangka* gen Santa Monica.

Cebu Wird von Cokaliong Shipping bedient (ab 825 P, tgl. außer Mo um 7 Uhr).

Dinagat Bangkas nach San José brechen am Boulevard vor dem Hotel Tavern auf (100 P, ca. 7, 9 & 12 Uhr).

Leyte RORO-Fähren schippern zu den Städten San Ricardo (140 P, 1¼ Std., 0.30, 3 & 14 Uhr) und Liloan (300 P, 4 Std., 6.30, 11, 13, 18 & 24 Uhr) im Süden. Los geht's 8 km westlich von Surigao am Pier in Lipata.

Siargao

Siargao (Schar-*gau*) mit seinen ganzjährig guten Wellen verbreitet eine Art von Ruhe und Schönheit, die den Philippinen sonst abgeht. Ursprünglich davon angezogen genießt eine kleine Gruppe von leidenschaftlichen Surfern aus Australien, Europa und den USA hier immer noch das Leben. Seit Kurzem ist auf der Insel eine gewisse Erschließung in Form von mittelgroßen Wohnblocks und Hotels zu bemerken. Dennoch gibt's immer noch viele entspannte Resorts, die sich gern um ihre Gäste kümmern – vorausgesetzt, sie werden von diesen auch gefunden. Während ihres internationalen „Wanderjahres" suchen Surfer auf Siargao nach der nächsten Herausforderung. Doch auch anspruchslose Lebenskünstler kommen hier gut zurecht. Die Landschaft besteht aus Felsbecken, Mangrovensümpfen und vorgelagerten Inseln mit seltsamen Felsformationen. Hinzu kommen Pflanzen, Tiere, Wasserfälle, Wälder und Hängematten, in denen der Tag üblicherweise ausklingt.

Der Hafen befindet sich in **Dapa**, der größten Siedlung auf der Insel. Neuankömmlinge wollen wahrscheinlich gleich hinüber zu einem der Resorts, die an der frisch asphaltieren (sowie unnötig breiten) Straße zwischen General Luna (alias GL) und „Cloud Nine" liegen.

🏃 Aktivitäten

Surfen auf Siargao ist ganzjährig möglich, aber allgemein von August bis November am besten: Dann sorgen Taifune für hohe Wellen. Zwischen Dezember und April herrschen starke Querwinde; von Mai bis Juli ist die Brandung etwas schwächer. Surfbretter sind bei Resorts auf der ganzen Insel ausleihbar. Zum Schutz der Füße empfehlen sich wärmstens Badeschuhe, da sich der Break entlang eines (wenn auch „weichen") Riffs aufbaut. Auch **Stehpaddeln** wird hier immer beliebter – viele Resorts bieten Leihbretter und entsprechende Kurse an.

Tiefe Höhlen wie die Blue Cathedral bedeuten, dass ein paar der interessanteren regionalen Tauchspots nur für Erfahrene geeignet sind. Allerdings ist die Unterwassersicht hervorragend; zudem gibt's auch viele gute Stellen für Anfängerkurse. Das **Palaka Siargao Dive Center** (0918 626 2303; www.palakadivecenter.com; General Luna) mit einem coolen kleinen Café gehört einem engagierten Profi aus Frankreich und wird auch von diesem betrieben. Es liegt gleich hinter Dapas öffentlichem Markt am Strand und bietet neben kostenlosen Tauchworkshops u. a. auch immer beliebter werdende Surfkurse an.

Siargao gehört außerdem landesweit zu den wenigen Orten mit organisierten **Hochsee-Angeltouren** (Tagestour für max. 3 Pers. 5000 P). Die sind durchweg hervorragend und bringen Teilnehmern desöfteren Segelfische mit 130 kg an den Haken. Auch Gemeine Goldmakrelen und Torpedo-Makrelen werden gefangen. Gute Angelbedingungen herrschen ganzjährig; allerdings ist die See zwischen Dezember und Februar mitunter rau. Petrijünger wenden sich am besten an **Junior Gonzalez** (0920 772 8875) in Pilar, der zudem Zimmer in seinem Wohnhaus vermietet.

Unterhalb des Villa Maya Resort (S. 400) wurde ein schmaler Streifen Land in einen **Golfplatz** (18 Löcher inkl. Schläger, Bälle & Tees 650 P/Pers.) mit Par 3 und neun individuellen Bahnen (max. Länge 145 m) verwandelt. Das Gelände ist ganzjährig geöffnet und als einziges auf der Insel für jedermann zugänglich. Allerdings kann hier nur eine Gruppe auf einmal spielen und die meisten entscheiden sich für eine komplette 18er-Runde. Zumeist gibt's daher jeweils nur eine Tee-Time (Abschlagszeit zu Spielbeginn) am Morgen und Abend.

🎉 Feste & Events

Siargao Cup SPORT
Dieses Surferturnier gehört zu den größten internationalen Sportveranstaltungen des Landes und zog 2014 über 8000 Besucher an. Ausgetragen wird es Ende September oder Anfang Oktober im Surfrevier Cloud Nine. Normalerweise eine Woche früher findet mit dem **Filipino National Cup** ein weiterer Wettbewerb für Surfer statt.

🛈 Praktische Informationen

Surferturniere und die Karwoche lassen die Unterkunftspreise auf der ganzen Insel steigen. Die beiden Banken in Dapa (Green Bank und Cantilan Bank) sind keine verlässlichen Bargeldquellen; die Green Bank akzeptiert angeblich ausländische Visa-Karten. In Dapa und General Luna gibt's jeweils zumindest ein Internetcafé.

🛈 DAS WETTER AUF SIARGAO

Anders als in Manila und anderen Teilen Mindanaos fällt die Regenzeit auf Siargao mit dem *amihan* aus nordöstlicher Richtung zusammen (ca. Dez.–März). Während der Trockenzeit (Juni–Sept.) wehen die *habagat*-Winde aus Richtung Südwesten.

Die meisten Resorts bieten WLAN (manchmal ergänzt durch einen separaten Gästecomputer mit Online-Anschluss).

🛈 An- & Weiterreise

FLUGZEUG
Cebu Pacific bietet täglich Direktflüge (50 Min., 12.45 Uhr) zwischen Cebu und Siargaos **Sayak Airport** bei Del Carmen. Alternativ fliegt man ab Manila nach Surigao und nimmt dort ein Boot. Vor den Flughafentoren warten ein paar *habal-habal* (Motorradtaxis) auf Neuankömmlinge. Dennoch ist es wohl praktischer, vorab mit der eigenen Unterkunft die Abholung zu vereinbaren.

SCHIFF/FÄHRE
Frühmorgens schippern drei Boote von Dapa nach Surigao (Abfahrtszeiten jeweils nur ungefähr): Ein kleines regionaltypisches *bangka* (5.30 Uhr; vergleichsweise am langsamsten), die *Fortune Angel* mit klimatisierter Innenkabine (5,45 Uhr, 2½ Std.; beste Option) und eine direkt befahrbare RORO-Fähre von Montenegro Lines (6 Uhr). Tickets (270 P) können direkt am jeweiligen Abfahrtsmorgen gekauft werden. Alle drei genannten Verbindungen bieten Anschluss zu Flügen ab Surigao oder ermöglichen es Passagieren, an einem einzigen Tag mit dem Bus nach Cagayan de Oro und Davao zu reisen (Achtung: lang und anstrengend!). In allen Fällen muss man Cloud Nine jedoch extrem früh verlassen. Ein Motorrad nach Dapa lässt sich über die eigene Unterkunft organisieren.

Bangkas nach Socorro auf Bucas Grande starten am kommunalen Anleger neben dem Hauptpier.

🛈 Unterwegs vor Ort

Jeepneys fahren von Dapa nach GL (1 Std.). *Habal-habal* (Motorradtaxis) sind jedoch die bessere Alternative, um nach GL, Cloud Nine (150–300 P, 30 Min.) oder zu nahegelegenen Resorts (100–200 P, 20 Min.) zu gelangen. Diese Fahrzeuge bieten genug Platz für mehrere Passagiere nebst Gepäck. Zudem verfügen sie meist über ein provisorisches Schutzdach. Der Preis hängt von der Tageszeit (frühmorgens immer 300 P) und dem eigenen Verhandlungsgeschick ab. Rikschas kosten fast dasselbe, sind aber deutlich langsamer. Ein toller Zeitvertreib besteht außerdem darin, die Insel per Leihmotorrad (halber/ganzer Tag ca. 300/500 P) auf eigene Faust zu erkunden: Ein Großteil der „Ringstraße" ist inzwischen befestigt.

General Luna & Umgebung
15 000 EW.

Mehrere baufällige Blocks mit unbefestigten Straßen und ein paar Restaurants an einem öffentlichen Strand, der von *sari-sari* (kleinen Gemischtwarenläden) und Grillbuden gesäumt wird – das ist General Luna. Gästen der Cloud-Nine-Resorts kommt die Stadt aber eventuell wie eine Metropole vor. Neben der neuen Polizeiwache nahe dem sandigen Ufer entstand zum Zeitpunkt der Recherche gerade ein Surfermuseum. Südlich von GL sind mehrere Breaks (u. a. rund um vorgelagerte Inseln) per *bangka* erreichbar. Bei Flut schwimmt es sich perfekt im Fluss beim Dorf Union, das zwischen GL und Cloud Nine liegt.

🛏 Schlafen

Einige der Unterkünfte zwischen GL und Cloud Nine säumen einen schmalen Sandstrand, der sich leider nicht zum Schwimmen eignet. Die Gegend erlebt gerade eine Art Mini-Baumboom, was bislang u. a. zu ein paar großen Wohnblocks und Hotels führte. Das extrem luxuriöse Dedon Island Resort liegt ca. 8 km südwestlich von GL.

Kermit Surf Resort HOTEL $
(☏ 0915 606 4227; www.kermitsiargao.com; B 350 P, DZ mit Ventilator/Klimaanlage 900/1250 P; ❄🛜) Gleich nordöstlich und landeinwärts vom Zentrum liegt das Kermit am Ende einer ruhigen Straße. Es steht unter schweizerisch-italienischer Leitung und ist zu Recht beliebt bei Surfern, deren Geldbeutel für Cloud Nine nicht dick genug ist. Neben einem gut gepflegten Schlafsaal gibt's hier auch mehrere große, freistehende Hütten mit Schilfdächern, Fliesenböden und geräumigen, modernen Bädern. Pizza und Pasta sind die Spezialitäten des Hausrestaurants.

Paglaom Hostel HOSTEL $
(☏ 0947 768 5312; B 250 P; 🛜) Dieses spottbillige Hostel mit separater Gästeküche hat zwei halboffene Schlafbereiche, in denen jeweils zehn steinharte Stockbetten mit sehr dünnen Matratzen und Moskitonetzen stehen – gekühlt von einem einzigen Deckenventilator! Die Duschen sind kalt, während die Toiletten keine Brillen haben. Doch Luxus ist natürlich nicht der Hauptgrund für einen Aufenthalt – vielmehr geht's hier darum, seine Schlafsaalgenossen im Freiluft-Aufenthaltsbereich näher kennenzulernen.

⭐ Buddha's Surf Resort HOTEL $$
(☏ 0919 945 6789; www.siargaosurf.com; Zi. inkl. Frühstück 2200–2600 P; ❄🛜) Das weitläufige Anwesen auf der landeinwärts gelegenen Straßenseite verbreitet moderne und kultivierte Inselatmosphäre. Die fünf spärlich eingerichteten Zimmer haben Flachbild-TVs und nette Bäder. Der große Restaurantpavillon serviert thailändisch angehauchtes Essen unter freiem Himmel und serviert auf Anfrage auch ein traditionelles Spanferkel. Die gepflegten Rasenflächen erstrecken sich im Schatten hoher Palmen.

Turtle Surf Camp HOTEL $$
(☏ 0939 569 2498; www.surfcampsiargao.com; EZ/DZ mit Ventilator 1600/1800 P, EZ/DZ mit Klimaanlage 1800/1950 P; ❄🛜) Dieses anheimelnde und coole kleine Hotel eignet sich besonders gut für Surfergruppen. Die gerade mal drei minimalistischen Quartiere haben Betonwände und eine moderne Ausstattung. Das Familienzimmer mit eigenem Wohnbereich (mit Ventilator/Klimaanlage 3900/4200 P) bietet Platz für vier Personen. Gäste können sich im kleinen Pool vor dem Haus abkühlen oder Videos in der kleinen Lounge anschauen.

Zudem gehört das Ganze zu Siargaos wenigen Adressen, die Kurse im Kitesurfen anbieten.

Siargao Inn Beach Resort HÜTTEN $$
(☏ 0999 889 9988; www.siargao-inn.com; Zi. 1800–3900 P; ❄🛜) Eigentümer und Betreiber der ruhigen Anlage ist ein junges, freundliches Paar. Als Spitzensurfer vermittelt einer der beiden Partner auch die Grundlagen des Wellenreitens. Die einfachen Hütten haben Dächer aus Nipa-Palmwedeln sowie Wände und Böden aus Mahagoni. Besonders hübsch sind die Bäder. Eine nette Restaurantbar am Strand ist ebenfalls vorhanden.

Chill Out Siargao HÜTTEN $$
(☏ 0947 229 5128; www.chilloutsiargao.com; Zi. mit Ventilator/Klimaanlage 1500/2500 P; 🛜) Die neu eröffnete Anlage am Strand besteht bislang aus vier Hütten mit luxuriöser Einrichtung und Dächern aus Nipa-Palmwedeln. Die jungen schwedischen Eigentümer planen eine Erweiterung auf insgesamt zehn bis zwölf Zimmer. Ein charmanter Holzschuppen mit

Platz für zwei Stühle fungiert aktuell als provisorische Bar.

Villa Solaria
HÜTTEN $$

(☏ 0921 725 3331; www.villa-solaria.com; Zi.1200 P; ❄) Das Solaria liegt abseits der Straße und bietet keinen direkten Strandzugang. Zum Zeitpunkt der Recherche wurde es gerade von neuen Eigentümern übernommen. Dennoch ist dies eine empfehlenswerte Adresse: Die kompakten, geschmackvoll gestalteten Hütten mit Schilfdächern stehen am Rand eines netten Landschaftsgartens.

★ Kalinaw Resort
STRANDRESORT $$$

(☏ 0921 320 0442; www.kalinawresort.com; Villa für 2 Pers. inkl. Frühstück ab 9900 P; ❄❄❄) Dieses Resort in französischem Besitz vermietet insgesamt fünf Villen, die sich gut auf den Hochglanzseiten in der Mitte jedes modernen Designmagazins machen würden. Meist regiert Minimalismus, wogegen die außergewöhnlichen Riesenbäder das Highlight darstellen. Eine erfrischende Brise weht oft durch das elegante **Freiluftrestaurant** (Hauptgerichte 440–600 P), das ab 19 Uhr die besten Pizzas der Insel serviert.

Isla Cabana
RESORT $$$

(☏ 0928 559 5244; www.islacabanaresort.com; Zi. inkl. Frühstück 4800–6400 P; ❄❄❄) Die großen Hütten dieser luxuriösen Neueröffnung haben ein tolles Design. Nur zwei davon bieten Blick aufs Wasser. Von den übrigen schaut man landeinwärts auf einen Landschaftsgarten mit einem schmalen Sandpfad, der zum schattenlosen Pool und zum Strand (nur bei Ebbe vorhanden) führt. Im Vergleich zu anderen Resorts ist die Atmosphäre weniger persönlich und vertraulich. Gelegentlich werden hier auch Hochzeiten und Bankette gefeiert.

Palm Paradise Island Resort
RESORT $$$

(früher Island Dream; ☏ 0939 891 4538; www.islanddreamsiargao.com; Hütte 4000 P; ❄❄❄) Die Bäder dieser Villen sind so groß wie die Schlafzimmer. Zudem haben sie Steinfußböden, deckenhohe Fenster und Badewannen, die bei Flitterwöchnern gut ankommen dürften. Jede Villa hat eine breite Privatveranda und liegt an einer gepflegten Rasenfläche mit Pool. Vorne an der Straße befindet sich ein Mix aus Freiluftrestaurant und Lounge.

Minuspunkte: Im Poolbereich gibt's keinen Schatten, während Tagesbesucher mitunter die Privatsphäre schmälern. Obwohl sich das Personal große Mühe gibt, ist der Service manchmal langsam.

🍴 Essen & Ausgehen

Alle Resorts haben Restaurants, die zumeist auch reine Speisegäste akzeptieren (die beste Wahl ist das Kalinaw). **Grillbuden** säumen den städtischen Strand. Hinzu kommen ein paar sehr schlichte und zwanglose Lokale, die einfach eine Art Buffet am Straßenrand aufbauen.

Ronaldo's
PHILIPPINISCH $

(Hauptgerichte 75–125 P; ◷ 7–22 Uhr; ❄) Ventilatorgekühltes Freiluftrestaurant mit günstigen Säften, Shakes und Nudelgerichten (u. a. über ein Dutzend Varianten von *pansit* als Spezialität des Hauses).

Lulay Grill
BARBECUE $

(Grillspieße 15 P; ◷ 9–22 Uhr) Das Lulay unterscheidet sich nicht von den anderen Grillbuden am Stadtstrand. Doch aus welchem Grund auch immer treffen sich hier lebende Ausländer am frühen Abend nur hier.

Nine Bar
BAR

An der Straße zwischen GL und Cloud Nine liegt dieser hübsche Favorit der hier lebenden Ausländer, in dem Sport aus dem Commonwealth auf einem Großbild-TV läuft. Außerdem werden hier tolle Burger serviert.

Jungle Disco
NACHTCLUB

(Tattoo; ◷ Do–Sa 20 Uhr–open end) Auf der Tanzfläche aus nackter Erde feiert ein bunter Mix aus Einheimischen, hier lebenden Ausländern und Travellern.

Cloud Nine

Der Break von Cloud Nine ist eine feste Station des internationalen Surferzirkus (wie Fidschi im April oder Costa Rica im Dezember). Seine unübersehbaren Kennzeichen sind ein erhöhter Laufsteg und ein dreistöckiger Holzpavillon mit direktem Blick auf die Action. Der freundlichen und offenen Surfergemeinde gehören viele aufstrebende Filipinos an, die Ausländer und Anfänger gleichermaßen willkommen heißen. Auf erfahrene Wellenreiter warten noch diverse andere Breaks, die per *bangka* erreichbar sind. Dazu gehört z. B. **Rock Island**, das vom Cloud-Nine-Strand aus erkennbar ist. Außerdem liegen mindestens zwölf weitere gute Strände maximal eine Fahrtstunde zu Lande oder zu Wasser entfernt.

Alle örtlichen Resorts organisieren Tages- und Bootstouren. Zudem vermitteln sie Surfkurse (500 P/Std. inkl. Ausrüstung) und Leihbretter (300 P/halber Tag). Eine Alternative ist **Hippie's Surf Shop** (www.surfshopsiargao.com; ◉ 6–18 Uhr). Direkt vor dem Ocean 101 Beach Resort finden dort an vielen Vormittagen auch Yogakurse (200 P) statt.

🛏 Schlafen & Essen

Ocean 101 Beach Resort   HOTEL $
(📞 0910 848 0893; www.ocean101cloud9.com; Zi. mit Ventilator 500–1300 P, Zi. mit Klimaanlage 1400–2500 P, Villa für 2/4 Pers. 6000/9000 P; ❄@🛜) Sparsame Surfer zieht es zu diesem Komplex, der sich einen kurzen Fußmarsch nördlich des Cloud-Nine-Breaks auf einem Uferdamm befindet. Am Rand einer gepflegten Rasenfläche stehen hier zwei Hauptgebäude und ein einfaches Restaurant. In Richtung Straße erstreckt sich zudem ein niedriger Betonbau mit einfachen Quartieren. Die nett eingerichteten Zimmer vorne haben hohe Decken, große Bäder und Balkone mit Meerblick.

Aufgrund der großen Gästezahlen hat man hier eine höhere Chance, Leute zu treffen, mit denen sich die Kosten einer Bootstour teilen lassen. Einige Hängematten und ein zweistöckiger Uferpavillon vergrößern den Platz zum Abhängen. Das **Restaurant** (Hauptgerichte 100–300 P) serviert einfaches Essen und verlangt eventuell Geld für Handseife. Dafür sind die Kellner freundlich.

Wayfarer's   HOTEL $
(www.wayfarerscloud9.com; Zi. mit Ventilator/Klimaanlage 650/950 P; ❄🛜) Zugegeben: Atmosphäre ist hier Fehlanzeige, während das „Büro" an einen Vorratsschrank erinnert. Warmwasser und recht modernes Mobiliar machen die Zimmer in dem niedrigen Gebäude aber zu einer einwandfreien Wahl. Mangels einladender Gemeinschaftsbereiche müssen die Gäste ihre Stunden außerhalb des Bettes anderswo verbringen.

Siargao Island Emerald House   HÜTTEN $$
(📞 0949 161 9265; www.emeraldhousevillage.com; Zi. 1000 P, Hütte 1400–2500 P; 🛜) An der örtlichen Straße wurde zum Zeitpunkt der Recherche immer noch gebaut. Auf ihrer landeinwärts liegenden Seite befindet sich dieses große und grüne Anwesen mit tollem Preis-Leistungs-Verhältnis. Es vermietet einen Mix aus hübsch gestalteten und stilvoll eingerichteten Hütten. Das Spektrum der verschieden geschnittenen Quartiere reicht vom kleinen Loft-Apartment bis hin zum großen Haus mit komplett ausgestatteter Küche. Wochen- und Monatsrabatte.

Boardwalk at Cloud 9   HOTEL $$
(📞 0909 682 1875; reaganboardwalk@yahoo.com; Zi. mit Ventilator/Klimaanlage 1500/2500 P; ❄🛜) Das einst beliebte Boardwalk in absoluter Spitzenlage direkt vor dem Cloud-Nine-Pavillon kämpft seit der Übernahme durch ein neues Management ums Überleben. Die geräumigen, aber gewöhnlichen Zimmer entsprechen dem üblichen Hotelstandard. Hinter dem Hauptgebäude befindet sich ein kleiner Bau im einheimischen Stil, in dem ein paar einfachere Budgetquartiere sind.

★ Sagana Beach Resort   RESORT $$$
(📞 0919 809 5769; www.cloud9surf.com; Zi. inkl. 3 Mahlzeiten 3300 P/Pers.; ❄🛜♒) 🍴 Vom Cloud-Nine-Pavillon sind's nur wenige Schritte zu diesem ruhigen Luxusresort in erstklassiger Strandlage. Die Hütten mit balinesischem Touch bieten dunkle Holzfußböden, große Bäder und Hängematten auf privaten Veranden. Zudem lädt ein kleiner Salzwasserpool zum Abkühlen ein. Die freundlichen Eigentümer (Jerry und Susan Deegan) sind bestens über das aktuelle Treiben auf der Insel informiert. Das Essen allein ist schon den Preis wert (vor allem abends) und in unseren Augen das beste auf ganz Siargao.

Das Sagana hat von Dezember bis Februar meist geschlossen. Reine Speisegäste sollten rechtzeitig fürs Abendessen (Hauptgerichte 440 P) reservieren.

Kawayan Resort   HÜTTEN $$$
(📞 0920 364 0663; www.kawayansiargaoresort.com; Zi. inkl. Frühstück 6500 P; ❄🛜) Gleich hinter dem gleichnamigen und höchst empfehlenswerten Restaurant stehen ein paar schmucke Holzhütten mit eleganter Einrichtung. Deren Freiluftduschen und -toiletten mit Steinböden liegen im Schatten von Palmwedeln und Bäumen. Der grüne Garten drum herum befindet sich gegenüber vom Strand auf der anderen Straßenseite.

Das **Restaurant** (Gerichte 350–650 P; ◉ 7–14 & 18–21.30 Uhr) serviert Essen mit französischen, baskischen, philippinischen und marokkanischen Einflüssen (die Spezialität des Hauses ist marokkanische Tagine). Serviert werden die Gerichte in einem mondänen Speiseraum, dessen ganze Einrichtung aus Holz besteht. Der **Barbereich** mit Billardtisch hat lange geöffnet.

Villa Maya Resort & Golf Course   PENSION $$$
(📞 0908 875 3292; www.siargaovilla.com; Zi. inkl. Frühstück ab 3500 P; ❄🛜) Diese große Villa

auf einem Hügel über dem Golfplatz (S. 397) ähnelt einer modernen Vorstadtresidenz. Die drei geräumigen Zimmer (eigentlich eher Apartments) sind sehr behaglich und geschmackvoll eingerichtet. Der israelische Eigentümer ist für sein Schawarma bekannt und heißt auch reine Speisegäste willkommen.

Um das Gelände zu finden, einfach hinter dem letzten Cloud-Nine-Resort weiterfahren und am Ende der Straße links abbiegen; dann sind's nicht einmal mehr 1000 m bis zum Ziel.

Nördliches Siargao

Nördlich von Dapa führt die Straße durch das *barangay* **Pilar**, das größtenteils auf Stelzen in einem Mangrovensumpf steht. Vor der hiesigen Küste liegt der Tauchspot **Blue Cathedral.** Etwas nördlich von Pilar bietet der Strand **Magpupungko** bei Ebbe ein paar kristallklare Badelöcher. Er liegt nur eine halbe Bootsstunde von Cloud Nine entfernt (800 P/Boot) und wird am Wochenende von vielen Einheimischen bevölkert.

Wer sich dem reizenden Städtchen **Burgos** von Süden her nähert, sollte unbedingt auf dem Scheitelpunkt der Straße anhalten: Von hier aus fällt der Blick hinunter auf den halbmondförmigen Strand und das hellblaue Wasser – ein toller Ausblick! Die hervorragenden Wellen sorgen u. a. für lange Paddelstrecken und Reef Breaks (insgesamt sechs auf 1 km), die ganzjährig prima für erfahrene Surfer sind. Zudem kann man eventuell Einheimische bei Angeltrips begleiten.

Die **Bohemian Bungalows** (📞 0947 551 4528; www.bohemianbungalows.com; Zi. 750 P) sind ein selbsternanntes „Refugium für Surfer und Hippies", in denen vor allem Langzeitgäste absteigen. Das Einzelzimmer im zweiten Stock eines zauberhaften Häuschens wird zwei Haustüren weiter durch ein separates Gästehaus im Rondavel-Stil ergänzt. Der so geschickte wie talentierte Verwalter bereitet Mahlzeiten zu und backt u. a. selbst Brot. Das **Jafe Surf & Sail Camp Resort** (📞 0919 991 2685; www.jaferesort.com; EZ/DZ mit Ventilator 300/550 P, Zi. mit Klimaanlage 900 P; ❄) liegt ein paar Kilometer südlich von Burgos im *barangay* Pacifico. Von dem großen achteckigen Haus auf einem Strandgrundstück ist es nicht weit bis zu ein paar Surfbreaks.

Von Dapa aus geht's mit Vans (2000 P) und *habal-habals* (550 P) zu sämtlichen Unterkünften der Gegend (ca. 1 Std.). Theoretisch fährt außerdem ein *bangka* vom nahen Santa Monica nach Surigao auf dem Festland (250 P, 3 Std., 5 Uhr) – allerdings mit sehr zweifelhafter Verlässlichkeit.

Rund 10 km vom Flughafen entfernt liegt **Del Carmen** auf Siargaos Westseite. Hier starten sehr empfehlenswerte Bootsausflüge, die durch Caobs **Mangrovensümpfe** und zur malerischen **Sugba Lagoon** führen. Diese Option ist inzwischen sogar noch besser als die berühmte „Sohoton Cave and Lagoon"-Tour, die lange Fahrtzeiten und potenziell hohe Teilnehmerzahlen prägen. Idealerweise geht man morgens bei Flut an Bord und wendet sich vorher an **Gill Cariaga** (📞 0921 339 7694; gill.cariaga@gmail.com) dem das **Krokodelios** (Hauptgerichte 75–340 P; ⏱ 9–21 Uhr) in Del Carmen gehört. Dieses Uferrestaurant wird am späten Mittwoch- und Freitagabend zu einer Disco mit „Nachtcafé" auf dem Parkplatz. Del Carmen selbst ist für seine riesigen Zuchtkrabben bekannt, die auch im Krokodelios serviert werden. Kombinierte Mangroven- und Lagunentrips mit Motorbooten kosten 1600 P (zzgl. Umweltgebühr von 100 P/Pers.). Passagiere können ihre eigene Schnorchelausrüstung mitbringen. Alternativ fahren Paddelboote (250 P/Pers.) und Motorboote (600 P, max. 6 Pers.) nur zu den Mangroven. Weitere Touren lassen sich über viele Resorts in GL oder Cloud Nine organisieren (inkl. Shuttles per Van für ca. 2000 P). Gill vermittelt außerdem **Aufenthalte bei einheimischen**

INSIDERWISSEN

ENGLISCHER SLANG

Auch in sprachlicher Hinsicht ist auf den Philippinen ein starker Einfluss der US-Kultur zu verspüren. Englisch hat die hiesige Alltagssprache durchdrungen – was als Witz begann, ist inzwischen fest etabliert. Vor allem auf Mindanao wird z. B. oft vom *walkman* (Schweinsohren) oder von *adidas* (Hühnerfüße) gesprochen. Und da wären auch noch diese Motorräder, die teilweise sechs oder sieben Passagiere nebst Fracht (manchmal sogar lebende Schweine) auf Holzplanken transportieren. Ihr passender Name Skylabs basiert auf der Ähnlichkeit mit den Sonnenkollektoren von Weltraumsatelliten. Und auf der Tatsache, dass sie jederzeit eine Bruchlandung hinlegen können – genau wie die erste Raumstation der USA, die 1979 auf die Erde stürzte.

Familien in Del Carmen (DZ 1500 P). Von dort aus schippern täglich zwei *bangkas* (225 P, 2½ Std., 6 & 10 Uhr) nach Surigao.

Inseln nahe Siargao

Gleich vor Siargaos Südküste liegen mehrere Inseln: Palmen und weißer Sand säumen das winzige **Guyam** (Gilligan's Island). Das größere **Dako** bietet einen schönen Strand und Möglichkeiten zum Tauchen oder Schnorcheln. **Naked Island** ist eine weiße Sandbank ohne jeglichen Schatten. Für 1000 bis 1500 P fahren *bangkas* zu einem oder zwei dieser Inseln; alle drei lassen sich für 2000 bis 3000 P besuchen.

La Janosa und **Mamon** warten mit Surfbreaks plus tollen Schnorchelspots auf – ergänzt durch die Option, per Surfbrett von einer Insel zur anderen zu paddeln. Auf La Janosa kann man zudem in sehr einfachen Hütten übernachten. Ab dem Pier in GL schippern gecharterte *bangkas* hierher. Der Preis hängt dabei von Fahrstrecke und -dauer ab (im Durchschnitt 1500 P/Pers.).

Südlich von Siargao lockt **Bucas Grande** mit einem Besuch der **Sohoton Cave & Lagoon**, die nicht mit dem gleichnamigen Park im südlichen Samar verwechselt werden sollte. Dieser Inlandsee ist nur bei Ebbe erreichbar. Er wird von allerlei abgefahrenen Meereslebewesen und nicht stechenden Quallen bevölkert. Zudem ragen hier Hügel empor, die an die Höcker eines Meeresungeheuers erinnern. Angesichts der recht einsamen Lage überrascht es, dass sich hier mitunter ganze Bootsladungen von einheimischen Touristen tummeln. Tagestouren (ca. 2000 P/Pers.) lassen sich über Resorts in GL oder Cloud Nine arrangieren. Achtung: Wer leicht seekrank wird, sollte vor der Überfahrt die Wetterbedingungen checken!

Dinagat (Di-nah-gat) ist deutlich größer als Siargao und liegt näher beim Festland. Dennoch verzeichnet diese Insel nur wenige Besucher (in erster Linie wegen des begrenzten Unterkunftsangebots). Auf der Insel gibt es mehrere Fischergemeinden und hat eine besonders malerische Nordwestküste, an der vom Dschungel überwucherte Karstformationen aus türkisblauem Wasser emporragen. Während der Karwoche besuchen Pilger ein Inselchen nahe Basilia, da sie an die nasse Heilkraft der dortigen Zwillingsseen von Bababu glauben. Vor dem Hotel Tavern (S. 394) in Surigao starten *bangkas* nach San José auf Dinagat (100 P, 4 Std., tgl. 8, 10 & 12 Uhr).

SÜDLICHES MINDANAO

In der Umgebung von Davao warten zahllose Abenteuer. Besucher können z. B. den Mt. Apo erklimmen, durch die Compostela Valley wandern oder die lange Küstenlinie nördlich und südlich der Stadt erkunden. Zudem liegen hier mehrere Inseln draußen im offenen Meer. Die Gegend verzeichnet nur wenige ausländische Reisende, ist aber ein sehr beliebtes Wochenendziel der Einwohner Davaos. Am entlegenen Lake Sebu kann man in Stammeskulturen eine herrliche Landschaft eintauchen. An den Straßen der Region stehen überall Stände, auf denen sich charakteristische Früchte stapeln – darunter Marangs, Mangostanen, Rambutans, Lanzones, Docos (eine Lanzones-Variante) und natürlich Durianfrüchte, von denen insgesamt acht Sorten erhältlich sind. Hinzu kommt auch gewöhnlicheres Obst: Bananen, Ananas und Papayas werden hier auf Großplantagen angebaut.

Davao

082 / 1444300

Diese weitläufige Metropole ist die kulinarische, kulturelle, wirtschaftliche und kommerzielle Hauptstadt des Südens. Inzwischen wird sie Manila immer ähnlicher – mit allen entsprechenden Vorzügen und Nachteilen. So nimmt die Zahl der Verkehrsstaus, Einkaufszentren, multinationalen Unternehmen und Wohnsiedlungen hinter Sicherheitstoren stetig zu. Allerdings ragt der Mt. Apo majestätisch in der Ferne empor und symbolisiert dabei die typische Doppelidentität der Einheimischen. Diese fühlen sich zwar als Großstädter, sind aber ebenso tief im Umland verwurzelt. Sie wissen aber genau, dass Davao (Dah-*bau*, manchmal auch „Dabaw") immer mehr als genug interessante Action bietet. Zudem liegen bewaldete Hänge und weiße Sandstrände nur eine kurze Auto- oder Bootsfahrt entfernt.

Bis zur Mitte des 19. Jhs. konnte sich die Stadt erfolgreich gegen die spanischen Invasoren behaupten. Nun steht sie für einen faszinierenden Mix aus muslimischen, chinesischen, indigenen und sogar japanischen Einflüssen. Letztere kommen von den regionalen Großmärkten, auf denen einst mit Manilahanf gehandelt wurde. Auch der Zweite Weltkrieg hat sein tragisches Scherflein dazu beigetragen. Davao ist größtenteils christlich geprägt und hat einige harte Zeiten erlebt – vor allem in den 1980er-Jahren, als Guerillas auf den örtlichen Straßen kämpften. Heute leben hier auch zahlreiche Menschen aus Südindien, von denen viele am Davao Doctor's Hospital studieren. Koreanische Einwanderer gibt's dagegen nur wenige (angeblich wegen Davaos striktem Rauchverbot).

Vor allem im Süden in Richtuhng Toril wächst die Stadt immer weiter. Außerdem wurde ein Großteil des Umlands in riesige Plantagen verwandelt, die Ananas, Bananen und Zitrusfrüchte in riesigen Mengen für den Export produzieren.

Sehenswertes & Aktivitäten

Die Stadt erstreckt sich südwärts entlang des Davao Gulf. Ihr älteres Zentrum wird im Westen vom Davao River begrenzt. Verwirrenderweise bezeichnen Einheimische einige bedeutende Straßen sowohl mit deren alten und als auch neuen Namen.

Der **Edge Outdoor Shop** (082-300 0384; Wheels N More Compound, JP Laurel Ave; 17–21 Uhr) liefert Infos zu Outdoor-Aktivitäten (vor allem zum Wandern und Klettern am Mt. Apo). Dem Inhaber Erwin „Pastor" Emata gelang 2007 einer der schnellsten Aufstiege am Mt. Everest.

Museo Dabawenyo — MUSEUM
(Ecke A Pichon St & CM Recto St; Mo–Fr 9–17.45 Uhr) GRATIS In diesem hervorragenden Museum verteilen sich gut gestaltete Galerien auf insgesamt zwei Stockwerke. Beleuchtet wird u. a. der komplexe Mix aus indigenen Stammesgruppen, Religionen und Ethnien in Davao bzw. ganz Mindanao. Besonders interessant sind die Fotoausstellungen zur japanischen und amerikanischen Besatzungszeit der Stadt.

Davao Crocodile Park — ZOO
(082-286 1054; www.adventurephilippines.ph; Eintritt 300 P; Mo–Do 8–18, Fr–So 8–19 Uhr) Rund 5 km nördlich vom Zentrum erstreckt sich dieses große Gelände mit diversen Einrichtungen entlang des Davao River. Als Kombination aus Naturschutzzentrum und Zoo zeigt es u. a. Krokodilshows und -fütterungen. Hinzu kommen Seiltanz- und Kulturshows sowie ein hervorragendes Restaurant am Flussufer. Neben Krokodil auf viererlei Art (als Braten, Pasta, Omelette oder traditionelles Steak) kommen dort auch andere Fleischsorten (z. B. vom Strauß) und Seafood auf den Tisch. In den nahegelegenen Hügeln betreibt der Park außerdem eine Seilrutsche (300 P) mit Panoramablick.

Kublai's Gallery — KUNSTGALERIE
(Yahu Plaza, Ecke Magsaysay Ave & Bangoy St; 9–18 Uhr) Ziemlich unkonventionell: Diese Kunstgalerie befindet sich im vierten und fünften Stock eines gewöhnlichen Einkaufszentrums in Chinatown. Per Aufzug geht's hinauf zu den großen Räumlichkeiten, in denen viele Gemälde des Künstlers Kublai Millan (für Details s. S. 413) an den Wänden hängen.

People's Park — PARK
(5.30–10 & 15–23 Uhr) GRATIS Mehr Beton als Grün prägt diesen familienfreundlichen Park. Die überlebensgroßen Skulpturen von Mindanaos indigenen Volksgruppen sind allesamt Werke des Künstlers Kublai Millan.

Dabaw Museum — MUSEUM
(Eintritt 20 P; Mo–Sa 9–17 Uhr) Neben dem Waterfront Insular Hotel nordöstlich vom Zentrum repräsentiert hier eine gute Sammlung (Webereien, Artefakte) die meisten Stämme Mindanaos.

Bankerohan Public Market — MARKT
(Ecke A Pichon St & E Quirino Ave; 7–12 & 16–18 Uhr) Lebhaft, chaotisch, klaustrophobisch, geruchsintensiv: Für etwas Lokalkolorit empfiehlt sich dieser Markt, der an eine weitläufige Slumsiedlung erinnert. Hier gibt's alles, was in der philippinischen Küche verwendet wird. Am besten morgens besuchen!

Davao Wildwater Adventures — RAFTING
(0920 954 6898, 082-221 7823; www.riverraftingphilippines.ph; 2000 P/Pers.) Wer westlich der Stadt eine Raftingtour auf dem Davao River unternehmen will, sollte damit rechnen, einige Zeit im Wasser zu verbringen – vor allem nach schweren Regenfällen, wenn manche Stromschnellen zu „Waschmaschinen" werden. Während der Regenzeit (besonders im Juni) ist der Adrenalinkick am höchsten. Diesen sehr empfehlenswerten Profi-Veranstalter findet man auf dem Gelände des Crocodile Park.

Feste & Events

Kadayawan sa Dabaw Festival — KULTUR
Dieses Festival in der dritten Augustwoche ist weit mehr als nur ein schlichtes Erntedankfest: Es paart Stammeskultur, Landwirtschaft und Kunsthandwerk mit Straßenumzügen, Vorführungen und großartigen Präsentationen von Früchten bzw. Blumen.

Davao

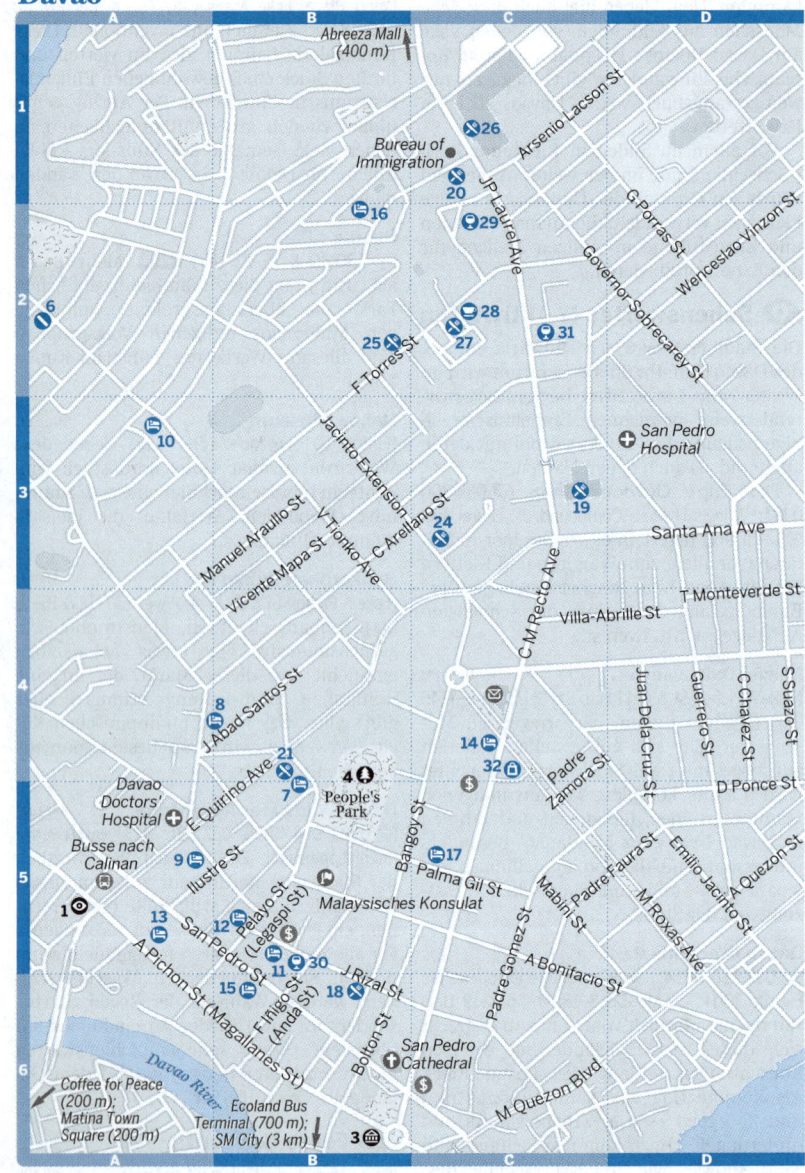

Schlafen

★ **Ponce Suites** HOTEL **$**
(☏ 082-227 9070; www.poncesuiteshotel.com; Ecke 3 & 4 Rd, Doña Vicente Village, Bajada; EZ/DZ ab 595/700 P; ❄ ☎) Das Ponce unter der Leitung eines Mutter-Sohn-Gespanns ist innen und außen praktisch komplett mit Kunst bedeckt (Skulpturen, Gedichte, Fotos, Gemälde). Die stammt durchweg vom unglaublich produktiven Kublai Millan, der den ansonsten eher gewöhnlichen Bau in eine unkonventionelle Vision von Gastfreundschaft verwandelt hat. Highlight ist der skurrile

Davao

◎ Sehenswertes
1. Bankerohan Public Market A5
2. Kublai's Gallery E4
3. Museo Dabawenyo B6
4. People's Park B4

✪ Aktivitäten, Kurse & Touren
5. Carabao Divers F3
   Edge Outdoor Shop .... (siehe 31)
6. South Shore Divers A2

🛏 Schlafen
7. Casa Leticia Boutique Hotel B5
8. Green Windows Dormitel B4
9. Hotel Galleria A5
10. L.A. Interline Hotel A3
11. Las Casitas B5
12. Legaspi Suites B5
13. Manor Hotel A5
14. Marco Polo Hotel C4
15. My Hotel B6
16. Ponce Suites B2
17. Royal Mandaya Hotel C5

✕ Essen
18. Claude's Le Cafe De Ville B6
19. Gaisano Mall C3
20. Gomone C1
21. Hanoi Restaurant B4
22. Kong-Ai Vegetarian Centrum E4
    Lachis .... (siehe 6)
23. Malagos Farmhouse F1
24. Tadakuna C3
25. Tiny Kitchen B2
26. Victoria Plaza Compound C1
27. Yellow Fin C2

◯ Ausgehen & Nachtleben
28. Green Coffee C2
29. Pryce Tower C2
30. Rizal Promenade B5
31. Starr Club & Bar C2

🛍 Shoppen
32. Aldevinco Shopping Centre C4
    Got Heart Community
    Shop .... (siehe 19)

ⓘ Praktisches
Department of Tourism .... (siehe 29)

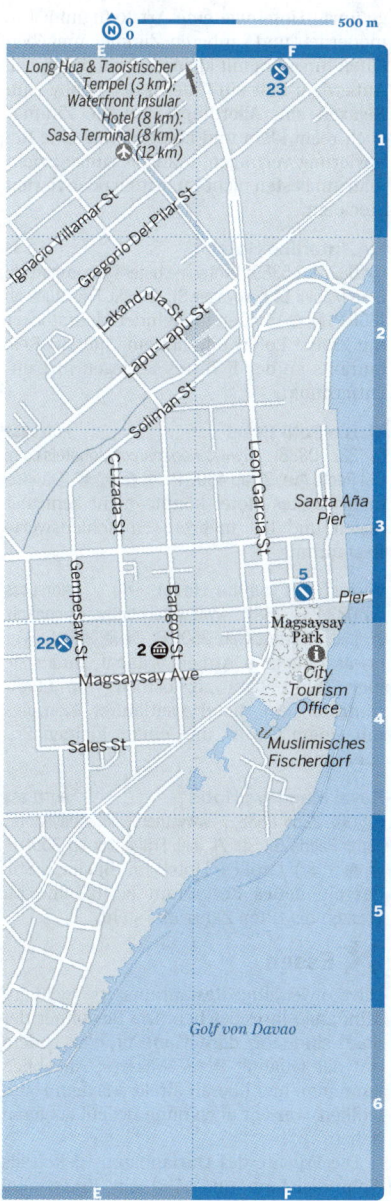

Green Windows Dormitel   HOTEL $
(☏ 082-300 3893; www.greenwindowsdormitel.com; 5. Stock, FTC Tower, 1034 Mt Apo St; B/DZ 188/1450 P; ❄☏) Das große Hochhaus, das sich in zentraler Lage befindet, vermietet alle möglichen Zimmer (beispielsweise Schlafsäle mit gutem Preis-Leistungs-Verhältnis), die über Schließfächer und in vielen Fällen auch über Flachbild-TVs verfügen.

Dachbereich im Stil Gaudís. Die Zimmer entsprechen dem normalen Motelstandard; Bäder und Lobby sind renoviert.

Das Hotel steht direkt neben einem Tennisclub in einem ruhigen Gebäudeblock und bietet auch eine halbtägige „Kublai-Kunstführung" an.

Las Casitas   HOTEL $
(082-222 3001; www.casitashotels.com; 185 J Rizal St; EZ/DZ ab 870/950 P; ❄☎) Dieses Innenstadthotel punktet mit einem Aufzug, einem Café im Untergeschoss und einer kleinen, aber komfortablen Lobby. Es ist eine recht gute Wahl, wenn man sich nicht an abbröckelnder Farbe und Platzmangel stört – unbedingt mehrere Zimmer anschauen, um die allerkleinsten von ihnen vorab auszusortieren!

Manor Hotel   HOTEL $
(082-221 2511; www.manorhoteldavao.com; A Pichon St; EZ/DZ 750/850 P; ❄☎) Das professionell geführte kleine Hotel in der Innenstadt überzeugt u. a. mit einem netten Café im Untergeschoss. Die kleinen Zimmer wirken zweckmäßig und gemütlich. Sie sind mit modernen Bädern und TVs ausgestattet, bekommen aber unterschiedlich viel Tageslicht ab.

My Hotel   HOTEL $
(082-222 2021; www.myhoteldavao.com; San Pedro St; EZ/DZ 800/1000 P; ❄☎) Farbenfroh gestrichenes Hochhaus mit blitzblanken Böden und großen, modernen Zimmern (auf der Straßenseite recht hell).

Legaspi Suites   HOTEL $$
(www.legaspisuites.com; 115 Pelayo St; EZ/DZ inkl. Frühstück 1500/1700 P; ❄☎) Das Legaspi gehört zu den besten Mittelklasseunterkünften in der Innenstadt. Zudem ist dies eines der wenigen Hotels hier, die in Gebäuden mit architektonischen Elementen aus der Kolonialzeit untergebracht sind. Die weiße Schindelfassade und das rote Ziegeldach im spanischen Stil bilden einen hübschen Kontrast zu den modernen, komfortablen Zimmern. Im selben Komplex befinden sich auch ein Café, ein Spa und ein Reisebüro.

Casa Leticia Boutique Hotel   HOTEL $$
(082-224 0501; www.casaleticia.com; J Camus St; EZ/DZ inkl. Frühstück 2800/3000 P; ❄@☎) Dieses Hotel in praktischer Lage gegenüber vom People's Park steht ganz im Zeichen des Business-Stils (nicht unbedingt ein Nachteil). Die Zimmer mit Korbmöbeln und altmodischen Farbmustern sind eventuell nicht jedermanns Sache. Dies gilt vor allem für die extrem schmalen Wohnstudios.

Hotel Galleria   HOTEL $$
(082-221 2480; hotelgalleriadvo@yahoo.com; General Duterte St; Zi. 1100–2100 P; ❄☎) Im belebten Zentrum wirkt dieses professionell geführte Hotel wie eine Art Refugium: Die modernen und sauberen Zimmer umgeben einen Innenhof mit kleinem Swimmingpool. Außerdem lädt ein Café in der Lobby zum Relaxen ein. Allerdings sind die Zimmer auch recht klein und könnten mal eine Renovierung vertragen. Mangels Aufzug zieht man am besten nicht im dritten oder vierten Stock ein.

L.A. Interline Hotel   HOTEL $$
(082-222 5389; lainterline.hotel@yahoo.com.ph; Ecke Mabini St & Voyager St; Zi. inkl. Frühstück ab 1800 P; ❄☎) Neuer, funkelnder Mehrstöcker mit großer Lobby und nettem Café; die Restaurants an der F Torres St liegen in Laufentfernung.

Marco Polo Hotel   HOTEL $$$
(221 0888; www.davao.marcopolohotels.com; CM Recto Ave; Zi. ab 4800 P; ❄@☎) Davaos luxuriösestes Hotel könnte nicht zentraler liegen und hat mehrere empfehlenswerte Restaurants.

Waterfront Insular Hotel   HOTEL $$$
(082-233 2881; www.waterfronthotels.com.ph; Zi. inkl. Frühstück ab 3500 P; ❄@☎) Wer etwas Luft zum Atmen braucht, findet sie hier: Rund 8 km nordöstlich vom Stadtzentrum liegt dieser weitläufige Komplex mit einem Garten und einem kleinen Privatstrand.

Royal Mandaya Hotel   HOTEL $$$
(082-225 8888; www.theroyalmandayahotel.com; Palma Gil St; Zi. inkl. Frühstück ab 3000 P; ❄@☎) Großes Hotel im Business-Stil, das ein nettes Restaurant besitzt und im Herzen des alten Zentrums steht.

 Essen

Davaos vielfältige Restaurantszene sucht auf Mindanao ihresgleichen. Die Bewohner der Stadt sind stolz darauf und prahlen zudem mit der Qualität ihres Wassers: Angeblich kann man hier überall direkt aus dem Hahn trinken, was wir auch ohne Bedenken getan haben.

Die Früchte des Durianbaums gelten als Aphrodisiakum und sind ein Kultsymbol Davaos – aber definitiv auch Geschmackssache: Vielleicht merkt man schon beim Probieren, dass dieses Obst nichts für einen ist. Die Saison dauert von September bis Dezember. Im übrigen Jahr empfehlen sich Durian-Eiscreme oder -Cappuccino (bei mehreren örtlichen Cafés erhältlich) als Ersatz für die frische Variante.

Abseits der JP Laurel Ave erstreckt sich die **F Torres St**, an der über ein Dutzend Restaurants verschiedene Küchen aus aller Welt serviert (u. a. italienisch, thailändisch, spanisch, chinesisch, japanisch). Dazwischen verteilen sich ein paar Cafés, Bars und Nachtclubs.

Ein weiteres Gastrozentrum befindet sich im schlichten **Victoria Plaza Compound**. Dessen sonnenverbrannte Flachbauten hinter dem gleichnamigen Einkaufszentrum beherbergen über ein Dutzend besuchenswerter Restaurants. Darunter sind einige große Seafood-Lokale (Sen Ton Whan Seafood, Grand Emerald Seafood, Ahfat Seafood). Chinesische, koreanische und philippinische Gerichte kommen hier ebenfalls auf den Tisch.

In allen örtlichen Einkaufszentren gibt's Kinos, Cafés, Gastrobereiche und gehobenere Restaurants. Definitiv am schicksten ist die **Abreeza Mall** (Ladenöffnungszeiten 10–21 Uhr), ein kurzes Stück nördlich der Innenstadt. Am zentralsten liegt die **Gaisano Mall** (JP Laurel Ave; 10–22 Uhr), in deren fünftem und sechstem Stock kürzlich „The Peak" eröffnet hat. Hierzu gehört eine große Freiluftterrasse, die von Cafés und Restaurants wie dem Kublai Khan's (mongolische Küche, All-You-Can-Eat) gesäumt wird. Zudem beobachtet hier eine Studentenschar die spontanen Spiele auf zwei halben Basketballfeldern. Gleich südlich vom Zentrum findet man die nunmehr erweiterte **SM City** kurz hinter der Ecoland Subdivision. Die **SM Lanang Premier** steht dagegen ein paar Kilometer weiter östlich in Richtung Flughafen.

Rund um den Santa Aña Pier und das muslimische Fischerdorf verteilen sich günstige Fischrestaurants, die vor allem am frühen Abend recht belebt sind.

Lachis
PHILIPPINISCH $

(82-224 5552; Ruby St, Marfori Heights; Hauptgerichte 90–150 P; Mo-Sa 11–20 Uhr) Das zwanglose Lokal in fröhlichen Farben ist mittags besonders stark besucht und vor allem für seine Hausmannskost (z. B. gegrillte Schweinsrippchen) bekannt. Serviert werden hier auch Torten, Kuchen und viele andere Backwaren.

Kong-Ai Vegetarian Centrum
VEGETARISCH $

(082-225 5894; Gempesaw St; Hauptgerichte 60 P; 10–19 Uhr;) Schlichtes Restaurant in Chinatown, das vegetarisches Essen in einem Cafeteria-artigen Ambiente serviert. Sehr beliebt beim Personal hiesiger Läden.

★ Balik Bukid
PHILIPPINISCH $$

(0917 972 8540; Quimpo Blvd, Sandawa Park; Hauptgerichte 200 P; Mo-Sa 11–22, So 17–22 Uhr) Drei Brüder (ein Küchenchef, ein Dekorateur und ein Bauer) haben zusammen dieses Restaurant eröffnet – und sich dabei geschworen, zurück zu den Wurzeln zu gehen. So stammen fast alle Zutaten auf den Tellern (bis auf den frischen Fisch) von ihrem eigenen chemiefreien Bio-Bauernhof. Kunsthandwerk ziert die Bambuswände des luftigen Speiseraums mit hohen Decken.

Tadakuna
JAPANISCH $$

(0927 960 5507; Jacinto Extension nahe der Arellano; Hauptgerichte 220–400 P; Mo-Sa 9–21, So 9–22 Uhr) Der schlichte Speiseraum mit wenigen Tischen scheint auf den ersten Blick nichts Besonderes zu sein. Allerdings ist der Eigentümer ein leidenschaftlicher Fischer, dessen gekonnt zubereitetes Sushi und Sashimi zu den besten der Stadt gehören.

Tiny Kitchen
SPANISCH $$

(82-305 9232; F Torres St; Hauptgerichte 210–375 P; Mo-Sa 10–20.30 Uhr) Der Inhaber des gemütlichen und belebten Lokals geht selbst von Tisch zu Tisch, um Stammgäste zu begrüßen. Auf der Kreidetafel stehen hauptsächlich Paellas und andere Gerichte im spanischen Stil. Zudem ist der Laden für seine Theke mit selbstgemachten Brotsorten, Kuchen, Backwaren und diversen Desserts bekannt.

Gomone
KOREANISCH $$

(Surveyor St; Hauptgerichte 200 P) Gegenüber der Victoria Plaza Mall gibt's im Gomone echte koreanische Küche in schlichtem Ambiente. Vegetarierfreundlich kommt dabei mehr Blattgemüse als anderswo auf den Tisch.

Yellow Fin
SEAFOOD $$

(F Torres St; Hauptgerichte 200 P; 10–14 & 17.30–22 Uhr) Das zwanglose und beliebte Restaurant unterhält in Davao insgesamt drei Filialen. Spezialität des Hauses ist Seafood, dessen Preis nach Gewicht berechnet wird (z. B. Lapu Lapu für 80 P/100 g oder Thunfisch für 75 P/100 g). Wenn viel los ist, dauert es meist fast eine halbe Stunde, bis der Kellner das Essen serviert.

Hanoi Restaurant
VIETNAMESISCH $$

(082 225 4501; J Camus St; Hauptgerichte 200 P) Die leckeren vietnamesischen Gerichte des stilvollen Hanoi sind teilweise an den Mainstream-Geschmack angepasst – ein

ABSEITS DER ÜBLICHEN PFADE

AUTOTOUREN AB DAVAO

Wildwasser-Abenteuer Außerhalb von Santa Cruz ist Tubing (200 P) auf eigene Faust möglich – genauer gesagt auf dem Sibulan River zwischen Davao und Digos. Alle Busse in Richtung Digos oder General Santos halten auf Wunsch an der Sibulan Crossing. Die aktuelle Strömungsstärke hängt vom neuen Wasserkraftwerk ab, das sich flussaufwärts befindet. Zwecks Mittagessen besuchen Selbstfahrer am besten das Tabing Dagat in Santa Cruz, das Seafood am Ufer serviert. Etwas weiter südlich liegt Digos mit Mer's Kitchenette. Dieser brummende Mix aus Restaurant und Laden ist für seine große Auswahl an Snacks bzw. Desserts bekannt – darunter *bibinga* (Reiskuchen mit Kokos) und *bokayo* (Bällchen aus Kokosmark). Übrigens: Einige japanische Soldaten blieben nach dem Zweiten Weltkrieg in der Region. Viele ihrer Nachkommen siedelten irgendwann dauerhaft nach Japan über.

Mati & Umgebung Rund drei Fahrstunden östlich und südlich von Davao erreicht man Mati in der Provinz Davao Oriental. Der nahe Dahican Beach eignet sich besonders gut zum Kajakfahren, (Wind-)Surfen und Schnorcheln. Die Gewässer rund um Mati sind außerdem mit mehreren weißen Sandinseln gesegnet. Hinzu kommt eine vielfältige Unterwasserwelt mit Mantarochen, Haien, Schildkröten, Delphinen und Dugongs. Noch weiter südlich markieren die kilometerlangen weißen Sandstrände des abgeschiedenen Cape St. Augustine die äußerste Spitze einer Halbinsel, die in den Golf von Davao hineinragt. Die nächstgelegenen Unterkünfte gibt's in Governor Generoso.

Cateel Nördlich von Mati verläuft eine Straße, die an den Hwy 101 in Kalifornien erinnert. Wer ihr folgt, erreicht nach langer Fahrt schließlich Cateel, das zu den ältesten spanischen Siedlungen auf den Philippinen gehört. Der komplett unerschlossene Long Beach (4 km) ist gut zum Surfen und Skimboarden geeignet. Östlich von Cateel liegen die atemberaubenden Aliwag Falls; südlich der Stadt erstreckt sich ein Mangrovenschutzgebiet mit eindrucksvoller Artenvielfalt.

Mainit Hot Springs Nahe Maco auf der Ostseite des Davao Gulf können müde Traveller rund um die Uhr in diesen schwefelhaltigen Quellen relaxen. Weiter nördlich liegt Nabunturan, die Hauptstadt der Provinz Compostela Valley. Dort werden die Becken des Toyozu Inland Resort (0917 753 8615; Hütte 750 P) von einer nahegelegenen Quelle gespeist. Deren Wasser erhält seine Wärme von einem 1,5 m hohen Minivulkan, der weiterhin wächst.

Wasserfälle Rund 83 km südöstlich von Nabunturan liegt Maragusan (640 m), in dessen Nähe mehr als zwei Dutzend Wasserfälle warten. Am attraktivsten davon sind die sehr kalten Marangig und Tagbibinta Falls. Das nette Haven's Peak Highland Resort (0926 719 7558; www.thehavenspeak.com; B/Hütte 4000/2800 P) punktet mit Traumblick auf die umliegende Landschaft.

Prinzip, das z. B. auch chinesische Restaurants in den USA anwenden.

★ **Claude's Le Cafe De Ville** EUROPÄISCH, FRANZÖSISCH $$$
(082-222 4287; www.claudescafedavao.com; 143 J Rizal St; Hauptgerichte ab 700 P; ⏱Mo-Sa 10.30–22.30, So 17.30–22.30 Uhr) Polierte Holzfußböden, eine weiße Schindelfassade und durchbrochenes Mauerwerk mit Reliefs: Das wunderschön restaurierte Wohnhaus aus der Kolonialzeit ist eines von Davaos Juwelen – und dazu noch das bei Weitem eleganteste und romantischste Restaurant der Stadt, wobei die Küche der Atmosphäre starke Konkurrenz macht. Spezialität des Hauses sind Steaks (z. B. vom Hirsch oder Wildschwein aber auch T-Bone-Steaks), deren Preis nach Gewicht berechnet wird. Doch auch die Fisch- und Nudelgerichte schmecken gleichermaßen gut.

Große Weinauswahl; Reservierung ist ratsam.

Ausgehen & Nachtleben

Nahe der Ecke Palma Gil and Guzman St liegt mit dem Brick Lane Square ein Zentrum des Nachtlebens, das sich sehr gut als Ausgangspunkt für Kneipentouren eignet. Rund um einen kleinen Innenhof findet man hier unterschiedliche Bars, in denen sich junge

Studenten neben älteren Geschäftsleuten tummeln. Die **Rizal Promenade** (Rizal St) im älteren Teil der Innenstadt ist eine in sich abgeschlossene Arkade, die mehrere Bars und Karaoke-Schuppen zu einem weiteren Zentrum von Davaos Nachtleben machen. Die verschiedenen Gebäudekomplexe an der **F Torres Street** (z. B. das K1) beherbergen ein paar Bars und Restaurants, die sich gut für Drinks zu später Stunde eignen.

Mancherorts gibt's auch Davaos Spezialität: gefrorenes Bier, das auf –5 °C heruntergekühlt wird (die Flaschen können sich ganz schön unangenehm anfühlen). Die meisten Spitzenklassehotels bieten am Wochenende Livemusik und Tanz. Aufgrund der stadtweiten Sperrstunde ist ab 2 Uhr überall der Laden dicht.

Die zahllosen örtlichen Cafés verteilen sich u. a. auf den Matina Town Sq und die F Torres St. Das Cafe France, das Blugre Coffee und weitere Optionen befinden sich im Komplex des **Pryce Tower** gleich südlich der Victoria Plaza Mall (abseits der JP Laurel Ave).

★**Matina Town Square** BAR, NACHTCLUB
(MTS; Gen Douglas MacArthur Hwy) Den belebten MTS säumen diverse Freiluftbars und -restaurants sowie ein paar gehobenere Lokale und Clubs. In fröhlicher Atmosphäre steigt hier jeden Dienstagabend eine kostenlose Open-Air-Show mit indigener Musik und Tanz. An allen übrigen Abenden gibt's andere Livemusik (meistens Pop). Vor der Bühne stehen zahlreiche Tische, während über ein halbes Dutzend Grillstände um die Gunst des Publikums buhlt. Unterhaltungen werden jedoch durch die hohe Lautstärke erschwert. Ebenfalls am MTS treten Liedermacher in der netten Bar **Kanto Jazz Blues** auf.

Starr Club & Bar NACHTCLUB
(Palma Gil St; 20–2 Uhr) Hier tanzen viele Studenten und betuchte Uni-Absolventen im Trockeneisnebel. Aus den Boxen schallen hauptsächlich Techno und House.

Coffee for Peace CAFÉ
(www.coffeeforpeace.com; G/F Frederic Bldg, MacArthur Hwy, Matina; 8–23 Uhr, So geschl.;) Das kleine Café ist das Verkaufsoutlet einer kommunal orientierten Fair-Trade-Organisation, die zu den ersten philippinischen Exporteuren von Arabica-Bohnen gehört. Ein Viertel des Reingewinns fließt an die nichtstaatliche Partnerorganisation Peace Builders, die sich um indigene Gemeinden auf den Philippinen kümmert.

Malagos Farmhouse CAFÉ $$
(082-221 1395; www.malagosfarmhouse.com; Bolcan St) Olive Puentespina und ihr Ehemann Bo (ein Tierarzt) stellen hier eine wachsende Zahl von Käsesorten in Handarbeit her. Die Dame des Hauses veranstaltet nachmittags Verkostungen inklusive Wein.

Green Coffee CAFÉ
(F Torres St; 24 Std.;) Ein großes Starbucks-Pendant mit vergleichsweise besseren Kuchen und Backwaren. Drinnen und draußen stehen komfortable Sitzgelegenheiten.

🛍 Shoppen

Aldevinco Shopping Centre KUNSTHANDWERK
(CM Recto Ave; 7.30–20 Uhr) Nach Kunsthandwerk sucht man am besten in diesem Labyrinth aus Verkaufsständen, auf denen sich Textilien, Batiken, Webereien, Schnitzereien und Schmuck stapeln. Unbedingt Zeit zum Feilschen nehmen - Hochbetrieb herrscht hier fast nie. Die Standinhaber tauschen auch gern US-Dollar und Euro um.

Got Heart Community Shop KUNSTGALERIE
(0906 496 2153; Gaisano Mall; 13–21 Uhr) Dieser Laden befindet sich im fünften Stock der Freiluft-Plaza „The Peak". Neben regionalen Produkten (z. B. Bio-Kakao, Kokosöl, Ingwerbonbons) verkauft er auch die Werke einheimischer Künstler.

ℹ Praktische Informationen

Alle großen Banken unterhalten hier Filialen mit Geldautomaten.

Internetcafés konzentrieren sich auf die Straßen südlich des People's Park und auf die CM Recto Ave nahe dem Marco Polo Hotel. Mindestens eines davon gibt's natürlich auch in jedem Einkaufszentrum.

Bureau of Immigration (Einwanderungsbüro, BOI; 082-228 6477; JP Laurel Ave; Mo–Fr 8–17 Uhr) Direkt gegenüber der Victoria Plaza Mall.

City Tourism Office (082-222 1958; www.davaotourism.com; Magsaysay Park Complex; Mo–Fr 8–17 Uhr) Allgemeine Informationen plus Anbieter-Adressen in Sachen Aktivitäten (z. B. Wandern, Tauchen).

Davao Doctors' Hospital (082-222 8000; www.ddh.com.ph; Ecke E Quirino Ave & Gen Malvar St)

Department of Tourism (Tourismusbehörde; ☏ 082-221 6955; www.discoverdavao.com; Room 512, LANDCO Corporate Center, JP Laurel Ave)

❶ An- & Weiterreise

BUS

Drehscheibe aller Fernbuslinien (Abfahrt ca. alle 30–60 Min.) ist das Ecoland Terminal, das 2 km südlich vom Zentrum liegt. Busse und Minivans bedienen oft dieselben Ziele (z. B. General Santos und Mati). Am Busbahnhof nahe dem Eingang der Victoria Plaza starten Verbindungen in Richtung Norden. Vor der Gaisano Mall befindet sich ein weiteres Terminal, an dem u. a. Vans nach Kidapawan abfahren.

ZIEL	PREIS (P)	DAUER (STD.)
Butuan	500	7¼
Cagayan de Oro	500	6
General Santos	275	3½
Surigao	500	7

FLUGZEUG

Der Francisco Bangoy International Airport liegt 12 km nördlich vom Zentrum. Dorthin fahren u. a. Taxis mit Taxameter (ca. 150 P). Alternativ nimmt man in der Stadt ein Jeepney, das auf dem Weg nach Sasa in Richtung Flughafen fährt. Das letzte Stück zum Terminal muss dann allerdings per Rikscha zurückgelegt werden.

Silk Air (☏ 082-227 5301; www.silkair.com; Suite 056, 5. Stock, Pryce Tower, JP Laurel Avenue, Bajada) und Tiger Airways (S. 505) fliegen mehrmals pro Woche nach Singapur.

PAL und Cebu Pacific bedienen Manila, Cebu, Zamboanga City und Iloilo City.

SCHIFF/FÄHRE

Große Inselfähren benutzen das Terminal bei Sasa, das 8 km nördlich von Davao neben den Öltanks von Caltex liegt. Dort starten auch die Boote zum Paradise Island Beach Resort auf Samal Island. Zum Pier geht's mit Jeepneys oder Taxis (ca. 85 P).

Weitere Kähne nach Samal und Talikud Island legen am Santa Aña Pier in der Stadt ab.

❶ Unterwegs vor Ort

Da Jeepneys und Rikschas die Straßen verstopfen, geht's zu Fuß manchmal schneller voran. Das Ecoland-Busterminal ist mit Taxis (ca. 75 P) und Jeepneys (ca. 12 P) erreichbar.

Wer die Gegend auf eigene Faust mit einem Mietwagen erkunden will, findet Avis-Filialen am Flughafen und im Airport View Hotel.

Samal Island

☏ 082 / 95 900 EW.

Einfach den offiziellen Namen Island Garden City of Samal (Igacos) ignorieren: Diese Insel, die gleich gegenüber von Davao am anderen Ufer der Bucht liegt, wird hier überall nur Samal genannt. Am Wochenende strömen die Einwohner Davaos zu den insgesamt 116 km langen Stränden – ähnlich wie New Yorker, die dann an den Jersey Shore oder in die Hamptons pilgern. Natürlich sind die hiesigen Strände nicht überall postkartenwürdig: Von den meisten Resorts an der Westküste schaut man direkt auf die hässlichen Raffinerien und Frachtterminals am anderen Ufer des verkehrsreichen Kanals. Die ruhigere Ostseite der Insel wirkt jedoch weniger stark verschandelt.

◉ Sehenswertes & Aktivitäten

Wer nur einen Tag lang dem Großstadttrummel entfliehen will, kann bei den meisten Resorts eine Tagesgebühr (50–400 P) für das Benutzen der Strände und Pools (falls vorhanden) bezahlen. Diese ist auch bei Restaurantbesuchen zu entrichten. Zu den zahlreichen **Schnorchel-** und **Tauchmöglichkeiten** (Tauchgänge mit zwei/drei Flaschen inkl. Ausrüstung ca. 1950/2350 P) rund um die Insel gehören z. B. die beiden japanischen Wracks dicht vor dem Pearl Farm Beach oder Big und Little Liguid Island vor der nordöstlichen Küste. Mehrere gute Wände mit intakten Korallen sind ebenfalls vorhanden. Am besten wendet man sich an **Carabao Divers** (☏ 082-300 1092; www.divedavao.com; Monteverde St, St. Ana Pier) oder **South Shore Divers** (☏ 082-3002574; www.southshorediversdavao.com; Ruby St, Marfori Heights).

Die Straße rund um die Insel ist inzwischen fast komplett befestigt. Leihmotorräder kosten rund 600 P pro Tag.

Hagimit Falls · WASSERFALL

(Eintritt 50 P; ⊙ 6–18 Uhr) Diese scheinbar endlose Reihe von kleinen Kaskaden und Naturbecken liegt nahe San Jose im *barangay* Cawag. Besucher können ihr hinunterrutschend auf eigene Faust folgen. Wegen des starken Ausbaus des Gebiets mit Betonbauen und Picknickhütten ist das Ganze nichts für Fans von echten Naturerlebnissen.

Monfort Bat Cave · HÖHLE

(Eintritt 100 P; ⊙ 8–17 Uhr) Rund 11 km nördlich von Babak bewohnt die weltgrößte Kolonie von Geoffroys-Flughunden diese Höhle im *barangay* Tambo. Sachkundige Guides führen Besucher zu den fünf Eingängen, hinter denen schätzungsweise 2,5 Mio. der streng riechenden Nachttiere herumflattern und an den Wänden hängen. Achtung: Hier herrscht striktes Rauchverbot – der Guano ist so leicht entzündlich wie Schießpulver! Am besten kommt man kurz vor dem Aufwachen der Kolonie hierher: In der Abenddämmerung schwärmen die Flughunde aus und suchen nach Nahrung (vor allem nach überreifen Bananen und Mangos).

Schlafen

Zwischen dem Pier in Babak und Peñaplata säumen zahllose Resorts (plus ein paar Apartmentblocks) einen Großteil der Westküste in Richtung Süden. Vor allem am Wochenende herrschen hier oft starker Betrieb und Lärm. Einige Strände sind angenehm breit, andere dagegen extrem schmal (vor allem bei Flut). Manche Resorts lassen Gäste für ein paar Hundert Pesos unter freiem Himmel in **Picknickhütten** übernachten.

Bluewaters Resort RESORT $$
(0919 337 6987; www.ebluwaters.com; Zi. mit Ventilator/Klimaanlage 1200/1500 P; ❄ ≋) Kombiniert eine Handvoll Hütten mit gesichtslosen „Apartments" und einem netten Infinity Pool (Tagesbenutzung 100 P).

★ Chema's by the Sea Resort RESORT $$$
(0917 814 0814, 082-303 0235; www.chemasbythesea.com; DZ/4BZ in Hütte 4700/5600 P; ❄ ≋) Das recht anheimelnde Chema's vermietet große und wunderschön eingerichtete Nobelhütten, die den indigenen Stil mit balinesischen Einflüssen kombinieren. Das Gelände an einem grünen Hang führt hinunter zum Strand, wo ein Infinity Pool und ein toller Loungebereich mit Veranda warten.

Pearl Farm Beach Resort RESORT $$$
(082-221 9970; www.pearlfarmresort.com; Zi. inkl. Frühstück 6200–12 000 P; ❄ @ 🛜 ≋) Die Pearl Farm steht für echten Weltklasse-Luxus und vermietet neben Fünfsterne-Stelzenhäusern auch Villen auf einem Hügel. Noch nicht exklusiv genug? Dann einen der zusätzlichen Bungalows auf der kleinen vorgelagerten Privatinsel nehmen.

Paradise Island Park & Beach Resort RESORT $$$
(082-233 0251; www.paradiseislanddavao.com; Hütte ab 3200 P; ❄ @ 🛜) Dieser alteingesessene Samal-Klassiker bildet quasi sein eigenes Mini-Boracay: Zu dem tadellos gepflegten Riesengelände gehören ein eigener Zoo und ein sandiger Strandstreifen, der von Läden, Restaurants und Aktivbereichen gesäumt wird. Zudem werden alle nur denkbaren Wassersportarten angeboten – nur ein Pool fehlt. Die meisten der 76 Quartiere sind schön eingerichtete Hütten mit Veranden und eingezäunten privaten Gärten.

ℹ An- & Weiterreise

An den großen Caltex-Öltanks nahe dem Pier in Sasa (Davao) starten *bangkas* nach Samal (10 P, 10 Min., 5–23 Uhr regelm.). Zum Abfahrtspunkt geht's quer durch den Dorfmarkt. Die meisten Resorts organisieren Gästeshuttles an verschiedenen Anlegern im Bereich von Davao. Der Island City Express (40 P, alle 15 Min.) fährt vom Ecoland-Terminal in Davao zum Pier in Sasa und bietet dort Anschluss nach Samal.

Je nach Streckenlage und Verhandlungsgeschick kostet ein Motorradtaxi von Samals Pier zum gewählten Resort etwa 20 bis 150 P.

Talikud Island
◧ 082

Diese kleine Insel südwestlich von Samal ist ein echtes Refugium für Zivilisationsflüchtlinge. Obwohl die Tourismusentwicklung bereits auf die örtlichen Strände schielt, gibt's hier bisher nicht viel mehr als ein paar einfache Resorts. Vor der Westküste liegen ein paar gute Tauchspots; mitunter lassen sich auch Dugongs blicken. Am Wochenende werden manche Strände von zahlreichen Tagesausflüglern bevölkert.

Schlafen

Mit Genehmigung des Verwalters können Unternehmungslustige am Privatstrand des jeweiligen Resorts zelten.

Isla Reta COTTAGES $
(0928 214 1487; Hütte 400–800 P) Mit Blick auf Samal säumt das Isla Reta einen wunderbaren Strand an der Ostküste von Talikud Island. Zur Wahl stehen hier schlichte Bambushütten und Zelte für Camper. Auf Wunsch werden auch einfache Mahlzeiten zubereitet (180 P). Die Anlage liegt am nächsten zum Pier in Santa Cruz und wird von manchen Booten auch direkt angesteuert. Manchmal wirkt sie stark überfüllt – unbedingt rechtzeitig reservieren!

Babu Santa COTTAGES $
(0918 726 1466; Stellplatz Zelt/Zi. 74/400 P) Lust auf unkonventionelle Selbstversor-

ger-Ferien in einfachen Hütten an einem herrlichen weißen Sandstrand? Dann auf zu dieser Anlage an Talikuds nordwestlicher Spitze! Es lohnt sich, Lebensmittel selbst mitzubringen.

★ Leticia's by the Sea COTTAGES $$$
(📞 0917 702 5427; www.leticiabythesearesort.com; Zi. inkl. 3 Mahlzeiten 5000–11 000 P; ❄ 🛜) Den Eigentümern des Casa Leticia in Davao gehört auch dieses exklusive Anwesen auf der östlichen Inselseite. Rustikalität im indigenen Stil trifft hier auf moderne Elemente. Die Cottages mit Balkonen aus Hartholz stehen in einem makellosen Garten. Vergleichsweise etwas günstiger sind die zauberhaften „Bali-Häuser", bei denen es sich praktisch um luxuriöse Picknickhütten zum Nächtigen im Freien handelt.

Pacific Little Secret COTTAGES $$$
(📞 0920 909 3181; Zi. inkl. 3 Mahlzeiten 6000 P) Das relativ noble Resort an Talikuds Südküste besteht aus zwei wunderbar luftigen Häusern, die mit breiten Terrassen und einem tollen direkten Blick aufs Wasser punkten. In erster Linie für große Gruppen geeignet.

ℹ An- & Weiterreise

Vom Santa Ana Pier in Davao schippern Boote zum Anleger des winzigen Dorfs Santa Cruz auf Talikud Island (80 P, 1 Std., 6 Uhr–früher Nachmittag stündl.).

Philippine Eagle Research & Nature Center

Wer die Adler mit der weltweit größten Flügelspannweite (2,1 m) bewundern will, begibt sich zum **Philippine Eagle Center** (PEC; 📞 082-224 3021; www.philippineeagle.org; Erw./Kind 100/50 P; ⏱ 8–17 Uhr), das sich dem Erhalt dieser bedrohten Art widmet. Philippinenadler (alias Affenadler) bringen es in freier Wildbahn auf etwa 20 Lebensjahre und werden hier im Zentrum noch älter. Bedroht von Abholzung und Jagd leben bisher noch etwa 500 Exemplare frei in der philippinischen Wildnis. Etwa 20 der 35 Tiere im Zentrum wurden durch künstliche Befruchtung gezüchtet. Rund 36 km nördlich von Davao liegt der Komplex in einem dicht bewachsenen Urwaldareal. Vor Ort tummeln sich neben anderen Vögeln auch noch Säuger wie Philippinenhirsche und Philippinische Pustelschweine. Ehrenamtliche Guides beantworten die Fragen der Besucher.

Für Übernachtungswillige empfiehlt sich das **Malagos Garden Resort** (📞 0917 625 2467, 082-221 1545; www.malagos.com; B 350 P/Pers., 4 BZ ab 2400 P; ❄). Dessen Hütten stehen in einem großen Landschaftsgarten mit Spazierwegen, einem Vogelpark und einem Schmetterlingsreservat. Eigentümer des Resorts sind Dr. Bo und seine Ehefrau Olive. Als bekannter „Vogelflüsterer" betreibt der Tierarzt ein eigenes Rehabilitationszentrum für Adler (vor allem Schlangenweihen und Fischadler). Bei gutem Wetter veranstaltet er außerdem jeden Sonntag eine Vogelshow (125 P, 10.30 Uhr). Für große Gruppen mit Lust auf Camping stehen Zelte bereit (350 P). Der Eintritt für Nichtgäste beträgt 100 P. Das Resort ist eine beliebte Adresse für Veranstaltungen wie Firmenseminare oder Hochzeiten. Und obendrein leicht zu finden: Es liegt rund 300 m vor dem Eagle Center.

ℹ An- & Weiterreise

In Davao starten Busse nach Calinan (45 P, 1 Std.) am Annil Terminal gegenüber vom Bankerohan Public Market. Die Fahrzeuge sind zwar klapperig, aber immer noch komfortabler als Jeepneys (45 P). Diese brechen wiederum vor der Ateneo University gegenüber vom Marco Polo Hotel auf. Von Calinan aus geht's dann per Motorradtaxi bzw. Riksha bergauf zum Research Center oder Malagos Garden Resort (20 P, 10 Min.). Auch Taxifahrten ab Davao sind möglich (einfache Strecke ca. 400 P).

Mt. Apo & Umgebung
📍 082

Der Mt. Apo ist buchstäblich der „Großvater" aller Berge. Dieser Vulkan hat seinen Gipfel nie abgesprengt und ist mit 2954 m der höchste Berg auf den Philippinen. An den meisten Morgen überragt er Davao klar erkennbar. Ab 8 Uhr wird sein Gipfel jedoch normalerweise von einem Wolkenband verhüllt, das einer flauschigen Schlange ähnelt. Örtliche Stämme verehren den Mt. Apo als heiligen Berg, da sie glauben, dass Gottheiten kurz unterhalb des Gipfels wohnen. Aufgrund von Umweltproblemen durch zu große Besucherscharen sind Zugangsgenehmigungen jedoch manchmal nur schwer erhältlich. Aufgrund dieser unsicheren Lage sollte man vorher aktuelle Informationen einholen – z. B. beim Crocodile Park oder der Touristeninformation in Davao, die auch ein Verzeichnis mit zuverlässigen Guides führt. Eine weitere Anlaufstelle ist das Büro des **Kidapawan Tourism Council** (📞 064-278

7053) im Rathaus von Kidapawan. Letzteres liegt 110 km von Davao entfernt und am nächsten zum Startpunkt für Gipfelwanderungen. An den Hängen des Mt. Apo wächst Kaffee auf demselben Breitengrad wie in Äthiopien.

Beim **Aufstieg** durch unberührte Wälder mit rauschenden Wasserfällen lassen sich bedrohte Tier- und Pflanzenarten beobachten (z. B. Philippinenadler, fleischfressende Schlauchblätter). Endemisch ist hier zudem die Orchideenart *Vanda Sandariana* (alias Waling-Waling), die als Mutter aller kommerziell gezüchteten Orchideen gilt. Der anstrengende und teilweise sehr steile Aufstieg ist auf eigene Faust kaum zu meistern. Daher muss man ohnehin eine der Touristeninformationen aufsuchen, um einen Guide anzuheuern. Erfahrene Kletterer empfehlen, mindestens vier Tage einzuplanen. Zudem werden warme Bekleidung und Schlafausrüstung benötigt, da es in Gipfelnähe nachts recht kalt werden kann. Zur Gebühr für die Wandergenehmigung (500 P) kommen noch die Kosten für den Guide (ca. 400 P/Tag) und die Träger (ca. 300 P/Tag) hinzu. Auch Essen und Ausrüstung sind separat zu bezahlen. Über ein Areal der Philippine National Oil Company (PNOC; unternimmt geothermische Forschungen in der Gegend) windet sich ein sogenannter „VIP Trail" zum Gipfel hinauf. Diese Route (einfache Strecke nur 4-5 Std.) wird jedoch kaum gewählt, da sie eine Genehmigung des Bürgermeisters und des Gouverneurs erfordert. Während der besten Wanderzeit (März-Aug.) ist die Regenwahrscheinlichkeit geringer.

Die meisten Wanderer fahren zunächst mit einem Jeepney nach **Ilomavis** am Lake Agko (1193 m). Dort übernachten sie einmal und engagieren Träger, bevor sie in Richtung Lake Venado (2182 m) und Gipfel aufbrechen.

Bei Kapatagan an den Südhängen des Mt. Apo liegt das Camp Sabros mit Südostasiens längster **Seilrutsche** (300 P). Diese ist so lang, dass man meint, wirklich über die darunter befindlichen Kiefern hinwegzufliegen. In der Nähe schießt zudem mit den **Tudaya Falls** (91 m) einer der höchsten Wasserfälle der Philippinen ins Tal.

🛏 Schlafen

Mt Apo Highland Resort RESORT $$
(✆ 0918 959 1641; www.davaocrocodilepark.com; Kapatagan; Zelt 300 P/Pers., Hütte 2000 P; ❄) Dieses Resort vermietet ein paar kleine Hütten auf Betonpfeilern. Zudem betreibt es in der Nähe die empfehlenswerten Campingplätze **Lake Mirror** und **Hillside**, für die sich vor Ort auch Zelte und Luftmatratzen ausleihen lassen. Zum Hillside-Platz gehört ein Restaurant mit einer großartigen Aussicht auf den Mt. Apo.

Eden Nature Park Resort RESORT $$
(✆ 0918 930 7590; www.edennaturepark.com.ph; DZ 1400-4000 P; ❄❄) Dieses Hangareal am Fuß des Mt. Talomo war früher völlig kahl – ein Ergebnis übereifriger Abholzung. Doch inzwischen wächst hier wieder ein dichter Wald, in dem sich Wanderwege, Ballspielfelder, Kinderspielplätze und eine Seilrutsche (Fahrtdauer 20 Sek.) verbergen. Zudem verteilen sich viele verschiedene Hütten über

---

KUBLAI MILLANS FRIEDENSSKULPTUREN

Nahe dem Ort Kapatagan („Tal") enden die Südhänge des Mt. Apo in einem grünen und wunderschönen Tal. Auf einem Hügel mit Traumaussicht auf den Vulkan und das Tal befindet sich das **Agung House**. Errichtet wurde dieser Skulpturenpark von dem äußerst produktiven Künstler Kublai Millan, der in Davao lebt. Agung (Wolkenfluss) bezieht sich auf das Wolkenband, das täglich den Gipfel des Apo und ein hiesiges Gebäude, das aus der *Herr der Ringe*-Verfilmung stammen könnte, verhüllt. Letzteres erbaute Kublai ursprünglich, um Freunden eine Möglichkeit zum Übernachten und Sternegucken zu geben. Im Lauf der Jahre sind die zumeist überlebensgroßen Skulpturen immer zahlreicher geworden. Poesievoll begleiten sie Szenen aus dem Leben der Landbewohner und indigenen Volksgruppen. Kublai hofft, dass Einheimische und ausländische Gäste gleichermaßen den Park besuchen, um zu meditieren, zu spielen, zu picknicken oder zu entspannen – und vor allem, um ihre Alltagssorgen zu vergessen. Das Gelände liegt nahe dem Mt. Apo Highland Resort und ist tagsüber jederzeit zugänglich. Interessenten ohne eigenes Vehikel können ein Motorradtaxi ab Digos nehmen (ca. 175 P). Keine Panik, falls Kapatagan nicht auf dem eigenen Reiseplan stehen sollte: Als Symbole für Frieden und die Kultur Mindanaos sind Kublais Skulpturen auf der ganzen Insel zu sehen.

das ganze Gelände. Ab der Hauptverwaltung am Matina Town Sq (Davao) fahren Gästeshuttles hierher.

ⓘ An- & Weiterreise

Vom Ecoland Bus Terminal in Davao fahren Busse nach Kidapawan (80 P, 2 Std., alle 30 Min.). Von dort aus geht's dann per Jeepney zum 17 km entfernten Ilomavis (55 P, 1 Std.), wo an mehreren Stellen losgewandert werden kann.

General Santos (Dadiangas)

☏ 083 / 538000 EW.

Die südlichste Großstadt der Philippinen kennen Einheimische als „Gensan", Fischhändler als „philippinische Hauptstadt des Thunfischs" und Sportfans als Heimat von Manny Pacquiao (alias Pacman). Das frühere Dadiangas wurde 1965 zu Ehren von General Paulino Santos umbenannt, der hier 1939 zusammen mit christlichen Visaya und Tagalog eine Siedlung errichtete. Heute ist Gensan vom typischen Verkehrschaos geprägt und am besten für seinen Hafen an der Sarangani Bay bekannt: Fangfrischer Thunfisch (u. a. große Gelbflossenthune, kleinere Echte Bonitos oder Makrelenthune) wird dort auf riesige Schiffe verladen, um seine Reise zu Esstischen in ganz Asien anzutreten. Konkret werden 80 % aller kommerziellen Thunfischfänge auf den Philippinen von Gensan aus exportiert. Am interessantesten ist der Betrieb am Hafen (einfache Taxistrecke 300 P) um etwa 5 Uhr. Guides und Hüftstiefel aus Gummi werden gratis vor Ort gestellt.

Vor der Gründung der Stadt lebten vor allem muslimische Maguindanao und indigene B'laan in der Gegend. Dieser Geschichte widmet sich das **Museum of Muslim & Tribal Culture**, das in Flughafennähe auf dem MSU-Campus steht und während des Semesters geöffnet hat.

Ein Abstecher nach Gensan lohnt sich eigentlich nur für zwei Events: das **Tuna Festival** in der ersten Septemberwoche und das **Kalilangan Festival** in der vierten Februarwoche. Letzteres feiert die Stadtgründung (1939) mit traditionellen Tänzen, Essen und Kunsthandwerk.

Rund 56 km weiter südlich liegt **Glan** in der Provinz Sarangani. Die dortige Bucht wird von einem weißen Sandstrand gesäumt, dessen Schönheit leider durch zahlreiche Betonresorts am Ufer getrübt wird. Weitere 6 km in Richtung Süden erstreckt sich der **Gumasa Beach** mit ebenfalls weißem Sand.

🛏 Schlafen

Fast ein Dutzend Mittelklassehotels steht zwischen Jose Catolico Sr Ave und Aparente St am National Highway.

Driggs Pension House HOTEL $
(☏ 083-553 0088; Eve St, Paradise Subdivision; DZ inkl. Frühstück 800–1000 P; ❄🛜) Das gut gepflegte Hotel mit zwei Stockwerken, sauberen Zimmern und professionellem Service befindet sich ein paar Kilometer nördlich vom Zentrum im Viertel City Heights.

Hotel San Marco HOTEL $$
(☏ 0947 893 2237, 083-301 1818; www.hotelsanmarco.com.ph; Laurel East Ave; EZ/DZ inkl. Frühstück 1680/1980 P; ❄🛜) Mit einer pseudoitalienischen Fassade und den Gesängen der Drei Tenöre in der Lobby strebt das San Marco nach Kultiviertheit. Die modernen, komfortablen Zimmer mit Kaffeemaschinen und großen Flachbild-TVs bekommen jedoch oft zu wenig Tageslicht ab. Dafür hilft das Rezeptionspersonal beim Aussuchen von Verkehrsmitteln. Zudem liegen mehrere Restaurants und die Gaisano Mall in Laufentfernung.

Die Budgetzimmer im niedrigen **Morocco Rooms** (EZ/DZ inkl. Frühstück 880/1280 P; ❄🛜) nebenan sind weniger luxuriös.

Dolores Tropicana Resort Hotel RESORT $$
(☏ 083-553 9350; www.doloreshotels.rdgropu.com.ph; Tambler; Zi. inkl. Frühstück 1300 P; ❄🛜🏊) Die Strandhütten des großen Komplexes sind zwar nichts Besonderes, aber eine bessere Alternative zu den Unterkünften in der Stadt: Von ihren Eingängen aus schauen Gäste direkt auf die Sarangani Bay. Das Resort hat obendrein ein nettes Freiluftrestaurant.

🍴 Essen

Gensans Spezialitäten (Thunfisch und *opah* bzw. Gotteslachs) lassen sich vor Ort bei mehreren Filialen von Grab-A-Crab probieren. Interessant: Restaurants auf ganz Mindanao servieren sehr oft nur den Kopf und Schwanz des Thunfischs, da dessen Rumpf generell in den Export geht. Die größten Einkaufszentren heißen **SM** und **Verranza** (vergleichsweise neuer und nobler). Beide beherbergen zahlreiche Cafés und Restaurants.

INSIDERWISSEN

DIE SCHOOL FOR INDIGENOUS KNOWLEDGE & TRADITIONS

Die **School for Indigenous Knowledge & Traditions** (SIKAT; auch School for Living Traditions; 0912 976 4041; oyog-todi@hotmail.com) unterstützt indigene Ethnien mit Bildungsarbeit, Rechtsberatung und Interessenvertretung. Zudem fördert sie den kulturellen Tourismus. Gründerin und Betreiberin der SIKAT ist Maria Todi, die als versierte Sängerin, Tänzerin und Musikerin z. B. auf der *hegalong* (zweisaitige Laute der T'boli) spielt. Da es in der T'boli-Kultur keinen offiziellen Grundbesitz gibt, gehören Landrechte zu den weiterhin ungelösten Problemen. In der Gegend leben zudem die indigenen Stämme der Ubo, Tasaday und Manobo. Besucher werden Künstlern und Stammesältesten vorgestellt. Zudem erfahren sie etwas über Brauchtum, Geschichte und Legenden der T'boli. Jeden Samstag finden Musik- und Tanzkurse für Kinder aus der Umgebung statt. Wer möchte, kann im *gono bong* (Langhaus) an der Dorfhauptstraße auf Matratzen übernachten (250 P). Neben Aufenthalten bei einheimischen Familien vermittelt Maria auch Besuche von weiter entfernten Siedlungen (einer der örtlichen Dorffürsten hat angeblich 20 Ehefrauen). Am besten fragt man sie nach Mafil im *barangay* Tasimen. Hinweis: Besucher sollten unbedingt ein einfaches Gastgeschenk (z. B. Nudeln) mitbringen. Nicht ganz so weit ist es bis zum Dorf T'bong, wo Weber in einer Bambushütte diverse Textilien herstellen. Die dabei verwendeten T'nalak-Muster in den traditionellen Farben Weiß, Rot und Schwarz sind angeblich von einer Traumerscheinung des Webergeists Fu Dalu inspiriert. Allgemein dauert die Ausbildung der Weber sechs Jahre. Gewöhnliche Arbeiten aus Abaka-Fasern sind durchschnittlich nach vier Monaten fertig. Tipp: Die interessante Dokumentation *Dreamweavers* (2000) portraitiert die Praktiken und Herausforderungen mehrerer T'boli-Künstler in einer rapide moderner werdenden Kultur.

Kambingan sa Depot PHILIPPINISCH $
(KSD; Acharon Blvd; Hauptgerichte ab 50 P) Direkt gegenüber von mehreren großen Öldepots gibt's hier Ziegenfleisch in verschiedenen Varianten – darunter Suppe mit Ziegenbockhoden, die manche als philippinisches Viagra bezeichnen. Ab dem frühen Nachmittag sind viele Gerichte ausverkauft.

Tiongson Arcade SEAFOOD $$
(Tiongson St; Hauptgerichte 150 P; ⊙ 18–22 Uhr) Kulinarische Abenteuer auf einem abendlichen Freiluftmarkt: Hier wählt man frisches Seafood selbst aus und genießt es ein paar Minuten später als leckere Mahlzeit.

❶ An- & Weiterreise

BUS
Linienbusse von Yellow Bus, Rural Bus, Husky und Holiday bedienen die Route General Santos–Davao (265 P, 3½ Std.). Bis 19 Uhr starten Fahrzeuge der Executive Class (WLAN, Klimaanlage) dabei jeweils immer 15 Minuten nach der vollen Stunde. Nach Cagayan de Oro rollen nur zwei Direktbusse von Rural (800 P, 10 Std., 3 & 10 Uhr).

Für den ersten Abschnitt der Fahrt nach Lake Sebu nimmt man einen Bus oder Van nach Marbel (Koronadal City; 107 P, 1 Std., alle 20 Min.).

Rund 1 km außerhalb vom Zentrum liegt das kombinierte Jeepney- und Busterminal bei Bula-ong am westlichen Stadtrand (Riksha 15 P).

FLUGZEUG
Der Tambler Airport liegt 12 km westlich des Zentrums (Taxi ca. 125 P). Cebu Pacific und PAL fliegen täglich ab Manila hierher (2 Std.). Cebu Pacific bedient auch Cebu (1½ Std.).

SCHIFF/FÄHRE
Der Makar Pier liegt 2 km westlich der Stadt. Über Zamboanga und Iloilo auf Panay (30 Std.) schippern Boote von 2GO mehrmals pro Woche nach Manila (54 Std.). Weitere Schiffe der Firma fahren einmal wöchentlich nach Zamboanga City (12 Std.).

Lake Sebu

76 200 EW. / 300 M

Wie der wässrige Boden einer wunderschönen Schüssel wird der Lake Sebu auf allen Seiten von Hügeln und Wäldern umgeben. Gelegentlich gleiten Einbaumkanus über seine ruhige Oberfläche. Allerdings leidet diese Idylle inzwischen etwas: Rund um die Ufer bilden Bambusreusen einen stetig wachsenden Ring in Richtung Seemitte. Die Fischfallen wirken sich auch negativ auf das ökologische Gleichgewicht des Sees aus: Sauerstoffmangel durch zu große Bestandsdichte und industrielle Fütterung führt immer wieder zu örtlichen Fischsterben. Auf einem Hügel steht hier eine große Kirche, und ein paar weitere moderne Betongebäude verschandeln den ansonsten makellosen Ausblick.

👁 Sehenswertes & Aktivitäten

Alle Resorts vermieten **Boote** für Fahrten auf dem See (500 P, 30 Min.; Tipp: Vor Sonnenuntergang herrscht mitunter ein tolles Licht). Alleinreisende sollten sich nach Möglichkeit einer Gruppe anschließen. Idealerweise kommt man samstags hierher, wenn sich Stammesangehörige aus den umliegenden Berggemeinden zum örtlichen **Wochenmarkt** hinunterbegeben.

Seven Falls — WASSERFALL
Per Mietmotorrad (inkl. Fahrer 300 P/½ Tag) erreicht man die beiden Wasserfälle **Hikong Alu** und **Hikong Bente** (alias Fall Nr. 1 bzw. Nr. 2), die zu den nahegelegenen Seven Falls (Eintritt 20 P) gehören. Der eindrucksvolle Hikong Bente (21 m) ist von den sieben Kaskaden am höchsten und stürzt nur einen kurzen Fußmarsch vom Gemeinschaftsparkplatz entfernt zu Tal. Manchmal ist hier auch eine **Seilrutsche** (300 P) mit herrlicher Aussicht in Betrieb, an der man im Supermann-Stil über drei der Wasserfälle hinwegflitzt.

T'boli Museum — MUSEUM
(☉ 7–17 Uhr) In einem kleinen Haus im indigenen Stil wird hier regionales Kunsthandwerk verkauft. Dieselben Webereien und Messingwaren gibt's aber auch überall bei Souvenirständen am Straßenrand.

🎉 Feste & Events

Helobung Festival — KULTUR
Dieses echte Freudenfest der T'boli-Kultur feiert die Gründung der Gemeinde. In der zweiten Novemberwoche stehen dabei u. a. Gesang, Tanz und *bangka*-Wettfahrten auf dem Programm. Hinzu kommen Pferdekämpfe (gelten hier als Adelssport), bei denen zwei Hengste um eine rossige Stute konkurrieren. Wenigstens endet dieses zweifelhafte Spektakel heute nicht mehr mit dem Tod eines der Kontrahenten.

🛏 Schlafen & Essen

Am See liegen mehrere Resorts, in denen vor allem philippinische Touristen aus Filipino Cotobato, General Santos und Davao absteigen. Eine Alternative ist die Verwaltungszentrale der SIKAT im Dorf: In dem Langhaus kann man Zimmer mieten und bekommt Kontaktinfos zu Aufenthalten bei einheimischen Familien.

Punta Isla — RESORT $
(📞 0919 485 2910; www.puntaislaresort.com; Zi. inkl. Frühstück 950 P; 🛜) Dieses Resort im Besitz des örtlichen Bürgermeisters vermietet einfach eingerichtete Zimmer mit Balkonen. Zudem hat es ein **Restaurant** mit prima Aussicht, das empfehlenswertes *tilapia kinilaw* serviert (das trockene, steinharte Brathähnchen besser nicht bestellen!). Mittags bevölkern Gruppen von Einheimischen die Holzpavillons am Seeufer. Bei ausreichend großer Gästezahl gibt's auch Tanz und Musik im T'boli-Stil.

ℹ An- & Weiterreise

Wer Lake Sebu mit öffentlichen Verkehrsmitteln erreichen will, muss unterwegs mehrmals umsteigen: Ab General Santos oder Cotobato geht's zunächst per Bus bzw. Van nach Marbel (Koronadal City; 107 P, 1 Std.). Von dort aus rollen weitere Busse und Vans nach Surallah (29 P, 30 Min.), wo wiederum Vans nach Lake Sebu starten (40 P, 45 Min.). Die Wartezeit bis zur Weiterfahrt ist jeweils recht kurz.

Auch wenn einen die Fahrer von „Motorradtaxis" eventuell dazu auffordern: Gäste von Ufer-Unterkünften sollten keinesfalls gleich beim ersten Stopp an einem Terminal in Lake Sebu aussteigen – die noch nicht erreichte Endhaltestelle liegt in Laufentfernung zu Resorts am See.

ZAMBOANGA PENINSULA

Zamboanga & Umgebung

📞 062 / 807 100 EW.

Zamboanga City gehört zu den philippinischen Städten mit dem spätesten Sonnenuntergang. Minarette überragen seine ansonsten langweilige Silhouette, die in geografischer Hinsicht das Ende des Landes markiert. Von der Ankuft des Islams auf den Philippinen (1400er-Jahre) bis hin zu den Einwanderungswellen vom Sulu-Archipel fanden hier jedoch auch mehrere geschichtliche Premieren statt. Die Stadt ist zu 70 % muslimisch. Dennoch tragen die meisten Frauen hier keine Kopftücher, während moderne Mode genauso angesagt ist wie anderswo. Die verbreitetste lokale Sprache ist Chabacano, ein spanisch-kreolischer Mix aus malaiischer Grammtik und nicht konjugierten spanischen Verben. Das malaiische Wort *jambangan* (Land der Blumen) ist

Zamboanga

theoretisch eine der linguistischen Wurzeln des exotisch klingenden Stadtnamens. Diesbezüglich in Frage kommt auch der Begriff *samboangan* (Anlegepunkt), der erstmals auf einer frühen spanischen Karte auftauchte. Möglichkeit Nummer Drei ist die *sabuan* (hölzerne Stange), mit der einheimische Stammesangehörige ihre *vintas* (traditioneller Holzboottyp) durch das Flachwasser an der Küste staken – sofern sie nicht stattdessen die eckigen Stoffsegel in strahlenden Farben setzen.

Ausländische Zeitungen erwähnen Zamboanga oft in Verbindung mit jeglicher Gewalt auf Mindanao. Allerdings hat die Stadt im Lauf der Jahre auch selbst stark unter dem Konflikt gelitten und erlebte kürzlich dessen bislang schlimmste örtliche Auswüchse: Im September 2013 wurde Zamboanga drei Wochen lang von einem großen MNLF-Truppenkontingent belagert. Mehr als 100 000 Zivilisten mussten fliehen, von denen zum Zeitpunkt der Rechere fast 50% immer noch auf ihre Umsiedlung warteten. Bei den heftigen Straßenkämpfen wurden zudem über 10 000 Gebäude zerstört – so auch die meisten Wohnhäuser des muslimischen Stelzendorfs **Rio Hondo** östlich vom Fort Pilar. Was stehenblieb, ist bis heute oft von Kugel- und Mörsereinschlägen gezeichnet.

Vor Ort unterhält die philippinische Armee das Hauptquartier ihres Southern

Zamboanga

Highlights
1 Fort Pilar Museum D4

Schlafen
2 Grand Astoria Hotel B2
3 Lantaka Hotel C4
4 Marcian Business Hotel B3

Essen
5 Mindpro City Mall B2
6 Paseo del Mar D4
7 Southway Mall B3

Command (Southcom). Auch eine Einheit der US-amerikanischen Special Forces ist in Zamboanga stationiert.

Sehenswertes

★ Fort Pilar MuseumMUSEUM
(☉So–Fr 8.30–12 & 13.30–17 Uhr) GRATIS Dieses gedrungene, aber stabile Bollwerk erhebt sich am südöstlichen Stadtrand in Ufernähe. Es ist teilrestauriert (zum Erhalt des historischen Charakters) und beherbergt ein Museum mit mehreren eindrucksvollen Galerien, die kürzlich renoviert wurden. Die Seefahrtsausstellung umfasst ein paar aufwendige Schautafeln. Auf der anderen Seite des Innenhofs befindet sich eine großartige ethnografische Galerie zu den auf Booten lebenden Sama Dilaut (alias Badjao bzw. Seenomaden). Beim Bummeln entlang der Mauern hat man einen Rundumblick auf Zamboanga City und das verkehrsreiche Meer.

Zu sehen gibt's u. a. Drucke aus dem 18. und 19. Jh. oder die neue Ausstellung Southern Philippines: Portal and Nexus of Barter Trade & Exchange (etwa „Die südlichen Philippinen: Tor und Zentrum des Tauschhandels"). Ebenfalls bemerkenswert ist die turbulente Geschichte des Forts: Die Anlage wurde 1635 von den Spaniern errichtet, 1646 von den Holländern angegriffen und 1663 aufgegeben. Nach zweimaligem Wiederaufbau (1666 & 1719) wurde sie 1720 von 3000 Moros gestürmt. 100 Jahre nach einem Beschuss durch die Briten (1798) zogen die Spanier schließlich ab und wurden 1899 von den Amerikanern abgelöst. 1942 geriet die Festung in japanische Hände; seit 1946 ist sie philippinisch.

Santa Cruz IslandINSEL
Nur ein paar Dutzend Familien des Samal-Stamms bewohnen diese tolle Insel, die ca. 7 km vor Zamboanga im offenen Meer liegt. Besucher kommen vor allem wegen des 2 km langen Strands, dessen rosa Farbton von feinen roten Korallenpartikeln herrührt. Schwimmen ist hier zwar möglich, aber nicht ungefährlich: Santa Cruz liegt in einem stark befahrenen Schiffahrtskanal mit starken Strömungen. Vor dem Paseo del Mar starten *bangkas* (hin & zurück 2500 P, max. 6 Pers.).

Feste & Events

Fiesta de Nuestra Señora Virgen del PilarRELIGION
Dieses christliche Festival (10.–12. Okt.) erfreut die ganze Stadt mit Umzügen, Tänzen, Märkten und Imbissständen. Zudem gleiten *vintas* bei einer Regatta über das Wasser.

Schlafen

Grand Astoria HotelHOTEL $
(☏ 062-991 2510; www.grand.astoria.ph; Mayor Jaldon St; EZ/DZ ab 850/1200 P; ) Diese örtliche Institution mit kompetentem Management wird oft von Gruppen gebucht (z. B. für Seminare, Tagungen, Hochzeiten). Im Erdgeschoss befinden sich ein Restaurant und die Ticketbüros mehrerer Fluglinien. Am besten nach einem der kürzlich renovierten Zimmer fragen.

Marcian Business HotelHOTEL $$
(☏ 062-991 0005; www.marcianhotels.com; Mayor Cesar Climaco Ave; EZ/DZ 1520/1800 P; ❄ ⚡) Das beste Mittelklassehotel der Stadt überzeugt u. a. mit funkelnden Fliesenböden und Highend-Duschköpfen in geräumigen Bädern. Die wunderschön gestalteten Zimmer im Boutiquestil liegen an einer belebten Kreuzung, sind jedoch echte Fluchtburgen vor Lärm und Smog.

Lantaka HotelHOTEL $$
(☏ 062-991 2033; Valderoza St; EZ/DZ ab 950/1200 P; ❄ ⚡ 🛜) Pluspunkte dieses alteingesessenen Klassikers sind die Uferlage sowie der Pool- und Loungebereich mit Meerblick. Je nach Gebäudeteil und Zimmer gibt's jedoch potenziell auch Schattenseiten: Die älteren Quartiere sind renovierungsbedürftig, während der Service mitunter zu wünschen übrig lässt. Das altmodische Hausrestaurant serviert philippinische Standardkost und gewöhnliche Gerichte aus aller Welt.

Essen

Der Uferkomplex Paseo del Mar nahe dem Fort Pilar ist das beliebteste Pflaster für abendliche Restaurantbesuche und entspanntes Abhängen. Die Mindpro City Mall (☉9–19 Uhr) und die Southway Mall (☉9–19 Uhr) kombinieren ihre Gastrobereiche jeweils mit mehreren Fast-Food-Lokalen. Als größtes Einkaufszentrum der Stadt soll die KCC Mall irgendwann im Jahr 2015 eröffnen.

Mano-Mano na GreenfieldPHILIPPINISCH $
(☏ 062 992 4717; Governor Ramos St, *barangay* Santa Maria; Hauptgerichte ab 70 P) Das Mano-Mano befindet sich in der glitzernden Großversion eines indigenen Freiluftpavillons. Rund 1 km nördlich der Edwin Andrews Air Base gibt's hier gegrillte Schweinsrippchen als Spezialität des Hauses. Hinweis: Der

Ableger im Paseo del Mar ist immer extrem stark besucht.

★ Alavar Seafood House　　　SEAFOOD $$
(☏ 062 981 2483; *barangay* Tetuan; Hauptgerichte 200 P) Nordöstlich vom Zentrum (Rikscha 30 P) werden hier natürlich vor allem leckere Meeresfrüchte serviert: Gäste können Art, Größe und Zubereitungsmethode selbst wählen. Das Besondere am Alavar ist jedoch der schöne Hinterhof mit vielen Rankgittern. Dort speist man abends im Laternenschein und lauscht dabei den lauten Rufen von exotischen Vögeln in einer Voliere.

Das Restaurant gart die örtliche Spezialität *curacha* (Spannerkrabbe) in einer Sauce nach eigenem Rezept. Dieses Gericht bedeutet zwar viel Arbeit für wenig Fleisch, macht die Mühe aber durch den Geschmack wett.

La Vista Del Mar　　　PHILIPPINISCH, SEAFOOD $$
(Hauptgerichte 175 P) Dieses Restaurant im gleichnamigen Resort gehört zu den netteren örtlichen Lokalen. Westlich der Stadt liegt es gleich hinter dem Yakan Weaving Village (Taxi 100 P) neben einem Außenposten des US-Militärs.

🛍 Shoppen

Yakan Weaving Village　　　KUNSTHANDWERK
(Calarian) Rund 7 km westlich von Zamboanga stehen hier lediglich sechs oder sieben Verkaufsstände, die u. a. hochwertige Webereien der Yakan anbieten (z. B. Tischläufer, Platzdeckchen). Zu haben sind auch ein paar Messingwaren und viele gewöhnliche Batiken aus Massenproduktion. Die indigenen Yakan bewohnen die nahegelegene Basilan Island. Strahlende Farben und geometrische Muster sind die Markenzeichen ihrer Webarbeiten.

ⓘ Information

Geldautomaten haben die Metrobank (La Purisma St) sowie die PNB und die Bank of the Philippine Islands (BPI) im Bereich der Plaza.

Östlich der Mayor Jaldon St und nördlich der Plaza Pershing verteilen sich Internetcafés über das Stadtzentrum.

Einwanderungsbüro (Bureau of Immigration, BOI; ☏ 062-991 2234; Radja Bldg, Gov Camins Ave) Verlängert Visa.

Tourismusbehörde (Department of Tourism, DOT; ☏ 062-993 0030; Valderrosa St; ⊙ Mo–Sa 8–12 & 13–17 Uhr) Neben dem Lantaka Hotel; die Leiterin Mary June Bugante ist äußerst hilfsbereit.

ⓘ An- & Weiterreise

Die meisten Besucher verzichten auf eine Überlandreise und fliegen nach Zamboanga. Vor der eigentlichen Stadt möchten Unerschrockene und Geduldige aber eventuell erst den ganzen Norden Mindanaos erkunden. Solche Traveller können sich zum Ort Pagadian im äußersten Norden von Zamboanga del Sur begeben, um eine Schnellfähre (4 Std.) oder einen Bus (8 Std.) zu besteigen. Achtung: Überlandfahrten grundsätzlich nur bei Tageslicht unternehmen!

Philippine Airlines, Cebu Pacific und 2GO sind in einem Gebäude neben dem Lantaka Hotel vertreten.

FLUGZEUG
PAL und Cebu Pacific bedienen mehrmals täglich die Route Manila–Zamboanga (1½ Std.). Cebu Pacific fliegt zudem mehrmals pro Woche nach Cebu (1 Std.) und Davao (1 Std.); Jolo und Tawi-Tawi auf den Sulu-Inseln werden ebenfalls angesteuert. In naher Zukunft soll die Gesellschaft auch Richtung Malaysia (Kota Kinabalu oder Sandakan) starten.

Der Flughafen liegt 2 km außerhalb von Zamboangas Zentrum (Jeepney/Riksha/Taxi 8/10/150 P).

SCHIFF/FÄHRE
George & Peter schippert einmal pro Woche nach Cebu (1000 P, 29 Std.). 2GO fährt zweimal wöchentlich nach Manila (1600 P, 48 Std.) und Dumaguete (1200 P, 12 Std.).

Weesam Express (☏ 062-992 3986; www.weesam.ph; Ticketbüro am Terminal) schickt Boote nach Jolo (800 P, 3½ Std., 8.30 Uhr) und nach Isabela (175 P, 45 Min., 4-mal tgl.) auf der nahegelegenen Basilan Island. Mit **Aleson Shipping Lines** (☏ 062-991 2687; www.aleson-shipping.com; 172 Veterans Ave, Zamboanga) und **Ever Lines Shipping Inc** (☏ 062-991 0293; Mutual Bldg, 47 Valderrosa St) geht's nach Sulu und Tawi-Tawi.

Palawan

Inhalt ➜
Puerto Princesa & Umgebung 422
Sabang & Umgebung 432
Port Barton & Umgebung 435
Taytay & Umgebung 439
El Nido 440
Bacuit-Archipel 449
Coron 453
Busuanga Island 455
Culion Island & Umgebung 459

Beste Strände

➜ North Cay Island (S. 459)
➜ Nacpan Beach & Calitang Beach (S. 442)
➜ Secret Beach (S. 450)
➜ Malcapuya Island (S. 459)
➜ Sabang (S. 432)

Schön übernachten

➜ Sangat Island Reserve (S. 456)
➜ Flower Island Beach Resort (S. 439)
➜ El Nido Overlooking (S. 445)
➜ Al Faro Cosmio Hotel (S. 456)

Auf nach Palawan!

Palawans größter Pluspunkt ist das Meer, von dem es umgeben ist. Die am dünnsten besiedelte Region der Philippinen ist mit ihrer Meereslandschaft, die es mit jedem anderen Ort in Südostasien aufnehmen kann, und der vielfältigen Fauna so verführerisch wie keine andere. Aufgrund seiner geographischen Beschaffenheit – ein langes Band aus Inseln, das sich auf 650 km Länge bis nach Borneo zieht – scheint einer Reise in dieser Region eine befreiende Logik innezuwohnen.

Das im Zentrum gelegene Puerto Princesa (Puerto) ist die kulinarische Hauptstadt und das Tor zu Beschaulichkeit und Strandleben. Viele Traveller zieht es gen Norden nach El Nido oder Coron zum Insel-Hopping, Schnorcheln und Tauchen am Bacuit-Archipel und bei der Calamian-Gruppe.

Die Küste dient als alternativer Highway, auf dem *bangkas* Reisende zwischen Dörfern und unbewohnten Inseln befördern. Im Süden geht es etwas rauer zu: Man kann zwar die vom Dschungel überwucherten Berghänge erkunden, man muss sich aber auf eher rustikalen Komfort einstellen.

Reisezeit
Puerto Princesa

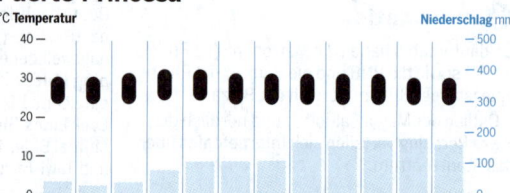

März–Anfang Mai Dies ist die beste Zeit für Seereisen.

Juni–Okt. Der Südwest-Monsun bringt jetzt starke Regenfälle, vor allem nachmittags.

Nov.–Feb. Kühler und trockener; eine bei Travellern beliebte Zeit.

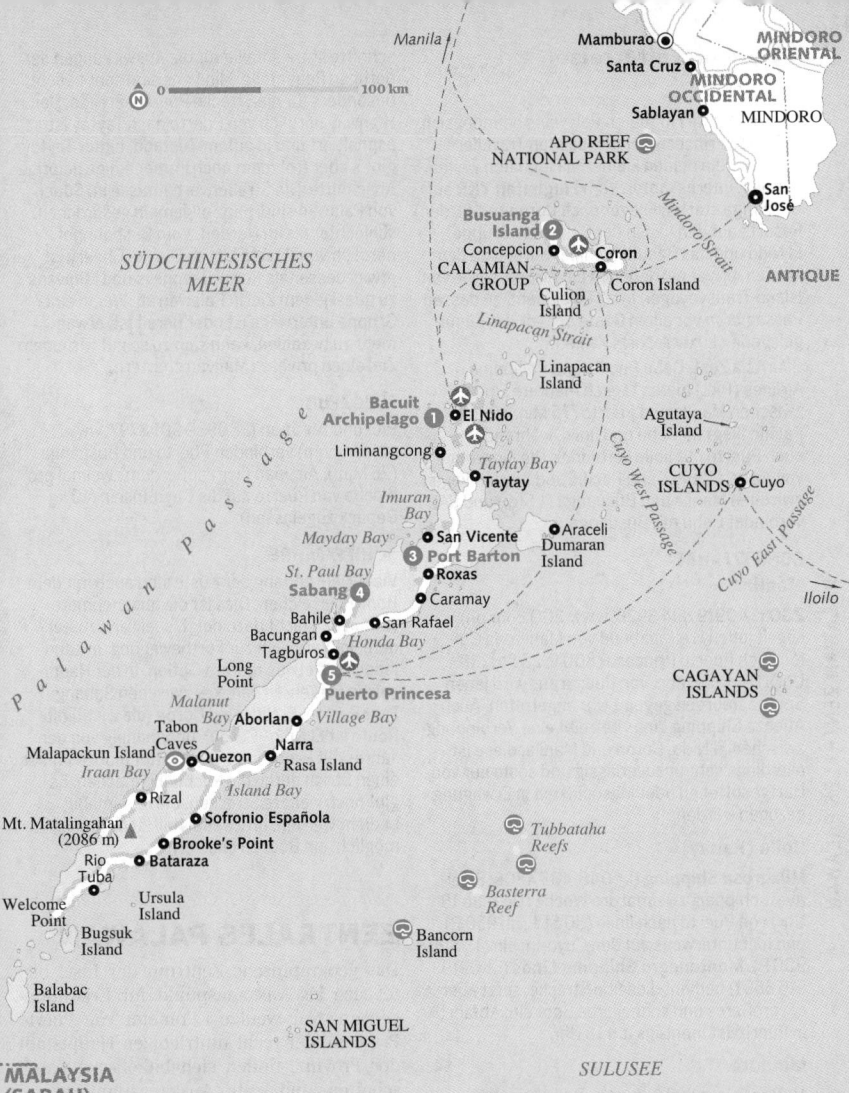

Highlights

❶ Mit Taucherbrille und Schnorchel die Aquarien von Mutter Natur (also die Lagunen) im **Bacuit-Archipel** (S. 449) erkunden

❷ Bei einem Tauchtrip zu den Schiffswracks aus der Zeit des Zweiten Weltkriegs rund um die Insel **Busuanga** (S. 451) durch Bullaugen schwimmen

❸ Sich auf dem Weg zwischen Hängematte und Strand dem langsamen Lebenstempo in **Port Barton** (S. 435) anpassen

❹ In **Sabang** (S. 432) die beeindruckende Dunkelheit des unterirdischen Underground River erkunden oder einfach bei Sonnenuntergang am Strand entspannen

❺ Auf einem Motorrad durch die hübsche ländliche Gegend rund um **Puerto Princesa** (S. 422) düsen

❶ An- & Weiterreise

FLUGZEUG

Der wichtigste Flughafen Palawans befindet sich in Puerto Princesa, für die meisten Traveller sind aber die beiden kleineren Flughäfen weiter nördlich interessanter. Vom **Flughafen YKR** auf Busuanga starten Flieger nach Coron und zu den Resorts auf den Inseln der Calamian-Gruppe. El Nido und das Bacuit-Archipel werden ab dem kleinen, privat betriebenen Lio Airport sowie von Island Transvoyager, Inc (ITI) bedient, zu dessen Passagieren vor allem Gäste der vor der Küste gelegenen Luxusresorts zählen.

AirAsia Zest, Cebu Pacific und Philippine Airlines (PAL) bieten täglich mehrere Flüge zwischen Manila und Puerto (75 Min.); Cebu Pacific fliegt ab Cebu und Iloilo, während PAL auch Puerto mit Iloilo verbindet. Die Flugzeuge von AirAsia Zest, Cebu Pacific und SkyJet fliegen zwischen Manila und Busuanga (1 Std.) und PAL verbindet Cebu mit Busuanga.

SCHIFF/FÄHRE
Manila

2GO (📞 0919 894 3926; www.2GO.com.ph) segelt jeden Freitagabend von Manila via Colon nach Puerto Princesa (800 P, 28 Std., 18 Uhr). Die Rückfahrt von Puerto aus wird jeden Sonntagmorgen gegen 1 Uhr angetreten. Auch Atienza Shipping Lines betreibt eine Verbindung zwischen El Nido, Coron und Manila, diese ist allerdings sehr unzuverlässig und sollte nur von Hartgesottenen oder Masochisten in Erwägung gezogen werden.

Iloilo (Panay)

Milagrosa Shipping (📞 048-433 4806; Rizal Ave) schippert zweimal pro Woche (Do & So 15 Uhr) von Puerto nach Iloilo (30 Std., ab 950 P) und hält unterwegs auf den Cuyo-Inseln (13 Std., 900 P). **Montenegro Shipping Lines** (📞 0919 516 6501) bedient dieselbe Strecke, setzt aber ein größeres und schnelleres Boot ein; Abfahrt in Puerto ist montags um 18 Uhr.

Mindoro

M/Bca *Bunso* legt jeden Montag, Dienstag, Mittwoch und Freitag in Coron mit dem Ziel San Jose, Mindoro (1000 P inkl. Mittagessen, 7 Std., 8 Uhr) ab. Der Zeitplan wird selten eingehalten.

❶ Unterwegs vor Ort

Wer in Palawan unterwegs ist, muss sich auf allerhand Unvorhergesehenes einstellen, besonders (aber nicht nur) in der Nachsaison. Abfahrtszeiten sind variabel und die Fahrzeuge sind oft klapprig und von Pannen gebeutelt.

BUS, JEEPNEY & MINIVAN

Obwohl sich die Straßenbedingungen deutlich verbessert haben, sind einige Streckenabschnitte stark anfällig für die Auswirkungen der heftigen Regenfälle. Minivans sind sehr beliebt, besonders für die Strecke Puerto–El Nido. Der Highway nördlich von Puerto nach Taytay ist asphaltiert und in gutem Zustand, hinter Taytay gibt's aber trotzdem noch immer einige holprige Abschnitte. Die Straßenverhältnisse im Süden von Palawan sind, ganz allgemein gesprochen, schlechter als im Norden. Vom Busbahnhof nördlich von Puerto fahren Busse (Cheery ist etwas besser als Roro), Jeepneys und Minivans zu quasi jedem Ziel in Palawan ab. Wer in einer Gruppe unterwegs ist oder bereit ist, etwas mehr zu bezahlen, kann sich zu so gut wie jedem Ziel einen privaten Minivan chartern.

FLUGZEUG

PAL und **Air Juan** (📞 0939 901 8797; www.airjuan.com) verbinden Puerto und Busuanga (75 Min.); Air Juan fliegt außerdem zweimal pro Woche von Puerto auf die Cuyo-Inseln (10 kg Gepäck zugelassen).

SCHIFF/FÄHRE

Viele Ziele entlang der Küste sind auch mit dem Boot zu erreichen. Dies ist die angenehmere (wenn man nicht dazu neigt, seekrank zu werden), im Vergleich zur Fortbewegung an Land jedoch die etwas teurere Option. In der Hauptsaison verkehren *bangkas* zwischen Sabang, Port Barton, El Nido und Coron (die wichtigste Route ist El Nido–Coron), unabhängig von der Jahreszeit kann einem das Wetter jedoch immer einen Strich durch die Rechnung machen. Es gibt noch weitere Strecken, die regelmäßig bedient werden. Im Zweifelsfall ist es immer möglich, ein Boot zu chartern.

ZENTRALES PALAWAN

Das geographische Zentrum der Insel bietet sich als Ausgangspunkt für Erkundungen an. Nur wenige Kilometer von Puerto Princesa, der recht umtriebigen Hauptstadt der Provinz, finden sich bukolische Landschaften und gute Ausgangspunkte zum Insel-Hopping. Weiter nördlich liegt Sabang mit seinem reizvollen Strand und einer unterirdischen Flusstour.

Puerto Princesa & Umgebung

📞 048 / 222 700 EW.

Die Hauptstadt Palawans quälen noch einige Pubertätsprobleme. Es fällt schwer, ihre Werbekampagne als „Ökohauptstadt des Landes" ernst zu nehmen, prägen doch Staus und zahllose Betongebäude das Bild

Zentrales Palawan

der Stadt. Es gibt jedoch auch eine florierende Restaurantszene sowie einige lohnende Tagesausflüge, darunter Insel-Hopping zu abgelegenen Stränden oder Touren durch die traumhafte Landschaft. Die Touren zum Underground River in Sabang erfreuen sich besonders bei den Filipinos selbst großer Beliebtheit. „Puerto", wie es von den Einheimischen genannt wird, entwickelt sich jedoch mehr und mehr zur Durchgangsstation für Traveller auf dem Weg zu anderen Zielen in Palawan.

Sehenswertes & Aktivitäten

Viele der Sehenswürdigkeiten rund um Puerto werden oft im Rahmen von eintägigen „Stadt-Touren" (600 P) besucht, die vor allem auf philippinische Besucher aus Manila zugeschnitten sind. Die einzelnen Stopps sind nicht so besonders sehenswert, sodass es eine weitaus bessere Option ist, sich einfach ein Motorrad zu mieten und die Tour auf eigene Faust zu unternehmen. Vor der Küste Puertos können im Wasser die akrobatischen Kunststücke der Delfine beobachtet werden (Tour 900 P/Pers.).

Der Palawan Butterfly Garden, der Irawan Eco-Park, das Palawan Wildlife Rescue & Conservation Center sowie die Iwahig Prison & Penal Farm liegen alle entlang des South National Hwy. Dieser führt in nördlicher Richtung aus der Stadt heraus und biegt links zum Schmetterlingsgarten ab.

Island Divers (048-433 2917; www.islanddiverspalawan.com; Manalo Ext, Bgy Bancao-Bancao) bietet in der Honda Bay und der Umgebung Tauchtrips an.

Die meisten Traveller besuchen den Underground River in Sabang im Rahmen einer hier gebuchten Tour (1300–1500 P).

Puerto Princesa

Palawan Heritage Center MUSEUM
(Provincial Capitol Bldg; Eintritt 50 P; Mo–Fr 9–16.30 Uhr) Dieses Museum wird von der

Puerto Princesa

Provinzregierung verwaltet und wurde auch von ihr konzipiert. Hier gibt's eine Reihe von interaktiven Videos und sogar ein Hologramm, das die Geschichte Palawans erzählt und die aktuellen wirtschaftlichen und ökologischen Herausforderungen beschreibt, denen sich die Provinz gegenübersieht.

Palawan Museum — MUSEUM
(Mendoza Park, Rizal Ave; Eintritt 20 P; Mo-Sa 9-12 & 13.30-17 Uhr) Im alten Rathaus gleich neben dem Mendoza Park ist dieses zweistöckige Museum untergebracht, dessen alternde Ausstellungsstücke die ethnologische und archäologische Bedeutung Palawans beleuchten, meist mit interessanten Erläuterungen auf Englisch.

Plaza Cuartel — RUINE
Hinter der Immaculate Concepcion Cathedral (von 1872) liegt die restaurierte Ruine einer alten Garnison aus dem Zweiten Weltkrieg. Hier sollen 154 amerikanische Kriegsgefangene lebendig begraben worden sein.

Außerhalb von Puerto Princesa

Palawan Wildlife Rescue & Conservation Center — NATURSCHUTZGEBIET
(Crocodile Farming Institute; Eintritt 40 P; Mo-Sa 8.30-11.30 & 13.30-16.30 Uhr) Dieses Tierreservat besteht aus einem Komplex aus Betongebäuden und einigen Freigehegen, in denen Hunderte Krokodile leben, von kürzlich geschlüpften Miniechsen bis hin zu furchteinflößenden Kolossen. Alle 30 Minuten wird eine Führung angeboten. Im hinteren Teil der Anlage fristen auf einem dicht bewaldeten Gelände weitere Tiere in vernachlässigten Volieren und Käfigen ihr Dasein.

Nagtabon Beach — STRAND
Dieser Strand an der Nordseite der Landenge ist ein mehrere hundert Meter langer Streifen mit weißem Sand und seichtem Wasser, das sich gut zum Baden eignet. Die Jeepneys, die am Busbahnhof San Jose starten (Abfahrt gegen 12 Uhr) sind nicht wirklich praktisch; besser man mietet sich ein Motorrad oder ein Auto oder man nimmt sich einen Van. Kaum ist der Highway verlassen, wird die Straße ganz schön holprig.

Iwahig Prison & Penal Farm — GELÄNDE
Das Schild, das den Weg zur Strafkolonie weist, ist ein etwas befremdlicher Anblick in der schönen Landschaft mit der dramatischen Bergkulisse im Hintergrund. Besucher dürfen das weitläufige Gelände gerne betreten (Fotografieren ist aber unerwünscht), auf dem Gefangene in verschiedenfarbigen T-Shirts – abhängig von der Sicherheitsstufe – leben, arbeiten und sich frei bewegen.

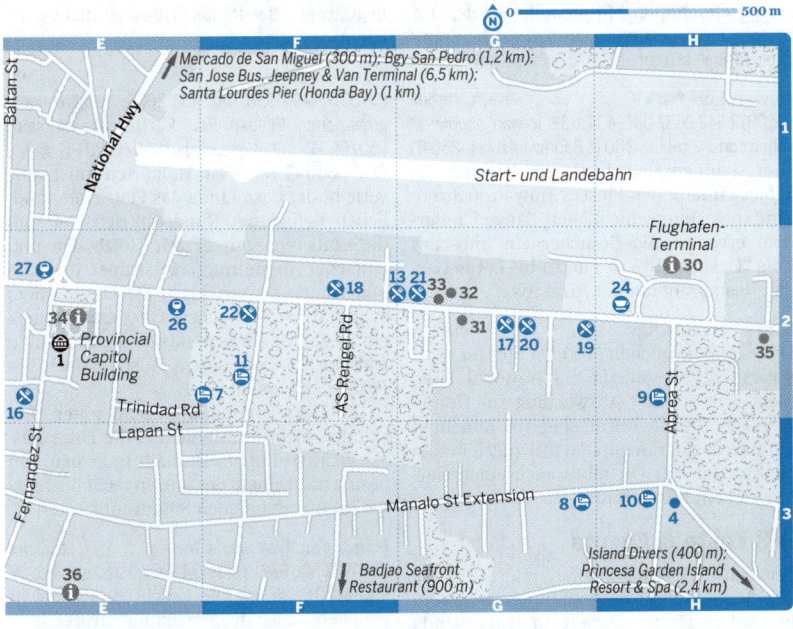

Puerto Princesa

◎ Sehenswertes
1. Palawan Heritage Center E2
2. Palawan Museum C2
3. Plaza Cuartel A2

⊕ Aktivitäten, Kurse & Touren
4. Pasyar Developmental Tourism H3

🛌 Schlafen
5. Ancieto's Pension B3
6. Banwa Art House B3
7. Casa Linda Inn F2
8. Hibiscus Garden Inn G3
9. Mercedes B&B H2
10. One Manalo Place H3
11. Pagdayon Traveler's Inn F2
12. Puerto Pension B1

⊗ Essen
13. Bilao at Palayok G2
14. Bruno's Swiss Food C2
15. Heavenly Desserts by Dorothy D2
16. Ima's Vegetarian E2
17. Kainatô G2
18. Kalui F2
19. La Terrasse G2
20. Lou Chaolong Hauz G2
21. Thant-Tam Chaolong G2
22. Ugong Rock Seafood & Grill F2

⊕ Ausgehen & Nachtleben
23. Cafe Itoy's D2
24. Crossing Bridge Café H2
25. Divine Sweets C2
26. Kinabuchs Grill & Bar E2
27. Tiki Restobar E2

⊕ Shoppen
28. NCCC Mall D2
29. Public Market C1

ⓘ Informationen
30. Airport Tourist Information Counter H2
31. Bureau of Immigration G2
32. Floral Travel & Tours G2
33. Inland Tours and Travel G2
34. Palawan Tourism Promotions & Development Office E2
35. Sanctuary Travel & Tours H2
36. Tubbataha Management Office E3

Palawan Butterfly Garden GARTEN
(27 Bunk House Rd, Santa Monica; Eintritt 50 P; ⊙ 8–17 Uhr) In der Nähe des Örtchens Santa Monica können auf einem Freiluftgelände verschieden Arten bunter, flatternder Schmetterlinge beobachtet werden. Vor dem Betreten des Gartens informiert ein kurzes Video über den Lebenszyklus dieser

Irawan Eco-Park
ABENTEUERTOUR

(0912 542 2687, 048-434 1132; irawan_ecopark@yahoo.com; Zip-Line 800 P, Baumwipfelweg 250 P) Hier spannen sich durch ein Waldschutzgebiet entlang des Flusses Irawan mehrere Zip-Lines unterschiedlicher Länge; außerdem erwartet die Besucher ein hübsches Café. Tickets gibt's in Puerto im Lotus Garden Restaurant auf der Rizal Ave.

Kim's Hot Springs
QUELLEN

Diese heißen Quellen (400 P/4 Std. für max. 8 Pers.) liegen günstig am National Hwy, nicht weit von der Abzweigung zur Honda Bay. Die Becken selbst sind im Endeffekt ein überdachter Schuppen mit zugeleitetem Heißwasser. Vor Ort gibt's auch einen Garten und ein Restaurant.

✳ Feste & Events

Baragatan Festival
KULTUR

Aus der ganzen Provinz kommen zu diesem Festival die Einheimischen auf dem Gelände des Provincial Capitol Building zum Tanzen, Singen, Essen und Trinken zusammen. Straßenverkäufer bieten traditionelles Kunsthandwerk und kulinarische Spezialitäten zum Kauf an. In der dritten Juniwoche.

🛏 Schlafen

Zum Zeitpunkt der Recherche herrschte in Puerto Wassernotstand: Die Sammelbecken trockneten aus, es gab erhebliche Druckschwankungen und der zusätzliche Brunnen lieferte kein Trinkwasser. Lange Rede, kurzer Sinn: nur aufbereitetes Wasser trinken und das Duschen auf abends verlegen, wenn der Wasserdruck für gewöhnlich höher ist.

★ Banwa Art House
HOSTEL $

(0915 260 3113, 048-434 8963; www.banwa.com; Liwanag St; B 350 P, DZ mit/ohne Bad 800/600 P; @ 🖥) Dieses coole Backpackerhostel versteckt sich hinter einem hohen Zaun in einer Seitenstraße mitten im verwinkelten Wohngebiet der Stadt. Drinnen sieht es schöner aus als das Äußere vermuten lässt. Besonders toll sind die künstlerisch angehauchte Veranda hinterm Haus sowie die Bar und der Aufenthaltsbereich. Die Zimmer mit Holzboden (zwei der Schlafsäle sind nach Geschlecht getrennt) sind sauber und warm.

Es werden Burger (185 P), Pasta (130 P) und andere Gerichte serviert. Das Hostel liegt abseits der Roxas St und ist nicht ganz leicht zu finden.

Casa Linda Inn
PENSION $

(0917 749 6956, 048-433 2606; casalindainn@gmail.com; Trinidad Rd; EZ/DZ mit Ventilator 550/650 P, mit Klimaanlage 850/1000 P; ❄ 🖥) Der penibel gepflegte Hofgarten mit Laube verleiht der Casa Linda das Flair eines ländlichen Refugiums. Rund um den Hof sind die sauberen Zimmer mit Holzböden und einfacher Ausstattung angeordnet, die dünnen Wände können Lärm jedoch zu einem echten Ärgernis machen. Die Casa hat auch ein Restaurant, was praktisch ist, wenn man frühmorgens vor einem Ausflug noch ein Frühstück braucht.

Die Deckenventilatoren sind unter Umständen nicht kräftig genug, die Hitze ausreichend zu lindern. Deshalb fragt man am besten nach einem der (nur in recht begrenzter Zahl) vorhandenen Standventilatoren.

Pagdayon Traveler's Inn
PENSION $

(0927 506 5321, 048-434 9102; Pagdayon Rd; DZ 950–1100 P; ❄ 🖥) Die Beschreibung „leicht gehoben, aber bodenständig" trifft diese Pension in einer engen, unbefestigten Straße nahe dem Flughafen wohl am besten. Die Zimmer mit Fliesenböden haben kleine TVs, große Schränke und private Balkone. Eigentümer und Personal sind zurückhaltend, professionell und effizient.

Gleich nebenan wird zurzeit ein Best Western hochgezogen.

Ancieto's Pension
PENSION $

(048-434 6667; mchona0860@gmail.com; Ecke Mabini St & Roxas St; B 235 P, Zi. 860 P, EZ/DZ ohne Bad 300/400 P; 🖥) Das Highlight dieser Unterkunft ist die schattige Dachterrasse mit Garten, auf der sich auch die Gemeinschaftsküche befindet. Außerdem bietet sie einen tollen Blick auf die Bucht. Die Zimmer sind einfach und die Einrichtung alt, nur eines von vier Zimmern verfügt über eine Klimaanlage und heißes Wasser. Der Schlafsaal hat sieben Betten.

Hibiscus Garden Inn
PENSION $$

(048-434 1273, 0908 862 7403; www.puertoprincesahotel.com; Manolo Ext; Zi. 2300–2800 P; ❄ 🖥) Wer sich einen ruhigen Rückzugsort wünscht, ist im gut geführten Hibiscus an der richtigen Adresse. Die großen gefliesten Zimmer sind in einem niedrigen Gebäude untergebracht, das von einem hübschen Garten mit Hängematte umgeben ist. Das Farbkonzept ist auf orange abgestellt, und vier der zehn Zimmer haben eine eigene kleine Sitzecke im Hinterhof.

Puerto Pension   HOTEL $$
(0915 406 8568, 048-433 2969; www.puerto pension.com; 35 Malvar St; inkl. Frühstück EZ/DZ 2080/2180 P, ohne Bad 1280/1380 P; ❋☎) Ein beeindruckendes vierstöckiges Gebäude aus Holz und Bambus, gar nicht weit von der Anlegestelle. Vom Restaurant im Obergeschoss aus hat man einen weiten Blick auf die Bucht. Alles Nötige ist vorhanden – einige Zimmer haben Flachbild-TV und Minikühlschrank –, üppig Platz hat man aber nicht: Man kann gerade so ums Bett herumgehen.

In einem kleinen abgezäunten Bereich gibt es seit Kurzem einen Whirlpool und einen Bereich für Paarmassagen (1000 P).

Mercedes B&B   HOTEL $$
(0916 714 5220; www.mercedesbb.com; P Abrea St; DZ inkl. Frühstück 1400 P; ❋☎) Eine Handvoll einfacher, moderner Zimmer, die auf einen kahlen Hinterhof hinausgehen (mit Hängematten), nur einen kurzen Fußweg vom Flughafen entfernt.

★ Palo Alto Bed & Breakfast   B&B $$$
(0917 542 9782; www.paloalto.ph; Kawayanan St, Bgy San Pedro; Zi. inkl. Frühstück 3000–3500 P; ❋☎☰) Dieses von hohen Bäumen umgebene B&B in einer unbefestigten Straße 5 km nördlich der Stadt ist eine wahre Ruhestätte fern des Verkehrs und Lärms der Stadt. Das wunderschöne zweistöckige Gebäude ist von einem Garten in U-Form umgeben und verfügt über einfache, aber moderne Zimmer mit Flachbild-TV und hübschen Bädern. Auf der anderen Seite des Durchgangsweges, aber noch auf dem Anwesen selbst, liegt ein beschatteter Pool.

Der Großteil von Palo Alto ist mit Holz des Ipil-Ipil-Baumes erbaut, das von einem stillgelegten Elektrizitätswerk stammt und recycelt wurde (das Abholzen dieser Bäume mit dem dunklen Holz ist mittlerweile auf den Philippinen verboten). Kostenloser Shuttleservice vom Flughafen sowie in die Stadt; eigenes Reisebüro auf dem Gelände sowie behindertengerechte Einrichtungen.

One Manalo Place   BOUTIQUEHOTEL $$$
(048-434 1280; www.onemanaloplace.com; Manolo St, Bgy Bancao Bancao; Zi. inkl. Frühstück 3200–4500 P; ❋☎☰) Die Rückseite eines kleinen Einkaufszentrums ist wohl nicht gerade der Ort, an dem man das schönste (wenn nicht einzige) Boutiquehotel Puertos erwarten würde. Die Doppelzimmer haben Fliesenböden, kleine Veranden im

---

HONDA BAY

Gegenüber den Inseln des Bacuit-Archipels mag die Honda Bay vielleicht wie ein Stiefkind erscheinen, der Vergleich ist aber auch nicht ganz fair. Dennoch lohnt es sich, hier einen Tag mit **Schnorcheln** und **Insel-Hopping** zu verbringen, sollte man ohnehin länger als zwei Tage in der Gegend sein.

Im Rahmen einer regelmäßig angebotenen Tour (1500 P/Pers.) kann man drei Inseln besuchen; meist sind das **Cowrie Island**, **Pandan Island** und die passend benannte **Snake Island** (Schlangeninsel), ein gewundenes Stückchen weißen Sandes, das seine Form mit den Gezeiten verändert. Reisebüros und Hotels in Puerto bieten Pauschaltouren an (1100 P), zu denen Schnorcheln, der Transport und das Mittagessen gehören; Abfahrt ist für gewöhnlich um 8 Uhr, Rückkehr um 16 Uhr. Wer die Bucht auf eigene Faust erkunden möchte, muss sich bis zum Anlegesteg von Santa Lourdes durchschlagen, der 11 km vom Stadtzentrum entfernt liegt (30 P für ein Multicab; ein Tricycle kostet hin & zurück 500 P). Dort hört man sich dann einfach um – ein Boot für bis zu sechs Leute sollte mit etwa 1500 P (plus 50 P Eintritt) zu Buche schlagen. Daran denken, dass es außer einer kleinen Hütte auf Snake Island, die ein paar wenige Lebensmittel und gegrillten Fisch verkauft, weder Restaurants noch Geschäfte gibt. Für Cowrie und Pandan wird ebenfalls eine geringe Eintrittsgebühr fällig.

Die einzige etablierte Unterkunft auf den Inseln ist das luxuriöse **Dos Palmas Island Resort & Spa** (in Manila 02-637 4226; www.dospalmas.com.ph; Vollpension ab 6500 P/ Pers.; ❋☎☰) auf Arreceffi Island. Hier gibt's einen Wellnessbereich, einen Infinity-Pool und ein vollwertiges Tauchzentrum. Vom Anlegesteg in Santa Lourdes ist es mit dem *bangka* innerhalb von 50 Minuten zu erreichen. Auch wer nicht übernachtet, kann den Tag hier verbringen (Erw./Kind 1800/900 P inkl. Transport, Mittagessen und Benutzung der Einrichtungen).

Hawaii-Stil sowie hochwertige Bäder. Vom Fitnessraum aus überblickt man den Pool (Nicht-Gäste können ihn für 250 P nutzen). Das One Manalo ist mit Abstand die beste Adresse der Stadt.

Das hübsche Meeresfrüchte-Restaurant Aplaya befindet sich im selben Gebäude, die beliebte Karaoke-Bar Jukebox und ein Spa liegen im angrenzenden Einkaufszentrum.

Princesa Garden Island Resort & Spa

RESORT $$$

(www.princesagardenisland.com; Bgy Bancao-bancao; Zi. inkl. Frühstück ab 6800 P; ✻❄☂) Dies ist Puertos einziges Strandresort – obwohl es technisch gesehen eigentlich gar nicht direkt am Strand liegt. Die sechs miteinander verbundenen Becken (die Hintertüren einiger Zimmer führen direkt zu diesen Becken), ein künstlicher Sandstrand, Palmen und Mangroven lassen aber großzügig darüber hinwegsehen. Die geschmackvoll eingerichteten Zimmer im Boutiquestil haben eigene Veranden und entweder einen Whirlpool oder einen kleinen Garten. Das Princesa Garden Island ist die wahrscheinlich luxuriöseste Option der Stadt.

Bisher gibt es hier drei Restaurants, von denen eines Thai-Gerichte serviert; drei weitere sind geplant. Zu finden ist das Resort an einer unbefestigten Straße am Meer, nur 2 km südöstlich des Flughafens.

Hotel Centro

HOTEL $$$

(☎ 048-434 1111; www.hotelcentro.ph; National Hwy, Bgy San Pedro; Zi. inkl. Frühstück ab 5500 P; ✻❄☂) Hier treffen Business-Klasse und Resort-Luxus aufeinander. Das Centro bietet den üblichen Schnickschnack, etwa einen Fitness- und Wellnessbereich; der Außenpool gehört zu den schönsten Pools in der Umgebung. Von außen sieht das Ganze aus wie ein Bürogebäude. Es liegt nördlich der Stadt am National Hwy, nicht weit vom Robinson's Place entfernt.

🍴 Essen

Puerto ist der beste Ort, um in Palawan essen zu gehen. Dies gilt nicht nur in Bezug auf die Anzahl der Restaurants, sondern auch auf ihre überraschend große Vielfalt. Eine Reihe von Optionen finden sich entlang der Rizal Ave zwischen dem Flughafen und dem National Hwy, nur einen kurzen Fußweg von zahlreichen Hotels entfernt.

In der Stadt finden sich einige **Chaolong-Restaurants**, kleine, familiäre Lokale, die eine philippinische Version des *pho* (scharfe Nudelsuppe mit Hähnchen, Rind oder Schwein) mit Baguette als Beilage servieren. Diese Restaurants erinnern an eine blühende Gemeinde vietnamesischer Flüchtlinge, die sich einst im „Viet Village" 13 km nördlich der Stadt niedergelassen hat. Abgesehen von den Restaurants, die bis heute *chaolong* servieren, ist es mittlerweile aber eine Geisterstadt. **Lou Chaolong Hauz** (Hauptgerichte 50 P; ⊗ 8–4 Uhr) und **Thant-Tam Chaolong** (Rizal Ave; Hauptgerichte 50–60 P; ⊗ 24 Std.) liegen nicht weit voneinander entfernt an der Rizal Ave in Richtung Flughafen. Letzteres Lokal hat noch eine weitere Filiale kurz vor der Kreuzung mit dem National Hwy.

Hinter dem Marktgelände, am Meer entlang, erstreckt sich der **Baywalk**, eine zubetonierte Fläche mit schönem Blick auf den Sonnenuntergang und mit etwa einem halben Dutzend zwangloser **Barbecue-Zelte** (17–24 Uhr) mit Sitzgelegenheiten im Freien.

Im Robinson's Place (S. 430) findet sich die übliche Palette an Fast Food und höherwertigen Restaurants sowie ein großer Supermarkt.

Ima's Vegetarian

VEGETARISCH $

(Fernandez St; Gerichte 80–130 P; ⊗ So–Do 11–21, Fr 11–15, Sa 18.30–21 Uhr; 🌿) Das Betreiberehepaar hat sich einem gesunden Lebenswandel auf der Basis besserer Ernährung verschrieben. So sind alle Reis- und Gemüsegerichte (der Bohnen-Burrito und die vegane Käsepizza sind empfehlenswert) ohne Zusatz- und Konservierungsstoffe.

Heavenly Desserts by Dorothy

CAFÉ $

(Lacao St; Hauptgerichte 100–185 P; ⊗ 9–21 Uhr, So geschl.; 🌿) Eine heimelige, sympathische Adresse mit hervorragenden Kuchen und Muffins sowie einer ganztägig gültigen Frühstückskarte (Omelett 115 P), Burgern, Pad Thai und Pastagerichten. Eine bequeme Couch lädt dazu ein, sich bei einem Frappucino zurückzulehnen und alte Zeitschriften durchzublättern.

Gypsy's Lair

PHILIPPINISCH, MEXIKANISCH $

(Mercado de San Miguel, National Hwy; Hauptgerichte 120 P; ⊗ So–Do 8–23, Fr & Sa 9–24 Uhr; ❄) In einer Einkaufsstraße einige Kilometer nördlich der Rizal Ave am National Hwy liegt dieses winzige, unkonventionelle Restaurant, in dem an den meisten Abenden live gespielte Akustikmusik auf dem Programm steht. Die Desserts (wie *biko*, ein süßer Klebreis mit hausgemachter Eiscreme) sind hier einfach himmlisch.

TUBBATAHA REEF

Eine zehn- bis 12-stündige Bootsfahrt von Puerto Princesa entfernt liegt das Tubbataha Reef, ein marines Schutzgebiet, das oft mit den Galapagos-Inseln verglichen wird. Es wurde 1993 zum UNESCO-Welterbe erklärt und bietet Hunderten Arten von Meeresvögeln und Fischen einen Lebensraum, darunter Mantarochen und Walhaie, und beherbergt die ganze riesige Palette an Tieren, die im offenen Meer leben.

Die beste Reisezeit für einen Besuch des Tubbataha-Riffs ist zwischen Mitte März und Mitte Juni. Die einzige Möglichkeit, hierherzukommen, ist im Rahmen einer Boots-Safari. In Puerto Princesa gibt es etwa ein halbes Dutzend Anbieter solcher mehrtägiger Touren, die im Durchschnitt mit 2100 bis 2600 US$ zu Buche schlagen (für eine Woche). Mehr Infos gibt's beim Tubbataha Management Office (S. 431) in Puerto Princesa.

★ Kalui   PHILIPPINISCH $$
(048-433 2580; 369 Rizal Ave; Hauptgerichte ab 225 P; Mo-Sa 11–14 & 18–23 Uhr;) Das Kalui versprüht mit seinen Holzböden und den bunten Gemälden, Skulpturen und Masken an den Wänden ein entzückendes balinesisches Flair und auch eine gewisse Eleganz. Neben den Gerichten mit Meeresfrüchten, die alle mit Gemüse, Seetangsalat und Reis serviert werden, gibt's auch traumhafte Obstdesserts, die in ausgehöhlten Kokosnüssen angerichtet werden. Reservierung empfohlen, besonders abends und für Gruppen. Die Schuhe werden vor dem Betreten des Restaurants in Schrankfächern verstaut.

★ Badjao Seafront Restaurant   PHILIPPINISCH, MEERESFRÜCHTE $$
(048-433 9912; badjaoseafront@yahoo.com; Abueg Sr Rd, Bgy Bagong Sikat; Hauptgerichte 195–400 P; 11–22 Uhr;) Am Ende eines Bohlenwegs, der leicht erhöht über die Mangroven führt, findet man dieses Restaurant über dem Wasser. Es bietet einen bezaubernden Blick auf Meer und Berge. Den perfekten Nachmittag verbringt man hier mit einem ausgedehnten Mittagessen mit ganzem gegrilltem Fisch und anderen Meeresfrüchten (Krabben, Shrimps, Tintenfisch). Das einzig Negative hier sind die stechenden Insekten und der langsame Service bei viel Betrieb.

Ugong Rock Seafood & Grill   MEERESFRÜCHTE $$
(Rizal Ave; Hauptgerichte 110–350 P; 10–24 Uhr;) In der Auslage kann man sich seine Ration an Proteinen (Krabben, Garnelen, Hummer, Muscheln, Tintenfisch und verschiedene Fischsorten) sowie die Zubereitungsart und die Sauce selbst aussuchen – und schon kurze Zeit später labt man sich an seiner ganz persönlichen Meeresfrüchte-Kreation. Am besten setzt man sich an einen der Picknicktische und teilt sich die Gerichte. Auf der Speisekarte stehen auch Nudeln und Krokodil-*sisig*.

Zentral gelegen mit einem netten, von mehreren Ventilatoren gekühlten Freiluftpavillon mit TV.

Kainatô   PHILIPPINISCH $$
(Rizal Ave; Hauptgerichte 160–285 P) Die hübsche Einrichtung mit Malereien und Holzschnitzarbeiten verleiht dem Kainatô eine einladende Atmosphäre. Unter allen Restaurants der Stadt werden hier die meisten philippinischen Spezialitäten serviert.

Bilao at Palayok   PHILIPPINISCH $$
(Rizal Ave; Hauptgerichte 140–225 P) Tischt verschiedene philippinische Klassiker auf, darunter *sinigáng* (Suppe mit Tamarinde), *adobo* (in Essig und Knoblauch gedünstetes Schweinefleisch) und gegrillter Fisch. Das sehr angenehme Restaurant hat auch einen kleinen Teich, einen Wasserfall und sanfte Hintergrundmusik.

La Terrase   PHILIPPINISCH, FRANZÖSISCH $$$
(Rizal Ave; Hauptgerichte 200–630 P; 11–23 Uhr;) Dieses elegante Freiluftrestaurant bietet eine kleine Auswahl an Pasta, Meeresfrüchten und gegrillten Fleischgerichten (darunter in der Pfanne geröstete Bio-Entenbrust). Biozutaten und Zutaten aus der Region werden hier groß geschrieben. Sandwichs bekommt man von 14.30 bis 18 Uhr.

Bruno's Swiss Food   EUROPÄISCH $$$
(Valencia St; Hauptgerichte 550 P; Mo-Sa) Wen es nach Schweizer, polnischer oder deutscher Wurst, importierten Steaks und europäischem Bier und Wein gelüstet, der ist hier genau richtig. Neben ein paar Tischen gibt es auch einen kleinen Lebensmittelladen mit entsprechendem Sortiment. Eine gute Adresse, um sich für ein Picknick einzudecken.

> **INSIDERWISSEN**
>
> ## NACHHALTIGER TOURISMUS
>
> **Pasyar Developmental Tourism**
> (0926 437 5224, 048-723 1075; www.pasyarpalawan.tripod.com; Gabinete Rd) Pasyar engagiert sich aufrichtig für den Umweltschutz und einen Tourismus in Einklang mit den Gemeinden vor Ort. Für Tagesausflüge zur Honda Bay oder Delfinbeobachtungstouren sowie für längere Trips mit Übernachtungen, etwa die Trekkingtour durch alte Wälder, bei der man sich u. a. im Süden nahe Quezon mit Vollstreckungsbeamten auf die Suche nach illegalen Holzfällern macht, ist Pasyar deshalb die erste Wahl. Es betreibt außerdem ein Umweltmuseum, in dem konfiszierte Kettensägen, Boote, Dynamit und (manchmal) Tiere wie Zibetkatzen zu sehen sind.

Ausgehen & Nachtleben

Die Straße zwischen dem Flughafen und dem National Hwy ist von zahllosen lockeren Bars und Karaokeläden sowie einigen Restaurants gesäumt, in denen man auch nur einen Drink bekommt.

★ Kinabuchs Grill & Bar   RESTOBAR
(Rizal Ave; 17–2 Uhr) Hier trifft sich der große Teil der Partygemeinde Puertos. Das weitläufige Freiluftgelände hat mehrere Billardtische, Großbild-TVs und eine umfangreiche Speisekarte (Hauptgerichte ab 100 P), obwohl die meisten Gäste es vor allem auf das billige Bier und die lebhafte Atmosphäre abgesehen haben. Kulinarische Abenteurer können *tamilok* kosten, ein Holzwurm, der wie Auster schmecken soll.

Tiki Restobar   BAR
(Ecke Rizal Ave & National Hwy; Hauptgerichte 160 P; 19–2 Uhr) Die geräumige Bar mitten in der Stadt bietet die typischen Kneipenspiele, Bier im Eimer und regelmäßig auch Livemusik, zu der die begeisterten Besucher auf der Tanzfläche gerne ihre Hüften schwingen lassen.

Crossing Bridge Café   CAFÉ
(Rizal Ave; 6–20 Uhr, So geschl.;) Gleich am Ausgang des Flughafens befindet sich dieses Freiluftcafé, in dem man sich die Wartezeit bis zum Abflug perfekt mit tollem Eiskaffee, Frappuccinos mit Cookies und Sahne sowie kleineren Gerichten (Hauptgerichte 160–225 P) versüßen kann.

Divine Sweets   CAFÉ, INTERNATIONAL
(Valencia St; Hauptgerichte 150 P; 7–22 Uhr;) Ein modernes Café mit hervorragendem Gebäck und Kuchen sowie einer umfangreichen Speisekarte.

Cafe Itoy's   CAFÉ
(Rizal Ave; 6–23 Uhr;) Dieses alteingesessene Café an der Hauptstraße lockt seine Gäste mit einer schattigen Terrasse hinter dem Haus. Zum Frühstück empfehlen sich die Pancakes mit Honig (und gefrorener Butter).

Shoppen

An der Rizal Ave zwischen dem Flughafen und der AS Rengel Rd verkaufen einige Kunsthandwerksläden vorwiegend Nachahmungen von traditionellen Masken und Statuen, wie sie überall von Bangkok bis Nairobi zu finden sind.

Public Market   MARKT
(Burgos St; 9–17 Uhr) Auf den Marktständen stapeln sich farbenfrohe Tropenfrüchte, Gemüse und Fisch.

Robinson's Place   EINKAUFSZENTRUM
(National Hwy; Mo-Do 10–21, Fr-So bis 22 Uhr) Erwähnenswert, da es das erste „echte" Einkaufszentrum in ganz Palawan ist, mit Restaurants, Kino und allem, was so dazugehört. Etwa 5 km nördlich der Rizal Ave gelegen.

Praktische Informationen

GELD
Achtung: Geldautomaten sind in ausschließlich in Puerto und in Coron ganz im Norden der Insel zu finden (nun ja, Brooke's Point hat eine Landbank). Man muss also gut planen. An der Rizal Ave gibt's ein paar Banken sowie eine Handvoll Wechselbüros.

INTERNETZUGANG
Entlang der Rizal Ave, zwischen dem Flughafen und dem Restaurant Jollibee, befinden sich mehrere Internetcafés.

MEDIZINISCHE VERSORGUNG
Palawan Adventist Hospital (048-433 2156; National Hwy, Bgy San Pedro)
Provincial Hospital (048-433 2621; Malvar St)
Salvador P Socrates Government Center (Kilusang Ligtas Malaria; 048-434 6346; PEO Rd, Bgy Bancao-Bancao) Nur bei Fragen rund um Malaria; hier können auch Bluttests gemacht werden.

REISEBÜROS

Floral Travel & Tours (048-434 2540; floral_travel@yahoo.com; Rizal Ave)

Inland Tours and Travel (048-434 1508, 0908 891 3347; www.inland-tours.com; 399 Rizal Ave; 7.30–19 Uhr) Vermittelt im Namen von Lexus Shuttle Minivans nach Sabang und El Nido.

Sanctuary Travel & Tours (048-434 7673; sanctuarytours@yahoo.com; Rizal Ave)

TOURISTENINFORMATION

City Tourism Office (048-434 4211; www.visitpuertoprincesa.com; Puerto Princesa Airport; 6–17 Uhr) Hat am Flughafenterminal einen Schalter sowie ein Büro gleich außerhalb des Flughafengebäudes auf der rechten Seite.

Palawan Tourism Promotions & Development Office (048-433 2968; www.palawan.gov.ph; EG, Provincial Capital Bldg, Rizal Ave; Mo–Fr 8–12 & 13–17 Uhr) Sehr hilfsbereite Angestellte. Nach Rosalyn Palanca oder Marabelle Buni fragen.

Subterranean River National Park Office (048-723 0904; www.puerto-undergroundriver.com; City Coliseum, National Hwy, Bgy San Pedro; Mo–Fr 8–16, Sa & So 8–12 & 13–17 Uhr) Stellt Genehmigungen für den Subterranean River (Erw./Kind 150/100 P) für jene Traveller aus, die den Nationalpark nicht mit einem Reiseveranstalter besuchen. Für gewöhnlich können diese einen Tag im Voraus eingeholt werden. Wer auf eigene Faust reist, sollte auf keinen Fall ohne Genehmigung in Sabang auftauchen. Man muss sich an Schalter 1 oder 2 anstellen und sollte Freitage und das Wochenende (wenn möglich) meiden. Das Büro befindet sich etwa 2 km nördlich des Zentrums.

Tubbataha Management Office (082-434 5759; www.tubbatahareef.org; 41 Abad Santos St) Hält Informationen über Ausflüge zum Tubbataha Reefs Natural Park bereit.

VISA

Bureau of Immigration (BOI; 048-433 2248; 2. Stock, Servando Bldg, Rizal Ave; Mo–Fr 8–17 Uhr) Hier können Visa verlängert werden.

An- & Weiterreise

AUTO & MOTORRAD

Wenn man über das nötige Bargeld verfügt (und erst recht, wenn man mit einer größeren Gruppe unterwegs ist), ist das Mieten eines Autos oder Vans mit Fahrer eine gute bis sehr gute Option, um von A nach B zu kommen. Diesen Service bietet z. B. **Plong Car Rental** (0919 726 0367, 048-723 1098; www.palawanselfdrivecarrental.com; 13 Capitol Commercial Complex) oder jedes der empfohlenen Reisebüros an. Hier die Standardpreise für einen Van für sechs Personen mit Fahrer: Narra (3500 P), Sabang (3500 P), Port Barton (5500 P) und El Nido (12 000 P).

BUSSE & JEEPNEYS

Alle öffentlichen Busse, Jeepneys und die meisten Minivans starten am Busbahnhof San Jose (auch „New Public Market" genannt), 7 km nördlich von Puertos Zentrum am National Hwy (ein Tricycle kostet 50 P/Pers. und etwa 140 P, wenn man alleine ist; die Fahrt mit dem Multicab kostet 13 P). Die Lage dort ist etwas unübersichtlich, mit provisorischen Verschlägen, die als Haltestellenpunkte für die unterschiedlichen Unternehmen dienen.

Abfahrtszeit für die meisten Fahrzeuge ist zwischen 7 und 9 Uhr. Es gibt auch spätere Verbindungen, einige sogar am späten Nachmittag, man sollte aber dennoch so früh wie möglich da sein, da die Fahrzeuge erst losfahren, wenn sie voll sind. Man sollte also durchaus etwas Geduld mitbringen. Qualität und Komfort der Busse von Roro und Cherry sind reine Glückssache. Allgemein muss man wissen, dass sich die Routen, Anbieter, Abfahrtszeiten und Preise ständig ändern.

FLUGZEUG

Cebu Pacific fliegt mehrmals täglich von Puerto Princesa nach Manila und Cebu und zurück, während die Gesellschaften PAL, Tigerair und AirAsia Zest mehrmals täglich lediglich Flüge ab Manila anbieten. Flugzeuge von Cebu Pacific starten außerdem dreimal pro Woche nach Iloilo auf Panay.

BUSSE AB PUERTO PRINCESA

ZIEL	PREIS	DAUER (STD.)	HÄUFIGKEIT
Brooke's Point	250 P	4	6-mal tgl., 3–21 Uhr
El Nido	380–480 P	6–9	4–22 Uhr, alle 2 Std.
Port Barton	280 P	3½	7 & 9 Uhr (Bus nach San Isidro)
Quezon	200 P	3	stündl., 7–17 Uhr
Roxas	150 P	2½	ca. alle 30 Min.
Sabang	200 P	2¼	7, 9 & 12 Uhr (Bus nach D'Christ)
Taytay	300 P	4½	4–21 Uhr

Air Juan fliegt nach Busuanga (Do & So) und auf die Cuyo-Inseln (Mi & Fr). Am besten eine Woche im Voraus buchen.

Die malaysische Fluggesellschaft MASwings hatte zum Zeitpunkt der Recherche vorübergehend ihre Flüge von Puerto nach Kota Kinabalu eingestellt; am besten online checken, ob der Flugbetrieb wieder aufgenommen wurde.

Bis Ende 2016 soll ein größeres, moderneres Terminal fertiggestellt sein, von dem aus Direktflüge nach China und Korea starten werden.

MINIVANS

Immer mehr Traveller fliegen nach Puerto und fahren von dort aus mit einem Minivan für 10 bis 12 Personen weiter nach El Nido (600–700 P, 6 Std.). Einige der Anbieter, darunter Lexus, fahren auch nach Sabang (350 P, 2 Std., 7.30, 8.30, 10, 15, 17 Uhr). Die meisten können Reisende am Flughafen oder am Hotel abholen, halten dann aber oft trotzdem noch am Busbahnhof; der letzte Minivan am Tag startet gegen 17.30 Uhr. Die Stände von Eulen Joy und Fort Wally befinden sich am Ausgang vom Flughafen gleich rechts.

Daytrippers (0917 848 8755; www.daytrippers.com)
Eulen Joy (0921 984 8150; eulenjoyexpress@yahoo.com)
Fort Wally (0917 276 2875, 048-434 2004; fortwallytransportation@yahoo.com)
Lexus Shuttle (0910 497 5610, 048-723 0128; Robinson's Place)

SCHIFF/FÄHRE

2GO Travel bietet wöchentlich Schiffe, die von Puerto nach Manila (1500 P, So 1 Uhr) fahren und unterwegs in Coron stoppen.

❶ Unterwegs vor Ort

Der Preis für ein Tricycle vom Flughafen zu jedem Ziel in Puerto liegt fix bei 50 P, zum Busbahnhof San Jose werden 120 P fällig. Alternativ verlässt man das Flughafengelände und winkt an der Rizal Ave vorbeifahrende Fahrzeuge heran (8 P/2 km).

Multicabs (Mini-Jeepneys) verstopfen die Straßen der gesamten Stadt. Jede Fahrt kostet 10 P, auch vom Stadtzentrum zum Robinson's Place.

Wer einen Tag lang mit dem Motorrad durch die Umgebung von Puerto fährt, hat diese Zeit gut investiert. **San Francisco DV's** (mobil 0949 745 5013; mariodiego60@yahoo.com) und einige weitere Anbieter entlang der Rizal Ave nahe dem Flughafen vermieten Fahrzeuge und verlangen dafür 250 bis 550 P am Tag.

Sabang & Umgebung

Ein breiter Strand vor der atemberaubenden Kulisse hoher Berge und das warme, ruhige Meer: Sabang hat zweifellos mehr zu bieten, als nur seine berühmteste Attraktion. Gleichwohl ist Sabangs Underground River, der zu den sieben neuen Weltwundern zählt, natürlich einen Besuch wert, wenn man in der Gegend ist. Die Erfahrung lässt sich am ehesten wie eine unruhige Bootsfahrt durch das Geisterhaus eines Vergnügungsparks beschreiben; hinzu kommen allerdings noch das Geräusch tropfenden Wassers und das Flattern von Vögeln. Und sobald die Horden von Tagesausflüglern, die sich die Picknickplätze am Strand unter den Nagel reißen, zurück nach Puerto geschippert werden, wird man automatisch das Gefühl haben, sie seien Eindringlinge im ganz persönlichen kleinen Paradies gewesen.

◉ Sehenswertes & Aktivitäten

Es gibt in der Nähe von Sabang einige gute Plätze zum **Schnorcheln**, darunter die Panganan Cave und die Inseln Pilomena und

---

❶ TIPPS ZUM UNDERGROUND RIVER

Wer auf eigene Faust unterwegs ist, muss sich im Büro in Puerto (S. 431) eine **Genehmigung** (Erw./Kind 250/150 P) für den Besuch des Subterranean River ausstellen lassen. In Sabang angekommen, kann das **Tourist Information & Assistance Center** (048-723 0904; 8–15.30 Uhr) an der Anlegestelle den Transport mit dem Boot (hin & zurück für 6 Pers. 700 P, 15 Min.) arrangieren und muss auch die Umweltgebühr (40 P) einkassieren.

Da die meisten Boote von Reisegruppen aus Puerto (1500 P inkl. Transport, Mittagessen und aller Gebühren) reserviert sind, ist es am sinnvollsten, morgens so früh wie möglich da zu sein, besonders, wenn man nicht alleine ist und mehrere Plätze braucht (etwa 130 P/Pers.). Audioführer sind in verschiedenen Sprachen verfügbar.

Teilweise legen Boote aufgrund von Regen und unruhiger See gar nicht erst ab. Um sich die Enttäuschung einer vergeblichen Fahrt zum Fluss zu ersparen, empfiehlt es sich bei widrigen Wetterverhältnissen daher, vorab das Büro in Puerto zu kontaktieren.

Garcia (800 P/Pers., mind. 4 Pers.). **Angelausflüge** kann z. B. Miguel Legaspi (0926 230 9137) arrangieren. Er ist in der kleinen Hütte neben dem Green Verde Resort mitten am Strand von Sabang zu finden. Aber auch andere Bootsführer vor Ort oder das Daluyon Resort bieten Angeltrips an. Am Fußweg, der am Strand von Sabang entlang führt, stehen etwa ein halbes Dutzend Massagehütten. Am gegenüberliegenden Ufer des Poyuy-Poyuy liegt ein weiterer weißer Sandstrand. Ein Baumwipfelweg, 5 km außerhalb des Ortes, sollte eigentlich bis Ende 2014 fertiggestellt worden sein.

Puerto Princesa Subterranean River National Park BOOTSTOUR
(www.puerto-undergroundriver.com; ehemals St. Paul Subterranean River) Während der unterirdische Fluss eigentlich mehr als 8 km lang ist, dringt man auf einer gewöhnlichen Bootstour gerade einmal 1,5 km ins Innere vor (hin & zurück sind das 45 Min.; dahinter wird die Navigation schwieriger). Die Kalksteinhöhle, durch die der Fluss fließt, gehört zu den längsten schiffbaren Flusstunneln der Welt. Ein Team italienischer Höhlenforscher entdeckte 2010 die eine Million Jahre alten versteinerten Überreste eines Dugongs (Seekuh) sowie einen weiteren Teil der Höhlenwand, der der Öffentlichkeit bisher noch nicht zugänglich ist.

Die Boote, die am Anlegesteg von Sabang abfahren, setzen ihre Passagiere am Strand in der Nähe des Eingangs zur Höhle ab, wo man sich in Gesellschaft krabbenpulender Affen und einiger Warane befindet. Von dort sind es zu Fuß fünf Minuten bis zum Eingang der Höhle, wo Boote die Besucher hinein in die Finsternis fahren. Dieses zweite Boot ist im Preis für die Genehmigung enthalten. Unterwegs weisen die Guides mittels Scheinwerfern auf verschiedene Merkmale der Höhle hin (das sind aber weniger geologische Fakten als witzige Kommentare und zweideutige Anspielungen wie „wir nennen diese Felsformation Sharon Stone").

Jungle Trail WANDERN
Nach dem Besuch des unterirdischen Flusses können sportliche Energiebündel auch auf dem 5 km langen Jungle Trail zurück nach Sabang wandern. Ausgangspunkt dieser Dschungelwanderung bildet die Rangerstation nahe dem Fluss, von wo aus es am Anfang sehr steil nach oben über einen überwachsenen Kalksteinkarst geht. Dann teilt sich der Trail: Der rechte Weg ist der Jungle Trail (hier gibt's auch eine weitere Rangerstation, an der man rasten kann), der linke Weg ist der Monkey Trail (schon seit vielen Jahren geschlossen; es heißt, er solle 2015 wieder geöffnet werden).

Der Jungle Trail kann auch in entgegengesetzter Richtung von Sabang aus in Angriff genommen werden, man muss aber daran denken, dass der Weg offiziell um 15 Uhr schließt, er nicht gut ausgeschildert ist und die Parkgenehmigung dann in Sabang im Informationsbüro organisiert werden muss.

Poyuy-Poyuy River BOOTSTOUR
(150 P; 8–16 Uhr) Diese Tour wird im Rahmen eines Gemeindeprojekts angeboten. Zusammen mit einem Guide paddelt man auf dem von Mangroven gesäumten, leicht salzhaltigen Wasser des Poyuy-Poyuy einige Kilometer flussaufwärts. Die Tour dauert weniger als eine Stunde und die beste Zeit ist am frühen Morgen, wenn die zahlreichen Vögel (Papageien, Nashornvögel, Reiher) am aktivsten sind. Ansonsten sind aber auch Babypythons und Mangrovenschlangen zu beobachten. Zwischen Januar und Mai ist das Wasser so klar, dass man bis auf den Grund sehen kann.

Das Büro befindet sich am Fluss und ist über einen überwucherten Pfad, der am Nordende des Strandes beginnt, zu erreichen.

Ugong Rock WANDERN
Etwa 20 km von Sabang entfernt liegt in der Nähe des *barangay* Tagabinet der Ausgangspunkt der 7 km langen Wanderung zum Ugong Rock, einer Karstformation mit einer absolut atemberaubenden Aussicht in die Umgebung. Der nicht ganz einfache Pfad ist mit Seilen und Holzbrücken versehen, was die Erkundung der seltsam geformten Tunnel und Kammern erleichtert. Genehmigungen (100 P) gibt's am Ausgangspunkt der Wanderung; dort bieten auch Guides (100 P) ihre Dienste an. Es besteht die Möglichkeit, in einem Dorf in der Nähe zu campen, man muss aber sein eigenes Zelt mitbringen.

Die nahegelegene Zip-Line kostet 500 P. Eine Fahrt mit dem Tricycle kostet hin und zurück 700 P.

Sabang Zipline ZIP-LINE
(in Puerto Princesa 048-434 2341; 550 P; 8–17 Uhr) Mit Jeep und Floß (und das letzte kurze Stück per pedes) geht es zur 800 m langen Zip-Line, die sich hinter den Mangroven am östlichen Ende des Strandes befindet. Tickets gibt's an der Anlegestelle.

ABSEITS DER ÜBLICHEN PFADE

DAS SÜDLICHE PALAWAN ENTDECKEN

Das Gebiet südlich von Puerto wird nur von wenigen Travellern angesteuert. Wer jedoch eine abenteuerliche Alternative zu den bekannteren Attraktionen anderswo sucht, wird im Süden zwar weniger Komfort finden, dafür aber möglicherweise reich belohnt. Zu den Highlights zählen die **Tabon-Höhlen** in der Nähe des Ortes Quezon, der täglich abgehaltene Markt sowie die Strände rund um **Narra** und die Erkundung des **Mt. Matalingahan** (2086 m), dem höchsten Gipfel Palawans in der Nähe des wirklich abgeschieden gelegenen Örtchens **Rizal**.

Schlafen & Essen

Mit Ausnahme der beiden Spitzenklasseresorts (Gerüchten zufolge sollen Accor und SM planen, in naher Zukunft Hotels am Strand zu errichten) hat Sabang kein warmes Wasser, und Strom gibt's nur zwischen etwa 18 und 23 Uhr. Am Strand werden sehr einfache Zimmer mit Ventilatoren und kaltem Wasser (500–800 P) angeboten, die Optionen heißen z. B. Green Verde, Tabon, Tribal Lodge und Mary's, welches unter den genannten wohl die schlechteste Wahl ist. Die meisten Unterkünfte servieren auch Essen, und in der Nähe der Anlegestelle gibt es einige einfache Restaurants (Brathähnchen 160 P). Der Service ist meist frustrierend langsam.

Dab Dab Resort   BUNGALOW $
(0949 469 9421; Cottage 800 P;) Dieses Resort, ein sehr reizvoller Rückzugsort, liegt ganz am Ende der Anlegestelle und ist über einen kleinen Pfad zu erreichen. Statt eines Strandes gibt es hier einen felsigen Küstenstreifen, dafür sind die sieben Hütten aus Hartholz mit Dächern aus Nipapalmwedeln viel schöner als jene am Strand. Sie haben alle einen Deckenventilator, eine eigene Veranda und eine Hängematte. Die freundliche Verwalterin Mila Ponteras hilft gerne weiter.

Das nicht minder ansprechende Restaurant mit Loungebereich serviert einfache Mahlzeiten (180 P).

Bambua Nature Cottages   LODGE $
(0927 420 9686; www.bambua-palawan.com; EZ/DZ ohne Bad 250/450 P, Cottage 800 P, Zi. 1250 P) Hier kann man mit Sabangs eindrucksvollem Regenwald auf Tuchfühlung gehen. Die in einem Garten angesiedelte Lodge liegt an der Hauptstraße, einen 15-minütigen Fußweg vom Ort entfernt. Die Auswahl an Zimmern ist groß, und die meisten davon haben einen wirklich atemberaubenden Ausblick.

★ Daluyon Resort   RESORT $$$
(048-723 0889; www.daluyonresort.com; Zi. inkl. Frühstück ab 5500 P;) Das Daluyon ist der beste Beweis dafür, dass sich Luxus und ästhetisches Flair an einem Ort nicht zwangsweise ausschließen. Wunderschön sind die zweistöckigen Schilfdachhütten, die zwischen den hohen Palmen hindurchblitzen. Innen sind alle Zimmer modern und hochwertig ausgestattet, vom Flachbild-TV bis hin zu den Armaturen im Bad. Das Daluyon hat auch das beste **Restaurant** (Hauptgerichte 300–600 P) in Sabang.

Am Strand und am Pool stehen im Schatten einige Loungesessel, aber von den Balkonen der Zimmer aus hat man einen tollen Blick auf die Umgebung. Das gesamte im Restaurant verarbeitete Gemüse stammt von der hauseigenen Biofarm.

Sheridan Beach Resort   RESORT $$$
(048-434 1449; www.sheridanbeachresort.com; Zi. inkl. Frühstück 7000 P;) Dieses moderne, arttypische Resort ist das neueste Hotel an Sabangs Strand und würde auch gut nach Boracay passen. Das exklusive Flair, das an sich ja nichts Schlechtes ist, mutet hier jedoch etwas unpassend an. Der einzige Nachteil der ansonsten sehr geschmackvoll eingerichteten Zimmer ist, dass sie entweder zum Pool oder zu einem Korridor im Freien ausgerichtet sind und man somit keinen Meerblick hat.

An- & Weiterreise

BUS, JEEPNEY & MINIVAN
Die Highwayabzweigung nach Sabang befindet sich in Salvacion, von wo aus es noch 35 malerische Kilometer auf einer kurvigen, aber asphaltierten Straße sind.

SCHIFF/FÄHRE
In der Hauptsaison (Nov.–Mai) schippern von Sabang fast täglich (7 und 13 Uhr) *bangkas* hinauf nach El Nido (1800 P/Pers., 6 Std.) und halten unterwegs in Port Barton (1200 P/Pers., 2½ Std.). Auch ein eigenes Boot zu chartern ist nicht schwierig, was man in der Nachsaison/Regenzeit (Juni–Okt.) sowieso tun muss. Für ein

Boot mit sechs Personen werden typischerweise 9000 P bis nach Port Barton und 12 000 P nach El Nido fällig. Bei gutem Wetter ist die Fahrt nach Port Barton eine sehr angenehme und bequeme Wahl. Der lange Weg bis nach El Nido kann da schon anstrengender sein.

Puerto

Die meisten Reisebüros, Pensionen und Hotels in Puerto bieten All-inclusive-Touren zum Underground River an, was von den meisten Tagesausflüglern auch genutzt wird. Ansonsten sind die klimatisierten Minivans (350 P, 2 Std.) die komfortabelste Option. Sie können Passagiere am Hotel abholen und starten dann täglich um 7, 14 und 16 Uhr vom Busbahnhof San José in Puerto. Die Rückfahrt von Sabang nach Puerto wird um 7.30, 13, 14, 16,30 und 18 Uhr angetreten. Diese Plätze sind schnell ausgebucht, weshalb man sein Ticket so früh wie möglich reservieren sollte.

Jeden Tag gibt es außerdem noch zwei bis drei andere Verbindungen, die auf eine Kombination aus Jeepneys und Bussen (200 P, 3 Std.) zurückgreifen und von Puertos Busbahnhof um 7, 9 und 12 Uhr abfahren. In Sabang fahren sie um 7, 10, 12 und 14 Uhr ab (dies sind nur ungefähre Zeiten).

Nach Norden

Die Minivans von Lexus Shuttle bedienen die Route nach Norden von Sabang nach El Nido (750 P, 5–6 Std., 7.30, 8.30, 13, 14, 16.30 Uhr). Man kann sich in San José an der Kreuzung nach Port Barton (600 P, 3½ Std.) oder in Taytay absetzen lassen.

Port Barton und El Nido sind auf dem Landweg außerdem per Jeepney (80 P), Van (120 P) oder Tricycle (1000 P) zu erreichen. Man fährt bis Salvacion (45 Min.–1 Std.) und wartet dort auf vorbeifahrende Busse, Jeepneys oder Vans mit dem Ziel Roxas, Taytay oder El Nido (4 Std.). Wer nach Port Barton möchte, steigt an der Auffahrt zum Highway in San José aus und heuert dort ein Tricycle oder Motorrad (400 P, 1 Std.) an. Es können außerdem Privatvans nach Port Barton (5000 P, 3 Std.) und El Nido (7000 P, 5 Std.) organisiert werden. Hierfür wendet man sich in Sabang, wo die Straße auf die Anlegestelle trifft, an Ed Garcia (✆ 0926 689 9812).

NÖRDLICHES PALAWAN

Viele Traveller zieht es auf direktem Weg in diese Region und nicht selten fällt die Weiterreise hinterher schwer. Mit seiner gewundenen und kleinteiligen Küste, die von einsamen Buchten und Stränden sowie von labyrinthartigen vorgelagerten Inseln gesäumt ist, ist das nördliche Palawan ein Traum sowohl für Strandliebhaber als auch für Unterwasserfans. El Nido und Coron sind die wichtigsten Ausgangspunkte für die Erkundung dieser Region.

Port Barton & Umgebung

4400 EW.

Port Barton ist im Grunde genommen ein aus zwei Straßen bestehendes Fleckchen Erde (Rizal St und Bonifacio St verlaufen hier für einige hundert Meter von Nord nach Süd parallel), an dem der Dschungel steil in die Bucht hinein abfällt. Es ist ein Ort der simplen Genüsse, an dem es einen mit Glück erfüllt, dass man nach einem kurzen Spaziergang den beschaulichen Strand ganz für sich alleine hat. Nicht weit vor der Küste liegen einige Inseln mit hübschen Stränden und guten Möglichkeiten zum Schnorcheln sowie zahllose Reihen von Bojen, die die Zuchtperlenfarmen markieren. Am Strand direkt im Ort können Quallen den Badenden den Spaß gehörig verderben.

⦿ Sehenswertes & Aktivitäten

Schnorchelausflüge (halber/ganzer Tag für bis zu 4 Pers. 700/1400 P) mit Stopps an verschiedenen Riffen und Inseln können problemlos mit vergleichbaren Trips zur Honda Bay mithalten. Auch Touren zu den nahe gelegenen **Mangroven** (700 P für 2 Pers., 3 Std.) oder dem **Bigaho Waterfall** (1500 P für bis zu 4 Pers.) sind durchaus lohnend. Die Dienste des freundlichen einheimischen Bootsführers Jensen Gabco (✆ 0921 626 9191) sind sehr zu empfehlen.

Long Beach   STRAND
Einer der längsten unbebauten Strände des Landes ist der 14 km lange weiße Sandstrand Long Beach auf der Hauptinsel nahe San Vicente. Es gibt seit zehn Jahren Gerüchte, dass dort ein Flughafen gebaut und Hotels à la Boracay hochgezogen werden sollen.

Pamuayan Falls   WASSERFALL
Nach einem 4 km langen Spaziergang vom Ort aus bietet der Wasserfall eine willkommene Abkühlung. Der Weg ist sehr schlecht ausgeschildert, sodass man sich am besten einen Guide nimmt (200–400 P, je nach Personenzahl). Der Ausgangspunkt befindet sich gleich hinter dem Greenviews Resort.

Tauchen   TAUCHEN
Es gibt in der Umgebung einige Riffe, Riffwände und Schiffswracks, die sich zum

Nördliches Palawan

Tauchen eignen. Die beste Zeit für einen Tauchgang ist morgens, wenn das Licht am schönsten ist. **Easy Dive** (0918 402 7041; www.palawaneasydive.com) am südlichen Ende des Strandes und **Port Barton Divers** (0929 628 0425; www.portbartondivers.com) neben dem Jambalaya (es gibt auch ein Büro in Puerto Princesa und man arbeitet mit dem Sea Dog Divers in El Nido zusammen) sind beide in baufälligen Häusern untergebracht. Sie bieten drei Bootstauchgänge samt Ausrüstung und Mittagessen für rund 3500 P an.

Schlafen

Port Barton

Entlang des Strands liegt etwa ein halbes Dutzend Resorts. Einige haben Warmwasser.

Ausan COTTAGES $
(0929 444 0582; www.ausanbeachfront.com; Cottage 550 P, Zi. 950 P, 4BZ 2550 P; ❄️🛜) Das Ausan zählt sowohl philippinische Familien als auch ausländische Reisende zu seinen Gästen und die Anzahl an Cottages steigt ständig an. Zur Wahl stehen mehrere Holzhütten mit farbenfrohen Mauerarbeiten in den Bädern sowie ein paar Themenzimmer mit bizarren Wandgemälden und schrägem Mauerwerk. Die Kreativität Letzterer wird allerdings durch geschmacklose Möbel und Satelliten-TV wieder zunichte gemacht.

Zum Zeitpunkt der Recherche hatte das Ausan noch kein Restaurant, es gab aber konkrete Pläne, eines zu eröffnen. Bald soll es auch rund um die Uhr Strom geben (gegenwärtig nur 7 bis 24 Uhr).

★ **Greenviews Resort** BUNGALOW $$
(0929 268 5333; www.palawandg.clara.net; Zi. ab 1000 P; 🛜) Hier finden sich solide Bungalows aus Hartholz mit einfachen, aber gut verarbeiteten Möbeln, modernen Bädern mit Warmwasser sowie eigenen Veranden – und das alles in einem hübschen gepflegten

Garten. Das vollständig mit Holz eingerichtete Restaurant (Hauptgerichte 180–400 P) befindet sich im 2. Stock des Strandhauses. Der Service ist, besonders bei viel Betrieb, sehr langsam, der wunderschöne Meerblick entschädigt aber dafür. In der Hauptsaison gibt's montag-, mittwoch- und freitagabends Livemusik.

Die Besitzer des Resorts haben ein weiteres Anwesen mit einem Wasserfall, das nach einer kleinen Wanderung erreicht ist. Außerdem gibt es einen Kajakverleih und einen Tauchshop. Wer Insel-Hopping machen möchte, kann dies mit dem resorteigenen Boot tun.

Deep Moon Resort   RESORT $$
(✆ 0917 449 9212; www.deepgoldresorts.com; Cottage 800–1500 P; ❄ ☎) Dieses Resort am Südende des Dorfes ist der einzige Ort in Port Barton, der Unterkünfte mit direktem Zugang zum Strand bietet, was zumindest für die paar Hütten mit sauberen Fliesenböden und modernen Bädern gilt. Außerdem gibt es noch ein paar Cottages und Zimmer, die sich weiter abseits des Strandes befinden.

Die größere Hütte (1500 P) ist besonders wegen des großen, steinernen Bades und der großzügigen Veranda zu empfehlen. Bei Dunkelheit gibt es im Freien gleich neben dem Restaurant Warmwasserduschen. Im hübschen, ganz in Holz gehaltenen Loungebereich mit Restaurant werden japanische und sonstige asiatische Gerichte (60–250 P) serviert. Die Anlage hat schon öfter ihren Namen gewechselt und ist anderen vielleicht unter dem Namen Swissippini, Ysobelle's oder Deep Gold bekannt.

Elsa's Beach House Cottages   COTTAGES $$
(✆ 0908 271 4390; Zi. 1000–1200 P; ☎) Eine Ansammlung geräumiger Cottages fast ganz am südlichen Ende des Strandes mit attraktiven Hartholzböden und Wänden aus Stein und Bambus. Einziger Nachteil ist, dass sie in einem Garten liegen und nicht direkt am Strand. Zum Zeitpunkt der Recherche wurde im hinteren Teil des Geländes gerade an neun weiteren Zimmern gearbeitet. An das Haus des Besitzers ist in einem wunderschön eingerichteten Pavillon ein Restaurant angeschlossen.

Summer Homes Beach Resort   MOTEL $$
(✆ 0946 995 7608; www.portbarton.info/summerhomes; Zi./Cottage ab 950/2000 P; ❄ @ ☎) Summer Homes macht sich nichts aus dem traditionell philippinischen Look und hat auf einen gepflegten Rasen bunte, gut instand gehaltene Cottages aus Beton gestellt, die von Ventilatoren gekühlt werden. Die Zimmer nach hinten raus sind einfacher als jene, die zum Meer hin ausgerichtet sind.

🏝 Vorgelagerte Inseln

Das **Thelma & Toby's Island Camping Adventure** (✆ 0999 486 3348, 048-434 8687; www.palawancamping.com; inkl. Vollpension 1300 P/Pers.; ⊗ Mitte Nov.–Ende April) bietet die seltene Gelegenheit, zu zelten und dabei wie ein echter Inselbewohner zu leben.

Auf Wunsch halten die Boote, die zwischen Zielen auf der Hauptinsel verkehren, an allen unten genannten Resorts. Alternativ kann der Transfer von Port Barton oder San Vicente aus vorab mit den Hotels oder mit Bootsanbietern vor Ort vereinbart werden. Der Preis für zwei bis vier Personen beträgt etwa 1500 P.

Coconut Garden Island Resort   RESORT $
(✆ 0918 370 2395; www.coconutgarden.palawan.net; Cacnipa Island; EZ/DZ 760/990 P, Cottage 1250–1750 P) Auf der Bootsfahrt von Sabang nach Port Barton sieht man dieses Resort an einem herrlichen weißen Sandstrand auf Cacnipa Island stehen. An einem kleinen Hügel befinden sich mehrere Gebäude, darunter auch ein Restaurant und eine Handvoll Hütten sowie eine Reihe einfacher Zimmer. Sie verfügen alle über Meerblick und Sitzbereiche im Freien.

Den Strom liefert eine Solaranlage, sodass einige Zimmer rund um die Uhr Licht haben; ein Cottage hat eine Warmwasserdusche. Einen Haken gibt es: Nicht jedes Zimmer verfügt über einen Ventilator.

Blue Cove Tropical
Island Resort   RESORT $$
(✆ 0908 562 0879; www.bluecoveresort.com; Albaguen Island; Cottage mit Ventilator/Klimaanlage 1500/3000 P; ❄ ☎) Auf Albaguen Island, eine 30-minütige *bangka*-Fahrt von Port Barton entfernt, liegen diese einfach gehaltenen Cottages unter hohen Palmen und etwas abseits des Strandes – ein traumhafter Rückzugsort. Das bezaubernde Strandrestaurant mit Bar ist mittags auch für Tagesausflügler geöffnet.

Secret Paradise Resort   RESORT $$$
(✆ 0928 339 9446; www.secretparadiseresort.com; Zi. 4500–9000 P; ☎) 🌿 In diesem beschaulichen Refugium in einer kleinen hübschen Bucht nicht weit von San Vicente entfernt gerät jeglicher Stress in Vergessenheit. Die

britischen Besitzer haben sich dem Umweltschutz verschrieben und haben ein Meeresschutzgebiet in Miniaturform geschaffen, das an mehreren weißen Sandstränden gute Schnorchelmöglichkeiten bietet. Die Cottages sind gut gelegen und gewähren eine größtmögliche Privatsphäre; in einem weiteren Gebäude ist neben einigen Zimmern auch ein Restaurant untergebracht.

 Essen

Alle Resorts haben ihre eigenen Restaurants, die auch für die Allgemeinheit geöffnet sind.

★ Jambalaya Cajun Cafe   CAFÉ $$
(0915 315 3842; Hauptgerichte 200–300 P; 7–21 Uhr;) Das heimelige, etwas verschrobene Flair und die tolle Lage direkt am Strand machen das von einer Philippinerin geführte Jambalaya zu der Chill-out-Location schlechthin in Port Barton. Die Spezialität ist natürlich *jambalaya* (die aus New Orleans stammende Cajun-Version der Paella, 300 P), aber auf der Speisekarte finden sich auch Milchshakes (dank des Generators den ganzen Tag über erhältlich) und importierter Kaffee. Zudem gibt's einen Büchertausch und Brettspiele.

Da das Café aus nur drei Tischen und einem abgefahrenen, baumhausähnlichen Podest mit Kissen zum Abhängen besteht, ist es in der Hauptsaison ratsam, abends zu reservieren. Eine tolle Frühstücksoption ist die „Mega-Mix-Müsli-Schale" mit zehn gesunden Zutaten.

Ayette's Bamboo House Restaurant   PHILIPPINISCH $
(Hauptgerichte 99–300 P; 6.30–21.30 Uhr) Das freundliche, familiengeführte Ayette's liegt in der Nähe der Caltex-Tankstelle. Seine Picknicktische sind mit Tischdecken versehen und im Hof stehen ein paar kleine, mit Nipapalmwedeln bedeckte Hütten. Die Gerichte mit Meeresfrüchten, etwa das Fischcurry oder das Shrimp-*sinigáng*, sind besonders lecker. Während der Happy Hour gibt's San-Miguel-Bier für 35 P.

ⓘ Praktische Informationen

Im Ort gibt es im Allgemeinen ungefähr zwischen 18 und 24 Uhr Strom. Die meisten Unterkünfte haben WLAN, aber natürlich meist nur in der Zeit, in der auch die Stromversorgung funktioniert. Eine Bank gibt es nicht; einige der Resorts akzeptieren aber zumindest Visa und MasterCard.

Das **Tourist Assistance Center** (0909 878 9102; 8–17 Uhr) ist für Besucher nur von eingeschränktem Nutzen. Das Büro befindet sich im 2. Stock einer Holzkonstruktion mitten am Strand nahe der Caltex-Tankstelle. Es hängen die fixen Preise für verschiedene Bootstouren aus.

ⓘ An- & Weiterreise

BUS, JEEPNEY & MINIVAN

Die 22 km lange Verbindungsstraße zwischen Port Barton und dem Highway bei San José wurde ausgebessert und größtenteils asphaltiert, zwischendurch gibt's aber noch immer einige holprige Abschnitte. Bei gutem Wetter ist die Strecke äußerst malerisch und eine der günstigsten Transportoptionen.

Während der Hauptsaison fährt täglich ein klimatisierter Minibus von San Isidro Express (250 P, 3 Std., 14 Uhr) nach Puerto.

Ein Jeepney (in seiner alten, übergroßen Version mit nach vorn gerichteten Sitzen) fährt jeden Tag von Port Barton nach Puerto (250 P, 5 Std., Abfahrt gegen 9 Uhr). Abfahrtspunkt ist das Wartehäuschen nicht weit vom Bamboo House Restaurant. Minvans für sechs Personen können in Puerto (4500–5000 P, 3 Std.) und El Nido (7000 P, 4–4½ Std.) gemietet werden. Im Greenviews oder Ausan nachfragen.

Zwischen Port Barton und Roxas verkehrt täglich ein Jeepney (150 P, 1½ Std., Abfahrt am Wartehäuschen zwischen 8 und 9 Uhr). Die Abfahrtszeiten sind hin und zurück dieselben. In Roxas kann man in einen Bus oder Minivan umsteigen und weiter nach Norden fahren.

Eine weitere Möglichkeit ist das „Chartern" eines Motorrads oder Tricycles (400 P, 1 Std.) zur oder von der Highway-Auffahrt bei San José (bergab können Tricycles mitunter gefährlich sein). Oder man nimmt den regulären allmorgendlichen Jeepney (100 P, 1 Std.). Ab hier gibt's Anschlussmöglichkeiten (Bus oder Minivan) nach Norden bis Taytay und El Nido sowie in südlicher Richtung nach Sabang (erneutes Umsteigen an der Auffahrt bei Salvacion) und Puerto.

SCHIFF/FÄHRE

In der Hauptsaison zwischen November und Mai kann man sich von den regelmäßig verkehrenden Booten zwischen El Nido (1500 P, 5 Std., 6 Uhr) und Sabang (1200 P, 3½ Std.) in Port Barton absetzen lassen. Diese Boote dürfen dort jedoch keine neuen Passagiere mitnehmen. Wer Port Barton also mit einem dieser Boote verlassen möchte, muss von der nahe gelegenen Cacnipa Island aus an Bord gehen. Boote können jedoch auch problemlos selbst gechartert werden (Infos dazu gibt im Tourist Assistance Center) oder man schließt sich einer Gruppe an, die dies vorhat. Vor allem in der Nachsaison sind jedoch Wartezeiten von mehreren Tagen möglich. Es gibt einen Verband, der die Preise für die meisten Trips (Insel-Hopping oder längere Ausflüge) festlegt. Nach Sabang liegt der Preis für ein kleines Boot für vier Personen bei 5000 P; größere Boote für bis zu acht Personen kosten 6000 P. Ein kleines/großes Boot nach El Nido schlägt mit etwa 8000/12 000 P zu Buche. Nach San Vicente (45 Min.), ein Ort weiter nördlich an der Küste der Hauptinsel, werden 700 P pro Person fällig.

Taytay & Umgebung

048 / 70 800 EW.

Die ehemalige Hauptstadt von Palawan trägt heute den Namen Taytay (*tay*-tay). Es ist eine verschlafene (an Sonntagen in einen geradezu komatösen Zustand verfallende) Küstenstadt, die Travellern vorrangig als Durchgangsstation dient, sich jedoch durch ein beeindruckendes Überbleibsel der Kolonialgeschichte der Region auszeichnet: Am äußeren Rand der Stadt stehen die dicken Mauern des **Forts Santalsabel** (Kutang Santa Isabel), die als Schutz gegen Angriffe maurischer Piraten dienten. Rechts vom Eingang weist eine Markierung darauf hin, dass es 1667 von Augustiner-Rekollekten (ein katholischer Orden) erbaut wurde. Innerhalb der Befestigungsmauern liegt ein Garten mit schön gepflegter Rasenfläche und einem atemberaubenden Blick über die Bucht.

Eine gut 20-minütige Fahrt südlich von Taytay liegt der **Lake Danao** (Manguao), der größte Süßwassersee in Palawan. Es gibt einige Wege zum Wandern und Mountainbiken und überall sind wilde Tiere wie Affen, Warane und seltene Vögel zu sehen. Im **Malampaya Sound** kann man einen Blick auf Seekühe sowie die eher scheuen Irawadi-Delfine erhaschen.

Schlafen

Taytay

Casa Rosa   HOTEL $$
(0920 895 0092; www.casarosataytay.com; Zi. ohne Bad 500 P, Cottage inkl. Frühstück 1200–1500 P; ❄🛜) Auf einem Hügel hinter dem Rathaus liegt die einzige empfehlenswerte Unterkunft, sollte man tatsächlich eine Nacht in der Stadt verbringen müssen oder wollen. Von hier bietet sich ein wunderschöner Ausblick über die Bucht. Es gibt fünf Cottages (mit Terrakotta-Böden und geräumigen Bädern) und zwei Zimmer sowie ein nettes kleines **Restaurant** (Hauptgerichte 150–250 P).

Vorgelagerte Inseln

Die meisten Gäste lassen sich für einen Aufpreis vom Flughafen oder Anlegesteg in Taytay zu den Resorts bringen. Alternativ ist die Anreise zu allen drei genannten Unterkünften per Boot von Batakalan aus möglich, ein winziges Fischerdorf auf der Hauptinsel, eine etwa 45-minütige, holprige Fahrt östlich von El Nido. Täglich fährt ein Jeepney (90 P, 1½ Std.) dorthin in El Nido los. Tricycles (750 P) oder Minivans können gemietet werden.

Dilis Beach Resort   RESORT $$
(0929 376 6100; www.dilisbeachresort.com; Zi./Cottage pro Pers. inkl. Verpflegung 1500/2000 P) Auf Icadambanuan Island am südlichen Ende der Taytay Bay liegt das kleine Inselparadies Dilis. Es verfügt über sieben Cottages, von denen einige direkt auf den weißen Sandstrand ausgerichtet sind, sowie zwei weitere, moderne Zimmer in einem Haus oben am Hügel. Für die gegebenen Verhältnisse bekommt man hier außergewöhnlich gutes Essen.

★**Flower Island Beach Resort**   RESORT $$$
(in Manila 0917 504 5567, mobil 0918 446 5473; www.flowerisland-resort.com; Ventilator/Klimaanlage Cottage inkl. Vollpension pro Pers. 4500/6100 P; ❄🛜) Achtung: Einmal angereist, kann das Verlassen dieses idyllischen, unaufdringlichen Resorts schwere Depressionen nach sich ziehen. Und man fragt sich unweigerlich, ob man jemals in einer Unterkunft wieder so verwöhnt werden wird? Das Personal hier ist äußerst herzlich und freundlich, die Cottages im traditionellen philippinischen Stil bieten die perfekte Mischung aus modernem Komfort und rustikalem Charme und der Sand des kleinen Strandes ist blütenweiß. Bei Vollmond ist Nacktbaden mit einer Rum-Cola in der Hand angesagt.

Die Gäste können auch im fünfstöckigen Turm ganz oben am Hügel übernachten, der einen tollen Blick auf die Umgebung bietet. Eine Tour zur Zuchtperlenfarm, die von denselben Leuten betrieben wird, wie das Resort, ist ein faszinierendes Erlebnis. Das Flower Island gehört außerdem der Save Palawan Seas Foundation (Stiftung zum Erhalt von Palawans Meers) an. Der Boottransfer (einfache Strecke) für vier bis sechs Personen von Taytay aus kostet 4000 P und nach Batalakan 3000 P (von dort kann das Personal einen Van für 2500 P nach El Nido organisieren).

Apulit Island
RESORT $$$

(☏ in Manila 02-844 6688; www.elnidoresorts.com; Cottage inkl. Vollpension ab 10 000 P/Pers.; ✱ ⓦ ⓢ) Dieses exklusive Resort bietet zahlreiche Luxushütten, die unmittelbar über dem Meer erbaut sind. Nachts wird das Wasser von Scheinwerfern in ein geheimnisvolles Grün getaucht. Da sich die Insel in einem Naturschutzgebiet befindet, gibt es nicht weit vom Strand Korallen und andere Meeresbewohner, die bei einem Schnorchelausflug hervorragend beobachtet werden können. Auch andere Wasseraktivitäten werden angeboten.

❶ An- & Weiterreise

BUS, JEEPNEY & MINIVAN
Normalerweise haben die Busse, Jeepneys und Minivans, die auf ihrem Weg zwischen Puerto (220 P, 5–6 Std.) und El Nido (150 P, 1½ Std.) in Taytay halten, immer noch ein Plätzchen frei. In Taytays Busbahnhof schnappt man sich am besten einen Kaffee und eine Bank und wartet auf seinen Anschluss. Die Straße nach Norden ist mittlerweile größtenteils asphaltiert, obwohl es immer noch Abschnitte mit Schotter und Dreck gibt. Ein Tricycle vom Busbahnhof zur Anlegestelle in Taytay kostet zwischen 50 und 60 P.

FLUGZEUG
Taytays Flughafen (Cesar Lim Rodriguez Airport; auch bekannt als Sandoval) liegt am nördlichen Ende der Taytay Bay, etwa 30 km vom Zentrum entfernt, und ist über eine holprige Straße zu erreichen. Zum Zeitpunkt der Recherche landeten hier noch keine Flüge der Fluggesellschaft ITI. Wenn er in Betrieb ist, wird er vorwiegend von Gästen des Apulit Island Resort genutzt.

SCHIFF/FÄHRE
Boote ab/von El Nido (2500 P, 3 Std.) oder anderen Orten an der Westküste legen an der Anlegestelle Embarcadero (auch bekannt als Agpay) ab/an, der mit dem Tricycle 8 km (150 P) von der Stadt entfernt liegt. Alle sonstigen Boote, z. B. die zu den Resorts der vorgelagerten Inseln, legen in der Stadt von der Anlegestelle neben dem Fort ab.

El Nido

☏ 048 / 36 200 EW.

Die Durchschnittlichkeit (manche würden auch sagen: die Hässlichkeit) El Nidos verdeutlicht den Kontrast zwischen dem Profanen und dem Erhabenen, denn El Nido (spanisch für „das Nest") ist das Tor zum großartigen Bacuit-Archipel. Die Stadt liegt eingebettet zwischen hoch aufragenden Kalksteinklippen und der Bacuit Bay. Ihre Gebäude reichen bis an Strand und die Geschäfte richten sich vorwiegend an Touristen. Direkt vor der Küste zeichnen sich die Umrisse von Cadlao Island ab.

Wer sich ein Zimmer in der Stadt nimmt, hat es zwar nicht weit zu den Restaurants und Strandbars, befindet sich aber auch mittendrin im städtischen Alltag und Lärm. Alternativ entscheidet man sich für eine Unterkunft in den Gemeinden der Umgebung oder greift etwas tiefer in die Tasche und übernachtet gleich auf einer der Inseln. Die Unterkünfte, Restaurants und sonstigen Tourismuseinrichtungen werden momentan von französischen Teilhabern förmlich überschwemmt.

◉ Sehenswertes

Die heißen Quellen von Makinit sind im Endeffekt ein versteckt gelegener, schlammiger Bach mit brühend heißem Wasser. Ein Besuch ist überflüssig.

Nagkalit-kalit Waterfalls
WASSERFÄLLE

Mehrere Kilometer nachdem man von der Hauptstraße, die von El Nido in Richtung Norden führt, abgebogen ist, steht an der Straße ein Haus mit dem Schild „Nagkalit-kalit Waterfalls". Von dort führt aus eine 45-minütige Wanderung durch mehrere Flüsse (wasserfeste Schuhe tragen) zu dem kleinen Becken am Fuße des Wasserfalls, in dem man auch schwimmen kann. Um den Wasserfall zu finden, ist aber ein Guide nötig (300 P); im Haus nachfragen.

Balay Cuyunon
MUSEUM

(Sibaltan-Museum; Sibaltan) In diesem gut erhaltenen cuyonesischen Haus werden geführte Touren (englisch) angeboten, die über das alltägliche Dorfleben informieren. Der Ort an der Ostküste der Hauptinsel ist mit öffentlichen Verkehrsmitteln nur schwer zu erreichen. Um voll in den dortigen Lebensrhythmus einzutauchen, empfiehlt es sich, eine Nacht in einem der traditionell eingerichteten Zimmer zu verbringen. Eintritt gegen Spende.

🏃 Aktivitäten

Als Folge des stark zunehmenden Touristenstroms versuchen auch immer mehr Traveller, die Gegend abseits der ausgetretenen Pfade zu erkunden. Und wer vorab plant, flexibel ist und etwas Zeit mitbringt, wird auch weiterhin ein ruhiges, wunderschönes Fleckchen Erde für sich entdecken.

El Nido

El Nido

⦿ Aktivitäten, Kurse & Touren
1. Deep Blue Seafari C2
2. Palawan Divers D2
3. Sea Dog Divers A2
4. Submariner Diving Center C2
5. Tabanka Divers B2
6. Tao Philippines B2

🛌 Schlafen
7. Balay Paragua B3
8. Chislyk Cottages D2
9. El Nido Beach Hotel D2
10. El Nido Garden Beach Resort D1
11. El Nido Sands Inn B2
12. Entalula C2
13. Ogie's Beach Pension B2
14. Our Melting Pot Hostel B2
15. Rosanna's Beach Cottages D2
16. Tandikan Cottages C2

✕ Essen
17. Blue Azul Restaurant A2
18. El Nido Boutique & Art Café A2
19. IBR C2
20. Mezzanine El Nido A2
21. Squido's Restaurant B2
22. Trattoria Altrove C2

⦿ Ausgehen & Nachtleben
23. Asylum Bar B2
24. La Salagane A2
25. Pukka Bar C2
26. Water Hole B2

ⓘ Informationen
27. City Tourism Office B2
28. El Nido Boutique & Art Café A2
29. El Taraw Ticketing Agency A2
30. Ten Knots Travel Office C3

ⓘ Transport
31. Win Eulen Joy Liner Booking
    Office A2

Auch wenn es oft übersehen wird: Das Landesinnere rund um El Nido bietet interessante Ziele für abenteuerlustige Reisende. Das El Nido Boutique & Art Café hat **Wander-**, **Mountainbike-** und **Kletterausflüge** (350 P, 1 Std.) im Programm; auch die halbtägigen Touren zur **Cadlao Island** sind beliebt. Mittlerweile werden auch **Stehpaddeln** (900 P), **Surfen** (1500 P) und **Kitesurfen** angeboten. Letzteres kann man von November bis April an der Ostküste der Hauptinsel tun; Qi Palawan (S. 442) hilft weiter.

Insel-Hopping
Die beliebtesten Aktivitäten in El Nido sind Insel-Hopping und Schnorcheln rund um

INSIDERWISSEN

RUND UM EL NIDO: DIE SCHÖNSTEN STRÄNDE DER HAUPTINSEL

Nacpan Beach & Caitang Beach Diese „Zwillingsstrände", rund 20 km nördlich der Stadt gelegen, sind wunderschöne und unerschlossene sandige Fleckchen in der Nähe eines kleinen Fischerdorfes. Mountainbikeausflüge hierher gewinnen gerade an Beliebtheit, aber nach starken Regenfällen kann schon die Fahrt mit dem Tricycle oder Van ein hartes Stück Arbeit sein.

Las Cabanas Beach Der offizielle Name lautet Maremegmeg Beach, die Einheimischen kennen ihn aber unter der Bezeichnung des gleichnamigen Resorts in seiner Nähe. Dies ist der hübscheste Strand in El Nidos unmittelbarer Umgebung. Zwischen der Hauptinsel und einer kleinen vorgelagerten Insel ist eine Zip-Line gespannt (einfache Strecke/hin & zurück 500/900 P). Jeder Tricycle-Fahrer der Stadt scheint seine Passagiere dorthin bringen zu wollen. Es gibt keine Straße, die direkt zum Strand führt, sodass man 3 km südlich von Corong Corong abgesetzt wird; die Fahrt hin und zurück sollte 150 P kosten.

Duli Beach Dieser weiße Sandstrand vor der Kulisse eines dichten Dschungels im Bgy Bucana liegt eine 45-minütige, anspruchsvolle Motorradfahrt außerhalb der Stadt. Ganz in der Nähe, zwischen diesem Strand und dem **Dagmy Beach**, liegt **Verde Safari** (0917 507 2818; www.verdesafari.com; Bgy Teneguiban; bis zu 8 Pers. 13 500 P), das neben Campen am Strand auch Felsklettern anbietet; Tagesbesucher sind willkommen.

Dagal Dagal Beach Von Las Cabanas sind es mit dem Tricycle nur 15 Minuten bis hierher (zu Fuß 30 Min.).

Palabayan Beach Am nordöstlichsten Zipfel der Insel in der Nähe des Bgy San Fernando, liegt dieser fotogene weiße Sandstrand mit seinen im Winde wogenden Kokosnusspalmen. Ein oder zwei Übernachtungen im von einem Ehepaar geführten **Qi Palawan** (www.qipalawan.com; Zi. 6000–7250 P;) lohnen sich durchaus. Hier ist auch die Location schlechthin, um sich im Kitesurfen zu versuchen. Besonders empfehlenswert ist das Zimmer im zweiten Geschoss der Villa direkt am Strand mit riesigem Freiluftbad.

---

den Bacuit-Archipel. Es scheint, als würden jeder Laden und jedes Hotel diese Standardtouren verkaufen; wo sie einmal nicht im Angebot sind, können sie problemlos und schnell arrangiert werden. Auch die Preise weichen nicht großartig voneinander ab, wobei manche Anbieter die Schnorchelausrüstung extra berechnen; das Mittagessen (gegrillter Fisch, Reis, Salat, Obst und Kaffee) ist aber immer inbegriffen. Tour A mit verschiedenen Lagunen und Stränden kostet 1200 P; Tour B mit Snake Island, Höhlen und Pinabuyutan Island kostet 1300 P; Tour C mit Tapiutan Island, Matinloc Island und Secret Beach kostet 1400 P; und die neue Tour D, im Endeffekt ein Ausflug auf die Cadlao Island mit Stopps an drei oder vier Stränden, kostet 1200 P. Das El Nido Boutique & Art Café (S. 447) ist hierfür besonders empfehlenswert. Manche Anbieter, so auch das Art Cafe, versuchen, das Kajakfahren etwas mehr voranzutreiben, um den Einfluss des Tourismus auf die Umwelt gering zu halten.

Tao Philippines (0915 509 4488; www.taophilippines.com) bietet eine viel gelobte Insel-Hopping-Tour mit Übernachtung an.

Für den Bacuit-Archipel muss jeder Besucher eine Öko-Abgabe in Höhe von 200 P leisten (Eco-Tourism Development Fee; ETDF), mit der Naturschutzprojekte finanziell unterstützt werden. Das kleine Ticket behält zehn Tage lang seine Gültigkeit und kann im Hotel oder bei den Touranbietern gekauft werden.

Viele Traveller entscheiden sich aber auch dafür, ein Kajak zu mieten (halber/ganzer Tag 450/700 P) und damit eine individuelle, wenn auch räumlich begrenzte Insel-Hopping-Tour zu machen. Der Standardpreis für das Mieten einer Schnorchelausrüstung (Taucherbrille, Schnorchel und Flossen) liegt bei 100 P.

Tauchen

Mit dem Bauboom ging in El Nido auch ein Tauchboom einher. Die Stadt hat mittlerweile über ein Dutzend Tauchshops und es locken fast zwei Dutzend Tauchspots, von flachen Riffen bis hin zu tiefen Riffwänden und Strömungstauchen, weshalb es sich auch gut für PADI-Zertifizierungskurse eignet. Zu den Highlights zählen die Lederkorallen und die Schulen von gelben Schnappern südlich von Miniloc Island, die Barrakudas, Schwertfische und interessanten Felsformationen des North Rock, die Meeresschildkröten und Stachelrochen an den Twin Rocks sowie, für fortgeschrittene Taucher, der 50 m lange natürliche Felstunnel von Helicopter Island. Zwei Bootstauchgänge mit Ausrüstung kosten im Durchschnitt 2800 P. Folgende Anbieter sind offizielle PADI-Mitglieder und besonders zu empfehlen:

Tabanka Divers — TAUCHEN
(0905 225 3464; www.tabanka-divers.com; Ogie's Beach Pension, Hama St) Das Tabanka ist in deutsch-philippinischer Hand. Es wird von Oliver Bachmann mit viel Professionalität und Leidenschaft geführt. Drei Tauchgänge kosten 3800 P, für den dreitägigen PADI-Open-Water-Kurs werden 19 900 P fällig.

Palawan Divers — TAUCHEN
(0916 552 1938; www.palawandivers.com.ph; Hama St) Gut eingespieltes und freundliches Team. Es gibt Pläne, eine Schule für Freitauchen zu eröffnen, die auch Segeltörns für Taucher nach Coron anbieten soll.

Submariner Diving Center — TAUCHEN
(0905 484 1764; ronny.oliwka@hotmail.com; Hama St) Empfehlenswerter Tauchshop in El Nido.

Sea Dog Divers — TAUCHEN
(0916 777 6917; barringtonwhiteley@gmail.com; Rizal St) Empfehlenswerter Tauchshop in El Nido.

Deep Blue Seafari — TAUCHEN
(0917 803 0543; www.deepblueseafari.com; Hama St) Anbieter der viel gelobten viertägigen Tauch-„Safari" von El Nido nach Coron (zwischen Mitte Oktober und Mitte August (34 000 P/Pers.). Die drei Nächte werden auf Inseln verbracht, die man unterwegs passiert (Zelte oder Gruppen-Strandhäuser).

🛏 Schlafen

El Nidos Strandpromenade ist ein Sammelsurium dicht aneinander gedrängter kleiner Gebäude und Baustellen. Da hier inzwischen kein einziger Zentimeter mehr Platz ist, ziehen die Hotelriesen – zum Teufel mit der Ästhetik – landeinwärts entlang der Hama St eine Bettenburg nach der anderen hoch. Je weiter man nach Westen geht, desto schmaler wird der Strand und desto mehr *bangkas* versperren einem dem Weg. In Budget- und sogar in Mittelklasseunterkünften ist Warmwasser eher unüblich (vom Zähneputzen mit Leitungswasser wird abgeraten, da es meist aus tiefen Brunnen stammt) und Strom gibt's ungefähr zwischen 14 und 6 Uhr. Viele Hotels haben Generatoren als Backup. Es wird aber gemunkelt, dass ab ca. 2015 der Strom rund um die Uhr aus der Steckdose kommen solle. In der Nachsaison sind die Preise rund 30 bis 40 % niedriger als unten angegebenen.

Wer dem Touristenrummel entgehen möchte, wird am ruhigen Caalan Beach fündig, der über einen Fußweg am östlichen Ende des Strands von El Nido erreicht werden kann (bei Flut kann man auch dorthin schwimmen). Corong Corong, ein kleiner Strandort ein paar Kilometer weiter südlich (aus der Stadt mit dem Tricycle 15 P), erlebt gerade ebenfalls einen Bauboom. Man muss allerdings dazusagen, dass der im Schatten von Palmen liegende Sandstrand dort gerade einmal so breit wie ein Handtuch ist.

Das Campen auf vorgelagerten Inseln ist illegal, man kann sein Zelt aber auf der Hauptinsel bei Sibaltan an der Ostküste oder im Norden bei Verde Safari (S. 442) aufschlagen. Zum Zeitpunkt der Recherche war es auch möglich, in Las Cabanas am Strand „auszuruhen" – das kann sich aber jederzeit ändern. Alternativ kann man sich in einem der Spitzenklassehotels in der Bucht einquartieren.

🛏 El Nido

Ogie's Beach Pension — HOTEL $
(OG's; 0916 707 0393; ogspensionne@yahoo.com; Ecke Hama St & Del Pilar St; EZ/DZ 950/1200 P, ohne Bad 750/950 P; ❄🛜) Dieses Hotel direkt am Strand sieht auf den ersten Blick wie ein kleines, verlassenes Bürogebäude aus. Da sind die sauberen, wenn auch schlichten Zimmer eine nette Überraschung. Leider gibt's auch ein paar Nachteile, etwa fehlende Klobrillen auf einigen Toiletten. Das Ogie's besteht vorwiegend aus Beton; da bildet auch der große, überwiegend unmöblierte Gemeinschaftsbereich im zweiten Stock keine Ausnahme, von dem aus man das Meer überblickt und wo auch das Frühstück serviert wird.

El Nido Sands Inn — PENSION $
(0999 452 5843; Sirena St; B/DZ ohne Bad 300/600 P; 🛜) Die einfachen, mit Schindeln verkleideten Zimmer (alle ohne Bad) sind zweifellos die beste Budgetoption der Stadt. Auf den Toiletten der Gemeinschaftsbäder fehlen die Klobrillen. Der Schlafsaal verfügt

lediglich über drei robuste Etagenbetten, die nach dem Motto „Wer zuerst kommt, mahlt zuerst" vergeben werden. Viel Glück also… Die Pension in der Nähe der Anlegestelle hat hübsche Holzböden und einen Gemeinschaftsbalkon mit tollem Ausblick.

Our Melting Pot Hostel HOSTEL $
(OMP; ☏ 0906 412 7861; ourmeltingpotbackpackers@gmail.com; Real St; B inkl. Frühstück 550 P; 📶) Pflegeleichte, bis zum Äußersten aufs Sparen fixierte Hardcore-Traveller, denen überfüllte Schlafsäle nichts ausmachen, werden sich hier pudelwohl fühlen. Bettwäsche und Warmwasser vorhanden; die Privatsphäre ist jedoch auf dünne Vorhänge beschränkt, die an den Betten zugezogen werden können. Es gibt ein Einzelzimmer mit Ventilator.

Entalula HOTEL $$
(☏ 0920 906 6550; www.entalula.com; EZ/DZ inkl. Frühstück 2700/3000 P; ❄📶) Das Entalula hat die vielleicht schönsten einzeln stehenden Strandcottages der Stadt. Sie haben eigene Veranden, Holzböden und hübsche Bäder mit Schiebetüren. Etwas abseits des Strands liegen zehn weitere Zimmer in einem zweistöckigen Gebäude, in dem auch der Besitzer wohnt (man kann sich mit ihm und seiner Familie Sport im Fernsehen anschauen).

Balay Paragua PENSION $$
(☏ 0912 387 6337; paragua_23@yahoo.com; Lisang St; Zi. mit Ventilator/Klimaanlage inkl. Frühstück 1300/2300 P; ❄📶) Ein sehr geschmackvolles Refugium abseits des Trubels der Hama St. Die sieben Zimmer dieser zweistöckigen Pension haben hübsche Holz- und Bambusböden. Im zweiten Stock gibt's eine Veranda mit einigen kleinen Tischen, an denen Kaffee serviert wird. Auf der anderen Straßenseite, über einem *sari-sari*-Laden und einem Reisebüro, wird auch ein kleines Budgetzimmer vermietet.

Rosanna's Beach Cottages HOTEL $$
(☏ 0920 605 4631; rosannascottaages_elnido@yahoo.com.ph; Hama St; Zi. inkl. Frühstück 2500 P; ❄📶) Das Rosanna's hat sich vergrößert und ist mit seiner modernen Atriumlobby auch erwachsener geworden. Allerdings sind die Zimmer des neuen Gebäudes mit typischen Hotelmöbeln ausgestattet und die Bettwäsche passt nicht zusammen – die Zimmer mit Meerblick sind eindeutig die beste Wahl. Am überzeugendsten sind die vier älteren Zimmer mit eigenen Veranden mit Meerblick und Hartholzböden. Auf der anderen Straßenseite bietet ein moderner Anbau sechs weitere Zimmer; optimal für Gruppen. Die Warmwasserduschen sind solarbetrieben.

Chislyk Cottages BUNGALOW $$
(☏ 0918 243 3780; gladysmisajon@yahoo.com; Cottage mit Ventilator/Klimaanlage 1000/1500 P; ❄📶) Auf kleinstem Raum stehen hier am Strand mehrere kleine Hütten aus Bambus und Beton. Jede hat jedoch ihre eigene Veranda – in dieser Preisklasse eine echte Seltenheit. Der Verwalter ist sehr herzlich und aufmerksam; morgens gibt's Instantkaffee und Tee. Einen kleinen Minuspunkt gibt es für den Schwefelgeruch des Wassers.

Tandikan Cottages COTTAGES $$
(☏ 0920 318 4882; tandikan_elnido@yahoo.com; Hama St; Cottage mit Ventilator/Klimaanlage inkl. Frühstück 1200/1800 P, 4BZ 3000 P; ❄📶) Vier einfache, kleine, aber gute Hütten aus Beton und geflochtenen Bambusmatten mit schilfbedeckten Dächern. Jede hat eine kleine Veranda, aber nur zwei von ihnen blicken auf den Strand. Zum Zeitpunkt der Recherche entstanden gerade vier weitere Zimmer.

El Nido Garden Beach Resort RESORT $$$
(☏ 0915 489 9009, 048-723 0127; www.elnidogardenresort.com; Zi. inkl. Frühstück 5300 P; ❄📶🏊) Da dieses Resort am äußeren östlichen Ende von El Nido liegt, wo sich anstelle eines Sandstrandes ein Uferdamm befindet, hat das Garden Beach einen eigenen, einzigartigen Strand geschaffen. Die Bungalows sind aus Beton, Stein und Holz erbaut und haben in den Bädern einige luxuriöse Features. Sie liegen alle in einem hübsch gepflegten Garten mit Pool.

El Nido Beach Hotel HOTEL $$$
(☏ 048-723 0887; www.elnidobeachhotel.com; Hama St; Zi. inkl. Frühstück 3500–4000 P; ❄📶) Dieses moderne zweistöckige Hotel ist wirklich nicht zu übersehen. Es liegt an einem langen, sandigen Streifen am östlichen Ende des Strandes.

Caalan Beach

La Salagane HOTEL $$
(☏ 0916 648 6994; www.lasalagane.com; Zi. inkl. Frühstück ab 2500 P; ❄📶) Die sehr attraktiven und heimeligen Zimmer in diesem zweistöckigen Gebäude sind, wenn man es genau nimmt, eigentlich eher Apartments und vermitteln den Gästen ein Gefühl von Geborgenheit. Eine gute Option für längere

Aufenthalte (im Ort gibt's noch ein weiteres La Salagane Hotel).

Makulay Lodge & Villas — PENSION $$
(☎ 0917 257 3851; makulayelnido@yahoo.com; Zi./Apt. ab 1000/2700 P; 🛜) Gleich nachdem man den Ort hinter sich gelassen hat und um die Ecke biegt, erblickt man auf einer kleinen Erhöhung das Makulay, dessen Apartments auf dem Hügel den Gästen neben Komfort und Privatsphäre auch noch eine tolle Aussicht bieten. Gleiches gilt für den kürzlich erst am Strand eingerichteten Loungebereich mit Sesseln. Die Zimmer unten sind etwas zweckmäßiger und haben eigene Küchen sowie Zugang zu einem kleinen Sitzbereich direkt vor der Tür.

Golden Monkey Cottages — COTTAGES, HOTEL $$
(☎ 0929 206 4352; www.goldenmonkeyelnido.com; Cottage 2400–5400 P, Zi. 5400 P; ❄️🛜) Diese Unterkunft wurde beachtlich vergrößert. Auf dem üppig begrünten Gelände stehen nicht nur eine Handvoll mit Nipapalmwedeln bedeckte Cottages sondern auch ein modernes dreistöckiges Gebäude. Das Frühstück ist inbegriffen und Strom gibt's zwischen 10 und 6 Uhr.

Kalinga Beach Resort — COTTAGES $$
(☎ 0921 570 0021; sunset@kalingabeachresort.com; Zi. 1800 P; ❄️🛜) Eine Reihe hübsch gestalteter Bungalows mit eigenen Veranden; es sind auch Zimmer mit Ventilator und Klimaanlage erhältlich. Zum Zeitpunkt der Recherche wurde gerade ein kleines Tauchbecken gebaut. Ein riesiges Familienzimmer mit fragwürdiger Einrichtung ist das einzige Zimmer, das zum Meer hin geht.

Cadlao Resort — RESORT $$$
(☎ 0917 589 7069; www.cadlaoresort.com; Zi. inkl. Frühstück 7900 P; ❄️🛜🏊) Hier stehen in einem hübsch gepflegten Garten mit hohen Palmen ein halbes Dutzend Cottages, jedes davon mit eigener Veranda. Einen Strand gibt es nicht, nur ein felsiges Stück Küste, dafür ist der Blick aus dem Infinity-Pool auf Cadlao Island bei Sonnenuntergang einfach atemberaubend. Die anspruchsvollste Unterkunft auf der Hauptinsel. Im hübschen **Restaurant** (Hauptgerichte 250–400 P) im Freien sind auch Nicht-Gäste willkommen.

🛏️ Corong Corong & Umgebung

Greenviews Resort — COTTAGES $$
(☎ 0921 586 1422; www.palawan-greenviews.com; Corong Corong; EZ/DZ mit Ventilator 1900/2400 P, mit Klimaanlage 2200/2700 P; ❄️🛜) Ebenso wie dem Greenviews in Port Barton sieht man es auch diesem Resort an, dass es von hochqualifizierten Handwerkern umgesetzt wurde. Angefangen bei den Hartholzböden über die Möbel in den Zimmern bis hin zum wunderschönen Design der Sitzbänke des Restaurants im 2. Stock ist hier qualitativ alles einen Tick besser als anderswo. Die Bäder haben Warmwasser.

Das britisch-philippinische Paar, dem das Greenviews gehört, besitzt in der Nähe außerdem eine 10 ha große Farm mit einem kleinen Wasserfall, der sich zum Baden eignet. Die Gäste werden zu einem Besuch dort ermuntert.

Island Front Cottages — COTTAGES $$
(☎ 0999 994 1309; www.islandfrontcottage.com; Corong Corong; Zi. mit Ventilator/Klimaanlage inkl. Frühstück ab 1500/2000 P; ❄️🛜) Irgendwie schaffen es diese bunten, etwas überladenen Bambuszimmer in einem chaotischen, verwilderten Garten dennoch, ihre Gäste zu verzaubern, was vielleicht am sympathischen Mischmasch aus Farben und allerlei Schnickschnack aus geschnitztem Holz liegt. Die Unterkunft befindet sich zwar direkt am Strand, dieser ist aber kaum größer als ein Badetuch.

⭐ El Nido Overlooking — COTTAGES $$$
(www.elnido-overlooking.com; Corong Corong; DZ 3700 P, 4BZ 9000 P; ❄️🛜🏊) Wohin die Gäste auch blicken, überall werden sie mit einer unbezahlbaren Aussicht belohnt. Für wen unmittelbare Nähe zum Strand nicht das einzige Kriterium ist, der hat hiermit die unerreicht beste Unterkunft in El Nido gefunden. Die vier kleinen Villen mit Terrakotta-Fußböden, hohen Decken, Sonnenterrassen aus Teakholz mit Hängematten sowie Flachbild-TVs liegen an einem steilen Hügel. Den Gästen stehen außerdem ein kleiner Infinity-Pool und ein angenehmer Loungebereich zur Verfügung.

Die „Familien-Villa" bietet vier Personen Platz und hat ihren eigenen Pool sowie eine riesige Außenfläche. Zwischen 7 und 10 Uhr sorgt der Generator für zusätzlichen Strom. Arnaud, der französische Besitzer, errichtet gegenwärtig ein kleines Resort gleich unten am Fuße des Hügels in Corong Corong, das diesem hier sehr ähnlich sein wird.

Las Cabanas Beach Resort — COTTAGES $$$
(☎ 0917 887 8808; www.lascabanasresort.com; DZ/3BZ inkl. Frühstück 5000/6000 P) In einem

NICHT VERSÄUMEN

DIE WELT VOM WASSER AUS: MEHRTÄGIGE TOUREN ZWISCHEN EL NIDO & CORON

Wer sich an Bord einer *bangka* begibt, betritt eine andere Welt. Eine Welt, in der Sonne, Mittagsschläfchen und Bauchklatscher vom Boot aus den Tagesrhythmus bestimmen, welcher nur von „Attacke!"-Rufen beschleunigt wird, die dazu ermutigen, das Meeresfrüchte-Buffet zu plündern. Wer beim Schnorcheln ein Büschel Seetang entdeckt, hat – schwups – seinen Beitrag zum Abendessen geleistet. Die von **Tao Philippines** (www.taophilippines.com; Büros in El Nido & Coron) angebotene bankga-Expedition fährt kreuz und quer durchs Bacuit-Archipel und zu den Insel Linapacan, Culion und der Calamian-Gruppe. Dieser Trip ist zweifellos das Highlight einer jeden Reise ins nördliche Palawan, wenn nicht sogar einer jeden Philippinen-Reise. Hier bekommt man die seltene Gelegenheit, Menschen und ganze Gemeinden kennenzulernen, ohne dass der Massentourismus dieses Erlebnis bereits verfälscht hätte. Die Reisenden übernachten in abgeschiedenen Fischerdörfern in mit Nipapalmwedeln bedeckten Hütten direkt am Strand. In einem dieser Dörfer gibt's auch eine Karaokebar und die meisten anderen haben, irgendwie unerwartet, provisorische Basketballfelder. Die Abende verbringt man damit, Rum zu trinken, den Sonnenuntergang zu beobachten, eine hausgemachte Poi-Darbietung anzusehen oder die Sterne zu betrachten und sich dabei zu fragen, wie man sich jemals wieder an den Alltag gewöhnen soll.

Unterwegs erfährt man auch Details über einige der Projekte zum Thema Bildung, Ernährung, Gesundheitsförderung und nachhaltige Lebensweise, die von Tao unterstützt werden. Tao ist ein sozial verantwortliches Unternehmen, das vor Kurzem die gemeinnützige Stiftung Tao-Kalahi Foundation ins Leben gerufen und außerdem 100 Glasfaserboote gebaut hat, die den Fischern in der Region, die beim Wirbelsturm Haiyan/Yolanda ihre Boote verloren hatten, übergeben wurden.

Diese Tour von Coron nach El Nido wird zwischen Oktober und Juni angeboten (im August und September werden mehrtägige Bootstrips rund um El Nido und Coron organisiert) und erfreut sich immer größerer Beliebtheit. Das Pauschalangebot bietet ein sehr gutes Preis-Leistungs-Verhältnis; pro Person werden für die fünftägige Tour (4 Übernachtungen) 25 000 P fällig. Angeboten werden außerdem *paraw*-Trips auf einem einzigartigen Segelboot sowie der „Flying Fish", ein privater dreitägiger Ausflug (2 Übernachtungen) mit dem Motorboot zwischen El Nido und Coron (auf Anfrage und nur in der Hauptsaison).

Tao hat in El Nido und Coron zwei kleine Büros und eine größere Basisstation im Tao House nahe der öffentlichen High School von Corong Corong. Für die Tour braucht man einen wasserdichten Sack von etwa 30 l (kann beim Tao, im Art Café in El Nido oder in verschiedenen anderen Läden in Coron gekauft werden).

---

hübschen großen Garten direkt am Strand liegen diese fünf Cottages mit tollem Ausblick verstreut. Mit Gepäck ist die Anreise per Boot am unkompliziertesten, sonst kann man einfach dem Fußweg folgen, der etwa 3 km südlich vom Ort von der Hauptstraße abzweigt, und dann die letzten paar Hundert Meter am Strand entlang gehen.

Dolarog Beach Resort RESORT $$$
(www.dolarog.com; EZ/DZ inkl. Frühstück & Abendessen ab 6000/10 400 P; ❋ ⛊) Obwohl es eigentlich auf der Hauptinsel Palawan liegt, kann das Dolarog Beach Resort von El Nido nur per *bangka* (30 Min.) erreicht werden. Einige Cottages mit Hartholzböden und bezaubernden Veranden (mit Ventilator oder Klimaanlage) säumen einen kleinen weißen Sandstrand. In einem niedrigen modernen Gebäude sind einige „Gartenzimmer" untergebracht, die jedoch nicht ganz so viel Charme besitzen. Im Preis inbegriffen sind tägliche Insel-Hopping-Touren.

Beach Shack COTTAGES $$$
(✆ 0917 577 7513; bb_1352@yahoo.com; Zi. 3500 P; ❋ ⛊) Diese drei autonomen Cottages mit Warmwasser, geflochtenen Bambuswänden, Holzböden, großen Veranden, Schiebetüren sowie Dächern aus Wellblech stehen am Strand Las Cabanas in allerbester Lage. Tagsüber ist es mit der Privatsphäre allerdings nicht weit her, da ein entspanntes **Freiluftrestaurant** (7-22 Uhr) mit Miami-

Beach-Flair viele Gäste anlockt. Das Beach Shack liegt am Ende des Wegs, der von der Straße zum Strand führt, gleich links.

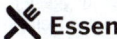 Essen

Entlang der Hama St gibt es ein paar unabhängige Restaurants, die vor allem auf Reisende ausgerichtet sind. Angeboten werden die übliche internationale Küche sowie philippinische Gerichte. Unter den Hotels hat das La Salagane (S. 448) das beste Restaurant zu bieten.

IBR PHILIPPINISCH $
(Hama St; Hauptgerichte 85 P; ⊙24 Std.) Ein kleines philippinisches Schnellrestaurant, dessen Suppen und Fleischgerichte mit Reis sowohl bei Backpackern (die hier nicht selten ihren Kater auskurieren) als auch bei Einheimischen sehr beliebt sind. Die Tische an der Straße werden durch Ventilatoren gekühlt, drinnen gibt's im hinteren Teil einen klimatisierten Speisesaal.

Blue Azul Restaurant INTERNATIONAL $
(Real St; Hauptgerichte 140 P; ⊙6–22 Uhr; 🕿) Falafel, Schawarma und Pad Thai sind nur einige der hier angebotenen Gerichte.

El Nido Boutique & Art Café INTERNATIONAL $$
(Sirena St; Hauptgerichte 220 P; ⊙6.30–23 Uhr; 🕿) Während eines Aufenthalts in El Nido landet früher oder später jeder hier – und das zu Recht. Der große Speisebereich im oberen Stock ist warm und gemütlich, genau richtig, um sich zu stärken und wieder zu sammeln. Besonders gut sind die Salate (Kopfsalat und Rauke aus eigenem biologischem Anbau), das selbst gebackene Brot, das Meeresfrüchte-Curry, die Pizza, der umgestürzte Ananaskuchen sowie die Schokoladen- und Mangotörtchen. Es gibt auch eine Bar und an fünf Abenden die Woche wird Livemusik gespielt.

La Plage FRANZÖSISCH $$
(Corong Corong; Hauptgerichte 275 P) Dieses Strandrestaurant in französischer Hand in Corong Corong ist bislang noch so etwas wie ein Geheimtipp. Die Speisekarte ist überschaubar und seine entspannte Atmosphäre passt perfekt zur Lage direkt am Strand.

V & V Bagel CAFÉ, INTERNATIONAL $$
(Hama St; Bagels 200–250 P; ⊙7.30–20.30 Uhr; 🕿) Ganz sicher etwas überteuert, aber von einem Franzosen zubereitete Bagels im New Yorker Stil sind nun mal eine sehr angenehme Abwechslung. Die Speisekarte gibt noch weitere Frühstücksoptionen her und der Käsekuchen ist ein Traum.

Squido's Restaurant INTERNATIONAL $$
(Hama St; Hauptgerichte 150 P) Das Squido erinnert an Traveller-Lokale in Südthailand. Ununterbrochen läuft der Großbildfernseher und die Speisekarte bietet sehr viel Abwechslung. Das Squido's Hilltop liegt etwa 1,5 km nördlich der Stadt und ist über einen steilen Treppenaufgang zu erreichen. Dort gibt's fast jeden Abend Livemusik und einen tollen Sonnenuntergang. Das Essen vom Buffet und der Service sind nicht erwähnenswert.

★Trattoria Altrove ITALIENISCH $$$
(☎0947 775 8653; Hama St; Hauptgerichte 390 P; ⊙17–22 Uhr) Dieses Restaurant in slowenischer Hand hat die beste Pizza in El Nido. Sie wird mit importiertem Mozzarrella in einem Ziegelofen auf Straßenebene gebacken. Auf der Speisekarte stehen außerdem ein Dutzend Pastavariationen (230 P), ein T-Bone-Steak und weitere Fleischgerichte. Vor allem während der Hauptsaison wird's hier schnell voll. Wer also nach 18.30 Uhr kommt, muss sich auf lange Wartezeiten einstellen. Der hübsche Speiseraum mit Holzfußboden und Balkon (perfekt zum Leute beobachten) befindet sich im oberen Stock.

Mezzanine El Nido ITALIENISCH $$$
(Sirena St; Hauptgerichte 250–400 P; ⊙11–24 Uhr; 🕿) Stilvolles, elegantes Restaurant mit Meerblick und einem halben Dutzend verschiedenen Pizzen. Empfehlenswerte Gerichte sind das Meeresfrüchte-Risotto, die Muscheln sowie die hausgemachte Eiscreme (160 P).

🍷 Ausgehen & Nachtleben

Das Sea Slugs (Hauptgerichte 160 P; ⊙bis 23 Uhr oder länger) – ein etwas unglücklich gewählter Name (Meeresschnecken), aber er passt zur Geschwindigkeit des Servicepersonals – und das Ogie's (S. 443) sind tolle Locations, um den Sonnenuntergang zu genießen und später im Schein von Tiki-Fackeln Akustikgitarren zu lauschen. Das Essen – die üblichen Pasta-, Hähnchen und Fischgerichte – können dem Ambiente nicht gerecht werden.

Die von einem Schweizer betriebene V-Bar am Seven Commandos Beach organisiert während der Hauptsaison Vollmondpartys. Boote (200 P hin & zurück) holen die

Feierwütigen in der Stadt ab (vor dem Marber's Restaurant am Strand) und bringen sie wieder zurück.

★ Pukka Bar   BAR
(Hauptgerichte 150–300 P; ⏲16–3 Uhr; 📞) Das Pukka ist eine der betriebsamsten Bars am Strand, ganz besonders nach Mitternacht. Es hat Livereggae und Tische am Strand und bietet neben philippinischen Gerichten auch Pizza, Rippchen und mehr. Zudem gibt's hier fünf kleine, aber gut gepflegte Backpacker-Zimmer.

La Salagane   BAR
(Sirena St; ⏲7–22.30 Uhr) Die beste Hotelbar der Stadt. Das elegante La Salagane brennt außerdem seinen eigenen Rum mit einzigartigem Geschmack. Auch das Essen (Hauptgerichte 250–400 P) kann empfohlen werden.

Water Hole   BAR
(Hama St) Einheimische und Touristen strömen gleichermaßen in diese gut besuchte, zwanglose Kneipe, in der man für eine Rum-Cola 80 P bezahlt. Das Water Hole öffnet sich zwar zur Straße hin, aber die geflochtenen Bambusmatten sorgen für ein wenig Flair.

Asylum Bar   BAR
(Hama St; ⏲20–2 Uhr) Im Verlauf des Abends ändert sich der Soundtrack von Karaoke zu Disco. Dann fliegen die Fetzen – und ab und zu auch die Fäuste. Zum Glück ist die Polizeistation gleich nebenan. In der lauten, verrauchten Bar, die vorwiegend von Einheimischen frequentiert wird, gibt's billige Drinks, den CR (die Toiletten) sollte man jedoch möglichst meiden.

ℹ Praktische Informationen

Nicht vergessen darf man, dass es in El Nido keine Banken oder Geldautomaten gibt (es heißt, BPI wolle einen Geldautomaten aufstellen, sobald es rund um die Uhr Strom gibt). Die meisten Hotels und Restaurants bieten WLAN und es gibt entlang der Hama St und Sirena St einige Internetcafés. Die Hama St ist gesäumt von zahllosen Reise- und Buchungsbüros.

City Tourism Office (📞0917 788 7024; www.elnidotourism.com; Real St; ⏲Mo-Fr 8–20, Sa & So bis 17 Uhr) Sehr hilfsbereite Angestellte.

El Nido Boutique & Art Café (📞0920 902 6317; www.elnidoboutiqueandartcafe.com; Sirena St; ⏲6.30–23 Uhr; 📞) Zentrale Anlaufstelle für alle Reisebelange (der Schalter des Reisebüros ist von 7 bis 20 Uhr geöffnet). Hier kann Geld gewechselt werden (keine Barauszahlung für Kreditkarten), man bekommt Hilfe bei internationalen und nationalen Anrufen, bei Flugbuchungen (ITI und andere Fluggesellschaften) sowie beim Organisieren des Weitertransports per Boot (für manche Buchungen werden 5 % Provision fällig). Außerdem werden hier alle nur denkbaren Ausflüge in die Region (zu Lande und zu Wasser) angeboten. Weitere Leistungen: Büchertausch, Kleidung, Ausrüstung, Souvenirladen und Internetcafé (100 P/Std.). Kunden bekommen WLAN-Zugang.

El Taraw Ticketing Agency (📞0918 648 6765; boyet_dandal@yahoo.com; Sirena St) Kann Tickets bei allen Fluggesellschaften buchen.

ℹ An- & Weiterreise

BUS, JEEPNEY & MINIVAN

Die meisten Besucher El Nidos kommen mit dem Minivan aus Puerto (600 P, mind. 5 Std.). Wer nach Roxas reist, bezahlt 450 P; dort fahren Jeepneys nach Port Barton ab. Für eine Platzreservierung kontaktiert man entweder eine der hier angeführten Transportgesellschaften oder das El Nido Boutique & Art Café (auf dessen Website kann per PayPal bezahlt werden). Eine weitere Option sind privat gecharterte Vans; bis nach Puerto kosten diese rund 8000 bis 10 000 P.

Langsamere und weniger komfortable Busse in Richtung Süden halten in Taytay (200–250 P, 1¼ Std.) und Roxas (250–300 P, 6 Std.); Endstation ist Puerto (450–600 P, 7–8 Std.). **Cheery Bus** und **Roro Bus** fahren alle zwei Stunden zwischen 7 und 21 Uhr in El Nido ab; die Busse von Cherry sind abwechselnd normal und klimatisiert.

Täglich macht sich ein Jeepney zur Anlegestelle Batakalan auf (60 P, 1 Std., Abfahrt 12 Uhr), von wo aus man – nach Absprache – abgeholt wird, wenn man in einem der Resorts auf den vorgelagerten Inseln an der Ostküste von Palawan in der Nähe von Taytay übernachtet. Ein Tricycle kostet rund 750 P.

Mittlerweile ist der Busbahnhof gegenüber des Markts in Corong Corong der Abfahrtspunkt für alle Fahrzeuge. Die Vans können Passagiere von den Hotels in der Stadt abholen, halten frustrierenderweise aber meist trotzdem noch am Busbahnhof.

Daytripper (📞0917 848 8755; www.daytripperpalawan.com) Etwas größer als durchschnittliche Minivans (800–950 P) mit nur zwei Verbindungen am Tag nach Puerto (8 und 9 Uhr).

Fort Wally (📞0917 276 2875)

Lexus Shuttle Neben den Verbindungen nach Puerto fährt Lexus zweimal täglich auch nach Sabang (900 P, 5.30 und 11 Uhr); in Salvacion, 15 km südlich von Roxas, steigt man um.

Win Eulen Joy Liner (📞0919 716 2210)

FLUGZEUG

ITI (☎ in Manila 02-851 5674; www.itiair.com) ist die einzige Fluglinie, die den privaten Lio Airport von El Nido bedient. Er liegt 7 km nördlich der Stadt (ein Tricycle dorthin kostet 150–200 P). Die Plätze in den neuen, 50 Personen fassenden Maschinen sind für Gäste der El Nido Resorts in der Bacuit Bay reserviert. Wenn noch Sitze verfügbar sind, kann man diese auch als Nicht-Gast über das El Nido Boutique & Art Café (S. 448) buchen (persönlich oder per E-Mail; für Flüge ab Manila erst fünf Tage im Voraus buchbar). Täglich gibt es drei Flüge zwischen Manila und El Nido (6750 P); oft gibt's auch Rabatte (5000–6000 P). Die Freigepäckgrenze liegt bei 10 kg und wird strikt kontrolliert; wer mehr hat, bezahlt eine empfindliche Strafe. Getränke und Snacks werden im Warteraum am Flughafen serviert.

SCHIFF/FÄHRE

Die wichtigste Bootsverbindung für Besucher des nördlichen Palawan ist die Route El Nido–Coron. Überdimensionierte motorisierte *bangka*-Boote (M/Bca *Overcomer*, M/Bca *Bunso* und M/Bca *Jessabel* fahren an unterschiedlichen Tagen) verlassen die Anlegestelle bei gutem Wetter gegen 7.30 Uhr (1800 P inkl. Mittagessen, Kaffee und Erfrischungsgetränken; 7–8 Std.), es kommt aber nicht selten zu Verzögerungen. In der Nachsaison sind tägliche Abfahrten nicht garantiert.

Das Chartern einer eigenen *bangka* nach Coron kostet etwa 15 000 P.

Selten fahren auch Boote nach Sabang (8500–13 000 P, 7 Std.), welche Passagiere in Port Barton (6000–12 000 P, 4½ Std.) absetzen können. Die Kosten hängen von der Größe des Boots und der Anzahl der Personen ab.

Wer masochistisch veranlagt ist und genügend Zeit mitbringt, kann auch an Bord der **Atienza Shipping Lines** (☎ 0999 881 7266) gehen, die von El Nido nach Manila (1700 P, 29 Std., Di 7.30 Uhr) über Liminangcong, Taytay und Coron tuckert.

ⓘ Unterwegs vor Ort

Wer die Hauptinsel Palawan gerne auf eigene Faust erkunden möchte, ist mit einem Mietwagen (Jeep mit Allradantrieb) bestens beraten.

Bacuit-Archipel

Das kristallklare Wasser der Bacuit Bay ist eine Fantasiewelt mit schroffen Kalksteininseln, die den Beobachter aus jedem Blickwinkel – unter Wasser, aus der Luft oder auch einfach nur vom Strand aus – in den Bann zieht. Die Inselwelt hier kann es problemlos mit dem südlichen Thailand oder der Halong-Bucht in Vietnam aufnehmen und die weißen Sandstrände, Lagunen und Buchten, ganz zu schweigen von den vielen Fischarten und Korallen, sind überwältigend.

Miniloc Island

Miniloc Island ist vielleicht die interessanteste Insel des Archipels. Die wahren Attraktionen sind die **Big Lagoon**, die **Small Lagoon** und die **Secret Lagoon**, drei von Palawans meistfotografierten Sehenswürdigkeiten.

Die Big Lagoon ist über einen flachen Kanal zugänglich (evtl. muss das Boot zurückgelassen werden und man muss schwimmen). Drinnen wird man mit einem riesigen natürlichen Schwimmbecken, umgeben von überwucherten Karstwänden, belohnt.

Um in die Small Lagoon zu gelangen, schwimmt man durch ein Loch in einer Felswand oder man paddelt bei Ebbe mit dem Kajak hindurch. Die Lagune unbedingt vor Einsetzen der Flut verlassen, sonst schafft man es vielleicht nicht mehr, sich durchzuzwängen. Im Innern liegt eine wunderbare Höhlenwelt, die erforscht werden will.

Matinloc Island & Tapiutan Island

Wie der Rücken eines halb abgetauchten Stegosauriers windet sich Matinloc Island

---

ÜBERNACHTIN IM BACUIT-ARCHIPEL

Das **Miniloc Island Resort** (☎ in Manila 02-894 5644; www.elnidoresorts.com; Zi. mit Vollpension ab 312 US$; ❀ 🛜), das **Lagen Island Resort** (Zi. inkl. Frühstück ab 345 US$, Zi. mit Vollpension ab 400 US$; ❀ @ 🛜 ☒) und das **Pangalusian Island Resort** (Villa inkl. Frühstück ab 560 US$) sind Luxusresorts der Kategorie „Flitterwochenhotels", die sich auf drei unterschiedlichen privaten Inseln mitten in der idyllischen Bacuit Bay befinden. Die Hütten des Miniloc versprühen im Vergleich zu den anderen Unterkünften am meisten philippinisches Flair, die des Pangalusian sind am neuesten und nobelsten. Eigentümer und Betreiber ist in allen drei Fällen das **Ten Knots Travel Office** (☎ 0917 207 2742; www.elnidoresorts.com; Real St, El Nido) in El Nido. Im Preis sind alle Mahlzeiten und die Transfers vom und zum Flughafen El Nido inbegriffen.

Bacuit-Archipel

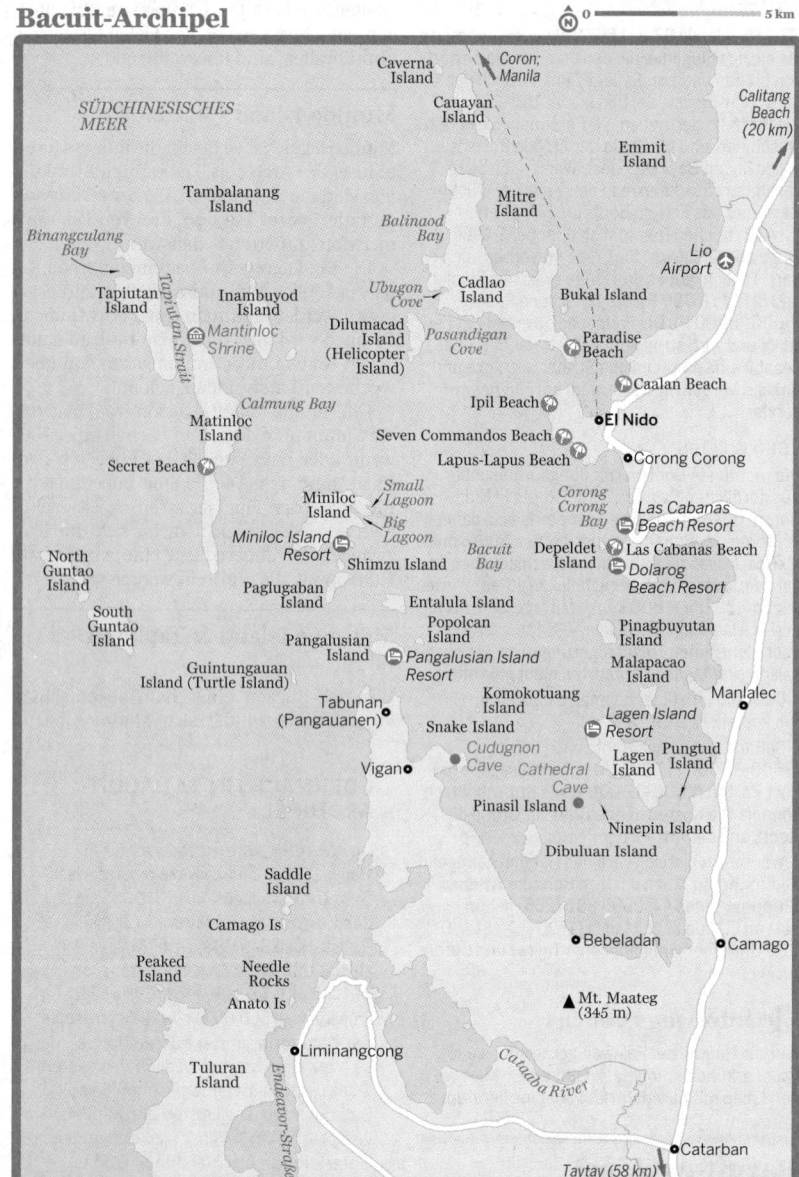

auf etwa 8 km Länge am westlichen Rand des Bacuit-Archipels entlang. Gemeinsam mit der benachbarten Tapiutan Island bildet es die schmale Meerenge **Tapiutan Strait**, deren Wände zu den besten Tauchspots des ganzen Archipels zählen. An der Ostküste Matinlocs gibt es auch hervorragende Schnorchelmöglichkeiten sowie einige gute Strände.

Die Abenteuerlustigeren wird es eher zum kleinen **Secret Beach** ziehen, der nur zu erreichen ist, indem man durch ein winziges Loch an der Westwand von Matinloc schwimmt (während des Südwest-Monsuns oder *habagat* im August und September ist dies meist nicht möglich). Aber Vorsicht ist geboten: Der Eingang ist von sehr scharfen Felsen und Korallen gesäumt. Bei auch nur etwas unruhiger See *auf gar keinen Fall* versuchen, hindurchzuschwimmen, da man ein kleines Unglück hier leicht mit dem Leben bezahlt.

Cadlao Island

Cadlao Island wirkt wie Tahiti in Miniaturform, das es auf rätselhafte Weise in den Bacuit-Archipel verschlagen hat. Vom Strand von El Nido aus ist es schon ein wahrer Augenschmaus für den Beobachter, auf der Insel selbst verbirgt sich aber zudem die reizende **Cadlao Lagoon** (auch bekannt als Ubugun Cove). Die Korallengärten im flachen Wasser am oberen Ende der Bucht bieten hervorragende Schnorchelmöglichkeiten. Es gibt inzwischen immer mehr Traveller, die mit einem Kajak auf eigene Faust von El Nido aus hierher paddeln.

Noch mehr Inseln & Strände

Jede Insel im Archipel hat ihre Geheimplätze, die nur darauf warten, erkundet zu werden. Die winzige **Pinasil Island** hat die **Cathedral Cave**, eine Höhle mit treffendem Namen und hoch aufragenden Kalksteinsäulen sowie Waranen, die an den Wänden hinaufkrabbeln, was einen unweigerlich an die Wasserspeier aus echten Kathedralen denken lässt. Wer die Höhle erforschen möchte, muss Schuhe mitbringen und besonders vorsichtig beim Gehen auf den scharfkantigen Felsen sei. **Dilumacad Island** (Helicopter Island) hat an seiner Ostküste einen hübschen Strand, der nur noch vom traumhaften **Seven Commandos Beach** auf der Hauptinsel Palawan übertroffen wird. Die bei Ebbe durch einen schmalen, gewundenen Streifen Sand mit dem Hauptland verbundene **Snake Island** bietet von oben einen atemberaubenden Rundumblick.

CALAMIAN ISLANDS

Diese Inselgruppe im äußersten Norden Palawans hat einen gewissen Grenzgängercharakter. Reist man von Busuanga Island, auf der mit Coron die größte Siedlung der Calamian-Gruppe liegt, weiter nach Norden, passiert man Linapacan Island, Culion Island und weitere Inselchen, an deren wunderschönen Stränden kleine Ansammlungen von Hütten stehen. Abgesehen davon ist hier jedoch rein gar nichts zu finden – keine Straßen und nach Sonnenuntergang auch keinerlei Beleuchtung.

Unter der Wasseroberfläche gibt es deutlich mehr zu sehen: Über zwei Dutzend japanischer Kriegsschiffe aus der Zeit des Zweiten Weltkriegs liegen hier auf dem Meeresgrund. Sie wurden alle am 24. September 1944 von einem Flugzeug der US-Navy versenkt. Über ein halbes Dutzend dieser Schiffswracks sind für erfahrene Taucher zugänglich.

Hier gibt es auch endlose, unberührte weiße Sandstrände, tolle Korallenvorkommen zum Schnorcheln, dichte Regenwälder und Mangrovensümpfe sowie die kristallklaren Seen von Coron.

Busuanga Island & Coron

📞 048 / 42 900 EW.

Wenn man sich Coron vom Wasser aus nähert, werden sich viele fragen, ob es diesen langen Weg überhaupt wert war. Es gibt keinen Strand und die Küste ist ein Durcheinander aus halbfertigen Gebäuden, heruntergekommenen Häusern und einer überwiegend unbebauten Fläche als Ergebnis eines misslungenen Geländeauffüllungsprojektes (ein Teil davon ist unter dem Namen Lualhati Park bekannt). Coron ist Wirtschaftszentrum und größtes Ballungszentrum der Calamian Islands sowie die „Hauptstadt" von Busuanga Island. Der Ort sollte nicht auf sein erstes Erscheinungsbild beschränkt werden, denn eigentlich ist er das Tor zu den Abenteuern, die den Reisenden auf und rund um Busuanga Island erwarten, sei es nun Wracktauchen, Schnorcheln, Insel-Hopping oder Motorradfahren im Gelände. Außerhalb der Stadtgrenzen zeigt sich Busuanga von einer sehr ländlichen Seite. Teile des Landes werden rein landwirtschaftlich genutzt und viele kleine Gemeinden haben gerade einmal einen kleinen *sari-sari* (Tante-Emma-Laden), der unmittelbar an der holprigen, unbefestigten Straße liegt, die einmal um die gesamte Insel herum verläuft.

Ende der 1930er-Jahre gab es einen Boom im Manganabbau, der mit dem Ausbruch des Zweiten Weltkriegs beendet wurde, und eine Dekade später setzte die Hochseefischerei im großen Stil ein; heutzutage ist jedoch der Tourismus die wichtigste Ein-

Busuanga Island/Calamian Islands

nahmequelle Corons. Umweltprobleme und -belange, etwa der umstrittene Bau eines neuen Elektrizitätswerks, scheinen von der raschen Weiterentwicklung in den Hintergrund gedrängt zu werden. Nachdem 2013 der Wirbelsturm Yolanda (international unter dem Namen „Haivan" bekannt) zunächst über die Central Visayas hinweggefegt war, erreichte er nachts mit einer Windgeschwindigkeit von 320 km/h und einer Sturmflut Busuanga Island. Dabei wurden zahllose Gebäude zerstört und viele Familien konnten monatelang nicht in ihre Häuser zurück. Über ein Dutzend Menschen rund um Coron verloren ihr Leben.

Sehenswertes & Aktivitäten

Tauchen

Die Region ist in Sachen **Wracktauchen** eine Destination von Weltrang. In den Gewässern vor der Küste Busuangas liegen mindestens zehn japanische Kriegs- und Handelsschiffe, darunter das Flugzeugmutterschiff *Akisushima* (das einzige Schiff mit Großkalibergeschützen) sowie die Wracks der *Kogyo Maru*, der *Irako*, der *Tangat*, der *Olympia Maru*, des Kanonenboots *Lusong* und der *Okikawa* (lange Zeit von den Behörden fälschlicherweise als die *Tae Maru* identifiziert). Die meisten der Wracks befinden sich eine 45-minütige bis zweistündige Bootsfahrt von Coron entfernt. Sie liegen in unterschiedlichen Tiefen – von flach bis ganz schön tief –, sodass sowohl Anfänger als auch erfahrene Taucher auf ihre Kosten kommen. Den besten Einstieg ins Wracktauchen bieten die *Lusong* (auch zum Schnorcheln geeignet) und die *East Tangat* in 9 bzw. 22 m Tiefe. Vor einigen Dekaden lag die Sichtweite noch bei 18 bis 20 m, an manchen Stellen beträgt sie heute, vor allem aufgrund verschmutzten Oberflächenwassers, das ins Meer fließt, nur noch 3 bis 5 m.

Der Lake Barracuda auf Coron Island ist ein recht beliebter Tauchspot, allerdings weniger, um irgendetwas zu sehen, sondern eher, um die Schwankungen der Wassertemperatur zu erleben.

Tauchanbieter verlangen für zwei/drei Tauchgänge inklusive Ausrüstung meist 2800/3400 P. Einige Veranstalter bieten Tauchsafaris (mit Übernachtung) zum Apo Reef an, einem weiteren Tauchhighlight des Landes.

Coron Divers TAUCHEN
(☏ 0918 653 9854; www.corondivers.com.ph; National Hwy;) Ein empfehlenswerter Tauchshop in Coron.

Sea Dive TAUCHEN
(☏ 0917 808 6700; www.seadiveresort.com) Teil eines Hotelkomplexes gleichen Namens. Es

gab Pläne, Tauchtouren mit drei oder vier Übernachtungen anzubieten.

Discovery Divers TAUCHEN
(0920 901 2414; www.ddivers.com) Hat seinen Sitz auf Decanituan Island (auch bekannt als Discovery Island) und unterhält einen Laden in Coron.

DiveCal TAUCHEN
(0918 285 2060; www.divecal.com) Arbeitet mit dem Dive Link Resort zusammen.

Rock Steady Dive Center TAUCHEN
(0919 624 0034; www.rocksteadydivecenter.com) Empfehlenswerter Tauchshop in Coron.

Noch mehr Aktivitäten
Selbst wenn man vorrangig zum Tauchen hier ist und Coron schon besichtigt hat, lohnt es sich, die umliegenden Inseln ein oder zwei Tage lang mit einer *bangka* zu erkunden (ca. 1200 P/Pers.; oder man verhandelt einen Gesamtpreis für ein ganzes Boot für 4–6 Pers.). Diese Ausflüge werden von Hotels oder Reisebüros in der Stadt angeboten. Alternativ schaut man sich selbst am Anlegesteg hinter dem Markt um, wo die Boote vor Anker liegen (hier hängen die Preise der Bootsvereinigung aus).

Es ist ein tolles Erlebnis, Busuanga und seine Landschaft mit dem Motorrad zu erkunden, vorbei an kleinen Dörfern, Wäldern und üppig grünen landwirtschaftlichen Nutzflächen. Mancherorts geht's dabei auch schon mal ins Gelände. Motorräder können von mehreren Anbietern gemietet werden, darunter **Boyet's Motorcycle Rental** (0928 292 9884; National Hwy), das für einen Tag 600 bis 800 P berechnet.

Einer der schöneren Orte zum **Kajakfahren** ist das Mangrovengebiet **Butong**, das auf Busuanga Island nördlich des Ortes Concepcion auf einer kleinen Halbinsel liegt.

Siete Pecados SCHNORCHELN
(Eintritt 100 P) In dem kleinen Schutzgebiet vor der Küste, nicht weit von den Makinit Hot Springs entfernt, kann man all die Dinge bewundern, die anderenorts schon zerstört sind. Die Korallen sind ein Wunderland der Farben und Formen.

Makinit Hot Springs QUELLEN
(Eintritt 150 P; 6–22 Uhr) Viele ganztägige Bootsausflüge schließen diese heißen Quellen mit ein. Sie liegen 5 km östlich der Stadt, nicht weit von Siete Pecados entfernt, und sind eine Erfahrung irgendwo zwischen wohltuend und kochend heiß. Die Quellen sind sehr gut erschlossen und von Coron aus mit dem Tricycle (hin & zurück 200–300 P) leicht zu erreichen. Kein Einlass nach 20 Uhr.

Mt. Tundalara WANDERN
Das Erklimmen des 640 m hohen Mt. Tundalara, dem höchsten Punkt im nördlichen Palawan, ist ein echter Härtetest, besonders in der Mittagshitze. Für eine Strecke sollte man etwa 2½ Stunden einplanen. Ausgangspunkt der Wanderung ist das etwa 3 km nördlich von Coron gelegene Mabingtungan, das man am einfachsten mit dem Tricycle erreicht.

Geführte Touren

Die mehrtägigen Coron-El-Nido-Touren von **Tao Philippines** (www.taophilippines.com; National Hwy) sind äußerst empfehlenswert.

Calamianes Expeditions Eco Tour OUTDOORAKTIVITÄTEN
(0920 254 6553; www.corongaleri.com.ph; San Augin St) Vermietet Zelte (200 P/Nacht), Mountainbikes und Kajaks und organisiert Tagesausflüge und mehrtägige Trips mit Übernachtung. Dazu gehört auch ein Laden, der sehr gute Ausrüstung verkauft.

Showtime Adventures OUTDOORAKTIVITÄTEN
(0927 372 8846; www.showtimeadventuretours.com) Vom sehr geschäftstüchtigen Betan Pe geführt (einfach im Ort nach ihm fragen). Bietet verschiedene Ausflüge an, etwa Angeltrips, Kajaktouren mit Übernachtung und sogar Ausritte.

Tribal Adventures ABENTEUERTOUR
(0917 819 3049; www.tribaladventures.com; National Hwy; Kajaks ab 500 P) Sehr empfehlenswert für Kajak- und Mountainbiketouren.

Schlafen

Zum Zeitpunkt der Recherche boomte die Hotelbaubranche förmlich; man könnte auch sagen, eine riesige Baublase stand kurz vor dem Zerplatzen. Alternativ zu Coron bieten sich auch Unterkünfte auf den umliegenden Inseln an. Manche sind nur wenige Minuten entfernt, bei anderen ist das Übersetzen mit einem größeren zeitlichen Aufwand verbunden.

Coron

★ **Sea Dive Resort** HOTEL $
(0920 945 8714; www.seadiveresort.com.ph; DZ 450–1200 P;) Es gibt in Coron keine

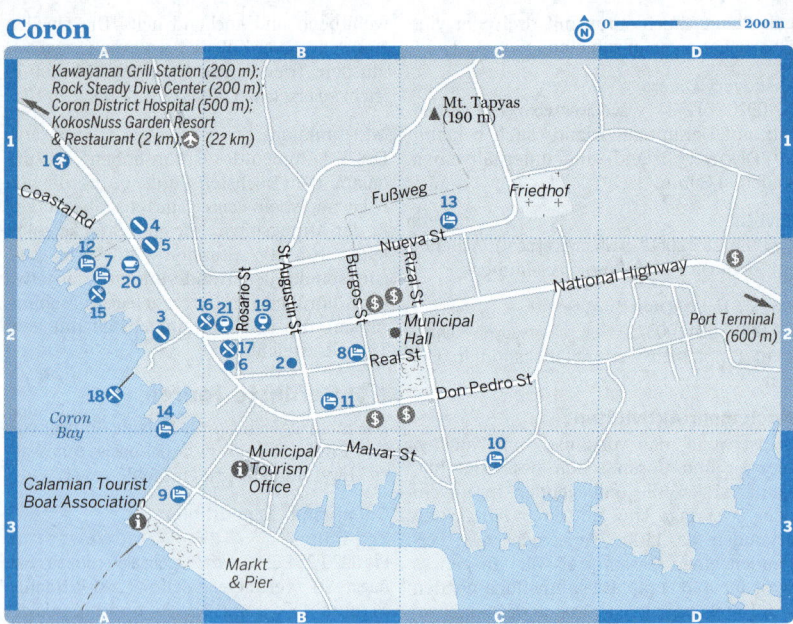

Coron

🌟 Aktivitäten, Kurse & Touren
1 Boyet's Motorcycle Rental A1
2 Calamianes Expeditions Eco Tour B2
3 Coron Divers A2
4 Discovery Divers A1
5 DiveCal A2
   Sea Dive .... (siehe 14)
6 Tao Philippines B2
   Tribal Adventures .... (siehe 5)

🛏 Schlafen
7 Coron Backpacker Guesthouse A2
8 Coron Ecolodge B2
9 Coron Gateway Hotel A3
10 Corto del Mar Hotel C3
11 Island's View Inn B2
12 Krystal Lodge A2
13 Princess of Coron Austrian Resort C1
14 Sea Dive Resort A2

🍴 Essen
15 Amphibi-ko A2
16 Bistro Coron A2
17 Dali Dali B2
18 La Sirenetta A2

🍸 Ausgehen & Nachtleben
19 Blue Moon B2
20 Coffee Kong A2
21 No Name Bar B2

besser gelegene Unterkunft als dieses mehrstöckige Hotel, das in die Bucht hineinragt. Je weiter oben ein Zimmer liegt, desto besser. Alle sind sehr einfach, aber sauber und haben Bäder mit warmem Wasser. Der einzige Nachteil ist die Hellhörigkeit. Das Freiluftrestaurant ist zu Recht äußerst beliebt und hinter dem Haus gibt es eine Bar.

Im Tauchshop hier ist immer was los und an der Rezeption bekommt man hilfreiche Infos zum Insel-Hopping sowie für die Organisation der Weiterreise. Das Resort hat in Cheey im Norden von Busuanga auch ein Strandhaus. Einfach nachfragen.

Krystal Lodge   BUNGALOW $
(📞 0908 357 3309; www.krystallodge.blogspot.com; Zi. 400–800 P, Cottage 1200 P; 📶) Die vollständig aus Bambus erbauten Bungalows stehen über dem Wasser und sind authentisch philippinisch. Der höhere Preis für ein Cottage ist gut investiert: Die einzigartigen, bezaubernden Hütten haben eine eigene Bar mit Sitzbereich. Wenn die freundliche Besitzerin gerade da ist, organisiert sie gerne einen Beamer für einen Open-Air-Filmeabend. Auf Wunsch bekommt man Frühstück, es gibt aber auch eine Küche, die genutzt werden kann.

Coron Backpacker Guesthouse   HOSTEL $
(📞 0919 388 6028; coronbackpacker@gmail.com; DZ 500 P; 📶) Nicht weit vom Stadtzentrum

entfernt gibt's hier neun einfache Doppelzimmer in einer Hütte über dem Wasser. Der Gemeinschaftsbereich ist angenehm rustikal mit einer Küche und vielen Büchern.

KokosNuss Garden Resort & Restaurant
BUNGALOW $$
(0919 776 9544; www.kokosnuss.info; National Hwy; Zi. mit Ventilator & Gemeinschaftsbad/eigenes Bad 600/1500 P, Cottage mit Klimaanlage 1700 P; ❄︎ 🛜) Das sehr grüne Anwesen liegt etwa 20 Gehminuten außerhalb der Stadt in einem leicht verwilderten Garten mit viel Schatten, in dem sich mitunter auch die eine oder andere Ziege blicken lässt. Die Unterkünfte reichen von modernen Rundhütten mit farbenfrohen Wandbildern (die irgendwie an Mittelerde erinnern) bis hin zu klimatisierten Zimmern in einer Nurdach-Konstruktion aus Bambus.

Am besten lässt man sich einige Zimmer zeigen, bevor man sich entscheidet; in mindestens einer Rundhütte fungiert ein Duschvorhang als Badezimmertür. Das BLT-Sandwich (Speck, Salat und Tomate), das die Küche zubereitet, ist unverschämt lecker.

Princess of Coron Austrian Resort
HOTEL $$
(0919 236 1430; www.princessofcoron.com; 6 Nueva St; Zi. 2500 P; ❄︎ 🛜 🏊) Dieses Hotel verschmilzt förmlich mit dem Hügel, an dessen Hang oberhalb der Stadt es steht, so wie es zu einem österreichischen Resort ja auch gut passt. Das weiß verputzte Haupthaus hat große Zimmer mit blitzblanken Fliesenböden und geräumige Bäder. Die paar Nurdachhütten neben dem Haus eignen sich hervorragend für Familien; die Kinder können sich im kleinen Pool abkühlen.

Island's View Inn
HOTEL $$
(0917 547 6039; www.islandsviewinn.com; Don Pedro St; Zi. inkl. Frühstück 1500–2200 P; ❄︎ 🛜) Die Zimmer hier sind picobello sauber und haben Flachbild-TV und Warmwasser und im oberen Stock gibt es ein Freiluftrestaurant sowie einen Loungebereich.

Coron Ecolodge
HOTEL $$
(0906 455 6090; www.coronecolodge.com; Calle Real; Zi. 1600 P; ❄︎ 🛜) Das Hotel mit seinen einfachen, modernen Zimmern mit alten Möbeln ist weder besonders ökologisch noch erinnert es an eine Lodge. Dafür liegt es mitten im lärmenden Zentrum der Stadt, die Rezeption arbeitet sehr professionell und es gibt ein angeschlossenes Café.

Corto del Mar Hotel
HOTEL $$$
(0936 312 4754; www.cortodelmar.com; Zi. 5000–6000 P; ❄︎ 🛜 🏊) Das geschmackvoll eingerichtete große Gebäude im spanischen Stil liegt etwas unglücklich am Ende einer schmalen Straße voller *sari-sari*-Läden, die modernen Zimmer können jedoch etwas muffig sein. Das Restaurant ist eine gute Adresse für Pizza.

Coron Gateway Hotel
HOTEL $$$
(0915 846 9326; www.corongateway.com; Market Pier; Zi. 3900–6000 P; ❄︎ 🛜) Zwar grenzt die hintere Wand des Gebäudes direkt an die Stände des Markts an und vor dem Haus liegt im Grunde genommen ein karger Acker, aber das Gateway ist dennoch das luxuriöseste Hotel der Stadt. Viele Zimmer haben einen Whirlpool, der durch eine Schiebetür vom Rest des Zimmers abgetrennt ist. Im oberen Stock gab es durch den Wirbelsturm Haiyan einige Beschädigungen.

🛏 Busuanga Island

Elsie's Guest House, Al Faro, die Busuanga Bay Lodge und Puerto del Sol befinden sich im Bgy Concepcion entlang der Dipuyai Bay, in der viele Jachten vor Anker liegen und wo auch der Busuanga Bay Yacht Club angesiedelt ist. In der Bucht gibt's auch einen Fluss und einen Mangrovenwald, die beide problemlos mit dem Kajak erkundet werden können. An den Riffen an der Mündung der Bucht finden sich hervorragende Schnorchel- und Tauchmöglichkeiten. Dort liegt auch das Wrack des japanischen Öltankers *Okikawa Maru*.

Elsie's Guest House
PENSION $
(0936 904 4453; elsietrinadad01061983@yahoo.com; Zi. 500–1000 P) 🌿 Elsie, eine ehemalige Tauchlehrerin und hervorragende Köchin aus Bicol, ist eine charmante Gastgeberin. Das im traditionellen philippinischen Stil gehaltene Haus schmiegt sich an den Hang, der die Dipuyai Bay umgibt und einen tollen Ausblick nach Westen bietet. Es gibt zwei Zimmer: eines mit eigenem Bad und TV, das andere, kleinere Zimmer hat nur ein Etagenbad.

Gemüse und Kräuter stammen vorwiegend aus dem eigenen Garten und die Meeresfrüchte werden frisch angeliefert. Der Strom für das Licht, den Fernseher und die Küche stammt aus Solarenergie. Obwohl das Elsie's nicht weit von der Hauptstraße zwischen Coron und Salvacion entfernt liegt, ist es nur mit dem Langboot oder Kajak zu erreichen. Der Transport kann mit Elsie vorab abgestimmt werden.

Ann & Mike's Bar & Restaurant
NIPAHÜTTEN $

(0929 582 4020; Zi. mit Gemeinschaftsbad 750 P) Diese Unterkunft in Concepcion bietet zwei hübsche, mit Nipapalmwedeln bedeckte Cottages an und hat auch ein nettes kleines Lokal.

Pier House Lodging
HOTEL $$

(0912 362 2470; www.pierhouselodging.ph; Zi. 1500–2500 P; 🛜) Ein einzigartiger Anblick ist dieses mit weißem Gips verputzte Hotel in Concepcion, in dem eine Bar, ein Restaurant sowie große gefliester Zimmer untergebracht sind. In der Nachsaison ist es hier teilweise wie ausgestorben.

★ Al Faro Cosmio Hotel
HOTEL $$$

(0908 865 8987; www.alfaropalawan.com; Zi. inkl. Frühstück 3200–3700 P; 🛜🏊) Man mische eine Prise Mittelmeer mit einem Hauch Märchenarchitektur à la Disney und fertig ist dieses Hotel in traumhafter Lage auf einem Hügel mit Blick über die Dipuyai Bay. Die Zimmer sind tagsüber hell und luftig, nachts garantieren sie einen ruhigen Schlaf. Auf dem privaten Balkon kann man sitzen und über sein Glück sinnieren, hier zu sein. Eine freundliche, entspannte Unterkunft, aber auch wer es etwas aktiver mag, ist hier gut versorgt.

Puerto del Sol Resort
RESORT $$$

(0908 889 0866; www.puertodelsolresort.com; Cottage mit Ventilator/Klimaanlage 2800/4200 P; ❄🛜) Das Puerto del Sol ist ein Resort im mediterranen Stil an einem Hang mit Blick auf die Bucht. Von hier ist es nicht weit zu einigen der Wracks, aber auch Aktivitäten an Land wie Reiten oder Wandern bieten sich an. Die mit weißem Gips verputzten Cottages und die großen Fenster passen hervorragend zu der hellen, freundlichen Atmosphäre. Discovery Divers hat einen Laden hier.

Busuanga Bay Lodge
RESORT $$$

(in Manila 02-625 8627; www.busuangabaylodge.com; Zi. 7800–11 700 P; ❄@🛜🏊) Ein weiß getünchtes, luxuriöses Resort im Karibikstil, in dessen Mitte ein großer Restaurantpavillon steht und dessen Cottages in einer maßvollen, aber stilvollen Art möbliert sind. Zudem wartet es mit allen Annehmlichkeiten auf, die man vielleicht so erwartet: Infinity-Pool, Wellness-Bereich, Tauchzentrum, Weinkeller, Fitnessraum und Jachthafen. Ein Flughafentransfer kann zum Preis von 2500 P für fünf Personen organisiert werden. Trotz seiner abgeschiedenen Lage ist dies überraschenderweise eine beliebte Location für Feiern und Konferenzen. Zum Zeitpunkt der Recherche war der ganze Laden voller Ärzte, die zu einer ausgelassenen Party eines Pharmazieunternehmens eingeladen waren.

🛏 Weitere Inseln

In den Preisen der meisten Resorts ist der Transfer vom Flughafen Busuanga oder Coron bereits inbegriffen, es ist aber dennoch besser, noch einmal nachzufragen. Sangat und Chindonan liegen nahe einer beachtlichen Anzahl an Wracks, die sich sehr gut zum Tauchen eignen.

★ Sangat Island Dive Resort
RESORT $$$

(0917 522 7965; www.sangat.com.ph; Cottage pro Pers. inkl. Transfer & 3 Gerichte 103–150 US$; 🛜🏊) Wer hier am Strand an Land geht, den wird unwillkürlich das Gefühl beschleichen, an einem ganz schön coolen und geheimen Ort gelandet zu sein. Von Coron aus sind es mit dem Schnellboot weniger als 40 Minuten zu diesem Resort, das einerseits für Ruhe und Entspannung sorgt, andererseits aber auch Actionjunkies glücklich macht. Das Sangat hat ein vollwertiges Tauchzentrum und hält für seine Gäste außerdem Kajaks und Jetskis bereit. An einem hübschen weißen Sandstrand stehen einige Bungalows im traditionellen philippinischen Stil, zwei weitere stehen auf einem kleinen Hügel mitten im Dschungel.

Wer vor allem Wert auf Privatsphäre legt, findet gleich um die Ecke eine große, über eine kleine Fußbrücke erreichbare Villa, die mit einer Außendusche in einer Felshöhle aufwartet. Und für die ultimative „Zum-Teufel-mit-der-Welt-Abgeschiedenheit" gibt's das „Robinson Crusoe Cottage" (2 Wochen 1000 US$) an einem 100 m langen Strand, eine kurze Bootsfahrt von Sangat entfernt. Kajaks, Funkgeräte und Verpflegung werden auf Wunsch bereitgestellt. Gruppen können hier draußen auch campen. Unbedingt sollte man sich nach den heißen Quellen erkundigen, die sich auf der anderen Seite der Insel hinter einem schier undurchdringlichen Dickicht aus Mangroven verbergen. Auch ein Stopp in Sangats Wildschweinfarm ist interessant.

Club Paradise
STRANDRESORT $$$

(in Manila 02-838 4956; www.clubparadisepala wan.com; pro Pers. inkl. 3 Gerichte 5500–8500 P; ❄️ 🛜 🏊) Dieses Resort auf Dimyaka Island, nördlich von Busuanga gelegen, wird seinem Namen durchaus gerecht (zum Zeitpunkt der Recherche stand allerdings gerade ein Eigentümerwechsel an). Ein echtes Vier-Sterne-Resort – von der großen Vielfalt an Cottages (im Grunde genommen eine hochwertige Designerversion der traditionellen philippinischen Hütte) bis hin zu den üppigen Buffets.

Chindonan Island Resort & Divecenter
BUNGALOW $$$

(0929 312 1594; www.chindonan-diveresort.com; inkl. Frühstück & Abendessen 3800 P/Pers.; ❄️ 🛜) Diese Unterkunft in dänischer Hand bietet fast ein Dutzend geräumiger, mit Stuckarbeiten verzierter moderner Zimmer, die sich auf einer Insel zwischen Culion und Sangat an einen Hügel schmiegen. Alle haben eine große Terrasse mit Meerblick, eines davon ist klimatisiert. Tauchtrips können arrangiert werden und eine Bar und ein Restaurant gibt's auf dem betonierten Pier auch. Zudem haben die Gäste Zugang zu einem kleinen Strand (halb Kies, halb Sand).

 Essen

Die meisten der Unterkünfte, darunter alle an der Küste oder sonst irgendwo auf Busuanga gelegenen Resorts, haben ihr eigenes Restaurant. Das beste Restaurant der Stadt ist jenes im Sea Dive Resort (S. 453), sowohl aufgrund seiner tollen Lage als auch wegen seiner geselligen Atmosphäre und seines ausgewogenen Speiseangebots. Am National Hwy zwischen der St. Augustin St und der Rizal St liegen eine Reihe austauschbarer Grillrestaurants und lässige Filipino-Lokale. Cashewnüsse in allen Variationen, besonders *bandi*, eine zuckerhaltige Süßigkeit, werden überall verkauft.

★ Bistro Coron
INTERNATIONAL, FRANZÖSISCH $$

(Coron; Hauptgerichte 200–500 P; 8–24 Uhr) Dieses Lokal bietet eine umfangreiche Speisekarte. Angeboten werden auch eine Version von *setoise* (Suppe mit Shrimps, gerösteten Brotwürfeln und Fischstücken) sowie ungarische, italienische und Schweizer Wurst.

Kawayanan Grill Station
PHILIPPINISCH, MEERESFRÜCHTE $$

(National Hwy; Hauptgerichte 150 P; 11 Uhr-open end; 🛜) In der neuen Location dieses schicken Freiluftrestaurants (die Filiale im Stadtzentrum hat geschlossen) werden in mit Nipapalmwedeln bedeckten Hütten die übliche philippinische Kost sowie Meeresfrüchte und einige exotische Gerichte wie gekochte Ziegeninnereien und Stachelrochen serviert. Hier ist einiges los, besonders am Wochenende, wenn abends oft DJs für Stimmung sorgen.

La Sirenetta
PHILIPPINISCH, INTERNATIONAL $$

(Hauptgerichte 250 P; 11–22 Uhr; 🛜) Die vier Eckpfeiler in Form der namensgebenden Meerjungfrau sorgen in diesem Lokal am Ende eines langen Anlegestegs für ein bisschen Vegas-Kitsch mitten in Asien. Die Speisekarte ist umfangreich und schließt auch einige europäischen Gerichte ein. Der Service ist zwar extrem langsam, dennoch ist es eine gute Adresse für ein paar Drinks bei Sonnenuntergang.

Dali Dali
KOREANISCH $$

(Hauptgerichte 250 P; 10–22 Uhr) Drei Tische und ein Tresen, mehr Platz gibt es in diesem authentischen koreanischen Restaurant nicht. Auf der Speisekarte stehen Ramen, Bulgogi sowie Tofu.

Amphibi-ko
JAPANISCH $$

(National Hwy; Hauptgerichte 140 P; 11–22 Uhr) Im obersten Stockwerk des gleichnamigen Hotels (die Zimmer sind relativ klein und recht muffig) verbirgt sich das beste (und übrigens auch einzige) japanische Restaurant der Stadt.

🍷 Ausgehen & Nachtleben

No Name Bar
BAR

(National Hwy; 7–2 Uhr; 🛜) Das No Name öffnet sich zur Straße hin und hat so viel Charakter wie kein anderes Lokal der Stadt. Die Bar ist in einer winzigen strohbedeckten Hütte untergebracht. Im Angebot sind billige Drinks (Rum-Cola 45 P) und Gerichte vom Frühstück bis zum Burger.

Coffee Kong
CAFÉ

(National Hwy; 7–22.30 Uhr; 🛜) Coffee Kong ist so nah an einem echten Großstadtcafé dran wie es in Coron nur irgend möglich ist. Hier bekommt man hervorragende Espresso-Variationen, Tee und Muffins; zum Frühstück gibt's Waffeln.

Blue Moon
BAR

(National Hwy; 10 Uhr–open end) Wenn es ein bisschen mehr sein darf: Hier gibt's Bier im Eimer für 25 P.

CORON ISLAND

Diese Insel liegt eine gerade einmal 20-minütige *bangka*-Fahrt von der Stadt Coron entfernt und verfügt über eine beeindruckende, geheimnisvolle Skyline, die sich auch hervorragend in einem *King Kong*-Film machen würde. Wer mit dem Flugzeug über Coron Island fliegt, bekommt einen Eindruck davon, was sich hinter dem festungsartigen, dschungelbewachsenen und felsigen Steilhang versteckt, nämlich ein unzugängliches Terrain, das von zahlreichen Seen übersät ist. Zwei davon sind der **Lake Kayangan** (Zutritt 250 P) und der **Lake Barracuda** (Zutritt 100 P), Corons wichtigste Attraktionen.

Das kristallklare Wasser des Lake Kayangan, der sich zwischen zwei Berghänge schmiegt, ist nach einer 10-minütigen, steilen Kletterpartie erreicht. Unter der Wasseroberfläche verbirgt sich eine karge Mondlandschaft; wer hier baden gehen möchte, kann seine Sachen auf einem hölzernen Steg mit Plattform deponieren. Ruhe oder Privatsphäre sind hier jedoch Fehlanzeige; die Lagune, in der die *bangkas* ihre Passagiere absetzen, erinnert an den Parkplatz eines Einkaufszentrums zu Stoßzeiten.

Der Lake Barracuda ist vor allem für Taucher sehr interessant. Aufgrund der einzigartigen Gegebenheit unterschiedlicher Süß-, Salz-, und Brackwasserschichten gibt es hier extreme Temperaturschwankungen, die bis zu 38°C ausmachen können. Der See ist nach einem kurzen Anstieg über eine zerklüftete Felswand erreicht, die unmittelbar am Wasser endet.

Weitere beliebte Ziele sind der **Banol Beach** (Zutritt 100 P), ein kleiner Sandstrand mit einem Unterstand als Schutz gegen die Sonne, sowie die **Twin Lagoons** (Zutritt 50 P).

Die gesamte Insel zählt zum Stammesgebiet der Tagbanua, einem Volk, das vorwiegend vom Fischfang und vom lukrativen Sammeln von *balinsasayaw* (Vogelnestern) lebt. In Sorge um die Auswirkungen des Tourismus haben die Tagbanua die Anzahl der Sehenswürdigkeiten, die besucht werden dürfen, auf einige wenige reduziert.

Ein Tagesausflug mit dem *bangka* zu all diesen Stätten kostet etwa 1500 P für bis zu vier Personen (ohne den Eintritt zu den Sehenswürdigkeiten und ohne Schnorchelausrüstung, für welche normalerweise 250 P fällig werden). Man sollte darauf achten, ausreichend kleine Scheine dabeizuhaben, da die Eintrittsgelder an jedem Ort beim Aussteigen aus dem Boot bezahlt werden müssen (es gibt Pläne für die Einführung eines einzigen Eintrittspreises für die gesamte Insel). Wirklich alle Hotels und Resorts sowie jedes Reisebüro in der Stadt können diese Trips arrangieren (Touren zu weniger Orten kosten zwischen 650 und 750 P/Pers.).

ⓘ Praktische Informationen

BPI (National Hwy) und Metrobank akzeptieren die meisten ausländischen Bankkarten, während die **Allied Savings Bank** (Ecke Don Pedro St & Burgos St) nicht so viele annimmt. Die meisten Hotels haben WLAN und entlang der National Hwy auf Höhe der St. Augustin St gibt's auch ein paar Internetcafés.

Coron District Hospital (National Hwy)

Municipal Tourism Office (☎ 0927 419 3805; corontourismoffice@gmail.com; Markt; ⏱ 8–17 Uhr) Das Tourismusbüro der Stadt und Provinz ist ziemlich nutzlos. Es ist in einem größtenteils verlassenen städtischen Gebäude neben dem Markt untergebracht.

ⓘ An- & Weiterreise

FLUGZEUG
PAL, Cebu Pacific, AirAsia Zest und SkyJet fliegen vom YKR Flughafen im Norden von Busuanga, 25 km von Coron entfernt, nach Manila. Nicht selten verspäten sich Flüge aufgrund schlechten Wetters oder fallen ganz aus.

Die Fahrt vom Flughafen nach Coron dauert mit den Minivans (150 P) 30 Minuten (die Straße soll ausgebaut werden); sie stehen bei ankommenden Flügen schon bereit, um Passagiere aufzunehmen. Die Vans aus Coron zum Flughafen fahren größtenteils zwei Stunden vor Abflug vor den Büros der Fluggesellschaften oder vor den Hotels ab, die diese Transfers anbieten.

SCHIFF/FÄHRE
In der Hauptsaison legen bei gutem Wetter täglich mittelgroße *bangka*-Boote von der Hauptanlegestelle in El Nido, etwa 1,5 km östlich des Stadtzentrums, ab (1800 P inkl. Mittagessen, 7 Std.). In der Nachsaison fahren sie seltener. Die meisten Hotels und jede Agentur an der Straße kann die Tickets buchen. Alternativ nimmt man sich ein eigenes Boot (ca. 15 000 P für bis zu 6 Pers.).

2GO bietet Fährverbindungen von Coron nach Manila (1800 P, 14 Std., So 16.30 Uhr) und

Puerto Princesa (1500 P, 14 Std., So 8 Uhr) an. Die *M/V May Lilies* von **Atienza Shipping Lines** (☎ 0939 912 6840) verkehrt zwischen Manila und El Nido mit Zwischenstopp in Coron; Abfahrt in Coron mit Ziel Manila (1000 P, 20 Std.) ist dienstags um 18.30 Uhr. Dies ist aber längst nicht die beste Option, sodass es eigentlich keinen Grund gibt, diese Fähre zu nehmen.

San José auf Mindoro wird von der *M/Bca Bunso* (1000 P inkl. Mittagessen, 7 Std., Mo, Di, Mi & Fr) bedient. Die Läden in der Stadt bieten die Tickets für 1000 P an, wenn man den Kapitän aber rechtzeitig vorher erwischt, kommt man wahrscheinlich mit 800 P hin. Die Abfahrtszeiten sind natürlich nicht wirklich verlässlich.

Hinter dem Gateway Tavern Hotel legen *bangkas* zu quasi jedem Ziel auf den Inseln der Calamian-Gruppe ab. Die offiziellen Preise sind hier auf einem Schild angeschlagen, sie sind jedoch verhandelbar. Ein Ticket zur Malcapuya Island kostet z. B. um die 2500 P, zur Calumbuyan Island sind es rund 3000 P. In Reisebüros oder in den Hotels bekommt man im Allgemeinen günstigere Preise.

Täglich legt ein Boot nach Culion (180 P, 1½ Std., 13 Uhr) ab.

❶ Unterwegs vor Ort

Täglich um 11 Uhr fährt in Coron ein Jeepney nach Salvacion ab (80 P, 1½ Std.).

Minivans können für Touren über die Insel Busuanga gemietet werden. Eine Fahrt hin und zurück nach Concepcion kostet z. B. um die 2500 P.

Für eine Fahrt mit dem Tricycle innerhalb der Stadtgrenzen, auch zur Hauptanlegestelle, werden 10 P fällig.

Culion Island & Umgebung

Culion Island, eine der größten Inseln der Calamian Islands, bietet rund um den **Dynamite Point** an der nordöstlichen Spitze hervorragende Schnorchelmöglichkeiten. **Malcapuya Island** hat an der östlichen Küste auf etwa halber Höhe einen schönen Strand. Die nahe gelegene **Banana Island** hat auch einen hübschen Strand im Osten und gute Schnorchelmöglichkeiten im Westen. Ein ganztägiger Bootstrip von Coron hierher sollte zwischen 3000 und 3500 P kosten. Das Luxusresort **Two Seasons** liegt am nördlichsten Zipfel der nicht weit entfernten Bulalacao Island.

In Culion steht auf dem ehemaligen Krankenhausgelände das **Culion Museum & Archives** (☎ 0928 281 2276; Eintritt 250 P; ⊙ Mo–Fr 9–12 & 13–16 Uhr). Hier erzählen ein halbstündiger Film und sieben mit Fotos und Artefakten vollgeladene Ausstellungsräume die ergreifende und wenig bekannte Geschichte der Leprakolonie, die hier 1906 eröffnet wurde und einst eine der größten ihrer Art weltweit war. Das Innere der **Immaculada Concepcion Church**, einst ein spanisches Fort aus der Mitte des 18. Jhs., ist nicht nur einen kurzen Blick, sondern auch den Fußmarsch hinauf auf den Hügel wert, an dessen Hang das Bild eines Adlers in die Erde eingeritzt ist (1926 von Leprapatienten in Anerkennung der Leistung der philippinischen Gesundheitsdienste geschaffen). Von dort hat man einen tollen Panoramablick auf den Ort und die Inseln der Umgebung.

Die mit Abstand schönste Unterkunft in Culion ist das moderne **Hotel Maya** (☎ 0939 254 2744; EZ/DZ 7000/1100 P; ❄ 🛜), dessen Eigentümer und Betreiber enthusiastische Studenten des Ateneo-Loyola College sind. Das **Tabing Dagat Lodging House & Restaurant** (☎ mobil 0908 563 1590; Zi. mit Ventilator/Klimaanlage 590/790 P; ❄) im *barangay* Balulua hat lichtdurchflutete Zimmer mit kleinen Balkonen.

Im Ort gibt es nur zwischen 12 und 24 Uhr Strom. Täglich um 13 Uhr legt in Coron ein Boot mit dem Ziel Culion ab (180 P, 1½ Std.); Abfahrt nach Coron ist in Culion um 7.30 Uhr.

Weitere Inseln der Calamian Islands

Fast unmittelbar westlich von Concepcion auf Busuanga liegt **Calumbuyan Island**, vor deren Nordostküste einige der besten Riffe der Gegend (Zutritt 100 P) zum Schnorcheln liegen. Der Verwalter, der sich um das Schutzgebiet kümmert, versorgt die Besucher mit Kaffee sowie Übernachtungsgenehmigungen (400 P inkl. Eintritt). Als Unterkunft dienen eine einfache Hütte, eine Hängematte oder Zelte, die man allerdings selbst mitbringen muss.

Zum Schnorcheln und Tauchen eignet sich auch das nahe Riff an der Südwestspitze von **Lusong Island**; auch das Wrack des Kanonenboots *Lusong* ist hervorragend zum Schnorcheln geeignet. Es liegt am südlichen Ende der Insel in geringer Tiefe.

Ein weißer Sandstrand und ein traumhafter Sonnenuntergang sprechen für die etwas mühsame Reise zur abseits gelegenen **North Cay Island**. Zudem ist das Riff an der Nordseite sehr gut erhalten. Insel-Hopping-Touren haben die Insel leider nicht im Programm, wer jedoch etwas im Voraus planen kann und Zeit hat, kann mit dem Verwalter der Insel eine Übernachtung in seinem Haus arrangieren. Verpflegung muss man selbst mitbringen – Fisch kann gestellt werden.

Unmittelbar vor dem nordwestlichsten Zipfel von Busuanga liegt **Calauit Island** mit dem **Calauit Game Preserve & Wildlife National Park** (0921 215 5482; Eintritt 350/Pers., geführte Tour 2 Std. 1000 P). Hier können Tiere wie Giraffen, Zebras, Impalas etc. in ihrem, ähm, nachgebauten Lebensraum beobachtet werden – Tiere, die man sonst typischerweise auf einer Safari in Kenia zu Gesicht bekommt. Zu verdanken ist dies den Anstrengungen Ferdinand Marcos, der 1976 seinen Beitrag dazu leistete, neben einigen in Palawan heimischen Tieren auch die Megafauna Afrikas zu retten. (Eine alternative Erklärung ist die, dass Marcos' Sohn Bong Bong ein paar Tiere zum Jagen wollte.)

Ob man sie nun im Rahmen einer organisierten Tour (2400 P/Pers.) oder auf eigene Faust in Angriff nehmen möchte, die Reise dorthin ist ein recht zermürbendes, mitunter fast den ganzen Tag einnehmendes Unterfangen (mind. 3 Std. mit dem Van von Coron aus). Boote aus Macalachao, 7 km nördlich von Bululang (dort gibt's einen 350 m langen weißen Sandstrand) auf Busuanga Island, können für 350 P (hin & zurück; 10 Min./Strecke) gechartert werden. Wer hier übernachten möchte, kann dies in einem einfachen Zimmer außerhalb des Parks zum Preis von 250 P tun oder (mit dem eigenen Zelt) campen. In den Gewässern vor der Caluit Island leben auch Dugongs (allgemein als Seekühe bekannt), eine vom Aussterben bedrohte Art und das einzige pflanzenfressende Säugetier hier. Man muss allerdings Glück haben, um sie zu Gesicht zu bekommen.

Die Philippinen verstehen

DIE PHILIPPINEN AKTUELL 462
Nicht enden wollende politische Skandale, der stetige Wechsel von Katastrophen und Wiederaufbau sowie geopolitische Themen bestimmen die Schlagzeilen.

GESCHICHTE 465
Überspitzt formuliert verbrachten die Philippinen zuerst 400 Jahre in einem Kloster und anschließend 50 Jahre in Hollywood.

MENTALITÄT & KULTUR 474
Karaoke und Coverbands, Volkstänze und Katholizismus – wir haben die Befindlichkeiten der Philippinen aufgedeckt.

ESSEN & TRINKEN 481
Reiche regionale Traditionen und eine oft übersehene Vielfältigkeit prägen die philippinische Küche.

NATUR & UMWELT 488
Eine unglaubliche Artenvielfalt und immense Umweltprobleme gehen Hand in Hand – ein Überblick über die Highlights und die größten Herausforderungen.

Die Philippinen aktuell

Gigantische Einkaufszentren eröffnen überall Ableger, die Innenstädte hingegen veröden. Kasinos, die an Macau erinnern, entstehen in Manila, während sich die Volksgruppen in Kalinga Scharmützel liefern. Obwohl die Wirtschaft insgesamt boomt, herrscht tiefe Armut. Politik und Korruption gehören zusammen wie Rum und Karaoke. Stürme – wetterbedingte wie solche in der internationalen Diplomatie – toben in regelmäßigen Abständen. All dem stellen sich die Otto-Normal-Philippiner, rappeln sich wieder auf, umarmen ihre Liebsten und hoffen auf eine bessere Zukunft.

Top-Filme
Norte – The End of History (2014) Ein Mensch kämpft gegen eine unaufhaltsame Flut von Gewalt – ein episches Meisterwerk.
Imelda (2004) Faszinierender Blick in die Psyche von Imelda Marcos.
Metro Manila (2013) Halb verzwickter Krimi, halb detaillierter Blick auf die große Stadt.
Serbis (2008) Von der Kritik gefeierter Film über ein familiengeführtes Pornokino in Angeles.

Top-Bücher
Pacific Rims: Beermen Ballin' in Flip-Flops and the Philippines' Unlikely Love Affair with Basketball (Rafe Bartholomew) So zügellos wie der Titel vermuten lässt.
Wasserspiele (James Hamilton-Paterson) Dieser zeitlose Bericht vom Leben auf einer einsamen kleinen Insel wirft ein helles Licht auf die philippinische Kultur.
Manila (Alex Garland) Eine aufregende, wilde Jagd auf Manilas dunkler Seite vom Autor des Kultbuchs aller Aussteiger, *Der Strand*.

Skandale

Meist werden Abkürzungen wie DAP oder Ein-Wort-Bezeichnungen wie Nopales oder Malampaya dafür verwendet: Skandale wegen Korruption in der Politik sind für die Philippinen, was Fußball für Brasilien ist – eine Linse, durch die man einen Blick auf den nationalen Charakter wirft. Noch während die frühere Präsidentin (und momentane Kongressabgeordnete) Arroyo unter „Hausarrest im Krankenhaus" steht und auf einen Beschluss zu Vorwürfen wartet, sie hätte sich bereichert, wurde im Sommer 2014 immer wieder darüber geredet, Präsident Aquino wegen Amtsvergehen anzuklagen. Eine Welle von Anschuldigungen rund um das Disbursement Acceleration Program („Ausgaben-Beschleunigungsprogramm", DAP) – im Wesentlichen ein Weg für Aquino, die Legislative zu umgehen und, seinen Worten zufolge, ein dringend benötigtes Konjunkturpaket schnell auf den Weg zu bringen – spitzte sich zu. In einem entmutigenden Hin-und-Her drohte Aquino damit, die Richter des Supreme Court anzuklagen, die das DAP als nicht verfassungsgemäß verurteilt hatten.

Schon vor dem DAP war das Vertrauen in Aquino wegen einer ganzen Reihe von Ereignissen geschwunden, die von der Öffentlichkeit interessiert wahrgenommen wurden. Dazu gehörten die Belagerung von Zamboanga, der Angriff auf Landarbeiter der Hacienda Lucita, die Geiselnahme im Luneta-Park, die Handhabung der Hilfsmaßnahmen nach dem Erdbeben in Bohol und dem Taifun Haiyan (von den Einheimischen Taifun Yolanda genannt), Einschnitte im Sozialwesen und die Enttäuschung darüber, dass es dem Präsidenten entgegen aller Erwartungen nicht gelang, die Verkehrssituation und die Stromversorgung zu verbessern. Doch Aquino ist keineswegs als einziger in Skandale verstrickt. Die noch laufende Nopales-Untersuchung, im Rahmen derer eine einflussreiche Geschäftsfrau angeklagt ist, Provisionen an prominente Oppositionsführer gezahlt zu haben, ist ein ganzes Sammelsurium von Fehlverhalten.

Widerstandsbewegungen

Einige der weltweit am längsten agierenden Widerstandsbewegungen, ob nun von Ureinwohnern oder von kommunistischen und muslimischen Rebellengruppen, spalten weiterhin die Gesellschaft. Auch wenn die meisten der aktuellen Kämpfe den Alltag der normalen Stadtbevölkerung nicht beeinflussen, erzählen die Zeitungsschlagzeilen doch die Geschichte von nicht nur gelegentlichen Zusammenstößen. Beobachter gehen davon aus, dass es nur wenig Hoffnung gibt, dass die Widerstandsgruppen ihre Waffen niederlegen, solange Probleme wie dramatische Einkommensunterschiede, schlechte Bildung und ein dafür vollkommen unempfängliches politisches System nicht gelöst werden.

Vielleicht am wichtigsten ist eine Lösung für den andauernden Konflikt in Mindanao. Nach mehr als 17 Jahren Verhandlungen, die immer wieder durch Gewaltausbrüche unterbrochen wurden, gibt es ein kleines bisschen Hoffnung auf Frieden. Vorbehaltlich eines Referendums könnte eine halbautonome muslimische Region, die Bangsamoro genannt wird, geschaffen werden. Doch selbst wenn es eine politische Lösung gäbe – und einige Splittergruppen betonen bereits, das Übereinkommen nicht anzuerkennen, sollte es verabschiedet werden – sind da immer noch die Rohstoffe der Insel: Gold, Kupfer, Nickel, Eisen, Chromit und Mangan, Reserven an Erdöl und Erdgas. Und diese lassen weitere Kämpfe irgendeiner Art wahrscheinlich werden.

Katastrophen & Wiederaufbau

Die Philippinen liegen sowohl im Taifungürtel als auch im pazifischen Feuerring und werden immer wieder von Mutter Natur verwüstet. Philippiner sind deshalb entschlossene und erfahrene Überlebenskünstler. Stürme und Naturkatastrophen sind Teil des täglichen Aufs und Abs; 2013 war allerdings ein besonders tragisches Jahr. Nur drei Wochen nach einem Erdbeben der Stärke 7,2, dem stärksten in mehr als zwei Jahrzehnten, dessen Epizentrum unter der Insel Bohol lag, fegte der Taifun Haiyan (vor Ort Yolanda genannt) am 7. November durch die zentralen Visayas.

Die Welt wurde Zeuge von Szenen geradezu apokalyptischer Zerstörung und großen Leids. Die geschätzte Zahl der Toten schwankt stark zwischen 15 000 und 25 000 und liegt damit dreimal höher als die von den Behörden genannte. Trotzdem sind viele Gemeinden wieder aufgebaut worden, und die Geschäfte haben wieder geöffnet, auch die für den Tourismus relevanten. Manche Städte erscheinen schon wieder „normal", während andere, viele davon südlich von Tacloban auf Leyte, vollkommen zerstört bleiben.

BEVÖLKERUNG: **107,7 MIO.**

FLÄCHE: **300 000 KM²**

BIP: **239,1 MRD. €**

BIP-ZUNAHME: **6,8 %**

ARBEITSLOSENQUOTE: **7,4 %**

INFLATION: **2,8 %**

Gäbe es nur 100 Philippiner, wären …

28 Tagalen
13 Cebuanos
9 Ilokanos
8 Bisayas
8 Hiligaynons
6 Bikolanos
3 Waray
25 andere

Religion
(% der Bevölkerung)

82,9 Katholiken
5 Muslime
2,3 Iglesia
4,5 Andere Christen
5,3 Andere

Einwohner pro km²

USA   DEUTSCHLAND   PHILIPPINEN

≈ 30 Einwohner

Geopolitik

Im Jahr 2013 wuchs die Wirtschaft der Philippinen schneller als die jedes anderen asiatischen Landes außer China. Staatliche Einnahmen stiegen in erster Linie wegen höherer Steuern auf Zigaretten und Spirituosen und der gleichzeitigen Jagd auf Steuersünder und korrupte Beamte. Doch noch immer tragen Geldsendungen 10 % zur Wirtschaftskraft bei – Geld, das philippinische Arbeiter im Ausland verdienen.

Trotz einiger positiver Trends ist der wirtschaftliche Aufschwung infolge der geografischen Lage des Landes – im Hinterhof Chinas, wenn man so will – anfällig. Immer wieder flammen territoriale Konflikte mit der aufstrebenden Supermacht auf, vor allem im westlichen Teil der Philippinen und im Südchinesischen Meer. Aquino unterzeichnete ein neues zehnjähriges Verteidigungsabkommen mit Präsident Obama und den USA, und im Sommer 2014 strich die chinesische Regierung zeitweise viele Flüge zwischen den beiden Ländern. Zwar wäre es wichtig, sich auf Entwicklung, Gesundheit und Bildung zu konzentrieren, doch werden das Haschen nach Einfluss und die Politik der Großmächte ohne Zweifel auch weiterhin für Ablenkung sorgen.

Geschichte

Bis zum 16. Jh. lebten die Filipinos unbehelligt auf ihren Inseln. Im Jahr 1521 entdeckte Ferdinand Magellan den Archipel für Spanien, kurz darauf begann die blutige Christianisierung. Nach der Hinrichtung des Nationalhelden José Rizal durch die Spanier (1896) starteten die Filipinos eine siegreiche Revolte, verloren aber ihren erneuten Aufstand gegen die inzwischen einmarschierten USA. Aus den rauchenden Trümmern des Zweiten Weltkriegs entstand eine unabhängige Republik, die jedoch lange vom Hardliner Ferdinand Marcos mit eiserner Hand regiert wurde. Dessen Absetzung durch die People-Power-Revolution (1986) ist der prägende Moment der modernen philippinischen Geschichte.

Eine Geschichte der Unterschiede

Die ersten Bewohner der Inseln, Negritos bzw. Aeta, Dumagat oder Ati, kamen per Boot aus Richtung Norden, Süden und Westen. Ihre weit verstreuten Siedlungen unterhielten untereinander kaum Kontakte. So war der Gedanke einer philippinischen „Identität" von Anfang an prekär. Bei einem Abstecher nach Nord-Luzon vor 1000 Jahren hätten Besucher die Ifugao beim Bestellen ihrer spektakulären Reisterrassen gesehen – derselben, die heute noch Touristen bei Banaue begeistern. Die Vorfahren der Ifugao waren vermutlich Teil einer Einwanderungswelle, die vor etwa 15 000 Jahren aus China und Vietnam eintraf. Der gleiche Reisende hätte in Süd-Luzon oder im Tiefland der Visayas hauptsächlich Menschen mit malaiischen Wurzeln und animistischem Glauben angetroffen. Einwanderer aus Brunei hatten zu dieser Zeit bereits den Islam im Süden von Mindanao und Sulu verbreitet. Und die Negritos waren schon damals über die ganze Inselgruppe verstreut gewesen.

Als Jäger, Sammler und Fischer waren die ganz verschiedenen Ethnien der Philippinen kaum sesshaft. Allerdings kultivierten sie ein paar Feldfrüchte (z. B. Reis) und bildeten kleine *barangays* unter der Führung eines *datu* (Häuptlings). Diese kleinen Stammesgemeinschaften, benannt nach den *balangay*-Booten der malaiischen Siedler, repräsentierten damals die höchste Form einer politischen Einheit. Derweil besaß das „Land" weder eine zentrale Regierung noch eine gemeinsame Kultur oder Religion.

> *History of the Philippines: From Indios Bravos to Filipinos* (Luis H. Francia) und *Under the Stacks* (Saul Hofileña Jr.) sind zwei Überblickswerke, die die Geschichte der Philippinen ab deren „Anfang" schildern.

ZEITLEISTE

45 000 v. Chr.
Als ältester bekannter Bewohner der rund 7000 Inseln hinterlässt der „Tabon-Mann" ein Stück seines Schädels in einer Höhle auf Palawan und erhellt damit ein wenig die lange dunkle Urgeschichte der Philippinen.

100–200 n. Chr.
Die Chinesen handeln als erste Ausländer mit den Inseln, die sie Mai nennen. Damit beginnt Chinas langer kultureller und wirtschaftlicher Einfluss auf die Philippinen.

100–1000 n. Chr.
Malaien treffen in mehreren Wellen an Bord von Auslegerbooten ein und werden zur größten Ethnie der Inseln. Aus ihren verschiedenen Dialekten entwickeln sich die acht philippinischen Hauptsprachen.

Mitten hinein in dieses vielfältige Durcheinander stießen die Spanier mit einer einzigen Mission: die Vereinigung der Philippinen unter dem Banner des Christentums. Bemerkenswerterweise gelang ihnen dies größtenteils. Infolgedessen entstand während der nächsten paar Jahrhunderte so etwas wie eine einheitliche philippinische Identität, die von Spuren traditioneller und spanischer Kultur geprägt war.

Die Ankunft des Katholizismus

Ab dem frühen 16. Jh. verbreitete sich der Islam über die ganze Region. *Barangays* bis hinauf nach Manila im Norden waren bereits konvertiert. So sah alles danach aus, dass die Inseln größtenteils muslimisch werden sollte. Bis am 16. März 1521 der portugiesische Seefahrer Ferdinand Magellan in spanischen Diensten den Lauf der Landesgeschichte änderte, indem er bei Samar an Land ging und die Inseln für seinen König in Besitz nahm. Magellan machte sich daran, den Einheimischen einen Schnellkurs im katholischen Glauben zu verpassen. Er besiegte mehrere Stammeshäuptlinge und hatte sein Ziel fast erreicht. Doch dann ereilte ihn der Tod auf Mactan Island vor Cebu – während einer Schlacht gegen einen der letzten Widerständler, den Häuptling Lapu-Lapu.

Nach Abtretung der strategisch wichtigeren Molukken (Gewürzinseln) an Portugal war Spanien entschlossen, seine Ansprüche durchzusetzen. So entsandte es vier weitere Expeditionen. Als Befehlshaber der vierten benannte Ruy Lopez de Villalobos die Inseln nach dem spanischen Thronprinzen Philipp, Sohn Karls V. Als König Philipp II. befahl dieser 1564 einer neuen Flotte unter dem Kommando von Miguel Lopez de Legazpi, von Mexiko aus zu den Philippinen zu segeln, und stattete sie mit dem strikten Befehl zur Kolonisierung und Bekehrung zum Katholizismus aus. 1565 kehrte Legazpi zu Magellans Todesort auf Cebu zurück und überrannte den dortigen Stamm. Daraufhin zwang er den besiegten *datu* Tupas ein Abkommen auf, das alle Filipinos dem spanischen Gesetz unterstellte.

Legazpi, seine Soldaten und eine Gruppe von Augustinermönchen errichteten schnellstmöglich eine Siedlung am Standort des heutigen Cebu City; das Fort San Pedro ist ein erhaltenes Relikt aus dieser Zeit. Legazpi bemerkte schnell, dass sein Abkommen mit Tupas bedeutungslos war, da der Häuptling keine Macht über die zahllosen anderen Inselstämme hatte. So machte er sich daran, einen nach dem anderen zu unterwerfen.

Nachdem ihm dies gelungen war, gründete Legazpi 1569 eine Festung auf Panay (nahe dem heutigen Roxas), die von entscheidender Bedeutung war. Es trat ein Dominoeffekt ein, dessen Hauptziel Manila entrang Legazpi 1571 dem muslimischen Häuptling Rajah Sulayman. Er ernannte Manila hastig zur Hauptstadt der Las Islas Filipinas und erbaute das spätere Fort Santiago am Standort von Sulaymans früherer *kuta* (Festung).

Die Philippinen sind der viertgrößte Ananasproduzent der Welt. 87 % der hiesigen Gesamtanbaumenge wachsen in zwei Regionen auf Mindanao.

A Country of Our Own (2004) vertritt den umstrittenen Standpunkt, dass die Philippinen mangels nationaler Identität niemals eine starke Rolle spielen werden. Autor David C. Martinez präsentiert jedoch ein paar Lösungsansätze.

1100
Händler aus China, Indien, Japan, Vietnam, Kambodscha, Thailand und anderen Ländern machen regelmäßig Geschäfte mit den Philippinen. Die Chinesen gründen Handelsposten an der Küste von Luzon.

1521
Ferdinand Magellan landet bei Samar und nimmt das Land für Spanien in Besitz. Auf Mactan Island vor Cebu wird er kurze Zeit später von Häuptling Lapu-Lapu ermordet.

1565
Legazpi landet auf Cebu und zwingt den dortigen Häuptling zum Unterzeichnen eines Abkommens, das alle Filipinos dem spanischen Gesetz unterstellt. Zehn Jahre später kontrolliert Spanien den Großteil der Inseln.

1762
Die Briten besetzen Manila zwei Jahre lang und werden schließlich vertrieben. Dieses Ereignis offenbart die Schwäche der spanischen Herrschaft und markiert die Geburt eines nationalen Bewusstseins der Filipinos.

Die neue Kolonie unterstand einem spanischen Gouverneur, der nach Mexiko Bericht erstattete. Doch außerhalb von Manila lag die wahre Macht in den Händen des katholischen Klerus. Die Mönche versuchten, die Menschen von den *barangays* in größere und zentraler verwaltete *pueblos* (Städte) umzusiedeln. Sie errichteten imposante Steinkirchen im Zentrum jedes *pueblo*, von denen viele noch heute stehen, und fungierten als Alleinherrscher über diese Art von ländlichen Lehnsgütern.

Die philippinische Revolution

Als Spanien schwächer und die Mönche immer repressiver wurden, begann sich Widerstand unter den Einheimischen zu regen. Am Ende des 18. Jhs. kam es zu mehreren kleinen Bauernaufständen, die jedoch kaum über Mittel verfügten und örtlich begrenzt waren und daher schnell zerschlagen wurden. Doch im 19. Jh. änderte der Widerstand sein Gesicht, als *mestizos* mit europäischer Bildung und „nationalistischer" Einstellung in Erscheinung traten. Diese wohlhabenden Filipinos mit spanischen oder chinesischen Vorfahren waren als *ilustrados* bekannt. Ihr herausragendster und berühmtester Vertreter war Dr. José Rizal – Arzt, Dichter, Romanautor, Bildhauer, Maler, Linguist, Naturforscher und begeisterter Fechter.

Rizal wurde 1896 von den Spaniern hingerichtet und war ein Symbol für den würdevollen Kampf, den die Filipinos um ihre individuelle und nationale Freiheit führten. Kurz vor seinem letzten Gang vor das spanische Erschießungskommando schrieb er: „Ich sorge mich am meisten um die Freiheiten in unserem Land. Doch als Vorbedingung sehe ich die Bildung des Volks, auf dass unser Land seine eigene Identität habe und sich der Freiheiten als würdig erweise."

Durch die Hinrichtungen solcher Persönlichkeiten schufen die Spanier Märtyrer. Andres Bonifacio war der Führer einer kämpferischen Bewegung namens Katipunan (KKK), die heimlich eine revolutionäre Regierung in Manila gründete und diese mit ebenso geheimen Provinzräten vernetzte. Dabei wurden Kennwörter, Masken und Rangabzeichen in Form von farbigen Schärpen verwendet. Mitte 1896 erreichte die Katipunan mit schätzungsweise 30 000 Männern und Frauen ihre höchste Mitgliederzahl. Im August desselben Jahres erfuhren die Spanier jedoch Wind von der geplanten Revolution, woraufhin die Katipunan-Führer aus der Hauptstadt fliehen mussten.

Anschließend versammelten sich die erschöpften, frustrierten und schlecht bewaffneten Katipuneros im nahe gelegenen Balintawak, einem *barangay* von Caloocan. Nach einer Abstimmung beschlossen sie dort, die Revolution dennoch zu wagen – der Aufstand mit dem Ruf *Mabuhay ang Pilipinas!* (Lang leben die Philippinen!) begann. Dieses Ereignis ist heute als Ruf von Pugadlawin (engl. Cry of Balintawak) bekannt.

> Die folgenden vier Barockkirchen sind UNESCO-Welterbestätten: die Church of Santo Tomas de Villanueva (Miag-ao), die Church of San Agustín (Paoay), die Church of the Immaculate Conception of San Agustín (Itramuros, Manila) und die Church of Nuestra Señora de la Asuncion (Santa Maria).

1815	1850	1871	1872
Die letzte spanische Galeone segelt von Manila nach Acapulco. Damit endet Manilas lukratives Welthandelsmonopol mit Mexiko und daher auch mit dem Großteil Südamerikas.	Der Zucker- und Tabakboom lässt eine Klasse wohlhabender *mestizos* entstehen. Aus dieser gehen die *ilustrados* hervor, die im Ausland studieren und Unabhängigkeitsgedanken auf die Philippinen importieren.	Die spanische Armee ernennt Amadeus I. zum König. Dieser setzt General Rafael de Izquierdo als Gouverneur der Philippinen ein, um die wachsende Unabhängigkeitsbewegung auf den Inseln rigoros zu unterdrücken.	Izquierdo lässt Padre José Burgos und zwei andere beliebte Filipino-Priester wegen Verdachts auf aufrührerische Absichten hinrichten. Dies facht den nationalistischen Geist nur noch mehr an.

Die spanische Dokumentation *Returning to the Siege of Baler* (2008) erzählt, wie sich 50 Spanier während der Philippinischen Revolution in Balers Kirche verschanzten und sich dort elf Monate lang gegen 800 Filipinos behaupteten.

In den 18 folgenden blutigen Monaten verloren hauptsächlich Filipinos ihr Leben, bis schließlich ein Friedensabkommen mit den Spaniern unterzeichnet wurde. Im Dezember 1897 stimmte der General und Revolutionsführer Emilio Aguinaldo zu, nach Hongkong ins Exil zu gehen. Doch wie vorherzusehen, war niemand mit den Vorgaben des Abkommens zufrieden. So brachen die Spanier ihre Reformversprechen, während die Filipinos weiterhin Revolutionspläne schmiedeten.

Unterdessen wurde Kuba als weitere Krisenregion des spanischen Kolonialreichs zum Schauplatz eines unheilvollen Zuckerkriegs zwischen Spanien und den USA: Um sein Gesicht zu wahren, erklärte Spanien den USA den Krieg; und als spanische Kolonie wurden die Philippinen mit in den Konflikt hineingezogen. Kurz darauf erreichte eine US-Flotte unter Kommodore George Dewey die Manila Bay und besiegte die spanischen Schiffe. Dewey war darauf bedacht, die Unterstützung der Filipinos zu gewinnen. So begrüßte er die Rückkehr Aguinaldos aus dem Exil und überwachte die zweite Revolutionsphase, die mit der Einsetzung des Generals als erster Präsident der philippinischen Republik endete. Als Aguinaldo die Unabhängigkeit der Nation in Cavite verkündete (12. Juni 1898), wurde die Nationalflagge der Philippinen zum ersten Mal gehisst.

Der Philippinisch-Amerikanische Krieg

Mit dem Vertrag von Paris (1898) endete der Spanisch-Amerikanische Krieg: Für 20 Mio. US$ erwarben die USA neben den Philippinen auch Guam und Puerto Rico. In Amerika entbrannte anschließend eine heiße Debatte, was mit dem neuen Landbesitz auf der anderen Seite des Pazifik nun anzufangen sei. Rechtsgesinnte Falken forderten lautstark, die Inseln aus strategischen und „humanitären" Gründen zu halten. „Antiimperialistische" Liberale bezeichneten die Unterjochung fremder Völker dagegen als moralisch verwerflich und warnten davor, dass der Kampf um die komplette Besetzung der Philippinen noch jahrelang weitergehen würde (womit sie auch Recht behalten sollten).

The 1904 World's Fair: The Filipino Experience (2005; Jose D. Fermin) berichtet auf einnehmende Weise von den 1100 Filipinos, die als Zeichen kolonialen Triumphes zur Weltausstellung im amerikanischen St. Louis verfrachtet und dort wie Tiere im Zoo gezeigt wurden.

US-Präsident William J. McKinley war ursprünglich gegen eine Kolonisierung, gab aber schließlich den Falken in seiner Republikanischen Partei nach und stimmte einer Übernahme der Inseln zu. Den Imperialisten folgend vertrat McKinley die Meinung, dass „die Filipinos unfähig seien, sich selbst zu regieren" – und dass er keine andere Wahl hätte, als die Inseln zu übernehmen und zu „zivilisieren". Doch die Filipinos unter Aguinaldos Führung sahen das anders: In offenem Widerstand gegenüber den Amerikanern erklärten sie Malolos außerhalb von Manila zur provisorischen Hauptstadt. Und so brach im Februar 1899 ein neuer Krieg aus.

Doch wider Erwarten konnten die USA keinen schnellen Sieg erringen: Aguinaldo und Rebellen wie Gregorio del Pilar oder Apolinario Mabini starteten einen bemerkenswert effektiven Guerilafeldzug zum Aus-

1892
José Rizal kritisiert Spanien mit seinem Roman *El Filibusterismo* (Der Aufruhr) und kehrt ein Jahr später nach Hause zurück. Er gründet die soziale Reformbewegung La Liga Filipina und wird nach Mindanao verbannt.

1897
Im Juli ruft der Revolutionär Emilio Aguinaldo die Republik von Biak-na-Bato aus. Sie hat nur bis Dezember Bestand. Während Revolutionäre und Spanier einen fragilen Frieden schließen, geht Aguinaldo ins Exil nach Hongkong.

1898
Im Pariser Frieden zwischen Spanien und USA wechseln die Philippinen den Besitzer. Zusammen mit Puerto Rico und Guam gehört der Archipel fortan zu den USA.

1899
Während einer Nachtpatrouille bei Manila feuert der US-Gefreite William Grayson den ersten Schuss des Philippinisch-Amerikanischen Krieges ab. Die Kugel tötet einen betrunkenen philippinischen Zivilisten.

schalten des überlegenen US-Militärs. Auch nachdem Aguinaldo im März 1901 verhaftet worden war, ging der Krieg mit steigenden Verlusten auf beiden Seiten weiter. Infolgedessen sank die Unterstützung in der US-Öffentlichkeit. Nach dem Massaker von Balangiga erreichte der Unmut im September 1901 seinen Höhepunkt. Erst am 4. Juli 1902 verkündeten die USA schließlich ihren Sieg. Vereinzelte Guerillagruppen leisteten jedoch noch ein paar weitere Jahre lang Widerstand gegen die Amerikaner. Im Verlauf des Krieges starben etwa 200 000 philippinische Zivilisten sowie 20 000 philippinische und über 4000 US-Soldaten durch Kampfhandlungen oder Krankheiten.

Die amerikanische Periode

Nach ihrem offiziellen Sieg machten sich die Amerikaner rasch an die Heilung der tiefen Kriegswunden. Bereits zuvor hatten sie Reformen in Gang gesetzt, um das Los der Filipinos zu verbessern. Die wichtigste davon war eine komplette Umgestaltung des Bildungssystems. Die Spanier hat-

BÜCHER

Zur einzigartigen Beziehung zwischen den USA und den Philippinen sind zahlreiche Bücher erschienen.

➡ *In Our Image: America's Empire in the Philippines* (Stanley Karnow): Standardwerk über Amerikas Rolle auf den Philippinen.

➡ *Benevolent Assimilation: The American Conquest of the Philippines 1899–1903* (Stuart Creighton Miller): Aufschlussreiche Darstellung des Philippinisch-Amerikanischen Krieges und dessen Bild in US-Medien.

➡ *America's Boy: A Century of United States Colonialism in the Philippines* (James Paterson-Hamilton): Fesselnde Betrachtung von Marcos' symbiotischer Beziehung zu den USA.

➡ *Vestiges of War: The Philippine-American War & Aftermath of an Imperial Dream* (Angel Velasco Shaw & Luis H. Francia): Interdisziplinäre Anthologie, die die nationalen Selbstverständnisse beider Länder kritisch beleuchtet und zueinander in Beziehung setzt.

➡ *By Sword and Fire: The Destruction of Manila in World War II* (Alphonso Aluit): Detaillierte Schilderung der Zerstörung Manilas und der Rolle Amerikas bei dieser Schlacht.

➡ *Retribution: The Battle for Japan* (Max Hastings): Renommierter Wälzer über den Zweiten Weltkrieg, der den Philippinenfeldzug ausführlich behandelt und General MacArthur sehr kritisch betrachtet.

➡ *Asia's Cauldron: The South China Sea and the End of a Stable Pacific* (Robert Kaplan): Enthält ein Kapitel zu den Konsequenzen von Amerikas kolonialer Bürde im Hinblick auf den Aufstieg Chinas.

1901
General Emilio Aguinaldo wird von den Amerikanern gefangen genommen und drängt seine Landsleute später zum Akzeptieren der US-Herrschaft. Die Filipinos kämpfen allerdings noch rund 18 Monate lang weiter.

1935
Die Wahl des wohlhabenden *mestizo* Manuel L. Quezon zum ersten Präsidenten des Landes markiert die Gründung des Commonwealth der Philippinen. Wirklich unabhängig werden die Inseln aber noch nicht.

1942
75 000 amerikanische und philippinische Soldaten ergeben sich in Bataan den Japanern. Die Überlebenden werden auf einen Todesmarsch geschickt. Einen Monat später fällt Corregidor.

1945
Bei der blutigen Rückeroberung der Philippinen wird Manila zerstört. 150 000 Zivilisten sterben, viele davon infolge japanischer Kriegsgräuel. Die „Perle des Orients" wird niemals mehr dieselbe sein.

> Unter dem Kommando von General Edward Landsdale trainierte die US-Armee in den 1950er-Jahren auf den Philippinen für den Vietnamkrieg – die thematische Vorlage für Graham Greenes Roman *Der stille Amerikaner*.

ten einst versucht, die Einheimischen möglichst ungebildet zu halten und ihnen das Erlernen der spanischen Sprache zu verwehren. Die Amerikaner schickten jedoch Hunderte von Lehrern auf die Inseln, um den Filipinos Lesen, Schreiben, Rechnen und Englisch beizubringen. Innerhalb von 35 Jahren stieg die örtliche Alphabetisierungsrate von verschwindend gering auf beinahe 50 %, während 27 % der Bevölkerung Englisch sprachen.

Außer Schulen bauten die Amerikaner auch Brücken, Straßen und Kanalisationssysteme. Sie brachten Mindanaos aufsässige Moros zur Raison und christianisierten die Stämme in den nördlichen Krodilleren – die Spanier hatten sich an diesen Ethnien die Zähne ausgebissen. Es entstand ein politisches System nach US-Vorbild, das den Filipinos peu à peu mehr Macht gab. Zudem rangen sich die Amerikaner zu einer Geste durch, die in der Geschichte des Imperialismus als einmalig gilt: Sie versprachen den Filipinos offen, irgendwann einmal unabhängig zu sein.

Kritiker bezeichnen die amerikanische Mildtätigkeit während dieser Zeit als reine Mogelpackung zur Verschleierung des US-Hauptziels: der Festigung der wirtschaftlichen Vormachtstellung auf den Inseln. Aus welchem Motivationsgrund auch immer unterstützte Amerika neben der Einrichtung des Commonwealth of the Philippines (1935) auch einen Verfassungsentwurf nach US-Vorbild und die ersten landesweiten Wahlen. Zumindest auf dem Papier hatten Demokratie und Freiheit damit die Philippinen erreicht. Doch der Zweite Weltkrieg bereitete dem schon bald ein jähes Ende.

Die Zerstörung Manilas

Zeitgleich mit der Bombardierung von Pearl Harbor auf Hawaii (1941) erfolgten weitere japanische Luftangriffe im Pazifikraum. Einer davon traf das Clark Field, wo General Douglas MacArthur trotz vieler vorangegangener Warnungen gerade ein Schläfchen hielt. Damit begann eine Reihe von Ereignissen, die schließlich zu japanischen Besetzung der Philippinen (1942–1945) führte.

> *Terror in Manila: February 1945* (2005; Antonio Pérez de Olaguer) schildert ungeschminkt die japanischen Gräueltaten während der Schlacht um Manila. Die Basis hierfür bilden Augenzeugenberichte von spanischen Überlebenden.

Mit der Landung auf Leyte (1944) erfüllte MacArthur sein heute berühmtes Rückkehrversprechen und machte sich entschlossen an die Vertreibung der Japaner. Hauptschauplatz seines blutigen Feldzugs war Manila, wo wehrlose Zivilisten im Februar 1945 furchtbar unter dem Kreuzfeuer der beiden Kriegsparteien litten. Als MacArthur in die Stadt einmarschierte, hatten japanische Gräueltaten und amerikanischer Beschuss mindestens 150 000 zivile Todesopfer gefordert. Eine der einstmals schönsten Metropolen Asiens war dem Erdboden gleichgemacht worden.

Bis heute wird intensiv darüber diskutiert, wer letztendlich für die Zerstörung Manilas verantwortlich war. Die meisten Zivilisten starben durch das US-Artilleriefeuer. Dem wird oft entgegengehalten, dass MacArthur kaum eine Wahl hatte, da die Japaner sich weigerten, Ma-

1946	1946	1969	1972
Tomoyuki Yamashita wird als Kriegsverbrecher verurteilt und auf Befehl von General MacArthur gehängt. Die Untergebenen des japanischen Generals hatten dessen Befehle zur Aufgabe Manilas missachtet.	Am 4. Juli erlangen die Philippinen formal die Unabhängigkeit. Die USA sichern sich aber für die nächsten 28 Jahre vertraglich die wirtschaftliche Abhängigkeit der jungen Republik.	Ferdinand Marcos regiert zunehmend repressiver und schürt Unmut durch Truppenentsendungen nach Vietnam. Dennoch wird er als erster philippinischer Präsident zum zweiten Mal ins Amt gewählt.	Als der Groll gegenüber Marcos wächst, verhängt der bedrängte Präsident den Ausnahmezustand. Tausende von Lehrern, Journalisten, Gewerkschafts- und Oppositionsführern werden inhaftiert.

nila aufzugeben und zur offenen Stadt zu erklären. Die Wahrheit wird wohl nie ganz ans Licht kommen. Jedenfalls gehört Manila zusammen mit Warschau, Hiroshima und Hamburg zu den Städten, die im Zweiten Weltkrieg am stärksten zerstört wurden.

1946 wurden die Philippinen formal in die Unabhängigkeit entlassen, praktisch blieb die Abhängigkeit von den USA jedoch zunächst bestehen.

Die Ära Marcos

Ferdinand Marcos entstammte einer prominenten Politikerfamilie aus Ilocos. Unter dem verführerischen Slogan „Diese Nation kann wieder groß sein" wurde der schneidige frühere Rechtsanwalt im Jahr 1965 zum vierten philippinischen Präsidenten nach dem Zweiten Weltkrieg gewählt. Zuerst brach damit tatsächlich eine neue Ära an: Marcos und seine noch charismatischere Frau Imelda machten sich daran, an Manilas Vorkriegsenergie anzuknüpfen. Imelda engagierte sich bei Projekten wie dem Cultural Center of the Philippines. Weitflächige Armut, steigende Inflation, magere öffentliche Fördermittel und eklatante Korruption führten jedoch 1970 zu mehreren Protestwellen in Manila. Als die Polizei dabei einige Demonstranten vor dem Malacañang-Präsidentenpalast erschoss, starb damit auch Marcos' Image als politischer Heilsbringer.

Parallel traten linksgerichtete Studentengruppen und die kommunistische New People's Army (NPA) in Erscheinung. Grund genug für Marcos, 1972 den Ausnahmezustand über das ganze Land zu verhängen. Was eigentlich letztes verfassungsmäßiges Mittel zum Schutz der Bevölkerung sein soll, nutzte Marcos nun, um an der Macht zu bleiben – eine dritte Amtszeit verwehrte ihm die Verfassung – und seine ausländischen Geschäftsinteressen zu schützen. So trat eine Ausgangssperre in Kraft, während die Medien zum Schweigen gebracht oder vom Militär übernommen wurden. Gleichzeitig wurde der internationale Reiseverkehr fast komplett eingeschränkt. Obendrein verhaftete man Tausende von Regierungsgegnern und deportierte sie in Militärlager. Insgesamt wurden schätzungsweise 50000 Oppositionelle inhaftiert, getötet oder ins Exil getrieben. Marcos erhielt den Ausnahmezustand bis 1981 aufrecht und starb 1989 selbst im Exil.

Seine schuhversessene Frau kehrte schon kurze Zeit später auf die Philippinen zurück. Zusammen mit ihrem Mann hatte Imelda die Staatskasse nachweislich um Milliarden US-Dollar erleichtert. Dennoch lebt sie bis heute unbehelligt in Manila und trat 2013 ihre zweite Amtszeit als Kongressabgeordnete an.

Die Geburt der People Power

Beobachtet von der ganzen Welt nahm die People-Power-Bewegung im Februar 1986 ihren Anfang: Nur mit ihrem Mut und religiösen Glauben

> Imelda Marcos kandidierte 1992 und 1998 erfolglos für das Präsidentenamt, während immer noch rund 900 Ermittlungsverfahren wegen Korruption und anderer Verbrechen gegen sie liefen. 1995 und 2010 wurde sie zur Kongressabgeordneten gewählt. Ebenso 2013 – mit 84 Jahren!

1980
Der Oppositionelle Benigno „Ninoy" Aquino jun. wird aus der Haft entlassen, um sich in den USA einer dreifachen Bypass-Operation zu unterziehen. Er bleibt mehr als drei Jahre lang im Exil.

1981
Papst Johannes Paul II. kritisiert Marcos' Menschenrechtsbilanz und besucht die Philippinen; kurz davor wird der Ausnahmezustand aufgehoben. Wenig später tritt Marcos nach einer manipulierten Wahl eine dritte Amtszeit an.

1983
Aquino kehrt aus seinem Exil in den USA in seine Heimat zurück und wird beim Verlassen des Flugzeugs in Manila erschossen. Beim Trauerzug für ihn strömen 2 Mio. Menschen auf die Straßen.

1986
Die unblutige People-Power-Revolution (alias EDSA I) vertreibt Marcos von den Philippinen. Ninoys Witwe Corazon („Cory") wird Präsidentin, nachdem sie wenige Tage zuvor die Wahl gegen Marcos verloren hat.

Mark Bowdens fesselnder Artikel *Jihadists in Paradise* (erschienen im *Atlantic Monthly*) beleuchtet die Besetzung eines Resorts auf Palawan durch Abu-Sayyaf-Rebellen und die anschließende 18-monatige Geiselhaft zweier US-Missionare.

bewaffnet zogen Millionen von Filipinos durch die Straßen Manilas, um gegen die Militärmacht des Marcos-Regimes zu protestieren. Trotz Marcos' Unbeliebtheit Mitte der 1980er-Jahren war letztendlich erst die Ermordung des ungemein beliebten Oppositionellen Ninoy Aquino der Auslöser dafür, dass die Filipinos für ihr Recht auf Demokratie auf die Straße gingen. Zwei Mio. Menschen schlossen sich dem Trauerzug für Ninoy an, der sich zwölf Stunden lang langsam durch Manilas Straßen schlängelte.

Kurz darauf war es mit der Diktatur vorbei: Ab 1986 reduzierten sogar die USA ihre Hilfe, nachdem sie Marcos jahrelang gegen den südostasiatischen Kommunismus unterstützt hatten. Angesichts steigender Kritik im Ausland und wachsender Unruhen in der Heimat setzte Marcos vorgezogene Neuwahlen für den 7. Februar 1986 an. Inzwischen war Ninoys Witwe – Corazon „Cory" Aquino – auf Betreiben der katholischen Kirche zur zentralen Figur der Opposition geworden (wenn auch zunächst nur widerwillig). Marcos gewann die Wahl, doch jeder im philippinischen Volk wusste, dass Cory um den Sieg betrogen worden war.

So versammelte sich am 26. Februar ein riesiges Menschenmeer rund ums Camp Aguinaldo und Camp Crame an der Epifanio de los Santos Ave (alias EDSA). Dort hatten Juan Ponce Enrile und Fidel Ramos Zuflucht gesucht, nachdem sie als frühere Marcos-Minister auf die Seite des Volks übergelaufen waren. Die Demonstranten sangen, beteten und teilten Essen bzw. Getränke – sowohl untereinander als auch mit Regierungssoldaten. Diese wollten nicht in die Menge schießen und schlossen sich schließlich ihren Landsleuten an. Abends drohten die ruhelosen Massen schließlich mit der Erstürmung des Präsidentenpalasts. An diesem Punkt schritten die USA ein und wiesen Marcos an, „loszulassen". Als das Ehepaar Marcos hastig ein US-Flugzeug bestieg und nach Hawaii ins Exil floh, war dies das erfolgreiche Ende des unblutigen Umsturzes des philippinischen Volkes, mit dem es in der Ära des Kalten Krieges ein Zeichen setzte.

Inside the Palace (1987; Beth Day Romulo) dokumentiert den bühnenreifen Aufstieg und Fall des Ehepaars Marcos.

Das ewig alte Lied

Die ersten zehn Jahre des 21. Jhs. waren eine turbulente Zeit für die philippinische Politik. Den Anfang machte ein Amtsenthebungsverfahren gegen Joseph Estrada: Bei der zweiten People-Power-Revolution in 15 Jahren gingen Millionen Filipinos auf die Straße, um den unter Korruptionsverdacht stehenden Präsidenten abzusetzen. Estrada räumte seinen Stuhl für seine Vizepräsidentin Gloria Macapagal-Arroyo, deren zehnjährige Amtszeit ebenfalls im von Skandalen überschattet wurde. So wurden ihr Manipulationen bei ihrer Wiederwahl im Jahr 2004 und bei den Kongresswahlen von 2007 vorgeworfen. Außerdem sollen im großen Stil öffentliche Gelder (insgesamt 366 Mio. P$) verschwendet und veruntreut worden sein.

1989	1991	1997	1999
Bei einem Putschversuch gegen Cory Aquino werden Ausländer in Makati als Geiseln genommen. Die vermeintliche US-Beteiligung beim Zerschlagen der Belagerung heizt antiamerikanische Ressentiments an.	Der Ausbruch des Pinatubo zerstört die US-Militärbasis bei Clark. Der philippinische Kongress stimmt dafür, die amerikanische Militärpräsenz auf den Inseln dauerhaft zu beenden.	Der Erlass des Indigenous People's Rights Act (IRPA) ermächtigt Stammesgruppen, eine Besitzurkunde für ihnen angestammtes Land zu erlangen. Das komplizierte Prozedere erweist sich aber als hohe Hürde.	Während des Krieges gegen die Moro Islamic Liberation Front (MILF) unterzeichnet Präsident Estrada das Visiting Forces Agreement, das US-Soldaten die Rückkehr erlaubt, um philippinische Truppen zu trainieren.

> ### DAS MASSAKER VON MAGUIDANAO & DIE MEDIEN
>
> Vor den Gouverneurswahlen in Maguindanao (Mindanao) schockte im Jahr 2010 eine Gräueltat die Welt: Bei einer Wahlveranstaltung für einen Oppositionskandidaten wurden 58 Menschen niedergeschossen. 34 davon waren Medienvertreter.
>
> Die mutmaßlichen Täter standen in Verbindung mit dem regional dominierenden Ampatuan-Clan unter der patriarchalischen Führung des damals amtierenden Gouverneurs Andal Ampatuan sen. Dessen Sohn Andal jun. strebte damals die Nachfolge seines Vaters an und soll hinter dem Anschlag stecken.
>
> Eine Verurteilung in einem so stark in der Öffentlichkeit stehenden Fall ist auf den Philippinen seit jeher sehr ungewiss: Clans wie die Ampatuans operieren hier zumeist ungestraft. Präsident Aquino hatte geschworen, dass in diesem Fall die Gerechtigkeit siegen werde. Im August 2014 hielt die zusätzlich mit Korruptionsprozessen beschäftigte Staatsanwaltschaft ihre Anklage jedoch nur noch gegen 28 der ursprünglich 114 Beschuldigten aufrecht.
>
> Trotz (oder vielleicht auch wegen) der lautstarken freien Presse der Philippinen sind Morde an Journalisten hier keine Seltenheit. Das Committee to Protect Journalists führte das Land 2014 in seinem Index der Länder, in der Mörder von Medienvertretern am häufigsten straffrei bleiben, an dritter Stelle, nach dem Irak und Somalia – ein weiterer Grund für die aufmerksame Verfolgung des Strafprozesses.

Bei den Präsidentschaftswahlen von 2010 fanden die Philippinen mit Benigno „Noynoy" Aquino III. das neue Gesicht, nach dem sie gesucht hatten. Der Sohn von Corazon Aquino, Heldin der ersten People-Power-Revolution im Jahr 1986, konnte auf eine makellose Vergangenheit verweisen und ritt nach dem Tod seiner Mutter (2009) auf einer Welle der nationalen Trauer. In einem Erdrutschsieg (42 % der Wählerstimmen) triumphierte er über den früheren Präsidenten Estrada und mehrere andere Kandidaten.

Seitdem hat die Regierung Aquino gewisse Fortschritte erreicht, u. a. konnte die jahrzehntelangen bewaffneten Konflikte auf Mindanao und Sulu im Süden eingedämmt werden. Im Sommer 2014 einigte sie sich mit der Moro Islamic Liberation Front (MILF), eine der größten Rebellengruppen, die für einen autonomen islamischen Staat kämpft, auf die Rahmenbedingungen für das sogenannte Bangsamoro-Territorium. Natürlich erheben andere Gruppen Einsprüche dagegen, weshalb die Gewalt weiterhin sporadisch aufflammt.

The Fall of Joseph Estrada: The Inside Story (2001; Amando Doronila) ist ein sehr lesenswertes Werk über den Aufstieg und Fall des Schauspielers, der in den 1990er-Jahren versuchte, philippinischer Präsident zu sein.

2007	2013	2013	2015
Abtrünnige Soldaten, die wegen eines Putschvorhabens 2003 vor Gericht stehen, fliehen aus dem Verhandlungssaal und versuchen einen weiteren Putsch gegen Arroyo, indem sie das Peninsula Hotel in Manila besetzen.	Die Moro National Liberation Front (MNLF) belagert drei Wochen lang Zamboanga City auf Mindanao. Die anschließenden Kämpfe mit der philippinischen Armee machen 100 000 Menschen zu Flüchtlingen.	Im November fegt der Supertaifun Haiyan (hier Yolanda genannt) über die mittleren Visayas hinweg. Er zerstört ganze Küstengemeinden und fordert Schätzungen zufolge 15 000–25 000 Todesopfer.	In der Provinz im Süden der Philippinen werden bei Kämpfen mit einer Splittergruppe der Moro Islamic Liberation Front (MILF) 37 Polizisten getötet. Eine Anhörung zur Umsetzung des Friedensplans wird daraufhin ausgesetzt.

Mentalität & Kultur

Es ist nicht abzustreiten: Die Lebensfreude der Philippiner ist auf unserem Planeten unerreicht. Das Nationalsymbol, der Jeepney, ist eine passende Metapher für dieses Land. Der Jeepney ist mit Farbe bespritzt, mit religiösen Symbolen vollgestopft und mit zuversichtlichen Kritzeleien verziert und stellt so stolz zur Schau, dass er im Grunde nichts anderes ist als ein schäbiger Haufen Schrott. Egal wie die Aussichten sind, die Philippiner meistern ihr Leben mit einem Lachen und einem Augenzwinkern. Was auch immer geschieht... „so sei es".

Mentalität

Der Fatalismus der Philippiner hat einen Namen: *bahala na*. Der Ausdruck besagt, dass alle Dinge geschehen sollen und in der Zwischenzeit das Leben gelebt werden muss. *Bahala na* prägt das sorglose, gastfreundliche Naturell der Menschen und ihre Toleranz. Besucher werden unabhängig von Herkunft, Glauben oder sexueller Orientierung alle mit derselben großen Wärme und Herzlichkeit empfangen.

Familie und Religion sind die beiden wichtigsten Kräfte der philippinischen Gesellschaft. Die engen Familienbande erstrecken sich auch auf entfernte Cousins, zahlreiche Taufpaten und die *barkada* (Freundesgruppe). Nahezu ohne Ausnahme wird allen Mitgliedern der Verwandtschaftsgruppe äußerste Loyalität zuteil. Der Respekt für Ältere hat Priorität.

Philippinische Familien, vor allem die armen, sind groß. Es ist nicht ungewöhnlich, dass ein Dutzend Familienmitglieder zusammen in einem winzigen Apartment oder einer Mangrovenhütte wohnen. Deshalb hat Privatsphäre für Philippiner nicht dieselbe Bedeutung wie für Europäer. Ausländische Gäste in philippinischen Resorts sind häufig erstaunt – oder entsetzt –, wenn im Zimmer nebenan eine zehnköpfige Familie einzieht, komplett mit Haustieren, Videoke-Maschine und Kochutensilien.

Die unterste politische Einheit, das *barangay*, ist eine bloße Erweiterung der auf der Familie basierenden kommunalen Einheit, die in prähispanischen Zeiten die soziale Struktur prägte. Die Vorstellung, für das Gemeinwohl zusammenzuarbeiten, die auf nationaler Ebene so gut wie gar nicht existiert, ist auf der *barangay*-Ebene quicklebendig und wird als *bayanihan* bezeichnet. Ursprünglich ein ländliches Gebilde, ist das *barangay* heute in den städtischen Elendsvierteln von nicht geringer Bedeutung, da dort ein gesunder Gemeinschaftsgeist überlebenswichtig ist.

Ein weiterer Faden im Geflecht der philippinischen Gesellschaft ist der Arbeiter in Übersee. Zu jedem Zeitpunkt arbeiten weit mehr als 1 Mio. Philippiner im Ausland und schicken zig Milliarden Dollar nach Hause. Der Overseas Filipino Worker (OFW) – die Krankenschwester in Kanada, der Bauarbeiter in Katar, der Entertainer in Japan, die Putzfrau in Singapur – gilt als Nationalheld.

Glaube & Aberglaube

Mehr als 80 % der Philippiner sind römisch-katholisch. Die Trennung von Staat und Kirche steht zwar formal in der Verfassung, doch hat die

---

Altar of Secrets: Sex, Politics, and Money in the Philippine Catholic Church (2013) ist das vernichtende Urteil des Journalisten Aries Rufo über die Führung der vorherrschenden Religion des Landes.

Infos im Internet

Vibal Foundation (http://vibalfoundation.org) Infos zu moderner und klassischer philippinischer Literatur

NCCA (www.ncca.gov.ph) Herausragende Website über Kunst und ethnische Gruppen

katholische Kirche großen Einfluss auf die nationale und kommunale Politik. Ein subtiler Hinweis der Kirche kann die Bürgermeisterwahl entscheiden und bedeutet Millionen Stimmen für Präsidentschafts- oder Kongresskandidaten.

Die Philippiner sind zwar überzeugte Katholiken, doch hält sie das nicht vom Sündigen ab. Trinken ist ein beliebter Zeitvertreib (billiger heimischer Brandy ist das bevorzugte Gift), Ehebruch und Prostitution sind gang und gäbe, und Streitereien werden häufig mit Kugeln beigelegt.

Zum Missfallen der katholischen Kirche sind die Philippiner auch sehr abergläubisch. In den städtischen Gegenden helfen Wunderheiler, Hellseher, Wahrsager, Stammesschamanen, Selbsthilfebücher und evangelikale Kreuzritter gern dabei, Missgeschicke abzuwehren. Auf dem Land ist es selbstverständlich, dass in Höhlen und Wäldern Gespenster, Geister und *aswang* leben (vampirähnliche Gestalten, die ungeborene Kinder verspeisen).

Schmelztiegel

Ethnologisch ist die überwältigende Mehrheit der Philippiner mit Malaysiern und Indonesiern verwandt, dazu kommen ein bedeutender chinesischer Anteil und ein paar Tropfen amerikanisches und spanisches Blut aus der Kolonialzeit. Die einflussreichste Immigrantengruppe waren schon immer die Chinesen. Chinesisch-philippinische Mischlinge haben seit der spanischen Ära im Archipel den Handel und in geringerem Ausmaß auch die Politik beherrscht.

Auf den Philippinen gibt es auch je nach Definition fast 100 kulturelle Minderheiten und etwa 170 verschiedene Sprachen und Dialekte. Im Allgemeinen können die ethnischen Minderheiten in drei große unscharf getrennte Gruppen geteilt werden: Negritos, Igorot und Manobo.

> Der von der Kritik gefeierte Dokumentarfilm *Give up Tomorrow* (2011) beschäftigt sich mit dem Fehlurteil für einen Mann von der Insel Cebu, dem ein Doppelmord mit Vergewaltigung vorgeworfen wurde.

PROSTITUTION AUF DEN PHILIPPINEN

Das Geschäft mit dem Sex auf den Philippinen entwickelte sich rund um die US-Militärbasen Clark und Subic Bay und erreichte zum Ende der Ära Marcos' seinen Höhepunkt. Die Amerikaner verließen die Inseln 1991, aber die Prostitution grassierte weiterhin rund um ihre ehemaligen Basen und in den meisten größeren Städten. Verschiedene Schätzungen gehen von etwa 400 000 Prostituierten im Land aus, von denen bis zu 20 % minderjährig sind. Zwar ist Prostitution offiziell verboten, aber die Polizisten, die in großer Zahl von der Sexindustrie bestochen werden, drücken gern ein Auge zu.

Das für Asien und den pazifischen Raum zuständige Büro der **Coalition Against Trafficking in Women** (02-426 9873; www.catwinternational.org) befindet sich in Quezon City, Manila. Die Website liefert Informationen zur Prostitution auf den Philippinen und einige nützliche Links. In Angeles arbeitet die **Renew Foundation** (www.renew-foundation.org) daran, ehemalige Prostituierte und verschleppte Frauen von der Straße zu holen, indem sie ihnen eine normale Berufsausbildung ermöglicht und sichere Unterkunft gewährt.

Ein besonderes Problem ist die Kinderprostitution. Sexueller Missbrauch von Kindern wird auf den Philippinen absolut verschwiegen. Ein wichtiger Grund für dieses Schweigen ist *hiya* (Scham), aber der größte Teil des Schweigens wird erkauft. Pädophilie bringt das große Geld, sowohl für die Rädelsführer, die den Pädophilen Kinder zuführen, als auch für die Gesetzeshüter, die dafür bezahlt werden, dass sie wegsehen.

ECPAT Philippines (02-441 5108; www.ecpatphilippines.org) in Quezon City unterstützt einen Tourismus, der Kinder nicht gefährdet und arbeitet daran, die kommerzielle sexuelle Ausbeutung von Kindern durch Kinderprostitution, Kinderpornografie und den Handel mit Kindern zu sexuellen Zwecken zu beenden. Wer einen Fall melden möchte, kontaktiert ECPAT, die **Philippine National Police Women and Children's Division** (0919 777 7377) oder die **Human Trafficking Action Line** (02-1343).

Negritos

Die Negritos werden oft die Aborigines der Philippinen genannt. Zu ihnen gehören die Völker der Aeta, Ati, Eta, Ita und Dumagat. Ihre Zahl wird auf nur noch 20 000 geschätzt, und sie sind allgemein am häufigsten rassistischer Diskriminierung ausgesetzt. Die Negritos leben in äußerst ärmlichen Verhältnissen hauptsächlich an den Küstenrändern des nördlichen Luzons und im Hochland von Mindoro, Negros, Samar, Leyte und Panay. Die dort lebenden Ati, die berühmt für ihre Feste sind, gelten als Erfinder der heutigen Ati-Atihan Festivals in Kalibo und den umliegenden Städten.

> *Don't Stop Believing* (2013) ist ein inspirierender Dokumentarfilm über den Aufstieg des Leadsängers Arnel Pineda von Journey, der es von den Straßen Manilas zum Rockstar brachte.

Igorot

Die Cordillera-Region auf Luzon ist die Heimat der Bergstämme, die zusammen als Igorot bekannt sind. Zu ihnen gehören die Apayao (oder Isneg), Kalinga, Ifugao, Ibaloi, Bontok und Tingguian (oder Itneg). Im Großen und Ganzen haben sich die Igorot zwar äußeren Einflüssen widersetzen können, doch wurden viele ihrer Traditionen erst von den Spaniern, dann von den Amerikanern unterdrückt. Trotzdem sind die meisten Rituale, Moden und Glaubenssätze der Igorot in irgendeiner Form erhalten geblieben, und in einigen Dörfern leben diese Bevölkerungsgruppe weiterhin nahezu so wie ihre Vorfahren, kümmert sich um Reisterrassen und ernährt sich von dem, was das Land hergibt.

Manobo

Der Begriff Manobo beschreibt die größten indigenen Gruppen auf Mindanao. Fünf dieser Gruppen sehen sich als Muslime – die Badjao, Maguindanao, Maranao (oder Maranaw), Tausag (oder Tausug) und Samal. Die animistischen Badjao gelten als die am wenigsten islamische dieser Gruppen, und sie sind die „Seenomaden" der Sulusee. Die Maguindanao sind die größte der muslimischen Gruppen und berühmt für ihre Fertigkeiten als Musiker und Weber. Die Maranao sind die traditionellen Besitzer des Lake Lanao und zählen zu den geschicktesten Handwerkern der Philippinen. Die Tausag konvertierten im 15. Jh. als Erste zum Islam und waren deshalb die herrschende Klasse des Sultanats von Sulu. Die Samal sind die ärmsten der muslimischen Gruppen und waren lange die loyalen Untertanen der Tausag-Dynastien. Die wichtigsten nichtmuslimischen indigenen Gruppen auf Mindanao sind die Völker der Bukidnon, Bagobo, Mandaya und Mansaka.

Kunst
Musik

Die Philippiner sind besonders bekannt für die allgegenwärtigen Coverbands und ihre Begeisterung für Karaoke, aber sie müssen nicht im Imitationsmodus bleiben, um ihr angeborenes musikalisches Talent zu zeigen.

Seit Ende des 19. Jhs. gibt es das *kundiman*-Genre mit seinen bittersüßen Themen Liebe, Schicksal und Tod, und es bleibt eine der beliebtesten musikalischen Ausdrucksformen auf den Philippinen. Zu den traditionellen Musikinstrumenten, die das *kundiman* verwendet, gehört die *kudyapi,* eine betörend melodische Laute, und das *kulintang*, eine Reihe kleiner Gongs, die auf einem *langkungan* befestigt sind, einer Resonanzplattform.

> Kublai Ponce-Millan von Mindanao war der erste nicht-italienische Künstler, der sich – mit neun Statuen philippinischer Ureinwohner, die Musikinstrumente spielen – an der jährlichen Krippenausstellung auf dem Petersplatz im Vatikan beteiligen durfte.

Philippinische Rockmusik, als OPM (Original Pinoy Music) bekannt, hatte ihre Glanzzeit in den 1970er-Jahren, als Bluesrocker wie die Juan de la Cruz Band, Anakbayan und Maria Cafra das Sagen hatten. Letztere wirkten mit ihren langen Haaren, Halstüchern und endlosen, seelenvollen Soli auf der elektrischen Gitarre einfach glaubwürdig. Die Juan de la Cruz Band gilt als Erfinder des Pinoy-Rock, weil sie als erste große

KARAOKE

Viele Europäer würden sich lieber die Weisheitszähne ohne Betäubung ziehen lassen, als einen Abend damit zu verbringen, betrunkenen Amateuren dabei zuzuhören, wie sie Celine Dion und Julio Iglesias die Ehre erweisen. Aber wenn Philippiner abschalten wollen, tun sie das oft mit Karaoke – oder „Videoke", wie es auf den Philippinen genannt wird.

Philippiner singen gern laut, wann und wo auch immer, allein oder in Gesellschaft. Sie betreiben diese Kunst ohne einen Hauch Ironie, weshalb es absolut tabu ist, jemandes Vorführung zu kritisieren oder sich darüber lustig zu machen. Das kann sogar Gewalttätigkeiten heraufbeschwören.

Bei dem ganzen Videoke überall kann es in manchen touristischen Hochburgen echt schwierig werden, ein wenig Ruhe zu finden. Für wen das laute, unmelodische Singen wirkt wie Fingernagelkratzen auf einer Schiefertafel, der sollte sich an von Ausländern geführte Resorts halten, wo man in der Regel weniger für Videoke übrig hat.

Band ihre Lieder auf Tagalog sangen. Aus diesen bescheidenen Anfängen entwickelte sich Eraserheads, die erste international erfolgreiche Band des Landes. Die Vier-Mann-Band, auch Beatles der Philippinen genannt, wurde Anfang der 1990er-Jahre mit eingängigem, gitarrenlastigem Alternative Rock bekannt. Es gab auch noch die U2 der Philippinen – The Dawn, eine Band der 1980er mit New-Age-Anklängen – und den Elvis der Philippinen in den 1960er-Jahren, den Schauspieler und Sänger Eddie Mesa. Eine weitere Legende ist Freddie Aguilar, dessen Song „Anak" über Eltern-Kind-Beziehungen ihn zu Beginn der EDSA- oder People Power Revolution in den 1980er-Jahren berühmt machte.

In den 2000ern dominierten drei Bands die OPM-Szene, die ihre Songs auf Englisch und Filipino sangen. Das Trio wurde von der manchmal süßen, manchmal mürrischen Diva Kitchie Nadal angeführt, die immer noch weltweit auf Tour geht. Leadsänger Bamboo und seine gleichnamige Band erlangten mit einer aufregenden Mischung aus politischen Schmähungen und Balladen mit angstdominiertem Garage Rock einige Berühmtheit. Die großen Drei wurden vervollständigt von Rivermaya, deren früherer Leadsänger ebenfalls Bamboo war und deren Hit von 2005, *You'll Be Safe Here* auch international für etwas Furore sorgte.

Heute wartet die OPM auf das nächste große Ding. Wer die Musik hören möchte, geht in Quezon City ins '70s Bistro oder die Conspiracy Bar oder aber ins Outpost in Cebu. Zwei Namen, auf die man achten sollte, sind die Folkrocker im Stil von Mumford & Sons, Ransom Collective, und die jazzige Sängerin Jireh Calo.

Eine Veteranenband, die man sich in den Bars von Manila mal anhören sollte, ist Kalayo. Sie spielen eine manchmal wilde Mischung aus Stammesstilen und modernem Jam Band Rock. Die elfköpfige Band verwendet eine Fülle von Bambusrohrflöten, Flöten und Percussion-Instrumenten und singt in so unterschiedlichen Idiomen wie Visayan, Französisch und Bicol.

Po-on (*Dusk*, 1984) gibt einen leicht zu lesenden Einblick in das Werk des philippinischen Autors F. Sionil Jose, das alle Tropoi der philippinischen Literatur enthält: böse spanische Priester, heroische *ilustrados*, passiven Widerstand und bewaffneten Kampf. Es ist der erste Roman der fünfbändigen *Rosales Saga*.

Architektur

Lange vor der Ankunft der Spanier prägte die einfache, zweckmäßige Mangrovenhütte die philippinische Architektur. Die einfachste Version dieser Hütten wird aus Holz und Bambus gebaut, mit einem Dach aus Palmblättern – kühl und winddurchlässig bei heißen Temperaturen und leicht zu reparieren, wenn ein Taifun sie beschädigt.

Mit den Spaniern kamen neue Formen der Architektur, z. B. das *bahay na bato* (Steinhaus) und gedrungene, festungsähnliche „Erdbeben-Barock"-Kirchen. Aber das grundlegende Design der Mangrovenhütte blieb erhalten. Im 19. Jh. bauten wohlhabende Philippiner Hybrid-Residenzen, bei denen sie spanische und asiatische Stile mit Elementen der Mangrovenhütten vermischten. Diese bunt zusammengesetzten Strukturen, erkennbar anhand ihrer Capiz-Muschelfenster und der riesigen *sala* (Wohnzimmer) im Obergeschoss, bleiben die elegantesten und markantesten architektonischen Errungenschaften, die die Philippinen zu bieten haben.

Maria Virginia Yap Morales' *Balay Ukit: Tropical Architecture in Pre-WWII Filipino Houses* erforscht Baustile aus dem ausgehenden 19. und beginnenden 20. Jh., die diesen Hybridstil aufweisen. Die allermeisten dieser Häuser wurden zerstört oder verlassen, ersetzt durch schneller und billiger zu bauende typische Betongebäude. Die spanische Kolonialstadt Vigan ist der beste Ort, um sich diese Häuser anzuschauen, auch wenn man manchmal in den entlegensten *barangays* über schöne Exemplare stolpern kann.

Eye of the Fish heißt die interessante Essay-Sammlung des in Manila geborenen und in New York aufgewachsenen Journalisten Luis H. Francia. Die Essays bilden eine gute Einführung in die verschiedenen Problembereiche, denen sich die Philippiner heute gegenüber sehen.

Theater

Das philippinische Theater entwickelte sich aus Marathongesängen und epischen Legenden wie dem von der UNESCO anerkannten *hudhud* der Ifugao, das in den Reisfeldern rund um Kiangan im nördlichen Luzon gesungen wurde, um die Langeweile beim Pflanzen und Ernten zu lindern. Im 17. Jh. führten die Spanier *sinakulos ein* – Passionsspiele über das Leiden und Sterben Christi –, um die Einheimischen zum Christentum zu bekehren. Andere frühe Theaterformen waren die *moro-moro,* die den Kampf der Christen gegen die Muslime im 19. Jh. verherrlichten, und eine nur örtlich vorkommende Musical-Form, die *zarzuela* genannt und mit der gegen die amerikanische Besatzung zu Beginn des 20. Jh. protestiert wurde.

Mit der Ankunft der Amerikaner wurde Englisch die Sprache der nationalen Theaterszene. Der Journalist, Romanautor und Dramatiker Nick Joaquin schrieb 1951 sein Schlüsselwerk *Portrait of a Young Artist as a Filipino*. Andere wichtige Dramatiker des 20. Jhs. waren Rolando Tinio, dessen Adaptionen von englischen Klassikern wie Shakespeares Tragödien auf Filipino in ihrer Art unerreicht bleiben, und Rene Villanueva, der vor allem für seine Kinderbücher bekannt wurde, aber auch als Dramatiker hoch angesehen war.

Zeitgenössische Dramatiker vermischen Tradition mit aktuellen Themen. Die Philippine Educational Theater Association (PETA; www.petatheater.com) bietet ein ausgezeichnetes Entwicklungsprogramm für angehende Dramatiker.

Malerei & Bildhauerei

Die bekannteste Form eines philippinischen Kunstwerks ist Jahrhunderte alt und war eigentlich gar nicht als solches gedacht: Die *bulol*, heilige Holzfiguren, die von den Ifugao geschnitzt wurden, bewachten lange die Reisfelder. Die Namen der Bildhauer wurden selten verzeichnet, aber ältere Ifugao können den Schöpfer eines Original-*bulol* häufig aufgrund des Stils der Statue benennen. Replikate dieser mächtigen Statuen überfluten die Souvenirshops im ganzen Land.

Moderne philippinische Bildhauerei wird von Guillermo Tolentinos neoklassizistischem Meisterwerk in Caloocan City verkörpert, dem prächtigen *Monumento,* das den Revolutionshelden Andres Bonifacio ehrt. Ein weiterer Name, auf den Besucher stoßen könnten, ist Jose Mendoza, dessen Skulpturen die Straßen von Makati schmücken.

Aswang – mythische vampirähnliche Figuren, die ungeborene Kinder verspeisen – spielten in mindestens einem amerikanischen Kulthorrorstreifen eine Rolle. Jeder auf dem Land lebende Philippiner wird im Brustton der Überzeugung von den vielen *aswang* erzählen, die in den Wäldern vor Ort leben.

Die Malerei in der spanischen Ära wurde von den zwei unangefochtenen Meistern philippinischer Kunst beherrscht: Juan Luna und Felix Resurreccion Hidalgo. Lunas riesiges *Spoliarium* und Hidalgos *Antigone* verblüfften europäische Kunstkreise, als sie bei der angesehenen Madrider Ausstellung von 1884 die Gold- und Silbermedaille gewannen.

Das beginnende 20. Jh. sah den Aufstieg der Meister Fabian de la Rosa und Fernando Amorsolo. De la Rosas Arbeiten sind durch disziplinierte Komposition und Pinselführung gekennzeichnet, während Amorsolo wesentliche Szenen und Subjekte philippinischen Landlebens in fließendem impressionistischem Stil malte.

Vicente Manansala, Arturo Luz, Anita Magsaysay-Ho, Fernando Zobel und Hernando Ocampo gehörten zu den großen philippinischen Modernisten, die nach dem Zweiten Weltkrieg auf der Bildfläche erschienen. Zobel spielte mit dem Kubismus, bevor er der herausragende abstrakte Maler des Landes wurde. Der brillante chinesisch-philippinische Maler Ang Kiukok, der bei Manansala studierte, öffnete dem Betrachter mit seinen gewalttätigen kubistischen Bildern von kämpfenden Hähnen, streunenden Hunden und gepeinigten Liebenden die Augen.

Die zeitgenössische philippinische Kunstszene brummt nur so vor Aktivität. Der Konzeptkünstler David Cortez Medalla, der in Großbritannien zu Hause ist, hat Avantgarde-Kunstbewegungen wie dem Minimalismus und der Performance Art den Weg bereitet. Der „Künstler mit einem Gewissen" Benedicto Cabrera („Bencab") ist nicht nur international anerkannt, sondern hat auch beträchtliche Anstrengungen unternommen, die zeitgenössische Kunst voranzubringen, und das Dorf Tam-awan geschaffen, ein Rückzugsort für Künstler in Baguio.

Ghosts of Manila (1994) von James Hamilton-Paterson ist eine so abschreckende wie unterhaltsame „Dokufiction" über das Leben und Sterben und die Ketten der Korruption, die Philippiner in den Slums von Manila binden.

Tanz

Die philippinische Tanzkultur ist so reich und vielfältig wie die Inseln selbst. Der nationale Volkstanz ist der *tinikling,* bei dem ein Junge und ein Mädchen zwischen Bambusstöcken hin und her hüpfen, die knapp über dem Boden gehalten und im Rhythmus der Musik oder des Händeklatschens zusammengeschlagen werden. Es heißt, der Tanz ahme Vögel nach, die zwischen Grasstängeln umherflitzen, oder Reiher, die durch die Reisfelder hüpfen. Eine Variante des *tinikling* ist der atemberaubende *singkil,* bei dem zwei Tänzer eine muslimische Prinzessin und ihre Zofe darstellen, die zwischen vier Stangen hin und her springen, die mit steigender Geschwindigkeit zusammengeschlagen werden.

Zwei der bekanntesten und erfolgreichsten philippinischen Volkstanzgruppen sind die Bayanihan National Folk Dance Company, die die Welt zum ersten Mal 1958 bei der Brüsseler Weltausstellung in Erstaunen versetzte, und die 1972 gegründete Ramon Obusan Folkloric Group. Beide sind Mitglieder im Cultural Center of the Philippines.

Viele philippinische Balletttalente wurden im Ausland international bekannt, darunter Maniya Barredo, ehemalige Primaballerina des Atlanta Ballet, und Lisa Macuja, die im Sankt Petersburger Mariinski-Ballett in Russland die Giselle tanzte. Macuja leitet inzwischen ihre eigene Ballettkompanie, das Ballet Manila.

Sport

Sport auf den Philippinen wird von einen Mann beherrscht: dem Leichtgewichtsboxer Manny Pacquiao, der bei vielen als bester Pound-for-Pound-Profiboxer der Welt gilt. Pacquiao, der aus ärmlichen Verhältnissen auf Mindanao kam, gewann Titel in fünf verschiedenen Gewichtsklassen und ist für die Philippiner eine enorme Quelle des Nationalstolzes. Er gewann 2010 bei den philippinischen Kongresswahlen und besiegt auch weiterhin seine Gegner im Ring.

Ein ziemlich skurriler Nationalheld ist der stämmige, bebrillte Efren „Bata" („das Kind") Reyes, einer der besten 9-Ball-Billardspieler der Welt. Die andere große Sportart – neben dem Hahnenkampf – ist Basketball. Die meisten mittelgroßen Städte haben wenigstens einen Betonplatz mit einem Wellblechdach, und selbst die ärmsten, abgelegensten *barangays* können zumindest die primitive Version eines Platzes vorweisen. Die

Das „Jo-Jo", was auf Tagalog „komm-komm" bedeutet, wurde von einem Filipino-Amerikaner erfunden. Das Original-Jo-Jo war angeblich ein als Waffe dienender Felsbrocken, der an bis zu sechs Meter langen Seilen befestigt war.

überwältigend populäre Philippine Basketball Association (PBA) zieht viele ehemalige US Collegestars an.

Auch Fußball wird immer beliebter, seit sich die Nationalmannschaft, die Azkals, in den letzten Jahren deutlich verbessern konnte und inzwischen mit den besten asiatischen Teams mithalten kann.

Hahnenkämpfe

Hahnenkämpfe sind für die Philippinen, was Baseball in den USA oder Rugby in Neuseeland ist. Mehrmals pro Woche füllen Menschenmassen – überwiegend Männer – die örtlichen Hahnenkampfplätze (gewöhnlich als „Sportarena" bezeichnet) und beobachten preisgekrönte Kampfhähne beim Kampf auf Leben und Tod.

> Der philippinische Politiker Carlos P. Romulo war 1942 der erste Asiate, der einen Pulitzerpreis gewann: für eine Artikelserie über das Asien vor dem Zweiten Weltkrieg.

Vor jedem Kampf erreicht der Lärm ungeahnte Lautstärken, wenn die Wetteinsätze den Mittelsmännern zugebrüllt werden, eine Szene, die an die Börse erinnert. Wenn der Kampf beginnt, verfällt die Menge in Schweigen. Die Vögel, „bewaffnet" mit tödlichen, 7 cm langen künstlichen Sporen, laufen einige Augenblicke ziellos umher, bis sie von ihren Haltern daran erinnert werden, dass sich ein Rivale in Reichweite befindet. Der eigentliche Kampf ist, wenn er schließlich beginnt, kurz und brutal. Der Sieger wird schnell zu den wartenden Tierärzten gebracht, die alle klaffenden Wunden versorgen und den Vogel mit Antibiotika behandeln. Der Verlierer wandert gewöhnlich in den Kochtopf.

Die Hahnenkämpfe werden von vielen Menschen im In- und Ausland kritisiert. Doch bislang haben Tierschutzgruppen noch wenig Erfolg damit, einen Zeitvertreib zu verhindern, der so tief in der Kultur des Landes verankert ist.

Essen & Trinken

Die Aufforderung *kain na tayo* (lasst uns essen) hört man auf den Philippinen eigentlich ständig. Diese Einladung der Einheimischen, mit ihnen zu essen enthüllt gleich zwei typische Charakterzüge der Filipinos: Gastfreundschaft und Freude an Kulinarik. Die örtliche Küchentradition kombiniert asiatische, spanische, amerikanische und indigene Elemente miteinander – ein sich ständig weiterentwickelnder Mix, der die einzigartige Kolonialgeschichte und die vielfältige Geografie des Landes reflektiert.

Einflüsse & Ansehen

Die Filipinos essen andauernd. Da ihnen drei Mahlzeiten pro Tag nicht reichen, haben sie noch zwei *meryenda* hinzugefügt. Wörtlich übersetzt handelt es sich hierbei um Snacks. Doch von dieser Verniedlichung sollte man sich nicht täuschen lassen: Als *meryenda* werden z.T. Magenfüller wie *bihon* (frittierte Reisstäbchen), *goto* (philippinischer Reisbrei) oder *bibingka* (lockerer Reiskuchen mit Käsegarnierung) serviert.

Die kulinarischen Einflüsse im Land stammen u. a. aus den USA (Burger, Fastfood), aus Mexiko (Tamales) und aus China (*pansit*, *lumpia*, alle Gerichte mit Soja oder aus dem Wok). Spaniens Beitrag äußert sich z. B. in der Paella-Version *bringhe* (besonders in der Provinz Pampanga), in Sofrito-Saucen, Fiesta-Gerichten, Obstkuchen oder allem kurz Angebratenem mit Knoblauch, Tomaten und Zwiebeln.

> Obwohl Reis scheinbar im ganzen Land angebaut wird, zählen die Philippinen zu den größten Reisimporteuren der Welt.

In der westlichen Welt mit ihren wenigen philippinischen Restaurants hat die Küche der Inseln keinen sonderlich guten Ruf. Dasselbe gilt im übrigen Asien, wo sie als einfallslos und unraffiniert gilt. Dies verblüfft die Filipinos, die ihre selbstgekochte Hausmannskost (sie unterscheidet sich zumeist stark von den im Ausland servierten Varianten) für die beste der Welt halten. Natürlich fallen echte philippinische Zutaten und der erforderliche hohe Zeitaufwand bei internationalen Inkarnationen normalerweise weg.

Verklärungen wie „handwerklich" oder „vom Bauernhof auf den Teller" sind inzwischen weltweit verbreitet und schon fast Klischees. Gleichzeitig baut jedoch eine neue Generation von philippinischen Küchenchefs, Restaurantbetreibern und Bio-Bauern eigene Netzwerke mit Gleichgesinnten auf.

Philippinisches Essen wird üblicherweise als zu schwer und zu salzig kritisiert. Und vor allem als zu süß: Von den Jollibee-Hamburgern bis hin zu lokalen Thai-Gerichten enthält hier alles sehr viel Zucker. Doch wer kompetent bestellt oder einen guten Koch kennt, findet vor Ort jede Menge Köstlichkeiten, die auch sehr anspruchsvolle Gaumen erfreuen.

> **Infos im Internet**
>
> www.filipinorecipe.com
>
> www.asia-recipe.com/philippines
>
> www.myfilipinorecipes.com
>
> www.blog.junbelen.com

Typische Gerichte

Gäbe es ein philippinisches Nationalgericht, wäre dies zweifellos *adobo* – beliebiges Fleisch (z. B. vom Schwein oder Huhn), das mit Essig und Knoblauch gegart wird. Das Ganze ist richtig zubereitet sehr lecker, bei Misslingen jedoch mitunter furchtbar salzig und fettig. Sehr oft serviert werden ansonsten auch *sinigáng* (Fleisch oder Seafood, gekocht in saurer Tamarindensuppe), *kare-kare* (Ochsenschwanzfleisch und Gemüse, gegart in Erdnusssauce), *crispy pata* (frittierte Schweinshaxe) und *pansit* (gebratene Nudeln aus dem Wok). *Ihaw-ihaw*-Restaurants mit *inihaw* (Grillfleisch oder -fisch) gibt's überall. *Lechón* (Spanferkel) ist ein typisches philippinisches Festessen. Weit verbreitete Vorspeisen sind z. B. *lumpia* (kleine Frühlingsrollen, normalerweise vegetarisch) oder das köstliche *kinilaw* (Ceviche im philippinischen Stil).

Das Standard-Frühstück der Inseln besteht aus einem Spiegelei auf Reis (bevorzugt mit Knoblauch). Dazu gibt's *tapa* (salzige Rindfleischstreifen), *tocino* (mit Honig mariniertes Schweinefleisch), *bangus* (Milchfisch) oder *longganiza* (Würstchen). Zum Nachtisch empfiehlt sich ein Becher *halo-halo* voller Konservenobst, Zuckermais, grüner Kokosnuss und anderer leckerer Tropenfrüchte – garniert mit milchigen Eissplittern, etwas Karamell und einer Kugel Eis.

Top-Kochbücher

Memories of Philippine Kitchens: Stories and Recipes From Far and Near (Amy Desa & Romy Dorotan)

The Coconut Cookery of Bicol (Honesto C. General)

Philippine Food & Life (Gilda Cordero-Fernando)

Heimische Küche

Die normale heimische Küche unterscheidet sich durchaus von Restaurantgerichten: Sie verwendet hauptsächlich Gemüse; bei manchen Familien kommt einmal wöchentlich auch Huhn auf den Tisch. Gegrillter bzw. frittierter Fisch wie *galunggong* (eine Art Makrele) oder gezüchteter *bangus* (in Essig und Knoblauch) sind weiter verbreitet. Überall gern gegessen wird auch *panga* (recht authentisches „Schwarzfleisch" vom Thunfischmaul). Natürlich gehört auch Reis zu jeder philippinischen Mahlzeit. Pansit wird zumeist ebenfalls serviert.

Regionale Spezialitäten

In einem Land mit so vielfältiger Kultur, Ethnografie und Geografie überrascht es kaum, dass die regionalen Spezialitäten ebenfalls facettenreich sind. Beispielsweise werden hiesige Standardgerichte wie *longganiza, lechón* und sogar *balút* (gekochtes Entenei mit teilentwickeltem Embryo im Inneren) auf allerlei Art zubereitet. Bicols pikante Regional-

---

EXOTISCHE GERICHTE

Die Philippinen sind ein gutes Pflaster für kulinarische Wagnisse. Am besten beginnt man mit dem Klassiker *balút* (alias „Ei mit Beinen"). Hierbei handelt es sich um ein gekochtes Entenei mit einem teilentwickelten Embryo im Inneren (manchmal sogar mit winzigen Federn). Auf der Tourismuswebsite WOW Philippines steht folgende Anleitung zum Genuss von *balút*: „Klopfen Sie leicht auf das breitere Ende des gekochten Enteneis und entfernen Sie vorsichtig etwas von der Schale. Würzen Sie das Ganze mit einer Prise Steinsalz und schlürfen Sie genussvoll die aromatische Flüssigkeit heraus. Entfernen Sie danach noch mehr von der Schale, um den hartgekochten Dotter bzw. den fast ganz entwickelten Entenembryo freizulegen."

Nach dem erfolgreichen Abhaken von *balút* erscheinen andere Gerichte vielleicht nicht mehr ganz so exotisch. *Aso* bzw. *asusena* (Hundefleisch) soll schmackhafter als anderes rotes Fleisch sein (Hinweis: Wir selbst haben es nicht versucht). Zusammen mit *Soup No 5* (Stierhodensuppe) ist es in den Kordilleren Nord-Luzons ungemein beliebt. Deren Bewohner essen so ziemlich alles.

In manchen Provinzen wird einfach alles in Essig und Knoblauch gegart (*adobo*-Stil) – beispielsweise Ratten, Katzen, Fledermäuse, Frösche, Grillen oder *bayawak* (Warane). Für den entsprechenden Mut zum Testen empfehlen sich jeweils ein paar Gläser *lambanog* (einfach destillierter Palmwein). Zwei weitere kulinarische Spezialitäten der Philippinen sind *balút* und Käfer (frittiert oder in Suppe schwimmend) und gedünstete Nester von Weberameisen. Beide Speisen werden inzwischen aber immer seltener serviert.

Im Vergleich dazu erscheint *sisig* (brutzelnd heiße Schweinsbäckchen vom Grill) geradezu harmlos. Diese leckere Cholesterinbombe ist dennoch erwähnenswert, weil sie in philippinischen Bars gern als Snack genossen wird. Ebenfalls vom Borstenvieh stammt *bopis* (gehackte und gebratene Schweinelunge).

küche schmeckt dem westlichen Gaumen in der Regel am besten. Die Filipinos selbst betrachten die Provinz Pampanga im Herzen Luzons als kulinarische Hauptstadt des Landes.

Bicol

Bicols Küche verwendet *sili* (scharfes Chilipulver) und *gata* (Kokosmilch) auf vielerlei Weise. Alles in *gata* Gekochte wird als *ginataán* bezeichnet. Auch diesbezüglich am bekanntesten ist wohl *exprés* (ein pikanter Mix aus Schweinehack, *sili*, kleinen Garnelen, Zwiebeln, Knoblauch und anderen Gewürzen). Straßenhändler verkaufen *pinangat*, für das grüne *gabi*- bzw. Taro-Blätter um Garnelen-, Fisch- und/oder Schweinefleischstücke gewickelt werden. Ein weiterer Bicol-Klassiker ist *candingga* (Würfel aus Schweinsleber und Karotten, gesüßt und in Essig gekocht). Neben all diesen Kreationen und anderen Hauptgerichten kommt oft auch *natong* bzw. *laing* (ein gehacktes, grünes Blattgemüse) als separate Beilage auf den Tisch. In Sachen Dessert verfeinern *pili*-Nüsse (ein angebliches Aphrodisiakum) z.B. Kekse, Gebäck, Marzipan, Kuchen und Eis. Für weitere Details zu Bicols Küche s. den Kasten S. 180.

Negros

Inasal (so heißt auch eine örtliche Fastfoodkette) wird vor allem mit Bacolod in Verbindung gebracht und ist inzwischen eine Art Nationalgericht geworden. Im Grunde handelt es sich hierbei um gegrilltes oder gebratenes Hühnerfleisch in einer Marinade aus Zitronengras, Annatto, *calamansi* (eine einheimische Zitrusfrucht) und Knoblauch.

Pampanga

Hiesige Gerichte sind oft süß und enthalten fermentierten Zucker, und Schalentiere werden häufig in Reissauce mariniert. Die regionale Spezialität *pinaupong manok* (gedünstetes Huhn mit Gemüsefüllung) ist landesweit beliebt.

Ilocos

Ilocos gilt mitunter als Paradies für Vegetarier. Landesweit wohl am bekanntesten ist seine Variante von *pinakbét*, bei der Auberginen, Tomaten, Okraschoten und *ampalaya* (Bittermelonen) übereinander geschichtet in einem Topf gegart werden (ähnlich wie bei einer Gemüselasagne oder -pastete). Die regionale Version von Fischpaste heißt *bagoong*. Außerdem werden manche Gerichte in Ilocos mit Ziegen- oder Schweinsgalle verfeinert.

Batan Islands

Wer diese Inseln im äußersten Norden besucht, sollte unbedingt folgende Spezialitäten probieren: *Uved*-Bällchen schmecken angesichts ihrer Zutaten (Mix aus Bananen, Schweinehack und -blut) überraschend lecker. Vunes sieht aus wie ein unappetitlich brauner Brei, besteht aber aus gehackten Taro-Wurzelstrünken, die mit Knoblauch gekocht werden.

Kordilleren

Die Bewohner der Kordilleren essen so ziemlich alles. Das ist aber eher eine Warnung als eine Ermutigung zum Probieren – es sei denn, man möchte unbedingt Python, Hundefleisch oder eine Handvoll Frösche verspeisen.

Mindanao

Die Umgebung von Cagayan de Oro im Norden Mindanaos ist für ihr *kinilaw* (Ceviche) bekannt, das mit der regionalen Frucht *tabon tabon* gewürzt wird. Örtliche Feinschmecker halten das *lechón baboy* (Span-

---

Camaro sind gebratene Grillen mit Salz, Essig und Sojasauce. Sie werden traditionell in Pampanga serviert und dort auch bei Esswettbewerben vertilgt.

In der Manila Bay sowie in Flüssen, Seen und Teichen auf den ganzen Philippinen schwimmen viereckige Fischzuchtgehege. Darin wachsen vor allem Buntbarsche und *bangus* (Milchfische) heran, die den meisten Filipinos als Hauptquellen für tierisches Eiweiß dienen.

ferkel, gefüllt mit Kräutern und Gewürzen wie Zitronengras) ihrer Stadt für das leckerste des Landes. *Adobo* wird in Zamboanga mit Kokoscreme und *bulad* (Trockenfisch) zubereitet. Dieses Gericht ist aber auch auf den übrigen Philippinen sehr beliebt und im Süden Mindanaos in besonders vielen Varianten erhältlich.

Obst & Gemüse

Wer Lust auf Obst und Gemüse bekommt, kann sich bei Straßenständen, Straßenmärkten oder großstädtischen Supermärkten entsprechend eindecken. Die Auswahl ist dabei verblüffend groß; zudem sind Produkte aus einheimischem Anbau spottbillig zu haben. Das einzige vegetarische Standardgericht ist *pinakbét*, ein leckerer Mix aus Kürbis, Brechbohnen, Auberginen, Okraschoten und anderen Gemüsesorten. Dieser wird noch mit Knoblauch, Zwiebeln, Tomaten, Ingwer, Kokosmilch (nicht immer) und Garnelenpaste (auf Wunsch auch ohne) verfeinert.

Saisonal wachsen hier exotische Tropenfrüchte (u. a. Durian-, Mangostanen-, Rambutan-, Jack- und Longanfrüchte), die Travellern mit anderweitiger Reiseerfahrung in Südostasien bekannt vorkommen dürften. Eine lokale Spezialität sind walnussgroße *lanzones*, die den Longanfrüchten ähneln, aber vergleichsweise saurer schmecken. *Santol* sehen aus wie Orangen, haben aber weißes Fruchtfleisch mit der Konsistenz von nassem Fell. Rund um Davao gedeihen die besten Tropenfrüchte der Philippinen (u. a. leckere Mangostanenfrüchte, übelriechende Durianfrüchte und saftige Pampelmusen).

Gemüsesorten mit einer Vorliebe für gemäßigtes Klima (z. B. Kopfsalat, Karotten, Brokkoli) werden in großen Höhen angebaut und landesweit auf Märkten verkauft. Aus heimischer Produktion kommt außerdem exotisches Gemüse wie *kamote* (Süßkartoffeln), *ube* (violette Yamswurzeln), *ampalaya* (eine bittere Kürbisart) und *sayote* (Stachelgurken).

Obendrein gibt's auf den Philippinen die zweifellos besten Mangos der Welt – Ende der Durchsage.

Vegetarier & Veganer

Vegetarier und Veganer haben es auf den fleischverrückten Philippinen nicht leicht. Außerhalb von Großstädten lassen sich Produkte auf Sojabasis nur schwer auftreiben. In den Metropolen sind Tofu und Sojamilch bei chinesischen Händlern bzw. Restaurants erhältlich. Auf philippinischen Speisekarten sind Bohnen allgemein nicht gerade häufig vertreten – somit wird eventuell Proteinmangel zum Problem. Wer davor Angst hat, sollte sich vor dem Verlassen Manilas oder Cebus ausreichend mit entsprechenden Produkten eindecken.

Die meisten Restaurants (sogar schlichte *turu-turò*-Lokale) servieren irgendeine Art von Wokgemüse. Grünzeug wird hier jedoch oft zusammen mit Fleisch gegart. Die Küchenchefs verwenden sehr häufig Fleischbrühe und lehnen Änderungen bei der Zubereitung so gut wie immer ab (vor allem in Dörfern). Kleine Läden in größeren Ortschaften verkaufen Brot, Milch und Müsli. In Großstädten wie Manila, Cebu oder Davao gibt's gut sortierte Supermärkte. Wer Fisch und Eier isst, hat auf den Philippinen allerdings keine Probleme. Zudem ist gedünsteter Reis immer eine Alternative!

Festtagsgerichte

Alle philippinischen Dörfer sowie Klein- und Großstädte feiern ihre eigenen Fiestas. Diese steigen normalerweise am Ehrentag des jeweiligen Schutzheiligen und richten sich daher nach dem katholischen Kirchenkalender. Früher wurde dabei von jedem Haushalt erwartet, Essen vorzubereiten und jeden beliebigen Besucher damit zu verköstigen. Heute findet das Vorkochen immer noch statt – allerdings in viel kleinerem

---

Der Küchenchef des Nobelrestaurants Goose Station in Manila hat ein Probiermenü kreiert, das von Leben und Werk des Unabhängigkeitsführers José Rizal inspiriert ist.

SITTEN & GEBRÄUCHE

➡ Bei alltäglichen Mahlzeiten auf den Philippinen geht es recht zwanglos zu. In den Häusern der Reichen kann ein Essen jedoch von formellem Prozedere im westlichen Stil geprägt sein.

➡ Gekochter Reis ist der Hauptbestandteil jeder Mahlzeit.

➡ Alle Gerichte werden normalerweise in Familienportionen auf großen Tellern in der Tischmitte serviert.

➡ Gemischt mit Sojasauce wird der Saft der Zitrusfrucht *calamansi* sehr oft als Würzmittel angeboten.

➡ Eventuell etwas gewöhnungsbedürftig: Filipinos essen zumeist mit Gabel und Löffel (letzterer dient auch als Messer). Die hiesigen Servietten sind oft winzig und hauchdünn.

➡ Die Formulierung „for a while" (eine Zeit lang) wird überall verwendet. In Restaurants kann er jedoch bedeuten, dass bis zum Servieren des Essens entweder noch Minuten oder aber auch Stunden vergehen können.

➡ Vor allem in zwanglosen Lokalen draußen auf dem Land besteht oft eine Diskrepanz zwischen Speisekarte und tatsächlichem Angebot: Häufig sind viele aufgelistete Gerichte nicht erhältlich.

Rahmen. Zudem erscheinen nur noch eingeladene Gäste am Buffet. Die Küche bei solchen Anlässen ist regional verschieden. Generell gibt's während einer Fiesta jedoch Gerichte mit Schweine-, Rind- oder Hühnerfleisch (z. T. auch Fisch und Seafood).

Zu den Fiesta-Gerichten gehören z. B. *kaldereta* (Eintopf mit Rind- oder Ziegenfleisch), *igado* (Schweinsleber aus dem Wok), Brathähnchen und natürlich *lechón*. Als Dessert werden süße Reiskuchen (normalerweise lokale Köstlichkeiten) serviert. Bei Geburtstagen und anderen Privatfeiern gibt's zumeist eine Platte voller *pansit* oder – inzwischen immer häufiger – auch philippinische Spaghetti (die den meisten westlichen Besuchern zu süß vorkommen). Vor allem bei Kindergeburtstagen sind Kuchen und Eiscreme ein Muss.

Getränke
Alkoholfreie Getränke

Philippinisches Leitungswasser lässt sich im Allgemeinen bedenkenlos trinken. Dennoch sollte es mancherorts unbedingt aufbereitet werden. Einige Großstädte (z. B. Davao) rühmen sich ihres extrem sauberen Wassers. Andere wiederum (z. B. Puerto Princesa) raten dagegen vom Genuss des Leitungswassers ab. Wer auf Nummer Sicher gehen will, fragt Einheimische und Auswanderer um Rat oder trinkt nur Mineralwasser aus Flaschen. Dieses ist hier recht günstig erhältlich, kostet in Restaurants aber ungefähr das Vierfache. Viele Lokale versuchen, ihren Gästen teure Mineralwasserflaschen aufzudrängen. Falls man das nicht möchte, heißt es „service water" verlangen oder gleich einen eigenen Vorrat mitbringen. Normalerweise haben damit nur die teuersten und elegantesten Restaurants ein Problem.

Das Angebot für Kaffeetrinker ist bunt gemischt. Instant-Mischungen (inkl. Zucker und Milchpulver) sind spottbillig, stressfrei und oft die einzige Option. Allerdings schmecken sie wässrig und übertrieben süß. In Großstädten (z. B. Manila) und Touristenhochburgen gibt's allerdings inzwischen viele Starbucks-Pendants mit gutem Bohnenkaffee. Die Hauptstadt hat auch ein paar waschechte Cafés, die sortenreine Bohnen in topmodernen Röstautomaten veredeln. Unterkünfte und Restaurants in europäischem Besitz schenken zumeist Espresso-Varianten aus.

> Im April 2014 fand in Pangasinan das längste bekannte Barbecue der Welt statt (50 t Fisch auf 8 km).

Chinesische Restaurants servieren Tee. Ansonsten sind überall Softdrinks angesagt. *Buko*-Saft (soll gut gegen Dehydrierung helfen) ist der Saft grüner Kokosnüsse, in dem noch etwas durchscheinendes Kokosmark schwimmt. Er wird normalerweise in der Nuss verkauft; idealerweise trinkt man aber nur Varianten aus versiegelten Bechern oder Flaschen. Der Saft der *guayabano* (Graviola) schmeckt süß und erfrischend. Die beliebten *calamansi* (alias *kalamansi*; kleine heimische Zitrusfrüchte) dienen als Basis für ein erfrischendes Stärkungsmittel. Ihr Saft wird zudem in Schwarztee gekippt und soll wundersame Heilkräfte haben – also unbedingt mal probieren!

> Der philippinische Name des reichhaltigen Desserts *halo-halo* bedeutet wörtlich übersetzt „gemischt-gemischt".

Alkoholische Getränke

Mit ihrem hellen Lager bzw. Pilsner (ca. 30 P/Flasche) dominiert die Brauerei San Miguel („San Mig") den allergrößten Teil des örtlichen Biermarkts. Parallel besteht eine gewisse Konkurrenz durch importiertes Gebräu und den deutlich kleineren Rivalen Beer Na Beer. Insgesamt stammen die meisten Biere in philippinischen Ladenregalen aber aus dem Hause San Miguel. Dazu zählt z. B. das ungemein beliebte Red Horse Extra Strong (7 % Alkoholgehalt; nach dem Konsum besteht 100 % Versagenswahrscheinlichkeit beim Karaoke).

Auf den Philippinen werden auch ein paar genießbare Branntwein-, Whisky- und Ginsorten hergestellt. Der Tanduay Rum (Flasche mit 500 ml 40–80 P) ist nicht nur ein leckerer Reisegefährte, sondern lässt sich praktischerweise auch zur Wunddesinfektion verwenden. In ländlichen Gegenden gibt's z. B. süßen, portweinartigen *basi* aus Zuckerrohrsaft. Der starke Palmwein *tuba* wird aus Kokosblüten gewonnen und in seiner Rohform *lambanog* genannt. Achtung: Philippinisches Feuerwasser hat es in sich! Der Magen und vor allem der Kopf bedanken sich am Morgen danach für das Zurückgreifen auf die *pulutan* (kleinen Snacks), die hier immer zum Alkohol gereicht werden.

Wohin zum Essen?

Turu-Turò In der einfachsten Form eines philippinischen Restaurants (wörtl. Übersetzung „zeige-zeige") bestellen Gäste ihr Essen, indem sie mit dem Finger auf die fertig gekochten Gerichte hinter der Theke zeigen. Von kleinen Imbissschuppen am Straßenrand bis hin zu riesigen Versionen können solche Lokale alles Mögliche sein.

Imbisskarren & -verkäufer Bieten größtenteils allerlei Snacks an – beliebt sind z. B. Kebabs und Bällchen aus Fisch oder Tintenfisch, die zumeist frittiert und auf Spießen serviert werden. Mobile Verkäufer offerieren z. T. auch *balút* aus Tragekörben oder süßes *taho* aus Bohnen und Quark.

Restaurants Es lohnt sich, authentische und gut zubereitete Filipino-Küche bei beliebten Ketten wie Gerry's oder Dencio's zu probieren. In allen Großstädten gibt's internationale Lokale, die u. a. Hervorragendes aus Japan, Korea und China kredenzen. In der Häufigkeit direkt dahinter rangieren wohl thailändische und italienische Kost. Klimatisierte Einkaufszentren sind komfortable Pflaster für die Suche nach Fastfood und nobleren philippinischen Kettenrestaurants.

Cafés Internationale und philippinische Caféketten eröffnen vor Ort immer mehr Filialen. Die meisten Einkaufszentren beherbergen zumindest eine davon. Neben Espressogetränken (heiß oder kalt), Kuchen und Backwaren findet man dort üblicherweise auch eine Karte mit kleinen Gerichten.

Märkte Manche Großstädte haben spezielle Lebensmittelmärkte mit Freiluftständen, die regionale und nationale Spezialitäten verkaufen. Nennenswerte Beispiele gibt's in Vigan, Legazpi, Dumaguete und Cagayan de Oro.

Fastfood Steht bei Filipinos ganz besonders hoch im Kurs und ist oftmals auch die einzige Option, die in moderner und – wichtig – klimatisierter Atmosphäre genossen werden kann. Chowking, Jollibee und Greenwich Pizza sind scheinbar allgegenwärtig.

> Das Maskottchen der Fastfoodkette Jollibee ist eine tanzwütige Biene im roten Anzug. Die Abenteuer von Jollibee und ihren Freunden sind in der Fernsehserie *Jollitown* zu bewundern.

KULINARISCHES GLOSSAR

adobo	Oft als Nationalgericht bezeichnet; zartes Hühner- oder Schweinefleisch (bzw. ein Mix daraus), in Essig und Knoblauch mariniert, anschließend geschmort
adobong pusít	Tintenfisch im adobo-Stil
arróz caldo	Dickflüssige, im spanischen Stil gekochte Reissuppe mit Hühnerfleisch, Knoblauch, Ingwer und Zwiebeln
aso	Hundefleisch; wird von den Bergstämmen Nord-Luzons gewürzt und ungewürzt geschätzt
bachoy	Beliebter Eintopf aus Brühe, Zwiebeln, Reisnudeln, Leber, Rind- und Schweinefleisch
balút	Gekochtes Entenei mit teilentwickeltem Embryo im Inneren
calamares	Knusprig gebratener Tintenfisch
crispy pata	Frittierte Schweinshaxe
goto	Reisgrütze mit Schweine- oder Rinderinnereien
halo-halo	Verschiedenes Konservenobst in Milch und Rasureis
lechón	Ganzes Spanferkel mit Lebersauce
lechón kawali	Knusprig gebratenes Schweinefleisch
lomi	Eine Art von Nudelgericht
lumpia	Frühlingsrollen mit Fleisch- und/oder Gemüsefüllung
mami	Nudelsuppe im Stil der malaysischen bzw. indonesischen *mee*
menudo	Mit Knoblauch und Zwiebeln sautierte Schweinefleischstücke; normalerweise noch mit Wurststückchen garniert
pansit bihon	Dick- oder dünnflüssige Nudelsuppe
pinakbét	Gemischter Gemüseeintopf
pochero	Feuertopf mit spanischer Wurst, Gemüse (zumeist Kohl), Rind-, Hühner- und Schweinefleisch
rellenong bangus	Gefüllter und gebratener Milchfisch
sisig	Brutzelnd heißes Grillfleisch (z. B. Schweinsbäckchen alias *pork sisig*)
tapsilog	Moderne Kombination dreier Basiswörter bzw. -elemente: *tapa* (Trockenfleisch), *sinangag* (gebratener Knoblauchreis) und *itlog* (Spiegelei); wird normalerweise zum Frühstück gegessen
tocino	In Salpeterlauge gepökeltes Schweinefleisch

Der Name ist Programm

Die Namen philippinischer Gerichte beschreiben oft die jeweilige Zubereitungsart: *Adobo* steht für Dünsten in Essig und Knoblauch. *Sinigáng* ist sauer-scharfe Suppe, während *ginataán* das Garen in Kokosmilch meint. *Kilawin* (alias *kinilaw*) ist rohes oder in Essig mariniertes Seafood. *Pangat* beinhaltet Tomaten in einer dünnen Brühe. Bei *inihaw* handelt es sich um Fleisch oder Fisch vom Grill (spezielle Grillrestaurants werden *ihaw-ihaw* genannt). Das Wort für „scharf" heißt *maangháng*.

Natur & Umwelt

Die Umwelt auf den Philippinen hat zwei sehr unterschiedliche Gesichter: Zum einen wäre da die spektakuläre tropische Inselszenerie, die Heimat einer Menge nur hier heimischer Spezies. Zum anderen hat der Umweltschutz hier wegen der vielen schwerwiegenden Bedrohungen eine der höchsten Prioritäten weltweit. Besucher sollten sich beider Bereiche bewusst sein und dann nach den Stecknadeln im Heuhaufen suchen – denn selektiver Ökotourismus ist hier nicht nur ausgesprochen lohnend, sondern kann auch unglaublich viel Gutes tun.

Geografie

Die Philippinen sind mit 7107 Inseln der zweitgrößte Archipel der Welt – auch wenn Einheimische, fragt man sie nach der Anzahl, gewöhnlich scherzen: „Bei welchem Wasserstand?" Dieses riesige Netz, das sich von der Spitze von Batanes bis zum Sulu-Archipel über etwa 1810 km erstreckt, bestimmt den Charakter des Landes in sozialer, politischer und wirtschaftlicher Hinsicht. Nur der nächste Nachbar Indonesien besteht aus einer längeren Perlenkette. Wenn man beide Länder zusammennähme, könnte man über 50 Jahre lang jeden Tag eine andere Insel betreten!

Alle Inseln der Philippinen, von winzigen Koralleninselchen bis zu den weitläufigen, amöbenähnlichen Giganten Luzon und Mindanao, sind tropische Inseln. Das Landesinnere ist bergig und mit Dschungel bedeckt, an den Küsten gibt es sandige Strandbogen, aquamarinblaues Wasser und Korallenriffe. An den kurvigen Straßen im Landesinneren stehen Hütten mit Blechdächern. Reisfelder nehmen das Tiefland ein und bilden in den Höhen malerische Terrassen. Vor den einfachen Fischerdörfern ankern die Auslegerboote. Provinzstädte, aus Beton erbaut, sind vom Verkehr verstopft, von an Spaghetti erinnernden Stromkabeln durchzogen und untereinander durch ein komplexes und sich ständig veränderndes Netz aus Fährverbindungen erreichbar.

> Das Galatheatief im Philippinengraben ist mit 10540 m eine der tiefsten Stellen der Weltmeere.

Tiere & Pflanzen

Die Philippinen sind geografisch seit Jahrtausenden vom Rest Südostasiens getrennt, was zur Evolution Tausender Arten geführt hat, die nirgendwo sonst auf der Welt zu finden sind. Biologen nennen den Archipel deshalb gern „Galapagos hoch zehn". Tatsächlich werden immer noch neue Arten in bemerkenswerter Zahl gefunden.

Ein wenig Statistik gefällig? Die Philippinen haben 191 Säugetierarten, 16 davon wurden erst in den letzten zehn Jahren entdeckt. Mehr als 100 davon sind endemisch – das sind sogar mehr als auf Madagaskar. Auch etwa 600 Vogelarten sind auf den Inseln heimisch, fast 200 davon endemisch – nur die viel größeren Länder Indonesien und Brasilien haben mehr davon. Reptilien sind mit etwa 235 Arten vertreten, etwa 160 (68%) davon sind endemisch. Das Land zählt auch ungefähr 13 500 Pflanzenarten – nur vier Länder punkten mit mehr. Wissenschaftler schätzen, dass 30 bis 40% dieser Arten nur auf den Philippinen zu finden sind.

Die gleiche Geschichte gilt auch für das Leben unter Wasser. Die Philippinen sind Teil des „Korallendreiecks", des globalen Zentrums für marine Artenvielfalt. Gleichzeitig gibt es mehr Arten pro Flächeneinheit als irgendwo sonst in dieser Region – sozusagen das „Zentrum des Zentrums".

Die Philippinen sind zwar berühmt für ihre Unterwasserfauna, aber kaum bekannt für Tierbeobachtungen an Land. Das liegt daran, dass es keine Infrastruktur für Ökotourismus gibt und die Tiere selbst schwer zu finden sind, auch wegen der fortschreitenden Erschließung.

Tiere

Wie bei einem solchen Hotspot der Artenvielfalt zu erwarten, gibt es auf den Philippinen einige außergewöhnliche Tierarten. Das Aushängeschild ist der liebenswerte handtellergroße Koboldmaki, eine Primatenart, die hauptsächlich auf der Insel Bohol zu finden ist; am einfachsten kann man ihn im Tarsier Sanctuary beobachten (S. 346). Die Philippinen sind stolz darauf, Heimat des kleinsten Huftiers der Welt zu sein – des seltenen philippinischen Hirschferkels auf Palawan – eine von vier Hirscharten auf den Inseln. Weitere pelzige Lieblinge sind der Marderbär oder Binturong, der wie ein schwarzer Waschbär aussieht, und die kleine, aber bezaubernde Bengalkatze mit ihren großen dunklen Augen.

Ein 6,4 m langes Krokodil – und damit weltweit eines der größten – wurde 2011 in der Nähe von Bunawan auf Mindanao gefangen.

Das beeindruckendste Landsäugetier ist der Tamarau, ein gedrungener Wasserbüffel, der im Mt. Iglit-Baco National Park auf Mindoro lebt. Vor einem Jahrhundert gab es noch 10 000 Exemplare, heute gibt es nur noch ein paar Hundert von ihnen. Häufiger kommen die acht Arten des Flughunds vor, die zumindest tagsüber in Höhlen überall im Land zu finden sind. Wer Boracay besucht, muss in der Dämmerung nur nach oben schauen, um die nächtlichen Fledermauszüge zu beobachten. Darunter ist auch der Goldkronen-Flughund mit einer Spannweite von 1,7 m.

Mit dem richtigen Timing lassen sich an ein paar Stellen rund um die Inseln Wale beobachten, etwa im Kanal zwischen Negros und Cebu. Es ist allerdings wahrscheinlicher, Delfine zu entdecken. Weniger gut bekannt sind die Dugongs (die Einheimischen nennen sie *duyong*), eine Seekuh-Art, die früher in philippinischen Gewässern sehr häufig vorkam, inzwischen aber relativ selten ist. Zwei Orte, an denen man sie (mit Glück) entdecken kann, sind Malita, Mindanao, und vor der Insel Busuanga im nördlichen Palawan.

Nationalvogel ist der mächtige Philippinenadler. Höchstens ein paar Hundert leben noch in der Wildnis, meist in den Regenwäldern von Mindanao, auf Samar und in den Sierra Madre Mountains von Nord-Luzon. Leichter zu sehen sind sie im Philippine Eagle Research & Nature Center (S. 412) in Calinan, außerhalb von Davao. Weiter südlich lebt der

---

DIE BESTEN ORTE ZUR TIERBEOBACHTUNG

Python (Insel Danjugan, vor Negros) Ja, Monsterpythons verschlingen Fledermäuse im Flug.

Walhai (Oslob, Cebu) Eine einmalige Gelegenheit den größten Fisch der Ozeane zu sehen – und mit ihm zu schwimmen.

Koboldmaki (Bohol) Die beste Möglichkeit, diese bezaubernde Kreatur zu Gesicht zu bekommen, ist eine organisierte Nachtwanderung.

Flughund (Monfort Fledermaushöhle S. 411, Insel Samal, vor Mindanao) Ganz allein mit 2,5 Mio. der Fledertiere.

Dugong (vor der Insel Busuanga, Palawan) Ist es ein Wal oder ein Seehund? Diese eigenartige Mischung ist die Suche wert.

Philippinenadler (Mt. Apo, Mindanao) Gibt es einen besseren Ort, um nach diesem majestätischen Vogel Ausschau zu halten, als den höchsten Gipfel der Philippinen?

Suluhornvogel, eine von mehreren der außergewöhnlichen Nashornvogelarten der Inseln, die bekannt sind für ihre leuchtenden Schnäbel. Auch der Palawan-Pfaufasan ist ein bemerkenswerter Vogel: Die Männchen haben eine metallic-blaue Brust, lange weiße Augenbrauen und große metallic-blaue oder violette „Augen" auf den Schwanzfedern. Ihr Bestand gilt inzwischen als gefährdet, die Bodenbewohner leben nur noch in den tiefsten Wäldern auf Palawan.

Bei den Reptilien sind die Geckos allgegenwärtig. Es gibt auch zehn Arten von fliegenden Eidechsen, die mit Hilfe eines Hautlappens auf jeder Körperseite von Baum zu Baum gleiten. Schwerer zu entdecken ist die seltene Philippinische Segelechse mit dem namengebenden großen Hautsegel auf dem Schwanz. Am seltensten von allen ist das gefährdete Philippinen-Krokodil, das man im Sierra Madre Natural Park beobachten kann. Es gibt auch eine große Anzahl giftiger und ungiftiger Schlangen, darunter Pythons, Seeschlangen (die beim Schnorcheln zu beobachten sind) und die Philippinische Kobra, die ihr Gift 3 m weit spritzen kann – ein Schirm tut gute Dienste.

Natürlich kommen Taucher und Schnorchler auch auf die Philippinen, um einige der mehr als 2500 Fischarten zu sehen. Zu den größeren Meeresbewohnern gehören die Walhaie, die man typischerweise vor Donsol oder inzwischen häufiger vor Oslob auf Cebu sieht, und Fuchshaie, die ihre Beute mit Hilfe ihres riesigen Schwanzes vor sich her treiben. Beim Schnorcheln sieht man häufig Meeresschildkröten, einen festen Bestand gibt es vor dem Strand der Insel Apo.

Pflanzen

Als Nationalbaum der Philippinen gilt zwar der hübsche, gelb blühende *nara,* inoffiziell ist es eher die Mangrovenpalme, deren Blätter für Wände und Dächer der Mangrovenhütten im ganzen Land verwendet werden. Nationalblume ist die sehr aromatisch duftende *sampaguita*, eine Jasminart. Unschlagbar in Schönheit und Anzahl sind die ungefähr 900 endemischen Orchideenarten, darunter die *waling-waling (Euanthe sanderiana)* auf Mindanao und die rotgetupfte sternförmige Orchidee *Renanthera matutina*. Ebenfalls sehr beliebt sind Schlauchpflanzen (Cephalotaceen); seltenen Exemplaren begegnet man beim Klettern, da die Pflanzen abgelegene Hochlagen bevorzugen wie den Mt. Guiting-Guiting (S. 301) auf der Insel Sibuyan.

Ökotourismus

Bei so vielen Naturwundern auf so vielen schönen Inseln sollte man meinen, dass die Philippinen eine hoch entwickelte Ökotourismus-Industrie aufgebaut haben. Für die alles unter Wasser gilt das vielleicht auch. Allein im südlichen Negros sprießen neue Tauchresorts wie Hotels in Boracay. Selbst abgelegene Resorts haben inzwischen Tauchzentren. Passend zu diesem Aufschwung werden ständig Dutzende neue Meeresschutzgebiete ausgewiesen. Palawan hat mehr als 60, das südliche Negros über ein Dutzend. Das hat an Orten wie dem Hundred Islands National Park und dem Apo Reef Natural Park zu einem merkbaren Zuwachs an marinem Leben geführt. Aber um keine Missverständnisse aufkommen zu lassen: Es bleibt ein Kampf, die Schutzgebiete vor den einheimischen Fischern zu schützen, die häufig nachts eindringen. Es ist ziemlich ärgerlich, am Carbin Reef zu schnorcheln, das Teil von Panays Aushängeschild Sagay Marine Reserve ist, und keinen einzigen Fisch zu sehen, der länger als ein Finger ist.

Ökotourismus an Land ist zwar genauso gefragt, aber weit weniger möglich, was in erster Linie der fehlenden grundlegenden Infrastruktur geschuldet ist. Auf den ersten Blick scheinen die Philippinen ein robustes Nationalparksystem zu haben. 2012 gab es 240 geschützte Gebiete,

> Die größte Perle der Welt wurde 1934 von einem philippinischen Taucher in den Gewässern vor Palawan gefunden. Sie wog über 6 kg und hatte einen Wert von 42 Mio. US$.

die sich über fast 12 % der Fläche des Landes erstrecken. Allerdings erfüllen nur wenige die internationale Definition für einen Nationalpark. Nach Angaben von Conservation International gibt es in zwei Dritteln menschliche Siedlungen, und ein Viertel der Flächen sind bereits Störungen ausgesetzt oder werden landwirtschaftlich genutzt. Nur ein paar wenige Parks haben Angebote wie Büros, Karten, ausgewiesene Campingplätze oder überhaupt irgendwelche Einrichtungen. Man muss sich nur das größte Schutzgebiet des Landes anschauen, den 4766 km² großen Northern Sierra Madre Natural Park auf Luzon: Darin liegt ungefähr die Hälfte des verbliebenen Primärwalds der Philippinen, es gibt aber kein ausgebautes Wegenetz. Wer darin unterwegs sein will, muss viel Erfahrung mit Dschungeltrecks und einen ausgezeichneten einheimischen Führer haben.

Dieser Mangel an Infrastruktur betrifft auch die hiesige Tourismusindustrie. Nur eine Handvoll Unternehmen bietet Höhlenerkundungen, Dschungelwandern, Abseil-Abenteuer, Kajakausflüge, Wildtierbeobachtung und Mountainbike-Touren an, die für die Philippinen wie gemacht wären. Infolgedessen müssen Besucher ausgesprochen vorsichtig sein, wenn sie ein Trekkingunternehmen oder einen Guide suchen oder eine Outdoor-Expedition jedweder Art planen. Die notwendigen Zulassungen, Trainings, Notfallverfahren, Haftungsregelungen und professionelle Organisation sind einfach nicht vorhanden. Davon abgesehen bietet die unbeeinflusste Natur der Ökotourismusindustrie die Möglichkeit, ihre eigenen Wege zu gehen – sofern das mit der notwendigen Vorsicht geschieht. Beim Abwägen von Schlüsselfaktoren wie den örtlichen Wetterbedingungen muss man immer berücksichtigen, dass die Auskünfte des Führers eher nach wirtschaftlichen als nach Sicherheitserwägungen erfolgen könnten – sein Lohn beträgt weniger als 2 US$ am Tag. Im Zweifel sollte man die Touristeninformationen aufsuchen, die sind im allgemeinen ausgezeichnet.

Zwei interessante neue Ökotourismus-Modelle sollten erwähnt werden. Eines entstand in Oslob, Cebu, wo die Bewohner des Fischerdorfs ihren Lebensunterhalt jetzt damit verdienen, mit Touristen hinauszufahren, die Walhaie sehen und mit ihnen schnorcheln wollen. Einige kritisierten das Modell, weil die Fischer die Haie durch Füttern anlocken und das Meeresäquivalent eines Futterhäuschens schaffen, aber andere heben hervor, dass keine Haie verletzt werden, die Besucher Schlange stehen und viele das Ganze als Erlebnis ihres Lebens betrachten. Gleichzeitig nimmt der Druck durch das Fischen ab, und niemand jagt die Haie mehr wegen ihrer Schwanzflossen.

Das zweite Modell ist eine Kombination aus Ökotourismus und Abenteuersport. In Tibiao, Panay, hat die örtliche Behörde das Gebiet um den Fluss Tibiao in den Tibiao EcoAdventure Park (S. 253; TEA Park) umgewandelt. Es gibt zwei Touranbieter, einfache Unterkünfte, man kann Kajak fahren, wandern und seilrutschen. Alles dient in erster Linie dazu, Besucher von Boracay wegzulocken. Wenn sich dieses kommunale Modell als profitabel erweist, wird es sicher anderswo Nachahmer finden.

Umweltprobleme

Man nehme eine außergewöhnliche Umgebung aus 7107 tropischen Inseln, füge 100 Mio. Menschen dazu, von denen viele weit unter der Armutsgrenze leben, und verwalte diese Gesellschaft mit einem bekanntermaßen zerrütteten und korrupten politischen System. Als Ergebnis erhält man eine lange Liste von Umweltsünden, darunter Waldzerstörung, Bodenerosion, ungeeignete Abfallentsorgung, Luft- und Wasserverschmutzung, Überfischung, schädliche Angelmethoden und Vernichtung von Korallenriffen. Doch nicht alle Schäden sind selbst verursacht.

2014 strich die UNESCO einige Weltkulturerbe-Stätten der Philippinen von ihrer Liste, darunter die Insel Panglao, den Mt. Apo und den Vulkan Taal, weil Umweltstandards nicht eingehalten wurden.

Die Umwelt auf den Philippinen leidet auch an einigen gut bekannten externen Ursachen, von den Plastikflaschen, die aus dem Rest Südostasiens angeschwemmt werden bis zu den vielen Auswirkungen des Klimawandels.

Es ist ein andauernder Kampf zwischen den vielen Quellen dieser Probleme und den vielen Umweltschutzorganisationen, sowohl behördlichen wie auch nichtstaatlichen, die sich ihnen entgegenstellen. Die heutigen Gegebenheiten sind in erster Linie ein Produkt dieses Konflikts, und die sich verschiebende Frontlinie ist überall zu besichtigen.

Abholzung

Die Walddecke der Philippinen ist im Verlauf des letzten Jahrhunderts von 70 % auf unter 20 % geschrumpft; vom ursprünglichen Altwaldbestand mit geschlossenem Baumkronendach sind nur noch 7 % übrig. Wenn weiter im gegenwärtigen Ausmaß abgeholzt wird, sind die Wälder des Landes bis zum Jahr 2100 verschwunden. Dessen ungeachtet sind immer noch erstaunliche 75 % des philippinischen Waldes zur forstlichen Nutzung freigegeben. Zusammen mit der starken Bodenerosion ist diese Tatsache besonders besorgniserregend, weil die Wälder der Inseln der letzte Rückzugsort für so viele endemische Spezies sind.

Unkontrollierter Holzschlag, massive Ausweitung der landwirtschaftlichen Nutzung und die Verstädterung haben ihren Tribut gefordert. Die Besitzansprüche der indigenen Völker auf die Hochlandregionen wurden von den städtischen Eliten ignoriert. Die Behörden haben regelmäßig Abholzgenehmigungen von weniger als zehn Jahren erteilt, und die Holzfäller haben keinerlei Auflagen zur Wiederaufforstung. Der Großteil des restlichen Baumbestands der Philippinen ist nur geschützt, weil er in großen Höhen wächst, die schwierig zu erreichen sind.

Bergbau

Ein verwandtes Problem ist der Bergbau. Es gibt schätzungsweise 500 000 kleine Minen, die in mehr als 30 philippinischen Provinzen betrieben werden, viele davon illegal, viele verwenden giftiges Quecksilber. Dazu kommen riesige Bergbaukonzerne, die die Behörden ständig wegen weiterer Konzessionen bedrängen. Die Regierung behauptet, dass ausreichende Sicherheitsvorkehrungen getroffen seien, um die sozialen Probleme und die Umweltschäden zu verhindern, die in der Vergangenheit Bergbauprojekte begleiteten. So wurde beim Marcopper-Unglück 1996 ein ganzes Flusssystem vergiftet. Doch wenn es etwas gibt, das diese Behauptung widerlegt, dann die ständige ungestrafte Ermordung von Umweltaktivisten – mindestens 16 unter der Regierung Aquino – durch (para-)militärische Kräfte. Einige der Morde geschahen in aller Öffent-

---

UMWELTSCHUTZORGANISATIONEN

Auf den folgenden Websites findet man Informationen zu den Umweltproblemen der Philippinen.

Coral Cay Conservation (www.coralcay.org) Arbeitet am Schutz der Korallenriffe und anderer tropischer Wälder.

Haribon Foundation (www.haribon.org.ph) Einer der Vorreiter der philippinischen Umweltschutzbewegungen; ihr Ziel ist der Schutz der Artenvielfalt des Landes. Schützt aktiv die Habitate bedrohter Arten und andere Gebiete.

Negros Forests & Ecological Foundation Inc (www.negrosforests.org) Arbeitet zum Schutz verschiedener Habitate auf den Philippinen mit Hauptaugenmerk auf Negros.

Biodiversity Management Bureau (www.bmb.gov.ph) Links zu verschiedenen Schutzprojekten der philippinischen Regierung.

lichkeit. 2007 wurde Ratsmitglied Armin Marin von der Insel Sibuyan vor laufender Kamera erschossen, umgeben von vielen Zeugen, während er eine Anti-Bergbau-Demo anführte. Nach fünf Jahren Untersuchungen und Gerichtsverhandlungen wurde der Angeklagte, ein Sicherheitsoffizier in Zivil, zu einer Freiheitsstrafe von drei Jahren wegen „strafbarer Fahrlässigkeit" verurteilt und frühzeitig wieder auf freien Fuß gesetzt.

Verschmutzung

Nach Angaben des WWF werden nur etwa 10 % des anfallenden Mülls behandelt oder umweltverträglich entsorgt. Wenig überraschend ist die Verschmutzung von Grundwasser, Flüssen, Seen und Küstenregionen daher ein zunehmendes Problem auf den Philippinen. Nur ein Drittel der Flusssysteme gilt als unbedenklich für die öffentliche Trinkwasserversorgung. Dafür ist zum Großteil die mangelhafte Bewirtschaftung, einschließlich schlechter Planung und fehlender Durchsetzung von Vorschriften verantwortlich.

Schäden vor der Küste

Das Küstenökosystem der Philippinen erstreckt sich über fast 20 000 km – kein Wunder, dass das Land eines der ersten Opfer des Klimawandels wurde. Die Kombination aus steigenden Meerestemperaturen, Versauerung und außergewöhnlichen Stürmen hat den Riffen vor der Küste große Schäden zugefügt. Jahrhundertealte Korallen sterben quasi über Nacht. Die Weltbank schätzte kürzlich, dass nur noch etwa 1% der philippinischen Korallenriffe in tadellosem Zustand ist, aber mehr als 50 % kränkeln. Schnorchler rund um Puerto Galera und Boracay finden nur noch einen Korallenfriedhof vor. Auch Perlenfarmen werden immer unproduktiver.

Die Bebauung an den Küsten hat die Meeresumwelt weiter geschädigt, darunter auch Mangroven und Seegrasgewächse. Das Bevölkerungswachstum hat den Bedarf an Baumaterialien und Wohnraum weiter steigen lassen, daher wird überall abgegraben, ausgebaggert und neues Land gewonnen. Die Mangrovenbestände leiden außerdem unter der Aquakulturindustrie – sie sind im letzten Jahrhundert um über 60 % zurückgegangen.

Da auch die Bevölkerung in den Fischerdörfern immer weiter wächst, sind die Fischbestände überfischt. Zudem verwenden viele Fischer weiterhin zerstörerische Methoden wie Dynamit, Zyanid und Chlor. Das Ergebnis ist eine absolut nicht nachhaltige Fischindustrie. Nach Angaben der Asian Development Bank (Asiatische Entwicklungsbank) beklagen die Trawler in manchen Gebieten rund um die Philippinen einen Rückgang der Fangquote von 90 % – in Fischgründen, die eigentlich zu den ergiebigsten der Welt zählen sollten.

Praktische Informationen

ALLGEMEINE INFORMATIONEN.. 496
- Botschaften & Konsulate.............. 496
- Essen 496
- Feiertage & Ferien 496
- Frauen unterwegs 497
- Freiwilligenarbeit 497
- Gefahren & Ärgernisse .. 497
- Geld 498
- Internetzugang......... 499
- Karten & Stadtpläne 499
- Kinder................. 499
- Öffnungszeiten......... 499
- Post................... 499
- Rechtsfragen........... 499
- Reisen mit Behinderung 500
- Schwule & Lesben 500
- Strom.................. 500
- Telefon 500
- Toiletten...............501
- Touristeninformation.....501
- Unterkunft..............501
- Versicherung........... 502
- Visa................... 502
- Zeit 503
- Zoll 503

VERKEHRSMITTEL & -WEGE .. 504
- Einreise 504
- Flugzeug 505
- Übers Meer 505
- Auto & Motorrad 505
- Bus & Van 506
- Fahrrad................ 507
- Flugzeug 507
- Nahverkehr 507
- Schiff/Fähre 508
- Zug 509

GESUNDHEIT 510

SPRACHE..........517

Allgemeine Informationen

Botschaften & Konsulate

Die Website des **philippinischen Außenministeriums** (Department of Foreign Affairs, DFA; www.dfa.gov.ph) führt alle diplomatischen Auslandsvertretungen der Philippinen auf. Ebenfalls aufgelistet sind alle ausländischen Botschaften und Konsulate vor Ort.

Deutschland Cebu City (Konsulat; ☎032-236 1318; Ford's Inn Hotel, AS Fortuna St); Manila (Botschaft; ☎02-702 3000; www.manila.diplo.de; 25/F Tower 2, RCBC Plaza, 6819 Ayala Ave)

Indonesien (Konsulat; ☎082-297 2930; www.kemlu.go.id/davaocity; General Ecoland Subdivision, Matina, Davao)

Malaysia (Konsulat; ☎082-221 4050; mwdavao@kln.gov.my; 3. Stock, Florentine Bldg., A Bonifacio St, Davao; ⊙Mo–Fr 8–16 Uhr)

Österreich Manila (Botschaft; ☎02- 817 91 91; www.bmeia.gv.at/botschaft/manila.html; 4. Stock, Prince Bldg., 117 Thailand St (früher Rada St), Legaspi Village, Makati)

Schweiz Manila (Botschaft; ☎02- 845 45 45; www.eda.admin.ch/manila;24/F BDO Equitable Tower, 8751 Paseo de Roxas, Makati)

Essen

Details zur philippinischen Küche liefert das Kapitel „Essen & Trinken" (S. 481).

Feiertage & Ferien

Im Gegensatz zu Banken oder Behörden haben die meisten Läden und Einkaufszentren an allgemeinen Feiertagen geöffnet. Nur an Gründonnerstag und Karfreitag ist landesweit der Laden überall dicht. Dann fahren sogar die meisten öffentlichen Verkehrsmittel nicht, und manche Fluglinien lassen ihre Maschinen am Boden. Starker Reiseverkehr herrscht während des chinesischen Neujahrsfests (31. Jan.–15. Feb.) und der japanischen Goldenen Woche (29. April–5. Mai).

Neujahr 1. Januar

People-Power-Tag 25. Februar

Gründonnerstag Verschieden; im März oder April

Karfreitag Verschieden; am Tag nach Gründonnerstag

Araw ng Kagitingan (Bataan Day) 9. April

Tag der Arbeit 1. Mai

Unabhängigkeitstag 12. Juni

Ninoy-Aquino-Tag 21. August

Tag der Nationalhelden Letzter Sonntag im August

Allerheiligen 1. November

Ende des Ramadan Hängt vom islamischen Kalender ab

Bonifazius-Tag 30. November

Weihnachten 25. Dezember

Rizal-Tag 30. Dezember

Silvester 31. Dezember

Muslimische Feiertage

Die meisten muslimischen Feiertage werden nur in den muslimischen Teilen Mindanaos begangen (ein paar davon aber auch landesweit).

Hari Raya Haji abhängig vom islamischen Kalender

Hijra-Neujahr Verschieden; hängt vom islamischen Kalender ab

Maulod En Nabi (Geburtstag des Propheten) Verschieden; hängt vom islamischen Kalender ab

---

RESTAURANTPREISE

Die folgenden Angaben gelten für ein normales Hauptgericht. Sofern nicht anderweitig vermerkt, enthalten alle Preise die philippinische Mehrwertsteuer von 12 %.

$ unter 120 P

$$ 120–250 P

$$$ über 250 P

PRAKTISCH & KONKRET

Maße & Gewichte Auf den Philippinen gilt das metrische System (z. B. bei Gewichten und Entfernungsangaben). Im Alltag werden jedoch häufig auch *inches* (Zoll), *feet* (Fuß) und *yards* (bei Textilien) verwendet.

Radio Zu Manilas hörenswerten Sendern gehören Monster Radio RX 93,1 (aktuelle Popmusik) und Jam 88,3 (eher Independent bzw. Alternative).

TV Teils auf Englisch, teils auf Tagalog senden sieben große Gesellschaften von Manila aus (u. a. ABS-CBN und GMA). In den meisten Mittelklassehotels gibt's Kabelfernsehen mit 20 bis 120 Kanälen. Darunter sind ein paar ominöse Regionalsender sowie einige philippinische und ausländische Spielfilmkanäle. Hinzu kommen große internationale Nachrichten- und Sportsender wie BBC oder ESPN.

Zeitungen & Zeitschriften Die lebhafte Presse der Philippinen nimmt kein Blatt vor den Mund. Neben etwa 20 großen National- und Regionalzeitungen auf Englisch erscheinen hier auch zahllose Regionalblätter. Die besten großformatigen Publikationen sind der *Philippine Daily Inquirer* (www.inquirer.net), die *Business World* (www.bworldonline.com) und der *Business Mirror* (www.businessmirror.com.ph). Zu den anderen großen und landesweit erscheinenden Tageszeitungen zählen der *Philippine Star* (www.philstar.com) und das *Manila Bulletin* (www.mb.com.ph). Hervorragende Quellen für aktuelle Nachrichten sind das *Philippine Center for Investigative Journalism* (www.pcij.org) und die seit 2012 existierende Multimedia-Website *Rappler* (www.rappler.com).

Ramadan Verschieden; hängt vom islamischen Kalender ab

Hari Raya Puasa (Fest am Ende der Fastenzeit) Beginnt am letzten Abend des Ramadan und geht mitunter drei Tage

Frauen unterwegs

Weibliche Traveller bekommen im Großteil des Landes nur wenige Probleme, aber eventuell mehr Aufmerksamkeit als gewohnt – vor allem, wenn sie außerhalb großer Touristenzentren allein unterwegs sind. Es empfiehlt sich außerdem, bei Trips mit Übernachtung vorab den Ruf des Guides zu überprüfen. Dies ist jedoch überall und nicht nur speziell auf den Philippinen ratsam.

In konservativen muslimischen Gebieten auf Mindanao sollte angemessene Kleidung getragen werden (d. h. lange Hosen und langärmelige Oberteile).

Freiwilligenarbeit

Coral Cay Conservation (www.coralcay.org) Schützt Korallenriffe und Tropenwälder.

Gawad Kalinga (in Manila 02-533 2217; www.gk1world.com/ph) Errichtet nicht nur Häuser, sondern ganze Gemeinden für Arme und Obdachlose. Freiwillige können z. B. bei Bauarbeiten mithelfen oder Kinder unterrichten.

Habitat for Humanity (02-846 2177; www.habitat.org.ph) Schafft landesweit Wohnraum für Arme und konzentriert sich auf Gebiete, die von Naturkatastrophen betroffen sind.

Hands On Manila (www.handsonmanila.org.ph) Braucht immer Freiwillige, die sich in Katastrophengebieten und bei anderen Projekten auf den ganzen Philippinen engagieren.

Haribon Foundation (02-421 1209; www.haribon.org.ph) Alteingesessene Umweltschutzorganisation mit Schwerpunkt auf wissenschaftlicher Forschung und Projekten zur Stärkung von Gemeinden.

Rise Above Foundation (032-255 1063; www.riseabove-cebu.org; 252 I Limkaeng St, Happy Valley Subd, Cebu City) Organisiert Wohnungsbau-, Bildungs- und Ausbildungsprojekte in Cebu; Freiwillige haben uns kürzlich ein positives Feedback gegeben.

Springboard Foundation (02-821 5440; www.springboard-foundation.org) Ist selbst keine Freiwilligenorganisation, unterhält aber Kontakte zu vielen wohltätigen Gruppen, die ehrenamtliche Arbeit auf den Philippinen leisten.

Volunteer for the Visayas (0917 846 6967; www.visayans.org) Verschiedene Freiwilligenprogramme im Bereich von Tacloban (Leyte).

World Wide Opportunities on Organic Farms (0908 608 4369; www.wwoof.ph) Zu den diversen WWOOF-Bauernhöfen auf den Philippinen zählen u. a. der Julia Campbell Agroforest Memorial Park und die Enca Farm (beide Nord-Luzon).

WWF Philippines (www.wwf.org.ph) Vermittelt Mitarbeit bei Projekten zum Schutz von Biodiversität und einzelnen Arten.

Gefahren & Ärgernisse

➜ Auf den Philippinen lauern allerlei Gefahren: Taifune, Erdbeben, Vulkanausbrüche, Erdrutsche und andere Naturkatastrophen können hier den eigenen Reiseplan zunichte machen – oder noch

Schlimmeres anrichten, falls man sich zufällig zur falschen Zeit am falschen Ort aufhalten sollte.

➡ Folgende Websites liefern Infos zur aktuellen Wetterlage: www.typhoon2000.ph (gute Karten und Vorhersagen), www.pagasa.gob.ph (staatlich), www.passageweather.com und www.myweather2.com.

➡ Zudem sollten Traveller immer die Nachrichten verfolgen und zur Änderung ihrer Reisepläne bereit sein, um Krisengebiete zu umgehen.

➡ Auf Mindanao (vor allem in dessen Mitte und Südwesten) und den Sulu-Inseln liefern sich Regierungstruppen manchmal Kämpfe mit Separatistengruppen.

➡ Vor allem Manila ist für ein paar weit verbreitete Abzockmaschen gegenüber Touristen bekannt.

Geld

Landeswährung ist der Philippinische Peso (P). Ein Peso besteht aus 100 Centavos. Weit verbreitet sind Banknoten im Wert von 20, 50, 100, 200, 500 und 1000 P. Die meisten Münzen haben einen Wert von 1, 5 oder 10 P. Geldautomaten gibt's auf den Inseln überall. Hotels, Restaurants und einige Läden akzeptieren im Allgemeinen Kreditkarten (Achtung: In entlegenen Ecken allerdings sehr oft nicht!). Für Infos zu Trinkgeldern s. S. 21.

Bargeld

➡ US-Dollar in bar empfehlen sich für den Fall, dass man in einer Gegend ohne funktionierende Geldautomaten steckenbleibt. Andere Währungen (z. B. Euro, Schweizer Franken) lassen sich außerhalb von größeren Städten vergleichsweise schwerer umtauschen.

➡ *Sorry, no change* (Tut mir leid, kein Wechselgeld) ist in den Provinzen sehr oft zu vernehmen. Somit sollte man sich bei jeder Gelegenheit mit Münzen plus Banknoten im Wert von 20, 50 und 100 P eindecken.

Geldautomaten

➡ Die Straßen aller halbwegs großen Provinzstädte werden von zahllosen Geldautomaten gesäumt, die normalerweise problemlos neue Scheine im Wert von 500 und 1000 P ausspucken.

➡ In manchen Regionen (z. B. im Großteil Palawans) sind jedoch keine Geldautomaten zu finden.

➡ Karten des Maestro-Cirrus-Netzwerks werden am häufigsten akzeptiert – gefolgt von Visa/Plus und American Express (Amex).

➡ Geräte der Banco de Oro (BDO), der Bank of the Philippine Islands (BPI) und der Metrobank funktionieren am häufigsten mit den meisten westlichen Karten.

➡ Bei den meisten Automaten wird pro Transaktion eine Gebühr von 200 P fällig, während höchstens 10 000 P auf einmal abgehoben werden können (Citybank max. 15 000 P, HSBC in Manila und Cebu max. 40 000 P).

Kreditkarten

➡ Viele Hotels, Restaurants und Geschäfte akzeptieren bekannte Kreditkarten.

➡ Für Transaktionen per Plastikgeld verlangen Läden sehr oft eine separate Bearbeitungsgebühr (meist 4–6 %).

➡ Kreditkartenterminals in entlegenen Gebieten haben manchmal Verbindungsprobleme. In einem solchen Fall muss man mit dem Bezahlen warten, bis die Geräte wieder online sind.

➡ Achtung: Selbst bei Großunternehmen wie Phil-

REISEN MIT EIGENER RETTUNGSWESTE

Die philippinische Seefahrtsstatistik scheint nur aus Katastrophen zu bestehen. Beispielsweise kenterte 2008 die MV *Princess of the Stars* (437 Todesopfer), fünf Jahre später sank die MV *St. Thomas Aquinas* (114 Todesopfer). An Bord mancher Boote gibt es Rettungswesten – allerdings oft nur in unzureichender Anzahl, da die klapprigen Kähne regelmäßig komplett überfüllt sind. Vorhandene Westen sind oft nicht viel mehr als orangefarbene Kragen mit zweifelhafter Funktion; Sicherheitsunterweisungen finden leider kaum jemals statt. In puncto Bootsreisen neigen Philippiner zum Fatalismus. Ich selbst möchte jedoch keinesfalls wegen der Nachlässigkeit anderer Leute ertrinken. Nachdem zwei meiner Kollegen bei stürmischen Überfahrten mit philippinischen Booten fast ums Leben gekommen wären, habe ich mir eine topmoderne Rettungsweste (o. k., eigentlich in orangefarbenes Tuch eingenähte Styroporstücke) zugelegt. Die hat mich dann zu den Batan-Inseln und im ganzen Süden Luzons begleitet. Besonders froh darüber war ich bei der Durchquerung des „Taifun-Highways" zwischen Catanduanes und Caramoan – denn an Bord von Fischer-*bangkas* existieren grundsätzlich nie Rettungswesten. Nach meiner letzten Passage zwischen Marinduque und Lucena habe ich das gute Stück schließlich an Bord zurückgelassen, wo es seitdem das spärliche Westenarsenal des Bootes ein klein wenig aufstockt.

Anna Kaminski

ippine Airlines kann es unter Umständen viele Monate dauern, bis per Kreditkarte beglichene Beträge zurückerstattet werden.

→ Mit einer Kreditkarte lässt sich auch Bares bei den meisten philippinischen Banken abheben.

Internetzugang

→ Theoretisch kann man im Großteil des Landes online gehen (ca. 25 P/Std., in sehr entlegenen Gegenden bis zu 50 P/Std.). Konkret funktioniert der Internetzugang hier aber regelmäßig gar nicht oder nur sehr unzuverlässig bzw. langsam. Dies gilt z. B. für Manila mit seinen stets überlasteten Netzwerken.

→ Immer weniger Hotels und Resorts haben Gästecomputer. Unterkünfte, Cafés und manche Restaurants stellen allerdings zunehmend WLAN zur Verfügung. Doch auch in diesem Fall ist erfolgreiches Einloggen sehr oft Glückssache.

→ Das Symbol @ kennzeichnet Unterkünfte mit internetfähigen Gästecomputern. Wenn WLAN vorhanden ist, wird dies durch das Symbol 🛜 angezeigt. Hinweis: Drahtloszugang gibt's des Öfteren nur in der Lobby oder in servernahen Quartieren – wer ihn direkt im Zimmer braucht, sollte somit vorher entsprechend nachfragen. Sofern nicht anderweitig vermerkt, ist WLAN immer gratis.

→ Über Prepaid-Dongles (ca. 3000 P) lassen sich eigene Laptops per USB mit den Netzwerken von Smart und Globe verbinden. Auf den Websites beider Unternehmen finden sich mitunter Werbeangebote für internationales WLAN.

→ Die normalen Drahtlos-Netzwerke von Globe und Smart können auch mit internetfähigen Handys genutzt werden.

Karten & Stadtpläne

→ Mit *Philippines* (20 US$; Maßstab 1:1 500 000; international erhältlich) gibt der Nelles Verlag die wohl beste Übersichtskarte zum ganzen Land heraus.

→ E-Z Maps (S. 109) und **Accu-Map** (www.accu-map.com) decken die meisten großen Inseln, Großstädte und Touristengebiete mit hervorragenden Regionalkarten ab. Diese bekommt man überall bei örtlichen Hotels, Flughäfen, Buchläden und Tankstellen.

→ Die Kartografiebehörde **Namria** (📞02-887 5446; www.namria.gov.ph; Lawton Ave, Fort Bonifacio, Makati, Manila) produziert und verkauft topografisches Material zu praktisch allen philippinischen Regionen. Diese Karten sind sehr detailreich und zudem online einsehbar.

Kinder

Philippiner lieben Kinder und haben auch Eltern ziemlich gern. Zusammen mit seinem Nachwuchs wird man daher im Mittelpunkt vieler Unterhaltungen stehen. Obendrein finden die Kleinen hier garantiert genug Spielgefährten.

→ Babybedarf (z. B. Wegwerfwindeln, Säuglingsmilchnahrung) ist den meisten kleineren und allen großen Städten erhältlich. Vor dem Aufbruch in entlegenere Ecken sollte aber unbedingt ein entsprechender Vorrat gekauft werden.

→ Viele Hotels und Resorts vermieten Familienzimmer (die bevorzugte Option reisender Philippiner). Auf Anfrage werden oft auch Kinderbetten gestellt.

→ Diskretes Stillen in der Öffentlichkeit ist überall akzeptabel. Eine Ausnahme hierzu bilden lediglich manche konservativen muslimischen Gebiete im Süden.

→ Taxis mit Kindersitzausstattung sind so gut wie nicht aufzutreiben.

→ Viele Restaurants stellen Hochstühle auf Anfrage.

→ Für weitere nützliche Tipps zum Thema empfiehlt sich *Travel with Children* von Lonely Planet.

Öffnungszeiten

Banken Mo–Fr 9–16.30 Uhr (meiste Geldautomaten 24 Std.)

Bars 18 Uhr–open end

Behörden & Firmenbüros Mo–Fr 8 od. 9–17 od. 18 Uhr (Mittagspause 12–13 Uhr)

Botschaften & Konsulate Mo–Fr 9–13 Uhr

Einkaufszentren 10–21.30 Uhr

Postfilialen Mo–Sa 9–17 Uhr

Restaurants 7 od. 8–22 od. 23 Uhr

Supermärkte 9–19 od. 20 Uhr

Post

Von den Philippinen nach Europa braucht Post im Durchschnitt eine Woche. In Gegenrichtung erfolgt die Zustellung jedoch langsamer und weniger zuverlässig (alternativ am besten auf Kurierdienste wie FedEx oder UPS zurückgreifen!).

Rechtsfragen

→ Am besten die Finger ganz von Drogen lassen: Schon der Besitz von Marihuana zum persönlichen Gebrauch kann zu einer Haftstrafe führen.

→ Bei Problemen mit Polizei und Justiz heißt es zuerst die eigene Botschaft kontaktieren. Somit sollte man deren Telefonnummer stets parat haben und bei Bedarf auf einen entsprechenden Anruf bestehen.

→ Bis heute werden Vergehen im philippinischen Straßenverkehr oft mit kleinen Schmiergeldern geregelt.

Reisen mit Behinderung

➡ Schmale Türen, beengte Minitoiletten und Treppen vor Hoteleingängen sind landesweit die Norm. Eine Ausnahme bilden lediglich Vier- oder Fünfsternehotels in Manila, Cebu und ein paar größeren Provinzstädten.

➡ Philippinische Aufzüge funktionieren sehr oft nicht. Im ländlichen Raum gelangt man häufig nur mit gewisser Mühe an Bord von beliebigen Verkehrsmitteln.

➡ Andererseits sind die meisten Philippiner äußerst hilfsbereit. Zudem ist es hier recht günstig, Taxis für Tagestrips zu mieten und idealerweise noch eine Hilfsperson zu engagieren.

➡ Allgemeine Informationen zum Reisen mit Behinderung liefern diese Organisationen:

Mobility International Schweiz (www.mis-ch.ch)

MyHandicap Deutschland (www.myhandicap.de)

MyHandicap Schweiz (www.myhandicap.ch)

Nationale Koordinierungsstelle Tourismus für Alle e. V. (Natko; www.natko.de)

Schwule & Lesben

➡ *Bakla* (Schwule) und *binalaki* bzw. *tomboy* (Lesben) werden auf den Philippinen fast überall akzeptiert.

➡ In den Großstädten gibt's fest etablierte Schwulenszenen. Ausländer sollten sich jedoch vor Strichjungen und Belästigungen durch die Polizei hüten.

➡ Der Remedios Circle in Malate ist das Zentrum von Manilas schwulem Nachtleben. Im Juni findet hier auch eine Gay-Pride-Parade statt.

➡ **Utopia Asian Gay & Lesbian Resources** (www.utopia-asia.com) ist eine der schwul-lesbischen Infowebsites zu den Philippinen.

Strom

220 V/60 Hz

Telefon

Die Philippine Long Distance Telephone Company (PLDT) betreibt das Festnetz der Philippinen. Ortsgespräche gibt's fast gratis, und Ferngespräche innerhalb des Landes sind ebenfalls sehr günstig.

Anrufe ins Ausland sind in allen PLDT-Filialen und vielen Hotels (Achtung: Dort sehr teuer!) möglich. Die PLDT bietet einen Flatrate-Tarif (0,40 US$/Min.) für Auslandstelefonate an. Diese kosten deutlich mehr, wenn sie über eine Vermittlung geführt werden.

Handys

Die Philippinen werden regelmäßig zu den handyverrücktesten Ländern der Welt gezählt. Auch Smartphones erfreuen sich hier steigender Beliebtheit. Das Schreiben von SMS ist ein nationaler Zeitvertreib und oft die beste Methode, um Unterkünfte zu buchen oder sich mit philippinischen Freunden abzusprechen. Somit lohnt es sich, beim nächsten Einkaufszentrum für sehr wenig Geld eine hiesige SIM-Karte (funktioniert mit fast allen Handys) zu kaufen.

Pro SMS werden landesweit nur etwa 1 bis 2 P fällig. Leider wechseln hiesige Geschäfte und Unterkünfte ständig ihre Nummern. Zumeist geben sie jedoch das jeweilige verwendete Netzwerk an (normalerweise Globe oder Smart). Empfang und Netzabdeckung variieren landesweit sehr stark. Wer eine bestimmte Region bereisen möchte, sollte daher vorab entsprechende Empfehlungen bei Einheimischen einholen.

Roaming mit dem eigenen Handy ist ebenfalls möglich, aber sehr oft extrem teuer.

Telefonkarten

➡ Zum Benutzen der neuen SIM-Karte mit philippinischer Handynummer empfiehlt sich eine Prepaid-Telefonkarte (Guthaben zumeist 100 oder 200 P). Diese sind überall bei Hotels, *sari-sari*-Läden und Telefonkiosken erhältlich.

➡ PLDT-Karten wie Budget (für Auslandsgespräche), Pwede oder Touch ermöglichen Gespräche von allen PLDT-Festnetzanschlüssen. Zudem funktionieren sie mit allen PLDT-Kartentelefonen in Hotelfoyers, Geschäfts- und Einkaufszentren. Bei Auslandsgesprächen per Budget-Karte kostet die Minute etwas mehr als 3 P. Die Varianten Pwede und Touch erlauben spottbillige Inlandsverbindungen von allen Festnetzanschlüssen oder Telefonzellen der PLDT.

Vorwahlen

Bei Anrufen auf Handys oder Ferngesprächen innerhalb des Landes ist zuerst die ✆0 zu wählen. Dann folgen die jeweilige Orts- bzw. Handyvorwahl und die siebenstellige Anschlussnummer. Nützliche Vorwahlen bei Festnetztelefonaten:

Ländercode der Philippinen
✆63

Internationaler Einwahlcode
✆00

PLDT-Telefonauskunft ☏187
(landesweit)

Internationale Telefonvermittlung ☏108

Landesweite Telefonvermittlung ☏109

Toiletten

➡ Toiletten werden hier überall CR genannt. Diese Abkürzung steht für den angenehm beschönigenden Begriff comfort room.

➡ Öffentliche Örtchen sind praktisch nur an manchen Busbahnhöfen und Häfen vorhanden. Bei Bedarf muss man daher ein Fast-Food-Restaurant aufsuchen.

➡ Die philippinischen Wörter lalake (Herren) und babae (Damen) kennzeichnen die getrennten Bereiche für die beiden Geschlechter.

➡ In manchen Billighotels gibt's keine Toilettensitze.

➡ Philippinische Männer erleichtern sich oft an der nächsten Mauer. So ist vielerorts der Hinweis Bawal Ang Umihi Dito! (Pinkeln verboten!) zu lesen.

Touristeninformation

➡ Das **Philippine Department of Tourism** (DOT; www.itsmorefuninthephilippines.com; www.visitmyphilippines.com) ist die offizielle Tourismusbehörde des Landes.

➡ Neben dem Hauptsitz in Manila unterhält das DOT auch Ableger in allen regionalen Touristenhochburgen. Diese Büros rangieren irgendwo zwischen halbwegs hilfreich und komplett nutzlos. Die meisten davon vermitteln zumindest Unterkünfte. Bessere Versionen helfen auch bei der Suche nach Guides und Leihfahrzeugen. Mancherorts sind jedoch tatsächlich selbst veranstaltete Abenteuertrips im Angebot – z. B. Walhaitouren in Donsol, Höhlenwandern in Tuguegarao (nördliches Luzon) oder Tauchen am Apo Reef (Kontakt: Touristeninformation in Sablayan, Provinz Occidental).

Unterkunft

Der Spitzenklassebereich reicht von großstädtischen Luxustempeln (z. B. dem Shangri-La in Manila) bis hin zu extravaganten Privatinseln, deren Resortgäste per Hubschrauber oder Wasserflugzeug anreisen. Ganz unten am anderen Ende der Preisskala gibt's fensterlose „Zellen" mit hauchdünnen Wänden, nur kaltem Wasser und weder Ventilator noch Klimaanlage. Natürlich liegen die allermeisten Unterkünfte irgendwo dazwischen.

Sehr große Unterschiede bestehen zwischen Bleiben mit philippinischen oder ausländischen Travellern als jeweilige Zielgruppe. Erstere bestehen oft aus Beton, haben klimatisierte Zimmer in Familiengröße und legen wenig Wert auf Ästhetik. Letztere sind dagegen normalerweise eleganter und geschmackvoller gestaltet (u. a. mit indigenen Stilelementen wie Schilfdächern) – zumindest, wenn die Inhaber aus dem Ausland und insbesondere aus Europa stammen. Parallel steigt die Zahl der Unterkünfte, die speziell auf die immer mehr werdenden Touristen aus China und Korea abzielen.

Auf einem Archipel mit Tausenden Inseln spielen Strandunterkünfte theoretisch die wichtigste Rolle. Doch leider gibt's hier keine nennenswerte Flächennutzungs- oder Stadtplanung. So werden wunderschöne Naturlandschaften häufig von willkürlich und schlampig errichteten Gebäudegruppen verschandelt. Doch vom modernen Boutiquehotel bis hin zum Aufenthalt bei einer einheimischen Familie bieten die Philippinen trotzdem etwas für jeden Geschmack.

Resorts Reichen von einfachen, ventilatorgekühlten Hütten aus den Blättern der Nipa-Palme bis hin zu ultraluxuriösen Privatinseln, die in Südostasien ihresgleichen suchen. Resorts in europäischem Besitz sind zumeist eleganter gestaltet.

Hotels Zielen oft auf philippinische Touristen ab und sind dann langweilige, klimatisierte Betonbauten mit mehreren Betten in Familienzimmern. In den Großstädten sind internationale Ketten vertreten. Manilas Fünf-Sterne-Hotels entsprechen opulenten Luxuspalästen.

Pensionnes Eine Art Allerweltswort für günstigere, eigenständig geführte Hotels.

Hostels Sind bei ausländischen Travellern als Zielgruppe meist komfortabler; wo hauptsächlich junge Filipinos absteigen, haben die Betten oft eine geringere Länge.

Anzahlungen

Vor allem im Spitzenklassebereich verlangen viele Resorts eine Anzahlung (generell 20–50 %), die oft nicht rückerstattbar ist, wenn

---

STAATLICHE REISEINFORMATIONEN

Die folgenden staatlichen Reisewebsites liefern nützliche Hinweise und informieren über aktuelle Krisengebiete.

Deutschland (www.auswaertiges-amt.de/DE/Laenderinformationen/00-SiHi/PhilippinenSicherheit.html)

Österreich (www.bmeia.gv.at/reise-aufenthalt/reiseinformation/land/philippinen/)

Schweiz (www.eda.admin.ch/countries/philippines/de/home/reisehinweise/vor-ort.html)

> ### UNTERKÜNFTE ONLINE BUCHEN
>
> Weitere Unterkunftsbewertungen von Lonely Planet Autoren gibt's unter www.lonelyplanet.com/philippines/hotels. Dort findet man unabhängig recherchierte Infos und Empfehlungen zu den besten Adressen. Zudem kann online gebucht werden.

die Buchung innerhalb von zwei Wochen vor geplanter Ankunft storniert wird. Leider muss man das Geld manchmal immer noch persönlich oder per Überweisung auf einem Bankkonto in Manila einzahlen. PayPal und Kreditkarten werden inzwischen aber immer häufiger akzeptiert.

Preise & Reisezeit

Budgetquartiere ($) unter 500 P sind meist Schlafsäle oder Privatzimmer mit Ventilator und Kaltwasser-Gemeinschaftsbad. Für zwischen 700 und 1000 P gibt's normalerweise ein eigenes Bad und einen Ventilator (z.T. auch eine Klimaanlage). Klimaanlage und eigenes Bad sollten bei teureren Optionen stets Standard sein.

Die Hauptsaison geht von November bis Mai. In Gebieten mit Resorts sinken die Preise während der Nachsaison um 20 bis 50%. Zu absoluten Spitzenzeiten (z.B. Karwoche bzw. Ostern, Tage um Neujahr, mancherorts auch chinesisches Neujahrsfest) können sie sich jedoch verdoppeln, verdreifachen oder sogar vervierfachen.

Rabatte & Werbeangebote

Werbeangebote Sie sind vor allem in der Nebensaison keine Seltenheit, werden aber von vielen Hotels erst auf Nachfrage erwähnt. Also immer danach fragen!

Buchungen ohne Reservierung In vielen Urlaubsgebieten bezahlt man ohne Reservierung *(walk-in rate)* deutlich weniger als mit einer solchen. Manche Hotels handhaben dies jedoch genau andersherum. Darum auch in diesem Fall immer nachfragen!

Websites Über beliebte asiatische Buchungswebsites (vor allem Agoda.com) lassen sich kräftige Rabatte bei Zimmern im ganzen Land ergattern.

Ventilator oder Klimaanlage Einige Mittelklassehotels verlangen zwei unterschiedliche Preise für dasselbe Zimmer. Bei Bedarf kann man dann die Klimaanlage zugunsten des günstigeren Ventilator-Tarifs ablehnen (auch wenn dies nicht offiziell angeboten wird).

Reservierungen

Die Philippiner gehen immer häufiger auf Reisen. Damit wird es zunehmend schwieriger, in bestimmten Urlaubsgebieten und Touristenhochburgen spontan ein freies Zimmer zu ergattern. In der Hauptsaison sowie an Wochenenden und Feiertagen während der Nebensaison ist Vorausbuchung ratsam. Für die absoluten Spitzenzeiten sollte man jedoch *unbedingt* reservieren. Aber auch in der Hauptsaison werden Traveller ohne Reservierung schließlich noch etwas finden.

Versicherung

➔ Höchst ratsam ist eine gute Reiseversicherung, die neben Verlust und Diebstahl auch medizinische Probleme (inkl. Krankenwagentransporte, Rettungsflüge in die Heimat) abdeckt.

➔ Achtung: Manche Policen greifen explizit nicht bei „gefährlichen Aktivitäten" wie Tauchen, Motorradfahren oder sogar Wandern!

➔ Die weltweit gültige Reiseversicherung unter www.lonelyplanet.com/travel-insurance kann jederzeit online abgeschlossen, erweitert und in Anspruch genommen werden – selbst, wenn man bereits unterwegs ist.

Visa

EU-Bürger und Schweizer erhalten bei Ankunft ein kostenloses Touristenvisum (Gültigkeit 30 Tage). Voraussetzung hierfür ist ein Reisepass, der nach geplanter Abreise noch mindestens sechs Monate lang gilt. Achtung: Eine Überschreitung der Visumgültigkeit zieht ein Bußgeld nach sich. Zudem verweigern die Behörden am Flughafen dann eventuell die Ausreise.

Rückreise- & Anschlusstickets

Wer bei der Ankunft auf den Philippinen das Gratisvisum mit 30 Tagen Gültigkeit erhalten möchte, muss im Besitz eines Rückreise- bzw. Anschlusstickets sein. Die örtlichen Einwanderungsbeamten lassen sich dieses nur sehr selten zeigen. Allerdings verweigern die meisten Fluglinien das Boarding in Richtung Philippinen, wenn ein solches Ticket nicht vor-

> ### ÜBERNACHTUNGSPREISE
>
> Die folgenden Angaben gelten jeweils für ein Doppelzimmer in der Hauptsaison. Sofern nicht anderweitig vermerkt, enthalten alle Preise die philippinische Mehrwertsteuer von 12%. In Manila und in Urlaubsgebieten wie Boracay sind die Tarife stets etwas höher.
>
> **$** unter 1000 P
> **$$** 1000–3000 P
> **$$$** über 3000 P

gelegt werden kann. Wichtig: Es werden nur originale oder elektronische Varianten akzeptiert – Fotokopien reichen nicht aus! Passagiere ohne Rückreise- bzw. Anschlussticket werden von der jeweiligen Fluglinie dazu gezwungen, einen einfachen Rückflug ab den Philippinen zu buchen, der spätestens 30 Tage nach der Einreise startet. Bei der Ankunft in Manila lässt sich dieses Ticket dann bei Bedarf umtauschen bzw. -buchen – selbstverständlich gegen hohe Gebühr.

Ein Rückreise- bzw. Anschlussticket ist auch erforderlich, um Visa mit längerer Gültigkeit bei diplomatischen Auslandsvertretungen der Philippinen zu beantragen. Allerdings reicht es in diesem Fall eventuell aus, den offiziellen Reiseplan des jeweiligen Reisebüros als Fotokopie vorzulegen (vorab telefonisch klären!).

Visumsverlängerungen

Visumsverlängerungen um 29 oder noch mehr Tage sind bei einem beliebigen Ableger der **philippinischen Einwanderungsbehörde** (Bureau of Immigration, BOI; www.immigration.gov.ph) zu beantragen. Solche BOI-Büros gibt's in den meisten Regionalzentren und Touristengebieten (z. B. Boracay; für vollständiges Verzeichnis s. Website). Die erste Verlängerung kostet 3030 P, sofern sie allerspätestens eine Woche vor Ablauf des Visums vorgenommen wird. Bei späterer Beantragung kommt eine Geldstrafe von 1010 P hinzu. Eventuell ist es auch möglich, das Visum direkt bei der Ausreise am Flughafen rückwirkend zu verlängern oder zumindest die genannte Geldstrafe zu bezahlen. Darauf sollte man es jedoch keinesfalls ankommen lassen! Gegen entsprechend höhere Gebühren werden auch umfangreichere Verlängerungen genehmigt (für Details s. BOI-Website).

Visumverlängerungen gehen allgemein recht stressfrei vonstatten. Die erwähnenswerte Ausnahme hierzu bildet Manilas riesiges BOI-Büro, wo man meist lange warten und einen gültigen Ausweis vorlegen muss. Es ist allerdings möglich, das dortige Prozedere für ca. 1000 P von einem Reisebüro erledigen zu lassen.

Die genannte Verlängerung um 29 Tage kann auch bereits bei Ankunft am Flughafen von Manila oder Cebu erlangt werden (Gebühr identisch, max. Bearbeitungszeit ca. 30 Min.). In diesem Fall wird man von den Einwanderungsbeamten direkt zu einem örtlichen Büro geschickt.

Alternativ können sich Besucher schon vor Ankunft auf den Philippinen ein Visum mit dreimonatiger Gültigkeit besorgen (je nach Antragsort 30–45 US$). Visa mit mehrfacher Einreisemöglichkeit (max. Gültigkeit sechs oder zwölf Monate) sind ebenfalls erhältlich.

Zeit

Auf den Philippinen gilt die Philippine Time (PHT; MEZ +7 Std.). Das Land hat keine Sommerzeit.

Zoll

➜ Die Einfuhr von Feuerwaffen, Drogen und Pornografie ist strikt verboten.

➜ Insgesamt können 2 l Alkohol und bis zu 400 Zigaretten (alternative zwei Dosen Schnitttabak) zollfrei mit ins Land gebracht werden.

➜ Ab einem Gesamtwert von 10 000 US$ sind Barbeträge in ausländischer Währung bei der Ein- oder Ausreise anzugeben. Dasselbe gilt ab 10 000 P in philippinischer Währung.

Verkehrsmittel & -wege

AN- & WEITERREISE

Die meisten Besucher reisen über die drei internationalen Großflughäfen der Philippinen ein:

Manila Der Ninoy Aquino International Airport (NAIA) ist am beliebtesten und am besten mit dem übrigen Land verbunden.
Cebu Gut bei Trips zu den Visayas; zudem starten Direktflüge nach Camiguin und Siargao im Norden Mindanaos nur hier.
Clark Drehscheibe von Billigfluglinien; liegt nördlich von Manila.

Ein paar internationale Direktflüge bedienen auch Kalibo nahe Boracay, Iloilo City (Panay) und Davao (südliches Mindanao). In naher Zukunft wird eventuell der Flugverkehr zwischen Malaysia und Puerto Princesa, Palawan oder Zamboanga City wieder aufgenommen. Eine Handvoll Chartergesellschaften fliegt nach Laoag City im nördlichen Luzon.

Die einzige brauchbare Option ohne Flugzeug ist die Fährpassage von Sandakan (malaysischer Bundesstaat Sabah) nach Zamboanga (Mindanao).

Flüge, geführte Touren und Zugtickets lassen sich beispielsweise unter lonelyplanet.com/bookings problemlos online buchen.

Einreise

Die Einreise gestaltet sich im Allgemeinen überall problemlos. Die Staatsangehörigen der allermeisten Länder (u. a. EU-Bürger und Schweizer) erhalten bei ihrer Ankunft auf den Philippinen ein kostenloses Visum, das eine Gültigkeit von 30 Tagen hat.

REISEN & KLIMAWANDEL

Der Klimawandel stellt eine ernste Bedrohung für unsere Ökosysteme dar. Zu diesem Problem tragen Flugreisen immer stärker bei. Lonely Planet sieht im Reisen grundsätzlich einen Gewinn, ist sich aber der Tatsache bewusst, dass jeder seinen Teil dazu beitragen muss, die globale Erwärmung zu verringern.

Fast jede Art der motorisierten Fortbewegung erzeugt CO_2 (die Hauptursache für die globale Erwärmung), doch Flugzeuge sind mit Abstand die schlimmsten Klimakiller – nicht nur wegen der großen Entfernungen und der entsprechend großen CO_2-Mengen, sondern auch, weil sie diese Treibhausgase direkt in hohen Schichten der Atmosphäre freisetzen. Die Zahlen sind erschreckend: Zwei Personen, die von Europa in die USA und wieder zurück fliegen, erhöhen den Treibhauseffekt in demselben Maße wie ein durchschnittlicher Haushalt in einem ganzen Jahr.

Die englische Website www.climatecare.org und die deutsche Internetseite www.atmosfair.de bieten sogenannte CO_2-Rechner. Damit kann jeder ermitteln, wie viele Treibhausgase seine Reise produziert. Das Programm errechnet den zum Ausgleich erforderlichen Betrag, mit dem der Reisende nachhaltige Projekte zur Reduzierung der globalen Erwärmung unterstützen kann, beispielsweise Projekte in Indien, Honduras, Kasachstan und Uganda.

Lonely Planet unterstützt gemeinsam mit Rough Guides und anderen Partnern aus der Reisebranche das CO_2-Ausgleichs-Programm von climatecare.org. Alle Reisen von Mitarbeitern und Autoren von Lonely Planet werden ausgeglichen. Weitere Informationen gibt's auf www.lonelyplanet.com.

Flugzeug

Bei geplanter Anreise im Dezember sollte rechtzeitig gebucht werden: Über Weihnachten und Neujahr kehren im Ausland lebende Philippiner scharenweise nach Hause zurück, um ihre Familien zu besuchen. Auch vor dem chinesischen Neujahrsfest (Ende Jan. od. Anfang Feb.) herrscht mitunter Hochbetrieb.

Flughäfen

Ninoy Aquino International Airport (NAIA; 02-877 1109; www.miaa.gov.ph) Bei den meisten Touristen erfolgen An- und Abreise auf dem betriebsamsten internationalen Flughafen des Landes. Selbst nach der lange erwarteten Eröffnung von Terminal 3 (im August 2014 waren Delta, KLM, Emirates, Singapore Airlines und Cathay Pacific dorthin umgezogen) erntet der Airport immer noch viele negative Kritiken von Travellern.

Mactan-Cebu International Airport (MCIA; 032-340 2486; www.mactan-cebuairport.com.ph;) In Sachen Verbindungshäufigkeit rangiert dieser Flughafen gleich hinter Manila. Er ist deutlich passagierfreundlicher, liegt allerdings in Wirklichkeit 15 km östlich von Cebu City auf Mactan Island.

Diosdado Macapagal International Airport (Clark Airport, DMIA; www.clark-airport.com) Der Clark Airport liegt zwei Busstunden nördlich von Manilas Zentrum. Nahe Angeles starten und landen hier meist asiatische Billigfluglinien: Asiana, Cebu Pacific, Tigerair, Dragonair, Jin Air und AirAsia Zest bedienen Incheon, Hongkong, Singapur, Macao, Kuala Lumpur und Kota Kinabalu. Qatar Airways fliegt nach Doha.

Francisco Bangoy International Airport Aktuell fliegt nur SilkAir von hier aus nach Singapur. Zukünftig kommen eventuell noch Verbindungen nach Malaysia hinzu.

Kalibo International Airport Nahe Boracay landen hier geschickte Direktflüge ab Peking, Kunming, Hongkong, Seoul, Shanghai und Singapur.

Fluglinien

Bei jeder Onlinesuche nach Flügen findet man große internationale Gesellschaften. Doch auch mehrere philippinische und regionale Fluglinien können gute Optionen für die An- bzw. Abreise sein. Fusionen haben etwas Ruhe in die Flugbranche gebracht. Dennoch ändert sich die Situation ständig (vor allem in Sachen Routen).

AirAsia Zest (02-855 3333; www.zestair.com.ph) Ist aus der Fusion von zwei Fluglinien hervorgegangen; Drehscheiben sind Manila, Cebu und Kalibo (Tor zu Boracay). Direktflüge gibt's nach Kota Kinabalu, Macao, Incheon und Jinjiang (China). Ab Manila geht's zudem nonstop nach Miri im Norden Sarawaks (Malaysia) – allerdings nur saisonal.

Cebu Pacific (02-702 0888; www.cebupacificair.com) Die Billigflüge ab Manila bedienen eine stetig wachsende Anzahl von asiatischen Großstädten (z. B. Bangkok, Siem Reap, Phuket, Bali, Guangzhou, Hanoi, Jakarta, Kota Kinabalu, Kuala Lumpur, Saigon, Shanghai und Singapur). Ziele im Nahen Osten werden ebenfalls angesteuert. Ab Cebu City besteht Verbindung nach Hongkong und Singapur. Nach Incheon, Pusan und Singapur geht's sogar ab Iloilo City.

Jetstar (1-866 397 8170; www.jetstar.com) Australische Billigfluglinie, die in Manila gen Singapur und Osaka startet.

AUSREISESTEUER

Seit dem 1. Oktober 2014 bezahlen internationale Flugpassagiere die Ausreisesteuer (550 P) nicht mehr direkt vor Ort. Dies soll lange Warteschlangen bei großem Andrang reduzieren. Stattdessen ist die Steuer nun offiziell im Ticketpreis enthalten. Dennoch kann es noch zu Problemen kommen: Den Behörden zufolge wird dieses Konzept erst irgendwann im Jahr 2015 vollständig umgesetzt sein (was auch immer das bedeuten soll).

Philippine Airlines (PAL; 02-879 5601; www.philippineairlines.com) In Manila nutzt die Landesfluglinie das Terminal 2 für ihre internationalen Verbindungen.

Tigerair (02-884 1524; www.tigerair.com) An den Drehscheiben (Manila, Clark, Kalibo, Cebu) besteht Anschluss zu einigen Regionalstädten.

Übers Meer

Innerhalb der Philippinen existieren zahlreiche Schifffahrtsrouten. Internationale Seeverbindungen gibt's jedoch kaum. Zum Recherchezeitpunkt konnten Ausländer lediglich die Passage zwischen Zamboanga und Sandakan im malaysischen Bundesstaat Sabah nutzen. Achtung: Die Region Zamboanga gilt als gefährlich!

Über ein Dutzend ausländischer Kreuzfahrtgesellschaften (zumeist aus China, Japan und Hongkong) macht am South Harbor in Manila fest. In Cebu, Puerto Princesa, Caticlan und Subic könnte sich die Zahl einlaufender Kreuzfahrtkähne zukünftig erhöhen.

UNTERWEGS VOR ORT

Auto & Motorrad

Selbstfahrer kommen auf den Philippinen schneller voran als die Passagiere von Jeepneys und anderen öffentlichen Verkehrsmitteln.

Allerdings sollten sie starke Nerven besitzen: In Manila pflegen die Filipinos ihren verrückten Fahrstil besonders intensiv. Auch an die verstopften Hauptstadtstraßen muss man sich definitiv erst einmal gewöhnen.

Internationale Autovermieter sind in den größeren Städten vertreten – also genau dort, wo das Fahren wahrscheinlich am unangenehmsten ist. Wer eine Stadt verlassen will, muss aber schließlich irgendwo anfangen. Im Durchschnitt ist dies ab ca. 3000 P pro Tag möglich. Der Liter Benzin kostet 56 bis 64 P.

Eine passive Fahrweise ist auf den Philippinen höchst angebracht: Selbst relativ ruhige Provinzstraßen strotzen vor Hindernissen. Oftmals ist nur schwer ermittelbar, wer Vorfahrt hat; das Beachten von roten Ampeln wird allgemein optional gehandhabt. Die meisten Philippiner biegen in Kreuzungen oder Einmündungen ein, ohne ausreichend auf den Gegenverkehr zu achten (dadurch erlitt der Autor dieses Kapitels selbst einen Motorradunfall).

Nachtfahrten sollten möglichst vermieden werden: Rikschas, Jeepneys und sogar große Lastwagen rollen oft unbeleuchtet durch die Gegend (viele Fahrer glauben, dadurch Sprit zu sparen). In politischen Krisenregionen besteht bei Dunkelheit außerdem akute Überfallgefahr.

Führerschein

Der eigene nationale Führerschein (immer mitführen!) gilt auf den Philippinen 90 Tage lang. Alle längeren Zeiträume erfordern offiziell eine internationale Fahrerlaubnis (International Driving Permit, IDP). Diese wird eventuell auch von Autovermietern verlangt.

Motorrad

Kleine und mittelgroße Inseln (z. B. Camiguin, Siquijor, Bohol) schreien geradezu nach Motorradtouren. Entlang des „Nautical Highway" (Autofährennetz zwischen vielen Inseln) kann man sogar zu den Visayas hinunterbiken. Auch auf größeren Inseln wie Cebu oder Negros warten attraktive Routen.

In den meisten Touristengebieten gibt's ein paar leicht auffindbare Läden oder Pensionen, die Motorräder vermieten (meist chinesische oder japanische Maschinen mit 75 bis 125 cm^3 Hubraum). Die Tarife (durchschnittlich halber/ganzer Tag 300/500 P) sind in besonders beliebten Ferienregionen sehr oft höher. Wichtig: Stets nach einem Schutzhelm fragen, da dieser nicht automatisch im Mietpreis enthalten ist!

In entlegeneren Ecken sollte man sich einfach vor Ort umhören: Auch wenn dort kein Verleiher vorhanden sein sollte, findet fast immer jemand, der sich gegen Gebühr einen Tag lang von seinem Feuerstuhl trennt.

Verkehrsregeln

Auf den Philippinen herrscht Rechtsverkehr. Mit Ausnahme der Expressways ab Manila sind die meisten regionalen Straßen einspurig, was häufiges Überholen erfordert. Achtung: Einheimische Fahrer überholen nicht immer sicher! Überholender Gegenverkehr auf der eigenen Spur erwartet, dass man ihm Platz durch Ausweichen auf den Randstreifen macht. Das ist stets tunlichst anzuraten.

Versicherung

Per Gesetz müssen Mietwagenkunden bei einem philippinischen Autoversicherer abschließen (Deckungssumme min. 750 000 \$). Dies lässt sich normalerweise über die jeweilige Autovermietung arrangieren.

Bus & Van

➤ Philippinische Busse gibt's in allen möglichen Formen und Größen. Busdepots verteilen sich hier über ganze Städte und ländliche Gebiete. Die meisten Busse lassen sich durch Heranwinken anhalten.

➤ Auch bei philippinischen „Busbahnhöfen" bestehen große Unterschiede: Manche davon entsprechen großen und gut gesicherten Garagen, in denen die Fahrtziele deutlich angegeben werden (z. T. gibt's sogar Ticketschalter). Andere sind dagegen nicht viel mehr als eine Ansammlung von heruntergekommenen Schuppen, in denen die Fahrer lautstark um Passagiere buhlen.

➤ Morgens starten vergleichsweise mehr Busse. Vor allem in entlegenen Gebieten werden unbefestigte Routen aber eventuell *nur* am Morgen bedient. Zwischen Manila und großen Provinzstädten auf Luzon oder Mindanao verkehren zahlreiche Nachtbusse (u. a. Deluxe-Fahrzeuge mit 27 Plätzen).

➤ In vielen Landesteilen (vor allem Bicol, Leyte, Cebu, Palawan, Mindanao) sind auf Busrouten auch Jeepneys und klimatisierte Minivans unterwegs. Diese ersetzen Busse mancherorts inzwischen komplett. Sie fahren allerdings manchmal erst dann ab, wenn alle Plätze belegt sind.

➤ Minivans sind deutlich schneller als Busse, aber auch vergleichsweise teurer und beengter.

➤ Wie in den meisten Ländern ist es auch hier ratsam, sein Gepäck beim Ein- und Aussteigen bzw. Be- und Entladen gut im Auge zu behalten.

➤ Reservierungen sind normalerweise nicht erforderlich, aber bei Langstrecken-Nachtbussen ab/nach Manila unbedingt nötig (man sollte sie idealerweise spätestens zwei Tage vor Abfahrt direkt am Terminal buchen).

Fahrrad

Außerhalb der Großstädte mit ihren Abgasen und verstopften Straßen sind ruhigere Inseln prima per Fahrrad erkundbar.

➡ Drahtesel lassen sich bei Inlandsflügen mitnehmen, müssen dann aber eventuell teilweise demontiert werden. Bei kleinen Maschinen unbedingt auf die Gepäckbeschränkung achten!

➡ Falls gerade genug Platz dafür vorhanden, kann man sein Bike auch in Bussen oder Jeepneys verstauen (zumeist gegen geringe Gebühr).

➡ Je nach Region kosten Leih-MTBs zwischen 300 und 700 P pro Tag. Der Preis hängt dabei aber sehr stark vom technischen Zustand des Rads ab.

➡ Fahrradläden in Großstädten verkaufen brandneue Bikes von verschiedener Qualität. Outdoor-Shops (in den meisten Einkaufszentren mindestens einmal vorhanden) liefern gute Infos zu örtlichen Fahrradclubs und -events.

Flugzeug

Als größte Inlandsgesellschaften haben PAL Express (früher Airphil Express) und Cebu Pacific generell auch die neuesten Maschinen. Tigerair und AirAsia Zest (aus der Fusion zweier separater Gesellschaften hervorgegangen) sind empfehlenswerte Alternativen. Achtung: Aufgrund der ständigen Veränderungen in der Flugbranche unbedingt genau überprüfen, an welchem Terminal in Manila der Abflug aktuell erfolgt!

Wer keine Lust auf Warteschlangen und Menschenmassen hat, chartert seine eigene Maschine bei Sky Pasada. Diese Firma steuert zudem einige Gebiete an, die von kommerziellen Gesellschaften nicht bedient werden.

Beim Buchen von Inlandsflügen ebenfalls wichtig:

➡ Gepäckbeschränkungen beachten (variieren je nach Route): Beim Einchecken am Flughafen wird das Gepäck gewogen. Bei Überschreiten der Beschränkung ist ein Bußgeld zu bezahlen (dafür immer ausreichend Bares bereithalten!).

➡ Wenn etwa ein Monat im Voraus gebucht wird, kostet die einfache Flugstrecke kaum mehr als 1200 P (ca. 28 US$). Ausnahme: Flüge nach Boracay und vor allem nach El Nido sind zumeist teurer. Zu den Spitzenzeiten (Ostern, Weihnachten, chinesisches Neujahrsfest) erhöhen alle Gesellschaften ihre Inlandstarife.

➡ Die meisten Fluglinien verlangen bei Tickets für die einfache Strecke keinen Aufpreis. Somit lohnt es sich oft nicht, Hin- und Rückflug auf einmal zu buchen.

➡ Die Hauptziele der meisten Flugrouten sind Manila und Cebu (etwas weniger häufig). Bei geplanten Flügen zwischen allen anderen Großstädten müssen meist zwei Tickets gekauft werden: eines nach Manila/Cebu und ein zusätzliches für die Weiterreise.

➡ In Sachen Anschlussflüge sollte der Reiseplan nicht zu eng gestrickt sein: Verzögerungen sind alltäglich.

➡ Taifune und schlechtes Wetter halten Flugzeuge von Juni bis November oft am Boden (auf manchen Routen häufiger als auf anderen).

➡ Viele Inlandsflüge starten in aller Herrgottsfrühe, um die stärkeren Turbulenzen durch die Nachmittagshitze zu umgehen.

Fluglinien

AirAsia Zest (in Manila 02-742 2742; www.airasia.com) Fliegt ab Manila oder Cebu nach Tacloban, Tagbilaran, Puerto Princesa, Kalibo und Davao.

Cebu Pacific (02-702 0888; www.cebupacificair.com) Die gelb-orangenen Firmenfarben und das Comiclogo dieser Gesellschaft sind auf den meisten philippinischen Flughäfen überall zu sehen. Cebu Pacific startet täglich am häufigsten und bedient die größte Anzahl von Inlandszielen.

Fil Asian Airways (Mid-Sea Express; 032-851 0984; www.filasianair.com) Steuert neben Cebu, Davao, Manila und Zamboanga auch seltener bediente Ziele an (z. B. Masbate, Ormoc, Tagbilaran).

ITIAIR (02-851 5664; www.itiair.com; ITI Hangar No 5-03-127, Andrews Ave, Pasay) Fliegt ab Manila nach El Nido und transportiert hauptsächlich Gäste der El Nido Resorts vor der Küste.

Northsky Air (in Tuguegarao 078-304 6148; www.northskyair.com) Charter- und Linienflüge zwischen Tuguegarao (Nord-Luzon) und Batanes, Maconacon oder Palanan (die Letzteren beiden liegen in der Provinz Isabela auf Nord-Luzon).

PAL Express (PAL; 02-879 5601; www.philippineairlines.com) Inlands-Partnergesellschaft von Philippine Airlines; benutzt in Manila die Terminals 2 und 3.

Sky Pasada (in Cebu 032-912 3333; www.skypasada.com) Fliegt ab Manila nach Baguio, Batanes und Boracay; bedient außerdem die Route Bacolod–Boracay und zwei Kurzstrecken ab Tuguegarao auf Nord-Luzon. Hinzu kommen Charterflüge zu anderen Zielen im ganzen Land.

Skyjet Airlines (in Manila 02-863 1333; www.skyjetair.com) Schickt Maschinen nach Batanes (Basco Airport), Coron (Busuanga Airport), Manila, Boracay (Caticlan Airport), Kalibo und Baler.

Tigerair (www.tigerair.com) Hat mit Seair fusioniert und gehört neuerdings zu Cebu Pacific.

Nahverkehr

Jeepney

Die ersten Jeepneys waren umgebaute Militärjeeps, die

nach dem Zweiten Weltkrieg von den Amerikanern zurückgelassen wurden. Heute prunken diese Fahrzeuge mit individuellem Zierrat im philippinischen Stil. Darunter sind z. B. verchromte Pferdefiguren, Reihen von bunten Frontlichtern, Funkantennen, Mariendarstellungen oder neonfarbige Szenen aus Action-Comics.

➡ Jeepneys fungieren in den meisten Großstädten als Hauptverkehrsmittel und ergänzen Buslinien zwischen Regionalzentren.

➡ Der Startpreis liegt innerhalb von Städten meist bei 8 P und steigt leicht bei außerhalb gelegenen Zielen. Die Routen sind jeweils deutlich auf den Fahrzeugseiten angegeben.

➡ Jeepneys haben zwar einen gewissen skurrilen Reiz in kultureller Hinsicht, aus Touristensicht aber buchstäblich einen großen Nachteil: Durch die schmalen Sehschlitze (dienen als Fenster) kann man kaum etwas erkennen. Am besten sind daher die Frontplätze neben dem Fahrer.

Stadtbahn (LRT)

Manche Teile Manilas werden von einer schnellen Hochbahn bedient (für Details s. S. 98).

Taxi

In Manila und den meisten größeren Provinzstädten sind viele Taxis mit Gebührenzählern unterwegs. Der Startpreis liegt bei 40 P (ab dem Flughafen meist 70 P). Fünfzehnminütige Fahrten kosten kaum mehr als 150 P.

Die Chauffeure schalten meistens ihre Taxameter ein. Falls nicht, heißt's höflich darum bitten. Wenn der Gebührenzähler „defekt" sein sollte oder der Preis „ganz beim Passagier" liegt, steigt man am besten gleich wieder aus und sucht sich ein anderes Taxi (oder nennt einen sehr niedrigen Betrag). Taxameter werden auch immer häufiger manipuliert. Dennoch sind die meisten philippinischen Taxifahrer ehrliche Zeitgenossen.

Eine Alternative besteht darin, Taxi-Tagestrips über das eigene Hotel oder eine andere vertrauenswürdige Vermittlungsstelle zu arrangieren (ab 2000–4000 P inkl. Fahrer).

Achtung: Gelegentlich wurden bereits Taxipassagiere mit vorgehaltenem Messer oder Schießeisen ausgeraubt. Dabei steckte der Fahrer z. T. mit den Tätern unter einer Decke oder beraubte die Fahrgäste selbst.

Im Zweifelsfall sollte man das Taxi daher sofort verlassen – aber natürlich nur in sicheren und belebten Gebieten, nicht mitten im Nirgendwo oder in einer Slum-Gegend!

Tricycle, Kalesa & Habal-Habal

Tricycles (philippinische Rikschas bzw. Motorräder mit kleinen überdachten Seitenwagen) sind in den meisten Klein- und Großstädten zu finden. In den meisten Provinzstädten kosten Stadtfahrten standardmäßig 8 P. Auch außerhalb gelegene Ziele sind per Tricycle erreichbar (ca. 300 P/Std. od. 150 P/10 km). Achtung: Vor Einkaufszentren, Restaurants und Hotels warten Rikschas, deren Fahrer das Fünf- bis Zehnfache für „Sonderfahrten" abnehmen wollen. Dies lässt sich umgehen, indem man sich an den Straßenrand stellt und das vorbeifahrende Riksch zum Standardpreis heranwinkt.

Fahrradrikschas In vielen Städten stehen für Kurzstrecken auch Fahrradrikschas (alias *pedicabs*, *put-puts* oder *padyaks*) zur Verfügung.

Habal-Habal Hierbei handelt es sich im Grunde um Motorradtaxis mit zusätzlichen Sitzen. Die wörtliche Übersetzung des Namens bedeutet „kopulierende Schweine" – basierend auf der großen körperlichen Nähe, wenn sich vier Personen einen Platz teilen. *Habal-habal* werden mancherorts auch einfach nur *motorcycle taxis* genannt. Sie lassen sich wie Rikschas nutzen, sind aber etwas günstiger. Auf den Visayas und im Norden Mindanaos ist dieser Fahrzeugtyp am häufigsten vertreten.

Kalesa Zweirädrige Pferdekutschen, die in Manila (Chinatown, Intramuros), Vigan (Nord-Luzon) und Cebu City (dort *tartanillas* genannt) unterwegs sind.

Schiff/Fähre

Ein unglaubliches Fährnetz verbindet die philippinischen Inseln zu allgemein erschwinglichen Preisen miteinander. Hierbei kommen normalerweise *bangkas* (motorisierte Auslegerboote), *fastcrafts* (Schnellfähren), ROROs (roll-on, roll-off; direkt befahrbare Autofähren) und auf Langstrecken auch Passagierfähren mit vielen Decks zum Einsatz. Erwähnenswert ist die Megagesellschaft **2GO Travel** (www.travel.2go.com.ph), die aus der Fusion von Cebu Ferries, Supercat, Negros Navigation und Superferry hervorgegangen ist. 2GO bedient den Großteil der wichtigsten Regionalziele.

An den meisten Fährterminals ist eine geringe Zugangsgebühr (durchschnittlich 20 P, in Manila 95 P) zu entrichten.

Unter www.marinetraffic. com lassen sich die aktuellen Positionen der größeren Fähren in Echtzeit verfolgen. Die Website www.schedule. ph führt nicht alle regionalen Fahrpläne auf, ist aber ein ganz guter Ausgangspunkt.

Bangkas Die Jeepneys des Meeres (alias *pumpboats*) sind kleine Holzboote mit zwei Auslegern aus Holz oder Bambus. *Bangka*-Fähren verkehren regelmäßig zwischen bestimmten Inseln. Zudem lassen sie sich tageweise zum Tauchen, Schnorcheln, Sightseeing oder reinen Herumschippern mieten. Da die Motoren dieser Kähne z. T. dröhnend laut sind, haben Lärmempfindliche idealerweise

SICHERHEIT AUF FÄHREN

Meist stellen Fähren eine angenehme und stressfreie Reiseoption zwischen den einzelnen philippinischen Inseln dar. Allerdings sind auch Unglücke keine Seltenheit. Zu den Ursachen zählen schlechtes Wetter, lasche Vorschriften, schlampige Wartung, technische Defekte, Überfüllung und gesellschaftlicher Fatalismus. Am besten den eigenen Instinkten folgen: Wenn das Boot überfüllt aussieht, ist es überfüllt! Wenn die Wetterbedingungen gefährlich erscheinen, sind sie gefährlich. Besonders beängstigend sind *bangka*-Fahrten bei stürmischen Bedingungen. Zudem sollte man immer überprüfen, ob Rettungswesten an Bord vorhanden sind (eine unserer Autorinnen – zugegebenermaßen leicht paranoid – legte sich sogar eine eigene Weste zu; s. Kasten S. 498).

Seit 1987 verzeichnet allein Sulpicio Lines insgesamt vier Fährunglücke mit jeweils mindestens 150 Todesopfern. Darunter ist auch die bislang größte Schiffskatastrophe in Friedenszeiten: der Untergang der *Doña Paz* (1987), der schätzungsweise 4500 Menschen das Leben kostete. Fast 800 Passagiere starben im Juni 2008, als eine Fähre von Sulpicio Lines im Taifun Frank vor Romblon sank. 2009 benannte sich Sulpicio Lines in Philippine Span Asia Carrier Corp (PSACC) um und konzentrierte sich fortan auf den Frachtschiffbetrieb. Im August 2013 kollidierte jedoch ein PSACC-Frachter dicht vor Cebu mit einer Passagierfähre von 2GO, wobei erneut über 116 Menschen den Tod fanden.

All dies bedeutet schlussendlich: Wer eine Bootsreise wagen will, bittet am besten Einheimische um entsprechende Hinweise und Informationen zur aktuellen Lage.

Ohrenstöpsel dabei. Außerdem schaukeln *bangkas* bei rauer See ziemlich stark. Auf manchen Inseln stellen sie jedoch die bessere Alternative zu Überlandreisen dar. Achtung: Die Abfahrtszeiten sind meist recht willkürlich!

Fastcrafts Diese schicken Schnellfähren transportieren nur Passagiere und bedienen hauptsächlich beliebte Kurzstrecken. Im Vergleich zu langsameren ROROs sind sie meist doppelt so schnell und teuer. An Bord wird eine moderne Annehmlichkeit übertrieben stark genutzt: die Klimaanlage, die offenbar ständig auf „arktischer Kälte" läuft. Somit empfiehlt sich ein Pullover oder eine Fleecejacke.

ROROs Diese direkt befahrbaren Autofähren sind ein populäres Verkehrsmittel auf mittellangen Strecken. Dies gilt vor allem für den sogenannten Nautical Highway zwischen Manila und Davao im Süden Mindanaos. ROROs sind langsam, aber bei gutem Wetter die angenehmste Option für Seereisen: Im Gegensatz zu den meisten Fastcrafts geben sie Passagieren die Möglichkeit, im Freien aufs Meer zu schauen.

Passagierfähren Diese Langstreckenfähren mit mehreren Decks transportieren bis zu 4000 Passagiere auf einmal. Sie nehmen auch Autos mit und sind ziemlich zuverlässig. Allerdings ist jederzeit mit Fahrplanänderungen aufgrund von Wartungen oder schlechten Wetters zu rechnen.

Tickets

➡ Die erforderlichen Reservierungen für Langstreckenfähren lassen sich in den meisten Großstädten bei Ticket- oder Reisebüros vornehmen.

➡ Tickets für Fastcrafts und *bangkas* kann man normalerweise vor dem Ablegen direkt am Pier kaufen.

➡ Passagierfähren bieten unterschiedlich viel Komfort zu unterschiedlichen Preisen. Kojen auf oder unter Deck (3. Klasse bzw. Economy Class) sind akzeptabel, solange das Schiff nicht überfüllt ist. In der 1. Klasse warten fürstliche Kabinensuiten für zwei Personen.

➡ Vor dem Ticketkauf empfiehlt sich die Frage nach *promo rates* (Werbeangebote bzw. vergünstigte Preise). Senioren- und Studentenrabatte erhalten normalerweise nur philippinische Staatsbürger.

Zug

Die einzige betriebsfähige Bahnlinie des Landes (der *Bicol Express* von Manila nach Naga im Südosten Luzons) war zum Recherchezeitpunkt vorübergehend stillgelegt.

Gesundheit

Wie problematisch das Feld Gesundheit und die Qualität der medizinischen Versorgung sind, hängt sehr stark davon ab, wo auf den Philippinen man sich aufhält und wie man reist. Viele der großen Städte sind sehr gut ausgestattet – Manila und Cebu gelten sogar als Ziele für „Medizintourismus": ausländische Besucher suchen hier in großer Zahl preiswerte und kompetente medizinische Hilfe in modernen Krankenhäusern. Wer dagegen in ländlichen Gebieten unterwegs ist, sieht sich einer ganzen Reihe gesundheitlicher Risiken ausgesetzt. Der durchschnittliche Inselbewohner, der eine kleine Landwirtschaft betreibt oder zum Fischen geht, kann sich moderne medizinische Versorgung nicht leisten. Manche lassen sich deshalb von *mananambals* (Wunderheilern) behandeln, die im Allgemeinen mit den Hochlandvölkern in Verbindung stehen (vor allem die Insel Siquijor ist für ihre Heiler bekannt).

Manche Traveller machen sich Sorgen, sich in den Tropen Infektionskrankheiten zuzuziehen, aber Infektionen sind eher selten schuld an schweren Erkrankungen oder Todesfällen auf Reisen. Bereits bestehende Vorerkrankungen und Unfallverletzungen (besonders durch Verkehrsunfälle) sind die Hauptursache für lebensbedrohliche Ereignisse.

Die folgenden Hinweise sind nur als allgemeine Ratschläge zu verstehen. Sie können keinesfalls den Rat eines Reisemediziners ersetzen.

BEVOR ES LOSGEHT

➡ Apotheken auf den Philippinen sind normalerweise gut mit sterilisierten Einwegspritzen, Verbänden und Antibiotika ausgestattet, aber es schadet nicht, seine eigene sterilisierte Erste-Hilfe-Ausrüstung dabei zu haben, vor allem wenn man abseits der üblichen Routen unterwegs sein möchte. Kontaktlinsenlösungen und Ersatzlinsen sind in den Städten leicht erhältlich.

➡ Medikamente sollten in ihrer deutlich beschrifteten Originalverpackung mitgenommen werden. Auch ein mit Datum versehener und unterschriebener Arztbrief, der den Gesundheitszustand und benötigte Medikamente (einschließlich ihrer generischen Namen) beschreibt, ist eine gute Idee. Wer ein Herzleiden hat, sollte eine Kopie des letzten, kurz vor Reisebeginn erstellten EKGs dabei haben.

➡ Wer regelmäßig auf Medikamente angewiesen ist, sollte die doppelte Menge mitnehmen, um für Verlust oder Diebstahl gewappnet zu sein. Philippinische Apotheken verlangen normalerweise das Rezept eines Arztes, bevor sie Medikamente abgeben. Möglicherweise sind neuere Medikamente, vor allem bei Antidepressiva, Antibabypillen und Blutdruckmedikamente, nicht überall erhältlich.

Versicherung

➡ Auch wer sich fit und gesund fühlt, sollte nicht ohne Versicherungsschutz reisen – Unfälle passieren.

➡ Alle bestehenden gesundheitlichen Probleme sollten angegeben werden (die Versicherung wird bei verschwiegenen Problemen nicht zahlen).

➡ Für riskante Aktivitäten wie Klettern oder Gerätetauchen wird eventuell eine Zusatzversicherung benötigt.

➡ Ein Rücktransport im Notfall ist teuer, wenn man nicht versichert ist – Rechnungen über 100 000 € sind nicht ungewöhnlich.

➡ Alle Belege über krankheitsbedingte Ausgaben sollte man gut aufheben.

Empfohlene Impfungen

Tropenmedizinische Institute bieten kompetente Beratung. Sie haben alle erhältlichen Impfstoffe vorrätig und können spezielle Empfehlungen abgeben. Die Ärzte berücksichtigen die bisherigen Impfungen, die Reisedauer, die geplanten Aktivitäten und den bestehenden Gesundheitszustand.

→ Der Besuch beim Arzt sollte sechs bis acht Wochen vor Reisebeginn erfolgen, da die meisten Impfstoffe erst nach Ablauf von zwei Wochen Immunität versprechen.

→ Die Impfungen sollten in den Internationalen Impfpass eingetragen werden.

→ Die einzige Impfung, die internationale Vereinbarungen vorsehen, ist die gegen Gelbfieber. Der Nachweis ist nur nötig, wenn man bis zu sechs Tagen vor der Einreise nach Südostasien ein Land der Gelbfieberzone besucht hat.

Medikamenten-Checkliste

Empfohlene Mittel für die persönliche Reiseapotheke:

→ Abführmittel

→ Abschwellmittel, z. B. Pseudoephedrin

→ Antibakterielle Salbe, z. B. mit Tyrothricin

→ Antibiotika gegen Hautinfektionen, z. B. Amoxicillin/Clavulansäure oder Cephalexin

→ Antihistaminika gegen Allergien

→ Antiseptikum, z. B. Betaisodona

ERFORDERLICHE & EMPFOHLENE IMPFUNGEN

Die Weltgesundheitsorganisation (WHO) empfiehlt für Reisen nach Südostasien die folgenden Impfungen:

Diphtherie und Tetanus Die Auffrischungsimpfung wird empfohlen, wenn die letzte Impfung zehn Jahre oder länger zurückliegt. Nebenwirkungen sind Entzündungen an der Impfstelle und Fieber.

Hepatitis A Bietet nahezu 100%igen Schutz für ein Jahr, eine Auffrischungsimpfung nach zwölf Monaten schützt mindestens 20 Jahre. Harmlose Nebenwirkungen wie Kopfschmerzen und Entzündungen an der Impfstelle treten bei 5 bis 10% der Geimpften auf.

Hepatitis B Gilt inzwischen als Routineimpfung für die meisten Reisenden und wird als dreimalige Impfung über sechs Monate gegeben. Es gibt auch eine Schnellversion, ebenso eine Kombination mit der Hepatitis-A-Impfung. Nebenwirkungen sind harmlos und eher selten, etwa Kopfschmerzen und Entzündungen an der Impfstelle. 95% der Behandelten haben danach eine lebenslange Immunität.

Masern, Mumps und Röteln Wer die Krankheiten nicht durchgemacht hat, benötigt zwei Impfungen. Gelegentlich treten eine Woche nach der Impfung ein Ausschlag und grippeähnliche Symptome auf. Viele junge Erwachsene benötigen eine Auffrischung.

Polio Eine Impfung reicht aus für den lebenslangen Schutz eines Erwachsenen.

Typhus Empfohlen außer bei Kurztrips von unter einer Woche Dauer. Die einmalige Impfung bietet 70%igen Schutz und hält zwei bis drei Jahre an. Die Immunisierung kann auch mit Tabletten durchgeführt werden, doch wegen der geringeren Nebenwirkungen wird die Injektion empfohlen. Entzündungen der Impfstelle und Fieber können auftreten.

Windpocken Wer die Krankheit nicht durchgemacht hat, sollte eine mögliche Impfung mit seinem Arzt besprechen.

Folgende Impfungen werden für Reisende empfohlen, die länger als einen Monat im Land bleiben wollen:

Japanische Enzephalitis Wird in drei Teilimpfungen gegeben. Eine Auffrischung nach zwei Jahren wird empfohlen. Die häufigsten Nebenwirkungen sind Entzündungen der Impfstelle und Kopfschmerzen.

Meningitis Eine Injektion. Es gibt zwei Arten der Impfung: Der Vierfachimpfstoff gibt zwei- bis dreijährigen Schutz; der Meningitis-Gruppe-C-Impfstoff hält zehn Jahre lang. Wird für Backpacker unter 25 Jahren empfohlen.

Tollwut Insgesamt drei Impfungen. Eine Auffrischung nach einem Jahr gibt zehnjährigen Schutz. Nebenwirkungen sind selten: Kopfschmerzen und Entzündungen der Impfstelle.

Tuberkulose (TBC) Ein komplexes Thema. Erwachsenen Reisenden, die länger auf den Philippinen waren, wird normalerweise eher ein TBC-Hauttest vor und nach der Reise als eine Impfung empfohlen. Eine Impfung hält ein Leben lang.

- DEET-haltiges Insektenschutzmittel

- Erste-Hilfe-Bedarf wie Schere, Sicherheitsnadeln, Pflaster, Bandagen, Mullbinden, Fieberthermometer (keines mit Quecksilber!), Pinzette und sterile Nadeln und Spritzen

- Fungizidsalbe, z. B. Clotrimazol

- Ibuprofen oder andere entzündungshemmende Mittel

- Jodtabletten (nicht bei Schwangerschaft oder Schilddrüsenproblemen) zur Trinkwasserreinigung

- Kortisonsalbe gegen allergische oder juckende Hautausschläge

- Krampflösende Mittel gegen Bauchschmerzen, z. B. Buscopan

- Medikamente gegen Blasenentzündung, wenn man anfällig für Harnwegsinfekte ist

- Medikamente gegen Durchfallerkrankungen: eine Elektrolytlösung, „Durchfallbremsen" wie Loperamid, ein Mittel gegen Übelkeit und Antibiotika gegen Durchfall, z. B. Norfloxacin, Ciprofloxacin und Azithromycin bei bakteriell bedingtem Durchfall, Metronidazol bei Giardiasis oder Amöbenruhr

- Medikamente gegen Soor (Candida-Infektion), z. B. Clotrimazol oder Fluconazol

- Medikamente gegen Verdauungsbeschwerden

- Migränemedikament, falls man darunter leidet

- Paracetamol gegen Schmerzen

- Permethrin (um Kleidung und Moskitonetze zu imprägnieren) zur Insektenabwehr

- Sonnenschutzmittel

- Verhütungsmittel

Infos im Internet

Weltgesundheitsorganisation (WHO; www.who.int/ith) Das hervorragende Buch *International Travel & Health* wird jährlich neu aufgelegt und ist online kostenlos erhältlich.

MD Travel Health (www.mdtravelhealth.com) Bietet Informationen zu Reisekrankheiten für jedes Land, die täglich aktualisiert werden.

Fit for travel – Reisemedizinischer Gesundheitsservice (www.fit-for-travel.de) Gute allgemeine Informationen zum Thema Reisemedizin.

Weiterführende Lektüre

- *Healthy Travel – Asia & India* (Lonely Planet) Handliches Buch, vollgepackt mit nützlichen Informationen.

- *Handbuch für Tropenreisen* von Werner, Klaus und Ronald Hanewald (2014).

- *CRM Handbuch Reisemedizin: Ausgabe 2015*, 51. Ausgabe (2014).

AUF DEN PHILIPPINEN

Medizinische Versorgung

In den meisten großen Städten auf den Philippinen ist die medizinische Versorgung ganz gut. In ländlichen Gebieten kann es aber schwierig werden, vertrauenswürdige medizinische Betreuung zu finden, auch wenn normalerweise irgendeine Art von Klinik in erreichbarer Nähe liegt. Auch die Botschaft des eigenen Landes und die Versicherungsgesellschaften können mit Kontakten dienen.

Wer befürchtet, sich eine ernsthafte Erkrankung zugezogen zu haben, insbesondere Malaria, sollte keine Zeit verschwenden und sich zur nächstgelegenen guten medizinischen Einrichtung begeben. Es ist immer besser, sich von einem Arzt untersuchen zu lassen, als auf Eigenbehandlung zu vertrauen.

Infektionskrankheiten

Chikungunyafieber

Diese seltener vorkommende Virusinfektion stellt für Reisende auf den Philippinen nur ein kleines Risiko dar, hauptsächlich kommt sie auf den Visayas vor. Zu den Symptomen zählen vor allem ein plötzlicher Schmerz in einem oder mehreren Gelenken, Fieber, Kopfschmerzen, Übelkeit und Ausschlag.

Denguefieber

Diese durch Moskitos übertragene Krankheit ist die am weitesten verbreitete, die man sich auf den Philippinen zuziehen kann. Sie kommt ausgesprochen häufig in den Städten vor, vor allem in der Metropole Manila, und sie ist im Land die Hauptursache für den Krankenhausaufenthalt von Kindern. Denguefieber ist nicht unbedingt tödlich, aber Todesfälle kommen vor: Von den mehr als 42 200 diagnostizierten Fällen im ersten Halbjahr 2013 starben 193. Da kein Impfstoff vorhanden ist, kann der Krankheit nur vorgebeugt werden, indem man Moskitostiche so gut wie möglich vermeidet. Die Moskitos, die das Virus verbreiten, stechen tagsüber und nachts. Zu den Symptomen gehören hohes Fieber sowie starke Kopf- und Gliederschmerzen (Denguefieber war früher als „Knochenbrecherfieber" bekannt). Einige Patienten bekommen einen Ausschlag oder Durchfall. Die Behandlung besteht aus Ruhe und Paracetamol – kein Aspirin einnehmen, da es die Wahrscheinlichkeit von Blutungen erhöht! Zur Diagnose und Beobachtung sollte man auf jeden Fall einen Arzt aufsuchen.

Moskitostiche lassen sich durch folgende Vorsichtsmaßnahmen vermeiden:

- Auf unbedeckte Hautstellen DEET-haltige Moskitoschutzmittel auftragen! Wer unter einem Moskitonetz schläft, kann das DEET nachts abwaschen. Natürliche Schutzmittel mit Citronellal können effektiv sein, müssen aber öfter aufgetragen werden als DEET-haltige Mittel.

➡ Unter einem mit Permethrin imprägnierten Moskitonetz schlafen!

➡ Eine Unterkunft mit Fensterscheiben und ordentlichen Ventilatoren wählen (wenn keine Klimaanlage vorhanden ist)!

➡ In Gebieten mit hohem Risiko sollte man Kleidung mit Permethrin imprägnieren.

➡ Helle Kleidung mit langen Ärmeln und Hosenbeinen sollte bevorzugt werden.

➡ Mückenspiralen benutzen!

➡ Insektenspray einsetzen, bevor man das Zimmer zum Abendessen verlässt!

Filariose

Die von Moskitos übertragene Krankheit ist in der heimischen Bevölkerung weit verbreitet, Reisende sind so gut wie nicht betroffen. Am besten entgeht man der Krankheit, wenn man Insektenstiche vermeidet.

Fleckfieber

Rattenfleckfieber wird durch Flohbisse übertragen, Tsutsugamushi-Fieber (auch Scrub Typhus oder Japanisches Flussfieber) durch Milben. Bei Reisenden treten diese Krankheiten selten auf. Zu den Symptomen gehören Fieber, Muskelschmerzen und Ausschlag. Zur Vorbeugung dienen allgemeine Insektenschutzmaßnahmen oder auch Doxycyclin-Gaben.

Hepatitis A

Das Virus ist in der gesamten Region ein Problem. Es wird durch Lebensmittel und Wasser übertragen, befällt die Leber und verursacht Gelbsucht (gelbe Haut und Augen), Übelkeit und Lethargie. Für Hepatitis A gibt's gibt keine spezifische Behandlung, man muss der Leber einfach Zeit geben, wieder zu heilen. Alle Reisenden nach Südostasien sollten sich gegen Hepatitis A impfen lassen.

Hepatitis B

Diese Krankheit wird durch sexuellen Kontakt und den Austausch von Körperflüssigkeiten übertragen und kann durch Impfung vermieden werden. In einigen Teilen Südostasiens tragen bis zu 20 % der Bevölkerung den Virus in sich, meist ohne davon zu wissen. Die Langzeitfolgen der Erkrankung können Leberkrebs oder eine Leberzirrhose einschließen.

Hepatitis E

Hepatitis E wird wie Hepatitis A durch Lebensmittel und Wasser übertragen und zeigt auch ähnliche Symptome, kommt aber weitaus seltener vor. Für Schwangere ist sie sehr problematisch und kann zum Tod von Mutter und Kind führen. Gegenwärtig gibt es keinen Impfstoff, aber eine Ansteckung kann vermieden werden, wenn die üblichen Sicherheitsmaßnahmen beim Essen und Trinken beachtet werden.

Japanische Enzephalitis

Die Krankheit ist bei Reisenden selten, aber jedes Jahr infizieren sich 50 000 Einheimische in Südostasien damit. Die Viruserkrankung wird durch Moskitos übertragen. Die meisten Fälle treten in ländlichen Gegenden auf, und Impfungen werden für alle empfohlen, die mehr als einen Monat außerhalb der größeren Städte verbringen. Es gibt keine Therapie, und die Erkrankung führt bei einem Drittel der Infizierten zum Tod, ein weiteres Drittel trägt dauerhafte Hirnschäden davon.

Larva migrans cutanea (Hautmaulwurf)

Diese Krankheit wird durch die Larven verschiedener Hakenwürmer ausgelöst. Der Ausschlag beginnt mit einer kleinen Schwellung und breitet sich langsam in linienförmigen Gangstrukturen aus. Besonders nachts ist der Juckreiz stark. Die Krankheit kann einfach mit Medikamenten behandelt werden; die Gänge sollten nicht herausgeschnitten oder vereist werden.

Malaria

Für eine so ernste und potenziell tödliche Krankheit gibt es über Malaria eine erstaunliche Menge von Falschinformationen. Malaria wird von einem Parasiten ausgelöst, der durch den Biss eines infizierten Moskitos übertragen wird. Das deutlichste Symptom ist Fieber, es gibt aber auch andere Allgemeinsymptome wie Kopfschmerzen, Durchfall Husten oder Schüttelfrost. Eine sichere Diagnose kann nur durch eine Blutprobe gestellt werden.

Nach Angaben der amerikanischen Seuchenschutzbehörde CDC gibt es auf den Philippinen kein Malariarisiko auf Bohol, Boracay, Catanduanes und Cebu sowie in Manila oder anderen städtischen Gebieten. Das Risiko von Nebenwirkungen der Antimalariatabletten ist in diesen Gegenden wahrscheinlich höher als das Ansteckungsrisiko.

Ganz allgemein ist Malaria nur ein Problem für Reisende, die in sehr abgelegenen Gegenden wie dem südlichen Palawan in weniger als 600 m Höhe unterwegs sein wollen. Vor der Abreise sollte man den Rat eines Fachmannes zu Medikamenten und ihrer richtigen Dosierung einholen. Achtung: Nach Angaben des CDC ist Chloroquin auf den Philippinen kein wirksames Antimalariamedikament!

Masern

Die Masern bleiben in einigen Teilen Südostasiens ein Problem. Die hochansteckende Viruserkrankung wird durch Tröpfcheninfektion (Husten,

Niesen) verbreitet. Die meisten vor 1966 geborenen Menschen sind immun dagegen, weil sie als Kind die Masern hatten. Die Krankheit beginnt mit hohem Fieber und Ausschlag, als Komplikationen können Lungen- und Hirnhautentzündungen auftreten. Es gibt keine spezifische Therapie.

Schistosomiasis (Bilharziose)

Pärchenegel sind winzige Parasiten, die sich durch die Haut bohren, wenn man in kontaminiertem Wasser geschwommen ist. Bei Reisenden verläuft die Infektion in der Regel nur leicht, sie haben daher keine oder kaum Symptome. Die Schistosomiasis kommt auf den Philippinen vor, aber sie ist nicht sehr häufig und auf wenige Gebiete weit abseits der touristischen Pfade beschränkt. Selten tritt bei infizierten Reisenden als Folge das „Katayama-Syndrom" auf. Dabei kommt es einige Wochen nach der Infektion zu einer allergischen Reaktion, wenn sich die Parasiten durch die Lungen hindurcharbeiten – die Symptome sind Husten und Fieber. Die Schistosomiasis kann leicht medikamentös behandelt werden.

Tollwut

Die meistens tödlich verlaufende Krankheit wird übertragen, wenn man von einem infizierten Tier (in erster Linie Hunden oder Affen) gebissen oder auch nur abgeschleckt wird. Sofort nach einem Biss sollte ein Arzt aufgesucht werden, der mit der Nachbehandlung beginnt. Eine Impfung vor der Reise macht die Nachbehandlung sehr viel einfacher. Wer von einem Wildtier gebissen wurde, sollte die Wunde vorsichtig mit Wasser und Seife auswaschen und ein jodbasiertes Antiseptikum auftragen. Wer nicht gegen Tollwut geimpft ist, muss schnellstens Tollwutantikörper bekommen.

Tuberkulose

Während TBC bei Reisenden auf Kurztrips selten ist, sollten Personen mit engem Kontakt zur einheimischen Bevölkerung (wie medizinisches Personal, Aids-Helfer und Langzeitreisende) entsprechende Vorsichtsmaßnahmen treffen. Geimpft werden normalerweise nur Kinder unter fünf Jahren, aber bei gefährdeten Erwachsenen wird ein TBC-Test vor und nach der Reise empfohlen. Die häufigsten Symptome sind Fieber, Husten, Gewichtsverlust, nächtliche Schweißausbrüche und Müdigkeit.

Typhus

Diese schwerwiegende bakterielle Infektion verbreitet sich über Essen und Wasser. Symptome sind langsam ansteigendes und hohes Fieber und Kopfschmerzen, eventuell begleitet von trockenem Husten und Bauchschmerzen. Typhus wird durch Bluttests nachgewiesen und mit Antibiotika behandelt. Die Impfung wird auch bei Reisen in Stadtgebiete empfohlen, nicht nur bei solchen in kleinere Städte, Dörfer oder ländliche Gegenden.

Durchfallerkrankungen

Reisedurchfall ist das mit Abstand häufigste Problem, von dem Reisende betroffen sind. In über 80 % der Fälle wird der Durchfall durch Bakterien ausgelöst (es gibt zahllose mögliche Übeltäter), sodass Antibiotika sehr schnell helfen.

Als Reisedurchfall werden mehr als drei wässrige Entleerungen innerhalb von 24 Stunden bezeichnet, zu denen mindestens ein weiteres Symptom wie Fieber, Krämpfe, Übelkeit, Erbrechen oder allgemeines Unwohlsein kommen.

Die Behandlung besteht darin, eine Dehydrierung zu vermeiden – Elektrolytlösungen sind dazu am besten geeignet. Antibiotika wie Norfloxacin, Ciprofloxacin oder Azithromycin sollten die Bakterien schnell abtöten.

Loperamid wirkt nur wie eine „Bremse" und packt das Problem nicht bei der Wurzel, kann aber trotzdem hilfreich sein (z. B. wenn man eine lange Busfahrt vor sich hat). Loperamid sollte man nicht einnehmen, wenn man Fieber oder Blut im Stuhl hat.

Amöbenruhr

Die Amöbenruhr kommt bei Reisenden nur sehr selten vor, wird aber von weniger guten Labors in Südostasien häufig fälschlicherweise diagnostiziert. Die Symptome (Fieber, blutiger Stuhl und allgemeines Unwohlsein) ähneln dem bakteriell verursachten Durchfall. Bei Blut im Stuhl sollte sofort ein Arzt aufgesucht werden. Behandelt wird mit zwei Medikamenten: Metronidazol tötet die Parasiten im Darm, und ein zweites Medikament tötet die Zysten. Bleibt die Krankheit unbehandelt, können Leber- oder Darmabszesse die Folge sein.

Giardiasis

Giardia lamblia ist ein Parasit, der bei Reisenden relativ häufig vorkommt. Symptome sind Übelkeit, Aufgedunsenheit, schlimme Blähungen, Müdigkeit und zeitweilig auftretender Durchfall. Der Parasit verlässt den Körper möglicherweise auch ohne Behandlung, aber das kann Monate dauern. Übliches Behandlungsmittel ist Tinidazol, Metronidazol eine zweite Möglichkeit.

Gesundheitsrisiken

Hautprobleme

Hautausschläge durch Pilzbefall kommen im feuchten Klima häufig vor. Reisende können von zweierlei Ausschlägen durch Pilzbefall betroffen sein. Der eine tritt an feuchten Körperstellen auf, z.B. im Schritt, in den Achselhöhlen und zwischen den Zehen. Er beginnt mit roten Flecken, die sich langsam ausbreiten und normalerweise auch jucken. Zur Behandlung sollte man die Haut trocken halten, Reibung vermeiden und eine Salbe gegen Pilzinfektionen (z.B. Clotrimazol oder Lamisil) auftragen. Der andere Pilz, *Pityriasis versicolor*, verursacht helle Flecken, hauptsächlich auf dem Rücken, der Brust und den Schultern. Einen Arzt aufsuchen!

Schnitte und Kratzer entzünden sich in feuchtem Klima leicht. Alle Wunden müssen umgehend mit klarem Wasser ausgewaschen und mit einem Antiseptikum desinfiziert werden, um Komplikationen wie Abszesse zu vermeiden. Wenn Anzeichen einer Infektion beobachtet werden (zunehmende Schmerzen und Rötungen), sollte man einen Arzt aufsuchen! Taucher und Surfer sollten bei Korallenschnitten besonders vorsichtig sein, da sie sich leicht entzünden können.

Hitze

Die meisten Reisenden brauchen mindestens zwei Wochen, um sich an das heiße Klima zu gewöhnen. Füße und Knöchel können anschwellen, und es kann wegen des vielen Schwitzens zu Muskelkrämpfen kommen. Ratsam ist es, einer Dehydrierung vorzubeugen und sich nicht zu viel in der Hitze zu bewegen. Vor allem direkt nach der Ankunft sollte man es langsam angehen lassen. Salztabletten sind nicht empfehlenswert, weil sie den Darm angreifen. Besser sind Elektrolytlösungen und salziges Essen. Krämpfe lösen sich meistens schnell, wenn man eine Ruhepause einlegt, doppelte Elektrolytlösungen trinkt und die Muskeln vorsichtig dehnt.

Ein Hitzschlag ist ein ernstzunehmender medizinischer Notfall. Zu den plötzlich auftretenden Symptomen gehören Schwächegefühl, Übelkeit, ein heißer, ausgetrockneter Körper mit einer Temperatur von bis zu 41°C, Schwindelgefühl, Verwirrung, Koordinationsverlust, Anfälle und eventuell Kollaps und Bewusstlosigkeit. Nachdem man einen Arzt gerufen hat, sollte man beginnen, die Person abzukühlen, indem man sie aus der Hitze bringt, sie entkleidet, ihr Luft zufächelt und kühle, nasse Kleidung oder Eis auf den Körper legt, besonders in den Schritt und unter die Achseln.

Hitzebläschen sind in den Tropen ein häufig auftretender juckender Hautausschlag, der entsteht, wenn sich Schweiß unter der Haut ansammelt. Er kann behandelt werden, indem man die Hitze für ein paar Stunden meidet oder kalt duscht. Salben und Lotionen dichten die Haut ab und sollten nicht benutzt werden. Vor Ort erhältliches Hitzebläschenpulver kann auch helfen.

Insektenbisse & -stiche

Wanzen übertragen zwar keine Krankheiten, aber ihre Bisse können ziemlich fies jucken. Sie leben in Möbeln und Wänden und siedeln nachts in Betten um. Gegen den Juckreiz kann man Antihistaminika einnehmen. Läuse treten meist auf dem Kopf oder im Schambereich auf. Die Übertragung erfolgt durch engen Kontakt mit einer befallenen Person. Vermutlich muss man ein Läuseshampoo (z.B. Permethrin) zur vollständigen Bekämpfung mehrmals anwenden. Läuse im Schambereich bekommt man gewöhnlich durch Sexualkontakt.

Zecken holt man sich beim Wandern in ländlichen Gegenden. Wer von einer Zecke gebissen wurde und an der Biss- oder einer anderen Stelle einen Ausschlag oder Fieber oder Muskelschmerzen bekommt, sollte einen Arzt aufsuchen. Doxycyclin beugt von Zecken übertragenen Krankheiten vor.

Blutegel sind in feuchten Regenwaldgebieten zu finden und kommen auf den Philippinen sehr häufig vor. Sie übertragen keine Krankheiten, aber ihre Bisse jucken wahnsinnig und das oft wochenlang. Noch dazu können sie sich leicht entzünden. Ein Antiseptikum auf Jodbasis auf die Bisse aufzutragen, hilft, Infektionen vorzubeugen.

Jeder, der unter einer schweren Bienen- oder Wespenstichallergie leidet, sollte eine Adrenalinspritze für den Notfall mitführen. Für alle anderen sind die Schmerzen und der Juckreiz das größte Problem – den Stich mit Eis kühlen oder Schmerzmittel einnehmen!

Die meisten Quallenarten in Südostasien sind nicht gefährlich, nur nervig. Eine Ausnahme ist die Würfelqualle, die äußerst gefährlich ist; eine Begegnung mit ihr kann tödlich enden. Sie kommt in philippinischen Gewässern nicht häufig vor, aber es gibt sie, deshalb sollte man sich nach Sichtungen in letzter Zeit erkundigen, bevor man schwimmen geht.

Erste Hilfe bei Quallenbissen ist Essig, der über die betroffenen Körperpartien gegossen wird, um das Gift zu neutralisieren. Keinen Sand oder Wasser benutzen! Schmerztabletten helfen, und wer sich nach einem Kontakt mit Quallen in irgendeiner Weise unwohl fühlt, sollte einen Arzt aufsuchen.

Luftverschmutzung

Die Luftverschmutzung vor allem durch Fahrzeuge ist in den Großstädten der Philippinen, besonders in Manila, ein großes Problem. Wer ernsthafte Atemwegserkrankungen hat, sollte mit seinem Arzt sprechen, bevor er in stark verschmutzte Stadtzentren reist. Die schlechte Luft kann auch zu kleineren Problemen wie

TAUCHUNFÄLLE

Dekompressionskammern

Es gibt vier stationäre Dekompressionskammern auf den Philippinen.

St. Patrick's Hospital Medical Center (0915 506 7621; www.divemed.com.ph; Batangas Hyperbaric Medicine & Wound Healing Center, St. Patrick's Hospital Medical Center, Lopez Jaena St, Batangas City, Luzon) Die einzige Dekompressionskammer der Philippinen in Privatbesitz.

Cebu Doctor's University Hospital (0918 807 3837; Osmena Blvd) Cebus Dekompressionskammer. Kontakt über Memerto Ortega.

PCSSD Armed Forces Hyperbaric Unit (02-920 7183; APF Medical Centre, V. Luna Rd) In Quezon City, Manila.

Philippine Commission of Sports Scuba Diving (0915 219 6611; TIEZA Building, P. Burgos St, Mandaue City, Cebu City) Eine Kammer in der Umgebung von Cebu.

Rücktransporte, Such- & Rettungsdienste

Die philippinische Luftwaffe, die Küstenwache und private Unternehmen wie Subic Seaplanes sind bei Rücktransporten behilflich. Ihre Reichweite ist jedoch begrenzt, und man sollte nicht erwarten, sie wunderbarerweise mitten in der Sulusee oder ähnlichen Orten auftauchen zu sehen.

Philippines Air Force Search & Rescue (02-854 6701, 853 5013, 853 5008; Villamor Air Base, Pasay City, Manila)

Subic Seaplanes (047-252 2230, Mobil 0919 325 1106; www.seaplane-philippines.com; Subic Bay Freeport Zone, Zambales)

Sinusitis, trockenem Hals und gereizten Augen führen. Wem die Luftverschmutzung Probleme bereitet, der sollte die Stadt für ein paar Tage verlassen und frische Luft schnappen.

Parasiten

Die einheimische Bevölkerung Südostasiens ist von zahllosen Parasiten befallen, aber mit den meisten Parasiten kommen Besucher gar nicht in Kontakt. Wer Parasiteninfektionen vermeiden möchte, befolgt am besten zwei Regeln: immer Schuhe tragen und keinen rohen Fisch, kein rohes Schweinefleisch sowie kein rohes Gemüse essen! Zahlreiche Parasiten, beispielsweise Faden- und Hakenwürmer, nimmt man beim Barfußlaufen über die Haut auf, etwa am Strand.

Schlangen

In Südostasien gibt es viele giftige wie harmlose Schlangen. Am besten hält man alle für giftig und versucht nicht, eine zu fangen. Wer in einer Gegend zu Fuß unterwegs ist, in der Schlangen vorkommen könnten, sollte immer feste Schuhe und lange Hosen tragen. Als Erste-Hilfe-Maßnahme nach einem Schlangenbiss legt man einen elastischen Verband an, ausgehend von der Bissstelle bis hoch zur Brust. Der Verband darf die Blutzirkulation nicht abschnüren, und Finger oder Zehen sollten zur Kontrolle des Blutflusses frei bleiben. Das betroffene Glied sollte mit einer Schiene ruhiggestellt und das Opfer zum Arzt gebracht werden. Keinen Druckverband anlegen und das Gift nicht aussaugen! Für die meisten Schlangenarten existiert ein Gegengift.

Tauchen & Surfen

Taucher und Surfer sollten vor der Reise den Rat eines Spezialisten einholen, um sicherzustellen, dass ihre Reiseapotheke mit allem Nötigen für Korallenschnitte und Ohrinfektionen ausgestattet ist. Taucher sollten sich vergewissern, dass ihre Versicherung auch die Dekompressionskrankheit abdeckt – bei Organisationen wie **Divers Alert Network** (DAN; www.diversalertnetwork.org) gibt's spezielle Taucherversicherungen. Bestimmte Erkrankungen sind nicht mit dem Tauchen vereinbar; Details kennt der Arzt. Bei manchen Tauchschulen kommen wirtschaftliche vor gesundheitlichen Erwägungen.

Sprache

FILIPINO

Tagalog, Pilipino, Filipino – die verschiedenen Sprachbezeichnungen sind verwirrend, spiegeln jedoch die politische Geschichte der Lingua franca auf dem 7000 Inseln umfassenden Archipel wider, das die Philippinen bildet. Filipino ist zwar nicht die Muttersprache der gesamten Bevölkerung, wird jedoch als zweite Amtssprache (neben Englisch und 165 anderen Sprachen) im ganzen Land gesprochen und ist die offizielle Sprache in der universitären Lehre und für den Großteil aller juristischen, geschäftlichen und behördlichen Vorgänge. Sie gehört zu den malayo-polynesischen Sprachen und wird weltweit von rund 45 Mio. Menschen gesprochen.

Filipino ist recht einfach auszusprechen, und die meisten Laute dürften dem deutschen Sprecher bekannt sein. Darüber hinaus sind Klang und Sprechweise unkompliziert und einheitlich, jeder Buchstabe wird also immer gleich ausgesprochen. Wer die im Folgenden farbig gedruckten Aussprachehilfen so abliest, als würde er einen deutschen Text lesen, dürfte nur wenige Verständigungsprobleme haben. Ei wird wie „Ei" ausgesprochen, äi wie im englischen say, iw wie ie (langes i) mit runden Lippen, oh wie das „o" im englischen go, au wie in „Auto" und ui wie das wea im englischen tweak. Das r wird stärker betont als im Deutschen und gerollt, und die Kombination ng – wie bei beim deutschen Wort „singen" – kann auch am Anfang eines Wortes vorkommen. Zudem gibt es im Filipino einen Knacklaut, der wie die Pause zwischen den zwei Silben in „oh-oh" gesprochen wird. In unseren Aussprachehilfen wird dieser durch einen Apostroph (') gekennzeichnet, im geschriebenen Filipino durch einen Zirkumflex (ˆ), einen Gravis (`) oder einen Akut (´) über dem Vokal, auf den der Knacklaut folgt.

In unseren Aussprachehilfen sind betonte Silben kursiv gedruckt. „inf." und „form." kennzeichnen jeweils die informelle und die formelle Form.

Konversation & Nützliches

Guten Tag.	Magandáng araw pô. (form.)	ma·gan·*dang* a·rau po'
	Magandáng araw. (inf.)	ma·gan·*dang* a·rau
Auf Wiedersehen.	Paalam na pô. (form.)	pa·a·lam na po'
	Babay. (inf.)	ba·bai
Ja.	Opò. (form.)	o·po'
	Oo. (inf.)	o·o
Nein.	Hindí pô. (form.)	hien·*die*' po'
	Hindî. (inf.)	hien·*die*'
Danke.	Salamat pô. (form.)	sa·*la*·mat po'
	Salamat. (inf.)	sa·*la*·mat
Gern geschehen.	Walá pong anumán. (form.)	wa·*la* pong a·nu·*man*
	Waláng anumán. (inf.)	wa·*lang* a·nu·*man*

Wie geht es Ihnen/dir?
Kumustá po kayó? ku·mus·*ta* po ka·*jo*
Kumustá? ku·mus·*ta*

Gut. Und Ihnen/dir?
Mabuti pô. Kayó pô? ma·*bu*·ti po' ka·*jo* po'
Mabuti. Ikáw? ma·*bu*·ti le·kau

Wie heißen Sie/heißt du?
Anó pô ang pangalan ninyó? a·*no* po' ang pa·*nga*·lan nin·*jo*
Anó ang pangalan mo? a·*no* ang pa·*nga*·lan mo

Mein Name ist ...
Ang pangalan ko pô ay ... (form.) ang pa·*nga*·lan ko po' ai ...
Ang pangalan ko ay ... (inf.) ang pa·*nga*·lan ko ei ...

Sprechen Sie Englisch?
Marunong ka ba ng Inglés? ma·*ru*·nong ka ba nang ing·*gles*

Ich verstehe nicht.
Hindí ko náiintindihán. hien·*die* ko na·ie·ien·tien·die·*han*

Essen & Trinken

Ich möchte einen Tisch für ... reservieren.	Gustó kong mag-reserba ng mesa para sa ...	gus·to kong mag·re·ser·ba nang me·sa pa·ra sa ...
(acht) Uhr	(alás-otso)	(a·las·ot·so)
(zwei) Personen	(dalawáng) tao	(da·la·wang) ta·o

Ich hätte gern die Speisekarte.
Gustó ko ng menú.   gus·to ko nang me·nu

Was würden Sie empfehlen?
Anó ang mairere-   a·no ang ma·ie·re·re·
komendá mo?   ko·men·da mo

Was ist in diesem Gericht?
Anó iyán?   a·no ie·jan

Ich esse kein/keine (rotes Fleisch).
Hindî akô   hien·die' a·ko
kumakain ng   ku·ma·ka·ien nang
(karné).   (kar·ne)

Prost!
Tagayan tayo!   ta·ga·jan ta·jo

Das war lecker!
Masaráp!   ma·sa·rap

Die Rechnung, bitte.
Pakidalá ang tsit.   pa·kie·da·la ang tsiet

Wichtige Begriffe

Abendessen	hapunan	ha·pu·nan
Café	kapiteryá	ka·pie·ter·ja
Flasche	bote	bo·te
Frühstück	almusál	al·mu·sal
Gabel	tinidór	tie·nie·dor
Getränk	inumin	ie·nu·mien
Glas	baso	ba·so
heiß	mainit	ma·ie·niet
kalt	malamíg	ma·la·mieg
Lebensmittelgeschäft	groseryá	gro·ser·ya
Löffel	kutsara	kut·sa·ra
Markt	palengke	pa·leng·ke
Messer	kutsilyo	kut·siel·jo
mit ...	may ...	mai ...
Mittagessen	tanghalian	tang·ha·lie·an
ohne ...	walâ ...	wa·la' ...
Restaurant	restoran	res·to·ran
Teller	pinggán	pieng·gan
vegetarisch	bedyetaryan	bed·je·tar·jan

Fleisch & Fisch

Austern	talabá	ta·la·ba
Ente	bibi	bie·bie
Fisch	isdâ	ies·da'
Fleisch	karné	kar·ne
Garnele	sugpô	sug·po'
Hühnchen	manók	ma·nok
Kalb	karnéng bulô	kar·neng bu·lo'
Lamm	tupa	tu·pa
Muschel	paros	pa·ros
Rind	karné	kar·ne
Schwein	karnéng baboy	kar·neng ba·boj
Thunfisch	tulingán	tu·lie·ngan
Truthahn	pabo	pa·bo

Obst & Gemüse

Ananas	pinyá	pien·ja
Apfel	mansanas	man·sa·nas
Blumenkohl	koliplawer	ko·lie·pla·wer
Bohne	bin	bien
Erbse	gisantes	gie·san·tes
Gemüse	gulay	gu·lei
Gurke	pipino	pie·pie·no
Kartoffeln	patatas	pa·ta·tas
Kohl	repolyo	re·pol·jo
Nüsse	manê	ma·ne'
Obst	prutas	pru·tas
Orange	kahél	ka·hel
Paprika	bel peper	bel pe·per
Pfirsich	pits	piets
Pilz	kabuté	ka·bu·te
Spinat	kulitis	ku·lie·ties
Tomate	kamatis	ka·ma·ties
Trauben	ubas	u·bas
Zitrone	limón	lie·mon
Zwiebel	sibuyas	sie·bu·jas

Sonstiges

Brot	tinapay	tie·na·pei
Butter	mantekilya	man·te·kiel·ja
Ei	itlóg	iet·log
Eis	yelo	je·lo
Essig	sukà	su·ka'
Honig	pulót-pukyutan	pu·lot·puk·ju·tan
Käse	keso	ke·so
Knoblauch	bawang	ba·wang
Öl	mantikà	man·tie·ka
Pfeffer	pamintá	pa·mien·ta
Reis (gekocht)	kanin	ka·nien
Salz	asín	a·sien

Sauerrahm	kremang	kre·mang
	maasim	ma·a·siem
Suppe	sopas	so·pas
Zucker	asukal	a·su·kal

Getränke

Bier	serbesa	ser·be·sa
Kaffee	kapé	ka·pe
Milch	gatas	ga·tas
Saft	katás	ka·tas
Tee	tsaá	tsa·a
Wasser	tubig	tu·bieg
Wein	alak	a·lak

Notfall

Hilfe! *Saklolo!* sak·lo·lo
Gehen Sie weg! *Umalís ka!* u·ma·lies ka
Rufen Sie ...! *Tumawag ka ng ...!* tu·ma·wag ka nang ...
  einen Arzt *doktór* dok·tor
  die Polizei *pulís* pu·lies

Es gab einen Unfall.
May aksidente. mei ak·sie·den·te

Ich bin krank.
May sakít akó. mei sa·kiet a·ko

Hier tut es weh.
Masakít dito. ma·sa·kiet die·to

Ich bin allergisch gegen (Antibiotika).
Allergic akó sa (antibayótikó). a·ler·jiek a·ko sa (an·tie·ba·jo·tie·ko)

Ich habe mich verlaufen.
Nawawalâ akó. na·wa·wa·la' a·ko

Wo sind die Toiletten?
Násaán ang kubeta? na·sa·an ang ku·be·ta

Shoppen & Service

Ich möchte ...kaufen.
Gustó kong bumilí ng ... gus·to kong bu·mie·lie nang ...

Ich sehe mich nur um.
Tumitingín lang akó. tu·mie·tie·ngien lang a·ko

Kann ich mir das anschauen?
Puwede ko bang tingnán? pu·we·de ko bang tieng·nan

Wie viel kostet das?
Magkano? mag·ka·no

Das ist mir zu teuer.
Masyadong mahál. mas·ja·dong ma·hal

SCHILDER

Pasukán	Eingang
Labásan	Ausgang
Bukás	Offen
Sará	Geschlossen
Bawal	Verboten
CR	Toiletten
Lalaki	Herren
Babae	Damen

Bekomme ich Rabatt?
Puwede mo bang ibabâ ang presyo? pu·we·de mo bang ie·ba·ba' ang pres·jo

Da ist ein Fehler auf der Rechnung.
May malí sa kuwenta. mei ma·lie sa ku·wen·ta

Bank	bangko	bang·ko
Internetcafé	ínternet kapé	ien·ter·net ka·pe
öffentliches Telefon	teléponong pampúbliko	te·le·po·nong pam·pub·lie·ko
Postamt	pos opis	pos o·pies
Touristeninformation	upisina ng turismo	u·pie·sie·na nang tu·ries·mo

Uhrzeit & Datum

Wie spät ist es?
Anóng oras na? a·nong o·ras na

Es ist (10) Uhr.
Alás-(diyés). a·las·(die·jes)

Halb (10).
Kalahating oras makalampás ang (alás-diyés). ka·la·ha·tieng o·ras ma·ka·lam·pas ang (a·las·die·jes)

vormittags	ng umaga	nang u·ma·ga
nachmittags (12–14 Uhr)	ng tanghalì	nang tang·ha·lie'
nachmittags (14–18 Uhr)	ng hapon	nang ha·pon
gestern	kahapon ng	ka·ha·pon nang
heute	sa araw na itó	sa a·rau na ie·to
morgen	bukas ng	bu·kas nang

Montag	Lunes	lu·nes
Dienstag	Martés	mar·tes
Mittwoch	Miyérkoles	mie·jer·ko·les
Donnerstag	Huwebes	hu·we·bes

ZAHLEN

1	isá	ie·sa
2	dalawá	da·la·wa
3	tatló	tat·lo
4	apat	a·pat
5	limá	lie·ma
6	anim	a·niem
7	pitó	pie·to
8	waló	wa·lo
9	siyám	sie·jam
10	sampû	sam·pu'
20	dalawampû	da·la·wam·pu'
30	tatlumpû	tat·lum·pu'
40	apatnapû	a·pat·na·pu'
50	limampû	lie·mam·pu'
60	animnapû	a·niem·na·pu'
70	pitumpû	pie·tum·pu'
80	walumpû	wa·lum·pu'
90	siyamnapû	sie·jam·na·pu'
100	sandaán	san·da·an
1000	isáng libo	ie·sang lie·bo

Freitag	*Biyernes*	bie·jer·nes
Samstag	*Sábado*	sa·ba·do
Sonntag	*Linggó*	lieng·go
Januar	*Enero*	e·ne·ro
Februar	*Pebrero*	peb·re·ro
März	*Marso*	mar·so
April	*Abríl*	ab·riel
Mai	*Mayo*	ma·jo
Juni	*Hunyo*	hun·jo
Juli	*Hulyo*	hul·jo
August	*Agosto*	a·gos·to
September	*Setyembre*	set·jem·bre
Oktober	*Oktubre*	ok·tu·bre
November	*Nobyembre*	nob·jem·bre
Dezember	*Disyembre*	dies·jem·bre

Unterkunft

Wo ist ein/eine ...?	*Násaán ang ...?*	na·sa·an ang ...
Campingplatz	*kampingan*	kam·pie·ngan
Hotel	*otél*	o·tel
Jugendherberge	*hostel para sa kabataan*	hos·tel pa·ra sa ka·ba·ta·an
Ferienpension	*bahay-bisita*	ba·hei bie·sie·ta
Haben Sie ein ...-zimmer?	*Mayroón ba kayóng kuwartong ...?*	mei·ro·on ba ka·jong ku·war·tong ...
Einzel-	*pang-isahan*	pang-ie·sa·han
Doppel-	*pandalawaha*	pan·da·la·wa·han
Zweibett-	*may kambál na kama*	mei kam·bal na ka·ma
Wie viel kostet es pro ...?	*Magkano ba para sa isáng ...?*	mag·ka·no ba pa·ra sa ie·sang ...
Nacht	*gabí*	ga·bie
Person	*katao*	ka·ta·o
Woche	*linggó*	lieng·go
Bad	*banyo*	ba·njo
Fenster	*bintanà*	bien·ta·na'
Klimaanlage	*erkon*	er·kon
Toilette	*kubeta*	ku·be·ta

Verkehrsmittel & -wege

Öffentliche Verkehrsmittel

Welcher/e/s ... fährt nach (Bataan)?	*Alíng ... ang papuntá sa (Bataan)?*	a·lieng ... ang pa·pun·ta sa (ba·ta·an)
Boot	*bapór*	ba·por
Fähre	*ferry*	pe·rie
Katamaran	*catamaran*	ka·ta·ma·ran
Ist das der/die/das ... nach (Baguío)?	*Itó ba ang ... na papuntá sa (Baguío)?*	ie·to ba ang ... na pa·pun·ta sa (ba·gie·o)
Bus	*bus*	bus
Jeepney	*dyipni*	dschiep·nie
Megataxi	*megataksi*	me·ga·tak·see
Zug	*tren*	tren
Wann fährt der/die/das ... (Bus)?	*Kailán ang ... (bus)?*	ka·ie·lan ang ... (bus)
erste	*unang*	u·nang
letzte	*huling*	hu·lieng
nächste	*súsunód na*	su·su·nod na

Deutsch	Tagalog	Aussprache
Ein ... Ticket (nach Liliw).	Isáng tiket ... na (papuntá sa Liliw).	ie·sang tie·ket ... na (pa·pun·ta sa lie·liw)
1. Klasse	1st class	pers klas
2. Klasse	2nd class	se·kan klas
einfache Fahrt	one way	wan way
Hin- & Rückfahrt	balikan	ba·lie·kan

Wann fährt der/die/das (Bus) ab?
Anóng oras áalís ang (bus)? — a·nong o·ras a·a·lies ang (bus)

Wann fährt der/die/das (Boot) nach (Samal)?
Anóng oras daratíng ang (bapór) sa (Samal)? — a·nong o·ras da·ra·tieng ang (ba·por) sa (sa·mal)

Hält er/sie/es in (Porac)?
Humihintô ba itó sa (Porac)? — hu·mie·hien·to ba ie·to sa (po·rak)

Bitte sagen Sie mir Bescheid, wenn wir in (Tagaytay) sind.
Pakisabi lang sa akin pagdating natin sa (Tagaytay). — pa·kie·sa·bie lang sa a·kien pag·da·tieng na·tien sa (ta·gei·tei)

Ich würde gerne in (Rizal) aussteigen.
Gustó kong bumabá sa (Rizal). — gus·to kong bu·ma·ba sa (rie·sal)

Bitte bringen Sie mich zu/zum/zur (dieser Adresse).
Pakihatíd mo akó sa (adrés na itó). — pa·kie·ha·tied mo a·ko sa (a·dres na ie·to)

Bahnhof	istasyón ng tren	ies·tas·jon nang tren
Bushaltestelle	hintuan ng bus	hien·tu·an nang bus
Fahrkartenschalter	bilihan ng tiket	bie·lie·han nang tie·ket

Auto, Motorrad & Fahrrad

Ich möchte ein/einen ... leihen.
Gustó kong umarkilá ng ... — gus·to kong u·mar·kie·la nang ...

Allradwagen	4WD	por·wiel·dreib
Auto	kotse	kot·se
Fahrrad	bisikleta	bie·siek·le·ta
Motorrad	motorsiklo	mo·tor·siek·lo

Ist das die Straße nach (Macabebe)?
Itó ba ang daán patungo sa (Macabebe)? — ie·to ba ang da·an pa·tu·ngo sa (ma·ka·be·be)

Darf ich hier parken?
Puwede ba akóng pumarada dito? — pu·we·de ba a·kong pu·ma·ra·da die·to

Das (Auto) hatte eine Panne in (San Miguel).
Nasiraan ang (kotse) sa (San Miguel). — na·sie·ra·an ang (kot·se) sa (san mie·gel)

Ich habe einen Platten.
Plat ang gulóng ko. — plat ang gu·long ko

Ich habe kein Benzin mehr.
Naubusan akó ng gasolina. — na·u·bu·san a·ko nang ga·so·lie·na

Benzin	gasolina	ga·so·lie·na
Fahrradladen	tindahan ng bisikleta	tien·da·han nang bie·siek·le·ta
Mechaniker	mekániko	me·ka·nie·ko
Werkstatt	serbis istesyon	ser·bies ies·tes·jon

Wegweiser

Wo ist der/die/das (Markt)?
Násaán ang (palengke)? — na·sa·an ang (pa·leng·ke)

Wie weit ist das?
Gaano kalayo? — ga·a·no ka·la·jo

Wie lautet die Adresse?
Anó ang adrés? — a·no ang a·dres

Könnten Sie das bitte aufschreiben?
Pakísulat mo? — pa·kie·su·lat mo

Könnten Sie mir das (auf der Karte) zeigen?
Maáari bang ipakita mo sa akin (sa mapa)? — ma·a·a·rie bang ie·pa·kie·ta mo sa a·kien (sa ma·pa)

Er/sie/es ist ...	Iyón ay ...	ie·jon ei ...
an der Ecke	nasa kanto	na·sa kan·to
gegenüber	katapát ng	ka·ta·pat nang
geradeaus	diretso	die·ret·so
hinter	nasa likurán ng	na·sa lie·ku·ran nang
in der Nähe von (...)	malapit (sa...)	ma·la·piet (sa...)
neben	katabí ng	ka·ta·bie nang
vor	sa harapán ng	sa ha·ra·pan nang

Biegen Sie ... ab	Lumikó sa ...	lu·mie·ko sa ...
an der Ampel	ilaw-trápiko	ie·lau-tra·pie·ko
links	kaliwâ	ka·lie·wa'
rechts	kanan	ka·nan

ENGLISCH

Briten, Amerikaner, Australier und Neuseeländer, deutsche Geschäftsleute und norwegische Wissenschaftler, der indische Verwaltungsbeamte, der philippinische Büroangestellte und die Hausfrau in Kapstadt – fast jeder scheint Englisch zu sprechen. Und wirklich: Englisch ist die am weitesten verbreitete Sprache der Welt (wenn es auch nur den zweiten Platz für die am meisten gesprochene Muttersprache gibt – Chinesisch ist die Nr. 1).

Logisch, dass es bei einer solchen Verbreitung nicht *das* Englische gibt, sondern vielmehr eine Unmenge von lokalen Eigenheiten in der Aussprache und im Wortschatz. Ein texanischer Ranger wird also wahrscheinlich seine Schwierigkeiten haben, einen philippinischen Jugendlichen aus Manila zu verstehen.

Hier folgen nur die wichtigsten Begriffe und Wendungen, um sich vor Ort durchschlagen zu können.

Konversation & Nützliches

Hallo.	Hello.
Guten ...	Good ...
Tag	day
Tag (nachmittags)	afternoon
Morgen	morning
Abend	evening
Auf Wiedersehen.	Goodbye.
Bis später.	See you later.
Tschüss.	Bye.
Wie geht es Ihnen/dir?	How are you?
Danke, gut.	Fine. And you?
Und Ihnen/dir?	... and you?
Wie ist Ihr Name?/ Wie heißt du?	What's your name?
Mein Name ist ...	My name is ...

NOCH MEHR GEFÄLLIG?

Noch besser kommt man mit dem *Sprachführer Englisch* von Lonely Planet auf den Philippinen voran (und auch in anderen englischsprachigen Ländern herum). Man findet den Titel unter **http://shop.lonelyplanet.de** und im Buchhandel.

Wo kommen Sie her?/ Wo kommst du her?	Where do you come from?
Ich komme aus ...	I'm from ...
Wie lange bleiben Sie/ bleibst du hier?	How long do you stay here?
Ja.	Yes.
Nein.	No.
Bitte.	Please.
Danke/Vielen Dank.	Thank you (very much).
Bitte (sehr).	You're welcome.
Entschuldigen Sie, ...	Excuse me, ...
Entschuldigung.	Sorry.
Es tut mir leid.	I'm sorry.
Verstehen Sie (mich)?	Do you understand (me)?
Ich verstehe (nicht).	I (don't) understand.
Könnten Sie ...?	Could you please ...?
bitte langsamer sprechen	speak more slowly
das bitte wiederholen	repeat that
es bitte aufschreiben	write it down

Fragewörter

Wer?	Who?
Was?	What?
Wo?	Where?
Wann?	When?
Wie?	How?
Warum?	Why?
Welcher?	Which?
Wie viel/viele?	How much/many?

Gesundheit

Wo ist der/die/das nächste ...?
Where's the nearest ...?

Apotheke	chemist
Zahnarzt	dentist
Arzt	doctor
Krankenhaus	hospital

Ich brauche einen Arzt.
I need a doctor.

Gibt es in der Nähe eine (Nacht-) Apotheke?
Is there a (night) chemist nearby?

Ich bin krank.	I'm sick.
Es tut hier weh.	It hurts here.
Ich habe mich übergeben.	I've been vomiting.

Ich habe ...	I have ...
Durchfall	diarrhoea
Fieber	fever
Kopfschmerzen	headache
(Ich glaube,) Ich bin schwanger.	(I think) I'm pregnant.
Ich bin allergisch ...	I'm allergic ...
gegen Antibiotika	to antibiotics
gegen Aspirin	to aspirin
gegen Penizillin	to penicillin

Mit Kindern reisen

Ich brauche ...	I need a/an ...
Gibt es ...?	Is there a/an ...?
einen Wickelraum	baby change room
einen Babysitter	babysitter
einen Kindersitz	booster seat
eine Kinderkarte	children's menu
einen Kinderstuhl	highchair
(Einweg-)Windeln	(disposable) nappies
ein Töpfchen	potty
einen Kinderwagen	stroller

Stört es Sie, wenn ich mein Baby hier stille?
Do you mind if I breastfeed here?

Sind Kinder zugelassen?
Are children allowed?

Papierkram

Name	name
Staatsangehörigkeit	nationality
Geburtsdatum	date of birth
Geburtsort	place of birth
Geschlecht	sex/gender
(Reise-)Pass	passport
Visum	visa

Shoppen & Service

Ich suche ...
I'm looking for ...

Wo ist der/die/das (nächste) ...?
Where's the (nearest) ...?

NOTFALL

Hilfe!
Help!

Es ist ein Notfall!
It's an emergency!

Rufen Sie die Polizei!
Call the police!

Rufen Sie einen Arzt!
Call a doctor!

Rufen Sie einen Krankenwagen!
Call an ambulance!

Lassen Sie mich in Ruhe!
Leave me alone!

Gehen Sie weg!
Go away!

Wo kann ich ... kaufen?
Where can I buy ...?

Ich möchte ... kaufen.
I'd like to buy ...

Wie viel (kostet das)?
How much (is this)?

Das ist zu viel/zu teuer.
That's too much/too expensive.

Können Sie mit dem Preis heruntergehen?
Can you lower the price?

Ich schaue mich nur um.
I'm just looking.

Haben Sie noch andere?
Do you have any others?

Können Sie ihn/sie/es mir zeigen?
Can I look at it?

mehr	more
weniger	less
kleiner	smaller
größer	bigger

Nehmen Sie ...?	Do you accept ...?
Kreditkarten	credit cards
Reiseschecks	traveller's cheques
Ich möchte ...	I'd like to ...
Geld umtauschen	change money
einen Scheck einlösen	cash a cheque
Reiseschecks einlösen	change traveller's cheques

Ich suche ...	I'm looking for ...
einen Arzt	a doctor
eine Bank	a bank

die ... Botschaft	the ... embassy
einen Geldautomaten	an ATM
das Krankenhaus	the hospital
den Markt	the market
ein öffentliches Telefon	a public phone
eine öffentliche Toilette	a public toilet
die Polizei	the police
das Postamt	the post office
die Touristeninformation	the tourist information
eine Wechselstube	an exchange office

Wann macht er/sie/es auf/zu?
What time does it open/close?

Ich möchte eine Telefonkarte kaufen.
I want to buy a phone card.

Wo ist hier ein Internetcafé?
Where's the local Internet cafe?

Ich möchte ...	I'd like to ...
ins Internet	get Internet access
meine E-Mails checken	check my email

Uhrzeit & Datum

Wie spät ist es?	What time is it?
Es ist (ein) Uhr.	It's (one) o'clock.
zwanzig nach eins	Twenty past one
halb zwei	Half past one
Viertel vor eins	Quarter to one
morgens/vormittags	am
nachmittags/abends	pm
jetzt	now
heute	today
heute Abend	tonight
morgen	tomorrow
gestern	yesterday
Morgen	morning
Nachmittag	afternoon
Abend	evening
Montag	Monday
Dienstag	Tuesday
Mittwoch	Wednesday
Donnerstag	Thursday
Freitag	Friday
Samstag	Saturday
Sonntag	Sunday
Januar	January
Februar	February
März	March
April	April
Mai	May
Juni	June
Juli	July
August	August
September	September
Oktober	October
November	November
Dezember	December

Unterkunft

Wo ist ...?	Where's a ...?
eine Pension	bed and breakfast guesthouse
ein Campingplatz	camping ground
ein Hotel/Gasthof	hotel
ein Privatzimmer	room in a private home
eine Jugendherberge	youth hostel

Wie ist die Adresse?
What's the address?

Ich möchte bitte ein Zimmer reservieren.
I'd like to book a room, please.

Für (drei) Nächte/Wochen.
For (three) nights/weeks.

Haben Sie ein ...?	Do you have a ... room?
Einzelzimmer	single
Doppelzimmer	double
Zweibettzimmer	twin

Wieviel kostet es pro Nacht/Person?
How much is it per night/person?

Kann ich es sehen?
May I see it?

Kann ich ein anderes Zimmer bekommen?
Can I get another room?

Es ist gut, ich nehme es.
It's fine. I'll take it.

Ich reise jetzt ab.
I'm leaving now.

EIN ZIMMER RESERVIEREN

(per Brief, Fax oder E-Mail)

An ...	*To ...*
Vom ...	*From ...*
Datum	*Date*

Ich möchte reservieren ...
I'd like to book ...

auf den Namen ...	*in the name of ...*
vom ... bis zum ...	*from ... to ...*

(Bett-/Zimmeroptionen s. Liste Unterkunft)

Kreditkarte	*credit card*
Nummer	*number*
gültig bis	*expiry date*

Bitte bestätigen Sie Verfügbarkeit und Preis.
Please confirm availability and price.

Verkehrsmittel & -Wege

Öffentliche Verkehrsmittel

Wann fährt ... ab?
What time does the ... leave?

das Boot/Schiff	*boat/ship*
die Fähre	*ferry*
der Bus	*bus*
der Zug	*train*

Wann fährt der ... Bus?
What time's the ... bus?

erste	*first*
letzte	*last*
nächste	*next*

Wo ist der nächste U-Bahnhof?
Where's the nearest metro station?

Welcher Bus fährt nach ...?
Which bus goes to ...?

U-Bahn	*metro*
(U-)Bahnhof	*(metro) station*
Straßenbahn	*tram*
Straßenbahnhaltestelle	*tram stop*
S-Bahn	*suburban (train) line*

Eine ... nach (Manila).	*A ... to (Manila).*
einfache Fahrkarte	*one-way ticket*
Rückfahrkarte	*return ticket*
Fahrkarte 1. Klasse	*1st-class ticket*
Fahrkarte 2. Klasse	*2nd-class ticket*

Der Zug wurde gestrichen.
The train is cancelled.

Der Zug hat Verspätung.
The train is delayed.

Ist dieser Platz frei?
Is this seat free?

Muss ich umsteigen?
Do I need to change trains?

Sind Sie frei?
Are you free?

Was kostet es bis ...?
How much is it to ...?

Bitte bringen Sie mich zu (dieser Adresse).
Please take me to (this address).

Private Transportmittel

Wo kann ich ein ... mieten?
Where can I hire a/an ...?

Ich möchte ein ... mieten.
I'd like to hire a/an ...

Allradfahrzeug	*4WD*
Auto	*car*
Fahrrad	*bicycle*
Fahrzeug mit Automatik	*automatic*
Fahrzeug mit Schaltung	*manual*
Motorrad	*motorbike*

Wieviel kostet es pro Tag/Woche?
How much is it per day/week?

Wo ist eine Tankstelle?
Where's a petrol station?

Benzin	*petrol*
Diesel	*diesel*
bleifreies Benzin	*unleaded*

Führt diese Straße nach ...?
Does this road go to ...?

Wo muss ich bezahlen?
Where do I pay?

Ich brauche einen Mechaniker.
I need a mechanic.

Das Auto hat eine Panne.
The car has broken down.

VERKEHRSSCHILDER	
Danger	Gefahr
No Entry	Einfahrt verboten
One-way	Einbahnstraße
Entrance	Einfahrt
Exit	Ausfahrt
Keep Clear	Ausfahrt freihalten
No Parking	Parkverbot
No Stopping	Halteverbot
Toll	Mautstelle
Cycle Path	Radweg
Detour	Umleitung
No Overtaking	Überholverbot

Ich habe einen Platten.
I have a flat tyre.

Das Auto/Motorrad springt nicht an.
The car/motorbike won't start.

Ich habe kein Benzin mehr.
I've run out of petrol.

Wegweiser

Können Sie mir bitte helfen?
Could you help me, please?

Ich habe mich verirrt.
I'm lost.

Wo ist (eine Bank)?
Where's (a bank)?

In welcher Richtung ist (eine öffentliche Toilette)?
Which way's (a public toilet)?

Wie kann ich da hinkommen?
How can I get there?

Wie weit ist es?
How far is it?

Können Sie es mir (auf der Karte) zeigen?
Can you show me (on the map)?

links	left
rechts	right
nahe	near
weit weg	far away
hier	here
dort	there
an der Ecke	on the corner
geradeaus	straight ahead
gegenüber	opposite
neben	next to
hinter	behind
vor	in front of
Norden	north
Süden	south
Osten	east
Westen	west
Biegen Sie ... ab.	Turn ...
links/rechts	left/right
an der nächsten Ecke	at the next corner
bei der Ampel	at the traffic lights

Zahlen

0	zero
1	one
2	two
3	three
4	four
5	five
6	six
7	seven
8	eight
9	nine
10	ten
11	eleven
12	twelve
13	thirteen
14	fourteen
15	fifteen
16	sixteen
17	seventeen

SCHILDER	
Police	Polizei
Police Station	Polizeiwache
Entrance	Eingang
Exit	Ausgang
Open	Offen
Closed	Geschlossen
No Entry	Kein Zutritt
No Smoking	Rauchen verboten
Prohibited	Verboten
Toilets	Toiletten
Men	Herren
Women	Damen

18	eighteen	50	fifty
19	nineteen	60	sixty
20	twenty	70	seventy
21	twentyone	80	eigthy
22	twentytwo	90	ninety
23	twentythree	100	hundred
24	twentyfour	1000	thousand
25	twentyfive	2000	two thousand
30	thirty	100 000	hundred thousand
40	fourty	1 000 000	one million

GLOSSAR

arnis de mano – prähispanischer Stockkampf, besser als *arnis* bekannt

bagyo – Taifun

bahala na – eine Art nationale Philosophie. Vor der Einführung des Christentums nannten die Filipinos Gott *bathala*. Der Ausdruck *bahala na* leitet sich davon ab und steht sowohl für Glauben an Gott als auch für eine Art von Fatalismus, ist also eine Mischung zwischen Sorglosigkeit und Schicksalsergebenheit à la Kurt Vonnegut, jedoch weniger individualistisch: Was geschieht, geschieht, und in der Zwischenzeit lebt man sein Leben, am besten gemeinsam mit Freunden – und vor allem – mit der Familie.

bahay na bato – Steinhaus

balangay – hochseetaugliches, kunstvoll gearbeitetes Auslegerboot

balikbayan – Philippiner, der aus dem Ausland zurückkehrt oder seine Heimat besucht

balisong – Klapp- oder Butterflymesser

bangka – Holzboot, meist mit Auslegern und von einem zweckentfremdeten Automotor angetrieben; motorisiertes Auslegerkanu

barangay – Dorf, Viertel oder Gemeinde; grundlegende soziopolitische Einheit der philippinischen Gesellschaft

barkada – Clique von Freunden

barong – Oberbegriff für ein landestypisches Herrenhemd, das als eine Art Nationaltracht gilt; die Vorderseite ist meist großflächig bestickt oder gemustert.

Barong Tagalog – traditionelles Hemd für formelle Anlässe (der *barong* war ursprünglich nur für Männer gedacht; das Wort beschreibt nur das Hemd) mit kunstvollen Stickereien oder Mustern auf der Vorderseite aus *jusi* oder *pinya*

baryo – philippinische Variante des spanischen Wortes *barrio* (Stadtviertel); wird heute Barangay genannt

bayanihan – Philippinische Tradition, bei der Nachbarn einer Familie beim Umzug des Hauses zu einem neuen Ort helfen. Heute bezeichnet der Begriff Gemeinschaftsgeist im weiteren Sinne, der scheinbar Unmögliches durch Gemeinschaft und Zusammenarbeit möglich macht.

BPI – Bank of the Philippine Islands

butanding – Walhai

carabao – Wasserbüffel, auch *kalabaw* genannt

CBST – Community-Based Sustainable Tourism (gemeindebasierter, nachhaltiger Tourismus)

CR – Comfort Room (Toilette)

fronton – Spielfeld beim *jai alai*

GROs – Guest Relation Officers; offiziell bessere Kellnerinnen, inoffiziell Sexarbeiterinnen

haribon – philippinischer Adler und gefährdete Spezies; bedeutet wörtlich „König der Vögel"

istrado – Philippiner der gebildeten Mittelklasse im 19. Jh.

jai alai – schnelles Ballspiel; beliebte Sportart auf den Philippinen

Jeepney – bunt bemaltes, einem verlängerten Jeep ähnelndes, mit Passagieren vollgestopftes Fahrzeug mit Sitzbänken und jeder Menge Deko

jusi – aus Ramiefasern gewebter Stoff, der für die Herstellung eines *barong* verwendet wird

kalesa – Pferdekutsche

kundiman – melancholisches Musikgenre aus Manila (und der Region Tagalog); zählt zu den beliebtesten des Landes

lahar – durch Regen verursachter Erdrutsch aus Vulkanschutt oder Schlamm aus Vulkanasche; tritt oft am Mt. Pinatubo auf

mestizo – Philippiner gemischter Herkunft (meist chinesisch oder spanisch). Ein Philippiner mit gemischten asiatischen Wurzeln, die nicht auf China zurückgehen, wird nicht als *mestizo* bezeichnet.

MILF – Moro Islamic Liberation Front (Islamische Befreiungsfront der Moros)

MNLF – Moro National Liberation Front (Nationale Befreiungsfront der Moros)

Moro – Bezeichnung aus der spanischen Kolonialzeit für muslimische Filipinos; der einst abschätzig gemeinte Name wird heute mit Stolz getragen.

nara – Hartholzbaum; der Nationalbaum der Philippinen

nipa – Palmenart; die Blätter werden zum Bau von Nipa-Hütten (typisch für ländliche Gebiete) benutzt.

NPA – New People's Army (Neue Volksarmee)

paraw – traditionelles Auslegerboot mit Fock und Großsegel

pasyon – Passion Jesu Christi; wird in der Karwoche besungen oder nachgestellt

Philvolcs – Philippine Institute of Volcanology & Seismology (Philippinisches Institut für Vulkanologie und Seismologie)

Pinoy – Begriff, den Philippiner für sich selbst verwenden

pinya – aus Ananasfasern gewebter Stoff; wird oft für die Herstellung eines *barong* verwendet

PNP – Philippine National Police; philippinische Polizei

poblasyon – Stadtzentrum

sabong – Hahnenkampf

sala – Wohnzimmer

santo – religiöse Statue

sari-sari – kleiner Tante-Emma-Laden für den täglichen Bedarf; *sari-sari* bedeutet wörtlich „Auswahl".

swidden farming – Brandrodungsackerbau; Ackerbau auf einem Stück Land, das durch Brandrodung für die Landwirtschaft verfügbar gemacht wurde.

Tagalog – Hauptdialekt in Manila und in den umgebenden Provinzen; auf diesem Dialekt basiert die offizielle Amtssprache Filipino.

tamaraw/Tamarau – bedrohte einheimische Büffelart, die nur auf Mindoro vorkommt; eine der am stärksten bedrohten Tierarten der Welt

tinikling – philippinischer Volkstanz

Tricycle – philippinische Rikscha, früher über Pedale angetrieben, heute vorwiegend motorisiert

V-Hire – oft benutzter Van/Kleinbus

Hinter den Kulissen

WIR FREUEN UNS ÜBER EIN FEEDBACK

Post von Travellern zu bekommen, ist für uns ungemein hilfreich – Kritik und Anregungen halten uns auf dem Laufenden und helfen, unsere Bücher zu verbessern. Unser reiseerfahrenes Team liest alle Zuschriften ganz genau durch, um zu erfahren, was an unseren Reiseführern gut und was schlecht ist. Wir können solche Post zwar nicht individuell beantworten, aber jedes Feedback wird garantiert schnurstracks an die jeweiligen Autoren weitergeleitet, rechtzeitig vor der nächsten Auflage.

Wer uns schreiben will, erreicht uns über **www.lonelyplanet.de/kontakt**.

Hinweis: Da wir Beiträge möglicherweise in Lonely Planet Produkten (z. B. Reiseführer, Websites, digitale Medien) veröffentlichen, gegebenenfalls auch in gekürzter Form, bitten wir um Mitteilung, falls ein Kommentar nicht veröffentlicht oder ein Name nicht genannt werden soll. Wer Näheres über unsere Datenschutzpolitik wissen will, erfährt das unter www.lonelyplanet.com/privacy.

DANK VON LONELY PLANET

Vielen Dank den Reisenden, die uns nach der letzten Auflage des Reiseführers zahlreiche hilfreiche Hinweise, nützliche Ratschläge und interessante Anekdoten schickten:

Alan Bowers, Angela Chin, Anton Rijsdijk, Barry Thompson, Bert Theunissen, Brian Bate, Bruno Michelini, Chris Urbanski, Christopher Atwood, Claudia Mueller, Conrad Wenham, Dan Roux, Daniel Johnson, David Bonsor, Debbie Foster, Donavan Albert, Erwin Meijer, Floortje Snels, Guido Nijssen, Hagai Benkuzari, Harrie Boin, Ian Drever, Inna Nesnova, Iven Immer, Jamil Reyes, Jan Hijman, Jan Ivarsson, Jason Baker, Jen Broadbent, Jennifer Richardson, Jenny Kim, Jessica Horber, Joanna Nelson, Joe Bryant, Juerg Buetler, Kamila Divisova, Katharina Asghari, Katrina Smith, King Pia, Laurence Poesy, Marc Iwen, Maria Fatima Bonus, Michael Young, Mlchal Rudziecki, Nicole Sarkis, Noah Impekoven, Rob Dunn, Robert Holt, Ruth Mosser, Suzanne Mingoa-Licuanan, Sekeun Daniel Yu, Simon Dabbs, Tanya Bonte, Thomas Sarosy, Vera Chiodi and Will Nahum.

DANK DER AUTOREN

Michael Grosberg

Danke an Kublai Milla und Min Ponce für ihre Gastfreundschaft und Wärme; Sunil und Ramesh für ihre Ratschläge und Ideen; Andy Pownall; Gerry Deegan und an all Euch Seeigel – Ihr wisst, wer Ihr seid; danke an Jim Boy, Zaza und Eddie; Alexander Lumang und Ronald Blantucas für die Mitfahrgelegenheit und die Fachsimpelei über Sport; Maurice Noel „Wing" Bollozos für seine Einblicke in Camiguin; Romy Besa für die Unterhaltungen übers Essen; Mark Katz für die medizinische Ratschläge; und an Carly Neidorf und Booner für ihre Liebe und Unterstützung.

Greg Bloom

An dieser Ausgabe haben Johnny Weekend, Windi und Anna (meine achtjährige Tochter) hart als meine Recherche-Assistenten mitgearbeitet. Anna bewies besondere Geduld, als wir jedes einzelne Ressort auf Siquijor begutachtet haben. Danke an Michelle und Noel für die königliche Behandlung in San José. Danke an Gavin für die Kontakte in Tacloban und an die Touristeninformation in Tacloban. Danke an Susan für die Mitfahrgelegenheit aus Guiuan. Danke an das kühle blonde Pils von San Miguel. Danke an den Typen in Catarman, der alles über Nord-Samar wusste.

Trent Holden

Ein dickes Dankeschön an all die coolen Manileños, die ich bei dieser Reise getroffen habe, und für all die unschätzbaren Tipps und Vorschläge. Ganz lieben Dank an meine Familie (auch an den jüngsten Zuwachs, meinen Neffen Campbell) und an meine Freundin und Verbündete: Kate. Last but not least ein riesiges Danke an Laura Crawford, die mir die Chance gegeben hat, an einer weiteren Ausgabe der Philippinen mitzuarbeiten, und an meine Koautoren und das Inhouseteam, die hinter den Kulissen alle so hart an diesem Buch gearbeitet haben.

Anna Kaminski

Vielen Dank an das Philippinen-Team, nicht zuletzt Laura, die mir drei Kapitel anvertraut hat, und meine Koautoren für ihr hilfreiches Feedback, allen voran Greg für all seine Ratschläge und seine warme Gastfreundschaft. Ein riesiges *salamat* an alle, die mir unterwegs geholfen haben, u. a. Rafael Oca und Rafael Dionisio vom Circle Hostel (und Paul Melicor); Robert Baradi, der meine verlorene Brieftasche abgegeben hat; Ela von Bombo Radyo Bagui, die mich aufgespürt hat; die superhilfsbereite Gastgeberin des Midtown Inn in Virac; das Personal der Touristeninformation in Basco und Sabtang; Kiki, die ihre Erfahrungen mit mir geteilt hat; Kinad für die Infos zu den Kordilleren; Ephraim für unvergleichbares Motorrad-Geschick; MJ und Jerome Avenue von Bicol Adventure ATV; und an die guten Seelen im East Point Hotel by the Sea.

Paul Stiles

Mein Dank geht an Curtis für die tolle Gesellschaft und Kartografie; an Paul für sein Insiderwissen zu Boracay; an Ray, der alles organisiert hat, und an die vielen engagierten Menschen im Philippines Department of Tourism, Region VI, die mir sehr dabei geholfen haben, ein riesiges Gebiet in begrenzter Zeit abzudecken. *Mabuhay!*

QUELLENNACHWEIS

Die den Klimakarten zugrunde liegenden Daten stammen von Peel MC, Finlayson BL & McMahon TA (2007) *Updated World Map of the Köppen-Geiger Climate Classification*, erschienen in der Zeitschrift *Hydrology and Earth System Sciences*, Ausgabe 11, 1633–44.

Titelfoto: Reisbauer vor Bergpanorama, Philippinen. Per-Andre Hoffman/Getty

ÜBER DIESES BUCH

Diese Ausgabe des Lonely Planet *Philippinen* wurde von Michael Grosberg, Greg Bloom, Trent Holden, Anna Kaminski und Paul Stiles verfasst. Greg, Michael und Trent haben auch an früheren Ausgaben mitgearbeitet, ebenso wie Adam Karlin. Dieser Reiseführer wurde von den folgenden Personen produziert:

Verantwortliche Redakteurin Laura Crawford
Produktredakteurin Kate Mathews
Leitende Kartografin Julie Sheridan
Layoutdesignerin Mazzy Prinsep
Redaktionsassistenz Nigel Chin, Andrea Dobbin, Kate Evans, Justin Flynn, Victoria Harrison, Kate James, Andi Jones, Jodie Martire, Jenna Myers, Tracy Whitmey, Simon Williamson
Kartografieassistenz Hunor Csutoros, Gabe Lindquist
Umschlagrecherche Naomi Parker
Danke an Anna Harris, Martin Kemp, Claire Naylor, Karyn Noble, Katie O'Connell, Martine Power, Ellie Simpson, Samantha Tyson, Diana Von Holdt, Lauren Wellicome, Dora Whitaker

Register

A
Abholzung 492
Abra de Ilog 228
Abu Sajaf 377
Adams 139
Adler 412
Aeta 286
Aguinaldo Mansion 103
Aguirangan 186
Agutayan Island 40
Aktivitäten 42, *siehe auch einzelne Aktivitäten & einzelne Orte*
Alad Marine Sanctuary 38
Alcantara 296
Allen 369
Alona Beach 340
Ambuwaya Lake 165
American Memorial Cemetery 67
Anda 349
Angeles 115
Angeln 44, 171
 Umweltprobleme 493
Anilao 108
Anini-y 254
Antequera 346
Antique (Provinz) 252
Anuplig Falls 139
An- & Weiterreise 504
Apnoetauchen 328, 329, 388
Apo Island **13**, 277
Aquino 462, 464
Aquino, Benigno 472, 473
Aquino III., Benigno 380
Aquino, Corazon (Cory) 377
Architektur 24, 477
Argao 333
Aroroy Wacky Rodeo 199
Ati-Atihan Festival 25,247

Verweise auf Karten **000**
Verweise auf Fotos **000**

Ausreisesteuer 505
Auto, Reisen mit dem 506
Ayala Museum 65

B
Babuyan Islands 174
Baclayon 347
Bacolod 265, **266**
Bacuit-Archipel **10**, 11, 449, **450**
Bagasbas 180
Bagongbong Falls 365
Baguio 139, **142**
Bais 286
Bakle'd Kiangan 165
Baler 166, **167**
Balicasag Island 38
Balinsasayao Twin Lakes National Park 285
Bamboo Organ Festival 103
Banaue 158, **159, 162**
Bandila-an Mountain View Park 292
Bandila-an Nature Centre 292
Bangao 148
Bangao Mummy Caves 148
Bangon Falls 371
Bantayan Island 325
Baragatan Festival 26
Bargeld 498
Basco **16**, 173
Basdio Reef 349
Basey 356
Basilica Minore del Santo Niño 307
Bataan, Halbinsel 112
Batad 162
Batanes 171, **172**
Batangas 108
Batan Island 16, **16**, 172
Bato Beach 372
Batongan 199
Bayawan 278
Behinderung, Reisen mit 500

BenCab Museum 141
Benguet 146
Benoni 388
Bergbau 492
Besao 150
Betelnüsse 154
Bevölkerung 463, 474
Bicol Peninsula 13, **13,** 180
Bier 87, 486
 Festivals 71
Bilar 348
Biliran Island 363, **364**
Biliran Volcano 365
Binondo 61, **66**
Biri Island 368
Blue Hole 38
Blue Lagoon 137
Boac 204
Bobon Beach 368
Bohol 15, **15**, 336, **337**
Bokong Waterfalls 152
Bolinao 125
Bomod-ok Falls 152
Bontoc 154, **155**
Bontoc Museum 154
Bootstouren 46
Boracay 14, **14**, 38, 231, **231**
 An- & Weiterreise 245
 Aktivitäten 233
 Ausgehen & Nachtleben 244
 Essen 242
 Geführte Touren 236
 Praktische Informationen 245
 Sehenswertes 231
 Unterkunft 236
 Unterwegs vor Ort 246
Borongan 372
Botolan 124
Botschaften & Konsulate 496
Bounty Beach 322
Branntwein 486
Bucas Grande 402

Bücher 462
 Geschichte 469
 Kochen 482
Buenavista 206, 351
Bugtong Bato Falls 253
Buktot Beach 222
Bulalacao 222
Bulata 274
Bulusan Lake 194
Bulusan Volcano National Park 194
Burgos *siehe* Padre Burgos
Bus, Reisen mit dem 506
Busuanga Island 451, **452**
Butuan 393

C
Cabilao Island 38, 345
Cagayan de Oro 381, **382**
Cagnituan Falls 359
Cajidiocan 302
Calabidongan Cave 191
Calamba 103
Calamian Islands 451, **452**, 459
Calangaman 323
Calapan 219
Calatrava 296
Calayan 174
Calbayog 370
Calicoan Island 374
Calintaan 225
Callao Cave 169
Cambaro Caves 360
Cambugahay Falls 291
Camiguin 16, **16**, 174, 386, **387**
Camotes Islands 333, **334**
Camp John Hay 142
Cantabon 292
Cantabon Cave 292
Capas National Shrine 119
Capinahan Island 365
Capiñahan Wharf 286
Capones Island 121

Capul 369
Caramoan-Halbinsel 185
Carnassa 323
Casa Manila 58
Casiawan Falls 366
Cataja Falls 300
Catanduanes 200, **201**
Catarman 366
Cathedral Island 126
Caticlan 246
Caving 43, *siehe auch* Höhlen
　Cambaro Caves 360
　Sagada 152
　Samar 370
Cebu 16, 305, **306**
Cebu City 305, **308**
　Aktivitäten 311
　An- & Weiterreise 317
　Ausgehen & Nachtleben 315
　Essen 314
　Feste & Events 311
　Praktische Informationen 316
　Sehenswertes 307
　Shoppen 316
　Unterkunft 311
　Unterwegs vor Ort 319
Cemetery of Negativism 143
Cemento Reef 166
Central Cave 371
Centro 175
Centrop 279
Chavayan 175
Children's Island 126
Chinesischer Friedhof 63
Chocolate Hills 348
Clark 115
Clark Museum 117
Cloud Nine 397, 399
Coconut Palace 75
Cordillera 139, **140**
Coron 451, **454**
Coron Bay 41
Coron Island , 41
Corregidor 102
Cresta de Gallo 302
Crocodile Island 235
Crystal Cave 286
Cuenco Island 126
Cuernos de Negros 285
Culion Island 459

Verweise auf Karten **000**
Verweise auf Fotos **000**

D
Dachterrassenbars 89
Dadiangas 414
Dakit Dakit Island 323
Dako 402
Dalupiri 174
Dalupiri Island 369
Dalutan 365
Dambana ng Kagitingan 116
Danao 351
Danjugan Island Marine Reserve & Sanctuary 275
Daraga 191
Dauin 278
Dauis 340
Davao 402, **404**
Demang 152
Denguefieber 512
Dicasalarin Cove 166
Dicasalarin Point 166
Dicotcotan 169
Didadungan 169
Dinagat 402
Dinagyang Festival 257
Dinagyang Fiesta 25
Diosdado Macapagal International Airport 505
Dipnaysupuan-Tunnel 174
Ditumabao Falls 166
Divinubo Island 372
Dolores 111
Dos Hermanos 138
Drag-Queens 90
Dumaguete 279, **280**
Durchfall 514

E
Eastern Visayas 303
　Highlights 304, **304**
　Klima 303
Eight Sisters Hillocks 349
Elefante Island 206
El Nido 440, **441**
Ermita 61, **62**
Escalante 274
Essen 180, 481, *siehe auch einzelne Orte*
Estancia 254

F
Fähren, Sicherheit auf 509
Fahrradfahren *siehe* Radfahren, Mountainbiken
Farm at San Benito 104
Farmen
　Alaheg Farm 302
　Bantai Civet Coffee 165
　Bohol Bee Farm 343
　ENCA Farm 146
　GK Enchanted Farm 78
　Iwahig Prison & Penal Farm 424
　Sablayan Prison Farm 227
　Spring Bloom Farm 260
Fauna 488
Feiertage & Ferien 496
Feilschen 21
Felsenklettern
　Naga 182
Ferrol 295
Fest des Schwarzen Nazareners 71
Feste & Events 12, 25
Film 462
Flora 490
Flores de Mayo 26
Flugzeug, Reisen mit dem
　An- & Weiterreise 505
　Fluglinien 505, 507
　Unterwegs vor Ort 507
Fort Bonifacio 66, **70**
Forts & Festungen
　Fort Pilar 418
　Fuerza de Santiago 55
Francisco Bangoy International Airport 505
Frauen unterwegs 497
Freitauchen *siehe* Apnoetauchen
Freiwilligenarbeit 497
Friedhöfe
　American Memorial Cemetery 67
　Cemetery of Negativism 143
　Chinesischer Friedhof 63
　Hängende Särge im Echo Valley 150
　Japanischer Friedhof 102
　North Cemetery 63
Fuerza de Santiago 55
Fuga 174
Führerschein 506

G
Galerien *siehe* Museen & Galerien
Gasan 205
Gaspar Island 205
Gato Island , 38
Gefahren & Ärgernisse 498, 509
Fähren 509
Manila 93
Mindanao 380
Tauchen 516
Geld 498
General Luna 398
General Santos 414
Geografie 488
Geologie 488
Geschichte 465
　21. Jahrhundert 472
　Amerikanische Periode 469
　Bücher 469
　Katholizismus 466
　Marcos-Ära 471
　People Power 471
　Philippinisch-Amerikanischer Krieg 468
　Revolution, philippinische 467
　Weltkrieg, Zweiter 471
Gesundheit 510
Getränke 485
Gigantes Norte 254
Gigantes Sur 254
GK Enchanted Farm 78
Golf 67, 330
　Badian 330
　Manila 67
　Puerto Galera 213
　Siargao 397, 400
Golfen 44
Golf von Lingayen 125
Governor's Island 126
Guimaras 260
Guinhandgan Hill 356
Guinsiliban 389
Guinsohoton Cave 359
Guiuan 373

H
habal-habal 508
Hahnenkampf 480
Handys 500
Hängende Särge im Echo Valley 150
Hermana Mayor Island 125
Hermana Menor Island 125
Higatangan Island 366
Hilantagaan Island 326
Hilutangan Island 321
Hinagdanan Cave 340
Hinunangan 362
Höhlen *siehe auch* Caving
　Bangao Mummy Caves 148
　Batongan 199
　Calabidongan Cave 191
　Callao Cave 169
　Cambaro Caves 360

533

Cantabon Cave 292
Central Cave 371
Crystal Cave 286
Guinsohoton Cave 359
Hinagdanan Cave 340
Hoyop Hoyopan Cave 191
Jiabong Caves 371
Kalanay Cave 199
Lamanok Island 349
Langun-Gobingob Cave 371
Ligid Cave 40
Lumiang Burial Cave 150
Luyang Cave 203
Mayahaw Cave 175
Odessa-Tumbali Cave 170
Odloman Cave 286
Opdas Mass Burial Cave 148
Pangaggawan Cave 165
Pongasan Cave 148
Sulpan Cave 371
Sumaging Cave 150
Talobagnan Cave 372
Timbac Caves 149
Timubo Cave 334
Tinongchol Burial Rock 148
Torongan Cave 176
Höhlentouren siehe Caving
Honda Bay 427
Hoyop Hoyopan Cave 191
Hundred Islands National Park 126

I
Iba 125
Ibaloi 149
Ifugao-Reisterrassen 11, **11**, 160
Ifugao-Reisterrassen **11**
Igorot 476
Iligan 385
Ilocos 130
Iloilo 255, **256**
Impfungen 511
Insel-Hopping 22
Infos im Internet 512
Internetzugang 499
Intramuros 53, **56**
Iraya-Mangyan Village 210
Islam 377, 416
Itbayat Island 176

J
Jagna 349
Jeepneys 507
Jiabong Caves 371

Jomabo Island 274
Julia Campbell Agroforest Memorial Par 165
Jumalon Butterfly Sanctuary 313

K
Kabayan 147
Kabigan Falls 138
Kadaclan 156
Kadayawan sa Dabaw Festival 27
Kaffee 88, 485
Kagusua Beach 291
Kajakfahren siehe Kanu- und Kajakfahren
Kalanay 199
Kalanggaman 274
Kalesas 508
Kalibo 247
Kalibo International Airport 505
Kalinga (Provinz) 156
Kanlaon 270
Kanu- & Kajakfahren 45
  Caramoan-Halbinsel 186
  Cebu City 311
  Magdapio Falls 109
  Tagbilaran 337
  Tuguegarao 170
Karaoke 477
Karten & Stadtpläne 499
Kathedralen siehe Kirchen & Kathedralen
Katibawasan Falls **16**
Kawasan Falls 328
Kawit 103, 336
Kiangan 164
Kinabuhayan 111
Kindern, Reisen mit 499
  Manila 58
Kino 462
Kinos 407
Kirchen & Kathedralen 467
  Baclayon Church 347
  Basilica Minore del Santo Niño 307
  Basilica of St Martin de Tours 107
  Binondo Church 64
  Cagsawa-Kirche 191
  Kathedrale (Boac) 204
  Church of San Diego 272
  Church of San Juan Bautista 192
  Church of St James 125
  Daraga-Kirche 191
  La Immaculada Concepcion Church 459

  Malate Church 61
  Manila Cathedral 59
  Metropolitan Cathedral 255
  Navales Church 260
  Paoay Church 135
  Quiapo Church 93
  San Agustin Church 57
  San Isidro Labrador Church 291
  San Jose Church 255
  San Joseph Parish Church 103
  San Luis Obispo Gemeindekriche 110
  San Pedro Church 347
  Santa Maria Church 134
  St. Anne's Church 255
  St. Paul Cathedral 131
  St. Tomas de Villanueva Church 322
  St. William's Cathedral 135
Kitesurfen 45
  Bagasbas 180
  Boracay 235
  El Nido 441
  Pagudpud 138
  Qi Palawan 442
Koboldmakis **15**, 346, 489
Kontiki Reef 38
Kreditkarten 498
Kreuzigungszeremonien 26
Kriegsdenkmäler
  American Memorial Cemetery 67
  Capas National Shrine 119
  Leyte Landing Memorial 356
  Pacific War Memorial 102
  Stingray Memorial 138
  War Memorial Shrine 164
Krokodile 403
Kultur 474
Kunst 476

L
Lahos 186
Lake Danao Natural Park 359
Lake Sebu 415
Lake Taal 103
Lamanok Island 349
Lambingan Falls 300
Lang-Ay Festival 25
Langun-Gobingob Cave 371
Lanzones Festival 27
Laoag 135

Laoang Island 368
Lapus Lapus Island 323
Larena 288
Las Piñas 103
Lazi 291
Legazpi 188, **188**
Lenten Festival of Herbal Preparation 26
Lesbische Reisende 500
Leyte 351, **352**
Leyte Landing Memorial 356
Libuao Lake 227
Ligid Cave 40
Ligñon Hill 188
Limasawa Island 360
Literatur 462
Live-Aboards 40
Liwliwa 121
Lobbot's Point 166
Loboc 347
Lourdes Grotto 141
Lucban 110
Lucena 112
Lugnason Falls 290
Lumiang Burial Cave 150
Luyang Cave 203

M
Maasin 359
Mabinay 286
Macapagal-Arroyo, Gloria 472
Mactan-Cebu International Airport 19, 505
Mactan Island 38, 319
Mactan Shrine 319
Magallanes 393
Magasang 368
Magdapio Falls 109
Magsapad 368
Mainit 156
Mainit Springs 329
Majestic Surf Break 202
Makati 65, **68**
Malabsay Falls 184
Malacañang Palace 81
Malakdang 175
Malapascua Island 322, **323**
Malapatay 38
Malaria 513
Malasimbo Music & Arts Festival 213
Malatapay 277
Malate 60, **62**
Malbog Hot Springs 206
Malerei 478
Malinta Tunnel 102

Malumpati 252
Mambajao 388
Mangyan (Volk) 214, 221
Maniguin Island 38
Manila 13, **13**, 50, **51**, **54**
   Aktivitäten 67
   An- & Weiterreise 95
   Ausgehen & Nachtleben 86
   Binondo 61, **66**
   Chinatown 61, **66**
   Cubao **72**
   Ermita 60, **62**
   Essen 80
   Feste & Events 71
   Fort Bonifacio 66, **70**
   Gefahren & Ärgernisse 93
   Geführte Touren 69
   Highlights 51
   Internetzugang 94
   Intramuros 53, **56**
   Klima 50
   Makati 65, **68**
   Malate 60, **62**
   Medizinische Versorgung 94
   Notfall 94
   Paco 60, **62**
   Pasay 61, **64**
   P Burgos **77**
   Quezon City 67, **72**
   Quiapo 61, **66**
   Rizal Park 59, **56**
   Sehenswertes 53
   Shoppen 91
   Unterhaltung 90
   Unterkunft 71
   Unterwegs vor Ort 97
Manila Cathedral 59
Manila Ocean Park 58
Manila, Rund um 100, **101**
   Highlights 101
Manjuyod 286
Manobo 476
Manta Bowl 195
Mantigue Island 388
Marcos, Ferdinand 137, 377, 471
Marcos, Imelda 75, 471
Marcos Island 126
Maribina Falls 203
Marinduque 203, **204**
Maripipi Island 365
Märkte 22

Verweise auf Karten **000**
Verweise auf Fotos **000**

Bait 222
Davao 403
Kababayan Handicrafts Market 190
Lake Sebu 416
La Paz Market (Iloilo) 255
Malatapay 277
Manila 60, 83, 92, 93
Puerto Princesa 430
Quinta Market 93
Roxas 221
Marlboro Country 175
Martha 126
Masagongsong 365
Masbate 197, **197**
Massaker von Maguindanao 380
Maße & Gewichte 497
MassKara Festival **12**, 27, 265
Matukad 186
Mayahaw Cave 175
Mayan 176
Meeresschildkröten 277
Meeresschutzgebiete *siehe* Nationalparks & Naturschutzgebiete
Metropolitan Museum of Manila 61
Mindanao 376, **378**
   An- & Weiterreise 381
   Gefahren & Ärgernisse 380
   Geschichte 377
   Highlights 378
   Klima 376
   Tauchen & Schnorcheln 40
   Unterwegs vor Ort 381
Mindoro 208, **209**
   An- & Weiterreise 210
   Highlights 209
   Klima 208
   Tauchen & Schnorcheln 38
   Unterwegs vor Ort 210
Moalboal 328
Monad Shoal 322
Monkey Beach 211
Monreal 200
Moriones Festival 26, 206
Moro Islamic National Liberation Front 377
Motorrad, Reisen mit dem 506
Mountainbiken 453
   Camiguin 388
   Cebu 311
   Coron Town 453

El Nido 441
Lake Danao 439
Moalboal 330
Tacloban 353
Mt. Ampacao 152
Mt. Amuyao 156, 163
Mt. Arayat National Park 117
Mt. Asog 185
Mt. Banahaw 111
Mt. Bandila-an 292
Mt. Guiting-Guiting 301
Mt. Guiting-Guiting Natural Park 300
Mt. Iraya 173
Mt. Isarog 184
Mt. Isarog National Park 184
Mt. Kanlaon Natural Park 269
Mt. Kapugan 165
Mt. Karoboan 176
Mt. Kiltepan 152
Mt. Lobo 185
Mt. Malindig 207
Mt. Mayon 192
Mt. Pinatubo *siehe* Pinatubo
Mt. Pulag National Park 149
Mt. Riposed 176
Mt. Sipitan 152
Mt. Talinis 285
Museen & Galerien
   Ang Panublion Museum 250
   Asian Traditional Musical Instruments Museum 61
   Ayala Museum 65
   Baguio Mountain Provinces Museum 141
   Bahay Tsinoy 58
   Balangay Shrine Museum 393
   Balay Cuyunon 440
   Balay Negrense Museum 272
   Banaue Museum 160
   BenCab Museum 141
   Bernardino Jalandoni Ancestral House 272
   Bontoc Museum 154
   Capas National Shrine 119
   Casa Gorordo Museum 309
   Casa Manila 58
   Cata-al War Memorabilia Museum 285
   Clark Museum 117

   Crisologo Museum 132
   Culion Museum & Archives 459
   Dabaw Museum 403
   Dizon Ramos Museum 265
   Escolta Museum 64
   Excavation Museum 210
   Fort Pilar Museum 418
   Ganduyan Museum 150
   Holy Rosary Minor Seminary Museum 182
   Ifugao Museum 165
   Kabayan National Museum 147
   Marcos Museum 137
   Marikina Shoe Museum 67
   Marinduque Museum 204
   Metropolitan Museum of Manila 61
   Museo Dabawenyo 403
   Museo Ilocos Norte 135
   Museo Iloilo 255
   Museo It Akean 247
   Museo Ng Makati 66
   Museo ng Malacañang 81
   Museo ng Sining 61
   Museo San Pablo 131
   Museo Sugbo 309
   Museum of Cordillera Sculpture 160
   Museum of Muslim & Tribal Culture 414
   Museum of Natural History 60
   Museum of the Philippines Political History 60
   Museum of Three Cultures 381
   Naga City Museum 181
   National Gallery of Art 60
   National Museum 336
   National Museum of the Filipino People 59
   Negros Museum 265
   Pacific War Memorial 102
   Padre José Burgos National Museum 131
   Palawan Heritage Center 423
   Palawan Museum 424
   Rizal Shrine Museum 57
   San Agustin Museum 58
   Silay Museum 271
   Silliman University Anthropological Museum 279

Siquijor Heritage Museum 291
St. Louis University Museum 141
Tam-awan Village 141
T'boli Museum 416
University of San Carlos Museum 310
UST Museum 65
Vargas Museum 67
Yuchengo Museum 66
Musik 476

N

Naga 181, **182**
Nahulugan Falls 203
Nakanmuan 175
Nalusuan Island 321
Napantao Reef 362
National Museum of the Filipino People 59
Nationalparks & Naturschutzgebiete 490
   Alad Marine Sanctuary 36
   Apo Island Marine Reserve & Fish Sanctuary 278
   Apo Reef Natural Park 226
   Balinsasayao Twin Lakes National Park 285
   Bulusan Volcano National Park 194
   Calauit Game Preserve & Wildlife National Park 460
   Danjugan Island Marine Reserve & Sanctuary 275
   Gaspar Island 205
   Hundred Islands National Park 126
   Lake Danao Natural Park 359
   Looc Bay Marine Refuge & Sanctuary 296
   Masaplod Norte 278
   Mt. Arayat National Park 117
   Mt Guiting-Guiting Natural Park 300
   Mt Iglit-Baco National Park 225
   Mt. Isarog National Park 184
   Mt Kanlaon Natural Park 269
   Mt. Pulag National Park 149
   Natural Bridge National Park 356
   Northern Sierra Madre Natural Park 168
   Pawa Mangrove Nature Park 198
   Puerto Princesa Subterranean River National Park 433
   Sagay Marine Reserve 273
   Twin Lakes National Park 285
Natonin 156
Natural Bridge National Park 356
Naturkatastrophen 463
Naturparks *siehe* Nationalparks & Naturschutzgebiete
Naval 363
Navalas 260
Negritos 476
Negros 13, **13**, 263, **264**
Negros Forests & Ecological Foundation 265
Ninoy Aquino International Airport 19, 505
Ninoy Aquino Parks & Wildlife Center 67
Nord-Luzon 120, **122**
   An- & Weiterreise 121
   Highlights 122
   Klima 120
   Sprache 121
North Cemetery 63
Northern Sierra Madre Natural Park 168
Notruf 19

O

Odessa-Tumbali Cave 170
Odiongan 294
Odloman Cave 286
Öffnungs- & Geschäftszeiten 499
Ökotourismus 113, 490
Olango 301
Olango Island 321
Olongapo 112
Opdas Mass Burial Cave 148
Ormoc 357, **358**

P

Pacific War Memorial 102
Pacijan Island 334
Paco 60, **62**
Paco Park 61
Pacquiao, Manny 479
Padre Burgos 38, 360
Pagsanjan 109
Pagudpud 137
Pahiyas sa Lucban 26
Palanan 168
Palawan 420, **423**, **436**
   An- & Weiterreise 422
   Highlights 421
   Klima 420
   Reisezeit 420
   Tauchen & Schnorcheln 41
   Unterwegs vor Ort 422
Paliton Beach 290
Palo 356
Palogtoc Falls 194
Pamilacan Island 344
Pamulaklakin Forest Trail 113
Panagbenga Flower Festival 25
Panagsama Beach 328, **329**
Panaon Island 361
Panay 246, **248**
Pangaggawan Cave 165
Panglao Island 340
Pansian Beach 137
Parasailing
   Boracay 234
Pasay 61, **64**
Patar Beach 125
Pawa Mangrove Nature Park 198
People's Park in the Sky 104
Pescador Island 38, 329
Pflanzen 490
Philippinisch-Amerikanischer Krieg 468
Pilar 196, 336
Pinatubo 118
Pinipisakan Falls 371
Pintados-Kasadyaan 26
Pitogo 186
Pongasan Cave 148
Ponson Island 336
Poro 335
Poro Island 335
Port Barton 435
Post 499
Potipot Island 125
Procession of the Black Nazareners 25
Prostitution 475
Puerto Galera 17, **17**, 210, **212**
Puerto Princesa 422, **424**
Puerto Princesa Subterranean River National Park 433
Pugadlawin, Ruf von 467
Pundaquit 121
Punta Ballo 276
Puraran 202

Q

Quezon City 67, **72**
Quiapo 61, **66**
Quinta Market 93

R

Radfahren 507, *siehe auch* Mountainbiken
Radio 497
Raele 176
Rafting 45
   Cagayan de Oro 385
   Davao 403
   Sagada 152
   Tabuk 158
Rechtsfragen 499
Reisekosten 21
Reiseplanung
   Erstbesucher 20
   Gepäck 20
   Grundwissen 18
   Kleidung 20
   Reiserouten 29, **29**, **30**, **32**, **33**
   Reisezeit 18
Reiseterrassen
   Sampao-Reisterrassen 364
   Terrassen von Nagacadan 165
Reiten 114
Religion 463, 474
   Katholizismus 463, 466
   Islam 377, 416
Resorts 22, 501
Rio Hondo 417
Rizal, Dr. José 52, 467
   Hinrichtungsstätte 59
   Monument 59
   Shrine 57
Rizal Park 59, **56**
Rodeo Masbateño 26, 199
Romblon Island 296
Romblon (Provinz) 292, **293**
Roxas 221, 250
Rum 486

S

Sabang 211, 214, 217, 432
Sabang Beach 166
Sabang 214, **215**
Sabitan Laya 186
Sablayan 226

Sablayan Prison Farm 227
Sabtang Island 175
Sacred Heart of Jesus Shrine 252
Sagada 150
Sagay 273
Salagdoong Beach 292
Samal Island 410
Samar 366, **367**
Sambawan Island 365
Sampao-Reisterrassen 364
San Agapito Point 38
San Agustin 296
San Carlos 274
San Fernando 115
San Fernando (La Union) 127, **128**
San Jose 168
San José 368
San José de Buenavista 254
San Joseph Parish Church 103
San Juan **12**, 127, 290
San Mariano 168
San Roque Falls 360
Santa Ana 171
Santa Cruz Island 418
Santander 332
Santo Niño Shrine & Heritage Center 353
Saud Beach 137
Schamanen 287
Schiff, Reisen mit dem
  An- & Weiterreise 505
  Unterwegs vor Ort 508
Schlangen 516
Schwarze Magie 287
Schwule Reisende 500
Segeln 46
  Boracay 233
  Lake Taal 104
  Pueto Galera 213
Seilrutschen
  Baguio 143
  Bangkong Kahoy Valley 111
  Cagayan de Oro 385
  Camiguin 389
  Cebu City 310
  Danao (Bohol) 351
  General Santos 413
  Lake Sebu 416
  Loboc 348
  Palawan 426, 433

Verweise auf Karten **000**
Verweise auf Fotos **000**

Pandan 252
Puerto Galera 213
San Miguel 261
Subic Bay 114
Sextourismus 475
Shariff Kabungsuan Festival 28
Shoppen 22
Siargao 15, 396, 401
Siargao Island 40
Sicherheit *siehe* Gefahren & Ärgernisse
Sidlakang Negros Village 280
Silay 271, **272**
Sinulog Festival 311
Sinulog Fiesta 25
Sipalay 276
Sipaway Island 274
Siquijor (Insel) 287, **289**
Siquijor (Stadt) 288
Skandale 462
Skulpturen 478
Sleeping Lion Hill 187
Sogod Bay 360
Sorsogon 193
Spas & Massagen
  Baslay 278
  Boracay 241
  Mainit Springs 329
  Malbog Hot Springs 206
  Manila 67
Sport 479
Sprachen 21
  Englisch 522
  Filipino 517
  Glossar 527
Stammeskriege 157
Star City 58
Stingray Memorial 138
St. Louis University Museum 141
Strände 12, 22
  ABCD Beach 374
  Alona Beach 340, **341**
  Bagasbas Beach 46, 180
  Bato Beach 372
  Baybay Beach 250
  Blue Lagoon 137
  Bobon Beach 368
  Boracay 231
  Bounty Beach 322
  Buktot Beach 222
  Bulabog Beach 45, 231, 233, 235, 240
  Hermana Menor Island 125
  Kagusua Beach 291
  Long Beach (Cateel) 408

Long Beach (San Vicente) 435
Masbate 198
Paliton Beach 290
Pansian Beach 137
Patar Beach 125
Sabang Beach 166
Salagdoong Beach 292
Saud Beach 137
Seven Commandos Beach 451
Subic Bay 114
Sugar Beach 275
Tahusan Beach 362
White Beach (Batan Island) 175
White Beach (Boracay) 233, **232, 234**
White Beach (Marinduque) 207
White Beach (Puerto Galera) 217
Strom 500
Subic Bay 112
Südost-Luzon 177, **178**
  An- & Weiterreise 180
  Highlights 178, **178**
  Klima 177, 180
Sugar Beach 275
Sulpan Cave 371
Sumaguing Cave **14**, 150
Sumilon Island 332
Sumnaga 175
Surfen **12**, 44
  Bagasbas 180
  Baler 166
  Bayawan 278
  Biri Island 368
  Calicoan Island 374
  Cateel 408
  Cloud Nine 397, 399
  Dahican Beach 408
  Liwa 121
  Pagudpud 138
  Puraran 202
  San Juan **12**, 127
  Siargao 396, 399
Surfwettbewerb 397, 399
Surigao 393, **394, 395**
Suyac Island 273

T
Taal 107
Taal-See *siehe* Lake Taal
Taal Volcano 103
Tabaco 192
Tabgon 186
Tablas Island 293
Tacloban 353, **354**

Tagaytay 103
Tagbilaran 336, **338**
Tahusan Beach 362
Taifun Yolanda 305, 463
Talabong Mangrove Forest and Bird Sanctuary 286
Talibon 350
Talobagnan Cave 372
Tamarau (*tamaraw*) 489
Tam-awan Village 141
Tambobo Bay 277
Tan-awan 333
Tangkaan Point 360
Tanz 479
Tappia Waterfall 162
Tapulao 124
Tarsier Sanctuary 346
Tauchen & Schnorcheln **13, 17**, 34
  Anilao 108
  Apo Island 278
  Apo Reef Natural Park 226
  Basdio Reef 349
  Biri Island 368
  Boracay 234
  Dumaguete 280
  Gaspar Island 205
  Gefahren & Ärgernisse 516
  Infos im Internet 41
  Luzon 36
  Mactan Island 319
  Malapascua Island 322, 323
  Manta Bowl 195
  Mindanao 40
  Mindoro 38
  Moalboal 329
  Naga 182
  Pacijan Island 334
  Padre Burgos 360
  Palawan 41
  Panglao Island 340
  Puerto Galera 211
  Punta Ballo 276
  Puraran 202
  Romblon Island 297
  San Juan 290
  Subic Bay 113
  Sugar Beach 275
  Sulu 40
  Talibon 350
  Tangkaan Point 360
  Visayas 38
Taxis 508
Taytay 439
Tejero Highland Resort & Adventure Park 285

Telefon 500
Telefonkarten 500
Terrassen von Nagacadan 165
Theater 478
Thermalquellen
  Anini-y 254
  Baslay 278
  Camiguin 388
  Mainit (the Cordillera) 156
  Mainit Hot Springs (Davao) 408
  Mainit Springs (Moalboal) 329
  Makinit 453
  Malbog Hot Springs 206
  Mt Isarog 184
Tibiao 253
Ticao Island 199
Tiere 488, *siehe auch einzelne Arten*, Zoos & Wildparks
Timbac Caves 149
Timmangtang Rock 138
Timubo Cave 334
Tinago 186
Tinago Falls 365
Tinglayen 157
Tinongchol Burial Rock 148
Todos los Santos 28
Toiletten 501
Toledo 327
Tollwut 514
Tomalistis Falls 365
Torongan Cave 176
Torrijos 207
Touristeninformation 501
Tres Reyes Islands 205
Tricycles 508
Trinkgeld 21
Tubbataha Reef 429
Tubigon 351
Tuguegarao 169
TV 497

U
Ubay 350
Umweltprobleme 243, 491, 493
Underground River 432
Unterkunft 20, 501, *siehe auch einzelne Orte*
Unterwegs vor Ort 507
UST Museum 65
Uyugan 175

V
Valencia 285
Vayang Hills 174
Vegetarier & Veganer 484
Verkehrsregeln 506
Verschmutzung 515
Versicherung
  Auto & Motorrad 506
  Gesundheit 510
  Reiseversicherung 502
Vigan 130, **132**
Virac 200
Virgin Island 326
Visa 18, 502
Visayas, westliche 229
  Highlights 230, **230**
  Klima 229
  Tauchen & Schnorcheln 38
VivaManila 60
Vögel 489, *siehe auch einzelne Arten*
Vogelbeobachtung 44
  Kalanggaman 274
  Olango Island 321
  Subic Bay 113
  Talabong Mangrove Forest and Bird Sanctuary 286
Vorwahlen 19, 500
Vulkanbesteigungen 42
Vulkane
  Biliran Volcano 365
  Bulusan Volcano 194
  Mt. Iraya 173
  Mt. Isarog 184
  Mt. Kanlaon 270
  Mt. Malindig 207
  Mt. Mayon 192
  Pinatubo 119
  Taal Volcano 104

W
Währung 498
Wakeboarden 45, 185
Walhaie **13**, 194, 333, 360, 362
Walhaie **13**
Wandern & Trekken 43, *siehe auch Vulkanbesteigungen*
  Batad–Bangaan 163
  Bulusan Volcano Nationalpark 194
  Mt. Ampacao 152
  Mt. Amuyao 156, 163
  Mt. Arayat National Park 117
  Mt. Banahaw 111
  Mt. Guiting-Guiting 301
  Mt. Iraya 173
  Mt. Isarog 184
  Mt. Kanlaon 270
  Mt. Kapugan 165
  Mt. Kiltepan 152
  Mt. Mayon 192
  Mt. Sipitan 152
  Pamulaklakin Forest Trail 113
  Pinatubo 119
  Taal Volcano 104
  Tapulao 124
  Tinglayen 157
Wasser 485
Wasserfälle
  Anuplig Falls 139
  Bagongbong Falls 365
  Bangon Falls 371
  Bokong Waterfalls 152
  Bomod-ok Falls 152
  Bugtong Bato Falls 253
  Cagnituan Falls 359
  Cambugahay Falls 291
  Casaroro Falls 285
  Casiawan Falls 366
  Cataja Falls 300
  Ditumabo Falls 166
  Kabigan Falls 138
  Kawasan Falls 328
  Lambingan Falls 300
  Lugnason Falls 290
  Magdapio Falls 109
  Malabsay Falls 184
  Maribina Falls 203
  Nahulugan Falls 203
  Palogtoc Falls 194
  Pinipisakan Falls 371
  San Roque Falls 360
  Tappia Waterfall 162
  Tinago Falls 365
  Tomalistis Falls 365
Weltkrieg, Zweiter 23, 471
White Beach **232**, 233, **234**
Windsurfen 45
  Boracay 236
  Pagudpud 138
Wirtschaft 464
WLAN 499

Y
Yawran 176

Z
Zambales-Küste 121
Zamboanga 416, **417**
Zamboanga Peninsula 416
Zamboanguita 277
Zeit 18, 503
Zeitungen & Zeitschriften 497
Zip-Lines *siehe Seilrutschen*
Zoll 503
Zoos & Wildparks
  Botolan Wildlife Farm 124
  Cagayan Valley Program for Environment & Development 169
  Calauit Game Preserve & Wildlife National Park 460
  Centrop 279
  Davao Crocodile Park 403
  Ninoy Aquino Parks & Wildlife Center 67
  Negros Forests & Ecological Foundation 265
  Palawan Wildlife Reserve & Conservation Center 424
  Talabong Mangrove Forest & Bird Sanctuary 286
  Tarsier Sanctuary 346
Zug, Reisen mit dem 509

Kartenlegende

Sehenswertes

- Strand
- Vogelschutzgebiet
- buddhistisch
- Schloss/Palast
- christlich
- konfuzianisch
- hinduistisch
- islamisch
- jainistisch
- jüdisch
- Denkmal
- Museum/Galerie/historisches Gebäude
- Ruine
- Sento-Bad/Onsen
- schintoistisch
- sikhistisch
- taoistisch
- Weingut/Weinberg
- Zoo/Tierschutzgebiet
- andere Sehenswürdigkeit

Aktivitäten, Kurse & Touren

- bodysurfen
- tauchen
- Kanu/Kajak fahren
- Kurs/Tour
- Ski fahren
- schnorcheln
- surfen
- Schwimmbecken
- wandern
- windsurfen
- andere Aktivität

Schlafen

- Unterkunft
- Camping

Essen

- Lokal

Ausgehen & Nachtleben

- Bar/Kneipe
- Café

Unterhaltung

- Unterhaltung

Shoppen

- Shoppen

Praktisches

- Bank
- Botschaft/Konsulat
- Krankenhaus/Arzt
- Internetzugang
- Polizei
- Post
- Telefon
- Toilette
- Touristeninformation
- andere Einrichtung

Geografisches

- Strand
- Hütte/Unterstand
- Leuchtturm
- Aussichtspunkt
- Berg/Vulkan
- Oase
- Park
- Pass
- Picknickplatz
- Wasserfall

Städte

- Hauptstadt (Staat)
- Hauptstadt (Bundesland/Provinz)
- Großstadt
- Kleinstadt/Ort

Verkehrsmittel

- Flughafen
- BART-Station
- Grenzübergang
- T-Station (Boston)
- Bus
- Seilbahn/Gondelbahn
- Fahrrad
- Fähre
- Metro/Muni-Station
- Einschienenbahn
- Parkplatz
- Tankstelle
- U-Bahn/SkyTrain-Station
- Taxi
- Bahnhof/Zug
- Straßenbahn
- U-Bahnhof
- anderes Verkehrsmittel

Achtung: Nicht alle der abgebildeten Symbole werden auf den Karten im Buch verwendet

Verkehrswege

- Mautstraße
- Autobahn
- Hauptstraße
- Landstraße
- Verbindungsstraße
- sonstige Straße
- unbefestigte Straße
- Straße im Bau
- Platz/Promenade
- Treppe
- Tunnel
- Fußgänger-Überführung
- Stadtspaziergang
- Abstecher (Stadtspaziergang)
- Pfad/Wanderweg

Grenzen

- Internationale Grenze
- Bundesstaat/Provinz
- umstrittene Grenze
- Region/Vorort
- Meerespark
- Klippen
- Mauer

Gewässer

- Fluss/Bach
- periodischer Fluss
- Kanal
- Wasser
- Trocken-/Salz-/periodischer See
- Riff

Gebietsformen

- Flughafen/Startbahn
- Strand/Wüste
- Friedhof (christlich)
- Friedhof
- Gletscher
- Watt
- Park/Wald
- Sehenswürdigkeit (Gebäude)
- Sportgelände
- Sumpf/Mangrove

UNSERE AUTOREN

Michael Grosberg
Hauptautor, Palawan, Mindanao. Dies ist die fünfte Ausgabe des Lonely Planet Philippinen, an der Michael mitgewirkt hat – die erste war zugleich sein erster Auftrag für Lonely Planet. Auf zahlreichen Geschäftsreisen und Urlaubstrips hat er einen Großteil des Landes von Batanes im äußersten Norden bis General Santos im Süden durchquert. Am Ende jeder Reise ist er völlig erschöpft und hat sich einen Sonnenbrand und für gewöhnlich auch eine Verletzung zugezogen (diesmal war's eine verstauchte Schulter nach einem Motorradunfall). Nichtsdestotrotz brennt er immer schon darauf, wieder hinzufliegen. Seine schönsten Erfahrungen auf seinen Reisen durch die Philippinen sind die Momente der Wärme und Gastfreundschaft der Menschen, die er unterwegs trifft. Michael hat an über 35 Lonely Planets mitgearbeitet und lebt in Brooklyn, wenn er nicht gerade unterwegs ist.

Mehr über Michael gibt's unter:
lonelyplanet.com/members/michaelgrosberg

Greg Bloom
Minodoro, Cebu & Östliche Visayas. Greg teilt seine Zeit zwischen Phnom Penh und Manila auf, wo er als Autor, Redakteur und Fotograf arbeitet und Reisetipps gibt. Dies ist sein vierter Einsatz für einen Lonely Planet Philippinen. Er hat auch das Philippinen-Kapitel für den Lonely Planet Südostasien verfasst und an vielen anderen Titeln mitgearbeitet. In den zehn Jahren, in denen er schon auf den Philippinen recherchiert, gab es sowohl Hochs (Tauchen am Apo Reef) als auch Tiefs (er wurde aus einem Jeepney in Palawan geworfen). Wenn er nicht gerade über Südostasien schreibt, kann man Greg auch auf einem Streifzug durch Russland oder auf den Ultimate-Frisbee-Feldern Asiens finden. Greg hat außerdem die Kapitel „Willkommen auf den Philippinen", „Philippinen Top 15" und „Mentalität & Kultur" für diesen Reiseführer verfasst.

Mehr über Greg gibt's unter:
lonelyplanet.com/members/gbloom4

Trent Holden
Manila, Rund um Manila. Als riesiger Fan dynamischer, aufregender Megastädte fühlt sich Trent immer wie zu Hause, wenn er Manila besucht – er ist felsenfest davon überzeugt, dass es die coolste Stadt Asiens ist. Deshalb hat er sich auch mit so großer Begeisterung in die Aufgabe gestürzt, ihre verborgenen Schätze für Lonely Planet zu enthüllen. Trent stammt aus Melbourne, lebt in London, hat schon an 20 Lonely Planets mitgewirkt und dabei über Ziele in ganz Asien und Afrika berichtet. Dies ist seine zweite Ausgabe des Philippinen-Guides. Man kann ihm auch auf Twitter unter @hombreholden folgen. Außerdem hat Trent das Kapitel „Outdoor-Aktivitäten" übernommen.

Anna Kaminski
Nord-Luzon, Südost-Luzon. Während dieses speziellen Pinoy-Projekts hatte Anna großes Glück: Sie hat ihre Brieftasche verloren und wiederbekommen, hat es geschafft, jeden einzelnen Taifun auf ihren Reisen zu umgehen und ist weiter gereist als jemals zuvor – bis in die abgeschiedene Provinz Batanes. Sechs Wochen und unzählige Fahrten mit Jeepneys, Bussen, Tricycles, ROROs, HSCs und Motorradtaxis später zählt sie zu ihren wertvollsten Erfahrungen, dass sie beim Stammesvolk der Kalinga übernachten, die unberührte Caramoan Peninsula erkunden und die Ivatan-Kultur kennenlernen konnte und es außerdem geschafft hat, das Wakeboard zu meistern – zumindest mehr oder weniger. Anna hat auch das Kapitel „Tauchen auf den Philippinen" für diesen Reiseführer geschrieben.

Paul Stiles
Boracay & Westliche Visayas. Mit 21 kaufte sich Paul ein altes Motorrad in London und fuhr damit nach Tunesien. Das war der Startschuss für seine Reisen, die ihn bereits in 60 Länder geführt haben. Er hegt eine besondere Leidenschaft für exotische Inseln, war für Lonely Planet bereits auf Madagaskar, Borneo und auf den fünf hawaiianischen Inseln und hat vier Jahre lang am Fuß des Teide auf Teneriffa gelebt, des höchsten Vulkans im Atlantischen Ozean. Für dieses Buch hat er sich mit Freuden eine Überdosis Inseln verpasst und stolze 14 in nur fünf Wochen besucht. Paul hat auch den Beitrag „Natur & Umwelt" für diesen Reiseführer geschrieben.

DIE LONELY PLANET STORY

Ein ziemlich mitgenommenes, altes Auto, ein paar Dollar in der Tasche und eine Vorliebe für Abenteuer – 1972 war das alles, was Tony und Maureen Wheeler für die Reise ihres Lebens brauchten, die sie durch Europa und Asien bis nach Australien führte. Die Tour dauerte einige Monate, und am Ende saßen die beiden – pleite, aber voller Inspiration – an ihrem Küchentisch und schrieben ihren ersten Reiseführer *Across Asia on the Cheap*. Innerhalb einer Woche hatten sie 1500 Exemplare verkauft. Lonely Planet war geboren.

Heute hat der Verlag Büros in Melbourne, London und Oakland und mehr als 600 Mitarbeiter und Autoren. Und alle teilen Tonys Überzeugung: „Ein guter Reiseführer sollte drei Dinge tun: informieren, bilden und unterhalten."

Lonely Planet Publications,
Locked Bag 1, Footscray,
Melbourne, Victoria 3011,
Australia

Verlag der deutschen Ausgabe:
MAIRDUMONT, Marco-Polo-Str. 1, 73760 Ostfildern,
www.lonelyplanet.de, www.mairdumont.com
info@lonelyplanet.de

Chefredakteurin deutsche Ausgabe: Birgit Borowski

Übersetzung: Julie Bacher, Tobias Ewert, Karen Gerwig, Laura Leibold, Ute Perchtold, Dr. Christian Rochow, Erwin Tivig

Redaktion: Annegret Gellweiler, Frank J. Müller, Olaf Rappold, Julia Wilhelm (red.sign, Stuttgart)

Redaktionsassistenz: Adriana Popescu, Sylvia Scheider-Schopf

Satz: Sylvia Scheider-Schopf (red.sign, Stuttgart)

Philippinen
1. deutsche Auflage September 2015, übersetzt von *Philippines*,
12th edition, Mai 2015,
Lonely Planet Publications Pty

Deutsche Ausgabe © Lonely Planet Publications Pty, September 2015

Fotos © wie angegeben 2015

Printed in China

Obwohl die Autoren und Lonely Planet alle Anstrengungen bei der Recherche und bei der Produktion dieses Reiseführers unternommen haben, können wir keine Garantie für die Richtigkeit und Vollständigkeit dieses Inhalts geben. Deswegen können wir auch keine Haftung für eventuell entstandenen Schaden übernehmen.

MIX
Paper from responsible sources
FSC® C124385

Alle Rechte vorbehalten. Das Werk einschließlich all seiner Teile ist urheberrechtlich geschützt und darf weder kopiert, vervielfältigt, nachgeahmt oder in anderen Medien gespeichert werden, noch darf es in irgendeiner Form oder mit irgendwelchen Mitteln – elektronisch, mechanisch oder in irgendeiner anderen Weise – weiterverarbeitet werden. Es ist nicht gestattet, auch nur Teile dieser Publikation zu verkaufen oder zu vermitteln, ohne schriftliche Genehmigung des Herausgebers. Lonely Planet und das Lonely Planet Logo sind eingetragene Marken von Lonely Planet und sind im US-Patentamt sowie in Markenbüros in anderen Ländern registriert. Lonely Planet gestattet den Gebrauch seines Namens oder seines Logos durch kommerzielle Unternehmen wie Einzelhändler, Restaurants oder Hotels nicht. Informieren Sie uns im Fall von Missbrauch: www.lonelyplanet.com/ip.